Bi-Yan-Lu

Aufzeichnungen vor smaragdener Felswand

Die 100 Kôan des Hekiganroku

W0384798

Aus dem Chinesischen übersetzt
und kommentiert von
Dietrich Roloff

WINDPFERD

2. Auflage 2018
© 2013 Windpferd Verlagsgesellschaft mbH, Oberstdorf
Alle Rechte vorbehalten
Umschlaggestaltung & Layout: Marx Grafik & ArtWork
unter Verwendung des Bildes „Der Sechste Patriarch zerreißt das Sûtra“ von Liang Kai, 12. Jh.
Gesetzt aus der Rotis
Grafk und Druck GmbH Peter Pöllinger, München

Printed in Germany
ISBN 978-3-86410-045-1
www.windpferd.de

Usami Sôgen Rôshi

dem ich meinen „Ritterschlag“ zum Buddha verdanke,
in unverbrüchlichem Gedenken

Ralf Heintz

in Dankbarkeit
für beharrlich drängende Hinweise
auf neueste kritische Forschung,
die allerdings aus einem
sprachverliebten Kôan-Enthusiasten
keinen ernüchterten Abtrünnigen
hat machen können

Der greise Zhao-zhou! Der greise Zhao-zhou!
Unruhe in den Chan-Klöstern zu stiften –
noch im hohen Alter hört er nicht damit auf!

Kôan 47 *Cong-rong-lu*

Inhalt

»Drei Abhandlungen«

Wozu heute noch diese uralten »Öffentlichen Aushänge«?

Zum besseren Verständnis des Folgenden ein kurzer Auszug aus der Zeittafel für das alte China: 618-907, die Zeit der Tang-Dynastie; 907-960, die Zeit der »Fünf Dynastien«; 960-1126, die Zeit der Nördlichen, und 1127-1279, die Zeit der Südlichen Song-Dynastie.

Gong-an, »Öffentliche Aushänge«, haben die Song-zeitlichen Meister des chinesischen Chan-Buddhismus die Anekdoten aus Leben und Lehre ihrer großen und weniger großen Vorgänger genannt, die sie als Hilfsmittel zur spirituellen Schulung ihrer Mönchs- und Laien-Schüler eingesetzt und mit denen sie zugleich innerhalb des chinesisch-buddhistischen Schrifttums einer ganz neuen Text-Gattung, den *Gong-an*-Sammlungen, den Weg bereitet haben. *Gong-an* – daraus wurde im japanischen Zen-Buddhismus das Wort *Kôan*, und unter diesem Namen sind die oftmals erst nachträglich zugespitzten Aussprüche, Lehrer-Schüler-Gespräche und spirituellen Wettkämpfe der frühen Chan-Meister vornehmlich aus den dreieinhalb Jahrhunderten der Tang-Dynastie und ihrer kurzlebigen Nachfolger auch noch heutigen Zen-Anhängern in Ost und West wohlvertraut.

Die wirkungsgeschichtlich bedeutsamste und zugleich inhaltlich umfassendste Stoffsammlung für solche »Öffentlichen Aushänge« ist das *Jing-de Chuan-deng-lu*, die *Aufzeichnungen zur Weitergabe der Leuchte, [zum Druck freigegeben in der Ära der] »Strahlenden Tugend«*, samt seiner Erweiterung in Gestalt des *Tian-sheng Guang-deng-lu*, der *Weiteren Aufzeichnungen [zur Weitergabe] der Leuchte, [freigegeben in der Ära der] »Weisheit des Himmels«.*[1] Aus der Fülle dieses Materials schöpfen die nachfolgenden *Gong-an-/Kôan*-Sammlungen, angefangen von den *100 Beispielen der Alten*, die Fen-yang Shan-zhao (947-1024) zusammengestellt hat, über das *Bi-yan-lu* von 1128, das *Cong-rong-lu* von 1224 und das *Wu-men-guan* von 1229 bis hin zu Dôgens *Shôbôgenzô Sambyakuzoku*, jenen 300 Kôan, die der Begründer des japanischen Sôtô-Zen während seines China-Aufenthaltes in den Jahren 1223-1227 für seine zukünftige Lehrtätigkeit ausgewählt hat.

---

1 Das *Chuan-deng-lu*, die *Aufzeichnungen zur Weitergabe der Leuchte*, durch den Zusatz *Jing-de*, *»Leuchtende Tugend«*, eine Regierungslosung des Kaisers Zhen-zong, als vom kaiserlichen Hof autorisiert gekennzeichnet, ist erstmals im Jahr 1009 veröffentlicht worden, durch das kaiserliche Imprimatur in den Rang einer offiziellen Verlautbarung erhoben; es basiert auf einem – uns nicht erhaltenen – Vorläufer aus dem Jahr 1004, dem *Fo-zu tong-can Ji*, der *Sammlung zur gemeinsamen Übung der Buddhas und Patriarchen*, die jedoch durch das *Chuan-deng-lu* verdrängt worden ist. Kaum drei Jahrzehnte später, im Jahr 1036, hat das *Chuan-deng-lu* eine Ergänzung erfahren, und zwar in Gestalt des *Tian-sheng Guang-deng-lu*, der *Weiteren Aufzeichnungen zur [Weitergabe] der Leuchte*, durch den Zusatz *Tian-sheng*, *»Weisheit des Himmels«*, die erste Regierungslosung des Kaisers Ren-zong, gleichfalls vom kaiserlichen Hof so autorisiert wie kanonisiert. – Auch das *Fo-zu tong-can Ji* von 1004 hat bereits einen Vorläufer gehabt, die *Sammlung der Halle der Patriarchen* (*Zu-tang Ji*) aus dem Jahr 952, die jedoch ebenfalls durch die *Aufzeichnungen zur Weitergabe der Leuchte* verdrängt worden und in völlige Vergessenheit geraten ist; erst im Jahre 1930 hat man ein einziges überlebendes Exemplar des *Zu-tang Ji* in einem koreanischen Kloster (!) wieder aufgefunden. (Diese Details verdankt der Verfasser Albert Welter und seinem Buch: *Monks, Rulers and Literati* – Welter (2), passim.)

Eben dieses *Shôbôgenzô Sambyakuzoku* wird zwar von John Daido Loori in seiner englischsprachigen Ausgabe aus dem Jahr 2005 zu „einer Kôan-Sammlung für das 21. Jahrhundert" erklärt; doch ändert das nichts an der Tatsache, dass die Geschichten, die in Dôgens Auswahl versammelt sind, ebenso wie alle übrigen »Öffentlichen Aushänge« der genannten chinesischen Kôan-Klassiker einschließlich ihrer Vorstufen in *Jing-de Chuan-deng-lu* und *Tian-sheng Guang-deng-lu* von Männern und Frauen handeln, deren Lebenswelt uns Heutigen nicht nur fremd ist (das träfe auf zeitgenössische Lebenswelten anderer Kulturen genauso zu), sondern obendrein einer uns fernen Vergangenheit angehört.

Wir schreiben heute (das meint die Entstehungszeit dieses Vorworts) das Jahr 2010; vor genau 50 Jahren ist der erste Band der unvollendet gebliebenen *Bi-yan-lu*-Ausgabe Wilhelm Gunderts erschienen, die mit der Feierlichkeit ihrer Sprache, der Ausführlichkeit der Erläuterungen und der ehrfurchtsvollen Verbeugung des Autors vor der spirituellen Größe seiner „Helden" ihresgleichen sucht und die – als Versuch eines von protestantisch-pietistischem Geist geprägten Brückenschlags zwischen östlich-buddhistischer und westlich-christlicher Religiosität – zugleich einem nach neuer geistiger Orientierung suchenden und doch immer noch zutiefst konservativen Zeitgeist entsprochen hat.

Heutzutage manifestiert sich der Zeitgeist vornehmlich in einem Phänomen namens „Wellness" – und noch die Worte (wohlgemerkt, die Worte) Buddha und Zen sind zu „Wellness"-Etiketten verkommen. „Wellness", das zielt auf physisches und psychisches Wohlbefinden, auf die Steigerung profaner Lebensfreude und gibt sich als neue Heilsbotschaft – eine Heilsbotschaft ganz von dieser Welt. Leibliches Wohlergehen, „die Seele baumeln lassen", und die beglückende Erfahrung möglichst häufiger Augenblicke der Entspannung, so ließen sich die Ziele der „Wellness"-Bewegung wohlwollend umschreiben.

„Ich will mir etwas Gutes tun", lautet das Motto ihrer Anhänger, oder: „Ich möchte mich selbst belohnen", mit einem Urlaub in der Karibik oder dem Aufenthalt in einer komfortablen „Wellness-Klinik". Dieses „Sich-selbst-etwas-Gutes-Tun" stellt freilich einen sehr weitgefassten Rahmen dar, in den auch noch das Bekenntnis hineinpasst: „Ich tue mir etwas Gutes, indem ich jeden Morgen dreißig, vierzig Minuten auf dem Kissen hocke und das Nicht-Denken praktiziere!", „Ich belohne mich selbst mit einem einwöchigen Zen-*Sesshin* in ansprechender *Retreat*-Umgebung!" Doch schon hier setzen die Schwierigkeiten ein: Sieben Tage lang täglich acht, neun, zehn Stunden Zazen zu üben, bedeutet zumindest für den Anfänger die reine Tortur; manch einen, manch eine haben die körperliche Schmerzen zu vorzeitigem Aufgeben gezwungen! Von „Wohlfühlen" kann da bei bestem Willen keine Rede sein, eher von einer Selbstbestrafung – statt einer Belohnung seiner selbst.

Wer aber durchhält und über das Stadium des Anfängers allmählich hinauswächst, für den stellt sich irgendwann heraus, dass unser inneres, aus der Evolution uns zugewachsenes »Belohnungssystem« auch den Zen-Anhänger nicht im Stich lässt: Das „In-Versenkung-Sitzen" hat auch gesteigerte Ausschüttungen von Serotonin und Dopamin zur Folge, jener Neurotransmitter aus der Gruppe der körpereigenen Opiate, die uns unsere Glücksgefühle und Lebensfreude bescheren. Unter solch hedonistischem Aspekt gesehen könnte auch die Zen-Meditation der vorherrschenden Zeitgeist-Strömung zugerechnet werden; doch der Verfasser hat alles andere als die Absicht, dem Zen-Buddhismus dadurch zu größerer Popularität zu verhelfen, dass er ihn in das Las Vegas des Zeitgeistes einschmuggelt, und sei es als ein trojanisches Pferd.

Nirvana. The Buddhist summum bonum, a state of perfect and eternal happiness that can be attained by human beings in becoming Buddhas. Some forms of Buddhism tend to present it as a transcendent place beyond the world. Mahâyâna Buddhism critiques that idea and advances the concept of unlocated nirvana, meaning that nirvana is a transcendence of suffering through wisdom, not requiring any change of place, achievable in the midst of life.[2] Auch das klingt noch nach „Wellness“ – eine „vollkommene und ewige Glückseligkeit“, das wäre sicherlich Wohlbefinden in höchster Vollendung! Doch ein solches Ziel sich zu setzen trauen sich nicht einmal die verzücktesten Verkünder des „Wellness“-Paradieses zu. Es muss also um mehr gehen bei einem spirituellen Weg wie dem Chan-/Zen-Buddhismus, um mehr als nur um Endorphin-Ausschüttung. Und was einem „Wellness“-Anhänger weit größere Schwierigkeiten bereitet als die physischen Qualen während eines *Sesshin*, ist die Tatsache, dass die Zen-Übung von uns verlangt, auf dem Kissen aufrecht sitzend – zu sterben, *to die completely*, wie wir zu Beginn eines *Sesshin* regelmäßig zu hören bekommen.

Nur durch dieses Sterben und aus diesem Sterben können wir – das ist die zentrale Botschaft des Chan/Zen – zu einem Leben erwachen, das den Gegensatz von Leben und Tod überwunden hat; das uns aufsteigen lässt über all die Ängste, die uns gewöhnlich wie Nachtmahre mitten am hellichten Tag überkommen; das keines festen Bodens unter den Füßen, keiner Sinnsetzung, keines letzten Haltes bedarf, an dem wir, im Falle von Schiffbruch, uns anklammern können. Was auf der einen Ebene unserer Existenz die physischen Glücksgefühle dank Endorphin-Ausschüttungen sind, ist auf einer anderen, der spirituellen Ebene ein Leben aus Nicht-Ich, das den Tod, den des Ich, bereits hinter sich hat und daher vom physischen Sterben nicht betroffen wird.

Doch nicht nur Ängste und alle sonstigen Spielarten von Lebensunlust, Lebensüberdruss vertreibt das Sterben des „Großen Todes“; es vermag uns – was unter den gegebenen Zeitumständen vielleicht noch wichtiger ist – von unserer Gier zu befreien, von der Unersättlichkeit unseres Verlangens nach Statussymbolen, Luxusgütern, finanziellem Reichtum, Berühmtheit, Macht und anderen Befriedigungen der Geltungssucht; es vermag uns zugleich mit einer tiefen Zufriedenheit zu erfüllen, die nur aus der Erfahrung dessen erwächst, was in den Chan-Texten „Große Leere“ oder „das Nichts“ heißt: mit einem inneren Frieden, der an sich selbst sein Genügen hat; und es befreit uns – anders als alle „Wellness“-Programme – aus

---

2 Auf Deutsch: „Nirvâna – im Buddhismus das »Höchste Gut«, ein Zustand vollkommener und immerwährender Glückseligkeit, den menschliche Wesen dadurch erlangen können, dass sie zu Buddhas werden. Einige Spielarten des Buddhismus neigen dazu, [das Nirvâna] als einen transzendenten Ort jenseits der Welt darzustellen. Der Mahâyâna-Buddhismus [hingegen] kritisiert diese Vorstellung und vertritt das Konzept eines Nirvâna, das nicht an einen Ort gebunden ist und bei dem Nirvâna ein Transzendieren des Leidens durch Weisheit bedeutet, das keinen Wechsel an einen anderen Ort voraussetzt, [sondern hier] mitten im Leben zu erreichen ist.“ So Marylin M. Rhie und Robert A.F. Thurman im Glossar des Ausstellungskatalogs *Wisdom and Compassion. The Sacred Art of Tibet*, herausgegeben von Harry N. Abrams Inc. Publishers, New York, 1991

den Fesseln unserer Ich-Bezogenheit und beschenkt uns mit einer ungeahnten Offenheit für Dinge und Welt, mit einer geradezu liebenden Zuwendung zu anderem, zu Menschen, Tieren, Pflanzen – mit einer Selbstlosigkeit, die allein aus der Selbst-losigkeit des Nicht-Ich erwächst.

Es liegt auf der Hand, dass ein entsprechender Lebensentwurf angesichts der ökologischen Katastrophe, in die unsere bisherige allgemeine Gier die gesamte Biosphäre unseres Planeten hineintreibt, sich sogar förmlich aufdrängt: Eine derart spirituell geprägte Lebensweise, die uns den Verzicht auf genau die äußeren Güter und überflüssigen Genüsse erleichtert, die Klimawandel, Umweltzerstörung, Ressourcenverschwendung zur Folge haben, kann zumindest unser individuelles Gewissen entlasten, an der drohenden, vielleicht schon nicht mehr abwendbaren Katastrophe mitschuldig zu sein.

Den Weg zu solchem sich bescheidenden und zugleich von innen her erfüllten Leben aus Zen eröffnet zu haben, das in mythisch-metaphorischer Überhöhung durchaus als *perfect and eternal happiness* gekennzeichnet werden kann, ist, historisch gesehen, die besondere Leistung der chinesischen Chan-Meister insbesondere aus der Zeit vom allmählichen Abstieg der Tang- bis hin zum endgültigen Untergang der Song-Dynastie (ca. 800-1279). Die Resultate ihrer Selbstdisziplinierung bzw. die Hilfsmittel zur spirituellen Förderung ihrer Schüler machen den Inhalt der beiden eingangs erwähnten, durch kaiserliches Imprimatur ausgezeichneten großen Sammelwerke aus, im *Jing-de Chuan-deng-lu* und seiner Fortsetzung als *Tian-sheng Guang-deng-lu* nach Übertragungslinien geordnet und noch kommentarlos aneinandergereiht. Die drei nachfolgenden *Gong-an-/Kôan*-Sammlungen *Bi-yan-lu*, *Cong-rong-lu* und *Wu-men-guan* hingegen präsentieren ihre einschlägigen Anekdoten zu den Aussprüchen und Taten früherer Chan-Meister in freier Reihenfolge und einer durch die Kommentare späterer, allemal Song-zeitlicher Chan-Meister aufbereiteten Gestalt.[3] Dabei stellt, rückblickend betrachtet, die Gattung *Gong-an-/Kôan*-Sammlung selbst als die späte Errungenschaft des chinesischen Chan-Buddhismus auf der Stufe seiner Song-zeitlichen Vollendung sogar das wirkungsmächtigste Hilfsmittel spiritueller Schulung überhaupt dar, das die weitere Geschichte des Chan bis hin zum Zen unserer Gegenwart maßgeblich bestimmt hat.

In den dort versammelten *Gong-an/Kôan* ist, wörtlich oder in metaphorischer Umschreibung, von „Absterben“ die Rede, von der Handhabung eines „Schwertes, das tötet und lebendig macht“, vom Wegreißen eines letzten Haltes, aber auch von einem „Ewigen Frieden“, von der Freude eines „spielerisch-vergnüglichen Lebens“, von der Behaglichkeit vertrauensvollen Ruhens inmitten der unbeständigen Welt und nicht zuletzt von der Erfahrung einer überwältigenden Schönheit eines „Frühlings von besonderer Art“. Was sich hinter diesen Formulierungen verbirgt und nur in der persönlichen Erfahrung auf seinen Wahrheitsgehalt zu überprüfen ist, sind zeitlose Möglichkeiten realen Erlebens, unabhängig von der Lebenswelt und den Sprachgewohnheiten einer einzelnen, zeitlich und räumlich weit entfernten Kultur.

---

3 Auch in Dôgens 300-Kôan-Sammlung, dem *Shôbôgenzô Sambyakuzoku*, finden sich die ausgewählten Anekdoten ohne jede Erläuterung aneinandergereiht; erst J.D. Loori hat sie in seiner o.g. Ausgabe mit Kommentaren, kurzen Vierzeilern in Anlehnung an die Lobgesänge des *Wu-men-guan* sowie mit knappen Hinweisen nach Art der „Einwürfe“ Yuan-wus im *Bi-yan-lu* und Wan-songs im *Cong-rong-lu* versehen.

Für all diejenigen, die sich auf den Chan-/Zen-Weg einlassen, von seinen Verheißungen verlockt oder aus innerer Not getrieben, können also die uralten Geschichten des *Bi-yan-lu* und seiner beiden Nachfolger niemals veraltet sein; sie besitzen, ihrer sprachlichen und inhaltlichen Fremdheit entkleidet, unverminderte Aktualität. Es kommt daher nur darauf an, sie in eine uns Heutigen verständliche Sprache zu übertragen (damit ist nicht die Übersetzung aus dem Chinesischen ins Deutsche gemeint) und ihre inhaltlichen Unverständlichkeiten durch entsprechende Erläuterungen aufzuklären. Wenn das geschieht – und der Verfasser macht sich anheischig, im Folgenden genau das für das *Bi-yan-lu* zu leisten, wie er es schon beim *Cong-rong-lu* versucht hat – dann können die »Öffentlichen Aushänge« der alten Song-zeitlichen Chinesen auch und gerade heutigen »Suchern des DAO« (Lin-ji) von unvermindertem Nutzen sein.

Über eines allerdings muss sich jeder Leser, jede Leserin von vornherein im Klaren sein (und das ist so trivial, dass der Verfasser für dessen Erwähnung eigentlich um Entschuldigung bitten müsste): Die alt-neuen Geschichten des *Bi-yan-lu* und ihre Erläuterungen durch den Verfasser lesend zur Kenntnis zu nehmen (oder sie gar, wie einfältige Mönche in den Klöstern des Song-zeitlichen China, auswendig zu lernen), reicht nicht hin, uns zu dem versprochenen „Leben aus Nichts" zu verhelfen. Wir müssen vielmehr, bei allen diesen »Öffentlichen Aushängen«, das an ihnen, was als ihr Gehalt uns zunächst weit vorausliegt, durch die eigene Übung, durch das eigene sowohl schmerzliche wie beglückende Erleben einholen – oder, wie die alten Chan-Meister es von ihren Schülern verlangt haben, sogar „überholen". Aber wäre das überhaupt möglich?

Letzte Libelle im Herbst –
Flirrendes Licht auf den Flügeln –
Ruhelos schwebend und weiß nichts,
Gar nichts von baldigem Tod.

Großer Räuber, vorbei Deine Zeit,
Beute gibt's keine mehr.
Sanft noch wärmt Dich der Tag,
Einer der letzten voll Herbstlicht,
Kraftlos schon bald –
Immer kühler die Nächte –
Wirst Du erlöschen,
Einwärts, heimwärts ins Nichts,
Buddha-Wesen, Du fragst nicht,
Nicht nach dem Sommer und auch nicht
Nach Deinem Tod.
Dir braucht kein Zhao-zhou
Hinweis zu geben, Belehrung:
„Mach's wie der Baum da im Hof!"
Du bist dem Alten, dem großen,
Noch um Längen voraus,
Selber der Satz, der noch

Allen Sätzen voraus liegt.
Du, ganz wortlose Buddha-
Lehre, dass doch
Alle Fülle nur Nichts ist,
Dass aber auch das Nichts
Fülle ist, alle sogar.

Der ich schon jetzt
Deine Gelassenheit übe,
Täglich im „Großen Tod",
Lass' mich dereinst sterben wie Du,
Klaglos zum Abschied bereit.[4]

Dem Vorbild der alten Meister immerhin nachzueifern, dazu will diese Neuausgabe des *Bi-yan-lu* Anstoß und Anregung bieten. Sie will nicht dahin verstanden werden, dass jede und jeder Übende, der sich an einem der 100 Kôan des *Bi-yan-lu* abmüht, den Erläuterungen des Verfassers wie einem verbindlichen Leitfaden folgen muss. Der Verfasser weiß, dass es zu jedem Kôan viele „Lösungen" gibt; dass es die individuellen Prägungen und Lebenserfahrungen sind, die die Art und Weise – und damit auch das Resultat – bestimmen, wie jeder einzelne von uns ein Kôan angeht. Der berechtigte Anspruch, eine eigene „Lösung" finden zu dürfen, soll daher nicht beschnitten werden; und die Absicht dieses Buches kann demnach nur die sein, neue Horizonte zu eröffnen, den Wunsch nach Aufbruch zu wecken und Richtungen vorzugeben – aber auch Grenzen zu setzen; denn es gibt auch Irrwege und Fallgruben, vor denen zu warnen ist.

---

4 Roloff (3), Text 23 – die mittlere Strophe bedient sich einer Anleihe aus dem Kôan 47 *Cong-rong-lu* bzw. 37 *Wu-men-guan*, wo Zhao-zhou auf die häufig wiederkehrende Frage nach dem »Sinn des Kommens aus dem Westen« antwortet: „Vorm Haus die Zypresse!" Außerdem zitiert sie die poetische Formel von dem „einen Satz, der aller Stimme vorausliegt".

Chan-Buddhismus und die Lehre vom DAO

Zhao-zhou fragte Nan-quan: „Was ist mit dem DAO?" Nan-quan sagte: „Alltäglicher Geist ist DAO!" (Kôan 19 *Wu-men-guan*) – Deutlicher als dieser Song-zeitlich gedeutete Nan-quan kann kein Chan-Meister verraten, dass er eben als Vertreter des Chan zugleich vom Geist des Daoismus durchdrungen ist bzw. als ein solcher verstanden werden soll.[5]

0.

Die Frühzeit des chinesischen Versenkungs-Buddhismus verliert sich vor unserem Auge im unergründlichen Dunkel der Legendenbildung und Geschichtsfälschung. Es hat rivalisierende Richtungen gegeben, die einerseits denselben Ahnherrn für sich in Anspruch genommen, andererseits aber den Rang des „wahren Chan" sich gegenseitig streitig gemacht haben. Dieser gemeinsame Ahnherr des Chan-Buddhismus, der Inder Bodhidharma, kann zwar als historische Figur gelten, doch seine berühmte Begegnung mit dem Kaiser Wu von Liang, sozusagen die Grundsteinlegung für das gesamte Chan-Gebäude, ist reine Legende: Weder die Worte „offene Weite, nichts Heiliges" noch die Replik „Ich weiß es nicht!" auf die Frage des Kaisers: „Wer ist das da, Uns gegenüber?" (Kôan 1 *Bi-yan-lu*) sind je gesprochen worden. Ebenso ist auch der allbekannte Vierzeiler, mit dem das Chan sich selbst als „eine besondere Überlieferung außerhalb der Lehre" definiert, „die sich nicht auf Schriftzeichen gründet", nichts anderes als nachträgliche Zuschreibung an den vermeintlichen Autor Bodhidharma.

Gleichfalls reine Legende und sogar regelrechte Geschichtsfälschung sind die Erzählungen und Behauptungen, die sich um Hui-neng, den angeblichen Sechsten Patriarchen, ranken: Den frühvollendeten Küchengehilfen am Reisstampfer, den Wettkampf um die Nachfolge des Fünften Patriarchen, die heimliche Übertragung des Dharma, Hong-rens nächtliches Geleit, mit dem er seinen jugendlichen Nachfolger dem unmittelbaren Zugriff der übertölpelten Mönche entzieht – all das hat es in Wahrheit nie gegeben. Vor allem aber trifft nicht zu, dass Hui-neng mit dem ihm zugeschriebenen „Erleuchtungsgedicht" seinen vorgeblichen Rivalen Shen-xiu in Sachen Patriarchen-Würde ausgestochen hat;[6] die historische Wahrheit

---

5 Das Axiom »alltäglicher Geist ist DAO« stammt ursprünglich von Ma-zu, dem Lehrer Nan-quans; dort aber, und nachweislich auch bei seinem älteren Schüler Bai-zhang, ist es in ausführliche Reflexionen im Sinne der chinesisch-buddhistischen, am Sûtren-Kanon ausgerichteten Tradition eingebettet. Aus solchem Zusammenhang herausgelöst und auf die Kurzform eines »Öffentlichen Aushangs« reduziert, tritt zwangsläufig die ursprüngliche daoistische Bedeutung des Axioms wieder in den Vordergrund: *„As the Chan tradition by and large coalesced around the* kanhua *(observing the critical phrase) approach, which was linked to a new Chan literature represented by the classical gong-an collections, the putative sayings of the Tang masters assumed new meaning and significance, which had only tenuous links with their actual lives and teachings"* – so Poceski (2), S. 230.

6 Bei den Gedichten der beiden „Rivalen" handelt es sich gleichermaßen um nachträgliche Zuschreibungen; dabei fällt auf, dass das angebliche Hui-neng-Gedicht in Aufbau und kunstvoller Reimstruktur haargenau dem „Shen-xiu-Gedicht" entspricht, was die Vermutung einer gemeinsamen Entstehung nahelegt: Das eine (und angeblich spätere) bildet, zumindest formal, das andere nach, und das andere (und angeblich frühere) ist so gebaut, dass ihm das zweite formal perfekt entsprechen kann. Das „Shen-xiu-Gedicht" lautet: *Shen shi pu-ti shu* („Der Leib ist der Baum der Bodhi [der höchsten Erkenntnis],") / *xin ru ming-jing tai* („der Geist [ist] wie ein klarer Spiegel mit Gestell,") / *shi-shi qin shi-fu* („wisch [ihn] jeden Augenblick mit Sorgfalt ab,") / *mo shi you chen-ai* („lass darauf kein Staubkorn zu!"). Und das „Hui-neng-Gedicht" lautet dementsprechend: *Pu-ti yuan wu shu* („Bodhi [höchste

verhält sich genau andersherum: Nicht Hui-neng, sondern Shen-xiu ist von der Mitwelt als Sechster Patriarch anerkannt und behandelt worden; Shen-xiu ist es gewesen, der als erster Vertreter des Chan an den kaiserlichen Hof berufen, von der Kaiserin Wu Ze-tian mit Ehren überhäuft, erstmals mit dem Titel „Lehrer des Reiches" (*guo shi*) ausgezeichnet und mit purpurner Robe beschenkt worden ist. Der historische Hui-neng hingegen war ein mehr oder weniger unbekannter Dharma-Lehrer, den ein gewisser Shen-hui, Zeitgenosse der Nachfolger Shen-xius, mit großem propagandistischem Aufwand schließlich in der hauptstädtischen Öffentlichkeit als Sechsten Patriarchen hat durchsetzen können, ohne freilich seine Gegner gänzlich zum Schweigen zu bringen.[7]

Shen-hui ist es auch gewesen, der den Nachfolgern Shen-xius das Etikett „Nord-Schule" aufgedrückt und dieser gegenüber die eigene, von ihm auf Hui-neng zurückgeführte „Süd-Schule" als das einzig „wahre Chan" propagiert hat. Dass diese „Süd-Schule" sich schließlich als die vorherrschende Richtung durchgesetzt und die gesamte weitere Entwicklung des Chan-Buddhismus bestimmt hat, verdankt sie freilich nicht dem Einfluss Shen-huis,[8] sondern der Tatsache, dass der Machtzerfall der Tang-Dynastie die beiden nach wie vor in der Hauptstadt Luo-yang miteinander rivalisierenden Richtungen der Shen-xiu- und der Shen-hui-Anhänger mit in den Untergang gerissen hat und sich während des Übergangs zur Song-Dynastie im Süden des Reiches relativ stabile Teilstaaten etabliert haben, in denen das Chan dank der Förderung durch die jeweilige Herrscherfamilie nicht nur überleben, sondern sich zu höchster Blüte (Xue-feng, Fa-yan, Yun-men) entfalten und so in der frühen Song-Zeit, vor allem durch die Nachfolger Feng-xues aus dem »Haus Lin-ji«, zur wichtigsten Strömung des chinesischen Buddhismus aufsteigen konnte.[9]

Erkenntnis] [ist] ursprünglich ohne Baum,") / *ming-jing yi fei tai* („ein klarer Spiegel [ist] ebenso ohne Gestell,") / *ben-lai wu yi wu* („ursprünglich ist da kein einziges Ding,") / *he-chu ruo chen-ai* („welcher Ort [sollte da] Staub auf sich ziehen?"). – Wie könnte ein ungebildeter Analphabet, als den die Legende Hui-neng darstellt, imstande sein, einen solchen, bis in die Silbenzahl pro Zeile präzise korrespondierenden Vierzeiler zu verfassen!?

7 *„Because Hui-neng in his lifetime was an obscure figure from the remote, ‚barbarian' South of China, his name was barely known until an audacious propaganda campaign was started around the metropolitan centres of the North in the 730s, about two decades after Hui-neng's death, by Shen-hui (684-758), who claimed to be his disciple and heir"* – Jorgensen, S. 190; *„Hui-neng was selected as his teacher and secret agent of transmission simply because, of the ten great disciples of Hung-ren, he was the most remote and obscure, and supposedly lived long enough for Shen-hui to have met him ... Shen-hui probably never met Hui-neng, for just about everything he claimed concerning Hui-neng was propaganda written in response to the challenges of Pu-ji* [und anderer Nachfolger Shen-xius]" – a.a.O., S. 154f. *„The sole existing record of the pre-730 period, that even mentions Hui-neng, the »Leng-qie shi-zu ji« of ca. 713-716, states only that Hui-neng ... was merely a regional teacher, one of the pupils of Hong-ren. The »Chuan fa-bao ji« of ca. 713 does not even mention Hui-neng among Hong-ren's pupils. Therefore it is most probable that the hagiography of Hui-neng had to be conjured out of a factual vacuum, in other words, he was a constructed saint. The suspicion must be entertained then that it was Shen-hui who was mostly responsible for the forging of the legend of Hui-neng"* – a.a.O., S. 70f.

8 *„[His] claims were opposed, and with Shen-hui's lineage lasting only a few generations, they and their claims were inadequate reasons for the eventual elevation of Hui-neng to the throne of the progenitor of the ‚Southern Chan' orthodoxy. Other groups took up this theme and produced a number of hagiographies in order to take advantage of the opportunities Shen-hui had created"* – Jorgensen, S. 190

9 Zu den Einzelheiten siehe: Albert Welter (2), *Monks, Rulers and Literati. The Political Ascendancy of Chan Buddhism*, Oxford University Press, New York, 2006, passim

Noch einmal zurück zu Hui-neng: Das sog. *Plattform-Sûtra*, das seinen wundersamen Aufstieg vom analphabetischen Küchenjungen zum Sechsten Patriarchen vor uns ausbreitet, belegt exemplarisch ein vor allem die Frühzeit des Chan betreffendes Phänomen: dass Texte, deren Autorschaft einer bestimmten Persönlichkeit zugeschrieben wird, erst Jahrzehnte, ja bisweilen sogar ein, zwei Jahrhunderte nach dem Tod ihres angeblichen Verfassers entstanden sind, obendrein oftmals in mehreren, zeitlich klar getrennten Schüben. So hat auch das *Sûtra des Sechsten Patriarchen*, das uns in mehreren, unterschiedlich alten Fassungen vorliegt, in der Gesamtheit seiner Texte mehr als nur einen Verfasser, wobei selbst die älteste uns erhaltene Fassung, der sog. Dunhuang-Text, vermutlich mehr als ein halbes Jahrhundert nach dem Tode Hui-nengs im Umkreis des Shen-hui entstanden ist.[10]

Hinzukommt, dass der historische Hui-neng niemals so gesprochen haben kann, wie es dem in Ich-Form erzählenden fiktiven Hui-neng des *Plattform-Sûtra* in den Mund gelegt wird: Er kennt sich in Seelenlage und Gedankengängen seines Rivalen Shen-xiu so selbstverständlich und sicher aus, wie nur ein allwissender Erzähler über die geheimsten Regungen seiner Figuren Bescheid weiß. Kurz und gut: Der Hui-neng des *Plattform-Sûtra* ist nichts anderes als die propagandistische Erfindung von Shen-hui-Anhängern, einzig zu dem Zweck erfunden, den Überlegenheitsanspruch der von Shen-hui ausgerufenen „Süd-Schule“ durch das grandiose (und mehrfach übermalte) Bild einer nahezu übermenschlichen Gründerfigur abzusichern.

Die Ungereimtheiten haben damit freilich noch längst kein Ende; Verfälschungen der historischen Wirklichkeit ziehen sich auch weiterhin durch die Geschichte des Chan-Buddhismus. Inbesondere das Gesamtbild, das die Song-zeitlichen Chan-Texte – und nahezu alles, was wir über die Chan-Bewegung der voraufgegangenen Jahrhunderte wissen, entstammt Song-zeitlichen Quellen – vom Chan-Buddhismus in seinem angeblichen „Goldenen Zeitalter“ während der Tang-Dynastie (618-907) entwerfen, erweist sich weitgehend als nachträgliche Erfindung: Die Heroen dieses „Goldenen Zeitalters“ werden als Bilderstümer dargestellt, die vor keiner Entweihung buddhistsicher Unantastbarkeiten zurückgeschreckt sind, sich von der überkommenen Buddha-Lehre losgesagt und darin gefallen haben, alogische Gesprächsführung und bizarre Verhaltensweisen zu ihrem hauptsächlichen Markenzeichen zu erheben! Solche Ikonoklasten sind sie, den wenigen zeitgenössischen Zeugnissen der Tang-Zeit zufolge, durchaus nicht gewesen; sie waren und blieben vielmehr tief und fest in der buddhistischen Tradition verhaftet. Was in den Song-zeitlichen Quellen als die Eigenart des Tang-zeitlichen Chan ausgegeben wird, spiegelt in Wahrheit das Selbstverständnis des Chan der Song-Zeit (980-1279) wieder, eines Chan, das sich in der Tat zu einer Radikalität (weiter)entwickelt hat, die unsere gewohnte Vorstellung vom Chan der Tang-Zeit als der schöpferischen Periode und überwältigenden Hochblüte und vom Song-zeitlichen Chan als einer Periode beginnenden Niedergangs förmlich auf den Kopf stellt: Forschungsergebnisse

10 Ausführlicher in: John R. McRae, S. 45-73

der letzten Jahrzehnte zwingen uns, das Chan der Song-Zeit nicht als Ausdruck von Stagnation zu sehen, sondern als Stufe der Vollendung.[11]

Wenn nun der Verfasser im Folgenden versucht, das Verhältnis des Chan zum Jahrhunderte älteren Daoismus näher zu bestimmen, so nimmt er die – überwiegend Song-zeitlichen – Selbstäußerungen des Chan so, wie sie sich in den uns erhaltenen Texten vorfinden, nimmt aber zum Beispiel keinen Anstoß daran, dass ein Text wie die Seng-can (gest. 606) zugeschriebene *Meißelschrift vom Glauben an den Geist* mit ihren eindeutigen Anspielungen auf das *Dao-De-Jing* („das DAO zu erreichen ist nicht schwer", „der Weise handelt nicht", „Sein ist Nicht-Sein und Nicht-Sein ist Sein") neueren Forschungen zufolge erst rund einhundertfünfzig Jahre nach dem Tod des Seng-can entstanden ist und mithin keine Schlussfolgerungen erlaubt, ob und wieweit sein angeblicher Autor selbst von der Lehre vom DAO beeinflusst gewesen ist: Der Verfasser begnügt sich vielmehr damit, dass ein unbekanntes Mitglied der Chan-Bewegung um die Mitte des 8. Jahrhunderts einen – in diesem Fall Tang-zeitlichen – Text verfasst hat, der von den nachfolgenden Chan-Generationen als autoritative Äußerung eines Dritten Patriarchen namens Seng-can anerkannt und unter den späteren Anhängern des Chan-Buddhismus als solche in Geltung geblieben ist. Der Verfasser geht dementsprechend auch nicht der Frage nach, ob überhaupt und, wenn ja, wieweit etwa der Zhao-zhou oder Lin-ji oder Xue-feng der Song-zeitlichen Texte als authentische Darstellung der jeweiligen, der Tang-Zeit angehörigen historischen Gestalt anzusehen sind, sondern bezieht sich insbesondere auf die ihnen in den Song-zeitlichen *Gong-an-*/Kôan-Sammlungen zugeschriebenen Worte und Taten als authentische Äußerung dessen, wie sich der chinesische Chan-Buddhismus auf der höchsten Stufe seiner Entwicklung, eben derjenigen der Song-Zeit, verstanden wissen will.

1.

Genug der Vorreden: So groß nach allgemeinem Konsens der Einfluss der Lehre vom DAO auf den um Jahrhunderte jüngeren Chan-Buddhismus auch gewesen ist, so deutlich unterscheidet sich die gedankliche Ausrichtung, die uns in den *Büchern Zhuang-zi* und *Lao-zi*

---

11 So urteilt etwa Welter: „*Almost all scholars agree, now, that Chan's ‚classical' age in China would be better assigned to the Song dynasty and not the Tang, as previously supposed. This in itself represents a profound shift away from the assumptions of modern Zen orthodoxy. In orthodox circles, and until recently in scholarly ones as well, the Tang dynasty was Chan's ‚golden age' and was lavished with unreserved praise. This was because it was the era of Chan's allegedly greatest patriarchs, who single-handedly forged the timeless truths upon which the house of Zen was built. Whatever came after, beginning with the Song, was unremarkable und derivative and bore the unmistakable mark of decline. Until, as modern Zen orthodoxy informs us, the spark of Chan's spiritual greatness was rekindled in Japan*" – Welter (3), S. 27. Weiter heißt es an derselben Stelle: „*The question undermining Zen orthodoxy revolves around how to read the sources for classical Chan. Everyone agrees what the sources are: Chan's vaunted transmission records (deng-lu), records of sayings (yu-lu) texts, kôan (gong-an) anthologies, and collections of monastic rules (qing-gui). What is at issue is how to understand their contents. There are two basic approaches: (a) the literal approach, favored by followers of the orthodox interpretation, which treats the material as true reflection of the episodes depicted, presupposing a kind of journalistic record of the activities of prominent Tang Chan masters; and (b) a critical approach, recently adopted in academic circles, which treats the material as embedded with various layers but ultimately reflecting the presumptions of a Chan orthodoxy current among the Song compilers of the texts.*"

entgegentritt, vom Selbstverständnis des vollentwickelten Chan. Unübersehbar etwa die Spuren von Schamanismus, die sich im *Wahren Buch vom südlichen Blütenland* – dies ein anderer Name für das *Buch Zhuang-zi* – erhalten haben: Da ist davon die Rede, dass der „höchste Mensch" imstande ist, seinen Körper zu verlassen, „auf den Wolken dahinzufahren, auf Sonne und Mond zu reiten und „außerhalb der Vier Weltmeere", ja „jenseits des Gevierts zu wandern", wobei das „Geviert" der Welt auf die Gesamtheit des Entstandenen verweist. Auf der Erde aber entzieht er sich jedem Zugriff, indem er sich wie „Gras unter dem Wind" in jede beliebige Richtung biegt oder „wie Wasser mit den Wellen" eines Flusses unaufhaltsam dahinströmt – so ungreifbar, dass jeder mögliche Gegenspieler angesichts solcher Verwandlungskunst nur „Hals über Kopf das Weite suchen" kann.

Zum anderen verraten beide Klassiker des Daoismus, das *Buch Zhuang-zi* wie auch das *Buch Lao-zi* alias *Dao-De-Jing*, eine ausgeprägte Vorliebe für metaphysisch-ontologische und erkenntnistheoretische Gedankengänge. So heißt es bei *Zhuang-zi*, das DAO sei sein eigener Ursprung (scholastisch gesprochen, die Ursache seiner selbst), sei der Schöpfer von Himmel und Erde, rage nach oben und unten hin über das Weltall hinaus und hinab, ohne deshalb selbst hoch oder tief zu sein, und habe schon vor der Entstehung der Dinge bestanden, ohne deshalb Dauer und Alter zu besitzen – eine Aussage, die das DAO ganz in die Zeitlosigkeit eines ewigen Jetzt versetzt. Und dann die tiefgründige Feststellung, es sei als das, was alles Leben beendet, selbst nicht tot und als das, was das Leben erzeugt, selbst nicht lebendig. Vor allem letztere Aussage, dass nämlich das Leben aus etwas hervorgeht, das selbst nicht lebt, ist von besonderer Brisanz; denn von diesem Satz ist es nur ein kleiner Schritt zu dem grundlegenden Axiom des *Dao-De-Jing*, dass „das Sein aus dem Nicht-Sein" oder anders, nach Art des *Buchs Zhuang-zi* formuliert, „aus dem hervorgeht, was selbst nicht ist."

Solches Theoretisieren ist dem radikal lebenspraktisch ausgerichteten Chan-Buddhismus der Song-Zeit grundsätzlich fremd: Man denke an das Kôan 74 *Cong-rong-lu*, das uns das Erstaunen eines Mönchs eben angesichts der Herkunft dessen, was ist, aus einem anderen, das nicht ist, vorführt („Ich habe mich belehren lassen, dass es da den Satz gibt: »Aus einem nicht da seienden Ursprung steht die Gesamtheit der Dinge da« – was ist denn dieser »nicht da seiende Ursprung«?"), und das dem großen Fa-yan Wen-yi eine Antwort in den Mund legt, die dem Mönch – statt seine theoretische Neugier zu befriedigen – vielmehr alles derartige Fragen austreiben soll: „Die Erscheinungen entspringen einem nicht vorhandenen Urstoff, die Namen gehen aus dem hervor, was noch keinen Namen hat" – basta! Oder man denke an das Kôan 100 *Cong-rong-lu*, in dem jeglicher Spekulation über das Warum der Welt eine Absage erteilt wird: Der Chan-Meister Lang-ye Hui-jue wischt die Frage eines Mönchs: „Wenn das makellos Reine ursprünglich so ist (nämlich makellos rein), warum hat es dann plötzlich Berge, Flüsse und die große Erde hervorgehen lassen?", unwirsch beiseite, indem er dem Fragesteller eben diese seine Frage als Antwort und Abweisung zugleich entgegenhält: „Wenn das makellos Reine ursprünglich so ist, warum hat es dann plötzlich Berge, Flüsse und die große Erde hervorgehen lassen?"[12]

---

12 Hierher gehört auch das Kôan 45 *Bi-yan-lu*, wo ein – offensichtlich noch nicht ausgereifter – Mönch an Zhao-zhou die typisch daoistische Frage richtet: „Die *Zehntausend Dinge* kehren in das Eine zurück, wohin kehrt seinerseits das Eine zurück?", und Zhao-zhou sie mit dem Hinweis auf eine eigene

Stattdessen zielt der Song-zeitliche Chan-Buddhismus ganz auf die konkreten Lebensvollzüge im Hier und Jetzt:

Di-zang – so das Kôan 12 *Cong-rong-lu* – fragte Xiu-shan: „Woher kommst Du?" Xiu-shan antwortete: „Aus dem Süden." Di-zang sagte: „Wie stand es jüngst im Süden mit der Buddha-Lehre?" Xiu-shan sagte: „So, dass sie unaufhörlich beraten und besprochen wird." Di-zang sagte: „Wie wäre das damit vergleichbar, dass ich hier das Feld bestelle, den Reis dresche und mir daraus mein Essen zubereite?"

Oder Long-tan und Tian-huang im Kôan 106 *Shôbôgenzô Sambyakuzoku*: Long-tan: „Als ich vor einem Jahr zu Euch gekommen bin, haben Ehrwürden versprochen, mir das Dharma-Tor zur wahren Natur des Geistes zu zeigen! Doch bis jetzt habe ich von Euch noch keinen Hinweis empfangen!" Tian-huang entgegnete: „Ich habe Dir den Zugang eigentlich schon seit langem gezeigt!" Long-tan fragte: „Wann und wo haben Ehrwürden ihn mir denn gezeigt?" Tian-huang erwiderte: „Wenn Du mich grüßt, lege ich sogleich die Hände zusammen; wenn ich sitze, stehst Du sogleich da, mir aufzuwarten; wenn Du mir eine Schale Tee reichst, nehme ich sie von Dir entgegen!"

Oder, noch deutlicher, das Kôan 206 *Shôbôgenzô Sambyakuzoku*: Shi-ti fragte seinen Aufwärter: „Woher kommst Du?" Der Aufwärter erwiderte: „Ich war in der Mönchshalle und habe dort etwas gegessen!" Shi-ti sagte: „Wie sollte ich nicht wissen, dass Du in der Mönchshalle gewesen bist und dort etwas gegessen hast!" Der Aufwärter fragte: „Was hätte ich denn sonst sagen sollen?" Shi-ti erklärte: „Ich habe Dich ausschließlich nach der grundlegenden Angelegenheit gefragt!" Der Aufwärter entgegnete: „Wenn Ihr mich nach der grundlegenden Angelegenheit fragt, dann ist unsereiner wirklich nur etwas essen gegangen!" Shi-ti erklärte: „Damit hast Du völlig recht – und genau deswegen habe ich Dich zu meinem Aufwärter gemacht!"

2.

Doch zurück zu den Theorie-Anteilen in der Lehre vom DAO, wie sie sich zumal im *Dao-De-Jing* nachweisen lassen: Da sind – metaphorisch formulierte – Beschwörungen der Unmöglichkeit, das DAO gedanklich zu „begreifen" (auch das eine Metapher, eine Übertragung aus dem Bereich des handgreiflich Konkreten in die Sphäre der Abstraktion): „Wenn man es sehen will, sieht man es nicht – sein Name ist »Winzig«; wenn man es hören will, hört man es nicht – sein Name ist »Spärlich«; wenn man es ergreifen will, bekommt man es nicht zu fassen – sein Name ist »Glatt« ... Wenn man es dingfest machen will, kann man es nicht benennen; denn es kehrt zurück zum Nicht-Etwas. Das heißt: Es ist die Form der Nicht-Form, die Gestalt des Nicht-Dings. Und das wiederum heißt: Es ist undeutlich/unerkennbar" (*Dao-De-Jing*, Text 14). Und trotzdem finden sich ontologisch-metaphysische Aussagen über das DAO wie diese: „Es gibt ein Ding, undeutlich ausgeführt, schon bevor Himmel und Erde entstanden sind; so einsam und so verlassen! Ganz allein steht es da, ohne sich zu verändern; ganz bewegt es sich und ist nicht träge; so kann es die Mutter all dessen heißen,

---

„Jugendsünde" verwirft: „Als ich noch in Qing-zhou lebte, habe ich mir ein Leinengewand gefertigt, das sieben Pfund wog!" – siehe dazu die Erläuterungen zu diesem Kôan im Hauptteil des Buches.

was unter dem Himmel vorhanden ist" (*Dao-De-Jing*, Text 25). Andererseits befindet sich das DAO in einem Zustand „beständigen Nicht-Handelns, und doch bleibt nichts ungetan" (*Dao-De-Jing*, Text 37). Und weiter: „Ich weiß seinen Namen nicht; sein Schriftzeichen lautet DAO. Wäre ich gezwungen, ihm einen Namen zu geben, dann lautete er »Groß«!" (*Dao-De-Jing*, Text 25). Und von diesem »Großen« gilt: „Das Große Geviert ist ohne Ecken; das Große Gerät wird spät vollendet; der Große Ton erklingt spärlich; die Große Form ist ohne Form, das Große Verborgene ist ohne Namen" (*Dao-De-Jing*, Text 41). Darüber hinaus stoßen wir auf einen ersten, noch ganz abstrakten Ansatz zu einer Weltentstehungslehre, sozusagen auf eine Kosmologie *in nuce*, die das genaue Gegenteil zu der Tendenz der Kôan 74 und 100 *Cong-rong-lu* darstellt: „Das DAO bringt die Eins hervor, die Eins bringt die Zwei hervor, die Zwei bringt die Drei hervor und die Drei bringt die *Zehntausend Dinge* hervor" (*Dao-De-Jing*, Text 42).

Vor allem aber ist da die Prägnanz und Bündigkeit jener aphoristischen Aussagen, die in der uns geläufigen Anordnung des *Dao-De-Jing* die Texte 1 und 40 ausmachen:[13] „Das DAO, das DAO sein kann, ist nicht das beständige DAO; der Name, der Name sein kann, ist nicht der beständige Name", verständlicher ausgedrückt: Der Urgrund der Welt ist, auch wenn er als DAO bezeichnet wird, kein DAO, auch sonst nichts, und jeder Name, der ihm beigelegt wird, verfehlt eben das, was er bezeichnen soll, und zwar eben deshalb, weil da nichts ist, was sich bezeichnen ließe! Wenn man aber doch nicht umhinkommt, von diesem Urgrund zu reden, dann muss man ihm einen doppelten Namen beilegen: „Insofern es Nichts/Nicht-Sein (*wu*) genannt wird, ist es der Ursprung von Himmel und Erde; insofern es Sein (*you*) genannt wird, ist es die Mutter der *Zehntausend Dinge*." Und dann noch ganz apodiktisch, ohne jeden Vorbehalt einer möglichen Unangemessenheit dieser Aussage: „Unter dem Himmel die *Zehntausend Dinge* entspringen dem Sein (*you*), das Sein aber entspringt dem Nicht-Sein (*wu*)!"

Theoretische Aussagen wie diese und die übrigen bisher zitierten unterscheiden den philosophischen Daoismus – und nur von dem ist hier die Rede – deutlich von der Lehre und Praxis des Chan.[14] Und doch fällt diese Differenz angesichts der nachweislichen und vielfältigen

---

13 Die bei uns seit jeher übliche Anordnung der Texte des *Dao-De-Jing* geht auf eine chinesische Ausgabe aus dem 3. Jahrhundert u.Z. zurück; 1973 hat man jedoch in einem Grab, das sich eindeutig auf das Jahr 168 v.u.Z. datieren lässt, eine andere, mithin wesentlich ältere Fassung entdeckt, bei der die Aussagen zum *DAO* denen zum *De* nachgestellt sind: Statt „das klassische Buch von WEG und KRAFT" müsste der Titel vielmehr „das klassische Buch von KRAFT und WEG" lauten. Die Texte, die in der uns geläufigen Fassung die Nummern 1 und 40 tragen, nehmen in der älteren und vermutlich ursprünglichen Version des *Dao-De-Jing* die Plätze 45 und 4 ein.

14 Gleichwohl findet sich immerhin im *Plattform-Sûtra* – und zwar erst nachträglich in die Anfangszeit der „Süd-Schule" des Chan zurückverlegt – die metaphysisch-ontologische Aussage, dass „das eigene Wesen, ohne sich zu bewegen, die *Zehntausend Dinge* erzeugt", eine Aussage, die sich wie eine Kombination aus den Texten 25 und 37 *Dao-De-Jing* liest. Denn dieses „eigene Wesen" (gemeint ist unsere allgemeine „Buddha-Natur") entspricht eben dem DAO, von dem es im Text 37 heißt: „Es verharrt in beständigem Nicht-Handeln, und doch bleibt nichts ungetan", und im Text 25: „Ganz allein steht es da, ohne sich zu verändern; ganz bewegt es sich und ist nicht träge – so kann es die Mutter all dessen heißen, was unter dem Himmel vorhanden ist" – und das meint nichts anderes als die *„Zehntausend Dinge"* des angeblichen Hui-neng-Zitats (*„Zehntausend Dinge"* ist im Übrigen die typisch daoistische Umschreibung für die Gesamtheit der Dingwelt; und der Widerspruch zwischen

Übereinstimmungen kaum ins Gewicht: Erstaunlich zu sehen, wie viel von dem vermeintlich typischen Gedankengut des Chan – und das meint hier allemal das Song-zeitliche Chan – bereits im Daoismus vorgebildet ist.

3.

Beginnen wir mit etwas so Grundlegendem wie dem Hui-neng in den Mund gelegten *ben-lai wu yi wu*: „Ursprünglich ist da kein einziges Ding". Diese Formel hat ihren Vorläufer in einer Aussage des *Buchs Zhuang-zi*, die von einem „Äußersten" handelt, das „da ist, bevor es die Dinge gibt". In beiden Fällen, im *Plattform-Sûtra* und im *Buch Zhuang-zi*, geht es nicht so sehr um einen Zustand, der der Welt lediglich in der Zeit vorausgeht, sondern um ein X, das der Welt zugrunde liegt und das dadurch – und nur dadurch – charakterisiert ist, dass es da keine Dinge gibt, dass da also nichts ist. Dieses hinter und unter den *Zehntausend Dingen* anzusiedelnde X wird im *Buch Zhuang-zi* auch als ein „Land jenseits der Grenzen der Welt" umschrieben, als das „Land *»Da gibt es nichts«*", als eine – an Meister Eckhart gemahnende – »Einöde«, die da heißt: *»Wüste, so weit das Auge reicht«*! (Und von der hätte auch der durchaus historische Bodhidharma anlässlich seiner fiktiven Audienz beim Kaiser Wu von Liang reden können, statt sich mit einer ihm untergeschobenen nüchternen „grenzenlosen – wörtlich auch *‚geräumigen'* – Weite" zu begnügen.[15] An anderer Stelle des *Buchs Zhuang-zi* wird das „Land *»Da gibt es nichts«*" mit einer noch deutlicher auf das vermeintliche Bodhidharma-Zitat vorausweisenden Formulierung auch als „*geräumige* Einöde des Nicht(s)" bezeichnet.)

Dass dieses geheimnisvolle X, das auch jedem Einzelnen von uns zugrunde liegt, unser „wahres Selbst" darstellt, unser „ursprüngliches Angesicht", das uns schon zu Eigen war, „bevor unsere Väter und Mütter geboren waren", das ist auch schon den Verfassern des *Buchs Zhuang-zi* vertraut: Zu diesem „wahren Selbst" gelangen wir nur dadurch, das wir unser leibgebundenes, sterbliches Ich oder Selbst aufgeben: „Das jetzige Ich hat sein Ich verloren", heißt es im *Buch Zhuang-zi*, und erst dieser Ich- oder Selbst-Verlust erhebt uns in den Stand eines „vollkommenen Menschen", anders gesagt, versetzt uns in den Zustand, den wir als „höchsten" erreichen können: „Der vollkommene Mensch ist ohne Selbst." Dass

---

„ohne sich zu bewegen" [*Plattform-Sûtra*] und „ganz bewegt es sich" [*Dao-De-Jing*] erweist sich als ein nur äußerlicher: Der Formulierung: „ohne sich zu bewegen" entspricht der Zustand „beständigen Nicht-Handelns" sowie das Merkmal „ohne sich zu verändern" im *Dao-De-Jing*; dessen Formulierung: „ganz bewegt es sich und ist nicht träge" soll dabei nur verdeutlichen, dass das „Erzeugen", von dem das *Plattform-Sûtra* spricht, aus der gesamten Tiefe, oder besser gesagt, der durchgängigen Leere des „eigenen Wesen" bzw. des DAO erfolgt: „Da ist nichts am DAO, das nicht daran beteiligt wäre, die ‚*Zehntausend Dinge* zu erzeugen'!")

15 Wäre die Begegnung zwischen Bodhidharma und dem Kaiser Wu von Liang ein historisch glaubwürdiges Ereignis, so taugte ein Zitat wie das obige kaum als Beleg für eine enge Verbindung von Daoismus und Chan. Denn der Bodhidharma der Legende hätte, eben erst aus Indien in China eingetroffen, zum Zeitpunkt seines angeblichen Versuchs, den „Bodhisattva-Kaiser" Wu für sich und seine neue Lehre zu gewinnen, noch gar keine Gelegenheit haben können, daoistisches Gedankengut auf sich einwirken zu lassen. Doch zuverlässige Zeugnisse über Bodhidharmas Aufenthalt im Reich der Nördlichen Wei (von 490 bis zu seinem Tod 532 bzw. 543) und die Regierungszeit des Kaisers Wu von Liang (502-550) zwingen dazu, das Zusammentreffen beider Männer als nachträgliche Erfindung einzustufen, die dazu dient, das spätere Selbstverständnis des vollentwickelten Chan bereits seinem auch sonst legendenumwobenen Begründer in den Mund zu legen.

das „wahre Selbst“, das in Wahrheit ein „Nicht-Selbst“ ist, uns unangreifbar, unverwundbar, unzerstörbar macht, das feiern die *Bücher Zhuang-zi* und *Lao-zi* in überbordenden Bildern, ist aber auch für einen Großen des Chan wie Lin-ji Selbstverständlichkeit:

Im *Buch Zhuang-zi* finden wir Passagen wie diese: „Der höchste Mensch ist Geist, und diesen geistigen Menschen verletzen die Dinge nicht. Noch bei einer Überschwemmung, die bis an den Himmel reicht, ertrinkt er nicht darin; noch bei einer Trockenheit, die Erde und Berge versengt, bei einer Hitze, die Diamanten zum Schmelzen bringt, wird ihm nicht heiß ... Mögen die weiten Seen in Flammen stehen, so können sie ihn doch nicht ins Schwitzen bringen; mögen die Flüsse vor Kälte erstarren, so können sie ihn doch nicht frösteln machen; mögen Donnerschläge die Gebirge spalten, sie können ihn doch nicht verletzen; mögen die Winde wehen und den Ozean aufwühlen, so können sie ihn doch nicht erschrecken!“

Das *Buch Lao-zi* formuliert schon etwas bescheidener: „Diejenigen, die sich das Leben gut aneignen (soll heißen, wie Zhao-zhou – Kôan 41 *Bi-yan-lu* und Kôan 63 *Cong-rong-lu* – durch den „Großen Tod“ hindurchgegangen sind), gehen durch die Hügellandschaft (des irdischen Daseins) und begegnen keinem Nashorn und keinem Tiger; sie gehen in ein (waffenstarrendes) Heer hinein und tragen selbst keinen Panzer und keine Waffen: Das Nashorn findet an ihnen keinen Platz, sein Horn hineinzustoßen; der Tiger findet an ihnen keinen Platz, seine Krallen anzubringen; die feindlichen Schwerter finden keinen Platz, der ihre Schneiden aufnimmt. Warum ist das so? Weil sie am Ort des Nicht-Sterbens sind!“

Und aus dem *Lin-ji Lu* erfahren wir: „Es ist da nur, Ihr Sucher des DAO, der Mensch“ – gemeint ist der »wahre Mensch« (auch diese Formel Lin-jis weist auf das *Buch Zhuang-zi* zurück) – „der in diesem Augenblick hier vor meinen Augen dem Dharma zuhört: Wenn er ins Feuer geht, verbrennt er nicht; wenn er ins Wasser geht, ertrinkt er nicht; wenn er in die Drei schmutzigen Höllen eintritt, schaut er sich darin um, als ginge er in einem Park spazieren; wenn er in die Reiche der Hungrigen Geister und der Tiere eintritt, zieht er keine karmische Vergeltung auf sich!“ – Mag Lin-ji hier auch daoistisches und buddhistisches Gedankengut vermengen, so dienen doch die Metaphern der „Drei Höllen“ und der „Reiche der Hungrigen Geister und der Tiere“ einzig dazu, dem daoistischen Axiom von der Unversehrbarkeit unseres „wahren Selbst“ und folglich auch unserer selbst, soweit wir „im Unauslotbaren stehen und dabei im Nicht-Sein wandern“ (so das *Buch Zhuang-zi*), zu noch größerer Eindrücklichkeit zu verhelfen.

Diese Unversehrbarkeit eignet uns freilich nur, soweit und insofern wir in den Urgrund der Welt eingedrungen sind und bei allen Aktivitäten unseres irdischen Lebens in ihm verwurzelt bleiben: „Die Seele anleiten und zugleich das Eine festhalten – kannst du das, ohne dich von ihm (dem Einen) zu entfernen?“, heißt es im Text 10 *Dao-De-Jing*. Und Lin-ji formuliert: „Es gibt da einen Menschen, der ist seit ewigen Zeiten unterwegs und hat sich doch von Haus und Heimat nicht entfernt! Und dann ist da ein Mensch, der hat sich von Haus und Heimat entfernt und ist doch nicht unterwegs!“ – Mit Letzterem sind wir alle gemeint, insofern wir noch nicht in das – uns allen gemeinsame – Nicht-Selbst „eingedrungen“ sind und daher all unsere Aktivität den Makel des Haltlosen aufweist: Unser „Unterwegs-Sein“ (Lin-ji) ist solange nichts als Hochstapelei, als wir nicht in der Unvergänglichkeit dessen gegründet sind, was „weder Leben noch Tod kennt" (*Zhuang-zi*), und eben dadurch überhaupt erst – wenn auch keinen festen Boden unter unseren Füßen, so doch – einen allerorts gleich festen Stand haben.

Denn auch das ist gemeinsames Lehrstück für Daoismus und Chan, dass unser „wahres Selbst", als das Nicht-Sein oder Nichts (*wu*) zugleich der Urgrund der *Zehntausend Dinge*, ein »Ort des Nicht-Sterbens« ist (*Dao-De-Jing*), an dem es aber genauso auch kein Entstehen gibt: Was dort versammelt ist, ist niemals entstanden und wird niemals untergehen, „kennt", mit den Worten des *Buchs Zhuang-zi*, „weder Geboren-werden noch Sterben": Das Kôan 252 *Shôbôgenzô Sambyakuzoku* lässt die Chan-Meister Dao-wu und Yun-yan von einem „Ort des Nicht-Entstehens und Nicht-Vergehens" reden, wobei Dao-wu noch einen Schritt weitergeht und diesen „Ort", eben weil er reines Nicht-Sein ist, folgerichtig als einen „Nicht-Ort des Nicht-Entstehens und Nicht-Vergehens" kennzeichnet. Dass es, allem Augenschein zum Trotz, in Wahrheit, und das heißt, in der Wirklichkeit des »wahren Menschen« kein Entstehen und Vergehen gibt, versucht auch Lin-ji seinen Mönchen zu vermitteln: „Ihr Sucher des DAO, ... wo auch immer Ihr sucht, nirgendwo werdet Ihr ein Entstehen und ein Vergehen finden: das sind nur leere Namen!" (*Lin-ji Lu*). Oder das Kôan 43 *Cong-rong-lu* lässt Yan-tou auf die Frage eines von Unruhe und Angst erfüllten Luo-shan: „Wenn Entstehen und Vergehen nicht aufhören, was dann?" in den empörten Ausruf ausbrechen: „Wie bitte? Wessen Entstehen und Vergehen soll das denn sein?"

Wenn wir bei diesem „Ort des Nicht-Entstehens und Nicht-Vergehens" den Akzent im Sinne des *Dao-De-Jing* auf das „Nicht-Sterben" legen, dann läuft das darauf hinaus, dass wir, und ebenso die übrigen *Zehntausend Dinge*, mit unserem „wahren Selbst", das zugleich auch das „wahre Wesen" aller Dinge ist, allem Sterben enthoben sind: „Der Weise" – so das *Buch Zhuang-zi* – „wandelt dort, wo die Dinge kein Verschwinden erfahren und wo alles erhalten bleibt!" Auf nichts anderes zielt auch der Bericht über jenen berühmten, möglicherweise erst nachträglich erfundenen Spaziergang ab, auf dem einst der Großmeister Ma-zu und sein Schüler Bai-zhang einen Schwarm Wildenten beobachtet haben: Auf Ma-zus Frage, wo denn die Enten geblieben seien, antwortet der noch junge Bai-zhang ganz einfältig: „Sie sind davongeflogen!", was Ma-zu zu dem Ausruf provoziert: „Wie wären die denn davongeflogen!" (Kôan 53 *Bi-yan-lu*) – was, zusammen mit einem äußerst schmerzhaften Griff zur Nase des Einfältigen, bei Bai-zhang das „Große Erwachen" auslöst. Und wozu ist Bai-zhang dabei erwacht? Nun, unzweifelhaft zu dem »Ort des Nicht-Sterbens«, wo „die *Zehntausend Dinge* sämtlich eins" sind und „alles erhalten bleibt" (*Zhuang-zi*).

4.

Gemeinsam ist beiden Schulen, dem Daoismus und dem Chan, auch die Rede von einem „immerwährenden Frühling", der den Weisen bzw. denjenigen umfängt, der zum „Großen Erwachen" (so auch das *Buch Zhuang-zi*) hindurchgedrungen ist. Und beide sprechen davon, dass dieser keinem Wandel unterworfene „Frühling jenseits von Yin und Yang" (Kôan 22 *Wu-men-guan*) uns nicht von außen überkommt, sondern aus unserem eigenen Inneren erwächst: „Für wen mitten unter den Dingen Tag und Nacht ohne Unterbrechung Frühling herrschen soll, der muss diese Jahreszeit in seinem eigenen Geist erzeugen und empfangen!" – so das *Buch Zhuang-zi*; und der Chan-Meister Wu-men erklärt: „Wenn sich in deinem Geist keine weltlich-nichtigen Dinge verfangen, ist für dich mitten unter den Menschen eine gute Jahreszeit!" (Kôan 19 *Wu-men-guan*). Beide, Daoismus und Chan, stimmen auch darin überein, dass wir diesen „Frühling von besonderer Art" nur dadurch erreichen, dass wir zuvor uns selbst und der Welt abgestorben sind: Unser Leib – heißt es im *Buch Zhuang-zi* – muss „wie vertrocknetes Holz" und unser Geist „wie tote Asche" sein: Genau dieselben Metaphern hat – wie wir aus dem Kôan 96 *Cong-rong-lu* erfahren – mehr als tausend Jahre später der Chan-Meister Shi-shuang Qing-zhu benutzt: „Sei kalte Asche, sei ein verdorrter Baum!" Und wenn Hong-zhi Zheng-jue im Lobgesang des Kôan 35 *Cong-rong-lu* formuliert. „Vor der Felswand der verdorrten Bäume ein immerwährender Frühling blühender Blumen", dann zielt das gleichfalls darauf ab, dass wir erst zu einer „Felswand" erstarren und zu „verdorrten Bäumen" werden müssen, ehe wir und damit wir jenes „immerwährenden Frühlings" teilhaftig werden können, der uns hier inmitten einer dunklen, wolkenverhangenen Welt mit der leuchtenden Farbenpracht zahlloser Blumen beschenkt.

5.

Es gibt da noch drei weitere und nicht gerade nebensächliche Details, in denen der Chan-Buddhismus und die ältere Lehre vom DAO übereinstimmen: Im *Buch Zhuang-zi* stoßen wir auf den Satz: „Himmel und Erde haben mit mir das gleiche Entstehen, und die *Zehntausend Dinge* sind mit mir eins!" Eine inhaltlich gleichbedeutende Formulierung ist uns auch aus Chan-Texten überliefert, und zwar als Zitat aus den Schriften des allzu früh zu Tode gebrachten Seng Zhao (384-414), der immerhin ein wichtiger Wegbereiter des Chan gewesen ist: „Himmel und Erde haben [mit mir] eine gemeinsame Wurzel und die *Zehntausend Dinge* sind [mit mir] ein einziger Leib!" (Kôan 40 *Bi-yan-lu,* Kôan 91 *Cong-rong-lu*).[16] Es ist der hochrangige Staatsbeamte Lu Geng, Laien-Schüler und zugleich gewichtiger Gönner Nan-quans, der diese Aussage Seng Zhaos vor seinem Lehrer in Erinnerung ruft. Zwar lenkt Nan-quan das Gespräch alsbald in eine andere Richtung, doch die Richtigkeit des Seng Zhaos-Satzes wird von ihm nicht bestritten. Wie könnte sich ein Chan-Meister auch zu einer solchen Abfuhr versteigen, gehört doch die Vorstellung „eines einzigen Leibes, der im Inneren der *Zehntausend Dinge* erscheint" (so Chang-qing Hui-leng [854-932] nach Ausweis des Kôan 64 *Cong-rong-lu*), sozusagen zu den Gemeinplätzen des Chan-Buddhismus, oder ebenso, mit leichter Abwandlung der Wortwahl, die Aussage des Xuan-sha Shi-bei (835-908): „Die ganze Welt in allen Zehn Richtungen ist eine einzige leuchtende Perle", eine Aussage, die noch Dôgen, der Begründer des japanischen Sôtô-Zen, dreihundert Jahre später in seinem *Shôbôgenzô* zustimmend zitiert. Dieser „eine Leib in allen *Zehntausend Dingen*" hebt die mystische Komponente des Chan hervor, insofern mit ihm die Grundlage für Alleinheits-Erfahrungen gegeben ist.

---

16 Dieser Seng Zhao kann geradezu als das entwicklungsgeschichtliche Bindeglied zwischen dem um einige Jahrhunderte älteren Daoismus und dem späteren Chan gelten, geht doch aus zuverlässigen chinesischen Quellen hervor, dass er sich zunächst intensiv mit den *Büchern Zhuang-zi* und *Lao-zi* befasst hat, bevor er sich dem Mahâyâna-Buddhismus zugewandt hat. Eine der bedeutendsten Gestalten der chinesischen Geistesgeschichte, hat er in seinen berühmten *Zhao Lun*, den *»[Drei] Abhandlungen« des [Mönchs] Zhao*, eine Verschmelzung von daoistischem und buddhistischem Gedankengut zustande gebracht, deren Einfluss auf die späteren Meister des Chan nicht überschätzt werden kann. – Im Kôan 91 *Cong-rong-lu* fehlt der doppelte Zusatz „mit mir", der auch in den Überlieferungs-Varianten des Kôan 40 *Bi-yan-lu* nicht durchgängig auftaucht.

Mystik läuft in allen Kulturkreisen darauf hinaus, dass das Denken sich selbst überschreitet, mit dem Ziel, in einem Zustand der Nicht-Dualität die Einheit des Einzelnen mit dem Urgrund der Welt hier und jetzt zu realisieren. Diese Selbstüberschreitung des Denkens, die ein spirituelles Nicht-Denken als höchste Stufe geistiger Erfahrung anstrebt, gilt auch für die Lehre vom DAO. So heißt es im *Buch Zhuang-zi*: „Ich habe bisher nur von Menschen gehört, die durch Wissen wissen, aber ich habe noch nicht von Menschen gehört, die durch Nicht-Wissen wissen. Schau auf die, die dort enden: Das leere Haus wird hell und klar!" Dass mit solch „leerem Haus" der Zustand eines Geistes gemeint ist, der sich aller Inhalte entleert hat, bedarf keiner weiteren Erläuterung. Und ebenso offensichtlich ist die – durchaus nicht zufällige – Übereinstimmung, die zwischen diesem *Zhuang-zi*-Zitat und der Schlusszeile des Gedichts besteht, mit dem Dan-yuan Ying-zhen die „nahtlose Pagode" seines Lehrers Nan-yang Hui-zhong dem ratlosen Kaiser Dai-zong erläutert: „Oben in der Halle aus Glas, da ist kein Wissen mehr!" (Kôan 18 *Bi-yan-lu* und Kôan 85 *Cong-rong-lu*): „Oben" deutet dabei an, dass es hier um einen „Aufstieg" geht und eine höchste Stufe erreicht wird; und welches „Haus" könnte „heller und klarer" sein als eine „Halle aus Glas"!?[17]

Und dann ist da noch die Sache mit dem „Spiegel": Den menschlichen Geist mit einem von Natur aus „klaren Spiegel" zu vergleichen, gehört nicht nur zum Handwerkszeug des Chan, sondern lässt sich auch aus dem *Buch Zhuang-zi* belegen. Dort heißt es: „Wenn der Spiegel klar ist, dann bleibt kein Staub und Schmutz (der Welt, versteht sich) an ihm haften; wenn gleichwohl Staub und Schmutz an ihm haften bleiben, dann war er nicht klar!" Von einem „klaren Spiegel" spricht, laut nachträglich Hui-neng zugeschriebenem *Plattform-Sûtra*, auch Shen-xiu in seinem Vierzeiler, mit dem er sich um die Nachfolge des Fünften Patriarchen beworben haben soll (sich aber dann von Hui-nengs Erwiderung hat ausstechen lassen müssen): „Der Geist gleicht einem klaren Spiegel, / Gib dir Mühe, ihn allzeit abzuwischen / Und lass kein Staubkorn sich darauf ansetzen!" Shen-xiu, so wollen die Verfasser des *Plattform-Sûtra* uns wissen lassen, sei davon ausgegangen, dass unser ursprünglich „klarer Spiegel" mit dem Eintritt in das irdische Dasein, die Welt der Verblendung, zwangsläufig verunreinigt oder zumindest für immer neue Verunreinigung anfällig geworden ist, weshalb es das Bemühen des nach „Erleuchtung" und Befreiung Strebenden sein müsse, den Spiegel seines Geistes durch fortwährendes „Staub-Abwischen" in den Zustand seiner ursprünglichen Reinheit zurückzuversetzen. Das *Buch Zhuang-zi* setzt die Akzente etwas anders: Wenn der Geist seine ursprüngliche Klarheit besitzt, kann sich an ihm überhaupt „kein Staub und Schmutz" der Welt ansetzen; gleichwohl ist offensichtlich,

---

17 Nur mit Scham kann der Verfasser an Äußerungen zurückdenken, die er in einer 1975 publizierten Monographie (*Plotin. Die Großschrift III,8 – V,8 – V,5 – II,9*) zu dem spätantiken griechischen Philosophen und Mystiker Plotînos an die Öffentlichkeit gegeben hat: In der Manier eines überheblichen Rationalismus hat er sich dort dagegen verwahrt, dass – laut Plotîn – das Nicht-(mehr)-Denken die Vollendung des Denken darstellt: Der „Geist", von vornherein durch die Dualität von Erkenntnis-Subjekt und Erkenntnisgegenstand bzw. Erkenntnisinhalt gekennzeichnet, strebt in „das Eine" zurück, aus dem er „hervorgeflossen" ist, um in Nicht-Zweiheit mit ihm zu verschmelzen und so als suchender und „wissender" Geist zu erlöschen. Einem eingefleischten Rationalisten, wie es der Verfasser damals gewesen ist („mitten im Feuer bin ich Eis gewesen": Chang-qing Hui-leng), mussten solche „Behauptungen" selbstverständlich unannehmbar erscheinen.

dass der Geist der meisten Menschen mit eben diesem „Staub und Schmutz“ behaftet ist; das wiederum liegt für Zhuang-zi allein darin begründet, dass ihr Geist eben kein „klarer Geist“ ist bzw. gewesen ist. Es bedarf also keines fortwährenden „Staub-Abwischens“, sondern nur einer einmaligen – möglicherweise auch zeitraubenden – Anstrengung, zur ursprünglichen Klarheit des Geistes zurückzufinden. Die gleiche Einstellung verrät auch der – Shen-xiu übertrumpfende – angebliche Gegen-Vierzeiler Hui-nengs, dessen Verfasser freilich den „Spiegel“ in gut daoistischer Manier zu einem „Nicht-Spiegel“ radikalisiert: „Auch ist da kein klarer Spiegel samt Gestell. / Ursprünglich existiert kein einziges Ding – / Wo sollte sich da Staub denn ansetzen?“ Dabei bedeutet die Hui-neng untergeschobene Leugnung der Existenz eines „Spiegels“ keineswegs, dass uns die Verwendung der Metapher „Geist gleich Spiegel“ grundsätzlich verboten werden soll; vielmehr soll sie lediglich darauf hinweisen, dass dieser „Spiegel“ letztlich und in Wahrheit gar kein Spiegel (sondern nichts) ist, wie ja auch *Zhuang-zi* vom WEG des NICHT-WEGES und das *Dao-De-Jing* davon spricht, dass das DAO, das als DAO gedacht wird, nicht das „beständige“, also das wahre DAO sein kann: Der „Spiegel“ ist „Nicht-Spiegel“, wie auch das DAO vielmehr NICHT-DAO ist – auch darin noch stimmen Chan und Daoismus überein.

Das *Buch Zhuang-zi* bietet noch eine weitere Aussage über den menschlichen Geist als „Spiegel“: „Der Weise gebraucht seinen Geist wie einen Spiegel: Er nimmt nichts an und heißt nichts willkommen; er antwortet, aber er hält nichts fest.“[18] Der erste Teil dieses Spiegel-Vergleichs („nichts annehmen und nichts willkommen heißen“) weckt Assoziationen zu den Eingangsversen der *Meißelschrift vom Glauben an den Geist*: „Das DAO zu erreichen ist nicht schwierig – du musst nur strikt vermeiden auszuwählen und vorzuziehen!“ Und der zweite Teil („antworten, aber nicht festhalten“) gemahnt an den Hui-neng des *Plattform-Sûtra*, der von uns verlangt, einen „Geist zu entwickeln, der an nichts haftet und sich frei und ungehindert bewegt“. Denn das „Antworten“ eines Spiegels besteht eben darin, dass er alles, was vor ihn kommt, gleichermaßen unverzüglich wiedergibt, sei es schön oder hässlich, gut oder schlecht; er „hält nichts fest“, weil es ihm schön oder gut erscheint, und weist nichts zurück, weil es hässlich oder schlecht ist, und zwar deshalb nicht, weil es für ihn kein »Schön« und »Gut«, aber auch kein »Hässlich« und »Schlecht« gibt: Der ursprüngliche Geist, der Geist der Nicht-Dualität, steht über solchen Gegensätzen und kann sich nur deshalb „frei und ungehindert bewegen“; sich an ein Denken in Kategorien wie »Schön« und »Hässlich«, »Gut« und »Schlecht« zu verlieren heißt hingegen, dass der Geist „sich selbst fesselt“ und sich damit der Möglichkeit beraubt, mit dem DAO „alles zu durchdringen“. Daher die Forderung des *Plattform-Sûtra*: „Denk nicht »Gut« und denk nicht »Schlecht«, sondern schau auf dein ursprüngliches Angesicht!“ (Kôan 23 *Wu-men-guan*). Dass solchermaßen

18 Schon einmal hat der Verfasser auf diesen Satz *Zhuang-zis* angespielt, und zwar im Vorwort 1 seines *Cong-Rong-Lu. Aufzeichnungen aus der Klause der Gelassenheit. Die 100 Kôan des Shôyôroku* aus dem Jahr 2008. Dort hat er dem *Zhuang-zi*-Zitat allerdings einen anderen Wortlaut gegeben, indem er einen „Spiegel“ anführt, der „nichts zurückweist und nichts willkommen heißt, der antwortet, aber nichts festhält“. Diese Übersetzung des entsprechenden Satzes im chinesischen Original muss der Verfasser heutzutage für falsch erklären und zugleich eingestehen, dass er seinerzeit der Übertragung des *Buchs Zhuang-zi* durch Victor H. Mair auf den Leim gegangen ist, weil er es damals versäumt hat, das chinesische Original einzusehen – vgl. *Zhuangzi. Das klassische Buch daoistischer Weisheit. Erstmals in vollständiger deutscher Übertragung, herausgegeben und kommentiert von Victor H. Mair*, aus dem Amerikanischen übersetzt von Stephan Schuhmacher, Krüger, 1998, S. 139.

»Gut« und »Schlecht« geradezu als „Übel" einzustufen sind, die uns daran hindern, mit dem DAO, von nichts beeinträchtigt, dahinzufließen, lehrt uns auch schon das *Buch Zhuang-zi*: „Was ich ... meine, ist, dass ein Mensch nicht durch »Gut« und »Schlecht« innerlich seinem Leben Schaden zufügt"!

6.

Die Nähe des Chan zur Lehre vom DAO ist also unübersehbar. Und doch scheint es da einen eklatanten Widerspruch zu geben. Im *Buch Zhuang-zi* lesen wir, dass für den Weisen „Leben und Tod" zwar von „großer Wichtigkeit" sind (im Chan wäre das die „Große Angelegenheit"); dass er aber gleichwohl „dabei keine Veränderung erfährt" und selbst der Weltuntergang – „wenn der Himmel einstürzt und die Erde untergeht" – an ihm „keine Spuren hinterlässt". Das klingt doch so, als gebe es da im Daoismus einen ewigen, unzerstörbaren Urgrund, der zugleich auch das eigentliche Wesen des Weisen ist, wohingegen sich das Chan dazu bekennt, dass am Grund der Welt nichts ist; dass, anders gesagt, der vermeintliche Grund der Welt beim allgemeinen Untergang am Ende der Zeiten mit untergeht – so beschreibt es zumindest das Kôan 29 *Bi-yan-lu,* das im Chan der Song-Dynastie augenscheinlich als so repräsentativ gegolten hat, dass es als Kôan 30 *Cong-rong-lu* auch in die unter gleichem Anspruch stehende zweite 100-Kôan-Sammlung dieser Epoche Eingang gefunden hat.[19] Doch bei genauerem Hinsehen trügt der Schein, der uns hier einen Widerspruch vorgaukelt: Die „Schatzkammer des Himmels" zu kennen, so heißt es im *Buch Zhuang-zi* (und diese „Schatzkammer des Himmels" ist nichts anderes als ein älteres *Analogon* zum „Schatzhaus des Tathâgata" des Chan), bestehe eben darin, „mit dem DAO des NICHT-DAO vertraut zu sein", also damit, dass noch das DAO, der Urgrund der Welt und das eigentliche Wesen der *Zehntausend Dinge,* ein NICHT-DAO ist, mithin nichts. Statt eines Widerspruchs *zwischen* beiden Lehrgebäuden, Daoismus und Chan, gibt es vielmehr *innerhalb* eines jeden von ihnen, rein logisch gesehen, einen, und zwar ein und denselben fundamentalen Widerspruch: dass der Grund der Welt, der sich als reines Nichts enthüllt, zugleich als der „Ort des Nicht-Entstehens und Nicht-Vergehens" bzw. als »Ort des Nicht-Sterbens« gelten soll, an dem „die Dinge kein Verschwinden erfahren und wo alles erhalten bleibt!"[20]

---

19 *Unter gleichem Anspruch stehend* – was im Einzelnen sich hinter dieser bewusst unbestimmt gehaltenen Formulierung verbirgt, enthüllt sich erst im anschließenden Kapitel: *Vom Erstdruck bis heute: Zur Geschichte des Bi-yan-lu,* genauer gesagt, in dessen Abschnitt 4. Der Leser wird gebeten, sich bis dahin zu gedulden.

20 Eine Sphäre des „Nicht-Entstehens und Nicht-Vergehens" kennt auch der ursprüngliche, noch nicht vom Daoismus kontaminierte Mahâyâna-Buddhismus, wie jedem Zen-Anhänger aus dem *Hannya-shingyô* oder *Herz-Sûtra* vertraut ist. Es ist das die „Leere", in der deshalb nichts vergeht, weil dort gar nicht erst irgendetwas je entsteht, das anschließend vergehen könnte und wie alles Entstandene unweigerlich auch vergehen müsste: *Fu shô fu metsu*, „kein Entstehen, kein Erlöschen" heißt es dort, und das besagt eben, dass da nichts entsteht und je entstanden ist und andererseits nichts vergeht und je vergangen ist, weil da zeitlos nur nichts ist. Die „Leere" des *Herz-Sûtra* ist nichts als leer, sie ist auf gar keinen Fall ein Ort, an dem „alles erhalten bleibt"! Im Chan hingegen ist – wie im Daoismus – der „Ort des Nicht-Entstehens und Nicht-Vergehens" dadurch gekennzeichnet, dass dort nicht einmal der Flug eines Schwarms Wildenten vergehen kann (Kôan 53 *Bi-yan-lu*): ein „Ort", an dem „die *Zehntausend Dinge* sämtlich eins sind" und als dieses Eine kein Entstehen und Vergehen erfahren. Und wenn im Kôan 43 *Cong-rong-lu* Yan-tou in die empörte Frage ausbricht: „Wie bitte? Wessen Entstehen und Vergehen soll das denn sein?", so besagt das nicht, dass da – wie im *Herz-Sûtra* – nichts ist, was entstehen und vergehen könnte, sondern dass vielmehr allem, was ist, ausnahmslos allem, weder ein

7.

Kommen wir zum Schluss: Dürfte der Leser nach allem Bisherigen noch überrascht sein, wenn der Verfasser überdies auch so grundlegende Formeln wie Lin-jis »Mensch ohne Angelegenheiten« (*wu shi ren*) und »wahrer Mensch ohne Rang/Status« (*zhen ren wu wei*) als ein Fortwirken entsprechender Vorstellungen des Daoismus darzulegen unternimmt? Da ist zunächst das daoistische Prinzip des „Nicht-Handelns" (*wu wei*), das besagt, dass ein Mensch, der dem DAO folgen, ihm gemäß leben will, nicht versuchen, nicht darangehen darf, die Dinge in ihrem natürlichen Verlauf zu ändern, Neues zu gestalten, Großes zu schaffen, der Welt und den Menschen seinen Willen aufzuzwingen. Wer solchermaßen auf ein „Handeln", das etwas erreichen, etwas durchsetzen will, ein für alle Mal verzichtet, der stiehlt sich damit nicht aus der Welt und ihrer vorgegebenen Ordnung, der will nicht nur weiterleben, sondern auf die einzig richtige Weise leben, nämlich so, wie das DAO es ihm auferlegt. Und was wäre demgegenüber Lin-jis »Mensch ohne Angelegenheiten«? Genau dasselbe: ein „Mensch, der nichts mehr zu besorgen hat", der nach nichts mehr strebt, keine großartigen Ziele verfolgt, sondern einfach so dahin lebt, wie es das DAO ihm vorgibt: „Sucher des DAO", erklärt Lin-ji seinen Mönchen, „die Buddha-Lehre erfordert keine besondere Anstrengung! Seid nur immer frei von Dingen, die Ihr noch erreichen müsst! Scheidet Euren Kot aus und lasst Euren Harn! Zieht Eure Gewänder an und esst Euren Reis! Und wenn Ihr müde werdet, legt Euch schlafen!" Eben das ist auch die Lebensweise des daoistischen Weisen – dessen, der im „Nicht-Handeln" lebt!

Und der »wahre Mensch ohne Rang/Status«? Nun, es gibt da im *Dao-De-Jing* auch noch die Kategorie „Tal der Welt" (*tian xia gu*) samt „unten sein" (*wei xia*): In einer bergigen Landschaft ist allemal das Tal die tiefste Stelle des Geländes; im Tal sammelt sich das Geröll der umgebenden Berghänge, sammelt sich das Wasser der Bäche und kleineren Flüsse; das Tal wird zum Bett des Stroms, der die Wassermassen ins Meer trägt. Genauso soll der Weise als das „Tal der Welt" allen Schmutz, alle Schande, alles Unheil der Welt in sich sammeln und unschädlich machen, metaphorisch gesprochen, mit sich ins Außerhalb davontragen (hier zeigt sich noch einmal der Anteil an Schamanismus, den die Lehre vom DAO in sich aufbewahrt hat: Auch der Schamane befreit ein krankes Individuum von dem Übel, das ihn befallen hat, indem er die Krankheit in sich aufnimmt: sie aus dem Kranken heraussaugt und in den eigenen Körper hineinzieht und davonträgt). Solchermaßen „das Tal der Welt zu sein" bedeutet, sich unterhalb derer zu stellen, zu deren Segen der Weise die Übel der Welt auf sich lädt; und indem er sich derart nach unten stellt, steht er noch niedriger als die Niedrigsten, als diejenigen, die auf der niedrigsten Stufe einer Gesellschaftspyramide angesiedelt sind. Das heißt „unten sein"; und im selben Sinne ist auch Lin-jis »wahrer Mensch ohne Rang/Status« schlechterdings „unten". Denn „ohne Rang oder Status" zu sein besagt ja nicht, oberhalb von allem zu stehen, als der Allerhöchste noch über dem »Sohn des Himmels« zu thronen; im Gegenteil, wer keinen Rang, keinen gesellschaftlichen Status besitzt, steht nicht nur außerhalb, sondern vor allem unterhalb aller menschlichen Gesellschaft, ein Niemand, ein Nichts. Und auch das leistet der »wahre Mensch ohne Rang/

Entstehen noch ein Vergehen widerfährt. Dasselbe gilt für Lin-ji und seine Feststellung: „Ihr Sucher des DAO, ... wo auch immer Ihr sucht, nirgendwo werdet Ihr ein Entstehen und ein Vergehen finden: das sind nur leere Namen!" – und zwar allein deshalb, weil die *Zehntausend Dinge*, die der gemeine, der verblendete Menschenverstand für entstanden und vergänglich hält, auf der Ebene des »wahren Menschen« unentstanden und unvergänglich sind.

Status«: dass er alle Verblendung in sich aufsaugt und zum Verschwinden bringt; dass er uns von allen Anhaftungen befreit und uns die Gesundheit eines dem DAO gemäßen Lebens zurückgibt. Als das „Tal der Welt" gilt für den »wahren Menschen ohne Rang/Status« schließlich auch noch das, was die Metapher selbst an Implikation enthält: So, wie das Tal alles Wasser der ringsum gelegenen Berge in sich sammelt, genauso sammelt der »wahre Mensch ohne Rang/Status« all unsere irdisch-leiblichen Lebensenergien und verwandelt sie in einen mächtigen, unaufhaltsamen Strom, der uns in die Weite eines offenen Meeres, eines nie endenden Lebens trägt.

Unter das „Nicht-Handeln" fallen auch Geschichten wie Zhao-zhous „Dann wasch Deine Schale!" (Kôan 39 *Cong-rong-lu*), Bao-fus „Geh eine Schale Tee trinken!" (Kôan 95 *Bi-yan-lu*) oder Wei-shans Nickerchen (Kôan 24 *Bi-yan-lu,* Kôan 60 *Cong-rong-lu*).[21] Auch noch Xiang-lins „Lange sitzen, müde werden" gehört in diese Reihe, wie sich bei der genaueren Untersuchung des Kôan 17 *Bi-yan-lu* erweisen wird. Und vom „Tal der Welt" und „unten sein" handeln all die Begebenheiten, bei denen sich ein in Wahrheit Überlegener seinem Widersacher gegenüber als unterlegen, gar als hilflos darstellt, um damit dem anderen einen Stachel ins Fleisch zu setzen, dessen Schmerz ihm eines Tages die Augen öffnen wird; beispielhaft sei hier das Kôan 14 *Cong-rong-lu* genannt: De-shan will da, zweifach attackiert, seinen Aufwärter Kuo von der Krankheit seines Hochmuts, seiner Selbstgewissheit, seines Größenselbst befreien – indem er zum Schein die Schande des schmählich Geschlagenen auf sich nimmt und mit sich fortträgt.[22]

Haben also die Männer und Frauen im alten China Recht gehabt, die „den Buddhismus (nur) für eine fremdländische Spielart des Daoismus gehalten"[23] und daher seine Transformation zum Chan-Buddhismus teils guten Gewissens selbst vollzogen, teils bereitwillig aufgenommen haben? Klar ist auf jeden Fall, dass die Meister des Chan, vor allem diejenigen der Song-Zeit, ansatzweise auch die der Tang-Dynastie, den Mahâyâna-Buddhismus, wie er sich in China bereits seit dem 2. Jahrhundert etabliert hatte, mit der Lehre vom DAO gründlich infiltriert und zu etwas ganz Neuem, eben dem – erst in der Song-Zeit zur Vollendung gelangten – Chan-Buddhismus umgestaltet haben.

---

21 In den beiden erstgenannten Fällen geht es zwar zunächst einmal darum, einem Fragesteller die theoretische Neugier auszutreiben: dadurch, dass er auf eine ganz gewöhnliche Handlung alltäglicher Lebenspraxis verwiesen wird. Aber gerade darin liegt auch das Moment des „Nicht-Handelns", insofern „Nicht-Handeln" einschließt, sich von allem Hochtrabenden (z.B. „Was ist die Sprache des Thatâgata?" – Kôan 95 *Bi-yan-lu*) zu verabschieden und sich auf das Selbstverständliche zu beschränken. Und Wei-shan führt uns vor, wie ein bedeutender „spiritueller" Lehrer alles „Spiritualisieren" verwirft und sich in eine „gedankenlose" Genügsamkeit zurücklehnt, die sich mit dem jederzeit Zugänglichen zufrieden gibt.

22 Vgl. dazu die Ausführungen des Verfassers in seinem *Cong-Rong-Lu. Aufzeichnungen aus der Klause der Gelassenheit. Die 100 Kôan des Shôyôroku*, S. 73-77, die auf das Fazit hinauslaufen: „Mit dem Argumentationsmuster des *Diamant-Sûtra* wäre zu sagen: De-shans Pfeile (so bezeichnet der Lobgesang des Kôan 14 De-shans zweimaligen wortlosen Rückzug) sind seine Nicht-Pfeile, und ebendeshalb sind sie Pfeile, tödliche sogar."

23 So Bill Porter (alias Red Pine) in seinem Buch *ZEN baggage. A pilgrimage to China*, Counterpoint, Berkeley, 2009, S. 127: *„People flocked ... to Buddhism, which was viewed by many as a foreign variety of Taoism"* („Die Menschen strömten dem Buddhismus zu, den zahlreiche [Zeitgenossen] für eine ausländische Variante der Lehre vom Dao gehalten haben").

8.

Doch dieses daoistisch eingefärbte Chan mit seiner anti-metaphysischen, rein lebenspraktischen Ausrichtung und seiner Betonung des *wu-wei* – was soll uns das heute? Anders gefragt, passt es überhaupt noch hinein in unsere gegenwärtige Zeit? Diese Frage erscheint umso berechtigter, als dem Daoismus selbst – und gerade der soll ja nach den obigen Darlegungen ein wesentlicher Bestandteil des Chan sein – ein ausgesprochen anti-zivilisatorischer, anti-rationalistischer Impetus eignet, einer, der mit Nachdruck Technik, Wissenschaft und Aufklärung verwirft. Holen wir dazu etwas weiter aus: Die christliche Religion, die über Jahrhunderte hin Weltbild und Lebensauffassung des „Abendlandes" bestimmt hat, ist unglaubwürdig geworden. Die abendländische Philosophie, zur Hochblüte des Christentums nur als *ancilla theologiae*, als „Magd der Theologie" akzeptiert, hat sich zwar spätestens mit Beginn der Neuzeit aus der Vorherrschaft der Theologie emanzipiert und für ein, zwei Jahrhunderte die Vorherrschaft übernommen, ist jedoch mit ihren großen Systemen, zuletzt denen Hegels und des sogenannten Marxismus-Leninismus, in ihrem allumfassenden Geltungsanspruch schmählich gescheitert. Die Erklärung der Welt liegt heutzutage in den Händen der Naturwissenschaft, von der Genomanalyse bis zur Hirnforschung, von der Evolutionsbiologie bis zu den hochkomplexen Zusammenhängen des Ökosystems Erde, von der Erforschung der kleinsten Bausteine des Universums bis hin zur Astrophysik mit ihren kosmologischen Modellen. Doch gerade die moderne Naturwissenschaft übersteigt noch in der Gestalt ihrer populärwissenschaftlichen Darstellung das Fassungsvermögen der Zeitgenossen. Die Folgen sind Orientierungslosigkeit und Rückfall in Mythen, esoterischen und anderen Aberglauben; und die Leerstelle an Sinngebung, die die moderne Wissenschaft hinterlässt, verführt dazu, in nicht-christlichen Religionen Zuflucht zu suchen.

Ein vom Daoismus eingefärbtes Chan möchte der Verfasser hingegen nicht als Religion verstanden wissen. Indem es Welterklärung ausspart, gibt es zugleich wissenschaftlicher Forschung Raum, empfindet sie nicht als Konkurrenz, die abzuwehren wäre; indem es auf die Frage nach einem Schöpfergott oder einer wie auch immer gearteten Schöpfungsmacht sowie auf die Suche nach einem Sinn der Welt verzichtet, kann es sich mit den weltimmanenten Erklärungen der Naturwissenschaft begnügen, ohne unter dem Fehlen einer Herleitung der Welt aus transzendenten Ursachen und Gründen zu leiden; und mit seiner Bescheidung auf das *wu-wei*, das Handeln ohne die Absicht, die Welt zu bewegen, befreit es uns zugleich von der Misslichkeit, ohne einen tieferen Sinn unseres Lebens nicht leben, nicht glücklich sein zu können. Stattdessen bestärkt es uns darin, in einem Leben aus keinem Sinn, in einem Leben zu keinem Zweck, mit Lust und Lebensfreude unseren Aufgaben nachzugehen, wie Situation und Gesellschaft sie uns stellen.

Nehmen wir noch hinzu, dass dem Daoismus selbst mit dem zentralen Begriff des DAO die besondere Betonung einer in den Dingen vorfindlichen, unbedingt zu respektierenden Ordnung der Welt zu eigen ist: Ein daoistisch verstandenes Chan kann sich mithin einer aktiven Bewältigung der anstehenden globalen Probleme nicht nur nicht in den Weg stellen, es muss im Gegenteil mit seiner Zurücknahme unserer fatalen Ich-Bezogenheit eine geradezu liebende Einstellung zu Leben und Welt befördern. Und noch bei absehbarem Scheitern befähigt es uns, nicht der Verzweiflung anheimzufallen noch uns mit Betäubungen zu betrügen, vielmehr unverzagt aller Hinfälligkeit unserer individuellen und kollektiven Existenz zum Trotz unser je einzelnes Dasein freudig zu meistern.

9.

Zum Schluss noch ein paar Bemerkungen zu dem vorliegenden Buch mit seinen ausführlichen Erläuterungen der 100 Kôan des *Hekiganroku*, unter welchem Namen die chinesische Vorlage dieser bekanntesten Kôan-Sammlung heutigen Zen-Anhängern eher vertraut ist.

Die im Vorherigen ausführlich beschriebene Vermengung, ja Verschmelzung von daoistischem und buddhistischem Gedankengut hat Folgen für das Verständnis der Kôan-Texte vom *Bi-yan-lu* über das *Cong-rong-lu* bis hin zum *Wu-men-guan*. Solange wir nur ganz allgemein die Buddha-Lehre auch als DAO, genauer gesagt, als Lehre vom DAO bezeichnet finden (etwa in Formeln wie „Jemand, der »außerhalb des DAO« steht"),[24] haben wir lediglich ein anderes Etikett für denselben Inhalt vor uns. Wenn wir sodann bei solcher Gleichsetzung von Buddha-Lehre und Lehre vom DAO den Einzelheiten nachspüren, stoßen wir zunächst auf unzweifelhafte Übereinstimmungen: Da entspricht die Zweiheit von Dharmakâya, Buddhas „Wahrheitsleib", bzw. Shûnyatâ hier und Welt der „Erscheinungen" dort dem Gegenüber von DAO und der Welt der *Zehntausend Dinge* und umgekehrt; da ist Buddhas „Wahrheitsleib", die Shûnyatâ, selbst so unentstanden, unvergänglich und unwandelbar wie das DAO; da lässt der Dharmakâya / die Shûnyatâ die „Erscheinungen" aus sich hervorgehen und nimmt sie in sich zurück, wie das DAO den Ursprung der *Zehntausend Dinge* und zugleich auch den Ort ihrer „Rückkehr" darstellt; da wird sowohl der Dharmakâya als auch das DAO als der „Ort" beschrieben, an dem alle einzelnen und vergänglichen Dinge gleichfalls immer schon da gewesen sind und für immer bestehen bleiben (die Chan-Texte sprechen von „unserem ursprünglichen Antlitz, das wir bereits besaßen, noch bevor unsere Eltern geboren waren", und das *Buch Zhuang-zi* kennt einen „Ort", „wo die Dinge kein Verschwinden erfahren und wo alles erhalten bleibt"). Beidemal gilt jedoch, dass die konkreten Dinge nicht als diese konkreten Dinge in ihrem Ursprung enthalten, sondern dass sie alle miteinander eins und folglich ohne ihre individuelle Identität, also nicht als sie selbst, sondern nur als ein unterschieds- und merkmalsloses, mithin inhaltlich leeres Eines vorhanden sind – dasselbe wäre von ihrem Fortbestehen nach ihrer individuellen Auslöschung zu sagen. So sehen wir uns, streng genommen, vor die Paradoxie gestellt, dass der „Wahrheitsleib", die Shûnyatâ, und ebenso das DAO in Wahrheit nichts von dem, was aus ihnen hervorgeht, in sich enthalten, und dass sie sich doch zugleich in eben dem, was sie aus ihrer inneren Leere hervorbringen, manifestieren!

Dann aber tritt, an genau dieser Stelle, ein folgenschwerer Unterschied zutage: Während der Dharmakâya / die Shûnyatâ nicht weiter untergliedert, also jeweils nur der eine Dharmakâya bzw. die eine Shûnyatâ ist, weist das DAO eine Doppelstruktur auf: Auf der einen Stufe ist es das „Sein", *you*, und auf einer zweiten, tieferen ist es „Nicht-Sein und Nichts", *wu*, aus dem das „Sein" überhaupt erst hervorgeht, so wie die *Zehntausend Dinge* ihrerseits

24 So heißt es in den Kôan 65 *Bi-yan-lu* und 32 *Wu-men-guan*: „Jemand, der »außerhalb des DAO« stand, (be)fragte den Buddha". Dabei zielt die Kennzeichnung »außerhalb des DAO« immerhin vordergründig auf einen Menschen, der außerhalb der Buddha-Lehre steht!

aus dem „Sein“ hervorgehen (dass dieses „Nicht-Sein und Nichts“ in der Tat nichts, aber auch gar nichts von dem in sich enthalten kann, was letztlich aus ihm hervorgeht, liegt auf der Hand). Während nun der Dharmakâya bzw. die Shûnyatâ als etwas tatsächlich Existierendes sehr wohl dem DAO als „Sein“ und nur ihm gleichgesetzt werden kann, gibt es für das „Nicht-Sein und Nichts“ in der metaphysisch-ontologischen Begrifflichkeit des Buddhismus kein Gegenstück. Das wiederum hat zur Folge, dass sich, aus der Sicht des Daoismus, innerhalb des DAO noch eine weitere Sphäre auftut, die jenseits, unterhalb oder oberhalb, des Dharmakâya angesiedelt ist und die davon zu sprechen erlaubt, noch über den Dharmakâya bzw. die Shûnyatâ hinauszugehen! Haben wir hier den Grund für all die Kühnheiten eines daoistisch durchtränkten Chan-Buddhismus vor uns, der Redeweisen wie: „noch über Buddha hinausgehen“, „über den Scheitel des Vairochana laufen“, „den Buddha töten“, „es gibt keinen Buddha, »Buddha« ist nur ein leerer Name“ im Munde führt? Und in der Tat, wenn das DAO letztlich das schlechthin Namenlose ist und alle Namen, so das *Dao-De-Jing*, die ihm jemals beigelegt werden, es ganz und gar verfehlen, dann kann das Tiefste und Letzte auch nicht den Namen »Buddha« tragen, dann bezeichnet, andersherum gesehen, der Name »Buddha« tatsächlich letztlich – nichts!

Noch ein weiteres Detail sei hier mit in Betracht gezogen: Während, rein buddhistisch gesprochen, der Buddha als Dharmakâya bzw. als Shûnyatâ so etwas wie eine „wahre Wirklichkeit“ darstellt, eine Zuschreibung, gegen die es aus buddhistischer Sicht nichts einzuwenden gibt, muss daoistisches Denken unter Berufung auf das DAO als *wu*, als „Nicht-Sein und Nichts“, das Vorhandensein einer solchen „wahren Wirklichkeit“ gerade leugnen! Kurz, es hat den verlockenden Anschein, als seien wir mit der Doppelstruktur des DAO zum Ursprung der eindeutig »bilderstürmerischen«, der ikonoklastischen Züge des daoistisch geprägten Chan-Buddhismus vorgedrungen!

Der Leser, die Leserin seien also gewarnt: Sie werden die Texte des *Bi-yan-lu*, die sie möglicherweise als rein buddhistische zu betrachten gewohnt sind, vor allem von ihren daoistischen Anteilen her interpretiert finden und dabei auf mancherlei und manchmal höchst befremdliche Überraschungen stoßen.

Verwirren könnte schließlich auch die unvermeidliche Feststellung eines jeden aufmerksamen Lesers, dass der Verfasser die einzelnen Kapitel des *Bi-yan-lu* unter wechselnden Aspekten abhandelt: Mal hat er es auf die spirituelle Erfahrung abgesehen, die sich in dem betreffenden »Öffentlichen Aushang« niedergeschlagen hat, mal treten, wenn von der Sache erfordert, philosophische Überlegungen beherrschend in die Vordergrund, und mal liegt der Schwerpunkt auf dem besonderen Raffinement, das die Texte als Texte auszeichnet: Es ist schlechterdings unübersehbar, dass die Texte dieser Song-zeitlichen *Gong-an*-Literatur ihren Ursprung in der Welt einer hochgebildeten, sprachlich überragend versierten, ihrem ureigenen kulturellen Erbe aufgeschlossenen und alles andere als weltabgewandten Elite gehabt haben, die dem traditionellen (weithin als fremdländisch empfundenen) Buddhismus eher skeptisch gegenübergestanden hat.

Vom Erstdruck bis heute: Zur Geschichte des *Bi-yan-lu*

"The later (post-Tang Chan) traditions largely centered on exegesis of the encounter dialogue stories, expressed in a distinct literary idiom that appealed to the Song literati, and related to a new form of meditative praxis."[25]

1.

Habént sua fáta libélli, so hieß es einst bei den alten Römern: „Bücher haben ihr je eigenes Schicksal." Das trifft auf kaum ein anderes Buch so augenfällig zu wie auf das *Bi-yan-lu*, die *Aufzeichnungen vor Smaragdener Felswand*: Von Yuan-wu Ke-qin (1063-1135), einem hochangesehenen Meister des Chan aus dem »Haus Lin-ji« im Jahre 1128 ans Licht der Öffentlichkeit gebracht, und zwar auf der Grundlage der *100 Beispiele der Alten*, die ein anderer bedeutender Chan-Meister, Xue-dou Zhong-xian (980-1052) aus dem »Haus Yunmen«, zusammengestellt und mit erläuternden Gedichten versehen hatte, fand dieses Buch alsbald bei den Chan-Mönchen Yuan-wus und anderer Lehrer (und ebenso, wie wir ergänzen dürfen, bei deren Laien-Schülern aus den Kreisen der Gelehrten und gebildeten Beamten) begeisterte Aufnahme und wurde, so scheint es, zum täglichen Begleiter ihrer spirituellen Praxis. Doch bereits Yuan-wus Schüler und Nachfolger Da-hui Zong-gao (1089-1163) ließ bald nach dem Tode seines Lehrers alle Exemplare des Buches, deren er habhaft werden konnte, verbrennen und obendrein, um ganz sicher zu gehen, die Druckstöcke zerstören – und das, obwohl er selbst ein leidenschaftlicher Verfechter der Kôan-Übung gewesen ist. Über seine Motive ist viel gerätselt worden; sicherlich war es nicht Neid oder Geringschätzung, was Da-hui zu seinem Schritt bewogen hat; man mutmaßt vielmehr, er habe, aus Sorge um den spirituellen Werdegang seiner Mönche, verhindern wollen, dass die Kôan-Übung zum Hersagen auswendig gelernter Formulierungen verkommt, wie sie Xue-dou zumal in seinen Lobgesängen oder Yuan-wu in seinen späteren Zusätzen, den Ankündigungen und Erläuterungen, vorgegeben hatten.

Mit Da-huis Vernichtungsfeldzug wäre so das *Bi-yan-lu*, dieses Meisterwerk Chan-buddhistischer Lebensweisheit, schon kurz nach seinem Erscheinen bereits wieder dem Untergang geweiht gewesen – hätte nicht zumindest ein Exemplar, ob nun als Druck oder Abschrift, Da-huis verzweifelte Ausrottungsaktion überlebt.

Die landläufige Sicht der Dinge geht allerdings dahin, dass es eine Vielzahl von mehr oder weniger vollständigen Exemplaren gewesen sei, aufgrund derer ein hochgebildeter *Gong-an*-Enthusiast namens Zhang-wei Ming-yuan im Jahre 1317 eine Neuausgabe hat veranstalten können. Doch auf so naheliegende und schlichte Weise ist die Tradierung des *Bi-yan-lu* sicher

25 Zu Deutsch: „Die späteren, nach-Tang-zeitlichen Chan-Traditionen konzentrierten sich zum größten Teil auf die Auslegung von *encounter dialogue*-Geschichten (Zwiegesprächen in spiritueller Begegnung), formuliert in einem besonderen literarischen Idiom, das die Gebildeten der Song-Zeit ansprach und eng mit einer neuen Form der meditativen Praxis verbunden war." Mit dieser zusammenfassenden Feststellung bekräftigt Poceski die Bedeutung der *Gong-an-*/ Kôan-Sammlungen des 11. bis 13. Jahrhunderts – angefangen mit den *100 Beispielen der Alten* des Fen-yang Shan-zhao bis hin zum *Wu-men-guan* – als den entscheidenden Ausdruck der Neuerungen des Song-zeitlichen Chan: Poceski (2), S. 230.

nicht vonstatten gegangen. Wieso wir das wissen können? Weil es neben der Neuausgabe des Zhang-wei Ming-yuan noch einen zweiten, unabhängigen Überlieferungsstrang gibt: Dôgens *Abschrift der einen Nacht.* Und zwar, so die Legende, soll Dôgen unmittelbar gegen Ende seines vierjährigen China-Aufenhalts, mithin im Jahre 1227, unterstützt von einem göttlichen Helfer, in einer einzigen Nacht das gesamte *Bi-yan-lu* abgeschrieben haben. Und diese Version, 90 Jahre älter als die Neuausgabe Zhang-wei Ming-yuans, hat bei allen wechselseitigen Abweichungen einen entscheidenden Punkt mit der Fassung von 1317 gemeinsam: einen gravierenden Fehler, dass nämlich bei insgesamt 20, und zwar bei denselben 20 Koân ein wichtiger Textteil fehlt: die Ankündigung aus der Feder (oder vielmehr dem Pinsel) Yuan-wus, des Herausgebers der Erstausgabe von 1128!

2.

Angesichts dieses Sachverhalts hat sich der Verfasser in seine Studienzeit zurückversetzt gefühlt, als er die Grundbegriffe der »Textkritik« in der Klassischen Philologie *nolens volens* hat zur Kenntnis nehmen müssen: Da ist von »Trennfehlern« und »Bindefehlern« die Rede gewesen, und genau solch ein »Bindefehler«, ein besonders komplexer obendrein, liegt im Fall des *Bi-yan-lu* insofern vor, als die beiden voneinander unabhängigen Überlieferungen der *Abschrift der einen Nacht* und der Neuausgabe von 1317 denselben und obendrein schwerwiegenden Fehler aufweisen: Beide Überlieferungsstränge müssen auf einen gemeinsamen Vorfahren zurückgehen, auf ein Exemplar, und zwar ein einziges Exemplar, das eben diesen Fehler, den Wegfall von 20 Ankündigungen, bereits in sich getragen hat – einen Fehler, der nur deshalb nicht hat korrigiert werden können, weil neben diesem einen *Bi-yan-lu*-Exemplar (vermutlich einer lückenhaften Abschrift, die zugleich derjenige Text gewesen sein muss, der Da-huis Ausrottungsfeldzug überlebt hat) keine zweite, von diesem Fehler nicht befallene Überlieferung existiert hat.[26]

Aber warum soll die Neuausgabe des Zhang-wei Ming-yuan von der 90 Jahre älteren *Abschrift der einen Nacht* unabhängig gewesen sein? Anders gesagt, warum soll sich Zhang-wei Ming-yuan bei seiner Neuausgabe nicht auch der *Abschrift der einen Nacht* bzw. der Vorlage

---

26 Dass der gesamte Textbestand eines Buches, wie er heutzutage in Bibliotheken aller Art sowie im nationalen und internationalen Buchhandel zugänglich und außerdem in Privatbesitz rund um den Globus verstreut ist, auf ein einziges und obendrein verstümmeltes Exemplar zurückgeht, ist für einen Altphilologen ein durchaus vertrautes Phänomen. So haben die beiden Hauptwerke des römischen Geschichtsschreibers Tacitus, seine *Annalen* und *Historien*, die dunklen Jahrhunderte zwischen dem Untergang des Römischen Reiches und dem Kaiserreich der Ottonen jeweils nur in einer einzigen und zudem höchst lückenhaften Handschrift überlebt: die *Annalen* in einer Abschrift, die lediglich Bruchstücke des auf 16 Bücher angelegten Gesamtwerkes umfasst (die Bücher 1 – 4 fast vollständig; den Anfang von Buch 5 und einen Teil von Buch 6 sowie die Bücher 11 – 16, wobei von Buch 11 der Anfang und von Buch 16 das Ende fehlt) – eine Handschrift, die erst im Jahre 1507 im völlig verfallenen Kloster Corvey wiederentdeckt worden ist. Ähnlich die *Historien*, die ursprünglich aus 12 oder 14 Büchern bestanden haben, von denen jedoch die einzig erhalten gebliebene Abschrift nur das erste Drittel bietet: die Bücher 1 bis 4 und einen Teil des Buches 5. – Im Übrigen sei daran erinnert, dass ja auch das *Zu-tang Ji*, die *Sammlung der Halle der Patriarchen*, in nur einem einzigen Exemplar überlebt hat; vgl. die Fußnote 1. Sämtliche heutigen und zukünftigen Ausgaben stammen folglich von diesem einen Exemplar ab! Noch in jüngerer Zeit, genauer gesagt 1954, ist ein so vollkommenes Gedicht wie Hölderlins *Friedensfeier* nach anderthalb Jahrhunderten des Verschollenseins aufgrund einer einigen Abschrift in der *Bibliotheca Bodleiana* wieder ans Licht getreten und seither fester Bestandteil jeder Hölderlin-Ausgabe.

dieser Abschrift bedient haben? Nun, weil Dôgen seine eigenhändige Abschrift nach Japan mitgenommen und folglich der in China tätige Zhang-wei Ming-yuan sie 90 Jahre später grundsätzlich nicht hat einsehen können! Und weil zum anderen die Neuausgabe von 1317 zugleich eine wesentliche Abweichung gegenüber der *Abschrift der einen Nacht* aufweist, die ebenso grundsätzlich ausschließt, dass die Neuausgabe Zhang-wei Ming-yuans sich an Dôgens Vorlage anlehnt! Doch davon im übernächsten Absatz mehr.

Dôgens Abschrift, heutzutage unter dem Namen *Ichiya Hekiganroku* (das *Bi-yan-lu der einen Nacht*) geläufig, ist nach seinem Tod in den Besitz der Sôtô-Schule übergegangen und von ihr bis in die erste Hälfte des 20. Jahrhunderts hinein geheimgehalten worden – womit die Neuausgabe Zhang-wei Ming-yuans – den zu vermutenden Untergang der Vorlage Dôgens vorausgesetzt – 700 Jahre Zeit gehabt hat, sich als „Standard"-Ausgabe zu etablieren! Jetzt aber, da die *Ichiya*-Version der wissenschaftlichen Forschung zugänglich ist, unterliegt unser Bild von der Überlieferung des *Bi-yan-lu*, wie oben angedeutet, einem doppelten Wandel:

Nicht nur ist da dieser eklatante »Bindefehler«, der beiden Versionen der *Aufzeichnungen vor Smaragdener Felswand* einen gemeinsamen Vorfahren zuweist; daneben bestehen auch ein ebenfalls gravierender sowie mehrere kleinere »Trennfehler« zwischen der Standard-Ausgabe und der *Ichiya*-Version: Beide umfassen 100 Kôan, und zwar dieselben Kôan; doch weicht deren Reihenfolge in der *Ichiya*-Version in 28 Fällen (zwischen den Kapiteln 65 und 94) von derjenigen der Standard-Ausgabe überraschend deutlich ab, und zum anderen ordnet die *Ichiya*-Version in einer Mehrzahl von Fällen die Ankündigung anderen Beispielen zu, als es in der Standard-Ausgabe geschieht. So verschiebt sie die Ankündigungen 2 bis 4 der Standard-Ausgabe auf die Kapitel 1 bis 3; vertauscht sie die Ankündigungen 21 und 22 sowie diejenigen der Kapitel 98 und 100; setzt sie die Ankündigung 46 Standard in das beiden gemeinsame Kapitel 48, das in der Standard-Ausgabe an dieser Stelle ein Lücke enthält, und verlegt umgekehrt die Lücke des Kapitels 48 Standard in ihr eigenes Kapitel 46. Hinzu kommt noch, dass in der *Ichiya*-Version an drei weiteren Stellen, nämlich in den Kapiteln 4, 57 und 59, im Unterschied zur Standard-Ausgabe die Ankündigungen überhaupt fehlen.

3.

Vor allem die abweichende Reihenfolge der Kapitel 66 bis 93 *Ichiya*-Version zwingt zu dem Schluss, dass Zhang-wei Ming-yuan bei seiner Neuausgabe von 1317 auf eine andere Quelle (oder mehrere andere) als diejenige zurückgreift, die Dôgen zu Gebote gestanden hat. Zugleich kommen wir nicht umhin, für beide Versionen einen gemeinsamen Vorläufer anzusetzen. Und das wiederum bedeutet: Von der Abstammungslinie, die zwischen diesem gemeinsamen Vorläufer und der Vorlage für Dôgens *Ichiya*-Version von 1227 verläuft, muss sich eine zweite Linie abgespalten haben, in deren Verlauf bis zur Entstehung der Quelle (oder der Quellen) für Zhang-wei Ming-yuans Neuausgabe von 1317 die Umgruppierung der Kapitel 66 bis 93 *Ichiya*-Version stattgefunden hat. Rein theoretisch ist auch der umgekehrte Fall denkbar, dass sich von der Abstammungslinie zwischen dem gemeinsamen Vorläufer und der Quelle (oder den Quellen) der Neuausgabe von 1317 eine zweite Linie abgespalten hat, an deren Ende – unter entsprechender Umgruppierung der Kapitel 66 bis 93 Standard-Version – die Vorlage für Dôgens *Abschrift der einen Nacht* steht. Doch die größere zeitliche Nähe der *Ichiya*-Version zum gemeinsamen Vorläufer ganz allgemein sowie ein einzelnes Detail von besonderem Gewicht, die numerische Distanz zweier inhaltlich zusammenhängender Beispiele in der Standard-Version, sprechen dafür, dass sich in der Kôan-Abfolge der *Abschrift der einen Nacht* – und damit auch und erst recht in derjenigen ihrer Vorlage – die ursprüngliche Reihenfolge des Vorläufers erhalten hat.[27]

Zusätzliche Abweichungen der *Ichiya-* von der Standard-Version wie das Fehlen weiterer Ankündigungen in den Kapiteln 4, 57 und 59 sowie deren Vertauschungen in den Kapiteln 21 und 22, 46 und 48 sowie 98 und 100 können entweder als Flüchtigkeitsfehler gedeutet werden, die Dôgen beim Abschreiben unterlaufen sind,[28] oder sie gehen bereits auf das Konto seiner Vorlage, die ja möglicherweise auch ihrerseits, wenn auch bei weitem nicht so gravierend wie die Vorlage Zhang-wei Ming-yuans, bereits von dem gemeinsamen Vorläufer abgewichen war.

Zu alldem kommt noch hinzu, dass in den von beiden Versionen gemeinsam dargebotenen Texten der Wortlaut im einzelnen vielfache Unterschiede aufweist und wir in Ermangelung einer Kontroll-Version nicht in der Lage sind, zuverlässig zu entscheiden, welcher Wortlaut dem ursprünglichen Text des *Bi-yan-lu* entspricht.

Das Fazit der bisherigen Überlegungen lautet: Der Weg von der Erstausgabe des Jahres 1128 bis hin zu Dôgens *Ichiya*-Version hier und Zhang-wei Ming-yuans Neuausgabe dort ist in mehreren Etappen verlaufen: vom Urtext des Erstdrucks über den gemeinsamen Vorläufer der *Ichiya-* und der Standard-Version bis zur Vorlage für Dôgens Abschrift von 1227 und schließlich zur Vorlage für Zhang-wei Ming-yuans Neudruck von 1317. Und zweitens: Bei solcher Quellenlage bleibt uns letzte Sicherheit in Bezug auf den Urtext des *Bi-yan-lu* versagt: Es fehlen in den beiden Versionen, die uns zu Gebote stehen, ganze Abschnitte, nämlich die Ankündigungen zu 20 Beispielen; und selbst dort, wo beide Versionen dieselben Texte bieten, können wir nicht sicher sein, dass wir damit den ursprünglichen Wortlaut der *Aufzeichnungen vor Smaragdener Felswand* vor uns haben.

4.

Als gesichert kann hingegen der Aufbau des Ganzen gelten: Jedes der 100 Kapitel besteht aus einer Ankündigung, dem eigentlichen Beispiel sowie einem Lobgesang; ergänzt werden diese drei Hauptstücke durch ausführliche Erläuterungen sowohl zum Beispiel als auch zum

---

27 Zur Eigenart des *Bi-yan-lu* gehört es, dass inhaltlich zusammenhängende, gleichwohl getrennte Beispiele in der numerischen Anordnung unmittelbar aufeinander folgen; so bei den Kôan 14 und 15, den Kôan 57, 58 und 59, den Kôan 63 und 64 sowie den Kôan 70, 71 und 72 Standard bzw. 72, 73 und 74 *Ichiya*. Doch bei den Kôan *Jin-niu und der Reiskübel* und *Da-guang tanzt*, die ebenfalls inhaltlich unzweifelhaft zusammenhängen, bietet allein die *Ichya*-Version eine den anderen Fällen entsprechende unmittelbare Aufeinanderfolge, nämlich als die Kôan 76 und 77, während sie in der Standard-Version weit auseinandergerissen sind: als die Kôan 74 und 93!

28 Dass Dôgen den gesamten Text des *Bi-yan-lu* in einer einzigen Nacht (*ichiya*) abgeschrieben hat, ist sicher reine Legende. Daran könnte so viel wahr sein, dass er seine Abschrift erst kurz vor Ende seines China-Aufenthaltes und obendrein in höchster Eile angefertigt hat. Damit ließen sich offenkundige Flüchtigkeitsfehler wie der Wegfall einzelner Wörter oder Halbsätze erklären – Flüchtigkeitsfehler, die Itô veranlasst haben, an den betreffenden Stellen seiner *Teihon*-Ausgabe auf die Standard-Version zurückzugreifen, was er jeweils mit der Formel anzeigt: „Aufgrund der Standard-Version korrigiert."

Lobgesang sowie durch kurze Einwürfe, die zwischen die einzelnen Sätze des Beispiels und des Lobgesangs eingestreut sind (sog. Zwischenbemerkungen). Beispiel und Lobgesang stellen die ältere Textschicht dar, auf der die jüngere, bestehend aus den Ankündigungen, Erläuterungen und Zwischenbemerkungen, aufruht: Rund hundert Jahre nach den von Xuedou formulierten Textteilen hat Yuan-wu mit seinen Zusätzen dem vorgefundenen Material seine endgültige Fassung gegeben.

Und in dieser Gestalt ist das *Bi-yan-lu* in den Chan-Kreisen des Song-zeitlichen China, dem Ausrottungsversuch Da-huis zum Trotz, alsbald – vermutlich über weitere Abschriften des einzigen überlebenden Exemplars – als so mustergültig und zugleich der Verlust seiner ursprünglichen und vollständigen Druckfassung als so schmerzlich empfunden worden, dass einhundert Jahre später, genauer gesagt im Jahre 1224, eine zweite Kôan-Sammlung von absolut gleichem Format in den Druck gelangt ist: das *Cong-rong-lu*, die *Aufzeichnungen aus der Klause der Gelassenheit*, deren zwei Verfasser, Hong-zhi Zheng-jue (1091-1157) und Wan-song Xing-xiu (1166-1246) mit ihren Lebensdaten ähnlich weit auseinanderliegen wie Xue-dou und Yuan-wu. Wie diese teilen sich die beiden Verfasser des *Cong-rong-lu* in die Verantwortlichkeit für eine ältere Textschicht – Hong-zhis *100 Beispiele der Alten* samt Lobgesängen – und die jüngere Textschicht Wan-songs, die Ankündigungen, Erläuterungen und Zwischenbemerkungen; und wie beim *Bi-yan-lu* zeichnet der jüngere der beiden Autoren zugleich auch als der Herausgeber des gemeinsamen Werkes, auf den auch dessen Titel zurückgeht.

Dieses *Cong-rong-lu* kann, ja muss geradezu als der „Zwilling" des *Bi-yan-lu* bezeichnet werden, sieht es doch, wenigstens rein formal, wie eine Kopie des älteren Vorbildes aus. Sicherlich ist es nicht Ehrgeiz gewesen, der seine beiden Autoren Hong-zhi und Wan-song dazu bewogen hat, dem *Bi-yan-lu* ein eigenes, aber letztlich doch „nur" gleichartiges und gleichwertiges Werk zur Seite zu stellen; andernfalls hätten sie zweifellos die Leistung von Xue-dou und Yuan-wu zu übertrumpfen versuchen (oder wie Wu-men mit seinem *Wu-men-guan* etwas durchaus Anderes und jedem Anschein von Konkurrenz Ausweichendes vorlegen) müssen. Das *Cong-rong-lu* – diese Einschätzung hat sich dem Verfasser mehr und mehr aufgedrängt – sollte gerade nicht mit dem *Bi-yan-lu* in Wettstreit treten – wie auch, war doch Letzteres als allgemein zugängliches Druckwerk schon gar nicht mehr verfügbar! Nein, das *Cong-rong-lu* muss statt als Konkurrenz vielmehr als Ersatz für das – vorbildhafte, aber mehr oder weniger verlorene – *Bi-yan-lu* gedacht gewesen sein, auch wenn die beiden Verfasser als Mitglieder der Cao-Dong-Schule einer anderen Richtung des Chan angehört haben als Xue-dou und Yuan-wu mit ihrer Zugehörigkeit zu den »Häusern Lin-ji und Yun-men«, und folglich vor allem Wan-song zunächst einmal die Anhänger der eigenen Schulrichtung als Adressaten im Auge gehabt haben dürfte. Doch im Unterschied zum Rinzai- und Sôtô-Zen im heutigen Japan hat es im damaligen China keine scharfe Abgrenzung zwischen der Cao-Dong-Schule und den »Häusern Lin-ji und Yun-men« gegeben, wie schon der wechselseitige Respekt und die geradezu freundschaftlichen Beziehungen zwischen Da-hui, dem Nachfolger Yuan-wus und späteren „Vernichter" des *Bi-yan-lu*, und dem für die ältere Textschicht des *Cong-rong-lu* verantwortlichen Hong-zhi exemplarisch belegen.

Ebenso kann auch ein Bestreben, den „ganz anderen" Geist der Cao-Dong-Schule darzustellen, nicht als Motiv für die Herausgabe des *Cong-rong-lu* unterstellt werden – ganz einfach deshalb nicht, weil es, wie ein genauerer Vergleich von *Bi-yan-lu* und *Con-rong-lu* ans Licht bringt, diesen „ganz anderen" Geist gar nicht gegeben hat. Schon die Tatsache, dass Hong-zhi in 29 Fällen die gleichen Beispiele in seine Sammlung von *100 Beispielen der Alten* aufgenommen hat, wie sie sich im älteren, zu diesem Zeitpunkt möglicherweise von Da-hui bereits verworfenen *Bi-yan-lu* vorfinden, spricht für die geistige Nähe Hong-zhis zu den Auffassungen Xue-dous und Yuan-wus; und auch die übrigen 71 Beispiele des *Cong-rong-lu* lassen - bis auf eine Ausnahme, von der gleich noch zu reden sein wird - keine „ganz andere" Sicht der Welt erkennen. Im Gegenteil, in den wesentlichen Punkten stellt sich eine völlige Übereinstimmung der beiden „Schulen" heraus: dass wir als Übende die „Große Angelegenheit von Leben und Tod" dahingehend lösen sollen, nicht in Abkehr von der irdischen Welt uns die Flucht in die Transzendenz, das möglichst vollständige Verschwinden in einer „wahren Wirklichkeit" jenseits der *Zehntausend Dinge* zum Ziel zu setzen, sondern uns zu einer durch und durch bejahenden Diesseits-Zugewandtheit zu erziehen; und das wir als Lehrende dem Schüler durch das Verfahren des „Tötens und Lebendig-Machens" dabei wirksam auf die Sprünge helfen. Die eine Ausnahme besteht in der unterschiedlichen Bewertung der unbelebten Natur: Für die Cao-Dong-Schule ist es zentraler Bestandteil ihres Weltverständnisses, dass nicht nur die dem historischen Buddha zugeschriebenen Sûtren und deren Ausdeutung oder Weiterführung durch die sogenannten Patriarchen, sondern ebenso auch „Berge, Flüsse und die große Erde" die Buddha-Lehre verkünden; und so lässt sich nachvollziehen, dass eine Szene wie die im Kôan 79 *Bi-yan-lu* beschriebene (Buddha verkündet seine Lehre durch Schweigen) im *Cong-rong-lu* eine geradezu kosmische Deutung erfährt (Buddha - analog zum DAO - als Ursprung der *Zehntausend Dinge* und Ort ihres Wieder-Verschwindens) und infolgedessen noch vor die Gründungs-Legende von der Begegnung Bodhidharmas mit dem Kaiser Wu von Liang, mit der das *Bi-yan-lu* einsetzt, die aber im *Cong-rong-lu* erst die zweite Stelle einnimmt, ganz an den Anfang der späteren Kôan-Sammlung, des „Zwillings" *Cong-rong-lu,* gerückt ist.

5.

Selbstverständlich gibt es auch durchgehende Unterschiede zwischen den beiden Büchern; aber die liegen eher in der persönlichen Eigenart der einzelnen Autoren, ihren Vorlieben und individuellen Bildungsgängen begründet. So hat Xue-dou bei der Auswahl seiner „Helden" die Gewichte anders verteilt als Hong-zhi für das noch ungeborene *Cong-rong-lu*: Beide favorisieren sie eindeutig Yun-men Wen-yan, der im *Bi-yan-lu* mit weitem Abstand zu allen anderen Meistern 18mal auftritt, im *Cong-rong-lu* aber nur, doch immerhin noch 12mal; Zhao-zhou begegnet uns im *Bi-yan-lu* 12mal, spielt jedoch im *Cong-rong-lu* mit 7 Auftritten eine deutlich geringere Rolle. Auf diese beiden „Heroen" des Chan folgen im *Bi-yan-lu* mit erheblichem Abstand und gleicher Häufigkeit Bai-zhang, Nan-quan und Chang-qing (sämtlich 6mal), von denen Bai-zhang und Chang-qing im *Cong-rong-lu* es lediglich auf 2 bzw. 3 Auftritte bringen; nur Nan-quan ist im *Cong-rong-lu* ebenso häufig vertreten wie im *Bi-yan-lu.* Demgegenüber stehen im *Cong-rong-lu* - nach Yun-men, versteht sich - vor allem Yang-shan (8mal), Dong-shan und Fa-yan (beide 6mal) sowie Lin-ji, Yan-tou und Yun-yan (jeweils 5mal) im Vordergrund, von denen das *Bi-yan-lu* zum einen Yang-shan, Dong-shan, Lin-ji, Yan-tou und Yun-yan jeweils nur zwei Auftritte einräumt, Fa-yan zum anderen sogar nur einen einzigen.

So legt ferner Xue-dou, der für die Auswahl der 100 Beispiele des *Bi-yan-lu* verantwortlich zeichnet, eine ausgeprägte Vorliebe für kurze, auf ein Minimum reduzierte Episoden an den Tag, die entweder nur aus einer einzigen Frage und einer einzigen Antwort oder, in wenigen Fällen, sogar nur aus einer einzigen isolierten Äußerung eines Chan-Meisters bestehen. Von Beispielen dieser Art finden sich im *Bi-yan-lu* stolze 29, wohingegen Hong-zhi für seinen Grundstock des *Cong-rong-lu* nur 19 solcher Kurz-Beispiele ausgewählt hat. Genau umgekehrt verhält es sich bei den Beispielen mit ausgesprochen langen und entsprechend komplexen Texten; davon finden sich im *Bi-yan-lu* nur vier, während das *Cong-rong-lu* die doppelte Anzahl aufweist. Ja, Xue-dou hat an einer Stelle, bei den Kôan 63 und 64 *Bi-yan-lu*, eine der bekanntesten Chan-Anekdoten, die Geschichte von der Ermordung eines Katzenjungen durch Nan-quan und Zhao-zhous Rektion darauf, die sowohl Hong-zhi im Kôan 9 *Cong-rong-lu* als auch Wu-men im Kôan 14 *Wu-men-guan* als geschlossenes Ganzes darbieten, in zwei eigenständige Beispiele aufgeteilt – vermutlich aus pädagogischen Gründen, weil sich jeder Übende ohnehin mit den beiden Auftritten, dem Nan-quans und dem seines „Schülers" Zhao-zhou, gesondert beschäftigen muss. Aus vermutlich demselben Grund hat Xue-dou – wie in der Fußnote 27 bereits angedeutet – in weiteren Fällen Anekdoten, die Hong-zhi wegen ihrer thematischen Zusammengehörigkeit zu jeweils einem Beispiel vereint hätte, als getrennte Kôan unmittelbar aufeinander folgen lassen; so bei den Kôan 14 und 15 *Bi-yan-lu*, 57, 58 und 59 *Bi-yan-lu*, 72, 73 und 74 *Bi-yan-lu* sowie – zumindest in der *Ichiya*-Version – den Kôan 76 und 77 *Bi-yan-lu*.

Ein weiterer Unterschied, der seinen Grund in den persönlichen Vorlieben und individuellen Bildungsgängen beider Autoren hat, liegt darin, dass Xue-dou nur an einigen wenigen Stellen Anspielungen auf Ereignisse der chinesischen Geschichte oder auf Legenden und Mythen des Volksglaubens in seine Lobgesänge eingebaut hat, während Hong-zhis Lobgesänge von solchen Einsprengseln geradezu strotzen: Kaum ein Lobgesang des *Cong-rong-lu* (so ließe sich mit nur leichter Übertreibung sagen), in dem nicht Eigennamen vorkommen, die für uns Westler ausführlicher Erläuterung bedürfen – ja in nicht wenigen Fällen hat schon Wan-song, der Kommentator und Herausgeber des *Cong-rong-lu*, es für nötig befunden, die entsprechenden Hintergründe vor seinen potentiellen Lesern auszubreiten.

Und noch ein Unterschied, eher marginaler Art, wäre zu erwähnen; er betrifft die Ankündigungen beider Kôan-Sammlungen: Yuan-wu, verantwortlich für die entsprechenden Texte des *Bi-yan-lu*, bedient sich auffällig häufig formelhafter Wendungen wie „die eine [Ecke] erwähnt, sich schon über die drei [anderen] im Klaren sein" (*ju yi ming san*), „klarer Spiegel auf seinem Ständer" (*ming jing dang tai*), „aufrecht dastehen wie eine 1000 Klafter hohe Wand" (*bi li qian ren*), „durch Übung die Zehn Richtungen abschneiden" (*zuo duan shi fang*), „vielfach Schächte [in die Erde] bohren" (*qi chuan ba xue*), „festhalten und loslassen" (*ba-zhu fang-xing* bzw. *qin zong*), „gleichzeitig sterben und gleichzeitig leben" (*tong si tong sheng*) bzw. andersherum „gleichzeitig leben und gleichzeitig sterben" (*tong sheng tong si*), „töten und lebendig machen" (*sha huo*) und „sich Augen bereiten" (*ju yan*) und dergleichen mehr. Andererseits finden sich in Wan-songs Ankündigungen häufiger Anspielungen und Zitate aus dem *Dao-De-Jing*, als es bei Yuan-wu der Fall ist, wie umgekehrt der Gebrauch stereotyper Wendungen bei Wan-song weit weniger ins Auge fällt.

Dass sich dort, wo *Bi-yan-lu* und *Cong-rong-lu* dieselben Beispiele aufweisen, in den Ankündigungen und Lobgesängen zwangsläufig weitere Unterschiede ausfindig machen lassen, ist trivial; denn schließlich müssen die unterschiedlichen Persönlichkeiten Xue-dous und Hong-zhis hier und Yuan-wus und Wan-songs dort auf irgendeine Weise, und das kann ja nur heißen, in den je eigenen Assoziationen, Metaphern, Zitaten ihren Niederschlag finden. Doch all diese Unterschiede reichen nicht aus, den Verfassern des *Bi-yan-lu* einerseits und des *Cong-rong-lu* andererseits ein so grundsätzlich divergierendes Chan-Verständnis zu unterstellen, dass wir annehmen dürften, Hong-zhi und Wan-song, die beiden Autoren der späteren Sammlung, hätten ihr Buch als unerlässliche Ergänzung oder gar Richtigstellung des im *Bi-yan-lu* unzureichend oder – aus ihrer Sicht – fehlerhaft Dargestellten verstanden wissen wollen. Es bleibt also dabei, dass wir im *Cong-rong-lu* kein Konkurrenz-Unternehmen zu einem längst und dauerhaft etablierten *Bi-yan-lu* sehen dürfen, vielmehr in ihm einen bewusst als „Zwilling" angelegten Ersatz für einen mehr oder weniger verlorenen vorbildhaften Vorgänger vor uns haben.

6.

Die einzelnen Kapitel des *Bi-yan-lu* umfassen, wie gesagt, eine Ankündigung (Yuan-wu) sowie das eigentliche Beispiel und den Lobgesang zu den Akteuren, von denen das jeweilige Beispiel erzählt (beidemal Xue-dou). Außerdem bieten sie noch ausführliche Kommentare Yuan-wus zu den beiden Hauptstücken, dem Beispiel und dem Lobgesang, sowie Yuan-wus Zwischenbemerkungen. Die Leser dieses Buches werden freilich nach einer Übersetzung sowohl der Zwischenbemerkungen als auch der Erläuterungen Yuan-wus vergeblich Ausschau halten. Für diesen bewussten Verzicht glaubt der Verfasser hinreichende Gründe anführen zu können: Die Zwischenbemerkungen sind von Yuan-wu als Stolpersteine gedacht, die eine voreilige Aneignung der jeweiligen Texte Xue-dous durch seine Mönche verhindern sollen und folgerichtig zu einer Erhellung von Beispiel und Lobgesang, wie sie der Verfasser für heutige Leser intendiert, wenig beitragen (sie wären ihrerseits erläuterungsbedürftig und würden mithin dieses Buch nur unnötig aufblähen); und Yuan-wus Kommentare zu Beispiel und Lobgesang bieten einerseits, wenn auch nicht durchgängig, wichtige Sachinformationen, die der Verfasser freilich dankbar in seine eigenen Erläuterungen aufgenommen hat, sind aber zum anderen gleichfalls auch ihrerseits erläuterungsbedürftig, und das auf eine Weise, die dem Verständnis der beiden Hauptstücke eines jeden Kapitels oftmals nicht aufhilft. Auch hier wäre eine Aufblähung des vorliegenden Buches die zwangsläufige Folge, ohne dass dem Leser ein zusätzlicher Erkenntnisgewinn zuteil würde. Schließlich ist ja der Verfasser bemüht, mit seinen eigenen Erläuterungen das für uns Heutige zu leisten, was Yuan-wu mit seinen Kommentaren für die Mönche in den Chan-Klöstern der Song-Dynastie hat erreichen wollen, nämlich eine sinngemäße Aneignung der von Xue-dou gesammelten »Öffentlichen Aushänge« einschließlich seiner Lobgesänge – nur mit dem einen entscheidenden Unterschied, dass diese Aneignung damals und heute unter jeweils grundlegend anderen Voraussetzungen geschieht.

7.

Was jetzt noch fehlt, sind ein paar Anmerkungen zu der Textgestalt, in der das chinesische Original dem Verfasser bei seinen Übersetzungsbemühungen vorgelegen hat:

Der Standard-Version des *Bi-yan-lu* von 1317, der auch die Übersetzungen von Gundert (1960ff.), Cleary (1977), Sekida (1977) Schwarz (1999) und Yamada/Lengsfeld (2002) folgen, steht heutzutage die abweichende, jedoch mit deutlichem Stolz als „endgültig" (*teihon*) hervorgehobene, auf 500 Exemplare limitierte Ausgabe von Itô Yuten gegenüber: *Hekiganshû Teihon*, Shôwa 38 (1963), auf deren mit der Nummer 238 versehenes Exemplar der Verfasser Kapitel für Kapitel zurückgreift: Diese Ausgabe stützt sich weitgehend auf Dôgens *Abschrift der einen Nacht*, die *Ichiya*-Version von 1227, die schon wegen ihrer größeren zeitlichen Nähe zum Erstdruck des *Bi-yan-lu* (nur 100 Jahre Abstand im Vergleich zu den 190 Jahren bei der Standard-Ausgabe von 1317) von vornherein ein Mehr an Glaubwürdigkeit besitzt. Daneben gibt es selbstverständlich auch inhaltliche Anzeichen für die von Itô vertretene größere Vertrauenswürdigkeit der *Ichiya*-Version; am Deutlichsten ist das bei der – bereits im Abschnitt 3, Fußnote 27, erwähnten – inhaltlich plausibleren Abfolge der Kapitel 76 und 77 (statt der weit gesperrten Anordnung als Kôan 74 und 93 in der Standard-Version) der Fall;[29] andere Details wie die inhaltliche Stimmigkeit bei der Zuordnung der Ankündungen zu den Beispielen der Kapitel 2 und 3, eine Stimmigkeit, die in der *Ichiya*-Version gegeben ist, in der Standard-Version hingegen nicht, sowie das Fehlen einer Dublette in den Kapiteln 93 und 94 *Ichiya*-Version haben gleichfalls nicht unerhebliches Gewicht;[30] weitere Einzelheiten wie die möglicherweise gleichfalls plausiblere wechselseitige Zuordnung von Ankündigung und Beispiel in den Kapiteln 21 und 22 sowie 98 und 100 bedürfen allerdings der ausführlicheren Erörterung vor Ort.

Itôs *Teihon*-Ausgabe übernimmt von der *Ichiya*-Version vor allem die gegenüber der Standard-Version abweichende Reihenfolge der Kapitel 66 bis 93 und schließt sich auch bei der Zuordnung einzelner Ankündigungen der *Ichiya*-Fassung an. So hat Itô gleich zu Beginn den Text der Ankündigung, den die Standard-Ausgabe dem Kôan 1 zuweist, ersatzlos gestrichen und in Anlehnung an die *Ichiya*-Version durch den Text ersetzt, den die Standard-Ausgabe

29 Dass die unmittelbare Aufeinanderfolge der Kapitel 76 und 77 *Ichiya* dem auch sonst von Xue-dou geübten Verfahren entspricht, inhaltlich zusammengehörige Beispiele auch äußerlich zu verknüpfen (statt sie weit auseinanderzureißen, wie es mit den betreffenden Beispielen in der Standard-Version geschieht), spricht deutlich zu Gunsten der *Ichiya*-Version; und ein engerer inhaltlicher Zusammenhang als der zwischen den beiden Anekdoten „Jin-niu tanzt mit dem Reiskübel herum" und „Da-guang übernimmt den Tanz Jin-nius" lässt sich nicht denken: So auseinandergerissen, wie die beiden Beispiele in der Standard-Version erscheinen, ist das dortige Kapitel 93 gar nicht verständlich! Denn warum sollte Da-guang als Antwort auf eine Bemerkung Chang-qings, in der von Tanzen gar keine Rede ist, plötzlich und nicht nur den fragenden Mönch überraschend einen Tanz vollführen? Um das zu verstehen, müsste ein Benutzer der Standard-Version solange in seinem *Bi-yan-lu* herumsuchen, bis er auf das weit vorausliegende Kapitel 74 gestoßen ist!

30 Die Ankündigungen der Kapitel 3 und 4 in der Standard-Version passen nicht zu den Beispielen dieser Kapitel; mit der *Ichiya*-Version um ein Kapitel nach vorn verschoben, also in die Kapitel 2 und 3, stimmen dieselben Ankündigungen mit der inhaltlichen Ausrichtung der Beispiele dieser beiden Kapitel bestens überein – vgl. die Fußnote 61 anlässlich des Kôan 3. Und zum anderen: Anders als die Standard-Version weist die *Ichiya*-Fassung in ihrem Kapitel 94 keine Ankündigung und damit auch keine Dublette der Ankündigung aus 93 auf, wohingegen die Standard-Version mit ihrer Ankündigung des Kapitels 94 lediglich den Wortlaut der Ankündigung ihres Kapitels 90 (das dem Kapitel 93 *Ichiya*-Version entspricht) weitgehend wiederholt. Dass es sich dabei um eine offenkundige Dublette handelt, fällt in der Standard-Version wegen der Trennung beider Kôan weniger ins Auge, während eben diese Wiederholung bei der unmittelbaren Aufeinanderfolge beider Kapitel in der *Ichiya*-Version als anstößig empfunden werden muss – vgl. die Fußnoten 772 und 786.

als Ankündigung zum Kôan 2 darbietet – mit der Folge, dass sich, der *Ichiya*-Version entsprechend, auch die üblicherweise den Kôan 3 und 4 zugeordneten Ankündigungen bei ihm nach vorne auf die Kôan 2 und 3 verschoben finden. Zum Kôan 4 hingegen bietet Itô nach dem Vorbild der *Ichiya*-Version keine Ankündigung und reiht es damit unter die nicht gerade seltenen Fälle ein, in denen die Ankündigungen verloren gegangen sind.

Darüber hinaus vertauscht Itôs *Teihon*-Ausgabe in Anlehnung an die *Ichiya*- und entgegen der Standard-Version in den Kapiteln 46 und 48 das Vorhandensein und das Fehlen einer Ankündigung, indem sie die Ankündigung 46 Standard in das Kapitel 48 und das Fehlen einer Ankündigung aus 48 Standard in das Kapitel 46 verlegt. Ebenso vertauscht sie, der *Ichiya*-Version folgend, in den Kapitel 98 und 100 die beiden Ankündungen der Standard-Version, setzt also die Ankündigung 98 Standard ins Kapitel 100 und umgekehrt. In den Kapiteln 57 und 59 verfährt Itô allerdings auch einmal gegen die *Ichiya*-Version, die an beiden Stellen keine Ankündigung aufweist, wohingegen die *Teihon*-Ausgabe die entsprechenden Ankündigungen der Standard-Version übernimmt.

Wenn Itô seine Ausgabe des *Bi-yan-lu* als „endgültig" (*teihon*) bezeichnet, so soll damit keineswegs behauptet werden, dass sie eine zuverlässige Rekonstruktion des ursprünglichen Textes von 1128 darstellt. Zu oft muss Itô gegen den Wortlaut der von ihm bevorzugten *Ichiya*-Version zur Korrektur offensichtlich fehlerhafter Textstellen auf die Standard-Version sowie auf andere, nur in Bruchstücken überlieferte Versionen zurückgreifen. So hat nicht nur die Standard-Version ihre unübersehbaren Mängel; auch die *Ichiya*-Version kann hier und dort von gravierenden Schwächen nicht freigesprochen werden. Wie sollte es bei dieser Sachlage möglich sein, den Wortlaut der Original-Ausgabe von 1128 wiederherzustellen!? Nein, Itôs Anspruch zielt in eine andere Richtung: Er hat mit seinem *Hekiganshû Teihon* eine textkritische Ausgabe vorgelegt, die zum einen durch Einbeziehung aller verfügbaren Quellen sowie die kritische Abwägung ihrer jeweils besonderen Versionen einzelner Textstellen den in Itôs Augen plausibelsten Text darbietet und die zum anderen, dank des umfangreichen, um nicht zu sagen, lückenlosen »textkritischen Apparats« (gemeint ist die Aufzählung sämtlicher Text-Varianten durch alle Kapitel hindurch), für jeden des Chinesischen Kundigen die Möglichkeit bereithält, sich jeweils ein eigenes Urteil zu bilden, welchem Wortlaut er oder sie den Vorzug geben möchte. Und in diesem Sinne mag Itôs stolzem Titel *„Endgültige" Sammlung von der Smaragdenen Felswand* seine Berechtigung zugestanden sein.

3.

Bevor der Verfasser nunmehr den Leser auf die durchaus abenteuerliche Reise in die Welt der einzelnen Kôan mitnimmt, sind jedoch noch ein paar allerletzte Bemerkungen zu ihrem situativen Kontext vorauszuschicken:

Jedes einzelne der nachfolgenden Kapitel besteht, wie bereits erläutert, aus drei immer wiederkehrenden Teilen: einer Ankündigung, einem Beispiel und einem Lobgesang. Für die Ankündigung zeichnet Yuan-wu Ke-qin verantwortlich und Beispiel und Lobgesang stellen den Beitrag Xue-dou Zhong-xians dar. Statt des Wortes Ankündigung weist das chinesische Original allemal die drei Schriftzeichen *shi zhong yun* auf, die, wörtlich übersetzt und zur Verdeutlichung ergänzt, besagen: „[Yuan-wu] gibt der Menge [der versammelten Mönche] bekannt [und] sagt". Um das wiederum zu verstehen, sollte der Leser Folgendes vor Augen haben: Einmal in der Woche haben sich die Mönche eines Chan-Klosters in der Dharma- oder Lehrhalle versammelt, um sich – stehend! – einen Lehrvortrag des Abtes anzuhören; der Abt »stieg [die Stufen zur] Lehrhalle hinauf« (*shang tang*), nahm auf einem erhöhten Lehn- oder Lehrstuhl Platz und begann seine Dharma-Rede. Genau das hat auch Yuan-wu getan, und was er dabei einleitend vorgetragen hat, war nichts anderes als der Text der Ankündigung, so wie wir ihn heute noch in den *Aufzeichnungen vor Smaragdener Felswand* lesen. Das wiederum heißt: Der Text der Ankündigung ist primär nicht für eine Buchveröffentlichung gedacht gewesen, sondern als einleitender Teil eines mündlichen Vortrags, mit dem sich Yuan-wu direkt an seine Mönche gewandt hat, und der Text, den wir in den *Aufzeichnungen* lesen, mag dabei auf die Mitschrift eines einzelnen oder mehrerer Mönche oder auf Notizen zurückgehen, die Yuan-wu selbst angefertigt hat. Auf jeden Fall stellt eine Buchveröffentlichung, die die Worte *shi zhong yun* enthält, ein nachträglich entstandenes Produkt dar, so dass eine korrekte Übersetzung dieser drei Schriftzeichen eigentlich lauten müsste: „[Yuan-wu] hat der Menge [der versammelten Mönche] bekannt gegeben und gesagt"!

Wenn es sich aber so verhält, dann muss Yuan-wu seinen Mönchen anschließend auch das von Xue-dou ausgewählte Beispiel mündlich vorgetragen haben, weil ein Text wie der der Ankündigung, zumal er regelmäßig mit der Aufforderung an eben diese Mönche abschließt: „Versucht es doch bitte mal mit dem, [was Xue-dou hier] vorbringt!" (*shi qing ju kan*), ohne das Beispiel unsinnig und geradezu aberwitzig wäre; und wenn das Beispiel, dann hat Yuan-wu selbstverständlich auch den von Xue-dou verfassten und als Kommentar zum Beispiel formulierten Lobgesang mündlich vorgetragen! Auch die wortreichen Kommentare, mit denen Yuan-wu sowohl das Beispiel als auch den Lobgesang bedenkt, auf die der Leser freilich in dieser Ausgabe des *Bi-yan*-lu verzichten muss, sind gleichfalls Bestandteil seines Lehrvortrags gewesen, wie sich aus dem einen oder anderen Detail zweifelsfrei ergibt. So lässt die Buchfassung Yuan-wus Kommentar etwa zum Beispiel des Kôan 11 mit einer an die Mönche gerichteten Frage Yuan-wus („Wo habt Ihr denn Eure Nasenlöcher?"), mit dem anschließenden Hinweis auf eine längere Pause seinerseits (*liang jiu* – die übliche Formel für anhaltendes Stillschweigen), sowie mit Yuan-wus eigener, „stellvertretender" Anwort („Gerade jetzt [habe ich sie] durchbohrt!") zu Ende gehen: Was sich unserem Blick hier darbietet, ist ganz eindeutig die Schilderung einer Vortrags-Situation, die wir auch überall dort ansetzen dürfen, wo derartige Hinweise fehlen! Noch die vielfältigen Zwischenbemerkungen, mit denen Yuan-wu den Erzählfluss der Beispiele unterbricht und die einzelnen Zeilen der Lobgesänge voneinander abhebt, muss Yuan-wu, so befremdlich uns das erscheinen mag, mündlich vorgetragen haben. Auch hier gibt es unmissverständliche Hinweise, so beispielshalber, wenn Yuan-wu im Kapitel 91 einen Einwurf, mit dem Xue-dou seine eigenen Verse kommentiert und den er, Yuan-wu, von Xue-dou übernimmt, seinerseits mit einem Einwurf beantwortet, der zum einen an Xue-dou verhaltene Kritik übt („[Xue-dou] lässt [Euch] bedauerlicherweise laufen ..."), sich zum anderen eindeutig an die Mönche richtet („[ich aber] schlage auf der Stelle zu!") und dabei eine Situation voraussetzt, in der die Mönche leibhaft anwesend sind.

Und Xue-dou selbst? Wie uns neuere Forschungen deutlich gemacht haben, geht das auch heute noch im Rinzai-Zen geübte Verfahren, die Arbeit an und mit einem Kôan – und das meint in der Regel nur den Textteil, der hier Beispiel heißt – auf dem Sitzkissen, also während der Zazen-Übung zu vollziehen, erst auf Da-hui Zong-gao (1089-1163), den Nachfolger Yuan-wus und vehementen Befürworter der Kôan-Praxis, zurück. Bis dahin haben alle Chan-Meister der Song-Zeit – und nach und trotz Da-hui die Vertreter der Cao-Dong-Schule zunächst auch weiterhin – die »Beispiele der Alten« ausschließlich für ihre Lehrvorträge in der Dharma-Halle, durch das *shang tang* als formelle Veranstaltungen für alle Mönche gekennzeichnet, sowie für die informellen Darlegungen genutzt, die sie abends in ihren Abtsräumen vor einem kleineren Kreis von Schülern oder auch vor einzelnen, zum *ru shi*, dem „Betreten der Abtszimmer" berechtigten Mönchen vorgetragen haben.[31]

Auch Xue-dou hat die von ihm ausgewählten »Beispiele der Alten« für Lehrvorträge in der Dharma-Halle genutzt, ebenso seine als *song*, als Lobrede oder Lobgesang überschriebenen Gedichte, mit denen er die einzelnen Beispiele kommentiert. Das zeigen Zusätze, die die Buchfassung in immerhin einem Fünftel der insgesamt 100 Kapitel aufweist: in der Regel im Anschluss an das Beispiel und/oder den Lobgesang, manchmal – wenn etwa das Beispiel, wie im Kapitel 78 der Fall, aus mehreren Zitaten unterschiedlicher Meister besteht oder wenn eine längere Anekdote wie die des Kapitels 31 sich in deutlich voneinander abgehobene Episoden gliedert – in den Text mit eingefügt. Eine eindeutige Sprache sprechen dabei zumal die Zusätze zu den Lobgesängen der Kôan 60: „Unerwartet ergriff Xue-dou seinen Wanderstab und stieg von seinem Sitz herab; die große Menge [der Mönche] aber wandte sich augenblicks zur Flucht", und 78, letzterer anlässlich der Anekdote vom zerbrochenen Nashorn-Fächer: „Der Meister sagte auch: ‚... Da der Fächer nun einmal zerbrochen ist, gebt mir das Nashorn zurück!' Da trat ein Mönch vor und sagte: ‚Lasst uns alle zusammen in die Mönchshalle zur Versenkungsübung gehen!' Der Meister stieß einen Schrei aus und sagte: ‚Ich habe meine Angel nach einem Wal ausgeworfen, habe aber nur eine Kröte gefangen!' Und sogleich stieg er von seinem Lehrsitz herab."

Yuan-wu hat also bei den Textteilen, die in dieser deutschen Ausgabe des *Bi-yan-lu* mit Beispiel und Lobgesang überschrieben sind, in einer beträchtlichen Anzahl von Fällen die Spuren ihres mündlichen Vortrags durch Xue-dou beibehalten – ihres Vortrags vor der „großen Menge [der Mönche]", womit all diejenigen Mönche gemeint sind, die nicht durch die Betreuung mit besonderen Aufgaben innerhalb des Klosters daran gehindert waren, an den wöchentlichen Lehrvorträgen des Abtes teilzunehmen. Im chinesischen Original werden

31 Siehe dazu Foulk, *The Form and Function of Koan Literature. A Historical Overview*, in: Heine / Wright (1), S. 15ff., insbesondere S. 24: *„The best indication that Da-hui or his followers did link the practices of contemplating phrases and seated meditation is found in the attack that they made on a style of seated meditation that did not make use of old cases, namely, the so-called „Chan of silent illumination" that was taught by Da-hui's contemporary and rival, Hong-zhi Zheng-jue. ... Hong-zhi himself, it is important to note, had nothing against commenting on old cases. Indeed, he himself engaged in the practice and left two collections that subsequently became the basis for a full-blown Koan collection similar to Yuan wu's Blue Cliff Collection, [called Cong-rong-lu]. For Hong-zhi, however, commenting on old cases was one thing and seated meditation was another. In this respect, he represented a tradition older than Da-hui's ‚Chan of contemplating phrases' and may be seen as a conservative who resisted Da-hui's innovations. In any case, if Da-hui and his followers had not sought to bring contemplating phrases together with seated meditation, they would have had no particular reason for castigating Hong-zhi's failure to do so."*

diese Textteile durch die Schriftzeichen *ju*, „vorbringen“, „erwähnen“, „empfehlen“, bzw. *song*, „rühmen“, „loben“, „preisen“, eingeleitet, und diese Einleitungen wären korrekterweise als „[Xue-dou] hat vorgebracht“ oder „vorgetragen“ bzw. „[Xue-dou] hat [folgendes] Lob ausgesprochen“ zu übersetzen, wenn es denn um eine möglichst wörtliche Wiedergabe ginge. Yuan-wu hat jedoch aus Bestandteilen unterschiedlicher Herkunft, nämlich von eigener Hand und von der Hand Xue-dous, einen einheitlichen Text gestalten wollen, und dem wird die gleichartige Kennzeichnung durch die Substantive: Ankündigung, Beispiel und Lobgesang deutlich besser gerecht. Bei den Zusätzen freilich hat der Verfasser mit der Wahl eines Vergangenheitstempus die Absicht verfolgt, ihren ursprünglichen Charakter als vor einer Zuhörerschaft frei gesprochenes Wort bzw. vor Anwesenden spontan vollzogene Handlung sichtbar bleiben zu lassen. Der erste dieser Zusätze findet sich gleich im Eingangs-Kapitel der *Aufzeichnungen vor Smaragdener Felswand*, also der zum *gong-an* verdichteten fiktiven Begegnung zwischen Bodhidharma und dem Kaiser Wu von Liang, einem trotz seiner raumgreifenden Zweiteiligkeit geradezu klassischen *encounter dialogue*, dem „Zwiegespräch in spiritueller Begegnung“.[32]

9.

Ein vorletztes Wort noch zum Schriftbild dieses Buches. Die gröbste Auffälligkeit sind die zahllosen eckigen Klammern ([bzw.]), die das Lesen sehr wohl erschweren mögen. Sie sollen – wissenschaftlichem Brauch entsprechend – anzeigen, dass der Verfasser an der betreffenden Stelle ein oder mehrere Wörter eingefügt hat, zu denen es im chinesischen Original keine Entprechungen gibt. Andererseits macht die Eigenart der chinesischen Alltags- und Kunstsprache des 11. und 12. Jahrhunderts eine wörtliche Übersetzung nahezu unmöglich, weil sie vieles weglässt, was nicht nur für einen korrekten deutschen Satz, sondern auch für das Verständnis des Textes unerlässlich ist. Jeder Leser und erst recht jeder Übersetzer ist daher auf Ergänzungen angewiesen. Um der Aufrichtigkeit willen hat sich der Verfasser daher entschlossen, seine einschlägigen Ergänzungen kenntlich zu machen, weil sonst der falsche Eindruck entstünde, der chinesische Text sei genauso eindeutig formuliert, wie eine um Genauigkeit und bessere Verständlichkeit bemühte Übersetzung wie diese hier ohne die eckigen Klammern vortäuschen müsste. Zum anderen sind diese Klammern auch insofern ein Ausdruck von Ehrlichkeit, als der Verfasser damit einräumt, dass an den betreffenden Stellen oftmals auch andere Ergänzungen möglich wären. Freilich gibt es daneben auch ganz triviale Ergänzungen, die nicht durch Klammern gekennzeichnet sind: Insbesondere die Ankündigungen weisen in der deutschen Übersetzung viele „Wenn ..., dann ...“-Satzgefüge auf, denen im chinesischen Original lediglich eine Abfolge zweier unverbundener

---

32 Indem Yuan-wu mit seinen *Aufzeichnungen vor Smaragdener Felswand* aus Xue-dous für den mündlichen Vortrag gedachten und durch die Lobgesänge zusätzlich aufbereiteten Anekdoten zu Leben und Lehre früherer Chan-Meister einen in Buchform vorliegenden und jederzeit nachlesbaren Text gemacht hat, reiht er sich in eine Song-zeitliche Entwicklung ein, innerhalb derer beispielshalber *encounter dialogues*, ursprünglich Geschichten zur mündlichen Belehrung von Mönchen durch ihren Abt, schließlich zu Kôan werden, an denen sich Chan-/Zen-Schüler während ihrer Zazen-Übung abarbeiten, und die in Da-huis *gong-an*-Reform ihren bis heute nachwirkenden Abschluss gefunden hat – eine Entwicklung, der sich auch die Cao-Dong-Schule letztlich nicht hat entziehen können, wenn etwa ein Wan-song Xing-xiu 100 Jahre nach dem Erscheinen des *Bi-yan-lu* mit seinem *Cong-rong-lu* eine aufs Haar gleiche eigene *Gong-an*-Sammlung ins Werk gesetzt und herausgegeben hat.

Hauptsätze gegenübersteht, die jedoch eine andere Übersetzung als durch eine „Wenn ..., dann ...“-Verknüpfung gar nicht zulassen.

Und dann sind da noch die bald längeren, bald kürzeren englischen Zitate, die den einen oder anderen Leser befremden mögen: Um der Authentizität willen hat der Verfasser geglaubt, die in einer Vielzahl von Fußnoten vorfindlichen Zitate aus neuer und neuester englischsprachiger Literatur zur Geschichte des Chan-Buddhismus in der Originalsprache wiedergeben zu sollen. Um deutschen Lesern das Verständnis dieser oftmals sprachlich schwierigen Fußnotentexte zu erleichtern, bietet der Verfasser im Anhang allem anderen voran eine deutsche Übersetzung der einzelnen Zitate, in der numerischen Reihenfolge der betreffenden Fußnoten angeordnet. Ein besonderes Bemühen um Authentizität aber scheint dem Verfasser gerade bei diesen Zitaten deshalb angebracht zu sein, weil es den Autoren der zitierten Werke um eine umfassende Revision unseres bisherigen Bildes vom chinesischen Chan-Buddhismus geht, der, als Vorläufer des japanischen Zen, diesem gegenüber eine nicht zu überschätzende Einzigartigkeit aufweist.

Die Kôan

1. Bodhidharmas „Leer und weit“

Ankündigung

(Standard-Version)[33]

Hinter einem Hügel Rauch erblicken und sogleich wissen: „Da ist ein Feuer!“ Hinter einer Mauer Hörner erblicken und sogleich wissen: „Da sind Rinder!“ Kaum wird die eine [Ecke] erwähnt, sich schon über die drei [anderen] im Klaren sein; und auf einen Blick Gramm und Unze unterscheiden: All das ist für Flickenkutten-Mönche wie täglicher Tee und Reis. Aber wenn [sie] gar den unablässigen Strom der Gedanken restlos abschneiden, dann steigen [sie] im Osten empor und gehen im Westen unter; dann haben [sie] an widrigen und günstigen Umständen keinerlei Schranke; dann geben [sie] und nehmen weg, frei und ungehindert. Und wenn genau das eintritt, dann sag mal: Was für Menschen sind das, die so verfahren? – Nehmt Euch dazu doch mal Xuedous Rankengewächse vor!

(*Teihon*-Version)[34]

Mögen Himmel und Erde zusammenschrumpfen und Sonne, Mond und Sterne sich zugleich verfinstern; mögen Stockhiebe wie Regentropfen niederprasseln und Schreie wie rollender Donner daherkommen – so hast [du] doch immer noch nicht das Entscheidende an unserer »nach oben hin« ausgerichteten Lehre richtig erfasst. Und gesetzt, dass noch die Buddhas der Drei Zeiten es nur aus sich selbst heraus wissen können; dass auch die Patriarchen aller vergangenen Generationen es nicht vollständig

---

33 Der Text, den die Standard-Version hier als Ankündigung bietet, passt nicht so recht zu dem nachfolgenden Beispiel: Mit seiner Aufzählung eher trivialer Fähigkeiten der Flickenkutten-Mönche (ihr *täglicher Tee und Reis*) verfehlt er den eindeutig »bilderstürmerischen« Charakter des Beispiels (*nichts Heiliges*); und mit seinen Aussagen zum Abschneiden des Gedankenstroms, einer Himmelsbahn von Ost nach West und einer uneingeschränkten Freiheit des Handelns (*keine Schranke*) greift er, statt sich auf den konkreten Inhalt des Beispiels zu beziehen, auf die übrige Bodhidharma-Legende zurück: auf den neunjährigen Versenkungs-Marathon des »wandanstarrenden Brahmanen«, die – mit schamanenhaften Zügen ausgestattete – Überquerung des Yangtse auf einem Schilfrohr, die – *post mortem* angetretene – Rückkehr des „Einschuhs“ nach Indien eben von Osten nach Westen, unerreichbar erhaben wie der Lauf von Sonne und Mond. Damit erweckt die Ankündigung der Standard-Version den schwer abzuweisenden Eindruck eines später aus einer anderen Quelle eingefügten Textes – eines Textes obendrein, der in seinen Eingangssätzen mit allerlei Versatzstücken aufwartet, unter anderem mit jener Formel: *ju yi ming san, „die eine [Ecke] erwähnt, sich schon über die drei [anderen] im Klaren sein“*, der sich Yuan-wu – wenn denn dieser Text von ihm herrührt – auch andernorts bedient.

34 Anders steht es mit der Ankündigung der *Ichiya*-Version: Da enthalten gleich die ersten Worte (*Mögen Himmel und Erde zusammenschrumpfen und Sonne, Mond und Sterne sich zugleich verfinstern*) auch eine Anspielung darauf, dass alsbald dem Kaiser Wu seine ganze heile Welt zertrümmert werden wird; da weist ebenso die „Besudelung“ durch das Aussprechen des heiligen Namens Buddhas auf die »Bilderstürmerei« des Beispiels hin, da wird unmissverständlich klargestellt, dass sich dort, wo der Kaiser Auskunft heischt, schlechterdings nichts sagen lässt – kurz, aufgrund derart deutlicher Entsprechungen kommt der Verfasser nicht umhin, sich Itô und seiner *Teihon*-Ausgabe anzuschließen und die Ankündigung der *Ichiya*-Version, weil die allein angemessene, als dem Kôan 1 korrekt zugeordnet zu übernehmen.

haben aussprechen können; dass sogar die eine große Lehrschrift aller Sûtren,[35] mit noch so vielen Anmerkungen und Erläuterungen versehen, nicht daran heranreicht und dass selbst Flickenkutten-Mönche mit klarem Blick sich selbst nicht haben retten können[36] – wozu willst [du] dann, bis zu diesem Punkt gekommen, noch um Auskünfte bitten? Auch nur das Wort „Buddha" auszusprechen bedeutet, sich mit Schlamm zu besudeln; auch nur das Wort „Chan" auszusprechen bedeutet, über und über schamrot zu werden! Erstklassige Könner, die sich lange genug in der Versenkung geübt haben, bedürfen keiner Worte; wer aber erst jüngst mit der Übung angefangen hat, der muss sich [das, worum es geht,] ohne Umschweife bis auf den Grund zu Eigen machen! – Versucht es doch bitte mal mit dem, [was Xue-dou hier] vorbringt!

Beispiel

Kaiser Wu von Liang fragte den Großmeister Bodhidharma: „Was ist der eine Sinn der heiligen Wahrheit?"[37]
Bodhidharma sagte: „Leer und weit, nichts Heiliges!"
Der Kaiser sagte: „Wer [ist das da], Uns gegenüber?"
Bodhidharma sagte: „[Ich] weiß [es] nicht!"
Der Kaiser verwarf [die Aussagen seines Besuchers].
[Bodhidharma aber] überquerte gleich danach den Großen Strom und begab sich in das Reich der Nördlichen Wei.

Später erwähnte der Kaiser [den Vorfall] gegenüber dem hochgeschätzten Herrn Zhi und suchte bei ihm Rat.[38]
Der hochgeschätzte Herr Zhi sagte: „Majestät haben diesen Mann doch wohl erkannt?"

---

35 Eine andere Lesart dieses Satzes lautet: „die eine Lehre eines ganzen Lebens" – aber das macht inhaltlich keinen Unterschied. Denn mit dieser „einen Lehre eines ganzen Lebens" ist die Gesamtheit der Lehrreden gemeint, die der historische Buddha im Laufe seines Lebens je gehalten hat (oder gehalten haben soll), und das sind, nach orthodoxem Verständnis, eben die sämtlichen Sûtren des buddhistischen Kanons, die in ihrer schriftlich fixierten Form die eine große Lehrschrift des Buddhismus darstellen.

36 *Ichiya*-Version und *Teihon*-Ausgabe bieten die beiden Sätze zur *großen Lehrschrift aller Sûtren* sowie zu den *Flickenkutten-Mönchen* in umgekehrter Reihenfolge. Aus inhaltlichen Gründen übernimmt der Verfasser hier die Abfolge beider Sätze aus der Standard-Version.

37 Mit *Wahrheit* ist hier die Lehre Buddha Shâkyamunis gemeint (das Schriftzeichen *ti*, das sich an dieser Stelle findet, bedeutet ursprünglich „untersuchen", „erforschen", „urteilen"), die Buddha-Lehre als das – in all seinen Lehrreden dargelegte – Ergebnis seiner „Erforschung" dessen, wie es mit den Menschen, den Dingen, mit der Welt denn nun wirklich steht. – Anders, als er diesen Begriff in seiner Übersetzung des Kôan 2 *Cong-rong-lu* gedeutet hat, versteht der Verfasser, wieder ein bisschen klüger geworden, den Begriff *Wahrheit* nunmehr als die Summe der zutreffenden Aussagen über die Wirklichkeit, und nicht mehr als die Wirklichkeit selbst.

38 Dieser *hochgeschätzte Herr Zhi* war ein schamanistischer Zauberer, der Wunder vollbracht, damit das Volk verwirrt hatte und zur Strafe vom Kaiser Wu ins Gefängnis geworfen worden war. Doch als Schamane verfügte er über die Fähigkeit zur Bilokation, also an zwei Orten gleichzeitig zu erscheinen, und so tauchte er außerhalb des Gefängnisses wieder auf und setzte seine Belehrungen des Volkes fort. Als der Kaiser davon erfuhr, berief er ihn an den Hof und machte ihn zu seinem Ratgeber. Doch Zhi, nunmehr *der hochgeschätzte Herr Zhi*, fuhr unverdrossen fort, auf geheimnisvolle Weise zu verschwinden und wieder zu erscheinen, freilich ohne sich dabei seiner Aufgabe als Ratgeber zu entziehen. – Im Übrigen folgt der Verfasser bei der obigen Übersetzung dieses Satzes der Standard-Version.

Der Kaiser sagte: „[Ich] habe [ihn] nicht erkannt!"
Der hochgeschätzte Herr Zhi sagte: „Das war der große Herr Avalokiteshvara, der [gekommen ist, um] Buddhas Herzenssiegel weiterzugeben!"
Voll Reue sandte der Kaiser sogleich einen Boten [hinter Bodhidharma] her, um ihn [an seinen Hof] zu laden.
Der hochgeschätzte Herr Zhi sagte daraufhin: „Majestät sagen bitte niemandem, dass [Sie] einen Boten ausgeschickt haben, um [diesen Mann wieder] hierher zu holen! Selbst wenn alle Bewohner [Eures] Reiches auszögen, würde er ebenso wenig zurückkehren!"

Lobgesang

„Heilige Wahrheit" – „Leer und weit" –
Was wäre da der zweifelsfreie Unterschied?
„Wer [ist das da], Uns gegenüber?" –
Er sagt noch: *„[Ich] weiß [es] nicht!"*
Und überquert in aller Heimlichkeit den Großen Strom –
Unvermeidlich, dass hinter ihm Disteln und Dornen sprießen!
Mag auch das ganze Reich ihm nachsetzen – er kommt kein zweites Mal;
Jahrhunderte, Jahrtausende denkt [der] umsonst an ihn zurück:[39]
Hört [Ihr nur] auf, an ihn zurückzudenken –
Welche Grenze kennte denn rings der reine Wind?

(Der Meister hat sich umgesehen nach links und rechts und [dann] gefragt:
„Ist er noch hier zugegen, unser Patriarch?"
Und hat die Antwort selbst gegeben: „Ja!" –
„Dann ruft [ihn] her, lasst [ihn mir] altem Mönch die Füßen waschen!"[40])

Das Eingangs-Kôan feiert – nicht überraschend – den legendenumwobenen Begründer des chinesischen Chan-Buddhismus. Die Begegnung zwischen **Bodhidharma** und dem **Kaiser Wu von Liang**, von der das Beispiel berichtet, hat allerdings niemals stattgefunden[41] – zuverlässige Quellen besagen, dass sich Bodhidharma zur Zeit der Thronbesteigung des Kaisers Wu längst auf dem Bärenohren-Berg nahe dem Shao-lin-Kloster im Reich der Nördlichen

39 Derjenige, der hier *umsonst* an Bodhidharma *zurückdenkt*, ihn sich mithin, wenn auch vergeblich, zurückwünscht, und dessen Wunsch auch in *Jahrtausenden* nicht in Erfüllung gehen wird, ist natürlich der Kaiser Wu, der, von Reue wegen seines Mangels an Einsicht überwältigt, dem Begründer des Chan bereits einen *Boten* nachgesandt hat.

40 Der Kontext dieser kurzen Szene ist leicht zu ergänzen: *Der Meister*, und das ist selbstvertändlich Xue-dou, hat von seinem Lehn- und Lehrstuhl herab zunächst den Lobgesang vorgetragen, sich dann in der Lehrhalle vor den versammelten Mönchen nach beiden Seiten hin umgesehen und schließlich, vielleicht nach einer deutlichen Kunstpause, sein kleines Selbstgespräch angehängt, mit dem er seinen eigenen Lobgesang scheinbar widerruft.

41 *„Even the famous exchange between Bodhidharma and Emperor Wu of the Liang dynasty ... is not recorded for the first time until 758 or shortly thereafter"* („Selbst über die berühmte Begegnung zwischen Bodhidharma und dem Kaiser Wu der Liang-Dynastie findet sich kein früherer Bericht als aus dem Jahr 758 oder kurz danach") – also ca. 250 Jahre nach Bodhidharmas Tod: s. McRae (2), S.55.

Wei aufgehalten hat. Ebenso nachträgliche Zuschreibung ist der berühmte Vierzeiler, mit dem Bodhidharma die Quintessenz des Chan-Buddhismus umschrieben haben soll:

> Eine besondere Überlieferung außerhalb der Lehre,
> Die sich nicht auf Schriftzeichen gründet,
> Unmittelbar auf das Herz des Menschen zeigt:
> Die [eigene] Natur zu schauen und Buddha zu werden![42]

Dass Bodhidharma „aus dem Westen", mithin über die Seidenstraße, ins nördliche China gekommen sein soll (andere Quellen sprechen davon, er sei von Süden her über das Meer nach China gelangt), hat sich in der stereotypen Frage nach dem »Sinn des Kommens aus dem Westen« (*xi lai yi*) niedergeschlagen, sozusagen der Grundfrage der Chan-Überlieferung, gleichbedeutend mit der ebenso zentralen Frage: „Was ist mit Buddha?" bzw. „Was ist mit dem Sinn der Buddha-Lehre?", wie sie das Kôan 86 *Cong-rong-lu* dem jungen Lin-ji ans Herz gelegt sein lässt.

Wenn Bodhidharma hier im Eingangs-Kapitel des *Bi-yan-lu* ein Treffen ausgerechnet mit dem Kaiser Wu von Liang angedichtet wird, so liegt das in der Person dieses „Himmelssohnes mit dem Buddha-Herzen" (Yuan-wu) begründet, der sich nicht nur als herausragender Förderer des Buddhismus erwiesen hat, sondern als gelehrter Kenner des buddhistischen Schrifttums auch selbst Lehrvorträge über die *Prajnâpâramitâ-Sûtren* abgehalten haben soll: Es ist wahrlich kein Jedermann, der hier – so will es die Chan-Überlieferung – an der Überlegenheit des Ersten chinesischen Patriarchen zu Schanden wird.

Im Übrigen wirkt bei näherer Betrachtung die scheinbar unscheinbare Frage, die da einer einzelnen historischen Gestalt in den Mund gelegt wird, wie der Versuch einer Verdichtung des gesamten Mahâyâna-Buddhismus; und die angeblichen, bis zum Äußersten verkürzten und zu Formeln erstarrten Äußerungen Bodhidharmas sind reine »Bilderstürmerei«,[43] von einer Radikalität, wie sie zu Beginn einer Bewegung noch gar nicht bestanden haben kann und laut Tang-zeitlichen Quellen zur Frühzeit des Chan auch tatsächlich noch nicht bestanden hat, die vielmehr einen bereits voll ausgereiften Chan-Buddhismus voraussetzt, etwa den eines Lin-ji, der unmissverständlich erklärt hat: „Es gibt keinen Buddha und es gibt keine Wahrheit!"

Dass der Kaiser gleichwohl von einer *heiligen Wahrheit* spricht und nach dem *einen Sinn* dieser Wahrheit fragt, ist für uns unschwer nachzuvollziehen: Seit im alten China Sûtren-Übersetzungen aus dem Sanskrit vorlagen, hat es auch reisende Sûtren-Erklärer gegeben, die im Lande umhergezogen sind und Vorträge über einzelne Sûtren gehalten haben (der

---

42 Die Zuschreibung des obigen Vierzeilers an Bodhidharma findet sich erstmals in dem *Zu-ting shi-yu-an*, der *Sammlung der Vorfälle aus dem Haus der Patriarchen*, dem Werk eines Chan-Meisters namens Mu-an Shan-qing aus dem Jahr 1108 – s. Welter (1), S.79

43 Eine »Bilderstürmerei«, terminologisch exakt ausgedrückt, ein Ikonoklasmus, der sich freilich nicht gegen bildliche Darstellungen des Heiligen richtet, sondern gegen die Lehr- und Glaubenssätze, die für eine als heilig empfundene Buddha-Lehre als unverzichtbar und unantastbar gegolten haben.

bekannteste dieser Vortragsredner in der Geschichte des Chan-Buddhismus war zweifellos De-shan Xuan-jian, der, ein Spezialist für das *Diamant-Sûtra*, ausgezogen war, die Lehre von der „plötzlichen Erleuchtung“ auszurotten, dabei aber an Long-tan Chong-xin gescheitert ist, der ihn im Gegenteil in ein Bekehrungserlebnis hineingetrieben hat).[44] Auch der Kaiser selbst war, wie gesagt, ein erfahrener Sûtren-Erklärer; und das wiederum setzt voraus, dass er sich in der Literatur der Sûtren-Kommentare sehr wohl ausgekannt hat. Es muss folglich zu jedem Sûtra eine Vielzahl unterschiedlicher Interpretationen gegeben haben, was das Verlangen nach dem *einen Sinn*, der sich hinter all der Verschiedenheit der Meinungen verbarg, mehr als verständlich macht. Hinzukommt, dass schon die Vielzahl der – dem historischen Buddha zugeschriebenen – Sûtren selbst seit jeher den Gelehrten und Denkern des »Großen Fahrzeugs« erhebliche Schwierigkeiten bereitet hat, aus der nahezu unübersichtlichen Vielfalt der Inhalte die „eine Lehre seines ganzen Lebens“ herauszudestilieren.[45] Der Kaiser möchte also von dem Fremdling aus Indien, dem Ursprungsland der Buddha-Lehre, wissen, was denn der – allen Sûtren gemeinsame – Kern der *heiligen Wahrheit* ist.

Heilig ist diese Wahrheit, die Buddha-Lehre, weil sie rückhaltlose Verehrung verdient, als eine Lehre, die uns zu befreien, zu „erlösen“ verspricht; und zum anderen, weil sie unantastbar ist, Ehrfurcht und Scheu gebietet und jede Beschmutzung, jede Entweihung als schlechterdings unerlaubt von sich abweist, ausgestattet mit der unbedingten Autorität eines zum Absolutum erhobenen Tathâgata. *Heilig* aber auch deshalb, weil sie, als „Wahrheit über“, auf etwas anderes verweist, auf eben dieses Absolutum, den mit den »drei Leibern Buddhas« identischen Tathâgata.[46] Die Frage des Kaisers nach dem *einen Sinn* dieser *heiligen Wahrheit* ist also von höchsten Erwartungen bestimmt.

In diese Erwartungen hinein fällt Bodhidharmas Antwort: *„Leer und weit, nichts Heiliges!“* Versetzen wir uns in die Lage des Kaisers: *Leer und weit* – das heißt doch: keine umgrenzten Inhalte, nichts Bestimmbares, was sich sagen, was sich aussagen ließe; selbst die Bezeichnung *„leer und weit“* schießt übers Ziel hinaus, weil sie vortäuscht, da wäre etwas, das zu Recht die Bestimmung „leer und weit“ trüge.[47] Und auf dieses *„Leer und weit“* passen punktgenau Sätze der *Ichiya*-**Ankündigung** wie: *Noch die Buddhas der Drei Zeiten können es* – diesen Zustand des *„Leer und weit!“*, den wir allein in der Versenkung erfahren – *nur aus sich selbst heraus wissen*; *auch die Patriarchen aller vergangenen Generationen haben es* - weil da eben

44 Von dieser berühmten Episode der Chan-Bewegung erzählt das Kôan 28 *Wu-men-guan* – vgl. Roloff (1), S. 110ff.

45 Von dieser „einen Lehre seines ganzen Lebens“ wird in den Kôan 14 und 15 die Rede sein – das Erstere handelt davon, dass Yun-men auf die Frage eines Mönchs: „Was ist die Lehre der ganzen Zeit [seiner Lehrtätigkeit]?“ die Antwort gibt: „Die eine Darlegung, die [seiner gesamten Lehrtätigkeit] entspricht!“

46 Die »drei Leiber Buddhas«, der *Trikâya*, umfassen den *Dharmakâya* oder „Wahrheitsleib“, den *Sambhogakâya* oder „Leib des Entzückens“ sowie den *Nirmânakâya* oder „Verwandlungs- oder Erscheinungsleib“. Der „Wahrheitsleib“ ist mit der „Großen Leere“ oder *Shûnyatâ* gleichzusetzen; mit dem „Leib des Entzückens“ genießen die einzelnen Buddhas die Früchte ihrer Erleuchtung in einem der Buddha-Paradiese; und der „Verwandlungsleib“ ist der Leib, mit dem die einzelnen Buddhas als sterbliche Wesen in der Zeit und in der Welt „erscheinen“.

47 So verstanden, gemahnt die Antwort Bodhidharmas an die grundlegende Aussage des *Dao-De-Jing*, Text 1: „Das DAO, das DAO genannt werden kann, ist nicht das wahre DAO“, andersherum formuliert: „das wahre DAO ist nicht einmal DAO“!

nichts ist, was sich aussprechen ließe – *nicht vollständig aussprechen können*; und *sogar die eine große Lehrschrift aller Sûtren, mit noch so vielen Anmerkungen und Erläuterungen versehen, reicht nicht daran heran* – eben weil das alles nur Worte sind, und ein *„Leer und weit!"* sich jedem Wort entzieht. Auch der Satz: *Selbst Flickenkutten-Mönche mit klarem Blick haben sich selbst nicht retten können*, ist nunmehr alles andere als rätselhaft: Wenn sie, wie die Standard-**Ankündigung** von ihnen sagt, *hinter einem Hügel Rauch erblicken und sogleich wissen: „Da ist ein Feuer!"; hinter einer Mauer Hörner erblicken und sogleich wissen: „Da sind Rinder!"; kaum [dass] die eine Ecke erwähnt wird, sich schon über die drei [anderen] im Klaren sind und auf einen Blick Gramm und Unze unterscheiden* – wenn *all das für Flickenkutten-Mönche wie täglicher Tee und Reis ist*, dann sind und bleiben sie ein für allemal in Worten und Bestimmungen gefangen! Anders gesagt: Solange Flickenkutten-Mönche nach dem Sinn eines Sûtra oder gar, wie der Kaiser Wu von Liang, nach dem *einen Sinn* aller Sûtren zusammen suchen, bleiben sie von der »Befreiung« des *„Leer und weit!"* ausgesperrt – warum freilich gerade *„Leer und weit!"* uns die »Befreiung« schenken soll, davon muss und wird im Späteren noch die Rede sein.

Nichts Heiliges: An dem „Ort", auf den die Buddha-Lehre zielt, so Bodhidharma, gibt es nichts, was Verehrung, gar bedingungslose, verlangte; nichts, was Erhöhung und Verklärung über den ausstrahlte, der sich ihm unterwirft und demutsvoll hingibt; nichts, was aus den Niederungen der Unvollkommenheit zu sich in die Sphäre des Makellosen (der „weißen Jade ohne Fehl" – so Xue-dou im Lobgesang des Kôan 8) hinaufzieht – geradeso, wie es der Kaiser Wu für sich erhofft und von Bodhidharma bestätigt wünscht. Der aber zerschlägt mit den fünf Worten seiner Antwort – im Chinesischen sind es sogar nur vier: *kuo ran wu sheng* – alle Erwartungen des Kaisers. Und hat doch Recht: Wo nichts ist, nur *„Leer und weit!"*, da kann es auch *nichts Heiliges* geben, keinen erhabenen Tathâgata, keinen unendlichen und unerschöpflichen Dharmakâya, keinen Sambhogakâya, der menschliches Verdienst mit göttlicher Glückseligkeit belohnt. Die *Ichiya*-**Ankündigung** will auf dasselbe hinaus, wenn sie in Umkehrung des allgemein geglaubten Sachverhalts formuliert: *Auch nur das Wort „Buddha" auszusprechen bedeutet, sich mit Schlamm zu besudeln; auch nur das Wort „Chan" auszusprechen bedeutet, über und über schamrot zu werden!* Denn weder – soll das heißen – ist der Tathâgata etwas Heiliges, das uns mit Reinheit erfüllt, noch dürfen wir uns auf die Versenkungsübung als einen Weg zu Höherem berufen, allem *»nach oben hin«* zum Trotz.

Wir können uns leicht ausmalen, wie sich der Kaiser bei Bodhidharmas Worten empört in seinem Thronsessel aufrichtet: *„Wer [ist das da], Uns gegenüber*, dass er sich solche Frechheiten herausnimmt!?" Bodhidharma entgegnet, nicht aus Bescheidenheit, sondern ganz selbstverständlich: *„[Ich] weiß [es] nicht!"* Und wieder hat er Recht: Wo nur noch *„Leer und weit!"* ist, da ist auch niemand mehr; und wo niemand mehr ist, da gibt es auch keinen, der von sich sagen könnte: „Das bin ich"! Deutlicher gesagt: Im Zustand des *„Leer und weit!"* haben wir uns selbst vergessen, haben wir alles verloren, auch uns selbst. Und genau das anzustreben ist die Botschaft, die Bodhidharma an den Kaiser richtet; ist der Auftrag, den er allen späteren Flickenkutten-Mönchen und noch uns Heutigen erteilt: In der Versenkungsübung *den unablässigen Strom der Gedanken restlos abzuschneiden*, wie es in der Standard-**Ankündigung** heißt, und damit zugleich Welt- und Ich-Bewusstsein auszulöschen. Und das wiederum hat er uns in eigener Person vorexerziert: auf dem Bärenohren-Berg im *Reich der Nördlichen Wei*, wo er, der Legende nach, neun Jahre lang die Wand einer Höhle angestarrt haben soll (was ihm den zweifelhaften Ehrennamen »wandanstarrender Brahmane« eingebracht hat).

Zurück zum **Beispiel**: Unwirsch beendet der Kaiser die Audienz; und doch bleibt ein Stachel im Fleisch. So befragt er seinen Vertrauten und Ratgeber, den *hochgeschätzten Herrn Zhi*. Der erteilt ihm die Auskunft, es habe sich bei seinem Gast um keinen Geringeren als den Bodhisattva *Avalokiteshvara* gehandelt, der versucht habe, mit seinen den Kaiser empörenden Auskünften *das Siegel des Buddha-Herzens weiterzugeben*. Wie das – Bodhidharma als *Avalokiteshvara*, Verkörperung eines allumfassenden Erbarmens und Retter der Welt? Sicher – und da ist dem *hochgeschätzten Herrn Zhi* durchaus Recht zu geben – befreit *der große Herr Avalokiteshvara* die leidenden Menschen eben dadurch von ihren Nöten und Schmerzen, ihren Ängsten und Zwängen, dass er sie mit sich an den „Ort" mit Namen *„Leer und weit!"* davonträgt, anders gesagt, mit in die Shûnyatâ hineinnimmt, die sich in ihm leibhaft manifestiert. Doch – und da ist sie wieder, die entscheidende und bisher unbeantwortete Frage – wozu soll das gut sein, in sich Welt- und Ich-Bewusstsein auszulöschen? Wieso soll gerade das, sich *leer und weit* zu machen, »Befreiung« sein? Denn »Befreiung« ist ja mehr als nur Befreiung von etwas; sie muss zugleich auch Befreiung zu etwas sein!

Als das Werk *des großen Herrn Avalokiteshvara*, als die Befreiung von etwas, von den Nöten und Schmerzen, Ängsten und Zwängen der Welt, mag sie sehr wohl als ein Positivum empfunden werden, doch bleibt sie dabei der Negation verhaftet: der Verneinung des Lebens, dem Sich-Herauslösen aus der Welt. Einem Anhänger des Hînayâna mag das genügen; einem Anhänger des Mahâyâna und erst recht uns Heutigen nicht. Der Mahâyâna-Buddhismus und erst recht das Chan fordert von einer Befreiung auch, dass sie ebenso und vielleicht sogar in noch höherem Maße eine Befreiung zu etwas ist. Und worin dieses „Zu etwas" besteht, deutet die Standard-**Ankündigung** an: *Wenn sie*, die Flickenkutten-Mönche, erst einmal *den unablässigen Strom der Gedanken restlos abgeschnitten haben*, mithin *leer und weit* geworden sind, *dann steigen sie im Osten empor und gehen im Westen unter; dann haben sie an widrigen und günstigen Umständen keinerlei Schranke; dann geben sie und nehmen weg, frei und ungehindert!*

Bodhidharma freilich, der uns mit seinem vorbildhaften „neunjährigen Wandanstarren" ganz und ausschließlich darauf einschwört, *leer und weit* zu werden und uns selbst zu vergessen – er scheint der Einseitigkeit schuldig; seine Auskünfte gegenüber dem Kaiser Wu scheinen sich in der Negation zu erschöpfen: Er hält uns allein zu einer Versenkungsübung an, bei der (so die *Ichiya*-**Ankündigung**) *Himmel und Erde zusammenschrumpfen und Sonne, Mond und Sterne sich zugleich verfinstern*, kurz, die Welt zunichte wird, und bei der wir in japanischen Zen-Klöstern noch heute durch *Stockhiebe, die wie Regentropfen niederprasseln, und Schreie, die wie rollender Donner daherkommen*, dazu angetrieben werden, uns selbst und mit uns die ganze Welt auszulöschen. Deshalb fährt die *Ichiya*-**Ankündigung** fort: Wenn du dieser Aufforderung nachgekommen bist und die verlangte Auslöschung erreicht hast, dann *hast du doch immer noch nicht das Entscheidende an unserer »nach oben hin« ausgerichteten Lehre richtig erfasst!* Und dies *Entscheidende*, worin soll das bestehen? Nun, darin, aus der Auslöschung von Welt und Ich ins Da-sein, in die Welt zurückzukehren und hier, im Nicht-Ich verwurzelt, ein aktives Leben zu führen[48] – *frei und ungehindert*, wie die Standard-**Ankündigung** sagt, oder, mit der rein rhetorischen Frage des **Lobgesangs**: *Welche Grenze kennte denn rings der reine Wind?* – wohlgemerkt: der *reine Wind* unseres schwungvollen und zugleich durch das Nicht-Ich geläuterten Lebensvollzuges!

Bodhidharma hingegen, so verlangt es Xue-dou von uns ebenfalls in seinem **Lobgesang**, Bodhidharma mit seiner – vielleicht nur vermeintlichen – Einseitigkeit sollen wir den Gehorsam aufkündigen: „*Hört [Ihr nur] auf, an ihn zurückzudenken*, wünscht ihn, den damals in der Ferne der *Nördlichen Wei* und für uns Heutige in der Ferne der Vergangenheit Entschwundenen, Euch nicht zurück!" Andererseits ist Bodhidharmas Aufforderung zum Absterben in der Versenkungsübung, ob nun vor kahler Höhlenwand oder zuhause auf dem Sitzkissen, die unabdingbare Voraussetzung dafür, zu jenem schwungvollen Lebensvollzug eines „[schwungvoll die Erde umkreisenden] *reinen Windes*" wiederaufzuerstehen,[49] der *das Entscheidende* an der andernfalls missverstandenen Lehre des Chan ausmacht. Und deshalb gibt Xue-dou in seinem an die Mönche gerichteten „Nachspann" auf die eigene Frage: *„Ist er noch hier zugegen, unser Patriarch?", sich selbst die Antwort: „Ja!* – denn wir brauchen ihn noch, ihn und seinen durchaus „richtigen Befehl";[50] aber er taugt uns, die wir über seine Einseitigkeit hinausgegangen sind, nur noch dazu, uns *die Füße zu waschen!"*

Der Verfasser möchte seinen ohnehin schon ausufernden Erläuterungen doch noch zwei Schlussworte anhängen: Schlusswort I in Gestalt eines bereits in seiner *Cong-rong-lu*-Ausgabe veröffentlichten Gedichts, das hier, im Zusammenhang des keinen Widerspruch duldenden Diktums *„Leer und weit, nichts Heiliges"*, noch einmal seinen angemessenen Platz hat:

Nichts sagt das Lächeln der Blumen.
Auch die der Buddha hochhielt,
Hat nichts gesagt. Doch
Eben das heißt: Es ist alles gesagt.
Denk an das Lachen Lin-jis:

---

48 Wieder ein Anklang an das *Dao-De-Jing*; dort heißt es, in genau gleichem Sinne, in Text 10: „Die Seele anleiten und das Eine festhalten – kannst du das, ohne dich von ihm zu entfernen?"

49 In der Ankündigung zum Kôan 42 formuliert Yuan-wu: „und schwungvoll umkreist die Erde reiner Wind!" Und den Lobgesang seines Kôan 60 *Cong-rong-lu* beschließt Hong-zhi mit der Zeile: „Der klare Mond (Symbol für den Zustand des *„Leer und weit!"*) und reiner Wind – sie füllen das ganze Leben mit Reichtum" – auch in diesen beiden Fällen verweist, nicht anders als hier im Kôan 1 *Bi-yan-lu*, die Metapher vom *reinen Wind* auf uns selbst, auf unsere aus dem Zustand des *„Leer und weit!"* erwachsende Lebenskraft und Lebensfreude.

50 Als „richtigen Befehl" bezeichnet Hong-zhi in seinem Lobgesang zum hiesigen Beispiel, das auch er in seine *100 Beispiele der Alten* aufgenommen hat, die Botschaft Bodhidharmas: „Ganz allein sitzt er teilnahmslos nahe dem Shao-lin, / Stumm bewahrt er in seinen Händen den **richtigen Befehl**. / Der klare Herbstmond lässt seine frostkalte Scheibe über den Himmel wandern, / Der blasse Wagen im Sternenstrom seine nächtliche Deichsel abwärts weisen. / Für alle Zeiten übergibt er Gewand und Essnapf an Sohn und Enkel, / Und seitdem machen Menschen und Götter daraus so Arznei wie Krankheit" – Ersteres im Falle der »Doppelbewegung«: „Loslassen und Wiederergreifen" und Letzteres bei Festhalten an der Einseitigkeit des Loslassens – siehe das Kôan 2 *Cong-rong-lu*. Anders gesagt: Das *Cong-rong-lu* verrät dasselbe Verständnis des Bodhidharma-Auftritts vor dem Kaiser Wu von Liang wie hier das *Bi-yan-lu*.

Dass es nichts ist mit den Buddha-Worten,
All den zehntausend Dharma-Reden,
Hinter denen nichts ist.
Nicht anders du, wenn den Dingen
Du auf den Grund gehst,
Siehst auch du: Da ist nichts.
Siehst auch hier diese Blume,
Kelch ganz aus schweigendem Weiß:
Nimm ihr Lächeln entgegen,
Das der Welt, absichtslos,
Dies ihr Geheimnis bezeugt.

„Aber wie kann denn, dass nichts ist,
Statt dass es uns Entsetzen
Einflößt und Nacht, so
Anlass zu Freude, hell jauchzender, sein?"
Nun, wie du weißt: Auf dem Grund
Steht dir kein Gott bevor, Ehrfurcht heischend,
Nicht bedroh'n dich Gesetzestafeln,
Die Gehorsam von dir,
Die Unterwerfung verlangten.
Auch nicht »das Gute«
Platons schlägt dich in Bann:
Anverwandlung und Dienst – nichts
Ist, das dir derlei befiehlt.
Du bist frei, keine Last mehr,
Schrankenlos – los von dir,
Kannst du doch Schlechtes nicht tun.[51]

Und das Schlusswort II: Nach solch gründlicher Erörterung des Kôan 1 ist streng genommen alles Wichtige zum Chan-Buddhismus bereits gesagt; wir könnten uns die übrigen 99 Kôan des *Bi-yan-lu*, die noch auf uns warten, eigentlich schenken („ein Kôan verstanden, gelöst – alle Kôan verstanden, gelöst"). Selbstverständlich ist das eine leere Drohung; aber wir müssen darauf gefasst sein, dass uns, in immer neuen Facetten und unter immer neuen Metaphern, stets dasselbe bevorsteht: die Welt- und Lebensbejahung des Chan, resultierend aus dem immer wieder neu vollzogenen „Großen Tod". Die Akzentuierung mag jeweils unterschiedlich sein, die Emphase hier geringer, dort größer – das Wesentliche bleibt davon unberührt.

51 Roloff (3), Text 31

2. Zhao-zhous „Das DAO erreichen"

Ankündigung

(*Teihon*-Version)[52]
Eine Gelegenheit - ein Umstand; ein Wort - ein Satz.[53] [Bist du] sogleich darauf bedacht, Zugang zum entscheidenden Punkt zu haben, schneidest du dir Wunden ins gesunde Fleisch und hebst dir Löcher und Fallgruben aus. Wenn sich aber das Große Wirken vor [dir] offenbart, hat keine feste Bahn und keine Regel mehr Bestand.[54] Bist [du] jedoch darauf bedacht zu verstehen, dass es da ein Unterfangen »nach oben hin« gibt, verhüllst [du dir] Himmel und Erde, tappst im Dunkeln und erreichst es nicht. So [zu verfahren] ist passend, und nicht so [zu verfahren] ist ebenfalls passend: Welch ein höchst bescheidenes und armseliges Leben [wartet da auf dich]! So [zu verfahren] ist unpassend und nicht so [zu verfahren] ist ebenfalls unpassend: Welch ein höchst einsames und hoch aufgerichtetes Leben [wartet da auf dich]! Hüte [dich] davor, auf beiden Wegen [nur durch Schlamm] zu waten! Wie also wäre es richtig? - Versucht es doch bitte mal mit dem, [was Xue-dou hier] vorbringt!

Beispiel

Zhao-zhou wandte sich an die Gemeinde [der Mönche] und sagte: „»Das DAO zu erreichen ist nicht schwierig; es gilt nur, sich vom Auswählen und Vorziehen loszusagen.«[55] Kaum dass sich Worte und Sprache einstellen, wird daraus ein Auswählen und Vorziehen, wird daraus ein Verstehen. Doch dieser alte Mönch hier weilt nicht [mehr] im Verstehen. Leute, wie Ihr es seid - [Ihr] bewahrt es vielmehr und schont es, oder nicht?"

Nun war da ein Mönch, der wissen wollte: „Da [Ihr] nun nicht [mehr] im Verstehen weilt, was gäbe es dann noch zu bewahren und zu schonen?"
Zhao-zhou sagte: „**Ich weiß** [das] auch nicht!"

---

52 Den Text, der in der Standard-Version als Ankündigung des Kôan 2 firmiert, hat der Verfasser in Anlehnung an die *Teihon*-Ausgabe und deren Vorbild, die *Ichiya*-Version des *Bi-yan-lu*, bereits in das Kôan 1 vorverlegt und in seine dortigen Erläuterungen einbezogen. Was stattdessen, ebenfalls in Anlehnung an die *Teihon*-Ausgabe und die *Ichiya*-Version, hier als Ankündigung zum Kôan 2 dargeboten wird, ist nach der Standard-Version die Ankündigung des Kôan 3.

53 Diese kryptische Formulierung ließe sich wie folgt zu einer verständlichen Aussage erweitern: „Wo Gelegenheiten sind, sind auch Umstände (die die jeweilige Gelegenheit erst ermöglichen); wo Worte sind, sind auch Sätze (der Sinn eines Wortes lässt sich nur in einem Satz ausdrücken)".

54 Dieser geradezu formelhafte Satz kehrt wortwörtlich auch in anderen Ankündigungen wieder, so in der Ankündigung zu den Kôan 8 und 84.

55 Zhao-zhou zitiert hier die beiden Eingangszeilen des Seng-can zugeschriebenen, aber wahrscheinlich erst anderthalb Jahrhunderte nach dessen Tod entstandenen *Xin-xin-ming, der Meißelschrift vom Glauben an den Geist.* - Der Leser sei überdies auf die Kôan 57 - 59 hingewiesen, deren Beispielen dasselbe „Seng-can"-Zitat zugrunde liegt.

Der Mönch sagte: „Da Ehrwürden [das] nun nicht weiß, warum sagt [Ihr] dann trotzdem, [Ihr] weiltet nicht [mehr] im Verstehen?"
Zhao-zhou sagte: „Nach [Deiner] Sache zu fragen hast [Du] jetzt Gelegenheit gehabt: Mach [Deine] Verbeugung und zieh Dich zurück!"

Lobgesang

„Das DAO zu erreichen ist nicht schwierig" –
Worte und Sprache sind Anfang und Ende:
Einheit gliedert sich ins Vielerlei,
Zweiheit bleibt nicht zweierlei.
Am Himmelsrand – die Sonne geht auf, der Mond geht unter;
Vor dem Geländer – Berge tiefgestaffelt und die Wasser kalt.
Im Totenschädel kein Bewusstsein mehr – wie kann da noch Freude bestehen?
In verdorrtem Baum leise Drachenstimme – da muss noch ein Rest an Leben sein!
Schwierig, schwierig!
Auswählen, Vorziehen, Verstehen – Ihr edlen Herrn, seht selber zu!

Warum nach Bodhidharma, dem ersten chinesischen Patriarchen, an zweiter Stelle gleich Zhao-zhou und nicht etwa Hui-neng, der propagandistisch überhöhte vorgebliche Sechste Patriarch? Weil er, nach Bodhidharmas Hinweis auf die Shûnyatâ, mit dem ihm hier zugeschriebenen Zitat aus der *Meißelschrift vom Glauben an den Geist* die zweite Komponente des Chan-Buddhismus anspricht, die Lehre vom DAO? Und weil ein solches Zitat insbesondere die Gelehrten/Beamten der Song-zeit als die Förderer und Laien-Schüler der zeitgenösischen Chan-Meister angesprochen hat? Oder weil Xue-dou diesem großen „alten Buddha" persönlich besondere Verehrung entgegenbringt? Wie dem auch sei –

Zhao-zhou Cong-shen (778-897) ist zweifellos eine Ausnahmegestalt in der Geschichte des Chan-Buddhismus gewesen, ein Mann, der sich nach dem Tode seines Lehrers Nan-quan im Alter von bereits sechzig Jahren auf eine zwanzigjährige »Wolken und Wasser«-Wanderschaft begeben und erst mit achtzig Jahren vor den Toren der Stadt gleichen Namens ein Kloster übertragen bekommen und von da an bis zu seinem Tod im Alter von verbürgten einhundertneunzehn Jahren Schüler unterrichtet und angeleitet hat. Zhao-zhou hat sich – so wollen es die Song-zeitlichen Quellen, insbesondere das *Zhao-zhou chan-shi yu-lu*, die *Aufzeichnungen der Worte des Chan-Meisters Zhao-zhou* aus den Anfängen der Nördlichen Song-Dynastie – in seiner Lehrtätigkeit als die herzensgute, sprichwörtliche „Großmutter" erwiesen; er hat seine Schüler nie angeschrien, nie geschlagen oder sonstigen Qualen ausgesetzt, wie es anderen Größen des Chan nachgesagt worden ist; von seinen Lippen, so heißt es, habe sich ein Strom sanfter Belehrungen ergossen, häufig in wenigen Worten hingehaucht – Worten, die gleichwohl ins Herz der Dinge trafen und geeignet waren, einen Mönch noch von seinen letzten Verhaftungen zu befreien.

Beginnen wir abermals gleich mit dem **Beispiel**: In schöner Einmütigkeit sprechen alle Übersetzer, von Gundert über Cleary und Schwarz bis hin zu Yamada/Lengsfeld, anlässlich des einleitenden „Seng-can"-Zitats von einem „höchsten Weg", so als gäbe es neben diesem „höchsten Weg" noch mindestens einen anderen, weniger hohen. Doch das Schriftzeichen *zhi*, das angeblich aus dem „Weg" einen „höchsten Weg" macht, bedeutet zugleich und zunächst auch „erreichen", „ankommen", „hingehen", also eine Bewegung zu etwas hin, die Ankunft dortselbst eingeschlossen. Und wenn wir das zweite Schriftzeichen des Wortpaares, also *dao*, als das verstehen, was in der angeblich Seng-can'schen *Meißelschrift vom Glauben an den Geist* tatsächlich damit gemeint ist; wenn wir mithin *dao* schlicht als DAO übersetzen, dann wird augenfällig, dass es kein „höchstes", kein „hohes" und erst recht kein „niederes" DAO gibt – sondern eben nur das eine DAO. Und daraus folgt weiter, zumindest für vom Daoismus geprägte Chinesen der Tang- und Song-Zeit, dass es für uns Menschen darauf ankommt, dieses *DAO zu erreichen* und in ihm anzukommen. „Seng-can" und mit ihm Zhao-zhou wollen uns weismachen, das sei keine Schwierigkeit; und in der Tat, das DAO muss als allgegenwärtig gedacht werden; und doch ist es himmelweit entfernt: mit Kafkas Mensch gewordenem Affen zu sprechen, jenseits des verschlossenen Horizonts (ein Chan-Chinese hätte dafür eine andere Metapher parat: die des Vorhangs der Verblendung oder einer steilen und unüberwindlich hohen Mauer, bestehend aus den *Zehntausend Dingen* um uns herum). Allenfalls gibt es da irgendwo ein kleines Mauseloch, ein Loch im fernen Horizont, durch das der Affe nicht in die Freiheit zurück kann, durch das der Mensch aber hindurch muss, will er »Befreiung« erlangen.

Was uns der vermeintliche Seng-can und Zhao-zhou als Zugang zum DAO anbieten, sieht freilich auf den ersten Blick ganz anders aus: Es soll ja ein leichter Zugang sein, und zwar der, *sich vom Auswählen und Vorziehen loszusagen*. Doch was soll das heißen? Sollen wir allem gegenüber gleichgültig werden, ohne Zu- und Abneigung durchs Leben gehen? In der *Meißelschrift vom Glauben an den Geist* schließen sich die beiden Zeilen an: „Nur nicht hassen und lieben, [dann wirst du] durch und durch verstehen!" Sollen wir also das Hassenswerte nicht mehr hassen, das Liebenswerte nicht mehr lieben? Das, was unsere Liebe herausfordert, nicht länger dem vorziehen, was uns hassenswert erscheint? Sollen wir uns derart Gewalt antun, gegen unsere Gefühle zu handeln oder, falls das unmöglich ist, unsere Gefühle abzutöten, um uns von nichts mehr berühren zu lassen, weder vom Guten noch vom Schlechten oder Bösen? Und das soll uns den Zugang zum DAO eröffnen – die vollständige Gefühllosigkeit eines griechisch-römischen Stoikers?

Abgesehen davon, dass sich von einem solchen Verhalten uns selbst gegenüber durchaus nicht sagen lässt, es sei *nicht schwierig* – es geht Zhao-zhou bei seinem „Seng-can"-Zitat vielmehr um einen Zustand jenseits von Ja und Nein, und das ist der Zustand des Samâdhi, in dem Leben nicht wünschenswerter ist als Tod, Sehnsucht und Überdruss erloschen sind, Glück und Schmerz ineinander verschmelzen. Auf das *Erreichen des DAO* angewandt heißt das: Wir müssen uns und der Welt in der Versenkung absterben – nicht aber uns abtöten, indem wir unsere Gefühle abtöten; wir müssen (schon zum zweiten Mal werden wir darauf verwiesen) uns auf den „Großen Tod" einlassen – und dann fallen in der Tat wie von selbst *Auswählen und Vorziehen* von uns ab. Dass es so gemeint ist, bestätigt uns Xue-dou in seinem **Lobgesang**, der von *Totenschädeln* spricht, in denen *kein Bewusstsein mehr* ist und *keine Freude*; von *verdorrten Bäumen*, in denen eine *leise Drachenstimme* verrät, dass *da noch ein Rest an Leben ist*. Und diesen *Rest an Leben* brauchen wir (das *„müssen"*, das Xue-dou einfügt, ist ein „nötig haben“ [*xiao*], nicht das „müssen“ einer logischen Zwangsläufigkeit!), damit wir nicht in jenem Kafka'schen Mäuseloch stecken bleiben, nicht in jener winzigen Öffnung unten am fernen Horizont verloren gehen, durch die wir doch hindurch müssen (und durch die Kafkas Affe nicht mehr hindurch und in die Freiheit zurück kann). Und wir kommen nur hindurch, indem wir so zusammen-, so nahezu vollständig einschrumpfen, dass eben nur ein *Rest an Leben* bleibt, *ohne Bewusstsein, ohne Freude.* Dieses Einschrumpfen aber, dieses Absterben zu einem *Totenschädel*, das der angebliche Seng-can und mit ihm Zhao-zhou zu einem leichten Zugang zum DAO (*bu nan*, *„nicht schwierig“*) erklären, ist dennoch harte, sogar schmerzliche Arbeit – Xue-dou erkennt das an und widerruft: *„Schwierig, schwierig!“*

Doch was erwartet uns auf der anderen Seite des Horizonts? Und was für ein Horizont soll das sein, bei dem es eine andere Seite gibt? Es ist der Horizont der Sprache; und was uns erwartet, ist – nicht »Befreiung«, zumindest nimmt keiner der Beteiligten das Wort »Befreiung« in den Mund. Sondern ein Zustand jenseits von Sprache und – so wäre zu ergänzen – jenseits von sprachlich-begrifflichem Denken: *Worte und Sprache sind Anfang und Ende*, sagt uns der **Lobgesang**; erst mit dem Aufkommen von Sprache entsteht *Verstehen*, das Verstehen der Welt, das Sich-Zurechtfinden in der Welt, verbunden mit *Auswählen und Vorziehen*, gebunden an Ja und Nein. Sprache ist aber zugleich auch eine Grenze; sie hält uns fest in der Welt, sie erlaubt uns kein Überschreiten der Welt; um das zu bewerkstelligen (das *Unterfangen »nach oben hin«*, von dem die **Ankündigung** spricht), müssen wir umgekehrt die Sprache überschreiten. So ist Sprache nicht nur *Anfang*, sondern auch ein *Ende*; als *Anfang* bewirkt sie, dass sich uns der Zustand der Nicht-Dualität (die *Einheit* des **Lobgesangs**) in das *Vielerlei* der Dinge entfaltet; und Sprache als *Ende*, als Grenze zu begreifen, die überschritten werden muss, führt uns aus der *Zweiheit* und Verschiedenheit in die *Nicht-Zweiheit* zurück.

Zhao-zhou wirft seinen Mönchen vor, von Sprache und Denken nicht loszukommen, und damit am Verstehen, an dieser Art des Verstehens festzukleben (es *bewahren und schonen* zu wollen). Doch es gibt noch ein anderes Verstehen, wie sich gleich zeigen wird, das der Nicht-Dualität. Und zwar tritt da aus der Schar der lauschenden Mönche einer hervor, der es faustdick hinter den Ohren hat (Xue-dou und Yuan-wu würden ihm freilich eher zugestehen, „sich Augen bereitet zu haben“),[56] und der den alten Zhao-zhou aufs Glatteis zu führen versucht: Zhao-zhou bekundet von sich selbst, *nicht [mehr] im* sprachgebundenen *Verstehen zu verweilen.* „Wenn dem so ist“, so der Mönch, „dann gibt es für Euch auch nichts mehr *zu bewahren und zu schonen*, nichts mehr *auszuwählen und vorzuziehen*!“ Zhao-zhou kann nur zustimmen: *„Ich weiß [das] auch nicht*, was es da noch zu *bewahren* oder *vorzuziehen* gäbe!“ Und nun der Mönch: „Ja, wenn Ihr das nicht wisst, wie könnt Ihr da behaupten, *nicht [mehr] im Verstehen zu verweilen*!?“ Im Klartext: Nicht zu wissen, nichts zu haben, was zu *bewahren* oder *vorzuziehen* wäre, dieses Nicht-Wissen ist ganz im Gegenteil ein *Verstehen*, und zwar eben das *ming-bai*, von dem auch die *Meißelschrift vom Glauben an den Geist* unmittelbar

---

56 *„Sich Augen bereitet haben“* (*ju yan*) ist eine der Formeln, die sich im *Bi-yan-lu* vielfach wiederholen und auf die bereits in der Abhandlung III, *Vom Erstdruck bis heute: Zur Geschichte des Bi-yan-lu*, erstmals hingewiesen worden ist.

im Anschluss an die von Zhao-zhou zitierten Eingangszeilen spricht[57] – ein Verstehen jenseits von Sprache, jenseits von Verstehen; ein Verstehen in Nicht-Dualität. Zhao-zhous Reaktion auf den meisterlichen Kunstgriff dieses Mönchs erfolgt aus eben solcher Nicht-Dualität: Er sagt nicht Ja und sagt nicht Nein; er verwirft nicht, weil es da nichts zu verwerfen gibt; er bestätigt aber auch nicht, weil dort, wo sich Mönch und Meister treffen, Bestätigung nicht nötig ist. Allerdings ließe sich für das Unterlassen einer Bestätigung auch noch ein anderer, ganz irdischer Grund anführen: Er will den Mönch nicht übermütig machen; also verlangt er ihm stattdessen die übliche respektvolle Verbeugung des Schülers vor dem Meister ab und wahrt so den Schein des eingespielten Rangunterschiedes zwischen Mönch und Abt. Der Verfasser stellt es dem Leser anheim, zwischen beiden Begründungen zu *wählen* oder *nicht zu wählen*. Immerhin zeigt Zhao-zhous Zur-Geltung-Bringen der sozialen Situation, dass das Verstehen in Nicht-Dualität das sprachgebundene und weltbezogene Verstehen nicht ausschließt, ja zu seiner Ergänzung regelrecht bedarf – wenn wir nicht in der Welt unter die Räder kommen oder alles in heilloses Durcheinander stürzen wollen.

„Ihr edlen Herrn, seht selber zu! – was es nicht nur mit dem *Auswählen und Vorziehen* auf sich hat, sondern ebenso mit dem *Verstehen.*" So endet der **Lobgesang**, und sein *„Schwierig, schwierig!"* bezieht sich auch auf dies *Verstehen*, das in der Doppeldeutigkeit des Begriffs nicht minder *schwierig* ist als das Hinausgehen über Bejahung und Verneinung. Wir aber brauchen beiderlei Verstehen: *„Am Himmelsrand – die Sonne geht auf, der Mond geht unter"* – so zuvor bereits der **Lobgesang**: Die mondklare Nacht weicht dem Tag und umgekehrt die Sonne dem helleuchtenden Mond in sternenklarer Nacht (dass der Mond die Shûnyatâ symbolisiert und die Sonne das Reich der *Zehntausend Dinge*, braucht dem Kundigen nicht eigens unter die Nase gerieben zu werden). Und wir, mit unserem doppelten Verstehen, sind wie einer dieser alten Chinesen, die – auf den wunderbaren Landschafts-Tuschebildern der Yuan- oder Ming-Dynastie – an das *Geländer* eines Aussichtspavillons gelehnt, in die majestätische Bergwelt mit ihren Schluchten und Tälern hinausschauen: *„die Berge tiefgestaffelt und die Wasser kalt!"* Mit unserem weltbezogenen Verstehen begreifen wir die Großartigkeit einer sich ins Unendliche erstreckenden Bergwelt, und unser nicht-duales Verstehen verbindet uns mit der *Kälte* der Wildwasser und Ströme, in der sich die Leere hinter den Dingen, die Shûnyatâ, das DAO verrät.

Bisher kaum ein Wort zur **Ankündigung**; das wäre nachzuholen. Wie sich mittlerweile hinreichend herausgestellt haben dürfte, geht es in diesem Kôan um *Verstehen*; und darauf bereitet die Ankündigung vor: Wer erstmals von einer Sache hört (oder liest) und *sogleich darauf bedacht* ist, zur Sache selbst vorzudringen, der *schneidet sich nur Wunden ins gesunde Fleisch und hebt sich Löcher und Fallgruben aus* – weil er damit unterschlägt, dass er es

57 *Ming-bai, „Verstehen"* – dieses Wortpaar hat zunächst Zhao-zhou für das sprachgebundene Verstehen gebraucht, und von einem anderen Verstehen ist bis zur letzten Replik des Mönchs noch gar keine Rede gewesen; Zhao-zhou hat ja nur erklärt, dass er in diesem Verstehen *nicht [mehr] verweilt*. Erst der Mönch führt unter demselben Wortpaar *ming-bai* ein zweites, ein anderes Verstehen ein; und mit *ming-bai* ist auch das Verstehen umschrieben, das die *Meißelschrift* in ihren Zeilen 3 und 4 anspricht: „Nur nicht hassen und lieben, [dann wirst du] durch und durch verstehen!" *Ming-bai* ließe sich auch wörtlich als „helle Klarheit" übersetzen, und diese „helle Klarheit" lässt sogleich an die „Halle aus Glas" aus dem Dan-yuan-Gedicht zur „Nahtlosen Pagode" denken, in der „es kein Wissen mehr" gibt.

zunächst nur mit dem Namen der Sache zu tun hat und dieser Name, als das Wort, das er ist, der Sätze bedarf, die ihn erläutern. Um zur Sache selbst vorzudringen, dazu bedarf es der geeigneten Umstände, und das ist, im Falle des DAO und seiner Nicht-Dualität, nun einmal die Versenkungsübung. Wenn sich allerdings, wie in der Episode des hiesigen Beispiels, an und mit Zhao-zhou *das Große Wirken* vor Mönchen, wie auch wir sie wären, *offenbart*, dann gelten solche Regeln wie die eben formulierten länger nicht: dann *hat keine feste Bahn und keine Regel mehr Bestand*! Dann könnte sich ereignen, dass ganz plötzlich, einem Wunder gleich, die Sache selbst sich uns auftut. Das Einhalten der Regeln freilich hat zur Folge, dass wir in der Sprache und dem sprachgebundenen Verstehen gefangen bleiben; das Wunder des „Großen Wirkens" hingegen hebt uns über die Sprache hinaus.

Wer aber erstmals von einer Sache hört (oder liest) und genau andersherum *darauf bedacht* ist, zunächst das Faktum *zu verstehen, dass es* die Sache, die hier in Rede steht, das *Unterfangen »nach oben hin«* tatsächlich *gibt*, wer mithin ein sachhaltiges und also sprachgebundenes Wissen anstrebt, und nichts als das, der *verhüllt sich nur Himmel und Erde, tappt im Dunkeln* und verfehlt die Sache selbst, das DAO und dessen Nicht-Dualität. Es folgt ein typisches Chan-*Paradoxon*, in dessen – absichtlich irreführender – syntaktischer Formulierung wir allerdings einiges zurechtrücken müssen: Wer *so verfährt*, nämlich *verstehen zu wollen, dass es das Unterfangen »nach oben hin« gibt* und, so dürfen wir ergänzen, was das ist, der macht es – gleichwohl – richtig (weil ja, siehe oben, auf die Sache selbst zuzustürzen fehlgeht). Zugleich gilt aber: Wer *so* – und nur so – *verfährt*, macht es jedoch gerade nicht richtig: Auf ihn *wartet das höchst bescheidene und armselige Leben*, vom DAO (und seiner Kraft) für immer ausgeschlossen zu bleiben.[58] Wer andererseits *nicht so verfährt*, sich also aus dem sachhaltigen und sprachgebundenen Verstehen herauslöst, der macht es – in der einzig möglichen Weise – richtig; zugleich gilt aber auch hier: Wer *nicht so verfährt*, der macht es auch wieder nicht richtig – wenn er es nämlich unterlässt, zunächst die unumgängliche Vorstufe des sprachgebundenen Verstehens zu erklimmen, um sie dann zu überschreiten. Und wer es auf diese Weise richtig macht, auf den wartet ein *höchst einsames und hoch aufgerichtetes Leben* – „aufrecht dazustehen wie eine 1000 Klafter hohe Wand" (wie es im *Bi-yan-lu* stattdessen an anderen Orten heißt)[59]: unnahbar, unangreifbar, unerschütterlich, weil auf einem Boden gründend, wo es keinen Boden mehr gibt.

Wo aber steckt bei alledem die »Befreiung«, von der sich, weil jenseits des Horizonts, Kafkas menschgewordener Affe für immer ausgeschlossen weiß und die wir „DAOisten", ob nun aus der Schule des Chan oder als unmittelbare Schüler Zhuang-zis und Lao-zis, uns vom DAO, dem angeblich so leicht zugänglichen, erhoffen? Wo soll sie sich bewähren, diese »Befreiung«, worin sich zeigen? In einem „nicht-*bescheidenen*", „nicht-*armseligen*" Leben diesseits des Horizonts?[60]

---

58 Der – von der Sache her gerechtfertigte – Zusatz „und seiner Kraft" erscheint dem Verfasser an dieser Stelle höchst passend: ist doch dem *Dao-De-Jing*, diesem *klassischen Buch vom DAO und der KRAFT*, eben diese Kraft des DAO bereits auf die Stirn, will sagen, in seinen Titel geschrieben!

59 So in den Kôan 8, 10, 21, 25, 55

60 Wer unter den Lesern noch hin und wieder oder gar regelmäßig zu seiner Gundert'schen *Bi-yan-lu*-Ausgabe greift, wird sich verstört die Augen reiben: Er oder sie dürfte das Kôan 2, das bei Gundert den Titel trägt: „Zhao-zhou zu dem Vers: ‚Der höchste WEG ist gar nicht schwer'", und dessen weitschwei-

3. Meister Ma fühlt sich nicht wohl

Ankündigung

(*Teihon*-Version)[61]

Blauer Himmel, klarer Tag: Unmöglich, da noch nach Osten zu zeigen und Westen abzugrenzen! [Wichtig zu beachten sind] Zeitpunkt und Ursache, auch musst [du dich] mit deiner Arznei je nach der Krankheit richten. – Nun sagt mal: Loslassen ist richtig und festhalten ist richtig.[62] Versucht es doch mal mit dem, [was Xue-dou hier] vorbringt!

Beispiel

Großmeister Ma fühlte sich nicht wohl.
Der Klostervorsteher fragte: „Ehrwürden, wie ist in letzter Zeit [Euer] verehrungswürdiger Stand?“[63]

---

fige Erläuterung der Verfasser nun endlich abgeschlossen hat, nicht wiedererkennen! Es tun sich vor ihm oder ihr zwei völlig verschiedene Welten auf. Aber diese Zumutung kann der Verfasser ihm oder ihr nicht ersparen, zumal schon die *Teihon*-Ausgabe, auf die sich der Verfasser stützt, ein weithin anderes *Bi-yan-lu* als das uns bislang vertraute vorführt. – Aber zum Trost des Lesers sei gesagt, dass es hier ja nicht um wissenschaftliche Wahrheit und also auch nicht um wissenschaftliche Rechthaberei geht, sondern vor allem um Anregung für die persönliche Praxis.

61 Hatte der Verfasser, in Anlehnung an *Ichiya*-Version und *Teihon*-Ausgabe, bereits beim vorigen 2. Kapitel die Ankündigung, die in der Standard-Version dem hiesigen 3. Kapitel zugeordnet ist, nach dorthin vorverlegt, so behandelt er jetzt, ebenfalls in Anlehnung an *Ichiya*-Version und *Teihon*-Ausgabe, den Text, der laut Standard-Version erst ins 4. Kapitel gehört, bereits als Ankündigung zum Kôan 3. – Im übrigen wird gerade an dem nachstehenden Text besonders deutlich, dass die Zuordnung der ersten drei Ankündigungen, wie die *Ichiya*-Version sie vornimmt, auch vom Inhalt der einzelnen Texte her gegenüber der Zuordnung in der Standard-Version unbedingten Vorzug verdient: Es ist da von *Krankheit* und *Arznei* die Rede; und eben das passt haargenau zu dem *kranken* Ma-zu, von dem das Beispiel handelt, aber ganz und gar nicht zu dem De-shan des nachfolgenden Kôan; auch mit *Arznei* hat das Beispiel des Kapitels 3 zu tun, in der Art, wie Ma-zu mit seiner Krankheit umgeht; aber auf den De-shan des Kapitels 4 trifft das ebenfalls nicht zu. Umgekehrt passt die Ankündigung des Kôan 3 Standard inhaltlich nicht zum kranken Ma-zu, wohl aber zu Zhao-zhous Ausführungen zum „Erreichen des DAO“!

62 Hier taucht zum ersten Mal die Formel *„loslassen und festhalten“* (*fang-xing ba-zhu*) bzw. „festhalten und loslassen“ (*ba-zhu fang-xing*) auf.

63 Ein westlicher Leser von heute erwartet an dieser Stelle keine Frage nach dem *Stand*, sondern nach dem „Befinden“. So hat schon Gundert übersetzt (Cleary und Yamada/Lengsfeld dem Sinne nach genauso), und der Verfasser gesteht, dass er anfangs, sicher unter dem Eindruck der Gundert'schen Übersetzung, den Klostervorsteher gleichfalls nach dem „Befinden“ Ma-zus hat fragen lassen. Doch das chinesische Schriftzeichen, das sich an dieser Stelle der Erzählung sowohl im *Bi-yan-lu* als auch im *Cong-rong-lu* findet, lautet eindeutig *wei*; und *wei* bedeutet vornehmlich: „Stellung“, „Rang“ und „Stand“; soweit ihm in den Lexika als weitere mögliche Bedeutung auch ein „sich befinden“ zuerkannt wird, handelt es sich ausschließlich um ein lokales „sich befinden“ (wo?), nicht um ein qualitatives (wie?). Wenn aber von Ma-zus *Stand* die Rede ist (statt von seinem „Befinden“, seiner „Gesundheit“ [Cleary], seinem „Sich-Fühlen“ [Yamada/Lengsfeld]), gibt das der Szene, wie sich im Folgenden zeigen wird, eine radikal andere Bedeutung: Was der Klostervorsteher da macht, ist nicht bloß ein korrekter Krankenbesuch, mit dem er der Konvention Genüge tut.

Der Großmeister sagte: „Buddha mit dem Sonnengesicht, Buddha mit dem Mondgesicht!"

Lobgesang

„Buddha mit dem Sonnengesicht, Buddha mit dem Mondgesicht!"
Die Fünf Kaiser und Drei Erhabenen Majestäten – was sollen sie uns sein?[64]
Schon seit zwanzig Jahren – wie oft hab' [ich mich] abgequält,
Für Euch, Ihr Herren, in die Höhle des Blauen Drachen hinabzusteigen –
[Wie hab' ich mich] gekrümmt –
[Das] kann [ich nun] erzählen!
Ihr Flickenkutten-Mönche mit klarem Blick, geht nicht leichfertig darüber weg!

An dritter Stelle folgt **Ma-zu**, der „Patriarch aus dem Hause Ma". Als Ahnherr der sowohl räumlich als auch zeitlich weit ausstrahlenden Hong-zhou-Schule gehört Ma-zu Dao-yi (709-788) zu den Großen aus der Frühgeschichte des Chan; neueren Forschungen zufolge hat die nach seinem hauptsächlichen Wirkungsort Hong-zhou benannte Richtung gegen Ende der Tang-Zeit so etwas wie die Führungsrolle innerhalb der Chan-Bewegung übernommen.[65] Zu der von Ma-zu begründeten Traditionslinie gehören in den unmittelbar anschließenden Generationen so bedeutende Meister wie Bai-zhang und Nan-quan (als seine eigenen Nachfolger) sowie Chang-sha und Zhao-zhou (als Nachfolger Nan-quans), Wei-shan und Huang-bo (als Nachfolger Bai-zhangs) und, noch eine Generation später, der vor allen anderen wirkungsmächtige Lin-ji, dessen »Haus« in der Zeit der Song-Dynastie zur vorherrschenden Richtung des Chan-Buddhismus aufsteigen sollte.[66]

Wie Zhao-zhou sich durch sein Alter eines Methusalem, so hat sich Ma-zu durch seine Leibesgröße hervorgetan, durch seinen stechenden Tiger-Blick und die Wucht seines Ochsen-Ganges – die Legende fügt hinzu, er habe auf seinen Fußsohlen eines der wichtigsten Merkmale des zur mythischen Figur erhobenen Buddha Shâkyamuni getragen: den Abdruck von Speichenrädern! Was ihn in den Song-zeitlichen Texten auszeichnet, sind die ihm nachträglich zugeschriebenen bizarren Lehrmethoden, mit denen er versucht haben soll, seine Schüler zum „Großen Erwachen" zu bringen. So soll er laute Schreie ausgestoßen haben, so laut, dass es zu tagelanger Taubheit gekommen sei; so soll er seine Mönche mit überraschenden Stockschlägen traktiert, sie zu Boden gestoßen, ihnen auch schon mal die Nase umgedreht oder ihnen frappierende Fragen entgegengeschleudert haben – als den sprichwörtlichen Blitz aus heiterem Himmel. In Wahrheit, so legen es ältere Quellen aus der Tang-Zeit nahe, hat sich seine Lehrtätigkeit durchaus im Rahmen herkönmmlicher Verfah-

64 Bei den *Fünf Kaisern und Drei Erhabenen Majestäten* handelt es sich um Kultur-Heroen aus der Vor- und Frühzeit des alten China; beide Gruppen überschneiden sich: zwei von den *Drei Erhabenen Majestäten* – das einschlägige Schriftzeichen bedeutet gleichfalls nichts anderes als ‚Kaiser' – kehren unter den *Fünf Kaisern* wieder, und zwar der legendäre Gelbe Kaiser, dessen Gemahlin die Seidenzucht eingeführt hat, sowie Shen Nong, der „Göttliche Bauer" und Begründer des Ackerbaus; zu den *Fünf Kaisern* gehören als weitere Berühmtheiten noch die Kaiser Yao und sein Nachfolger Shun.

65 Näheres dazu bei Paceski (2), Part I. History.

66 Siehe dazu: Welter (2), insbesondere S. 161-207.

rensweisen bewegt, mit der regelmäßigen Lehrrede vor der Versammlung seiner Mönche als wichtigstem Instrument. Hier, im Kôan 3, liegt Ma-zu geschwächt auf seinem Sterbelager, abgeklärt, wie nicht mehr von dieser Welt (doch Vorsicht, dieser Schein trügt), vermutlich wissend um seinen baldigen Tod.

Im *Sûtra der Buddhanamen* werden für das gegenwärtige Kalpa 1000 Buddhas aufgeführt. Der 202. davon ist der *Buddha mit dem Sonnengesicht*, der 1800 Jahre lebt, und der 858. ist der *Buddha mit dem Mondgesicht*, dem nur ein Tag und eine Nacht vergönnt sind. Der eine bietet sich seiner Langlebigkeit wegen als Metapher für das Unvergängliche an, der andere, angesichts der ungeheuren Länge eines Kalpa nicht mehr als eine Eintagsfliege, steht für Vergänglichkeit, für die Hinfälligkeit unseres irdischen Daseins. Wenn sich nun Ma-zu auf seinem Sterbebett auf diese beiden Buddhas beruft, ist das nichts anderes als das Eingeständnis, dass er mit seinem physischen Leib durch und durch vergänglich ist, nach dem Finale seines physischen Sterbens unwiederbringlich dahin. Und zugleich bekennt er, unter der Metapher des sonnengesichtigen Buddha, seine eigene „Buddha-Natur", auch sein „wahres Wesen" genannt, das allem Werden und Vergehen enthoben ist. So einfach ist das, so trivial der Sachverhalt, auf den Ma-zu mit seiner Äußerung zu verweisen scheint. Aber – soll das alles sein?

Gehen wir die Sache noch einmal und auf andere Weise an: Sonne und Mond sind nicht nur die zwei Himmelskörper, die unser Leben wesentlich bestimmen, ja im Falle der Sonne überhaupt erst ermöglichen. Sie sind zugleich Symbole, ganz zentrale Symbole: Der Mond, zumal der Vollmond am Himmel einer sternenklaren Nacht, vertritt die Shûnyatâ sowie den Eintritt in die Shûnyâta, das Leer-werden des Geistes, genannt „Erleuchtung". Die Sonne hingegen, Quelle allen Lichts und allen Lebens, ist das Symbol der Schöpfung, einer nicht monotheistisch gedachten Schöpfung, versteht sich, einer Entstehung der *Zehntausend Dinge* aus dem DAO, dem Dharmakâya, der Shûnyatâ. Der *Buddha mit dem Mondgesicht* wäre also ein Buddha, der uns in die „Große Leere" hinaufzieht, »nach oben hin«, und uns die „Erleuchtung" schenkt. Und der *Buddha mit dem Sonnengesicht* wäre der weltzugewandte Buddha, der Buddha, der die Welt mit seinem Licht verklärt, uns mit der Welt versöhnt, uns motiviert, uns ihr zuzuwenden, so wie er selbst die Welt bejaht, die aus nichts anderem als ihm selbst hervorgegangen ist und ständig weiter hervorgeht.[67] Selbstverständlich sind das

67 Man vergleiche dazu den Lobgesang des Kôan 1 *Cong-rong-lu*, in dem es heißt: „Unaufhörlich verwandelt das Schiffchen des Webstuhls die Ordnung des Ganzen, / Webt ihn weiter, den alten Brokat, und schreibt ihm die Formen des Frühlings ein. / Bedauerlicherweise hat der ‚Herr des Ostens' etwas preisgegeben – aber was?" Mit dem „Herrn des Ostens", dem Gott der aufgehenden Sonne, ist Mañjushrî gemeint; und damit der Leser diese Zeilen leichter verstehen kann, erlaubt sich der Verfasser, sich auch einmal selbst zu zitieren, und zwar aus seinen Erläuterungen zu eben diesen Zeilen in seiner *Cong-rong-lu*-Ausgabe: „Und überhaupt: warum Mañjushrî, der Bodhisattva mit dem Schwert der ‚Vollkommenen Weisheit', das alle Verblendung durchtrennt; das uns aus dem Gefängnis der Erscheinungen, aus der Anhaftung an die Welt befreit – warum gerade er als ‚Herr des Ostens', der jeden Tag aufs Neue die Sonne aufgehen lässt? Der mit dem immer wiederkehrenden Licht ebendie Welt der Erscheinungen mit Leben und Glanz erfüllt und ihre Schönheit erneuert? Wird da vielleicht etwas auf den Kopf gestellt, vielleicht sogar »vom Kopf auf die Füße«, was den Hütern der ‚reinen Lehre' Shâkyamunis als unantastbar, unverrückbar gilt?"

nicht zwei verschiedene Buddhas, sondern nur die zwei Aspekte ein und desselben Buddha, eines sozusagen kosmischen Tathâgata.

Nun gibt es im japanischen Nara, im dortigen *Yakushi-ji*, dem „Tempel des Meisters der Arzneien", eine Dreiergruppe berühmter Bronzeskulpturen, die geradezu als die schönsten der gesamten buddhistischen Kunst gelten: einen sitzenden Buddha mit der Segens-Mudrâ, flankiert von zwei Bodhisattvas, *Nikkô* und *Gakkô*, zu Deutsch: „Sonnenlicht" und „Mondlicht"! So, wie zweifellos der *Buddha mit dem Sonnengesicht* und der *Buddha mit dem Mondgesicht* nicht zwei verschiedene Buddhas sind, so unzweifelhaft stellen die beiden Bodhisattvas *Nikkô* und *Gakkô* nur die zwei konträren Aspekte des Buddha *Yakushi-nyorai* dar.[68] Dieser Buddha ist also ein göttlicher Heiler, der den Menschen auf doppelte Weise „rettet": indem er ihn durch seine Einladung in die Shûnyatâ von den Übeln der Welt erlöst (das ist die Arznei der Versenkungsübung, des unbedingten Rückzugs aus der Welt der *Zehntausend Dinge*), und indem er ihn andererseits von der „Krankheit" der Weltflucht befreit: Nicht umsonst formuliert der spätere Hong-zhi anlässlich Bodhidharmas Auftritt vor dem Kaiser Wu von Liang die Warnung: „Und seitdem (seit Bodhidharmas ‚neunjährigem Wandanstarren') machen Menschen und Götter daraus so Arznei wie Krankheit"![69]

Den Verfasser hat dieser *Yakushi-nyorai*, dieser „Buddha mit Sonnenlicht und Mondlicht", zu so etwas wie einem Hymnus inspiriert, der den Doppelaspekt seiner spirituellen Heilkunst auf weniger nüchterne Weise thematisiert:

Yakushi-ji,
Nara, Tempel des all-
Heilenden Arztes, kein
Leid, kein dunkles Gewölk, das
Vor ihm besteht,
Seinem blicklosen Blick und Sog
Einwärts ins Leere, bei
Halbgeschlossenen Lidern,
Sich widersetzen kann:
Bronzen – als wär' er entrückt,
Strahlt die welt-
Füllende Güte
Seines Nicht-Tuns, seines Verzichts
Tiefer ins All als noch
Sonne und Mond, die ihm,
Glanzvoll-gelassen,

---

68 *Nyorai* ist die japanisierte Form des chinesischen *ru-lai*, das wiederum die Umwandlung des Sanskrit-Wortes Tathâgata ins Chinesische darstellt. Der *Yakushi-nyorai*, chinesisch *yao-shi ru-lai*, der „Tathâgata namens ‚Meister der Arzneien'", ist freilich keine japanische Erfindung, sondern geht auf ein entsprechendes chinesisches Vorbild innerhalb des Esoterischen Buddhismus, chinesisch *Mi-zong*, zurück.

69 So in der Schlusszeile seines Lobgesangs zum Kôan 2 *Cong-rong-lu*, hier in der Fußnote 50 zum Kôan 1 *Bi-yan-lu* schon einmal zitiert.

Hehre *Gandhâra*-Gestalt, zwei
Arztgehilfen, zur Seite steh'n.

Und – kein griechischer Gott, so sehr
Dich ihr Marmor auch blendet,
Hat aus strahlendem Licht je,
Machtvoll, wie Sturm vom Olymp,
So tröstend die Welt gesegnet.

Noch die Buddhas,
Die bei Venzke, Berlin,
Manchmal zu Gast sind, *WEI*-
Dynastie, selten *QI*: nur
Diener auch sie,
Kräftig, glanzvoll aus seinem Glanz,
Yakushi, Retter-Arzt,
Höchster Herr übers Welt-Leid.
Kunsthändler-Stolz, zu Recht,
All diese Gäste aus Stein,
Schweigsam-starr,
Magische Tröster,
Um sie her auratische Kraft,
Und sie verwandelt den,
Der ihrem Lächeln, Traum-
Leisem, sich aussetzt –
Unmerklich trägt es ihn fort, und
Ist doch nirgends, sein Glück, als hier.

Kuroi sind sie, nicht Weihgeschenk,
Nicht auf Gräbern ein Denkmal,
Anders, ebenso zeitlos,
Eher wie Götter sie selbst,
Dank *Yakushi* Leidenslöser.[70]

Aber hilft das alles weiter bei dem Versuch, den achtzigjährigen Ma-zu auf seinem mutmaßlichen Sterbelager zu verstehen? Was als Erstes ins Auge fällt, ist, dass die Verhältnisse, wie sie sich in der Trivial-Lösung oben dargestellt haben, auf den Kopf zu stehen kommen: Der

70 Der sogenannte *Gandhâra*-Stil stellt die erste Hochblüte bildender Kunst innerhalb der Geschichte des Buddhismus dar, wesentlich geprägt durch das Vorbild der griechischen Kunst, insbesondere der griechischen Plastik, wie sie sich in Auswirkung des kurzlebigen Alexander-Reiches bis zum Indus und nach Zentralasien ausgebreitet hat. – *Kuroi* werden die idealisierten Standbilder junger, athletischer Männer genannt, wie sie in griechischen Tempeln als Dank für einen Sieg bei den vier großen Sportwettkämpfen (den Olympischen, Delphischen, Korinthischen und Nemeïschen Spielen) oder auf den Grabstätten adliger Familien aufgestellt worden sind. – Günter Venzke betreibt in Berlin, Fasanenstraße, eine Galerie für Buddhistische Kunst u. a. des alten China, die der Verfasser oft und geradezu ehrfürchtig besucht hat. – Roloff (3), Text 14

Buddha mit dem Mondgesicht ist nun nicht mehr Metapher für unsere Sterblichkeit; er vertritt vielmehr die Shûnyatâ, den Dharmakâya, und der wiederum ist gleichbedeutend mit unserer unvergänglichen „Buddha-Natur". Entsprechend wandelt sich die Bedeutung des *Buddhas mit dem Sonnengesicht*: Statt weiterhin Garant unserer unvergänglichen „Buddha-Natur" zu sein, verweist er uns an die irdische Welt, den Ort unseres sterblichen Daseins, der nun nicht mehr der Ort unserer Leiden ist, sondern der Ort unserer Bewährung und unseres Glücks: *Buddha mit dem Sonnengesicht*, das heißt doch, dass von seinem Gesicht Licht ausstrahlt, des Licht der Sonne, das allesverklärende, das auch noch Schmerzliches in Glück verwandeln kann. Ein Licht, das uns blendet; in das wir nicht hineinschauen können; das uns nur die Möglichkeit lässt, die Blickrichtung umzukehren und mit ihm auf das zu schauen, was es mit seinem Glanz überschüttet: die Welt der *Zehntausend Dinge*. Und das Mondlicht, das vom mondgesichtigen Buddha ausgeht? Es zieht ganz im Gegenteil unseren Blick auf sich; fasziniert schauen wir auf zu der leuchtenden Scheibe, die noch die Sterne verdunkelt; es ist das Licht, das unsere Augen »nach oben hin« lockt und an dem wir uns gar nicht satt sehen können.

Nun also der kranke Ma-zu, den seine Schwäche schon einige Tage lang ans Bett gefesselt hat: Der *Klostervorsteher*, so scheint es, oder besser gesagt, so erwartet es der heutige Leser, nimmt sich endlich einmal Zeit, sich nach dem Befinden seines Abtes zu erkundigen; doch er fragt – wenn wir das chinesische Original wörtlich übersetzen – nicht einfach nach Ma-zus „wertem Befinden", sondern – nach seiner ehrenwerten Stellung, seinem *verehrungswürdigen Stand*. Es fällt uns schwer, uns darauf einzulassen. Geht es dem Klostervorsteher tatsächlich darum zu erfahren, ob Ma-zu auf seinem Sterbelager sich noch als irdisch einschätzt oder bereits als allem Irdischen enthoben? So viel jedoch drängt sich geradezu auf: Wenn Ma-zu auf die Frage des Klostervorstehers mit der Nennung eines sonnengesichtigen und eines mondgesichtigen Buddha antwortet, greift er genau diejenige Bedeutung auf, die dem vom Klostervorsteher verwendeten Wort *wei* nun einmal eignet, und spricht damit sich selbst, zumindest den Worten nach, den Rang oder *Stand* eines Buddha zu. Doch es ist kaum anzunehmen, dass der Ma-zu des Beispiels sich solchermaßen zum kosmischen Tathâgata erklären, dass sein „sonnen- und mondgesichtiger Buddha" bedeuten soll: „Ich bin es, der als der eine kosmische Tathâgata aus der Leere meines Wesens heraus die Welt erschafft!"[71] Wohl aber kann und soll damit gesagt sein – und mehr auch nicht – dass sich dieser Ma-zu in der Hut jenes kosmischen Tathâgata stehen sieht, ja dass er sich eins mit ihm weiß: Der *Stand* des doppelgesichtigen Tathâgata ist folglich auch sein *Stand*, verleiht dem Mann Ma-zu eine genau zu umreißende „Stellung" in dem Ganzen und zu dem Ganzen aus Shûnyatâ und *Zehntausend Dingen*: Als *Buddha mit dem Mondgesicht* beschenkt der eine, umfassende Tathâgata Ma-zu mit dem Frieden der Shûnyatâ; als *Buddha mit dem Sonnengesicht* setzt er ihn in den *Stand*, die Welt *der Zehntausend Dinge*, allen Gebrechen, allen Unbilden zum Trotz, als einen Ort zu erfahren, an dem er sich heimisch und zuhause fühlen kann. Auch wenn wir die von Ma-zu vorgegebene Reihenfolge beibehalten, ergibt sich dasselbe Bild: Die Bejahung der Welt geschieht all den Unbilden zum Trotz, die uns

71 Dafür, dass Ma-zus *Buddha mit dem Sonnengesicht, Buddha mit dem Mondgesicht* nicht zwei verschiedene Buddhas meint, sondern nur einen, der bald als sonnengesichtig, bald als mondgesichtig erscheint, gibt es einen unabhängigen Beleg in der sakralen Kunst der Tang-Zeit: Darstellungen eines vielarmigen Buddha, der in seinem in die Höhe gehobenen Händepaar Sonne und Mond als seine beiden Embleme trägt.

eben diese Welt ansonsten, ohne das Wirken des sonnengesichtigen Buddha, verleiden könnten; die Fähigkeit oder Eigenschaft, sich in dieser Welt heimisch zu erfahren, leugnet die »gebrechliche Einrichtung der Welt« (Kleist), die vielfältigen Unbilden, die sie für uns bereithält, keineswegs, hebt uns jedoch über sie hinaus. Und der mondgesichtige Buddha, Metapher unserer immer wieder aufzusuchenden Rückzugsstätte, der uns den Frieden der Shûnyatâ einsenkt, bereitet mit eben diesem Frieden unserer vom Glanz des Sonnenlichts getragenen Zuwendung zur Welt den Boden: Diese könnte ohne jenen nicht sein.

Ma-zu also auf seinem Sterbelager – er wendet sich, trotz seiner Schwäche, seiner Schmerzen, nicht vom Leben ab; er heißt dieses Leben noch in seinen letzten Tagen und Stunden, in denen ein orthodoxer Anhänger der ursprünglichen Buddha-Lehre sich spätestens ganz und ausschließlich auf sein Parinirvâna vorbereiten müsste, vorbehaltlos gut und weiß sich zugleich in der Shûnyatâ längst und sicher aufgehoben. Er ist, eben weil in der Shûnyatâ so längst und sicher aufgehoben, zum Abschied bereit, und ist zugleich, in dieser jederzeitigen Abschiedsbereitschaft, noch in den letzten Lebenstagen ganz Befürworter unserer irdischen Existenz. Das ist das *Loslassen*, von dem die **Ankündigung** sagt, dass es *richtig* sei, und ist zugleich das *Festhalten*, dem die Ankündigung genauso zuerkennt, uneingeschränkt *richtig* zu sein. Und eben diese Einheit von Daseinsbejahung und Abschiedsbereitschaft vergleicht Yuan-wu mit einem strahlend *klaren Tag*, unter dessen *blauem Himmel* die Gegensätze von Ost und West, von Aufgang und Aufbruch hier und Untergang und Abschied dort miteinander verschmelzen.

Dieses *Loslassen und Festhalten* ist auch zugleich, wieder mit der **Ankündigung** zu sprechen, die *richtige Arznei* für Ma-zus *Krankheit*! Aber für welche Krankheit? Etwa die, die ihn aufs Sterbelager zwingt? Vor der kann ihn weder der *Buddha mit dem Sonnengesicht* noch der *Buddha mit dem Mondgesicht* retten! Denn sterben wird er in nicht allzu ferner Zeit mit Sicherheit, das spürt, das weiß er. Also *Arznei* für welche *Krankheit*? Für die Krankheit, in einer Situation wie der seinen des Lebens überdrüssig zu werden und sich einen möglichst schnellen Tod zu wünschen? Das Leben gleichsam zu widerrufen und ihm für die Phase des Abschiednehmens jeglichen weiteren Wert abzusprechen? Wenn das denn hier als Krankheit gelten soll, so war es für den Ma-zu des Beispiels allenfalls eine mögliche Krankheit, der zu erliegen er freilich von vornherein nicht in Gefahr war.

Und wer ist hier der Arzt, der dem greisen Ma-zu die *Arznei* reicht, die er braucht? Wenn wir aus dem Klostervorsteher jenen Einfaltspinsel machen, der, wenn auch mit aller gebotenen Ehrfurcht, sich lediglich nach dem „werten Befinden" seines Abtes erkundigt, dann wäre Ma-zu, weil der Klostervorsteher ihm außer seinem Mitgefühl nichts zu bieten hat, sein eigener Arzt. Wenn der Klostervorsteher jedoch mit seiner Frage bewusst und gezielt auf Ma-zus *Stand* anspielt, drängt er Ma-zu in eine bestimmte Richtung, eben die, aus der dann Ma-zus Antwort kommt. So hätte der Klostervorsteher, wie es die **Ankündigung** verlangt, sehr wohl auf *Zeitpunkt und Ursache* geachtet und sich *mit seiner Arznei nach der Krankheit*, zumindest der von ihm vermuteten, *gerichtet*.

Und welchen Beitrag leistet der **Lobgesang**? Da stellt Xue-dou, nachdem er eingangs kurz und bündig Ma-zus Ausspruch wiederholt hat, die provokante Frage: *„Die Fünf Kaiser und*

Drei Erhabenen Majestäten – was sollen sie uns sein?" Die Eingangszeile mit dem Ma-zu-Zitat legt die Vermutung nahe, es könne da nur eine Antwort geben, und die heißt: „Angesichts des *Buddhas mit dem Sonnengesicht und mit dem Mondgesicht* gelten sie uns, all ihrer Leistungen unerachtet, nichts!" Gerade so scheint seine Frage auch schon von Xue-dous Zeitgenossen verstanden worden zu sein, nämlich als unzweifelhafte Herabsetzung dieser Kultur-Heroen, zu denen alle späteren Generationen noch in historischer Zeit nur in höchster Verehrung aufschauen konnten. Yuan-wu immerhin bezeugt, dass der Song-Kaiser Shenzong gegen Ende des 11. Jahrhunderts die Aufnahme der *100 Beispiele der Alten* Xue-dous in eine Sammlung kanonischer Schriften unter Hinweis auf eben diese Frage habe verbieten lassen! Doch im Lichte der obigen Ausführungen muss die Antwort eine ganz andere sein: „So, wie diese Heroen der Welt der Menschen Frieden und Wohlergehen gebracht haben, sind sie mythische Mitstreiter des mond- und zumal sonnengesichtigen Buddha, der die Menschen mit der Welt versöhnen will, statt sie ihr zu entfremden!"

Und dann wendet sich der **Lobgesang** noch einem *Blauen Drachen* in seiner *Höhle* auf tiefem Meeresgrunde zu: Dieser Drache trägt unter seinem Kinn eine Perle von unschätzbarem Wert, und die ans Licht zu bringen, ist eingestandenermaßen Xue-dous Absicht bei der Auswahl gerade dieses Beispiels gewesen. Was den Wert dieser Perle ausmacht, ist in uralten Mythen festgelegt: Sie verbürgt, als Symbol, als Zaubermittel – unsterbliches Leben! In dem Wunsch, sie zu erlangen, offenbart sich ein Einverständnis mit dem irdischen Dasein, das nicht genug davon haben kann.

Dass Xue-dou sich dabei, nach eigenem Eingeständnis, *zwanzig Jahre abgequält*, unter unablässiger Anstrengung aufs Ärgste *gekrümmt* hat, wie er jetzt in seinem Lobgesang eingesteht („*[das] kann [ich nun] erzählen*"), das soll uns nicht, wie Gundert meint, auf die Mühsal hinweisen, die es Xue-dou gekostet hat, mit den *Fünf Kaisern und Drei Erhabenen Majestäten* und der Frage: „*Was sollen sie uns sein?*", den richtigen Vers zu finden, der Ma-zus Rätselwort vor Missdeutungen schützen soll. Vielmehr will Xue-dou hier andeuten, dass er bis zu dem Zeitpunkt, da er die von ihm gesammelten »Beispiele der Alten« mit Lobgesängen versehen und für die Veröffentlichung vorbereitet hat, seine Mönche zwanzig Jahre lang in Lehrvorträgen und bei weniger formellen Anlässen mit Ma-zus doppelgesichtigem Budha traktiert und für eine unbedingte Wertschätzung von Leben und Welt zu gewinnen versucht hat. Dasselbe Ziel verfolgt er nunmehr mit dem – freilich gescheiterten – Buchprojekt seiner *100 Beispiele der Alten*, weshalb er seinen Lobgesang auch mit der Ermahnung abschließt: „*Ihr Flickenkutten-Mönche mit klarem Blick, geht nicht leichfertig darüber weg!*"

So ist denn dieses Kôan durchaus keine Todesmeditation, bei der wir, zumal im Angesicht des nahenden Todes, uns ins eigene Sterben einleben; bei der wir, schon vor dem letzten Herzschlag, uns in die Situation hinein vertiefen, die von eben diesem letzten Herzschlag bestimmt wird. Ma-zu und sein *Buddha mit dem Sonnen- und dem Mondgesicht* sind vielmehr ein Bekenntnis zum Leben, eine kraftvolle Bejahung des Lebens noch angesichts des schlimmsten der vier großen Übel, die in der ursprünglichen Lehre Buddha Shâkyamunis den Verzicht auf Leben und Welt als einzig taugliche Lösung haben erscheinen lassen.[72]

---

72 Der Verfasser hat das Beispiel dieses Kôan schon einmal abgehandelt, in seinen Erläuterungen zum Kôan 36 *Cong-rong-lu*. Leser, die beides miteinander vergleichen, werden sich ebenso die Augen rei-

Ein kleiner Nachtrag noch und Brückenschlag zurück zum Anfang: Warum lebt der *Buddha mit dem Mondgesicht* des *Buddhanamen-Sûtra* nur einen Tag und eine Nacht? Weil er sich nach dem Frieden der Shûnyatâ sehnt? Und warum lebt der *Buddha mit dem Sonnengesicht* aus dem *Buddhanamen-Sûtra* statt dessen volle 1800 Jahre lang? Weil er Ja sagt zu Leben und Welt und auch selbst die Perle des Blauen Drachen nicht zurückweisen würde?

---

ben wie die, die anlässlich des vorigen Kapitels noch einmal ihren „Gundert" aufgeschlagen haben und auf offensichtlich unvereinbare Deutungen gestoßen sind (vgl. die Fußnote 60). Genauso werden sie im Falle des hiesigen Beispiels vor nahezu konträren Auffassungen stehen, von denen doch – so sollte man meinen – die eine richtig, die andere falsch sein muss. Wie aber schon in der Fußnote 60 fühlt sich der Verfasser auch jetzt wieder bemüßigt, darauf hinzuweisen, dass es bei der Interpretation von Kôan (angeblich gibt es ja zu jedem unendlich viele „Antworten"!) nicht um wissenschaftliche Rechthaberei, sondern um Anregungen für die eigene Versenkungsübung geht; und dafür sind innere Stimmigkeit und Plausibilität die entscheidenden Kriterien sowie die daraus resultierende Kraft, Anstöße zu geben.

4. De-shan trägt seine [Winter]kleidung unterm Arm[73]

Ankündigung

(entfällt)[74]

Beispiel

Als De-shan zu Wei-shan kam, stieg er, mit seinem Kleiderbündel unter dem Arm, zur Lehrhalle hinauf und durchquerte sie von West nach Ost und von Ost nach West. Dann schaute er in die Runde und sagte: „Nichts, nichts!“ Und sogleich ging er wieder hinaus.

(Der Meister hat dazu bemerkt: „Geprüft und entlarvt!“)[75]

Als De-shan jedoch bis zum Klostertor gekommen war, sagte er [sich]: „Mit Nachlässigkeit erreicht man nichts!“ Und sogleich nahm er ein würdevolles Verhalten an und ging noch einmal [zu Wei-shan] hinein, ihm gegenüberzutreten. Als Wei-shan Platz genommen hatte, nahm De-shan sein Begrüßungstuch [vom Arm] hoch, [um es auszubreiten,] und sagte: „Ehrwürden ...“ Doch Wei-shan wollte sofort nach seinem Fliegenwedel greifen – da stieß De-shan sogleich einen Schrei aus, strich seine Ärmel glatt und ging [ein zweites Mal] hinaus.

(Der Meister hat [abermals] dazu bemerkt: „Geprüft und entlarvt!“)

Als De-shan der Lehrhalle den Rücken gekehrt hatte, zog er sich seine Strohsandalen an und nahm sogleich seine Wanderschaft wieder auf.

---

73 Eine merkwürdige Überschrift: Das chinesische Schriftzeichen *fu*, mit dem sie auf das verweist, was De-shan da *unter dem Arm trägt*, bedeutet wörtlich: „doppelte“ oder „gefütterte/gesteppte Kleidung“. Damit ist unzweifelhaft die Kleidung für die kalte Jahreszeit gemeint (noch heute tragen Chinesen in der Volksrepublik, soweit ihre Wohnungen über keinerlei Heizung verfügen, im Winter gesteppte Jacken und Hosen!). Wenn dem aber so ist, wo hat De-shan dann seine Sommerkleidung? Am Leib, natürlich, denn er ist ja schließlich auf Wanderschaft, und die fand traditionellerweise in der warmen Jahreszeit statt! – Das *Bi-yan*-lu ist in seiner originalsprachlichen Form viel näher am gelebten Alltag der Mönche daran, als es unsere idealisierenden Übersetzungen vermuten lassen!

74 Wie oben erwähnt, hat der Verfasser, in Anlehnung an *Ichiya*-Version und *Teihon*-Ausgabe, die Ankündigung des Kôan 4 Standard-Version bereits ins Kôan 3 vorverlegt; hier im 4. Kapitel weist die *Teihon*-Ausgabe selbst – nach dem Vorbild der *Ichiya*-Version – keine Ankündigung auf.

75 Auch hier ist – wie schon im Anschluss an den Lobgesang zum Kôan 1 – mit dem *Meister* Xue-dou gemeint, der seinen Bericht über die Begegnung zwischen De-shan und Wei-shan mit kurzen Einwürfen so unterbricht wie kommentiert. Und auch hier verlangt dieser Zusatz eine Situation, in der Xue-dou sich verbal an seine Mönche wendet, also ihnen die von ihm ausgewählten *100 Beispiele der Alten* auch mündlich vorträgt. – In der Standard-Version erscheint anstelle der unbestimmten Formulierung *„der Meister“* vielmehr der Name Xue-dou, und zwar im Zusammenhang einer formelhaften Wendung, die auch an späterer Stelle des *Bi-yan-lu* Standard-Version wiederholt vorkommt: „Xue-dou fügt eine Bemerkung hinzu und sagt“ – vgl. die Fußnote 217 zum Kôan 18.

Am späten Abend fragte Wei-shan seinen Mönch vom Ersten Sitz: „[Dieser] Ankömmling, der hier vor kurzem eingetroffen ist, wo befindet der sich jetzt?"
Der Mönch vom Ersten Sitz sagte: „Sobald er der Lehrhalle den Rücken gekehrt hatte, hat er seine Strohsandalen angezogen und ist davongegangen!"
Da sagte Wei-shan: „Dieser junge Bursche wird sich später einmal oben auf einer einsamen Bergspitze eine Hütte aus Binsengras zusammenbinden[76] und fortan Buddha und die Patriarchen mit Schmähungen überhäufen!"

(Der Meister hat dazu bemerkt: „Auf Schnee noch Reif gehäuft!")

Lobgesang

Einmal *„Geprüft und entlarvt!"*, zweimal *„Geprüft und entlarvt!"*,
„Auf Schnee noch Reif gehäuft!" – Fast wäre er gestürzt!
Der Anführer der schnellen Reiterei: ein Gefangener im Lager der Feinde;
Ganz unversehrt zurückgekehrt – wie viele sind zu solcher Tat imstande?
Ungeduldig geht [der eine] davon, nicht lässt [der andere] ihn los!
Oben auf einsamer Bergspitze sitzt er im weichen Gras!
Pfui!

De-shan Xuan-jian (782-865), der spätere Lehrer Xue-fengs, aus dessen Nachfolgerschaft sowohl die für tausend Jahre verschollene *Sammlung der Halle der Patriarchen* (*Zu-tang Ji*) aus dem Jahr 952 als auch das vom Kaiserhof autorisierte und 1009 erstmals publizierte *Jing-de Chuan-deng-lu*, die *Aufzeichnungen von der Weitergabe der Leuchte*, hervorgegangen sind – dieser De-shan erscheint in den Song-zeitlichen Quellen als eine weitere Ausnahmegestalt aus der Frühzeit des Chan-Buddhismus. Anfangs – so die uns zugängliche Überlieferung – war er ein Vortragsreisender in Sachen *Diamant-Sûtra* und leidenschaftlicher Verfechter jener Variante der Buddha-Lehre, die dem Menschen „Erleuchtung", also den Eintritt in die Leere, ins Nirvâna, erst nach einer nahezu unendlichen Abfolge von Wiedergeburten zugesteht. Als ihm zu Ohren kam, dass sich da im Süden die unerhörte Irrlehre von der Möglichkeit der „Erleuchtung" bereits in diesem einen Leben und obendrein in einem einzigen Augenblick ausgebreitet hatte, machte er sich umgehend, im Vertrauen auf seine gelehrten Studien und seine Beredsamkeit, auf den Weg, dieser Ketzerei ein Ende zu bereiten. Doch schon unterwegs erlitt er eine vollständige Niederlage: Eine alte Frau, die am Wegesrand kleine Stärkungen anbot und der er sich als stolzer Spezialist für das *Diamant-Sûtra* zu erkennen gegeben hatte, wollte ihm nur unter einer Bedingung die begehrte Kleinigkeit verkaufen: dass er ihr eine Fangfrage beantwortete: „Im Sûtra heißt es: ‚Den vergangenen Geist kannst du nicht fassen, den gegenwärtigen Geist kannst du nicht fassen, den zukünftigen Geist kannst du nicht fassen' – welchen Geist also wollt Ihr stärken?" De-shan war fassungslos. Er muss so verwirrt und erstarrt dagestanden haben,

76 *Hütte aus Binsengras* – die denkbar einfachste und schlichteste Behausung, wie Wandermönche sie sich errichteten, indem sie die langen Halme von Binsen- oder auch Bambusgras an den Spitzen zusammenbanden und so eine Art Zeltdach für die Nacht zustande brachten.

dass die Alte ihn kurzerhand an Chong-xin, den Abt des Klosters auf dem nahe gelegenen Long-tan-shan, dem Berg „Drachenteich", verwies.

Dort angekommen, widerfuhr ihm noch am selben Tag seine endgültige Verwandlung vom Chan-Vernichter zum späteren Chan-Großmeister mit erheblicher Fernwirkung über viele Generationen hinweg: Als er sich, nach einer ersten, zeremoniellen Begrüßung, am Abend noch einmal bei Long-tan eingefunden und, bescheiden zur Seite dastehend (er, der einst so hochgemute De-shan!), den Ausführungen des Abtes gelauscht hatte, forderte der ihn gegen Mitternacht auf, sich endlich zurückzuziehen. De-shan aber schreckte vor der Dunkelheit draußen jäh zurück und wollte gerade nach einer Kerze greifen, die Long-tan ihm zum Schein hinhielt, als Long-tan die Kerze wieder ausblies. Dieser plötzliche Absturz in die Finsternis löste bei De-shan (so Yuan-wu) das „Große Erwachen" aus. Auf die Frage Long-tans, was für eine Einsicht ihm denn gekommen sei, erklärte De-shan, nie wieder und nirgendwo im Reich der Tang die Worte Long-tans in Zweifel ziehen zu wollen. Das klingt, auf den ersten Blick, recht schwach; doch tatsächlich ist es der endgültige Widerruf seiner ursprünglichen Absicht, die Lehre des Chan ein für allemal auszurotten. Dementsprechend revanchiert sich Long-tan, indem er vor seinen Mönchen De-shan zu einem Mann erklärt, dessen „Zähne einem Baum aus Schwertern" und dessen „Mund einer Schale voll Blut" gleichen, der „sich auch dann nicht umwendet, wenn er einen Schlag auf den Kopf empfängt", und der, so prophezeit Long-tan, eines Tages „oben auf einer einsamen Bergspitze" seine Lehre als Fanal aufrichten wird. Folgerichtig verbrennt De-shan am nächsten Tag vor den Augen der Mönchsgemeinde sein *Diamant-Sûtra* samt all seinen Kommentaren und begibt sich auf die übliche »Wolken und Wasser«-Wanderschaft, die ihn, mehr oder weniger umweglos, zu Wei-shan führt.[77]

Dieser **Wei-shan** (771-853) – das ist kein anderer als der ehemalige Mönch Ling-you, den Bai-zhang, Dharma-Nachfolger des „Patriarchen Ma", unter ungewöhnlichen Umständen ausgesandt hatte, den gleichnamigen Berg zu »öffnen« und dort ein Kloster zu errichten: Um unter seinen Mönchen einen geeigneten Kandidaten für diese »Berg-Öffnung« zu finden, hatte er ihnen die Aufgabe gestellt, eine irdene Wasserflasche, die er vor sie hingestellt hatte, anders als mit ihrem angestammten Namen zu bezeichnen; der Mönch vom Ersten Sitz, dem diese Aufforderung vor allem galt, wusste sich nur mit einer reichlich ungeschickten Formulierung zu helfen, aber Ling-you tat nur einen Sprung und stieß die Flasche mit einem Fußtritt um. Das und nur das war nach Bai-zhangs Geschmack, der ihn daraufhin zum »Berg-Öffner« ernannte und so zu „Wei-shan" machte. Wei-shan, nur elf Jahre älter als De-shan, war zum Zeitpunkt ihres Zusammentreffens längst ein erfahrener „Seelenführer" seiner Mönchsgemeinde.

De-shan also, soeben in Wei-shans Kloster eingetroffen, begibt sich schnurstracks in die Lehrhalle, in der gerade die Mönche versammelt sind, um Wei-shans Lehrvortrag zu lauschen. Man stelle sich vor: De-shan betritt die Halle auf der Westseite, auf der Nordseite sitzt der Abt auf seinem „Lehrstuhl" und unterbricht vermutlich beim Anlick des Fremden

77 Die Begegnung zwischen De-shan und Long-tan ist Gegenstand des Kôan 28 *Wu-men-guan*.

seinen Vortrag, und die Mönche nehmen, dem Abt gegenüber, den südlichen Teil der Halle ein. De-shan geht geradeaus zur Ostseite hinüber, ohne sich auch nur im Geringsten um Wei-shans Anwesenheit zu kümmern, macht eine Kehrtwendung und geht zum Eingang auf der Westseite zurück; dort wendet er sich noch einmal um und sagt laut und deutlich: *„Nichts, nichts!“* (Diese unüberhörbare Bemerkung, chinesisch *wu wu*, lässt sich auch „Da ist nichts! Da ist nichts!“ übersetzen.) Und De-shan tritt wieder ins Freie hinaus. Wei-shan hat sich nicht gerührt; wir können auch sagen: er hat sich diesen Auftritt ungerührt angeschaut. Die Mönche hingegen dürften fassungslos gewesen sein – fassungslos angesichts eines kaum noch zu überbietenden Verstoßes gegen das Zeremoniell der Höflichkeit.

Was soll das, werden sie sich gefragt haben, und genau das fragen wir uns auch. Ist das ein Affront dem Abt gegenüber, etwa in dem Sinn: „Der da auf dem Lehrstuhl sitzt, taugt gar nicht zum Lehrer, weil ihm die nötige Kompetenz abgeht!“? Oder ein wenig abgeschwächt: „Den Mann da auf dem Lehrstuhl kann ich für mich nicht als Lehrer anerkennen, weil er mir nichts mehr voraushat!“? Auf jeden Fall ist dieser De-shan noch ganz erfüllt von seinem „Großen Erwachen“, das ihm, so mag er denken, das Recht zu solch hochmütigem Auftritt gibt. Es ist freilich auch eine ganz andere Lösung dieses Rätels denkbar, die gleichfalls aus De-shans Erfahrung seines „Großen Erwachens“ resultiert: „Ich weiß, dass dieser Abt hier ein Mann des DAO ist, ganz von der „Großen Leere“ ausgefüllt, ganz in ihr aufgegangen; und ich selbst bin es auch, bin nicht mehr dieses Ich, das rein physisch hier durch diese Halle hin und her zu stolzieren scheint: Da ist, was ihn und mich betrifft, ganz einfach niemand mehr!“ Wäre es so gemeint, so stellte sich De-shan mit Wei-shan auf eine Stufe, so wäre De-shans Auftritt nur eine Demonstration seines Anspruchs auf Gleichrangigkeit, mehr nicht.

Doch auch diese Lösung kann nicht so recht befriedigen, weil immer noch so etwas wie persönliche Eitelkeit im Spiel wäre. Und in der Tat gibt es noch eine weitere Möglichkeit, und um auf die zu stoßen, müssen wir uns nur vergegenwärtigen, dass sich die ganze Szene in einer Lehr- oder Dharmahalle abspielt, in der *per definitionem* der Buddha-Dharma, die Buddha-Lehre vorgetragen und erläutert wird. Wenn da ein nicht mehr ganz so junger Heißsporn auftritt und vor aller Augen und Ohren sein „Da ist nichts! Da ist nichts!“ verkündet, so heißt das: „Da ist gar nichts zu lehren – weil diese Lehre nichts lehrt!“ Anders gesagt: „Alles, was diese Lehre zu sagen hat, ist, dass es, angesichts des tiefsten Grundes der Welt, des letzten Geheimnisses der Dinge, nichts zu sagen gibt, eben weil da nichts ist!“ So verstanden, wäre De-shans Auftritt kein Affront mehr Wei-shan gegenüber, auch keine Demonstration stolzen Selbstwertgefühls, sondern nur noch ein Kommentar zur Buddha-Lehre, sozusagen die komprimierteste Formulierung einer Lehre, die nichts zu lehren hat.

Und was erfahren wir über Wei-shans Reaktion auf diesen Auftritt? Nichts, oder vielmehr dies: dass er eben nicht reagiert. Er schaut dem Spiel wortlos, reglos zu; er lässt, ohne einzugreifen, geschehen, was geschieht. Xue-dou allerdings sieht sich zu einem Kommentar veranlasst: *„Geprüft und entlarvt*, dieser Wei-shan!“ Wir müssen das dahin verstehen, dass Xue-dou uns verraten will, was seinem Urteil nach bei De-shans Auftritt in Wei-shan vorgegangen ist: „Ich schaue mir Deinen Auftritt an und durchschaue, was Du sagen willst!“ Wei-shan also hat verstanden, lässt Xue-dou uns wissen – aber wie er es verstanden hat, das wissen wir immer noch nicht! Und ebenso wenig, ob er zustimmt oder nicht!

Eines freilich wird auch für uns gleich deutlich: dass De-shan seinen Auftritt als Aufforderung zu einem Dharma-Gefecht und zugleich auch schon als seinen Beitrag zu diesem Dharma-Gefecht verstanden wissen will (ob Wei-shan freilich dieser Aufforderung entspricht oder nicht, das bleibt jedoch schon wieder in der Schwebe, weil sein Schweigen sowohl Verweigerung bedeuten kann als auch seine Art, sich an dem angebotenen „Schlagabtausch"zu beteiligen). De-shan nämlich ruft, kaum dass er die Lehrhalle verlassen hat, sich selbst zur Ordnung: *„Mit Nachlässigkeit erreicht man nichts!"* Und was kann das schon sein, was er hat erreichen wollen? Eine Gegen-Äußerung, verteht sich, an der er sich reiben kann oder die ihn bestätigt. Und genau das macht ein Dharma-Gefecht aus: mit einer Äußerung zum eigenen Verständnis der Buddha-Lehre den anderen zum Widerspruch oder zur Zustimmung zu zwingen – oder zum Eingeständnis seiner Inkompetenz.

De-shan nimmt also einen zweiten Anlauf; und diesmal soll alles nach der gehörigen Ordnung ablaufen: Er lässt dem Abt seinen Besuch ankündigen, begibt sich in den Raum, in dem der Abt Besucher zu empfangen pflegt, wartet, bis der Abt den Raum betritt und Platz genommen hat, nimmt dann das Knietuch, das er gefaltet über dem Arm trägt und für die respektvolle Niederwerfung auf dem Boden ausbreiten muss, hält es in die Höhe, um es besser entfalten zu können – doch dann gerät schon wieder alles aus den Fugen. Denn statt erst einmal seine Begrüßung auszuführen, spricht De-shan – ist das Ungeduld, ist das Überheblichkeit? – sogleich den Abt an: *„Ehrwürden ..."* Wei-shan aber lässt ihn gar nicht weiter zu Wort kommen und tut so, als wollte er *nach seinem Fliegenwedel greifen*, dem Zeichen seiner Würde als Abt. Da war wohl nur eine leichte seitliche Bewegung mit der Hand, doch De-shan missdeutet diese Geste, unterstellt dem Abt, ihn mit seinem Wedel in die Schranken weisen zu wollen, und setzt sich mit einem lauten *Schrei* zur Wehr. Ein solcher Akt der Selbstbehauptung wäre freilich gar nicht nötig gewesen, und der fluchtartige Abgang aus Lehrhalle und Kloster war sogar die falsche Reaktion. Denn Wei-shan hat nur so getan, als wollte er zum Wedel greifen, hätte die Bewegung aber gar nicht zu Ende geführt.[78] Was er mit diesem Unterlassen hat signalisieren wollen, ist, dass für eine Zurechtweisung kein Anlass bestand; dass De-shan, mit anderen Worten, seines Einverständnisses hätte sicher sein können.

De-shan jedoch hat es gar nicht so weit kommen lassen; hat Wei-shans geplanter Unterlassung gar keine Chance gegeben, sich als Unterlassung zu enthüllen. Stattdessen dieser voreilige *Schrei*, dieser voreilige Aufbruch. Und folgerichtig sagt der **Lobgesang** von ihm: *„Ungeduldig geht [der eine] davon!"* Beides, De-shans Schrei wie auch seinen jähen Rückzug aus der Halle, kommentiert Xue-dou mit einem zweiten *„Geprüft und entlarvt!"* Inwiefern das? Was hat denn Wei-shan mit seinem Schein-Griff nach dem Wedel an ihm aufgedeckt? Nun, seinen Stolz, den Stolz auf sein „Großes Erwachen", von dem er noch ganz durchdrungen ist – einen Stolz, der es ihm nicht erlaubt, wenn auch nur zu Unrecht für einen Anfänger gehalten zu werden, der sich weiterer Belehrung nicht widersetzen darf.

---

78 Das Prädikat des chinesischen Satzes, der vom Griff nach dem Fliegenwedel handelt, besteht aus zwei Schriftzeichen: *yi* und *qu*; dabei betont *yi* den Schein-Charakter der im *qu* enthaltenen Handlung „greifen", und beides zusammen bedeutet mithin: „nur zum Schein nach etwas greifen"!

Genau so schätzt Wei-shan seinen ungestümen Besucher nun gerade nicht ein, wie die abschließende Szene zeigt: Gegenüber seinem Mönch vom Ersten Sitz bekennt Wei-shan, was er in Wahrheit von seinem höchst eigenwilligen Besucher hält: *„Dieser junge Bursche wird sich später einmal oben auf einer einsamen Bergspitze eine Hütte aus Binsengras zusammenbinden und fortan Buddha und die Patriarchen mit Schmähungen überhäufen!"* Diese hochpathetische Verkündung – im Übrigen eine durch und durch »bilderstürmerische« Äußerung, die so gar nicht zu anderen Quellen des Tang-zeitlichen Chan-Buddhismus passen will, wohl aber zu der Buddhismus-kritischen und eher dem DAO zugeneigten Bildungselite der frühen Song-Zeit und den vielerlei Ikonoklasmen der von ihr favorisierten Chan-Bewegung der Nach-Tang-Ära – diese hochpathetische Verkündung, die diejenige Long-tans teils wörtlich wiederaufnimmt, teils noch deutlich überbietet,[79] und mit der Wei-shan, laut Xue-dou, den davongelaufenen Heißsporn wie an einer langen Leine festhält (*„Nicht lässt [der andere] ihn los!"*, so der **Lobgesang**), sie besagt, wie leicht ersichtlich, dreierlei: Die Formel *„oben auf einer einsamen Bergspitze"* spricht demjenigen, auf den sie gemünzt ist, den Status eines gewissermaßen Vollendeten zu, der auf dem Weg »nach oben hin«, also hinauf und hinein in die Shûnyatâ, das Ziel bereits erreicht hat. Der zweite Bestandteil der Prophezeiung, der Hinweis auf De-shans zukünftige Hütte aus zusammengebundenem Binsengras, unterstreicht vordergründig die Ernsthaftigkeit und Rigorosität seiner schon jetzt vorhandenen Ausrichtung auf die Shûnyatâ – vordergründig deshalb, weil Xue-dou dieser „Grashütte" in der Schlusszeile seines Lobgesangs noch eine ganz andere Nuance abzugewinnnen vermag. So freilich, auf den ersten Blick gesehen, geht es allein darum, dass sich De-shan in seiner „Überweltlichkeit" mit einem absolut unerlässlichen Mindestmaß an irdischem Wohlbefinden begnügt. Und dann, zum Schluss, der Paukenschlag: *„und fortan [wird er] Buddha und die Patriarchen mit Schmähungen überhäufen!"* Was für einen Grund aber könnte es in Wei-shans und vor allem in De-shans Augen geben, die großen Heldengetalten der Vergangenheit in Grund und Boden zu verdammen? Wenn wir auf De-shans *„Da ist nichts! Da ist nichts!"* zurückgreifen, ist die Sache klar: Der Vorwurf, der *Buddha [Shâkyamuni] und den Patriarchen* nicht erspart werden kann, lautet: „Ihr hättet schweigen sollen, statt zu reden und zu reden und zu reden! Ihr wusstet doch, Ihr habt es ja selbst überhaupt erst aufgedeckt, dass es nichts zu sagen gibt – wie konntet Ihr da durch Eure endlosen Lehrreden die Menschen so in die Irre führen zu glauben, es gäbe da geheimnisvolle Dinge auszusprechen!?" Und für Wei-shan selbst lässt sich aus diesem fulminanten Abschluss seiner Verkündung ableiten, dass er die Lage derer, die da »nach oben hin« unterwegs sind, genauso beurteilt wie sein kurzfristiger Gast. Und dementsprechend kann Xue-dou mit seinem dritten Kommentar Wei-shan einer überflüssigen, nichts als redseligen Verdopplung zeihen: *„Auf Schnee noch Reif gehäuft!"*, und hinzufügen: *„Fast wäre er [dabei] gestürzt!"*

War das Ganze denn nun ein Dharma-Gefecht oder war es das nicht? Xue-dou immerhin sieht den Tatbestand eines solchen eindeutig gegeben. In seinem **Lobgesang** setzt er De-shan einem der größten Helden der chinesischen Geschichte gleich: dem *Reitergeneral* Li Guang, der zu Beginn der Späteren Han-Dynastie in einer Schlacht gegen die übermächtigen Mon-

---

79 Long-tan wird dabei die gleiche Formel „oben auf einer einsamen Bergspitze" (*gu feng-ding shang*) zugeschrieben, wie sie der Wei-shan des Beispiels für seine zusätzliche Prophezeiung verwendet.

golen ganz allein in die tiefgestaffelten Reihen der Feinde eindrang, gefangen genommen wurde und im *feindlichen Lager* verwundet zwischen zwei Pferden gefesselt am Boden lag, sich zu befreien vermochte und in einem günstigen Augenblick einen Mongolen von seinem Pferd stürzen, sich aufschwingen, davonjagen und seine Verfolger mit dem erbeuteten Bogen abwehren konnte. Xue-dou allerdings ändert die historische Vorlage mit Blick auf De-shan dahin ab, dass er seinen Helden des Dharma-Gefechts *ganz unversehrt* davonkommen lasst – womit noch einmal unterstrichen wird, dass Wei-shan, sein Kontrahent, statt ihm am Zeug zu flicken, ihn insgeheim mit voller Zustimmung bedenkt. Wei-shans Schweigen, Wei-shans nur vorgetäuschten Griff zum Fliegenwedel – beides dürfen wir also mit Xue-dous Einverständnis als dessen Beitrag zu dem ihm förmlich aufgezwungen Dharma-Gefecht begreifen.

Es bleibt noch nachzutragen, was denn die „ganz andere Nuance" sein soll, die Xue-dou angeblich in seinem **Lobgesang** jener *Hütte aus Binsengras* abzugewinnen vermag, von der Wei-shan in seiner Prophezeiung spricht. Xue-dou macht aus Wei-shans Worten die Zeile: *„Oben auf einsamer Bergspitze sitzt er im weichen Gras!"* Und fügt ein empörtes *„Pfui!"* hinzu. Deuten wir den ersten Teil, die Formel von der *einsamen Bergspitze*, als Hinweis auf die Ausrichtung »nach oben hin«, mithin über die Welt hinaus in die Transzendenz der Shûnyatâ, dann stellt der zweite Teil einen krassen Gegensatz dar, der davon spricht, dass ein Mann wie De-shan bei all seiner Ausrichtung »nach oben hin« zugleich sich hier im Irdischen wohl und zuhause fühlt: als jemand, der die Welt der Immanenz als so behaglich empfindet, dass er keines festen Daches über seinem Kopf bedarf, es ihm vielmehr ausreicht, sich zum Schlafen ein paar Büschel Binsengras zu einem kleinen Zelt zusammenzubinden! Eine derartige Einstellung ist verständlicherweise für denjenigen, der allein in der Shûnyatâ sein Heil sieht, schlechterdings verabscheuenswert, und in eben diesem Sinne setzt Xue-dou sein *„Pfui!"* als Schlusspunkt ein. Doch dieses *„Pfui!"* ist reine Ironie! Xue-dou kaschiert damit nur seine volle Zustimmung!

Überhaupt die Ironie dieser Chan-Meister – eine Ironie, deren sich, versteht sich, auch die beiden Autoren des *Bi-yan-lu* wieder und wieder bedienen, Yuan-wu vornehmlich in seinen Kommentaren, so etwa wenn er anlässlich des hiesigen Beispiels Wei-shan mehrfach als „diesen alten Chinesen" tituliert. Solche Ironie verbietet es uns, von Männern wie den „Helden" des gegenwärtigen Kapitels mit einem Pathos zu reden, wie Gundert es sich zu Eigen macht, wenn er beispielshalber zu Wei-shans andeutungsweisem Griff zum Fliegenwedel schreibt: „Vielleicht würde jeder andere ihn übersehen. Nur De-shan nicht; er fühlt sofort die ganze Tiefe, die dahintersteckt, die unerschütterliche Ruhe, die unbeirrbare Güte, die überlegene Weisheit dieses Mannes, welchen er, er muss es sich gestehen, in Verkennung seiner hohen Geistigkeit zum Besten hatte", und wenig später De-shans Schrei dahin deutet, dass der Ankömmling nunmehr „in gewaltigem Aufschrei aus der Tiefe seiner Eingeweide ausbricht, dass er sich dabei selber wieder findet (!) und als echter De-shan keine Umstände mehr macht, sondern säuberlich das letzte Stäubchen dieses Klosters abklopft und davongeht."[80] Wir sollten uns vielmehr, so legt es die Ironie Xue-dous und Yuan-wus uns nahe, den Akteuren dieses und der anderen Beispiele mit weniger Ehrfurcht und einer gehörigen Portion spielerischer Leichtigkeit begegnen – eine Ironie, die ja auch uns Heutige

80 Gundert, Bd. I, S. 124f.

noch an der Nase herumführt, wenn sie, auf den Dharma-Wettkampf zwischen De-shan und Wei-shan angewandt, uns vor die Möglichkeit stellt, dass Xue-dous zweimaliges *„Geprüft und entlarvt!"* statt mal auf Wei-shan, mal auf De-shan ebensogut allein auf Wei-shan gemünzt sein könnte, eine Schlussfolgerung, die uns der **Lobgesang** mit seinen beiden ersten Zeilen sogar förmlich aufzudrängen scheint: Dort sieht es so aus, als handelten sie beide von ein und derselben Person; und die kann dann nur Wei-shan sein, der mithin – zweimal *geprüft und en*tlarvt – als derjenige dastünde, den De-shans Auftritt der völligen Hilflosigkeit überführt. Wie gesagt, das alles ist nur ein ironisches Spiel!

Wenn wir aber zu den großen Männern des chinesischen Chan nicht, wie Gundert, nur in demütig-bewundernder Verehrung aufblicken, sondern ihnen aufrechten Hauptes in die Augen schauen wollen, was fangen wir Heutigen dann mit einer Geschichte wie dem Auftritt zwischen De-shan und Wei-shan an? Nun, sie stellt auch uns vor ein existentielles Problem: Wie sein Leben führen, wenn es auf letzte Sinnfragen keine Antwort gibt, ja wenn letzte Sinnfragen, weil sinnlos, sich überhaupt verbieten? Wenn wir wissen, dass wir nicht wissen können, was „hinter den Dingen" ist und ob es ein solches „hinter den Dingen" überhaupt gibt, wir uns vielmehr auf die Möglichkeit einstellen müssen, dass „hinter den Dingen" – wir könnten auch sagen: »nach oben hin« – schlichtweg nichts ist? Kann Leben unter solchen Umständen überhaupt etwas anderes sein als Verzweiflung oder der – verzweifelte – Versuch, diese Verzweiflung durch Vergnügen (die Vergnügungen der „Spaßgesellschaft"), den Rausch des Konsums, die Allgegenwart stimulierender Reize (vom TV bis zu iPod und Smartphone und noch darüber hinaus) zu betäuben?[81] Wie könnten wir, vorausgesetzt, wir sind dazu genötigt, ein Leben ohne Sinn, in einem Weltall gleichfalls ohne Sinn,[82] so führen, dass wir, allem „Da ist nichts!" zum Trotz, mitten im Irdisch-Hiesigen wie De-shan *dasitzen im weichen Gras* – klaren Geistes, gelassen, heiter, von Frieden erfüllt!?

---

81 »Verzweifelt die Verzweiflung loswerden zu wollen« – diese Denkfigur hat der Verfasser Sören Kierekegaard und seiner Schrift *Die Krankheit zum Tode* entlehnt.

82 Wir leben in einem in sich geschlossenen und zugleich unendlich expandierenden Weltall, das in einer Zeitspanne, die noch die angebliche Dauer eines Kalpa um ein Vielfaches übertrifft, von einem Zustand unendlicher Verdichtung (in den ersten Tausendstel der ersten Sekunde nach dem Urknall) in einen Zustand unendlicher Verdünnung übergeht (in dem das Vorhandensein von Strahlung und Materie auf den Nullpunkt zustrebt) und dazwischen für Milliarden von Jahrmilliarden aus Galaxien besteht, die, in Haufen, Superhaufen und Supersuperhaufen gegliedert, mit ständig zunehmender Geschwindigkeit auseinanderdriften. – Unsere Sonne, ein Stern von mittlerer Größe am Rande einer Galaxie von mittlerer Größe mit Hunderten von Milliarden Sternen, ist vor etwa fünf Milliarden Jahren aus den Überresten einer Supernova, der Explosion eines weitaus größeren Sternes, hervorgegangen und wird sich, bei einer Lebenserwartung von nunmehr weiteren fünf Milliarden Jahren, schließlich zu einem Roten Riesen aufblähen und dabei die Erde, auf der Leben schon Jahrtausende vorher völlig erloschen sein wird, in sich verschlingen. Unsere Galaxie, in deren Spiralarmen auch in Zukunft neue Sterne entstehen und genauso wie die älteren Sterne wieder sterben werden, wird in wenigen Jahrmilliarden mit dem Andromeda-Nebel, der uns nächstgelegenen Galaxie, zusammenstoßen, mit ihr verschmelzen oder nach durchgreifender Verformung sich wieder von ihr trennen. – Im Inneren einer jeden Galaxie lauert ein Schwarzes Loch, das zunächst die dichtgedrängten Sterne seiner näheren Umgebung verschlungen und darüber hinaus den gesamten Materie-Staub seiner weiteren Umgebung in sich aufgesaugt hat, so dass im Zentrum einer Galaxie keine neuen Sterne entstehen können und nur alte Sterne, viel älter als unsere Sonne, das Schwarze Loch bis zu ihrem Untergang sinnlos umkreisen.

5. Xue-fengs „Hirsekorn“

Ankündigung[83]

Ganz allgemein gesagt müssen diejenigen, die die Lehre unserer Schule fördern wollen, Männer von außergewöhnlicher Geschicklichkeit sein: [Männer,] die fähig sind, Menschen zu töten, ohne auch nur mit der Wimper zu zucken; [Männer,] deren geschicktes Verfahren es möglich macht, auf der Stelle ein Buddha zu werden! Deswegen sage [ich]:[84] Ihre Einsicht und ihr Wirken geschehen gleichzeitig; und im Einklang geschieht auch ihr Einrollen und ihr Entfalten! [Denn] Wahrheit und Erscheinungen sind nicht zweierlei; das Unbeständige hält mit dem wahren Wesen Schritt! [Ein solcher Mann] lässt das Eine und Erste aus[85] und errichtet stattdessen das Tor einer zweiten Bedeutungsebene (derjenigen eines metaphorischen Sprechens)! Wollte [er] sich nämlich geradewegs daranmachen, das Rankengewächs abzuschneiden, so hätten diejenigen, die erst jüngst mit der Übung angefangen haben, Schwierigkeiten, [bei ihm] vor Anker zu gehen. Das war gestern der Fall, und die Sache ist keineswegs bereits erledigt; das ist auch heute noch der Fall, und Fehler und Vergehen türmen sich bis zum Himmel. Bist [du aber] ein Mann mit klarem Blick, kann er [dich] nicht im Geringsten täuschen; bist [du] jedoch kein solcher Mann, hängst [du] quer zwischen den Zähnen eines Tigers und kommst nicht umhin, Leib und Leben zu verlieren! – Versucht es doch mal mit dem, [was Xue-dou hier] vorbringt!

Beispiel

Xue-feng wandte sich an die Gemeinde [seiner Mönche] und sagte: „Die ganze große Erde nehme ich mit meinen Fingern auf, groß wie ein Hirsekorn! Ich werfe [sie] vor Euch hin! – [Ihr] Lackkübel, versteht [Ihr] nicht? Dann schlagt die Trommel und haltet bitte überall [im Kloster nach ihr] Ausschau!

Lobgesang

Der Ochsenkopf macht sich davon, der Pferdekopf kehrt zurück!
Im Spiegel des Cao-Gießbachs ist es mit allem Staub vorbei![86]
Schlagt die Trommel und schaut her – Ihr Herren, seht [Ihr] nicht?
Der Frühling kommt mit hundert Blumen – wem öffnen sie sich denn?

---

83 Den nachfolgenden Text bieten Standard-Version und *Teihon*-Ausgabe gleichermaßen als Ankündigung des Kôan 5.

84 Yuan-wu, der Verfasser der Ankündigungen, meldet sich hier persönlich zu Wort: Nur die *Ichiya*-Version bietet an dieser Stelle das Schriftzeichen *dao* (‚sagen‘); die Standard-Version liefe auf die Aussage hinaus: „Deswegen geschehen Einsicht und Wirken gleichzeitig“ – eine nicht besonders logische Fortführung des Voraufgegangenen!

85 Wörtlich heißt es an dieser Stelle sowohl in der Standard- als auch in der *Ichiya*-Version: „Sie lassen den ersten Zug [im Schachspiel] vorübergehen ...“

86 Diese Zeile spielt auf das Hui-neng zugeschriebene „Erleuchtungsgedicht“ an: Der *Cao-Gießbach* weist auf Hui-neng und die Stätte seines Wirkens hin; sein Kloster lag oberhalb des Baches, der durch die Cao-Bergschlucht abwärts stürzte – in einem solchen Gieß- oder Sturzbach gab es natürlich kein ruhiges und klares Wasser, in dem man sich hätte *spiegeln* können! Stattdessen verweisen *Spiegel* und *Staub* auf die Gedichtzeilen: „Auch ist da kein klarer Spiegel samt Gestell. / Ursprünglich existiert kein einziges Ding – / Wo sollte sich da Staub ansetzen?“

Xue-feng – kein anderer als der ehemalige „Reiskoch“, um dessentwillen sein Mitbruder Yan-tou und ihr gemeinsamer Lehrer De-shan jene berühmt-berüchtigte Posse um den „allerletzten Satz“ aufgeführt haben sollen (Kôan 55 *Cong-rong-lu*, Kôan 13 *Wu-men-guan*) – Xue-feng war von beiden Dharma-Nachfolgern De-shans derjenige mit der größeren Wirkungsmacht: Von ihm leitet sich zum einen die Traditionslinie des »Hauses Yun-men« ab, dem auch, drei Generationen später, Xue-dou angehört, und zum anderen, eine Generation früher, das »Haus Fa-yan«, dem namentlich die *Aufzeichnungen von der Weitergabe der Leuchte aus der Ära der »Strahlenden Tugend«* besonderes Gewicht beilegen. Die herausragende Bedeutung Xue-fengs innerhalb der Geschichte des Chan besteht freilich darin, dass es seine Nachfolger, auch die weniger bekannten, gewesen sind, die nach dem Untergang der Tang-Dynastie und während der von Wirrnissen heimgesuchten nordchinesischen »Fünf Dynastien« in den relativ stabilen Teilstaaten des Südostens dem Chan-Buddhismus das Überleben und damit den Übergang in die Song-Dynastie gesichert haben.[87]

Xue-feng Yi-cun selbst (822-908) war angeblich ein „Spätentwickler“, den erst sein jüngerer Mitbruder Yan-tou einige Zeit nach De-shans Tod mit der Bemerkung: „Du weißt doch: Was durch die Tür hereinkommt, ist niemals der wahre Familienschatz; Du musst es aus Dir selbst hervorströmen lassen, so dass es den Himmel überschattet und die ganze Erde zudeckt!“ zum vollen »Erwachen« gebracht hat. Als reifer Meister hingegen genießt er insbesondere bei Yuan-wu, wie dessen **Ankündigung** ausweist, höchstes Ansehen (Xue-dou räumt ihm immerhin fünf Auftritte ein, mehr als Hong-zhi im *Cong-rong-lu*): Xue-feng ist in den Augen Yuan-wus ein *Mann von außergewöhnlicher Geschicklichkeit*; einer, der die *Fähigkeit* besitzt, *Menschen zu töten, ohne auch nur mit der Wimper zu zucken*, und dessen *geschicktes Verfahren es möglich macht, auf der Stelle ein Buddha zu werden!* Auch das gilt laut Yuan-wu von ihm, dass er *das Eine und Erste auslässt* und *stattdessen das Tor einer zweiten Bedeutungsebene errichtet.* So kann er es vermeiden, seine Mönche durch direkten Angriff auf das *Rankengewächs* von Sprache und Denken *geradewegs* in *das Eine und Erste*, das aller Sprache vorausliegt, hineinkatapultieren zu müssen, und verschafft ihnen durch sein *metaphorisches Sprechen*, das den direkten Zugang zum *Einen und Ersten* ersetzt, die Möglichkeit, sich seine Belehrung auf leichter verdauliche Weise zu Eigen zu machen, mit den Worten Yuan-wus, *[bei ihm] vor Anker zu gehen.* Mag in solchem *metaphorischen Sprechen* auch ein Moment von *Täuschung* enthalten sein – *ein Mann mit klarem Blick* lässt sich von ihm *nicht im Geringsten* irreführen.

---

87 Siehe dazu Welter (2), S. 60-62: „*The situation was much better in the regimes to the south. Three of these regimes, in particular, were staunch supporters of Buddhism and became havens for Buddhist monks during this period: the Southern Tang, which absorbed territory controlled by Wu, led by members of the Li family, Min, headed by rulers from the Wang family; and Wuyue, ruled by members of the Qian family. These three regimes covered a large geographical area of southeast China ... During the tenth century, the region flourished both economically und culturally. Religious teachings were supported as a matter of cultural policy. Trade links with neighboring countries were established. The king of Korea sent official envoys and monks to study at Buddhist centers supported by the rulers of these regimes. ... During the Five Dynasties period in the tenth century, the descendants of Xuefeng Yicun dominated the region, including students of Baofu Congzhan and Fayan Wenyi.*“

Nun also das **Beispiel**: Xue-feng verwandelt mit wenigen Worten *die ganze große Erde* einfach dadurch, dass er sie zwischen seine *Fingerspitzen* nimmt, in ein winziges *Hirsekorn*. Von einem charismatischen Meister seines Fachs (wie dem weisen alten Milton Erickson auf dem Felde der Hypnotherapie) in einer darauf ausgerichteten Situation gesprochen, können Worte wie diejenigen Xue-fengs durchaus hypnotische Wirkung entfalten – erst recht, wenn wir seiner Metapher eine Wendung ins Zeitgenössische geben. Dann wäre nicht nur von der *ganzen großen Erde*, sondern von dem Weltall der Milliarden auseinanderdriftender Galaxien die Rede: Stellen wir uns vor, lassen wir uns in die Phantasie hineinziehen, dieser ungeheure leere Raum mit seiner ungeheuren Anzahl ungeheurer Sterneninseln schrumpfe im Sekundenbruchteil zur Größe eines Stecknadelkopfes zusammen – welch erschreckende Vision einer allumfassenden Vernichtung, die auch uns selbst in den Untergang mit hineinreißt![88] Auf diese Weise können wir auch nachvollziehen, dass Yuan-wu in der **Ankündigung** Xue-feng aufgrund seiner scheinbar so locker hingeworfenen Metapher die *Fähigkeit* zuerkennt, *Menschen zu töten, ohne auch nur mit der Wimper zu zucken*. Aber wie soll er laut Yuan-wu es schaffen, dass seine Mönche, dass auch wir durch unser Eintauchen in diese Phantasie *auf der Stelle zu Buddhas werden* – oder zumindest werden können? Nun, was bleibt denn von der Welt, wenn sie von einem Augenblick zum nächsten zum *Hirsekorn* zusammenschrumpft, was bleibt an ihrer Statt, wenn sie in einem Stecknadelkopf verschwindet? Nichts! Und was bleibt von uns, wenn wir von dem Sog dieses allumfassenden Verschwindens mitgerissen werden? Nichts! Kurz, wir geraten in den Zustand einer geradezu hypnotischen Erfahrung, dass da nichts mehr ist. Und genau das wiederum verweist auf die Erfahrung der Shûnyatâ, die Verwandlung zum Tathâgata, die selbstverständllich aus uns selbst entspringen muss, wenn sie denn mehr sein soll als eine von außen induzierte Befindlichkeit, die nicht von Dauer ist. Andererseits vermag eine „Trance-Induktion" wie die in Xue-fengs *Hirsekorn* implizit enthaltene durchaus eben dieses Aufbrechen von Innen her auszulösen, das ein echtes »Erwachen« von einem nur scheinbaren, einem nur erahnten unterscheidet: Indem Xue-feng sein *Hirsekorn* vor uns, vor seine Mönche hin wirft, stellt er sie und uns vor die Aufgabe, **sein** Hirsekorn zu **unserem** zu machen, will sagen, das Verschwinden der Welt, uns selbst eingeschlossen, im Zazen aus uns selbst heraus zu realisieren. Denn wohlgemerkt wirft er ja das *Hirsekorn* nicht irgendwohin, in irgendeinen Winkel der großen Lehrhalle, in der er zu seinen Mönchen spricht (was er ebenso gut als Überleitung zum zweiten Teil seines Ausspruches hätte nutzen können), sondern eben *xiang mian qian*: vor ihr – und unser – Angesicht hin!

Xue-feng hat nämlich noch etwas anderes, gleich Wichtiges mit seinen Mönchen vor: Er wirft sein *Hirsekorn* von sich fort und fordert seine Mönche auf, nach ihm zu suchen, es wiederzufinden und dann – wie eine Kostbarkeit, können wir ergänzen – in ihre Hände zu nehmen. Damit hat Xue-feng dasselbe im Auge, was im späteren Kôan 60 sein bedeutendster Nachfolger, Yun-men, noch eindringlicher und deutlicher formuliert: „Dieser Wanderstab hier

88 Noch vor wenigen Jahren vertraten unsere Astrophysiker die Theorie, dass sich das Weltall nach einer Phase der Expansion aufgrund einer allmählich nachlassenden Fluchtgeschwindigkeit der Galaxien infolge der Gravitation wieder zusammenziehen und in einer neuen Singularität, sozusagen einem umgekehrten Urknall, wieder verschwinden werde. Doch genauere Beobachtungen haben dieser Theorie den Todesstoß versetzt: Die Fluchtgeschwindigkeit der Galaxien (die Geschwindigkeit, mit der sie auseinanderdriften) nimmt aus bisher unerklärlichen Gründen immer weiter zu, so dass nunmehr mit einem unendlich expandierenden Weltall zu rechnen ist – siehe die Fußnote 82 anlässlich des vorigen Kôan.

verwandelt sich [vor Euren Augen] in einen Drachen – und [schon] hat er Himmel und Erde verschlungen! Woher [wollt Ihr jetzt] Berge, Flüsse und die große Erde wiederbekommen?" Denn darum geht es auch Xue-feng, wenn er seine Mönche als *Lackkübel* beschimpft, als Gefäße also, die von vielerlei Schichten erstarrter Denkgewohnheiten wie von einer dicken Kruste überzogen sind, und sie antreibt, alle ohneAusnahme, vom *Trommelschlag* herbeigerufen, *überall [im Kloster]* nach der zum *Hirsekorn* geschrumpten Welt *Ausschau zu halten.*

Dabei haben wir unter der Lackkruste erstarrter Denkgewohnheiten nicht die Verblendung alltäglicher Denkschablonen, auch nicht die in der jeweiligen Gesellschaft zu einer bestimmten Zeit eingespielten Schablonen der allgemeinen Weltdeutung zu verstehen, sondern eine ganz besondere Verblendung: diejenige, den Misshelligkeiten der irdischen Welt, im **Lobgesang** durch *Ochsenkopf* und *Pferdekopf* vertreten, in das Nirvâna einer nach dem Verschwinden der Welt einzig verbleibenden Shûnyatâ zu entfliehen – und dort für immer verweilen zu wollen. Sicher, das deutet der **Lobgesang** mit seiner Eingangszeile an, ist die irdische Welt ein Ort unaufhörlich wiederkehrender Misslichkeiten, Leidensquellen, Glückszerstörung: Wenn *der* [Höllendämon mit dem] *Ochsenkopf sich davonmacht, kehrt der* [Höllendämon mit dem] *Pferdekopf zurück!* Zwar gibt es da, wie der Lobgesang mit seiner zweiten Zeile, der überdeutlichen Anspielung auf das angeblich von Hui-neng verfasste „Erleuchtungsgedicht", umschreibt, den einen Weg, sich den Teufeln *Ochsenkopf* und *Pferdekopf* zu entziehen, nämlich in den Zustand des *ben-lai wu yi wu* (japanisch: *honrai mu ichi motsu*), des „Ursprünglich ist da kein einziges Ding", zurückzukehren, jenen Zustand, in dem nicht nur auf dem *Spiegel* unseres Bewusstseins kein *Staub* irdischer Beeinträchtigungen mehr haften bleibt, sondern auch dieser *Spiegel* gar nicht mehr vorhanden ist – und auf die Rückkehr in ebendiesen Zustand zielt ja Xue-fengs *Hirsekorn*-Metapher unmissverständlich ab. Doch kann und darf, wie die beiden anderen Zeilen des Lobgesangs uns nahelegen wollen, die Zuflucht im *ben-lai wu yi wu* nicht das letzte und endgültige Ziel unseres spirituellen Strebens sein: *„Schlagt die Trommel und schaut her"*, heißt es da, *„Ihr Herren, seht [Ihr] nicht? / Der Frühling kommt mit hundert Blumen – wem öffnen sie sich denn?* Für uns, versteht sich, die wir das Verschwinden der Welt in der „Singularität" eines *Hirsekorns* eingeübt haben,[89] und die wir sodann zusammen mit der verschwundenen Welt wieder in die vollentwickelte Raum-Zeit zurückgekehrt sind (dass nach heutigem Kenntnisstand die Farbenpracht von Blumen und Blüten sich einer Ko-Evolution von Insekten und Pflanzen zu beiderseitigem Vorteil verdankt, sollten wir bei dem Versuch, einen Chan-Text des 12. Jahrhunderts zu interpretieren, lieber unbeachtet lassen). Die Aufforderung: *„Schaut her!"*, die der Lobgesang Xue-feng zusätzlich zu seinem *„Schlagt die Trommel!"* in den Mund legt, kann sicherlich als auf das *hingeworfene Hirsekorn* bezogen verstanden werden; doch zugleich oder sogar zuerst bezieht sie sich auf die nachfolgende Schlusszeile des Gedichts: *„Schaut her: Der Frühling kommt mit hundert Blumen!"*

Anders gesagt: Aus der Versenkung in die Shûnyatâ des *ben-lai wu yi wu* treten wir und mit uns die Welt erneut hervor, die Welt in Gestalt eines *Frühlings* mit überwältigender *Blütenpracht* und wir mit der Erfahrung ebenjenes Glücks, das die Farbenpracht des Frühlings,

89 Eine *„Singularität"* ist eine Stelle der relativistischen Raum-Zeit, an der deren vier Dimensionen wie in einem Trichter punktförmig zusammenlaufen und die Gesetze der Physik keine Gültigkeit mehr haben.

die unübersehbare Fülle der Blumen und Blüten für uns bereithält. Erst dann sind wir, im Sinne der **Ankündigung**, zu *Buddhas* geworden, wenn wir aus dem Zustand der »Soheit«, des Tathatâ, in dem „kein einziges Ding mehr existiert", in die Welt der *Zehntausend Dinge*, daoistisch gesprochen, zurückgekehrt sind und diese Welt nicht nur, allen *Rinder- und Pferdeköpfen* zum Trotz, als eine uns geheuere bejahen (eine Welt, in die sich, Kôan 24, ein Wei-shan zu einem friedlichen Nickerchen gelassen-unbedroht zurücklehnen kann), sondern sie auch als eine Welt erfahren, in der uns ein Glück erwartet, das einzig in der Metapher eines *Frühlings mit hundert Blumen* seinen angemessenen Ausdruck findet:

Sterben geschieht nicht ins Dunkel,
Sterben geschieht ins Licht:
Löschst du dich aus,
Gibst dich der Leere anheim,
Trifft den Verwandelten Licht –
Licht, das die Leere erfüllt.
Sagt nicht das *Sûtra*, das allbekannte,
Das *vom Herzen der Einsicht*:
„Leere ist Licht,
Licht, das ist Leere"?
Ach, wohl nicht. Doch das Licht, das du bist,
Das ist das Licht der Schöpfung,
Schenkt dir die Welt zurück,
Wie es vor Jahrmilliarden
Quarks und die Galaxien
Jählings dem Nichts entrissen.

Freude, die lodert wie Feuer,
Glutheller Wärmestrom,
Glück bricht hervor,
Tränen auch, Tränen des Glücks,
Strom, der sich weitet und dehnt,
Trägt dich aufs offene Meer:
Unter der Sonne der Freude gleitet
Kraftvoll, stetig das Schiff, seit
Jeher besetzt
Schon mit den Buddhas,
Singend, jubelnd wie du, dass sie sind,
Hier in der Zeit, gesegnet,
Hier, und ist *Reines Land*.
Du stehst entflammt, ekstatisch,
Mund nur, der singt, nur Mund,
Singst du die Welt in Freude.[90]

---

90 Roloff (3), Text 6

6. Yun-mens „Guter/schöner Tag“[91]

Ankündigung

(nicht erhalten)[92]

Beispiel

Der Großmeister Yun-men ließ einmal die Bemerkung fallen: „Nach den 15 Tagen, die bereits vergangen sind, frage ich Euch nicht – aber zu den 15 Tagen, die noch kommen, sagt mir jetzt gleich einen einzigen Satz!“

[Nach einer Pause] sagte er selbst an ihrer Statt: „Jeder Tag ist ein guter/schöner Tag!“

Lobgesang

Die Eins schlägt [er] aus und bekommt dafür die Sieben –
In allen sechs Himmelsrichtungen ist nichts damit vergleichbar![93]
Gemessen schreitet [er] dahin, schneidet das Geräusch des strömenden Wassers ab –
Mit freiem Blick ins Weite zeichnet [er] die Spuren fernhin fliegender Vögel nach!
Üppig und weich das Gras, Dunst wie ein Schleier ringsherum –
Der Himmel [aber] lässt vor [Subhûtis] Felsenhöhle Blumenregen wirbeln!
Nur zu, [ich] schnipse sie mit [meinen] Fingern weg, bedauernswerte Shûnyatâ![94] –
Rührt Euch nicht vom Fleck! Rührt Ihr Euch, gibt's dreißig Hiebe mit dem Stock!

---

91 Landläufig heißt dieses Kôan: *Yun-mens „Guter Tag“* – und genauso übersetzen Gundert, Schwartz und Yamada/Lengsfeld; „good day“ heißt es entsprechend bei Sekida und Cleary; im chinesischen Original hingegen ist von *hao ri* die Rede. Das Adjektiv *hao* hat nun aber ein breites Spektrum an Bedeutungen; es reicht von „gut“ über „schön“ bis zu „angenehm“, „leicht“ und „bequem“! *Hao ri* könnte also genauso gut als „schöner Tag“ oder „angenehmer Tag“ übersetzt werden. Und soviel ist sicher (wie die nachfolgenden Erläuterungen zeigen werden), dass Yun-men zumindest mit den beiden Bedeutungen „gut“ und „schön“ spielt, wobei der „schöne Tag“ immer auch ein „angenehmer Tag“ ist! Der Verfasser versucht, dem gerecht zu werden, indem er – wie hier in der Überschrift – bald „guter/schöner Tag“, bald nur „guter Tag“, bald aber auch bewusst provozierend, doch dem jeweiligen Zusammenhang einzig angemessen, eindeutig „schöner Tag“ übersetzt. – Im Übrigen sei auf das Kôan 42 verwiesen, in dessen Beispiel der Hauptakteur angesichts sanft fallender Schneeflocken begeistert ausruft: „[Diese] schönen Schneeflocken!“ (*hao xue pian-pian)*, womit zweifellos keine „guten“ Schneeflocken gemeint sind!

92 Weder die Standard- noch die *Ichiya*-Version (und in ihrem Gefolge die *Teihon*-Ausgabe) weisen zu diesem Kôan eine Ankündigung auf. Das Fehlen dieser Ankündigung ist ein erster Hinweis auf den schwerwiegenden und komplexen »Bindefehler«, der für beide Überlieferungsstränge, die Standard- und die *Ichiya*-Version, die Annahme eines gemeinsamen Vorfahren erzwingt.

93 Wörtlich heißt es in dieser Zeile: „Oben, unten, die vier Himmelsrichtungen“: „Oben“ und „unten“ zählten für die alten Chinesen als weitere Himmelsrichtungen, womit sich für sie sechs statt der uns geläufigen vier ergaben.

94 Wie im Chinesischen üblich, fehlt in dieser Zeile das Subjekt. Aber Yuan-wu legt eben diese Zeile in seinem Kommentar ausdrücklich Xue-dou in den Mund!

Auch wenn Xue-dou dem Begründer der Traditionslinie, der er selbst angehört, höchste Achtung entgegenbringt und ihm, mehr als jedem anderen Chan-Meister, insgesamt achtzehn Auftritte einräumt, lässt er Yun-men, der für ihn immer nur der „Großmeister Yun-men" ist, erst hier im 6. Kapitel erstmals zu Wort kommen, nachdem zuvor bereits dessen Lehrer Xue-feng und davor auch schon wiederum dessen Lehrer De-shan ihren Einstand gegeben haben.

Yun-men Wen-yan (864-949), ein Meister im Einsatz sprachlicher Mittel, war insbesondere für seine „Schranken des einen Wortes" berühmt, bei denen er mit einem einzigen Wort sein Gegenüber aus seinen Anhaftungen zu befreien und ins »Erwachen« zu treiben versucht hat – im *Bi-yan-lu* ist diese Technik durch den „Reiskuchen" des Kôan 82 vertreten. Darüber hinaus bediente er sich zur Schulung seiner Mönche auch der Aussprüche früherer Meister, denen er durch eigene Zusätze eine überraschende, bewusst irritierende Wendung verlieh; das war die Technik der „anderen Antworten", für die das Kôan 62 mit Yun-mens „Neuinterpretation" eines Ausspruchs des Seng Zhao ein gutes Beispiel abgibt. Und als dritte Technik wäre das Verfahren der „stellvertretenden Worte" zu erwähnen, bei denen Yun-men auf seine an die Mönche gerichteten Fragen an deren Stelle selbst die Antwort gibt; ein Musterbeipiel für diese Art des Vorgehens ist das gegenwärtige Kôan. Insgesamt hat es schon zu Yun-mens Lebzeiten geheißen, er habe seinen eigenen Äußerungen abverlangt, dass sie stets drei Bedingungen erfüllen: 1. soll die Antwort, die er auf die Frage eines Mönchs erteilt, dieser Frage so haargenau entsprechen, wie „der Deckel auf die Dose" passt; 2. soll sie die Kraft haben, die Verblendung, das dualistische Denken und Fühlen eines Schülers „abzuschneiden wie ein scharfes Schwert"; und 3. soll die jeweilige Antwort sich an den Bewusstseinszustand des Fragenden so selbstverständlich anschließen, „wie eine Welle der vorausgegangenen" folgt.

Diese dreifache Anforderung gilt insbesondere für diejenigen „Schranken des einen Wortes" und andere, ähnlich knappe Äußerungen, mit denen Yun-men Fragen oder Behauptungen eines Gegenübers erwidert; wie weit sie auch auf „stellvertretende Worte" zutrifft, wie sie das hiesige Beispiel bietet, bleibt dem weiteren Verlauf der Erläuterungen vorbehalten.

Berühmt die Geschichte seines „Großen Erwachens": Yun-men hielt sich als noch junger und zielstrebiger Mönch im Kloster des Mu-zhou Chen Zun-si auf, eines jüngeren Zeitgenossen Lin-jis und wie dieser ein Schüler Huang-bos. Dieser Mu-zhou pflegte, wenn sich ein Mönch zum »Einzelbesuch« (*du-can*, jap. *dokusan*) seinem Abtszimmer näherte, nach dem Klang der Schritte zu beurteilen, ob der Betreffende reif war für ein *Dokusan* oder nicht. Wenn er der Meinung war, es lohne sich, den Schüler hereinzulassen, rief er von innen: „Komm rein!", und sobald der Schüler den Raum betreten hatte, packte er ihn am Kragen und brüllte ihn an: „Los, sag es!" Zögerte der Schüler auch nur einen Augenblick, stieß Mu-zhou ihn wieder hinaus und schlug die Tür hinter ihm zu. So erging es auch dem jungen Yun-men, und zwar gleich zweimal hintereinander. Bei seinem dritten Anlauf war Yun-men jedoch fest entschlossen, sich nicht wieder hinauswerfen zu lassen, und stellte deshalb ein Bein in die Tür. Mu-zhou stieß abermals die Tür zu, und zwar so heftig, dass er Yun-men das Bein brach. Yun-men schrie vor Schmerz laut auf und erfuhr in diesem Augenblick das „Große Erwachen"! – Nach dieser Begegnung mit Mu-zhou begab sich Yun-men auf die obligatorische »Wolken und Wasser«-Wanderschaft und schloss sich schließlich dauerhaft Xue-feng an, unter dessen Anleitung er sich zur vollen Reife und Meisterschaft entwickelt hat.

„Jeder Tag ist ein guter/schöner Tag" – dieser Ausspruch Yun-mens ist auch heute noch ein weitverbreitetes Motiv für Zen-Kalligraphien. Aus dem ursprünglichen Zusammenhang herausgelöst und für sich genommen, erweckt sein: *ri ri shi hao ri* (jap. *nichi nichi kore kô jitsu*) den Anschein, als ginge es darum, dass auch noch der Tag, an dem wir bei einem wichtigen Examen durchgefallen sind, unseren Arbeitsplatz verloren haben, der Lebenspartner uns verlassen oder ein Betrüger uns um unsere Ersparnisse gebracht hat, *ein guter Tag* sein oder wenigstens von uns als ein solcher schöngeredet werden soll. Das aber kann Yun-men nicht gemeint haben, und zumal der **Lobgesang** macht deutlich, dass es in der Tat so nicht gemeint ist.

Sehen wir uns den Satz in seinem situativen Kontext an: Es ist offensichtlich Mitte des Monats während der Sommer-Übungszeit; die Mönche haben sich vierzehn Tage lang konzentriert im *da si*, dem „Vollständig-Sterben" geübt;[95] sie haben sich, wie *Subhûti* in seiner *Felsenhöhle*, ganz in die Shûnyatâ, die „Große Leere", vertieft![96] Doch von diesen vergangenen zwei Wochen will Yun-men gar nicht reden: *„Nach den 15 Tagen, die bereits vergangen sind, frage ich Euch nicht!"*[97] Warum nicht? Weil auf der Hand liegt, was die Mönche in diesen *15 Tagen* getan, getrieben, geleistet haben? Doch wahrlich nichts Geringes; etwas sogar, für das ein *Subhûti*, jener herausragende Schüler Buddha Shâkyamunis, von den Göttern mit einem Wunder geehrt worden ist – haben sie doch, so die Legende, aus dem leeren *Himmel* in buntem *Wirbel Blumen* auf ihn *niederregnen lassen*! Etwas mithin, für das auch die Mönche Anerkennung seitens ihres Meisters verdient hätten. Stattdessen fährt er fort: *„Aber zu den 15 Tagen, die noch kommen, sagt mir jetzt gleich einen einzigen Satz!"* Was hätten sie sagen sollen? Es wäre ein Leichtes gewesen zu antworten: „Wir fahren mit unserer Übung fort und werden uns noch mehr anstrengen, als wir bisher getan haben!" Doch die Mönche schweigen; sie verspüren Unsicherheit; sie wissen: So einfach lässt Yunmen sie nicht davonkommen! Und so *sagt er selbst*, nach einer eindringlichen Pause, *an ihrer Statt: „Jeder Tag ist ein guter/schöner Tag!"* Wir dürfen nicht vergessen, dass Yunmen mit diesem Satz seine eigene Frage nach den *15 Tagen* beantwortet, *die* bis zum Ende des Übungsmonats *noch kommen* werden. Was will er damit sagen: *„Jeder Tag ist ein guter Tag!"*? Dass *die kommenden 15 Tage* gut dafür sind, sich weiter, noch tiefer in die Shûnyatâ zu vertiefen oder dass sie dadurch *gute Tage* sind, dass sie zu solcher Vertiefung genutzt, in solcher Vertiefung verbracht werden? Aber dann hätte Yun-men ja genau das gesagt, was die Mönche auch hätten sagen können, was zu sagen sie sich jedoch nicht getraut haben? Ist Yun-mens Satz also eine Bestätigung der Mönche und dessen, was sie in den vergange-

---

95 Auch heute noch heißt es ja, wie bereits in der ersten der *»Drei Abhandlungen«* angeführt, in Rinzai-Zen-Klöstern rund um den Globus zu Beginn eines *Sesshin*: *„You must die completely!"*

96 Yuan-wu gibt in einem Kommentar zu *Subhûti* folgende Auskunft: Er hat sich mitten in die Bergfelsen zurückgezogen, um in Ruhe Versenkung zu üben; da ließ Shakra, der Himmelsherrscher, Blüten [auf ihn herab-]regnen; mit rühmenden Worten wandte er sich an Subhûti und sagte: „Ich schenke dem Ehrenwerten große Aufmerksamkeit, der sich so gut darauf versteht, die Prajñâ (Weisheit) zu erklären!" Subhûti sagte: „Ich habe [aber doch] zur Prajñâ nicht ein einziges Wort der Erklärung von mir gegeben!" König Shakra sagte: „Der Ehrenwerte spricht nichts und ich höre nichts: Wo kein Sprechen ist, da ist auch kein Hören – das heißt, wahrhaft die Prajñâ erklären!"

97 In China und Japan wird auch heute noch in einem solchen Fall der gegenwärtige Tag, von dem aus zurückgezählt wird, mit eingerechnet; dasselbe gilt beim Blick in die Zukunft: Auch hier wird der gegenwärtige Tag in die Anzahl der ins Auge gefassten zukünftigen Tage mit hineingerechnet.

ren vierzehn Tagen bereits getan und geleistet haben? Aber wozu dann die Eingangszeile des Lobgesangs: *„Die Eins schlägt [er} aus und bekommt dafür die Sieben!“*? Wobei des Weiteren zu fragen wäre: Was für eine *Eins* und was für *Sieben*? Und erst recht die zweite Zeile: *„In allen sechs Himmelsrichtungen ist nichts mit* [diesem Satz] *vergleichbar!“* Was soll an Yun-mens Satz, wenn er nichts als eine Bestätigung der Mönche und ihrer Einübung ins „Vollständig-Sterben“ ist, so Unvergleichliches daran sein? Tun doch die Mönche mit ihrem Bemühen ums *da si* nichts anderes, als was von ihnen erwartet wird!

Vielleicht bieten die drei letzten Zeilen des **Lobgesangs** einen Hinweis, wie sich das Rätel lösen lässt: Zweifellos haben die Mönche, wenn sie *Subhûti* in seiner *Felsenhöhle* nacheifern, auf die gleiche himmlische Belohnung, den gleichen göttlichen Blütenschauer wie Shâkyamunis Meisterschüler Anspruch! Und doch erklärt Xue-dou – denn niemand anderes verbirgt sich hinter dem *„ich“* der vorletzten Zeile – dass er die *Shûnyatâ* für ein ach so *bedauernswertes* Wesen hält, das es verdient, *weggeschnipst* zu werden! Kurz und gut, Xue-dou verwirft hier explizit die Shûnyatâ oder, vorsichtiger gesagt, die ausschließliche Vertiefung in ihre welt- und lebensferne Leere! Verständlich, dass die Mönche dagegen protestieren möchten; denn wäre die Shûnyatâ tatsächlich etwas, das ein für allemal *weggeschnipst* gehört, dann hätte all ihre Übung keinen Sinn, ja sie wären mit all ihrer Übung von Anfang an auf einem unverzeihlichen Irrweg! Was läge also näher, als dass einer der Mönche, die da in der Lehrhalle versammelt sind und Xue-dous Ausführungen lauschen, vortritt und den Meister zur Rede zu stellen versucht!? (Genau das wird ja in diesen alten Chan-Geschichten wieder und wieder berichtet, dass aus der schweigenden Menge der Mönche ein Mutiger vortritt und den Meister mit einer Frage oder einem Einwand herauszufordern wagt!) Doch Xue-dou schiebt solcher Keckheit von vornherein den Riegel vor: *„Rührt Euch nicht vom Fleck! Rührt Ihr Euch, gibt's dreißig Hiebe mit dem Stock!“*: „Nehmt erst einmal hin“, heißt das, „was ich Euch hier zumute; nehmt es in Euch auf, verdaut es, und Ihr werdet sehen, dass ich Euch zu Recht zurechtgewiesen habe!“

Wenn dem so ist, verlieren auch die beiden Eingangszeilen ihre Rätselhaftigkeit. Denn *die Eins auszuschlagen und dafür die Sieben zu bekommen* läuft auf nichts anderes hinaus als eben das *Wegschnipsen der Shûnyatâ*: *Sieben* ist mehr als *eins* – das ist von beschämender Trivialität; schon nicht mehr ganz so trivial ist die Aussage, die *Sieben* verkörpere Vielzahl und Vielfalt und mithin die Welt der *Zehntausend Dinge*, und die Eins dann folgerichtig das „Eine und Erste“, das uns schon aus Yuan-wus Ankündigung zum voraufgegangenen Kôan bekannt ist, die Shûnyatâ. Verstehen wir die erste Zeile so, dass also Yun-men mit seinem *„Jeder Tag ist ein schöner Tag!“* uns nahelegt, die Shûnyatâ *auszuschlagen* und dafür die Welt der *Zehntausend Dinge zu bekommen*, dann wird auch Xue-dous Freudenruf der zweiten Zeile so verständlich wie nachvollziehbar: *„In allen sechs Himmelsrichtungen ist nichts damit vergleichbar!“* Etwas ganz Ähnliches wird uns im späteren Kôan 36 begegnen, wenn Xue-dou Chang-shas Entgegnung auf den Vorwurf, er verliere sich an Frühlingsgefühle, mit der Bemerkung kommentiert, dass wir ihm für seine Zurückweisung melancholischer Vergänglichkeits- und Weltentsagungsgedanken nichts als dankbar sein sollten![98] Das Unver-

98 Im Kôan 36 bekommt der von einer Wanderung in den Bergen heimgekehrte Chang-sha von seinem Mönch vom Ersten Sitz zu hören: „Das hört sich doch sehr nach Frühlingsgefühlen an!“ Und Chang-

gleichliche an Yun-mens Satz besteht nach alledem eben darin, dass er uns auffordert, der Weltentsagung, die dem Buddhismus mit seiner Nirvâna-Lehre nun einmal seit Hînayâna-Tagen innewohnt, ein für allemal zu entsagen und uns stattdessen nicht nur der Welt zu stellen, sondern in ihr auch unser Genügen zu finden. Allerdings kann das *Wegschnipsen der Shûnyatâ* auch den – freilich falschen – Eindruck erwecken, es ginge Yun-men und Xue-dou darum, uns den Verzicht auf jegliche Einübung in die Shûnyatâ ans Herz zu legen. Dass es geradeso nicht gemeint ist, deutet Yuan-wu mit einer Zwischenbemerkung zur Schlusszeile des Lobgesangs auf kaum verhüllte Weise an: Zu Xue-dous Androhung von Stockhieben im Falle von Widersetzlichkeit seitens der Mönche droht er seinerseits Xue-dou eben diese Prügel an: „Er soll sie selbst entgegennehmen und machen, dass er fortkommt! Auf der Stelle schlage ich zu!" Im Klartext: Die *dreißig Stockhiebe*, die Xue-dou auf diejenigen Mönche niederprasseln lassen wird, die an einer einseitigen Ausrichtung auf die Shûnyatâ festhalten wollen, droht Yuan-wu mit gleicher Entschiedenheit Xue-dou dafür an, dass er umgekehrt einer ausschließlichen Ausrichtung auf die irdisch-flüchtige, die irdisch-unvollkommene Welt das Wort zu reden scheint.

Denn wir brauchen sie, die Shûnyatâ und die Einübung in sie, wenn wir hier in der Welt der *Zehntausend Dinge* tatsächlich ein Genügen finden wollen, das mehr ist als nur zerbrechliches Glück, ein Genügen obendrein, das sogar den Ehrentitel eines „Großen Friedens" verdient! Nur wenn wir die Shûnyatâ in Rückhand haben, sind wir imstande, mit Xue-dous Worten aus dem Mittelteil seines **Lobgesangs**, *gemessenen Schrittes* durch Leben und Welt wie durch eine Landschaft *dahinzugehen*, dem Fluss der Zeit entlang, *strömendem Wasser* vergleichbar, in dessen unaufhaltsamem Fließen die Vergänglichkeit der Dinge ihren sichtbaren Ausdruck findet – unfähig zwar, dem Strom der Zeit Einhalt zu gebieten, doch dank der Shûnyatâ immerhin befähigt, uns über das Rauschen und Tosen dieses Wassers in die Stille eines Anflugs von Zeitlosigkeit zu erheben. Und nur mit der Shûnyatâ in Rückhand gelingt es, mit *freiem Blick in die Weite* des leeren Himmels noch dem Flüchtigsten, dem *Flug fernhin* davoneilender *Vögel* festen Umriss wie von Tuschespuren zu geben und so mitten im Fluss der vergänglich-flüchtigen Welt den Stillstand zeitlosen Augenblicks zu gewinnen: Es ist die Shûnyatâ, die den ganz realen Himmel zur Weite eines grenzenlosen Raumes dehnt, und es ist dieselbe Shûnyatâ, die, weil selbst von der Flüchtigkeit der Zeit unberührt, uns über den Fluss der Zeit erhebt (Mystiker westlicher Provenienz nennen das das *»nunc stans«*, das „stehende Jetzt"). Ineins damit lässt die Erfahrung von Shûnyatâ uns die Welt als ein Etwas erleben, in das wir uns zurücklehnen können wie in das *üppige und weiche Gras* eines friedlichen Sommertages; und dabei umsteht uns nicht die Kälte eines leeren Himmels, der uns gleichsam in sich aufsaugt; vielmehr hüllt uns zarter *Dunst* wie ein wohlig-leichter *Schleier* ein und beschützt uns vor dem Sog der Leere!

Gras also, *üppig und weich* oberndrein, ist das Stichwort, auf das wir insgeheim gewartet haben: Immer noch ist ja, bis zu diesem Augenblick, die Frage unbeantwortet geblieben, was denn Yun-mens Satz *„Jeder Tag ist ein guter/schöner Tag!"* nun tatsächlich bedeutet. Gesprochen ist er vor Mönchen, die sich für einen Monat intensiver Versenkung in die

sha kontert: „Ist ja auch besser, als wenn im Herbst der Tau von den Lotospflanzen tropft!" Xue-dou kommentiert diese Antwort mit dem Satz: „[Dieses] Wort [verdient nur eine] Antwort: Dankbarkeit!"

Mauern eines Chan-Klosters zurückgezogen haben. Intensive Versenkung besagt Rückzug aus der Welt in die Unwirtlichkeit der Shûnyatâ. Nach den ersten vierzehn Tagen erkärt der „Übungsleiter“ überraschend zu den restlichen vierzehn Tagen, die die Mönche gleichfalls mit Zazen, dem „Sitzen in Versenkung“, zubringen werden: *„Jeder Tag ist ein schöner Tag!“* Nach allem Bisherigen, insbesondere Xue-dous Versen zu diesem Satz, kann das nur heißen: „Ebenso wichtig wie Eure Einübung in Shûnyatâ ist, dass Ihr jeden dieser Tage auch als einen lebt, den Ihr im *üppigen und weichen Gras* der *Zehntausend Dinge* verbringt, eingehüllt in einen *Schleier* freundlich-heimeligen *Dunstes*.“ Kürzer formuliert: Chan-spezifischer Mahâyâna-Buddhismus bedeutet, über der – zweifellos unerlässlichen – Shûnyatâ nicht die Schönheit der Welt zu vergessen. Wem diese Interpretation zu weit hergeholt erscheint, sei auf einen Parallelfall verwiesen, das Kôan 89 *Cong-rong-lu*. Dong-shan ermahnt dort die Mönche, die gerade sein Kloster für die obligatorische Sommerübung genutzt haben, nach Wiederaufnahme ihrer »Wolken und Wasser«-Wanderschaft sich dorthin zu begeben, „wo es auf *zehntausend Li* nicht einen Zoll Gras gibt“. Ein anderer Meister hat diesen Ausspruch mit der leicht durchschaubaren Metapher kommentiert: „Wenn Ihr aus dem Tor tretet, ist da sofort nur Gras!“ Und das wiederum hat noch einen weiteren Meister zu der Aussage veranlasst: „Auch wenn Ihr nicht aus dem Tor tretet (also hier im Kloster verweilt), ist da ebenso ein Ort, der weit und breit von Gras bedeckt ist!“

Werfen wir von hier aus einen nachträglichen Blick auf den Kommentar, den Yuan-wu dem hiesigen **Lobgesang** gewidmet hat, so kann sich der Verfasser in seiner Interpretation des Kôan nur bestätigt fühlen: Yuan-wu lässt es sich angelegen sein, Xue-dous Absichten dahin zu verdeutlichen, dass er aus „Furcht, die Menschen könnten in der Welt der Untätigkeit (des *wu shi*, wo ‚es keine Angelegenheiten gibt‘ – gemeint ist die Shûnyatâ) sitzen bleiben“, eine andere Welt, die des *üppigen und weichen Grases*, einführt, die laut Yuan-wu gerade nicht mit der Welt der Untätigkeit zusammenfällt und als deren Gegenwelt zugleich die uns einzig angemessene ist: Yuan-wu zitiert aus einem weiteren Gedicht Xue-dous die Verse: „Ich fürchte, du kannst nicht flüchten; / Das Große Geviert hat kein Außerhalb – alles ist hineingestopft. / ... / Die wohlriechenden Winde aller acht Himmelsrichtungen verleiten dich, die Kleider abzulegen!“[99] und fügt hinzu: „Ganz ohne das kleinste Bisschen Verfehlung und Leid [zu sein], das ist dennoch nicht der höchste Maßstab! Alles in allem – was ist dann richtig?“ Nun, das Ausharren im „Großen Geviert“ (der Welt der *Zehntausend Dinge*), und sich dort von den „wohlriechenden Winden aller acht Himmelsrichtungen“ umschmeicheln und zu einem sorglosen Wohlgefühl verlocken zu lassen, bei dem wir „die Kleider ablegen“ und uns im Gras ausstrecken! Dann ist in der Tat *„jeder Tag ein schöner Tag!“*

So verstanden, ist Yun-mens Satz als ein Fall von „stellvertretenden Worten“ durchaus kein Allerwelts-Trost; er ist, nicht so sehr oder nur in geringerem Maße auch für uns Heutige als vielmehr für diejenigen, an die er sich richtet, für chinesische Chan-Mönche des 10. Jahrhunderts, ganz im Gegenteil eine Herausforderung: An den Kriterien gemessen, die

---

99 Die *„acht Himmelsrichtungen“* beruhen auf einer anderen Zählung als die „sechs Himmelrichtungen“ des Lobgesangs; diesmal kommen zu den Hauptrichtungen „Nord“, „Süd“ usw. die Zwischenrichtungen „Nordwest“, „Nordost“ etc. dazu, während dort die vier Hauptrichtungen nur um die Dimensionen „oben“ und „unten“ erweitert wurden.

Yun-men selbst für seine Lehr-Äußerungen in Anspruch genommen haben soll, lässt sich sein *„Jeder Tag ist ein schöner Tag!"* sehr wohl einem „scharfen Schwert" vergleichen, das „die Verblendung, das dualistische Denken und Fühlen" seiner Mönche „abzuschneiden" vermag; denn sich in der „Welt der Untätigkeit" (des *wu shi*) einzurichten und dort „sitzen zu bleiben" ist sowohl Verblendung, wenn auch eine andere als die allgemein übliche, als auch dualistisches Denken, weil es die Shûnyatâ der Welt der *Zehntausend Dinge* gegenüberstellt, statt sie als ineinander verschmolzen anzuerkennen, wie es Yun-mens Satz von uns verlangt. Und zugleich genügt Yun-mens Satz auch dem Kriterium, „wie ein Deckel auf die Dose" zu passen, insofern er genau das aufgreift, was Chan-Mönchen während der Sommer-Übungszeit abverlangt wird und was zu leisten sie sich aufrichtig bemühen, nur dass er insgeheim als Negation daherkommt, die diesem Bemühen, es „deckelnd", zuwiderläuft. Und mit seiner alternativen Bedeutungsmöglichkeit (*„Jeder Tag ist ein guter Tag"*) erfüllt er auch die dritte Anforderung: sich so selbstverständlich an den Bewusstseinszustand seiner Mönche anzuschließen, wie „eine Welle der vorausgegangenen" folgt!

7. Hui-chao fragt nach Buddha

Ankündigung

Der eine Satz, der der Stimme vorausliegt – auch tausend Weise können [ihn dir] nicht verkünden. Wenn [du ihm] noch nicht persönlich nahe gekommen bist,[100] dann ist es, als ob das unendliche Weltall [zwischen dir und ihm] dazwischenläge. Falls [du] aber in Richtung dessen, was der Stimme vorausliegt, zurechtzukommen vermagst, dann schneidest [du] allen Menschen in der Welt die Zunge ab und bist alles andere als eine ängstlich veranlagte Gestalt. Deswegen sage [ich]: Der Himmel kann es nicht zudecken; die Erde kann es nicht abstützen; die Leere kann es nicht umfassen; Sonne und Mond können es nicht mit Helligkeit erfüllen – erst wenn [du dich] dort, wo es keinen Buddha mehr gibt, für ganz allein verehrenswert erklärst, erst dann bist [du] mehr oder weniger so etwas wie ein Meister!

Wenn dem aber noch nicht so ist, [dann gilt:] Bist [du erst einmal] oben auf der Spitze eines einzigen Haares hindurchgedrungen, sendest [du] ein großes Licht aus, schweifst schwungvoll in die Kreuz und in die Quere, bewegst dich frei und ungehindert inmitten der Dinge[101] und nimmst sie vertrauensvoll in die Hände – da gibt es nichts, das nicht recht [für dich] wäre! Nun sag mal: Welche Lehre könntest [du] sonst empfangen, die so Außergewöhnliches in sich schließt?[102]

Schon seit langem heißt es: „Verstehen es denn die Leute? Die Streitrösser der Vergangenheit, schweißbedeckt – kein Mensch kennt sie mehr. [Sie] wollen nur die verdienstvollen Taten, die unsere Gegenwart überstrahlen, wieder und wieder bereden!“ Für den Augenblick lasse [ich das] einmal beiseite – Xue-dous »Öffentliche Angelegenheit«, wie [steht es denn] andererseits [mit der]? Versucht es doch bitte mal mit dem, [was Xue-dou hier] vorbringt![103]

Beispiel

Ein Mönch fragte Fa-yan: „Hui-chao fragt Ehrwürden um Rat: Was ist mit Buddha?“
Fa-yan erwiderte: „Du bist Hui-chao!“

---

100 So – in Anlehnung an die *Ichiya*-Version – die *Teihon*-Ausgabe; die Standard-Version bietet stattdessen eine Lesart, die wie folgt zu übersetzen wäre: „Wenn du noch keine persönliche Audienz [bei dieser kaiserlichen Majestät] gehabt hast, ...“ Ohne die vom Verfasser eingefügte Ergänzung läge dabei eine wenig passende Metapher vor.

101 Anders als die von der *Teihon*-Ausgabe bevorzugte *Ichiya*-Version bietet die Standard-Version an dieser Stelle zweimal zwei Schriftzeichen, die jeweils paarweise schon für sich allein ‚frei und ungehindert‘ bedeuten.

102 Die Standard-Version formuliert an dieser Stelle wie folgt: „Was sonst könntest du erlangen, das so außergewöhnlich wäre wie dies?“

103 Bis auf die genannten und einige weitere kleine Abweichungen bieten Standard-Version und *Teihon*-Ausgabe hier den gleichen Text als Ankündigung des Kôan 7.

Lobgesang

Im Land am Strom traut sich der Frühlingswind noch nicht hervor –
Die Rebhühner rufen [schon], tief [versteckt] im Blütendickicht.[104]
Dreistufigen Wellensturz hinauf wandelt sich ein Fisch zum Drachen –
Nur Toren schöpfen noch bei Nacht das Wasser [vor dem ersten] Wehr![105]

Fa-yan, dessen »Haus« sich mit dem »Haus Yun-men« innerhalb der von Xue-feng ausgehenden Entwicklung des Chan die Hauptrolle teilt und dessen Leben, Wirken und Fortwirken sowohl das *Jing-de Chuan-deng-lu* als auch das *Tian-sheng Guang-deng-lu* breiten Raum gewähren, war der Januskopf unter den großen Chan-Meistern bis zum Beginn der Song-Zeit: Gleichermaßen bewandert in den konfuzianischen Klassikern wie auch in den Schriften des chinesischen Buddhismus, verkörperte Fa-yan Wen-yi (885-958) zum einen den Typus des Gelehrten mit hoher literarischer Bildung und dem Ehrgeiz schriftstellerischer Eleganz und zeigte sich zum anderen im Umgang mit seinen Mönchen als Virtuose in der Handhabung Chan-spezifischer Techniken, mit denen er den Nachwuchs gerade aus der Falle eines bloß intellektuellen Verstehens zu befreien erfolgreich bemüht war. Berühmte Beispiele sind sein alogischer Kommentar: „Der eine hat es, der andere hat es nicht!“, mit dem er das Verhalten zweier Mönche bedenkt, die auf seinen wortlosen Fingerzeig hin mit schlechterdings gleichförmigen Bewegungen einen Bambusvorhang aufrollen (Kôan 27 *Cong-rong-lu*, Kôan 26 *Wu-men-guan*), oder die Geschichte mit dem „Feuerträger, der nach Feuer fragt“, die auch Yuan-wu in seinen Erläuterungen zum hiesigen Beispiel zitiert: Fa-yan verwirft zunächst die Behauptung eines Mönchs, nach Buddha zu fragen sei ebenso absurd, wie wenn ein Feuerträger nach Feuer fragen, also nach dem suchen wollte, was er doch immer schon bei sich trägt – nur um anschließend seinerseits eben diese Behauptung als zutreffend hinzustellen! Auch im hiesigen **Beispiel** fragt ein Mönch nach Buddha, und

---

104 Mit dem *Land am Strom* (*Jiang guo*) ist das Gebiet südlich des Unterlaufs des Chang-jiang, des „Langen Stromes“, gemeint, bei uns eher als Yangtse bekannt. Dieses Gebiet, auch *Jiang-nan*, „südlich des Stromes“ genannt, war für seine landschaftliche Schönheit berühmt. Zu Klassikern aufgestiegene Dichter wie Du Fu (712-770) haben bei Anspielungen auf den überwältigend schönen Frühling in *Jiang-nan* als eines der charakteristischen Merkmale auch und gerade die *Rufe der Rebhühner* dieser Gegend hervorgehoben; so wird im Beispiel des Kôan 24 *Wu-men-guan* die folgende Doppelzeile aus einem sonst nicht weiter bekannten Gedicht des Du Fu zitiert: „Beständig denke ich an Jiang-nan im Monat März; / Die Rebhühner rufen, und der Duft Hunderter von Blumen!“ Ganz offensichtlich spielt auch Xue-dou mit den beiden ersten Zeilen seines Lobgesangs auf eben diese Du Fu-Verse an.

105 Hier greift Xue-dou auf die Legende vom mythischen Kaiser Yu zurück, einem der Kultur-Heroen Chinas, der in grauer Vorzeit dem Huang-he, dem „Gelben Fluss“, an der Stelle, wo sich sein Lauf von nord-südlicher in west-östliche Richtung ändert, mit seinem Schwert den Durchgang durch das dortige Gebirge verschafft und das dabei entstandene Gefälle durch die Errichtung mächtiger Wehre in drei Stufen gegliedert und entschärft haben soll, mit dem beabsichtigten Nebeneffekt, dass er von jeder dieser Stufen Bewässerungskanäle ableiten konnte. – Wenn an diesem „Tor des Kaisers Yu“ am 3. Tag des 3. Monats die Pfirsichblüte einsetzt, soll ein Hochgefühl davon Himmel und Erde durchdringen und die stromaufwärts schwimmenden Karpfen zu dem Versuch verleiten, diese drei Stufen durch mächtige Sprünge zu erklimmen. Das schaffen natürlich nur die wenigsten, und diejenigen, die es schaffen, verwandeln sich dabei, von Wolken umhüllt und von Donnergrollen begleitet, in Drachen, denen die Blitze des Gewitters obendrein die Schwänze versengen (vgl. den Lobgesang des Kôan 33 *Cong-rong-lu*). – Sinnlos, das versteht sich, ist es, *bei Nacht*, wenn der ganze Spuk längst vorbei ist, vor der untersten Stufe des dreifachen Wehrs noch nach solchen Karpfen zu fischen.

Fa-yans Antwort ist auf den ersten Blick genauso alogisch wie seine Reaktion in den beiden vorgenannten Fällen, mit der kleinen Besonderheit, dass – rein logisch gesehen – die Antwort auf etwas verweist, wonach der Fragende gar nicht gefragt hat.

Hui-chao (gest. 979) also fragt: *„Was ist mit Buddha?"* (*ru-he shi Fo*). Das ist keine Sachfrage, die mit Auskünften zum historischen Buddha Shâkyamuni oder mit ontologischen Aussagen über die „Drei Leiber Buddhas" zu beantworten wäre. Es geht Hui-chao nicht darum, was es mit dem Dharmakâya oder „Wahrheitsleib", dem Nirmânakâya oder „Erscheinungsleib" und dem Sambhogakâya oder „Erleuchtungsleib" auf sich hat; es geht ihm auch nicht um die Merkmale der »Soheit« oder darum, was den Tathâgata, den „In-der-»Soheit«-Angekommenen" ausmacht. Ins Christlich-Abendländische übersetzt hieße seine Frage dem Wortlaut nach: „Was ist mit Gott?", und diese Frage ließe sich zwar auch mit Aussagen wie: »Gott ist die Ursache seiner selbst« (Descartes/Leibniz), „Gott ist Schöpfer und Erhalter der Welt", „Gott ist ordnender oder »zu sich selbst kommender Weltgeist« (Hegel) beantworten. Doch um ihr tatsächlich gerecht zu werden, müssten wir die Frage: „Was ist mit Gott?" zunächst in eine ganze Reihe anderer Fragen umwandeln: „Wie komme ich in ein Verhältnis zu Gott?", „Wie schaffe ich es, von ihm mit dem Gnadenstand oder der Ewigen Seligkeit beschenkt zu werden?", „Wie gelange ich zur Schau oder wenigstens zur unmittelbaren Erfahrung Gottes?", „Wie erreiche ich es, in der *unio mystica* mit Gott eins zu werden?" Dementsprechend müssen wir, in den Chan-buddhistischen Kontext unseres »Öffentlichen Aushangs« zurückversetzt, die Buddha-Frage Hui-chaos als Ausdruck existentieller Not verstehen – als seinen Hilferuf: „Wie erreiche ich Buddhaschaft?"[106] Und dann erhält Hui-chao vom großen Fa-yan den kurz und bündigen Bescheid: *„Du bist Hui-chao!"*

Wie sollen wir das verstehen? Soll das heißen: „Du bist nur ein Mensch, der Mensch Hui-chao?" Anders gesagt: „Wie kannst Du, ein Mensch, darauf hoffen, den unendlichen Abstand zur Göttlichkeit etwa eines Buddha Vairochana zu überspringen und an seiner Erhabenheit teilzuhaben? Wie kannst Du, eingesperrt in die Begrenztheit Deiner Individualität, Dich zur alles umfassenden Weite des Âdi-Buddha aufschwingen wollen?" Wäre Fa-yans Antwort so gemeint, hätte sie Hui-chao zerschmettern müssen. Doch genau das Gegenteil ist geschehen, wie uns Yuan-wu in seinen Erläuterungen verrät: Hui-chao erfuhr bei den Worten Fa-yans das „Große Erwachen"! Hat ihn also Fa-yans Antwort vielmehr zugleich zerschmettert und erhöht, nämlich zum einen der Enge seiner Individualität entkleidet und zum anderen zur Weite der alles umfassenden Shûnyatâ erhoben?

Sehen wir uns in der **Ankündigung** nach Hinweisen um: Da ist sogleich von dem *einen Satz* die Rede, *der der Stimme vorausliegt*, einem Satz ohne Worte also, der nicht ausgesprochen und nicht mitgeteilt werden kann. Das ist der eine Nicht-Satz, in den alle überhaupt möglichen Sätze letztlich einmünden; der Nicht-Satz, in dem Zeichen und Bezeichnetes, aber ebenso auch Sprecher und Gegenstand des Sprechens in eins zusammenfallen. Das ist, in

---

106 Eine andere und zugleich „stärkere" Ableitung desselben Ergebnisses findet sich in einer entsprechenden Passage der Erläuterungen zum Kôan 51. Dort wird allein aus den Eigenheiten der chinesischen Sprache heraus argumentiert – siehe S. 402.

die Mystik des Abendlandes übersetzt, das »Eine« Plotîns, das für den »Geist« das letzte und höchste Ziel all seines Denkens darstellt und zu dem er zugleich durch eben dies Denken für immer auf Abstand gehalten wird; das »Eine«, in das der »Geist« als in seinen Ursprung nur dadurch zurückkehren kann, dass er »nach oben hin« über das eigene Denken hinausgeht und damit aufhört, denkender »Geist« zu sein; das »Eine«, das der »Geist« nur dadurch erfassen kann, dass er das »Eine« ist: nicht-duales »Eines« oder das »Eine« der Nicht-Dualität.[107] Steht es aber so um den *einen Satz, der der Stimme vorausliegt*, so kann er selbst und dasjenige, von dem er spricht (und die beiden sind nicht zweierlei), nur unmittelbar erfahren werden, mit den Worten der **Ankündigung**: indem wir *ihm persönlich nahekommen* (oder, so die alternative Formulierung der Standard-Version, *[bei seiner kaiserlichen Majestät] persönliche Audienz* gewährt bekommen). Um ihm und seinem Gegenstand jedoch in unmittelbarer Erfahrung *persönlich nahezukommen*, müssen wir über die Welt der *Zehntausend Dinge* hinausgehen, weil uns eben diese Welt der *Zehntausend Dinge* wie eine unaufhebbare Trennwand zu ihm auf Abstand hält: *Das, was der Stimme vorausliegt* und wovon der *eine Satz* eben als Nicht-Satz spricht (und zwar auf doppelte Weise ein Nicht-Satz: weil da kein Satz ist und weil da nichts ist, wovon er sprechen könnte, wäre da überhaupt ein Satz), das liegt nun einmal jenseits der *Zehntausend Dinge* – so dass in der Tat für jeden von uns, der *dem, was der Stimme vorausliegt, noch nicht persönlich nahegekommen* ist, das ganze *unendliche Weltall* – mit den Worten der Ankündigung: *[zwischen dir und ihm] – dazwischenliegt.*

Im Wortlaut der **Ankündigung** vollzieht sich an dieser Stelle eine unmerkliche Verschiebung: von einem *Satz, der der Stimme vorausliegt*, zu einem Sachverhalt, einem Etwas oder vielmehr Nicht-Etwas, *das der Stimme vorausliegt.* Von diesem Etwas heißt es in metaphorischer Umschreibung ein, zwei Sätze später: *Der Himmel kann es nicht zudecken; die Erde kann es nicht abstützen; die Leere kann es nicht umfassen; Sonne und Mond können es nicht mit Helligkeit erfüllen.* Etwas weniger poetisch formuliert besagt das: Dieses Etwas wird, obwohl zwischen *Himmel* und *Erde*, also innerhalb der Welt gegenwärtig, weder von dem, was die Welt nach oben und unten hin zusammenhält, noch von der unendlichen Leere umgrenzt, in die dieses geschlossene Gebilde Welt eingebettet ist. Dass es überdies von *Sonne und Mond nicht mit Helligkeit erfüllt* werden kann, weist nicht auf eine ihm eigene Finsternis hin, die kein noch so strahlendes Licht durchdringen und erhellen kann, sondern umschreibt, dass es auch kein Raum ist, in dem Helligkeit sich ausbreiten und entfalten könnte, auch kein

---

107 Der spätgriechische Philosoph und Mystiker Plotînos hat eine Stufen-Theorie des Seins vertreten: An höchster Stelle steht, als Ursprung aller übrigen Seinsstufen, »das Eine«, auch als »jenseits des Seins« (*epékeina täs usiâs*) gekennzeichnet; aus diesem »Einen« tritt, als das »wahrhaft Seiende«, der »Geist« hervor, der durch sein Denken die Gesamtheit der Dinge hervorbringt, aber nicht als in Raum und Zeit existierende, sondern als Wesensgestalten im Sinne der platonischen »Ideen« (der von Plotîn wesentlich beeinflusste Meister Eckhart spricht davon, dass »Gott Vater in sich den Sohn erzeugt«, als Logos der Inbegriff aller »Ideen«); der statische, weil der Zeit enthobene »Geist« entlässt aus sich die dynamische, in Zeitlichkeit eintauchende Welt-»Seele«, die ihrerseist die Einzelseelen hervortreten lässt, die sich schließlich – im Sinne der aristotelischen Zweiheit von *eidos* und *hylä* – mit der Materie, dem nunmehr schon »Nicht-Seienden« (*mä on*), zu den konkreten Dingen unserer räumlich-zeitlichen Welt verbinden. So, wie die niedrigeren Stufen aus der jeweils höheren hervorgegangen sind, so streben sie in eben diese jeweils höhere als in ihren Ursprung zurück, so dass letztlich der »Geist« über sich selbst hinaus wieder im »Einen« aufgehen will – siehe dazu Roloff (5), passim; insbesondere S. 21-27, S. 150-164.

so ungeheurer Raum, dass er seinerseits noch die unendliche *Leere umfasste.* Als etwas, das sich weder von *Himmel und Erde* einschließen und gleichsam dingfest machen noch von der unendlichen Leere umfangen lässt und zudem auch selbst nicht einmal als leerer Raum in Erscheinung tritt, zeigt dies geheimnisvolle Etwas sich in der Tat als ein Nicht-Etwas, zugegen und zugleich doch nicht zugegen.[108]

Falls du aber, so fährt die **Ankündigung** fort, *in Richtung dessen, was der Stimme vorausliegt, zurechtzukommen vermagst,* im Klartext gesprochen, wenn du ihm erst einmal *persönlich nahegekommen* bist, *dann schneidest du allen Menschen in der Welt die Zunge ab und bist alles andere als eine ängstlich veranlagte Gestalt.* Dabei resultiert das *Abschneiden der Zunge* – ein alter Topos der Chan-Rhetorik – nicht etwa aus einer neu erworbenen Geschicklichkeit (mögen auch nachfolgende Formulierungen der Ankündigung genau das suggerieren), sondern aus der Eigenart dessen, was sich in der *persönlichen* Begegnung mit dem geheimnisvollen X offenbart: dass es da keinen Budha, keinen Gott, keine Götter mehr gibt, „nichts Heiliges", das auf Verehrung Anspruch hätte und seinerseits für Trost und Rettung stünde. Denn eben das sich verkünden lassen zu müssen käme in der Tat für die meisten Menschen einer Desillusionierung gleich, die ihnen die Sprache raubt. Doch darf das kein Grund sein, aus *Ängstlichkeit* mit einer solchen „Wahrheit" hinter dem Berge zu halten; und derjenige, dem die besagte *persönliche Audienz* vergönnt gewesen ist, weiß sich von der Angst, anderen tief verwurzelte Illusionen zu rauben, gänzlich frei: Will Yuan-wu damit schon vorweg andeuten, dass der Fa-yan des **Beispiels** mit seinem *„Du bist Hui-chao!"* genau das vorhat, nämlich diesem Hui-chao die Illusion zu zertrümmern, es gebe da einen rettenden Buddha, ein geheimnisvolles Etwas, dem wir den Namen Buddha beilegen und das uns Rettung verheißt?

Der Halbsatz *„dann ... bist du alles andere als eine ängstlich veranlagte Gestalt"* leitet aber zugleich zu der metaphorischen Umschreibung *dessen* über, *was da der Stimme vorausliegt,* jener Umschreibung, die der Verfasser zwei Absätze zuvor bereits abgehandelt hat und die in die paradoxe Aufforderung an jeden einzelnen einmündet, *sich dort, wo es keinen Buddha mehr gibt, für ganz allein verehrenswert zu erklären* (paradox ist diese Aufforderung insofern, als sie einerseits einen Ort unterstellt, *wo es keinen Buddha mehr gibt,* und andererseits von uns zu verlangen scheint, uns selbst als eben den einen Buddha zu definieren, der laut Legende unmittelbar nach seiner Geburt von sich selbst behauptet hat: „Über dem Himmel und unter dem Himmel bin nur ich *allein verehrungswert!*"). Keine Angst zu haben gilt es also nicht nur davor, anderen *die Zunge abzuschneiden*; vielmehr dürfen wir ebenso wenig aus Angst um uns selbst davor zurückschrecken, in jenes Nicht-Etwas einzutauchen, *das der Stimme vorausliegt,* auch wenn es sich als ein Ort erweist, an dem *es keinen Buddha mehr gibt,* ein Ort, der uns nur dann keine Angst einflösst, wenn wir uns selbst, jeder für sich, als *ganz allein verehrenswert* erfahren. Wie das?

---

108 An dieser Stelle der Ankündigung klingt ausnahmsweise so etwas wie metaphysische Spekulation an, wenn auch durch metaphorische Umschreibung abgemildert. Zugleich aber ist der entsprechende Passus in einen eindeutig »soteriologischen« (von Heil und Rettung handelnden) Zusammenhang eingebettet, der im Gegenteil geradezu als antimetaphysisch gekennzeichnet werden kann: *Erst wenn [du dich] dort, wo es keinen Buddha mehr gibt, für ganz allein verehrenswert erklärst, ...*

Das Buddha-Zitat, das die-Legende dem historischen Buddha in den Mund legt, sollen wir als spontanen Ausdruck seines Erwachtseins verstehen; zu erwachen bedeutet aber, in die Späre der Nicht-Dualität einzutreten, die durch Sprachlosigkeit und die Abwesenheit von Ich- umd Weltbewusstsein gekennzeichnet ist („in der Leere" – so das Herz-Sûtra – „gibt es keinen Bereich des Sichtbaren und keinen Bereich des Bewusstseins"[109]); jedes Sprechen über die Erfahrung des »Erwachens« spielt sich jedoch in der Sphäre der Dualität ab und kann nur das mitteilen, was das wieder zu sich gekommene Ich aus seinem Verschwinden in der Shûnyatâ hat mitnehmen, hat mit zurücknehmen können: dass wir, mit dem, *was der Stimme vorausliegt*, eins geworden, **nichts** mehr nötig haben, um uns von **ihm** retten zu lassen, und dass mithin, wenn denn schon sonst nichts da ist, was Verehrung verlangte, kein Buddha, kein Gott, allenfalls wir selbst, eingetaucht und eins mit der Shûnyatâ, es sind, die wegen eben dieser Unbedürftigkeit Verehrung verdienten – wäre denn in der Sphäre der Nicht-Dualität überhaupt Raum für sie.

Zusätzlich zu solcher Unbedürftigkeit gewährt das Erreichen des »Nicht-Buddha-Ortes« (*wu fo chu*) noch einen anderen Gewinn: den einer besonderen Leichtigkeit des Lebens. *Bist [du erst einmal] oben auf der Spitze eines einzigen Haares hindurchgedrungen* (dies ein vertrauter *terminus technicus* für den Ausbruch aus der Welt der *Zehntausend Dinge*), *sendest du* – so die **Ankündigung** in Chan-typischer Überhöhung – *ein großes Licht aus, schweifst schwungvoll in die Kreuz und in die Quere* (statt an vorgegebene Bahnen und Geleise gebunden zu sein), *bewegst dich frei und ungehindert inmitten der Dinge und nimmst sie vertrauensvoll in die Hände – da gibt es nichts* (auch das Flüchtige, das Schmerzliche nicht), *das nicht recht [für dich] wäre!*

Wenn dem aber so ist, wie Yuan-wu es in seiner Vorbereitung auf das **Beispiel** vor uns ausbreitet, was ist es dann, was Fa-yan mit seinem *„Du bist Hui-chao!"* für seinen Mönch auf der Suche nach Buddhaschaft erreichen will? Sicherlich nicht, dass Hui-chao sich im Sinne eines „Bedenke, dass du nur Mensch bist!" die Unerreichbarkeit eines Buddha-Standes eingesteht. Auch nicht die Einsicht, dass er nach Buddha gar nicht zu suchen braucht, weil er über seine angeborene und unverlierbare „Buddha-Natur" immer schon Buddha ist. Worum es Fa-yan geht, ist vielmehr, Hui-chao von einer doppelten Verblendung zu befreien: von der Einbildung seiner eigenen Bedürftigkeit und von dem illusionären Glauben an die Existenz eines höheren Wesens, das Rettung verheißt. *„Du bist Hui-chao!"* besagt: „Du hast einen Buddha nicht nötig! Alles, was du zu einem von Glück erfüllten und von Angst befreiten Leben brauchst, kannst du aus dir selbst heraus erreichen und lässt dabei alle Buddhas weit hinter dir! Statt dich von einem Buddha-Wesen abhängig zu machen, stehst du erst dort, wo es keinen Buddha mehr gibt, mit beiden Füßen fest auf unerschütterlichem Boden!"

Wie der historische Hui-chao die Herausforderung Fa-yans aufgenommen und genutzt hat, verrät uns der **Lobgesang**. In einem klassischen Vierzeiler beschwört Xue-dou zunächst

---

109 Wörtlich heißt es an der entsprechenden Stelle: „In der Leere gibt es keine Welt des Auges und keine Welt des Bewusstseins": *wu yan jie nai-zhi wu yi-shi jie*. Dabei meint die „Welt des Auges" die sichtbare Welt und die „Welt des Bewusstseins" das Wissen des Subjekts um die jeweiligen Einzelheiten der sichtbaren Welt einschließlich des Wissens um sich selbst als eben dieses Subjekt („ich").

die Schönheit einer Frühlingslandschaft, die kurz vor dem vollen Erwachen steht. Das ist die Situation Hui-chaos, der nur noch eines kräftigen Anstoßes bedarf, um mit der Reife seines „Großen Erwachens“ alle bis dahin erreichte Spiritualität als unscheinbar erscheinen zu lassen: *„Im Land am Strom traut sich der Frühlingswind noch nicht hervor – / Die Rebhühner rufen [schon],tief [versteckt] im Blütendickicht!“* Danach erst gibt Xue-doui das Geheimnis des Beispiels preis: Hui-chao erweist sich in dem Augenblick, da ihn, von Fayans Hand geschwungen, das Schwert Mañjushrîs trifft, als einer jener kraftvollen Karpfen, die der Legende nach den dreistufigen Wasserfall am „Tor des Kaiser Yu“ hinaufzuspringen imstande sind und sich dabei, unter Blitz und Donner, in mächtige, geflügelte Drachen verwandeln. Weniger poetisch formuliert: Hui-chao erlebt jenen befreienden Durchbruch, von dem Yuan-wu bereits in der Ankündigung gesprochen hat, und schwingt sich in die Höhen des mehr als nur mythischen »Nicht-Buddha-Ortes« hinauf, der Unerschrockenheit und festen Stand aus eigener Kraft bedeutet: *„Dreistufigen Wellensturz hinauf wandelt sich ein Fisch zum Drachen!“* Wer allerdings zu gleichem Aufschwung nicht befähigt ist, muss sich gefallen lassen, als ein Dummkopf dazustehen, der dort, wo längst kein Hui-chao mehr zu finden ist, immer noch nach Hui-chao Ausschau hält: *„Nur Toren schöpfen noch bei Nacht das Wasser [vor dem ersten] Wehr!“*

So weit, so gut. Was aber, wenn ein neuzeitlich aufgeklärter Zeitgenosse gar nicht erst nach Buddha und Buddhaschaft sucht? Was soll ihm dann dieses Kôan? Ohne die Frage: *„Was ist mit Buddha?“* gibt es dann auch kein „Du bist doch der Soundso!“ Und dennoch haben wir in einem solchen Fall, dank Yuan-wu und seinen vorausweisenden Erläuterungen, ein Lehrstück vor uns, das auch dem Agnostiker mit der Andeutung eines Lebens, wie es die paradiesische Schönheit »südlich des Stroms« (Du Fu) verheißt, hinreichenden Anreiz bietet. Anreiz wozu? Zur Einübung ins Sterben, versteht sich.

Der Boden birst.
Das Bodenlose
Steigt auf und flutet dich
Mit jubelnden Tränen der Freude.
Was fragst, was suchst du noch?
Alles ist weggewischt,
Alles, du auch.
Nur ist noch Feuer da,
Die Gluten der Freude.
Schluchzen, Schluchzen, und hat keinen Ort.

Und bist doch hier,
Bist **du** und lächelst,
Und stürmt dahin, dein Gang,
Und leuchtenden Glanz in den Augen.
Wie lebst du leichten Seins!
Wie doch der dunkle Grund
Mitten in dir
Offen zu Tage liegt,

Zu stetiger Güte:
Noch die Nächte sind hell ohne Mond.

Lin-ji hat recht:
Du brauchst nichts weiter,
Hast ausgesorgt, bist frei,
Enthoben dem Mühen und Suchen:
Der *wu shi ren* bist du.
Was du auch sonst noch tust,
Ist wie nur nichts
Gegen die Freudenflut,
Die alles davonschwemmt,
Wenn das Beben jäh über dich kommt.[110]

110 Roloff (3), Text 12 – *Wu shi ren*, das ist Lin-jis Formel für einen Menschen, der – so wörtlich – keine Angelegenheiten mehr hat, dem also nichts mehr angelegen sein muss; einen Menschen mithin, der nichts mehr erreichen, nach nichts mehr streben, suchen muss, auch nicht nach Buddha oder Gott, nach Erlösung oder „ewiger Seligkeit" – erst recht nicht nach Geld und immer mehr Geld, nach Prestige und Ruhm, nach einem Wohlleben in schrankenlosem Luxus.

8. Cui-yans Augenbrauen

Ankündigung

Wenn [du] die Richtschnur verstehst und [für] unterwegs das [Große] Wirken erlangst, [bist du] wie ein Drache, der ins Wasser findet, wie ein Tiger, der sich einem Berghang nähert.[111] Wenn [du] die Richtschnur nicht verstehst und [nur] weltliche Wahrheit verbreitest, [bist du] ein Widder, der [seine Hörner ins Dickicht einer] Hecke stößt,[112] [ein Bauer], der neben einem Baumstamm Wache hält und auf einen Hasen wartet.[113] Und wenn [du für] unterwegs das [Große] Wirken erlangst und [jemandem] begegnest, der sich darauf versteht zu unterscheiden, was einer Situation angemessen ist,[114] und Wohl und Wehe kennt, dann legt [ihr] einander gemeinsam Zeugnis ab. Wenn jedoch weltliches Trachten sich breit gemacht hat, [du] dir [jedoch wenigstens] ein einziges Auge bereitet hast, dann kannst [du] mittels deiner Übung [schließlich] die Zehn Richtungen abschneiden und dastehen wie eine 1000 Klafter hohe Wand.[115]

Manchmal ist ein einziger Satz wie ein am Boden kauernder Löwe; manchmal ist ein einziger Satz wie das kostbare Schwert des Königs der Buddha-Wächter;[116] manchmal schneidet – aufgrund von Übung[117] – ein einziger Satz allen Menschen unter dem

---

111 *Ein Drache, der ins Wasser findet*, und *ein Tiger, der sich einem Berghang nähert*, sind beide unbesiegbar, weil sie einen sicheren Zufluchtsort besitzen, von dem aus sie immer wieder angreifen können.

112 Ergänze: [und nicht wieder loskommt]!

113 Yuan-wu spielt hier auf eine alte Fabel an, derzufolge ein Bauer beim Pflügen seines Reisfeldes Zeuge eines seltsamen Unfalls wurde: Ein Hase, von dem Bauern und seinem Ochsen aufgescheucht, stieß bei seiner Flucht gegen einen Baumstamm am Rande des Feldes, brach sich das Genick und wurde so für den Bauer zu einer willkommenen Beute. Daraufhin hockte sich der Bauer, statt weiterhin seine harte Feldarbeit zu verrichten, jeden Tag neben diesen Baumstamm und wartete darauf, dass weitere Hasen eben diesen Baumstamm nutzen würden, sich daran zu Tode zu bringen: Er soll kein Glück gehabt haben, dieser schlaue Bauer; stattdessen wurde ihm nur das Gespött des ganzen Landes zuteil.

114 *Bie ji yi*: „sondieren/entscheiden, was (in) einer Situation angemessen ist“: eine Formel, die in Ankündigungen auch an anderer Stelle vorkommt, so etwa in der Ankündigung des Kôan 61.

115 In diesem Satz treten uns gleich mehrere Wendungen, von denen bereits in der Abhandlung III die Rede war, zum ersten Mal entgegen: „sich Augen bereiten“ (*ju yan*), „durch Übung die Zehn Richtungen abschneiden“ (*zuo duan shi fang*) sowie: „aufrecht dastehen wie eine 1000 Klafter hohe Wand“ (*bi li qian ren*). Speziell für das *zuo duan* müsste die wörtliche Übersetzung „sitzen und abschneiden“ oder „sitzend abschneiden“ lauten, oder auch, mit leichter Abwandlung: „auf dem Sitz abschneiden“. Mit dem „Sitz“ ist dabei das Sitzkissen gemeint, auf dem die Mönche sich in Versenkung üben, und das „sitzen“ selbst spielt auf eben diese Übung an. Daher der Übersetzungsvorschlag des Verfassers: „mittels deiner Übung“ bzw. „durch Übung abschneiden“. – Der gesamte Folgesatz, beginnend mit *„dann kannst [du] …“*, im Original: *ke-yi zuo duan shi fang bi li qian ren*, kehrt übrigens in der Ankündigung des Kôan 25 wortwörtlich wieder.

116 *König der Buddha-Wächter* – wörtlich: „Vajra-König“ oder „König des Donnerkeils“ bzw. „der Donnerkeile“. Der „Donnerkeil“ steht hier für die damit bewaffneten Krieger, die die Buddha-Lehre beschützen, insbesondere die vier „Himmelswächter“ als Beschützer buddhistischer Tempel. Der „Vajra-König“ kann also als der Herrscher über die Beschützer Buddhas und seiner Lehre verstanden werden.

117 Hier taucht die Wendung *zuo duan*, „durch Übung abschneiden“, gleich noch einmal auf. Dabei ergibt sich eine logische Schwierigkeit: Zwar lässt sich von einem *Satz* noch mit einigem Recht sagen, er *schneide* jemandem *die Zunge ab* (obwohl das streng genommen nur derjenige tut, der diesen Satz

Himmel die Zunge ab; manchmal eilt er den Wellen nach und vertreibt die Wogen! Manchmal machen [Menschen] aus einem einzelnen Grashalm einen 16 Fuß großen Goldleib [Buddhas], und manchmal machen [sie] aus dem 16 Fuß hohen Goldleib [Buddhas] einen einzelnen Grashalm.[118] Und deswegen sage [ich]: Wenn sich das Große Wirken vor [dir] offenbart, hat keine feste Bahn und keine Regel mehr Bestand.[119] – Nun sagt mal: Auf welche Lehre verlässt sich so einer? Seid [Ihr] auch wirklich [mit ihr] vertraut? Versucht es doch mal mit dem, [was Xue-dou hier] vorbringt![120]

Beispiel

Zum Ende der Sommer-[Übungszeit] wandte sich Cui-yan an die Gemeinde [der Mönche] und sagte: „Den ganzen Sommer über habe [ich] Euretwegen Reden gehalten – schaut einmal, ob Cui-yans Augenbrauen noch da sind!"
Bao-fu sagte: „Der, der hier den Dieb macht, hat ein Hasenherz."[121]
Chang-qing sagte: „Sie sind sogar gewachsen!"
Yun-men sagte: „Schranke!"

Lobgesang

Cui-yan wendet sich an seine Schüler –
Für alle Zeiten bleiben [sie] die Antwort schuldig.
„Schranke", dies harsche Wort vergilt es [ihm] –
[Er] hat sein Geld verloren, wird noch bestraft dafür.
Pech hat auch Bao-fu –
Schwerlich ist [er] tadelns-, schwerlich lobenswert.
Geschwätzig dieser Cui-yan –
Ganz ohne Zweifel nur ein Dieb!
[Zugleich auch] weiße Jade, ohne Fehl –
Wer will entscheiden, [was da] wahr [ist und was] falsch?
Chang-qing [freilich] kennt sich aus damit:
„Die Augenbrauen sind sogar gewachsen!"

äußert); doch auf gar keinen Fall kann ein Satz *durch Übung abschneiden*: Die Übung ist immer die Übung dessen, der den Satz ausspricht, und die ihn zugleich befähigt, diesen Satz überhaupt zu formulieren. Daher hier die abweichende Formulierung *aufgrund von Übung*, die, obendrein als Parenthese, dem genannten Sachverhalt gerecht zu werden versucht.

118 Hier zitiert Yuan-wu einen Ausspruch des großen, alten Zhao-zhou, mit dem dieser das hier ganz allgemein Formulierte von sich selbst aussagt – s. Shôbôgenzô Sambyakuzoku 240 (Ôkubo, Bd. II, S. 244).

119 So schon in der Ankündigung des Kôan 2, und so noch einmal in der Ankündigung des Kôan 84.

120 Standard- und *Ichiya*-Version bieten bei dieser Ankündigung den gleichen Text, während die *Teihon*-Ausgabe von dieser gemeinsamen Überlieferung abweicht: Itô stellt aus Gründen eines plausibleren, eines dann erst stringenten Zusammenhangs die Sätze: „Manchmal ist ein einziger Satz ... und vertreibt die Wogen", die in der Standard- und der *Ichiya*-Verion gleich auf: „[ein Bauer] hält neben einem Baumstamm Wache und wartet auf einen Hasen" folgen, hinter die Sätze: „Und wenn [du für] unterwegs das [Große] Wirken erlangst ... kannst [du] ... dastehen wie eine 1000 Klafter hohe Wand". Wenn er damit Recht hat, liegt hier ein zusätzlicher »Bindefehler« vor. Der Verfasser schließt sich mit der obigen Übersetzung der *Teihon*-Ausgabe an.

121 Gemeint ist: „Er ist ein Angsthase" – im Original heißt es: „sein Herz ist ängstlich".

Zum vierten Mal in Folge haben wir es hier im Kôan 8 mit Xue-feng (822-908) und den von ihm ausgehenden Traditionslinien zu tun, zu deren zweiter auch Xue-dou selbst gehört, verantwortlich für Auswahl und Anordnung der »Öffentlichen Aushänge« des *Bi-yan-lu.* Und zwar treffen wir auf gleich vier der unmittelbaren Nachfolger Xue-fengs, auf **Cui-yan** Ling-can, **Bao-fu** Cong-zhan, **Chang-qing** Hui-leng und den „Großmeister" **Yun-men** Wen-yan, der mit seinem Ausspruch „Jeder Tag ist ein guter/schöner Tag" bereits das Kôan 6 bestritten hat. Bao-fu bekommt von Xue-dou noch vier weitere Auftritte eingeräumt, Chang-qing sogar fünf, und Yun-men ist, wie bereits anlässlich des Kôan 6 erwähnt, mit seinen insgsamt 18 Auftritten Xue-dous eindeutiger Favorit unter den Meistern des *Bi-yan-lu.* Ein weiterer Xue-feng-Nachfolger, Xuan-sha Shi-bei, mit nur zwei Auftritten am unteren Ende der Häufigkeits-Skala, ist an der im Beispiel festgehaltenen Szene nicht beteiligt: Sie spielt zu einer Zeit, da Xue-feng ohne Zweifel bereits „in die Verwandlung eingegangen" und Cui-yan schon Abt eines eigenen Klosters war. Bao-fu, Chang-qing und Yun-men (dies die Reihenfolge ihres – im Falle Bao-fus nur mutmaßlichen – Alters) haben, nach dem Tod ihres Lehrers auf abermaliger »Wolken und Wasser«-Wanderschaft, an einer Sommerübung Cui-yans teilgenommen, die dieser mit der einen Bemerkung über seine *Augenbrauen* geschlossen hat, die ihm seinen festen Platz innerhalb der Chan-Überlieferung einbringen sollte.

Vier Männer des Chan also, in ihrer Einsicht ausgereift; die **Ankündigung** stellt sie, ohne freilich auch nur einen einzigen Namen zu erwähnen, sämtlich auf die gleiche Stufe (erst der Lobgesang greift ihre Namen auf). Sie widmet jedem einzelnen von ihnen, genauer gesagt, dem *einen einzigen Satz,* den jeder einzelne von ihnen von sich gibt, eine rühmende Umschreibung: der eine – das zielt auf Cui-yan – ist *wie ein am Boden kauernder Löwe,* der, zum Sprung bereit, seine Beute belauert und deren nächste Bewegungen abzuschätzen versucht; der zweite – das meint Bao-fu – ist *wie das kostbare Schwert des Königs der Buddha-Wächter,* der sich für die Unversehrtheit der Buddha-Lehre verantwortlich weiß und mit seiner Klinge jegliche Verfälschung abwehrt; der dritte – jetzt ist Chang-qing an der Reihe – *schneidet allen Menschen unter dem Himmel die Zunge ab* und versetzt mit seinem Cui-yan noch überbietenden Einwurf die Mönche in noch größere Verwirrung. Und der vierte Satz gilt Yun-men, der, seinem eigenen Anspruch folgend, *den Wellen nacheilt,*[122] die die drei anderen erzeugt haben, und mit seinem Einhalt gebietenden Ausruf *die Wogen vertreibt* und damit für ruhige See sorgt – sowie, metaphorisch gesprochen, für eine friedliche Fahrt der Mönche, die zu weiterer »Wolken und Wasser«-Wanderschaft aufzubrechen genötigt sind.

Anschließend fasst die **Ankündigung** je zwei von den vier Chan-Kämpen zu einem Paar zusammen: Die einen *machen aus einem einzelnen Grashalm einen 16 Fuß großen Goldleib [Buddhas],* und die anderen *machen aus dem 16 Fuß hohen Goldleib [Buddhas] einen einzelnen Grashalm* – und wir dürfen raten, wer von den Vieren da jeweils mit wem zusam-

---

122 Mit dieser Formulierung spielt Yuan-wu auf die drei Anforderungen an, die Yun-men an seine eigenen Äußerungen gestellt haben soll und von denen bereits in den Erläuterungen zum Kôan 6 im Einzelnen die Rede gewesen ist: Die dritte dieser Anforderungen geht ja – wie erinnerlich – dahin, dass die jeweilige Antwort sich an den Bewusstseinszustand des Fragenden so selbstverständlich anschließen soll, „wie eine Welle der vorausgegangenen" folgt.

mengespannt wird. Die Wahl des Verfassers fällt auf Cui-yan und Chang-qing als diejenigen, die aus etwas so Geringfügigem wie einem Paar Augenbrauen einen Indikator für Wohl oder Wehe der Buddha-Lehre, genauer, der rechten Aneignung der Buddha-Lehre machen; und auf Bao-fu und Yun-men als zweites Paar, das den einen der beiden anderen zum *Hasenherz* und den anderen durch ein „Genug der Redereien!" zum Schwätzer herabstuft – eine Zuordnung, die sich ebenso wie diejenige von Cui-yan und Chang-qing im gleichnamigen Kôan 71 *Cong-rong-lu* wiederfindet: Dort werden im Rahmen des Lobgesangs sowohl Bao-fu und Yun-men als auch Cui-yan und Chang-qing jeweils in einem Atemzug erwähnt und je gemeinsam unters Joch Chan-typischer Ironie gespannt.[123]

Ansonsten wartet die **Ankündigung** mit allerlei Allgemeinheiten und idealisierenden Gemeinplätzen auf: dass uns Einsicht in die *Richtschnur*, und das meint das „Große Erwachen", dazu verhilft, ausgestattet mit dem „Großen Wirken" frei und ungehindert durchs Leben zu schreiten, statt uns im *Dickicht* unabweisbarer Wünsche zu verfangen und blinden Torheiten nachzujagen; dass Einsicht in die *Richtschnur* uns befähigt, in jeder Situation das *Angemessene* zu tun (was uns von den vier Akteuren des Beispiels beispielhaft demonstriert werden wird); dass Menschen mit solcher Einsicht sich darauf verstehen, *einander Zeugnis* ihrer gemeinsamen Einsicht *abzulegen* (nichts anderes führt uns alsbald das Beispiel vor); und dass wir alle uns schließlich aus der Verstrickung in *weltliches Trachten* befreien können, indem wir in der Versenkungsübung *die Zehn Richtungen abschneiden*,[124] will sagen, alles Wissen um die Welt einschließlich unserer selbst von uns abtun, und sodann *dastehen* wie eine *1000 Klafter hohe Wand*: alles überragend, Ehrfurcht gebietend und unerschütterlich auch dann noch, wenn die Stürme der Welt auf uns eindringen – ein Beleg das Letztere, wie er sich eindeutiger nicht wünschen lässt, für die Übersteigerungstendenzen der Chan-Rhetorik!

Um *einen einzigen Satz* geht es also im **Beispiel**, und das gleich viermal! Den Auftakt bildet der *eine Satz* Cui-yans, bei dem es sich genauer betrachtet um zwei Sätze handelt: *„Den ganzen Sommer über habe [ich] Euretwegen Reden gehalten – schaut einmal, ob Cui-yans Augenbrauen noch da sind!"* Er hat seinen Mönchen mit allem gebührenden Nachdruck die Buddha-Lehre dargelegt, und jetzt, zum Schluss, bevor sich die Mönche mit seinen Belehrungen im Gepäck wieder auf Wanderschaft begeben, unterstellt er die Möglichkeit, mit allem, was er da gesagt hat, der Buddha-Lehre Schaden zugefügt zu haben. Spielt er doch auf ein Rätselwort an, das besagt: Wer die Buddha-Lehre und sei es unwissentlich entweiht, verliert zur Strafe seine Augenbrauen! Was sollen die Mönche damit anfangen?! Da hat der Meister ihnen drei Monate lang mit aufrichtigem Bemühen und nach bestem Wissen und Gewissen dargelegt, was nach seinem Verständnis die wahre Buddha-Lehre ausmacht, und jetzt fürchtet er, eben diese Buddha-Lehre entweiht, weil falsches Zeugnis von ihr abgelegt zu haben! Ja, mit diesem seinem *einen Satz* erweist sich Cui-yan in der Tat als *ein am Boden kauernder Löwe*, der in den Mönchen seine Beute sieht – eine Beute, die ihm nun nicht mehr entrinnen kann: Da stehen sie, wohlgemut zum Aufbruch bereit, fühlen sich dank der

---

123 Dort heißt es: „Bao-fu und Yun-men – ihnen hängt die Nase nach unten und verhöhnt ihre Lippen! / Cui-yan und Chang-qing – ihre langen Brauen spiegeln sich in ihren Augen!" – Roloff (2), S. 370.

124 Die *Zehn Richtungen* meinen das Weltganze, symbolisiert durch die vier hauptsächlichen Himmelsrichtungen wie Norden, Süden usw., die Zwischen-Richtungen wie Nordost, Südwest etc., sowie die „Himmelsrichtungen" »oben« und »unten« – vgl. die Fußnote 99.

Belehrungen des Meisters bestens gerüstet, und dann stürzt er sie in tiefe Verunsicherung: Wie sollen sie ihn verstehen? Was sollen sie nach dieser Bemerkung noch von all seinen Lehrvorträgen halten? Was sind die jetzt noch wert? Können sie sich noch auf das verlassen, was er ihnen drei Monate lang doch offenkundig nur zu ihrem Besten vorgetragen hat? Wie sollen sie das selbst entscheiden? Den Meister fragen können sie nicht: Er hat sich gleich nach seinem letzten Satz zurückgezogen und wird ihnen vor ihrem Aufbruch auch nicht mehr Rede und Antwort stehen! Wer möchte da in der Haut dieser Mönche stecken? Einen schweren „Mühlstein" hat Cui-yan ihnen in die Köpfe gestemmt, und der dreht sich und dreht sich und lässt sich nicht anhalten! *Für alle Zeiten*, so kommentiert das der **Lobgesang**, *bleiben* die hilflosen Mönche ihrem Meister, vor allem aber sich selbst *die Antwort schuldig*.

Eines freilich hat Cui-yan mit der Frage, ob seine Augenbrauen denn noch da sind oder nicht, ganz zweifellos erreicht: Verunsichert, wie sie nunmehr sind, können die Mönche nicht in dem Glauben davongehen, sie seien mit dem, was sie an Belehrung von Cui-yan erhalten und in sich aufgenommen haben, bereits zur Wahrheit, zum »wahren Sinn der Buddha-Lehre« vorgestoßen. Und insofern ist Cui-yan *ganz ohne Zweifel nur ein Dieb*, wie der **Lobgesang** bestätigt: Er hat den Mönchen wieder weggenommen, was er ihnen zuvor, zwölf Wochen lang, in die Hände gegeben, ihnen eindringlich ans Herz gelegt hat! Und er hat recht daran getan, so zu verfahren, wie der **Lobgesang** gleichfalls bekräftigt, indem er Cui-yan, sogar im gleichen Atemzug, mit höchstem Lob bedenkt: *Weiße Jade* ist das, was wir da vor uns haben, *weiße Jade*, ganz *ohne Fehl*! Bao-fu allerdings, der als Erster, bereits vor Xue-dou (der umgekehrt in seinem Lobgesang damit nur Bao-fu zitiert) und ohne jedes Zögern, Cui-yan zum *Dieb* erklärt – Bao-fu hat durchaus etwas auszusetzen: Er wirft ihm vor, nur ein *Hasenherz* zu besitzen: nicht mutig genug zu sein, will sagen, nicht den Mut aufzubringen, seine Belehrungen, wie es die Sache verlangt, offen zu widerrufen und so die Mönche nicht nur in Verunsicherung, sondern in regelrechte Ratlosigkeit zu versetzen – in eine dunkle, schwarze Ratlosigkeit ohne den geringsten Lichtblick, und sei es fern am Horizont.[125] Xue-dou wiederum verfährt in seinem **Lobgesang** mit Bao-fu wie dieser mit Cui-yan: Er stimmt ihm zu *(„schwerlich ist er tadelnswert")* und verweigert ihm zugleich die volle Zustimmung (*„schwerlich [ist er] lobenswert"*), weil er – Xue-dou – so viel Radikalität, wie sie Bao-fu verlangt, augenscheinlich für übertrieben, vielleicht sogar für schädlich hält. Yuan-wu scheint da, was *Lob* und *Tadel* für Bao-fu angeht, ein wenig anderer Meinung zu sein, vergleicht er doch in seiner **Ankündigung** Bao-fus Satz mit dem *kostbaren Schwert des Königs der Buddha-Wächter*, der es sich zur Aufgabe gemacht hat, jegliche Verfälschung der Buddha-Lehre abzuwehren – und eine Verfälschung wäre es in der Tat, wenn die scheidenden Mönche die in Sprache gefassten Belehrungen Cui-yans für die Vermittlung des »wahren Sinns der Buddha-Lehre« hielten, während in Wahrheit das, worauf die Buddha-Lehre letztlich abzielt, unaussprechlich ist („der eine Satz, der aller Stimme vorausliegt", „in allen Lehrreden seines ganzen Lebens hat der Buddha kein einziges Wort gesagt"). Uneingeschränktes *Lob* also für Bao-fu und seine Kritik an Cui-yan vonseiten Yuan-wus.

125 In seiner *Cong-rong-lu*-Übertragung aus dem Jahr 2008 hat der Verfasser Bao-fus Bemerkung noch anders interpretiert; siehe Roloff (2), S. 372.

Chang-qing hingegen steht mit seinem *„Sie sind sogar gewachsen!"*, die Augenbrauen des Cui-yan, uneingeschränkt auf dessen Seite: Cui-yan hat recht daran getan, soll das heißen, den Mönchen ihren Glauben an die unbedingte Gültigkeit seiner Belehrungen zu erschüttern; ja, er stellt auch ihre nur vorläufige Gültigkeit gleich mit in Frage; und indem Chan-qing auf diese Weise Cui-yans Abschiedssatz an seine Mönche auf die Spitze treibt, *schneidet* er – so Yuan-wu in seiner **Ankündigung**, auf Chang-qing gemünzt – *allen Menschen unter dem Himmel die Zunge ab*. Denn – was sollen die Mönche jetzt noch sagen, untereinander, zu sich selbst? Was jetzt noch denken? Aus bloßer Verunsicherung hat Chang-qing sie mit vier knappen Worten (im Chinesischen sind es sogar nur zwei!) in regelrechte Verwirrung gestürzt!

Und dann noch Yun-men, mit einer seiner berühmten »Ein-Wort-Schranken«, die diesmal sogar aus eben dem Wort und denkbar knappsten Ausruf: *„Schranke!"* besteht! Damit kann er, wenn die Mönche diese laut ausgerufene *„Schranke!"* in spontanem Erschrecken auf sich selbst beziehen, auf ihre Grübeleien, was sie denn jetzt noch von Cui-yans vergangenen Belehrungen und was von seiner gegenwärtigen Mahnung zur Vorsicht halten sollen, die Mönche im günstigsten Fall in jenen Stupor versetzen, der das „Große Erwachen" begünstigt. Aber laut Yuan-wu und seiner **Ankündigung** soll doch Yun-mens *„Schranke!"* vielmehr die *Wogen glätten*! Und in der Tat ist Yun-mens Ausruf auch und sogar vorrangig an seine Mitstreiter gerichtet: Cui-yan hält er vor, durch den Hinweis auf seine angeblich verlorenen Augenbrauen – mit den Worten des **Lobgesangs** – *sein Geld verloren*, den kostbaren Besitz seines Wissens um den Buddha-Dharma nachlässig-unnötig preisgegeben zu haben: Cui-yan, so Xue-dou im Lobgesang, soll sich durch Yun-mens *„Schranke!"* als *dafür auch noch bestraft* begreifen. Chang-qing, den anderen aus der „Augenbrauen"-Bruderschaft, zeiht Yun-mens Ausruf gleichermaßen bloßer Schwätzerei, und Xue-dous: *„Er"* – Chang-qing – *„kennt sich aus damit"* ist – wie die meisten Aussagen des Lobgesangs – reine Ironie. Auch Bao-fu, der Gleichgesinnte, muss sich gefallen lassen, dass Yun-mens *„Schranke!"* auch seiner Lust zu tadeln Einhalt gebietet. Und allen Dreien zusammen schleudert Yun-men auf diese Weise entgegen: „Hört endlich auf mit Eurer Rederei über Augenbrauen hin und Augenbrauen her!" Mit solchem Stoppsignal an seine Mitstreiter zielt Yun-men nun aber zugleich, und zwar mit vollem Vorsatz, auch auf die Mönche, nicht um sie in Stupor zu versetzen (den zu erfahren, liegt an den Mönchen selbst), sondern um sich – wie er von sich selbst verlangt – ihrem „Bewusstseinszustand anzuschließen" und so, mit der Metapher der **Ankündigung** gesprochen, *den Wellen nachzueilen und die Wogen* ihrer Verunsicherung *zu vertreiben*. So verschafft er den scheidenden Mönchen für ihren Aufbruch in neuerliche »Wolken und Wasser«-Wanderschaft sozusagen »Meeresstille und friedliche Fahrt«! Doch ist das nicht ein trügerischer Frieden? Bleibt denn nicht die Unaussprechlichkeit des »wahren Sinns der Buddha-Lehre«, die alles sprachliche Belehren letztlich zu Schanden macht, schlicht weiterhin betehen?

Was also bezweckt Yun-men damit, den Mönchen *die Wogen* ihrer Verunsicherung *zu glätten*? Will er verhindern, dass sie sich an ein unwiderrufliches und allumfassendes Misstrauen in den Wert sprachlicher Belehrung verlieren? Liegt ihm daran, bei aller Unaussprechlichkeit des letzten Geheimnisses an sprachlicher Belehrung als einem unverzichtbaren Hilfsmittel festzuhalten? Dann darf sich auch der Verfasser darin gerechtfertigt fühlen, dass er hier, wie schon zuvor in seinen Erläuterungen zum *Cong-rong-lu*, der Unaussprechlichkeit des letzten Geheimnisses zum Trotz, das Unsagbare zu sagen versucht und sich doch, mit Bao-fu, dessen bewusst ist, bei all seinem Bemühen um Genauigkeit und Klarheit letztlich an der Unsagbarkeit dessen scheitern zu müssen, an das unsere Sprache, unser Denken nicht heranreicht: an die Shûnyatâ, das Nichts als den Ursprung aller Dinge.

Noch ein kurzer oder auch weniger kurzer Nachtrag: Die Anekdote um Cui-yans Augenbrauen findet sich auch im *Cong-rong-lu*, dort unter der Kapitelnummer 71. Die Stoßrichtung seiner *„Schranke!"*, mit der Yun-men dem geschilderten Geschehen ein Ende bereitet, ist in beiden Fällen die gleiche. Trotzdem hat der Verfasser darauf verzichtet, seine früheren Erläuterungen aus dem *Cong-rong-lu* kurzerhand in das hiesige Kapitel des *Bi-yan-lu* zu übernehmen. Nicht nur liegen mehr als vier Jahre zwischen der Abfassung der einschlägigen Erläuterungen dort und hier, und hat sich überdies die Kenntnisnahme der Forschungsergebnisse der Heine, Poceski, Welter, Wright dazwischengeschoben (siehe das Literaturverzeichnis); vor allem verbietet sich eine solche Übernahme angesichts der Einbettung derselben Anekdote zwischen eine ganz andersartige Ankündigung und einen ebenso andersartigen Lobgesang im *Cong-rong-lu* geradezu von selbst. Grundsätzliche Unterschiede zwischen beiden Kôan-Sammlungen lassen sich zwar auch an diesem Beispiel nicht ausmachen; doch in Einzelheiten zeigen sich hier und da durchaus Differenzen. Gleichwohl glaubt Yasutani in der Einleitung zu seiner *Cong-rong-lu*-Ausgabe *Shôyôroku Dokugo* eine generelle Verschiedenheit im Atmosphärischen festmachen zu können, indem er dem *Cong-rong-lu* ein Mehr an Milde und Gelassenheit und dem *Bi-yan-lu* eine größere Strenge sowie männliches Draufgängertum zuspricht. Sicher gibt es für eine solche These den einen oder anderen Beleg. So hat auch der Verfasser selbst anlässlich des Lobgesangs zum Kôan 33 *Cong-rong-lu*, dessen Beispiel das des Kôan 49 *Bi-yan-lu* aufgreift, ausführlich darauf hingewiesen, dass bei dem dort skizzierten Dharma-Wettkampf zwischen Xue-feng und San-sheng das *Cong-rong-lu* der milden Abgeklärtheit des Ersteren gegenüber dem jugendlichen Angriffsgeist des Letzteren das größere Gewicht beimisst, wohingegen das *Bi-yan-lu* genau umgekehrt dem Jüngeren die eindeutig eindringlichere Würdigung im Vergleich zum Älteren zugesteht.[126] Doch hier und jetzt, bei dem Geschehen rund um Cui-yans „Augenbrauen"-Ausspruch, geschieht geradezu das Gegenteil: Xue-dou lässt die Beteiligten (von Yun-men allerdings ist dabei überhaupt nicht die Rede) mit einem blauen Auge davonkommen, während Hong-zhi im *Cong-rong-lu* sämtliche Akteure (auch Yun-men) geradezu mit Verbalinjurien attackiert. Allenfalls eines wäre möglicherweise festzuhalten: Wenn es zutrifft, wie vor allem Poceski und Welter dargelegt haben, dass der »bilderstürmerische« Charakter der Chan-Anekdoten erst eine späte, und zwar Song-zeitliche Errungenschaft darstellt, dann wäre die Art, wie das spätere *Cong-rong-lu* im hiesigen Fall zur unbedingten Autorität erhobene Chan-Größen der ausgehenden Tang-Zeit traktiert, nämlich respektlos bis zum Exzess,[127] als eine wei-

126 Siehe dazu Roloff (2), S. 173f.

127 Man denke auch an die Karikatur, die der Lobgesang zum Kôan 14 *Cong-rong-lu* von De-shan entwirft: „Hinter dem Hirn sieht man den Kiefer: solch ein Mensch ist schwer zu kränken – / Unter seinen Brauen hervorspähend, erlangt er seinen Vorteil." Hong-zhi macht diesen Großen aus der Frühzeit des Chan, dem auch hier im *Bi-yan-lu* bereits das Kapitel 4 gewidmet ist, zu einer Missgeburt, die aufgrund ihrer Fehlbildungen (die Stirn ist so weit vorgewölbt und der übrige Schädel so absurd deformiert, dass die Brauen mit tiefliegenden Augenhöhlen weit über Nase und Mund hinausragen und

tere, eine letzte Steigerung der ikonoklastischen Tendenzen des Song-zeitlichen Chan zu werten: Hat sich die »Bilderstürmerei« zunächst gegen die traditionellen Vorstellungen des chinesischen Buddhismus allgemein gerichtet, etwa gegen die Heiligkeit der Sûtren oder die Unantastbarkeit des historischen Buddha, so werden nunmehr auch die Großen der eigenen Vergangenheit mit Blasphemie überzogen!

---

die Kinnlade erst hinter den Ohren sitzt) so gänzlich eines jeden Selbstwertgefühls ermangelt, dass sie durch keine Schmähung, keinen Spott zu beleidigen ist – siehe Roloff (2), S. 76.

9. Die vier Tore von Zhao-zhou

Ankündigung

Ein klarer Spiegel auf seinem Gestell – das Schöne und das Hässliche unterscheiden sich darin ganz von selbst; das [Schwert] Mo-ye in den Händen[128] – zu töten und lebendig zu machen,[129] naht [schon] der richtige Augenblick: Geht der Chinese weg, so kommt der Barbar, kommt der Barbar, so geht der Chinese weg; und mitten im Tod erlangst [du] das Leben und mitten im Leben erlangst [du] den Tod. Bist [du] an diesem Punkt angekommen, was denn dann? Wenn [dir] das Auge fehlt, die Sperre zu durchdringen, sowie der Ort, [dich] um- und umzuwenden, [dann ist es] klar, dass es [für dich] keinen Ausweg gibt. – Nun sagt mal: Was ist das Auge, das die Sperre durchdringt, und was der Ort, [Euch] um- und umzuwenden? Versucht es doch bitte mal mit dem, [was Xue-dou hier] vorbringt![130]

Beispiel

Ein Mönch fragte Zao-zhou: „Was hat es auf sich mit Zhao-zhou?"
Zhao-zhou entgegnete: „Osttor, Südtor, Westtor, Nordtor!"

Lobgesang

In [diesem] Satz kommt spirituelle Kraft [uns] deutlich vor Augen –
[Sein] funkelndes Vajra-Auge beseitigt noch den feinsten Staub![131]
Osttor, Südtor, Westtor, Nordtor [ergänzen] sich gegenseitig –
Noch Hammerschläge ohne Zahl können sie nicht öffnen!

---

128 Das *Schwert Mo-ye* ist das berühmteste, weil schärfste Schwert aus der Geschichte Chinas; seinen Namen verdankt es einer Frau, und zwar der Frau eines Schwertschmieds, die dieses Wunderschwert etwa 500 Jahre vor Beginn unserer Zeitrechnung geschmiedet haben soll!

129 Zum ersten Mal tritt hier die Formel „töten und lebendig machen" (*sha huo*) in Erscheinung; im weiteren Verlauf des *Bi-yan-lu* findet sie sich noch in den Ankündigungen der Kôan 25, 53, 61 und 62.

130 Als Ankündigung zum Beispiel 9 bieten Standard-Version und *Teihon*-Ausgabe nahezu den gleichen Text: In Anlehnung an die *Ichiya*-Version lässt Itô zwei störende Dubletten weg (ein „Nun sag mal" und ein „An diesem Punkt angekommen") und strafft so den Gedankengang.

131 *Vajra* ist der Donnerkeil des Gottes Indra, und zum *Vajra-Auge* bemerkt Yuan-wu in seinem Kommentar: „Nicht nur erspäht es in *tausend Li* (500 km) Entfernung ein herbstliches Pflanzenhärchen; ebenso bestimmt es, was richtig ist und was falsch, unterscheidet Gewinn und Verlust (so die Standard-Version), erfasst, was einer Situation angemessen ist und erkennt Glück und Unglück." Auf obigen Vers angewandt heißt das: „Zhao-zhous Auge sendet funkelnd-scharfe Strahlen aus, die noch den feinsten Staub im Auge seines Gegenüber erfassen und – wie mit einem Blitzstrahl (heute würden wir von Laserstrahlen sprechen) – beseitigen." In seinem Kommentar vergleicht Yuan-wu überdies die spirituelle Kraft Zhao-zhous (denn nur um die kann es sich in der ersten Zeile handeln) mit dem „kostbaren Schwert des Königs der Buddha-Wächter" – eine Formel, die Yuan-wu auch schon in der Ankündigung des Kôan 8 verwendet hat; vgl. dazu auch die dortige Fußnote 116.

Schon zum zweiten Mal, mit nur sechs Kôan Abstand, ein Auftritt des „alten Buddha“ **Zhao-zhou**, diesmal mit einem nachgerade mustergültig knappen *encounter dialogue*, einem „Zwiegespräch in spiritueller Begegnung“, das lediglich zwei Sätze umfasst: Satz 1 – die Frage des Mönchs, Satz 2 – die Antwort des Meisters. Punktum. Schluss. Der Mönch gibt sich hinterlistig, er fragt nicht nach dem Meister Zhao-zhou; dann hätte er von „Ehrwürden“ Zhao-zhou sprechen müssen, so verlangen es Respekt und Höflichkeit. So aber, wie der Mönch seine Frage formuliert, täuscht sie vor, stattdessen auf die gleichnamige Stadt zu zielen; und doch meint er selbstverständlich den Meister Zhao-zhou. Er stellt ihn auf die Probe, fordert ihn heraus: Er will sehen, wie es dem Meister gelingt, seine Finte zu parieren. Und Zhao-zhou lässt sich nicht lumpen; er begegnet und entgegnet ihm mit der gleichen Schlitzohrigkeit, nimmt den Mönch beim Wort und spricht von der Stadt: Es gibt da – wie bei den alten chinesischen Städten mit ihrem quadratischen Grundriss und ihrer umlaufenden Befestigungsmauer üblich – vier Tore, *Osttor, Südtor, Westtor, Nordtor*, aufgezählt genau in der Richtungsabfolge eines rechtsherum umlaufenden Windes. Und doch spricht Zhao-zhou mit eben dieser Antwort von sich selbst, gewährt also dem Mönch genau das, worauf er eigentlich aus ist – nur, ob der Mönch ihn auch versteht?[132]

Vier Tore also, und Tore sind dazu da, dass man sie öffnet und dass man sie schließt. Und in den Städten des alten China wurden die Tore der Befestigungsmauern jeden Morgen geöffnet und jeden Abend geschlossen. Für die Einwohner bedeutete ein offenes Tor Ausgang ins Freie, die Möglichkeit zum Aufbruch in die Weite ringsherum. Und ein geschlossenes Tor bedeutete Sicherheit, Schutz vor Räubern und Feinden, Schutz gegen das Andringen von Gefahr. Aber was besagt das für Zhao-zous Tore von Zhao-zhou? Der **Lobgesang** spielt in seinem zweiten Teil ganz offenkundig auf den Schutz an, den geschlossene Tore bieten: *„Osttor, Südtor, Westtor, Nordtor [ergänzen] sich gegenseitig – / Noch Hammerschläge ohne Zahl können sie nicht öffnen!“* Heißt das, dass Zhao-zhou uns den Rückzug ins Innere empfiehlt, in die uns innewohnende „Budha-Natur“, den Dharmakâya in uns, der für Schädigungen aller Art unerreichbar ist und in dem wir aller Unbill, allem Unheil entzogen sind? Will Zhao-zhou uns also die Flucht in die Shûnyatâ ans Herz legen? Dann wäre er, nach allem, was wir über ihn wissen, oder besser gesagt, was die Song-zeitlichen Chan-Anekdoten ihm zuschreiben, nicht Zhao-zhou, nicht der Zhao-zhou, als den die Song-zeitlichen Quellen ihn uns sehen lassen wollen.[133] Und es bliebe die andere Seite der Medaille, dass *Osttor, Südtor, Westtor, Nordtor* jeden Tag aufs Neue geöffnet werden, ganz außer Betracht.

Nun versucht allerdings, wer in damaliger Zeit sich einer Stadt in feindlicher Absicht nähert, die geschlossenen Tore nicht gerade mit *Hammerschlägen zu öffnen*; eher rückt er mit

---

132 Lange Zeit hat der Verfasser geglaubt, der „Witz“ dieses Zwiegesprächs bestünde darin, dass der Mönch nach dem Meister Zhao-zhou fragt und dieser mit der Stadt Zhao-zhou antwortet. Dem ist aber nicht so, wenn man an die Vorgaben der Höflichkeitsregeln denkt, an die sich ein Mönch zu halten hatte. Der „Witz“ besteht vielmehr darin, dass Zhao-zhou dem Mönch scheinbar auf derselben Ebene antwortet, auf der die Frage angesiedelt ist, und doch in Wahrheit auf eine andere, höhere Ebene überwechselt, auf die eines spirituellen Fingerzeigs.

133 Man denke an die bekannte Anekdote seiner Befragung der alten Frau am Wu-tai-shan-Gebirge: Kôan 10 *Cong-rong-lu* sowie Kôan 31 *Wu-men-guan*, bei der er, der über Achtzigjährige, unternehmungslustig und wohlgemut, eine mehrtätige Reie hat auf sich nehmen müssen!

Rammböcken und Feuer vor. Die geschlossenen Tore und die *Hammerschläge* müssen also etwas anderes bedeuten als den sicheren Schutz vor Feinden und Gefahr. Geschlossene Tore können auch schlicht Unzugänglichkeit bedeuten oder auch nur, auf ein Rätselwort wie Zhao-zhous *Osttor, Südtor, Westtor, Nordtor* bezogen, Unverständlichkeit, ein Geheimnis, in das nur schwer einzudringen ist, auch hartnäckigsten Bemühungen zum Trotz. So gewendet, erhält der **Lobgesang** insgesamt Geschlossenheit, eine Geschlossenheit, die ihm andernfalls versagt bliebe: Die beiden ersten Zeilen sprechen Zhao-zhou eine *spirituelle Kraft* zu, die ihn dazu befähigt, noch das geringste Bisschen hinderlichen *Staubes* im Auge eines jeden x-beliebigen Gegenübers nicht nur zu erkennen, sondern obendrein auch noch mit einem einzigen Satz, wie mit dem *Vajra*-Schwert, dem „kostbaren Schwert des Königs der Buddha-Wächter", zu *beseitigen* – vorausgesetzt freilich, dass sein Gegenüber diesen einen Satz tatsächlich auch versteht. Denn ein Satz wie hier Zhao-zhous *„Osttor, Südtor, Westtor, Nordtor"* ist, wie Xue-dou im zweiten Teil des Lobgesanges zugestehen muss, wie eine Stadt mit geschlossenen Toren, deren jedes einzelne so gut wie nicht zu knacken, nicht aufzubrechen ist, und die *sich* mit solcher Widerständigkeit *gegenseitig* wirksam *ergänzen*!

Der Mönch des Beispiels hat ihn jedenfalls nicht verstanden, wie Yuan-wu – so zumindest die Standard-Version – in seinem Kommentar uns wissen lässt, indem er eine kurze Fortsetzung des Zwiegesprächs zitiert: Der Mönch, so Yuan-wu, begegnet Zhao-zhous *„Osttor, Südtor, Westtor, Nordtor"* mit dem scheinheilig gekränkten Ausruf: „Aber nach diesem Zhao-zhou habe ich doch gar nicht gefragt!", woraufhin Zhao-zhou sich dumm stellt: „Nach welchem Zhao-zhou hast Du denn dann gefragt?" und damit kundtut, dass er einem derart begriffsstutzigen Frager auch nicht weiterhelfen kann.[134]

Und wie steht es mit uns, Leser und Verfasser? Haben wir Zhao-zhous *„Osttor, Südtor, Westtor, Nordtor"* bisher denn schon verstanden? Eine ehrliche Antwort muss leider lauten: „Nein!" Sehen wir uns daher zu guter Letzt in der **Ankündigung** nach hilfreichen Hinweisen um: Da ist, einleitend, von einem *klaren Spiegel* die Rede, in dem sich die Dinge so zeigen, wie sie sind, das *Schöne* und Erfreuliche, etwa ein gepflegter und wohlgestalteter Chinese als schön und erfreulich, und das *Hässliche* und Abstoßende, ein missgestalteter und struppiger Barbar beispielshalber als hässlich und abstoßend.[135] Das läuft auf einen Geisteszustand hi-

134 Auch im *Zhao-zhou chan-shi yu-lu*, das vermutlich wenige Jahrzehnte vor Xue-dous Auswahl für seine *100 Beispiele der Alten* entstanden ist, findet sich diese Fortsetzung nicht; Yuan-wu bzw. der Autor der Standard-Version muss sich mit ihr auf eine andere, vermutlich spätere und daher weder den Autoren des *Zhao-zhou yu-lu* noch Xue-dou verfügbare Quelle beziehen. Wenn diese Vermutung des Verfassers zutrifft, haben wir hier ein schönes Beispiel dafür, wie sich Chan-Anekdoten im Laufe der Zeit weiterentwickelt haben (Dôgen, der in den Jahren 1223-1227 in China das Material für sein Shôbôgenzô Sambyakuzoku gesammelt hat, kennt die erweiterte Fassung, leicht abgewandelt, im Übrigen auch – a.a.O. Nr. 46) – vgl. dazu Welters Untersuchungen zur Entstehungsgeschichte des Linji Lu: Welter (3), S. 81-108.

135 Mit dieser Verknüpfung, die sich der zwei Sätze weiter auftretenden Begriffe „Chinese" und „Barbar" bedient, greift der Verfasser auf die bekannte Redensart zurück, dass ein klarer Spiegel, wenn ein Chinese kommt, einen Chinesen zeigt, und wenn ein Barbar kommt, einen Barbaren zeigt. – Wenn aber diese Verknüpfung nicht bloß aus der Luft gegriffen ist, sondern der Anlage der Ankündigung entspricht, ergibt sich zwangsläufig eine weitere Verknüpfung: die des *[Schwertes] Moye* mit dem *Erlangen des Todes mitten im Leben* und umgekehrt. Das läuft auf eine Verschränkung der ersten vier Säze der Ankündigung hinaus: Satz 1, der vom *klaren Spiegel*, und Satz 3, der vom *Chinesen* und

naus, der, frei von Voreingenommenheit und Verfälschung, den Tatsachen unserer Existenz offen ins Auge schaut. Und zu diesen Tatsachen gehört ganz wesentlich – Unbeständigkeit. Einen unaufhörlichen Wechsel räumt auch die Ankündigung ein: *Geht der Chinese weg, so kommt der Barbar, kommt der Barbar, so geht der Chinese weg*, und umgekehrt – ob nun – ins Militärische gewendet – das Vordringen des *Barbaren* die Folge des Rückzugs des *Chinesen* oder der Rückzug des *Chinesen* die Folge des Vordringens des *Barbaren* ist – und umgekehrt.[136] Diese Aussage der **Ankündigung** gemahnt an die Eingangszeile des Lobgesangs zum Kôan 5: „Der Ochsenkopf macht sich davon, der Pferdekopf kehrt zurück!", mit dem Unterschied, dass es sich dort um die endlose Wiederkehr zweier gleichwertiger Höllenwesen handelt, während hier eine Abfolge gegensätzlicher Zustände beschworen wird: des Glücks kultivierter Lebensart und des Schreckens drohender Unordnung und Zerstörung (dass dieser Wechsel zwischen *Chinese* und *Barbar* und umgekehrt etwas anderes ist als die nahezu sprichwörtliche Eigentümlichkeit eines Spiegels, einen Chinesen als Chinesen und einen Barbaren als Barbaren widerzuspiegeln, liegt auf der Hand).

Nun gibt es da zwar das *[Schwert] Mo-ye*, das *tötet und lebendig macht* und das nicht nur ein Chan-Meister wie Zhao-zhou gegen andere, sondern das wir selbst auch gegen uns selbst richten können und sollen, wobei das Töten und das Lebendig-Machen nicht zwei voneinander getrennte Ereignisse sind (im einen Fall das Töten und im anderen Fall das Lebendig-Machen); vielmehr bilden sie, ganz im Sinne der Formel: „gleichzeitig sterben und gleichzeitig leben" (*tong si tong sheng*), ein gemeinsames Ganzes, ein in sich zusammenhängendes Geschehen: Indem wir den Tod des Ich und die Auslöschung der Dinge sterben, erwecken wir uns selbst, erwachen wir zum Leben, zum nunmehr vollkommenen Leben, mit Zhao-zhous eigenen Worten: zum „Leben aus dem Großen Tod" (Kôan 41). Dieses neue Leben enthebt uns zwar nicht den Wechselfällen unserer irdisch-leiblichen Existenz; aber es erhebt uns über den Schmerz der Verzweiflung, über die Ängste der Verlorenheit, über das zwangshafte Suchen nach Halt und Sinn. Und dennoch, so müssen wir uns ehrlicherweise eingestehen, gilt dieser Idealzustand nur bis auf Weiteres, hat er nur vorübergehenden Bestand. Immer wieder kann es geschehen, dass wir gleichsam abstürzen; dass wir, die wir gerade noch *mitten im Tod das Leben erlangt* haben, zu anderer Zeit „das DAO verlieren", zu „Lehrlingen des Sterbens" werden, wie es im *Dao-De-Jing* heißt, mithin *mitten im Leben den Tod erlangen*. Und folglich genötigt sind, uns aufs Neue in „Lehrlinge des Lebens" zu verwandeln, wozu uns nur eins verhilft – innerlich sterbend Abstand zu nehmen vom Ich:

Reichtum ist keiner
Größer an Fülle als der,
Den du auf deinen so ganz
Leeren, windstillen Händen trägst:

Barbaren handelt, gehören inhaltlich zusammen und ebenso Satz 2 mit seinem tödlichen *[Schwert] Mo-ye* und Satz 4 mit der Verwandlng von *Leben* in *Tod* und umgekehrt.

136 Genau das haben die alten Chinesen in ihrer Geschichte immer wieder leidvoll erfahren müssen: dass sie durch eigenen Rückzug das Vordringen der *Barbaren* provoziert haben und dass andersherum das Vordringen der *Barbaren* sie selbst zum Rückzug gezwungen hat. Aber auch die glückhafte Erfahrung ist ihnen hin und wieder zuteil geworden, dass der Rückzug des *Barbaren* ihnen ihr Nachdrängen ermöglicht bzw. ihr Vordringen den Rückzug der *Barbaren* bewirkt hat.

Reichtum, und nichts ist,
Das dir gehört,
Aber du bist es,
Bist die Stimme des Frühlings,
Die aus den Knospen singt,
Kaum erst geöffneten Mundes,
Längst zum Lächeln bereit,
Bist das Wandern der Sterne
Über den Himmel der Nacht,
Groß vor Schweigen und Glut –
Schönheit zu keinem Zweck,
Braucht sie niemanden, nichts.

Magst du auch manchmal
Dastehn, und anders entleert:
Bettelnd die Hände gestreckt,
Wie ins »Elend« verstoßen, ein
Barlach'scher »Vetter«
Ganz »hoher Herrn«,
»Ausgetan«, achtlos –
Doch schreckt **dich** kein Verzagen:
Was dich vom WEG gebracht,
Dich gar ins »Elend« verbannt, du
Streifst es ab, wie auch sonst,
Dies dein Ich, das dich austreibt,
Dich aus dem Strömenden drängt,
Und ins Leben zurück
Hilfst du dir kurzer Hand,
Zeigst dem Ich: „Stirb doch **du**!“[137]

An diesem Punkt, mitten im Leben den Tod erlangt zu haben, angekommen, so auch die **Ankündigung**, bedarf es, um ins Leben zurückzufinden, eines *Auges*, das *die Sperre durchdringt*, das hinter den bunten Schleier der *Zehntausend Dinge* zu schauen und dich erneut mit der Shûnyatâ vertraut zu machen, mit ihr zu vereinen vermag. Nur auf diese Weise gewinnst du zugleich, *mitten im Tod das Leben erlangend*, den beglückenden *Ort, dich um- und umzuwenden* – den Ort deines neuen Lebens, wo die Freiheit der Shûnyatâ, die

137 Roloff (3),Text 94 – Die 2. Strophe spielt auf Ernst Barlachs Drama *Der arme Vetter* an, dessen Held Hans Iver, seiner göttlichen Abkunft gewiß (»Papa ist einer von den Allerersten, bescheiden gesagt«), es als unerträglich empfindet, ins Elend der Niedrigkeiten menschlichen Daseins verstoßen und von der Herrlichkeit seines göttlichen Vaters hier auf Erden ausgeschlossen zu sein: »Haben Sie nicht manchmal Momente, wo Sie verarmter **Vetter** den **hohen Herrn** in seinem Glanz vorüberfahren sehen? Das heißt: Sie spüren's in sich, als käme Ihnen etwas nahe, von dem ein Verwandtes zu sein Ihnen wißbar wird. Und das Herz stockt Ihnen, Sie schnappen nach Luft und Sie brüllen wie ein Vieh auf in Ihrem **Elend**« – Barlach (1), S. 565. Auch das Wort »ausgetan« ist eine Barlach'sche Wortschöpfung, ebenfalls aus dem *Armen Vetter* – a.a.O., S. 539.

Freiheit aus der Shûnyatâ es dir erlaubt, dich in welche Richtung auch immer zu bewegen, mit Hölderlin zu sprechen, »aufzubrechen, wohin du willst«. Andernfalls, ohne das *Auge, die Sperre zu durchdringen*, und ohne den *Ort, dich um- und umzuwenden*, bist du am »Ort des Sterbens«, so Lao-zi, gefangen in Ausweglosigkeit.

Und wenn dem so ist, wie steht es dann mit den vier Toren von Zhao-zhou? Läuft es so letztendlich nicht doch darauf hinaus, dass sie bald geöffnet und bald geschlossen sind? Freilich nicht zur Abwehr und zum Schutz geschlossen, sondern als ein zu überwindendes Hindernis! Geschlossen verlangen sie von dir, dass du durch sie hindurch ins Innere der von ihnen samt Mauer umschlossenen „Großen Leere" vorstößt; und dort angelangt, öffnen sie sich dir, entlassen dich in alle vier Himmelsrichtungen, gestatten dir freie Bahn nach überall hin.

„Osttor, Südtor, Westtor, Nordtor" – damit deutet Zhao-zhou dem Mönch seine eigene Freiheit an, sich hier in dieser Welt – allen äußeren Zwängen, allen uns auferlegten Beschränkungen zum Trotz – nach Belieben „in die Kreuz und in die Quere" zu bewegen, und stellt ihn zugleich vor die Nötigung, eben diese Tore erst einmal für sich aufzubrechen: mit der Radikalität des „Großen Todes"; ein paar *Hammerschläge* reichen dazu nicht!

All das lässt den geübten Kôan-Kauer an einen anderen »Öffentlichen Aushang« denken, an das Kôan 35 *Wu-men-guan* und an Wu-mens Kommentar dazu: „Falls du in diesem Punkt ein klares Verständnis erlangen kannst, weißt du sogleich, dass das Hinaustreten aus der Hülle und das Wiedereintreten in die Hülle wie das Übernachten in einem Rasthaus ist ...": Wir müssen zunächst einmal das Hoftor öffnen, das schon seit Sonnenuntergang geschlossen ist, um überhaupt Eingang und Aufnahme zu finden; und am nächsten Morgen treten wir aus dem nunmehr bereits geöffneten Tor wieder ins Freie hinaus. Der Verfasser erlaubt sich, zusätzlich aus seinen eigenen Erläuterungen zu zitieren, die er Wu-mens Kôan beigegeben hat; ein paar eigenmächtige Abänderungen seien ihm dabei nachgesehen: „Das Sitzen in Versenkung, was wäre das, metaphorisch gesprochen, denn anderes als ein Heraustreten aus der Hülle unseres leibgebundenen Ich? Ein Heraustreten in die ‚Große Leere', das Nichts? Und das Wiedereintreten in die Hülle, was wäre das anderes als die Rückkehr in Leib und Leben und Ich? So gewendet, bedeutet Wu-mens ‚Rasthaus für Reisende' unseren wahren Grund-losen Grund, in den wir uns in der Versenkung zurückziehen, um von dorther Kraft für die nächste Etappe unserer Lebensreise zu empfangen!"[138]

„Osttor, Südtor, Westtor, Nordtor" – treten wir also frei und freudig in die Weite der Welt hinaus!

---

138 Siehe dazu Roloff (1), S. 132 u. 133.

10. Mu-zhous „Dritter [und vierter] Schrei"

Ankündigung

Wenn [du] so [verfährst], erlangst [du es] nicht; wenn [du] nicht so [verfährst], erlangst [du es auch] nicht. Falls [du dich] auf ein Streitgespräch einlässt, dann bist [du] in einer Lage, wo [du dich] drehen und wenden [musst]. Deshalb sage [ich]: Wenn [du dich] »nach oben hin« drehst und wendest, dann erreichst [du] geradewegs, dass [die Buddhas] Shâkyamuni und Maitreya, [die Bodhisattvas][139] Mañjushrî und Samantabhadra, die Tausende und Abertausende von Weisen und die Meister unserer Schule überall in der Welt allesamt ihren Atem verschlucken und ihre Stimme verschlingen. Wenn [du dich] aber »nach unten hin« drehst und wendest, dann senden Essigwürmer, Fliegen, Mücken, Bremsen, [kurz alles, was da an] Beseeltem »kreucht und fleucht«, ja die Zehntausend Formen sonder Zahl jedes für sich ein großes Licht aus und stehen, jedes für sich, aufrecht da wie eine 1000 Klafter hohe Wand![140] Falls [du dich] jedoch in Gleichgültigkeit weder »nach oben hin« noch »nach unten hin« [drehst und wendest], warum [dann überhaupt] miteinander reden? – Wo es eine Regel gibt, haltet euch an die Regel; wo es keine Regel gibt, haltet euch an ein Beispiel![141] Bedenkt [dazu, was Xuedou hier] vorbringt![142]

---

139 *Bodhisattva* bedeutet wörtlich: Erleuchtungswesen; transzendente Bodhisattvas wie *Mañjushrî* haben im Mahâyâna-Buddhismus bereits Buddhaschaft erlangt, aber ihren Eintritt ins vollständige Nirvâna so lange aufgeschoben, bis alle Wesen erlöst sind. Die das Handeln eines Bodhisattva bestimmende Eigenschaft ist das von tiefer Einsicht getragene Erbarmen, sein tätiges Mitgefühl.

140 Erstmals in der Ankündigung des Kôan 8 verwendet, tritt uns die Formel *bi li qian ren* („aufrecht dastehen wie eine 1000 Klafter hohe Wand") hier bereits zum zweiten Mal entgegen. Und schon zeigen sich auch die Grenzen, die einer Verwendung solcher Formeln zwangsläufig gesetzt sind: Sie passen nicht in allen Fällen ihrer Anwendung gleichermaßen. Hatte der Verfasser in seinen Erläuterungen zum Kôan 8 das *bi li qian ren* inhaltlich als einen Zustand umschrieben, in dem der so Charakterisierte „alles überragt, Ehrfurcht gebietend und unerschütterlich auch dann noch [dasteht], wenn die Stürme der Welt auf ihn eindringen", so ist hier eine dem Kontext entsprechend abgewandelte Deutung vonnöten.

141 Hier beruft sich Yuan-wu auf eine Regel zweiter Ordnung, eine Meta-Regel sozusagen: »Wo es Regeln gibt, sich an die Regeln halten; wo es keine Regeln gibt, sich an ein Beispiel halten« – Bei Gerichtsverfahren war es auch im alten China selbstverständlich, dass ein Richter sich dort, wo es Verfahrensregeln gab, an diese zu halten hatte, dass er hingegen dort, wo er auf keine Regeln zurückgreifen konnte, ein Beispiel, wir würden heute sagen, einen Präzedenzfall zur Grundlage seiner Entscheidung gemacht hat. Auf diese Meta-Regel bezieht sich auch Wan-song in seiner Ankündigung zum Kôan 77 *Cong-rong-lu*. – Noch ein paar Bemerkungen zur sprachlichen Form dieser Meta-Regel: So wie bisher formuliert, tritt sie uns an dieser Stelle nur in der *Ichiya*-Version entgegen; die Standard-Version spricht statt von „sich halten an" (*yi*) vielmehr von „heranziehen" (*pan*). In der Ankündigung des Kôan 82 greift Yuan-wu noch einmal auf diese Meta-Regel zurück; und dort bieten beide Versionen gleichermaßen „heranziehen"; und genauso formuliert auch Wan-song im Kôan 77 *Cong-rong-lu*.

142 Der Text dieser Ankündigung stimmt in der Standard-Version einerseits und der *Ichya-* /*Teihon*-Version andererseits im Großen und Ganzen überein; doch gleich zu Beginn weicht die erstere zumindest in ihrem Wortlaut von der letzteren in erheblicher Weise ab. Der Verfasser schließt sich auch hier der *Teihon*-Ausgabe an.

Beispiel

Mu-zhou fragte einen Mönch: „Von woher bist Du kürzlich aufgebrochen?"
Der Mönch stieß auf der Stelle einen Schrei aus.
Mu-zhou sagte: „Da habe [ich] alter Mönch [mich] von Dir anschreien lassen müssen!"
Der Mönch stieß abermals einen Schrei aus.
Mu-zhou erklärte: „Noch ein dritter und ein vierter Schrei! Aber wie soll es danach weitergehen?"
Dem Mönch verschlug es die Sprache.
Auf der Stelle versetzte Mu-zhou ihm einen Schlag und sagte: „Das hier ist ja ein Chinese, der noch die Leere ausraubt!"[143]

Lobgesang

Zwei Schreie und ein dritter Schrei –
Könner erkennen die Gelegenheit zum Wandel.[144]
Falls [du] sagst, [er] reite auf dem Kopf des Tigers,
Machst [du] beide gleichermaßen zu Blinden!
Wer ist [denn hier tatsächlich] blind?
Nimm's auf, empfiehl es allen Menschen zur Beurteilung!

Der **Mu-zhou** Dao-zong dieses **Beispiels** – das kann, schon von seinen Lebensdaten her (780-877), nicht jener Mu-zhou Chen Zun-si gewesen sein, von dem anlässlich des Kôan 6 die Rede gewesen ist und dessen Grobheiten in der Behandlung seiner Schüler der junge Yun-men (864-949) sein erstes „Großes Erwachen" zu verdanken gehabt hat. Dieser Mu-zhou hier zeigt sich von einer gänzlich anderen Seite: eher defensiv als kämpferisch, mag er auch zur Zurechtweisung des Mönchs zu einem kräftigen Schlag ausgeholt haben; eher von gelassener Überlegenheit als von der zornigen Heftigkeit eines Schüler-„Schinders".

Am Anfang der kurzen Begegnung, die sich hier vor unseren Augen abspielt, steht die scheinbar harmlose Einleitungsfrage: „Woher kommst Du?" Der Mönch versteht sie als Kampfansage; und weil er vermutlich weiß, dass eine Antwort, die auf den trügerischen Wortsinn dieser Frage eingeht, nur die nächste Attacke des Meisters nach sich zöge, versucht er, dem anderen die Waffe aus der Hand zu schlagen – mit einem *Schrei*, der jeden weiteren Angriff als unzulässig abweisen soll: „Ich bin keiner von denen, die sich einer solchen Frage noch weiter aussetzen lassen müssen, weil ich längst einen spirituellen Stand erreicht habe,

---

143 Die – bisher aus westlichen Übersetzungen allein bekannte – Standard-Version bietet hier einen um das Schriftzeichen „Kopf" erweiterten Text. Und dieses eine zusätzliche Schriftzeichen hat einen ganz anderen Sinn des Satzes zur Folge: Gundert übersetzt gekonnt: „Hohlkopfräuber", und bei Cleary heißt es: „*thieving phoney*", zu deutsch: „diebischer Scharlatan". Doch die *Ichiya*-Version, der die *Teihon*-Ausgabe folgt, läuft – ohne das Schriftzeichen „Kopf" – auf etwas viel Stimmigeres hinaus: dass nämlich der Mönch mit seinen Schreien, die Leere, genauer das Erreicht-haben der Leere anzeigen sollen, eben diese Leere gleichsam plündert, *ausraubt* – aus ihr gewaltsam herausholt, was nicht darin ist. Das ist, versteht sich, pure Ironie.

144 Gemeint ist die *Gelegenheit*, einen Wandel herbeizuführen, den Wandel einer Situation, nicht aber, wie Gundert interpretiert, eine Gelegenheit, sich selbst zu wandeln (vgl. Gundert, Bd I, S. 219).

der mich über solch schulmeisterliches Auf-den-Zahn-Fühlen hoch erhebt!" Mu-zhou weicht zum Schein mit leichtem Tadel einen Schritt zurück: *„Da muss [ich] alter Mönch [mich]* auf eine höfliche Erkundigung hin *von Dir anschreien lassen*, Du ungehobelter Klotz!" Vielleicht aber folgt er auch nur dem Rat des *Dao-De-Jing*, lieber einen Schritt zurückzuweichen als sich zu erkühnen, auch nur einen Fuß breit vorzurücken.[145] Dem Mönch fehlt jede Geschmeidigkeit; er beharrt auf der Berechtigung seiner Selbstgewissheit – ein *abermaliger Schrei* ist die Folge. Nun reicht es Mu-zhou; doch statt seinerseits aus der Haut zu fahren, belässt er es bei seiner Haltung, den Mönch in überlegener Manier in die Schranken zu weisen; er kanzelt ihn nicht ab, er stellt ihn lediglich auf elegante Weise bloß: „Schön und gut, *aber wie soll es dann weitergehen?* Meinst Du, Du kannst mit immer weiteren Schreien den Kopf aus der Schlinge ziehen?" Das sitzt; *dem Mönch verschlägt es die Sprache*! Der Mönch ist nunmehr wehrlos, und Mu-zhou könnte ihm, wenn er denn wollte, den Todesstoß versetzen. Doch er belässt es bei einer ironischen Bemerkung, die den Mönch gleichwohl bis auf den Grund entlarvt: „Du hast nichts zu bieten und glaubst dennoch, diesem Nichts etwas abgewinnen zu können, das *einen alten Mönch* wie mich einzuschüchtern imstande wäre; doch nichts ist eben nichts, es taugt zu nichts Weiterem!"

Abermals ein klassischer *encounter dialogue*, der freilich so, wie er sich bislang darbietet, allzu unbedeutend erscheint. Da muss doch mehr dahinter stecken – aber was? Und wieder ist es die **Ankündigung**, zu der wir Zuflucht nehmen müssen: *„Wenn [du] so [verfährst], erlangst [du es] nicht; wenn [du] nicht so [verfährst], erlangst [du es auch] nicht!"*, so setzt sie ein, mit einem wahrhaft kryptischen Satz, so recht nach dem Geschmack Song-zeitlicher gelehrter Laien-Schüler, die daran ihre Findigkeit erproben können – wozu auch der Verfasser, wie er gestehen muss, sich herausgefordert fühlt. *„Wenn [du] so [verfährst]"* – na schön, aber wie? Der Satz spricht offenkundig von einem Menschen, der *es* noch *nicht erlangt* hat, aber sehr wohl erlangen will; und damit kann kaum ein Meister wie Mu-zhou gemeint sein, von dem wir sicherlich voraussetzen dürfen, dass er *es* bereits *erlangt* hat – aber was? Wenn der Einleitungssatz also, wie zu vermuten, auf das Beispiel vorausweist, zielt er vielmehr auf den Mönch, und der, so Yuan-wu, wird *es*, wenn er *so verfährt*, wie er verfährt, aber auch, wenn er *nicht so verfährt*, wie er verfährt, gewiss *nicht erlangen.*

Doch wie verfährt er denn? Statt eine klare Antwort zu erteilen, spricht die **Ankündigung** als nächstes von einem *Streitgespräch, auf das sich* der Angesprochene, also der Mönch, im nachfolgenden Beispiel ja auch tatsächlich *einlässt*. Und in einem solchen *Streitgespräch* wie dem nachfolgenden kann der Mönch zwei konträre *Wendungen* einnehmen, entweder dass er den Standpunkt, die Ausrichtung *»nach oben hin«* vertritt, oder die gegenteilige *»nach unten hin«*. Was eine Ausrichtung *»nach oben hin«* bedeutet, liegt für jeden halbwegs Kundigen auf der offenen Hand: Es ist die Ausrichtung zur Shûnyatâ, das systematische Bemühen, sich der „Großen Leere", dem Dharmakâya, anzunähern und in ihn einzugehen. Und genau das ist auch das *Verfahren*, zu dem sich der Mönch mit seinem ersten und seinem

145 *Dao-De-Jing*, Text 69: „[Diejenigen, die] Waffen handhaben, besitzen ein Sprichwort: ‚Ich erkühne mich nicht, [auch nur] 1 Cun (3,3 cm) vorzurücken, sondern ziehe mich lieber 1 Chi (33,3 cm) zurück!'" Und diese Taktik geht auch im hiesigen Falle auf: Der Mönch lässt sich dazu verleiten, auf seine Unbesiegbarkeit zu pochen, und macht eben damit seine Niederlage unvermeidlich.

zweiten Schrei bekennt: Dieser Schrei, den sonst Meister verwenden, um Schülern auch noch das letzte Bisschen an Gedanken aus dem Kopf zu blasen und sie so ins „Große Erwachen" zu treiben – dieser Schrei des Mönchs lässt keine Worte gelten und will dahin verstanden sein, dass der, der ihn ausstößt, sich in einer Sphäre jenseits aller Sprache, jenseits allen Denkens, mithin in der „Großen Leere" bewegt. Und Yuan-wu bestätigt ihm, dass er mit seinem *Verfahren* eines erfolgreichen Aufstiegs *»nach oben hin«* sämtliche Autoritäten der Buddha-Lehre hinter sich lässt; dass er sich damit in eine Sphäre aufschwingt, in der selbst *[die Buddhas] Shâkyamuni und Maitreya, [die Bodhisattvas] Mañjushrî und Samantabhadra*, und ebenso *die Tausende und Abertausende von Weisen und die Meister unserer Schule überall in der Welt ihren Atem verschlucken und ihre Stimme verschlingen*, kurz gesagt, sich eingestehen müssen, dass sie dort nichts mehr zu sagen, nichts mehr zu lehren haben, weil es dort nichts mehr zu sagen, nichts mehr zu lehren gibt. Mit anderen Worten: Was Yuan-wu dem Aufstieg *»nach oben hin«* nachsagt, und was erreicht zu haben der Mönch mit seinem Schrei für sich beansprucht, ist, dorthin zu führen bzw. dorthin gelangt zu sein, wo keine Buddhas und Bodhisattvas, keine Patriarchen und keine Meister mehr vorhanden sind – sondern nur noch nichts.

Wenn wir uns nunmehr zum Eingangssatz der **Ankündigung** zurückwenden, so stoßen wir auf ein Axiom, das sich wie folgt formulieren lässt: Wer sich dem Aufstieg *»nach oben hin«* verschreibt, *erlangt es nicht*, und wer *nicht so verfährt*, wer also auf diesen Aufstieg verzichtet, der *erlangt es* ebenfalls *nicht*! Daraus ergibt sich als alles entscheidende Frage: Was erlangt er nicht? Um diese Frage zu beantworten, bedarf es weiterer Umwege: Yuan-wu spricht neben der Ausrichtung *»nach oben hin«* auch von einer Gegen-Ausrichtung *»nach unten hin«*, deren Auswirkung er dahin charakterisiert, dass *dann Essigwürmer, Fliegen, Mücken, Bremsen, [kurz alles, was da an] Beseeltem »kreucht und fleucht«, ja die Zehntausend Formen sonder Zahl jedes für sich ein großes Licht aussenden und, jedes für sich, aufrecht dastehen wie eine 1000 Klafter hohe Wand*! Was soll das heißen? Und was ist mit der Ausrichtung *»nach unten hin«* gemeint? Letzteres lässt sich noch leicht erschließen: Wenn die Ausrichtung *»nach oben hin«* Hinwendung und Aufstieg zur Shûnyatâ bedeutet, muss die entgegengesetzte Ausrichtung *»nach unten hin«* als Hinwendung zu den Dingen der Welt verstanden werden, eine Hinwendung, die für diejenigen, die sich der Shûnyatâ verschrieben haben, aber auch nur für sie, durchaus einen „Abstieg" darstellt. Doch dass in der bloßen Hinwendung zur Welt, die ja unser aller sozusagen natürliche Befindlichkeit ausmacht, *Fliegen, Mücken, Bremsen ... ein großes Licht aussenden und, jedes für sich, aufrecht dastehen wie eine 1000 Klafter hohe Wand*, das wird wohl niemand von uns, der noch seiner Sinne mächtig ist, behaupten wollen. Es muss also schon eine besondere Hinwendung zur Welt sein, die den *Zehntausend Dingen* ein *großes Licht* entlockt und sie, jedes einzelne für sich, *aufrecht dastehen* macht *wie eine 1000 Klafter hohe Wand*. Es ist das die Hinwendung dessen, der sich zuvor der Shûnyatâ zugewandt, und zwar erfolgreich zugewandt hat, und der numehr, von Shûnyatâ erfüllt, in den Dingen der Welt, noch den unscheinbarsten, strahlenden Glanz und eine Großartigkeit erfährt, die uns mit der Imposanz einer *tausend Klafter hohen Wand* förmlich erschlägt:

> Und wie es das Sûtra fordert,
> Tauchst du ins Leere ein,

Legst den Leib ab, die Sinne,
Denken und deiner bewußt zu sein.
So verwandelt in Leerheit –
Doch verharrst du so nicht.
Trittst hinaus in den Tag, die
Schönheit der Welt überfällt dich,
Schlägt in dich ein: ein Blitz,
Der unter Asche die Glut
Zündet und sprengt.
So scheint sie auf im Erstrahlen
Der Dinge: **Dein** ist die Glut, die
Der Welt unterliegt. Du weißt:
Schönheit ringsum ist nichts
Als **deine** Epiphanie.[146]

Damit liegt zweierlei offen zutage: Was dieses „*es*" ist, das wir weder, wenn wir *so verfahren*, noch wenn wir *nicht so verfahren*, *erlangen* können, das wir jedoch, nach dem Urteil Yuan-wus, sehr wohl und unbedingt *erlangen* sollten, und zum anderen, warum wir es weder auf die eine noch auf die andere Weise *erlangen* können: Es geht um die Erfahrung einer zutiefst beglückenden Schönheit der Welt, und zu dieser Erfahrung bedarf es einer um die Hinwendung *»nach unten hin«* ergänzten Ausrichtung *»nach oben hin«*, einer Hinwendung zur Shûnyatâ, die, statt alles andere auszuschließen, die Welt nicht nur duldet, als unumgängliches Übel gleichsam, sondern uns zugleich anhält, sie mit allen Sinnen zu bejahen. Eine ausschließliche Hinwendung zur Shûnyatâ („*wenn du so verfährst*") hingegen macht uns blind nicht nur für die Schönheit der Welt, sondern auch für die Welt überhaupt; andererseits schließt eine bloße Hinwendung zur Welt, die durch keine Erfahrung der Shûnyatâ vermittelt ist („*wenn du nicht so verfährst*"), durchaus auch das Erleben von Schönheit ein, doch dass sich die Schönheit der *Zehntausend Dinge* mit jener alles überstrahlenden Intensität offenbart, die Yuan-wu zu der Metapher vom *Aussenden eines großen Lichtes* veranlasst, sowie mit jener überwältigenden Großartigkeit, die sich in der *1000 Klafter hohen Wand* widergespiegelt sieht, das geschieht erst aus der Erfahrung der Leere heraus, die sich hinter den Dingen so verbirgt wie in sie ausbricht: *»Nach oben hin«* in die Leere einzutauchen, in ihr zu verschwinden, heißt zugleich, von ihr und aus ihr an die Dinge zurück, *»nach unten hin«*, verwiesen zu werden, so wie sie selbst, aus ihrer Fülle, die nichts ist, die Dinge sozusagen eruptiv aus sich entlässt. *»Nach oben hin«* und zugleich *»nach unten hin«* – das ist das Credo des Chan; sich beidem gegenüber gleichermaßen *gleichgültig* zu zeigen, bedeutet dagegen eine Welt- und Lebenshaltung, zu der sich, so Yuan-wu, jedes weitere Wort erübrigt.

So weit die **Ankündigung**. Sie lässt das **Beispiel** in einem neuen Licht erscheinen: Kein gewöhnliches Dharma-Gefecht, das lediglich um die Frage kreist, wer von den beiden Beteiligten den größeren oder geringeren Grad an „Einsicht" vorzuweisen hat; vielmehr geht es diesmal darum, dass zwei grundsätzliche und einander ausschließende Einstellungen aufeinanderprallen: Welt-Verachtung hier und Bejahung der Welt und des ihr innewohnenden

146 Roloff (3), Text 69, 2. Strophe

Wertes dort, eine Bejahung freilich, die – weil in der Shûnyatâ gegründet – nicht Gefahr läuft, der Welt sprichwörtlich mit Haut und Haar zu verfallen – so wie ihr Gegenstück, die Welt-Verachtung, ganz der Shûnyatâ verfällt. Der Mönch gibt sich mit seinem wiederholten *Schrei* als derjenige zu erkennen, der sich ganz und gar der Shûnyatâ verschrieben hat (die Explosion seiner Stimme lässt sonst nichts gelten, keine Worte, keine Gedanken, kein Bild der Welt), wohingegen Mu-zhou mit seiner nicht bloß ironischen, sondern geradezu höhnischen Abkanzelung: *„Das hier ist ja einer, der noch die Leere ausraubt!"*, klarstellt: Einem Mann wie diesem hier ist noch die Leere nicht leer genug; für einen Menschen seinesgleichen darf von der „Großen Leere" nicht einmal Leere übrig bleiben, auf gar keinen Fall aber kann er darin einwilligen, dass Leere sich zur Fülle umkehrt, zur Fülle der Welt und ihrer beglückenden Schönheit.

Bleibt noch der **Lobgesang**, hier, in den Erläuterungen des Verfassers, eher nur ein Abgesang. Das Lob der *Könnerschaft*, einer Situation scheinbarer Ausweglosigkeit eine befreiende Wendung zu geben, gilt so selbstverständlich Mu-zhou wie der Vorwurf der Blindheit den Mönch treffen soll: Keineswegs *reitet* der *auf dem Kopf der Tigers*, das lässt Mu-zhou nun wirklich nicht mit sich geschehen; im Gegenteil, wie Mu-zhou den für die Welt und ihre Schönheit *blinden* Mönch abfertigt, ist in den Augen Xue-dous ein Meisterstreich, wert, *allen Menschen zur Beurteilung anempfohlen* zu werden, nicht so sehr wegen seiner formalen Eleganz, vielmehr, und vor allem, seiner Botschaft wegen: Nicht Abkehr von der Welt ist uns Chan- und Zen-Grenzgängern aufgegeben, sondern das Gleichgewicht zu halten zwischen „Hüben und Drüben", zwischen der Wendung »nach oben« und der »nach unten hin«!

Doch wie soll Mu-zhou diese Botschaft ins Werk gesetzt, wie dem Mönch vermittelt haben? Hat er doch nur einen entscheidenden Satz, nur eine entscheidende Frage geäußert: *„Aber wie soll es danach weitergehen?"* Vordergründig bedeutet diese Frage ja lediglich, dass er seinen Gegner im Dharma-Gefecht, der sich nur darauf versteht, immer wieder denselben Schrei auszustoßen, Schachmatt gesetzt hat. Doch auf einer zweiten, der eigentlichen Ebene des Kôan heißt dieselbe Frage: „Wie soll es, wenn wir uns immer wieder nur auf die Shûnyatâ ausrichten, danach weitergehen?" Schon diese Frage besagt doch, dass wir, in der Shûnyatâ angekommen, dort Fuß gefasst, weitergehen sollen und weitergehen müssen; dass wir mithin bei ihr und in ihr nicht stehen bleiben dürfen. Worauf dieses Nicht-Stehen-Bleiben, dieses Weitergehen zielt, kann uns – wir wissen es ja schon – ein kurzer Blick voraus, zum Kôan 60, zweifelsfrei bestätigen: Dort bedrängt Yun-men seine Mönche mit der Frage: „Dieser Wanderstab hier verwandelt sich [vor Euren Augen] in einen Drachen – doch schon hat er Himmel und Erde verschlungen! Woher [wollt Ihr jetzt] Berge, Flüsse und die große Erde wiederbekommen?" Genau darum geht es auch Mu-zhou, um die Wiedergewinnung der Welt. Und um eben deren Dringlichkeit, ja Unverzichtbarkeit zu demonstrieren, genügt schon eine einzige Frage, sein: *„Aber wie soll es danach weitergehen?"* – ein Fingerzeig, in den auch einbeschlossen ist, was Xue-dou im Kôan 25 so formuliert: „In den Augen Staub und Sand, und Erdreich in den Ohren! / Gipfel, tausend, zehntausendfach, und nicht willens, still zu stehen! / Und Blüten fallen, Ströme zieh'n, in grenzenlose Weiten!"

11. Huang-bos „Trester-Schlürfer“

Ankündigung

Die große spirituelle Kraft der Patriarchen und Meister[147] – [er] hat sie, ganz ihm zugehörig, fest in seiner Verfügungsgewalt. Der Pulsschlag des Lebens von Menschen und Göttern – [er] weiß genau, Hinweis und Aufforderung [von ihm] zu empfangen.[148] Mit einem einzigen gewöhnlichen Wort, [einem einzigen gewöhnlichen] Satz scheucht [er] die Gemeinde [der Mönche] auf, versetzt [er] den ganzen Bezirk in Schrecken. Eine Gelegenheit, ein Umstand – und schon zerschlägt [er] Ketten, zerbricht [er] hölzerne Halskragen.[149] [Er] nutzt die Gelegenheit für einen Anfang »nach oben hin« und verwendet Esse und Blasebalg eines Könners. – Nun sagt mal: Was für ein Mensch ist das, der in der Vergangenheit so aufgetreten ist? Und gibt es sonst noch [Menschen, die es] verstehen, [so] sich selbst zum Verschwinden zu bringen? Versucht es doch bitte mal mit dem, [was Xue-dou hier] vorbringt!

Beispiel

Ehrwürden Huang-bo wandte sich an die Gemeinde [der Mönche] und sagte: „Leute, wie Ihr es seid, [Ihr] seid alle ohne Ausnahme bloß Trester-Schlürfer.[150] Wenn [Ihr] bald hierhin, bald dorthin wandert, an welchem Ort habt [Ihr] dann Euer Heute? Wisst [Ihr] denn auch, dass es im großen Reich der Tang gar keine Chan-Lehrer gibt?“

Da trat ein Mönch hervor und sagte: „Nur – wenn in allen Klöstern [sehr wohl] den Schülern geholfen und die Gemeinden [der Mönche] angeleitet werden, was ist denn dann?“
Huang-bo sagte: „[Ich] sage nicht, dass es kein Chan gibt; es ist nur so, dass es keine Lehrer gibt.“

Lobgesang

Umweht von einer Einsamkeit, die frösteln macht, hat [er] Prahlerei nicht nötig –
Aufrecht steht [er] da im Meer der Welt und bestimmt Drachen und Schlangen![151]

---

147 Die Standard-Version spricht stattdessen von der spirituellen Kraft der Buddhas und Patriarchen.

148 Dieser Satz ist als Anspielung auf die altchinesische Pulsdiagnostik zu verstehen, bei der der Arzt allein aus dem Pulsschlag am Handgelenk des Patienten die spezifischen Leiden des betreffenden Kranken erkennen und daraufhin die geeigneten Maßnahmen zur Wiederherstellung der Gesundheit ergreifen konnte. Im Klartext gesprochen heißt der obige Satz: Huang-bo ist der kompetente Arzt für Menschen und Götter!

149 *Hölzerner Halskragen*: ein Strafinstrument im alten China, in der Regel zusammen mit *Ketten* als Fußfesseln angewandt – hier Metapher für die menschliche Verblendung. – Auf die Formel *„eine Gelegenheit, ein Umstand“* (*yi ji yi jing*) sind Leser und Verfasser im Übrigen schon einmal gestoßen, und zwar in der Ankündigung des Kôan 2.

150 *Trester* sind die vergorenen Rückstände beim Keltern der Weintrauben. Heutzutage wird daraus hochprozentiger Grappa gebrannt; damals war *Trester* nur minderwertiger Abfall.

151 *Bestimmen*, chinesisch *ding*, bedeutet mehr als nur „definieren“, „auf den Begriff bringen“; *ding* heißt auch „festsetzen, beschließen“. Mithin wird hier durch das *Bestimmen* zugleich festgelegt, wer als

Der Himmelssohn der Tai-zhong-Ära hat [ihn] einst leichtfertig herausgefordert[152] –
Dreimal hat [er] dafür das Spiel [seiner] Krallen und Zähne selber spüren müssen.

Huang-bo Xi-yun (gest. 850), Dharma-Nachfolger des Bai-zhang, ist neben Lin-ji der wirkungsmächtigste Vertreter der von Ma-zu begründeten Hong-zhou-Schule des Chan. Allerdings beruht seine Wirkung nicht, wie bei Lin-ji, auf einer bis in die Gegenwart andauernden Generationen-Folge innerhalb eines von ihm begründeten »Hauses«, sondern auf der schon wenige Jahre nach seinem Tod erfolgten Veröffentlichung seiner Lehr-Äußerungen. Und die wiederum verdankt Huang-bo einem ganz besonderen Glücksfall:

Zu seinen Laien-Schülern aus dem Kreis der Gelehrten und Beamten gehörte auch ein Mann namens Pei-xiu, der während seiner Verwaltungslaufbahn zweimal Gelegenheit hatte, Huang-bo zu längerem Aufenthalt in die Hauptstadt seines jeweiligen Amtsbezirks einzuladen und dort intensiven Umgang mit ihm zu pflegen, und der schließlich, kurz nach dem Hinscheiden Huang-bos, sogar zum Obersten Minister der kaiserlichen Verwaltung aufgestiegen ist.[153] Pei-xiu hat den Inhalt der Gespräche, die er bei beiden Gelegenheiten (zunächst, im Jahre 842, im Verwaltungsbezirk Zhong-ling, später, im Jahre 848 noch einmal, im Bezirk Wan-ling) jeweils über einen längeren Zeitraum hinweg mit Huang-bo als dem von ihm hochgeschätzten Meister geführt hat, zu zwei Text-Sammlungen zusammengefasst,[154] das gesamte Konvolut nach dem Tode Huang-bos den Mönchen seines Klosters zwecks Korrektur und Ergänzung ausgehändigt und das Ergebnis im Jahre 857 in Buchform veröffentlicht. Diese Huang-bo-Ausgabe ist die älteste uns erhaltene authentische Darstellung, ja Selbstdarstellung des chinesischen Chan-Buddhismus, und die Tatsache, dass Pei-xiu selbst der geistig-kulturellen Elite der Tang-Zeit angehörte, hat wie selbstverständlich dazu geführt, dass Huang-bos Lehr-Äußerungen in den Kreisen der Gelehrten und Beamten Mitte des 9. Jahrhunderts alsbald weite Verbreitung erfahren haben.[155] Für uns Heutige ist Pei-xius Huang-bo-Ausgabe insofern von höchstem Interesse, als sie in ihren längeren Lehr-Ausführungen und auch noch in ihren Frage-und-Antwort-Episoden eine ganz andere Sprache spricht, als sie für die Song-zeitlichen *Gong-an*-Sammlungen charakteristisch ist und wie sie sich auch im **Beispiel** des hiesigen Kapitels zeigt: Ein solcher *encounter dialogue*, wie er im vorliegenden Fall Huang-bo zugeschrieben wird, ist in Pei-xius Ausgabe (der in

---

Drache und wer bloß als *Schlange* zu gelten hat: Huang-bos Wirken erweist sich gleichsam als das Scheidewasser, das Echt von Unecht trennt. – vgl. die Fußnote 443 zum Kôan 43.

152 Mit dem *Himmelssohn der Tai-zhong-Ära* ist der Kaiser Xuan-zong gemeint, der sich vor seiner Thronbesteigung im Jahre 847 im Kloster des Yan-guan für längere Zeit vor den Anfeindungen seines Vorgängers verborgen hat, dort mit Huang-bo zusammengetroffen ist und ihn mit geschickten Fragen und naseweisen Bemerkungen provoziert hat.

153 „*Pei-xiu (787 or797-860) was born into a well-known and politically influential family in Hunan Province. Like his brothers, he passed the Chinese civil service examination at the highest level and served a series of official posts until being elevated to the position of chief minister in 853 close to the death of Huang-bo*" – Wright (2), S. 109

154 Es sind das die *Hauptlehrstücke zur Weitergabe des Geistes* (*Chuan-xin fa-yao*) sowie die *Aufzeichnungen aus [dem Verwaltungsbezirk] Wan-ling* (*Wan-ling-lu*).

155 „*After all, Pei-xiu would have been one of the most famous and influential Buddhists of the day, and his close link to the most highly educated level of Chinese society would have been something of a breakthrough for the Zen tradition at that time*" – Wright (2), S. 111; „*Pei-xiu's version, preface included, no doubt circulated among the literati in Chang-an, and was later selected as the most authoritative version for printing*" – ebda, S. 113,

den folgenden Jahrhunderten noch viele weitere, mit Zusätzen versehene Ausgaben folgen sollten) nicht zu finden![156]

Die Episode, die das **Beispiel** vor uns ausbreitet, kommt ziemlich einfältig daher: Es gibt zwar Chan, aber keine Chan-Lehrer – „Na und? Dann praktizieren wir Chan eben ohne Lehrer!" Und doch bescheinigt die **Ankündigung** gleich in ihrem ersten Satz dem Huang-bo gerade dieses Auftritts, er habe darin die gesammelte *große spirituelle Kraft* aller *Patriarchen und Meister* (oder, wie die Standard-Version noch pompöser formuliert: aller Buddhas und Patriarchen) unter Beweis getellt. Und in der Tat, bei genauerem Hinsehen läuft die Episode des Kôan 11 *Bi-yan-lu* auf nichts Geringeres als die Legende von Buddha Shâkyamunis Blumen-Auftritt auf dem Geierberg hinaus, wie sie das Kôan 6 *Wu-men -guan* uns schildert. Wie jene will auch sie uns sozusagen die Quintessenz des Chan vor Augen stellen.

Trester-Schlürfer nennt und tadelt Huang-bo seine Mönche. Dabei geht es ihm nicht darum, dass *Trester*, wie er als selbstverständlich unterstellt, schlecht schmeckt, sondern einzig darum, dass sich die Mönche, so der Vorwurf, damit begnügen, bloßen Abfall zu trinken – statt sich an dem zu erfreuen, bei dessen Herstellung eben dieser Abfall anfällt: an köstlichem Wein. Und schon wieder stellt sich eine Reminiszenz an das *Wu-men-guan* ein, diesmal an den Qing-shui des dortigen Kôan 10, dem Cao-shan attestiert, gleich „drei Schalen vom frischen, ursprünglichen Wein des Hauses Bai zu sich genommen zu haben".[157] In beiden Fällen wird die „Gipfel-Erfahrung" des Chan – hier im Kôan 11 des *Bi-yan-lu* freilich nur indirekt – mit dem Genuss von Wein umschrieben. „Wein sollt Ihr trinken, keinen Trester!", lautet Huang-bos Aufforderung an seine Mönche, und was sie daran hindert, solchen Wein überhaupt in Reichweite zu bekommen, ist schon ihr – allerdings in den Gepflogenheiten mönchischer Selbstschulung fest verankertes – Herumwandern von einem Kloster zum anderen während ihrer »Wolken und Wasser«-Wanderschaft. Dabei leben sie gleichsam stets in der Zukunft, in der nie erlahmenden Erwartung, beim nächsten Meister endlich das zu finden, was sie bei den bisherigen nicht gefunden haben: den „einen Weg aller Buddhas der Zehn Richtungen, der als Tor zum Nirvâna führt". So versäumen sie, wie Huang-bo ihnen vorhält, fortwährend ihr *Heute*; und doch wäre eben dieses *Heute* und nur dies *Heute*, dieses „Hier und Jetzt", genau der Ort, wo sie den „einen Weg der Buddhas als Tor zum Nirvâna" tatsächlich betreten könnten: Die einschlägige Frage eines Mönchs, wo denn dieser „eine Weg" zu finden sei, beantwortet Qian-feng im Kôan 61 *Cong-rong-lu* damit, dass er seinen Wanderstab aufnimmt und vor sich auf dem Boden einen Strich zieht: „Hier!"[158] Nur hier und jetzt können

156 *"[Encounter] dialogues are typical of later mature Zen texts, and are by now the stories best known about the great Zen masters. The early Huang-bo texts do not contain any of theses stories ... Poceski is correct that the extant materials from the Zen tradition in the Tang dynasty do not include evidence of the encounter dialogue model. What we see instead in the Huang-bo literature is that the foundations have been laid for the emergence of that literary form over the next several centuries. The fact that the later published editions of the Hunang-bo literature include ‚encounter dialogue' episodes shows the perceived necessity of that element in the ‚recorded sayings' texts. Huang-bo, a centrally important Zen master in the Rinzai lineage, required subsequent updating in order to keep the account of his life and teachings both current and powerful, and ‚encounter dialogue' episodes were the form that this revision would take"* – Wright (2), S. 116f.

157 Roloff (1), S. 52

158 Roloff (2), S. 317; dieselbe Episode findet sich auch als Kôan 48 im *Wu-men-guan*: Roloff (1), S. 173

wir in uns selbst in die Tiefe steigen und den Abgrund erfahren, der uns in die Shûnyatâ fallen und stürzen lässt. Doch Huang-bo begnügt sich nicht damit, auf das Verfehlen des „Hier und Jetzt" zu verweisen; er sattelt ihnen noch eins oben drauf: Mögen die Mönche auch im ganzen *großen Reich der Tang* herumwandern, und zu keiner Zeit hatte das kaiserliche China eine größere Ausdehnung als in den drei Jahrhunderten der Tang-Dynastie, sie werden nichts davon haben, weil *es nirgendwo* in diesem Riesenreich auch nur einen *Chan-Lehrer gibt*!

Soll das heißen, dass die Äbte in den Klöstern, die die Mönche während ihrer Wanderungen aufsuchen, sämtlich unfähige Lehrer sind, untauglich, das Chan zu vermitteln, dass aber die Sache Chan gleichwohl etwas ist, das sich, die entsprechende Eignung vorausgesetzt, durchaus lehren lässt? Oder soll Huang-bos kategorische Behauptung: *„Es ist nur so, dass es keine Lehrer gibt"* besagen, dass sich Chan nicht lehren lässt? Einen Fingerzeig können wir dem *Chuan-xin fa-yao*, den *Hauptlehrstücken zur Weitergabe des Geistes*, entnehmen, einer der beiden von Pei-xiu herausgegebenen Text-Sammlungen zur Lehre Huang-bos. Dort erklärt Huang-bo seinem Schüler Pei-xiu auf dessen Frage, warum der ungebildete, des Lesens und Schreibens unkundige Hui-neng und nicht der hochgelehrte und als Lehrer hochangesehene Shen-xiu von Hong-ren, dem Fünften Patriarchen, zu seinem Nachfolger ernannt worden ist: „Ihr versteht nicht, dass die entscheidende Aussage der [Buddha-] Lehre darin besteht, dass es keine Lehre gibt, dass jedoch diese Aussage der Nicht-Lehre eben die Lehre ist, [die Hong-ren an Hui-neng weitergegeben hat]!"[159] Das heißt, ebenfalls mit Huang-bos eigenen Worten, das „da nichts ist, das gesagt oder bewiesen, das durch Worte, gesprochene oder geschriebene, gefunden werden könnte". Anders gesagt: Chan kann nicht gelehrt werden, weil da nichts ist, was sich lehren ließe. Und weil da nichts ist, was sich lehren ließe, kann es für das, was sich nicht lehren lässt, in der Tat auch keine Lehrer geben, außer für den einen Satz, mit dem Huang-bo, wie Yuan-wu in der **Ankündigung** formuliert, auch sich selbst als Lehrer *zum Verschwinden bringt*, den Meta-Satz, dass da eben nichts ist, was sich lehren lässt. Mit einem solchen Fazit erweist sich, wie bereits vorweg angedeutet, die Huang-bo-Anekdote des *Bi-yan-lu* tatsächlich als von derselben Absicht geleitet wie der Blumen-Auftritt des Buddha Shâkyamuni aus dem *Wu-men-guan*, bei dem der „Welt-Geehrte" anstelle einer letzten, alles Bisherige zusammenfassenden Lehrrede seinen Jüngern – eben weil es da nichts zu lehren gibt – lediglich wortlos eine weiße Blüte hinhält und so sich selbst, den Begründer einer eigenen und höchst zukunftsträchtigen Buddha-Lehre, von vornherein „eigenhändig" als Lehrer *zum Verschwinden gebracht* hat.

Mit seinem Satz: *„Ich sage nicht, dass es kein Chan gibt; es ist nur so, dass es keine Lehrer gibt"*, zieht Huang-bo daher den Mönchen – und uns allen, soweit wir wie jene die Enthüllung des tiefsten Geheimnisses unserer selbst und der *Zehntausend Dinge* von anderen erwarten – den Boden unter den Füßen weg, *scheucht er*, mit den Worten der **Ankündigung**, nicht nur *die Gemeinde [der Mönche] auf*, sondern *versetzt* auch die Welt außerhalb der Klostermauern, den *ganzen Bezirk*, die Suchenden in Ost und West, in Schrecken, leistet ihnen freilich, bei Licht besehen, nur einen guten Dienst, den einzig hilfreichen sogar: Wie ein Arzt im alten China fühlt er aller Welt, *Göttern und Menschen*, den Puls, stellt ihnen

159 Diese „Weitergabe" ist zugleich und in Wahrheit eine Nicht-Weitergabe, weil da nichts ist, was weitergegeben werden könnte und weil zum anderen Hui-neng diese Lehre nur dadurch von Hong-ren übernehmen konnte, dass er aus eigenen Stücken zu ihr „erwacht" ist.

die Diagnose ihres grundlegenden Irrtums, *zerschlägt ihre Ketten, zerbricht ihre hölzernen Halskragen* und eröffnet ihnen den einen, den allein gangbaren Weg *»nach oben hin«*, den Weg nach innen und hinab ins Bodenlose. Denn einem Arzt wie Huang-bo kann es bei der Puls-Diagnose nicht nur darum gehen, lediglich die genaue Art der Erkrankung seiner Patienten zu bestimmen; er muss ihnen auch ein geeignetes Heilmittel verordnen können, und das heißt in seinem Fall, dass er ihnen mit dem Weg nach innen und hinab ins Bodenlose etwas anbietet, das ihnen Gesundheit verspricht. Genau das finden seine Mönche, und finden auch wir, im Bodenlosen: dort, wo es nichts mehr zu entdecken gibt, auch keinen Sinn, sei es der Welt, sei es unserer selbst, wo aber das Nicht-Vorhandensein von Sinn keineswegs auf jenes Gefühl von Sinnlosigkeit hinausläuft, das uns Nietzsche, der Verkünder des »europäischen Nihilismus«, als ultimativen Schrecken an den Horizont gemalt hat und das nur Verzweiflung und die angstvolle Lust am Untergang von uns und für uns übrig lässt – dort, wo es vielmehr einen Sinn nicht mehr braucht, wo sich die Frage nach einem Sinn gar nicht mehr stellt und wo wir aus der Erfahrung eines Zustands jenseits von Sinn und Sinnlosigkeit vielmehr Freiheit und inneren Frieden schöpfen – und leben!

Dieses Heilmittel in den Händen steht Huang-bo, so Xue-dou in seinem **Lobgesang**, mitten *im Meer der Welt* (und wir dürfen uns dieses Meer durchaus auch als stürmisches vorstellen) *aufrecht da*, unangefochten von den unaufhörlich anrollenden Wogen, und *bestimmt* mit seinem Richterspruch, wer *Drache* wird, wer *Schlange*. Ein höchst eigenartiges Bild, dass da ein Mensch, und nicht etwa ein Riese, der mit beiden Füßen auf dem Meeresboden festen Halt und Stand hätte, *aufrecht* auf den Wogen des Meeres *dasteht* (oder zumindest aus ihnen aufragt) und doch nicht wie ein Korken hin und hergeworfen wird! Denn ob er nun lediglich die Oberfläche des Meeres mit seinen Füßen berührt oder bis zu den Knöcheln oder Knien ins Wasser eingesunken ist (noch tiefer eingesenkt, könnte von ihm kaum als *aufrecht dastehend* gesprochen werden), er hätte auf jeden Fall gerade das nicht, was er bräuchte, um *aufrecht dazustehen*: festen Halt und Stand. Ist Xue-dous Metapher, statt dass wir sie als misslungen anerkennen müssten, vielmehr insofern gerade passend gewählt, als sie eben darauf hinweisen soll, dass wir mitten im Bodenlosen, im Abgrund der Shûnyatâ zwar keinen Halt finden und doch den Wogen der Welt gegenüber dastehen mit unerschütterlichem Stand? Und was hat es damit auf sich, dass der Satz: *„Wohl gibt es Chan, nur Chan-Lehrer gibt es nicht!“* darüber entscheiden soll, in wem von uns ein *Drache* steckt und wer nur als Schlange hervorkriecht? *Drachen* sind bekanntlich diejenigen, die aus der Feuerprobe des „Großen Todes“ (nur eine anderes Wort für den Abturz in die Shûnyatâ) siegreich hervorgehen und gerade das stürmische Meer (Xue-dous *Meer der Welt*) zu ihrer Heimstatt wählen. Wäre also diese zweite Zeile des **Lobgesangs** ein indirekter Hinweis Xue-dous, dass wir auf dem von Huang-bo uns anempfohlenen Weg *»nach oben hin«* letztlich doch wieder nur in die Welt zurückkehren und in ihr zuhause sind?

Vorbild, so Xue-dou, ist uns Huang-bo auch in eigener Person und Sache: Dort, wo er angekommen ist, in der Weite der Shûnyatâ, *umweht* ihn, gäbe es da noch ein Gefühl seiner selbst, der *Wind einer Einsamkeit, die frösteln macht*,[160] einer Einsamkeit, die jedem von uns

160 Im chinesischen Original ist tatsächlich von einem *Wind der Einsamkeit* die Rede; eine wörtliche Übersetzung könnte lauten: „Fröstelnd im Wind der Einsamkeit prahlt er nicht mit sich selbst.“ – Nur dass es an dem Ort, auf den die Zeile anspielt, kein Gefühl und also auch kein Frösteln mehr gibt.

bevorsteht, der sich in jene Gefilde vorwagt, in denen es nichs mehr zu sagen, zu wissen gibt: Es ist das die Einsamkeit dessen, der sich allein, ganz allein in der unendlichen Weite der „Großen Leere“ wiederfindet, eine Einsamkeit freilich, die zumindest noch einen letzten Rest von Ich-Bewusstsein voraussetzt, um sich selbst als der leeren Weite ringsum entgegen- und ausgesetzt zu empfinden. Solchermaßen allein, gleichsam ein Einsiedler ohne Um- und Mitwelt, hat Huang-bo es in der Tat *nicht nötig*, mit der Rolle eines Lehrers *zu prahlen*: vor wem denn? – immer vorausgesetzt, da wäre überhaupt etwas, das sich lehren ließe. Gerade das aber gibt es nicht, und ebenso gibt es in der Tiefe der Shûnyatâ, im Zustand der Nicht-Dualität, auch keine Einsamkeit mehr, nicht einmal einen Hauch davon. Eingesiedelt in die nicht einmal leere Leere, sind wir auch keine Einsiedler mehr, stehen wir jenseits von Leere und Fülle und spüren die Fülle, die aus der Leere erwächst, erst dann, wenn wir wieder hinaustreten in die Welt der *Zehntausend Dinge*. Und dort hat auch der Nicht-Lehrer Huang-bo, wenn *herausgefordert, seine Krallen und Zähne* gezeigt.

Postskript: Es hieße den Verfasser gründlich misszuverstehen, wollte man seine letzten Äußerungen zum **Lobgesang** als Kritik an Xue-dou begreifen. Weit davon entfernt, sollen sie lediglich ergänzen, was bei Xue-dous metaphorischer Ausdrucksweise zwangsläufig unter den Tisch fällt, der Sache nach jedoch unausgesprochen von Xue-dou mit gemeint ist.

Und noch ein Nachtrag, ein nachträglich eingefügter obendrein, sei dem Verfasser gestattet, und zwar zu den Stichworten „Einsiedler“ und „Einsamkeit“: das Gedicht Roloff (4), Text 73 nämlich, das nur scheinbar in eigener Sache spricht, tatsächlich aber den Bogen vom Xue-dou des Lobgesngs über den Dominikaner-Mönch Meister Eckhart bis hin zu unser aller Heute schlägt:

Einsiedler du in das Herz der Dinge,
Wo sich kein Herzschlag mehr regt, auch deins nicht,
Gleichwohl zuhause, wie nirgends
Sonst, in der »Weite des Bodhidharma«,
Hier, in der Fülle vor Tagesanbruch,
Randlose Strömung des Stillstehns.

Einsiedelei, das ist auch: Kein Nachbar
Rings, nur das Schweigen des Unbewohnten,
»Nicht-Buddha-Ort«, wo auch jener
Dominikaner, nach Wunsch, sich »Gottes
Ledig« gewußt: So auch du, und wortlos,
Einziger Nachbar dir selber.

Der Strom aber gleitet
Mit dir und der Welt
Hinaus in sein randloses Stillsteh'n.

12. Dong-shans „Drei Pfund [Hanf]“

Ankündigung

Ein Schwert, Menschen zu töten; ein Schwert, Menschen lebendig zu machen – das war Sitte und Brauch in ältester Zeit und ist auch heute noch unentbehrlich. Wenn [du] das Töten beredest, wirst [du] keinem einzigen Härchen ein Leid antun; wenn [du] übers Lebendig-Machen redest, wirst [du] Leib und Leben verlieren. Deshalb sage [ich]: Den einen Weg »*nach oben hin*« können auch tausend Weise nicht [mit Worten] weitergeben: Lernende mühen sich mit den äußeren Formen ab, wie Affen nach Spiegelbildern greifen.[161] – Nun sagt mal: Da es ja nun nicht [mit Worten] weitergegeben werden kann – warum gibt es dennoch all diese vielen »Öffentlichen Aushänge« mit ihren Schlingpflanzen und Rankengewächsen? [Ihr], die [Ihr Euch] Augen bereitet habt, versucht es doch mal mit dem, [was Xue-dou hier] vorbringt!

Beispiel

Ein Mönch fragte Dong-shan: „Was ist mit Buddha?“
Dong-shan antwortete: „Drei Pfund Hanf!“

Lobgesang

Der Rabe aus Gold hat es eilig, der Hase aus Jade ist schnell[162] –
Eine gute Antwort, wann hätte die je leichte Wunden beigebracht?
Prüfst [du] den Vorfall, greifst zu Tricks, um Dong-shan zu erblicken,
Geraten eine lahme und eine blinde Schildkröte in eine hohle Schlucht!
»Blüten in [Frühlings-]Fülle, Brokat in [Herbstes-]Fülle!«
»Im Süden Bambus, im Norden Bäume!«[163]
An Chang-qing denke [ich] da, [was er vom] Hohen Würdenträger Lu
Gesagt: „[Sein] Lachen war [sehr wohl] am Platz, Weinen war es nicht!“[164]
[Laut] losgeschrien!

---

161 Man denke an das berühmte Tuschebild des Mu-qi, auf dem Affen, von überhängenden Zweigen herab, nach dem Spiegelbild des Mondes greifen, das ihnen auf dem Wasser eines Teiches entgegenleuchtet!

162 Der *Rabe aus Gold* meint die Sonne, der *Hase aus Jade* den Mond (weil alter chinesischer Mythologie zufolge auf der Sonne ein goldener Vogel und auf dem Mond ein weißer Hase lebt).

163 Bei diesen beiden Versen handelt es sich um die Aussprüche älterer Chan-Meister, über deren Identität in der Text-Überlieferung Uneinigkeit besteht. Bei dem ersten Zitat (in wörtlicher Übersetzung: „Blüten in Menge, Brokat in Menge“) soll es sich um eine Antwort auf die Frage nach dem Geist der Buddhas der Vergangenheit gehandelt haben, und bei dem zweiten um eine Antwort auf die Frage nach dem Sinn des „Drei Pfund Hanf“-Ausspruchs Dong-shans. Im ersten Zitat ist das Wort Brokat als Anspielung auf die Verfärbung des Herbstlaubes zu verstehen, wobei wir uns als *tertium comparationis* die Farbenpracht der Stickereien eines Brokatstoffes hier und der vielfältigen Rot- und Gelbtöne herbstlicher Wälder dort zu denken haben.

164 Mit dem *Hohen Würdenträger Lu* ist Lu Geng gemeint, jener kaiserliche Verwaltungsbeamte, zeitweilige Richter am Obersten Gericht, Laien-Schüler und Gönner Nan-quans, dem der Leser im Kôan 40 wiederbegegnen wird. – Xue-dou zitiert hier zustimmend einen Ausspruch des Chang-qing, mit dem

Das auf Traditionslinien bedachte Chan der „Süd-Schule“ hat sich als in zwei Hauptlinien aufgeteilt verstanden: in die von Ma-zu (709-788) ausgehende Hong-zhou-Schule mit ihrem Übergang ins „Haus Lin-ji“, dem später auch Yuan-wu angehört und das sich letztlich, als Rinzai-Zen, bis in die Gegenwart erstreckt, und zum anderen in die Linie des Shi-tou (700-790), die über De-shan (Kôan 4), Xue-feng (Kôan 5) und das »Haus Yun-men« zu Xue-dou und über **Dong-shan** Liang-jie (807-869), den Meister des gegenwärtigen Kapitels, zu Hong-zhi, den Mit-Autor des *Cong-rong-lu*, sowie zu Dôgen und damit bis zur heutigen Sôtô-Schule führt. Doch trotz dieser Aufteilung in zwei Haupt-Traditionslinien hat es zwischen den Angehörigen der einzelnen »Häuser« und Schulen keine grundsätzliche gegenseitige Abgrenzung inhaltlicher oder methodischer Art gegeben. Zumindest die Autoren der Song-zeitlichen Chan-Texte, und die bilden ja die wichtigste Quelle unserer einschlägigen Kenntnisse, haben sämtliche Meister der Vergangenheit, ungeachtet ihrer jeweiligen Zugehörigkeit zu einer bestimmenten „Richtung“, gleichermaßen zu Helden ihrer »Öffentlichen Aushänge« gemacht und ihnen damit in gleicher Weise die „Chan-typischen“ Eigenschaften und Verhaltensweisen der Unkonventionalität und logisch absurden Argumentation angedichtet. Darüber hinaus haben sie selbst, gleich welcher Schule sie sich zugeordnet sahen, in gleichem Ausmaß und auf gleiche Weise *gong-an* zur Belehrung und Förderung ihrer Schüler verwendet – bis es im 12. Jahrhundert zu dem berüchtigten Streit zwischen Da-hui und den Nachfolgern Hong-zhis über den rechten Gebrauch dieser *gong-an* gekommen ist, entweder im mündlichen Vortrag durch den Meister oder durch die Mönche in den Stunden der Versenkung. Auch Dong-shan, obwohl ein Zeitgenosse Huang-bos (Kôan 11) und wie dieser vermutlich noch ganz der traditionellen Belehrung durch Sûtren-Exegese und Lehrvortrag verhaftet, tritt uns in diesem Beispiel als typischer Vertreter anti-rationaler und ikonoklastischer Verfahrensweisen entgegen. Sein ihm hier zugeschriebenes *„Drei Pfund Hanf“* ist ein geradezu klassisches Beispiel für alogisches Argumentieren, sog. *non sequitur*, bei dem etwa, wie hier, auf der Ebene der wörtlichen Bedeutung eine Anwort mit der vorausgegangenen Frage schlechterdings nichts zu tun hat.

---

dieser seinerseits Lu Geng recht gibt; dabei handelt es sich um folgende Anekdote: Lu Geng erfährt vom Tode Nan-quans und begibt sich in dessen Kloster, um an den Trauerfeierlichkeiten teilzunehmen; vor dem Bildnis des Verstorbenen brach er gegen alle Konvention in lautes Lachen aus; als er vom Klostervorsteher dafür getadelt wurde, erklärte er sich bereit, die übliche Klage anzustimmen, vorausgesetzt, der Klostervorsteher sei imstande, ein Wort von tieferer Bedeutung vorzubringen; der Klostervorsteher blieb stumm und Lu Geng verfiel nun seinerseits ins Klagen: „Oh, wie weit ist doch unser Meister aus dieser Welt entschwunden!“ Versetzen wir uns in die Situation: Da haben die Mönche ein Bild des Verstorbenen aufgestellt, um ihn in die Gegenwart zurückzuholen, und sein Klostervorsteher ist nicht in der Lage, ein Wort aus dem Geiste des Meisters zu äußern! – Ein solches Wort könnte, wenn denn in diesem Fall ein bloßes Zitat ausgereicht hätte, jener radikal-ikonoklastische Satz sein, den die Kôan 28 *Bi-yan-lu* und 27 *Wu-men-guan* dem noch lebenden Nan-quan in den Mund gelegt haben: „Es ist nicht Geist, es ist nicht Buddha, es ist nicht [sonst] ein Ding!“ Ob nun – wie in den Erläuterungen zum Kôan 28 entfaltet – als Behauptung der Nicht-Aussagbarkeit einer „wahren Wirklichkeit“ oder gar als Leugnung einer solchen „wahren Wirklichkeit“ verstanden, was für ein Licht würfe dieses Zitat auf das Lachen Lu Gengs? Hat er aufgelacht, weil er seinen Lehrer in einer entsprechend zu bestimmenden „wahren Wirklichkeit“ aufgehoben, aufbewahrt, weiterhin lebendig wusste? Oder weil er dessen Außer-Kraft-Setzung einer „wahren Wirklichkeit“ als Befreiung erfahren hat? Vgl. dazu die Seiten 243f.

„*Was ist mit Buddha?*“, *ru-he shi Fo*, fragt da, nach Hui-chao im Kôan 7, zum zweiten Mal ein Mönch, und diese Frage kann, weil die chinesische Sprache keine Artikel kennt, zweierlei bedeuten. Als „Was ist **der** Buddha?“ verstanden, zielt sie nicht so sehr auf den historischen, sondern auf den mythischen Buddha der Mahâyâna-Lehre, der mit seinem „Wahrheitsleib“, dem Dharmakâya, Ursprung und Wesen aller Dinge darstellt und somit in jedem einzelnen Ding zugegen ist. Und dann hieße Dong-shans Antwort: „*Drei Pfund Hanf!*“ nichts anderes als: „Sieh her, er ist auch in diesem Ballen Hanf von höchst geringem Wert!“ Doch das wäre eine Selbstverständlichkeit und enthielte nichts, kein Aufblitzen, kein Erschrecken, nichts Bedrohliches, weshalb es verdiente, von Yuan-wu in der **Ankündigung** mit dem sprichwörtlichen *Schwert, Menschen zu töten und Menschen lebendig zu machen*, gleichgesetzt zu werden. Nein, diese erste Möglichkeit, den Mönch mit seiner Buddha-Frage zu verstehen, entfällt – von dem darin enthaltenen Verstoß gegen die Gepflogenheiten der chinesischen Sprache abgesehen[165] – schon vom Inhalt her!

Zum anderen, ohne die Verwendung eines deutschen Artikels, kann das *ru-he shi Fo* des Mönchs bedeuten: „Was ist mit Buddhaschaft?“, anders gesagt: „Was heißt es, Buddha zu sein?“, was seinerseits die Frage einschließt: „Wie kann ich Buddha werden?“ – beides zusammen für jeden Anhänger der Buddha-Lehre die dringendste Frage überhaupt (für christliche *homines religiosi* wie Blaise Pascal und Sören Kierkegaard wäre das die Frage: „Was ist und wie erreiche ich die Ewige Seligkeit?“). Und dann kommt Dong-shans Antwort: „*Drei Pfund Hanf!*“ – jetzt in der Tat ein Wort, das *Menschen töten* kann!

Aber inwiefern kann es zugleich *Menschen* auch *lebendig machen*? Denn das liegt auf der Hand: Das *Schwert, Menschen zu töten* und das *Schwert, Menschen lebendig zu machen*, sind nicht – mag das chinesische Original auch jedes Mal ein anderes Schriftzeichen verwenden – zwei verschiedene Schwerter. Auf jeden Fall vermeidet es Dong-shan, mit seinem „*Drei Pfund Hanf!*“ in den Fehler zu verfallen, den Yuan-wu benennt, *das Töten* nur *zu bereden*: er führt es vielmehr aus! Doch das *Lebendig-Machen*, wie steht es damit? Auch das *beredet* Dong-shan nicht, weshalb er auch nicht zu befürchten hat, wie von Yuan wu angedroht, *Leib und Leben zu verlieren*. Wenn er aber beides nicht *beredet*, wie führt er es dann aus? Und zwar beides zugleich, nicht nur das *Töten*, sondern auch das *Lebendig-Machen*!

Versetzen wir uns in die Situation: Der Mönch fragt nach der Buddhaschaft, er will ganz hoch hinaus. Ist das nicht genau *der Weg »nach oben hin«*, von dem die **Ankündigung** spricht und Yuan-wu von vornherein erklärt, dass selbst *tausend Weise* ihn *nicht [mit Worten] weitergeben* können, geschweige denn der eine einzelne Dong-shan? Und zwar, wie Yuan-wu hinzufügt, weil Worte nur wie *äußere Formen* sind, nach denen Schüler *greifen wie Affen nach Spiegelbildern*? Woraus zu folgern wäre, dass sich das, was den *Weg »nach oben hin«* in unserem Inneren ausmacht, nur durch die eigene Erfahrung zu erlangen wäre? Eine Erfahrung, auf die Dong-shan mit seinen „*Drei Pfund Hanf!*“ den Mönch ganz zweifellos verweisen will? Doch gerade davon, den *Weg »nach oben hin«* als Streben nach Buddha-

165 Abermals sei, wie schon in der Fußnote 106 anlässlich des Kôan 7, voraus auf das Kôan 51 verwiesen, wo der Verfasser in seinen Erläuterungen auf die zwei unterschiedlichen Fragetypen *ru-he shi Fo* und *Fo shi shen-me* zu sprechen kommt – siehe S. 402.

schaft aufgefasst zu sehen, will Dong-shan nichts wissen: Indem er dem Mönch, der nach dem Höchsten strebt, nach Buddhaschaft, diese seine *„Drei Pfund Hanf!“* entgegenstreckt, entgegenschleudert, schlägt er ihm eben das, wonach er sucht, den Buddha, aus der Hand! „Nichts da mit Buddha und Buddhaschaft“, heißt das im Klartext; „da, wo Du nach Buddha suchst, da ist nichts; es gibt nur dies hier, so irdische und handfeste Dinge wie diese *drei Pfund Hanf* gerade hier vor Deinen Augen!“ Und in der Tat gemahnen Dong-shans *„Drei Pfund Hanf!“* an jenen Satz seines Lehrers Yun-yan, der einst, wenn auch mit Verzögerung, Dong-shan selbst zu seinem „Großen Erwachen“ verholfen hat: „Nur dies ist der Fall!“ Denn wie uns das Beispiel des Kôan 49 *Cong-rong-lu* belehrt, ist dieser Satz Yun-yans von den Mönchen seiner Zeit durchaus genau dahin verstanden worden, dass eine „wahre Wirklichkeit“, ein Buddha-„Wahrheitsleib“ als eigentliche Wirklichkeit geleugnet werden soll, eine Einschätzung, in der der Dong-shan jenes Beispiels seine Zeitgenossen, wenn auch nur indirekt, bestätigt.[166] Einem Menschen freilich, dem es bei seinem Streben nach Buddhaschaft darum geht, in Buddhas „Wahrheitsleib“ wenn schon nicht Ruhe und Frieden, so doch festen Halt und sicheren Grund zu finden, eben diesen Grund mit einer einzigen Bemerkung, mit nur drei Worten zu zerschmettern, heißt in der Tat, gegen ihn ein *Schwert* zu schwingen, das ihn *tötet*! Oder, wie es Xue-dou im **Lobgesang** umschreibt: *„Eine gute Antwort, wann hätte die je leichte Wunden beigebracht?“*

Doch bedeutet das denn nicht, den *Weg »nach oben hin«* erst recht und für immer zu versperren? Oder ist es umgekehrt so, dass er erst jetzt wirklich offen steht? Dass ein *Weg »nach oben hin«*, der auf so etwas wie Buddha und Buddhaschaft hinaus will, in Wahrheit ein Irrweg ist, zumindest einer, der nicht wirklich *»nach oben hin«* führt, sondern durch eben dies beides, Buddha und Buddhaschaft, den Zugang *»nach oben hin«* unmöglich macht? Dann bestünde *»oben«* anzukommen darin, dort anzukommen, wo nichts mehr ist – im DAO also, im Nichts? In der Tat gehört es zum Gedankengut des ikonoklastischen, des Song-zeitlichen Chan, dass wahre »Befreiung« auch die Befeiung von Buddha und Buddhaschaft einschließt – man denke nur an das Kôan 45 *Wu-men-guan*, in dem Wu-men den von ihm hochgeschätzten Wu-zu Fa-yan sagen lässt: „Shâkyamuni und Maitreya sind [sogar] noch seine Knechte! Nun sag mal: Wer ist er [dann selbst]?“ Auf unser Kôan angewandt, müsste die Antwort lauten: „Einer, der noch über die Buddhas sowohl der Vergangenheit als auch der Zukunft hinausgegangen und dabei zu nichts geworden ist!“[167]

---

166 Siehe dazu Roloff (2), S. 246ff – der Verfasser muss allerdings einräumen, dass er den entsprechenden chinesischen Satz *qi zhe shi* dort noch anders übersetzt hat, nämlich als: „Nur dies ist es“. Aus semantisch-syntaktischen Gründen glaubt er, diese Übersetzung nunmehr verwerfen zu müssen, und hat sich stattdessen – wie auch bei dem gleichbedeutenden Satz *zhi zhe shi* im Kôan 51 – für die neue Formulierung: „Nur dies ist der Fall“ entschieden; vgl. die Erläuterungen zum Kôan 51 (*Xue-fengs „Was ist [es]?“*).

167 Ähnlich ist eine Formulierung wie die im Lobgesang des Kôan 29 *Cong-rong-lu* zu verstehen: „Nach drüben hindurchdringen und über den Scheitel des Vairochana laufen“, ein Vers, der den Verfasser seinerzeit zu folgender Fußnote veranlasst hat: „In der Kosmo-Theologie des Mahâyâna-Buddhismus ist *Vairochana* der höchste der transzendenten Buddhas, der sog. Âdi-Buddha, der als die Personifizierung des Dharmakâya, des Absoluten, galt. *Über den Scheitel des Vairochana zu laufen* bedeutet mithin soviel wie „noch über den Dharmakâya hinauszugehen“, anders gesagt: „noch leerer zu sein als die Leere selbst“, „noch das Absolute hinter sich zu lassen“ – vgl. Roloff (2), S. 146f. Ähnlich legt hier im *Bi-yan-lu* das Beispiel des Kôan 99 dem Nan-yang Hui-zhong die Aufforderung an den Kaiser Suzong in den Mund: „Mein Wohltäter möge auf den Scheitel des Vairochana treten und oben darüber

So weit, so gut; doch wie sollte uns ein solches Zu-nichts-Werden zugleich lebendig machen? Das klingt doch mehr als nur absurd! Anders gefragt, was hat uns Dong-shan mit seinen *„Drei Pfund Hanf"* an tröstlichen Aussichten, gar an Verheißungen zu bieten? – Es ist, ob hier im *Bi-yan-lu*, ob im späteren *Cong-rong-lu*, immer wieder derselbe Sachverhalt, auf den die Rede von einem *Schwert, das lebendig macht*, hinausläuft: Ein Schwert, das als Schwert zum Einsatz kommt, verursacht Schmerzen, Wunden. Und die Schmerzen, um die es hier geht, sind die des Abschieds, des Verzichts. Den „Großen Tod" zu sterben, bedeutet ja, in der Versenkung, in diesem Sich-Ausliefern ans Nichts, von allem, woran wir hängen, wie für immer Abschied zu nehmen; auf das Leben, das uns noch bevorsteht und auf das wir glauben unverbrüchlichen Anspruch zu haben, gleichsam ohne Not zu verzichten, ohne eine andere Not als die, uns aus den Nöten des gewöhnlichen Lebens loszureißen. Doch weil wir bei diesem spirituellen „Selbstversuch" eben dort landen, wo nichts mehr ist, kein „wahres Wesen", keine „wahre Wirklichkeit", die uns Heimstatt bieten könnte, kein »Schauen Gottes«, wie es Dante uns vorschwärmt, denn da ist auch kein Gott mehr – weil da also nichts mehr ist, stellt sich aus Rückstoß seitens dieses „nichts" zwangsläufig Umkehr ein, die Rückkehr ins Leben, in eben die Welt, auf die wir soeben noch, unter den Tränen des Abschieds, verzichtet haben – eine Rückkehr, durchtränkt von Verzückung: „Wohin will dieser Jubel mit dir, / Wohin dieser Jubel der Welt? / ... / Farben fluten herein, / Aus deinem Glück ihre Leuchtkraft, / Vogelruf, / Prangendes Ulmengrün, / Das hohe, / Entrückte Schreiten der Wolken – / Alles wird so zu Licht, / Auch du bist verschmolzen / In das ekstatische Glüh'n."[168] Und so ins Leben zurückgekehrt, wissen wir, dass, weil da drüben nichts und folglich „nur dies" ist, wir nur hier unser Zuhause haben können, nicht drüben, und dass es uns aufgegeben ist, hier auch tatsächlich zuhause zu sein. Das mag schwierig erscheinen, angesichts der »gebrechlichen Einrichtung der Welt«, um abermals Kleist zu zitieren. Weil aber *das Schwert, das tötet und lebendig macht*, insofern es uns tötet, unser Anhaften an die Welt durchtrennt hat und wir gelernt haben, auch ohne solchen und jeden anderen Halt auskommen zu können, sind wir der Gefahr enthoben, der Welt erneut zu verfallen, so zu verfallen, dass uns ihre Unbeständigkeit, ihre »Launen Fortunas« wie ehedem ins Mark treffen müssten. Und gerade deshalb, weil unsere Rückkehr ins Leben mithin nicht bedeutet, der Welt aufs Neue ausgeliefert zu sein, können wir uns ihr unbedenklich anheimgeben und sind, eben deshalb, auch tatsächlich in ihr zuhause, all ihrer Unbeständigkeit zum Trotz. „Drei Pfund Hanf!", „Nur dies ist der Fall!" – sie sind keine Drohung, keine Mahnung zum Verzicht, auch kein Ausdruck von Resignation; sie sind, dem Anschein entgegen, eine Verheißung, die eines anderen, eines unbeschwerten Lebens, sozusagen mitten auf den Plätzen und Straßen Chang-ans, der Stadt des „Immerwährenden Friedens".[169]

---

hinlaufen!", gefolgt von der Verdeutlichung: „Haltet doch bitte nicht Euer Selbst für den makellosen Dharmakâya!", was im Zusammenhang des Voraufgegangenen nicht bedeuten kann: „Haltet doch bitte Euer kleines kaiserliches Selbst nicht für den erhabenen, weltumspannenden Dharmakâya", sondern umgekehrt: „Haltet doch bitte den makellosen Dharmakâya nicht für Euer [wahres] Selbst; das ist noch über den Dharmakâya hinaus!" – vgl. S. 663f.

168 Roloff (3), Text 18

169 *Chang-an*, auf Deusch: „Immerwährender" oder „Ewiger Frieden", war die Hauptstadt des „großen Reiches der Tang" und in der Song-zeitlichen Chan-Literatur gebräuchliche Metapher für den „Großen Frieden", von dem in der Ankündigung des Kôan 22 die Rede sein wird und den auch Hong-zhi in seinem Lobgesang zum Kôan 60 *Cong-rong-lu* rühmend hervorhebt.

Was könnte der **Lobgesang** dem noch hinzufügen? Geheimnisvoll schon der Einstieg. Da ist von einem *goldenen Raben* die Rede, der die Sonne vertritt, und von einem *Hasen aus Jade*, vermutlich aus weißer, der den Mond symbolisiert. Auch wir sprechen von der „goldenen Sonne" und von dem zwar nicht weißen, aber doch „silbernen Mond". Der eine, die Sonne, hat es *eilig*, unterzugehen, der andere ist *schnell* im Aufgang: Gundert weist dankenswerterweise darauf hin, dass „am 15. des Mondmonats" zum Zeitpunkt des Sonnenuntergangs zugleich auch schon der Mond aufgeht.[170] Xue-dou verweist uns also gleich zu Beginn auf das Zusammenspiel von Yin (Mond) und Yang (Sonne), die, einander ergänzend, das Ganze des Kosmos ergeben. Im Mahâyâna-Buddhismus sind das entsprechend Nirvâna und Samsâra, die unauflöslich zusammengehören und nicht nur eine Einheit bilden, sondern sogar miteinander identisch sind. Wenn dann in der nächsten Zeile überraschend die *gute Antwort* ins Spiel kommt, zweifellos Dong-shans *„Drei Pfund Hanf!"*, und von ihr gesagt wird, dass sie keine *leichten* und folglich tiefe *Wunden beibringt*, so kann das nur eines heißen: Hier wird wie mit einem scharfen Schwert Zusammengehöriges, Zusammenhängendes durchtrennt und zerteilt. Was soll das in Bezug auf Nirvâna und Samsâra, auf die „wahre Wirklichkeit" und die *Zehntausend Dinge* als die Welt der Erscheinungen besagen? Xue-dou warnt uns davor, uns bei dem Versuch, Dong-shans Rätselwort von den *„Drei Pfund Hanf!"* auf die Schliche zu kommen, irgendwelcher *Tricks* zu bedienen; das würde Dong-shan, aber auch uns selbst, die wir doch den wahren Sinn seines Ausspruchs aufdecken wollen, den einen zu einer *lahmen* und uns zu *blinden Schildkröten* machen, die sich gemeinsam in eine *hohle Schlucht* verirren, aus der es für ihn und für uns keinen Ausweg gibt. Hat auch der Verfasser bei seinen obigen Erläuterungen zu solch verbotenen, nur vermeintlich tauglichen Mitteln gegriffen? Immerhin steht Dong-shan, wenn der Verfasser mit seiner Deutung im Recht ist, keineswegs als eine *lahme Schildkröte* da! Im Gegenteil wäre er eher einem kühnen Haudegen vergleichbar, der auch nicht vor einem Sakrileg zurückschreckt. Mit dem scharfen Schwert seiner *„Drei Pfund Hanf!"* hat er nicht bloß Zusammenhängendes, Zusammengehöriges durchtrennt; er hat vielmehr einem komplexen Ganzen, der Einheit von Nirvâna und Samsâra, ein Teilstück abgetrennt, beseitigt: die Shûnyatâ als „wahre Wirklichkeit". Gleichwohl hat er uns damit keineswegs zugleich auch den *Weg »nach oben hin«* abgeschnitten; auch hier gilt das Gegenteil: Durch die ikonoklastische Absetzung von Buddha und die Abwertung von Buddhaschaft hat er uns den *Weg »nach oben hin«* erst wirklich frei geräumt. Und so bleibt uns, trotz Abschaffung einer angeblich „wahren Wirklichkeit", mit der Erfahrung des Zu-Nichts-Werdens und der Rückkehr ins Leben die antithetische Zweiheit der beiden Wege *»nach oben«* und *»nach unten hin«* erhalten. Und damit wiederum bleibt auch das Zusammenspiel der Gegensätze wie in der Yin-und-Yang-Kosmologie gewahrt: *Blütenfülle im Frühling* und leuchtende Wälder *im Herbst*, oder, mit einem anderen Beispiel, *Bambus im* warmen *Süden, im* kühleren *Norden Bäume* der unterschiedlichsten Art. Auf das Chan und seine „große Angelegenheit" angewandt, heißt das: Wir brauchen beides, den *Weg »nach oben hin«*, um nicht der Welt zu verfallen, und den Weg *»nach unten hin«*, um nicht in einer eingebildeten „wahren Wirklichkeit" zu verkümmern.

Und schließlich der fulminante Schluss des Lobgesangs. Wir müssen ihn, da Xue-dou dem Manne, den er da zitiert, unbedenklich beipflichtet, aus der Vergangenheitsform in die der

170 Gundert, Bd. I, S. 242

Gegenwart transponieren: „*Lachen ist [sehr wohl] am Platz, Weinen ist es nicht!*“ Und das besagt dann: Die Abschaffung der Shûnyatâ als „wahrer Wirklichkeit“ ist kein Grund zum *Weinen*; sie gibt vielmehr zum *Lachen* Anlass, zu einem *Lachen* der Erleichterung, weil wir nunmehr dem Zwang, all unser Streben auf das Erlangen einer wie auch immer gearteten Buddhaschaft zu richten, nicht länger unterworfen sind; und zu einem *Lachen* der Freude, weil wir fortan ohne schlechtes Gewissen hier in der Welt der *Zehntausend Dinge* als der einzigen Wirklichkeit, die es gibt, ungeschmälert zuhause sein dürfen, einverstanden mit ihrer und unserer Vergänglichkeit.

Doch Xue-duo, so scheint es, hat Angst vor seiner eigenen Courage. Hält er es für nötig, genau an dieser Stelle in einen jener berühmt-berüchtigten Schreie auszubrechen, die alles auslöschen – alles, auch das soeben Gesagte, sein Wort vom *Lachen* und *Weinen*? Oder will er mit seinem Schrei denjenigen unter uns, die Schlussfolgerungen wie den hier vorgetragenen noch nicht so recht glauben mögen, die letzten Zweifel austreiben? Indem er sie in den Stupor eines Nichts versetzt, das nur einen Weg ins Freie offen lässt: einfach nur da zu sein, und das von Freude erfüllt!

13. Ba-lings „Silberschale"

Ankündigung

Über dem weiten Land ballen sich Wolken zusammen; ringsherum die Welt bleibt unverhüllt. Schnee bedeckt die Blüten des Schilfrohrs; schwierig, Anzeichen [des einen] und Anzeichen [des anderen] zu unterscheiden. Der Ort der Kälte ist kalt wie Eis und Schnee; [am] Ort der Feinheit ist [alles] fein wie zu Pulver gemahlener Reis.[171] Den Ort des tief Verborgen vermag nicht einmal ein Buddha-Auge zu erspähen; den Ort des Geheimen können diejenigen, die »außerhalb des DAO« stehen, nicht ausloten.

Nach dem Vorbild, kaum die eine [Ecke] erwähnt, sich schon über die drei [anderen] im Klaren zu sein,[172] will [ich] hier gar nicht erst verfahren: Aufgrund [seiner] Übung schneidet da [einer] den Menschen unter dem Himmel mit einem einzigen Satz die Zungen ab. Mit welchen Worten macht [er] das? – Nun sagt mal: Für welchen Teil der Menschen ist derlei die wichtigste Beschäftigung? Versucht es doch bitte mal mit dem, [was Xue-dou hier] vorbringt!

Beispiel

Ein Mönch fragte Ba-ling: „Was hat es auf sich mit der Deva-Schule?"[173]
Ba-ling sagte: „In einer Silberschale reichlich Schnee!"

Lobgesang

[Dieser] Alte [vom] Xin-kai-[Kloster][174] –
Wirklich etwas Besonderes!
[Er] versteht es zu sagen: *„In einer Silberschale reichlich Schnee!"*

---

171 Die beiden Sätze zur *Kälte* und zur *Feinheit* sind im Chinesischen völlig parallel formuliert; die wörtliche Übersetzung müsste auch im zweiten Fall lauten: „Der Ort der Feinheit ist fein wie zu Pulver gemahlener Reis." Doch während im ersten Fall von einem *Ort der Kälte* sehr wohl gesagt werden kann, er sei auch selbst kalt, liegt die Sache im zweiten Fall anders: Nicht der Ort der Feinheit ist selbst fein, sondern nur das, was sich an diesem Orrt befindet. Daher die abweichende Übersetzung des zweiten Satzes.

172 Wieder einmal die Formel: *ju yi ming san*, wörtlich: „eins erwähnen, drei verstehen", abermals in abwertender Bedeutung.

173 *Deva-Schule* ist nur ein anderer Name für den Versenkungs-, also den Chan- oder Zen-Buddhismus. Und zwar geht dieser Name auf den 15. indischen Patriarchen Kanadeva zurück, einen Schüler des berühmten Philosophen und 14. Patriarchen Nâgârjuna. Kanadeva soll ein geschickter und erfolgreicher Debatten-Redner gewesen sein, der viele Streitgespräche mit Philosophen anderer Schulrichtungen für sich entschieden hat. Mit seiner scharfsinnigen Logik stellt er sozusagen den absoluten Gegensatz zu der Versenkungsübung dar, die ja jede argumentative Aneignung der Wahrheit verwirft. Gleichwohl hat Kanadeva dem späteren Chan/Zen bis zum Auftreten Bodhidharmas den Namen gegeben.

174 Wörtlich lautet die erste Zeile des Lobgesangs: „Der alte Xin-kai". Damit ist selbstverständlich Ba-ling gemeint, der dabei nach einem Kloster benannt ist, dem er als Abt vorstand. Es steckt allerdings noch mehr dahinter: In dieser Bezeichnung verbirgt sich zugleich Xue-dous besondere Hochschätzung für Ba-ling; denn *xin-kai* bedeutet soviel wie: „neu erschließen", „Neues erschließen", und das zielt auf Ba-lings drei Wende-Worte, mit denen er in der Mitte des 10. Jahrhunderts, so scheint es, neue Wege beschritten hat. Siehe dazu die Erläuterungen zur Person Ba-lings und zum Beispiel.

Die sechsundneunzig [Andersgläubigen] müssten [es] von selbst erkennen[175] –
[Doch sie] erkennen [es] nicht, befragen im Gegenteil am Horizont den Mond!
Deva-Schule, Deva-Schule!
Unter [ihrem] Siegesbanner erhebt sich reiner Wind![176]

Ba-ling Hao-jian, genaue Lebensdaten unbekannt, war ein höchst eigenwilliger Schüler Yun-mens (864-949). Seine Anerkennung als Dharma-Nachfolger hat er sich durch drei Wende-Worte erworben, die er, längst wieder zu weiterer »Wolken und Wasser«-Wanderschaft aufgebrochen, Yun-men über Mittelsmänner hat zukommen lassen. Es handelte sich dabei um Antworten auf drei Fragen, erstens: „Was ist mit dem DAO?" – Ba-lings Antwort: „Ein Mensch mit klarem Blick fällt in einen Brunnenschacht!"; zweitens: *„Was hat es auf sich mit der Deva-Schule?"* – Ba-lings Antwort: *„In einer Silberschale reichlich Schnee!"* sowie drittens: „Was hat es auf sich mit dem Schwert, [das noch] ein angewehtes Haar [zerteilt]?" – Ba-lings Antwort: „Jeder einzelne Korallenzweig stützt allezeit den Mond!" Diese Wende-Worte sollen bei Yun-men solch verständnisinnige Bewunderung ausgelöst haben, dass er sich für den Fall seines Ablebens anstelle der üblichen Trauerzermonie lediglich die Rezitation dieser drei Antworten gewünscht haben soll, so nachdrücklich, dass – der Überlieferung zufolge – die Mönche seines Klosters ihrem verstorbenen Abt diesen Wunsch auch tatsächlich erfüllt haben. Und wie die zweite Frage samt Antwort Gegenstand des hiesigen Kôan ist, so hat sich Xue-dou die dritte Frage samt Antwort für das Abschluss-Kôan seiner Sammlung aufbewahrt.

Ba-lings Wirken fällt in die Mitte des 10. Jahrhunderts, genauer gesagt, in die Periode der »Fünf Dynastien« zwischen dem Ende der Tang-Zeit (908) und dem Beginn der Song-Dynastie (960). Das war die Zeit, in der zum einen in den Wirren des Nordens sowohl die „Nord-Schule" des Chan als auch, nach vorübergehender Blüte, die dortige Hong-zhou-Schule Ma-zus letztlich untergegangen sind und sich zum anderen im Süden Chinas das Song-zeitliche Chan der »Öffentlichen Aushänge« herausgebildet hat. Es darf vermutet werden, dass Yun-mens besondere Wertschätzung der Ba-ling'schen Wende-Worte darin begründet lag, dass sie, als authentische Aussprüche, voll und ganz dem neuen Ideal der *gong-an*-Erzählungen entsprachen, während die Anekdoten aus Leben und Lehre früherer, also vor allem Tang-zeitlicher Chan-Meister diesen nachträglich untergeschoben werden mussten.

Wir können davon ausgehen, dass der Mönch mit seiner Frage nach der *Deva-Schule* es nicht auf Ereignisse abgesehen hat, die sich im 2. und 3. Jahrhundert im fernen Indien abgespielt haben: nicht auf Nâgârjuna, den Philosophen und Begründer des sog. Mittleren Weges,[177] der von den Vertretern des chinesischen Chan als 14. indischer Patriarch in An-

175 Es soll im damaligen Indien 96 mit der Buddha-Lehre konkurrierende Schulen gegeben haben, deren jede in heftige Kontroversen mit den Anhängern des „Welt-Geehrten" verwickelt war.

176 *Siegesbanner* (wörtlich: „rote Fahne"): Wer im Indien jener Zeit bei einem Streitgespräch über seinen Widerpart die Oberhand errungen hatte, pflegte als Zeichen seines Sieges eine „rote Fahne" in den Boden zu stecken und den überwundenen Gegner als seinen Schüler an sich zu binden.

177 Dieser „Mittlere Weg" ist gar kein mittlerer Weg, sondern ein Extrem der Verneinung, gleichsam eine *philosophia negativa*, analog zur »Negativen Theologie«. Das grundlegende Axiom dieses angeblich

spruch genommen wird, und auch nicht auf Kanadeva, seinen Schüler und Nachfolger als 15. Patriarch, einen begnadeten Redner in Sachen philosophischer Streitgespräche, der in der Lage gewesen sein soll, in einer gewaltigen, unter königlicher Aufsicht abgehaltenen Redeschlacht sämtliche konkurrierenden Lehrmeinungen aus dem Felde zu schlagen. Allenfalls hat der Mönch mit der Formulierung seiner Frage, die eindeutig auf Wesen und Absicht des zeitgenössischen Chan-Buddhismus abzielt, deshalb auf den siegreichen Kanadeva aus ferner Vergangenheit angespielt, weil er auf Parallelen beider Epochen hinweisen will: So, wie sich damals der angebliche Versenkungs-Buddhismus der Nâgârjuna und Kanadeva in einer kritischen Situation, da er kurz vor seinem Untergang stand, erfolgreich gegen alle übrigen Lehrsysteme und Glaubensrichtungen durchgesetzt hat, genauso war das Chan der „Süd-Schule", wie es sich in der Übergangszeit zwischen der Tang- und der Song-Dynastie in den relativ stabilen Staatsgebilden des chinesischen Süden entwickelt hat, auf dem besten Wege, in der anbrechenden Song-Zeit zur vorherrschenden, von den Bildungs- und Macht-Eliten geförderten Schulrichtung philosophisch-religiöser Orientierung aufzusteigen.

Wenn wir uns nunmehr dem eigentlichen »Öffentlichen Aushang« zuwenden, auf welche Weise sollen wir uns Ba-lings Rätselwort: *„In einer Silberschale reichlich Schnee!"* denn nähern? Versuchen wir's mit der **Ankündigung**: Da ist gleich im ersten Satz von einem von *Wolken* beschatteten *weiten Land* und einem *unverhüllten*, von Helle überfluteten Teil der Welt außen herum die Rede. Das lässt an Samsâra und Nirvâna denken, an die *Zehntausend Dinge* hier und die „wahre Wirklichkeit" dort, die zusammen das Ganze der Welt ausmachen. Denn „von Wolken beschattet" dient in der Song-zeitlichen Chan-Literatur durchaus als Kennzeichnung für die irdische Welt, so etwa im Beispiel des Kôan 3 *Cong-rong-lu*. Damit wären zwei zusammengehörige, aber unterschiedliche, ja gegenteilige Bereiche angesprochen, deren Unterschiedlichkeit jedoch gleich anschließend wieder zurückgenommen, zumindest eingeschränkt wird: Wie bei *Schnee* auf den weißen *Blüten des Schilfrohrs* keine gegenseitige Abgrenzung, keine Anzeichen eines Unterschieds auszumachen sind, so durchdringen sich Nirvâna und Samsâra gegenseitig, sind sie miteinander eins. Das ist nun keine große Überraschung, das gehört vielmehr zu den Binsenwahrheiten des Mahâyâna-Buddhismus.

Doch dann folgt, unmittelbar auf die Aussage über die Nicht-Unterscheidbarkeit des Verschiedenen und diesmal tatsächlich überraschend, der Hinweis auf einen *Ort* mit der *Kälte* von *Eis und Schnee* sowie auf einen *Ort* der *Feinheit*, besser gesagt, der Feinkörnigkeit von *zu Pulver gemahlenem Reis*. Auf wessen Kälte wird da angespielt? Und was ist mit der Feinkörnigkeit gemeint? Doch damit noch nicht genug! Es schließen sich – eine weitere Überraschung – zwei Sätze zu etwas *tief Verborgenem* und einem *Geheimnis* an, von denen das eine sogar für das alles durchdringende Auge eines Buddha und das andere für jedermann, der *»außerhalb des DAO«* steht, unzugänglich und unerreichbar ist. Dabei sind unzweifelhaft das *in der Tiefe Verborgene* und das *Geheime* nur Synonyme, zwei Namen für ein und dieselbe Sache – aber welche? Und ebenso befremdlich ist die Formulierung, die Yuan-wu für die Unerreichbarkeit dieses geheimnisvollen X gewählt hat: Entweder sind wir,

mittleren Weges lautet: „Von einem beliebigen Etwas kann nicht gesagt werden, dass es ist, aber auch nicht, dass es nicht ist; ebensowenig kann von ihm gesagt werden, dass es weder ist noch nicht ist, aber auch nicht, dass es sowohl ist als auch nicht ist."

so die gängige Aufteilung, Anhänger der Buddha-Lehre oder wir sind es nicht; in diesem Falle stehen wir halt *»außerhalb des DAO«*; eine dritte Möglichkeit gibt es bei der üblichen Gleichsetzung von Buddha-Lehre und DAO nicht. Nicht jeder Anhänger der Buddha-Lehre hat auch ein Buddha-Auge, aber ohne der Buddha-Lehre anzuhängen können wir auch kein Buddha-Auge erringen. Wenn nun das *in der Tiefe Verborgene* (das ja eben deshalb geheim ist) und das *Geheime* (das deshalb geheim ist, weil es sich in der Tiefe verbirgt) ein und dasselbe sind, so folgt, dass dieses geheimnisvolle X überhaupt nicht, weil von niemandem erfasst werden kann: weder von einem Anhänger der Buddha-Lehre, selbst wenn er zur Buddhaschaft aufgestiegen ist, noch von jemand anderem, der außerhalb der Buddha-Lehre steht. Wohin und wie weit kommen wir damit?

Und was hat das alles mit der *Silberschale voller Schnee* zu tun? Beginnen wir mit der angeblichen Unerreichbarkeit des *in der Tiefe Verborgenen/Geheimen*: Wer außerhalb der Buddha-Lehre steht, hat von vornherein keine Chance; wer innerhalb steht, hat, solange er sich an die Buddha-Lehre hält, und das sogar auf der höchsten Stufe der Selbstvervollkommnung, ebenfalls keine Chance. Was aber, wenn er über die Buddha-Lehre hinausgeht? Wenn er also, statt innerhalb der Buddha-Lehre gleichwohl noch *»außerhalb des DAO«* vielmehr **innerhalb** des DAO, eines daoistisch verstandenen DAO, steht und damit noch über die Buddha-Lehre hinaus ist? Denn Buddha-Lehre bedeutet ja, dass es da jenseits der Welt der Erscheinungen als höchste Stufe der Wirklichkeit die Shûnyatâ, den Dharmakâya, Buddhas „Wahrheitsleib", gibt, wohingegen das – daoistisch verstandene – DAO in seiner tiefsten Tiefe – dem *Ort des in der Tiefe Verborgenen/Geheimen*? – nichts ist und nicht ist (*wu*). Auf jeden Fall können wir festhalten: Das angeblich Unerreichbare, was immer das, nach dem »derzeitigen Stand der Ermittlungen«, sein mag, ist keineswegs unerreichbar. Wir müssen nur die sprichwörtliche Klugheit der Flickenkutten-Mönche hinter uns lassen, die, wenn *die eine [Ecke] erwähnt [wird], sich immer schon über die drei [anderen] im Klaren* und in dieser vermeintlichen Klarheit gefangen sind. Machen wir es lieber so, wie Yuan-wu es an Ba-ling hervorhebt: *schneiden* wir mit den eben gezogenen Schlussfolgerungen *den Menschen unter dem Himmel die Zunge ab*!

Als Nächstes müssen wir versuchen, das Geheimnis des *Ortes der Kälte* und des *Ortes der Feinheit* zu lüften. *Kälte* wird in der *Gong-an*-Literatur häufig als hervorstechendes Merkmal klarer Vollmondnächte angeführt; so besonders eindringlich im Lobgesang des Kôan 7 *Cong-rong-lu*: „Im Nest vor dem vollen Mond steht ein Kranich, / Die kalte Klarheit der Nacht dringt ihm ins Gebein, so dass Schlaf sich nicht einstellt." Oder, gleichfalls im Lobgesang, eine komplette Doppelzeile aus dem Kôan 62 *Cong-rong-lu*: „Die frostige Scheibe des Vollmonds – herbstlicher Tau: seine Tränen; / Vögel auf kaltem Jade-Baum – frierend im Wind vor Tagesanbruch." Oder, im Kôan 59 *Cong-rong-lu*, die Schlusszeile des Lobgesangs: „Der Laut der Flöte ruft den Mond auf das kalte Land herab."[178] Der Mond aber, genauer der Vollmond, der vom leeren, weil wolkenlosen Himmel herabscheint, vertritt bekanntlich die Shûnyatâ, den Dharmakâya; und dem wird, in der Ankündigung des Kôan 26 *Cong-rong-lu, expressis verbis* Kälte, sogar äußerste Kälte zugeschrieben: „Eis und Reif – ein und dieselbe Farbe; Schnee und Mond vereinigen ihr Licht. In äußerster Kälte erstarren – der

178 Roloff (2), S. 39; S. 322; S. 304

Dharmakâya."[179] Damit wäre klar: Der *Ort der Kälte*, nach dem wir suchen, ist nichts anderes als der Dharmakâya, die „Große Leere" als die „wahre Wirklichkeit". Und der *Ort der Feinheit* oder *Feinkörnigkeit*? Um den zu bestimmen, bedarf es eines kleinen Exkurses in das *Dao-De-Jing*. Da ist der immer wieder zitierte Text 40, der besagt, dass die *Zehntausend Dinge* dem Sein entspringen und das Sein dem Nicht-Sein. Andersherum formuliert ist das Nicht-Sein (*wu*) der Ursprung des Seins (*you*) und das Sein der Ursprung der *Zehntausend Dinge*, auch deren „Mutter" genannt. Als dieser Ursprung ist das Sein nicht nur Ursprungsort, sondern zugleich auch Ursprungsstoff aller Dinge, das materielle Substrat, aus dem sie letztlich ausnahmslos bestehen. Und dieser Urstoff trägt den Namen *wei*, „das Winzig-Kleine", das in seinen Ausmaßen gegen Null tendiert.[180] Dürfen wir nun, was naheliegt, dieses „Winzig-Kleine" des *Dao-De-Jing*, das Sein in seinem Aspekt als materielle Basis der *Zehntausend Dinge*, mit dem *Ort der Feinheit* oder *Feinkörnigkeit* der **Ankündigung** gleichsetzen? Dass dort nicht von bloßer Feinkörnigkeit, erst recht nicht von der konkreten Feinkörnigkeit von Reispulver (die ja nur zur Verdeutlichung der Eigenart eines anderen herangezogen wird), sondern von einem *Ort der Feinkörnigkeit* die Rede ist, analog zum Dharmakâya als dem *Ort der Kälte*, legt diese Schlussfolgerung geradezu zwingend nahe. So hätten wir denn mit diesen beiden *Orten* einmal den Dharmâkaya als den Bereich der „wahren Wirklichkeit" jenseits der Welt der Erscheinungen und zum anderen mit dem *Ort der Feinheit* die der Welt immanente materielle Basis eben dieser Erscheinungen vor uns: Wie es – nach orthodoxer Lehre – ohne die „wahre Wirklichkeit" keine davon abgeleitete Wirklichkeit der Erscheinungen geben kann, so verlangt der materielle Charakter dieser Erscheinungen nach einer materiellen Grundlage, nach einem materiellen Ursprung der Welt, und der *Ort* dieses Ursprungs ist eben der *Ort der Feinheit*.

Was folgt daraus für das *in der Tiefe Verborgene/Geheime*? Auch hier spricht die **Ankündigung** ja ausdrücklich von einem *Ort* dessen, was in der Tiefe verborgen und also geheim ist, analog zu den *Orten der Kälte und der Feinheit*! Das kann nur ein *Ort* sein, der den beiden anderen noch vorausliegt (andernfalls wäre eine Bestimmung wie „in der Tiefe verborgen" bzw. „geheim" unverständlich), und dafür gibt es nur einen Kandidaten, den „Ort" des Nicht-Seins noch jenseits vom Seins-Aspekt des DAO und ebenso noch jenseits der „wahren Wirklichkeit" der Buddha-Lehre – also das DAO, insofern es letztlich, sozusagen in seiner abgrundhaften *Tiefe*, Nicht-Sein und Nichts ist, das Nicht-Sein und Nichts (*wu*), aus dem das Sein (*you*) und aus diesem wiederum die Welt der *Zehntausend Dinge* hervorgehen. Und was wäre dann das *in der Tiefe Verborgene/Geheime*? Eben dies: dass sich da jenseits all dessen, wovon sich sagen lässt, dass es *ist*, noch ein X verbirgt, das *nichts* ist und *nicht ist*, und ohne das doch nichts, was ist, je entstehen könnte. Diesem X kommt also auch keine Bestimmung als Shûnytâ oder Dharmakâya zu, weshalb es in der Tat von einem *Auge*, das seine Sehkraft der *Buddha*-Lehre verdankt, nicht erreicht werden kann. Nur, wer sich der Lehre vom DAO verschrieben hat (und sei es ein Anhänger des Song-zeitlichen Chan, das von dieser Lehre durchtränkt ist), kann überhaupt hoffen, eines solchen X ansichtig zu werden:

---

179 Roloff (2), S. 131

180 Im Text 14 des *Dao-De-Jing*, der versucht, das unbestimmbare DAO gleichwohl dingsfest zu machen, heißt es unter anderem: „Wenn man es ergreifen will, bekommt man es nicht zu fassen; denn sein Name lautet: ‚das Winzig-Kleine' (*bo zhi bu de, ming yue wei*)."

Erst diese „Begegnung“ tatsächlich erfahren zu haben, erhebt ihn zu höchster spiritueller Reife – nur, worin soll die sich erweisen?

Nach wie vor ungeklärt, aber nunmehr nicht länger aufzuschieben die Frage, was es denn nun mit der *Silberschale voller Schnee* des Genaueren auf sich hat. Eines können wir von vornherein ausschließen: dass Ba-ling es auf Kanadeva abgesehen hat, der einer Sache, die sich eigentlich nur durch ein Schweigen wie dasjenige Vimalakîrtis angemessen darstellen und verfechten lässt, ausgerechnet mithilfe ausschweifender Rhetorik zum Sieg verholfen hat. Darauf kommt es Ba-ling ebensowenig an wie dem Mönch bei seiner Frage nach der *Deva-Schule*. Auch aus der Ankündigung ist eine Antwort auf das Rätsel *„Silberschale voller Schnee“* nicht geradewegs abzuleiten: Zwar stimmen *Silber* und *Schnee* deutlich überein, in ihrer strahlenden Helle, ihrem blendenden Glanz, zumal wenn sie von der Sonne beschienen werden; doch zugleich unterscheiden sie sich deutlich, hier die Glätte der Oberfläche, der typische Silberglanz, dort das zwar helle, aber matte Weiß mit feinkörniger Struktur. Dieser Unterschied hebt sie eindeutig voneinander ab, anders als es laut Yuan-wu bei *Schnee* und den *Blüten des Schilfrohrs* der Fall sein soll. Andererseits ist ihr Unterschied nicht so eklatant wie der eines von Helle überfluteten und eines *wolkenbeschatteten Landes* aus der Ankündigung. Und wenn es zutrifft, dass Yuan-wu dort so auf den deutlichen Gegensatz wie auf die Einheit und gegenseitige Durchdringung von Samsâra und Nirvâna anspielt, dann können hier mit *Silber* und *Schnee*, die ihrer Unterschiedlichkeit zum Trotz einen Gegensatz ja gar nicht erst darstellen, nicht gleichfalls Nirvâna und Samsâra gemeint sein!

Der genaue Wortlaut dessen, womit Ba-ling dem Mönch Bescheid erteilt, heißt: *„In einer Silberschale reichlich Schnee!“* Wir mögen uns diese *Silberschale* als flach oder tief vorstellen, in jedem Fall handelt es sich um ein Gefäß mit gewölbter Wandung, und dieses Gefäß, dessen Glanz seiner silbernen Wandung nicht zu übersehen ist, wird von der *Deva-Schule* obendrein überhäuft mit *Schnee*. So wird die Schale mit nahezu dem Gleichen noch einmal angefüllt; der *Schnee* verstärkt den Eindruck der *silbernen Schale* und die *silberne Schale* verstärkt die Wirkung des *Schnees*. Selbst wenn sich Verfasser und Leser der gängigen Deutung dieses Kôans anschlössen und hinter *Silberschale* und *Schnee* doch die Zweiheit von Nirvâna und Samsâra vermuteten, müsste eines von beidem die irdische Welt vertreten, die *Zehntausend Dinge* nicht als düsteres Jammertal, sondern als einen Ort von Helle und Glanz. Und genau dafür steht sie ein, die Metapher der *Silberschale*: für die Welt der *Zehntausend Dinge* als einen Ort von Helle und Glanz, und die *Deva-Schule* füllt ihn, und zwar *reichlich*, mit noch einmal Demselben, mit der Helle und dem Glanz strahlender Bejahung! Über den *Zehntausend Dingen* thront nichts Höheres, Besseres, Leuchtenderes, nichts, vor dessen Vollkommenheit die irdische Welt gleichsam erbleicht und verblasst; die Welt der *Zehntausend Dinge* ist vielmehr selbst der höchste, der strahlendste Glanz. Die *silberne Schale*, von der *»Deva-Schule« angefüllt mit Schnee*, ist die Verdoppelung des Glänzenden mit sich selbst, verdoppelt durch seine Bejahung, die uneingeschränkte Bejahung der irdisch-vergänglichen Welt.

Aber passt dieses Ergebnis zur Ankündigung? Aufs Beste! Wenn nämlich das Ziel der Versenkungsübung ein „Ort“ noch jenseits des *Ortes der Kälte*, sprich der Shûnyatâ, des Dharmakâya, ist und sogar noch, daoistisch gesprochen, jenseits des *Ortes der Feinheit*, des

DAO in seinem Aspekt des Seins (*you*); und wenn dieser „Ort" der „Ort" dessen ist, was ***nichts ist*** und ***nicht ist*** (*wu*), mit der Folge, dass wir uns von dorther an die Welt und in die Welt zurückverwiesen finden, ergibt sich, dass nur ein (einziger) Ort uns eine Heimat geben kann, und das ist eben diese Welt der *Zehntausend Dinge*. Das sich einzugestehen, das sozusagen am eigenen Leibe erfahren zu haben, läuft auf genau die uneingeschränkte Bejahung der irdischen Welt hinaus, mit der der vorige Absatz geendet hat.

Und der **Lobgesang**? Ist der Hinweis auf *die Sechsundneunzig [Andersgläubigen]* nur eine historische Reminiszenz, oder steckt etwas anderes dahinter, zumal davon die Rede ist, sie *müssten*, was es mit der *Silberschale* auf sich hat, ganz *aus sich selbst erkennen*? Äußert sich darin, zusammen mit der Erwähnung eines *Siegesbanners der Deva-Schule*, das Selbstbewusstsein der Anhänger des Song-zeitlichen Chan, allen übrigen buddhistischen Bewegungen des damaligen China überlegen zu sein, oder gar der Stolz darauf, diesen Konkurrenten den Rang bereits abgelaufen zu haben, und zwar durch ihre uneingeschränkte Diesseits-Bejahung, und so zur einflussreichsten Richtung des chinesischen Buddhismus aufgestiegen zu sein? Immerhin, mögen die *„Andersgläubigen"*, und das sind eben die Vertreter der buddhistischen Orthodoxie, mit ihrer Ausrichtung zum Dharmakâya als dem Höchsten und letztlich allein Erstrebenswerten sich selbst von solcher Diesseits-Bejahung ausschließen und stattdessen ausschließlich den *Mond* der Shûnyatâ nach der Möglichkeit wahrer »Befreiung« *befragen*, so müssen sie doch zugestehen, dass auch dieser ihr Mond sich immer wieder, ausnahmslos, dem *Horizont* zuneigt: Auch er sinkt tagtäglich zur Erde hinab, tritt hinter die Welt des Irdisch-Vergänglichen zurück! Eines freilich lässt sich mit Gewissheit sagen: Der *reine Wind*, der den Lobgesang beschließt, jener Wind, der die Luft von aller Schwüle befreit und noch die letzten Dunstschleier vertreibt, er steht, als ganz typische Metapher, für die frische Lebenslust und Tatkraft derer, die sich in dieser Welt hier durchaus zuhause fühlen und sich dem mit vollem Einsatz widmen, was ihnen hier und jetzt obliegt.

Und in genau dieser Haltung beweist sich die spirituelle Reife derer, die – statt sich an Dharmakâya oder Shûnyatâ zu verlieren – noch „über Buddha hinausgehen", über den kosmischen Buddha, die „Buddha-Natur" aller Dinge, und sich bis zu jenem geheimnisvollen X vorwagen, dem *in der Tiefe Verborgenen/Geheimen*, von dem die **Ankündigung** gesprochen hat: dem „Ort" des Nicht-Seins und Nichts, und die von dorther – weil dieser „Ort" nun einmal Heimat und Zuflucht nicht sein kann – Rückstoß und Umkehr in ein nunmehr unerschrockenes Leben erfahren.

An dieser Stelle scheint zur Abrundung doch noch ein *Postskriptum* angebracht: Drei Wende-Worte sind es, die Ba-ling die Bewunderung Yun-mens eingetragen haben; das zweite haben wir, Leser und Verfasser, gerade auf allerlei Umwegen bewältigt. Das dritte wird uns im letzten Kapitel des *Bi-yan-lu* beschäftigen; so bleibt noch das erste, Ba-lings Antwort auf die Frage: „Was ist mit dem DAO?", nämlich: „Ein Mensch mit klarem Blick fällt in einen Brunnenschacht!" Beides zusammen fügt sich nahtlos dem hier verhandelten *Ort des in der Tiefe Verborgenen/Geheimen* an. Die Frage: „Was ist mit dem DAO?" (*ru-he shi DAO*) zielt darauf ab, was es mit dem DAO auf sich hat, und was uns widerfährt, wenn wir uns auf das DAO einlassen. Und Ba-lings Entgegnung lässt es an Deutlichkeit nicht fehlen: „Wer über hinreichend *klare Augen* verfügt, um sich überhaupt erfolgreich dem DAO annähern zu können, wird letztlich und unversehens den festen Boden unter den Füßen verlieren und in einen Brunnenschacht fallen; in einen dunklen Schacht ohne Boden, versteht sich, denn da ist nichts, was unserem Absturz Einhalt gebieten könnte. Dies Bodenlose, in das wir stürzen und stürzen – und aus dem wir gleichwohl wieder in die „Helle des Tages" (Tou-zi) zurückkehren – ist doch nichts anderes als der „Ort" des Nicht-Seins und Nichts, des schlechthin *Verborgenen/Geheimen*, der uns, dank Yuan-wu's Ankündigung, der mit *reichlich Schnee* gefüllten *Silberschale* auf die Spur gebracht hat.

14. Yun-men zur „Lehre der [ganzen] Zeit“[181]

Ankündigung

(nicht erhalten)[182]

Beispiel

Ein Mönch fragte Yun-men: „Was ist die Lehre der ganzen Zeit [seiner Lehrtätigkeit]?“[183]
Yun-men sagte: „Die eine Auslegung, die [seiner gesamten Lehrtätigkeit] entspricht!“[184]

Lobgesang

„Die eine Auslegung, die [ihr] entspricht“ –
Höchst eigenwillig und beispiellos!
In einen eisernen Hammer ohne Loch treibt [er] mit Nachdruck einen Keil!
Unter dem Weltenbaum lachen [sie] laut auf:
Gestern Nacht hat der schwarze Drache sich die Hörner abgebrochen!
Nein, nein!
Die „Sonne von Shao“, der alte Mann, hat Zaumzeug angelegt bekommen![185]

---

181 Wie bereits in der Abhandlung III: *Vom Erstdruck bis heute. Zur Geschichte des Bi-yan-lu*, Fußnote 27, zur Sprache gebracht, gehört es zu den Eigenarten des *Bi-yan-lu*, dass Xue-dou bei der Formulierung seiner »Öffentlichen Aushänge« komplexe, durch unterschiedliche Sprecher deutlich in sich gegliederte Szenen in zwei oder gar drei getrennte, aber unmittelbar aufeinander folgende Beispiele aufgeteilt hat. Einen ersten Fall dieser Art – weitere sind die Kôan 57, 58, 59 sowie 63, 64 und 72, 73, 74 – haben wir in diesem und dem anschließenden Kôan vor uns: Die Frage, die der zweite Mönch im Kôan 15 an Yun-men richtet, schließt sich direkt an die Antwort an, die Yun-men hier im Kôan 14 dem ersten Mönch erteilt. Vorstellbar ist folgende Routine-Situation: Yun-men hat in der Dharma-Halle vor der Mönchsgemeinde gesprochen, und nacheinander treten zwei Mönche vor, um je eine Frage zu stellen, wobei sich der zweite Mönch sowohl auf die Frage des ersten als auch auf die zugehörige Antwort des Meisters bezieht. Wegen dieser inhaltlichen Verbindung beider Beispiele will auch der Verfasser für seine Erläuterungen beide Kôan zusammenfassen und das, was er an Erläuterungen vorzubringen hat, **erst im Anschluss an das nächste, das Kôan 15**, dem Leser unterbreiten. – Als Gegenstück zu Xue-dous Verfahren ließe sich das Kôan 18 *Cong-rong-lu* anführen, bei dem Hong-zhi zwei gleichfalls inhaltlich aufeinander bezogene Episoden zu einem einzigen »Öffentlichen Aushang« vereint: Zhao-zhou gibt dort zwei Mönchen, die beide die gleiche Frage stellen, scheinbar konträre Antworten. Vgl. dazu Roloff (2), S. 93.

182 Auch zu diesem Kôan weisen weder die Standard- noch die *Ichiya*-Version (und in ihrem Gefolge die *Teihon*-Ausgabe) eine Ankündigung auf. Dieser Ausfall im Kôan 14 ist der zweite Beleg für den schwerwiegenden und komplexen »Bindefehler«, der für beide Überlieferungsstränge, die Standard- und die *Ichiya*-Version, die Annahme eines gemeinsamen Vorfahren erzwingt.

183 Mit der *ganzen Zeit* ist die Zeitspanne gemeint, in der Buddha Shâkyamuni als Lehrer aufgetreten ist, also die Zeitspanne zwischen seiner „Erleuchtung“ und seinem Eintritt ins Parinirvâna. Und zwar geht es darum, dass der historische Buddha entgegen landläufiger Meinung keineswegs zu unterschiedlicher Zeit auch unterschiedliche Lehren vorgetragen, sondern in allen Phasen seiner Lehrtätigkeit nur eine einzige Lehre vertreten hat.

184 Der chinesische Wortlaut dieses Satzes *dui yi shuo* erlaubt auch die Übersetzung: „Die eine Auslegung, die [Deine Frage] beantwortet“ – doch diese Version ist vielleicht sogar noch frecher, zumindest aber genauso inhaltsleer, weil genauso tautologisch, wie die vom Verfasser bevorzugte: „Was ist die (eine) Lehre seiner gesamten Lehrtätigkeit?“ – „Die eine Auslegung, die seiner gesamten Lehrtätigkeit entspricht“!

185 Mit der *„Sonne von Shao“* ist Yun-men Wen-yan gemeint, der in der Provinz *Shao*-zhou von der dortigen Fürstenfamilie Liu auf alle nur erdenkliche Weise gefördert worden ist und offensichtlich nicht nur beim Liu-Clan, sondern ganz allgemein in höchstem Ansehen gestanden hat.

15. Yun-men anlässlich „spiritueller Kraft und Angelegenheit“[186]

Ankündigung

Ein Schwert, Menschen zu töten; ein Schwert, Menschen lebendig zu machen – das war Sitte und Brauch in ältester Zeit und ist auch heute noch unentbehrlich.[187] – Nun sagt mal: Was ist hier und jetzt das Schwert, Menschen zu töten, das Schwert, Menschen lebendig zu machen? Versucht es doch bitte mal mit dem, [was Xue-dou hier] vorbringt!

Beispiel

Ein [anderer] Mönch fragte Yun-men: „Wenn das keine gegenwärtige spirituelle Kraft und ebenso keine gegenwärtige Angelegenheit ist, was ist es dann?“
Yun-men sagte: „Die eine Auslegung, die [seine gesamte Lehrtätigkeit] zunichte macht!“[188]

Lobgesang

„Die eine Auslegung, die [sie] zunichte macht“ –
Das zerteilt noch ein einzelnes Glied!
Gleichzeitig zu sterben und gleichzeitig zu leben steht Euch sicher bevor:
Die Vierundachtzigtausend [auf dem Geierberg] hatten keine Phönix-Federn[189] –
Dreiunddreißig [aber] haben sich in die Höhle des Tigers gewagt![190]
Nein, nein!
Mitten auf hastig wirbelndem Wasser der Mond!

---

186 Da dieses und das voraufgegangene Kôan 14 inhaltlich gesehen ein gemeinsames Ganzes bilden, will der Verfasser sie auch, wie in der Fußnote 181 bereits angemerkt, gemeinsam abhandeln, und das soll, wie dort angekündigt, im Anschluss an die Übersetzung des hiesigen Kôan 15 geschehen.

187 Genau dieser Satz in identischer Formulierung kommt auch schon in der Ankündigung des Kôan 12 vor.

188 Auch dieser Satz, chinesisch *dao yi shuo*, lässt eine andere Lesart zu: „Die eine Darlegung, die [Deine Frage] zunichte macht“ – doch macht die, wie die Erläuterungen zeigen werden, noch weniger Sinn als oben die Alternativ-Übersetzung: „Die eine Darlegung, die [Deine Frage] beantwortet“.

189 Als sich zu Buddhas letzter Lehrrede seine sämtlichen Anhänger, *vierundachtzigtausend* an der Zahl, aufgeteilt in die vier Gruppen der Mönche, Nonnen, männlichen und weiblichen Laien-Anhänger, auf dem Geierberg (Gridhrakûta) versammelt hatten, erwiesen sie sich sämtlich – mit Ausnahme Kâshyapas – als unfähig, Buddhas wortlose Geste, das Hochhalten einer Udumbara-Blüte, zu verstehen: Weit davon entfernt, den Schmuck kostbarer *Phönix-Federn* an sich zu tragen, waren sie – bis auf Kâshyapa – das Gegenteil herausragender spiritueller Fähigkeit.

190 Mit den *dreiunddreißig* Männern, die *sich in die Höhle des Tigers gewagt haben* (um dort ihren Tod zu finden, und zwar den „Großen Tod“ als das Tor zum „Großen Erwachen“), sind die 28 indischen sowie die 6 chinesischen Patriarchen bis einschließlich Hui-neng gemeint, wobei Bodhidharma als der 28. indische Patriarch zugleich als der 1. chinesische zählt, womit sich insgesamt eben *dreiunddreißig* Patriarchen ergeben: Sie allein sind, angefangen mit Kâshyapa, dem Dharma-Erben vom Geierberg, mit *Phönix-Federn* ausgestattete Nachfolger des historischen Buddha.

Es darf nicht verwundern, dass **Yun-men** nach seinem ersten Auftritt im Kôan 6 hier in den Kôan 14 und 15 schon wieder den Hauptakteur stellt und nach einem weiteren Auftritt im Kôan 27 anschließend, in bald größerem, bald kleinerem Abstand, ja in den Kapiteln 89 und 90 abermals unmittelbar nacheinander, noch zehn weitere »Öffentliche Aushänge« als Wortführer bestreiten darf. Das hat seinen Grund nicht nur in der persönlichen Vorliebe, die Xue-dou als Mitglied des »Hauses Yun-men« für diesen seinen „Ahnherrn" gehegt hat. Im historischen Zusammenhang betrachtet dürfte weit wichtiger sein, dass Yun-mens hauptsächliche Wirksamkeit genau in die Zeit des Übergangs von der Tang- zur Song-Dynastie fällt, in der sich das Song-zeitliche Chan mit seiner Ausrichtung auf das Lehrverfahren der »Öffentlichen Aushänge« herausgebildet hat: Während im Norden Chinas die Wirren der kurzlebigen »Fünf Dynastien« den Chan-Buddhismus der „Nord-Schule" zum völligen Erliegen gebracht und der ehemals blühenden Hong-zhou-Schule schwere Einbußen zugefügt haben, hat das Chan der „Süd-Schule" in den relativ stabilen und kulturell wie wirtschaftlich prosperierenden Machtgebilden des Südens eine neue Blüte erfahren, die den Aufstieg des Chan zur vorherrschenden Richtung des Buddhismus in der Song-Dynastie zur Folge gehabt hat. Und zu den Männern, die das neue, auf »Öffentliche Aushänge« ausgerichtete Song-zeitliche Chan vorbereitet haben, gehört nun einmal an herausragender Stelle Yun-men, die „Sonne von Shao"!

Die Anhänger der Buddha-Lehre im alten China standen vor einer übermächtigen Herausforderung: Da gab (und gibt) es die Vielzahl von Einzel-Sûtren und Sûtren-Gruppen mit ihren jeweils anderen Lehrinhalten und teilweise einander widersprechenden Stoßrichtungen, die doch zugleich sämtlich Lehrreden des Buddha Shâkyamuni oder Aufzeichnungen von Zusammenkünften sein sollten, an denen Buddha Shâkyamuni selbst teilgenommen hat: Wie kann dieser eine Buddha im Laufe seines einen Lebens so unterschiedliche und sogar gegensätzliche Lehren vertreten haben, und wenn er das nun schon, aus welchem Grund auch immer, tatsächlich getan hat, in welcher Reihenfolge kann er sie dabei vorgetragen bzw. sich an ihnen beteiligt haben? Kurz gesagt: Wie lassen sich all diese Sûtren zu einer Einheit zusammenfügen, die nicht an ihren inneren Widersprüchen zerbricht? Kluge und hochbegabte Köpfe zumal der Tian-tai-Schule haben für dieses Problem eine plausible Lösung ersonnen, indem sie die (Meta-)Lehre von den „Fünf Perioden" und den „Acht Lehren" des Buddha erfanden, die aus den unterschiedlichen Lehrinhalten eine sinnvolle Abfolge aufeinander aufbauender Enthüllungen der Wahrheit macht und die offenkundigen Widersprüche in bloß scheinbare verwandelt und ihnen so ihre Sprengkraft nimmt.[191] Gleichwohl stand jeder Mönch und jeder Laien-Anhänger von Neuem vor genau der – für ihn zweifellos essentiellen – Frage, die der Mönch des Kôan 14 an Yun-men richtet: *„Was ist die Lehre der ganzen Zeit [seiner Lehrtätigkeit]?"* Gemeint ist dabei die *eine Lehre*, die dem Buddha

191 „Die Klassifizierung der Sûtras und der Lehren des Buddha in ‚Fünf Perioden und Acht Lehren' durch Zhi-yi stellt einen Versuch dar, Buddhas Lehre zu systematisieren, und ist eine Einteilung nach chronologischen und inhaltlichen Gesichtspunkten, um die Entstehung verschiedener Lehren innerhalb des Buddhismus zur Lösung metaphysischer Probleme zu erklären. Dies zeigt, dass die Tian-tai-Schule wie keine andere bestrebt ist, alle Formen des Buddhismus in sich zu vereinen, indem sie den unterschiedlichsten Sûtras ihren Platz einräumt und Hînayâna wie auch Mahâyâna als eine authentische Lehräußerung des Buddha betrachtet" – Lexikon II, S. 396.

bei all seinen verschiedenen Lehrreden und -äußerungen vor Augen gestanden haben muss und die er uns in jeder einzelnen von ihnen und durch alle zusammen hat mitteilen wollen. Denn dieses Problem ist nicht schon dadurch aus der Welt geschafft, dass wir die verschiedenen Reden und Äußerungen wie auf einer Perlenschnur aneinanderreihen und auf einen krönenden Abschluss, etwa in Gestalt des *Lotos-Sûtra*, hinauslaufen lassen; auch bleiben die „Acht Lehren" eben acht verschiedene Lehren, hinter denen sich die eine verbergen muss, die ihnen allen zugrunde liegt und gemeinsam ist. Dieses Problem ist so unlösbar, dass andere kluge Köpfe darauf verfallen sind, dem Buddha das *Paradoxon* in den Mund zu legen: „In all meinen zahllosen Reden habe ich nicht ein einziges Wort gesagt!" Dabei wird dem Problem der *einen Lehre* dadurch seine Brisanz genommen, dass es umgangen wird: Es erübrigt sich, nach der *einen Lehre* zu suchen, weil es da gar keine Lehre gibt! Es sei denn, dass – auf einer Meta-Ebene – die Lehre Buddhas eben in dieser einen Aussage besteht, dass es da nichts zu lehren gibt! Doch rein logisch gesehen ist auch das keine Lösung; denn der Buddha hat ja nun einmal all die in den Sûtren niedergelegten Lehrreden gehalten und dabei unterschiedliche oder sogar widersprüchliche Lehräußerungen getan – womit das Problem der *einen Lehre* erhalten bleibt.

Für uns Heutige freilich, geprägt vom Geist der Aufklärung und ausgestattet mit den Ergebnissen historisch-kritischer Forschung, existiert das Problem nicht. Für uns gehört es vielmehr zu den Selbstverständlichkeiten, dass immerhin die großen Mahâyâna-Sûtren sämlicht erst Jahrhunderte nach dem Tod des Buddha Shâkyamuni entstanden sind, viele, zumal besonders wichtige wie das *Prajñâpâramitâ-* und das *Lotos-Sûtra*, sogar erst in den ersten Jahrhunderten unserer Zeitrechnung – jeweils einer anderen Bedürfnislage entsprungen und mit jeweils anderer Zielsetzung konzipiert. Bei solcher Sachlage wäre es unsinnig, nach der *einen Lehre* auch nur suchen zu wollen, die sich vermeintlich hinter all den angeblichen Lehrreden Buddha Shâkyamunis vom Pâli-Kanon bis zu chinesischen Sûtren des 4. Jahrhunderts so verbirgt wie in ihnen manifestiert. Für uns Heutige sind all diese Texte Ausdruck einer Entwicklung und ständigen Wandlung des Buddhismus, zu deren Ergebnissen auch das chinesische Chan und zeitgenössische Zen gehört.

Nichtsdestotrotz müssen wir den Mönch des Kôan 14 ernst nehmen, wenn wir verstehen wollen, wie die Song-zeitlichen Chan-Meister die Grund- und Haupt-Frage des allgemeinen Buddhismus, mit der der Mönch hier aufwartet, für ihre Zwecke genutzt haben. *„Was ist die [eine] Lehre der ganzen Zeit [seiner Lehrtätigkeit]?"*, fragt der Mönch, und Yun-men gibt ihm zur Antwort: *„Die eine Auslegung, die [seiner gesamten Lehrtätigkeit] entspricht!"* Diese Antwort trifft zweifellos ins Schwarze – nur leider sagt sie nichts aus! Die *eine Lehre der ganzen Zeit der Lehrtätigkeit* Buddhas kann in der Tat nur durch Auslegung all seiner verschiedenen Lehräußerungen gewonnen werden, und zwar nur durch eine, sogar die eine, die all diesen Lehräußerungen *entspricht*, sie einbezieht und dabei jeder einzelnen gerecht wird. Doch worin diese Auslegung besteht, was ihren Inhalt ausmacht, gerade das lässt Yun-mens Antwort schlechterdings unberührt. Yun-mens Antwort ist also, genau betrachtet, keine Antwort, sondern die Verweigerung der Antwort.

Zu den Gesprächstechniken, deren sich Yun-men mit Vorliebe bedient hat, gehört neben der „Ein-Wort-Schranke" und der „stellvertretenden Antwort" die Wiederholung der Frage des Fragestellers. Hier im **Beispiel** des Kôan 14 geschieht etwas ganz Ähnliches: Yun-men nimmt den Wortlaut der Frage auf, ersetzt den Begriff „Lehre" durch den der „Auslegung" und verwandelt das Ganze in einen Aussagesatz. Aber was ist damit gewonnen? Ist das nicht nur ein billiger Trick, um dem Mönch die Antwort zu verweigern? Xue-dou muss das anders gesehen haben; denn in seinem **Lobgesang** kommentiert er Yun-mens Antwort mit dem Ausruf: *„Höchst eigenwillig und beispiellos! / In einen eisernen Hammer ohne Loch treibt [er] mit Nachdruck einen Keil!"* Nicht nur Yun-men wird da herausgestrichen, sondern gleichermaßen auch sein Widerpart, der Mönch: Dessen Frage wird zu einem *eisernen Hammerkopf ohne Loch* für einen Stiel und mithin zu einem Etwas erhoben, das sich nicht aufbrechen, zu einer Nuss, die sich nicht knacken lässt! Doch Yun-men zeigt sich dem Angriff mit einem solch unbezwinglichen Werkzeug gewachsen: Er *treibt* mit seiner *beispiellosen* Antwort gleichwohl *einen Keil* in diesen Eisenkopf! Aber wieso denn? Hinzukommt, dass Xue-dous Lob sogar noch weitere Höhen erklimmt: Angesichts von Yun-mens angeblichem Geniestreich *„lachen [sie] unter dem Weltenbaum laut auf: / [Denn] gestern Nacht hat der schwarze Drache sich die Hörner abgebrochen!"* Anders gesagt: Der *schwarze Drache*, der in Gestalt einer Perle unter seinem Kinn das Geheimnis der Welt hütet, also niemandem erlaubt, dies Geheimnis zu lüften, ist dank Yun-mens Meisterschaft wehrlos geworden; er muss sich *auslachen* lassen, weil das von ihm gehütete Geheimnis nunmehr offen zutage liegt!

Es heißt also, die Sache noch einmal neu anzugehen: Xue-dous Lobgesang legt den Gedanken nahe, der Mönch habe sehr wohl gewusst, was für einen Brocken er mit seiner Frage, *diesem eisernen Hammerkopf ohne Loch*, Yun-men da wie einen höchst wirksamen Stolperstein vor die Füße wirft. Doch das muss keineswegs bedeuten, dass der Mönch lediglich Yun-men habe auf die Probe stellen wollen, ihm selbst also der Inhalt seiner Frage völlig gleichgültig sei. Wenn das Ganze nicht bloß ein Schaukampf sein soll, sondern eine Angelegenheit auf Leben und Tod (das, was unter den Anhängern des Chan die „Große Angelegenheit" genannt wird), dann müssen wir davon ausgehen, dass der Mönch seine Frage aus einem tiefen Bedürfnis seines Herzens heraus gestellt hat (christlich gesprochen, aus echter »Seelennot«), was allerdings ein Wissen um die *Eisenhammer*-gleiche Wucht dieser Frage, um die vielleicht sogar unüberwindliche Schwierigkeit einer angemessenen Antwort durchaus nicht ausschließt. Im Gegenteil, eben weil er um diese Schwierigkeit weiß, eine Schwierigkeit, der er selbst sich ganz und gar nicht gewachsen fühlt, sind ihm seine Frage und die von Yun-men erhoffte Antwort eine Angelegenheit auf Leben und Tod: *„Was ist die Lehre der ganzen Zeit [seiner Lehrtätigkeit]?"*, worauf Yun-men antwortet: *„Die eine Auslegung, die [seiner gesamten Lehrtätigkeit] entspricht!"* – eine höchst unbefriedigende Antwort, zurückhaltend ausgedrückt. Denn wir erfahren mit keinem Wort, worin denn diese *eine Auslegung* bestehen, was ihren Inhalt ausmachen soll. Immerhin reagiert Yun-men nicht wie andere Meister des Chan, die in einem solchen Fall Unverschämtheiten wie „Wenn du mit einem einzigen Schluck den ganzen Ozean ausgetrunken hast, ..." oder „Wenn du es selbst herausgefunden hast, dann werde ich es dir sagen!" von sich geben. Das wäre eine glatte Verweigerung der Antwort, offen und brutal wie eine Kriegserklärung. Doch so verfährt Yun-men gerade nicht; er gibt ja eine Antwort, vielleicht sogar die einzig mögliche, weshalb Xue-dou in der Schlusszeile des **Lobgesangs** von ihm sagen kann: *„Die ‚Sonne von Shao'*, die ihre Weisheit und Güte über alle, auch diesen Mönch hier, ausgießt, *hat Zaumzeug angelegt bekommen!"* Er kann also gar nicht anders, der große Yun-men, als mit einer Leerformel zu antworten – wenn er denn ehrlich und aufrichtig sein will. Aber was bedeutet das für die Frage des Mönchs, der ernsthaft nach einer Antwort sucht und ernsthaft auf eine Antwort hofft? Nicht auf irgendeine, sondern auf die richtige, die verlässliche, die erschöpfende Antwort!

„*Die eine Auslegung, die [seiner gesamten Lehrtätigkeit] entspricht!*" – erschöpfend ist diese Antwort nur, wenn sich sonst nichts weiter aussagen lässt. Selbstverständlich hätte der Mönch den Wortwechsel fortsetzen und mit der weiteren Frage nachfassen können: „Und was ist der Inhalt dieser *einen Auslegung*?"; höchstwahrscheinlich hat er auch genauso nachgefasst (es sei denn, die eine Antwort Yun-mens hätte an ihm bereits eben die Wirkung getan, auf die Xue-dou oder wer sonst für die Kürze des Beispiels verantwortlich ist, es von vornherein abgesehen hat). Und Yun-men, was hätte der auf eine solche zweite Frage noch erwidern können? Nun, eben dies noch einmal: *„Die eine Auslegung, die [seiner gesamten Lehrtätigkeit] entspricht!"* Damit wäre unmissverständlich klargestellt – und zugleich auch der Wortwechsel unwiderruflich beendet – dass sich über diese *eine Auslegung* nichts weiter aussagen lässt. Die *eine Auslegung*, die *der gesamten* angeblichen *Lehrtätigkeit* Buddha Sâkyamunis mit all ihren Unvereinbarkeiten und Widersprüchen *entspricht*, ist mithin inhaltsleer (und kann auch gar nichts anderes sein). Mit anderen Worten: Die *eine* in sich widerspruchsfreie *Auslegung* aller überlieferten Lehrreden und -äußerungen Buddhas gibt es nicht, kann es nicht geben – es sei denn, sie läuft auf nichts als Schweigen hinaus! Und damit sind wir bei der Legende von Buddhas letztem Auftritt auf dem Gridhrakûta oder Geierberg angekommen, wo er der unabsehbaren Menge seiner Anhänger, statt die erwartete Abschiedsrede zu halten, lediglich schweigend eine Blüte entgegenstreckt.[192] Oder bei dem bereits zitierten *Paradoxon*, das Buddha höchstpersönlich in den Mund gelegt wird: „In all meinen zahllosen Reden habe ich nicht ein einziges Wort gesagt!"

Auch in der Kurzform des Wortwechsels zwischen Mönch und Meister, auf die sich das **Beispiel** *de facto* beschränkt (nur eine Frage und eine Antwort), verfolgt Yun-men mit seiner Leerformel von der *einen Auslegung, die [seiner gesamten Lehrtätigkeit] entspricht*, die Absicht, den Fragesteller mit der Einsicht zu konfrontieren, dass es da nichts weiter zu sagen gibt, dass sich also das, worauf die Buddha-Lehre letztlich abzielt, nur durch Schweigen erfassen und mitteilen lässt. Ob der Mönch aber tatsächlich zu dieser Einsicht durchgedrungen ist, erfahren wir freilich nicht; wäre es so, dann hätte sich Yun-mens eine Antwort schon hier im Kôan 14 als genau das *Schwert* erwiesen, *das tötet und zugleich lebendig macht*, von dem erst die **Ankündigung** des Kôan 15 spricht: Indem sie die Frage des Mönchs, aus »Seelennot« geboren, einfach beiseitewischt, versetzt sie ihm den Todesstoß; indem sie ihn aber zugleich in die Sphäre des Schweigens, der Nicht-Dualität versetzt, aus der allein unerschütterlicher Frieden und eine nicht zu erschöpfende Kraft erwachsen, hätte sie ihn tatsächlich mit neuem, stärkerem Leben beschenkt.

---

192 Diese Legende, die den Gegenstand des Kôan 6 *Wu-men-guan* ausmacht, wird erstmals in einem chinesischen, also nicht einmal in Indien entstandenen Mahâyâna-Sûtra mit dem sprechenden Titel *Da-fan tian-wang wen-fo jue-yi Jing* erwähnt, in dem Brahmâ (*Da-fan?*), der König der Götter (*tian-wang*), Buddha bittet (*wen-fo*), den Dharma darzulegen, dieser jedoch, durch das bloße Hochhalten einer Blüte, allem Reden „den Sinn abschneidet" (*jue-yi*) – vgl. Lexikon II, S. 261, Artikel „Nenge Mishô", der aber keine Angaben zur mutmaßlichen Entstehungszeit dieses Sûtra enthält.

Der zweite Mönch, der des Kôan 15, der unzweifelhaft die Frage des ersten Mönchs und Yun-mens Antwort darauf mit angehört hat, scheint allerdings von der Brisanz dieser Antwort nichts verspürt zu haben; er nimmt Yun-mens *„eine Auslegung, die [seiner gesamten Lehrtätigkeit] entspricht“*, beim Wort und behandelt sie als etwas, das grundsätzlich durchaus zu leisten ist. Nur so ist zu verstehen, dass er überhaupt mit einer Anschluss-Frage hervorzutreten wagt, dabei allerdings nicht geradewegs vorgeht: „Worin besteht sie denn nun, diese *eine Auslegung*?“, sondern einen Umweg einschlägt, den Umweg einer recht gewundenen Formulierung. Er fragt also: *„Wenn das* – eben die inhaltliche Bestimmung der *einen Auslegung*, die Yun-men bisher seinen Mönchen vorenthalten hat – *keine gegenwärtige spirituelle Kraft und ebenso keine gegenwärtige Angelegenheit ist, was ist es dann?“* Das soll im Klartext heißen: „Wenn ich diese inhaltliche Bestimmung nicht hier und jetzt, in diesem Augenblick, zu meiner *Angelegenheit* mache (oder Ihr, Meister, sie zu der Euren macht), und wenn ich nicht hier und jetzt meine *spirtuelle Kraft* an ihr erprobe (oder Ihr, Meister, die Eure unter Beweis stellt),[193] was bedeutet das für die von Euch behauptete *eine Auslegung, die* Buddhas *gesamter Lehrtätigkeit entspricht*?“ Yun-mens Antwort, unverzüglich vorgebracht: „Dann wird sie zu *der einen Auslegung, die [seine gesamte Lehrtätigkeit] zunichte macht!*“ Das ist schon mehr eine Keule als nur *ein Schwert, das tötet und lebendig macht*! Denn zum einen nötigt Yun-men damit den zweiten Mönch, sich der Herausforderung der *einen Auslegung, die [seiner gesamten Lehrtätigkeit] entspricht*, hier und jetzt zu stellen, in eigener Person, ohne jede weitere Verzögerung; und zum anderen unternimmt Yun-men rein gar nichts, um seinen Part in dieser Angelegenheit zu spielen. Beides läuft auf dasselbe hinaus: Wenn der Mönch die *eine Auslegung, die [der gesamten Lehrtätigkeit Buddhas] entspricht*, sozusagen aus dem Stand heraus allein zustande bringen soll, stürzt ihn das in das bodenlose Dunkel eines völligen *black-out*, ist alle Buddha-Lehre mit einem Schlage ausgelöscht, bleibt nur die Leere der Nicht-Dualität! Und wenn Yun-men, wie es ja offenkundig der Fall ist, keinerlei Anstalten macht, mit dem Inhalt dieser *einen Auslegung* hier und jetzt herauszurücken, *vernichtet* er damit, seinen eigenen Worten zufolge, Buddhas gesamte Lehrtätigkeit, löscht er die Lehrinhalte sämtlicher Sûtren, sowohl die wortwörtlichen als auch die unterschwelligen, geheimen, ein für allemal aus: Sein Verharren in Untätigkeit soll diesem und allen übrigen Mönchen vor Augen führen, dass es mit Buddhas Lehrtätigkeit letztlich nichts ist, dass es auf dem tiefsten Grund der Buddha-Lehre, in der Sphäre der Nicht-Dualität, nichts mehr zu sagen gibt!

Xue-dou erhebt Yun-mens zweite Antwort noch über die erste: In seinem **Lobgesang** zum Kôan 15 spricht er der *„einen Auslegung, die [Buddhas gesamte Lehrtätigkeit] zunichte macht“* eine Schärfe zu, die noch da *zerteilt*, wo es nichts mehr zu zerteilen gibt (mit Xue-dous Worten: „die *noch ein einzelnes Glied zerteilt*“); die so unfehlbar tötet, dass sie zugleich auch lebendig macht. Einem Ausspruch wie dieser zweiten Antwort ausgesetzt, ja ausgeliefert, *steht* uns unabweisbar *bevor*, was eigentlich nicht Inhalt einer Drohung, sondern Gegenstand freudigster Erwartung ist: dass wir gleichzeitig zu sterben und gleichzeitig zu

193 Der chinesische Wortlaut ist an dieser Stelle so vage formuliert, dass das logische Subjekt – wer hier was leisten soll, um wessen *spirituelle Kraft* es gehen, wessen *Angelegenheit* die *eine Auslegung* hier sein soll – völlig unbestimmt bleibt. Deshalb müssen beide Möglichkeiten durchgespielt werden: dass der Mönch oder dass Yun-men hier als logisches Subjekt in Anspruch genommen wird.

leben lernen; dass wir – mit dem Zhao-zhou des Kôan 41 – erfahren dürfen, wie aus dem spirituellen Sterben, genannt „der Große Tod", ein bis dahin ungeahntes Leben aufbricht, ein Leben der Freude und der Liebe zu Menschen und Welt. Dazu ist allerdings vonnöten, dass wir dem Schweigen, das am Grunde der Buddha-Lehre auf uns wartet, nicht wie die *Vierundachtzigtausend [auf dem Geierberg]* mit Befremden und Abkehr begegnen, sondern, wie Kâshyapa mit *Phönix-Federn* geschmückt, imstande sind, in ihm die Quelle eines Lebens in Glück und Fülle zu erkennen. Wir müssen uns, jeder einzelne, gerade so wie die *dreiunddreißig* Patriarchen, die *sich in die Höhle des Tigers gewagt* haben, auf das Wagnis einlassen, uns in den Abgrund der Nicht-Dualität jenseits aller Worte, jenseits allen Wissens, jenseits allen Seins fallen, uns vom Rachen des „Großen Todes" zu nichts zermalmen zu lassen. *Nein, nein!*, so wehrt Xue-dou zum Schluss das Missverständnis ab, dieses Wagnis sei Weltflucht, geschehe aus einem unstillbaren Drang, sich der Unbeständigkeit, den Wirrnissen der Welt ein für allemal zu entziehen. *Nein, nein!*, das Wagnis des spirituellen Sterbens zielt im Gegenteil darauf ab, in dieser unbeständigen, von Wirrnissen erfüllten Welt wie *mitten auf hastig wirbelndem Wasser* nicht etwa bloß stoisch auszuharren, vielmehr die friedvolle Ruhe und den silbernen Glanz, die der *Vollmond*, Symbol der Shûnyatâ, über die ständig sich wandelnden Dinge breitet, voller Hingabe zu leben! Wohlgemerkt: sie zu leben, sie nicht nur so zu erleben, als wären wir lediglich staunende Zuschauer, sondern sie zu unserem eigenen Leben zu erwecken!

Nehmen wir zum Schluss die Beispiele der beiden Kôan 14 und 15 als das, was sie dem Augenschein zuwider in Wahrheit sind: als die Beschreibung eines in sich geschlossenen Geschehens! Dann steht der Ausgangsfrage: *„Was ist die Lehre der ganzen Zeit [seiner Lehrtätigkeit]?"* letztlich die Antwort gegenüber: *„Die eine Auslegung, die [seine gesamte Lehrtätigkeit] zunichte macht!"* Damit tritt die Brisanz des Ganzen umso deutlicher hervor: Da gibt es auf der einen Seite den großen, „von aller Welt geehrten" Lehrer Buddha Shâkyamuni, der über vier Jahrzehnte hin vor Tausenden von Menschen seine Einsichten verkündet hat, um ihnen einen Weg – den einen WEG – aus den Nöten und Leiden des Daseins zu weisen; und auf der anderen Seite erklärt ein hochgeachteter Meister des Chan, die „Sonne von Shao", sich auf die Lehre des „Welt-Geehrten" einzulassen, bedeute, dahin zu gelangen, dass (oder: wo) von dieser Lehre nichts mehr übrig bleibt! Die Heilslehre des Buddha Shâkyamuni, heißt das, führt den, der sich ihr rückhaltlos ergibt, ins Nichts – in ein Nichts der Worte, Gedanken und Verheißungen. Und doch soll gerade dieses Nichts – dass da nichts mehr zu sagen, zu denken, zu hoffen ist – die entscheidende Verheißung sein: Erst der Eintritt in die Sphäre des Verstummens und der Nicht-Dualität befreit uns zu einem Leben nicht der Entsagung, des Weltverzichts, vielmehr der gelassenen und zugleich freudigen Bejahung genau des Daseins, aus dem Buddha Shâkyamuni uns hat erretten wollen: gelassen, weil die Verwurzelung in der Sphäre des Verstummens uns in den Stand versetzt, die Mängel des Daseins, die unaufhebbaren, nicht als Einwand gegen dieses Dasein zu empfinden; und freudig, weil die Stille und Leere der Nicht-Dualität uns, wenn in die Fülle der Welt zurückversetzt, erst so recht die Augen für die Schönheit der *Zehntausend Dinge*, geradezu leuchtende Augen, öffnet. Anders gesagt: Wir haben, so Yun-men, die Rettung, die uns Buddha Shâkyamuni mit *der Lehre der ganzen Zeit [seiner Lehrtätigkeit]* hat zuteil werden lassen wollen, gar nicht mehr nötig; denn die Welt ist für uns nicht länger das Jammertal, erst recht nicht das Jammertal einer unabsehbaren Abfolge immer neuer, gleich quälender

Existenzen, das nur den einen Wunsch in uns erweckt, nämlich den, dieser Welt ein für allemal zu entkommen; sie ist uns, ganz im Gegenteil, der Ort unserer Erfüllung! Wie sagt doch derselbe Yun-men im Kôan 90? „Arznei und Krankheit heilen sich gegenseitig: Die ganze große Erde ist ..." – nicht ewa, wie die Lehre Buddha Shâkyamunis vermuten lässt, die Krankheit; sie ist vielmehr „... die Arznei!"

Nicht Nirvâna, nicht die Flucht aus Welt und Wiedergeburt ist das Ziel, weder unseres noch das Yun-mens, sondern ein Leben in Daseinsfreude und Daseinslust, geboren aus einem anderen »Jenseits von Leben und Tod« – einem, das uns das Leben zu genießen erlaubt, als etwas, an das wir uns nicht klammern und von dem wir uns nicht quälen lassen müssen; als etwas, das wir loslassen und ergreifen, das wir ebenso ergreifen und loslassen können:

»Jenseits von Leben und Tod« –
Einst bedeutete das,
Frei zu sein
Wie vom abermaligen Sterben
So von neuer Geburt.
Das als Glück zu empfinden
Gilt freilich nur,
Wenn zu leben ein Schrecknis ist,
Durch Wiederholung des Todes
Schlimmer als ohnehin schon.
Wie aber, wenn
Leben dir teuer ist –
Wäre dann nicht
Wiedergeboren zu werden
Ein noch größeres Glück?
Wie auch, wenn
Nur dieses eine
Leben zu haben
Eben das Schrecknis wär'?
Welchen Sinn
Machte es dann,
Nicht nur nicht mehr zu sterben –
Das wäre wunderbar –
Nein, auch vom Leben noch frei zu sein?

»Jenseits von Leben und Tod« –
Warum sollte dir nicht
Diesem Satz
Neuen, unvermuteten Sinn kühn
Einzuhauchen erlaubt
Sein? Zumal, was dich treibt, nicht
Übermut ist –
Ernsthaft du und Erfahrung, die

Gar keine andere Wahl lässt:
»Jenseits von Leben und Tod«,
Das ist für dich:
Nichts, auch das Leben nicht,
Leerheitsgewohnt,
Nötig zu haben, so sehr du
Deines täglich genießt.
Auch »der Tod
Geht dich nichts an«. Zwar
Ist, unbestritten,
Dieser dein Leib, dein Ich
Todgeweiht.
Das aber trifft
Dich doch nicht, der du längst schon
Heimgekehrt bist ins Nichts,
»Mutter« der Welten zum Aufersteh'n.[194]

194 Roloff (3), Text 72 – Die 2. Strophe enthält zwei Anspielungen; zum einen auf einen Ausspruch Epikurs: »Der Tod geht uns nichts an; wenn wir sind, ist der Tod nicht; wenn der Tod ist, sind wir nicht!«; zum anderen auf das *Dao-De-Jing*, in dem das DAO auch als die »Mutter der *Zehntausend Dinge*« bezeichnet wird.

16. Jing-qing zum „Klopfen und Picken"

Ankündigung

Der WEG hat keine Seitenwege; wer auf ihm [geht und] steht, [steht] einsam und hoch aufgerichtet. Die Wahrheit ist weder dem Sehen noch dem Hören zugänglich und Gesprochenes und Gedanken lässt sie weit hinter sich. Falls [du] es vermagst, mitten durch den Dornenwald hindurchzudringen, die Fesseln Buddhas und der Patriarchen abzustreifen und die Gefilde einer unerschütterlichen Stille zu erreichen, dann finden sämtliche Götter keinen Weg, [dir] Blumen darzureichen,[195] finden diejenigen, die »außerhalb des DAO« stehen, keine Öffnung, mit spähenden Blicken einzudringen; dann bist [du] den ganzen Tag tätig, ohne doch jemals tätig zu sein, redest und erklärst [du] den ganzen Tag, ohne doch jemals zu reden und zu erklären. Sogleich kannst [du] in aller Freiheit den Kunstgriff des Klopfens und Pickens entfalten und das Schwert gebrauchen, das da tötet und lebendig macht.

Selbst wenn dem so ist, musst [du] auch wissen, dass es da den einen Weg zur Umkehr gibt, mitten im Tor, das die Verwandlung herbeiführt:[196] „mit der einen Hand anzuheben, mit der anderen Hand festzuhalten".[197] Doch das ist im Verhältnis nur eine Winzigkeit, verglichen mit der Angelegenheit unserer eigentlichen Aufgabe hoch darüber; es steht [mit ihr] in einem lediglich mittelbaren Zusammenhang. – Nun sagt mal: Was ist denn nun die Angelegenheit unserer eigentlichen Aufgabe? Versucht es doch mal mit dem, [was Xue-dou hier] vorbringt!

---

195 Anspielung auf den Blumenregen, der vor der Höhle niederging, in der Subhûti, einer der Meisterschüler Buddha Shâkyamunis, sich in vollkommener Versenkung ganz der Shûnyatâ überantwortet hatte. Zum Zeichen ihrer Bewunderung ließen die Götter der dreiunddreißig Himmel Blumen auf ihn niederregnen. Doch diese ausschließliche Versenkung in die Shûnyatâ hat niemals den Beifall der Tang- und Song-zeitlichen Chan-Meister gefunden; man vergleiche dazu die beiden folgenden Verse aus dem Lobgesang des Kôan 6: „Der Himmel aber lässt vor [Subhûtis] Felsenhöhle Blumenregen wirbeln! / Nur zu, [ich] schnippe sie mit [meinen] Fingern weg, bedauernswerte Shûnyatâ!" – Siehe auch die Fußnote 96 anlässlich des Kôan 6.

196 Mit der *Umkehr* spielt Yuan-wu auf die Hinwendung zu Weltverzicht und Nirvâna an, und mit dem *Tor, das die Verwandlung herbeiführt*, sind die Chan-Klöster gemeint, in denen sich die Mönche darin üben, sich durch Versenkung in weltentrückte Buddhas zu *verwandeln*, und wo es die Aufgabe des Abtes oder Meisters ist, den Mönchen bei dieser *Verwandlung* behilflich zu sein.

197 In den westlichen Übersetzungen hat es sich eingebürgert, an dieser Stelle um einer deutlicheren Entgegensetzung willen dem „Anheben" ein „Niederdrücken" gegenüberzustellen (in einem erläuternden Zusatz spricht auch Gundert von einem „Niederducken" – Bd. I, S. 297). Doch der Wortlaut des chinesischen Originals erlaubt nur die obige Übersetzung: „Die eine Hand ‚hebt' oder ‚trägt' (*tai*), die andere Hand ‚fängt ein' oder ‚hält fest' (*ni*)" – eine Formel, die durchaus Sinn macht, geht es doch um ein Zugleich von Ermuntern und Aufhelfen hin zur Buddhaschaft einerseits und In-die-Zange-Nehmen und Nicht-Entkommen-Lassen andererseits, um den Schüler in die gewünschte Richtung zu zwingen. Zwar findet sich im Kôan 22 *Cong-rong-lu* eine ganz ähnliche Formel, die auch der Verfasser als „mit einer Hand emporhalten und mit einer Hand **niederdrücken**" übersetzt hat, doch bietet das chinesische Original des *Cong-rong-lu* statt des Schriftzeichens *ni* („festhalten") hier im *Bi-yan-lu* dort ein anderes Zeichen, nämlich *na*, eben „niederdrücken" – vgl. Roloff (2), S. 110.

Beispiel

Ein Mönch sagte zu Jing-qing: „Euer Schüler klopft; bitte, Meister, pickt!“[198]
Jing-qing sagte: „Hat [es] auch Leben oder nicht?“
Der Mönch sagte: „Falls [es] nicht lebt, [muss ich es] hinnehmen, dass die Menschen [es mir] übelnehmen und [mich] auslachen.“
Jing-qing sagte: „Das ist ja wahrlich ein Chinese mitten im Gras!“

Lobgesang

Der alte Buddha hat eine Familiensitte besessen:
Entsprechen, erheben - Tadel und Häutung erleiden![199]
Küken und Henne kennen einander nicht -
Wer klopft, [wer] pickt da zu gleicher Zeit?
[Einer] pickt, [der andere] erwacht -
[Doch] noch sitzt [er] in der Schale fest
[Und] steckt abermals [nur] Prügel ein!
Flickenkutten-Mönche in aller Welt benennen vergebens das Verborgene!

Im *Zu-tang Ji* von 952 wird **Jing-qing** Dao-fu unter den Schülern und Nachfolgern Xuefengs aufgeführt, neben den bekannteren Meistern Bao-fu Cong-zhan, Xuan-sha Shi-bei, Chang-qing Hui-leng und Yun-men Wen-yan. Seine Lebensspanne (868-937) fällt in die Zeit rund um den endgültigen Untergang der Tang-Dynastie, und mit den Orten seines Wirkens gehört er in die Gruppe derjenigen Chan-Meister, die in einem der zunächst nur relativ unabhängigen, später ganz und gar selbständigen Staatsgebilde des Südens die Unterstützung und Förderung der lokalen Herscherfamilien erfahren haben und so in der Lage gewesen sind, ihren individuellen Anteil zum Überleben und zur Weiterentwicklung des Chan beizutragen.

---

198 Hinter dieser metaphorischen Aussage steht das uns Stadtmenschen kaum noch bekannte Phänomen eines schlüpfenden Kükens, das mit einem eigens dazu tauglichen kleinen und harten Höcker auf seinem ansonsten noch weichen Schnabel von innen gegen die Eierschale *klopft* und damit die brütende Henne veranlasst, von außen auf das Ei *einzupicken*, bis die Schale aufbricht und das Küken ausschlüpfen kann. - Zum Wortlaut des chinesischen Originals ist noch anzumerken, dass das Verbum *cu*, das hier als *klopfen* übersetzt ist, eigentlich „lärmen“, „Lärm machen“ bedeutet, was seinerseits als ein Auf-sich-aufmerksam-Machen verstanden werden kann. Und noch etwas: Im Chinesischen steht stratt des *„Ein Mönch sagte ...“* vielmehr die übliche Einleitungsformel: *„Ein Mönch fragte ...“*; doch was dann folgt, enthält keine Frage, sondern eine Aufforderung; deshalb die freie Übersetzung: *„[Er] sagte ...“*

199 Japanische Kommentatoren wie Katsuki Sekida und Kôun Yamada wollen unter dem *alten Buddha* nicht etwa Buddha Shâkyamuni, sondern Jing-qing selbst verstanden wissen; doch dagegen spricht der Wortlaut des chinesischen Originals. Es heißt dort unzweifelhaft *gu fo* und nicht *lao fo*, und ein *gu fo* ist ein Buddha aus alter Zeit, also ein Buddha der Vergangenheit, während ein alter Buddha im Sinne eines hochbetagten Buddhas als *lao fo* bezeichnet wird - und Jing-qing (868-937) wäre mit seinen 69 Jahren Lebenszeit nicht einmal ein *lao fo*, wie Yuan-wu in seiner Zwischenbemerkung den immerhin 80-jährigen Buddha Shâkyamuni einen *lao zi*, also einen hochbetagten Meister nennt, und wie es insbesondere von dem 119jährigen Zhao-zhou gesagt werden konnte und auch gesagt worden ist (vgl. den Lobgesang des Kôan 47 *Cong-rong-lu*).

Ein Chan-Kloster, auch *Tor der Verwandlung* genannt, war – und ist – eine Stätte, an der jeder einzelne Mönch in Gemeinschaft mit anderen Mönchen aus eigener Kraft auf sein persönliches „Großes Erwachen" hinarbeitet, sich dabei aber zugleich auch der Führung und Anleitung durch den jeweiligen Abt anvertraut. Das läuft auf ein Zusammenwirken des spirituellen Strebens hier und eines im Idealfall zielsicheren Anstoß-Gebens dort hinaus. Dieses Zusammenwirken von Meister und Schüler bzw. umgekehrt von Schüler und Meister mittels der Metapher vom *Klopfen* eines zum Schlüpfen bereiten Kükens und dem energischen *Picken* der Henne, mit dem sie dem Küken aus der Schale hilft, präzise auf den Punkt gebracht zu haben, scheint der besondere Beitrag Jing-qings gewesen zu sein. Bemerkenswert und zum Schmunzeln einladend der Schuss Ironie, dass die Signale, mit denen die Mönche ihrem Abt anzeigen, dem Durchbruch ins „Große Erwachen" nahe zu sein, mit einem Verbum umschrieben werden, das wörtlich genommen „lärmen", „Lärm machen" bedeutet!

Der Mönch des **Beispiels**, offensichtlich kein Neuling in der Mönchsgemeinde Jing-qings, geht mit seinem „Lärm" gleich aufs Ganze: *„Euer Schüler klopft; bitte, Meister, pickt!"* Was er will, ist klar: Der Meister soll mit dem, was andernorts ein Wende-Wort heißt, dem „Großen Erwachen", das der Mönch in seinem Inneren sich regen fühlt, ans Tageslicht, zur vollen Entfaltung verhelfen. Zu Recht fragt ihn der Meister – und das ist dann das *Entsprechen, Erheben* des **Lobgesangs**[200] – ob das, was da angeblich an den Tag kommen will, *auch* tatsächlich *Leben hat* – oder vielleicht nur eine Totgeburt ist. Anders gesagt heißt das: „Ich will Dir gerne helfen, Dein Küken zur Welt zu bringen; wir müssen nur darauf achten, dass sich unser gemeinsames Bemühen auch lohnt." Der Mönch stimmt zu: „Ja, was da zum Vorschein kommen will, muss schon ein lebendiges, ein lebenskräftiges Etwas sein; andernfalls müsste *[ich es] hinnehmen, dass die Menschen [es mir] übelnehmen und [mich] auslachen.*" So siegesgewiss, so seiner Sache sicher ist dieser Mönch nicht, dass er auftrumpft: „Selbstverständlich *hat es auch Leben*, was sich da in mir regt!" Nein, er bleibt im Modus bloßer Möglichkeit: „Es wird wohl *Leben haben*; denn sonst machte ich mich ja zum Gespött der Menschen!" Das ist nicht viel, verrät ein gewisses Maß an Unsicherheit und heißt nur, dass er weiß, was von ihm erwartet wird: Ein „Großes Erwachen", das nicht wirklich „Großes Erwachen" ist, ist überhaupt kein »Erwachen«! Die mehr oder weniger schwächelnde Zustimmung des Mönchs kontert Jing-qing mit der augenscheinlich abfälligen Bemerkung: *„Das ist ja wahrlich ein Chinese mitten im Gras!"* – einer, der es sich leicht und bequem macht, soll das besagen; und das ist der *Tadel*, vom dem der **Lobgesang** spricht. Aber inwiefern ist das auch eine *Häutung*? Inwiefern „zieht" Jing-qing mit seiner Bemerkung dem Mönch „die Haut ab"? Eine solche *Häutung* führt ja beim Menschen zumindest unweigerlich zum Tode – wenn sich hingegen eine Schlange, eine Eidechse *häutet*, kommt nur ein größeres, ein umso lebendigeres Tier hervor!

Auch sonst gibt es da im **Lobgesang** ein paar Einzelheiten, die darauf schließen lassen, dass es bei der bisherigen Deutung nicht sein Bewenden haben darf: *„[Einer] pickt, [der andere]*

---

200 Das chinesische Verbum *dui*, das hier mit *„entsprechen"* wiedergegeben wird, bedeutet gleichermaßen auch „antworten", wobei beides darauf hinausläuft, dass ein Sprecher „sich auf einen anderen", ein Gegenüber „einlässt" und etwa einer Bitte um Auskunft, um einen förderlichen Hinweis eben *entspricht.*

erwacht", heißt es da, womit Xue-dou dem Mönch wegen seines *„Falls [es] nicht lebt ..."* immerhin ein »Erwachen«, wenn auch ein unvollständiges, zugesteht: *„[Doch] noch sitzt [er] in der Schale fest*", wie Xue-dou diese Unvollständigkeit umschreibt; und deretwegen muss der Mönch, so wiederum Xue-dou, *„abermals [nur] Prügel einstecken*", wobei die Heftigkeit der *Prügel* nunmehr beides zusammen aufnimmt, den *Tadel* und die *Häutung* – wieso aber *abermals*? Hat also auch Jing-qings erste Antwort, seine dann eher inquisitorische als zustimmende Frage: *„Hat [es] auch Leben?"* bereits den Charakter von *Prügel*?

Nehmen wir einen neuen Anlauf: Die Akteure des **Beispiels** führen uns das *Klopfen* und *Picken* sozusagen in Echtzeit vor. Der einleitende Sprechakt des Mönchs ist bereits sein Klopfen (eben der „Lärm" des chinesischen Wortes *cu*). Die Reaktion Jing-qings: *„Hat [es] auch Leben oder nicht?*", ist kein Versprechen einer zukünftigen Hilfe, sondern ist bereits die Hilfe, ist das Wende-Wort, das sich der Mönch erhofft – es ist genau das *Picken*, um das er seinen Abt gerade erst gebeten hat. *„Hat [es] auch Leben oder nicht?*", diese Frage entspringt einem tiefen Misstrauen Jing-qings, der Mönch möchte mit seinem „Großen Erwachen" auf dem Holzweg sein, sich in etwas verrennen, was er selbst nicht gutheißen kann. Sein *„Hat [es] auch Leben oder nicht?"* ist ein *Picken*, das wehtun soll und auch tatsächlich wehtut – allerdings nur, wenn zutrifft, dass der Mönch in der Tat dabei ist, sich zu verrennen. Was beinhaltet denn die Metapher vom „Großen Erwachen"? Nun, den Übertritt und Eingang in einen Zustand, eine Sphäre jenseits von Ich und Welt; eine Sphäre, von der Hui-nengs angebliches Erleuchtungsgedicht aussagt: „Ursprünglich ist da kein einziges Ding!" Und dieser Übertritt in den Zustand der Shûnyatâ birgt die Gefahr, dass wir, dass der Möch sich an deren Leere und Stille verliert und so Leben und Welt versäumt. Dem tritt Jing-qing mit seinem *Picken* entgegen, und dieses *Picken* schmerzt, wenn es etwaigen Sehnsüchten des Mönchs nach Leidlosigkeit und Friedhofsruhe in die Quere kommt.

„Hat [es] auch Leben oder nicht?" (*hai de huo ye wu*) – das sind also die ersten *Prügel*, die sich aus den Andeutungen des Lobgesangs erschließen lassen: *„Hat [es] auch Leben*, das Küken, das da zur Welt kommen will, *oder nicht?"* Doch neben dieser Bedeutung, die der Verfasser bisher unterstellt hat, sind noch andere Übersetzungen möglich: Zum einen besagt das chinesische Verbum *de* außer „besitzen" auch „erlangen", und zum anderen kann der Satz bei dem sprachtypischen Fehlen eines Pronomens auch „Hast [Du]" bzw. „erlangst [Du] auch Leben oder nicht?" bedeuten. Dann geht es Jing-qing bei seinem Wende-Wort nicht länger um eine mögliche Totgeburt, sondern – wenn denn schon diese Art von Metapher beibehalten werden soll – um eine Missgeburt, um ein »Erwachen«, das kein wirkliches „Großes Erwachen" ist. Zu dem gehört nämlich – das hat der Verfasser ja nun schon oft genug betont – die Rückkehr in Leben und Welt. Und genau die fordert Jing-qing hier von seinem Schüler ein!

Mit seinem *„Erlangst [Du]* bei Deinem Streben nach dem „Großen Erwachen" *auch Leben oder nicht?*", ermahnt, ja bedrängt Jing-qing seinen Mönch. Und der begreift immerhin, worauf Jing-qing hinaus will, stimmt seiner Ermahnung zu. Der Mönch hat, wie es in der *Gong-an*-Literatur so schön heißt, eine „Einsicht", sozusagen ein „Kleines Erwachen", nur ein kleines, aber immerhin ein »Erwachen«. Und so kann Xue-dou im **Lobgesang** formulieren: *„[Einer] pickt, [der andere] erwacht!"* Doch sehen wir uns die Antwort des Mönchs genauer an: Er sagt nicht aus voller Brust: „Ja, [es] hat ...“ oder, wie es jetzt vielmehr heißen muss: „Ja, [ich] habe soeben das Leben erlangt – ich, der ich gerade noch den Meister gebeten habe, mich aus der Schale der Verblendung zu befreien!“ Nein, er sagt: *„Falls [es] nicht lebt ...“*, oder vielmehr: *„Falls [ich] nicht lebe, [muss ich es] hinnehmen, dass die Menschen [es mir] übelnehmen und [mich] auslachen.“* Was für eine windelweiche Antwort! Mit anderen Worten: „Falls ich mich nach dieser Eurer Ermahnung, Meister, nicht dazu aufraffe, mich nicht bis dahin vorarbeite, aus der Shûnyatâ heraus ein tätiges Leben zu führen, dann stehe ich in den Augen der Welt als Tor da, als ein »Ritter von der traurigen Gestalt«!“[201] Der Mönch weiß, dass er sich nunmehr in voller Überzeugung zu einem Neubeginn bekennen müsste; aber davon ist er, auch wenn er das nicht zugeben möchte, noch meilenweit (chinesisch gesprochen: noch *Zehntausend Li*) entfernt. Und folgerichtig führt Xue-dou den Lobgesang nach der Zeile: *„[Einer] pickt, [der andere] erwacht!“* mit der nun nicht mehr überraschenden Einschränkung fort: *„[Doch] noch sitzt [er] in der Schale fest!“* Und dafür hat er laut Xue-dou *abermals Prügel* verdient. Die bekommt er auch, mit dem abschließenden Ausruf Jing-qings: *„Das ist ja wahrlich ein Chinese mitten im Gras!“*

Das klingt allerdings nicht gerade nach *Prügel*, ebensowenig wie Jing-qings erste Äußerung; es klingt erst recht nicht nach einer *Häutung*, von der Xue-dou gleich zu Beginn des Lobgesangs gesprochen hat. Allenfalls hat es etwas von einem *Tadel* an sich; am ehesten aber ist es Ironie, eine recht bittere sogar. Das wird deutlich, wenn wir uns vergegenwärtigen, dass *„Gras“* in der *Gong-an*-Literatur auf die diesseitige Welt, die *Zehntausend Dinge* verweist: *„Ein Chinese mitten im Gras“*, das ist ein Mann wie der Wei-shan des Kôan 24, der sich voll Behagen zu einem Nickerchen zurücklehnt in die Welt, die ihn umgibt. „Gras weit und breit“, so umschreibt Hong-zhi im Lobgesang des Kôan 89 *Cong-rong-lu* die Welt der *Zehntausend Dinge* und deutet damit an, dass wir es durch die Versenkungsübung dahin bringen können, uns in dieser Welt aufgehoben zu fühlen wie in weichem, sommerlichem Gras. *„Mitten im Gras“* läuft also auf dasselbe hinaus wie Jing-qings erste Reaktion auf den Mönch, seine Erkundigung: *„Erlangst [Du] auch Leben oder nicht?“*; beidemal kommt es ihm darauf an, dass das Ziel des Chan nicht darin bestehen kann, sich an die Shûnyatâ und in der Shûnyatâ zu verlieren, sondern nur darin, die Welt zu bestehen, und das mit Behagen, im „Großen Frieden“ des Herzens. Und wenn wir dann lesen: *„Das ist ja wahrlich ein Chinese mitten im Gras!“*, wird vor dem Hintergrund dieser Überlegungen der ungeheure Abstand offenkundig, der den Mönch in seinem tatsächlichen „Reifungsgrad“ von dem trennt, was ihm Jing-qing ironisch zuerkennt. Das soll, so die Absicht des Meisters, auch dem Mönch aufgehen; und täte es das, so wäre Jing-qings „Du wahrer *Chinese mitten im Gras*!“ tatsächlich wie *Prügel*, ein echter Keulenschlag sogar, und – vielleicht – auch eine *Häutung*, und zwar eine doppelte: eine, die dem Mönch die Haut seines »alten Adam« abzieht, die Haut eines „altgläubigen“ Chan-Mönchs, der es nur auf Nirvâna und Shûnyatâ abgesehen hat,[202] und die ihn zugleich als einen neuen Menschen, den der Welt- und Lebensbejahung, hervortreten lässt.

---

201 So hätte der Mönch von sich sprechen können, hätte er die Möglichkeit gehabt, den *Don Quixote* lesen.

202 Der Leser vergleiche dazu das Kôan 96 *Cong-rong-lu*, das einen solchen „altgläubigen“ Chan-Mönch vorführt, der Shi-shuangs immer wiederkehrende Mahnung: „Lass ab, hör auf, ..., sei kalte Asche, sei ein verdorrter Baum!“ als Aufforderung zum Verschwinden in der „Einfarbigkeit“ der Shûnyatâ miss-

Auch Xue-dou scheint da skeptisch zu sein, verhängt er doch in der Schlusszeile des **Lobgesangs** über ihn das Urteil: *„Flickenkutten-Mönche in aller Welt benennen vergebens das Verborgene!“* Das kann sich nur auf den Mönch und seine zweite Äußerung beziehen, sein schwächliches Bekenntnis, zum Leben erwacht zu sein. Diese Behauptung muss befremdlich erscheinen, ist doch in der Äußerung des Mönchs von einem *Verborgenen* nirgends die Rede. Auch hier bedarf es eines Umwegs: »Das Verborgene« ist ein typisch daoistischer Terminus;[203] er bezeichnet das DAO als den Urgrund der Dinge, in dem alles so verschwindet wie es aus ihm hervorgeht. Im Falles des Mönchs ist mit dem *Verborgenen* die Shûnyatâ gemeint, die zum einen das Hinaustreten aus Welt und Ich als ein Verschwinden (*nirvâna*) ermöglicht, und zum anderen in Leben und Welt zurückführt, in ein Leben der Daseins- und Weltbejahung[204] – eine spirituelle Rückführung, die durchaus einem ontologischen Hervorgehen, dem der *Zehntausend Dinge* aus dem Abgrund des DAO, entspricht. Und diese Machtfülle der Shûnyatâ zu *benennen*, geschweige denn zu demonstrieren, ist das, was der Mönch da von sich gibt, in der Tat ein ganz und gar untauglicher Ansatz, ein – wie Xue-dou es formuliert – für die *Flockenkutten-Mönche in aller Welt* typisches *vergebliches Benennen des Verborgenen*!

Dieses *Verborgene* hilft uns auch, zwei ansonsten unverständlichen Zeilen des **Lobgesangs** eine plausible Bedeutung abzugewinnen: *„Küken und Henne kennen einander nicht – / Wer klopft, [wer] pickt da zu gleicher Zeit?“*, formuliert Xue-dou. In einem Hühnerstall herkömmlicher Art trifft es auch heute noch unbestreitbar zu, dass sich klopfendes *Küken* und pickende *Henne nicht kennen*, solange das Küken noch nicht geschlüpft ist (pränatale Wahrnehmungen werden wir freilich heutzutage auch bei einem heranreifenden Küken unterstellen wollen); doch Jing-qing und der Mönch *kennen einander* sehr wohl: Der Abt dürfte auch diesem Mitglied seiner Mönchsgemeinde schon wiederholt begegnet sein, und der Mönch hat sich auf den Meister und die Eigenheiten seines Lehrverfahrens bereits so sehr eingestellt, dass er sich bei seiner Bitte um Hilfe eben der vom Meister bevorzugten Formel bedient. Unter welcher Voraussetzung ließe sich also sagen, sie *kennten einander nicht*? Und ebenso unsinnig muss die anschließende Frage nach dem Subjekt hier des *Klopfens* und dort des *Pickens* erscheinen, da doch von vornherein offen zutage liegt, wer hier das *Klopfen* für sich in Anspruch nimmt und wer aufgefordert wird zu *picken*! Auch eine Umkehrung der Rollen, dass etwa der Mönch, in welcher Weise auch immer, picke und der Meister klopfe (klopft er denn nicht auf den Busch?), kann nicht in Betracht kommen, solange *Klopfen* die Bitte um Hilfe bedeutet und *Picken* die Befreiung zum „Großen Erwachen“. Xue-dous Frage will so oder so nicht sinnvoll erscheinen – es sei denn, wir entscheiden uns dazu, beim *Klopfen* und *Picken* ein *gemeinsames* Subjekt anzusetzen, eines, das gleichzeitig hier klopft

---

versteht und sein Beharren darauf gegen Jiu-fengs konträre Deutung durch seinen Freitod vor den Augen der Mönchsgemeinde als allein richtig beweisen zu können meint – Roloff (2), S. 492ff.

203 Das hier verwendetet chinesische Schrifzeichen *miao* bedeutet: „tief“, „verborgen“, „unerreichbar“ und verweist mit eben diesen Bedeutung genauso wie sein im *Dao-De-Jing* mehrfach wiederkehrendes Homophon mit den Bedeutungen: „wunderbar“, „geheimnisoll“ auf das DAO in seiner Unaussagbarkeit und Wirkungsmacht.

204 Als Parallele drängt sich Wu-mens Kommentar zu einem Ausspruch Wu-zu Fa-yans im Kôan 35 *Wumen-guan* auf, wo von einem „Hinaustreten aus der Hülle“ und einem „Wiedereintreten in die Hülle“ die Rede ist, eine »Doppelbewegung«, die wir in der täglichen Versenkungsübung vollziehen – Roloff (1), S. 132ff.

und dort pickt. Doch wer oder was soll das sein? Hätten wir Gelegenheit, den leibhaften Lin-ji zu konsultieren, so wäre seine Antwort klar vorhersehbar: „Der »wahre Mensch ohne Status«, der jedem von uns innewohnt und zugleich in uns allen nur ein und derselbe ist. Dieser »wahre Mensch« ist aber nichts anderes als das, was hier im **Lobgesang** das *Verborgene* heißt, die Leere der Nicht-Dualität, die beiden, dem Mönch wie dem Meister, zugänglich und alsdann in ihnen wirksam ist; die sich in dem einen zum „Großen Erwachen" entfalten kann und den anderen befähigt, genau das zu tun und zu sagen, was dem Ersteren den Durchbruch zu seinem »Erwachen« erleichtert. Das Geschehen, das uns das hiesige Beispiel vorführt, spielt sich auf genau dieser Ebene, besser gesagt, in genau dieser Tiefenschicht ab, die beide miteinander verbindet und in der sie tatsächlich – *einander nicht kennen*! Denn in der Sphäre der Nicht-Dualität, von Dan-yuan in seinem Gedicht auf die „Nahtlose Pagode" zur „Halle aus Glas" ernannt, „da ist kein Wissen", also auch kein Voneinander-Wissen „mehr". Freilich, Xue-dous *„Sie kennen einander nicht!"* hat kein Geringerer als Wu-men in seinem Kommentar zum Kôan 1 *Wu-men-guan* widerrufen, so scheint es zumindest, heißt es doch dort: „Dienigen, die hindurchgedrungen sind, erblicken persönlich nicht nur Zhao-zhou; sie können alsbald auch mit den Gründervätern aller früheren Zeiten auf gutem Fuße stehen, sie bei den Händen halten und mit ihnen gemeinsam gehen, können deren Augenbrauen mit den ihren ineinander verflechten, können mit denselben Augen sehen und mit denselben Ohren hören wie sie – wie wäre denn das kein freudevolles Glück?"[205] Das ist jedoch, wie ersichtlich, ausschweifende Metaphorik, einzig dazu da, den Eindruck einer Intimität zu vermitteln, die ihrerseits in Wahrheit Identität ist – eine Identität, die gleichfalls jedes Wissen um einander ausschließt. Dort also, in jenem *Verborgenen*, ereignet sich, wenn überhaupt, das Zusammenspiel des *Klopfens und Pickens*, ein Zusammenspiel, das nicht immer von vollem Erfolg gekrönt sein muss, das ebensogut, wie im Beispiel dieses Kôan, im Vorläufigen stecken bleiben kann. Aber vielleicht, wir wissen es nicht, hat ja Jing-qings zweite Intervention den Mönch doch noch zum vollen »Erwachen« gebracht, vielleicht auch hat sich Jing-qing damit zufrieden gegeben, dass sie bis zu einem späteren „Großen Erwachen" nachwirkt.

Zur **Ankündigung** ist bisher kein einziges Wort gefallen; sich ihr nunmehr erst nachträglich zuzuwenden hat den Vorteil, dass sie das, was ein unvoreingenommener Blick dem Beispiel samt Lobgesang bereits an Ergebnissen hat abgewinnen können, mit Aplomb bestätigt. Und zwar wartet sie in ihrem ersten Teil mit einigen grundsätzlichen Aussagen auf, die über die thematische Einengung in Beispiel und Lobgesang weit hinausgehen. Erst gegen Ende dieses Hauptstücks wendet sie sich Jing-qing und seinem *Kunstgriff des Klopfens und Pickens* zu, spendet ihm hohes Lob, indem sie ihm die volle *Freiheit* zugesteht, diesen *Kunstgriff zu entfalten*; erklärt sie das, was er da in zwei Sätzen mit dem Mönch anstellt, *zum freien Gebrauch des Schwertes, das da tötet und lebendig macht*, und stützt damit die oben vorgetragene Deutung, dass Jing-qings zweistufige Intervention auf eine *Häutung* zum Neubeginn, zu einem neuen und freieren Leben abzielt: Nicht nur sein ironisches: *„Wahrlich ein Chinese mitten im Gras!"*, sondern auch schon die besorgt-eindringliche Frage: *„Erlangst [Du] auch Leben oder nicht?"*, die zunächst nur wie ein *Entsprechen, Erheben* – das sie zweifellos auch

---

205 Roloff (1), S. 21f.

ist – daherkam, soll in Wahrheit *töten*, um *lebendig zu machen*, um dem Mönch ein neues, bis dahin ungeahntes Leben zu eröffnen.

Das verdeutlicht der zweite Teil der **Ankündigung**. Da ist, gleichsam ein Schritt rückwärts, von *dem einen Weg zur Umkehr* die Rede, auf den sich Menschen begeben, die den Lebensweg buddhistischer Mönche gewählt haben und auf ihrer »Wolken und Wasser«-Wanderschaft jedes Kloster, in dem sie Aufenthalt nehmen, als das *Tor* nutzen, *das die* gewünschte *Verwandlung* zur Buddhaschaft *herbeiführt*. Und für die Äbte und Meister dieser Klöster gilt, dass auch ihnen ein singulärer *Weg* offensteht, den Mönchen bei ihrer *Verwandlung* behilflich zu sein, sie nämlich *„mit der einen Hand anzuheben, mit der anderen Hand festzuhalten"*, um damit deren *Umkehr*, weg von der Welt und hin zum Nirvâna, mit unnachgiebiger Strenge zu befördern. Doch dann folgt sogleich eine Abwertung dieser *Umkehr*, die an Deutlichkeit nichts zu wünschen übrig lässt: *„Das ist im Verhältnis nur eine Winzigkeit, verglichen mit der Angelegenheit unserer eigentlichen Aufgabe hoch darüber; es steht [mit ihr] in einem lediglich mittelbaren Zusammenhang!"* Worin aber, mit Yuan-wus Worten, *die Angelegenheit unserer eigentlichen Aufgabe* tatsächlich besteht, das müssen sich seine Mönche, das müsssen wir uns anhand des von Xue-dou für geeignet erachteten Beispiels vom *„Klopfen und Picken"* selbst erschließen.

Um den Zuhörern seiner Lehrvorträge und all den späteren Lesern seines *Bi-yan-lu* die Bewältigung dieser Last zu erleichtern, hat Yuan-wu gleich von vornherein, im ersten Teil seiner Ankündigung, die *Angelegenheit unserer eigentlichen Aufgabe* mit wuchtigen Sätzen umkreist: *„Der WEG hat keine Seitenwege; wer auf ihm [geht und] steht, [steht] einsam und hoch aufgerichtet. Die Wahrheit ist weder dem Sehen noch dem Hören zugänglich und Gesprochenes und Gedanken lässt sie weit hinter sich. Falls [du] es vermagst, mitten durch den Dornenwald hindurchzudringen, die Fesseln Buddhas und der Patriarchen abzustreifen und die Gefilde einer unerschütterlichen Stille zu erreichen, dann finden sämtliche Götter keinen Weg, [dir] Blumen darzureichen, finden diejenigen, die »außerhalb des DAO« stehen, keine Öffnung, mit spähenden Blicken einzudringen; dann bist [du] den ganzen Tag tätig, ohne doch jemals tätig zu sein, redest und erklärst [du] den ganzen Tag, ohne doch jemals zu reden und zu erklären.* – Es gibt nur einen WEG, heißt das, und das ist nicht der des Verschwindens in der Shûnyatâ. Ihn zu beschreiten bedeutet, **zunächst** zu jener Sphäre vorzudringen, in der – von Yuan-wu als Sphäre der *Wahrheit* umschrieben, in die nur der *hineinspähen* kann, der nicht länger »außerhalb des DAO« steht – so jegliche Wahrnehmung wie auch alles Denken und Sprechen erloschen sind und zu der vorgedrungen zu sein einschließt, alle Belehrungen *Buddhas* und sämtlicher nachfolgenden *Patriarchen* wie *Fesseln* abgestreift zu haben – ein *Gefilde*, das uns mit einer *unerschütterlichen Stille* beschenkt, die uns auch dann noch begleitet und beschützt, wenn wir **sodann**, aus der Nacht der Nicht-Dualität in den Tag der Welt zurückgekehrt, uns einem tätigen Leben widmen. Zwar sind wir dann aufs Neue denselben Beeinträchtigungen ausgesetzt, die zuvor unser Dasein zu einem *Dornenwald* gemacht haben, doch die *Stille* des DAO, die wir wie einen festen, *unerschütterlichen* Kern in uns tragen, verhindert, dass sie uns bis in die Tiefen unserer Individualität zum Unglück werden können. Und zum anderen wirkt diese *unerschütterliche Stille* wie eine Quelle nie versiegender Kraft, einer Kraft, die uns befähigt, *den ganzen Tag tätig zu sein* (da ist es, das vom Verfasser wieder und wieder beschworene tätige Leben!), *ohne doch* *jemals tätig zu sein*, will sagen, ohne uns je zu verausgaben und in Erschöpfung zu enden! Auf den Alltag von Äbten wie Jing-qing, Xue-dou und Yuan-wu angewandt ergibt sich: Deren Tätigkeit besteht ja nun einmal zum größten Teil darin, vor ihren Mönchen zu *reden* und zu *erklären*, und wenn die *unerschütterliche Stille* ihre besondere Wirkung auch an ihnen selbst vollziehen soll, dann eben damit, dass sie, wie Yuan-wu hinzufügt, *den ganzen Tag reden und erklären können, ohne doch jemals zu reden und zu erklären*, anders gesagt, ohne je aus ihrer *unerschütterlichen Stille* herauszutreten und ohne sich, eben deshalb, bei all ihren unermüdlichen Belehrungen je zu erschöpfen – dieser Nachsatz, mit dem Yuan-wu seine Umschreibung der *Angelegenheit unserer eigentlichen Aufgabe* abschließt, dies sein *„Den ganzen Tag reden und erklären können, ohne doch jemals zu reden und zu erklären"* zielt mithin nicht auf menschliches Geschwätz wie das zeitgenössischer Politiker, die mit endlos vielen Worten in Wahrheit gar nichts sagen – das ist nicht gemeint!

Folgen wir also Yuan-wu und seiner **Ankündigung**, so weist das Spiel des *Klopfens und Pickens*, das sich in diesem Kôan vor unseren Augen entfaltet hat, über sich hinaus auf genau die Bejahung eines Lebens inmitten der *Zehntausend Dinge*, die Jing-qing mit seinem *„Chinesen mitten im Gras"* mehr andeutet als ausspricht: Die *Angelegenheit unserer eigentlichen Aufgabe* besteht darin, anderen wie uns selbst den WEG zu einem Leben zu weisen, das sich aus der *unerschütterlichen Stille* der Nicht-Dualität heraus in freudig-tätiger Bewältigung des Alltags erfüllt.

17. Xiang-lins „Lange Sitzen“

Ankündigung

[Wenn du imstande bist,] Nägel zu zerteilen und Eisen zu zerschneiden – erst dann kannst [du dich] einen schulkonformen Meister [unserer] eigentlichen Aufgabe nennen. [Wenn du aber] vor Pfeilen zurückweichst und dich vor Messern zur Seite biegst – wie kannst [du] dann nach allen Seiten hin ein Könner sein? – Dass es Umstände gibt, unter denen Nadelstiche nicht eindringen [können], das lasse [ich] in diesem Fall einmal so stehen; wenn [aber] weiße Wogen bis zum Himmel schäumen, was denn dann? – Versucht es doch mal mit dem, [was Xue-dou hier] vorbringt!

Beispiel

Ein Mönch fragte Xiang-lin: „Was ist der Sinn dessen, dass [unser] Schulgründer aus dem Westen gekommen ist?“
Xiang-lin sagte: „Lange sitzen, müde werden!“

Lobgesang

Einer, Zweie, [ja] Tausende, Zehntausende
Werfen [so] das Halfter und die Traglast ab.[206]
Sich nach links, nach rechts drehen und [anderen] hinterherlaufen –
Zi-hu hat Liu, den Eisernen Mühlstein, [dafür] verprügeln müssen![207]

Xiang-lin Cheng-yuan (908-987) war ein Schüler und Nachfolger Yun-mens und gehört damit zu jenen Chan-Meistern, die an der Transformation des Tang-zeitlichen Versenkungs-Buddhismus in seine Song-zeitliche Ausreifung und Vollendung mitgewirkt haben. Achtzehn Jahre lang hat er seinem Lehrer als Aufwärter gedient und soll dabei laut Yuan-wu sämtliche spirituell bedeutsamen Aussprüche Yun-mens gegen dessen erklärten Willen heimlich mitgeschrieben und gesammelt haben – die Legende besagt, Xiang-lin habe sich zu diesem Zweck eigens eine Robe aus Papier angefertigt, auf der er das Gehörte schriftlich festhalten konnte! Ein anderer Schüler Yun-mens mit Namen Shou-jian, der dem gemeinsamen Lehrer nach Xiang-lin als Aufwärter zur Seite gestanden zu haben scheint, hat diese erste Sammlung erweitert und schließlich zum Druck vorbereitet und veröffentlicht. Xiang-lins Traditionslinie war unter allen von Yun-mens Schülern ausgehenden Fortsetzungen des »Hauses Yun-men« die wirkungsmächtigste; zwei Generationen später hatte sie in Xue-dou ihren bedeutendsten Vertreter.

---

206 Im chinesischen Text ist hier überdies von einem „Horn“ die Rede, an dem die Traglast eines Packtieres aufgehängt ist. Der Kürze halber bleibt dieses zusätzliche, den Sinn des Verses nicht erweiternde Schriftzeichen in der Überetzung unberücksichtigt.

207 Zi-hu, benannt nach seinem Kloster am Ufer des Purpur-Sees (*zi-hu*), suchte eines Tages die Nonne *Liu*, den *Eisernen Mühlstein*, auf, um ihre Selbstsicherheit zu brechen. Yuan-wu erzählt die Anekdote wie folgt: Zi-hu ging den Eisernen Mühlstein besuchen und sagte: „Ist das nicht gleich Liu, der Eiserne Mühlstein?“ Mühlstein sagte: „Erdreistet Euch nicht!“ Zi-hu sagte: „Drehst Du Dich nach links oder drehst Du Dich nach rechts?“ Mühlstein sagte: „Stellt die Dinge nicht auf den Kopf!“ Noch während sie das sagte, versetzte Zi-hu ihr auf der Stelle einen Schlag.

So harmlos und nichtssagend erscheint das **Beispiel** dieses »Öffentlichen Aushangs«, und so enttäuschend obendrein – nicht einmal ein Anflug schockierender Tiefsinnigkeit! Und doch setzt die **Ankündigung** Xiang-lins Antwort einem Seesturm gleich, der die *Wogen* himmelhoch auftürmt und ihre Gischt bis zum Firmament hinaufjagt. Mag es auch geschehen, so die Warnung Yuan-wus, die *Nadelstiche* kleineren Unheils unbeschadet zu überstehen, einem solchen Unwetter wie Xiang-lins *„Lange sitzen, müde werden"* kann niemand mit heiler Haut entkommen; nichts, keine seemännische Erfahrung, kein noch so seetaugliches Schiff, kann ihn davor bewahren, dass er „Leib und Leben verliert". Aber wieso denn? Und Xiang-lin selbst erweist sich, so Yuan-wu gleich zu Beginn seiner Ankündigung, mit seinem *„Lange sitzen, müde werden"* als ein Mann, der weder *vor Pfeilen zurückweicht* noch sich *vor Messern zur Seite* wegduckt (was nun andererseits der Frage des Mönchs die Gefährlichkeit einer Angriffswaffe zuweist – abermals: wieso denn?), als jemand, der imstande ist, die *Nägel zu zerteilen*, mit denen das Brett der Verblendung vor unseren Köpfen wie vor dem des Mönchs befestigt ist, und das Band *aus Eisen zu zerschneiden*, das uns nicht anders als den Mönch gefesselt hält – und noch einmal gefragt: wieso denn? Wieso verrät die Frage des Mönchs nach dem »Sinn des Kommens aus dem Westen« Verblendung und so etwas wie Fesselung?

Nichtssagend, wie gesagt, erscheint, für sich genommen, das **Beispiel**, und zwar aus keinem anderen Grund als Xiang-lins enttäuschend schwachem *„Lange sitzen, müde werden"*. Und doch, gerade dadurch, dass Xiang-lins Antwort, auf die Frage des Mönchs bezogen, nichts sagt, wird sie zu dem Unwetter, das himmelhohe Wogen über uns zusammenschlagen lässt. Wie das? Gehen wir die Sache systematisch an: Der Mönch stellt die in der Geschichte des Chan-Buddhismus immer wiederkehrende Frage nach dem »Sinn des Kommens aus dem Westen«, und das ist beileibe keine x-beliebige, sondern die schlechthin zentrale Frage nach Sinn und Zweck der Versenkungsübung überhaupt, auch unserer eigenen. Und wir können davon ausgehen, dass es dem Mönch ernst ist mit seiner Frage. Aber dazu, was die Versenkungsübung dem Mönch, was sie uns einbringen soll, dazu sagt Xiang-lins Antwort nichts; Xiang-lin weicht der eigentlichen Intention der Frage vielmehr aus. Stattdessen wechselt er mit seinem *„Lange sitzen"* zur sozusagen technischen Seite der Versenkungsübung und bringt eine eher unbeabsichtigte und gleichwohl unvermeidliche Nebenwirkung des In-Versenkung-Sitzens ins Spiel: dass wir, bei dem zwölf-, vierzehn-, sechzehn-stündigen Sitzen während einer mehr oder weniger langen Periode verschärfter Übung zur Nacht hin zwangsläufig *„müde werden"*! Und bei länger andauerndem Schlafmangel auch schon früh morgens auf dem Sitzkissen gegen unsere Müdigkeit anzukämpfen haben! Statt also, der Frage entsprechend, auf das Ziel des In-Versenkung-Sitzens einzugehen, weicht Xiang-lin auf eine bloß begleitende Folge, eine zwangsläufige und zudem unerwünschte Folge aus. Ganz gleich, was sich der Mönch vom Chan erhofft, was wir selbst uns davon erhoffen – alles, was bei der Versenkungsübung herauskommt, ist Müdigkeit, eine Müdigkeit, die wir am liebsten ganz und gar vermeiden würden, aber nun einmal nicht vermeiden können: welch ein Desaster!

Wenn es denn so gemeint wäre, Xiang-lins *„Lange sitzen, müde werden"*. Im **Lobgesang** lesen wir es nämlich anders: *„Einer, Zweie, [ja] Tausende, Zehntausende / Werfen [so] das Halfter und die Traglast ab!"* Das klingt geradezu enthusiastisch; das klingt nach »Befreiung« und nach Freiheit! Doch worin bestehen hier das *Halfter* und die *Traglast*? Und was ist es, das die »Befreiung« bewirkt? Die Frage des Mönchs nach dem »*Sinn des Kommens aus dem Westen*« zielt darauf ab, sich erklären zu lassen, worauf die von Bodhidharma nach China importierte Versenkungsübung als die angeblich einzig authentische Lehre Buddha Shâkyamunis mit uns hinauswill, was sie uns verspricht und was sie dafür von uns verlangt. Jede religiöse und auch jede philosophische Doktrin – im Falle des historischen Buddha besteht da zwischen beidem kein großer Unterschied – stellt neben ihren Verheißungen zugleich bestimmte Forderungen und Anforderungen an ihre Anhänger: von der stillschweigenden Forderung, als verbindliche Wahrheit anerkannt zu werden, bis hin zu den expliziten Anforderungen, die sie dem Verhalten, der Lebensweise und Lebensausrichtung ihrer Anhänger auferlegt. Das ist genau das *Halfter*, das sie uns anlegt, um uns zu führen; und die Vorschriften, die sie uns macht, ihre Gebote und noch mehr ihre Verbote sind die *Traglast*, die wir mit uns herumschleppen müssen, solange wir uns zu ihrer Wahrheit bekennen. Das alles gilt selbstverständlich auch für die Buddha-Lehre, die herkömmliche, versteht sich; denn dem Chan-Buddhismus ist die erstaunliche, die paradoxe Besonderheit zu Eigen, dass er sich als die einzig authentische Buddha-Lehre ausgibt und zugleich die herkömmlichen Inhalte der allgemeinen Buddha-Lehre widerruft! Und genau das geschieht auch im hiesigen **Beispiel**: Xiang-lins „*Lange sitzen, müde werden*" ist – weit davon entfernt, die Ankündigung eines Desasters, das Heraufziehen einer geradezu tödlichen Desillusionierung zu sein – eben das Mittel, das uns von solch bevormundendem *Halfter*, von solch höchst beschwerlicher *Traglast* befreit. Und zugleich ist Xiang-lins „*Lange sitzen, müde werden*", statt der eigentlichen Intention der vorgetragenen Frage auszuweichen, genau die Antwort, die der Meister aufgrund seiner Einsicht dem Mönch als die einzig angemessene erteilen muss und die allein der Intention seiner Frage voll und ganz entspricht: „Der »*Sinn des Kommens aus dem Westen*« erfüllt sich eben darin, dass Du bei Deiner Versenkungsübung nach nichts suchst, das über Dein In-Versenkung-Sitzen hinausgeht; dass Du Dich damit abfindest, damit begnügst, dass Deine Übung auf nichts anderes hinausläuft, als dass Du am Ende *vom Sitzen müde wirst*! Dann strebst und suchst Du nach nichts mehr, nicht nach einem Nirvâna, nicht nach einem Erlöschen von Karma, nicht nach einem Ausbruch aus dem Kreislauf von Geburt und Tod, nicht nach einer Ankunft an einem wie auch immer gearteten ‚anderen Ufer', nicht nach jenem geheimnisumwölkten Zustand, in dem ‚Berge keine Berge und Täler keine Täler mehr' sind, mithin nicht einmal nach ‚Erleuchtung' als der Erfahrung eines anderen, nicht-alltäglichen, im wörtlichen Sinne ek-statischen Bewusstseins![208] Kurz und gut, dann strebst Du nicht mehr nach Buddhaschaft, und eben darin besteht Deine dann erst erreichte, Deine tatsächliche Buddhaschaft!" Bei einer solchen Befindlichkeit haben auch die traditionellen Vorschriften der Buddha-Lehre keine Bedeutung mehr für uns, lassen wir uns von ihnen nicht mehr wie an einem *Halfter* vorgeschriebene Wege führen und keine *Lasten* mehr aufbürden, die uns bei unseren frei gewählten Wegen „in die Keuz und in die Quere" beschweren: Leichten Schrittes gehen wir dann durch jenes „spielerisch-vergnügliche Leben", das uns die Meister des Chan verheißen! Und indem uns Xiang-lin mit seinem „*Lange sitzen, müde werden*" an eben diesen leichten Schritt, frei von *Halfter* und *Traglast* der traditionellen Buddha-Lehre, verweist, erweist er sich als der

---

208 „Ek-statisch", abgeleitet von dem griechischen Wort *ekstasis*, bedeutet einen Zustand des „Aus-sich-Herausgetreten-Seins", bei dem wir „außerhalb" unserer selbst „stehen", außerhalb unseres gewöhnlichen, normalen Bewusstseins.

von Yuan-wu angekündigte Mann, der *imstande ist, die Nägel zu zerteilen*, mit denen – der Leser möge verzeihen – die Verblendung der Buddha-Lehre wie ein Brett vor unserem Kopf befestigt ist, und ebenso das Band aus *Eisen zu zerschneiden*, das uns gefesselt hält! (Und umgekehrt muss, bei solcher Einstellung, einem Mann wie Xiang-lin die Frage nach dem *»Sinn des Kommens aus dem Westen«*, sofern sie noch ganz dem traditionellen Verständnis der Buddha-Lehre verhaftet ist, wie ein Angriff erscheinen, den es wie feindliche *Pfeile*, wie die Bedrohung durch gezückte *Messer* abzuwehren gilt, und vor dem er gerade nicht *zurückweicht, sich zur Seite biegt*, den er vielmehr mit seinem *„Lange sitzen, müde werden"* elegant pariert – ein *Könner*, der sich *nach allen Seiten hin* zu behaupten weiß.)

„Die Glaubenssätze und Vorschriften des traditionellen Buddhismus gehen uns nichts mehr an!" – das riecht nach kompromisslosem Nihilismus, nach absoluter Indifferenz gegenüber Gut und Böse, Gut und Schlecht, nach einem Freibrief zur Missachtung aller Werte und Normen. Und doch ist es das im Falle Xiang-lins und des Chan-Buddhismus allgemein gerade nicht, allem Augenschein zum Trotz. So anfechtbar eine solche These erscheinen muss, ihre Plausibilität gewinnt sie aus der Tatsache, dass das chinesische Chan im Übergang von der Tang- zur Song-Zeit eine so enge Verbindung mit dem Daoismus eingegangen ist, wie sie selbst bei Lin-ji hundert Jahre zuvor noch nicht bestanden hat: Der radikale Daoismus eines Lao-zi oder Zhuang-zi wendet sich bekanntlich vehement gegen alle von Menschen gemachten Regulierungen des individuellen und gesellschaftlichen Lebens. Doch statt damit das Chaos zu predigen, beruft sich dieser frühe und zugleich bis zum Äußersten konsequente Anarchismus auf die natürliche Ordnung der Dinge, eingefangen und überhöht durch die Metapher des DAO. Dem DAO folgen, den Dingen ihren natürlichen Lauf lassen und das eigene Tun der vom DAO vorgegebenen Ordnung einfügen, genau das ist die ethische Maxime, die wir auch einem Xiang-lin unterstellen dürfen: Dass so etwas wie eine natürliche Ordnung der Dinge auch im moralischen Verhalten kein Wunschdenken ist; dass Empathie, Altruismus, Solidarität, Mitgefühl (*Compassion*), Opferbereitschaft zum entwicklungsgeschichtlichen Erbe des Menschen gehören und als unübersehbare Errungenschaften der Evolution auch schon im Tierreich anzutreffen sind, darf heutzutage als wissenschaftlicher Gemeinplatz gelten. Sich einer solchen eher instinktiven Führung zu überlassen, statt sich in bewusster und ausdauernder Selbstdisziplinierung einem hochgesteckten religiös-philosophischen Ideal anzunähern, eben das macht die ethische Konsequenz des Xiang-lin'schen *„Lange sitzen, müde werden"* aus – wobei noch anzumerken wäre, dass auch das *Müde-Werden* selbst als Folge *langen Sitzens* zur natürlichen Ordnung der Dinge gehört. So entpuppt sich Xiang-lins Antwort, als die Anweisung gelesen, die sie zweifellos auch ist, als gut daoistisches *wu wei*, ein Nicht-Handeln, das sich mit dem Selbstverständlichen begnügt, statt nach großartigen Zielen wie Buddhaschaft zu streben: „Die Versenkungslehre zu praktizieren heißt, lange zu sitzen, und lange zu sitzen heißt, müde zu werden, mehr nicht – so einfach ist das!" Darin klingt nach, was Lin-ji bereits hundert Jahre zuvor auf weit drastischere Weise seinen Mönchen eingehämmert hat: „Die Buddha-Lehre erfordert keine besondere Anstrengung! Seid nur immer frei von Dingen, die Ihr noch erreichen müsst! Scheidet Euren Kot aus und lasst Euren Harn! Zieht Eure Gewänder an und esst Euren Reis! Und wenn Ihr müde werdet, legt Euch schlafen!"[209] Das ist, wie schon in der Abhandlung II, *Chan-Buddhismus und die*

209 Linji Lu: The Record of LINJI, Discourses, XII; Fuller Sasaki / Kirchner, S. 11 und 185

Lehre vom DAO, hervorgehoben, klassisches *wu wei*, Nicht-Handeln im strengen Sinne der DAO-Lehre eines Zhuang-zi oder Lao-zi.

Dass das *Paradoxon* einer Buddha-Lehre, die wesentliche Bestandteile der Buddha-Lehre verwirft, in einer sich als buddhistisch bekennenden Umwelt eine arge Provokation darstellt, ist auch Xue-dou bewusst gewesen, der gerade diese Anekdote in seine Sammlung von *100 Beispielen der Alten* mit aufgenommen hat. Eine solche Buddha-Lehre zu vertreten, die er soeben noch als Befreiung von *Halfter* und *Traglast* gefeiert hat, erfordere – so fährt er in seinem **Lobgesang** fort – eine besondere Standfestigkeit und Geradlinigkeit; wer dergleichen unternimmt, dürfe *sich* weder *nach links* noch *nach rechts drehen* und schon gar nicht *[anderen] hinterherlaufen*, sich durch Einreden und Gegenargumente von der einmal eingeschlagenen, für richtig erkannten Richtung abbringen lassen oder hinter dem Einverständnis der Gegenseite wie mit heraushängender Zunge hinterherhecheln. Selbst eine so eigenwillige und angriffslustige Vertreterin des Chan wie die Nonne *Liu*, der *Eiserne Mühlstein*, hat sich einst für ein vergleichsweise harmloses Folge-Leisten von *Zi-hu verprügeln* lassen müssen![210]

Und wie steht es mit uns Heutigen, uns „postmodernen"Zen-Anhängern? Erleben wir Xiang-lins *„Lange sitzen, müder werden"*, von Xue-dou im Lobgesang als »Befreiung« gefeiert, gleichfalls als ein Unwetter, das himmelhohe Wogen über uns zusammenschlagen lässt, wie Yuan-wu in seiner Ankündigung angedeutet hat? Zen-Übende, die sich von den zehn Shîlas fesseln lassen[211] oder sich gar der strikten Einhaltung der 227 Disziplin-Vorschriften für Mönche bzw. der 348 Vorschriften für Nonnen verpflichtet fühlen[212] und insofern einer Befreiung durchaus bedürftig sein könnten, dürfte es heutzutage kaum mehr geben. Doch in anderer Hinsicht trifft uns Xiang-lins Verdikt, dass der *»Sinn des Kommens aus dem Westen«* nicht im Erlangen von „Erleuchtung" oder Buddhaschaft liegt, sondern einzig darin, vom *„langen Sitzen müde zu werden"*, an ganz empfindlicher, weil ganz zentraler Stelle: Mag auch im Sôtô-Zen das Bodhisattva-Gelübde mit seiner Selbstverpflichtung, alle Wesen zu retten, im Vordergrund stehen und das In-Versenkung-Sitzen selbst bereits als

---

210 *Liu*, genannt *der Eiserne Mühlstein*, die uns im Kôan 24 ihre Künste vorführt, hat in ihrer Begegnung mit *Zi-hu* – einem echten *encounter dialogue* fürwahr – die Schwäche mangelnder Selbständigkeit gezeigt: Von Zi-hu befragt, ob sie sich als *Mühlstein* linksherum oder rechtsherum drehe, will sie sich dagegen verwahren, solchermaßen *„die Dinge auf den Kopf gestellt"* zu bekommen: dass sie in Wahrheit ein Mühlstein sei, der zufällig einen menschlichen Namen trägt, statt eines Menschen, dem der Spottname eines Mühlsteins angehängt worden ist. Schon damit *läuft* sie Zi-hu *hinterher*, statt, wie etwa der Zhao-zhou des Kôan 64, der sich seine Strohsandalen auf den Kopf legt und davongeht, aus der ihr aufgenötigten Situation herauszuspringen und frei und unbekümmert ihres Weges zu gehen.

211 Diese *zehn Shîlas* beinhalten folgende Verbote: (1) das Verbot zu töten, (2) etwas zu nehmen, was nicht gegeben wird, (3) das Vermeiden von unerlaubter sexueller Betätigung, (4) das Vermeiden von unrechter Rede, (5) den Verzicht auf den Genuss berauschender Getränke, (6) den Verzicht auf feste Nahrung nach der Mittagsstunde, (7) das Meiden von Musik, Tanz, Schauspiel und anderen Vergnügungen, (8) den Verzicht auf die Verwendung von Parfums und Schmuckgegenständen, (9) den Verzicht auf den Schlaf in zu weichen Betten sowie (10) das Verbot, mit Geld und anderen Wertsachen in Berührung zu kommen – vgl. Lexikon II, S. 343

212 Diese Vorschriften, die das Alltagsleben der Mönche und Nonnen bis in alle Einzelheiten regeln, sind im Prâtimoksha zusammengefasst, einem Kompendium, das dem Vinaya-Pitaka, dem „Korb der Diszplin" (dem ersten der drei Teile des Tripitaka), zuzurechnen ist – vgl. Lexikon II, die Artikel „Tripitaka" „Vinaya-Pitaka" und „Prâtimoksha".

„Erleuchtung“ gelten, so dass über das „Nur-Sitzen“ (*shikantaza*) hinaus nichts weiter zu erstreben ist, so geht es im Rinzai-Zen eindeutig darum, Buddhaschaft als ein nicht schon Gegebenes erst noch zu erlangen. Man denke nur an Hakuins *Zazen Wasan*, seinen *Hymnus auf das In-Versenkung-Sitzen*, der gleich mit der programmatischen Feststellung einsetzt: „Alle lebenden Wesen sind ursprünglich Buddha“ (*shujô honrai Hotoke nari*) und auf den siegesstolzen Satz hinausläuft: „Dieser Leib hier ist nichts anderes als Buddha“ (*kono mi sunawachi Hotoke nari*) – eine Gleichsetzung von individueller Existenz und allgemeiner „Buddha-Natur“, die allerdings eins voraussetzt: dass wir, eben mittels der Versenkungsübung und überhaupt erst mittels ihrer, uns selbst in den Stand versetzen, „unser eigenes und eigentliches Wesen (*jishô*) als Nicht(s)-Wesen (*mushô*)“ und damit als „Buddha-Natur“ zu „bezeugen“ (*jikini jishô wo shôsureba / jishô sunawachi mushô nite*). In der heutigen Praxis des Rinzai-Zen, wie sie der Verfasser selbst erlebt hat, ergeht daher an den Schüler, männlich wie weiblich, die Aufforderung, ein Buddha zu werden, eine Aufgabe, zu deren erfolgreicher Bewältigung ihm oder ihr die Kôan-Übung angeboten oder gar auferlegt wird (und der Verfaser muss, mit einem Hauch von Schamesröte, eingestehen, zu den von ihm besuchten *Sesshin* wieder und wieder mit dem Vorsatz angereist zu sein, sein „Kôan-Kauen“ mit solchem Einsatz zu betreiben, dass er von seinem Lehrer und Buddha-Meister schließlich gleichfalls als ein „Buddha“ anerkannt wird). Gerät nun ein Schüler dabei an Xiang-lins *„Lange sitzen, müde werden“*, das ihm statt des Buddha-Werdens nur Müdigkeit als *»Sinn des Kommens aus dem Westen«* zugesteht (ein Kôan, um das der Verfasser bei seiner damaligen Vorliebe für dramatischere Auftritte einen Bogen gemacht hat), kann das zweifellos den Effekt eines Desasters haben, den Einsturz hochtrabender Erwartungen und den Absturz in die Dunkelheit eines aufgezwungenen, allerschmerzlichsten Verzichts. Doch gerade damit erreicht der Übende einen Zustand, der ihn, mit den Worten Hakuins, sein „eigenes und eigentliches Wesen als Nicht(s)-Wesen“ erfahren und – „bezeugen“ lässt: Durch die Zerstörung des Traums, ein Buddha zu werden, versetzt uns das Kôan 17 in eben den Zustand der Buddhaschaft! Dieser „Durchbruch“ mag ekstatische Züge aufweisen und sogar in ein ekstatisches Lebensgefühl einmünden – Xiang-lins *„Lange sitzen, müde werden“* kommt nicht nur wie ein Unwetter mit himmelhohen Wogen über uns, es weist zugleich mit seinem Sich-Bescheiden auf ein Zweifaches hin: zum einen darauf, dass sich die Schlichtheit einer DAO-konformen Lebensführung und ekstatisches Lebensgefühl sehr wohl miteinander verbinden können, und zum anderen darauf, dass Buddhaschaft nicht bedeutet, sich ihrer irgend weiter bewusst zu sein, gar sich ihrer zu brüsten! Sich mit dem Einfachen und Selbstverständlichen zu bescheiden, sich mit vollem Einverständnis in das von Natur Vorgegebene zu finden, ohne dabei mit dem Bewusstsein eigener Buddhaschaft zugleich darüber hinaus zu sein, das ist die Buddhaschaft des *„lange Sitzens, müde Werdens“*, eine Buddhaschaft, die ihren ekstatischen Kern vor sich selbst und vor der Welt in sich verbirgt!

Keiner ist mehr da,
Der Erleuchtung will, noch ist
Noch Erleuchtung da.
So sehr hast du alles, hast
Auch dich selbst vergessen – wer?[213]

213 Roloff (4), Text 98

18. Der Lehrer des Reiches und das Pagoden-Modell

Ankündigung

(nicht erhalten)[214]

Beispiel

Der Kaiser Su-zong fragte Hui-zhong, den Lehrer des Reiches: „In hundert Jahren, was wird da [Euch zu Ehren] nötig sein?"[215]
Der Lehrer des Reiches sagte: „Lasst für den alten Mönch [hier] eine nahtlose Pagode bauen!"
Der Kaiser sagte: „Bitte, Meister, [gebt mir für] die Pagode das Modell!"
Der Lehrer des Reiches [verharrte] sehr lange [in Schweigen] und sagte dann: „Habt [Ihr] verstanden?"
Der Kaiser sagte: „Nichts verstanden!"
Der Lehrer des Reiches sagte: „Ich habe da einen Schüler [namens] Dan-yuan, dem ich den Dharma übertragen habe. Der immerhin kennt sich aus in dieser Angelegenheit. Ruft und befragt doch bitte ihn!"

Nachdem der Lehrer des Reiches in die Verwandlung eingegangen war, ließ der Kaiser Dan-yuan herbeirufen und fragte [ihn]: „Was ist der Sinn davon?"
Dan-yuan sagte:

Südlich von Xiang und nördlich von Tan,[216]
(Der Meister sagte dazu: „Eine Hand allein – kaum ein Laut!")
In der Mitte reines Gold, das das ganze Reich erfüllt.
(Der Meister sagte dazu: „Ein Wanderstab wie für's Gebirge!")
Unter schattenlosem Baum das Boot, das alle vereint,
(Der Meister sagte dazu: „Das Meer ruhig, die Flüsse klar!")

---

214 Wie schon zuvor in den Kapiteln 6 und 14 weisen auch zu diesem Kôan weder die Standard- noch die *Ichiya*-Version (und in ihrem Gefolge die *Teihon*-Ausgabe) eine Ankündigung auf. Dieser Ausfall hier im Kôan 18 ist der dritte Beleg für den schwerwiegenden und komplexen »Bindefehler«, der für beide Überlieferungsstränge, die Standard- und die *Ichiya*-Version, die Annahme eines gemeinsamen Vorfahren erzwingt.

215 So, wie das Ereignis hier beschrieben wird, kann es nicht stattgefunden haben. Denn die Szene des Beispiels fällt in das Jahr 775, das Todesjahr Nan-yang Hui-zhongs, der sich zu einem letzten Abschiedsbesuch an den kaiserlichen Hof begeben hat. Der Kaiser Su-zong ist da bereits seit dreizehn Jahre tot. Wenn die Begegnung zwischen Nan-yang und Kaiser überhaupt historisch ist, kann es nur Su-zongs Nachfolger Dai-zong gewesen sein, der dem greisen Meister mit höchster Ehrerbietung begegnet und sich ganz behutsam danach erkundigt, was für ein Denkmal der *Lehrer des Reiches* sich für die Zeit nach seinem Ableben wünscht.

216 *Xiang* und *Tan* sind zwei geographische Bezeichnungen, die uns nach *Hunan*, in die Provinz „*Südlich* des Dongting-*Sees*" verweisen: *Xiang* ist der Name eines – wegen der Schönheit seiner Landschaft berühmten – Flusses (man denke an die vielerlei Bildfolgen bedeutender Maler mit dem Titel „Ansichten von Xiao und Xiang"), der ganz im Süden von Hunan entspringt und nordwärts fließend schließlich in den Dongting-See mündet. *Tan* hingegen ist ein alter Name für das heutige Chang-sha, die Provinzhauptstadt nahe der nördlichen Grenze von Hunan. *Südlich von Xiang und nördlich von Tan* bedeutet also, dass der zu errichtenden Pagode von Hunan aus gesehen nach Süden und nach Norden keine Grenzen gesetzt sind; dass sie sich folglich so weit erstreckt, wie der Himmel Länder und Meere der Welt überwölbt.

Oben in der Halle aus Glas, da ist kein Wissen mehr!
(Der Meister sagte dazu: „Hingehalten und fertig!")[217]

Lobgesang

Pagode ohne Naht – sie zu erblicken ist [wahrlich] mehr als schwer!
Klares Wasser, noch so tief, erlaubt den blauen Drachen keine Rast![218]
Stockwerke, wie im Stapel aufgehäuft[219] – Schatten ringsherum!
Für alle Zeiten, Tausende, Zehntausende, bietet sie sich den Menschen dar!

Nan-yang **Hui-zhong** (675-775) ist der zweite Chan-Meister gewesen, dem durch kaiserliches Dekret die Würde eines *Lehrers des Reiches* zuerkannt worden ist (vor ihm hat nur Shen-xiu diesen Ehrentitel von der Kaiserin Wu Ze-tian erhalten, und mit ihm zum ersten Mal auch ein Meister des Chan). Nan-yang gilt gemeinhin als Schüler und Nachfolger Hui-nengs; doch es gibt in den uns erhaltenen Quellen auch andere Zuordnungen, so zu Hong-ren, dem Fünften Patriarchen, oder sogar zu dem Hui-neng-Nachfolger Qing-yuan Xing-si, von dem die ältere der beiden Haupt-Traditionslinien der „Süd-Schule" ausgeht, diejenige des Ma-zu-Gegenspielers Shi-tou. Wem auch immer Nan-yang korrekterweise zuzuordnen wäre, unbestreitbar ist er eine historisch gut belegte und obendrein herausragende Persönlichkeit gewesen, die nicht nur vor den Kaisern Su-zong und Dai-zong samt ihrem Hofstaat Lehrvorträge gehalten hat und von ihnen mit der Auszeichnung *Lehrer des Reiches* geehrt worden ist, sondern die darüber hinaus mit einer Vielzahl hoher und höchster Würdenträger intensiven Kontakt gepflegt hat. Auch die Namen dieser kaiserlichen Beamten sind uns im Einzelnen überliefert.[220]

---

217 Standard- und *Ichiya*-Version bieten dieses Beispiel in nahezu identischem Wortlaut! Einzig die einleitende Floskel der Zwischenbemerkungen zu Dan-yuans Gedicht hat in der Standard-Version eine abweichende und zugleich wortreichere Formulierung: „Xue-dou fügt eine Bemerkung hinzu und sagt" – statt der schlichteren Fassung: „Der Meister sagt" in der *Ichiya*-Version. – Doch diese inhaltlich unbedeutende Abweichung erscheint insofern bemerkenswert, als sie die Schlussfolgerung nahelegt, dass sich die Standard-Version von der älteren *Ichiya*-Version abgespalten hat und nicht umgekehrt (vgl. die Abhandlung III: *Vom Erstdruck bis heute: Zur Geschichte des Bi-yan-lu*, Abschnitt 3): Ein Kopist – das sagt textkritische Erfahrung – hat geglaubt, das ältere und unbestimmte *„Meister"* (wer soll das bittschön sein?) durch die eindeutige Nennung des Namens *Xue-dou* ersetzen und den Zusatz-Charakter seiner Äußerungen durch die aufwendigere Formulierung „... fügt eine Bemerkung hinzu" anstelle des schlichten „der Meister sagt" in der *Ichiya*-Version verdeutlichen zu sollen! – Vgl. die Fußnote 75 zum Kôan 4.

218 Eine wörtliche Übersetzung müsste lauten: „... erlaubt [ihnen] nicht, zusammengerollt am Boden zu kauern"!

219 Anders als in der Fußnote 518 zum Kôan 85 *Cong-rong-lu* möchte der Verfasser das chinesische *ceng luo-luo*, das den ersten Teil der dritten Zeile des hiesigen Lobgesangs ausmacht, wie oben geschehen übersetzen (statt wie in seiner *Cong-rong-lu*-Übersetzung von 2008 als „Die Stockwerke weit und geräumig") – dass *luo* auch „Stapel", „Haufen" bedeuten kann, hat der Verfasser damals übersehen!

220 *„In addition, [Nan-yang] Hui-zhong maintained close associations with numerous high-ranking government officials"* („Überdies hat Hui-zhong enge Beziehungen zu zahlreichen hochrangigen Verwaltungsbeamten unterhalten") – so Welter (2), S. 78, der in einer Anmerkung mit der Nummer 84 auch die Namen der einzelnen Beamten als Zitate aus dem *Zu-tang Ji* von 952 exakt auflistet: S. 248.

Was die in diesem »Öffentlichen Aushang« beschriebene „letzte Begegnung“ Nan-yangs mit Su-zong angeht, so hat schon Yuan-wu in seinem Kommentar darauf hingewiesen, dass der dort erwähnte Kaiser nicht Su-zong gewesen sein kann, weil der bereits im Jahr 762 das Zeitliche gesegnet hatte. Yuan-wu macht desweiteren darauf aufmerksam, dass bereits im *Jing-de Chuan-deng-lu* aus dem Jahr 1009 historisch korrekt Su-zongs Nachfolger Dai-zong als Gesprächspartner des greisen Nan-yang erwähnt wird. Gleichwohl legt sich Xue-dou auf Su-zong als denjenigen fest, der Nan-yang eine letzte Audienz gewährt. Xue-dou hier die Nachlässigkeit einer bloßen Namensverwechslung zu unterstellen, erscheint dem Verfasser eine zu billige Erklärung. Für wahrscheinlicher hält er es, dass Xue-dou aus einer anderen Quelle geschöpft hat als der Herausgeber des *Chuan-deng-lu* und dessen Vorgänger bei der ersten Zusammenstellung des Sammelwerks von 1004. Das aber hieße: Die Anekdote des gegenwärtigen Kôan beruht auf einer unsicheren Überlieferung; und das wiederum besagt: Auch bei diesem *encounter dialogue* haben wir vermutlich eine nachträgliche Zuschreibung vor uns, wie sie für die *Gong-an*-Literatur insgesamt charakteristisch ist. Dieser Eindruck erscheint umso zutreffender, als das Schweigen, mit dem Nan-yang die Bitte des Kaisers nach einem Modell für die zukünftige Pagode beantwortet und ihn zugleich einer in der Situation huldvoll gewährter Audienz unangebrachten Verwirrung aussetzt, so ganz dem Bild widerspricht, das zum einen die verbürgte Überlieferung vom sonstigen Lehrstil Nan-yangs durchscheinen und zum anderen das allgemein ehrerbietige Verhalten Tang-zeitlicher Chan-Meister den zeitgenössischen kaiserlichen Majestäten gegenüber plausibel erscheinen lassen. Die angebliche Begegnung Nan-yangs mit dem Kaiser Su-zong ist durchaus nicht frei von der respektlosen Missachtung der Konventionen, die in der Song-zeitlichen Chan-Literatur den als vorbildhaft dargestellten Meistern angedichtet wird.

Dan-yuan Ying-zhen (Lebensdaten unbekannt), Schüler und Dharma-Nachfolger Nan-yangs, erscheint hier geradezu als das *alter ego* des greisen *Lehrers des Reiches*; die Selbstverständlichkeit, mit der Nan-yang auf ihn als Sachverständigen für die von ihm selbst ins Spiel gebrachte *nahtlose Pagode* verweist, lässt auf eine innige spirituelle Verbundenheit beider schließen – eine Verbundenheit, die hundert Jahre später Hong-zhi im Lobgesang des Kôan 85 *Cong-rong-lu* dazu veranlasst, ihr beiderseitiges Verhältnis als das von Vater und Sohn zu bezeichnen, ja noch mehr, ihnen beiden den einen gemeisamen Namen Nan-yang zu verleihen: „Vater und Sohn Nan-yang“![221]

Glücklicherweise können wir die Lücke, die der gemeinsame Vorläufer der beiden Überlieferungen, in denen das *Bi-yan-lu* auf uns gekommen ist, an dieser Stelle ausweist, durch Rückgriff auf das gleichlautende Kôan 85 *Cong-rong-lu* wenigstens notdürftig auffüllen; die dortige Ankündigung lautet: „Wenn du die Zange und den Hammer besitzt, die die leeren Weiten des Himmels zertrümmern; wenn du die Geschicklichkeit besitzt, die Chinas heilige Berge auseinanderreißt, dann bist du zum ersten Mal an jenem Ort, wo es weder Naht noch Risse gibt; an jenem Ort, wo du keinen Fleck und keinen Makel erblickst. – Nun denn: Wer ist ein solcher Mensch?“ Wir dürfen diese Aussagen getrost in das *Bi-yan-lu* übernehmen, weil im Verständnis dieses »Öffentlichen Aushangs« einschließlich des Dan-yuan'schen

221 Roloff (2). S. 439f.

Gedichts zwischen beiden Autoren-Paaren, hier Xue-dou und Yuan-wu, dort Hong-zhi und Wan-song, kein erkennbarer Unterschied besteht. So kann auch für das hiesige Kôan 18 *Bi-yan-lu* gelten, was die Ankündigung des Kôan 85 *Cong-rong-lu* deutlich macht, dass nämlich der nachfolgende »Öffentliche Aushang« nicht als eine bloß historische Anekdote missverstanden werden darf, sondern nur dann vom Leser in der rechten Weise gewürdigt wird, wenn er sie als Aufforderung an sich selbst (und an uns alle) begreift, sich selbst zu dieser *nahtlosen Pagode* hindurch- und hinaufzuarbeiten: Erst oberhalb der „leeren Weiten des Himmels" gelangt derjenige, dem es gelingt, auch noch das Himmelsgewölbe zu „zertrümmern" (und zugleich erst unterhalb des geichsam granitenen Bodens unter unseren Füßen, wenn er auch noch „Chinas heilige Berge", Symbol seiner Unzerstörbarkeit, „auseinanderzureißen" und in den Abgrund darunter vorzudringen vermag), an den „Ort, wo es weder Naht noch Risse", weder Verunreinigung noch Eintrübung gibt – an den „Ort" der glasklaren und grenzenlosen Nicht-Dualität.

Das **Beispiel** dieses fünften gemeinsamen »Öffentlichen Aushangs« von *Bi-yan-lu* und *Cong-rong-lu* bietet uns eine wunderbare Probe des Gleichklangs, in dem Vater und Sohn Nan-yang und Dan-yuan gelebt und gelehrt haben, und der von ihnen zu sagen erlaubt, was in Chan-Kreisen sonst nur für Wei-shan und Yang-shan gegolten hat: „Vater und Sohn singen aus einem Mund!" Der greise *Hui-zhong* also, der sein Ende nahen fühlt, hat sich für eine letzte und feierliche Verabschiedung zu seinem Gönner, dem Kaiser Dai-zong, in den Palast nach Luo-yang begeben.[222] Wenn der Kaiser bei dieser Gelegenheit seinen Besucher fragt, welche Ehrung er denn für sich selbst nach seinem Tod für angemessen halte, so wissen beide, Dai-zong und Hui-zhong, dass der »Sohn des Himmels« für die sterblichen Überreste eines verdienten spirituellen Meisters üblicherweise eine Gedächtnispagode errichten lässt, mit einem Grabgewölbe für die Urne seiner Asche oder – in seltenen Fällen – für seinen mumifizierten Leichnam. So hat die Antwort des Todgeweihten, er wünsche sich eine *Pagode*, nichts Überraschendes an sich; er spricht nur das Selbstverständliche aus. Doch fügt er seiner Antwort einen Widerhaken bei: Es soll eine *nahtlose Pagode* sein! Wie das? Eine Pagode hat grundsätzlich mehrere Stockwerke, je nach dem Rang des zu Ehrenden fünf, sieben, neun oder mehr; und diese Stockwerke sind gegeneinander durch umlaufende Stufendächer abgesetzt. Wie könnte da eine Pagode *nahtlos* sein!? Der Kaiser aber, höflich wie er ist, versucht leichthin, seine Verständnislosigkeit zu überspielen, indem er sich von seinem Gast *für die Pagode das Modell* erbittet. Doch statt sich, wie die Etikette es verlangt, ehrerbietig auf den Versuch einzulassen, seine Metapher von der *nahtlosen Pagode* dem Kaiser verständlich zu machen, brüskiert Nan-yang seinen Gönner gleich auf doppelte Weise: indem er zunächst *sehr lange* nichts sagt, mithin – so muss es dem Kaiser erscheinen – ihm die Antwort verweigert, um dann in die zudringlich-respektlose Frage auszubrechen: *„Habt [Ihr] verstanden?"* (und nicht einmal: „Majestät", ja noch schlimmer: ohne jegliche Anrede in der 2. – oder auch 3. – Person)! Kleinlaut muss der Kaiser einräumen: *„Nichts verstanden!"* und verzichtet dabei sogar auf den ihm zustehenden *pluralis*

222 Der Bezirk *Nan-yang*, von dem sich sowohl der Name des Klosters, in dem Hui-zhong und sein Nachfolger Dan-yuan gelebt und gewirkt haben, als auch *Hui-zhongs* eigener Name ableiten, hat südlich von Luo-yang gelegen, der östlichen der beiden Hauptstädte des Tang-Reiches, in nicht allzu weiter Entfernung.

maiestatis „Wir"! Nan-yang versucht, die Situation zu retten, indem er auf seinen – offenbar nicht anwesenden – Schüler Dan-yuan verweist, der zu gegebener Zeit das Rätsel enthüllen wird. In der Sache aber verweigert der greise Meister sich damit weiterhin und hängt noch eine letzte Brüskierung hintendran: Er zieht sich – so scheint es – wortlos aus der Audienz zurück und überlässt Dai-zong seiner unverminderten Ratlosigkeit.

Und dann, vermutlich nur wenige Wochen später, Dan-yuans Ausführungen zum Bauplan der Pagode. In seinem Vier-Zeilen-Gedicht umschreibt er vier unterschiedliche Aspekte der *nahtlosen Pagode*: *„Südlich von Xiang und nördlich von Tan"* umreißt Umfang und geographische Lokalisierung des Gebäudes, und *„In der Mitte reines Gold, das das ganze Reich erfüllt"* umschreibt metaphorisch das Innere des ungeheuren Bauwerks. Eine solche Pagode, das muss auch dem Kaiser klar sein, lässt sich nicht bauen: Sie müsste das gesamte Riesenreich der Tang überspannen und sich darüberhinaus *nördlich von Tan* und *südlich von Xiang* ins Grenzenlose erstrecken! Und außerdem müsste sie, statt einen Hohlraum zu umschließen, aus massivem Gold errichtet sein, das alles Leben in der Welt der *Zehntausend Dinge* in die Todesstarre eines wenn auch kostbaren Metalls versetzt. Was soll dann aber Dan-yuans allenfalls skizzenhafter Bauplan eines derart unmöglichen Gebäudes dem Kaiser und was soll er uns sagen?

Wie zuvor schon Hui-zhongs anhaltendes Verharren in reglosem Schweigen will auch Dan-yuans Bauskizze als Anleitung verstanden sein, mittels der Versenkungsübung eine gleichsam spirituelle *Pagode* der Nicht-Dualität zu errichten, die insofern durchaus zu Recht als *nahtlos* gelten kann, als sie keinerlei innere Differenzierung mehr aufweist, keine Trennung in ein wahrnehmendes und vorstellendes Subjekt hier und die Welt der Objekte dort und ebenso keine Verschiedenheit innerhalb einer Vielzahl von Objekten: Nicht-Dualität ist derjenige Zustand unseres Bewusstseins, in dem zugleich mit dem Ich als vorstellendem Subjekt auch die Welt der Objekte bzw. umgekehrt mit der Welt der Objekte zugleich auch das vorstellende Ich verschwunden ist. Nicht-Dualität ist somit inhaltsleer und zugleich weltüberschreitend grenzenlos, weil sie alle Welt in sich auslöscht. Das ist der Zustand, von dem der Hui-neng zugeschriebene Satz spricht: „Ursprünglich existiert kein einziges Ding!", und so nähern wir uns mit der *nahtlosen Pagode* unserer je eigenen Nicht-Dualität jenem allgemeinen Ursprung der Dinge an, der sich jenseits und vor der Welt der *Zehntausend Dinge* auftut und der bald DAO, bald Shûnyatâ, bald Nichts und Nicht-Sein heißt. Das wäre, jenseits unserer subjektiven Nicht-Dualität, sozusagen die objektive Nicht-Dualität, in der es nichts mehr gibt, keinen Ursprung oder Schöpfer, keine Welt und keine Vielfalt der *Zehntausend Dinge*.

Auch das Rätselwort vom *reinen Gold, das das ganze Reich* erfüllt, erfährt nunmehr seine Auflösung. Die Erfahrung von Nicht-Dualität, die uns mit unserem eigenen Untergang konfrontiert, damit, dass es uns selbst und mit uns die Welt nicht mehr gibt, sie ist von Leichtigkeit und Helle durchtränkt und verleiht uns, in Leben und Welt zurückgekehrt, eine glücksgesättigte Zufriedenheit, die uns überallhin begleitet, uns etwaiger Wunsch- und Traumländer unbedürftig macht und, wenn überhaupt, dann am ehesten durch den Glanz *reinen Goldes* als angemessene Metapher zu umschreiben ist. Ein Glück, dem nichts fehlt, erwächst uns aus dem Abgrund der Nicht-Dualität; ein Glück, das von nichts abhängt, von keinem Besitz, keinem Erfolg, keinem Gerede der anderen; von nichts abhängig außer dem Einen, dem Nichts der Nicht-Dualität. Anders gesagt, mit den Worten Hong-zhis aus seinem Lobgesang zum Kôan 60 *Cong-rong-lu*: „Der klare Mond" – Symbol des Erwachens zur Nicht-Dualität – „und der reine Wind" – Metapher unserer neuen, schwungvollen Lebendigkeit – „sie füllen das ganze Leben mit Reichtum!"[223]

Auch das zweite Zeilenpaar, das Dan-yuans Gedicht zugleich fortsetzt und beschließt, handelt immer noch von der *nahtlosen Pagode* der Nicht-Dualität. Da ist von einem *Boot unter schattenlosem Baum* die Rede, einem *Boot, das alle vereint*. Das ist sicherlich keine Anspielung auf die Mahâyâna-Schule, den Buddhismus des „Großen Fahrzeugs", das alle mitnimmt, nicht bloß die Asketen und Arhats. Ein *Boot, das alle vereint* – da geht es um mehr als ein gemeinsames Fahren derer, die miteinander an Bord sind. Anders als in seinen Erläuterungen zum Kôan 85 *Cong-rong-lu* möchte der Verfasser die *Vereinigung*, die das *Boot* Nicht-Dualität leistet, nunmehr im Sinne des Miteinander-eins-Werdens verstanden wissen, von dem Wu-men im Kôan 1 seines *Wu-men-guan* mit höchster Emphase behauptet: dass das „Hindurchdringen durch die Sperre des Chan" uns in die Lage versetzt, „persönlich Zhao-zhou zu erblicken, mit den Gründervätern aller früheren Zeitalter auf gutem Fuße zu stehen, sie bei den Händen zu halten und mit ihnen gemeinsam zu gehen" – eine metaphernreiche Umschreibung, die in der Verheißung gipfelt, „mit denselben Augen sehen und mit denselben Ohren hören" zu können „wie sie!"[224] Nicht-Dualität als ein *Boot, das alle vereint*, lässt uns eins werden mit allen, die vor uns aus Nicht-Dualität gelebt haben, selbst mit den Größten wie Ma-zu, Nan-quan, Zhao-zhou, wie Yun-men oder Lin-ji.

Nicht-Dualität also als *Boot* – wie das? Sie trägt den, der sich ihr anvertraut, sicher über die Untiefen und Abgründe des Lebens; sie trägt ihn durch die Weite der Welt wie über ein Meer, das kein jenseitiges Ufer kennt. Dieses *Boot* macht von sich aus Fahrt, es bedarf dazu keines Windes, keines Mastbaums, keines Segels. Stattdessen erhebt sich auf ihm und über ihm ein mächtiger *Baum*, der uns mit seinem ausladenden Blattwerk Schutz bietet, ähnlich dem Baum, von dem einst Mu-zhou, der Mönch vom Ersten Sitz im Kloster Huang-bos, in seiner Prophezeiung über den jungen Lin-ji gesprochen hat: „Später einmal, wenn er hindurchgedrungen ist, wird er zu einem großen Baum werden, der allen Menschen unter dem Himmel kühlenden Schatten spendet!"[225] – ähnlich und in einem entscheidenden Punkt auch wieder nicht, vielmehr konträr: Der *Baum* der Nicht-Dualität ist einer, der *keinen Schatten* wirft, der ganz im Gegenteil dem Sonnenlicht aus den Weiten des Himmels nicht verwehrt, zu uns hindurchzudringen, uns mit belebender Wärme, mit wunschloser Freude zu beglücken.

Und an ihrer Spitze schließlich, so die Schlusszeile in Dan-yuans Gedicht, erweist sich die *nahtlosen Pagode* der Nicht-Dualität als eine *Halle aus Glas*, erfüllt von der Helle der Shûnyatâ, die von überallher einströmt und nach allen Seiten hin ausströmt, von der geradezu blendenden Helligkeit eines Nicht-Denkens, das nichts weiß von sich selbst und nichts von einer Welt, weil beides in eben der Nicht-Dualität verschwunden ist: Der Zustand der Nicht-

---

223 Roloff (2), S. 310
224 Roloff (1), S. 21f.
225 Linji Lu: The Record of LINJI, Record of Pilgrimages I; Fuller Sasaki / Kirchner, S. 42 und 314

Dualität ist wie ein Raum unter freiem, wolkenlosem Himmel, der nur aus Fenster besteht, ganz und gar lichterfüllt, und wenn es Augen gäbe, die aus diesem Nur-Fenster-Raum ins Weite hinausschauen könnten, sie sähen, bar eines Horizonts, ringsum und nach oben und unten nur Licht. Doch Innen und Außen, Ich und Welt, verschmelzen in der Helle des einen und grenzenlosen Lichts.[226]

Einen eklatanten Widerspruch zu Dan-yuans *schattenlosem Baum*, so scheint es, riskiert der **Lobgesang**, ein Vier-Zeilen-Gedicht wie dessen Bauplan zur *nahtlosen Pagode*, nur weitaus kunstvoller gestaltet.[227] Dort spricht Xue-dou von *Stockwerken, wie im Stapel aufgehäuft* – eine geradezu lustvolle Provokation angesichts der Tatsache, dass es sich doch um eine *nahtlose Pagode* handeln soll! Und dann, im zweiten Teil derselben Zeile und, wie sich gleich zeigen wird, nicht minder provokant: *Schatten ringsherum!* Das kann nur ihr eigener Schatten sein, allerdings ohne eine Lichtquelle von außerhalb; denn gäbe es die, so könnte der *Schatten* nicht *ringsherum* reichen, müsste doch zumindest eine von Licht beschienene Vorderseite vorhanden sein! *Schatten ringsherum* bedeutet also, dass diese geheimnisvolle Pagode selbst nach allen Seiten hin ihren Schatten wirft, und zwar mit einem Licht, das sie in sich selbst besitzt. Und das wiederum heißt, dass ihre Wände in striktem Gegensatz zur *Halle aus Glas* undurchsichtig, lichtundurchlässig sind: Die *nahtlose Pagode* der Nicht-Dualität, so lautet die unumgängliche Folgerung, schließt alles Licht in sich ein; nichts davon dringt nach draußen; außerhalb von ihr kein Licht! So gelesen, löst sich Xue-dous *Paradoxon* halbwegs in Wohlgefallen auf, passt auch sein *„Schatten ringsherum!“* wenigstens ungefähr zu Dan-yuans Metapher einer *Halle aus Glas*: Die Helle, das Licht, das diesen Raum erfüllt und nach allen Seiten hin ausstrahlt, überschreitet noch jeden Horizont und kennt so gleichfalls kein Außerhalb – allerdings auch keinen *Schatten*!

Eine solche *nahtlose Pagode* der Nicht-Dualität, so setzt der **Lobgesang** ein, ist *mehr als schwer*, nämlich überhaupt nicht *zu erblicken*! Nur von innen her können wir sie erfahren. Und dann erweist sie sich, so Xue-dou mit einer weiteren Metapher, als ein *klares Wasser*, das, mag es *noch so tief* sein, *„den blauen Drachen keine Rast erlaubt“*. Doch anders als in der chinesischen Mythologie ist es nicht die Furcht vor dem Riesenvogel Garuda, die sie vom Grund eines *noch so tiefen*, aber bis zum Grund durchsichtigen *Wassers* aufscheucht;[228]

226 Dieser Zustand der Nicht-Dualität ist das genaue Gegenteil desssen, was Nietzsche in seinem Aphorismus *Der tolle Mensch* von der Grunderfahrung des von ihm ausgerufenen Nihilismus beschrieben hat: »Stürzen wir nicht fortwährend? Und rückwärts, seitwärts, vorwärts, nach allen Seiten? Gibt es noch ein Oben und Unten? Irren wir nicht wie durch ein unendliches Nichts? Haucht uns nicht der leere Raum an? ... Kommt nicht immerfort die Nacht und mehr Nacht? ...« – Fröhliche Wissenschaft, Aphorismus 125 : Nietzsche, S. 480.

227 Das chinesische Original des Lobgesangs setzt sich aus nur zwei Doppelzeilen mit Binnen- und Endreim: a – a / a – a zusammen. Dabei bestehen die beiden ersten Teilstücke der zwei Doppelzeilen aus jeweils sechs Schriftzeichen, jeweils in drei und drei Zeichen unterteilt, und die beiden letzten Teilstsücke bestehen aus je einem durchgehenden Sieben-Zeichen-Satz – ein mit höchster Kunstfertigkeit gestaltetes Kurzgedicht!

228 Der Riesenvogel Garuda, dessen Flügeln eine Spannweite von 3 360 000 Meilen zugeschrieben wird, umkreist den Weltenberg Sumeru und ernährt sich ausschließlich von den Drachen, die, dem Mythos zufolge, in der Tiefe der vier Meere rings um den Sumeru zu Hause sind. Und zwar peitscht er, sobald er die Drachen entdeckt hat, das Meer mit seinen gewaltigen Schwingen derart auf, dass es bis zum Grund hinab aufklafft und die Drachen vor ihrem Feind keine Zuflucht mehr finden.

vielmehr ist es das *klare Wasser* der Nicht-Dualität selbst, das sie dazu antreibt, sich aus den Meerestiefen aufzuschwingen und in den Lüften ihre Kraft zu entfalten: Nicht-Dualität, das will Xue-dou mit dieser Zeile unterstreichen, ist kein Ort des Ausruhens, des Verharrens in Reglosigkeit – mag die Versenkung *noch so tief* sein. Die glücksgesättigte Zufriedenheit, mit der Nicht-Dualität uns, in Leben und Welt zurückgekehrt, beschenkt, bedeutet nicht, fortan die Hände in den Schoß zu legen und ein Dasein der Untätigkeit zu führen; vielmehr wirkt sie in uns als Ansporn und Quelle einer Kraft, die sich in unverzagter Regsamkeit bewährt: Nicht der Erfolg unseres Tuns ist es, der uns mit jener besonderen Zufriedenheit erfüllt, sondern umgekehrt ist es unsere immer schon gegebene Zufriedenheit, die unser Tun, unbeschadet noch von Misserfolg, mit Freude erfüllt. Das ist die Art, so schließt Xue-dou emphatisch seinen **Lobgesang**, in der *sich* die *nahtlose Pagode* Nicht-Dualität uns *Menschen darbietet* – *„für alle Zeiten, für Tausende, Zehntausende"* davon – vorausgesetzt freilich, dass wir als Menschheit nicht längst einer selbstverschuldeten Katastrophe (oder, weit weniger wahrscheinlich, einem Asteroiden-Einschlag) zum Opfer gefallen sind!

Was der Leser, aller bisherigen Ausführlichkeit zum Trotz, jetzt noch vermissen kann, sind ein paar Bemerkungen zu den „Bemerkungen", die Xue-dou während seines – vermutlich öfter wiederholten – mündlichen Vortrags des Dan-yuan-Gedichts in der Lehrhalle zwischen dessen einzelne Zeilen eingestreut hat. Der erste Einschub, *„Eine Hand allein – kaum ein Laut!"*, von dem sich vermutlich Hakuins berühmtes Kôan: „Was ist das Klatschen der einen Hand?" herleitet, beklagt ironisch die angeblich fehlende Eingrenzung einer Pagode, die sich bis *südlich von Xiang und nördlich von Tan* erstreckt: „Ja, wie weit denn?" Der zweite Einschub, *„Ein Wanderstab wie für's Gebirge!"*, der so gar nicht zu dem *reinen Gold* passen will, das *das ganze Reich erfüllt* (denn wie sollte ein Klumpen Gold, und noch dazu ein so gewaltiger, als *Wanderstab* dienen können?), zielt auf die glücksgesättigte Zufriedenheit, die aus der Erfahrung der Nicht-Dualität resultiert und es uns erleichtert, in das *Gebirge*, die Höhen und Tiefen des irdischen Daseins, wie ein Wanderer unermüdlich immer weiter vorzudringen („Gipfel, tausend-, zehntausendfach, und nicht willens, stehen zu bleiben!" – Kôan 25). Die dritte Bemerkung, *„Das Meer ruhig, die Flüsse klar!"*, bestätigt als Kommentar zu dem *Boot, das unter schattenlosem Baum alle vereint*, die Deutung des Verfassers, die Erfahrung von Nicht-Dualität als zuverlässige Quelle eines „Großen Friedens", als Garant eines sicheren Dahingleitens über die Abgründe des Lebens zu verstehen. Und was ist mit der vierten Bemerkung, die Xue-dou an die Schlusszeile des Gedichts anhängt? Sie vermeidet es, möglicherweise aus Respekt vor der Kühnheit der Dan-yuan'schen Metapher einer *Halle aus Glass, in der kein Wissen mehr ist*, dieses Bild mit einer weiteren Metapher noch überbieten zu wollen, und begnügt sich mit dem Hinweis auf die Rätselhaftigkeit dieses Ausspruchs: „Er *hält* sie Euch *hin*, Ihr Mönche, diese *Halle aus Glas, und fertig*! Für ihn ist die Sache damit erledigt; Ihr aber seht zu, wie Ihr das Rätsel knackt, ja wie Ihr das, was Euch scheinbar unerreichbar voraus ist, durch eigene Erfahrung einholt!"

19. Der eine Finger des Ju-zhi

Ankündigung

Ein einziges Staubkorn erwähnt, ist die [ganze] große Erde [darin] eingefangen; eine einzige Blüte geöffnet, tritt [darin] das [ganze] Weltall hervor. Aber wenn noch kein Staubkorn hervorgetreten ist und sich noch keine Blüte geöffnet hat – wie willst [du] da [deine] Augen einsetzen? Deshalb sage [ich]: [Es ist,] wie wenn [du] ein Bündel Seidenfäden zerschneidest – einen Faden zerschnitten, alle zerschnitten! Wie wenn [du] ein Bündel Seidenfäden einfärbst – einen Faden gefärbt, alle gefärbt! Aber wenn [du] jetzt auf der Stelle die Schlingpflanzen und Rankengewächse abschneidest und [deinen] eigenen Familienschatz ans Licht bringst, [dann vermagst du,] allerorten »Hoch« und »Niedrig« zu entsprechen, nach vorn und nach hinten nichts zu verfehlen, und jeder und jedes enthüllt sich vor [dir]. – Falls [du] allerdings noch nicht so weit bist, dann nimm [dir] das Folgende zur Prüfung vor!

Beispiel

Immer, wenn Ehrwürden Ju-zhi eine Frage gestellt wurde, hat [er] lediglich einen Finger senkrecht aufgerichtet.

Lobgesang

Für [sein Finger-]Heben liebe [ich] den alten Ju-zhi sehr:
Die Weiten des Weltraums leer – wen gibt es da noch?
Schon ist ein Stück Holz ins weite Meer hinausgetrieben:
Nächtliche Wellen nehmen sich einer blinden Schildkröte an.[229]

Dieser »Öffentliche Aushang« zu Ju-zhis „Ein-Finger-Chan“ ist geradezu ein Musterbeispiel für die Zuspitzung, die komplexe Erzählungen aus der Zeit der Tang-Dynastie in der Song-zeitlichen *Gong-an*-Literatur erfahren haben. Zugleich ist gerade dieser „eine Finger des Ju-zhi“ als so bedeutsam empfunden worden, dass er sowohl in das *Bi-yan-lu* als auch in die beiden späteren Kôan-Sammlungen *Cong-rong-lu* und *Wu-men-guan* Eingang gefunden hat. Dabei begnügt sich Hong-zhi in seinem Kôan 84 *Cong-rong-lu* mit derselben Verkürzung zu einem einzigen Satz, die Xue-dou hier im Kôan 19 *Bi-yan-lu* verwendet hat, während Wu-men in seinem Kôan 3 *Wu-men-guan* zusätzliche Einzelheiten aus der Überlieferung zu dem Tang-zeitlichen Meister Jin-hua Ju-zhi, einem Zeitgenossen Lin-jis aus dem 9. Jahrhundert, mit einbezieht, freilich die Vorgeschichte seines „Ein-Finger-Chan“ außer Acht lässt.

---

229 Gemeint ist, dass sie die blinde Schildkröte, vom Ertrinken bedroht, mit dem rettenden Stück Treibholz zusammenführen: Die nächtlichen Wellen tun sich zusammen (so das chinesische Original) und tragen entweder die Schildkröte zu dem Treibholz oder das Treibholz zur Schildkröte hin.

Die vollständige Ju-zhi-Legende – denn nichts anderes haben wir hier vor uns – hat der Verfasser bereits anlässlich des Kôan 84 *Cong-rong-lu* ausgebreitet; sie sei hier gleichwohl wiederholt: Da haust ein Einsiedler namens **Ju-zhi** („ganz Hornhaut") in einem der vielbesuchten Gebirge des weitläufigen Tang-Reiches; eines Tages kommt eine Nonne in Wandertracht vorbei, betritt seine Hütte, umkreist ihn dreimal, wie es die Höflichkeit verlangt, behält aber ihren ausladenden Regenhut auf dem Kopf. Dem verblüfften Ju-zhi erklärt sie: „Wenn Ihr etwas zu sagen wisst, werde ich den Hut abnehmen!" Doch Ju-zhi weiß nichts zu sagen, und so wendet sich die Nonne zum Gehen. Als sie aus der Tür ins Freie und in die anbrechende Nacht hinaustritt, ruft Ju-zhi ihr nach: „Es wird doch schon dunkel! Wollt Ihr nicht hier übernachten?" Doch die Nonne entgegnet: „Nur wenn Ihr etwas zu sagen wisst, werde ich bleiben!" Doch auch darauf weiß Ju-zhi nichts zu erwidern, und so geht die Nonne in die Nacht hinaus. Ju-zhi ist verzweifelt, gelähmt von seiner Unfähigkeit. Schon hat er sich entschlossen, am nächsten Tag seine Hütte abzubrechen und sich gleichfalls auf Wanderschaft zu begeben, als ihm noch in derselben Nacht der Geist seines Berges erscheint und ihm prophezeit, es werde ein großer Bodhisattva kommen und ihm, wenn er nur in seiner Hütte ausharre, den Buddha-Dharma erklären. Also bleibt Ju-zhi; und in der Tat trifft zehn Tage später ein weiterer Wanderer ein, der sich als Meister Tian-long („Himmels-Drache") zu erkennen gibt. Ju-zhi begrüßt ihn mit aller gebotenen Ehrfurcht und beichtet die für ihn so schmählich verlaufene Begegnung mit der Nonne. Tian-long tut nur eines: Schweigend reckt er einen Finger in die Höhe – und Ju-zhi, von dieser wortlos-schroffen Geste bis in die Tiefe erschüttert, erfährt sein „Großes Erwachen".

Von da an hat auch Ju-zhi, immer wenn ihn ein Besucher nach dem »Großen Sinn der Buddha-Lehre« gefragt hat, nur *einen Finger senkrecht aufgerichtet.* Diese ausgefallene Art, den Dharma zu lehren, hat sich sehr bald herumgesprochen und immer neue Besucher angelockt. Ju-zhi selbst hatte inzwischen für die täglich anfallenden Arbeiten einen Jungen an sich gezogen, der die Einsiedelei in Ordnung hielt. Eines Tages fragte ein offenbar ahnungsloser Ankömmling diesen Jungen, den er wohl vor dem Tor angetroffen haben muss, was denn die besondere Lehre seines Meisters sei – woraufhin der Junge auch nur einen Finger in die Höhe hielt. Ob nun der Ankömmling oder der Junge selbst ihm von dieser kleinen Begebenheit berichtet hat (doch warum hätte Letzterer sich damit eine Blöße geben sollen?) – auf jeden Fall, so die Überlieferung, nahm Ju-zhi blitzschnell ein scharfes Messer zur Hand und schnitt dem armen Jungen den Finger ab, mit dem er die Geste seines Meisters nachgeahmt hatte. Der Junge schrie vor Schmerzen auf, rannte davon und hatte schon das Tor der Hütte erreicht, als Ju-zhi ihn anrief. Der Junge wandte sich erschrocken um (auch das ist unglaubwürdig, man stelle sich den Schmerz, erst recht den Schock vor, den der Junge zweifellos erlitten hat) – und als der Blick des Jungen auf seinen Peiniger fiel, streckte der nur diesen einen Finger in die Höhe, dessen Gegenstück er eben noch von der Hand des Jungen abgetrennt hatte: Was für eine Verhöhnung des Jungen und seiner unerträglichen Schmerzen! Doch der grausame Trick hat – so heißt es – die erhoffte Wirkung getan: Den Jungen überkam ein plötzliches Verstehen![230]

---

230 Selbstverständlich werden wir die Geschichte vom abgeschnittenen Zeigefinger ebenso ins Reich der Legende verweisen müssen wie die ähnlich blutrünstigen Erzählungen vom Zweiten Patriarchen, der sich, um auf Bodhidharma Eindruck zu machen, einen ganzen Unterarm abgetrennt haben soll, oder

So weit, so gut. Doch was soll es mit dem *einen Finger* denn nun auf sich haben? Die Antwort heißt: Er zwingt uns in die Nicht-Dualität! Bereits die **Ankündigung** gibt einen deutlichen Hinweis: Wie in *einem einzigen Staubkorn* die ganze *große Erde* enthalten ist und in *einer einzigen Blüte das [ganze] Weltall hervortritt*, so sagt der *eine Finger* alles, was es für einen Meister der Buddha-Lehre überhaupt zu sagen gibt, nämlich – nichts! Bevor wir imstande sind, alles, was sich in der sichtbaren Welt uns darbietet, in einer *einzigen Blüte*, einem *einzigen Staubkorn* zu versammeln und in diesem *einen Staubkorn*, dieser *einen Blüte* umgekehrt die Gesamtheit der *Zehntausend Dinge* zu erschauen, sehen wir in der Menge der einzelnen Dinge nur eine Vielzahl, die sich ins Grenzenlose verliert, aber niemals die Einheit des Ganzen. Genauso verhält es sich mit dem *einen Finger* Ju-zhis: Solange wir nicht imstande sind, alles, was sich zur Buddha-Lehre überhaupt sagen lässt, in die Sprachlosigkeit dieses *einen Fingers* zu versammeln und umgekehrt mit der Sprachlosigkeit dieses *einen Fingers* alles zu sagen, was sich zur Buddha-Lehre überhaupt sagen lässt, verlieren wir uns an eine unabsehbare, endlose Menge an Sätzen, ohne je das Eigentliche, den einen Kern der Buddha-Lehre, sozusagen das Zentrum ihrer Schwerkraft treffen zu können, die alles zusammenhält. Wie also *Augen* und Zunge, wie Bilder, Gedanken und Sprache *einsetzen*, wenn nicht zum Nicht-Sehen des Ganzen in der Inhaltslosigkeit des Einen, zum Nicht-Sprechen des *einen Fingers*, der alles sagt?[231] Der *eine Finger*, einmal zur Antwort *senkrecht aufgerichtet*, er *schneidet* mit einem Schnitt, metaphorisch gesprochen, das gesamte *Bündel* unserer Gedanken ab, *färbt* die bunte Vielfalt all dessen, was uns durch den Kopf gehen mag, um und ein zur Einfarbigkeit des Nicht-Denkens, der gedankenleeren Sprachlosigkeit. Und weil letztlich, in der Erfahrung des grundlosen Grundes der Welt, nichts mehr zu sagen ist, sagt der eine Finger, indem er nichts sagt, und zwar nicht ein beliebiges Nichts, sondern nichts überhaupt, alles aus, was sich am grundlosen Grund der Welt überhaupt noch sagen lässt: das Schweigen der Sprachlosigkeit, das Verstummen in – nichts. Und genau das ist der Zustand der Nicht-Dualität, in dem es kein Ich mehr gibt, das noch sprechen könnte, und keine Welt, auch keinen Grund der Welt, die im Sprechen zur Sprache kämen.

Eine solche Deutung gerät keineswegs zu der anderen in Widerspruch, die der Verfasser anlässlich des Kôan 84 *Cong-rong-lu* vorgetragen hat. Dort bildet Ju-zhis eigene „Erleuchtungs"-Erfahrung den Ausgangspunkt, jenes Teilstück der „Ein-Finger"-Legende, das von der Begegnung Ju-zhis mit Tian-long erzählt, dem angeblichen Erfinder des „Ein-Finger-Chan": Dass ein menschlicher Zeigefinger, „wenn auch nur einmal wortlos und mit Nachdruck *eingesetzt*, alles auszulöschen und damit tiefstes Verstehen, nachhaltige ‚Erleuchtung' auszulösen vermag, das hat ja Ju-zhi am eigenen Leibe erfahren dürfen, mit voller Wucht sogar, als er in höchster seelischer Not seinen ‚Bodhisattva' Tian-long um die rettende Auskunft bat und dieser ihm lediglich seinen Zeigefinger entgegen- und in die Höhe gestreckt hat. Dieser Zeigefinger hat die gleiche Wirkung wie das Schwert Mañjushrîs: Indem er uns – in einem einzigen Augenblick – alles wegnimmt, die ganze Welt einschließlich unserer selbst,

---

von der Hinrichtung eines unschuldigen Kätzchens durch Nan-quan, der das kleine Tier angeblich der Aufrüttelung seiner Mönche geopfert hat (Kôan 63 *Bi-yan-lu*, Kôan 9 *Cong-rong-lu*).

231 Nicht von ungefähr klingt diese Formulierung an das »sehende Nicht-Sehen« des Nikolaus von Kues an, das in Gott alles, die gesamte Schöpfung sieht, indem es in dessen Nur-Eins-Sein nichts mehr sieht.

stößt er uns in die ‚Große Leere', treibt uns in jenen Zustand spiritueller Verwandlung, der alles Wissen, alles Verstehen hinter sich lässt: in einen Zustand des Nicht-Wissens, des Nicht-Verstehens also – und genau dieses Nicht-Wissen, dieses Nicht-Verstehen macht das tiefste Verstehen, die ‚Erleuchtung' aus."[232] Was hier beschrieben wird und keineswegs eines Widerrufs bedarf, ist nichts anderes als die Erfahrung von Nicht-Dualität. Mit anderen Worten: Nicht-Dualität und „Erleuchtung" sind ein und dasselbe; der „Durchbruch" in die Nicht-Dualität ist zugleich der Ausbruch aus den *Schlingpflanzen und Rankengewächsen* der Verblendung und der Eintritt in die Shûnyatâ.

Die **Ankündigung** bezeichnet den „Durchruch" in die Nicht-Dualität zusätzlich als ein Heben des *Familienschatzes* und weist so darauf hin, dass die Erfahrung der Nicht-Dualität, statt auf ein Verharren in weltloser Stille und Reglosigkeit hinauszulaufen, uns vielmehr wie ein gehobener Schatz die nötigen Mittel an die Hand gibt, ein tätiges und wirkensreiches Leben zu führen: *„Wenn du jetzt"*, so wendet sich Yuan-wu an jeden einzelnen von uns, „unter dem Eindruck des einen Fingers, *deinen eigenen Familienschatz ans Licht bringst, dann vermagst du, allerorten »Hoch« und »Niedrig« zu entsprechen und nach vorn und nach hinten nichts zu verfehlen*!" Und mit Chan-typischer Übersteigerung fügt Yuan-wu hinzu: „Dann muss *sich jeder und jedes vor dir enthüllen*, so dass dein Handeln gar nicht anders als erfolgreich sein kann" – ach, schön wär's! Auf jeden Fall aber bleibt auch vor dem kritischen Blick bestehen, dass Nicht-Dualität kein Ziel ist, das uns auf Dauer aus Leben und Welt herauslöst, dass sie uns im Gegenteil zu einer *vita activa* anhält, ja antreibt, die keiner Letztbegründung durch einen „Sinn des Lebens", einen „Sinn der Welt" bedarf.

Dunkel hingegen der **Lobgesang**, und das auch trotz der klaren Eindeutigkeit, mit der sich Xue-dou zu Ju-zhis „Ein-Finger-Chan" bekennt: *„Für [sein Finger-]Heben liebe [ich] den alten Ju-zhi sehr!"*, so lautet die Eingangszeile. Doch schon die nächste Zeile stellt uns vor Rätsel: *„Die Weiten des Weltraums leer – wen gibt es da noch?"* Rein logisch betrachtet, kann es in einem *leeren*, wirklich restlos *leeren Weltraum* niemanden mehr geben, müsste also die Anwort lauten: „Niemanden!" Den Andeutungen Yuan-wus in seinem Kommentar zufolge ist gerade das jedoch nun nicht gemeint. Immerhin, das zeigt die Form der Frage, die nicht nach Dingen überhaupt, sondern eindeutig nach Personen, nach menschlichen, allenfalls noch nach göttlichen Subjekten fragt – immerhin geht es in der gesamten Zeile darum, dass es in einem von Menschen, Meistern, Patriarchen, Buddhas entleerten Universum entweder niemanden mehr oder eben doch noch jemanden gibt, gleichsam als einzig Überlebenden. Und die Emphase der Eingangszeile schließt die erstgenannte, die verneinende Alternative, dass es da niemanden mehr gibt, mehr oder weniger deutlich aus. Folglich will Xue-dou mit seinem *„Wen gibt es da noch?"* auf eine positive Antwort hinaus, und der, den *es da noch gibt*, kann nur einer sein: Ju-zhi! Wieso aber bleibt gerade Ju-zhi in einem ansonsten von allen Meistern, Patriarchen, Buddhas entleerten Universum als einziger zurück? Ist es etwa Ju-zhi selbst, der sämtliche Meister, Patriarchen, Buddhas aus den *Weiten des Weltraums* vertrieben hat? Und ist es nicht so, dass er sie mit eben seinem *einen Finger* daraus vertrieben hat? Haben doch die Meister, Patriarchen, Buddhas das gemeinsam, dass sie Worte, viele oder auch weniger viele Worte gemacht, dass sie Reden gehalten haben, weitschweifige zumeist?

---

232 Roloff (2), S. 438

Und dann kommt Ju-zhi daher mit seinem *einen Finger* der Nicht-Dualität und verbannt alles Reden aus den Grenzen des Universums, und die Meister, Patriarchen, Buddhas gleich mit! Was bleibt, was als einzig richtige Lehre zurückbleibt, ist allein die Sprachlosigkeit der Nicht-Dualität, ist Ju-zhi mit seinem *einen Finger*! Welch höchstes Lob spricht Xue-dou hier aus, allerdings höchst vorsichtig, nur andeutungsweise, fast so, als scheute er den Vorwurf der Blasphemie. Denn er spricht ja nur ganz vage von einem *leeren*, einem entleerten *Weltraum*, unterlässt es jedoch, explizit die zu erwähnen, von denen er entleert, befreit, „gesäubert" ist. Und, wie bereits eingestanden, dass es Ju-zhi sein soll, der als einziger zurückbleibt, auch das wird nicht klar ausgesprochen, sondern eher angedeutet, suggeriert.

Für den zweiten Teil seines **Lobgesangs** bedient sich Xue-dou einer Allegorie aus dem *Lotos-Sûtra*, bei der der verblendete Mensch einer einäugigen Schildkröte gleichgetzt wird, die hilflos und entkräftet in dem Ozean einer nie endenden Abfolge von Wiedergeburten treibt; ein höchst unwahrscheinlicher und zugleich höchst kostbarer Zufall – gemeint ist die Wiedergeburt als Mensch – lässt sie auf ein Stück Treibholz mit einem Loch darin treffen, groß genug, Kopf und Hals hindurchzustecken und so vor dem Untergang bewahrt zu werden – ein Zusammentreffen, das die rettende Begegnung mit der Buddha-Lehre symbolisiert, im Durchgang durch die Sechs Daseinsbereiche allein in der Existenzform des Menschen erreichbar: *„Schon ist ein Stück Holz ins weite Meer hinausgetrieben"*, nämlich Ju-zhis „Ein-Finger-Chan", und *„nächtliche Wellen nehmen sich einer blinden Schildkröte an"*, andes gesagt, seiner metaphorischen Verfremdung entkleidet: In Ju-zhis *einem Finger* der Nicht-Dualität – so Xue-dou in Anlehnung an das *Lotos-Sûtra* – begegnen wir dem Kostbarsten, das uns Menschen in unserer Verblendung zuteil werden kann: der rettenden Buddha-Lehre! Aber halt! Machen wir uns klar, was das letztendlich bedeutet: Nicht die Buddha-Lehre, wie sie uns in der Vielzahl wortreicher Sûtren überliefert ist, sondern einzig die Sprachlosigkeit der Nicht-Dualität ist die einzig richtige, die rettende Buddha-Lehre, und nicht der Buddha der Sûtren, sondern einzig Ju-zhi mit seinem *einen Finger* ist der wahre und wirkliche Buddha, der Retter und Befreier aus dem Dickicht der *Schlingpflanzen und Rankengewächse* unseres Geistes! Kann es ein höheres Lob geben für einen der Meister aus alter Zeit, und sei es so indirekt formuliert, wie Xue-dou hier vorgeht?

20. Cui-weis „Reich [mir] das Stützbrett herüber!"

Ankündigung

Gipfel auftürmen, heilige Berge zusammenfügen; gegen eine Mauer rennen, sich an einer Wand [den Kopf] einstoßen; lange Zeit grübelnd dastehen, seine spirituelle Kraft anhalten – [das läuft] allemal [darauf hinaus, dass] sich einer vor Schmerz und Kummer krümmt! Vielleicht aber tritt auch einmal ein Mann hervor, der das Weltenmeer auf den Kopf stellt, den Berg Sumeru mit einem Fußtritt umstößt, mit seinem Schrei die Wolken auseinandertreibt und das Himmelsgewölbe zertrümmert – [ein Mann,] der sich ohne Umschweife auf jede Gelegenheit und jede Lage einlässt und aufgrund seiner Übung allen Menschen unter dem Himmel die Zunge abschneidet. Was für eine Möglichkeit [ist das, die sich da] ganz in der Nähe [auftut]?[233] – Nun sagt mal: Was für Menschen sind seit je her [imstande] gewesen, derlei [zu vollbringen]? Versucht es doch mal mit dem, [was Xue-dou hier] vorbringt!

Beispiel

Long-ya fragte Cui-wei: „Was ist der Sinn dessen, dass der Patriarch aus dem Westen gekommen ist?"
Cui-wei sagte: „Reich mir das Stützbrett herüber!"[234]
Long-ya nahm das Stützbrett und reichte es Cui-wei. Cui-wei ergriff es und versetzte [ihm] auf der Stelle einen Schlag.
Long-ya sagte: „Wenn [Ihr mich] schlagt, dann lasse [ich mich] schlagen. Und doch bestehe [ich] darauf: Es gibt keinen Sinn dessen, dass der Patriarch aus dem Westen gekommen ist!"[235]

Long-ya richtete die gleiche Frage auch an Lin-ji: „Was ist der Sinn dessen, dass der Patriarch aus dem Westen gekommen ist?"
Lin-ji sagte: „Reich mir das Sitzkissen her!"[236]

---

233 *Ichiya*-Version und *Teihon*-Ausgabe haben an dieser Stelle nur die fünf Schriftzeichen *you-shen-me jin chu*, wörtlich übersetzt: „Was für eine nahe Möglichkeit [ist das]?" Demgegenüber bietet die Standard-Version hier folgenden Satz: „Es gibt keinen Ort/keine Möglichkeit, dich [ihm/dem] zu nähern!" Das ist vom Sinn her das genaue Gegenteil des entsprechenden Satzes in der *Ichiya*-Version: Während diese den zuvor metaphernreich umschriebenen Zustand spiritueller Reife als auch uns, den Lesern und Übenden, zugänglich hinstellt, schließt die Standard-Version eben das kategorisch aus – aber wozu sich dann noch auf das Beispiel, lesend, übend, einlassen, wie es die Abschlussformel von uns verlangt? Der Verfasser schließt sich daher gemeinsam mit Itôs *Teihon*-Ausgabe der *Ichiya*-Version an.

234 Ein *Stützbrett* ist ein ca. 6 cm breites und 52-54 cm langes Holzbrett, das zwecks Förderung der Konzentration bei langen Meditationen zum Aufstützen des Kinns benutzt wurde.

235 Die obige Übersetzung entspricht dem Text, den die Standard-Version darbietet; den gleichen Wortlaut hat dieser Satz im entsprechenden Kapitel des *Cong-rong-lu*, wo Long-yas Begegnung mit Cui-wei und Lin-ji als Kôan 80 vorkommt. In der *Ichiya*-Version des *Bi-yan-lu* heißt es lediglich: „Es gibt keinen Sinn des Patriarchen!", was sich nicht anders denn als „Es gibt keinen Sinn im Kommen des Patriarchen" verstehen lässt.

236 Beim *Sitzkissen* handelt es sich um ein flaches und rundes Kissen, das mit Schilfähren gefüllt war und ziemlich hart gewesen sein dürfte.

Long-ya nahm das Sitzkissen und reichte es Lin-ji. Lin-ji ergriff es und versetzte [ihm] auf der Stelle einen Schlag.
Long-ya sagte: „Wenn [Ihr mich] schlagt, dann lasse [ich mich] schlagen. Und doch bestehe [ich] darauf: Es gibt keinen Sinn dessen, dass der Patriarch aus dem Westen gekommen ist!“[237]

Lobgesang I

Auf dem Drachenzahnberg ein Drache ohne Augen!
Totes Wasser – hätten jemals alte Winde es aufgeweckt?
Stützbrett und Sitzkissen nicht zu gebauchen gewusst,
Hätte er nur recht getan, sie dem edlen Lu zu überlassen![238]

Lobgesang II

Dieser alte Chinese![239] Noch vermag ich nicht, ihm den Todesstoß zu versetzen; stattdessen verfasse [ich für ihn] einen [wirklichen] Lobgesang:

Dass [er sie] dem edlen Lu hätte überlassen [sollen] – welchen Beweis gäbe es dafür?
[Er] stützt sich, ruht sich beim Sitzen aus – reicht so die Leuchte der Patriarchen weiter.
Mögen auch zum Abend hin die Wolken wiederkehren – sie schließen sich noch nicht:
In der Ferne Berge, ohne Grenze [hingestreckt] – grüner Jade, in Reihen tief gestaffelt.

Gehen wir die Sache diesmal nüchtern an, anders als beim Kôan 80 *Cong-rong-lu*: Ein klassischer *encounter dialogue* liegt vor uns ausgebreitet, ein doppelter sogar, der obendrein um die ebenso klassische Frage nach dem *xi lai yi*, dem »Sinn des Kommens aus dem Westen« kreist. Diese Frage, grundsätzlich gleichbedeutend mit der formal umfassenderen Frage nach dem »wirklichen und genauen Großen Sinn der Buddha-Lehre« (*Fo fa di-di da yi*), wird innerhalb der Geschichte des Chan erstmals einem Gesprächspartner Ma-zus in dem Mund gelegt (Kôan 75 *Bi-yan-lu*, Kôan 6 *Cong-rong-lu*).[240] Sie setzt voraus, dass sich das Chan

---

237 Diese Formulierung folgt gleichfalls dem Text, den die Standard-Version bietet; das *Cong-rong-lu* weist an dieser Stelle ebenso wie die *Ichiya*-Version die verkürzte Fassung: „Es gibt keinen Sinn des Patriarchen!“ auf. – Darüber hinaus wäre noch festzuhalten, dass im *Cong-rong-lu* noch folgender Absatz angehängt ist: „Später war Long-ya Abt eines eigenen Klosters. Da fragte ihn ein Mönch: ‚Ehrwürden haben in jenem Jahr Cui-wei und Lin-ji danach befragt, welcher Sinn [im Kommen] des Patriarchen liegt. Haben die beiden ehrwürdigen Meister es geklärt oder nicht?‘ Long-ya sagte: ‚Wenn sie es geklärt haben, so haben sie es wohl geklärt. Und doch bestehe ich darauf: [Im Kommen] des Patriarchen liegt kein Sinn!‘“

238 Mit dem *edlen [Herrn] Lu* ist niemand anderer als Hui-neng gemeint, dessen ursprünglicher Familienname gerade so, nämlich *Lu* lautete.

239 Das zielt auf Long-ya, benannt nach dem Berg Long-ya-shan, auf Deutsch *„Drachenzahnberg“*: Eben noch ist er als *blinder Drache* verunglimpft und mit einem *toten Wasser* verglichen worden – jetzt soll ihm Gerechtigkeit widerfahren!

240 Beiden Kôan-Sammlungen liegen das *Jing-de Chuan-deng-lu* von 1009 sowie das *Tian-sheng Guang-deng-lu* von 1036 zugrunde. Letzteres enthält bereits eine Vorform des späteren *Si-jia yu-lu*, der *Aufzeichnungen der Aussprüche aus den Vier Häusern*, die ausweislich eines mit Datum versehenen Vorworts erstmals im Jahr 1085 als eigenständige Publikation veröffentlicht worden sind. Sowohl das *Tian-sheng Guang-deng-lu* als auch das *Si-jia yu-lu* enthalten – in dieser Reihenfolge – „Aufzeich-

zu dem Zeitpunkt, da dieser »Öffentliche Aushang« formuliert worden ist, bereits als eine eigenständige Bewegung innerhalb des chinesischen Buddhismus verstanden und etabliert hat, während die formal umfassendere Frage nach dem *Fo fa di-di da yi*, dem »wirklichen und genauen Großen Sinn der Buddha-Lehre«, wie sie sich noch im *Lin-ji Lu* findet, die übrigen Richtungen des Tang-zeitlichen Buddhismus mit einschließt oder wenigsens nicht ausschließt.[241] Die engere Frage nach dem *xi lai yi*, hier dem **Long-ya** Ju-dun (834-920), Schüler und Dharma-Nachfolger des Dong-shan Liang-jie (807-869), in den Mund gelegt, tritt uns auch bei einem Wortwechsel zwischen Xiang-lin (908-987), Schüler und Nachfolger Yun-mens (864-949), und einem um Belehrung nachsuchenden Mönch entgegen (Kôan 17 *Bi-yan-lu*). Doch anders als die beiden Mönche, die – der eine den „Großmeister" Ma-zu, der andere den Xiang-lin des Kôan 17 – ernsthaft um Rat und Hilfe bitten, hat der Long-ya des gegenwärtigen Kôan zum Zeitpunkt seiner einschlägigen Besuche bei Cui-wei und Lin-ji sein „Großes Erwachen" bereits hinter sich:[242] Wenn er hier, nach dem Tode Dong-shans zum zweiten Mal auf »Wolken und Wasser«-Wanderschaft, zwei anerkannte Meister mit seiner Frage nach dem »Sinn des Kommens aus dem Westen« konfrontiert, so versteht er sich als Gleichberechtigten, der sich mit seinem jeweiligen Gegenüber messen will. Er trifft dabei auf überlegene Gegenspieler, weiß sich jedoch mit jugendlichem Elan durchaus zu behaupten.

Es muss verwundern, dass in dem doppelten *encounter dialogue* des gegenwärtigen Kôan zwei Vertreter unterschiedlicher Traditionslinien unabhängig voneinander das gleiche Verfahren des Sich-zur-Wehr-Setzens verwenden: **Cui-wei** gehört als Schüler des Dan-xia Tian-ran (738-824) in die Übertragungslinie, die von Shi-tou Xi-qian (700-790) ausgeht und über Xue-feng zu den »Häusern Fa-yan und Yun-men« führt, während **Lin-ji** zur Zeit der Entstehung des *Bi-yan-lu* längst zum „Patriarchen" des von ihm begründeten »Hauses Lin-ji« aufgestiegen ist, das sich dank der Wirksamkeit seines Nachfolgers der vierten Generation, Shou-shan Sheng-nian (925-993), zur vorherrschenden Richtung des Song-zeitlichen Chan aufgeschwungen hat. Ja, das Erstaunliche ist sogar, dass sich Cui-wei genau der Mittel bedient, die sonst gemeinhin zu den Besonderheiten des »Hauses Lin-ji« gerechnet werden: absurde Reaktionen und Schläge. Doch für dieses doppelte Rätsel gibt es

---

nungen der Aussprüche" Ma-zus, Bai-zhangs, Huang-bos und Lin-jis. Das heißt: Die älteste Version der *Aufzeichnungen der Aussprüche Ma-zus*, des *Ma-zu yu-lu*, ist frühestens rund 250 Jahre nach dem Tode Ma-zus erstmals in gedruckter Form veröffentlicht worden! Vgl. Welter (3). S. 83 sowie Poceski (1), S. 55. Die Authentizität der Ma-zu zugeschriebenen Aussprüche ist daher mit einem deutlichen Fragezeichen zu versehen.

241 Das *Lin-ji Lu* lässt, anlässlich des Berichts über das „Große Erwachen" des jungen Lin-ji, den Mönch vom Ersten Sitz ihm eindringlich nahelegen, Huang-bo mit der Frage: „Was ist der »wirkliche und genaue Große Sinn der Buddha-Lehre«?" um Belehrung zu bitten – *Linji Lu, Record of Pilgrimages (Xing-lu) I*, Fuller Sasaki / Kirchner, S. 312 und 361. Andererseits findet sich im *Lin-ji Lu*, im Abschnitt XX der Lehrvorträge, die der reife Meister Lin-ji vor seinen Mönchen und besonderen Ehrengästen in der Dharma-Halle gehalten hat, auch die Formel *xi lai yi*, an einer Stelle, wo Lin-ji auf die Frage eines Mönchs: „Was ist der »Sinn des Kommens aus dem Westen« seine berühmte Antwort gibt: „Hätte es einen Sinn gehabt, so hätte er nicht einmal sich selbst retten können!" – *Linji Lu, Discourses (Shang tang) XX*, Fuller Sasaki / Kirchner, S. 265 und 357.

242 Als er sich noch unter Dong-shan in der Versenkungspraxis geübt hat, soll Long-ya, so die Überlieferung, seine Frage nach dem *xi lai yi* eines Tages auch schon seinem Lehrer gestellt haben. Als ihn Dong-shan daraufhin mit der Antwort beschied: „Ich werde es Dir sagen, sobald der Bach neben dem Kloster den Berg hinauf fließt!", soll Long-ya das „Große Erwachen" widerfahren sein.

eine nachvollziehbare Erklärung: Die Quellen, aus denen die Autoren sowohl des *Bi-yan-lu* als auch des *Cong-rong-lu* geschöpft haben, stammen aus einer Zeit, als sich das »Haus Lin-ji« dank der Förderung durch das Kaiserhaus und höchste Vertreter der Bildungs- und Verwaltungs-Elite in der Definition dessen, was das „richtige" Chan ausmacht, bereits gegenüber konkurrierenden Richtungen, insbesondere der von Xue-feng ausgehenden Tradition des »Hauses Fa-yan«, erfolgreich durchgesetzt hat. Das hat sich auch dahin ausgewirkt, dass Chan-Anekdoten auch aus Epochen vor der Gründung des »Hauses Lin-ji« sowie Anekdoten, die Chan-Meister anderer Traditionslinien betreffen, im Sinne der Song-zeitlichen und vom »Haus Lin-ji« geprägten Chan-Orthdoxie neu erfunden und erzählt worden sind.[243]

243 Das *Fo-zu tong-can Ji*, die *Sammlung zur gemeinsamen Übung der Buddhas und Patriarchen*, verloren gegangener Vorläufer des *Jing-de Chuan-deng-lu*, von dem sich nur das Vorwort seines Autors aus dem Jahr 1004 erhalten hat, ist noch ganz das Werk eines Mitglieds des Chan-buddhistischen Klerus. Der Autor, ein gewisser Dao-yuan und mutmaßlicher Schüler des Tian-tai De-shao (891-972), bekennt sich zum »Haus Fa-yan« und dessen Verständnis des Chan im Verhältnis zu den übrigen Richtungen des chinesischen Buddhismus. Schon der Titel seines Werks vertritt mit der Formulierung „gemeinsame Übungen der Buddhas und Patriarchen" die für das »Haus Fa-yan« typische Behauptung einer unbestreitbaren Harmonie zwischen der herkömmlichen Buddha-Lehre und den Lehren der Chan-Meister, „*a conception that strongly suggests an inherent compatibility between Chan and buddhist tradition at large*" („eine Auffassung, die mit Nachdruck eine in der Sache selbst begründete Vereinbarkeit zwischen dem Chan und der buddhistischen Tradition ganz allgemein unterstellt") – so Welter (3), S. 71.

Das *Jing-de Chuan-deng-lu*, die *Aufzeichnungen zur Weitergabe der Leuchte [aus der Ära] der »Strahlenden Tugend«*, hat mit Yang Yi (974-1020) bereits einen hochrangigen Angehörigen der Gelehrten- und Beamten-Elite der Song-Dynastie zum Verfasser und fällt damit unter die vom Kaiser Zhen-zong eingeleitete Wende in der damaligen Religionspolitik, bei der sich, unter dem steigenden Einfluss der weltlich-bürokratischen Elite, der Buddhismus allgemein einer zunehmenden Kritik als fremdartiger, un-chinesischer Glaubensrichtung ausgesetzt sah – Welter (3), S. 70 spricht von „*literati who ... demanded buddhism be excluded as anathema to China's traditional values*" (von „Gelehrten, die ... einen Ausschluss des Buddhismus gefordert haben, da er für die traditionellen Werte Chinas einen Schlag ins Gesicht [darstelle]"). Mit seiner Umarbeitung des *Fo-zu tong-can Ji* zum *Jing-de Chuan-deng-lu* hat Yang Yi wesentlich dazu beigetragen, das Chan in strikter Abgrenzung zu den übrigen Richtungen des Buddhismus als eine „Überlieferung außerhalb der Lehre" bei der nunmehr tonangebenden Beamten- und Gelehrten-Schicht hoffähig zu machen: „*Yang yi [not only] changed the title of the work from ‚Fo-zu tong-can Ji' to ‚Jing-de Chuan-deng-lu'. ... In addition, Yang Yi changed the conception of the work, and in doing so, introduced to Song literati the new way Chan would come to be understood. Rather than a common practice shared by the buddhas and Chan patriarchs, ... Yang Yi championed Chan as ‚a special practice outside the teaching'*" – Welter (3), S. 71.

Das *Tian-sheng Guang-deng-lu* schließlich hat mit Li Zun-xu (988-1038) sogar einen Angehörigen des Kaiserhauses zum Verfasser, Schwiegersohn des Kaisers Tai-zong (976-997), Schwager des Kaisers Zhen-zong (997-1022) und einer der Onkel des Kaisers Ren-zong (1023-1063). Letzterer hat dem *Tian-sheng Guang-deng-lu* überdies ein eigenes Vorwort gewidmet! Mit seinen *Weiteren Aufzeichnungen zur [Weitergabe] der Leuchte [aus der Ära] der »Weisheit des Himmels«* hat Li Zun-xu nicht nur die Eigenständigkeit und Andersartigkeit des Chan gegenüber den übrigen Richtungen des chinesischen Buddhismus endgültig durchgesetzt; er hat darüber hinaus innerhalb der Chan-Bewegung dem »Haus Lin-ji«, wie es von Shou-shan Sheng-nian mit Beginn der Song-Dynastie zu neuer Blüte geführt worden ist, zum Sieg über die anderen Chan-Linien, insbesondere die des »Hauses Fa-yan«, verholfen. Welter (3), S. 40 schreibt dazu: „*The ‚Guang-deng-lu' played an important role in establishing Chan as ‚a special transmission [!] outside the teaching' and enshrining this slogan as a cardinal Chan principle. This was a direct assault on the Fa-yan faction's notion of Chan orthodoxy: the proposition that Chan principles and Buddhist teachings were harmonious and compatible, that Chan embraced the principle of expedient means and acknowledged the validity of multiple approaches. Lin-ji Chan orthodoxy asserted the independence and superiority of Chan, denigrating Buddhist teaching as superficial*

Das Beispiel dieses Kôan ist mit seiner zweifachen Bekräftigung: *„[Ich] bestehe darauf: Es gibt keinen Sinn dessen, dass der Patriarch aus dem Westen gekommen ist!“*, schiere Provokation – an dieser Formulierung anlässlich des Kôan 80 *Cong-rong-lu* hat der Verfasser nichts zurückzunehmen. Dass auch Xue-dou und Yuan-wu diesen »Öffentlichen Aushang« geradeso verstanden wissen wollen, zeigt schon die Ankündigung. Wenn dort von einem *Mann* die Rede ist, *der das Weltenmeer auf den Kopf stellt, den Berg Sumeru mit einem Fußtritt umstößt, mit seinem Schrei die Wolken auseinandertreibt und das Himmelsgewölbe zertrümmert*, so zielt das unzweifelhaft auf den hartnäckigen Sinn-Leugner Long-ya. Indem er einen »Sinn des Kommens aus dem Westen« rundweg, ohne auch die geringste Möglichkeit einer Ausflucht bestreitet, verkehrt Long-ya die gewohnte Ordnung der Welt in nichts als Chaos und Zerstörung. Er gehört nicht zu denen, so die Ankündigung, die *heilige Berge* zu himmelhohen *Gipfeln auftürmen*, will sagen, das Heilige unter Aufbietung höchster Anstrengung und Kraft aufrechtzuerhalten versuchen; nicht zu denen, die sich an der mühseligen, immer wieder scheiternden Suche nach einem Sinn wie *an einer Wand [den Kopf] einstoßen*, die angesichts der Vergeblichkeit ihres Bemühens hilflos *grübelnd dastehen* und ihre *spirituelle Kraft anhalten*, die sie eigentlich zu Durchbruch und »Befreiung« befähigt. Nein, Long-ya hat seine *spirituelle Kraft* nicht *angehalten*, er hat sie hingegen zu freier Entfaltung gebracht und sich, auch und gerade im hiesigen **Beispiel**, als ein Mann erwiesen, *der sich ohne Umschweife auf jede Gelegenheit und jede Lage einlässt und aufgrund seiner Übung allen Menschen unter dem Himmel die Zunge abschneidet.*

Und doch scheint eine Antwort auf die Frage nach dem *xi lai yi* so einfach, scheint es so überaus offen auf der Hand zu liegen, dass es einen »Sinn des Kommens aus dem Westen« gibt und worin dieser Sinn besteht: So, wie der Buddha in die Welt gekommen ist, um den Menschen die Befreiung aus dem endlosen Kreislauf von Geburt und Tod zu bringen; so wie ein Bodhisattva gelobt, seine ganze Weisheit und Güte für die Rettung sämtlicher lebender Wesen des gesamten Universums einzusetzen – so muss auch mit Bodhidharmas Erscheinen in China, mit seiner Übertragung der Versenkungslehre Buddha Shâkyamunis in das Reich des »Himmelssohnes«, wie unausgesprochen auch immer, die Absicht verbunden gewesen sein, zumindest denen, die sich zur Versenkungsübung zu bequemen bereit sind, die Möglichkeit der „Großen Befreiung“, der Selbstbefreiung zu eröffnen. Noch Lin-jis erstaunliches Diktum, dass Bodhidharma, hätte sein »Kommen aus dem Westen« tatsächlich ein Sinn gehabt, hätte er damit ernsthaft eine Absicht verfolgt, nicht einmal sich selbst hätte retten können, lässt noch aus der Verneinung erkennen, dass es bei diesem »Kommen aus dem Westen« eben um Rettung, um »Befreiung« geht! Und wenn dem so ist, wie kann da ein Long-ya stur daran festhalten, dass es einen *„Sinn dessen, dass der Patriarch aus dem Westen gekommen ist“*, gerade nicht gibt?

Vielleicht müssen wir die Frage anders formulieren; vielleicht muss die Frage lauten: Inwiefern, unter welcher Voraussetzung ist es berechtigt oder sogar zwingend notwendig, davon

---

and inferior.“ Und weiter: *„The ‚Tian-sheng Guang-deng-lu‘ unabashedly promotes the cause of the Lin-ji faction, whose members emerged as Chan's most influential representatives at the Song court. Li Zun-xu expressly compiled the ‚Tian-sheng Guang-deng-lu‘ to memorialize the legacy of Lin-ji faction leader Shou-shan Sheng-nian and his disciples for a Song literati audience*“ – Welter (3), S. 71.

zu sprechen, dass das offensichtlich von Sinn erfüllte »Kommen aus dem Westen« gleichwohl keinen Sinn hat? Wenn wir daraufhin die Sache sozusagen *sub specie aeternitatis*, aus dem Blickwinkel dessen betrachten, was auch für die Anhänger des Chan als die zeitlose „wahre Wirklichkeit“ gilt, dann ergibt sich: Von dorther, von der Shûnyatâ, der Leere, dem Nichts her betrachtet hat nichts, auch nicht das Erscheinen eines Buddha in der Welt, nicht das Wirken eines Bodhisattva Avalokiteshvara, nicht Bodhidharmas »Kommen aus dem Westen« einen Sinn – denn wo nichts ist, da kann auch kein Sinn sein, wie auch immer geartet. Und wenn es mit der Welt nicht auf ein – in der „wahren Wirklichkeit“ oder sonstwo vorgegebens – Ziel hinauswill, dann macht es, sozusagen *sub specie nihilitatis*, auch keinen Unterschied, ob der Weltprozess scheitert, in nichts endet oder nicht. Dann macht es, aus dem Blickwinkel des Nichts, letztlich auch keinen Unterschied, ob die Menschen insgsamt oder immerhin ein Teil von ihnen oder auch nur wenige Einzelne gerettet werden oder nicht. Sich und seinem Tun unter diesen Umständen einen Sinn zu setzen, sich gar an diesen Sinn zu klammern heißt dann, sich selbst zu fesseln, sich – mit Nietzsche zu reden – statt zu einem »freien Geist« vielmehr zu einem »gebundenen Geist« zu machen und damit, angesichts der Sinnlosigkeit des Nichts, sich in der selbsterrichteten Falle einer verlogenen Illusion zu verfangen. Und von daher wird auch Lin-jis erstaunlicher Ausspruch verständlich, Bodhidharma hätte, wenn er sich denn bei seinem »Kommen aus dem Westen« ein Ziel, einen Sinn gesetzt hätte, „nicht einmal sich selbst retten“, nämlich wahrhaft befreien können!

Long-ya – so können wir den Faden wieder aufnehmen – fordert seine beiden Kontrahenten zu einem lupenreinen Dharma-Gefecht heraus, ausgeführt nach allen Regeln der Kunst. Wie aber reagieren Cui-wei und Lin-ji auf seine hinterhältige Frage, und wie reagiert Long-ya auf die Reaktionen Cui-weis und Lin-jis? Sowohl Cui-wei als auch Lin-ji verweigern die direkte Antwort, lassen sich stattdessen von ihrem Besucher einen Gegenstand des täglichen Gebrauchs in Chan-Klöstern *herüberreichen* und versetzen ihm damit einen mehr oder weniger kräftigen *Schlag.*[244] Auch das ist eine Antwort, eine indirekte, non-verbale freilich. Doch beider Absicht liegt klar auf der Hand; jeder dieser beiden Schläge heißt, mit Worten explizit gemacht: „Wir verbitten uns solche Dummheiten; und Du selbst tätest besser daran, Dich mit solchem Unsinn nicht mehr abzugeben!“ Selbstverständlich versteht Long-ya, und zwar genauso *auf der Stelle*, wie die beiden Meister zupacken und ausholen, dass sie ihm mit ihren Schlägen seine vermeintliche Sinnsuche austreiben wollen – was sie nicht wissen, und wovon er weiß, dass sie es nicht wissen, ist, dass Long-ya selbst ja gar nicht mehr sucht. Und weil er genauso denkt wie sie, dass es nämlich eine Dummheit ist, nach einem »Sinn des Kommens aus dem Westen« auch nur tentativ zu suchen, und weil er obendrein, in voller Kenntnis der Absicht, die sie mit ihrem Ruf nach *Stützbrett* und *Sitzkissen* verfolgen, mit ihrer absehbaren Antwort von vornherein einverstanden ist, reicht er ihnen das Gewünschte, ohne jedes Zögern, ohne den geringsten Vorbehalt: *„Wenn [Ihr mich] schlagt, dann lasse [ich mich] schlagen!“*, anders gesagt: „Ihr habt ja völlig recht, mir – wäre ich denn tatsächlich auf der Suche nach einem »Sinn des Kommens aus dem

244 Nehmen wir an, das Gespräch habe in den Abtsräumen stattgefunden, wohin sich der Ankömmling begeben hat, um dem jeweiligen Abt seine Aufwartung zu machen; dann wäre nichts Verwunderliches daran, dass Cui-wei und Lin-ji dort auch ein *Stützbrett* und ein *Sitzkissen* für ihre persönliche Versenkungsübung zur Hand haben, in einiger Reichweite für den Besucher.

Westen« – diese Dummheit austreiben zu wollen!" Und was wie ein Auftrumpfen nach schmählicher Niederlage aussieht, Long-yas: *„Gleichwohl bestehe [ich] darauf: Es gibt keinen Sinn dessen, dass der Patriarch aus dem Westen gekommen ist!"*, unterstreicht in Wahrheit sein Einverständnis. Das Dharma-Gefecht endet unentschieden; keine der beiden Parteien geht als Verlierer vom Platz.

Auf den ersten Blick hat es allerdings den Anschein, als sei Long-ya blind in eine Falle getappt; als habe er, aus bloßer Höflichkeit, den Aufforderungen Cui-weis und Lin-jis prompt Folge geleistet, ohne auch nur zu ahnen, dass ihn alsbald Schläge erwarten. Andernfalls nämlich hätte er, um sich als ebenbürtiger Kämpe zu erweisen, den beiden und ihrer voraussehbaren Attacke, wie einst Huang-bo in seinem Dharma-Gefecht mit Bai-zhang,[245] zuvorkommen und ihnen seinerseits einen Schlag versetzen müssen. Weil er das gerade nicht getan, mithin, wie es im **Lobgesang I** von ihm heißt, *Stützbrett und Sitzkissen nicht zu gebrauchen gewusst* hat, wird er von Xue-dou als ein *Drache ohne Augen* verspottet, als ein *totes Wasser*, das auch *alte Winde*, eben das Vorbild Huang-bos, nicht *aufwecken*, nicht zu neuem Leben erwecken können. So widerstandslos, wie er sich seinen Dharma-Gegnern beugt, hätte er besser daran getan, *Stützbrett und Sitzkissen dem edlen Lu zu überlassen*, im Klartext, sich gar nicht erst auf das Abenteuer einer Ausbildung seiner spirituellen Kraft durch Beitritt zur Chan-Schule Hui-nengs einlassen dürfen! Long-ya ist kein würdiger Vertreter der „Süd-Schule", heißt das, ein wahrhaft vernichtendes Urteil, mit dem Xue-dou, wie er selbst eingesteht, drauf und dran ist, ihm den *Todesstoß zu versetzen*!

Doch dann folgt, mit dem **Lobgesang II**, eine Palinodie, ein poetischer Widerruf. Long-ya erscheint nunmehr, eingereiht in die Nachfolge des Sechsten Patriarchen, als ein echtes und vollwertiges Mitglied der Chan-Bewegung: *„Welchen Beweis gäbe es dafür"*, so fragt Xue-dou im zweiten Anlauf, *„dass er* Stützbrett und Sitzkissen *dem edlen Lu hätte überlassen [sollen]?"*; im Gegenteil bedient er sich ihrer so effektiv und erschöpfend wie nur sonst einer: *„[Er] stützt sich, ruht sich beim Sitzen aus – reicht so die Leuchte der Patriarchen weiter!"* Es folgen, scheinbar ohne Zusammenhang mit dem Vorangegangenen, zwei Zeilen mit einer wunderbaren Naturbeschreibung: *„Mögen auch zum Abend hin die Wolken wiederkehren – sie schließen sich noch nicht: / In der Ferne Berge, ohne Grenze [hingestreckt] – grüner Jade, in Reihen tief gestaffelt."* Das mutet wie die Vorwegnahme einer Äußerung an, die ein sonst nicht weiter bekannter Einsiedler von der Lotosblumen-Spitze im Beispiel des Kôan 25 an seine Zuhörer richtet: „[Die Menschen der Vergangenheit haben] sich eine

245 Gemeint ist die Schlussepisode des Geschehens um den „wilden Fuchs des Bai-zhang", eine Sequenz, die das gleichnamige Kôan 8 *Cong-rong-lu* unterschlägt, die jedoch in das entsprechende Kôan 2 *Wu-men-guan* mit aufgenommen ist: Als Bai-zhang nach der Feuerbestattung des toten Fuchses vor den versammelten Mönchen die Hintergründe seines Tuns erläutert, tritt Huang-bo mit der kecken Frage hervor: „Was wäre denn, wenn die Wende-Worte (das des alten Mannes aus der Zeit des Buddha Kâshyapa und das des gegenwärtigen Bai-zhang) nicht beide falsch gewesen wären?" Darauf Bai-zhang. „Tritt näher heran!" Das tat Huang-bo sogleich und versetzte, kaum nahe genug herangekommen, dem Meister einen – sicherlich nicht allzu schmerzhaften – Schlag mit der flachen Hand ins Gesicht. Bai-zhang, der genau dasselbe hatte tun wollen, klatschte vor Freude in die Hände, lachte laut auf und erklärte: „Ich wollte gerade sagen, dass der Bart des Fremden (Bodhidharmas Bart) rot gewesen ist. Doch außerdem gibt es hier noch einen Fremden (einen zweiten Bodhidharma) mit rotem Bart!" – vgl. Roloff (1), S. 28ff.).

Eschenholz[stange mit Vorräten an] Weichkastanien quer über die Schulter gelegt und sind, ohne Rücksicht auf jemand anderen, ganz im Gegenteil hinein in die [Bergwelt der] tausend und zehntausend Gipfel gegangen!“

Versetzen wir uns in das Bild, das Xue-dou hier vor uns entrollt: *„Mögen auch zum Abend hin die Wolken wiederkehren – sie schließen sich noch nicht.“* Wie fühlen wir uns dabei? Der Tag geht zur Neige. Nicht nur zieht die Dämmerung herauf; eine Wolkendecke verstärkt den Eindruck von Düsterkeit und Schwermut. Und doch lassen die Wolken, niedrig und weithin ausgebreitet, am Horizont einen hellen Streifen Himmel frei. Und dort *„in der Ferne Berge, ohne Grenze [hingestreckt] – grüner Jade, in Reihen tief gestaffelt!“* Abendkühle weht uns an; ein Gefühl von Einsamkeit und Verlorenheit angesichts dieser endlosen, leeren Weite überkommt uns. Und doch ist da kein Verzagen: Entschlossen und sicheren Schritts schreiten wir aus, gehen, mit den Worten des Lotosblumen-Einsiedlers, geradewegs „hinein in die [Bergwelt der] tausend und zehntausend Gipfel“ – ohne ein Ziel erreichen zu wollen (denn da ist keins), ohne auf ein Endgültiges zu hoffen, das uns für immer Erfüllung bringen soll, (eine Erfüllung, von der wir uns einbilden, sie ohne dies Letzte, dies *eschaton*, niemals finden zu können)![246]

„[Geradewegs] hinein in die Bergwelt der tausend und zehntausend Gipfel“: Welch eine großartige Metapher für unser Leben in einer sinnlosen Welt! Wie Long-ya für Bodhidharmas »Kommen aus dem Westen« und damit, unausgesprochen, auch für die Buddha-Lehre überhaupt sowie für sein eigenes Tun, das gegenwärtige als Mönch auf »Wolken und Wasser«-Wanderschaft wie auch das zukünftige als Abt eines eigenen Klosters auf dem Long-ya-shan, dem „Drachenzahn-Berg“, jeglichen Sinn leugnet, genauso müssen wir auch der Welt insgesamt und allem Geschehen in ihr jeden Sinn absprechen: von der Geschichte der Evolution auf dem Blauen Planeten bis hin zu den auseinanderdriftenden Galaxien mit ihren Sternengeburten und Sternentoden, ihren Schwarzen Löchern, Neutronensternen, Roten Riesen, die ihre eigenen Planeten verschlingen: Wenn die Welt als ganze und die einzelnen *Zehntausend Dinge* der Shûnyatâ, der Leere, dem Nichts entspringen und ebenso ins Nichts zurückkehren, ist da keine Instanz, die alldem einen Sinn setzen könnte; die Dinge geschehen einfach, ohne ein Warum und Wozu; sie sind so, wie sie sind, nicht um eines anderen, Höheren, Besseren willen. Uns das einzugestehen, läuft nicht notwendig auf einen Nihilismus der Verzweiflung und Lebensverneinung hinaus. In der Versenkungsübung dem Nichts in uns, in und hinter den Dingen zu begegnen, bedeutet zugleich, einen Zustand »jenseits von Sein und Nicht-Sein« zu erfahren, in dem es keine Fragen und kein Bedürfnis nach Antworten mehr gibt, auch kein Bedürfnis nach Sinn. Wer von dorther ins Leben zurückkehrt, wer aus diesem Zustand der Fraglosigkeit lebt, den erfüllt ein grundloses Genügen daran,

---

246 Das griechische Wort *eschaton* bedeutet, mit dem bestimmen Artikel versehen: „das Letzte“, das „Äußerste“ und liegt unserem Fremdwort „Eschatologie“ zugrunde, der „Lehre von den letzten Dingen“, von dem, was uns am Ende unseres individuellen Lebens bzw. am Ende der Geschichte, am zeitlichen Ende der Welt erwartet. In der Mythologie des Christentums wäre das, aufs Ganze der Welt gesehen, deren Auslöschung und Ersetzung durch eine »Neue Erde« und, auf jeden einzelnen von uns bezogen, entweder die »ewige Seligkeit« oder, ins Negative gewendet, die »»ewige Verdammnis«; im Islam entsprechend das Leben im »Paradies« mit seinen unermesslichen, nie endenden Genüssen bzw. der Ausschluss von ihm.

einfach da zu sein, einfach das zu tun, was die jeweilige Lebenssituation von ihm verlangt. Ein inneres Glücksgefühl befähigt ihn (oder sie), mit Wenigem, mit einem »einfachen Leben« zufrieden zu sein. Denn seine (oder ihre) Zufriedenheit erwächst nicht aus dem, was ihm (oder ihr) von außen her zufällt; vielmehr ist diese Zufriedenheit immer schon da, der Erfahrung der Shûnyatâ entsprungen, gleichsam als durchgängige Grundierung des Lebens, und legt ihren Glanz auch über ein Dasein, das sonst eher als unspektakulär und langweilig empfunden wird. Ein glückserfülltes Leben, heißt das, hängt nicht davon ab, dass es einen Sinn gibt, dass es einen Sinn hat; es hängt auch nicht von glänzenden Gütern ab, die sich sonst der allgemeinen und besonderen Wertschätzung erfreuen. Rilkes Satz, »Armut ist ein großer Glanz von Innen« (so schamlos er, auf materielle Armut bezogen, dasteht!) – wenn es um spirituelle Armut geht (und welche wäre größer, als wenn wir in der Erfahrung der Shûnyatâ auch noch auf uns selbst verzichten, uns selbst drangeben an – nichts?),[247] hier trifft er zu; Glückseligkeit (welch großes Wort!), echte Glückseligkeit ist auch in einer Welt ohne Sinn möglich; sie bedarf keines anderen Grundes als eben dessen, dass da in und hinter uns und den Dingen nichts ist.

Sinnlos die Welt – und daher
Muss das Gedicht,
Soll es denn Wahrheit besitzen,
Gleichfalls, so sehr du auch suchst,
Jeglichen Sinn entbehren?
Sinnentleert, aber schön – nur
Hehres Gefüge der Worte?
Dann und nur dann entspricht es
Unbeschönigtem Weltlauf?
Und in der Tat,
Nicht einer Utopie
Eilt Geschichte entgegen, auch
Fortschritt der Menschheit zum
Immer Besseren hin ist
Nirgends in Sicht.
Wie also ließe sich da
Selbstbetrug anders vermeiden
Als durch Verweigerung,
Noch und erst recht im Schönen, erst
Recht von Sinn im Gedicht?

Anders das Zen-Gedicht, das
Lustvoll-drauflos,

247 Zur spirituellen Armut sei auf Meister Eckharts Deutsche Predigt 52, *Beati pauperes spiritu*, verwiesen. Dort spricht Eckhart von der »äußersten Armut« dessen, der »nichts will, nichts weiß und nichts hat«: Wer kann weniger haben als der, der die Shûnyatâ »hat«; wer kann weniger »wissen« als der, der in der Nicht-Dualität des Samâdhi steht (in Dan-yuans „Halle aus Glas, in der es kein Wissen mehr gibt"); wer kann weniger »wollen« als der, der aus nichts lebt? – vgl. Meister Eckhart, Predigten, Deutscher Klassiker Verlag im Taschenbuch, Bd. 24, Frankfurt/Main, 2008, S. 550ff.

Ganz so, als wär' kein Erschrecken,
Seine Geschichten erzählt.
Wie denn auch nicht: Wie sollte
Dem, der randvoll aus nichts lebt,
Schwindel und Lähmung bedeuten,
Dass da kein Sinn den Weltlauf
Unbeirrbar ans Ziel bringt?
Auch dass sie strömt,
Liebe, die schenken will,
Leichthin, gütig um nichts, auch sie
Braucht keinen Sinn und hat
Darin Grund mehr als reichlich,
Dass sie halt ist.
Leben aus Zen – und dich trifft
Staunen um Staunen: Wie Sturzbach
Fällt dich das Leuchten an,
Glanz aus der Tiefe will ins Wort,
Jubel drängt ins Gedicht.[248]

---

248 Roloff (3), Text 16

21. Zhi-men zur „Lotosblume“

Ankündigung

Das Große Viereck kennt kein Außerhalb; [sein Stoff so] fein und dünn wie die angrenzende Leere. Ergreifen und Loslassen sind nicht [Sache] eines anderen; einrollen und ausbreiten liegen bei mir [selbst]. Wenn [du dich] vom Kleister befreien und [deine] Fesseln abwerfen willst, dann musst [du] geradewegs [deine] Spuren auslöschen und [deine] Stimme verschlucken. So schneidet jedermann durch seine Übung den unvermeidlichen Zufluss ab,[249] steht jeder einzelne aufrecht da wie eine 1000 Klafter hohe Wand. – Nun sagt mal: Die Umstände welcher Menschen sind das?[250] Versucht es doch mit dem, [was Xue-dou hier] vorbringt![251]

Beispiel

Ein Mönch fragte Zhi-men: „Wenn eine Lotosblume noch nicht aus dem Wasser hervorgekommen ist, was dann?“
Zhi-men sagte: „Lotosblume!“
Der Mönch sagte: „Und nachdem [sie] aus dem Wasser herausgekommen ist, was dann?“
Zhi-men sagte: „Lotosblätter!“

Lobgesang

„Lotosblume, Lotosblätter“, sie belohnen dich mit Einsicht –
„Aus dem Wasser“, wie wäre das so wie *„noch nicht heraus“*?

---

249 Hier erscheint, und zwar sowohl in der *Ichiya-* wie in der Standard-Version, zum ersten Mal die Wendung „durch Übung den unvermeidlichen Zufluss abschneiden“ (*zuo duan yao-jin*), eine Formel, die sich im weiteren Verlauf des Buches noch mehrmals einstellt, so in den Ankündigungen zu den Kôan 57 und 60 – dort allerdings nur in der Standard-Version. Itô übernimmt sie – anlässlich des Kôan 57 zusammen mit der gesamten Ankündigung, beim Kôan 60 als Einzelformulierung – in die entsprechenden Passagen seiner *Teihon*-Ausgabe und weist anlässlich des Kôan 60 in den von ihm aufgeführten Textvarianten darauf hin, dass die *Ichiya*-Version an jener Stelle statt *yao-jin* vielmehr *shi-jie* („die Welt“) bietet, was für den *unvermeidlichen Zufluss* die Bedeutung: „alles, was aus der Welt auf uns einströmt“ nahelegt. – Und dieser *Zufluss* ist in doppeltem Sinne unvermeidlich (das *yao* des chinesischen Originals heißt sogar „notwendig“), und zwar insofern wir uns den Einwirkungen der Welt nicht grundsätzlich entziehen können, und zum anderen, insofern wir als leibliche Wesen, bei Strafe des physischen Erlöschens, auf diese Einwirkungen sogar angewiesen sind.

250 In *Ichiya*-Version und *Teihon*-Ausgabe fehlt hier das chinesische Schriftzeichen für „Mensch“. Nach dieser Lesart müsste der Satz lauten: „Welche Umstände sind das?“ Aber nach der vorangegangenen ausführlichen Darstellung wäre das eine tautologische Frage. Deshalb schließt sich der Verfasser hier der Standard-Version an.

251 Der obige Text, den die *Teihon*-Ausgabe in Anlehnung an die *Ichiya*-Version als Ankündigung des Kôan 21 führt, nimmt in der Standard-Version die Stelle der Ankündigung des darauffolgenden Kôan ein, wie umgekehrt die Ankündigung des Kôan 21 Standard in der *Teihon*-Ausgabe als die Ankündigung des Kôan 22 auftritt. Der Verfasser schließt sich dort wie hier der *Teihon*-Ausgabe an.

Ob nördlich des Stroms, ob südlich des Stroms – frag nur den alten Wang![252]
Hat der eine Fuchs gezaudert, zaudert auch der nächste Fuchs.[253]

Mit diesem Kôan (und dem späteren Kôan 93) setzt Xue-dou seinem eigenen Lehrer **Zhi-men** Guang-zu (gest. 1031) ein Denkmal. Wie aus seinem Todesjahr ersichtlich, fällt Zhi-mens Wirken in die Zeit der Nördlichen Song-Dynastie, und gerade das gegenwärtige Beispiel zeigt, wie weit sich das Song-zeitliche Chan von Sprachgebrauch und Argumentationsstil der Tang-zeitlichen Vertreter des Chan-Buddhismus entfernt hat. Da fragt der ratsuchende Mönch nicht etwa: „Was ist mit Buddha?" (*ru-he shi Fo*); auch nicht: „Was ist mit dem »wirklichen und genauen Großen Sinn der Buddha-Lehre«?" (*ru-he shi Fo fa di-di da yi*), und auch nicht: „Was ist mit dem »Sinn des Kommens aus dem Westen«?" (*ru-he shi xi lai yi*). Vielmehr bedient er sich einer botanischen, der buddhistischen Ikonographie entlehnten Metapher, der Lotosblume in den unterschiedlichen Phasen ihrer jahreszeitlichen Entwicklung:[254] Im Winterhalbjahr, wenn die verwelkten Blätter unter die Wasseroberfläche hinabgesunken und verfault sind, existiert nur noch das Wurzelwerk der Pflanze, eingebettet in den schlammigen Untergrund flacher stehender Gewässer; im Frühjahr wachsen an langen Stengeln jeweils ein neues Blatt aus dem Wasser hervor, zur Mitte hin tellerförmig vertieft und zum Rand hin leicht abwärts gebogen, sowie, an noch längeren, noch festeren Stengeln, Blütenknospen, die sich zu großen, weißen Blüten öffnen, aus denen zum Herbst hin Fruchtkapseln hervorgehen, bis schließlich mit einsetzendem Winter die Blätter verwelken und absinken, während die Fruchtkapseln noch eine Weile aus dem Wasser ragen – kein Wort von Buddha, von den Patriarchen, von diesem oder jenem Bodhisattva, keins auch von den Tathâgata.

Was möchte der Mönch des **Beispiels** hören, wenn er Zhi-men seine Frage stellt: *„Wenn eine Lotosblume noch nicht aus dem Wasser hervorgekommen ist, was dann?"* Dass wir alle im Grunde unseres Wesens immer schon Buddha sind, auch diejenigen, die sich noch ganz im Zustand der Verblendung befinden? Oder, wie es Hakuin in der Eingangszeile seines *Zazen Wasan* formuliert: *„Shu jô hon-rai Hotoke nari"*, „Alle Wesen sind ursprünglich [bereits] Buddha"? Eine solche Annahme ist aus zwei Gründen plausibel: Zum einen gibt

252 Mit dem *alten Wang* ist Nan-quan gemeint, der von sich selbst immer nur als vom Lehrer Wang gesprochen hat. Wang war nämlich sein Familienname. Warum hier ausgerechnet Nan-quan erwähnt wird, soll in den Erläuterungen erörtert werden; vorweg immerhin soviel: *„Nördlich des Stroms"* und *„südlich des Stroms"* weisen nicht nur darauf hin, das der Geltungsbereich der Aufforderung kein anderer als das gesamte „große Reich der Tang" ist; sie sind zugleich eine Anspielung auf eine berühmte (angebliche) Selbstaussage Nan-quans, er habe von Jugend an einen Wasserbüffel aufgezogen und ihn bald „östlich des Tales", bald „westlich des Tales" grasen lassen – vgl. dazu Roloff (2), S. 360ff.

253 Yuan-wu gibt zu dieser Zeile folgende Erläuterung: Wenn ein Fuchs einen zugefrorenen Wasserlauf überquert, hält er nach jedem Schritt inne und lauscht voller Misstrauen, ob er nicht von irgendwoher das Gluckern fließenden Wassers hört; erst wenn alles still bleibt, traut er sich, den nächsten Schritt zu tun. So überquert er, ein Bedenkenträger erster Güte, das Eis nur unter ständigem Zaudern. Ein nachfolgender Fuchs verfährt genauso – auch wenn er dem anderen hat zuschauen und dabei hat feststellen können, dass die Eisdecke trägt.

254 In der buddhistischen Ikonographie spielt die Lotosblume eine nicht unwichtige Rolle: Die weit geöffnete Blüte des Lotos bildet den Thronsitz zahlreicher Buddhas und Bodhisattvas.

der Schlamm, in dem sich das Wurzelwerk des Lotos verbirgt, eine durchsichtige Metapher für den Zustand der Verblendung ab; und zum anderen kann die vollentwickelte Blume mit ihrer weißen Blüte, die sich Monate später in strahlender Reinheit über das morastige Wasser erhebt, als ein passendes Symbol für den Zustand der „Erleuchtung", für das Erreichen der lang ersehnten Buddhaschaft gewertet werden. – Und was gibt Zhi-men dem Mönch zur Antwort? *„Lotosblume!"* Das dürfte genau das sein, was der Mönch hat hören wollen. Denn wenn Zhi-men der Lotospflanze in dem Zustand, da sie nur als Wurzelwerk existiert, uneingeschränkt die Kennzeichnung *„Lotosblume"* zuerkennt, so besagt das: Der Lotos ist bereits als Lotoswurzel die vollständige Lotosblume; ihm fehlt nichts, was er erst noch hinzuerwerben, hinzugewinnen müsste; auch als vollentwickelte Lotosblume ist oder hat er nicht mehr, als er im Zustand bloßen Wurzel-Seins auch schon besitzt oder ist. Im Klartext geredet: Auch im Zustand der Verblendung besitzen wir bereits die volle Buddhaschaft!

Sosehr sich der Mönch durch Zhi-mens *„Lotosblume"* in seinem Verständnis von „Buddha-Natur" und Buddhaschaft, wie wir es ihm soeben unterstellt haben, bestätigt fühlen können muss – es bleiben ihm doch Zweifel: „Das kann doch nicht sein, dass die Lotospflanze im Zustand des bloßen Wurzel-Seins bereits die vollständige, die vollentwickelte Lotosblume ist; denn ganz offensichtlich fehlt ihr in diesem Zustand ganz Erhebliches, nämlich Blätter und Blütenstand!" Anders gesagt: Das kann doch nicht sein, dass die Buddhaschaft, die wir bereits im Zustand der Verblendung besitzen, bereits die vollentwickelte Buddhaschaft ist, dass Buddhaschaft im Zustand der „Erleuchtung" nichts anderes, nicht mehr als Buddhaschaft im Zustand der Verblendung ist! Und so fasst der Mönch mit einer Anschlussfrage, einer geradezu unumgänglichen, nach: *„Und nachdem sie aus dem Wasser herausgekommen ist, was dann?"* – „Nun", so müsste die nächste Antwort lauten, „dann hat die Lotosblume auch noch Blätter und Blütenstand!" Zhi-men jedoch erklärt: *„Lotosblätter!"* – und unterschlägt damit, dass sie auch eine Blüte hat! Und der Mönch? Wir erfahren nicht, wie er diese zweite Antwort aufgenommen hat. Doch anders als im ersten Fall hat er sich diesmal wohl kaum bestätigt fühlen können; denn das Schönste und Wichtigste an der Lotosblume, ihre strahlend weiße Blüte, bleibt als unerheblich unerwähnt! Und wenn die vollentwickelte Lotosblume für den Zustand der „Erleuchtung" steht, dann ist Buddhaschaft im Zustand der „Erleuchtung" laut Zhi-mens Auskunft etwas anderes, etwas Geringeres, als sich der Mönch vermutlich erhofft hat.

Wie hat der Mönch, wie haben wir das zu verstehen? Der **Lobgesang** setzt mit der Zeile ein: *„‚Lotosblume, Lotosblätter', sie belohnen dich mit Einsicht!"* – fragt sich nur, mit welcher? – um fortzufahren: *„‚Aus dem Wasser', wie wäre das so wie ‚noch nicht heraus'?"* Und diese Formulierung muss uns überraschen. Man hätte es genau andersherum erwartet: *„‚Noch nicht heraus'*, wie könnte das auf gleicher Stufe mit *‚aus dem Wasser'* stehen?" So aber, wie Xue-dou es formuliert, unterstellt diese zweite Zeile, Zhi-men habe den Mönch dahin belehren wollen, dass die vollentwickelte Lotosblume einschließlich Blättern und Blüte nicht mehr sei als das bloße Wurzelwerk des Lotos – eine Einschätzung, die Xue-dou mit dem Einwurf eben dieser zweiten Zeile: „Wie kann denn das eine gleichwertig mit dem anderen sein?", in Frage zu stellen scheint. Doch wenn wir beide Zeilen im Zusammenhang lesen: *„‚Lotosblume, Lotosblätter', sie belohnen dich mit Einsicht!" – / „‚Aus dem Wasser', wie wäre das so wie ‚noch nicht heraus'?"* und dann die *Einsicht* zu bestimmen versuchen, mit der uns *„Lotosblume, Lotosblätter“* angeblich *belohnen*, so kann es nur ein Ergebnis geben: Diese *Einsicht* besteht eben darin zu verstehen, inwiefern (der Gedankenstrich am Ende der Zeile besagt: erstaunlicherweise) das *„Aus dem Wasser“*, die Buddhaschaft im Zustand der „Erleuchtung“, gleichwertig, und das heißt, nicht mehr als der Zustand der Verblendung ist!

Aber warum sollen wir dazu *den alten Wang befragen*? Was hat denn Nan-quan damit zu tun? Und was sollen uns die *Füchse*, die sich nur mit äußerster Vorsicht und unter ständigem *Zaudern* auf das brüchige Eis winterlicher Flüsse bei Tauwetter wagen? An Nan-quan verweist uns Xue-dou, so die Vermutung des Verfassers (und Yuan-wu hilft uns da auch nicht weiter), weil er, *der Lehrer Wang*, es ist, der jene ketzerische Äußerung getan hat (sie wird ihm zumindest in den Mund gelegt), die das Kôan 69 *Cong-rong-lu* abhandelt und die da lautet: „Sämtliche Buddhas der Drei Zeiten verstehen es nicht, da zu sein; streunende Füchse und gewöhnliche Bullen jedoch verstehen es, da zu sein!“ – ketzerisch insofern, als sie eine der Grundwahrheiten des Buddhismus auf den Kopf stellt, dass nämlich einzig die *Buddhas aller Zeiten* über das »rechte Leben« verfügen, verblendete Wesen hingegen – und „streunende Füchse“ sind gar der Inbegriff der Verblendung[255] – zum schlechthin »falschen Leben«, dem einer unaufhörlichen Abfolge von Geburt und Tod, verurteilt sind. Anders als Yuan-wu, der im *alten Wang* nur einen x-beliebigen Stellvertreter sämtlicher Meister *nördlich des Stroms* und *südlich des Stroms* zu sehen vorgibt, hält der Verfasser den Verweis auf eben diesen Großen des Tang-zeitlichen Chan für keinen Zufall; im Gegenteil, die Erwähnung gerade Nan-quans soll unterstreichen, dass wir in der Tat die *Einsicht*, mit der uns *„Lotosblume, Lotosblätter“* angeblich *belohnen*, als diejenige in die Gleichwertigkeit des schlechterdings Ungleichwertigen verstehen sollen: *„Aus dem Wasser“* ist nicht mehr als *„noch nicht heraus“*, ein Leben im Zustand der „Erleuchtung“ ragt keineswegs über das gewöhnliche im Zustand unserer allgemein menschlichen Verblendung hinaus!

Zu solcher *Einsicht* sind wir jedoch nicht ohne weiteres bereit – und können es auch gar nicht sein, wenn wir denn der „Erleuchtung“ irgendeine besondere Bedeutung zumessen wollen. Also *zaudern* wir, zaudern wie die von Xue-dou zitierten *Füchse* und trauen uns nicht auf das unsichere Terrain eines Lebens, das bei allem Bemühen um „Erleuchtung“ uns nicht mehr einbringt als ein Ausharren unter den Bedingungen der Verblendung. Wir *zaudern* also, aber warum wie *Füchse*? Eben weil *Füchse* Sinnbild der Verblendung sind und unsere Scheu vor einem Ausharren unter den Bedingungen der Verblendung eben dies, Verblendung, Ausdruck unserer andauernden Verblendung ist! Wollen wir es besser machen als die *Füchse*, müssen wir es folglich mit dem *alten Wang* halten und genau das voll Zuversicht bejahen, was er uns anempfiehlt, das Ausharren unter den Bedingungen der Verblendung!

Was aber, wenn der Mönch bei seiner ersten Frage etwas anderes erwartet hat als vorhin unterstellt? Nennt doch Yuan-wu in seinem Kommentar Zhi-mens *„Lotosblume!“* eine

---

255 Man denke an die Metapher vom „Fuchsgeist“, der uns nur zu noch weiterer Verblendung verlockt und so für immer in der Verblendung festhält, sowie an die eng verwandte Metapher vom „wilden Fuchs“, der nicht imstande ist, sich aus seiner eigenen Verblendung zu befreien und so für immer in ihr gefangen bleibt – es sei denn, er findet einen Retter wie den Bai-zhang des Kôan 8 *Cong-rong-lu* bzw. Kôan 2 *Wu-men-guan*, der den vormaligen Abt gleichen Namens aus seiner Existenz als wilder Fuchs erlöst.

„Antwort, die der Frage", besser wohl, der Intention der Frage „Einhalt gebietet", „den Weg versperrt", hebt sie außerdem als „ganz außergewöhnlich" hervor und greift schließlich zu der Behauptung: „All überall gilt sie jedermann als eine Rede, die alles auf den Kopf stellt!" Das klingt durchaus nicht danach, dass sich der Mönch durch Zhi-men hat bestätigt fühlen können; das klingt vielmehr nach dem genauen Gegenteil. Wie ließe sich also die Erwartung formulieren, die der Mönch in Yuan-wus Augen mit seiner Eingangsfrage: „Was bedeutet es, *wenn eine Lotosblume noch nicht aus dem Wasser hervorgekommen ist?*", verbunden haben muss? Die Antwort liegt auf der Hand: „Solange der Lotos nur als Wurzelwerk im Schlamm existiert, verkörpert er den Zustand unserer allgemeinen Verblendung! Erst wenn er sich über die Wasseroberfläche erhoben hat, verweist er uns mit der strahlenden Reinheit seiner Blüte auf ein Leben jenseits der Verblendung!" Das vorausgesetzt, muss in der Tat Zhi-mens *„Lotosblume!"* ein Schlag ins Gesicht gewesen sein: „Die Lotosblume ist auch dann, wenn sie ganz im Schlamm versunken ist, bereits die ganze, die vollständige Lotosblume! Sich aus Schlamm und Wasser zur Reinheit der Blüte zu erheben, bringt ihr nichts ein, was ihr nicht auch im Zustand des In-Schlamm-Versunken-Seins bereits zuteil wird!" Die Anschlussfrage: „Und was ist, *nachdem sie aus dem Wasser herausgekommen ist?*", verrät dann nicht Zweifel, sondern erweist sich als Protest: „Das kann doch nicht sein! Blätter und Blütenstand sind doch unzweifelhaft mehr und Schöneres als das Wurzelwerk im Schlamm!" Der Mönch will also seine Hoffnung auf das besondere Leben im Zustand der „Erleuchtung" nicht gleich aufgeben. Da erhält er mit Zhi-mens zweiter Antwort: *„Lotosblätter!"* einen abermaligen Dämpfer: „Blätter ja, aber von der strahlenden Reinheit eines der Welt enthobenen Lebens in ‚Erleuchtung' kann keine Rede sein!" Von der Reaktion des Mönchs, wie bereits gesagt, erfahren wir nichts: ob er nunmehr ganz zerschmettert dasteht oder – zur Einsicht erwacht, zu eben der *Einsicht*, von der Xue-dou im **Lobgesang** spricht und deren inhaltliche Bestimmung, wie der Verfasser sie oben vorgetragen hat, nach wie vor Gültigkeit besitzt: Wieder einmal zeigt sich, dass erst der Lobgesang in seiner Funktion als Kommentar einem für sich genommen uneindeutigen Beispiel seinen klar formulierbaren Sinn verleiht: „Nur streunende Füchse und gewöhnliche Bullen", mit Nan-quan zu reden, „verstehen es", ganz ins Irdische eingesenkt, wirklich „da zu sein"! Buddhas und Patriarchen hingegen, als „Erleuchtete" vorrangig anderswo, in der Shûnyatâ zuhause, verfehlen das »richtige Leben«, das eben darin besteht, gerade nicht anderswo, sondern hier, in der Welt der *Zehntausend Dinge*, ganz und gar heimisch zu sein!

Die **Ankündigung** hat sich der Verfasser bis hierher aufgespart, aus doppeltem Grund: Zum einen kann ja als strittig gelten, ob der Text, den die *Teihon*-Ausgabe in Anlehnung an die *Ichiya*-Version dem Kôan 21 zuordnet, nicht vielmehr, wie die Standard-Version nahelegt, als Ankündigung zum nachfolgenden Beispiel konzipiert worden ist und umgekehrt die Ankündigung 22 *Ichiya*-Version nicht stattdessen, mit der Standard-Version, als korrekt zugeordnete Ankündigung des hiesigen Kôan 21 anzusehen ist. Und zum anderen scheint der Inhalt der obigen und bisher außer Acht gelassenen Ankündigung so gar nicht zu Beispiel und Lobgesang zu passen! Da ist von dem Vorsatz die Rede, *sich vom Kleister befreien und seine Fesseln abwerfen zu wollen*, was eindeutig auf das Bemühen anspielt, sich aus dem Zustand der Verblendung herauszuarbeiten (statt unter den Bedingungen der Verblendung auszuharren); da wird auch gleich das Mittel zu solcher Selbstbefreiung angeführt, nämlich *seine Spuren auszulöschen und seine Stimme zu verschlucken*, soll heißen, sich selbst ganz und gar zunichte zu machen, um *so* erfolgreich *den unvermeidlichen Zufluss abzuschneiden*, uns also ganz und gar aus der Welt zurückzuziehen. Das läuft, so scheint es, auf eine radikale Verweigerung hinaus, die jedem Ausharren unter den Bedingungen der Verblendung diametral entgegensteht. Und doch können wir den *unvermeidlichen Zufluss* nur im Rahmen unserer leiblich-physischen Existenz *abschneiden*, mithin als Angehörige eben der irdischen Welt, deren Einfluss wir uns entziehen wollen. Und dass wir, wie Yuan-wu fortfährt, anschließend *aufrecht dastehen wie eine 1000 Klafter hohe Wand*, ist eine Errungenschaft, die uns gleichfalls hier und nur hier in der irdischen Welt auszeichnet, nicht in der Shûnyatâ, und deren Voraussetzung eben darin besteht, den *unvermeidlichen Zufluss* erfolgreich *abgeschnitten* zu haben. So entpuppt sich, was zunächst wie Widerspruch zu Beispiel und Lobgesang aussah, als eine nur scheinbare Unvereinbarkeit; und obendrein enthält gerade dieser Text Yuan-wus weitere Einzelheiten, die gerade ihn als die „richtige" Ankündigung für das Kôan 21 erscheinen lassen: Da ist die überraschend deutliche Aussage Yuan-wus über sich selbst: *„Ergreifen und Loslassen sind nicht Sache eines anderen; Einrollen und Ausbreiten liegen bei mir [selbst]"*, heißt es beispielshalber zur Einleitung der bislang allein zitierten Passage. Das lässt sich, ohne den Sinn auch nur im Geringsten zu verändern, auch anders formulieren, etwa so: *„Ergreifen und Loslassen sind* meine *Sache*, wie auch *Einrollen und Ausbreiten* meine *Sache sind*; ich selbst bin es, der hier, mit dieser Ankündigung, *ergreift* und *einrollt*", nämlich zu Rückzug aus der Welt und Selbstauslöschung anhält, „und der zugleich", indem er zu Zhi-men und seiner Verteidigung des In-der-Welt-Verbleibens überleitet, „auch *loslässt* und *ausrollt*", mit anderen Worten, uns freigibt, »aus der Hand entlässt« – zur Rückkehr in die Welt, zum Ausharren unter den Bedingungen der Verblendung![256] Und ganz an den Anfang seiner Ankündigung hat Yuan-wu einen geheimnisvollen Satz gestellt, der wie eine Klammer beides umspannt: Ausstieg aus der Welt und Verbleiben in der Welt, und hat dabei Ersteren zur Voraussetzung für das erfolgreiche Vollziehen des Zweiten, des Verbleibens gemacht: *Das Große Viereck kennt kein Außerhalb; [sein Stoff so] fein und dünn wie die angrenzende Leere.* Mit anderen Worten: *Außerhalb* der Welt – des *Großen Vierecks* – gibt es für uns keinen Ort des Aufenthalts; und doch ist da, jenseits der Welt, an sie *angrenzend*, noch etwas anderes, die *Leere* oder Shûnyatâ, Ursprung des *Stoffs*, aus dem die Welt besteht und der in seiner Beschaffenheit noch deutliche Merkmale seiner Herkunft an sich trägt: Ohne die *Leere* kein *Stoff* der Welt; ohne den Ausstieg aus der Welt kein *Aufrecht-Dastehen wie eine 1000 Klafter hohe Wand*, kein Nan-quan'sches Verbleiben in der Welt, das – obwohl im »Jenseits der Welt« begründet – nicht über sie hinausreicht![257]

Ohne die Orthodoxie von Verblendung und „Erleuchtung" formuliert, was wäre da die Botschaft, die Nan-quan, zumindest ein Song-zeitlich gewendeter Nan-quan, Zhi-men und Xue-dou uns hinterlassen haben? Uns aus dem gewöhnlichen Dasein, bei dem wir in unseren Beruf, unsere Liebhabereien, unsere zwischenmenschlichen Beziehungen vertieft,

---

256 *»Aus der Hand entlassen«* soll als wörtliche Übersetzung und Anspielung auf die römische *emancipatio*, die Entlassung eines Sklaven in die Selbständigkeit verstanden werden. Andererseits, als Gegenstück zu solchem *Loslassen*, hat Yuan-wu hier in der Ankündigung zugleich mit seiner Aufforderung, *unsere Spuren auszulöschen und unsere Stimme verschlucken*, gleichsam „die Hand auf uns gelegt", uns regelrecht *ergriffen*.

257 Vergleiche dazu Roloff (2), S. 359ff.

in unsere Wünsche, Ängste, Hoffnungen versunken sind, in die Höhen der Shûnyatâ zu erheben (in Wahrheit ein Absturz ins Bodenlose), das bedeutet nicht, dass wir uns gleichsam *außerhalb* der Welt einrichten, uns vom Irdischen abwenden und in der »Ewigen Seligkeit« einer Art Gottesschau verharren sollen. Uns der Erfahrung der Shûnyatâ anzuvertrauen heißt vielmehr, in der Shûnyatâ gegründet hier in der Welt der *Zehntausend Dinge* heimisch und zuhause zu sein, ohne zu etwas anderem, Besseren über sie hinaus zu wollen, metaphorisch gesprochen, wie Nan-quans Wasserbüffel ganz im Diesseitigen unser Genügen zu finden, und mehr als das, unsere Erfüllung als Teil dieser Welt. Andererseits – und daran gemahnt uns Yuan-wu's Ankündigung mit ihrem Beitrag zur Botschaft Zhi-mens – befähigt uns erst die Einübung in die Shûnyatâ dazu, hier in der vergänglichen Welt wirklich zuhause, allen Mängeln, allen Schmerzen zum Trotz den flüchtigen und gebrechlichen Dingen, mit Dong-shans Worten, „beständig nahe zu sein".[258]

So schließen das Irdische, in der Lotosblumen-Analogie vertreten durch den Schlamm, sowie das Leben unter den Bedingungen des Irdischen, vertreten durch das Nur-Wurzel-Sein des Lotos zur Winterzeit, nicht weniger, sondern genau das ein, was ein »Sucher des DAO« sich vom Erreichen seines Ziels erhoffen kann, ist also die Lotoswurzel im Schlamm zugleich auch Zhi-mens vollentwickelte *„Lotosblume"*, und verweist zum anderen die Erfahrung des DAO, anders gesagt, der Shûnyatâ, vertreten durch die volle Entfaltung des Lotos, *„nachdem er aus dem Wasser herausgekommen ist"*, auf nicht mehr, auf nichts anderes als eben ein Dasein im Irdischen – ein Dasein, das Weltflucht nicht kennt, vertreten durch Zhi-mens *„Lotosblätter"*, die er gerade nicht durch einen Hinweis auf die „höhere" Schönheit einer Lotosblüte übertrumpft!

---

258 Im Kôan 98 *Cong-rong-lu* erklärt Dong-shan in Abwehr einer ausschließlichen oder auch nur vorrangigen Ausrichtung auf den Dharmakâya, alias die Shûnyatâ: „Ich bin diesem hier beständig nahe!" – vgl. Roloff (2), S. 502ff.

22. Xue-fengs „Schaut [Euch] die Schlange an!“

Ankündigung

Wenn [du] das Banner der Lehre aufrichtest und den Sinn der Schule ausstellst, legst [du] auf Brokat noch Blumen aus! Wenn [du] den Lastkorb ablegst und die Traglast vom Sattelhaken nimmst, [hast du] die Zeit des Großen Friedens! Wenn [du] unversehens die Vorschriften jenseits von Wörtern erörtern kannst, bist [du dir], wird die eine Ecke erwähnt, zugleich über die drei [anderen] im Klaren.[259] Wenn [du] aber noch nicht so weit bist, dann vernimm wie seit je voll Demut deine Strafe! – Versucht es doch mit dem, [was Xue-dou hier] vorbringt![260]

Beispiel

Xue-feng wandte sich an die Gemeinde [der Mönche] und sagte: „Am Südberg gibt es eine Schildkrötennasen-Schlange. Leute, wie Ihr es seid, [Ihr] müsst [sie Euch] alle dringend genau anschauen!“
Chang-qing trat vor und sagte: „Heute wird [hier] in der Halle eine reichliche Anzahl Menschen Leib und Leben verlieren.“

Ein Mönch berichtete Xuan-sha davon.
Xuan-sha sagte: „Das muss ja so sein, dass der verehrte Bruder Leng[261] es zuerst erfasst hat. Doch obwohl dem so ist, [denke] ich nicht so.“
Der Mönch sagte: „Wie haltet [Ihr] es denn, Ehrwürden?“
Xuan-sha sagte: „Warum sich des ‚*Südbergs*‘ bedienen!?“

Yun-men [aber] nahm seinen Wanderstab, warf [ihn] vor Xue-feng hin und machte eine Gebärde ängstlichen Erschreckens.

---

259 Diese Redewendung: „Die eine [Ecke] erwähnt, sich zugleich über die drei [anderen] im Klaren sein“ (*ju yi ming san*) scheint von ambivalenter Wertigkeit zu sein: Mal hat sie ganz deutlich etwas Herabsetzendes an sich, nämlich dann, wenn sie – wie in der Ankündigung des Kôan 1 – alltägliche Fertigkeiten der „Flickenkutten-Mönche“ umschreibt; mal aber, wie im hiesigen Kontext, weist sie auf ganz Besonderes hin.

260 Der obige Text, den die *Teihon*-Ausgabe in Anlehnung an die *Ichiya*-Version als Ankündigung des Kôan 22 führt, nimmt in der Standard-Version die Stelle der Ankündigung des vorangegangenen Kôan ein, wie umgekehrt die Ankündigung des Kôan 22 Standard in der *Teihon*-Ausgabe als die Ankündigung des Kôan 21 auftritt. Der Verfasser schließt sich dort wie hier der *Teihon*-Ausgabe an.

261 *Leng* ist eine Verkürzung des vollständigen Namens Chang-qing Hui-leng. Xuan-sha bezeichnet ihn hier als seinen *älteren Bruder*, was aber die Tatsachen ins Gegenteil verkehrt. Dass er gleichwohl seinen *de facto* um nahezu 20 Jahre jüngeren Mitbruder als den ihm gegenüber Älteren ausgibt, muss man wohl als Zeichen einer – vielleicht nicht nur auf die gegenwärtige Situation beschränkten – Bewunderung verstehen.

Lobgesang

Die Elefantenknochen-Klippe ist hoch[262] – Menschen können nicht hinauf.
Wer [dennoch] hinauf will, muss ein Sachverständiger im Spiel mit Schlangen sein.
Meister Leng und Meister Bei können nichts ausrichten[263] –
Wie viele werden es sein, die Leib und Leben verlieren?
Die „Sonne von Shao" kennt sich aus[264] –
Wieder einmal stochert [er] im Gras herum:
Im Süden, Norden, Osten, Westen unmöglich, [sie] zu töten![265]
Plötzlich schießt der Wanderstab hervor,
Vor Xue-feng geworfen sperrt [er] groß den Rachen auf.
Sperrt groß den Rachen auf! [Und] wie ein Wetterleuchten schnell!
Schab [dir] die Augenbrauen ab – auch so siehst du [sie] nicht![266]
Gerade jetzt verbirgt [sie] sich hier am Fuße des Ru-feng[267] –
[Ihr] hier oben – schaut [Euch] jeder nach bequemen Mitteln um![268]

(Der Meister erhob seine Stimme und rief laut: „Achtet [auf das, was] unter [Euren] Füßen [ist]!"[269])

---

262 *Elefantenknochen-Spitze* ist der ältere Name des Berges, auf dem das Kloster des Xue-feng gelegen war. Xue-feng selbst hat ihn zur „Schneekuppe" (*xue-feng*) – um Gunderts schöne Formulierung aufzugreifen – umbenannt.

263 *Bei* ist ebenso eine Verkürzung des Namens Xuan-sha Shi-*bei*, wie *Leng* die Verkürzung von Chang-qing Hui-*leng* darstellt.

264 Mit der *„Sonne von Shao"* ist – wie der Leser sich aus dem Kapitel 14 erinnern mag – Yun-men Wen-yan gemeint: ein Ehrentitel, in dem sich das hohe Ansehen spiegelt, das Yun-men an seinem Wirkungsort in der Provinz *Shao*-zhou genossen hat.

265 *Sie* – das ist die Schildkrötennasen-Schlange; der Sinn der Zeile lautet: „Unmöglich, sie aus der Welt zu schaffen!" – man kann ihr nirgendwo entkommen.

266 *Schab dir die Augenbrauen ab* – was damit gemeint ist, lässt sich wie folgt umschreiben: „Wenn du glaubst, dann besser sehen zu können, weil dir nicht länger allzu lange Haare den Blick beeinträchtigen, dann befreie dich von diesem Hindernis; und doch wirst du nicht imstande sein, *sie*, die Schildkrötennasen-Schlange, zu erblicken.

267 *Ru-feng*, wörtlich übersetzt: „Brust(warzen)-Spitze", ist der ursprüngliche Name des Berges, auf dem das Kloster Xue-dous, des Verfassers der Lobgesänge des *Bi-yan-lu*, gestanden und den Xue-dou genauso zur „Schneemulde" (*xue-dou*) umbenannt hat, wie Xue-feng seiner Elefantenknochen-Spitze den neuen Namen „Schneekuppe" (*xue-feng*) gegeben hat.

268 *[Ihr] hier oben*, wörtlich: „die [Ihr] hierher gekommen seid" – Xue-dou spricht damit die Mönche an, die sich in seinem Kloster auf der „Schneemulde" eingefunden haben, um sich unter seiner Leitung zu üben. Wenn er ihnen anempfiehlt, sich nach *bequemen Mitteln umzuschauen*, so ist das pure Ironie; denn statt sich – auf bequeme Weise – an der Schildkrötennasen-Schlange vorbeizumogeln, kommt es ja gerade darauf an, sich ihr zu stellen, es mit ihr aufzunehmen!

269 Dieser Zusatz, der im Übrigen abermals belegt, dass Xue-dou die von ihm selbst verfassten Lobgesänge des *Bi-yan-lu* seinen Mönchen auch mündlich vorgetragen hat, ist nicht mehr Teil des vorangegangenen Gedichts. Das lässt sich auch an einer Äußerlichkeit erweisen: den Reimwörtern des Lobgesangs. Diese lauten, der Reihe nach aufgezählt: *dao, shou, shao, cao, tao, tou, kou, dian, jian, qian, bian* – da fällt der letzte Satz, den der Verfasser der Deutlichkeit halber durch Klammern als Zusatz gekennzeichnet hat, ganz heraus: *kan jiao xia*!

Xue-feng Yi-cun (822-908) und seine bedeutendsten Schüler Xuan-sha Shi-bei (835-908), Bao-fu Cong-zhan (gest. 928), Chang-qing Hui-leng (854-932) und Yun-men Wen-yan (864-949) führt uns das *Bi-yan-lu* in unterschiedlichen Gruppierungen vor: einzeln, zu zweit, zu dritt oder gar, wie hier, zu viert (wenn auch einer von ihnen nur mittelbar am Geschehen beteiligt ist). Mit diesen unmittelbaren Nachfolgern ist Xue-feng zum Ahnherrn dreier unterschiedlicher Traditionslinien geworden, die für das weitere Schicksal des Chan entscheidende Bedeutung erlangen sollten: Der einen, ausgehend von Bao-fu, verdanken wir das *Zu-tang Ji* von 952, die *Sammlung der Halle der Patriarchen*, die älteste Zusammenstellung von Berichten über Leben und Wirken ausgewählter Chan-Meister; einer zweiten, ausgehend von Xuan-sha, das *Jing-de Chuan-deng-lu*, die *Aufzeichnungen zur Weitergabe der Leuchte [aus der Ära der] »Strahlenden Tugend«*, als Überarbeitung einer älteren Fassung von 1004 erstmals veröffentlicht im Jahr 1009, und der dritten, der Linie des »Hauses Yun-men«, die Vorlage für das *Bi-yan-lu*, Xue-dous *100 Beispiele der Alten* mitsamt zugehörigen Lobgesängen.

Xue-feng selbst ist ein Meister des metaphorischen Sprechens gewesen, wie schon Yuan-wu in seiner Ankündigung zum Kôan 5 hervorgehoben hat; er charakterisiert ihn dort als „einen Mann, der das Eine und Erste auslässt und stattdessen das Tor einer zweiten Bedeutungsebene", eben der metaphorischen, „errichtet." Im gegenwärtigen Kôan, das ja mit der „*Schildkrötennasen-Schlange*" gleichfalls eine gelungene Probe Xue-feng'scher Metaphorik vorlegt, gibt Yuan-wu seiner Bewunderung auf andere Weise Ausdruck: Er attestiert Xue-feng, den *Lastkorb* der Sûtren und Shâstren *abgelegt und die Traglast vom Sattelhaken genommen* und dafür seine *Zeit des „Großen Friedens"* erlangt zu haben! Davon freilich später Genaueres; hier sei nur noch darauf hingewiesen, dass Xue-fengs Vorbild unter seinen Nachfolgern eindeutig Schule gemacht hat, wie insbesondere bei Yun-men zutage tritt. Aber auch spätere Chan-Meister anderer Provenienz haben sich des metaphorischen Sprechens ausgiebig und musterhaft bedient, so etwa der zur Yang-qi-Linie des »Hauses Lin-ji« gehörige Wu-zu Fa-yan und – kein anderer als sein Schüler Yuan-wu, wie seine Ankündigungen hier im *Bi-yan-lu* beweisen, exemplarisch zu belegen durch ein Zitat wie das obige aus der Ankündigung des gegenwärtigen Kôan 22.

Zu **Chang-qing** und **Xuan-sha** nur einige wenige Bemerkungen: Das „Erleuchtungsgedicht" des Ersteren, das ihm endlich die erhoffte Bestätigung durch seinen Lehrer Xue-feng eingebracht hat, mündet in die beiden, auch vom Verfasser hochgeschätzten Zeilen: *Xi-nian miu-xiang tu-zhong mi / jin-ri kan-lai huo-li bing*, was sich wie folgt angemessen übersetzen lässt: „In früheren Jahren habe ich auf dem Weg in den Irrtum gesucht; / Heute aber habe ich erkannt: Mitten im Feuer [bin ich] Eis [gewesen]!" Und Xuan-sha hat sich der Chan-Geschichte mit der Formel eingeschrieben: „Die ganze Welt in allen Zehn Richtungen ist eine einzige leuchtende Perle!" – eine großartige Metapher, ganz nach Art und Geschmack Xue-fengs.

Und zu **Yun-men** ist in den Erläuterungen zu den Kôan 6 und 15 bereits alles Erforderliche gesagt. Allenfalls noch dies: dass wir in der Episode des Beispiels einen noch jugendlichen, geradezu übermütigen Yun-men vor uns haben.

Beginnen wir mit der **Ankündigung**. Sie richtet sich zwar formal an jeden von uns; doch soweit sie Rühmenswertes erwähnt, zielt sie auch und vor allem auf den Hauptakteur des nachfolgenden Beispiels, auf Xue-feng. Zunächst allerdings kommt Yuan-wu auf etwas zu sprechen, das alles andere als rühmenswert ist: *Auf Brokat noch Blumen auszulegen* ist nicht nur überflüssig, weil *Blumen* der bunten Schönheit des *Brokats* nichts hinzuzufügen vermögen; es ist auch töricht, weil sie sogar eben diese Schönheit der Farben und Muster eher verdecken als betonen. Höchst erstaunlich aber, was für ein Tun Yuan-wu hier mit seiner Metapher von den *Blumen auf Brokat* der Lächerlichkeit preisgibt: *das Banner der Lehre aufzurichten und den Sinn der Schule auszustellen*! Denn der *Banner der Lehre* ist nichts anderes als eine Umschreibung der Sûtren, und der *Sinn der Schule* wird in den Shâstren *ausgestellt.*[270] Noch erstaunlicher der nächste Satz der Ankündigung, in dem Yuan-wu es als vorbildhaft hinstellt, einen nicht näher bezeichneten *Lastkorb abzulegen* und eine ebenso geheimnisvolle *Traglast vom Sattelhaken zu nehmen*: Das, und nur das beschert uns die ersehnte *Zeit des „Großen Friedens"*, so wie sie Xue-feng zuteil geworden ist. Da die beiden ersten Sätze der Ankündigung schon durch ihren formalen Aufbau zu einer Einheit zusammengeschlossen sind,[271] kann mit der rhetorischen Verdopplung *Lastkorb* und *Traglast* nur die Gesamtheit der buddhistischen Schriften, also der Sûtren und Shâstren, gemein sein. Aber machen wir uns klar, was das, auf Xue-feng bezogen, bedeutet: Er *hat die Zeit des „Großen Friedens"* und lebt im *„Großen Frieden"*, weil er sich von dem Glauben freigemacht hat, ohne die Sûtren und Shâstren seine Schüler nicht wirksam belehren und ihrerseits zum *„Großen Frieden"* führen zu können; für Lehrer und Schüler gilt gleichermaßen, was das Kôan 46 *Cong-rong-lu* einem zweiten De-shan, De-shan Yuan-ming aus dem »Haus Yun-men«, sinngemäß in den Mund legt: „Ans Ende der Versenkungsübung ist derjenige gelangt, der die Münder sämtlicher Buddhas der Drei Welten [wie Jagdtrophäen] hoch oben an der Wand hängen hat!"[272] Xue-fengs besondere Bedeutung liegt also darin, dass er sämtliche heiligen Texte des Buddhismus wie eine lästige, schwer lastende Bürde abgeworfen und sich zu der Freiheit eines nur noch metaphorischen Sprechens durchgerungen hat. Das ist zwar keine *Erörterung der Vorschriften jenseits von Wörtern*, wie die Ankündigung fortfährt, aber immerhin eine Auslegung der Buddha-Lehre, die ohne die Wörter der Buddha-Lehre auskommt.

Xue-feng also, so setzt das **Beispiel** ein, bemüht eine *Schildkrötennasen-Schlange*, um seinen Mönchen die Notwendigkeit eines spirituellen Sterbens, des *da si*, des „Großen

---

270 *Banner der Lehre*, chines. *fa chuang*: Das Schriftzeichen *chuang* besagt laut Lexikon I einen „Wimpel mit frommen Sprüchen", also eine längliche Fahne, auf die Texte geschrieben sind; kombiniert mit dem Schriftzeichen *fa* gleich (Buddha-)*Lehre* bedeutet einen solchen Wimpel oder *Banner* aufzurichten, das heißt, an einer Stange senkrecht in den Boden zu rammen und weithin sichtbar in den Lüften flattern zu lassen, die Verkündung der Buddha-Lehre, wie sie in den Sûtren festgehalten ist. *Den Sinn der Schule auszustellen*, chines. *li zong zhi*, spielt auf die Shâstren an, die gelehrten Abhandlungen, in denen der *Sinn*, die Bedeutung, die Absicht (*zhi*) der Sûtren als Inbegriff der (Buddha-) Schule (*zong*) dargelegt wird (*li*, wörtlich: „aufstellen", „festsetzen", „errichten").

271 Diese beiden Sätze sind jeweils in sich zweigeteilt; der erste Teil besteht beidemal aus sechs Schriftzeichen, von denen je drei eine Sinneinheit bilden; der zweite Teil setzt sich in beiden Fällen aus vier Schriftzeichen zusammen, mit einer schwächeren Zwei-zu-zwei-Gliederung. Der Rest der Ankündigung weist eine unregelmäßige und nicht länger kunstvoll-aufwändige Struktur auf.

272 Der obige Satz ist eine freie, aber sinngemäße Abwandlung der Aussage De-shan Yuan-mings im Beispiel des genannten Kôan – vgl. Roloff (2), S. 231

Todes“ (wörtlich: des „Vollständig-Sterbens“) nahezubringen: *„Am Südberg gibt es eine Schildkrötennasen-Schlange. Leute, wie Ihr es seid, [Ihr] müsst [sie Euch] alle dringend genau anschauen!“* Es ist keine Kleinigkeit, was Xue-feng da von seinen Mönchen (und auch von uns) verlangt; doch geht er die Sache äußerst behutsam an – allzu behutsam vielleicht, wie Chang-qing empfindet, der sich daher zu einer unmissverständlichen Verdeutlichung bemüßigt fühlt: *„Heute wird [hier] in der Halle eine reichliche Anzahl Menschen Leib und Leben verlieren.“* Xue-feng freilich lässt, was er sagen will, eher im Vagen: Eine *Schildkrötennasen-Schlange*, was soll das sein? Auf jeden Fall eine giftige Schlange; denn Schlangen, die sich nicht mit Gift verteidigen können, werden kaum darauf warten, sich anstarren zu lassen; sie flüchten lieber rechtzeitig. Und als Giftschlange mit einem *Schildkröten*-großen Kopf ist Xue-fengs Wunder-Schlange sicher ein gefährlicher Gegner, dem niemand zu nahe kommen sollte – ein einziger Biss genügt, uns ins Jenseits zu befördern. Und dann der *Südberg*: Wo auch immer der sein mag, was auch immer er symbolisieren soll – er stellt gleichfalls eine Abschwächung dar – woraufhin sich Xuan-sha zu dem kritischen Einwand veranlasst sieht: *„Weshalb sich des ‚Südbergs‘ bedienen!?“* Etwa zur gleichen Zeit wie Xue-feng hat ein ansonsten kaum bekannter Qing-lin (gest. 904) von einer Schlange gesprochen, die uns mitten auf der „Hauptstraße“ erwartet, der Hauptstraße nach Chang-an, der Kaiserstadt des Tang-Reiches mit dem Namen „Ewiger Frieden“, was nichts anderes besagt als der von Yuan-wu ihm zugesprochene *„Große Frieden“* Xue-fengs.[273] Und einer Schlange auf der „Hauptstraße“ kann der nicht ausweichen, der den „Ewigen“ oder *„Großen Frieden“* erreichen will, wohingegen um eine Schlange an einem sonstwo gelegenen *Südberg* sich leicht ein weiter Bogen schlagen lässt. Doch wenn wir uns weniger voreilig geben und dem *Südberg* genauer nachforschen, so stoßen wir auf eben diese Metapher auch andernorts, etwa im Kôan 67 *Bi-yan-lu*, in Yun-mens „stellvertretendem Wort“ vom „Südberg“, an dem „Wolken aufsteigen“, und vom „Nordberg“, an dem „Regen fällt“, sowie im Kôan 15 *Cong-rong-lu*, wo Wei-shan, schon etliche Jahrzehnte vor Xue-feng, davon spricht, dass „der Südberg reichlich Menschen hat, das Schilf zu mähen“.[274] In all diesen Fällen meint der *Südberg* ein und dasselbe: die Welt der *Zehntausend Dinge*, das irdische Dasein, das sich nicht nur außerhalb der Klostermauern von Horizont zu Horizont erstreckt, das vielmehr auch innerhalb des Klosterbezirks seinen Tribut von uns fordert, und in dem uns zu behaupten und zu bewähren – „Schilf zu mähen“ – uns Wei-shan ans Herz legt. Um jedoch gerade das so leisten zu können, dass wir, mit den Worten Dong-shans, „diesem hier beständig nahe sind“, dazu bedarf es zuvor des Sterbens, bedarf es der Bereitschaft, uns, wo auch immer wir sind, der allgegenwärtigen *Schildkrötennasen-Schlange* zu stellen – einer Bereitschaft, die nicht bei passivem Abwarten stehen bleibt, sondern mit vollem Einsatz (*„dringend anschauen“*) zu Werke geht. Das *Leib-und-Leben-Verlieren*, dem Chang-qing das Wort redet und dessen Dringlichkeit Xuan-sha nur unterstreicht, ist vielmehr ein aktives Aufsuchen der Gefahr:

Was Xue-feng seinen Mönchen zumutet, ist, sich auf dem Sitzkissen in die von ihm beschworene Situation zu versenken und in der Konzentration auf die Schlange sich dem eigenen Tod anzunähern, sich fallen zu lassen in den Abgrund der Vernichtung. Das läuft auf einen allmählichen Prozess hinaus, fast auf ein sanftes Sterben, und eben darin besteht

273 Kôan 59 *Cong-rong-lu*, Roloff (2), S. 304
274 Roloff (2), S. 78ff.

Xue-fengs Behutsamkeit, dass er den Mönchen eine solch allmähliche Annäherung erlaubt. Das ist Yun-men zu wenig; es fehlt ihm an der gebotenen Eindringlichkeit; und so führt er – *unversehens*, s. u. – eine überraschende Pantomime auf: Er *nimmt seinen Wanderstab, wirft [ihn] vor Xue-feng hin und macht eine Gebärde ängstlichen Erschreckens.* „Seht!", heißt das, „die *Schildkrötennasen-Schlange*! Schon entblößt sie die spitzen Dolche ihrer Giftzähne; schon springt sie Euch an; schon habt Ihr, unrettbar, den Tod im Leibe! Lasst Euer Leben los!" Genau das ist eine der *Vorschriften*, von denen die **Ankündigung** gesprochen hat, vielleicht die wichtigste sogar, und Yun-men erfüllt mit seiner Pantomime ohne Abstriche, was Yuan-wu dort zum Kennzeichen vollendeter Meisterschaft erklärt: ganz *unversehens die Vorschriften jenseits von Wörtern erörtern zu können*! – wobei die Plötzlichkeit der Aktion wie ein Vorgriff auf Yun-mens berühmt gewordene „Ein-Wort-Schranken" wirken muss.

So wird Yun-men zum eigentlichen Helden der gesamten Szene, wie auch Xue-dou in seinem **Lobgesang** unübersehbar deutlich macht: Den „Großen Tod", das spirituelle Vollständig-Sterben als das Thema dieses »Öffentlichen Aushangs« anerkannt (*„Die Elefantenknochen-Klippe ist hoch"*, mithin die Forderung Xue-fengs nur schwer zu erfüllen! – *„Menschen können nicht hinauf"*, sondern nur „Tote"! / *„Wer dennoch hinauf will, muss ein Sachverständiger im Spiel mit Schlangen sein!"*), setzt Xue-dou im nächsten Zeilen-Paar Chang-qing und Xuan-sha gegenüber seinem eigentlichen Helden klar herab: *„Meister Leng und Meister Bei können nichts ausrichten"* – weil auch sie noch viel zu zögerlich sind; so wie diese beiden die Sache angehen, werden *es* gerade nicht *„viele sein, die [hier und jetzt] Leib und Leben verlieren!"*: „Welch schwächlicher Auftritt!", so übertreibt Xue-dou. Dann aber betritt Yun-men, die *„Sonne von Shao"*, die Bühne, und der *„kennt sich aus!"* Er ist, ganz ohne Zweifel, *„ein Sachverständiger im Spiel mit Schlangen"* (freilich auf seine Weise: zum Wohle anderer, nicht zu seinem eigenen!); diesmal *„stochert er* – wieder einmal (?) – *im [hohen] Gras herum"*, wo sich Schlangen gern verstecken und für den Wanderer besonders gefährlich sind; er deckt dabei, hier an diesem zufälligen Ort, Xue-fengs Sonderexemplar den Mönchen auf, um ihnen die *Unmöglichkeit* vor Augen zu führen, sie, sei's *im Süden oder Norden*, sei's *im Osten oder Westen*, aus der Welt zu schaffen, um sich vor ihr in Sicherheit wähnen zu können. Diese Sicherheit, die gibt es nicht: *„Plötzlich schießt der Wanderstab hervor, / Vor Xue-feng geworfen sperrt er groß den Rachen auf. / Sperrt groß den Rachen auf! Und wie ein Wetterleuchten schnell!"*

Zum Schluss jedoch lässt Xue-dou auch Xue-feng späte Gerechtigkeit widerfahren, wenn auch nur indirekt; auch er schwächt ab, nimmt sogar zurück: „Was Yun-men da vollführt hat", so wendet er sich nunmehr an seine eigenen Mönche, „ging viel zu *schnell*; Ihr habt es gar nicht mitbekommen können! Das soll Euch aber nicht bekümmern; denn selbst wenn Ihr Euch *die Augenbrauen ausreißt*, um besser, um ganz ungehindert sehen zu können – *auch so* könntet Ihr die *Schildkrötennasen-Schlange*, die Yun-men Euch vorgespielt hat, *nicht [mehr] zu sehen* bekommen!" Und dann lenkt Xue-dou die Mönche, die sich *hier oben* auf dem – ehemals „Brust(warzen)-Spitze" genannten – „Schneemulden"-Berg um ihn versammelt haben, von jenem längst vergangenen Ereignis ab und führt sie zur Gegenwart, zu ihrer Gegenwart zurück: *„Gerade jetzt verbirgt sich [die fatale Schlange] hier am Fuße des Ru-feng!* Aber auch das schwächt er wieder ab: *„Schaut Euch nach bequemen Mitteln um!"* – was nichts anderes heißen kann als: „Seht bloß zu, wie Ihr sie vermeiden könnt!"

So ironisch schließt Xue-dou seinen eindringlichen Lobgesang; ironisch deshalb, weil die Aufforderung zum *da si*, zum Vollständig-Sterben, die das Zentrum dieses »Öffentlichen Aushangs« ausmacht, das genaue Gegenteil eines *bequemen Mittels* ist. Und im mündlichen Vortrag vor seinen Mönchen hat Xue-dou seinen Zeilen zumindest einmal noch den nicht minder ironischen Rat hinzugefügt: *„Achtet [auf das, was] unter [Euren] Füßen [ist]!“*: „Wo auch immer Ihr geht und steht, überall lauert sie Euch auf, die tödliche Schlange; nehmt Euch in Acht vor ihr!“

Die Mönche werden, genau wie wir es tun, die beißende Ironie dieser Worte sehr wohl verstanden haben. Beherzigen wir also, worum es Xue-feng, Chang-qing, Bao-fu, Yun-men und Xue-dou gemeinsam und gleichermaßen gegangen ist! In Versenkung auf dem Kissen zu sitzen bedeutet: sterben zu wollen, bereit zu sein zum „Großen Tod“, darauf zu warten, dass er uns – endlich, lange ersehnt – widerfährt. Denn letztlich ist er – ein Geschenk, und das im doppelten Sinne: Wir können ihn, aller Bemühung zum Trotz, nicht erzwingen; er wird uns zuteil oder nicht: „Jederzeit, so er will, / Unverseh'n überkommt er dich, / Wölbt sich über dir auf, / Dass er dich ganz besitzt.“ Und ein Geschenk ist er auch insofern, als er uns ins Leben zurückträgt, in ein reicheres als zuvor:

Ach, diese Gnade des Nichts:
Wieder und wieder aufs Neue
Schickt es dich in das Leben zurück,
In ein Leben aus Freude,
Aber aus Güte auch.
Gleichwohl ist keiner und keines,
Das solches Leben dir schenkte,
Der dich huldvoll beglückte,
Weil er dir wohlgesinnt,
Und dem du Dankbarkeit schuldest.

Dankbar doch bist du gleichwohl,
Dankbar der Freude, dass sie dich
Unbedürftig und leichtfüßig macht,
Noch das Sterben zu tanzen:
Buddhas – den eignen auch –
Abschied ins Parinirvâna,
Den allzu heftig beklagten.
Dankbar du auch der Güte,
Die dich so selbstlos lässt,
Das Glück der andern zu fördern.[275]

---

275 Roloff (3), Text 84 – die voraufgegangenen, durch Schrägstrich gegliederten vier Zeilen sind ein Zitat aus Roloff (4), Text 12.

23. Bao-fu ergeht sich in den Bergen

Ankündigung

Einen Edelstein prüft [man] mit Feuer, Gold prüft [man] mit einem Stein, ein Schwert prüft [man] mit einem Haar, Wasser prüft [man] mit einem Stab.[276] Triffst [du] auf einen Flickenkutten-Schüler, [genügt] ein einziges Wort, ein einziger Satz, eine einzige Gelegenheit, ein einziger Umstand,[277] ein einziges Heraus, ein einziges Hinein, ein einziger Stoß, ein einziger fester Griff – willst [du] herausfinden, ob [er] seicht ist oder tief, willst [du] herausfinden, ob [er] sich [dir] zuwendet oder [dir] den Rücken zukehrt. – Nun sagt mal: Womit wollt [Ihr] ihn prüfen? Versucht es mit dem, [was Xue-dou hier] vorbringt!

Beispiel

Bao-fu und Chang-qing ergingen sich einmal in den Bergen. Bao-fu zeigte mit der Hand [in die Runde] und sagte: „Aber/Nur dies hier ist also die Spitze des Berges Wunderbar!"[278]
Chang-qing sagte: „Ist es so, dann ist es so; [nur] mit Bedauern kann [ich Dir das] zugestehen!"

(Der Meister bemerkte dazu:[279] „Wenn [wir] uns heutzutage zusammen mit diesen [beiden] Chinesen in den Bergen ergehen, welche Absicht [verfolgen sie dabei]?" Ein

---

276 Ein gutes *Schwert* – davon handelt das Kôan 100 – soll so scharf sein, dass es ein Haar, das man gegen seine Schneide bläst, zerschneidet; beim Prüfen des *Wassers* geht es darum, dass ein Wandermönch, wenn er einen Bach oder Flusslauf durchqueren will, mithilfe seines Wanderstabs die Wassertiefe feststellt.

277 Soll heißen: *mit einer Gelegenheit*, in der sie sich bewähren müssen; *mit einem Umstand*, der sie herausfordert. – Im Übrigen kehrt mit der formelhaften Wendung: *„Ein einziges Wort, ein einziger Satz, eine einzige Gelegenheit, ein einziger Umstand"* eine Formulierung wortwörtlich wieder, die sich bereits in der Ankündigung des Kôan 2 gefunden hat, nur in umgekehrter Reihenfolge ihrer beiden Glieder: *„Eine einzige Gelegenheit, ein einziger Umstand"* (*yi ji yi jing*) und *„ein einziges Wort, ein einziger Satz"* (*yi yan yi ju*).

278 Der *Berg Wunderbar* stellt eine Anspielung auf das *Buddhâvatamsaka-Sûtra* dar, genauer auf dessen *Gandavyûha*-Teil, der von der Pilgerfahrt des Buddha-Jüngers Sudhana berichtet, deren erste Etappe den Pilger zum „unermesslich hohen *Berg Wunderbar*" führt, auf dessen Spitze sich der Mönch „Wolkenwonne" in die Gegenstandslosigkeit des Nirvâna zurückgezogen hat. Die *Spitze des Berges Wunderbar* ist mithin eine Metapher für die Inhaltslosigkeit und Nicht-Dualität der Shûnyatâ. – Der Satz insgesamt lässt zwei unterschiedliche, ja geradezu konträre Übersetzungen zu, je nachdem, welche Bedeutung wir dem einleitenden Schriftzeichen *zhi* zumessen. Denn dieses *zhi* kann sowohl „aber" als auch „nur" bedeuten, und im ersten Fall – *zhi* gleich „aber" – heißt Bao-fus Satz: „Diese Berglandschaft ist nicht das, was sie zu sein scheint, sondern in Wahrheit der ‚*Berg Wunderbar*'!"; und im zweiten Fall – *zhi* gleich „nur" – besagt er: „Es gibt keinen anderen ‚*Berg Wunderbar*' außer dieser Berglandschaft hier!" Die obige Übersetzung möchte sich vorerst beide Möglichkeiten offenhalten; alles Weitere in den Erläuterungen.

279 Auch hier wieder bietet die Standard-Version statt des neutralen „der Meister" den Eigennamen Xuedou. Wie das zu bewerten ist, siehe die Fußnote 217 zum Kôan 18.

andermal sagte er: „[Ich] sage nicht, dass es hundert oder tausend Jahre später keine [solchen Menschen] mehr gibt. Aber [das] sind [dann nur] wenige!")

Später berichteten die beiden [die kleine Begebenheit] Jing-qing. Der sagte: „Wenn nicht der edle Herr Sun gewesen wäre,[280] dann sähe [man nur] Ödland, überall [bedeckt mit] Totenschädeln!"

Lobgesang

Einsame *Spitze des Berges Wunderbar* – Gras in üppigem Grün!
[Er] hat gezeigt, was offensichtlich ist – wem hat [er's] anvertraut?
„Wäre nicht der edle Sun gewesen" – [er] hat das richtige Ziel ausgemacht –
„Totenschädel bedeckten [dann] das Land" – wie viele Menschen verstehen [das]?

Wie anlässlich des vorigen Kapitels bereits erwähnt, gehört auch **Bao-fu** Cong-zhan (gest. 928) zu dem Quartett der bedeutendsten Nachfolger Xue-fengs, das außer **Chang-qing** Hui-leng (854-932) und Yun-men Wen-yan (864-949) auch noch, als Ältesten, Xuan-sha Shi-bei (835-908) mit umfasst hat. Im Verein mit Chang-qing und Yun-men ist uns Bao-fu schon einmal, und zwar im Kôan 8, begegnet, und das Zweigespann Bao-fu / Chang-qing hat in den Kôan 81 und 95 noch zwei weitere gemeinsame Auftritte. Während sie dort eher gegeneinander antreten, zeigen sie sich hier als einvernehmlich Gleichgesinnte. Als weiterer Schüler und Nachfolger Xue-fengs beteiligt sich auch noch **Jing-qing** Dao-fu (868-937) mit einem nachträglichen Kommentar.

Das Beispiel dieses »Öffentlichen Aushangs« gibt sich – trotz der Doppeldeutigkeit seiner Ausgangsthese – einfältiger, als es bei genauerem Hinsehen tatsächlich ist. Und zugleich entspricht es ganz dem Geschmack der Song-zeitlichen Gelehrten- und Beamten-Schicht, deren durchschlagend wirksame Unterstützung des Chan-Buddhismus darin begründet lag, dass die zeitgenössischen Chan-Meister einen geradezu revolutionären Buddhismus vertraten, der von all dem frei war, was dem traditionellen Buddhismus den Vorwurf »unchinesischer Umtriebe« eingebracht hatte.[281]

Da gehen also zwei Mönche, Schüler Xue-fengs und Mitglieder seiner Klostergemeinde, in der Berglandschaft rings um die „Schneekuppe" spazieren, ganz offensichtlich nicht mit niedergeschlagenen Augen, sondern sehr wohl mit einem Blick für die Schönheit der Bergwelt ringsum. In diese Stimmung hinein fällt – **Variante I** – Bao-fus Ausruf: *„Aber dies hier ist also die Spitze des Berges Wunderbar!"*, pointierter formuliert: „Diese wunderschöne Land-

---

280 *Sun* ist der Familienname des Chang-qing.

281 Die Formulierung *»unchinesische Umtriebe«* hat der Verfasser als bewusste Anspielung auf die »unamerikanischen Umtriebe« der McCarthy-Ära gewählt, in der alles liberale und linke Gedankengut als „kommunistisch" verfolgt wurde: Nach dem Ende der Tang-Dynastie bis hinein in die ersten Jahrzehnte der Song-Dynastie galt der Buddhismus aller bis dahin tonangebenden Richtungen wegen seiner „Fremdartigkeit" als der Hauptschuldige am Untergang des glorreichen Tang-Reiches – und folglich als Bedrohung für den Wiederaufstieg eines chinesischen Einheitsstaates.

schaft mit ihren Felsen, Schluchten und Tälern ist in Wahrheit nichts anderes als *die Spitze des Berges Wunderbar*", und das meint: „nichts anderes als die Form- und Farblosigkeit der Shûnyatâ!" Noch anders gesagt: „Dies hier, die Welt der *Zehntausend Dinge*, ist nur Schein; in Wahrheit existiert nichts davon, sondern nur die Leere des Nirvâna! Das ist die einzige und zugleich die wahre Wirklichkeit!" Meint er das ernst, dieser Bao-fu? Verkündet er hier sein Glaubensbekentnnis? Falls ja, vertritt er damit nichts anderes als die geläufige Lehre des Mahâyâna-Buddhismus, dass in allen *Zehntausend Dingen* lediglich – mit Seng Zhao zu reden – »ein einziges Kleinod« real und gegeben ist, die »Soheit« (Tathatâ), auch Dharmadhâtu genannt, das „wahre Wesen", das alle bloßen Erscheinungen durchdringt und umfasst. Meint er es tatsächlich so, dieser Bao-fu, und will er folglich darauf hinaus, dass Chang-qing ihm zustimmt, seine Aussage bestätigt? Und er erhält sie ja auch, diese Bestätigung durch Chang-qing, wenn auch nur mit Einschränkung: *„Ist das so, dann ist das so; [nur] mit Bedauern [allerdings] kann [ich Dir das] zugestehen!"* Aber wieso *„mit Bedauern"*? Das kann doch nur heißen, dass ihm die Abwertung des Irdischen in seiner Pracht und Vielfalt zugunsten der Eintönigkeit der Leere schwer fällt, dass er sie aber gleichwohl als zwingend anerkennen muss. Doch wenn Chang-qing in eine solche Abwertung der *Zehntausend Dinge* einstimmt, wieso kann dann Jing-qing mit voller Zustimmung Xue-dous erklären: *„Wenn nicht der edle Herr Sun* (also Chang-qing) *gewesen wäre, dann sähe [man nur] Ödland* (also die Öde der Shûnyatâ), *überall [bedeckt mit den] Totenschädeln (*derer, die sich der Shûnyatâ überantwortet haben)*!"* Dieser Satz und ebenso Xue-dous Formulierung im **Lobgesang**: *„‚Wäre nicht der edle Sun gewesen' – [er]* (wieder Chang-qing) *hat das richtige Ziel ausgemacht – / Totenschädel bedeckten [dann] das Land!"* können doch nur bedeuten, dass Chang-qing Wert und Würde der *Zehntausend Dinge* gerettet, das Leben inmitten des Irdischen als lebens- und lohnenswert bekräftigt hat. Und was soll Xue-dous *„richtiges Ziel"* sein, wenn nicht eben dies, die Abwertung der irdischen Welt zu verhindern!?

Oder muss Bao-fus Ausruf – **Variante II** – auf eine andere, geradezu konträre Weise übersetzt werden, als: *„Nur dies hier"* – die wunderbare Welt der *Zehntausend Dinge* – *„ist also die Spitze des Berges Wunderbar!"*? Will Bao-fu mithin sagen, dass es jenseits der Wirklichkeit der Dinge keine andere und „wahre Wirklichkeit"gibt? Dass die »Soheit« der Dinge, so zu sein, wie sie sind, nämlich vergänglich und flüchtig, die einzige Wirklichkeit darstellt, die das Weltganze aufzuweisen hat? Dass dieses Weltganze nicht in zwei Welten zerfällt, eine Welt der Erscheinungen und eine Welt des „wahren Wesens"? Dass das „wahre Wesen" nichts anderes ist als die *Zehntausend Dinge* in ihrem Entstehen und Vergehen? Das wäre in der Tat eine revolutionäre Umdeutung mahâyânistischer Grundannahmen, die das Chan als eine besondere Art von Buddhismus in den Augen der Song-zeitlichen Gelehrten- und Beamten-Elite sehr wohl hoffähig hätte machen können. Und eine solche Deutung des Bao-fu'schen Ausrufs zum *„Berg Wunderbar"* wäre keineswegs so weit hergeholt, wie es auf den ersten Blick den Anschein haben mag. Denn es gibt da andere »Öffentliche Aushänge«, die auf genau diese Leugnung einer „wahren Wirklichkeit" hinter den *Zehntausend Dingen* hinauslaufen: das Kôan 49 *Cong-rong-lu*, das um den Ausspruch: „Nur dies ist der Fall" des Dong-shan-Lehrers Yun-yan kreist, das Kôan 98 *Cong-rong-lu*, in dem Dong-shan selbst verkündet: „Ich bin diesem hier beständig nahe!"[282] sowie das Kôan 43 *Bi-yan-lu*, in

282 Vgl. Roloff (2), S. 246ff. sowie S. 502ff.

dem wiederum Dong-shan mit seinem „Ort ohne Kälte und Hitze", der vor Kälte und Hitze strotzt, einem hilfesuchenden Mönch jede Hoffnung auf eine „wahre", allem Leid enthobene Wirklichkeit hinter den Dingen zunichte macht:

»So, wie es ist, ist es gut« –
Das ist die »Soheit« der Dinge,
Dass sie sind, wie sie sind.
Nichts ist dahinter, das ihnen
Auch noch Bedeutung gäbe;
Denn – dahinter ist nichts.
Aber was wäre dann
Schweres daran,
Dass wir Tathâgatas werden?
Was denn Besonderes wäre
Solch ein „Ins-Sosein-Gekomm'ner"?
Nun, dass hinter den Dingen nichts ist,
Nichts, aus dem sie gleichwohl
Allzeit entspringen,
Nichts auch, in das sie gleichwohl
Wieder entschwinden –
Das ist die andre
Seite der »Soheit«,
Das ist der Ort, der »Nicht-Ort«,
Den nur wenige kennen,
Ort der Tathâgatas.

Auch wenn es keine sonst gibt,
Die diesen Namen verdiente:
Wirklichkeit, als nur die,
Welche den Dingen zu Eigen,
Schätzen wir sie gering, weil
Sie vergängliche sind.
Das, was dahinter ist,
Fälschen wir um,
Wenden, was nicht ist, zum „wahren
Wesen" der Dinge, und ist doch
Nichts da. Zwar, wo gar nichts da ist,
Gibt es auch nichts Vergängliches, doch
Auch Beständiges nicht:
Machst du, dass nichts ist,
Zu einem Nichts, das da ist,
Frönst du der Täuschung.
Wahrheit – das wohl, doch
Kein „wahres Wesen"
Hast du daran, dass hinter

All den Dingen nichts ist – und
Schrecken besagt das nicht.

So ist »Soheit« nur eine,
Die, dass die Dinge so
Sind, wie sie sind, und dahinter
Sich kein Wesen, kein wahres, verbirgt.
Und die Tathâgatas?
Was bedeutet dann noch,
„So gekommen" zu sein,
„So", und das heißt, „ins Sosein"? –
Dass du in dir erfährst,
Du in dir selbst, eben dies:
Dass hinter allem nichts ist,
Dass da „am anderen Ufer"
Kein „andres Ufer" mehr ist.
Du aber kehrst dich um,
Kehrst dich zur »Soheit« der Dinge,
Kehrst in das Haus, und es gibt kein
Andres als dies, zurück.[283]

Wenn es das ist, worauf Bao-fu mit seinem kryptischen Satz hinauswill, und wenn Chang-qing, wie er tut, dem zustimmt: *„Ist das so, dann ist das so!"*, warum gibt er dann seine Zustimmung – und, wohlgemerkt, eine nur eingeschränkte, eine mit dem Vorbehalt des „Wenn das so ist, ja dann ..." – nur *mit Bedauern*? Ist es ihm nicht recht, dass es jenseits der *Zehntausend Dinge*, außerhalb des „brennenden Hauses", wie es im Lotos-Sûtra heißt, kein „freies Feld", keinen Ort der »Befreiung« mehr geben soll? Möchte Chang-qing lieber darauf beharren, dass da doch ein „anderes Ufer", ein Land der Freiheit uns aufnimmt? Aber wieso kann dann – und diese Frage drängt sich hier zum zweiten Mal auf – Jing-qing, gleichfalls ein Schüler Xue-fengs, ausgerechnet von Chang-qing erklären: *„Wenn nicht der edle Herr Sun gewesen wäre, dann sähe [man nur] Ödland, überall [bedeckt mit] Totenschädeln!"*? Denn mit diesem diesmal eindeutigen Satz erteilt Jing-qing seinem Mitbruder Chang-qing zweifelsfrei höchstes Lob – für sein Bekenntnis zur bunten Vielfalt der irdischen Welt, für eine Ehrenrettung der *Zehntausend Dinge* gegenüber der Einöde einer „wahren Wirklichkeit", dem „freien Feld" des Lotos-Sûtra.

Aus dem Widerstreit, dem der Verfasser sich selbst und seine Leser durch die Doppeldeutigkeit des „Aber/Nur" gegenübergestellt sieht, weist die **Ankündigung** den Ausweg. Deren Wortlaut handelt in seiner rhetorischen Aufbauschung von nichts anderem als davon, dass es auch bei einem *encounter dialugue* wie dem zwischen Bao-fu als Wortführer und Chan-qing als Angesprochenem darum geht, dem Gegenüber bezüglich seiner spirituellen Reife sozusagen auf den Zahn zu fühlen: *„Triffst [du]"* – so Yuan-wu in einer ganz allgemein gehaltenen Formulierung, die auch einen gemeinsamen Spaziergang wie den der beiden

283 Roloff (3), Text 37

Xue-feng-Schüler mit einschließt – *„auf einen Flickenkutten-Schüler, [genügt] ein einziges Wort, ein einziger Satz, ... willst [du] herausfinden, ob [er] seicht ist oder tief, ... ob [er] sich [dir] zuwendet oder [dir] den Rücken zukehrt!“* Daraus folgt: Bao-fu verkündet mit seinem Ausruf, nunmehr wieder – **Variante I** – als *„Aber das hier ist also [nur] die Spitze des Berges Wunderbar!“* verstanden, keineswegs seine eigene Überzeugung; er will vielmehr Chang-qing auf die Probe stellen: Vertritt er noch die traditionellen Grundsätze des Mahâyâna (damit erwiese er sich als *„seicht“*!), oder ist er zu der Einsicht durchgedrungen, dass jenseits der *Zehntausend Dinge* kein „freies Feld“, kein Ort der »Befreiung« auf uns wartet (das wäre das Zeichen seiner *„Tiefe“*!)? Und wie reagiert Chang-qing? Er *„wendet sich ihm zu“*, er verweigert dem Mitbruder nicht die Zustimmung, wenn auch unter doppeltem Vorbehalt: „Wenn das tatsächlich *so ist, dann ist das* eben *so*; *[das] aber kann [ich Dir nur] mit Bedauern zugestehen*!“ Im Klartext: „Eigentlich hätte ich's gerne andersherum; eigentlich müsste nach meiner Einschätzung der irdischen Welt und des menschlichen Lebens das Dasein hier inmitten der *Zehntausend Dinge* wichtiger sein als die Suche nach einer Zuflucht außerhalb der Welt der Dinge, irgendwo drüben an einem ‚anderen Ufer‘! Nein, ich möchte mich viel eher zum Diesseits als zu einer Ausrichtung auf ein angeblich vollkommenes Jenseits bekennen!“ Und dann passt auch die Bemerkung Jing-qings: *„Wenn nicht der edle Herr Sun gewesen wäre, dann sähe [man nur] Ödland, überall [bedeckt mit] Totenschädeln!“*, zu Deutsch: „Hätte Bao-fu – aber nur der Bao-fu der Variante I – mit seiner Provokation keinen Widerspruch erfahren (wenn auch in scheinbarer Zustimmung versteckt), hätte also Chang-qing ihm mit seinem *„mit Bedauern“* nicht zugleich auch *den Rücken zugekehrt*, so hätten wir, die Chan-Anhänger damals und heute, uns womöglich auf einen Irrweg locken lassen, auf den Weg in ein *Ödland, bedeckt von Totenschädeln*!“ –

Wie aber steht es, von der **Ankündigung** her gesehen, mit der **Variante II**? Wenn wir Bao-fus Ausruf auch in diesem Fall als bewusste Provokation und diese Provokation als *„Nur dies hier ist also die Spitze des Berges Wunderbar“* verstehen wollen, kann Chang-qings nur *„mit Bedauern“ zugestandene* Zustimmung nur eins bedeuten: dass dieser Chang-qing dem Verlust einer „wahren Wirklichkeit“ jenseits der Welt nachtrauert, sich nach dem angeblichen „anderen Ufer“ schmerzlich zurücksehnt. So weit wäre der *encounter dialogue* zwischen Bao-fu und Chang-qing auch bei dieser Deutung in sich stimmig; doch eines und obendrein das Entscheidende will ganz und gar nicht dazu passen: Jing-qings Lob für einen Chang-qing, den *„edlen Herrn Sun“*, der uns davor bewahrt hat, *„überall nur Ödland, [bedeckt mit] Totenschädeln, zu sehen“*! Das aber heißt: Jing-qings abschließendes und eindeutig auf eine explizite Diesseits-Bejahung seitens Chang-qings abzielendes Urteil erzwingt, wenn denn für das Beispiel insgesamt Stimmigkeit gewahrt sein soll, Bao-fus Ausruf und Provokation im Sinne der Variante I zu deuten (*„Aber dies hier ist also [nichts anderes als] die Spitze des Berges Wunderbar!“*, mit dem überraschenden Resultat, dass sich – in scheinbarer Paradoxie – als Fazit dieses »Öffentlichen Aushangs« (Variante I) eben die Variante II aufdrängt: *„Nur dies hier ist also die Spitze des Berges Wunderbar!“*

Diese Art vorsichtig formulierter Abwendung vom herkömmlichen Verständnis der Buddha-Lehre klingt nun keineswegs so revolutionär, wie es die offene Leugnung einer „wahren Wirklichkeit“ jenseits der Welt der „Erscheinungen“ wäre; doch kommt sie der gewandelten Einstellung der Song-zeitlichen Gelehrten- und Beamten-Elite dem traditionellen

Buddhismus gegenüber hinreichend entgegen – einer Elite, auf deren Förderung die Chan-Bewegung wesentlich angewiesen war und der sie ihren *de facto*-Siegeszug im 11., 12. und 13. Jahrhundert unstreitig zu verdanken gehabt hat. Wie weltzugewandt Chang-qing tatsächlich gedacht hat, verrät die – bereits mehrfach zitierte – zweite Doppelzeile seines „Erleuchtungsgedichts": „In früheren Jahren habe ich auf dem Weg in den Irrtum gesucht; / Heute habe ich erkannt: Mitten im Feuer bin ich Eis gewesen!"[284] Der „Weg in den Irrtum" ist dabei der Weg ins „Eis", und „Eis" wiederum ist nur eine andere Metapher für die „Einöde voller Totenschädel", die ausschließliche Versenkung in die Shûnyatâ. Und das „Feuer"? Zweifellos hat Chang-qing dabei weder an die Feuerqualen buddhistischer Höllen noch an das Feuer des „brennenden Hauses" im Lotos-Sûtra gedacht; eher schon müssen wir Chang-qings „Feuer" als Metapher für den »Wärmestrom« des Lebens verstehen, der die Welt der *Zehntausend Dinge* durchzieht. Von solch belebendem „Feuer" durchdrungen und erfüllt zu sein, von solchem »Wärmestrom« – um die Wortschöpfung Ernst Blochs gleich noch einmal aufzugreifen – sich dahintragen zu lassen in ein Leben der Weltbejahung, das ist die beglückende Erfahrung Chang-qings gewesen; und uns anderen legt er mit seinem 4-Zeilen-Kurzgedicht ans Herz, uns diesem „Feuer" gleichfalls zu öffnen, uns einschmelzen zu lassen in die Glut uneingeschränkter Lebensfreude und Lebenskraft. So erhält auch die erste Doppelzeile des Gedichts ihren Sinn: „Im Innern der Zehntausend Formen zeigt sich ein einziger Leib; / nur wenn ein Mensch von sich aus einwilligt, wird der ihm vertraut": Wir müssen „einwilligen", uns so dahintragen zu lassen, „einwilligen", uns in dem „brennenden Haus" des Lotos-Sûtra zuhause zu fühlen, statt aus ihm fliehen zu wollen; wir müssen uns diesem einen „Leib" aus Glut und Feuer anvertrauen, der sich „im Innern der Zehntausend Erscheinungen zeigt", will sagen, sich in ihnen manifestiert, sie mit Wärme und Kraft erfüllt.[285]

Einer solchen Einstellung, wie sie schon in Chang-qings hiesigem *„mit Bedauern"* immerhin anklingt, kann und will auch Xue-dou seine Zustimmung nicht verweigern. In seinem **Lobgesang** wiederholt er nicht nur Jing-qings rühmenden Kommentar: *„Wäre nicht der edle Sun gewesen, ... / Totenschädel bedeckten [dann] das Land!"*; er fügt sogar noch eine Steigerung hinzu, indem er ausdrücklich bekräftigt: *„Er"* – Chang-qing – *„hat das richtige Ziel ausgemacht!"* Und für einen Chan-Meister der frühen Song-Zeit wie Xue-dou ist das selbstverständlich nicht die *„einsame Spitze des Berges Wunderbar"*, also Weltflucht und

284 Chinesisch: *xi-nian miu-xiang tu zhong mi / jin-ri kan-lai huo li bing*; dabei ist *miu-xiang tu* (mit nachgestelltem *xiang*) „der Weg in den Irrtum", und die entscheidenden letzten drei Worte *huo-li* („mitten im Feuer") *bing* („Eis") handeln zweifellos von ihm selbst: „Ich selbst bin damals mitten im Feuer nichts als Eis gewesen!"

285 Der Dharmakâya oder „Wahrheitsleib" hat damit eine stillschweigende Umdeutung erfahren, eine Umdeutung ganz im Sinne des Doppelaspekts des DAO, nämlich sowohl Nicht-Sein und Nichts *(wu)* zu sein als auch das Sein *(you)*, dem sich die Dinge verdanken: Der „eine einzige Leib" Chang-qings ist hier nicht – als Shûnyatâ – das »ganz Andere«, das sich in den Dingen als deren Negation verbirgt, wie die durch den *Gipfel des Berges Wunderbar* symbolisierte Shûnyatâ des Beispiels, deren sich Bao-fu in provozierender Absicht bedient hat. Dieser „eine einzige Leib" ist hier das eine, umfassende Sein *(you)*, das die Dinge konstituiert und ihnen als das, was ihnen Wirklichkeit verleiht, innewohnt. – Anlässlich des Kôan 33 hebt der Verfasser, von einer Äußerung Yuan-wus in seiner dortigen Ankündigung dazu genötigt, an dem „einen einzigen Leib" Chang-qings den anderen Aspekt des DAO hervor, das Nicht-Sein und Nichts *(wu)* als die „wahre Wirklichkeit" jenseits der Dinge: „Wer vom Süden spricht und daraus Norden macht, ist ein Mensch des DAO, kein gewöhnlicher Mensch!" – siehe S. 272.

Weltverneinung, sondern – wie gleich zu Beginn des Lobgesangs in polarer Entgegensetzung herausgestellt – das *„Gras in üppigem Grün“*, die Bejahung einer Welt, die mit ihrer wenn auch fragilen, so doch auf Gleichgewicht hin angelegten Beschaffenheit durchaus dazu einlädt, sich zu ihr als unserem Zuhause zu bekennen. Entweder die *einsame Spitze des Berges Wunderbar* oder das *Gras in üppigem Grün* – zwischen diesen beiden Polen (es sei denn, es gibt – Variante II – nur einen einzigen Pol, nämlich das *Gras in üppigem Grün*) haben wir zu wählen, so Xue-dou mit Nachdruck, und dass auch wir uns für das *Gras in üppigem Grün* entscheiden sollen (und gar nicht anders können, weil da eben jenseits vom *Gras* kein *Berg Wunderbar* ist), unterstreicht er gleich mit dem nachfolgenden Kôan, das ganz offen von dem Vorzug spricht, in dieser Welt gelassen zuhause zu sein.

Und was ist, zu guter Letzt, mit Bao-fu? Denn noch können wir uns von Xue-dous Lobgesang nicht verabschieden, noch bleibt die scheinbar absurde Art, wie er auch Bao-fu ins Spiel bringt, ihn, der doch allein von der *einsamen Spitze des Berges Wunderbar* gesprochen, aber mit keinem Wort so etwas wie *Gras in üppigem Grün* erwähnt hat: *„[Er]“* – und damit kann nur Bao-fu gemeint sein – *„hat gezeigt, was offensichtlich ist – wem hat [er's] anvertraut?“* Was *offensichtlich* ist, was auf der Hand liegt, kann und braucht nicht *anvertraut* zu werden, es ist auch dem Gegenüber ohne weiteres zugänglich, sonst wäre es nicht *offensichtlich*; und wem Bao-fu da, wenn überhaupt, etwas anvertraut hat, ist ebenso klar: einem Gleichgesinnten. Xue-dous Äußerung zu Bao-fu macht nur dann Sinn, wenn wir annehmen, dass auch er, nicht anders als der Yuan-wu der Ankündigung, Bao-fus Ausruf: *„Aber das hier ist also [nur] die Spitze des Berges Wunderbar!“* von vornherein als dessen Versuch verstanden wissen will, sein Gegenüber auf die Probe zu stellen, mit der geheimen Absicht, ihm das Geständnis zu entlocken, dass auch er, Chang-qing, sich zur irdischen Welt bekennt. Und genau das tut Chang-qing ja auch, und erweist sich damit als der Gleichgesinnte, dem das, was da angeblich *anvertraut* wird, gar nicht mehr *anvertraut* zu werden braucht. Auch für Chang-qing ist längst *offensichtlich*, was Bao-fu ihm auf versteckte Weise nahebringen will (Xue-dous: *„Er hat das Offensichtliche gezeigt“*): dass wir uns bei der Wahl zwischen der *einsamen Spitze des Berges Wunderbar* und dem *Gras in üppigem Grün* für letzteres zu entscheiden haben – nicht nur als dem uns Menschen einzig angemessenen Ort,[286] sondern auch, weil da außerhalb vom *Gras in üppigem Grün* gar kein *Berg Wunderbar* existiert! Und beide Gründe sind nur ein einziger Grund: Wenn es keine andere Wirklickeit gibt außer dem *Gras in üppigem Grün*, dann können wir auch auf keine andere Wirklichkeit hin angelegt, an keinem anderen Ort heimisch sein als hier im *üppigen Gras*! Sich gleichwohl für die *einsamen Spitze des Berges Wunderbar* zu entscheiden, hieße, sich in eine lebensverneinende, auf *Totenschädel* abzielende Fiktion zu verennen!

286 Hier wäre auf den Yang-shan des Kôan 32 *Cong-rong-lu* zu verweisen, der zwischen einem »Stand der Wahrheit« und einem »Stand des Menschen« unterscheidet und diesen noch über den »Stand der Wahrheit« stellt: „Für den Stand der Wahrheit ist das richtig, für den Stand des Menschen ist das noch nicht richtig“, mit anderen Worten: Mag auch die Shûnyatâ die „Wahrheit“ hinter den Dingen sein, für uns Menschen ist nicht diese „Wahrheit“, sondern die Welt der Dinge „das Richtige“ – vgl. Roloff (2), S. 164ff.

24. Wei-shans „[Alte] Kuh"

Ankündigung

[Sie] steht auf der Spitze eines hohen, hohen Berges –
Gespenster und Außenstehende können da nicht hindringen!
[Er] wandelt auf dem Grund des tiefen, tiefen Meeres –
[Noch] ein spähendes Buddha-Auge kann [ihn] da nicht erblicken![287]

Auch wenn [dein] Auge einer Sternschnuppe gleicht und [deine] spirituelle Kraft wie das Aufleuchten eines Blitzes ist, so lässt sich doch nicht vermeiden, dass die ach so kluge Schildkröte ihren Schwanz hinter sich herzieht![288] – Nun sagt mal: Wie [wollt Ihr das angehen]? Versucht es mit dem, [was Xue-dou hier] vorbringt!

Beispiel

Liu, der „Eiserne Mühlstein", kam zu Wei-shan.
Wei-shan sagte: „Alte Kuh, Du kommst [hierher]?"
„Eiserner Mühlstein" sagte: „Morgen gibt es auf dem Tai-shan eine große Versammlung mit vegetarischem Essen.[289] Gehen Ehrwürden auch hin?"
Wei-shan entspannte sich zu einem Nickerchen.
Auf der Stelle ging „Eiserner Mühlstein" davon.

Lobgesang

Als Reiter auf eisernem Pferd in eine schwer befestigte Stadt eingedrungen,
Erfährt [sie] von dem kaiserlichen Erlass: „Die Sechs Reiche sind befriedet!"[290]

---

287 Yuan-wu zitiert hier ein Gedicht des Feng-xue Yan-zhao (896-973), ein 5-Zeichen-Kurzgedicht, das dieser nach Yuan-wus eigenen Worten einst als Lobgesang zu der nachfolgenden Episode zwischen der Nonne Liu und dem Klosterabt Wei-shan verfasst hat. Wie in der chinesischen Kunstsprache üblich, verzichtet Feng-xue dabei auf Personalpronomina, mit der Folge, dass der Hörer oder Leser sie zu ergänzen hat. In diesem Fall haben wir die Wahl, beide Aussagen des Gedichts, das Auf-Bergesspitze-Stehen wie auch das Auf-Meeresgrund-Wandeln, auf beide Personen zu beziehen, also jeweils ein „sie" (3. Pers. Pl.) zu ergänzen, oder aber die beiden Aussagen aufzuteilen, die eine der Nonne Liu, die andere dem Abt Wei-shan zuzuweisen und entsprechend etwa in der 1. Zeile ein „sie" (3. Pers. Sg.) und in der 3. und 4. ein „er" bzw. ein „ihn" zu ergänzen. In den Erläuterungen wird der Verfasser seine Entscheidung für die zweite Variante ausführlich begründen.

288 Anspielung auf eine Parabel, nach der eine besonders kluge Schildkröte nach der Eiablage ihre Spuren im Sand durch das Hin-und-her-Schwenken ihres Schwanzes auslöscht, um so zu verhindern, dass Fressfeinde das Gelege ihrer Eier anhand ihrer Fußabdrücke ausfindig machen können – nur leider hat sie dabei übersehen, dass auch das Schwenken ihres Schwanzes eine Spur hinterlässt, die ihre Feinde genauso zu dem Gelege ihrer Eier führt!

289 Bei dem von der Nonne Liu erwähnten *Tai-shan* handelt es sich um den Wu-tai-shan, die „Fünf Tafelberge", einen Bergkomplex im Nordosten der Provinz Shanxi, auf deren höchstem der Bodhisattva Mañjushrî, die Verkörperung der Vollkommenen Weisheit, ein Heiligtum besaß. Seit alters das Ziel zahlloser Pilgerfahrten, war gerade dieser Berg – vom Wei-shan freilich schon in der Luftlinie runde 2500 Kilometer entfernt – für die Anhänger des Buddhismus weit über die Grenzen Chinas hinaus von höchster Bedeutung.

290 Anspielung auf Ereignisse in ferner Vergangenheit: Bei den *Sechs Reichen* handelt es sich um sechs Staaten, die vergeblich den Aufstieg des expansionistischen Staates Qin zu verhindern versucht ha-

Die goldene Peitsche noch in der Hand befragt [sie] den heimkehrenden Reisenden:
„Wer ist da in tiefer Nacht [mit mir] zusammen auf kaiserlicher Straße unterwegs?"[291]

Wie Wu-men in seinem Kôan 40 *Wu-men-guan* berichtet, war **Wei-shan** Ling-you (771-853) von seinem Lehrer Bai-zhang Huai-hai (720-814) in das westlich vom Bai-zhang-shan gelegene Hunan (das Gebiet „südlich des [Dongting-]Sees") entsandt worden, um auf dem dortigen Wei-shan ein Kloster zu errichten. Nach Jahren anfänglichen Einsiedlertums erlangte er die Aufmerksamkeit und Förderung des Gouverneurs von Hunan, der für ihn schließlich den von Bai-zhang erhofften Klosterkomplex errichtet hat, eine Anlage von solcher Größe, dass sie schon wenig später angeblich 1500 Mönche als feste Bewohner fassen konnte. Diese Zahl, sozusagen das Standardmaß für das Ansehen eines Meisters, dürfen wir nicht wörtlich nehmen; sie taucht auch bei anderen Chan-Größen immer wieder auf und dient letztlich nur dem Zweck, die überragende Bedeutung des betreffenden Lehrers herauszustreichen. Es gibt auch heutige Stimmen, die – wie das *Lexikon der östlichen Weisheitslehren* – Wei-shan zu dem „wohl berühmtesten buddhistischen Meister seiner Zeit im südlichen China" erklären. Immerhin sind von ihm 41 Dharma-Nachfolger glaubhaft überliefert. – Die Rolle, die hohe Provinzbeamte, Militärbefehlshabers sowie – in der Übergangsphase zwischen Tang- und Song-Dynastie – unabhängige lokale Machthaber bei der Gründung und Errichtung buddhistischer Klöster gespielt haben, kann gar nicht hoch genug eingeschätzt werden: Niemals haben Mönche Buddha- und Dharma-Hallen, Klostertore und Abtsquartiere durch eigener Hände Arbeit geschaffen; stets sind es einflussreiche Männer gewesen, die die nötigen Geldmittel bereitgestellt und die erforderlichen Handwerker angeheuert haben, um einem angesehenen spirituellen Meister schließlich ein schlüsselfertiges Kloster übergeben zu können!

Liu, der „Eiserne Mühlstein" (Lebensdaten unbekannt) gehört zu den wenigen Frauengestalten, denen in der Chan-Überlieferung eine tiefe „Erleuchtung" zuerkannt worden ist. Sie war eine Schülerin Wei-shans und hatte sich nach ihrem „Großen Erwachen" aus dem Kloster ihres Lehrers in eine Einsiedelei irgendwo an den Hängen des Wei-shan zurückgezogen. Wir können vermuten, dass ihre Hütte an einem der Zugangswege zum Kloster gestanden hat, weil ihr das die Möglichkeit gab, die »Wolken und Wasser«-Wanderer, die zu Wei-shan unterwegs waren, in Dharma-Gefechte zu verwickeln und dabei, aufgrund ihrer spirituellen Überlegenheit, noch jeden Gesprächspartner zu zermalmen, was ihr den Beinamen *Tie-mo*, „Eiserner Mühlstein", eingetragen hat.

---

ben. Nach deren Eroberung hat sich der König von Qin unter dem Titel »Qin Shi-huang-di« zum ersten chinesischen Kaiser erklärt. In der Grabanlage dieses »Qin Shi-huang-di« ist die berühmte Armee aus Ton-Soldaten gefunden worden. – Der Wortlaut des möglicherweise authentischen *kaiserlichen Erlasses*: *„Die Sechs Reiche sind befriedet!"*, dient Xue-dous zur poetischen Umschreibung für den „Großen Frieden".

291 Das chinesische Original weist in der zweiten und dritten Zeile wie üblich kein Personalpronomen auf; wir müssen daher das grammatische Subjekt ergänzen. Wie sich im Rahmen der Erläuterungen zeigen wird, ist beidemal die Nonne Liu gemeint, weshalb wir: „Erfährt [sie]" bzw. „befragt [sie]" übersetzen müssen. Und in der vierten Zeile macht das Schriftzeichen *gong* („zusammen", „gemeinsam") eine Ergänzung, mit wem denn zusammen, erforderlich!

Die kurze Begegnung zwischen Liu und Wei-shan, die das Zentrum des gegenwärtigen Kôan ausmacht, hat hundert Jahre später auch Eingang ins *Cong-rong-lu* gefunden, weshalb der Verfasser schon einmal Anlass gehabt hat, sich mit ihr zu befassen. Bei seinen Erläuterungen zum entsprechenden Kôan 60 *Cong-rong-lu* ist er jedoch nicht gründlich genug auf die Anrede *„Alte Kuh!“* eingegangen, mit der Wei-shan seine Besucherin begrüßt. Und zum anderen schlägt er hier im *Bi-yan-lu* eine abgewandelte Übersetzung des ganzen Begrüßungssatzes vor: als Frage anstelle eines Ausrufs.[292]

Also: *„Alte Kuh, Du kommst [hierher]?“* Versetzen wir uns in die angedeutete Situation des **Beispiels**. Die Nonne Liu besucht ihren ehemaligen Lehrer, den Abt des Klosters im Wei-shan-Gebirge. Das sieht nach einer förmlichen Veranstaltung aus, die nach festen Regeln vonstatten geht. Ein Kloster ist keine Villa mit einem großen Park ringsum, bei der man dem Hausherrn auch schon mal unter alten, ausladenden Bäumen begegnen kann. Ein Kloster weist vielmehr unter seinen zahlreichen Baulichkeiten stets auch ein Abtsgebäude auf, in dem in diesem Fall Wei-shan zu einer dafür festgelegten Tageszeit seine Besucher empfängt. Eines Tages erscheint so auch Liu, der „Eiserne Mühlstein“. Dass sie beim Eintritt die üblichen Höflichkeiten vollzieht, davon erfahren wir nichts; es wird stillschweigend vorausgesetzt und tut nichts zu der Sache, um die es bei diesem Zusammentreffen geht. Wei-shan ist es, der den ersten Satz zu der kurzen, nicht einmal minutenlangen Szene beisteuert, die nicht so sehr ein Dharma-Gefecht als vielmehr einen Ausdruck wechselseitigen Einverständnisses darstellt: Wir dürfen Wei-shans Anrede *„Alte Kuh!“* nicht als Abwertung missverstehen; viel eher drückt sich ein – allenfalls ironisch verhülltes – Eingeständnis von Wesensverwandtschaft und Gleichrangigkeit in ihr aus – hatte doch Wei-shan selbst, wie Yuan-wu in seinem Kommentar vermerkt, schon mehr als einmal von sich selbst verkündet, er werde „in hundert Jahren ein Wasserbüffel sein, im Anwesen eines Klosterpatrons am Fuße des Wei-shan“![293] Eine alte Kuh, ein Wasserbüffel: die eine so geduldig, genügsam und zu harter Arbeit bereit wie der andere. Geduldig, genügsam und obendrein dem irdischen Dasein mit all seiner Mühsal treu ergeben – und das der Nonne Liu, dem „Eisernen Mühlstein“! Wei-shan aber weiß genau, was sich hinter ihrer rauhen Schale, ihrem unbarmherzigen Auftreten verbirgt. „Du bist wie ich“, heißt also seine Anrede und Zustimmung; doch dann der entrüstete Nachsatz: „Was willst **Du** denn hier?“ Denn nichts anderes ist der Sinn seiner erstaunten Frage: „Wie!? **Du** kommst hierher? **Du** hast doch Deinen Frieden, Deine Ruhe längst gefunden!“ Besucher, die einen Abt in seinen Räumen aufsuchen, wollen nämlich Wegweisung und Rat; Liu aber – das deutet Wei-shan mit seinem Erstaunen an – sucht nichts mehr, braucht nichts mehr zu suchen, ist längst angekommen. „Oder“ – denn auch

292 Das Schlusswort des chinesischen Satzes: *lao zi-niu ru lai ye* kann entweder als Zeichen des Indikativs verstanden werden (also: „Alte Kuh, da kommst Du ja!“) oder, wie auch andernorts im *Bi-yan-lu*, als Fragewort (mithin: „Alte Kuh, **Du** kommst [hierher]?) – wobei noch anzumerken ist, dass das Verbum *lai* eine eindeutige Richtung zum Sprecher hin einschließt, also „zu mir hier kommen“ bedeutet und die Einfügung des Pronomens *ru* eine deutliche Betonung des **Du** darstellt.

293 An dieser Stelle ist zwangsläufig auch an Nan-quan zu erinnern, der ja gleichfalls und fast zur gleichen Zeit von sich selbst als einem „Wasserbüffel“ gesprochen hat, worauf der Verfasser bereits anlässlich des Kôan 69 *Cong-rong-lu* ausführlich verwiesen hat, dessen Beispiel Nan-quan die Bemerkung in den Mund legt: „Sämtliche Buddhas der Drei Zeiten verstehen es nicht, da zu sein; streunende Füchse und gewöhnliche Bullen jedoch verstehen es, da zu sein!“ – Roloff (2), S. 359ff.

das liegt in der Frage – „habe ich mich in Dir getäuscht und Du bist in Wahrheit immer noch unterwegs, immer noch auf der Suche nach Rat und Rettung?"

„Eiserner Mühlstein" vergilt umgehend Gleiches mit Gleichem. Sie erinnert ihren ehemaligen Lehrer daran, dass es *morgen auf dem* fernen, viele Tagesreisen weit im Norden gelegenen *[Wu]-Tai-shan* zu Ehren des Bodhisattva Mañjushrî ein großes Fest mit reichlicher Bewirtung für alle Teilnehmer geben wird, und fügt mit spitzer Zunge hinzu: *„Gehen Ehrwürden auch hin?"* Dass eine solche Absicht zu unterstellen angesichts der Entfernung des Wu-tai-shan absurd ist, liegt, kaum dass die Unterstellung auch nur ausgesprochen ist, für beide sichtbar auf der Hand. Was also soll die Stichelei des „Eisernen Mühlsteins"? Auch das liegt, nunmehr für uns Leser, auf der Hand: Lius Frage deutet die Möglichkeit an, vielleicht fühle sich auch Wei-shan selbst immer noch auf fremde Hilfe, zumal auf die Mañjushrîs, angewiesen; vielleicht sei auch er der endgültigen Rettung und »Befreiung«, zumal durch Mañjushrîs Schwert der Weisheit, immer noch bedürftig; vielleicht strebe er ja danach, von diesem Schwert der Weisheit, das alle Gier und alle Verblendung von uns abtrennt, auch noch die letzten Verhaftungen an irdisches Wohlergehen aus sich herausschälen zu lassen?! Vielleicht stecke ja in letzter Konsequenz sogar noch das Verlangen dahinter, sich ganz und gar aus der Welt herauszulösen und mit Haut und Haar der Läuterung ins Parinivâna hinein zu widmen? All das wird zwar nicht ausgesprochen, doch schwingt es zweifellos, als Anspielung, in den herausfordernden Worten der Nonne mit.

Wei-shans Reaktion erfolgt unverzüglich und widerlegt alle etwaigen Befürchtungen des „Eisernen Mühlsteins" – so sie denn überhaupt Befürchtungen gehegt hat: Er *entspannt sich zu einem Nickerchen*! Schön wäre es, die ganze Szene spielte sich vor einer Einsiedlerhütte ab, wie sie auch Wei-shan einst bewohnt hat, in den Anfangsjahren seines Aufenthaltes im Wei-shan-Gebirge. Dann könnten wir diesen alten Mann dabei beobachten, wie er sich genüsslich ins »Gras« zurücklehnt und die Augen schließt. So aber muss uns die Vorstellung genügen, dass Wei-shan sich in seinem „Hochsitz", einem erhöhten Lehnstuhl, wie er für Äbte auch heute noch gebräuchlich ist, *entspannt* und vorgibt einzuschlafen. Was er mit dieser kleinen Pantomime sagen will? Das ist doch eindeutig: „Ich muss nicht mehr irgendwohin; ich suche nicht mehr nach einem Retter, auch nach Rettung strebe ich nicht mehr – denn ich bin längst errettet, frei und von Frieden erfüllt: im ‚Hier an diesem Ort', wo immer das sein mag, in diesem und jedem anderen Augenblick. Die Welt der *Zehntausend Dinge* ist mein Zuhause, trotz aller Unbeständigkeit; ich brauche deretwegen keinen anderen Zufluchtsort!"

Und wenn es dann abschließend heißt: *Auf der Stelle ging „Eiserner Mühlstein" davon*, so dürfen wir darin kein Eingeständnis einer Niederlage sehen. Mit ihrem wortlosen Abgang „verkündet" Liu vielmehr ihr Einverständnis, dass es nichts mehr zu sagen gibt – nicht nur in der konkreten Situation, da Wei-shan sich ins Schweigen zurückgezogen hat, sondern erst recht in ihrer beider grundsätzlichen Befindlichkeit, ganz fraglos-selbstverständlich da zu sein, aus dem Geheimnis der Nicht-Dualität heraus, das sie beide gleichermaßen teilen.

Dass wir, bei dieser Interpretation, den Einklang ihres Existierens keineswegs in die Szene des Beispiels nur hineingeheimnist haben, belegt uns die **Ankündigung**, in der Yuan-wu (1063-1135) einen älteren Lobgesang des Feng-xue (896-973) zu eben dieser Szene anführt.

Da ist davon die Rede, dass jemand (Singular oder Plural) *auf der Spitze eines hohen, hohen Berges steht*, wo *Gespenster und Außenstehende nicht hindringen können*, und dass jemand (wieder Einzahl oder Mehrzahl) *auf dem Grund des tiefen, tiefen Meeres wandelt*, wo *[noch] ein spähendes Buddha-Auge [ihn/sie] nicht erblicken kann*! Wie bereits in der Fußnote 287 angemerkt, fehlen ja in Feng-xues Gedicht jegliche Pesonalpronomina, was uns zu entsprechenden Ergänzungen zwingt. Nun haben die beiden Pole der Antithese „ganz hoch oben" und „ganz tief unten" eines gemeinsam, dass sie auf Außerordentliches verweisen; sie ergänzen einander, statt sich gegenseitig auszuschließen; sie können daher auch von ein und derselben Person bzw. ein und demselben Personen-Paar ausgesagt werden, wie etwa Yun-men in dem »Öffentlichen Aushang« vom *„Einen Strich / einen Weg des Qian-feng"* (Kôan 61 *Cong-rong-lu*, Kôan 48 *Wu-men-guan*) von seinem einen Fächer erklärt, er „springe in den 33. Himmel hinauf und stopfe Indra, dem König der Götter, die Nasenlöcher" und versetze zugleich „dem Karpfen des Ostmeeres einen einzigen Schlag, und schon regne es, als würden Kübel ausgeschüttet". Auf den hiesigen Fall der Nonne Liu und des Abtes Wei-shan angewandt, läuft das auf die Möglichkeit hinaus, dass jedem von ihnen beides zugleich zugesprochen werden soll, sowohl *auf der Spitze eines hohen, hohen Berges zu stehen* als auch *auf dem Grund des tiefen, tiefen Meeres zu wandeln*, mit der Folge, dass wir beidemal das Pronomen der 3. Person Plural zu ergänzen hätten: *[Sie] stehen auf der Spitze eines hohen, hohen Berges – / … / [Sie] wandeln auf dem Grund des tiefen, tiefen Meeres – / [Noch] ein spähendes Buddha-Auge kann [sie] da nicht erblicken!* Andererseits greift auch Wu-men in seinem Kommentar zum *„Einen Weg des Qian-feng"* auf genau die Formulierung zurück, die Feng-xue in seinem Lobgesang zu dem *Rencontre* zwischen Liu und Wei-shan gefunden hat, teilt jedoch das „ganz hoch oben" (*gao-gao feng ding li*) und das „ganz tief unten" (*shen-shen hai di xing*) zwischen den beiden Akteuren seines Kôan 48 *Wu-men-guan* eindeutig auf: „Der eine steigt hinab zum *tiefen, tiefen Grund des Meeres*, der andere *steht auf der Spitze eines hohen, hohen Berges!*" Diese Parallele erlaubt es uns, die beiden nur scheinbar antithetischen Pole *gao-gao feng ding li* und *shen-shen hai di xing* auch im Falle von Liu und Wei-shan einzeln je einem der beiden Akteure zuzuweisen, und zwar, in der Reihenfolge ihres Auftretens, das „ganz hoch oben" dem „Eisernen Mühlstein", und das „ganz tief unten" Wei-shan. Dem Vorbild Wu-mens folgend, hat sich der Verfasser demgemäß für seine oben vorliegende Übersetzung entschieden, die auch eine innere, aus der Sache sich herleitende Berechtigung hat: Von der Nonne Liu, die wegen ihrer aus tiefer Einsicht entspringenden Überlegenheit bei noch jedem Rededuell den Beinamen „Eiserner Mühlstein" erhalten hat, lässt sich in der Tat mit der im *Bi-yan-lu* wiederholt auftretenden Wendung sagen, sie „stehe aufrecht da wie eine 1000 Klafter hohe Wand", eine Unerschütterlichkeit, die sie auch angesichts des Wei-shan'schen Befremdens: „Wie, ausgerechnet **Du** kommst hierher?" nicht verlässt. Und Wei-shan selbst, wie er sich da zum Nickerchen zurücklehnt – ihm kommt zu Recht das Lob zu, in einer geradezu unergründlichen Tiefe gegründet zu sein: Er *wandelt* in der Tat *auf dem Boden des tiefen, tiefen Meeres*!" (Eine saloppe Redewendung unseres zeitgenössischen Jargons würde ihn, den scheinbar seichten Müßiggänger, als einen „Mann mit Tiefgang" bezeichnen.)

Wie schon Feng-xue so gibt sich auch Yuan-wu größte Mühe, uns die außerordentliche Besonderheit eines solchen *„Auf-der-Spitze-eines-hohen,-hohen-Berges-Stehens"* und *„Auf-dem-Grund-des-tiefen,-tiefen-Meeres-Wandelns"* zu verdeutlichen. Beide weisen darauf hin, dass Existenzen wie Liu und Wei-shan für das Verständnis von uns Normal- und Durchschnittsmenschen (Feng-xues *„Gespenster“* und *„Außenstehende“*) unerreichbar sind; dass wir auch dann noch, wenn wir über *Augen* verfügten, die noch den Flug einer *Sternschnuppe* verfolgen könnten, und über eine *spirituelle Kraft*, die so schnell das Richtige erfasst, *wie das Aufleuchten eines Blitzes* auch schon wieder vorbei ist – dass wir auch dann noch mit unserer Weisheit am Ende wären, geradeso, wie die neunmalkluge Schildkröte, die mit dem Wedeln ihres Schwanzes, das den Ort ihrer Eiablage unauffindbar machen soll, die Fressfeinde ihres Geleges erst recht zum Ziel führt! Und dass sich schließlich sowohl Liu als auch Wei-shan so weit von der herkömmlichen Buddha-Lehre entfernt haben, dass selbst ein *spähendes Buddha-Auge*, das noch die fernsten unter den unendlich vielen Buddha-Ländern überschaut, sie nicht mehr in den Blick zu fassen vermag: Da ist nichts mehr an ihnen, das nach Buddha-Lehre aussieht!

Und was das ist, das sie von der herkömmlichen Buddha-Lehre trennt, deutet Xue-dou mit seinem eigenen **Lobgesang** höchst behutsam an: Lius überraschender Besuch bei ihrem alten Lehrer und insbesondere ihre hinterhältige Frage, ob denn Wei-shan nicht wie andere fromme Buddha-Jünger immer noch beim Retter-Gott und »Heiland« Mañjushrî Zuflucht nehmen wolle, setzt Xue-dou der erfolgreichen Attacke eines *Reiters auf eisernem Pferd* gleich, der sich den Zugang zu *einer schwer befestigten Stadt* erkämpft, sich jedoch, kaum *eingedrungen*, von Wei-shan dank seiner kleinen Pantomime gleichsam mit der Autorität eines *kaiserlichen Erlasses* sagen lassen muss: *„Die sechs Reiche sind befriedet!“*, will sagen: „Weiteres Streiten und Kämpfen ist zwischen uns beiden unstatthaft; hier herrscht längst Frieden, nicht nur, weil Dein Angriff bei mir ins Leere läuft, sondern vor allem – und das ist zugleich auch der Grund, warum Dein Angriff ins Leere läuft – weil ich längst im ‚Großen Frieden‘ stehe, weil dieser mein ‚Großer Frieden‘ jedes weitere Suchen nach einem Retter und nach Rettung ein für allemal ausschließt!“ Sie, Liu, die mit ihrer hinterhältigen Frage gleichsam *die goldene Peitsche*, mit der sie Wei-shan zu weiterem Suchen antreiben möchte, immer *noch in der Hand* hält, sie trifft auf einen *heimkehrenden Reisenden* (streng genommen ist Wei-shan ein *Reisender*, der längst *heimgekehrt*, der inmitten der *Zehntausend Dinge* längst schon zuhause ist!) und gibt sich ihm als gleichgesinnt und gleichgestimmt zu erkennen: *„Wer ist da [mit mir] zusammen* – mithin: gerade so wie ich – *auf kaiserlicher Straße* – mithin: unter kaiserlichen Schutz gestellt – auch noch *in tiefer Nacht* angstfrei *unterwegs?“* Anders gesagt: Die wörtliche Rede, mit der Xue-dous Lobgesang schließt und die wir nicht anders als dem „Eisernen Mühlstein“ in den Mund gelegt verstehen können, läuft auf das Bekenntnis Lius hinaus, dass sie und Wei-shan gleichermaßen in dem tiefen Frieden der für immer *befriedeten „Sechs Reiche“* leben, der es ihnen beiden gleichermaßen erlaubt, sich hier in der irdischen Welt zuhause zu fühlen und frei von Angst sich wie *Reisende* durch die Welt der *Zehntausend Dinge* zu bewegen. Und ein solches Lebensgefühl muss doch vor dem Richterstuhl der herkömmlichen Buddha-Lehre geradezu *Anathema* sein! Statt darauf bedacht zu sein, der irdischen Welt, in der das Leben Leiden bedeutet, erfolgreich zu entfliehen, sich stattdessen in ihr wohlfühlen zu wollen und sich gar tatsächlich in ihr wohlzufühlen und frieden- und freudevoll einzurichten – das ist für traditionelles Buddha-Verständnis die Ungeheuerlichkeit schlechthin! Ist das Höchstmaß an Verblendung, das jedoch von Liu, Wei-shan und Xue-dou als »Drittem im Bunde« zum Leben aus tiefster „Erleuchtung“ umgewertet wird!

Nicht anders hat auch Hong-zhi gedacht, dessen **Lobgesang** aus dem Kôan 60 *Cong-rong-lu* hier noch einmal angeführt sei: „In hundert Schlachten den Sieg errungen – erfahren im Großen Frieden; / Äußerst geschmeidig – wer wäre willens, mühsam um Ansehen zu streiten? / Eine Jade-Rute, ein goldenes Pferd – sie haben den ganzen Tag nichts zu tun. / Der klare Mond und reiner Wind – sie füllen das ganze Leben mit Reichtum." Zur Erinnerung: „Siegreich in hundert Schlachten" – das gilt für beide, für Liu wie für Wei-shan; und beide leben sie „im Großen Frieden", keiner Rettung mehr bedürftig; die „Jade-Rute" (Xue-dous „goldene Peitsche"), gemeint ist Liu, die sie in Händen hält, und das „goldene Pferd", gemeint ist Wei-shan, können die Muße derer genießen, die – mit Lin-ji gesprochen – „nichts mehr erreichen" müssen; sie leben als diese *wu shi ren* unter dem „klaren Mond" der „Erleuchtung", spüren den „reinen Wind" freier Entfaltung und haben damit einen „Reichtum" zu eigen, der ihr „ganzes Leben erfüllt"![294]

Und wir Heutigen, was machen wir aus diesem ganzen »Öffentlichen Aushang«? Auch von uns verlangt niemand mehr, dass wir zum Wu-tai-shan und zu Mañjushrîs Wohnsitz pilgern, am wenigsten wir selbst. Ebenso werden wir nicht, wie noch Kierkegaard in seinen späten Schriften von sich selbst gefordert hat, um einer »ewigen Seligkeit« willen auf Glück und Wohlbefinden im irdischen Leben verzichten wollen oder gar solchen Verzicht als *conditio sine qua non*, als unerlässliche Voraussetzung für einen unendlich wertvolleren Lohn im Jenseits gelten lassen. Aber fühlen wir uns deshalb hier in dieser Welt zuhause? Unser westlicher Lebensstil allerneuester Fasson spricht durchaus dagegen: Mit Fernsehkonsum, Internetsurfen, allgegenwärtigem Mobilfunk, digitalen Musikwiedergabegeräten, Auto-Kult bis hin zu Luxus-Geländewagen auf verstopften Großstadtstraßen sowie Navigationsinstrumenten mittlerweile auch schon im Taschenformat kapseln wir uns ein in eine künstliche Welt, eine zweite Realität, die längst dabei ist, die erste und eigentliche zu überdecken. Diese Art, uns ein gesteigertes Wohlbefinden zu verschaffen, das ganz unserer eigenen Kontrolle unterliegt, bewahrt uns gleichwohl nicht vor Einbrüchen des Unerwünschten, Ausgeblendeten und Verstörenden, das uns hilflos macht. Solange wir im »Tanz um das Goldene Kalb« unseres kostbaren Ich befangen sind, gibt es immer wieder Anlass, uns aus dieser unserer Welt, in die uns die Evolution zumindest physisch nahezu optimal eingepasst hat, hinauszuwünschen in eine andere, vermeintlich bessere Wirklichkeit. Erst wenn wir uns hinreichend eingeübt haben in jenen Zustand der Angst- und Wunschlosigkeit, der in den Chan-Texten als Nicht-Dualität firmiert, wird uns das Glück eines fraglosen Hier-in-der-Welt-Zuhause-Seins zuteil, für das uns Liu, der „Eiserne Mühlstein", und ihr alter Lehrmeister Wei-shan nach dem Willen der Autoren der Song-zeitlichen *Gong-an*-Literatur Vorbild sein sollen.

294 Siehe Roloff (2), S. 314f.

25. Der Wanderstab [von der] Lotosblumen-[Spitze]

Ankündigung

Wenn spirituelle Kraft sich nicht von der Stelle bewegt, versinkt sie in einem Meer aus Gift; wenn Worte nicht die große Masse in Erstaunen versetzen, bleiben sie im Vorherrschend-Gewohnten stecken. Wenn [du] plötzlich, während [du] aus einem Stein Feuerfunken schlägst, Schwarz und Weiß (Priester und Laien) unterscheidest und [dir] im Licht eines herniederzuckenden Blitzes der Unterschied zwischen Töten und Lebendig-Machen aufgeht, dann kannst [du] mittels [deiner] Übung die Zehn Richtungen abschneiden und aufrecht dastehen wie eine 1000 Klafter hohe Wand![295] – Gibt es auch [für Euch] eine solche günstige Gelegenheit?[296] Versucht es doch mal mit dem, [was Xue-dou hier] vorbringt!

Beispiel

Der Einsiedler auf der Lotosblumen-Spitze nahm seinen Wanderstab auf, hielt [ihn] den versammelten Mönchen hin und sagte: „[Als] die Menschen der Vergangenheit bis hierher gekommen waren – warum waren [sie] da nicht bereit, [dabei] stehen zu bleiben?"
Als keiner ein Wort herausbrachte, sagte er selbst an ihrer Stelle: „Weil ihr Weg keine Kraft besessen hat!"[297]

Er hat aber auch gesagt: „Letzten Endes, was denn dann?"
Und abermals antwortete er selbst an Stelle [der Mönche]: „Sich eine Eschenholz[stange mit Vorräten an] Weichkastanien quer über die Schultern legen und, ohne Rücksicht auf jemand [anderen], ganz im Gegenteil hinein in die [Bergwelt der] tausend und zehntausend Gipfel gehen!"

Lobgesang

In den Augen Staub und Sand, und Erdreich in den Ohren!
Gipfel rings, zehntausendfach, und *nicht bereit, still zu stehen*![298]
Und Blüten fallen, Ströme zieh'n, in grenzenlose Weiten!
Schab [dir] die Augenbrauen ab: Wohin ist [er] davongegangen?[299]

---

295 Der gesamte, als logische Folge formulierte Hauptsatz (*ke-yi zuo duan shi fang bi li qian ren*) ist bereits einmal vorgekommen, und zwar in der Ankündigung des Kôan 8; vgl. die dortige Fußnote 115.

296 Die Standard-Version hat hier eine andere Lesart: „Wißt [Ihr] auch, dass es eine solche günstige Gelegenheit gibt?" Doch zu wissen, dass es sie gibt, ist weniger, als dass sie den angesprochenen Mönchen tatsächlich zu Gebote steht! Daher verdient die *Teihon*-Version in den Augen des Verfassers den Vorzug.

297 Der Leser möge darauf gefasst sein, diese Übersetzung der bisherigen wörtlichen Rede des Einsiedlers als eine bloß **vorläufige** im weiteren Verlauf des Kapitels durch eine andere, in den Augen des Verfassers plausiblere ersetzt zu finden! Siehe dazu die Erläuterungen!

298 Diese Zeile hat Xue-dou aus zwei wörtlichen Zitaten des Beispiels zusammengesetzt, Zitaten, in denen sich das Wesentliche dieses Kôan gleichsam kristallisiert: *„Gipfel rings, zehntausendfach"* nimmt im chinesischen Original wortwörtlich die *tausend und zehntausend Gipfel* des letzten Satzes auf, den der Einsiedler geäußert hat, und *„nicht bereit, still zu stehen"* zitiert die letzten drei Schriftzeichen des Fragesatzes: *wei-shen-me bu ken zhu*: *„Warum waren [sie] nicht bereit, [dabei] stehen zu bleiben?"*

299 *Schab dir die Augenbrauen ab* – wir kennen diese Formel (*ti-qi mei-mao*) bereits aus dem Lobgesang des Kôan 22; vgl. die dortige Fußnote 266. Hier wie dort geht es darum, alles, was den Blick behin-

Zu dem **Einsiedler auf der Lotosblumen-Spitze** verrät uns Yuan-wu in seinem Kommentar lediglich, dass er zu Beginn der Song-Dynastie auf dem gleichnamigen Berg des – heiligen, von endlosen Pilgerströmen besuchten – Tian-tai-Gebirges in einer schlichten, strohgedeckten Hütte gelebt und runde dreißig Jahre lang jeden Mönch, der an seiner Hütte vorbeigekommen ist, mit der Frage konfrontiert hat, warum denn *die Menschen der Vergangenheit, bis hierher* (gemeint ist der ihm entgegengestreckte Wanderstab) *gekommen, nicht bereit waren, dabei stehen zu bleiben*, und dass keiner dieser Mönche je imstande gewesen ist, darauf eine Antwort zu geben. – Gundert weiß darüber hinaus zu berichten, dass der *Einsiedler* den Namen Xiang, der „Glückliche", getragen habe und ein Enkelschüler Yun-mens gewesen sei, womit seine Lebensspanne in die Zeit zwischen 950 und 1030 gefallen sein dürfte, mithin, wie auch schon Yuan-wu vermerkt hat, in die ersten Jahrzehnte der Song-Dynastie. Doch während Yuan-wu nur einzelne Pilger als Adressaten der dreißig Jahre lang wiederholten Frage des – bei ihm namenlosen – *Einsiedlers* erwähnt, spricht der einleitende Satz des **Beispiels** von *versammelten Mönchen*, was Gundert zu der Vermutung veranlasst hat, dass zumindest vorübergehend eine Mehrzahl von Mönchsschülern um seine Hütte herum Quartier genommen habe. Doch vermutlich handelt es sich bei der Wendung *„hielt [ihn] den versammelten Mönchen hin und sagte"* (im Original: *shi zhong yun*, wörtlich: „der Menge zeigen und sagen") nur um die übliche formelhafte Einleitung einer an eine Mehrzahl von Adressaten gerichteten Äußerung – und die Mönche, die im Laufe von dreißig Jahren der Zudringlichkeit des Einsiedlers Xiang ausgesetzt gewesen sind, dürften sich ja in der Tat zu einer beachtlichen Vielzahl summiert haben.

Die **Ankündigung** weist gleich zu Beginn und sozusagen programmatisch darauf hin, dass *spirituelle Kraft*, die *sich nicht von der Stelle bewegt*, mithin irgendwo, bei irgendetwas stehen bleibt, *in einem Meer aus Gift versinkt*. Das müssen wir sicherlich als Vorausdeutung auf den Angelpunkt des unermüdlich wiederholten Kunstgriffs verstehen, mit dem der Einsiedler Xiang seine Zeitgenossen ins „Große Erwachen" zu treiben versucht hat. Denn es geht ja bei dem *„Bis-hierher-Kommen"* der *Menschen der Vergangenheit* zweifellos nicht um den Vorgang einer physischen Annäherung an einen geographischen Ort (welcher sollte das auch sein – die Lotosblumen-Spitze, der Standort der Hütte Xiangs, der Wanderstab an seinem ausgestreckten Arm?); vielmehr kann nur die Stufe spiritueller Entwicklung oder gar Vollendung gemeint sein, die die Altvorderen, die Buddhas und Patriarchen der Vergangenheit, bei ihrer Suche nach dem »rechten Leben« erreicht haben. Und diese Stufe ihrer spirituellen Entwicklung war ja, dem Einsiedler Xiang zufolge, eben dadurch gekennzeichnet, dass *[sie gerade] nicht bereit waren, [dabei] stehen zu bleiben*! Aber wobei?

Nicht anders weist auch der zweite Satz der **Ankündigung** eindeutig auf Xiangs unermüdlichen Verunsicherungsversuch voraus, insofern schon die Frage: *„Warum waren [sie] nicht*

---

dert, von sich abzutun; und hier wie dort hilft auch schärfstes Sehen nicht weiter. Hier im Kôan 25 ist gemeint: „Und doch wirst du nicht imstande sein, den *Einsiedler von der Lotosblumen-Spitze* zu erblicken, weil er dir in unermessliche Ferne entschwunden ist!" – Dass er in dieser Zeile wie überhaupt im Lobgesang gemeint ist, und nicht die *Menschen der Vergangenheit*, von denen das Beispiel handelt, dazu siehe die Erläuterungen!

bereit, [dabei] stehen zu bleiben?" und erst recht seine eigene Antwort: *„Weil ihr Weg keine Kraft besessen hat!"* mit Vorsatz so formuliert sind, dass sie gerade nicht *im Vorherrschend-Gewohnten stecken bleiben*, sondern *die große Masse in Erstaunen versetzen*, in allerhöchstes sogar! Und das mit solchem Erfolg, dass – wie Yuan-wu in seinem Kommentar hervorhebt – kein einziger der Pilger, die sich der Xiang'schen Provokation ausgesetzt gesehen haben, imstande war, eine Antwort, gar eine Xiang zufriedenstellende, vorzubringen!

Der Rest der **Ankündigung** spricht von der besonderen Schwierigkeit, der Frage, warum denn *die Menschen der Vergangenheit, bis hierher (bis wohin?) gekommen, nicht bereit gewesen seien, [dabei] (wobei?) stehen zu bleiben*, einen Sinn abzugewinnen: Es bedarf dazu, so Yuan-wu, der Fähigkeit, in Blitzeseile, im Bruchteil von Sekunden die angesprochene Situation zu erfassen (*„während [du] aus einem Stein Feuerfunken schlägst, Priester und Laien zu unterscheiden"*), bei der es um nichts Geringeres geht als um den *Unterschied zwischen Töten und Lebendig-Machen*! Mit anderen Worten und auf das nachfolgende Beispiel bezogen: Was an der Xiang'schen Provokation weist auf ein *Töten* und was auf ein *Lebendig-Machen* hin? Der Rest der Ankündigung spricht aber auch von dem Lohn, der demjenigen winkt, der sich der Provokation gewachsen zeigt: *„Dann kannst [du] mittels [deiner] Übung die Zehn Richtungen abschneiden und aufrecht dastehen wie eine 1000 Klafter hohe Wand*!" Und wieder wäre zu fragen: Durch die *[Versenkungs]übung die zehn Richtungen abzuschneiden*, also in den Zustand der Nicht-Dualität einzutreten, und dann unnahbar und unerschütterlich *aufrecht dazustehen wie eine 1000 Klafter hohe Wand* – was hat das damit zu tun, dort *nicht stehen bleiben zu wollen, wo die Menschen der Vergangenheit angekommen sind?*

Wenden wir uns also dem **Beispiel** zu. Und da wäre als Erstes einzugestehen, dass das chinesische Original auch eine ganz andere Übersetzung für Xiangs provokante Frage samt seiner stellvertretenden Antwort (nach dem Vorbild seines Dharma-Großvaters Yun-men) erlaubt als die oben vorgetragene.[300] Der chinesische Text der Frage gliedert sich in zwei Sätze, die im Deutschen bisher zu einem einzigen Satz, bestehend aus temporalem Nebensatz und Hauptsatz in Frageform, zusammengefasst worden sind; und diese beiden Sätze weisen lediglich die folgenden Schriftzeichen auf: *gu ren* („Menschen der Vergangenheit") *dao* (ankommen, kommen bis") *zhe li* („hier" bzw. „hierher") sowie: *wei-shen-me* („warum") *bu ken* („nicht bereit sein") *zhu* („stehen [zu] bleiben"). Und Xiangs stellvertretende Antwort

---

300 Der Verfasser hat sich bei seiner obigen, bereits als nur **vorläufig** eingestandenen Überetzung der bisher gängigen Sichtweise angeschlossen, wie sie von Gundert („Bis dahin haben die Alten es gebracht. Warum waren sie nicht bereit, dabei stehen zu bleiben?" und: „Weil sie für unterwegs keine Kraft davon bekamen" – Gundert, Bd I, S. 427), nahezu gleichlautend von Cleary (*„When the ancients got here, why did'nt they consent to stay here?"* und: *„Because they did not gain strength on the road"* – Cleary, S. 164) und ähnlich von Yamada / Lengsfeld („Wenn die Alten diesen Punkt erreicht hatten, warum wagten sie es nicht, hier zu bleiben?", aber: „Weil das keine Kraft hätte auf dem Weg" – Yamada, Bd. I, S.269) vertreten worden ist. Sekida übersetzt die Frage immerhin als: *„When, in olden times, a man reached the state of enlightenment, why did he not remain here?"* („wenn in alter Zeit ein Mann den Zustand der Erleuchtung erlangt hatte, warum ist er dann nicht dabei geblieben?"), wobei er sich in Sachen: „bis hierher gekommen" wie selbstverständlich auf „Erleuchtung" festlegt, wohingegen seine Übersetzung der Antwort: *„Because it is of no use in the course of life"* insofern etwas Neues bietet, als sie eine zeitlose, nicht auf die Vergangenheit beschränkte, sondern auch heute noch gültige Aussage formuliert: „Weil das für den Lebenslauf von keinerlei Nutzen ist" – Sekida, S. 213.

besteht, wieder ohne Personalpronomen, aber auch ohne Hinweis auf eine Vergangenheitsform des Prädikats, nur aus den Schriftzeichen: *wei* („weil") *ta* („sein", „ihr") *tu-lu* („Weg, Reise") *bu de* („nicht haben, nicht besitzen") *li* („Kraft, Stärke"). Diese Abfolge chinesischer Schriftzeichen erlaubt auch folgende Übersetzung: „Die Menschen der Vergangenheit sind bis hierher gekommen – warum nicht bereit sein, [dabei] stehen zu bleiben?" Antwort: „Weil ihr Weg keine Kraft besitzt!" – statt der Vergangenheitsform „besessen hat". Das alles ergibt einen ganz anderen Sinn: Nicht mehr *die Menschen der Vergangenheit* waren *nicht bereit*, irgendwo *stehen zu bleiben* (diese Deutung wird dann und nur dann unvermeidlich, wenn man – wie oben zunächst geschehen – zu Beginn die Konjunktion „als" ergänzt); vielmehr kann es nunmehr Xiang selbst sein, der da *nicht bereit* ist, dort *stehen zu bleiben*, wo die Menschen der Vergangenheit (und das mögen durchaus die Buddhas und Patriarchen weit zurückliegender Jahrhunderte sein) einst angekommen und stehen geblieben sind; oder Xiang will das *Nicht-bereit-Sein* dahin verstanden wissen, dass auch die Mönche, denen er mit seiner Provokation zusetzt, besser nicht dort stehen bleiben sollen, wo die Buddhas und Patriarchen angekommen und stehen geblieben sind.[301]

Gehen wir erst einmal weiter: Der Einsiedler Xiang hat – ob regelmäßig, ob hin und wieder – an seine Provokation aus Frage und stellvertretender Antwort noch ein Nachspiel angehängt: *„Letzten Endes, was denn dann?"* Anders gesagt: „Was folgt daraus?" – und das wiederum heißt, so allgemein formuliert: „Was folgt daraus für dich, für mich, für uns alle, die wir wie jene Altvorderen der rechten Lebensführung nachstreben"? Und weil auch auf diese Frage keiner der Mönche, ob nun zur gleichen Zeit um die Hütte Xiangs versammelt, ob im Laufe der dreißig Jahre nacheinander als Pilger im Tian-tai-Gebirge unterwegs, eine passende Antwort finden konnte, sah sich unser unermüdlicher Einsiedler auch bei seiner Zusatz-Frage immer wieder zu einer stellvertretenden Antwort genötigt, die – so scheint es – ebenfalls in allen Fällen gleich ausfiel: *„Sich eine Eschenholz[stange mit Vorräten an] Weichkastanien quer über die Schultern legen und, ohne Rücksicht auf jemand [anderen], ganz im Gegenteil hinein in die [Bergwelt der] tausend und zehntausend Gipfel gehen!"* Auch in diesem Satz fehlt jedes Eindeutigkeit schaffende Personalpronomen, weshalb die bisher vorliegenden Übersetzungen zwischen *„[Sie], die Menschen der Vergangenheit, legten sich eine Eschenholz[stange] quer über die Schultern ..."* und *„Ich lege sie mir über die Schultern ..."* schwanken können.[302] Doch Xiangs zweite stellvertretende Antwort bedarf gar keines Personalpronomens; sie lässt sich ohne Weiteres als ein Infinitiv-Satz mit Aufforderungscharakter verstehen, derart, dass die Frage: „Was folgt daraus?" den Appell

301 Wäre im chinesischen Original zwischen die Wörter *gu ren dao zhe li* (hier als Satz 1 gedeutet) und die zweite Wortfolge: *wei-shen-me bu ken zhu* das Schriftzeichen *shi* („Zeit") eingefügt, das auch als nachgestellte Konjunktion für temporale Nebensätze verwendet wird, stünde unumstößlich fest, dass es *die Menschen der Vergangenheit* gewesen sind, die *nicht bereit* waren, *stehen zu bleiben*; doch diese Konjunktion fehlt ja gerade, weshalb nicht zwangsläufig Satz 1 ein untergeordneter Nebensatz zu Satz 2 sein muss!

302 So übersetzen Gundert: „Sie legten sich ihr Eschenholz quer über den Nacken und gingen damit ... geradewegs in das Gebirge mit den tausend und zehntausend Gipfeln" (Gundert, a.a.O.) und Sekida: „Throwing his staff over his shoulder, he (the man, who reached the state of enlightenment) goes straight ahead ...", während Cleary und Yamada / Lengsfeld formulieren: „With my staff across my shoulder ... I go straight into the myriad peaks" bzw. „Mit dem Stab über meinen Schultern gehe ich ... geradewegs zu den tausend und zehntausend Gipfeln".

nach sich zieht, *sich eine Eschenholz[stange] quer über die Schultern zu legen und in die Bergwelt der tausend und zehntausend Gipfel hineinzugehen*! – ein Appell, den Xiang an jeden einzelnen Mönch, aber ebenso auch an sich selbst gerichtet hat.

Insbesondere Letzteres erfährt durch den **Lobgesang** und Yuan-wus einschlägigen Kommentar seine volle Bestätigung: Mit der ersten Zeile, die da lautet: *„In den Augen Staub und Sand, und Erdreich in den Ohren!*" preist Xue-dou, so Yuan-wu, niemand anderen als den *Einsiedler von der Lotosblumen-Spitze*, den einen Mann Xiang – und nicht etwa die Buddhas und Patriarchen der Vergangenheit! Und wenn wir dem folgen, dann muss auch die zweite Zeile: *„Gipfel rings, zehntausendfach,* und *nicht bereit, still zu stehen!*", auf Xiang gemünzt sein; denn woher sollen *Staub und Sand in [seinen] Augen und Erdreich in [seinen] Ohren* rühren, wenn nicht von der endlosen Wanderung immer tiefer hinein *in die Bergwelt der tausend und zehntausend Gipfel*!? Er also ist es, Xiang selbst, der nach dem Urteil Xue-dous und Yuan-wus seiner eigenen Aufforderung gefolgt und *nicht bereit* gewesen ist, es sich also selbst verboten hat, irgendwo *still zu stehen*, bei irgendetwas – wir wissen immer noch nicht, wobei – stehen zu bleiben! Auch die beiden übrigen Zeilen des Xue-dou'schen 7-Zeichen-Kurzgedichts (eines klassischen *qi-jue*)[303] zielen folglich auf Xiang: Über seiner endlosen Wanderung liegt die melancholische Stimmung verblassenden Frühlings, eine Melancholie, die nur den Lebensmut dessen unterstreicht, der unter *fallenden Blüten* an wasserreichen *Strömen* entlang unbeirrt *in grenzenlose Weiten* zieht. Dieser Xiang, so schließt Xue-dou seinen Lobgesang, ist schon so weit weg, hat uns gewöhnliche Sterbliche, die wir ihm nur bewundernd nachschauen können, schon so weit hinter sich gelassen, dass auch das geschärfteste Auge ihn nicht mehr erblickt.

Spätestens jetzt lässt sich die Frage nicht mehr umgehen, was denn das Ganze bedeuten soll. Der Einsiedler Xiang streckt einem oder mehreren Mönchen seinen Wanderstab entgegen und erklärt: *„Bis hierher sind die Menschen der Vergangenheit gekommen!"* – bis wohin? Anders gefragt: Wofür steht der *Wanderstab*? Ganz zweifellos ist er ein Symbol für Hauslosigkeit, und die wiederum steht für ein weltabgewandtes Leben, das darauf ausgerichtet ist, die drei Ursachen des Leidens und der Wiedergeburt, Gier, Hass und Verblendung, auszulöschen, kurz, Nirvâna als „Erlöschen", als Befreiung von allen Bindungen an Leib und Leben zu erreichen. Bis dahin also, so das Chan-typische Verständnis der traditionellen Buddha-Lehre, sind *die Menschen der Vergangenheit*, die Buddhas und Patriarchen gekommen. Aber genau das fordert den Widerspruch der Song-zeitlichen Meister des chinesischen Versenkungs-Buddhismus heraus. Und so erklärt ein Song-zeitlicher Chan-Einsiedler, er selbst – und seine Zeitgenossen, soweit gleichfalls dem Chan ergeben, vermutlich ebenso – sei *nicht bereit*, dabei *stehen zu bleiben*. Er will also weitergehen; doch ehe er noch dazu kommt, auch nur anzudeuten, wohin es denn weitergehen soll, äußert er sich zu dem Grund, weshalb stehen zu bleiben seine oder sonst eines Chan-Anhängers Sache nicht sein kann: *„Weil ihr Weg keine Kraft besitzt!"* – Schon wieder so ein kryptisches Wort, das es erst zu entschlüsseln

303 Ein *qi-jue* ist ein kurzes Gedicht, das aus nur 4 Zeilen zu je 7 Schriftzeichen besteht, wobei jede einzelne Zeile zwischen den ersten 4 und den letzten 3 Zeichen eine Sinn-Zäsur aufweist, und in der Regel gereimt ist, und zwar nach dem Schema: a – a – b – a, in diesem Fall mit den Reimwörtern *tu, zhu* und *qu*.

gilt: Streng genommen kann ein Weg zwar Steigung und Gefälle besitzen, aber keine Kraft; wenn freilich, wie im Falle der *Menschen der Vergangenheit*, nicht die Wegstrecke gemeint ist, sondern das Beschreiten dieses Weges, ein Streben und Sich-Bemühen als Bewegung auf ein Ziel hin (das chinesische Schriftzeichen *tu-lu* bedeutet auch „Reise"), dann kann ein „Weg" (der „Weg" der Versenkung etwa) durchaus *Kraft* vermitteln, gleichsam weitergeben, als etwas, das in ihm selbst angelegt, enthalten ist; oder aber er vermag das – wie der *Weg der Menschen der Vergangenheit* – gerade nicht. So kommen wir der Deutung Sekidas sehr nahe: *„Because it is of no use in the course of life"*, frei übersetzt: „Weil dieser Weg uns nichts nützt in diesem unserem irdischen Leben!" Denn darum geht es dem Einsiedler Xiang: dass wir für unseren Lebenslauf hier in der Welt der *Zehntausend Dinge* aus der Weltentsagung keine Kraft schöpfen können; dass wir diese Kraft aus einer anderen Quelle schöpfen müssen – welche das sein soll, bleibt freilich ungesagt, kann es aber auch bleiben, denn es liegt auf der Hand.

Stattdessen schockiert Xiang die Adressaten seiner immer gleichen Provokationen mit einer überraschend deutlichen Aussage, wohin nach seiner Einsicht die „Reise" gehen soll und muss: *„Sich eine Eschenholz[stange mit Vorräten an] Weichkastanien quer über die Schultern legen und, ohne Rücksicht auf jemand [anderen], hinein in die [Bergwelt der] tausend und zehntausend Gipfel gehen!"* Welch großartige Metapher für ein Leben unermüdlicher Ausdauer, die auch Schweres gelassen erträgt, die uns befähigt, frohgemut auszuschreiten, wo immer das sein mag, was immer uns an Widrigkeiten erwartet. Welch eine Kraft liegt in diesem Bild: unerschrocken *hinein in die Bergwelt der tausend und zehntausend Gipfel*! Und welche Kraft derer, die so unterwegs sind! Aus Xue-dous **Lobgesang** spricht aufrichtige Bewunderung: Ein Mann wie dieser *Einsiedler von der Lotosblumen-Spitze*, im übertragenen Sinne ein Wanderer *in grenzenlose Weiten*, er hat von seinen tage-, wochen-, jahrelangen Märschen *„Staub und Sand in den Augen, und Erdreich in den Ohren"* und gibt nicht auf: immer weiter hinein in die Berge, *tausend-, zehntausendfach*, und *niemals bereit*, für immer *still zu stehen*!

Eine solche Lebensform – wie weit liegt sie ab von der ursprünglichen Buddha-Lehre, wie stellt sie die ursprüngliche Hauslosigkeit auf den Kopf! Auch dieser Wanderer ist unbehaust, und ist doch überall, wo immer er gerade weilt, zuhause! Unbehaust, weil er sich nicht in irgendeinem Winkel festsetzt, sich nicht von Besitz gefangennehmen lässt, vielmehr allzeit imstande ist loszulassen, fortzugehen. Und zuhause, weil er sich hier im Irdischen, wo immer er ist, aufgehoben fühlt. Sein zupackendes Ausschreiten in die Welt hinein widerspricht so sehr der Weltentsagung der Buddhas und Patriarchen, dass Yuan-wu sich eine durchaus rhetorischen Frage wie diese nicht versagen kann: „Buddha-Lehre und DAO, wie sehr sind sie voneinander entfernt?"[304] Denn ein Wanderer wie der, den Xiang mit sicherem Pinselstrich vor uns entwirft, ist durch und durch ein Mann des DAO: bedürfnislos, der Natur, dem Lauf der Dinge hingegeben, unbekümmert um sich selbst, gelassen, frei vom Zwang, noch Großes, Bedeutsames, Entscheidendes leisten zu müssen, kurz, ein *wu shi ren*, wie ihn Lin-ji mit seiner Formel proklamiert. Ein solcher Mann, von Yuan-wu sogar zum *wu shi DAO ren* ernannt, zu einem „Menschen des DAO, der nichts mehr besorgen, nichts mehr erstreben muss", der

304 Chinesisch: *Fo fa yu dao xiang qu duo-shao* – so in der Standard-Version seines Kommentars zum Lobgesang.

hat längst seine Insignien der Buddha-Nachfolge von sich abgetan, mit Yuan-wus Worten: „sein Bettelschalen-Bündel hoch oben aufgehängt und seinen Wanderstab zerbrochen"; der hält „Lehrreden Buddhas oder eines Patriarchen" für das „Siedegeräusch eines Kochtopfs", der über offenem Feuer hängt![305] Deutlicher lässt sich die Abkehr des Song-zeitlichen Chan vom traditionellen Buddhismus nicht ausdrücken, deutlicher auch nicht die Hinwendung zum DAO. Ja, Yuan-wu geht so weit, Flickenkutten-Mönche, die wie Xiangs Wanderer *Staub und Sand in den Augen haben und Erdreich in den Ohren* tragen, mit den typischen Merkmalen daoistischer Weiser auszustatten: Sie, die dann »nach oben hin« nichts mehr haben, an das sie sich voll Ehrfurcht und Verehrung klammern können, und die »nach unten hin«, der Welt gegenüber, ihr Selbst abgelegt haben, sie geben sich – wie auch Tuschbilder es zeigen – zu jeder Zeit „wie närrisch", als „verständnislos dreinschauende" Musterexemplare gänzlicher Unbedarftheit und in ihren absurden Reaktionen und alogischen Antworten als „stumpf und dumm". Das malt das Bild einer völligen und rückhaltlosen Weltversunkenheit, die aufgeht im Hier und Jetzt und durch keinerlei Zweifel und Grübeleien auch nur den sprichwörtlichen Haarbreit Abstand zwischen sich und den *Zehntausend Dingen* aufkommen lässt. – Wer könnte mehr in dieser Welt zuhause sein?

Nicht dort *stehen bleiben zu wollen*, wo die Buddhas und Patriarchen der Vergangenheit angekommen und auch stehen geblieben sind, vielmehr *in die Bergwelt der tausend und zehnausend Gipfel hinein* zu wandern, diese »Umwertung der Werte« (Nietzsche) legt es abermals nahe, an das Kôan 32 *Cong-rong-lu* zu erinnern, in dem Yang-shan zwischen einem »Stand der Wahrheit« und einem »Stand des Menschen« unterscheidet und diesen noch über den »Stand der Wahrheit« stellt: Wir dürfen deshalb nicht dort stehen bleiben, wo jene Altvorderen angekommen und stehen geblieben sind, weil deren »Stand der Wahrheit« nicht dem entspricht, was uns als Menschen angemessen ist; unser »Stand des Menschen« verlangt von uns, dass wir, mutig-entschlossen, die *grenzenlosen Weiten* der Welt der *Zehntausend Dinge* durchwandern, allen Hemmnissen einer unabsehbaren Bergwelt zum Trotz.[306]

Postskript: Falls ein Leser, eine Leserin mit diesem Kôan übt, sollte er, sollte sie ein zusätzliches Augenmerk auf die *fallenden Blüten[blätter]* des Lobgesangs richten, nicht nur für uns, sondern ebenso auch im alten China ein geläufiges Symbol für Vergänglichkeit. Was haben die *fallenden Blüten[blätter]* mit dem kraftvollen Ausschreiten immer weiter *hinein in die [Bergwelt der] tausend, zehntausend Gipfel* zu tun und was Vergänglichkeit damit, nirgendwo *stehen zu bleiben*, nirgendwo *still zu stehen*? Ja, wie können wir in einer so flüchtigen Welt uns überhaupt aufgehoben, geborgen fühlen? Wäre nicht *stehen bleiben* zu wollen der Versuch festzuhalten, was sich nicht festhalten lässt? Müssen wir nicht immer wieder, was sich nicht halten lässt, loslassen, um unbeirrt und kraftvoll weitergehen zu können, den Strömen gleich, die ohne jedes Innehalten *in grenzenlose Weiten ziehen*? Und bietet nicht das Loslassen des Vergänglichen, wenn es denn unwiederbringlich vergeht, die einzige Gewähr dafür, in dieser Welt des Flüchtigen tatsächlich zuhause zu sein? Das

---

305 So abermals die Standard-Version anlässlich Yuan-wus Ausführungen zum Lobgesang.

306 Anlässlich des Kôan 23 hat der Verfasser schon einmal auf Yang-shans Unterscheidung eines »Standes der Wahrheit« und eines »Standes des Menschen« verwiesen, dort allerdings nur in einer Fußnote – siehe die dortige Fußnote 286.

Loslasen-Können – wie auch inmitten des Flüchtigen gleichwohl geborgen zu sein – ist aber seinerseits darin begründet, dass wir in der Bodenlosigkeit des DAO, in dem, was nicht ist und nichts ist, sicher gegründet sind – was es uns erlaubt, zugleich sowohl an den *Zehntausend Dingen* keinen Halt suchen zu müssen, den sie nicht geben können, als auch sie zugleich zu ergreifen und uns von ihnen mit Freude und Glück beschenken zu lassen – geradeso, wie es im Kapitel 31 das Gedicht *Herbst in Hiroshima* beschreibt.

26. Bai-zhangs „Allein sitzen“

Ankündigung

(nicht erhalten)[307]

Beispiel

Ein Mönch fragte Bai-zhang: „Was ist mit der [alles] überragenden Angelegenheit?“
Bai-zhang sagte: „[Ganz] allein auf dem Berg des Großen Helden sitzen!“[308]
Der Mönch verneigte sich in Verehrung.
Bai-zhang versetzte ihm auf der Stelle einen Schlag.

Lobgesang

Im Feld der Patriarchen tollt mit herum das Fohlen des Himmelspferdes:[309]
[Sein] Belehren,[310] [sein] Ausbreiten und Einrollen gehen ihren eigenen Weg!
Im Licht des Blitzes, im Funkensprühen bewahrt [er] die Wendigkeit der Kraft:
Da kann man nur lachen: Kommt einer daher, zupft an den Barthaaren des Tigers!

Auch im Fall des **Bai-zhang** Huai-hai (720-814) müssen wir umlernen: Die gesamte spätere Chan-Bewegung hindurch hat er nach seinem Lehrer Ma-zu (709-788) als die bedeutendste und wirkungsmächtigste Gestalt aus der Frühgeschichte des Chan gegolten – und gilt in Zen-Kreisen auch heute noch dafür. Doch die Großtaten, auf denen sein Ansehen damals wie heute beruht, hat der historische Bai-zhang, wie neuere Forschung hat zeigen können, niemals vollbracht. Insbesondere die ihm zugeschriebenen Mönchsregeln, dank derer sich das Leben in einem Chan-Kloster grundsätzlich von der Alltagsregelung anderer buddhis-

307 Wie schon zuvor in den Kapiteln 6, 14 und 18 weisen auch zu diesem Kôan weder die Standard- noch die *Ichiya*-Version (und in ihrem Gefolge die *Teihon*-Ausgabe) eine Ankündigung auf. Dieser Ausfall hier im Kôan 26 ist der vierte Beleg für den schwerwiegenden und komplexen »Bindefehler«, der für beide Überlieferungsstränge, die Standard- und die *Ichiya*-Version, die Annahme eines gemeinsamen Vorfahren erzwingt.

308 Im chinesischen Original heißt der Berg, auf dem Bai-zhang sich eine Einsiedlerhütte errichtet hat, *Da-xiong-shan*, wobei *da xiong* als „Große Kühnheit“ oder auch als „der Große Kühne“ und somit als „Großer Held“ zu übersetzen ist. *Da xiong* galt im alten China auch als Ehrenname für Budha Shâkyamuni, insofern dieser das Leiden als die Grundbefindlichkeit des menschlichen Daseins siegreich überwunden und dabei alle Widerstände auf dem Weg zu solcher »Befreiung«, insbesondere den Gott Mâra und seine Dämonen, niedergezwungen hat. – Dieser *„Berg des Großen Helden“* ist später zum „Hundert-Klafter-Berg (*Bai-zhang-shan*) umbenannt worden, nach dem der spätere Abt seinen Namen erhalten hat.

309 Mit dem *Himmelspferd* ist Ma-zu gemeint, der Lehrmeister Bai-zhangs, der hier als dessen *Fohlen* firmiert.

310 *Belehren* – der chinesische Text bietet hier die beiden Schriftzeichen *hua men*, wörtlich übersetzt: „Tor der Verwandlung“, eine Wortverbindung, die sich auch schon in der Ankündigung des Kôan 16 gefunden hat. Dort war die Institution Kloster als „Ort der Verwandlung“ gemeint (s. die dortige Fußnote 196), hier geht es um das Mittel der Verwandlung, mithin die spezifische *Belehrung* des jeweiligen Klosterabtes.

tischer Klöster hat unterscheiden sollen, sind spätere Zutat.[311] In diesem Zusammenhang muss auch Bai-zhangs berühmtester Ausspruch: „Ein Tag ohne Arbeit ist ein Tag ohne Essen!" in das Reich der Legende verwiesen werden; dient er doch als der entscheidende Beleg für die angeblich wichtigste von Bai-zhang eingeführte Neuerung im Klosterleben der Chan-Mönche, durch ihrer eigenen Hände Arbeit die – historisch gesehen zu keiner Zeit tatsächlich gegebene – wirtschaftliche Unabhängigkeit eines Chan-Klosters zu sichern.[312]

Der zweite Pfeiler seines Ruhms steht auf nicht weniger bröckligem Fundament: Bai-zhangs Ruf als »Bilderstümer«, als Ikonoklast „heiliger" Gewissheiten des traditionellen Buddhismus. Diese angebliche »Bilderstürmerei« Bai-zhangs soll in *encounter dialogues* wie dem hiesigen Beispiel zutage treten, doch gerade solche bizarren, weitgehend absurden Wortwechsel, auch als „Dharma-Gefechte" deklariert, lassen sich für die Zeit der Tang-Dynastie (618-906) und damit für die Zeitspanne all der Heroen des angeblichen „Goldenen Zeitalters" des Chan nicht belegen; sie treten uns erstmals in der Epoche des Übergangs von der Zeit der »Fünf Dynastien« (907-960) zur Song-Dynastie (960-1279) entgegen; das gilt auch für die Bai-zhang zugeschriebenen *encounter dialogues*.[313] Auch Bai-zhangs Rolle als eines bedeutenden Vorkämpfers für ein Selbstverständnis des Chan, das diese Schule von allen

---

311 *„As a result, the assumed role of an important monastic leader and legislator became a key part of Baizhang's religious persona. His accomplishments in that area were linked with the belief that he composed an influential monastic code, usually referred to by the title Baizhang qing-gui (Baizhang's Rules of Purity), which was subsequently lost"* – Poceski (3), S. 16. ... *„We now know that the story about Baizhang's creation of a unique system of Chan monasticism is the stuff of legend, and is not connected in any meaningful way with Baizhang as a historical person. Similarly, the search for establishing the contents of his lost code turned out to have been a futile academic exercise, since by now it is fairly clear that no such text ever existed. There is no evidence from the Tang era about Baizhang's creation of distinctive Chan monastic rules, nor is there any intimation of the existence of a new system of Chan monastic life that was institutionally separate from mainstream Buddhist monasticism."* – a.a.O., S. 19.

312 *„One of the best known sayings associated with Baizhang is the dictum ‚a day without work is a day without food'. This oft-cited statement is said to succinctly convey the Chan school's embrace of manual labor as an essential part of its monastic paradigm, as well as an integral part of its comprehensive program of spiritual cultivation. In the institutional arena, the egalitarian ideal conveyed by Baizhang's dictum is linked with the Chan school's presumed spirit of economic self-sufficiency, which is often taken to be a cornerstone of its unique style of monastic life. The context in which Baizhang purportedly came up with the ‚a day without work is a day without food' dictum is told in a story that dates back to the Song era"*, überliefert erstmals im *Zu-tang Ji* von 952, mithin nahezu anderthalb Jahrhunderte nach Bai-zhangs Tod, und später u.a. im *Tian-sheng Guang-deng-lu* von 1036 – Poceski (3), S. 15f.

313 *„The initial emergence of the encounter dialogue model as the quintessence of an iconoclastic ethos that was unique to the Chan school occurred during the Five Dynasties-Song transition. Popular stories that feature the outlandish acts or inscrutable ramblings of Baizhang and other noted Chan teachers from the Tang era became key elements of traditional Chan lore only during the Song period. ... The stories about Baizhang ... – and all other similar stories – thus need to be read as apocryphal or legendary narratives, in the sense of being reflections of Song-era efforts at creating a new image of Baizhang that fit into a particular religious prototype, which was communicated via a predetermined and formulaic mode of narration. ... At its core, the fashioning of the iconoclastic image of Baizhang ... involved a creative hagiographic process, which conveyed novel religious ideals and reflected a far-reaching reformulation of Chan orthodoxy. An important part of that change was the legitimization of Song Chan by retroactive attribution of assorted religious ideals and images back to Baizhang and other great Chan teachers from the Tang era."* – Poceski (3), S. 15

anderen Richtungen des chinesischen Buddhismus abhebt („eine besondere Überlieferung außerhalb der Schriften") muss uns also als nachträgliche Erfindung und hagiographische Ausschmückung gelten.

Vom „wahren", will sagen, vom historischen Bai-zhang entwerfen die ältesten Quellen ein ganz anderes Bild. Da tritt uns ein Abt und Lehrer entgegen, der sich in seinen Dharma-Vorträgen als bestens bewandert in der Philosophie und Kontemplationslehre des traditionellen Buddhismus erweist.[314] So ist für ihn ein Drei-Stufen-Modell belegt (Bai-zhangs *san-ju*), das eine dreifache Abfolge unterschiedlicher Grade des Nicht-Anhaftens vertritt: die vollständige Loslösung von allen Dingen und Angelegenheiten – die Loslösung von solcher Loslösung (Nicht-Verweilen im Zustand des Nicht-Anhaftens) – und schließlich die Loslösung noch von den letzten Spuren selbstbezüglichen Bewusstseins bzw. eines Wissens um die Loslösung auch noch vom Zustand des Nicht-Anhaftens.[315] Bei diesem Drei-Stufen-Modell geht es dem historischen Bai-zhang um nichts anderes als das Erlangen traditionell verstandener Buddhaschaft.

Wie sehr dieser historische Bai-zhang von Mythen und Legenden überdeckt wird, zeigt sich beispielhaft an der Geister-Geschichte vom „Fuchs des Bai-zhang", in der ein zum Fuchs verwandelter und als Fuchsgeist in Menschengestalt erscheinender ehemaliger Abt des Klosters auf dem „Hundert-Klafter-Berg" (*Bai-zhang-shan*) auftritt, der von sich behauptet, vor Hunderttausenden, wenn nicht gar vor Millionen oder auch Milliarden Jahren, nämlich zur Zeit des Buddha Kâshyapa, sozusagen des Buddha Shâkyamuni des vorigen Kalpa, am selben Ort gelebt zu haben, und der als damaliger Bai-zhang sich vom jetzigen Bai-zhang die Befreiung aus seiner Fuchsgestalt erhofft.[316] Diese Erzählung weist in doppelter Hinsicht

314 *„Finally, the divergent image of Baizhang as a sophisticated teacher of doctrine, who is at ease with both the philosophical and contemplative aspects of Buddhism, is based on the earliest strata of sources about his teachings. Although this representation of Baizhang has been largely ignored within Chan and Zen circles over the centuries – and still continues to be largely unknown and unacknowledged at the present – in my recent study of the Hongzhou school I showed that it was not unique to Baizhang, but was representative of the lives and teachings of other noted Chan teachers from the same period, especially those affiliated with the Hongzhou school"* – Poceski (3), S. 10. ... *„The image of Baizhang conveyed by the Tang-era sources is that of a learned and sagacious monk who is well versed in both the theoretical and contemplative aspects of medieval Chinese Buddhism. Here we encounter Baizhang as a teacher of a particular brand of Buddhist doctrine, formulated in a manner and idiom that are unique to him and to the Hongzhou school as a whole. Nonetheless, he also comes across as someone who is cognizant of major intellectual trends in Tang Buddhism, as well as deeply steeped in canonical texts and traditions. His discources are filled with scriptural quotations and allusions. He also often resorts to technical Buddhist vocabulary, of the kind one usually finds in the texts of philosophically oriented schools of Chinese Buddhism such as Huayan, Faxiang and Tiantai. Here the primary mode in which Baizhang communicates his teachings is the public Chan sermon, presented in the ritual framework of ‚ascending the [Dharma] hall [to preach]' (shang tang)"* – a.a.O. S. 21.

315 Vgl. Poceski (3), S. 23

316 Diese Geschichte, allen Zen-Übenden wohlvertraut, erscheint als Kôan 8 im *Cong-rong-lu* sowie als Kôan 2 im *Wu-men-guan*. Der Verfasser muss gestehen, dass er das Märchen vom „Fuchs des Bai-zhang" noch in seinen Erläuterungen zum *Cong-rong-lu* schlichtweg beim Wort genommen hat, weil es ihm seinerzeit an Kenntnis der historisch-kritischen Forschung der beiden letzten Jahrzehnte gefehlt hat. Andererseits stellt sich nach deren Kenntnisnahme heraus, dass historisch-kritische Forschung und die Aneignung der Song-zeitlichen »Öffentlichen Aushänge« als eines damals wie heute

die für die Song-Zeit Chan-typischen ikonoklastischen Züge auf, insofern der Bai-zhang des vorigen Weltalters für sein eindeutiges Bekenntnis zur ursprünglichen Buddha-Lehre („Wer den Vorschriften entsprechend ein völlig einwandfreies Leben führt, fällt nicht länger unter das Gesetz von Ursache und Wirkung") mit der Verwandlung in einen Fuchs bestraft wird, und zum anderen der Tang-zeitliche Bai-zhang ihn durch die Aufforderung erlöst, das Dasein in der Welt der Erscheinungen durchaus nicht zu missachten („Wer sich von aller Anhaftung befreit hat, unterschlägt dennoch das Gesetz von Ursache und Wirkung nicht!"). Und dann soll der Bai-zhang des jetzigen Weltalters, also der Tang-zeitliche Bai-zhang, auch noch den Leichnam jenes dank seines Wende-Wortes vom früheren Bai-zhang tot abgefallenen Fuchses aufgespürt und mit dem vollen Pomp eines Abtsbegräbnisses bestattet haben!

Nun also das **Beispiel** des gegenwärtigen »Öffentlichen Aushangs«. Den dort porträtierten Mönch können wir durchaus als einen gewieften Kämpfer anerkennen – eine Einschätzung, die im Übrigen auch von Xue-dou geteilt wird, der ihm in der letzten Zeile seines Lobgesangs außergewöhnlichen Mut attestiert: *„Kommt einer daher [und] zupft an den Barthaaren [eines] Tigers!"* – allerdings einen Mut, der sich übernimmt, weshalb Xue-dou hinzufügt, dieser Anblick reize ihn schlechterdings zum Lachen. Womit aber *zupft* der Mönch den *Tiger* Bai-zhang an den *Barthaaren*? Nun, er geht höchst geschickt vor; er fragt nicht: „Was ist mit Buddha?", auch nicht: „Was ist mit dem »wirklichen und genauen Großen Sinn der Buddha-Lehre«?", auch nicht: „Was ist mit dem »Sinn des Kommens aus dem Westen«?"; ebenso wenig fragt er nach dem Schweigen, mit dem Buddha Shâkyamuni bei seiner letzten Lehrrede auf dem Geierberg seinen Zuhörern nur eine weiße Blüte entgegengestreckt hat, oder nach dem Geheimnis der Übertragung von Herz zu Herz, die von jener Szene ihren Ausgang genommen hat. Stattdessen rückt der Mönch Bai-zhang mit der eher unbestimmten Frage zu Leibe: *„Was ist mit der [alles] überragenden Angelegenheit?"* Die Unbestimmtheit dieser Frage erlaubt es ihm für den Fall, dass Bai-zhang eine ernsthafte Antwort versucht, jede nur mögliche Entgegnung mit dem Einwand zu konterkarieren: „Danach habe ich gar nicht gefragt!" Immerhin aber zielt die Frage des Mönchs auf mehr als bloß eine Belanglosigkeit; er hat sehr wohl schon Großes und Großartiges im Sinn.

Bai-zhang jedoch unterläuft die Absicht des Mönchs, und zwar auf doppelte Weise: *„[Ganz] allein auf dem Berg des Großen Helden sitzen!"* Nur dazusitzen, wenn auch in Versenkung, ist für einen Chan-Mönch platteste Alltäglichkeit und damit das genaue Gegenteil zu allem Großen und Großartigen. Großartiges aber hat über seine in ihm selbst liegende Bedeutsamkeit hinaus stets noch einen zweiten, einen spektakulären Aspekt, den nämlich, die Aufmerksamkeit anderer auf sich zu ziehen. Nicht nur einfach in Versenkung dazusitzen, sondern das auch noch *[ganz] allein* zu tun, läuft jedoch darauf hinaus, dass niemand zuschaut, dass der *[ganz] allein* Dasitzende mit niemandes Aufmerksamkeit rechnen kann. *[Ganz] allein auf dem Berg des Großen Helden zu sitzen* bedeutet also den bewussten Verzicht auf öffentliche Aufmerksamkeit, auf Bewunderung und Ruhm; es schließt im Gegenteil die Entscheidung zur Selbstgenügsamkeit ein, zu einer Bescheidenheit, die im gänzlich Unspektakulären ihre

tauglichen Instruments spiritueller Übung sich keineswegs gegenseitig im Wege stehen: Das eine schließt das andere nicht aus!

Erfüllung findet. Vor allem aber atmet dieses Ideal des Sich-Selbst-Genügens den Geist das DAO, der uns ein Leben der Einfachheit, des Selbstverständlichen und Unprätentiösen anempfiehlt. – Der Mönch sieht sich durch Bai-zhangs unerwaretete Wendung (Xue-dou spricht im **Lobgesang** davon, Bai-zhang *tolle herum* wie ein *Fohlen* auf der *Patriarchen*-Weide) ganz und gar entwaffnet, und so rettet er sich in die Ausflucht, sich zum Schein, um seine Niederlage zu vertuschen, *in* anerkennender *Verehrung zu verbeugen* – so als habe er seitens Bai-zhangs nicht nur eine Belehrung empfangen, sondern sie auch tatsächlich verstanden. Bai-zhang jedoch durchschaut noch dieses Manöver und *versetzt* dem Mönch *auf der Stelle einen* abschließenden *Schlag*. Bai-zhangs *„Belehren, [sein] Ausbreiten* – die Antwort – *und [sein] Einrollen* – der Schlag – *gehen ihren eigenen Weg!*", so lautet Xue-dous lobender Kommentar dazu. Doch auch für den Mönch, dem er ja den allzu selbstgewissen Mut attestiert, einem *Tiger* an die *Barthaare* gegangen zu sein, hat Xue-dou – laut Yüan-wu, der die beiden letzten Zeilen des Lobgesangs als auf den Mönch gemünzt verstanden wissen will – immerhin noch ein gutes Wort: dass er *im Licht des Blitzes, im Funkensprühen* der Reaktion Bai-zhangs immerhin *die Wendigkeit* [der spirituellen] *Kraft bewahrt*, seine Niederlage mit der Finte einer *verehrenden Verbeugung* zu bemänteln.

Wie aber soll das Fazit lauten, wenn wir denn nach allem Bisherigen noch eines formulieren wollen? Nun, umgangssprachlich ausgedrückt: „Komm 'runter auf den Teppich!", und in einem eher elaborierteren Code etwa so: Das hiesige Beispiel trägt in der Tat die Züge einer für das Song-zeitliche Chan typischen »Bilderstürmerei«. Statt Erwartungen zu fördern, die auf Außergewöhnliches abzielen (die *[alles] überragende Angelegenheit* des Mönchs), haben die Chan-Meister, die sich dieses nachträglich Bai-zhang zugeschriebenen *encounter dialogue* bedient haben, ihre Schüler darauf hinweisen wollen, dass sie am Ende der Versenkungsübung ein Leben in den Bahnen der Alltäglichkeit erwartet; dass davon, eine hochgemute, überschwängliche Buddhaschaft zu erreichen, eine Befindlichkeit, die sie wie in Himmelshöhen über die Niederungen des irdischen Daseins dahinschreiten lässt, keine Rede sein kann; ja dass überhaupt Buddhaschaft kein Ziel sein kann, das es anzustreben gilt. Einfach in Versenkungs dazusitzen, einfach die sonstigen täglichen Verrichtungen auszuführen, ohne nach einem Mehr zu trachten, nach einem Lohn, einem Glück, das darüber hinausgeht – das macht die Vollendung eines befreiten Lebens aus, befreit noch von hochtrabenden, aber irrigen Erwartungen. In der Bejahung des Alltäglichen und Schlichten, in der Bescheidung auf das, was die Einfachheit des Alltags von uns fordert und zugleich uns bietet, liegt unsere Erfüllung. Das ist vom Geist des DAO durchtränktes Song-zeitliches Chan, eine gleichwohl spirituelle Ausrichtung, die uns angesichts unserer Jagd nach immer neuen, immer hybrideren Reizen und Genüssen auch heute noch und heute erst recht nottut.

27. Yun-mens „Goldener Wind“

Ankündigung

Nach einer Sache befragt, gibt [er] zehn zur Antwort; die eine Ecke erwähnt, stellt [er] die drei [anderen] klar vor Augen.[317] Kaum dass [er] den Hasen gesehen hat, lässt [er] den Falken los; je nach dem Wind entfacht [er] das Feuer. Und schont dabei nicht seine Augenbrauen![318] Deshalb ergibt sich auch [die Frage]: Wenn [du] tief in die Höhle des Tigers eindringst, was dann? – Versucht es doch mal mit dem, [was Xue-dou hier] vorbringt!

Beispiel

Ein Mönch fragte Yun-men: „Wenn die Bäume welken und das Laub zu Boden fällt, was ist dann?“
Yun-men sagte: „[Seinen] Körper entblößt der Goldene Wind!“[319]

Lobgesang

Schon die Frage birgt [den Geist unseres] Ahnherrn,
Und mit der Antwort steht es gerade ebenso:
Drei Sätze lassen sich daran wohl unterscheiden,
[Mag auch] nur ein Pfeil [in den] fernen Himmel [steigen]![320]

---

317 Dieser zweite Satz, bestehend aus der schon wiederholt angetroffenen Formel *ju yi san ming*, wörtlich: „Die eine [Ecke] erwähnt, sich zugleich über die drei [anderen] im Klaren sein“), zusammen mit dem voraufgehenden Satz eindeutig als Lob für Yun-men gedacht, verlangt im hiesigen Zusammenhang eine von der wörtlichen Bedeutung abweichende Übersetzung: Es geht nicht um Yun-mens eigene schnelle Auffassungsgabe, sondern darum, dass er, analog zu der Aussage des ersten Satzes, mit einer einzigen Antwort, nämlich seinem knappen: „Seinen Körper entblößt der goldene Wind!“ die Sache, die hier in Rede steht, auf gleich dreifache Weise klärt. Entsprechend formuliert Xue-dou im Lobgesang: *„Drei Sätze lassen sich daran* (an Yun-mens einer Antwort) *wohl unterscheiden!“*

318 Er – gemeint ist Yun-men – ist durchaus bereit, alles auf einmal preiszugeben und dafür mit dem Verlust seiner Augenbrauen bestraft zu werden.

319 Im chinesischen Original besteht dieser Satz aus vier Schriftzeichen: *ti* („Körper“, „Gestalt“, „Wesen“) *lou* („entblößen“, „zeigen“, „aufdecken“) *jin* („golden“) *feng* („Wind“). Die obige Übersetzung stellt einen Satz mit inverser Wortstellung dar, was im Deutschen zu keinen Verständnisschwierigkeiten führt, weil die Kasusendungen „seinen“ und „der“ eindeutig festlegen, was hier Subjekt und was Objekt ist. Anders im Chinesischen, das weder bestimmte noch unbestimmte Artikel, weder Singular- noch Plural- noch Kasus-Endungen kennt, wohl aber eine Standard-Wortstellung (Subjekt – Prädikt – Objekt) sowie Formen der Inversion, etwa das sog. vorgezogene Objekt (Subjekt – Objekt – Prädikat) oder die Umkehrung: Prädikat – Subjekt. Der chinesische Satz *ti lou jin feng* kann daher, bei doppelter Inversion (Objekt – Prädikat – Subjekt) durchaus die Bedeutung haben, die die obige Übersetzung uns vermittelt; er kann aber, und zwar nach der Standard-Wortstellung, auch wie folgt übersetzt werden: „Der Körper/das Wesen zeigt/enthüllt den goldenen Wind“! Das hat nicht unerhebliche Auswirkungen für das Verständnis dieses Kôan – vgl. die folgende Fußnote.

320 *Drei Sätze*: Da ist zunächst einmal die wörtliche Bedeutung der Antwort Yun-mens; zweitens die metaphorische Bedeutung, dass sich hinter der bunten Welt der Erscheinungen die Shûnyatâ, die Leere, als deren „wahre Wirklichkeit“ auftut; und drittens – unter Berücksichtigung der Standard-Wortstellung: Subjekt – Prädikat – Objekt und der daraus resultierenden Übersetzung: „Der Körper/

Weites, ödes Grasland: Kalter Wind stürmt darüber hin!
Weitgespannter Himmel: Sprühregen ab und zu!
Mein Herr, verstehen {Sie] denn nicht?!
Lange hat er am Shao-lin gesessen, ist nicht heimgekehrt – der Fremde!
Friedlich vertrauend auf den rundum dichten Wald am Bärenohren-[Berg]![321]

Dass hier – wie dem Anschein zuwider frei von Heldenverehrung gesagt sei – ein Meisterstück des großen **Yun-men** (864-949) vorliegt, verrät mit ihren Übertreibungen sogleich die **Ankündigung**: *Nach einer Sache befragt*, der Bedeutung des Herbstes, *gibt er zehn zur Antwort*, und es sind doch nur zwei: „Der Goldene Wind entblößt [seinen] Körper" und „Der Körper enthüllt den Goldenen Wind". Auf den einen Aspekt (*die eine Ecke*) angesprochen, heißt das, weist er auf die Ergänzung und Abrundung (*die drei anderen* Ecken) durch sein Gegenstück hin. *Dem Wind* entsprechend, der uns aus der Frage des Mönchs entgegenweht, *entfacht er* ein riesiges *Feuer*, verrät er gleich alles auf einmal, *schont seine Augenbrauen nicht*. Und das wiederum besagt: Alles, was das Chan uns zu lehren hat, ist in diesen vier Worten Yun-mens enthalten: *Ti lou jin feng*: Derselbe Körper, der hinter dem Goldenen Wind zu Tage tritt, enthüllt eben diesen Goldenen Wind, entrollt ihn wie eine Fahne der Farben, die sich von einem Horizont zum anderen schwingt. – Wer sich in die *Höhle* dieses *Tigers* Yun-men hineinwagt, kommt nicht ungeschoren wieder heraus: Er muss einen Tod erleiden, der ihn – wie es Zhao-zhou von sich selbst bekennt – überhaupt erst zum wahren Leben befähigt.

Merkwürdig die Formulierung, die der Mönch des **Beispiels** seiner Frage gibt: Bäume *welken* doch nicht im Herbst, sie verfärben sich (wie auch Gundert übersetzt), und das ist das genaue Gegenteil eines Verwelkens: Hier die Farbenpracht des Herbstlaubs, in Rot und Gelb und Ocker, und dort das bräunliche Verblassen, wie es sich etwa an einem vom Sturm entwurzelten Baum bereits im Frühjahr oder an dem vorzeitig abgefallenen Laub eines trockenen Sommers zeigen kann. Mit der Formulierung von *welkenden Bäumen* unterschlägt der Mönch die herbstliche Farbenpracht und hat es ausschließlich auf das Kahlwerden der Bäume abgesehen, wenn der *kalte Wind*, der – wie es im **Lobgesang** heißt – über das *weite Ödland dahinstürmt*, die kraftlosen, aber noch leuchtenden Blätter über den Boden verstreut, wo sie in der Tat ihre Farbe verlieren und, zu eintönig-schmutzigem Braun verurteilt, allmählich vermodern. Diese Einengung des Herbstes aufs Verwelken und Verwesen, auf die kahle Starrheit der Bäume vor wolkenverhangenem, düsterem Himmel, hat natürlich ihren Zweck: Sie evoziert eine Stimmung des Loslassens, der Abwendung von der bunten Vielfalt der Erscheinungswelt und der Einübung in die Eintönigkeit und Leere der Shûnyatâ! Und

---

das Wesen zeigt/enthüllt den goldenen Wind" – die indirekte Aufforderung, nicht um des Einen, der kahlen und kalten Kargheit der Shûnyatâ willen das Andere, die Farbenpracht der Erscheinungen und damit die irdische Welt überhaupt, ein für allemal preiszugeben. – Diese *drei Sätze* entsprechen in etwa den drei Anforderungen, die Yun-men von jeder seiner Antworten erfüllt sehen möchte und auf die der Verfasser in seinen Erläuterungen ausdrücklichen Bezug nimmt.

321 *Bärenohren-Berg* – so hieß der Berg in der Nähe des *Shao-lin*-Klosters, auf dem Bodhidharma, der »wandanstarrende Brahmane«, angeblich 9 Jahre lang vor einer Felswand gesessen und sich in der Versenkung geübt hat.

eben darauf verweist Xue-dou in der Eingangszeile seines **Lobgesangs**: *Schon die Frage* – des Mönchs, versteht sich – *birgt [den Geist unseres] Ahnherrn*, keines anderen als Bodhidharma, der mit seinem Beispiel eines angeblich neunjährigen Versenkungsmarathons *auf dem Bärenohren-[Berg]* seinen Schülern und allen späteren Anhängern des Chan-/Zen-Weges das Absterben als vorrangige Übung hinterlassen hat: „In seinen Händen bewahrt er den richtigen Befehl", heißt es von ihm gleich zweimal im späteren *Cong-rong-lu*.

Die Antwort Yun-mens ist von großer Wucht: *„[Seinen] Körper entblößt der Goldene Wind!"* Klar, *golden* ist dieser Wind, weil er uns mit der überwiegend gelben und roten Farbenpracht des Herbstes beschenkt. Das ist der Oktober-Wind, der den Bäumen in die noch vollen Wipfel greift und uns mit dem Rauschen ihres leuchtenden Blattwerks beglückt – hierzulande spricht man ja nicht zufällig vom »Goldenen Oktober«! Das ist das genaue Gegenteil des Zustands, den der Mönch beschwört: dass nämlich die Bäume, nachdem sie all ihr Laub verloren haben, mit kahlen Ästen und Zweigen gegen einen dunklen, regenschwangeren Himmel ragen; dass – so der **Lobgesang** – ein nunmehr *kalter Wind* über das *weite Ödland* dahinbraust oder, statt des heftigen Windes, unter *weitgespanntem Himmel Sprühregen*-Schauer die Luft erfüllen. Und diese Düsternis soll nun – mit Yun-men – der *Körper* sein, den der *Goldene Wind entblößt*, anders gesagt, sein „wahres Wesen", sein „wahres Gesicht"? Das aber hieße ja, dass die Farbenpracht des Oktobers nur eine Täuschung ist, eine Vortäuschung, ein Betrug, und nicht ebenso wahr und echt wie die Melancholie regnerischer November-Tage! Nein, im Oktober ist das geradezu glühende Leuchten der Wälder ebenso das „wahre Gesicht" der Natur wie im Spätherbst die von Regen oder Nebel geschwärzte Kahlheit der Bäume!

Yun-mens *Entblößung des Körpers* meint jedoch etwas anderes: Dass sich da hinter der Farbenpracht des Herbstes (und die steht stellvertretend für die Farbenpracht der Welt insgesamt) etwas geradezu Gegenteiliges auftut, das bis dahin von dem *goldenen* Leuchten der Bäume verdeckt und verhüllt war; dass diese *goldene* Hülle keine Hülle um nichts ist, sondern durchaus einen stützenden *Körper* hat, dem sie wie ein Kleid, gar ein passendes, aufsitzt! Wirklich wie ein passendes? Denn das hieße ja, dass umgekehrt der *Körper* erst in der Verhüllung durch den *Goldenen Wind* sich selbst zur Geltung bringt – in der Schönheit und Farbenpracht der Welt! Und indem er sich so verhüllt, bringt er zugleich den *Goldenen Wind* überhaupt erst zum Vorschein, schwingt ihn wie eine Fahne der Freude von Horizont zu Horizont! Läuft das nicht schon auf den anderen Satz hinaus, auf das *ti lou jin feng* als „Der Körper enthüllt den Goldenen Wind!"?

Gehen wir die Sache noch einmal von vorne durch: Yun-mens Antworten, so sagte man in den Chan-Kreisen des Song-zeitlichen China, hatten stets dreierlei Anforderungen zu erfüllen: Sie sollen der an ihn gerichteten Frage so genau entsprechen, „wie der Deckel auf die Dose passt"; sie sollen wie ein Schwert sein, das alle Verblendung, alles dualistische Denken aufseiten des Fragestellers abschneidet; und sie sollen sich dem jeweiligen Bewusstseinszustand seines Gegenübers anschließen, „wie eine Welle der anderen folgt". Dass zumal die letzte dieser drei Forderungen im hier vorliegenden Fall erfüllt ist, liegt geradezu auf der Hand: Mit seiner *Entblößung* eines *Körpers*, der sich hinter dem Goldglanz des Herbstes verbirgt, pflichtet Yun-men dem Mönch und seiner in die Form einer Frage gekleideten Einstellung rückhaltlos bei: „Ja, da ist etwas hinter dem schönen Schein der

Dinge, etwas ganz Wesentliches oder vielmehr das Wesentliche selbst sogar – das Wesen der *Zehntausend Dinge*, die Shûnyatâ!" Wie könnte es einen gelungeneren „Anschluss an den Bewusstseinszustand des Fragestellers" als den hier geleisteten geben!? Doch wie steht es mit dem „Schwert" und der „Verblendung", die ja nur eine Verblendung des Mönches sein kann und die durch die Antwort Yun-mens ein für allemal „abgeschnitten" sein soll? Gerade diesem Mönch Verblendung zu attestieren, ist, so scheint es, höchst riskant, wenn nicht sogar ausgeschlossen – wird ihm doch vonseiten Xue-dous höchstes Lob zuteil: *„Schon die Frage birgt [den Geist unseres] Ahnherrn!"* Dessen vorbildhafter Versenkungsmarathon lädt freilich zum Missverständnis förmlich ein: als Aufforderung zur Weltflucht, als Verneinung der Schönheit der Welt, zu der uns zu bekennen freilich zur »Bestimmung des Menschen« gehört. Bodhidharmas „richtigen Befehl" dergestalt als Aufforderung zum Absterben und zu nichts als Absterben verstanden zu haben, macht die – von uns zu unterstellende – Verblendung des Mönches aus (und mit der Abwertung der *Zehntausend Dinge* und der Aufwertung der Shûnyatâ zum allein Gültigen sein Verhaftet-sein in „dualistischem Denken").

Doch Bodhidharmas „richtiger Befehl" zielt letztlich auf das genaue Gegenteil von Weltflucht ab; er will gerade andersherum als Aufforderung verstanden und befolgt sein, dass wir uns in der Welt zuhause fühlen und uns in ihr bewähren. Eben darauf will auch Yun-men mit seiner – eindeutig zweideutigen – Antwort an den Mönch hinaus, weshalb der Xue-dou des **Lobgesangs** im selben Atemzug verkünden kann: *„Und mit der Antwort steht es gerade ebenso!"*, will sagen, dass auch sie nicht weniger als die Frage des Mönchs *[den Geist unseres] Ahnherrn birgt!* Und zwar ist es jetzt die zweite, konträre Bedeutung seines *ti lou jin feng*, dass nämlich *der Körper*, die Shûnyatâ, aus sich den *Goldenen Wind* entlässt, sich in ihn kleidet wie in das ihm einzig angemessene Gewand. So entpuppt sich eben das, was zunächst wie uneingeschränkte Zustimmung aussah („Ja, im herbstlichen Verwelken und Verwesen tut sich hinter der Farbenpracht der Welt etwas ganz Anderes auf, das eigentliche Wesen der *Zehntausend Dinge*, die Shûnyatâ!"), vielmehr als giftiger Stachel im Fleisch und Geist des Mönches, als das – vielleicht von ihm nicht sogleich verspürte – „Schwert", das seine „Verblendung" mitsamt seinem „dualistischen Denken", vielleicht erst in Zukunft, dann aber für immer „abschneidet": „Nein, die Shûnyatâ kann für den, der nach »Befreiung« strebt, nicht Selbstzweck, nicht das Ende seines Weges sein, sondern nur unumgänglicher Durchgang zu einem Leben in der Fülle des *Goldenen Windes*!" Und erst mit dieser so konträren wie komplementären Bedeutung seines *Ti lou jin feng* erfüllt Yun-mens Antwort Bodhidharmas „richtigen Befehl": Nicht nur *birgt* auch sie *[den Geist unseres] Ahnherrn* – das täte sie ja auch, wenn sie nichts als Zustimmung wäre – sondern zusammen mit der Frage des Mönchs und über sie hinaus benennt sie und erst sie, als deren unverzichtbare Ergänzung, das volle Vermächtnis Bodhidharmas: „Die Shûnyatâ beschenkt uns mit dem *Goldenen Wind*, der Farbenpracht der *Zehntausend Dinge*!" In ihrer Doppeldeutigkeit – als Bestätigung des Mönchs und zugleich als unerlässliche Korrektur seiner Einseitigkeit – ist Yun-mens Antwort, mit Xue-dous stolzer Metapher aus seinem **Lobgesang**, der *„eine Pfeil, [der in den] fernen Himmel [aufsteigt]!"*[322]

322 Jedem gestandenen Altphilologen muss sich da die Reminiszenz an das ebenso stolze *sublimi feriar sidera vertice* das römischen Dichters Horaz aufdrängen: »Mit meinem Scheitel werde ich hoch oben die Sterne berühren!«

Auch die dritte Anforderung, die der historische Yun-men an seine Belehrungen gestellt haben soll, ist nunmehr erfüllt: dass jede Antwort der an ihn gerichteten Frage so haargenau entspricht, „wie ein Deckel auf die Dose passt". Und auch das ist bei diesem Kôan in einem doppelten Sinne der Fall: Ein Deckel muss nicht nur passgenau sitzen; dass Yunmens Antwort eben das leistet, liegt nach allem auf der Hand. Ein Deckel verschließt auch etwas, hält es unter Verschluss; und was Yun-mens *ti lou jin feng* unter Verschluss hält, ist unsere Verzagtheit angesichts der vielfältigen Unbilden des irdischen Daseins, seiner nicht zu leugnenden dunklen Seiten; ist unser Gefühl von Einsamkeit und Verlorenheit in einer nicht nur gastlichen Welt. Der **Lobgesang** spricht von dem *„kalten Wind"*, der *„über das weite, öde Grasland dahinstürmt"*, von den Schauern feinen *„Sprühregens"*, die uns unter dem *weitgespannten*, um uns unbekümmerten *Himmel* umhüllen. *„Mein Herr, verstehen [Sie] denn nicht?!"*, wendet sich Xue-dou daraufhin so an den Mönch wie zugleich auch an jeden von uns. Doch was gibt es da zu *verstehen*? So ist es nun einmal; die Welt hat auch ihre unwirtlichen Seiten, die wir allerdings nicht zum Anlass nehmen dürfen, aus ihr in die Shûnyatâ zu entfliehen: Er *„ist nicht heimgekehrt – der Fremde"*, hält Xue-dou uns entgegen, nicht ins heimische und wärmere Indien, noch im übertragenen Sinne heim in die Shûnyatâ! Denn ein Fremder ist der indische Fürstensohn Bodhidharma im kälteren, ungastlicheren China unleugbar gewesen, wie auch wir Fremdlinge sind in einer Welt, die uns – mit ihrem anderen Gesicht, der »gebrechlichen Einrichtung« der Dinge – nicht gerade als ein Ort unverbrüchlicher Geborgenheit entgegentritt; und dem Beispiel Bodhidharmas folgend können wir durch unsere Versenkungsübung uns selbst in den Stand versetzen, unangefochten auch dann in ihr auszuharren, wenn sie uns das andere Gesicht ihres »Januskopfes« zeigt. Und in der Tat, die Einübung in die Shûnyatâ verhilft uns dazu, dass wir, ins Hiesige zurückgekehrt, auch in einer Welt herbstlicher Unwirtlichkeit ein glückliches, ein „spielerisch-vergnügliches" Leben führen können – ein Leben wie verklärt durch die Farbenpracht, die der *Goldene Wind* den *Zehntausend Dingen* verleiht: Für den, der sich – wie Bodhidharma in *„friedlichem Vertrauen auf den rundum dichten Wald am Bärenohren-[Berg]"* – fest in der Shûnyatâ gegründet weiß, besteht ja – wie es im Chan/Zen geradezu sprichwörtlich heißt – das »Reine Land« bereits hier und jetzt.

Ontologisch gesehen – so lautet das Fazit Yun-mens wie Xue-dous – lässt die Shûnyatâ die bunte und leuchtende Vielfalt der *Zehntausend Dinge* aus sich hervorgehen, und soteriologisch („heilsbezogen") verstanden hält sie dem in ihr Gegründeten ein Leben wie in der überschwänglichen Pracht eines »Goldenen Herbstes« bereit.

• Ontologisch gesehen wäre überdies, sozusagen im Vorgriff auf spätere einschlägige Bemerkungen, noch festzuhalten, dass Yun-men hier mit seinem *„Körper"* – ob nun *„der Goldene Wind [ihn] entblößt"* oder er seinerseits *„den Goldenen Wind enthüllt"* – den Grund der Welt, die Shûnyatâ, zu etwas geradezu handgreiflich Vorhandenem erklärt, wohingegen andere Texte der drei Song-zeitlichen *Gong-an*-Sammlungen wie das Kôan 51 *Bi-yan-lu* oder das Kôan 49 *Cong-rong-lu* das Vorhandensein einer solchen „wahren Wirklichkeit" mit Nachdruck abstreiten. Auf dieses Phänomen einer offenkundigen Unentschiedenheit zwischen Anerkennung und Leugnung eines tatsächlich gegebenen und obendrein unwandelbaren Dharmadhâtu wird der Verfasser bei späterer Gelegenheit noch ausführlicher eingehen. – Wir müssen uns allerdings eingestehen, dass Yun-men sich mit seinem *ti lou jin feng* einer durch und durch metaphorischen Ausdruckweise bedient, von der wir nicht wissen können, wieweit wir sie beim Wort nehmen dürfen. Andererseits greift Yun-men mit seinem *„Körper“* (*ti*) einen Terminus auf, den bereits Huang-bo einhundert Jahre zuvor ganz im Sinne des noch durchaus der Tradition verhafteten Tang-zeitlichen Chan zur Umschreibung des Dharmakâya benutzt hat. •

28. Nan-quan hat [es] nicht ausgesprochen

Ankündigung

(nicht erhalten)[323]

Beispiel

Als Nan-quan Ehrwürden Nie-pan auf dem Hundert-Klafter-Berg seine Aufwartung machte, fragte letzterer:[324] „Haben all die Weisen aus früherer Zeit noch eine Lehre gehabt, die [sie] vor den Menschen nicht ausgesprochen haben?“

Nan-quan sagte: „[Ja, die] hatten [sie]!“

Nie-pan sagte: „Und was ist die Lehre, die [sie] vor den Menschen nicht ausgesprochen haben?

Nan-quan sagte: „Es ist nicht Geist, es ist nicht Buddha, es ist nicht [sonst] ein Ding!“

Nie-pan sagte: „[Aber damit] hast [Du sie] ja ausgesprochen!“

Nan-quan sagte: „Unsereinem [ist] nur gerade so! [Und] wie [hält es denn] Ehrwürden [selbst]?“

Nie-pan sagte: „Ich bin ebenfalls nicht bewandert in der Kenntnis [der Weisen der Vergangenheit]; wie [kann ich denn da] wissen, [ob] es [etwas] gibt, das [sie] ausgesprochen haben [oder] nicht ausgesprochen haben?“

Nan-quan sagte: „Unsereiner versteht nicht!“

Nie-pan sagte: „[Und dabei] habe ich es für Dich [doch] allzu deutlich ausgesprochen!“

Lobgesang

Den Patriarchen und Buddhas [ging es] seit jeher nicht um [andere] Menschen;
Die Flickenkutten-Mönche [aber] laufen ihnen einst und jetzt um die Wette nach!
Klarer Spiegel am Gestell – alle Erscheinungen [darin sind von ihm] verschieden:
Jeder hat, nach Süden ausgerichtet, [dabei] den Großen Wagen des Nordens im Blick!
Die Deichsel des Wagens hängt [tief] herab – da ist kein Ort, [danach] zu suchen:
[Wer] mit den Fingern nach den Nasenlöchern greift, verfehlt jedoch den Mund!

---

323 Wie schon zuvor in den Kapiteln 6, 14, 18 und 26 weisen auch zu diesem Kôan weder die Standard- noch die *Ichiya*-Version (und in ihrem Gefolge die *Teihon*-Ausgabe) eine Ankündigung auf. Dieser Ausfall hier im Kôan 28 ist der fünfte Beleg für den schwerwiegenden und komplexen »Bindefehler«, der für beide Überlieferungsstränge, die Standard- und die *Ichiya*-Version, die Annahme eines gemeinsamen Vorfahren erzwingt.

324 Dass hier eine Namensverwechslung vorliegt, geht aus dem *Jing-de Chuan-deng-lu* hervor. Dort wird als Gesprächspartner Nan-quans auf dem Bai-zhang-shan, dem „Hundert-Klafter-Berg“, statt des im Verhältnis zu Nan-quan um eine Generation jüngeren Nie-pan ein gewisser Wei-zheng angeführt, wie Nan-quan gleichfalls ein Schüler Ma-zus, aber älter als der nach demselben Berg benannte und in der Chan-Überlieferung als herausragende Gestalt gefeierte Ma-zu-Schüler Bai-zhang Huai-hai, von dem das Kôan 26 gehandelt hat.

Hatte Ma-zu, der Lehrer **Nan-quans** (748-835), auf die Allerwelts-Frage: „Was ist mit Buddha?" einst geantwortet: „Geist ist Buddha!", so zeigt er sich damit noch ganz dem traditionellen Mahâyâna-Buddhismus verhaftet (oder sollte zumindest nach dem Willen der Verfasser des *Ma-zu yu-lu*, der *Aufzeichnungen der Aussprüche Ma-zus*, als ein solcher dargestellt sein). Wu-men zitiert diesen Ausspruch Ma-zus in seinem Kôan 30 *Wu-men-guan*, merkt aber – dem ikonoklastischen Chan der Song-Zeit entsprechend – in seinem Kommentar dazu an, „dass den Namen ‚Buddha' auszusprechen heißt, sich drei Tage lang den Mund ausspülen" zu müssen. Einen anderen Ausspruch Ma-zus, möglicherweise ihm nur in den Mund gelegt, eine sogar überschießende Negation des zuvor erwähnten, zitiert derselbe Wu-men hingegen zustimmend: „Es ist nicht Geist, nicht Buddha!" (Kôan 33 *Wu-men-guan*: „Wenn du in diesem Punkt Einsicht erlangen kannst, ist das Erlernen des In-Versenkung-Sitzens abgeschlossen!"). Und der Nan-quan unseres gegenwärtigen Kôan geht dann nur noch einen Schritt, einen scheinbar kleinen, in Wahrheit aber radikalen, weiter, wenn er das letzterwähnte Wort Ma-zus zu: *„Es ist nicht Geist, es ist nicht Buddha, es ist nicht [sonst] ein Ding!"* erweitert – ein Ausspruch, den auch Wu-men sich nicht hat entgehen lassen (Kôan 27 *Wu-men-guan*), bei dem er allerdings seine – wir können wohl sagen: uneingeschränkte – Zustimmung nur verkleidet in Chan-typische Ironie verrät: „Nur dieses eine gefragt, musste [Nan-quan] schon die Fühler (wir würden sagen: die Hände) nach seinem gesamten Familienbesitz ausstrecken: Legt ihm Ketten an, nicht wenige!"[325] – soll heißen: „Mit seinem einen Satz hat Nan-quan alles preisgegeben, was es überhaupt zum tiefsten Geheimnis der Buddha-Lehre zu sagen gibt!"

Hier im *Bi-yan-lu* hat Nan-quans *„Es ist nicht Geist, es ist nicht Buddha, es ist nicht [sonst] ein Ding!"* eine andere Funktion innerhalb des Textzusammenhangs als im *Wu-men-guan*; es schließt nicht wie dort einen relativ kurzen Wortwechsel ab, sondern eröffnet, gleichsam das Scharnier für den Zugang zu einem neuen Raum, eine Folge weiterer Fragen und Antworten. Der Anfang des *encounter dialogues* ist der gleiche wie im *Wu-men-guan*, nur dass Nan-quans Gesprächspartner, oder besser gesagt, sein Herausforderer einen persönlichen, wenn auch falschen Namen trägt und einen anderen Status besitzt: Auf die Frage, ob es etwas gibt, das die Buddhas und Patriarchen der Vergangenheit den Menschen nicht mitgeteilt haben, antwortet Nan-quan mit „Ja!", und auf die zwangsläufig folgende Anschlussfrage, was das denn sei, äußert er sein *„Es ist nicht Geist, es ist nicht Buddha, es ist nicht [sonst] ein Ding!"* – Was soll das heißen? Zweifellos geht es um das „wahre Wesen" der Dinge, auch die „wahre Wirklichkeit" genannt. Stand in der herkömmlichen Mahâyâna-Lehre unumstößlich fest, dass es sich bei dieser „wahren Wirklichkeit" um Buddha handelt, einen transzendenten, allen Erscheinungen gleichermaßen zugrunde liegenden Buddha (bzw. dass da in der Gestalt eines universellen Tathâgata ein überpersönlicher Buddha als das „wahre Wesen" aller Dinge gegeben ist), und dass dieser transzendente und universelle Buddha als

---

325 Zu allen drei Zitaten aus dem *Wu-men-guan* siehe: Roloff (1), S. 111, S. 128 und S. 109. Was das Zitat aus dem Kôan 33 *Wu-men-guan* angeht, so sei auf eine ähnlich geartete Formulierung: „die Aufgabe des Versenkungslernens abgeschlossen", im Kôan 46 *Cong-rong-lu* verwiesen; dort wird der Song-zeitliche Meister De-shan Yuan-ming mit dem Ausspruch zitiert: „Wenn Ihr bis ans Ende gelangt, dann habt Ihr auf der Stelle die Münder sämtlicher Buddhas der Drei Welten oben an der Wand hängen. Es gibt nur einen einzigen Menschen, der da in lautes Gelächter ausbricht! Falls Ihr diesen Menschen kennt, ist die Aufgabe Eures Versenkungslernens abgeschlossen!" – Roloff (2), S. 231.

Geist zu bestimmen ist (und umgekehrt der Geist, grundsätzlich auch der menschliche, als dieser transzendente Buddha), so verwirft Nan-quan diese Aussagen und setzt noch eins oben darauf, indem er hinzufügt: *„Es ist auch [sonst] kein Ding!“* Dieser Zusatz hat es in sich, denn er scheint zu besagen, dass die „wahre Wirklichkeit“ nicht nur weder Geist noch Buddha, sondern auch sonst nichts ist, mithin überhaupt nichts oder „reines Nichts“! So verstanden, bestimmt Nan-quan das „wahre Wesen“ der Dinge als etwas, das keinerlei Bestimmungen, Eigenschaften, Qualitäten, Merkmale an sich trägt.

Sein Herausforderer fährt ihm in die Parade: *„Aber [damit] hast [Du sie] ja ausgesprochen!“*, und zwar nicht die „wahre Wirklichkeit“, sondern die Lehre, die den Menschen bisher von den Buddhas und Patriarchen vorenthalten worden ist! Das passt nicht zu der bisherigen Interpretation des Nan-quan'schen Ausspruchs. Wenn Nie-pans bzw. Wei-zhengs Entgegnung Sinn machen soll, müssen wir Nan-quans *„Es ist nicht Geist, es ist nicht Buddha, es ist nicht [sonst] ein Ding!“* eine andere Deutung geben: Dieser Satz lässt sich auch dahin verstehen, dass das „wahre Wesen“ der Dinge durchaus Bestimmungen an sich haben mag, nur dass keine, die wir ihm zuzulegen imstande sind, tatsächlich zutrifft, kurz, dass das „wahre Wesen“ der Dinge für uns unerkennbar und nicht aussprechbar ist (eine Art *deus absconditus*, ein »verborgener Gott«). Nan-quans Ausspruch so verstanden, wird zugleich offensichtlich, dass die Buddhas und Patriarchen der Vergangenheit diesen Teil ihrer Lehre den Menschen nicht aus Missgunst verschwiegen haben, sondern weil sich über das „wahre Wesen“ der Dinge nichts aussagen läst, so radikal nichts, dass noch Nan-quans *„Es ist nicht Geist, es ist nicht Buddha, es ist nicht [sonst] ein Ding!“* die Sache verfehlt. Nie-pan/Wei-zhang hält also Nan-quan vor, einen grundsätzlichen Fehler begangen zu haben.

Nan-quan setzt sich zur Wehr und versucht, diesem Vorwurf, dieser Anschuldigung mit der Ausflucht zu entkommen: *„Unsereinem [ist] nur gerade so!“*, mit anderen Worten: „Das habe ich nur so dahingesagt; ich will es nicht als ernstgemeinte Aussage verstanden wissen, die das ‚wahre Wesen‘ der Dinge zutreffend beschreibt!“ Und dann dreht er den Spieß um: *„Wie [hält es denn] Ehrwürden [selbst]?“* Doch Nie-pan/Wei-zhang ist nicht auf den Kopf gefallen; er deutet Nan-quans Ausrede ein wenig um: „Ja, ja; Du hast nur aus Unkenntnis so reden können“, und schließt sich einfach an: *„Ich bin ebenfalls nicht bewandert in der Kenntnis [der Weisen der Vergangenheit]“*, um dann diese seine eigene Unkenntnis als hinreichende Begründung dafür anzuführen, dass er nicht *wissen [kann, ob] es [etwas] gibt, das sie ausgesprochen haben [oder] nicht ausgesprochen haben.“* Das ist ein sehr geschickter Schachzug, weil Nie-pan/Wei-zhang sich mit dieser Verschiebung vor der direkten Festlegung drücken kann, ob die „wahre Wirklichkeit“ nun zutreffende Aussagen zulässt oder nicht. Nan-quan zeigt sich von der neuen Wendung überrascht (oder tut er nur so?): *„Unsereiner versteht nicht!“*, was sein Gegenüber mit der abschließenden Bemerkung quittiert: *„[Und dabei] habe ich es für Dich [doch] allzu deutlich ausgesprochen!“* In der Tat haben wir in Nie-pans/Wei-zhangs Weigerung, sich überhaupt zu äußern, nichts anderes als eine indirekte Festlegung vor uns, die auf Zustimmung hinausläuft, nur dass sie gleichsam noch eine Umdrehung weiter geht: „Es trifft zu, dass alles, was wir über die ‚wahre Wirklichkeit‘ aussagen können, nicht zutrifft – und deshalb ist es besser, der Sache angemessener, wenn wir überhaupt nicht darüber reden, weder über die ‚wahre Wirklichkeit‘ noch darüber, ob sich über sie etwas aussagen lässt oder nicht!“

Zu einer solchen Konsequenz haben sich Philosophen und Theologen des Abendlandes nicht entschließen können. Auf das Problem, dass sich über den Grund der Dinge nichts aussagen lässt, sind auch sie immer wieder gestoßen und haben sich dabei mit unterschiedlichen Lösungen beholfen. Die reichen von der »Negativen Theologie«, derzufolge sich von Gott nur aussagen lässt, dass keine Bestimmung, die wir ihm zulegen, zutrifft, wir mithin den Grund der Dinge nur mittels Negationen umkreisen können: „Gott ist nicht dies, nicht das, nichts Drittes und Viertes!", über die Lehre vom *deus absconditus*, dem »verborgenen Gott«, der sich unserem Verstand, absichtlich oder unabsichtlich, entzieht, bis hin zu Versuchen, ihn als »das Eine« (Plotîn) oder als »Wüste und Einöde« zu bestimmen, in der »Gott nicht mehr Gott ist« (Eckhart), oder schlicht als das »Unendliche« (Nikolaus von Kues). Ein wenig zeitgenössischer formuliert heißt das: Was der „Schöpfung", dem »Urknall« vorausgeht, wir mögen es Gott nennen, schöpferische Intelliganz, Weltgeist, den großen, geheimnisvollen „Uhrmacher", der alles aufeinander abgestimmt und den Lauf der Welt bis ans Ende der Zeiten vorausgesehen hat – all diese Bestimmungen laufen ins Leere, treffen das nicht, was sie beschreiben sollen. *»Ignoramus, ignorabimus«*, bleibt da als letzte Zuflucht: „Wir wissen es nicht und wir werden es niemals wissen!"

Doch zurück zu Nan-quan und den beiden »Öffentlichen Aushängen«, in denen von seinem *„Es ist nicht Geist, es ist nicht Buddha, es ist nicht [sonst] ein Ding!"* die Rede ist. Ob der Wortwechsel, wie hier im *Bi-yan-lu*, anschließend fortgesetzt wird oder ob Nan-quans Ausspruch, wie im *Wu-men-guan*, ihn bereits abschließt, hat sehr wohl Auswirkungen auf sein Verständnis: Unterstellen wir einmal, der historische Nan-quan (748-835) habe tatsächlich eine entsprechende Äußerung getan, obendrein in einem Zusammenhang, wie wir ihn hier im Kôan 28 *Bi-yan-lu* vor uns haben, dann führt eine Fortführung des Wortwechsels wie die hiesige zu dem Ergebnis, dass keineswegs die Existenz einer „wahren Wirklichkeit" geleugnet, sondern lediglich diese „wahre Wirklichkeit" zu einem »großen X« erklärt wird: Es gibt sie, aber sie ist für uns nicht fassbar. In einem Kontext hingegen, wie ihn Wu-men durch Weglassen der Fortführung gestaltet hat, läuft Nan-quans Ausspruch auch auf eine Leugnung ihrer Existenz hinaus, rückt zumindest ganz dicht an sie heran: *„Es ist nicht Geist, es ist nicht Buddha, es ist nicht [sonst] ein Ding!"* heißt dann, dass die „wahre Wirklichkeit" überhaupt nichts ist, nicht einmal bloßes, inhaltsleeres Sein. „Wo Ihr eine ‚wahre Wirklichkeit' vermutet oder annehmt, da ist nichts!" – diese gut daoistische Feststellung ist es, zu der Wu-men das Nan-quan'sche Diktum nutzt.

Und Xue-dou, worauf will er hinaus? In seinem **Lobgesang** nimmt er die Ausgangsfrage: *„Haben all die Weisen aus früherer Zeit noch eine Lehre gehabt, die [sie] vor den Menschen nicht ausgesprochen haben?"* auf seine Weise auf: *„Den Patriarchen und Buddhas [ging es] seit jeher nicht um [andere] Menschen!"* Das klingt zum einen ganz nach: „Bodhidharmas »Kommen aus dem Westen« hat keinen Sinn!" und legt zum anderen den Schluss nahe, es sei den Buddhas und Patriarchen bei all ihrem Tun und Treiben nur um sich selbst gegangen! Doch wenn Bodhidharmas »Kommen aus dem Westen« keinen Sinn gehabt hat, dann auch keinen für ihn selbst, hat er damit also auch für sich selbst nichts erreichen wollen. Und bei den Buddhas und Patriarchen werden wir davon ausgehen dürfen, dass Xue-dou sie nicht als nur auf das eigene Wohl bezogene Egozentriker hat hinstellen wollen. Dass *es ihnen seit jeher nicht um [andere] Menschen [gegangen]* ist, kann also nur bedeuten, dass es ihnen um gar nichts gegangen ist, weil und insofern mit all ihren Belehrungen nichts zu gewinnen, nichts zu erreichen ist. Und deshalb, weil da, wie es umgangssprachlich heißt, »nichts zu holen ist«, muss das Verhalten der *Flickenkutten-Mönche, ihnen einst und jetzt um die Wette nachzulaufen*, besonders lächerlich erscheinen: Sie suchen wie der Kaiser Wu von Liang im Kôan 1 nach etwas Heiligem und Göttlichem, an dessen Glanz und Vollkommenheit sie teilhaben können, und genau das haben die Buddhas und Patriarchen nicht zu bieten, können sie nicht bieten, weil da nichts Heiliges und Göttliches ist!

Die „wahre Wirklichkeit" als etwas Heiliges und Göttliches auszugeben, wäre ebenso Betrug, wie es Betrug wäre, sie als Geist oder Buddha zu bestimmen. Worauf es Xue-dou nicht anders als Nan-quan und Nie-pan/Wei-zheng und allen Buddhas und Patriarchen ankommt, ist, dass wir uns von solchen Erwartungen und Hoffnungen wie von Trübungen unseres Geistes befreien und diesen in einen *klaren Spiegel* verwandeln, der gegenüber allem, was *[in ihm] erscheint*, zumal gegenüber trügerischen Vorstellungen, Abstand und Gelassenheit bewahrt. Doch solche *Klarheit* bedeutet keine Weltflucht, kein Sich-Abwenden von den *Zehntausend Dingen*, die ja gleichfalls zu dem gehören, was sich im „Spiegel unseres Geistes" zeigt. Im Gegenteil, so hebt Xue-dou an den beiden Protagonisten seines »Öffentlichen Aushangs« rühmend hervor, sind sie, *„jeder"* von ihnen, *„den Großen Wagen des Nordens"*, den geheimen Grund der Dinge *„im Blick, [zugleich] nach Süden ausgerichtet"*, hinein in die Welt der *Zehntausend Dinge!* Zwar formuliert Xue-dou genau andersherum, die beiden hätten, *„nach Süden ausgerichtet, [dabei] den Großen Wagen des Nordens im Blick"*, doch macht das keinen wesentlichen Unterschied. Mit ihrem Streitgespräch dem *Süden* zugewandt und in der Welt der Erscheinungen befangen, haben sie es auf *den Großen Wagen des Nordens*, das geheime Wesen der Dinge abgesehen; doch dessen *Deichsel hängt [tief] herab*, verweist sie und uns mit der Unfassbarkeit einer „wahren Wirklichkeit" zurück an die *Zehntausend Dinge*, das Einzige, dem wir Inhaltliches abgewinnen können, und die uns zugleich – *„da ist kein Ort, danach zu suchen!"* – keinen Ausblick auf das geheime Wesen der Dinge, keinen Einblick in seine innere Beschaffenheit bieten: Wenn wir in der Welt der Erscheinungen oder von ihr aus keine „wahre Wirklichkeit" entdecken können, sind wir, so sehr wir dabei *den Großen Wagen des Nordens im Blick* haben mögen, ganz an die *Zehntausend Dinge* verwiesen; sie und nur sie sind der Ort unserer Bewährung und Erfüllung; in ihnen müssen wir unser Genügen finden und können das auch – wenn wir dennoch *mit den Fingern nach* dem Höheren, *den Nasenlöchern greifen, verfehlen* wir dafür das Untere, *den Mund*, das Organ unserer Sättigung! Wir können nicht beides gleichzeitig haben, Zugang zu und Zuflucht in einer „wahren Wirklichkeit" und ein erfülltes Leben in der irdischen Welt. Ob nun *nach Süden ausgerichtet [und dabei] den Großen Wagen des Nordens im Blick* oder andersherum *den Großen Wagen des Nordens im Blick [und dabei] nach Süden ausgerichtet* – in beiden Fällen verleiht uns *der Große Wagen des Nordens*, das geheime X hinter den Dingen, Orientierung und festen Stand, ohne doch das Ziel unseres Strebens zu sein, und bietet sich uns der *Süden*, die Welt der Erscheinungen, als das Reich unserer Betätigung und Erfüllung an.

29. Da-sui zum „Kalpa-Feuer"

Ankündigung

Ein Fisch bewegt sich – und Schlamm trübt das Wasser; ein Vogel fliegt auf – und Federn fallen herab.[326] – Deutlich unterscheidet [er] Gastgeber und Gast,[327] hält Schwarz und Weiß (Priester und Laien) genau auseinander; [er] gleicht geradewegs einem klaren Spiegel auf seinem Gestell, einer glänzenden Perle auf offener Hand: Wenn Chinesen erscheinen und Tataren kommen, verrät [sie ihre] Stimme, tut [ihr] Äußeres [sie] kund. – Nun sagt mal: Warum ist das so? Versucht es doch mal mit dem, [was Xue-dou hier] vorbringt!

Beispiel

Ein Mönch fragte Da-sui: „Wenn das Kalpa-Feuer von Grund aus [auflodert] und das Weltall ganz und gar zerstört, wird [dann] – ich bin da noch unschlüssig – [auch] »dies da« zerstört oder nicht zerstört?"
Da-sui sagte: „[Es] wird [mit] zerstört!"
Der Mönch sagte: „So folgt [es] ihm also ins Entschwinden?"
Da-sui sagte: „[Ja, es] folgt ihm ins Entschwinden!"[328]

Lobgesang

Mitten im Schein des Weltenbrands stehend stellt [er seine] Grundsatz-Frage:
Ein Flickenkutten-Mönch – wie von zwei schweren Hindernissen eingesperrt!
Man kann nur Mitleid mit ihm haben – ein einziger Satz, auf den hin er sagt:
„Zehntausend Meilen bin ich armer Tropf einsam hin und her [gelaufen]!"

Es gibt ein apokryphes chinesisches Sûtra, das sich als Übersetzung aus dem Sanskrit ausgibt, vermutlich aber erst im 4. oder 5. Jahrhundert, der großen Zeit der Sûtren-Übersetzung, in China entstanden ist und zu dem sich bei Nachforschungen durch chinesische Mönche ein Sanskrit-Original in Indien nicht hat finden lassen, ein Text, dessen Titel Gundert als

---

326 Wenn in einem flachen Teich ein Karpfen beim Schwimmen den Boden berührt, oder wenn ein Plattfisch oder ein Rochen vom Meeresboden abhebt und fortschwimmt, wirbelt er Sand oder Schlamm auf; in allen drei Fällen trübt sich das Wasser! Ebenso gilt: Wenn ein Vogel sich allzu heftig in die Lüfte erhebt, kann es vorkommen, dass sich die eine oder andere Feder aus seinem Gefieder löst und herabfällt.

327 Der Verfasser entscheidet sich an dieser Stelle für die Standard- und gegen die *Ichiya*-Version; denn zu der nachfolgenden Antithese von *Priester und Laien* passt als voraufgehende Antithese *Gastgeber und Gast* besser als *Anfang und Ende*, wie die *Ichiya*- und *Teihon*-Version formulieren.

328 *„Ja, es folgt ihm ..."* – mit diesem *„ihm"* ist das Weltall gemeint. – Im *Cong-rong-lu*, das Da-suis Kalpa-Feuer in seinem Kapitel 30 abhandelt, findet sich noch folgende Fortsetzung: Ein anderer Mönch fragte Long-ji: „Wenn das Feuer am Ende eines Kalpa von Grund aus auflodert und das All der Tausend Welten ganz und gar zerstört, wird dann – ich bin da noch unschlüssig – auch »dies da« zerstört oder nicht?" Long-ji sagte: „Es wird nicht zerstört!" Der Mönch sagte: „Warum wird es nicht zerstört?" Long-ji sagte: „Weil es mit dem All der Tausend Welten untrennbar verbunden ist!" – Roloff (2), S. 153.

Sûtra der vollkommenen Erkenntnis zum Schutz des Landes unter einem gütigen König wiedergibt.[329] In diesem Sûtra ist unter anderem von den vier Kalpas der Entstehung, des Bestandes, des Untergangs und der Leere die Rede, die jedes der unendlich vielen aufeinanderfolgenden Weltgebilde durchläuft, von denen das Kalpa des Untergangs durch einen Weltenbrand gekennzeichnet ist, der – wie der Mönch des **Beispiels** zitiert – *das Weltall ganz und gar zerstört* und damit zum Kalpa der Leere überleitet, in dem nichts mehr vorhanden ist, nicht einmal ein verschwindender Rest. Das *Kalpa-Feuer* des Mönchs ist also nichts anderes als dieser Weltenbrand, das Feuer des Kalpa des Untergangs, das demgemäß auch das Feuer-Kalpa heißen könnte.

Wie wir aus Yuan-wus Kommentar zum hiesigen Kôan wissen, hat die Frage, ob mit der Welt zugleich auch »dies da« (was immer das sei; laut Yuan-wu haben schon zu seiner Zeit viele darin die „ursprüngliche Natur aller lebenden Wesen" [*zhong sheng ben-xing*] sehen wollen) im *Kalpa-Feuer* untergeht oder nicht, den Mönch des **Beispiels** so sehr beunruhigt, ja verstörrt, dass er, von **Da-sui** Fa-zhen (genaue Lebensdaten unbekannt) mit dessen düsterer Antwort ausgestattet, mit der gleichen Frage quer durch das Reich der Tang zu Tou-zi Datong (819-914) gepilgert ist, nur um sich von ihm an Da-sui zurückverweisen zu lassen, bei seiner Rückkehr jedoch vom jüngst erfolgten Ableben Da-suis zu erfahren. – Auf dieses Hin und Her spielt auch Xue-dou in seinem **Lobgesang** an, wenn er dem Mönch des Beispiels, dem *Flickenkutten-Mönch* des Lobgesangs, die Klage in den Mund legt: *„Ich armer Tropf bin"* – dieses einen Satzes wegen – *„zehntausend Meilen einsam hin und her [gelaufen]!"*

Zunächst aber die **Ankündigung**. Sie ist ganz auf Da-sui zugeschnitten und attestiert ihm die für einen Chan-Meister wichtige Fähigkeit, *Gast und Gastgeber, Priester und Laien unterscheiden* zu können und dazu zu taugen, dass sich jeder, der ihm gegenübertritt, vor seinem Auge als das enthüllt, was er tatsächlich ist – so wie sich in einem *klaren Spiegel auf seinem Gestell*, an der Oberfläche einer *glänzenden Perle auf offener Hand* die Dinge unverstellt zeigen, so wie sie sind: *Kommt ein Chinese, kommt ein Tartar, verraten* sich beide an ihrer *Stimme, tut das Äußere* den einen als Landsmann, den anderen als Fremden kund (über die kleineren und größeren Ungereimtheiten, dass eine kugelförmige Oberfläche sehr wohl optische Verzerrungen erzeugt und dass eine Stimme sich nicht im Spiegel verrät, müssen wir dabei freundlich hinwegsehen)! Da-sui, so will uns Yuan-wu von vornherein deutlich machen, verfügt über die Gabe, einem Fragesteller wie dem Mönch des Beispiels auf der Stelle anzusehen, wo ihn der Schuh drückt, und welches Mittel das richtige ist, seine Nöte zu beheben. Diese Feststellung hat für das Verständnis des Beispiels die Konsequenz, dass wir die Antwort, die Da-sui seinem Mönch erteilt, als eine pädagogische begreifen müssen, deswegen keineswegs inhaltlich falsch, aber doch so gewählt, dass sie, bei aller sachlichen Richtigkeit, dem Fragesteller aus der Falle hilft, in der er sich selbst gefangen hat.

Merkwürdig freilich der Eingangssatz, den wir ja folgerichtig als gleichfalls auf Da-sui gemünzt zu verstehen haben: *Ein Fisch bewegt sich – und Schlamm trübt das Wasser; ein Vogel fliegt auf – und Federn fallen herab.* Wenn ein Fisch beim Davonschwimmen Schlamm

329 Gundert, Bd. I, S. 485

oder Sand aufwirbelt, entzieht er sich damit unserem Blick, und nur die Trübung des Wassers verrät uns, dass da ein Fisch davongeschwommen ist; doch wohin er sich bewegt hat, bleibt uns verborgen. Ähnliches gilt für einen Vogel, der sich überraschend in die Luft erhebt; nur die herabfallenden Federn zeigen an, dass da ein Vogel aufgeflogen ist; er selbst hat sich alsbald unserem Blick entzogen. Soll das, auf Da-sui angewandt, bedeuten: Nur an der Geschicklichkeit, mit der er dem Mönch verabfolgt, was der zu seiner »Befreiung« braucht, können wir die Reife seiner verborgenen Spiritualität ermessen? Ist sein Satz, dieser *„eine [und] einzige Satz"* des Lobgesangs, der den Mönch in äußerste Bedrängnis bringt, sein *„Ja, es wird mit zerstört"*, so etwas wie eine *Trübung des Wassers*, in der sich die Raffinesse seines Vorgehens mehr verbirgt als offenbart, so etwas wie die *herabfallende Feder*, die uns verrät, dass sich da einer pfeischnell in uns unerreichbare Höhen aufgeschwungen hat?

Nun also das **Beispiel** in seinen Einzelheiten: Der Mönch nimmt den Mythos vom Kalpa-Feuer als unbezweifelbaren Bestandteil der Buddha-Lehre ganz und gar ernst. Deshalb drängt sich ihm unabweisbar die Frage auf, ob denn nicht auch »dies da« im Weltenbrand mit untergeht. Was aber will er unter diesem »Dies da« verstanden wissen, und warum ist ihm die Frage, ob auch »dies da« mit untergeht, von geradezu existentieller Bedeutung? Dass »dies da« kein Ding wie andere Dinge ist, lässt sich schon daraus ersehen, dass sich andernfalls die Frage von vornherein erübrigte. Es muss überdies etwas sein, das sich nur schwer, wenn überhaupt benennen, inhaltlich beschreiben lässt; »dies da«, das gemahnt an das DAO, von dem es im *Dao-De-Jing* heißt: „Das große Verborgene ist ohne Namen!"[330] Im Zusammenhang einer Metaphysik des Mahâyâna-Buddhismus kann aber nur ein Namenloses gemeint sein, das – analog zum DAO – zugleich jenseits der *Zehntausend Dinge* und doch – wie auch der Long-ji des Kôan 30 *Cong-rong-lu* formuliert – „untrennbar mit ihnen verbunden ist". Für dieses Namenlose kann es nur einen Kanditaten geben, und das ist in der Tat (und nicht nur nach Ansicht vieler seiner von Yuan-wu scheinbar des Irrtums geziehenen Zeitgenossen) unsere allgemeine „Buddha-Natur", die „ursprüngliche Natur aller lebenden Wesen" (*zhong sheng ben-xing*), von der eingangs bereits die Rede gewesen ist, und die ihrerseit auch als das „wahre Wesen" aller Dinge, nicht nur der lebenden, gilt. Das »Dies da« so gedeutet, wird auch verständlich, warum dem Mönch des Beispiels so viel daran liegt, sich von einem allseits anerkannten Meister wie Da-sui oder Tou-zi nicht bloß klären zu lassen, **ob** »dies da« mit dem Weltall zusammen zugrunde geht, sondern von ihnen vielmehr die Bestätigung zu erhalten, **dass** es gerade **nicht** mit untergeht! Verheißt ihm doch die Lehre des Mahâyâna, dass mit diesem »Dies da« auch er selbst in seiner „Buddha-Natur", seinem „wahren Wesen", allem Entstehen und Vergehen enthoben, ewig und unzerstörbar ist.

Da-sui versteht sofort, worauf der Mönch mit seiner scheinbar offenen Frage hinaus will. Und er will und kann ihm den gewünschten Gefallen nicht tun; denn mit seiner Frage verrät der Mönch, dass er insgeheim der „Buddha-Natur" aller Dinge doch den ontologischen Status eines Bestandteils der Welt zuerkennt, während sie ja in Wahrheit ein Jenseits der Dinge darstellt. Um den Mönch aus dieser selbstgestellten Falle zu befreien, bestätigt er ihn darin, das, was in Wahrheit jenseits aller Dinge und jenseits aller Dinglichkeit ist, für einen Bestandteil der Dingwelt zu nehmen, und verkündet ihm mit unerschütterlicher Ent-

330 Chinesisch: *da yin wu ming, Dao-De-Jing,* Text 41

schiedenheit mitten ins Gesicht: *„Ja, es wird mit zerstört!“* Der Mönch traut seinen Ohren nicht; er kann und will nicht wahrhaben, was er da gerade gehört hat, und so setzt er mit der fassungslosen Frage nach: *„So folgt [es] ihm also ins Entschwinden?“* Und Da-sui, zur Konsequenz verurteilt, bestätigt: *„[Ja, es] folgt [der Welt] ins Entschwinden!“* Wir müssen uns, um Camus' auf Sisyphos bezogene Formulierung abzuwandeln, den Mönch als einen durch und durch »zerstörten Menschen vorstellen«!

Xue-dou hält mit seinem **Lobgesang**, in den beiden Eingangszeilen, noch einen weiteren Aspekt bereit: *Mitten im Schein des Weltenbrands stehend stellt [er seine] Grundsatz-Frage: / Ein Flickenkutten-Mönch – wie von zwei schweren Hindernissen eingesperrt!* Mit seiner *Grundsatz-Frage*, heißt das, hat sich der Mönch zwischen zwei *schwer* zu überwindende *Hindernisse* eingesperrt, so dass es für ihn weder ein Vor noch ein Zurück gibt; ohne Schaden kann er weder in die eine Richtung noch in die entgegengesetzte ausbrechen: Wenn er die Antwort: *„Ja, es wird mit zerstört!“* provoziert und akzeptiert, verliert er seinen wichtigsten Trost, den Glauben an die eigene, wenn auch nicht-personale Unsterblichkeit: Auch von der allgemeinen „Buddha-Natur“, in der er seinen individuellen Tod überdauert, bleibt im Verlauf des Feuer-Kalpa nichts bestehen! Wenn er sich hingegen mit der Antwort: *„Nein, es wird nicht mit zerstört!“* abfinden müsste, bliebe ein unauflöslicher Widerspruch innerhalb des Vier-Kalpa-Kreislaufs zurück, den er doch, als unabdingbaren Teil der Buddha-Lehre, für Wahrheit zu halten gelernt hat. Da-suis Beharren auf dem Untergang auch der allgemeinen „Buddha-Natur“ aller lebenden Wesen befreit ihn zwar aus dieser Zwickmühle, doch um den Preis, dass er entweder seinen Glauben an eine zeitenthobene Existenz ohne Anfang und Ende verliert oder – über das Wesen dieser allgemeinen „Buddha-Natur“ aller lebenden Wesen, Yuan-wus *zhong sheng ben-xing*, umdenken muss.

Und damit sind wir am entscheidenden Punkt: Wenn wir »dies da«, die allgemeine „Buddha-Natur“, das „wahre Wesen“ der Dinge, als das »große X« bestimmen, das nur deshalb namenlos ist, weil unsere Erfahrungs- und Vorstellungswelt nicht daran heranreicht, das aber gleichwohl ein Etwas ist, dem eine bestimmte Eigenart oder Beschaffenheit zukommt, mithin als ein Seiendes, das sowohl **ist** als auch dies oder das ist, dann gilt von ihm, dann muss von ihm gelten, dass es im Kalpa-Feuer zusammen mit allem anderen Seienden, das sowohl **ist** als auch **etwas** ist, restlos verschwindet, so restlos, dass schließlich das Kalpa der Leere, der vollständigen Leere, anbrechen kann – aus der dann freilich, so der Mythos, irgendwann, im nächsten Kalpa der Entstehung, ein neues Weltgebilde hervorgeht. Wenn jedoch das, was der Mönch in Ermangelung eines zutreffenden Namens nur als »dies da« in menschliche Rede einbeziehen kann, gerade nicht mit zugrunde gehen soll, dann darf es nicht als ein Etwas bestimmt werden, das **ist** und Merkmale aufweist, wenn auch unbekannte; und nur als ein soches Nicht-Seiendes und Nichts-Seiendes bleibt es vom Untergang der Welt unberührt – und bleibt auch, wenn wir denn verbotenerweise hier von einem „Bestehen“ sprechen wollen, auch während des Kalpa der Leere „bestehen“, ohne sie im Mindesten anzufüllen, ohne der Vollständigkeit dieser Leere Abbruch zu tun. Das „wahre Wesen“ der Dinge, die „wahre Wirklichkeit“ wäre mithin ein X jenseits der *Zehntausend Dinge*, nicht im erkenntnistheoretischen und erst recht nicht im räumlichen Sinn, sondern im ontologischen, als ein Jenseits alldessen, was die Bezeichnung „wirklich“, „wirklich vorhanden“ verdient. Ob das den Mönch des Beispiels trösten könnte?

Wir Heutigen immerhin könnten uns damit anfreunden, wie es auch dem Verfasser ergangen ist, der daher an dieser Stelle noch einmal einen Text einrückt, den er bereits dem Kôan 30 *Cong-rong-lu* beigegeben hat:

Leer, ohne Grund,
DAO, das Nichts,
Lao-zi hat es uns
Anempfohlen als Ort
Unsrer Wiedergeburt.
»Nicht-Ort«, den es nicht gibt,
Noch den nächtlichen Schein
Weit auf mondstillem Meer.
Dennoch dorther geschieht's,
Dass ohne Wind himmelhoch
Steigen die Wogen zur Drachenflut.

Buddha-Natur,
Heißt es im Zen.
Geist nicht, Nicht-Geist nichtmal
Ist am Grunde der Welt.
Unerschrockenes Wort,
Meister-Wort: „Es vergeht!" –
Welch Erschrecken des Mönchs,
Dass im Feuer zum Schluss
Nichts mehr bleibt, das dir Halt
Gäbe, auch »dies da« nicht mehr,
Gleichwohl dir Quell deiner Zuversicht.[331]

331 Roloff (3), Text 54 – die erste Strophe paraphrasiert und radikalisiert zugleich drei Zeilen aus dem Lobgesang des Kôan 95: „Ein *Drache*, der sich schlafen legt, schaut nicht nach stehendem Gewässer! / Am *»Nicht-Ort«* gibt es *Mondschein*, sind die Wellen klar und durchsichtig, Dort, wo es Ort gibt, erheben sich die *Wogen* ganz *ohne Wind*!" Siehe dazu auch die dortigen Erläuterungen.

30. Zhao-zhous „[Große] Rettiche"

Ankündigung

(nicht erhalten)[332]

Beispiel

Ein Mönch fragte Zhao-zhou: „[Ich] habe davon reden hören, dass Ehrwürden Nan-quan noch persönlich begegnet sind. Ist das so oder nicht?"
Zhao-zhou sagte: „[Der Landstrich von] Zhen-zhou bringt große Rettiche hervor!"

Lobgesang

„[Der Landstrich von] Zhen-zhou bringt große Rettiche hervor!" –
Flickenkutten-Mönche in aller Welt haben daran ein Beispiel![333]
[Sie] kennen nur „[Wie] seit alters her, [so] von jetzt an" –
Wie unterscheiden [sie da] Schneegans-Weiß und Raben-Schwarz?[334]
Ein Dieb! Ein Dieb!
Schon hat er dem Flickenkutten-Mönch in die Nasenlöcher gegriffen!

Zum dritten Mal, nach den Kôan 2 und 9, hier wieder der „alte Buddha" **Zhao-zhou** (778-897), und wieder, wie schon beim zweiten Mal, mit einem kürzestmöglichen *encounter dialogue*: Satz 1 – die Frage des Mönchs, Satz 2 – die Antwort des Meisters. Und Schluss. Doch bevor wir uns dem Inhalt dieses Austauschs zuwenden, ein paar vorbereiende Hinweise: Zhao-zhou ist Nan-quan (748-835) nicht nur – so *en passant* – *„begegnet"*; er ist vielmehr vierzig Jahre lang, bis zum Tod des Abtes auf dem „Südquell"-Berg, sein Schüler gewesen! Er hat zum anderen seine eigene Lehrtätigkeit als Abt des Klosters von Zhao-zhou erst mehr als zwanzig Jahre später, genauer gesagt, im Jahre 858, aufgenommen und dort abermals vierzig Jahre lang, bis zu seinem Tod im Alter von unglaublichen einhundertneuzehn Jahren, fortgeführt! Und schließlich hat die Kreisstadt Zhao-zhou, von der sich sein Meister-Name herleitet, in keinem anderen Verwaltungbezirk als eben in Zhen-zhou gelegen, dem Landstrich, in dem zu seiner Zeit die anerkannt größten Rettiche des gesamten Tang-Reiches wuchsen!

---

332 Wie schon zuvor in den Kapiteln 6, 14, 18, 26 und 28 weisen auch zu diesem Kôan weder die Standard- noch die *Ichiya*-Version (und in ihrem Gefolge die *Teihon*-Ausgabe) eine Ankündigung auf. Dieser Ausfall hier im Kôan 30 ist der sechste Beleg für den schwerwiegenden und komplexen »Bindefehler«, der für beide Überlieferungsstränge, die Standard- und die *Ichiya*-Version, die Annahme eines gemeinsamen Vorfahren erzwingt.

333 Eine wörtliche Übersetzung dieser Zeile lautete: „Flickenkutten-Mönche in aller Welt empfangen [damit] ein Beispiel" bzw. „... nehmen sich [daran] ein Beispiel.", natürlich im Sinne einer Aufforderung, sich Zhao-zhous Antwort zu Herzen zu nehmen und rückhaltlos zu befolgen.

334 *Weiß und Schwarz*: In seinem Kommentar zum Beispiel des Kôan 6 *Cong-rong-lu* gibt Wan-song den Hinweis, dass die Farbe Weiß für die Welt der Erscheinungen stehen kann und die Farbe Schwarz für die „wahre Wirklichkeit" – vgl. Roloff (2), S. 37.

Soviel vorweg; und nun das **Beispiel:** In den Augen von uns Heutigen verrät der Mönch mit seiner Frage so etwas wie Unsicherheit; doch tatsächlich will er nur nicht aufdringlich erscheinen. Deshalb tut er so, als gehe es ihm um eine Beiläufigkeit; in Wahrheit zielt seine Frage mitten hinein in das Selbstverständnis Zhao-zhous, von dem wir annehmen dürfen, dass er zum Zeitpunkt dieses kurzen Wortwechsels bereits um die Hundert ist und seine Lehrjahre bei Nan-quan schon vierzig Jahre und mehr zurückliegen. Die strengen Regeln konfuzianischer Höflichkeit verbieten es dem Mönch, dem hochangesehenen Abt mit einer direkten Frage zu nahe zu treten, und deshalb das beiläufige „Ihr seid noch, heißt es, *Nan-quan begegnet; ist das so oder nicht?*" In Klartext übersetzt bedeutet diese Camouflage: „Was habt Ihr bei bei Eurem Lehrer Nan-quan gelernt? Inwieweit hat dieser alte, große Meister Euer Verständnis des Chan beeinflusst, ja bestimmt?"

Soweit entspricht der Wortwechsel durchaus den Erwartungen, die wir an ein Gespräch zwischen Mönch und Abt, zwischen Schüler und Meister richten dürfen. Doch Zhao-zhous Antwort? Auf den ersten Blick ist sie eine typische Chan-Absurdität: Sie hat mit der Frage nichts zu tun, ist, auf die Intention des Mönchs bezogen, schlechterdings sinnlos. So jedenfalls scheint es. Aber der Schein trügt. Der Nan-quan-shan oder „Südquell-Berg", auf dem Nan-quan sein Kloster gehabt hat, liegt südlich des Unterlaufs des Chang-jiang, des „Langen Stroms", einige Tausend Kilometer von Zhen-zhou entfernt! Der Mönch fragt nach der Begegnung Zhao-zous mit Nan-quan, und die kann nur auf dem „Südquell-Berg" stattgefunden haben, aber Zhao-zhou antwortet mit dem Hinweis auf wohlbekannte Fakten seiner eigenen Umgebung, fernab vom „Südquell-Berg"! Warum? Was will er damit sagen? Und zugleich fragt der Mönch auch nach der Buddha-Lehre Nan-quans, und Zhao-zhou antwortet mit einer ganz und gar irdisch-weltlichen Trivialität, der Größe von Rettichen! Wozu dieses scheinbare Ausweichen?

Bei genauerem Hinsehen stellt sich allerdings heraus: Zhao-zhou weicht gar nicht aus; er gibt vielmehr genau die Antwort, um die er mit der Frage des Mönchs gebeten worden ist: Er verrät das Geheimnis Nan-quans – und zugleich auch sein eigenes! Nan-quan – zumindest der Nan-quan, der uns in den Song-zeitlichen Texten entgegentritt – ist durch und durch dem Irdisch-Diesseitigen zugewandt und versucht, seine Mönchsschüler und Laien-Anhänger an die gleiche bejahende Zuwendung zu den *Zehntausend Dingen* heranzuführen. So ist er in dem großartigen Kôan 40 *Bi-yan-lu* / 91 *Cong-rong-lu* bemüht, den Hohen Würdenträger Lu Geng von seinen metaphysisch-mystischen Verstiegenheiten à la Seng Zhao („Himmel und Erde haben eine gemeinsame Wurzel und die Zehntausend Dinge sind ein einziger Leib!") auf die Erde herunterzuholen: „Die Menschen von heute schauen diesen Blütenstrauch hier an, als wäre er ein Traum!" Nein, heißt das, dieser Blütenstrauch hier ist gerade kein Traum; er ist beglückende Wirklichkeit; statt sich dem Irdischen liebend zuzuwenden vielmehr in den einen Leib des Dharmakâya abzutauchen läuft auf Verrat hinaus: durch Verwandlung jedes einzelnen der *Zehntausend Dinge* in bloßen Traum! Nan-quan – zumindet in der Gestalt, die ihm die Song-zeitlichen Texte auf den Leib geschrieben haben – ist der Mann, der sich selbst als Wasserbüffel gesehen hat, als dieses genügsame, arbeitswillige und strapazengewohnte Tier, das ganz in seinem leibgebundenen Leben aufgeht, zufrieden und ausdauernd, stark und schlichten Gemüts. Ja, für den Fall, dass ihm doch eine Wiedergeburt widerfährt, weiß Nan-quan sich als einen „Wasserbüffel am Fuß dieses Berges", dem sich zuzugesellen nur dem gelingt, der dabei ein Büschel Gras zwischen Lippen und Zähnen hat, also auch selbst zu einem „Wasserbüffel" geworden ist! Ein Büschel Gras und Rettiche – das ist von gleicher Art; Zhao-zhou erweist sich als gelehriger Schüler seines Lehrers Nan-quan, als treuer Bewahrer seines Vermächtnisses. Dabei geht es freilich um mehr als nur die Wahl einer Metapher; es geht um die Grundausrichtung des Chan überhaupt.

Noch zwei weitere Details sollten dafür ins Kalkül einbezogen werden: Wenn Zhao-zhou, nach seinem Aufenthalt bei Nan-quan gefragt, statt vom „Südquell-Berg" am Unterlauf des „Langen Stroms" zu sprechen, mit den „Rettichen von Zhen-zhou" eine Metapher wählt, die sich auf den Landstrich seines eigenen Klosters bezieht, so folgt er auch darin Nan-quan. Denn der beschwört ja gleichfalls – und immer wieder – die Hinwendung zum Hier und Jetzt, schon durch seine Selbstcharakterisierung als Wasserbüffel, dieses Tier, das, so ganz eingesenkt in die ihm auferlegten Verrichtungen, seinen Blick kaum über den Rand des Reisfeldes, über die Gatter seines Stalls hinaus auf fernab Liegendes richtet, oder wenn er etwa seinem hohen Gast und Gönner Lu Geng mit einem Fingerzeig auf den Päonienstrauch draußen vor der Veranda, in der er ihn mit Tee bewirtet, die Schönheit dieser hier und jetzt sich darbietenden Blütenpracht ans Herz legt.

Das andere Detail ist die erstaunliche Größe der Rettiche, die Zhao-zhou hervorhebt. *„Große Rettiche"*, das heißt doch, dass die Erde, auf der wir leben, uns großzügig mit dem versorgt, was wir zum Leben brauchen; wir können uns hier auf Erden zuhause fühlen, sie ist uns alles andere als abweisend und feindlich gesinnt. Genau das gilt auch schon und erst recht für Nan-quans Wasserbüffel, der gleichfalls keinen Grund hat, die Welt, in der er lebt, mit ihren Wassertümpeln, Flussläufen, reichlichem Angebot an Gräsern aller Art als Ort der Feindseligkeit und des Unheils zu empfinden. Es liegt viel »Urvertrauen« in das Walten des DAO sowohl in Nan-quans Charakterisierung seiner selbst als auch in Zhao-zhous Eingeständnis dessen, was ihm die *„Begegnung"* mit Nan-quan nach wie vor bedeutet.

Das alles weist uns in ein und dieselbe Richtung: Die Buddha-Lehre, wie sie das Song-zeitliche Chan vertritt, hat nicht Entsagung, Weltverneinung, Flucht zum Ziel; sie verkündet das »Hohe Lied« der *Zehntausend Dinge*, unserer Zuwendung zu ihnen, unseres Eingebettet-Seins in die Ordnung des DAO. Freilich eines besonderen, nicht-alltäglichen Eingebettet-Seins, das ganz den Geist selbstverständlicher Alltäglichkeit atmet, dabei frei ist von nagenden Zweifeln und Ängsten, zumal der vor dem Tod, von Gefühlen der Leerheit und Sinnlosigkeit, von immer neuen Grübeleien und der Unrast der Unzufriedenheit. So lautet die Botschaft, die Zhao-zhou von Nan-quan empfangen hat und die er mit seiner scheinbar absurden Antwort an den suchenden Mönch weiterreicht.

Und wie sieht Xue-dou die Sache? Sein **Lobgesang** setzt damit ein, dass er schlicht und einfach Zhao-zhous Antwort zitiert: *„[Der Landstrich von] Zhen-zhou bringt große Rettiche hervor!"* Yuan-wu würde in einem solchen Falle sagen: „Damit hat er, Xue-dou, bereits eine erschöpfende Erklärung des Beispiels vorgelegt!" Und Yuan-wu hätte mit einem dertigen Kommentar sogar völlig recht, zumal Xue-dou seinem Zitat noch hinzufügt: *„Flickenkutten-Mönche in aller Welt [mögen sich] daran ein Beispiel [nehmen]!"* Denn das heißt ja klipp und klar: Zhao-zhous Hinweis auf die Rettiche ist etwas anderes, ist mehr als die bloße Feststellung einer – im Kontext der herkömmlichen Buddha-Lehre bedeutungslosen – Tatsache; es ist eine Auffoderung, der herkömmlichen Buddha-Lehre einen neuen Sinn abzugewinnen! Eine solche Aufforderung ist umso nötiger gewesen, als vermutlich die meisten Mönche – und in den damaligen Chan-Klöstern hielten sich während der Zeiten ihrer »Wolken und Wasser«-Wanderschaft auch Mönche anderer Richtungen des chinesischen Buddhismus auf – einer traditionalistischen Auffassung anhingen, der gemäß, was *seit alters her* galt, auch *von jetzt an* unverändert weiter zu gelten hat. Xue-dou verwirft diese Einstellung: *„Wie [können] sie da das Weiß der Schneeganz und das Schwarz des Raben unterscheiden?“*, lautet seine rhetorische Frage, und ihrer kryptischen Metaphorik entkleidet, besagt sie: Für solche Mönche gibt es keinen Unterschied zwischen einem Dasein hier in der Welt der *Zehntausend Dinge*, vertreten durch die Farbe *Weiß*, und dem Eintauchen und Aufgehen in der Leere der „wahren Wirklichkeit“, vertreten durch das *Schwarz des Raben*: Ihr Dasein hier in der Welt, heißt das, hat nichts anderes zu sein als eine allmähliche und fortwährende Annäherung an den endgültigen Eintritt und Übertritt in das Reich der „wahren Wirklichkeit“, den Dharmadhâtu. Die irdische Welt hat dabei in ihren Augen kein eigenes Recht, sie kann vor der „wahren Wirklichkeit“ nicht bestehen; Sicherheit und dauerhaften Frieden gewährt allein das Nirvâna, das freilich Entsagung und Verzicht, Absterben und Auslöschung von uns verlangt. Wäre es so, dann verdienten allerdings die *großen Rettiche von Zhen-zhou* keinen auch nur flüchtigen Blick, nicht einmal den allergeringsten Seitenblick! So aber, will Xue-dou uns sagen, wie Zao-zhou die Frage des Mönches kontert (denn er weiß sehr wohl, was der Mönch von ihm will, erteilt ihm aber einen genau gegenteiligen Bescheid), entreißt er ihm und seinesgleichen das liebgewordene Festhalten am Alten: *„Ein Dieb! Ein Dieb“*, kommentiert das Xue-dou und stellt den Mönch zudem als jemanden hin, der zu seinem Glück gezwungen werden muss: *„Schon hat er, [Zhao-zhou], dem Flickenkutten-Mönch in die Nasenlöcher gegriffen“* – und kann ihn nunmehr zerren und ziehen, wohin er will!

Beugen auch wir Heutigen uns staunend über die *großen Rettiche von Zhen-zhou*! Und bedenken wir dabei: Sie verdanken ihre Größe keiner Genmanipulation; ihre Größe und ihr zu vermutender Wohlgeschmack sind ein Geschenk der »Mutter Erde«, wie sie sich auch hierzulande als *alma mater*, als „nährende“, auf unser Gedeihen bedachte „Mutter“ erwiese, ließen wir sie nur – statt sie, in globalem Maßstab, aus den Fugen zu bringen!

31. Ma-gu schüttelt die zinnernen [Ringe am Klingelstab]

Ankündigung

Sobald [du dich] regst, erscheinen Abbilder; sobald [du] wahrnimmst, entsteht Eis.[335] Wolltest [du dich] aber nicht regen und nicht wahrnehmen, kannst [du] dennoch nicht vermeiden, in die Höhle eines wilden Fuchses zu geraten. Wenn [du] aber hindurchgedrungen bist, uneingeschränktes Vertrauen gewonnen hast und kein noch so feines Härchen [dir] den Blick behindert,[336] dann bist [du] wie ein Drache, der ins Wasser findet, wie ein Tiger, der sich einem Berghang anvertraut.[337] Lass los, und noch der Scherben eines Dachziegels bringt Licht hervor;[338] halte fest, und selbst reines Gold verliert seinen Glanz.

Die »Öffentlichen Aushänge« der Alten haben nicht umhin gekonnt, [das, worum es jeweils geht,] vollständig zu verdecken. – Nun sagt mal: Was hier und jetzt besprochen wird, welche Angelegenheit ist das?[339]

Beispiel

Ma-gu kam, [den Klingelstab mit den] zinnernen [Ringen] in der Hand,[340] zu Zhang-jing, umkreiste dreimal seinen Klappstuhl,[341] schüttelte einmal die zinnernen [Ringe am Klingelstab] und blieb hoch aufgereckt [vor ihm] stehen.
Zhang-jing sagte: „Recht so, recht so!"

(*Der Meister bemerkt dazu: „Irrtum!"*)

---

335 Gemeint ist: Der kontinuierliche Strom der Wahrnehmungen erstarrt zu festen und diskreten Formen.

336 Eine wörtliche Übersetzung des letzten Teils des Konditionalsatzes müsste lauten: „[und wenn] es nicht den hindernden Grauen Star (bzw. den Grauen Star der Behinderung) eines einzigen feinen Härchens gibt".

337 Diesen Vergleich hat Yuan-wu wortwörtlich schon einmal verwendet: in seiner Ankündigung zum Kôan 8.

338 Dachziegel waren häufig glasiert und konnten deshalb Licht reflektieren.

339 In der Standard-Version lautet dieser Satz: „Die Angelegenheit welcher Seite wird [hier] besprochen?" – wobei mit den „Seiten" vermutlich, wie eine ähnliche Formulierung im Kôan 96 *Cong-rong-lu* nahelegt, die „Seite der Einfarbigkeit" oder Einheit, auf deutsch, der Shûnyatâ, sowie die konträre „Seite der Vielfalt und Vielfarbigkeit", kurz, der Erscheinungen gemeint sind. Diese Gegenüberstellung zweier „Seiten" bedeutet allerdings im Vergleich zu der offenen Formulierung der *Ichiya*-Version eine starke thematische Einengung. In der Standard-Version folgt noch die Überleitungsfloskel: „Schau dir dazu doch das Folgende mal an!"

340 *Klingelstab* – ein Stab für Bettelmönche, an dessen Aufsatz zwölf große metallene Ringe hingen, und zwar, wie das entsprechende Schriftzeichen verrät, aus *Zinn*; Ringe, die beim Schütteln einen helles Klingeln erzeugten. Dieses schrille Geräusch diente einerseits dazu, giftige Schlangen oder anderes Getier aus dem Weg zu scheuchen bzw. in angemessener Entfernung zu halten. Andererseits meldete ein kräftiges Schütteln des Stabes den Hausbewohnern in Stadt und Land das Nahen eines Mönchs, so dass, wer mochte, etwas Reis für dessen Bettelschale bereithalten konnte. Nicht zuletzt war der Stab auch als Stütze dienlich.

341 Dabei handelt es sich um einen leichten Stuhl, dessen Sitzfläche aus geflochtenen Kordeln bestand und der sich ganz einfach zusammenklappen ließ. – Sowohl die Standard-Version als auch das *Cong-rong-lu*, das eben dieses Kôan als Kapitel 16 anführt, bieten an dieser Stelle statt *Klappstuhl* vielmehr „Versenkungssitz", was jedoch nicht zu der im Beispiel beschriebenen Situation passt: Der Versen-

Ma-gu kam auch zu Nan-quan, umkreiste dreimal [auch dessen] Klappstuhl, schüttelte einmal die zinnernen [Ringe am Klingelstab] und blieb hoch aufgereckt [vor ihm] stehen.
Nan-quan sagte: „Falsch, falsch!"

(Der Meister bemerkt dazu: „Irrtum!")

Ma-gu sagte darauf: „Zhang-jing hat gesagt: ‚Recht so!' – warum sagen dann Ehrwürden: ‚Falsch!'?"
Nan-quan sagte: „Selbst wenn Zhang-jing recht hat, ist es doch so, dass Du im Unrecht bist. Dies hier ist nur die Kraft eines umlaufenden Windes – schließlich verschwindet sie ganz und gar."

Lobgesang

Dies ist falsch und jenes ist falsch –
Vermeide strikt, [hier] zu ergreifen, zu verwerfen!
[Schon] glätten sich die Wogen der Vier Meere,
[Schon] sinken die Fluten der Hundert Ströme!
Seit jeher als Brauch und Ansporn hochgeschätzt: die zwölf Tore –
Ein jedes Tor führt dich in die Einöde der Leere![342]
[Nein,] Einöde ist das falsche [Ziel] –
Könner verstehen sich auf die Suche nach einer Medizin, die nicht krank macht!

Zweimal, hier und im Kôan 71, tritt uns innerhalb des *Bi-yan-lu* ein gewisser **Ma-gu** entgegen, Mönchsname Bao-zhe, Lebensdaten unbekannt. Ebenso wie **Zhang-jing** (756-815) und **Nan-quan** (748-835) ist er den Quellen zufolge ein Schüler Ma-zus gewesen, vermutlich der Jüngste von den Dreien. Von Zhang-jing und Nan-quan heißt es, dass sie sich nach dem Tode Ma-zus im Jahr 788 zur weiteren Selbstschulung für unterschiedlich lange Zeit in die Einsamkeit zurückgezogen haben: Nan-quan hat sich bereits nach etwa zehn Jahren von einem einflussreichen lokalen Würdenträger auf dem Nan-quan-shan, dem „Südquell-Berg", ein ansehnliches Kloster errichten lassen; Zhang-jing hingegen hat sich für einen doppelt so langen Zeitraum auf der Flucht vor immer neuen Besuchern, die von seinem Ruf als eines Heiligen angelockt wurden, in stets noch abgelegenere Gebirgsregionen zurückgezogen, bis er schließlich doch einer Einladung des Kaisers Xian-zong folgen und in Chang-an, der Millionenstadt und Kapitale des Tang-Reiches, die Aufgaben und Pflichten

---

kungssitz des Abtes ist ebenso Bestandteil des durchgehenden Holzgestells, auf dem auch die Mönche ihr Zazen üben, wie derjenige eines jeden anderen Sangha-Mitglieds. Nur die *Ichiya*-Version (und in ihrem Gefolge die *Teihon*-Ausgabe) bietet mit dem *Klappstuhl* eine Sitzgelegenheit, die sich *umkreisen* lässt!

342 Mit den *zwölf Toren* sind die zwölf Ringe des Klingelstabs gemeint, der hier nicht im wörtlichen Sinne als Wanderstab der Mönche auf ihrer »Wolken und Wasser«-Wanderschaft zu verstehen ist, sondern als Symbol für den Weg ins Nirvâna, anders gesagt, in die Shûnyatâ, hier als *Einöde der Leere* umschrieben. Dabei spielt das leere Innere eines jeden Ringes schon vorweg auf die „Große Leere" hinter den *Zehntausend Dingen* an.

eines Klosterabtes übernehmen musste. – Dieser unterschiedlichen Einstellung zu Zurückgezogenheit und stiller Kontemplation entsprechen auch die Rollen, deren Verkörperung die Song-zeitlichen Autoren der *Gong-an*-Literatur diesen beiden Männern in der Episode zugedacht haben, die das hiesige **Beispiel** ausmacht:

Es geht um die beiden Pole des Chan, um die Einübung in die Shûnyatâ und die konträre Hinwendung zu den *Zehntausend Dingen.* Jeweils für sich genommen, resultieren sie in zwei einander widersprechenden Positionen, hier von Zhang-jing und Nan-quan exemplarisch vertreten. Doch das Chan zeichnet sich gerade dadurch aus, dass es hier nicht zwei konträre Positionen in der Art eines Entweder-Oder gegeneinander ausspielt, sondern – getreu dem Mahâyâna-Grundsatz „Nirvâna und Samsâra sind eins" – die beiden Pole miteinander versöhnt:

Wenn Ma-gu mit seinem Klingelstab in der Hand vor Zhang-jing hintritt, die zinnernen Ringe an seiner Spitze – laut **Lobgesang** jeder ein *Tor* in die *Einöde der Leere – einmal schüttelt* und sich dann *hoch aufgereckt* (und stolz, so werden wir ergänzen dürfen) vor ihn hinstellt, ganz die in Chan-Kreisen sprichwörtliche „1000 Klafter hohe Wand", und so festentschlossen-reglos *stehenbleibt*, dann will er damit anzeigen, dass er den Durchbruch in die Shûnyatâ geschafft hat und – nicht willens ist, sie wieder fahren zu lassen! Wie aber reagiert Zhang-jing? Er gibt ihm recht, mit allem Nachdruck seines zweimaligen: *„Recht so! Recht so!"* (Xue-dous kurzer Kommentar: *„Irrtum!"* bleibe vorerst unbeachtet.) Zhang-jing bestärkt also den sozusagen mit glühender Leidenschaft der Shûnyatâ ergebenen Ma-gu darin, in der „Großen Leere" zu verharren; bestätigt ihn in seinem Glauben, in dieser „Großen Leere" das Ziel, das ganze Ziel des Chan erreicht zu haben.

Ma-gu wandert – wir erfahren nicht, warum – weiter zu Nan-quan: Reicht ihm die eine Bestätigung durch Zhang-jing, seinen ehemaligen Mitschüler im Kloster Ma-zus, nicht aus? Verspürt er ganz heimlich doch noch leise Unsicherheit? Oder verleitet ihn sein Stolz auf das Errungene dazu, auch noch von einem weiteren früheren Mitschüler, dem vermutlich längst berühmten Nan-quan, Anerkennung einzuheimsen? Doch der bereitet ihm eine herbe Enttäuschung: Auf Ma-gus gleichartigen Auftritt reagiert Nan-quan mit einem schroffen doppelten *„Falsch, falsch!"* (Auch diesmal bleibe Xue-dous kurzer Einwurf: *„Irrtum!"* vorerst unberücksichtigt.) Ma-gu ist fassungslos: „Aber Zhang-jing hat doch gesagt: *‚Recht so!'* – Wie könnt da Ihr, mein älterer Bruder, behaupten: *‚Falsch!'*? Das kann und will ich nicht gelten lassen!" Nan-quan jedoch erteilt ihm ungerührt den niederschmetternden Bescheid: *„Zhang-jing* mag ja in gewisser Weise *recht haben*; aber Du, *Du bist im Unrecht*!"Allerdings macht er Ma-gu zugleich auch Hoffnungen: „Mit Deinem Beharren auf der Shûnyatâ ist es wie mit *umlaufenden Winden*; nach und nach erlöschen sie ganz und gar!" (Wenn der Wind, soll das heißen, nicht länger hartnäckig aus ein und derselben Richtung weht, sondern sich zu drehen beginnt, nimmt er ab, mehr und mehr, bis zum völligen *Verschwinden.*) Es sind Ma-gus Stolz auf seinen Durchbruch und sein einseitiges Beharren auf der Shûnyatâ, die Nan-quan Anlass geben, den Jüngeren unnachsichtig abzukanzeln; denn in seinen Augen ist die *Einöde der „[Großen] Leere*", wie auch Xue-dou in seinem **Lobgesang** bekräftigt, nicht das Letzte und Höchste, das es zu erreichen gilt: *„[Nein,] Einöde ist das falsche [Ziel]!"*

Stattdessen kommt es für Nan-quan wie für Xue-dou wie selbstverständlich darauf an, *nach einer Medizin zu suchen, die nicht krank macht*! Der Ausbruch aus dem „leuchtenden Gitterwerk" der Erscheinungen,[343] die Zuflucht in der Shûnyatâ – das gestehen beide Männer zu – ist zweifellos eine Medizin, nämlich eine Medizin gegen die Leiden, die das Leben für uns allzeit bereit hält (Buddhas „edle Wahrheit", dass das Leben Leiden sei); doch es ist eine Medizin, die uns ihrerseits krank macht, dann nämlich, wenn wir in der *Einöde der Leere* verharren und um ihretwillen das Leben versäumen. So hat es auch Yuan-wu schon gleich zu Beginn des Kapitels in seiner **Ankündigung** gesagt: Wenn wir, um der Verstrickung in die Erscheinungen zu entgehen (*sobald [du dich] regst, erscheinen Abbilder*), in der Reglosigkeit der Shûnyatâ-Versenkung ausharren, können wir es *dennoch nicht vermeiden, in die Höhle eines wilden Fuchses zu geraten*, eines Unheilsgeistes, heißt das, der uns um unser Bestes, um das »richtige Leben« betrügt!

Worin aber besteht die *Medizin, die nicht krank macht*? Diese Frage sei noch für eine Weile aufgeschoben. Zunächst einmal bleibt festzuhalten, dass für beide, für Nan-quan wie für Xue-dou, Ma-gus Beharren auf der Shûnyatâ, durch Zhang-jings Bestätigung nur noch verstärkt, ein Irrweg ist (das *„Falsch, falsch!"* des einen, der Einwurf: *„Irrtum!"* des anderen). In dieselbe Richtung weist auch Yuan-wus Bemerkung aus der **Ankündigung**: *„Halte fest!"*, nämlich an der Shûnyatâ und dem Verharren in ihr, *„und selbst reines Gold verliert seinen Glanz"*: das *reine Gold*, das auch Dan-yuan in seiner Beschreibung der „nahtlosen Pagode" beschwört – *verliert*, anders gesagt, die Shûnyatâ die Segenswirkung, die sie auf den ausübt, der in die Welt zurückkehrt, und *verlieren* zugleich auch die *Zehntausend Dinge* den goldgleichen Glanz ihrer Farbenpracht! Andererseits erweckt Nan-quans *„Falsch, falsch!"*, mit dem er das Beharren auf der Shûnyatâ verwirft, den Eindruck, als wolle er Ma-gu eindringlich ans Herz legen, die Versenkung in die „Große Leere" ein für alle Mal fahren zu lassen und sich ausschließlich der Welt der Erscheinungen zuzuwenden. Auch diesem – allerdings falschen – Eindruck könnte Yuan-wu mit dem *„Lass los!"* seiner Ankündigung bereits den Boden bereitet haben. Doch ein solcher Verzicht auf jegliche Einübung in Shûnyatâ wäre gleichfalls ein Holzweg, und deshalb Xue-dous zweiter Einwurf: *„Irrtum!"*: Auch Nan-quans *„Falsch, falsch!"*, heißt das, wäre, als Aufforderung verstanden, sich völlig von der „Großen Leere" abzuwenden, nichts als ein Irrtum! Und ganz in diesem Sinne müssen wir uns die beiden Eingangszeilen des **Lobgesangs** zu Eigen machen: *„Dies ist falsch"*, nämlich Zhang-jings Bestätigung für Ma-gus einseitiges Beharren auf der „Großen Leere", *„und jenes ist falsch"*, nämlich Nan-quans vermeintliche Aufforderung, von der „Großen Leere" für immer abzulassen! Xue-dous nachfolgende Ermahnung: *„Vermeide strikt, [hier] zu ergreifen, zu verwerfen!"*, gilt demgemäß für beide Extreme: Wir sollen weder das Beharren auf der Shûnyatâ *ergreifen* und die Hinwendung zur Welt der Erscheinungen *verwerfen* noch umgekehrt ausschließlich die Welt des Irdischen *ergreifen* und dafür jegliche Einübung in Shûnyatâ *verwerfen*! Aus diesem Dilemma gibt es nur einen Ausweg: entweder beides zu *ergreifen* oder beides zu *verwerfen*; letzeres freilich ist kein gangbarer Weg und damit kein

343 In seinem Lobgesang zum Kôan 89 *Cong-rong-lu* spricht Hong-zhi von einem „nachts leuchtenden Gitterwerk", vor dem, also außerhalb dessen es für jeden, der es erst einmal durchbrochen hat und nunmehr draußen, also in der Leere weilt, schwer sei, wieder umzukehren, also zurückzukehren in die Welt der Erscheinungen!

wirklicher Ausweg; so bleibt nur, beides zugleich zu *ergreifen*, die Versenkung in die Shûnyatâ und die Hingabe an die Welt.

Genau darauf will auch Yuan-wu mit seiner Antithese *„Lass los! – und noch der Scherben eines Dachziegels bringt Licht hervor"* und *„Halte fest! – und selbst reines Gold verliert seinen Glanz"* hinaus: Was wir *loslassen* sollen, ist das einseitige *Festhalten* an der Shûnytâ; und wenn wir so die Shûnyatâ, immer wieder aufgesucht, immer wieder *loslassen*, dann winkt uns ein Dasein, in dem auch *noch der Scherben eines Dachziegels*, also auch noch das Unscheinbarste und Wertloseste, *Licht hervorbringt* (geradeso wie Yuan-wu in der Ankündigung des Kôan 10 noch „Essigwürmer, Fliegen, Mücken, Bremsen, ja die Zehntausend Formen sonder Zahl jedes für sich ein großes Licht aussenden" lässt); dann bleibt uns der *Glanz des reinen Goldes* erhalten, der uns andernfalls durch einseitiges *Festhalten* an der Shûnyatâ *verloren* geht! Gelingt es uns dergestalt, in innigster Verschränkung beider Extreme zugleich in der Shûnyatâ zu stehen und in der Welt zuhause zu sein, wie auch umgekehrt in der Welt zuhause zugleich in der Shûnyatâ zu stehen, dann gehören wir zu jenen besonderen Menschen, nach denen so Xue-dou wie Yuan-wu zu wiederholten Malen fragend Ausschau halten, die nämlich gleichzeitig sterben und gleichzeitig leben (*tong si tong sheng*) bzw. andersherum gleichzeitig leben und gleichzeitig sterben (*tong sheng tong si*).[344]

Auf Menschen dieser Art trifft zu, was Xue-dou in den Zeilen 3 und 4 seines **Lobgesangs** geradezu als Verheißung formuliert: Dank der Verschmelzung von Leben und Tod glätten sich für uns die Wogen der stürmischen See, erlangen wir inmitten der Wirrnisse des Lebens ruhige, friedliche Fahrt (*„[Schon] glätten sich die Wogen der Vier Meere"*), und geben die Fluten der über die Ufer getretenen Flüsse (*„[Schon] sinken die Fluten der Hundert Ströme!"*) das fruchtbare Schwemmland wieder frei, soll heißen, empfangen wir, was uns den Segen eines erfülltes Lebens, eines Lebens in Zufriedenheit und Glück beschert.

Kehren wir noch einmal zum **Beispiel** zurück, und zwar zu Nan-quans Bemerkung: *„Selbst wenn Zhang-jing recht hat, ist es doch so, dass Du im Unrecht bist!"* Selbstverständlich hat, nach allem Bisherigen, Zhang-jing in gewisser Weise recht. Denn ohne Einübung in die „Große Leere", anders gesagt, ohne den „Großen Tod" gibt es für uns keinen „Großen Frieden", bleibt uns das Glück versagt, hier inmitten der „Welt des Jammers" (so Hong-zhi in seinem Lobgesang zum Kôan 4 *Cong-rong-lu*) ein Leben der Freude zu führen, poetischer formuliert, einen immerwährenden Frühling zu erleben, oder, wie Hong-zhi es an gleicher Stelle ausdrückt: „auf hundert Gräsern einen Frühling ohne Grenzen".[345] Zhang-jing also bestätigt mit seinem *„Recht so, recht so!"* lediglich, dass Ma-gu mit seiner erfolgreichen

---

344 Ersteres, das *tong si tong sheng*, findet sich hier *im Bi-yan-lu* in den Kôan 78 und 79 sowie im Kôan 34 *Cong-rong-lu*, dort – erstaunlicherweise – ausdrücklich als Xue-dou-Zitat kenntlich gemacht, und die umgekehrte Abfolge *tong sheng tong si* in den Kôan 32 und 61 *Bi-yan-lu*. – Erstaunlich und zugleich höchst aufschlussreich ist die Kennzeichnung des *tong si tong sheng* als Xue-dou-Zitat im *Cong-rong-lu* deshalb, weil sie zeigt, dass Hong-zhi und Wan-song, die beiden Autoren des *Cong-rong-lu*, ganz bewusst auf das *Bi-yan-lu* zurückgreifen, was seinerseits die Intention des *Cong-rong-lu* deutlich macht: nicht zu einem – immer noch vorhandenen – *Bi-yan-lu* in Konkurrenz zu treten, sondern daran anzuknüpfen und zugleich für ein – inzwischen verlorenes – *Bi-yan-lu* gleichwertigen Ersatz zu bieten!

345 Roloff (2), S. 25

Einübung in die Shûnyatâ auf dem rechten Wege ist, aber keineswegs, dass er damit auch schon das Ziel erreicht hat; Ma-gu jedoch ist eben deshalb und insofern *im Unrecht*, als er mit seinem ausschließlichen Beharren auf der Shûnyatâ eben diese Shûnyatâ bereits zum Ziel erhebt.

Dieser sein Irrtum ist, mit den Worten Yuan-wus aus der **Ankündigung**, der *Graue Star* (Fußnote 336), der Ma-gu daran hindert, völlig *hindurchzudringen*, auch noch durch die Shûnyatâ und zurück in die irdische Welt, und das *uneingeschränkte Vertrauen* zu erlangen, auch in dieser irdischen Welt »sein Glück finden« zu können, wie der Märchendichter sagt. Ma-gu muss noch lernen *loszulassen*, und zwar die Shûnyatâ; dann und erst dann enthüllt sich ihm, dass noch die Schäbigkeit des Irdischen, vertreten durch Yuan-wus *„Scherben eines Dachziegels“*, ein *Licht hervorbringt*, das den ganzen weiten Raum zwischen Himmel und Erde ausfüllt! Ein Mensch des *tong si tong sheng* hingegen, der dieses *Loslassen* der Shûnyatâ längst vollzogen hat, der ist *wie ein Drache, der ins Wasser findet, wie ein Tiger, der sich einem Berghang anvertraut*: Drache und Tiger, diese beiden Symboltiere höchster, unerschöpflicher Kraft, sind hier in der Welt der *Zehntausend Dinge*, der eine im *Wasser*, der andere im *Berghang*, zuhause; beide tummeln sie sich, der eine im *Wasser*, der andere im *Berghang*, ganz in ihrem Element: poetisch-metaphorische Umschreibung dessen, dass wir dank des *tong si tong sheng* bzw. des *tong sheng tong si* hier in der unbeständigen Welt, in der gebrechlichen Ordnung der Dinge uns gleichwohl ungefährdet tummeln können, nunmehr auch von der Krankheit des Verharrens in Shûnyatâ befreit.

Und damit ist auch endlich heraus, worin denn die von Xue-dou in Aussicht gestellte, geheimnisvolle *Medizin* besteht, *die nicht krank macht*, sondern tatsächlich heilt: aus der Shûnyatâ heraus in die Welt zurückzukehren und uns ihr als unserem angestammten Zuhause anzuvertrauen:

Herbstlicht kündet das Sterben,
Das kühle Sterben der Tage.
Zögerlich nur
Willigen sie
Ins Unaufhaltsame ein.
Die Wehmut blasseren Lichtes,
So sehr sie dich anrührt,
Dich verwundet sie nicht.
Dich macht sie schweben,
In stillen Jubel gewandet,
Heiter-gelöst dein Gang –
Dich, der mit leichterem Leib zugleich
Wandelt und steht,
Beidfüssig fest,
In einer anderen Welt,
Die von Wehmut und Sterben
Nichtmal die Worte kennt,
Dort, wo auch

Die Heere der Toten,
So qualvoll ihr Sterben war,
»Ungeboren geborgen« sind –
Herbst in Hiroshima.

Herbstlicht, das auf den Zweigen
Der Kusu-Bäume sich ausruht,
Müde bereits,
Nah seinem Tod,
Den ungeduldigeren,
Den immer rascheren Nächten –
Wie dunstblass der Schleier
Seines Sterbens die Welt
Aussehen macht, **du**
Erfährst aus anderen Weiten
Anderes Licht, das sich
Kräftiger, flutender, strahlender
Mischt in den Glanz
Sanften Verglüh'ns.
Keineswegs hast du entsagt.
Du, wie tief auch versunken –
Drüben und hier sind eins –
Schreitest aus,
Den leuchtenden Farben,
Den welkenden, zugewandt,
Freudig ruhend im Weltgenuss –
Herbst in Hiroshima.[346]

346 Roloff (3), Text 34 – »Ungeboren geborgen« spielt auf das »Ungeborene« des japanischen Zen-Meisters Bankei an, in dem wir immer schon existent und für immer geborgen sind.

32. Lin-ji zur „Buddha-Lehre“

Ankündigung

Die Zehn Richtungen durch Übung abgeschnitten und urplötzlich tausend Augen aufgemacht! Ein einziger Satz stellt den Strom [des Denkens] still und zehntausendfacher Antrieb ist eingeschläfert, ausgemerzt![347] Gibt es auch noch [Menschen], die gleichzeitig leben und gleichzeitig sterben?[348] Fertig ausgeführt liegen die »Öffentlichen Aushänge« vor! Nimm [dir] die Schlingpflanzen und Rankengewächse der Menschen der Vergangenheit vor und falte sie zusammen, ohne [lange] Redereien! – Versucht es doch bitte mal mit dem, [was Xue-dou hier] vorbringt!

Beispiel

Ding vom Ersten Sitz fragte Lin-ji: „Was ist der »Große Sinn der Buddha-Lehre«?“
Lin-ji stieg von seinem geflochtenen Klappstuhl herunter, packte [Ding] mit festem Griff, versetzte ihm einen Schlag mit der flachen Hand und stieß [ihn] sogleich von sich weg.
Ding stand abwartend da.
Ein Mönch, der sich in der Nähe aufhielt, sagte: „Ding vom Ersten Sitz, warum verbeugt Ihr Euch nicht in Verehrung?“
Als Ding sich daraufhin in Verehrung verbeugte, erfuhr er ganz plötzlich das Große Erwachen.

Lobgesang

Des „Grenzsprengers“ ganze spirituelle Kraft folgt den Spuren [seiner] Füße nach –
[Er] hat sie sich angeeignet, warum muss [er] dann Gefolgsmann sein oder Gast?[349]

---

347 Dieser erste Teil der Ankündigung ist kaum zu übersetzen. Er beteht aus vier Sätzen zu je vier Schriftzeichen: „zehn – Richtung – sitzen – abschneiden / tausend – Auge – plötzlich – öffnen / ein (einziger) – Satz – unterbrechen – strömen / zehntausend – Antrieb – schlafen, aufhören – ausmerzen“. Dabei ist unklar, ob diese Wortfolgen von Lin-ji handeln oder von seinem Gegenspieler oder sich – als verkappter Imperativ – an jedermann wenden: Wer „schneidet ab“ (oder soll abschneiden), wer öffnet die „tausend Augen“ (oder soll sie öffnen), wer spricht den „einen Satz“ aus (oder soll das tun) und wer „schläfert ein und merzt aus“ (oder soll auch das tun)?

348 Hier die bereits in der Fußnote 344 aufgelistete Formel erstmals in der Abfolge: *tong sheng tong si* („*gleichzeitig leben und gleichzeitig sterben*“), allerdings nur in der *Ichiya*-Version; die Standard-Version bietet die umgekehrte Reihenfolge *tong si tong sheng* („*gleichzeitig sterben und gleichzeitig leben*“). Beide Fassungen sind vom Inhalt her gleichbedeutend und mithin austauschbar. Allenfalls hat die Fassung „gleichzeitig sterben und gleichzeitig leben“ den Vorzug, dass sie deutlich auf das Zwiegespräch zwischen Zhao-zhou und Tou-zi anspielt (Kôan 41 *Bi-yan-lu*, Kôan 63 *Cong-rong-lu*), das davon handelt, dass aus dem „Großen Tod“ und erst aus ihm das Leben, und zwar das »richtige Leben« hervorgeht. Als *tong sheng tong si* hebt die Formel darauf ab, dass wir den „Großen Tod“ mitten im Leben jederzeit wiederholen müssen.

349 „*Grenzsprenger*“ ist ein Ehrentitel, den der Kaiser Xuan-zong auf Vorschlag des Pei Xiu dem Chan-Meister Huang-bo, dem Lehrer Lin-jis, postum verliehen hat; dieser Pei Xiu ist niemand anderes als der hochgebildete und hochrangige Würdenträger, der die Sammlung der Lehrreden Huang-bos veranlasst und in ihrer ersten Version veröffentlicht hat. – Das logische Subjekt der zweiten Zeile ist Lin-ji, der Nachfolger Huang-bos, hier als [er] ergänzt. *Gefolgsmann oder Gast* zu sein bedeutet sich

Der Große Geist hebt nur einmal seine Hand,
Zerteilt die tausend, zehntausend Schichten des Hua-shan.[350]

Dies ist der zweite Auftritt **Lin-jis** hier im *Bi-yan-lu* und zugleich, nach der gemeinsam mit Cui-wei bestrittenen Episode im Kôan 20, der erste, der ihm allein gewidmet ist. Mit einer Lebensspanne, deren Beginn wir nicht kennen, die aber nachweislich im Jahr 867 endet, gehört Lin-ji Yi-xuan ganz der Tang-Zeit an; der erstaunlicheAuftieg seines »Hauses« (der die prophetische Bezeichnung des jungen Lin-ji als eines „großen Baumes, der [allen] Menschen unter dem Himmel kühlen Schatten spendet", zu einer »Weissagung im nachhinein« degradiert)[351] setzt aber erst rund hundert Jahre nach seinem Tod mit dem Wirken des Shou-shan Sheng-nian ein, eines Dharma-Nachfolgers in der vierten Generation. Dieser Shou-shan Sheng-nian (926-993) hat dem »Haus Lin-ji« während der Zeit der »Fünf Dynastien« in einem der Teilstaaten des chinesischen Südens zur Anerkennung und Unterstützung durch die einheimische Macht- und Bildungs-Elite verholfen und so den Grundstein für eine Entwicklung gelegt, die das »Haus Lin-ji« zu der führenden Richtung des Chan in der Ära der Song-Dynastie gemacht hat.

Unser gesamtes Wissen über die Lehrtätigkeit Lin-jis beruht auf Text-Sammlungen, die sämtlich der Song-Zeit (960-1279) und dem ihr unmittelbar vorausgehenden Jahrzehnt angehören: Die ältesten Berichte zu Äußerungen Lin-jis finden sich im *Zu-tang Ji*, der *Sammlung der Halle der Patriarchen* aus dem Jahr 952, sowie in dem drei Jahre später erschienenen *Zong-jing Lu*, den *Aufzeichnungen des Ahnen-Spiegels*; im *Jing-de Chuan-deng-lu*, den *Aufzeichnungen zur Weitergabe der Leuchte* von 1009, zählt Lin-ji bereits zu den zwölf herausragenden Chan-Meistern, deren Lehren jeweils ein besonderes Kapitel gewidmet ist;[352] und das *Tian-sheng Guang-deng-lu*, die *Weiteren Aufzeichnungen [zur*

---

selbst zurückzunehmen, sich unterzuordnen, sich zu fügen, der Etikette zu genügen – kurz, weniger oder gar keine Freiheit zu haben!

350 In diesen beiden Zeilen wird Lin-jis erzieherische Tätigkeit mit einer mythischen Großtat gleichgesetzt: dem kraftvollen Durchstich eines Gebirges, das dem Huang-he, dem Gelben Fluss, den Weg ins Meer versperrt hatte. Zu diesem Ereignis gibt es zwei Ursprungslegenden. Nach der einen war es der mythische Kaiser Yu, der mit einem einzigen Schwerthieb den Riegel des *Hua-shan*, des „Blumen-Berges", aufgebrochen und so dem Gelben Fluss den Weg nach Osten, ins Chinesische Meer, eröffnet hat; nach der anderen, hier von Xue-dou zitierten Version war es eine Gottheit, der *Große Geist*, der das Gebirge mit bloßer Hand gespalten und so dem zu einem See aufgestauten Fluss den Weg in die Freiheit eröffnet hat.

351 »*Weissagung im nachhinein*« ist die Eindeutschung des lateinischen Begriffs *vaticinium ex eventu*: Das *Lin-ji Lu* enthält anlässlich der Erzählung vom „Großen Erwachen" des jungen Lin-ji (Teil III [*Xing-lu*], Text 1) folgende Episode: Lin-ji will enttäuscht das Kloster Huang-bos verlassen; der Mönch vom Ersten Sitz rät ihm, sich förmlich von Huang-bo zu verabschieden, kommt ihm aber bei Huang-bo zuvor und erklärt diesem gegenüber: „Wenn da gleich ein junger Mann kommt, um sich von Euch zu verabschieden, so empfangt ihn wohlwollend; er wird später einmal zu einen großen Baum werden, der den Menschen unter dem Himmel (in aller Welt) kühlen Schatten spendet!"

352 Welter schreibt dazu: *„It is clear that while Linji was a significant enough person to have his legacy documented in the Zutang ji and the Zongjing lu, he does not really begin to emerge as an important presence in the Chan tradition until the Jingde Chuandeng lu, where he is included among the prestigious group of twelve masters whose teachings are represented in an appended fascicle."* – Welter (3), S. 84.

Weitergabe] der Leuchte aus dem Jahr 1036, enthält dann die erste umfassende Darstellung der Lehre Lin-jis, und zwar in einem Anhang, der den Meistern Ma-zu, Bai-zhang, Huang-bo und Lin-ji, mithin den vier Gliedern der Traditionskette, die Lin-ji mit der autoritativen Gestalt des Begründers der Hong-zhou-Schule verbindet, je ein ausführliches Kapitel einräumt, wobei der Bericht über die Lehre Lin-jis bereits den größten Raum einnimmt.[353] Ein halbes Jahrhundert später erscheint unter dem Titel *Si-jia yu-lu*, den *Aufzeichnungen der Aussprüche aus den Vier Häusern* mit einem Vorwort von 1085, eben dieser Anhang als gesonderte Veröffentlichung, inhaltlich und kompositorisch mit den entsprechenden Kapiteln des *Tian-sheng Guang-deng-lu* identisch; und abermals einige Jahrzehnte später kommt es im Jahre 1120 zu einer neuerlichen Publikation, die ausschließlich den Lin-ji gewidmeten Teil des *Si-jia yu-lu* als selbständiges Buch darbietet, nunmehr *Lin-ji yu-lu* geheißen und in seiner Aufbereitung des Materials die auch heute noch gültige Standard-Fassung der Worte und Taten Lin-jis. Dieses *Lin-ji yu-lu* ist dem Inhalt nach gleichfalls mit den Lin-ji-Kapiteln des *Tian-sheng Guang-deng-lu* identisch, zeigt jedoch in der Reihenfolge der einzelnen Abschnitte eine auffällige und zugleich verräterische Abweichung: Wenn das *Tian-sheng Guang-deng-lu* und in seinem Gefolge das *Si-jia yu-lu* den Bericht über Lin-jis enges Verhältnis zu Huang-bo an den Anfang stellt, signalisieren sie damit, dass es ihren Verfassern darum gegangen ist, dem »Haus Lin-ji« durch Anknüpfung an die ehrwürdige Traditionslinie: Ma-zu – Bai-zhang – Huang-bo erhöhtes Prestige und begründeten Anspruch auf Rechtmäßigkeit und Orthodoxie zu verschaffen. Wenn hingegen das *Lin-ji yu-lu* von 1120 den Bericht über Lin-jis gesamten Werdegang ans Ende verlegt, macht es deutlich, dass die geschichtliche Herleitung des »Hauses Lin-ji« mittlerweile keine vorrangige Rolle mehr spielt, das Chan-Verständnis dieser Schule vielmehr in den Kreisen der Song-zeitlichen Eliten längst fest etabliert ist. Statt des Lehrer-Schüler-Verhältnisss zwischen Huang-bo und Lin-ji steht im *Lin-ji yu-lu* nunmehr die Wiedergabe von Lehrvorträgen im Vordergrund, die Lin-ji auf Bitten und in Anwesenheit hoher und höchster Mitglieder der lokalen Bildungs- und Beamten-Elite gehalten hat; mit dieser Anordnung betonen die Verfasser des *Lin-ji yu-lu*, dass der Stil ihres »Hauses« die volle Unterstützung der maßgeblichen Kreise der Song-zeitlichen Gesellschaft genießt und es nicht mehr nötig hat, sich durch den Anspruch auf eine besonders prestigeträchtige Herkunft gegenüber anderen Richtungen des Chan-Buddhismus abzusichern.[354]

---

353 Und zwar fasst der Anhang des *Tian-sheng Guang-deng-lu* im Teilband 8 die Berichte über Ma-zu, Bai-zhang und Huang-bo zusammen, bietet im Teilband 9 weitere Texte zu Huang-bo und räumt Lin-ji gleich zwei ganze Faszikel ein, die Teilbände 10 und 11! Dazu abermals Welter: „*The first complete record of his teachings was issued some thirty years later, in two fascicles of the Tiansheng Guangdeng lu, ... The special regard accorded Linji and his teachings at this time is directly connected to the prestige won by members of the Linji faction at the Song court and reflects their attempt to gain legitimacy and sanction for their interpretation of Chan.*“ – Welter (3), a.a.O.

354 Dazu noch einmal Welter: „*The Guangdeng lu and Sijia yulu claims rendered the Song dynasty Linji faction as true heirs to the legacy of Chan orthodoxy inspired by Mazu and the Tang dynasty Hongzhou faction. By placing Linji's crucial episodes with Huangbo in the final xinglu section of the text („Aufzeichnungen aus der Zeit der Wanderschaft“), the Linji yulu reflects a lessoned concern in Chan circles over Linji's affilitaion. When the Linji yulu was later issued in the Song, Linji's reputation as the founder of Chan's major faction was assured. Linji stood as a major Chan figure, the founder of an illustrious lineage, and did not need to remain in the protective shadow cast by Mazu. ... Issued as an independent record, the Linji yulu stood on its own as a major statement of orthodox Chan teaching,*

Ein Vergleich dieser unterschiedlichen Quellen zeigt, dass der Lin-ji, der uns in der heute unter dem verkürzten Titel *Lin-ji Lu* geläufigen Standard-Fassung des *Lin-ji yu-lu* von 1120 entgegentritt, das Ergebnis eines allmählichen, stufenweisen Umformungsprozesses ist: Da wird aus dem Nachfolger eines gewissen Gao-an Da-yu, als den ihn das *Zu-tang Ji* darstellt, der bekannte Dharma-Erbe des weitaus bedeutenderen Huang-bo; da verwandelt sich ein Lehrer, der sich einer eher konventionellen und blassen Sprache bedient, in einen Exzentriker, der vor keiner Kühnheit zurückscheut (seinen eigenen »wahren Menschen ohne Status« wertet er zunächst ironisch nur zum „unreinen Ding" ab, was er später zu dem berühmt-berüchtigten „trockenen Kotspatel" verschärft);[355] da wird schließlich aus einem der Tradition verpflichteten Interpreten des Buddha-Dharma ein radikaler Verneiner, der erklärt: „Ich habe keinen Dharma, den ich den Menschen verkünden könnte; ich kann nur Krankheiten heilen und von Fesseln befreien!"oder: „Es gibt keinen Buddha, es gibt keinen Dharma; es gibt keine Übung, [die zur ‚wahren Wirklichkeit' führt], und es gibt kein Bezeugen [der ‚wahren Wirklichkeit']!"[356] – weil es keine „wahre Wirklichkeit" gibt, versteht sich. Beobachtungen dieser und ähnlicher Art zwingen zu dem Schluss, dass wir in dem Lin-ji des *Lin-ji Lu* und der großen *Gong-an*-Sammlungen der Song-Zeit keineswegs den historischen Lin-ji vor uns haben, sondern eine zum Revolutionär erhobene Kunstfigur, in der sich der Geist des Song-zeitlichen Chan-Buddhismus spiegelt.

Wenn überhaupt einer der »Öffentlichen Aushänge«, die im *Bi-yan-lu* versammelt sind, als Ikonoklasmus, als »Bilderstürmerei« einzustufen ist, dann gehört das **Beispiel** des gegenwärtigen Kapitels zu den aussichtsreichsten Kandidaten: Da stellt ein Mönch die Frage aller Fragen: *„Was ist der »Große Sinn der Buddha-Lehre«?"* und erhält dafür eine schallende Ohrfeige, so als hätte er etwas höchst Ungehöriges gesagt! Und dabei ist dieser Mönch kein Irgendwer, kein vorlauter Naseweis, der leichthin drauflos redet; er ist vielmehr ein Mönch *vom Ersten Sitz*, und er stellt seine Frage mit dem ganzen Nachdruck seines Alters und seiner spirituellen Erfahrung. Soviel immerhin ist klar: *Ding vom Ersten Sitz* gehört nicht zu der Mönchsgemeinde, die sich langfristig um Lin-ji versammelt hat. Denn sonst hätte er wissen müssen, welche Reaktion er mit seiner Frage bei Lin-ji provoziert, und bräuchte nicht unter Lin-jis Schlag überrascht, ja fassungslos und wie erstarrt dazustehen![357] Er *wartet ab*, heißt es im Beispiel; aber worauf wartet er? Was kann denn jemand in seiner Situation erwarten?

---

without linkage to any other Chan figures. Its implicit message was that the Linji faction had indeed arrived as the preeminant interpretation of Chan" – Welter (3), S. 118.

355 Oder, ein anderes Beispiel, unser physischer Leib wird aus einem „Körper-Feld der fünf Skandhas" zu dem bekannten „Klumpen aus rotem Fleisch". Dazu Welter: *„This process of substitution and elaboration is not accidental but is part of a larger design to transform Linji into a new kind of dynamic patriarch. It is closely connected with the creation of Linji's persona as a vigorous spirit, an innovative patriarch championing a revolutionary understanding of Buddhism"* – Welter (3), S. 89.

356 *Shan-seng wu yi fa yu ren*, wörtlich: „[Dieser] Mönch vom Berge [hier] hat keinen Dharma (keine Wahrheit), ihn den Menschen zu geben"; *qi shi zhi bing jie fu*, wörtlich: „es gibt nur Krankheiten zu heilen und Fesseln zu lösen!", *Lin-ji Lu*, Teil I (*Shang tang*), Text 18, Fuller-Sasaki / Kirchner, S. 237 bzw. 355, sowie: *Wu fo wu fa, wu xiu wu zheng*, wörtlich: „Es gibt keinen Buddha, es gibt keinen Dharma; es gibt keine Übung, es gibt kein Bezeugen!", *Lin-ji Lu*. a.a.O., Fuller-Sasaki / Kirchner, S. 238 bzw. 355.

357 Die Episode, die das Beispiel beschreibt, findet sich auch im *Lin-ji Lu*, und zwar als Text 18 der Abteilung II (*Kan-bian*). Aus der dort vorliegenden Fassung geht eindeutig hervor, dass *Ding vom Ersten*

Nun, dass eine Erklärung für die Ohrfeige nachfolgt, die er nicht versteht und die für ihn auch in Zukunft unverständlich bliebe, wenn er nicht erführe, wessen er sich in Lin-jis Augen schuldig gemacht haben soll. Doch Lin-ji verweigert ihm jede Erklärung; stattdessen bekommt er von einem Mit-Anwesenden die Aufforderung zu hören, *sich in Verehrung zu verbeugen* – ganz so, als sei ihm mit dem Schlag ins Gesicht die gewünschte Belehrung bereits zuteil geworden. Wie willenlos, noch ganz unter dem Eindruck des schmerzhaften Schlages, führt er die verlangte Dankesbezeugung tatsächlich aus – und versteht urplötzlich, dass der Schlag tatsächlich bereits die Antwort, obendrein die erschöpfende Antwort war! Und was diese Antwort besagt: *Er erfährt das Große Erwachen*!

Worin aber besteht die Antwort? Wenn wir uns dazu an die **Ankündigung** halten, so stellt sich heraus, dass es nicht darum gegangen ist, dem Fragesteller etwas mitzuteilen, sondern darum, ihn in einen bestimmten Zustand zu versetzen, eine innere Verwandlung auszulösen. Lin-jis ikonoklastisches Verhalten zielt nicht auf eine Destruktion der Buddha-Lehre insgesamt; er will nicht darauf hinaus, die Buddha-Lehre als nichtig, Aberglauben, Hirngespinst erscheinen zu lassen; er hat nur ein anderes als das herkömmliche Verständnis der Buddha-Lehre und propagiert eine andere Einstellung zu ihr: An Stelle einer gläubig-ehrfürchtigen Haltung gegenüber der Buddha-Lehre, wie sie etwa der Kaiser Wu von Liang im Kôan 1 beispielhaft vertritt, besteht der Lin-ji des Beispiels (und des *Lin-ji Lu*) auf dem Recht des Chan, ja auf der Notwendigkeit, die traditionelle Buddha-Lehre im Sinne der Song-zeitlichen Neu-Ausrichtung radikal umzudeuten.

Was die **Ankündigung** an einschlägigen Hinweisen bietet, ist dabei eher Gemeingut als individueller Beitrag, schon gar nicht des historischen Lin-ji. Da ist davon die Rede, mittels der eigenen [Versenkungs-]*Übung die Zehn Richtungen abzuschneiden*, also das Wissen um die Welt auszulöschen, mithin einen Zustand der Weltlosigkeit zu erreichen; davon, in der Rolle des Meisters einem Schüler *mit einem einzigen Satz den Strom [des Denkens] stillzustellen*, also auch noch das sich selbst reflektierende Bewusstsein auszulöschen, mithin in die Nicht-Dualität zu versetzen, einen Zustand höchster Spiritualität, der sich ebenso auch durch die eigene Übung realisieren lässt; davon, zugleich auch *zehntausendfachen Antrieb*, die immer neuen Impulse unserer Bedürfnisse und Wünsche, unseres Verlangens nach Aktivität *einzuschläfern*, zumindest vorübergehend *auszumerzen*; davon, *urplötzlich tausend Augen zu öffnen*, seien es die eigenen, seien es die eines anderen, und so eine andere Wirklichkeit zu erfahren, die der Shûnyatâ – eine geradezu mystische »Schau«, die nicht ein anderes anschaut, sondern das, was sie schaut, selbst ist, anders gesagt, deren Schauen, ein Schauen mit *tausend Augen*, eben darin besteht, das »Nicht-Andere« (das *Non-aliud* des Nikolaus von Kues), die Shûnyatâ selbst zu sein.[358] All dies fasst die Ankündigung in der

---

Sitz von auswärts in das Kloster Lin-jis gekommen ist, um dem Meister einen respektvollen Besuch abzustatten und bei der Gelegenheit die Frage zu stellen, die ihn umtreibt.

358 In den *tausend Augen* dürfen wir eine Anspielung auf den Bodhisattva Avalokiteshvara vermuten, der mit *tausend* Händen und je einem Auge auf jeder Hand, also mit *tausend Augen* ausgestattet ist, was im Kôan 54 *Cong-rong-lu* von den dortigen Akteuren dahin ausgelegt wird, dass „am ganzen Körper Hände und Augen sind" bzw. „der ganze Körper Hände und Augen ist", und dass der Bodhisattva des Großen Erbarmens eben dadurch helfen kann und tatsächlich hilft, dass er mit seinem ganzen Körper überall anwesend ist, mithin auch dort, wo seine Hilfe jeweils benötigt wird. Seine Hilfe besteht also

Formel des *„Gleichzeitig-Lebens-und-gleichzeitig-Sterbens"* (*tong sheng tong si*) zusammen, was besagt, dass wir, durch eigenes Bemühen oder durch Anstoß vonseiten eines Dritten, mitten im Leben den spirituellen Tod einer Welt- und Selbstauslöschung erfahren, aus der wir immer wieder ins Leben, in ein neues, nunmehr anderes Leben zurückkehren: *tong si tong sheng*, also „gleichzeitig sterben und gleichzeitig leben"!

Worin besteht demnach die Antwort, die Lin-ji mit seinem *Schlag* dem Fragesteller *Ding vom Ersten Sitz* erteilt hat? Darin, dass er ihm mitten im Leben zum Sterben, zum „Großen Tod" verholfen hat: Als Ding in seiner Bestürzung klar wird, dass seitens Lin-jis nichts mehr folgen soll, was seiner Bestürzung abhelfen könnte, und dass er folglich jede weitere Hoffnung auf eine solche Abhilfe aufgeben muss, da erst, als er sich so ganz auf seine ohnmächtige Bestürzung zurückgeworfen sieht, tut Lin-jis Antwort ihre beabsichtigte Wirkung: Alles ist dem fassungslosen Ding wie weggeblasen, Welt und Ich und das Bewusstsein seiner selbst; Lin-ji hat ihm *die Zehn Richtungen abgeschnitten* und *den Strom [des Denkens] stillgestellt*; er selbst hat seine *tausend Augen geöffnet* und gesehen, was sich nicht sehen, sondern nur erfahren lässt: Leere und Nicht-Dualität. Das ist das Sterben, nicht selten mit einem Schrei des Entsetzens verbunden, das uns zugleich ins Leben zurück drängt.

Was Lin-ji hier vollbringt, vergleicht Xue-dou in seinem **Lobgesang** mit der mythischen Tat des *Großen Geistes*, der *nur einmal seine Hand* zum Schlag *erhoben* und alsbald *die tausend, zehntausend Schichten des Hua-shan zerteilt* hat, die dem Gelben Fluss, dem Huang-he, den Weg ins Freie, nach Osten in die weiten Ebenen des nördlichen China und zuletzt ins offene Meer versperrt hatten. Dabei umfasst das *tertium comparationis*, das »gemeinsame Dritte des Vergleichs«, nicht nur die Einmaligkeit eines heftigen, überaus kraftvollen Schlages, sondern noch mehr dessen befreiende Wirkung: *„Grenzsprenger"* – diesen postumen Ehrentitel, den der Kaiser Xuan-zong einst Lin-jis angeblichem Lehrer Huang-bo verliehen hat, überträgt Xue-dou indirekt auch auf Lin-ji, insofern der sich die *ganze spirituelle Kraft* Huang-bos zu Eigen gemacht hat, so dass dessen *„ganze spirituelle Kraft [nunmehr] den Spüren [seiner]* – Lin-jis – *Füßen nachfolgt!"* Und ein *„Grenzsprenger"* ist der Lin-ji des gegenwärtigen Kôan in der Tat, und das gleich in doppelter Hinsicht: Zum einen sprengt er die Grenzen, in denen sich das Denken und Handeln des *Ding vom Ersten Sitz* bisher bewegt hat, und zum anderen sprengt er die Grenzen der traditionellen Buddha-Lehre und ihres allgemein verbreiteten Verständnisses:

Indem Lin-ji, zum einen, seinem Besucher die Erfahrung des „Großen Todes" aufzwingt, sprengt er ihm – wie der *Große Geist* im Falle des Huang-he – die Barrieren seiner Ich-Verhaftung und seines suchenden, auf Festlegungen ausgerichteten Denkens weg und setzt damit die ungeahnten Kräfte der Lebensfreude und Weltbejahung frei, die unter unserer zu Stein erstarrten Selbst-Bezogenheit schlummern. Und zum anderen hat Lin-ji, so Xue-dou, im Vollbesitz der *ganzen spirituellen Kraft* seines – angeblichen – Lehrers Huang-bo, es nicht mehr nötig, den *Gefolgsmann* oder *Gast* zu spielen: Als derjenige, in den die Grenzen-sprengende Kraft Huang-bos eingangen ist (*„[er] hat sie sich angeeignet"*), kann er sich das

---

darin, dass er zu demjenigen wird, dem er helfen will, bzw. dass umgekehrt derjenige, der seine Hilfe benötigt, mit diesem ganzen Körper eins wird – vgl. Roloff (2), S. 277.

Recht herausnehmen, selbst der Herr und der Gastgeber zu sein, also die Spielregeln selbst zu bestimmen, statt sich immer nur den Konventionen, und seien es die Konventionen der traditionellen Buddha-Lehre, zu beugen. So sehen ihn die Meister des Song-zeitlichen Chan: Lin-ji deutet die Buddha-Lehre dahin um, dass sie darauf hinausläuft, die Buddha-Lehre zu vergessen, »den Buddha zu töten«, wo immer wir ihm begegnen; uns auch noch von Buddha zu befreien und nur wir selbst zu sein, freilich in der Gestalt des »wahren Menschen ohne Status«, also im Stand der Nicht-Dualität. Und dabei zugleich, in dieser Nicht-Dualität allzeit zuhause, bildlich gesprochen – so eine bekannte Chan-Metapher– mitten im Gedränge des Marktes geschäftig unterwegs zu sein, also inmitten der *Zehntausend Dinge* aus der frei strömenden Kraft zu leben, die uns aus der Nicht-Dualität erwächst! Lin-ji selbst, zumindest der Lin-ji des *Lin-ji Lu*, kontrastiert diesen Menschen, der aus der Nicht-Dualität, wir können – gerade bei Lin-ji – auch sagen, der aus dem DAO lebt, mit der Gegenfigur des „normalen" Menschen, der, weil nicht im DAO gegründet, auch nicht wirklich lebt: „Es gibt da einen Menschen, der ein ganzes Kalpa lang auf den Straßen unterwegs ist und doch sein Haus und Heim (das DAO) nicht verlassen hat; und es gibt da einen [anderen] Menschen, der sein Haus und Heim verlassen (also sich dem DAO entfremdet) hat und doch nicht [wirklich] auf den Straßen unterwegs ist!"[359] Das ist die alte Rede der Mystiker aller Zeiten: Nur wenn wir im Grundlosen gegründet sind und bleiben, das wir nur durch ein Übersteigen unseres Ich- und Welt-Bewusstseins erreichen können, trägt uns ein Strom unerschöpflicher Kraft dahin. Einer dieser Mystiker heißt Ernst Barlach, der dafür in seinem Drama *Die echten Sedemunds* sein Alter Ego die Worte finden lässt: „Ich träumte heute nacht, ich schwämme mit dem gnadenvollen Gefühl bergstromstarker Gesundheit und unbändiger Heiterkeit in einem schnellstrudelndem Strom und sang dabei!"

359 *Lin-ji Lu*, Teil I, Text 8: *you yi ren, lun-jie zai tu zhong, bu li jia-she; you yi ren, li jia-she, bu zai tu zhong*, eine Antithese, derenen wörtliche Übersetzung lauten müsste: „Es gibt einen Menschen (*you yi ren*), ein ganzes Kalpa lang (*lun-jie*) befindet [er] sich mitten auf dem Weg (*zai tu zhong*), [aber er] verlässt nicht / hat nicht verlassen (*bu li*) Haus und Heim (*jia-she*); [und] es gibt einen Menschen (*you yi ren*), er verlässt / hat sein Haus und Heim verlassen (*li jia-she*) und befindet sich [doch] nicht mitten auf dem Weg (*bu zai tu zhong*)!" – Fuller-Sasaki / Kiirchner, S. 143 bzw. 350. „Ein ganzes Kalpa lang" – damit will Lin-ji keineswegs unterstellen, es könne Menschen geben, deren Lebensspanne Millionen und Milliarden Jahre umfasst; diese Chan-typische Übertreibung soll vielmehr als Anspielung auf die unerschöpfliche Lebenskraft derer verstanden werden, die niemals „Haus und Heim verlassen haben"! – Das nachfolgende Barlach-Zitat von gleicher Intention, das den ganzen Abschnitt und damit auch das gegenwärtige Kapitel abschließt und das der Verfasser auch schon in seiner *Cong-rong-lu*-Ausgabe herangezogen hat, findet sich im Band II des *Literarischen Werkes* – Barlach, S. 687f.

33. Das eine Auge des Chen-cao

Ankündigung

Ost und West unterscheidet [er] nicht, trennt [auch] nicht Süd und Nord. [So steht es mit ihm] vom Morgen bis in den Abend. [Da] sage [ich]: „Ihm fallen vor Müdigkeit die Augen zu.“ Manchmal [aber] ist [sein] Auge wie eine Sternschnuppe. [Da] sage [ich]: „Er ist ein heller Kopf!“[360] Manchmal spricht [er] vom Süden und macht daraus Norden – nun sag mal: Ist das Absicht oder ist das keine Absicht? Ist [er] ein Mensch des DAO oder ein gewöhnlicher Mensch? Falls [du] hierher hindurchgedrungen bist, [dann] bist [du] vertraut mit der Möglichkeit des Unbeständigen; [dann] erkennst [du], dass die Menschen der Vergangenheit so [gewesen] und doch nicht so [gewesen sind]; dass sie nicht so [gewesen] und doch so [gewesen sind]. – Nun sagt mal: Was für eine Zeit ist das [für Euch]? Versucht es doch mal mit dem, [was Xue-dou hier] vorbringt!

Beispiel

Der Staatssekretär Chen-cao besuchte Zi-fu. Als der [ihn] kommen sah, malte er sogleich einen Kreis [in die Luft].
Chen-cao sagte: „Ein Schüler kommt einfach so daher und hat vorher keine Gelegenheit gehabt, [sein Kommen] anzukündigen; [und dann] zeichnet [Ihr] auch noch einen Kreis [in die Luft]!“[361]
Zi-fu jedoch schloss auf der Stelle seine Tür.

(Der Meister sagte: „Chen-cao hat sich nur ein Auge bereitet!“)

Lobgesang

Eine rundum runde Perle kreist, Jade hat ihren hellen Klang –
Pferde ziehen, Esel tragen [ihre Last] hinauf auf ein eisernes Schiff.
[Sie] reichen [sie] dem, der ohne Geschäfte über Meer und Berge reist –
Angeln [sie] nach der Riesenschildkröte, lassen [sie] nur eine Ringfessel hinab.[362]

(Der Meister sagte auch: „Kein Flickenkutten-Mönch in der Welt springt da heraus!“)

---

360 Die beiden mit *„[Da] sage [ich]“* eingeleiteten Sätze haben in der Standard-Version die Form eines Fragesatzes (mit abschließender Fragepartikel *me*). Die *Ichiya*-Version hingegen formuliert sie eindeutig als Aussagesätze.

361 Der letzte Teil dieses Satzgefüges besteht im chinesischen Original lediglich aus den vier Schriftzeichen: *geng* („erleben“, „erfahren“ bzw, „außerdem“, „noch“) – *hua* („zeichnen“) – *yuan-xiang* („Kreisfigur“). Das lässt zwei dem Wortlaut nach höchst unterschiedliche Übersetzungen zu. Zum einen: „[und dann] zeichnet [Ihr] auch noch eine Kreisfigur [in die Luft]!“ Und zum anderen: „[da muss er] erfahren, dass [ihm] eine Kreisfigur [in die Luft] gezeichnet [wird]!“ Wie ersichtlich, kommen beide Übersetzungen nicht ohne erhebliche Ergänzungen aus; zugleich aber laufen beide inhaltlich auf dasselbe hinaus: auf den Vorwurf, mit dieser *Kreis[figur]* voreilig und leichtfertig abgespeist zu werden. Der Verfasser entscheidet sich für die schlichtere erste Version.

362 *[Sie]* – das Subjekt der beiden letzten Zeilen können natürlich nicht reale *Pferde* und *Esel* sein; es kommen nur Chen-cao und Zi-fu in Frage. Da der chinesische Text hier wieder einmal kein grammatisches Subjekt enthält, ist zunächst offen, ob mit den Zeilen 3 und 4 beide gemeint sind, oder nur einer, und dann Zi-fu mit seiner Kreis-Figur, so dass statt *[sie]* ein [er] zu ergänzen wäre. Doch aufgrund dessen, was sich im Prozess der Erläuterung ergeben wird, folgt mehr oder weniger zwingend

Würdenträger, hohe und höchste, und Angehörige des Gelehrtenstandes als Laien-Schüler von Chan-Äbten hat es nicht erst zur Zeit der Song-Dynastie, sondern auch schon während der Tang-Zeit gegeben. Da wären der „hohe Würdenträger" Lu Geng zu erwähnen, der sich im Kôan 40 von seinem Lehrer Nan-quan (748-835) an einen blühenden Päonienstrauch verweisen lassen muss, der Huang-bo-Schüler Pei-xiu (787-860), der als ranghöchster Minister am kaiserlichen Hof für die Herausgabe des *Huang-bo yu-lu*, der *Aufzeichnungen der Lehrreden und -gespräche Huang-bos*, verantwortlich zeichnet, sowie der Privatgelehrte Pang, der als Zeitgenosse und hochgeschätzter Gast des Yao-shan Wei-yan (745-828) im Kôan 42 in Begeisterung über die „schönen Schneeflocken" vor dem Kloster dieses Meisters ausbricht. In diese Reihe gehört auch der **Staatssekretär Chen-cao** des gegenwärtigen Kôan, den Yuan-wu in seinem Kommentar als einen Zeitgenossen Pei-xius und Schüler des Mu-zhou Dao-zong (780-877) vorstellt und der im hiesigen Beispiel einen Besuch im Kloster des Zi-fu absolviert, in der Absicht, den Abt in ein Dharma-Gefecht zu verwickeln.[363] **Zi-fu** selbst (Lebensdaten unbekannt) ordnet Yuan-wu in die Traditionslinie des Wei-shan Ling-you (771-853) und seines Dharma-Nachfolgers Yang-shan Hui-ji (807-883) ein, was zusammen mit der annähernden Gleichzeitigkeit Pei-xius und Chen-caos für die Zeitspanne, in der die Begegnung des Staatssekretärs mit Zi-fu stattgefunden hat, die zweite Hälfte des 9. Jahrhunderts erschließen lässt.

Das **Beispiel** gibt sich auf den ersten Blick den Anschein, als sei die Sache sonnenklar: Da kommt ein noch nicht ausgereifter Laien-Schüler zu seinem Meister und erhält eine herbe Abfuhr! Doch so einfach ist die Sache nicht! Denn schließlich besagt doch Xue-dous eigener Einwurf („*Chen-cao hat sich nur ein Auge bereitet!*") immerhin, ins Positive gewendet, dass der Staatssekretär nicht gänzlich blind ist, sondern sich wenigstens ***ein** Auge bereitet* hat! Und Yuan-wu wird noch weit deutlicher. In seiner Paraphrase des Beispiels lässt er auf die Feststellung: „[Kaum] hat [Zi-fu] Chen-cao kommen sehen, zeichnet er auf der Stelle einen Kreis [in die Luft]", das eindeutige Lob folgen: „Doch Chen-cao ist ein Könner (*zuo-jia*); er lässt sich nicht von anderen betrügen, versteht es [vielmehr], selbst [andere] zu prüfen!" Das stellt uns vor dreierlei Fragen, nämlich inwiefern denn Zi-fu mit seinem in die Luft gezeichneten Kreis den Staatssektretär hätte betrügen können (wäre der denn darauf hereingefallen); inwiefern zum anderen Chen-cao mit seiner nach Entrüstung klingenden Äußerung den Abt auf die Probe stellt, und wie schließlich Zi-fus Reaktion, das wortlose Schließen der Tür, zu werten ist, ob als Zustimmung oder als Zurückweisung. Soviel ist dabei jedem heutigen Zen-Anhänger von vornherein klar: Der in die Luft gezeichnete Kreis (die Japaner nennen ihn *Ensô*) symbolisiert die Shûnyatâ, die „Große Leere". Und dann ist da, als weitere Erschwernis, noch Yuan-wus dunkle **Ankündigung** mit ihren Antithesen (*Augen, die vor*

---

(1), dass auch die *Pferde* und *Esel* der zweiten Zeile keine realen Pferde und Esel sind, und (2), dass nicht nur die beiden letzten Zeilen, sondern der Lobgesang insgesamt von beiden Akteuren handelt, von Chen-cao wie von Zi-fu. – Mit der *Großen Schildkröte* in der Schlusszeile ist eine mythische Riesenschildkröte gemeint, die fern im Osten die Inseln der Seligen auf ihrem Rücken trägt.

363 Yuan-wu spricht explizit davon, dass Chen-cao gekommen ist, um Zi-fu zu „prüfen" (*lai **kan** Zi-fu* – dabei steckt hinter diesem ***kan*** ein anderes Schriftzeichen als das geläufigere *kan* gleich „besuchen" [Rüdenberg Nr. 1563], nämlich ein Zeichen, das bei Rüdenberg als Nr. 1571 aufgeführt ist)! Dieser Hinweis Yuan-wus hat für das Verständnis des Beispiels weitreichende Folgen.

Müdigkeit zufallen, und *Augen*, die mit der Schnelligkeit einer *Sternschnuppe* ihren Gegenstand erfassen; *Mensch des DAO* und *gewöhnlicher Mensch*), ihren Ungereimtheiten (*den Süden zum Norden erklären*); und vor allem ist da die Andeutung der Möglichkeit, *dass die Menschen der Vergangenheit so [gewesen] und doch nicht so [gewesen sind]; dass sie nicht so [gewesen] und doch so [gewesen sind]*)! Was hat das alles mit Chen-cao und Zi-fu zu tun?

Versuchen wir zunächst, Sinn in die einzelnen Aussagen der **Ankündigung** zu bringen! *Ost und West, Süd und Nord nicht unterscheiden* (das chinesische Original verwendet hier zwei Synonyme, die beide „unterscheiden" bedeuten), das läuft darauf hinaus, die vier Haupt-Himmelsrichtungen in eins zusammenfallen zu lassen, und klingt doch sehr nach dem sprichwörtlichen »Abschneiden der Zehn Richtungen«. Wir können also davon ausgehen, dass es in diesem ersten Satz der Ankündigung um die Versenkungsübung geht, als deren physische Folge, wenn vom Morgen bis in den Abend betrieben (die Standard-Version fügt sogar noch steigernd hinzu: auch „vom Abend bis in den Morgen"), ironisch eine unwiderstehliche Schläfrigkeit behauptet wird, bei der *vor Müdigkeit die Augen zufallen*. Antithetisch dazu ist anschließend von einem *Auge wie eine Sternschnuppe* die Rede, eine Chan-typische Formel höchsten Lobes, die äußerste Wachheit des Geistes andeuten soll – eine Wachheit, wie sie nur aus der Versenkungsübung erwachsen kann, derselben Versenkungsübung, die eben noch als einschläfernd geschmäht worden ist. Als nächstes folgt der Hinweis auf das Verhalten eines Menschen, *der vom Süden spricht und daraus Norden macht* – ein Verfahren, das, wenn *mit Absicht* vollzogen, zweifellos statt auf einen *gewöhnlichen Menschen* vielmehr auf einen *Menschen des DAO* schließen lässt. Was aber soll das heißen, *vom Süden zu sprechen und daraus Norden zu machen*, und inwiefern wiese der Betreffende sich damit als einen *Menschen des DAO* aus? Erinnern wir uns daran, dass in Chan-Texten immer wieder mal der *Süden* als Inbegriff des Vergänglichen, als Metapher für die Welt der Erscheinungen und der *Norden* als entsprechende Umschreibung des Unwandelbaren, der „wahren Wirklichkeit" hinter den Erscheinungen verwendet werden. *Den Süden zum Norden zu machen* – das ist dann die Blickrichtung des „hohen Würdenträgers" Lu Geng, der angesichts der vergänglichen Blütenpracht vor der Veranda des Abtsgebäudes im Kloster Nan-quans in das Seng Zhao-Zitat ausbricht: „Himmel und Erde haben eine gemeinsame Wurzel, und die *Zehntausend Dinge* sind ein einziger Leib!" (Kôan 40 *Bi-yan-lu* / Kôan 91 *Cong-rong-lu*). Dieselbe Einstellung verrät Chang-qing Hui-leng (854-932), wenn er in einem Gedicht formuliert: „Im Innern der *Zehntausend Formen* zeigt sich ein einziger Leib; / nur wenn ein Mensch von sich aus einwilligt, wird der ihm vertraut" – eine Formulierung, deren ersten Teil Fa-yan Wen-yi (885-958) im Kôan 64 *Cong-rong-lu* als das spezifische Wende-Wort Chang-qings bestätigt. Wer also im Sinne dieser beiden Zitate seinen heilssuchenden Blick auf das eine »Kleinod« richtet, das sich »im Berg der Erscheinungen verbirgt«,[364] der *macht aus Süden Norden* und ist insofern ein *Mensch des DAO*, als er mitten in den *Zehntausend Dingen*, in all seiner lebenspraktischen Tätigkeit stets das DAO als das in allen Dingen anwesende Sein und Nichts im Auge hat, das den, der sich ihm ergibt, vor aller Gefahr beschützt.[365] Doch

364 So das abgewandelte Seng Zhao-Zitat, auf das sich Yun-men im Kôan 62 *Bi-yan-lu* bzw. 92 *Cong-rong-lu* bezieht.

365 Der Verfasser bezieht sich mit diesen Aussagen auf die Texte 40 („Unter dem Himmel die Zehntausend Dinge gehen aus dem Sein hervor, das Sein geht aus dem Nicht-Sein/Nichts hervor") und 50 *Dao-De-Jing*, wobei letzterer explizit von „denjenigen" spricht, „die sich das Leben gut aneignen", was eben

zu einem *Menschen des DAO* gehört immer auch die entgegengesetzte Tendenz, nämlich in der Ausrichtung auf das DAO zugleich dem Leben zugewandt zu sein: „Die Seele leiten und das Eine festhalten – kannst du das, ohne dich von ihm zu entfernen?", heißt es im Text 10 *Dao-De-Jing*, was sich auch andersherum lesen lässt: „Das Eine festhalten und [zugleich] die Seele anleiten, kannst du das, ohne dich vom [Einen] zu entfernen?" Genau in diesem Sinne ist anschließend auch Yuan-wus Bemerkung über die *Menschen der Vergangenheit* zu verstehen: *dass [sie] so [gewesen sind]*, nämlich ganz dem *Norden*, dem DAO zugewandt, *und doch nicht so [gewesen sind]*, nämlich nicht nur dem „Einen", sondern zugleich auch – durch die „Anleitung der Seele" – dem Leben und der Vielfalt der *Zehntausend Dinge* zugewandt; und *dass sie* andersherum *nicht so [gewesen sind]*, also mit der vollen Intensität des Lebendigen auf die Vielfalt der *Zehntausend Dinge* ausgerichtet, *und doch so [gewesen sind]*, also doch zugleich, unentwegt „am Einen festhaltend", ganz dem DAO zugewandt.

Kurz und gut, mit seiner **Ankündigung** will Yuan-wu uns darauf vorbereiten, dass es im **Beispiel** um eine »Doppelbewegung« geht, zugleich »nach oben hin« (*xiang shang*), nach Norden, hinauf zum Polarstern, und »nach unten hin« (*xiang xia*), hinein in die Welt der *Zehntausend Dinge*. Sehen wir uns daraufhin das Beispiel im Einzelnen an. Chen-cao, zur Zeit seines Besuchs bei Zi-fu vermutlich noch nicht im Rang eines *Staatssekretärs*, sondern eher hoher Provinz-Verwaltungsbeamter, ist nicht ohne Selbstbewusstsein, er hält sich auf seine Chan-Ausbildung bei Mu-zhou viel zugute. So erfahren wir aus Yuan-wus Kommentar, dass er gern Wandermönchen Unterkunft angeboten und ihnen bei der Gelegenheit auf den Chan-Zahn gefühlt hat. Diesmal macht er sich selbst auf den Weg, um den angesehenen Abt des Zi-fu-Klosters in seinem Verwaltungsbezirk auf die Probe spiritueller Reife zu stellen. *Als der [ihn] kommen sieht, malt er sogleich einen Kreis [in die Luft]*. Das kann heißen: „Es gibt hier nichts zu reden; über die Shûnyatâ als die ‚wahre Wirklichkeit' lässt sich nichts aussagen!", es kann aber auch bedeuten: „Es gilt nur eins, die Shûnyatâ! Alles andere, die Welt der Erscheinungen, ist bedeutungslos, ist nur Lug und Trug!" Nur wenn wir Zi-fus Verhalten in eben diesem Sinn verstehen, kann mit Yuan-wu davon die Rede sein, dass der Abt mit seinem in die Luft gezeichneten Kreis versucht hat, seinen Chan-Gast zu betrügen: Er hätte ihn, wenn der Betrug denn gelungen wäre, um eben die Welt der Erscheinungen, die Kostbarkeit der *Zehntausend Dinge* betrogen! Doch laut Yuan-wu ist der Betrug gerade nicht gelungen („Chen-cao aber ist ein Könner, er lässt sich nicht von anderen betrügen!") – was allerdings die Frage aufwirft, inwiefern denn Chan-caos Reaktion eine solche Einschätzung überhaupt nahelegt oder gar erzwingt.

Chen-cao, davon können wir ausgehen, weiß sehr wohl, dass das von ihm beabsichtigte Dharma-Gefecht mit Zi-fus Luft-Zeichnung bereits begonnen hat. Welche Strategie wählt er nun seinerseits? Er führt sich als *Schüler* ein (er sagt nicht: „Euer Schüler", denn der ist er ja nicht, wenn er zum ersten Mal kommt; er sagt lediglich: „Ich bin – notabene: vor Euch – nur ein Schüler": Sein erster Satz könnte auch so übersetzt werden: „[Ich] komme

---

dadurch geschieht, dass sie durch das Ablegen ihres „Selbst" ins DAO als den »Ort des Nicht-Sterbens« gelangen: „Das Nashorn findet [bei ihnen] keinen Platz, sein Horn hineinzustoßen; der Tiger findet keinen Platz, seine Krallen anzubringen; die Waffen finden keinen Platz, der ihre Schärfe aufnimmt. Warum? Weil [die Betreffenden] am Ort des Nicht-Sterbens [angelangt] sind!"

[als] ein Schüler zu Euch!". Damit unterläuft er die Attacke Zi-fus (auch das ein beliebter Kunstgriff in Dharma-Gefechten) und stellt sich als jemanden hin, der gar nicht in der Lage ist, seinem Gegner auf dessen spirituellem Niveau angemessen Paroli zu bieten. Stattdessen zieht er sich hinter den Schutzwall unantastbarer gesellschaftlicher Konvention zurück: Ein Neuankömmling hat die Pflicht, sein Erscheinen vorher anzukündigen, oder besser gesagt, durch einen Mittelsmann ankündigen zu lassen. Dazu aber gab es für ihn keine Gelegenheit, und darauf auch nur hinzuweisen enthält durchaus einen maßvollen Tadel (Chen-cao vermeidet es allerdings geflissentlich, dem Abt daran die Schuld zu geben!). Wenn er es sodann hinnehmen muss, dass Zi-fu mit seinem umstandslos in die Luft gezeichneten Kreis, ohne zuvor der „irdischen" Konvention Genüge getan zu haben, allsogleich den „spirituellen" Kampf eröffnet, so muss sich Chan-cao um etwas geprellt fühlen, worauf er gesicherten Anspruch hat: die Einhaltung der – speziell in China sakrosankten – Regeln der Höflichkeit! Anders gesagt: Chan-cao pariert Zi-fus „spirituellen" Angriff mit dem Beharren auf etwas weit Profanerem, das gleichfalls sein Recht hat und nicht übergangen, nicht unterschlagen werden darf: Zi-fu setzt gleich mit dem Höchsten, der Shûnyatâ als der „wahren Wirklichkeit" ein, und Chen-cao kontert mit etwas durch und durch Irdischem, das einfach abzutun seinem Gegenspieler das Recht fehlt! Im Angesicht der Shûnyatâ hat das Irdische, die Welt der Erscheinungen, gleichfalls Anspruch auf Anerkennung, und das ist die „Probe", der laut Yuan-wu der „Könner" und Laie Chen-cao seinerseits den Abt Zi-fu aussetzt. Selbstverständlich hat auch Zi-fu mit seinem Keis Chen-cao auf die Probe gestellt (in der Standard-Version trägt dieses Kôan dementsprechend den Titel: „Der Kreis des Zi-fu"), doch wir haben bisher, von Yuan-wus Andeutung abgesehen, nicht sicher sein können und wissen es auch jetzt noch nicht, ob Zi-fu mit seinem Kreis Chen-cao dazu hat bringen wollen, der Welt der Erscheinungen abzuschwören, oder ob er genau die Reaktion hat provozieren wollen, die Chen-cao tatsächlich gezeigt hat, mithin, ob Chen-cao die Probe bestanden hat oder durchgefallen ist. Das lässt sich erst dann entscheiden, wenn wir wissen, oder vorsichtiger formuliert, begründet vermuten können, wie denn Zi-fus wortlose Antwort (*Zi-fu schloss jedoch auf der Stelle seine Tür*) von ihm gemeint ist, ob als Zustimmung oder als Ablehnung, was die weitere Entscheidung ermöglicht, ob Zi-fu umgekehrt auch die Probe Chen-caos bestanden hat oder nicht.

Zi-fu also *schließt auf der Stelle seine Tür.* Das kann vielerlei bedeuten: (1) „Es lohnt nicht, sich auf Herrn Staatssekretär (oder was er sonst zu jener Zeit gewesen sein mag) noch weiter einzulassen, weil bei Euch ohnehin Hopfen und Malz verloren ist!" Oder: (2) „Es gibt nichts weiter zu sagen, weil ich mit meinem Kreis in der Luft bereits alles gesagt habe!" Oder: (3) „Es erübrigt sich jedes weitere Wort, weil sich über die Leere, das Nichts nichts aussagen lässt!" Oder: (4) „Es bleibt mir nichts mehr zu sagen, weil sich gegen Eure Sicht der Dinge nichts Stichhaltiges einwenden lässt!" Für den flüchtigen Blick ist (1) das Naheliegendste; doch gegen eine solche Abwertung Chen-caos spricht der **Lobgesang**, wie sich bald zeigen wird. (2) läuft darauf hinaus, dass Zi-fu auf einer Position beharrt (noch wissen wir nicht, ob es tatsächlich die seine ist), die nur die Shûnyatâ gelten lassen will und die Welt der Erscheinungen verwirft; doch auch diese Annahme scheitert an den Einzelheiten des Lobgesangs. (3) wäre eine Reaktion, die nichts darüber aussagt, ob Chen-cao in den Augen Zi-fus recht hat oder nicht, ob also der Herr Staatsekretär seine Probe bestanden oder versagt hat; und (4) bedeutet, dass Zi-fu Chen-caos Einwand als berechtigt anerkennt, dass also auch er selbst keineswegs, wie es zunächst den Anschein hat, nur der

„wahren Wirklichkeit“ Geltungsanspruch zuerkennt, sondern auch seinerseits, nicht anders als Chen-cao, der Welt der Erscheinungen das Recht zugesteht, ernst genommen und als gleichwertig anerkannt zu werden. Wenn wir nun (1) und (2) als durch den Lobgesang nicht gedeckt und (3) als trivial und daher am wenigsten wahrscheinlich ausschließen, bleibt uns nur, mit (4) zu folgern, dass Zi-fus Verschließen seiner Tür als Zustimmung zu werten ist, er also keinesfalls die Welt der *Zehntausend Dinge* verworfen wissen will, wie es zunächst den Anschein hat; dass er folglich mit der einseitigen Betonung der Shûnyatâ durch den in die Luft gezeichneten Kreis Chen-cao hat herausfordern und auf die Probe stellen wollen, und dass schließlich Chen-cao diese Probe mit Glanz bestanden hat. – Warum aber hat dann Xue-dou seinen Mönchen die Bemerkung hingeworfen: *„Chen-cao hat sich [leider] nur ein Auge bereitet!“*? Will nunmehr Xue-dou seine Mönche – und mit ihnen zusammen auch uns – auf die Probe stellen? Will er andeuten, will er uns glauben machen, Chen-cao habe nur für die Welt der Erscheinungen einen Blick, wohingegen Zi-fu (dem nach einem solchen Einwurf konsequenterweise „zwei Augen“ zugestanden werden müssen) für beides, die *Zehntausend Dinge* wie die Shûnyatâ, ein Auge, je ein Auge hat? Aber wer sagt denn, dass Chen-cao seinerseits die Shûnyatâ verwirft?

Erst wenn das geklärt ist, können wir entscheiden, ob das Beispiel tatsächlich das Ziel erreicht, das Yuan-wu ihm in seiner Ankündigung vorweg gesetzt hat, nämlich uns durch seine beiden Akteure eine »Doppelbewegung«, sowohl »nach oben hin« als auch »nach unten hin«, ans Herz legen zu lassen. Wenden wir uns deshalb endlich auch dem **Lobgesang** zu:

„Eine rundum runde Perle kreist“ – das chinesische Verbum, das hier mit „kreisen“ übersetzt ist (*rao*), bedeutet wörtlich: „um etwas kreisen, sich im Kreis um etwas herum bewegen“, nicht aber: „sich um seine eigene Mitte drehen“. Und das lässt unweigerlich die Assoziation aufkommen, dass sich da eine *rundum runde Perle* auf einem Teller, in einer flachen Schale infolge von Schwenkbewegungen im Kreis herum bewegt, von einer Seite zur anderen und wieder zurück, in völliger Gleichförmigkeit des *Kreisens*. Es müssen also zwei Hände da sein, im Falle unseres Beispiels zwei Akteure, die sich gegenseitig die Perle zuspielen und im Gleichgewicht des Kreisens halten. Etwas Ähnliches gilt für den zweiten Teil der ersten Zeile: *„Jade hat ihren Klang“*. Hier bedeutet das chinesische Doppel-Verbum *shan-shan*, dass zwei an Fäden oder Bändern aufgehängte Jade-Stücke aneinanderschlagen und dabei ein glockenhelles Klingen erzeugen. Auch hier also ist – wenn der Lobgesang mit seinen Metaphern in Wahrheit auf Menschen abzielt – von einer Mehrzahl von Personen, mindestens von zweien, die Rede und nicht nur von einer einzigen, bei der eher auf Zi-fu als auf Chen-cao zu schließen wäre. So aber, wie die Dinge tatsächlich stehen (um das hier gemeinte Klingen der Jade zu erzeugen bedarf es zweier Stücke, die beide gleichermaßen zum Erklingen beitragen), sollen uns beide Metaphern der ersten Zeile, die *Perle* wie die *Jade*, nahelegen, beide, Chen-cao wie Zi-fu, als gleichwertige Partner eines gemeinsamen Spiels zu verstehen – eines Spiels um ein X von höchster Kostbarkeit!

„Pferde ziehen [es], Esel tragen [es] – hinauf auf ein eisernes Schiff.“ Auch hier wird auf zwei Akteuere angespielt, auf den einen mit der Metapher eines *Pferdes*, das seine Lasten als Wagenladung hinter sich her zieht, und auf den anderen als einen Pack- oder Lastesel, der seine Bürde auf dem Rücken trägt. Es wäre zu weit hergeholt, Vermutungen anzustellen,

wer von den beiden, Chen-cao oder Zi-fu, mit dem *Pferd* und wer mit dem *Esel* gemeint sein könnte. Entscheidend ist, dass beide das absolut Gleiche leisten: sie schaffen ihre jeweilige Last *hinauf auf ein eisernes Schiff*! Selbstverständlich hat es im China der Tang- und der Song-Zeit (noch) keine Schiffe aus Eisen oder Stahl gegeben; ein *eisernes Schiff* musste den Zeitgenossen Xue-dous, wenn sie sich denn auf eine solche Vision einzulassen gewillt waren, geradezu als unsinkbar gelten, als ein Schiff mithin, mit dem wir über noch so stürmische Meere des Lebens fahren können, ohne Gefahr zu laufen, dem »Rachen des Todes« und anderen, schlimmeren Übeln zu verfallen.[366] Worin aber könnte die Last bestehen, die Chen-cao und Zi-fu auf diesem *eisernen Schiff* sicher unterzubringen imstande sind? Groß ist die Auswahl möglicher Antworten nicht. Denn wie sagt doch ein naseweiser Volksmund? »Das Leben ist eins der schwersten!« Selbstverständlich, welche Last könnte größer sein als die Last unseres Erdendaseins. Uns zu lehren, diese Last zu schultern und mit ihr als einer nunmehr leichten Last unangefochten durch die Welt zu kommen, das ist der Auftrag, den Xue-dou von Chen-cao und Zi-fu mit leichter Hand erfüllt sieht. Und worin besteht das Verfahren, das sie uns durch ihr eigenes Beispiel vermitteln und das uns helfen soll, das Ziel einer Fahrt auf *eisernem Schiff* zu erreichen? Eben in der doppelten Bahn eines Weges »nach oben hin« und »nach unten hin«, einer Bahn, auf der wir lernen, »alles loszulassen« und folglich *ohne Geschäfte* zu sein (hier klingt Lin-jis schon damals berühmte Formel vom *wu shi ren* an, von dem »Menschen, der nichts mehr zu besorgen hat«), und dann aus solcher »Gelassenheit« heraus die Welt der *Zehntausend Dinge* neu zu ergreifen. Nur dem, der auf dieser Bahn siegreich dahinläuft (der Anklang an Schiller ist hier durchaus gewollt: »Froh, wie seine Sonnen fliegen / Durch des Himmels prächt'gen Plan, / Laufet, Brüder, eure Bahn, / Freudig, wie ein Held zum Siegen!«), der also – mit Xue-dous Worten – *„ohne Geschäfte über Meer und Berge reist“*, wird das Geschenk einer Fahrt auf *eisernem Schiff* zuteil.[367] Um auf dieser Doppel-Bahn, so schließt Xue-dou seinen Lobgesang, *nach der Riesenschildkröte zu angeln*, die auf ihrem Rücken die Inseln der Seligen trägt, dazu braucht es nur einen *Ring* zum Einfangen und In-Fessel-Legen, und dieser *Ring* ist selbstverständlich der Kreis des Zi-fu, das Symbol der „Großen Leere“. Chen-cao und Zi-fu – darauf läuft der **Lobgesang** hinaus – sind sich darin einig, dass wir nur der Shûnyatâ bedürfen, um zu jenem angeblich unsterblichen Glück zu gelangen, zu jenem „Frühling jenseits jeder Jahreszeit“, dessen sich die daoistischen »Unsterblichen« auf den Inseln der Seligen erfreuen.

Diese Deutung schließt ein, dass nicht nur Chen-cao mit seinem Beharren auf dem diesseitig Gültigen keineswegs Zi-fus Betonung der Shûnyatâ in Frage stellt, sondern sie nur durch die Anerkennung der irdischen Welt ergänzt sehen möchte, sondern dass umgekehrt auch Zi-fus Eröffnungs- und Schluss-Aktionen nicht darauf ausgerichtet sind, die Welt der *Zehntausend Dinge* zu verwerfen, sie vielmehr als unerlässliches Pendant zur „wahren

---

366 Die Metapher eines *eisernen Schiffes* erinnert auffällig an die andere vom „Eisenbaum, der Blüten trägt“: ein Baum, dem kein Sturm, keine Kälte, keine Dürre etwas anhaben kann und der gleichwohl allezeit in voller Blüte steht, allem Ungemach zum Trotz!

367 Doch wäre nicht das Streben nach einem solch „sieghaften“ Lauf, einer solchen Fahrt auf *eisernem Schiff* genau eines der *Geschäfte*, von denen frei zu sein gerade die Voraussetzung dafür ist, diesen Lauf überhaupt antreten zu können? Dem steht entgegen, dass dieses Ziel – ein Ziel zweiter Ordnung – nur durch Lassen, aber nicht durch ein Anstürmen zu erreichen ist, wie es das Schiller-Zitat impliziert: »Laufet, Brüder, Eure Bahn, / Freudig wie ein Held zum Siegen!«

Wirklichkeit“ durch Chen-cao verteidigt zu sehen und sich auch selbst zu dieser Verteidigung zu bekennen. So hat Chen-cao die Probe Zi-fus bestanden und Zi-fu die Probe Chen-caos! Dann liegt auch der Sinn des Xue-dou'schen Einwurfs offen zutage, mit dem das Kapitel schließt: *„Kein Flickenkutten-Mönch in der Welt springt da heraus!“*: Mögen die Chan-Mönche als getreue Anhänger der Buddha-Lehre mit all ihrer Übung noch so sehr bestrebt sein, sich dem Irdischen zu entziehen und auf die Vollendung im schließlichen Parinirvâna, dem „Völligen Verschwinden“, hinarbeiten – sie kommen nicht umhin, auch der Welt der „Erscheinungen“ ihr Recht widerfahren zu lassen und deren Unabdingbarkeit für das »rechte Leben« nicht nur mit Worten anzuerkennen, sondern auch durch die eigene Lebenspraxis zu erproben – wenn sie denn echte Männer des Chan sein wollen!

34. Yang-shan [lässt sich] ins Gras fallen

Ankündigung

(nicht erhalten)[368]

Beispiel

Yang-shan fragte einen Mönch: „Von woher bist [Du] jüngst gekommen?"
Der Mönch sagte: „Vom Lu-shan!"[369]
Yang-shan sagte: „Bist [Du] auch zu der Fünf-Alten-Spitze gekommen?"[370]
Der Mönch sagte: „[Bis dahin] bin [ich] nicht gekommen."
Yang-shan sagte: „[Dann] hat sich der Ehrenwerte Mönch noch nie in den Bergen ergangen!"[371]

[Später] hat sich [auch] Yun-men dazu geäußert: „Dieses Wort ist ganz und gar in Erbarmen begründet! [Es] ist das großsprecherische Gerede eines [Menschen], der [sich hat] ins Gras fallen lassen!"

Lobgesang

Heraus aus dem Gras, hinein ins Gras –
Wer versteht es, hier genau zu prüfen?
Weiße Wolken, Schicht um Schicht –
Morgensonne, leuchtend hell.

---

368 Wie schon zuvor in den Kapiteln 6, 14, 18, 26, 28 und 30 weisen auch zu diesem Kôan weder die Standard- noch die *Ichiya*-Version (und in ihrem Gefolge die *Teihon*-Ausgabe) eine Ankündigung auf. Dieser Ausfall hier im Kôan 34 ist der siebente Beleg für den schwerwiegenden und komplexen »Bindefehler«, der für beide Überlieferungsstränge, die Standard- und die *Ichiya*-Version, die Annahme eines gemeinsamen Vorfahren erzwingt.

369 Der *Lu-shan*, das „Hütten-Gebirge", ein kleiner Gebirgszug westlich des Nordausläufers des Poyang-Sees und wie eine Landzunge nach Nordosten zum Flussbett des Yangtse hin auslaufend, galt damals als eine der schönsten Gebirgslandschaften im „großen Reich der Tang". Seine Felswände und Schluchten waren überdies dicht besiedelt von Einsiedlerhütten (daher der Name des Bergzuges) und Klöstern der unterschiedlichsten Richtungen des chinesischen Buddhismus. Der Lu-shan war also stets zweierlei: ein Ort religiöser Übung im Sinne der Buddha-Lehre, und zugleich eine Landschaft von betörender Schönheit, immer wieder besungen von Dichtern und beliebtes Sujet in der chinesischen Malerei!

370 So die *Ichiya*-Version; die Standard-Version bietet statt „ankommen", „erreichen" (*dao*) vielmehr „spazieren gehen", „sich herumtreiben" (*you*), was nicht zu der zielgerichteten Fortbewegung eines Mönches auf »Wolken und Wasser«-Wanderschaft passt.

371 Wenn in diesem Satz beide Versionen das Verbum „spazieren gehen" (*you*) aufweisen, so hat das seinen guten Sinn; denn das ganze Zwiegespräch läuft ja gerade auf dieses „Spazieren-Gehen" in einer durch ihre Schönheit beeindruckenden Bergwelt hinaus! – Wenn die Standard-Version jedoch durch die Benutzung desselben Verbums auch in Yang-shans Frage nach der *Fünf-Alten-Spitze* die Differenz zwischen »Wolken und Wasser«-Wanderschaft" und einem „Sich-Ergehen" in einer schönen Landschaft zum Verschwinden bringt, so spricht das für eine nachträgliche und als Verbesserung gedachte Verschlimmbesserung des Wortlauts, den der gemeinsame Vorgänger beider Versionen enthalten hat.

Von links geschaut: kein Makel!
Von rechts geschielt: schon altersgrau![372]
Kennen [Sie] denn nicht, mein Herr, den Meister vom Kalten Berg?
Vor langer, langer Zeit gegangen,
»Zehn Jahre lang nicht heimgekehrt,
Hat er den Weg vergessen, den er damals kam.«[373]

Während das *Cong-rong-lu* **Yang-shan** Hui-ji (807-883) gleich acht Auftritte einräumt, ist der Dharma-Nachfolger Wei-shan Ling-yous (771-853) und Mitbegründer der Wei-Yang-Linie im *Bi-yan-lu* nur zweimal vertreten, hier und im Kôan 70. Es ist – das sei gleich vorweg noch einmal hervorgehoben – eben der Yang-shan, der im Kôan 32 *Cong-rong-lu* zwischen einem »Stand der Wahrheit« und einem »Stand des Menschen« unterscheidet und letzteren noch über den »Stand der Wahrheit« stellt, eine Unterscheidung und Wertung, die sich auch als bedeutsam für das Verständnis des gegenwärtigen Kôan erweisen wird.

Da die Ankündigung, die uns einen ersten Hinweis hätte geben können, verloren gegangen ist, sei der **Lobgesang** als Ausgangspunkt gewählt. Dort lautet die Eingangszeile: *„Heraus aus dem Gras, hinein ins Gras!“*, und *Gras*, das hat sich zum wiederholten Male bestätigt, fungiert als Chan-typische Metapher für die irdische Welt, das Reich der *Zehntausend Dinge*. Heißt das, dass diese Antithese auf zwei verschiedene Personen verweist oder ist etwas gemeint, das ein und derselbe, vielleicht sogar jeder einzelne von uns, gleichermaßen vollziehen muss? *„Wer versteht es, hier genau zu prüfen?“*, lautet Xue-dous anschließende, als rhetorische Frage verkleidete Aufforderung. Schauen wir uns also die Akteure des **Beispiels** genauer an:

Da kommt ein Mönch in das Kloster Yang-shans – und das muss kein Chan-Mönch gewesen sein (denn es war damals durchaus üblich, dass sich während der obligatorischen »Wolken und Wasser«-Wanderschaft Anhänger der unterschiedlichsten Richtungen des chinesischen Buddhismus gemeinsam in einem der unzähligen Klöster des Tang- und Song-Reiches einfanden) – und dieser Mönch antwortet auf die geradezu stereotype Begrüßungsfrage eines Chan-Abtes: *„Von woher bist [Du] jüngst gekommen?“*, wahrheitsgetreu und ohne jedes Zögern: *„Vom Lu-shan!“* Diese Antwort ist keineswegs so einfältig, wie sie daherkommt; ist

---

372 Im Unterschied zur abendländischen Gepflogenheit, »rechts«, wenn metaphorisch verstanden, als das Höhere und »links« als das Mindere und Minderwertige anzusehen (man denke an den »Sohn, der zur Rechten des Vaters sitzt« oder an eine »Heirat zur linken Hand«), gilt im ostasiatischen Kulturraum das Umgekehrte: »Links« bezeichnet das Höhere und »rechts« das weniger Angesehene und Bedeutsame; so stand im alten China der »Minister zur Linken« höher als der »zur Rechten«! Noch heute gilt in der japanischen Teezeremonie, dass man beim rituellen Betrachten kostbarer Tee-Utensilien die einzelnen Stücke zunächst von links und dann erst von rechts genauer anschaut.

373 Xue-dou zitiert hier aus einem Gedicht des Han-shan, das Yuan-wu in seiner Gänze in seinen Kommentar einfügt, und das sich wie folgt übersetzen ließe: »Suchst du nach einem Ort, deinen Frieden zu finden – / der Kalte Berg kann ihn dir für immer gewähren! / Sanfter Wind streicht durch dunkle Kiefern – / Seine Stimme aus der Nähe zu hören schafft tiefe Freude! / Darunter Tag für Tag ein Mann mit weißen Haaren – / Laut brabbelnd liest er im Huang-di und Lao-zi! / Zehn Jahre lang ist er nicht heimgekehrt – / Er hat den Weg vergessen, den er damals kam!«

sie doch mehr als eine bloße Ortsangabe: Was diesem Bergmassiv, dem „Hütten-Gebirge", seinen Namen gegeben hat, sind die zahllosen Einsiedlerhütten und Klöster, die sich dort wie sonst kaum an einem andern Ort zusammendrängten. Kurz, die Erwähnung des *Lu-shan* steht, von einem buddhistischen Mönch ausgesprochen, unzweifelhaft für spirituelle Übung und Selbstvervollkommnung. Die Antwort des Mönchs ist also genauso doppelbödig wie die Frage, mit der Yang-shan ihn begrüßt; und was der Mönch ihm über die scheinbar allein eingeforderte Ortsangabe hinaus mitteilt, ist, worum es ihm, dem Mönch, in Wahrheit geht – zuvor, bei seinem Aufenthalt im „Hütten-Gebirge", und ebenso jetzt, im Kloster des Yang-shan: sich in der Praxis des Buddha-Weges zu vervollkommen!

Und genauso versteht ihn auch Yang-shan! Es gibt für ihn daher auch keinen Anlass, diesem Mönch wegen der Torheit eines Blind-Drauflosläufens von einem Kloster zum anderen dreißig Stockhiebe anzudrohen, wie sie Yun-men im Kôan 15 *Wu-men-guan* seinem späteren Dharma-Nachfolger Dong-shan Shou-chu zwar zuerkennt, doch gnädig erlässt.[374] Stattdessen aber sieht Yang-shan über seinem neuen Kloster-Gast wie eine dunkle Wolkenwand die Gefahr heraufziehen, sich zu verrennen und an die Weltentsagung traditioneller Buddha-Lehre zu verlieren. Und er versucht gegenzusteuern – doch davon gleich. Zunächst wäre ja die Frage zu beantworten, welche Anhaltspunkte denn der Wortlaut des gegenwärtigen Kapitels für die kühne Behauptung bietet, Yang-shan sehe den Mönch der Gefahr eines Sich-Verrennens ausgesetzt.

Dazu müssen wir uns wieder an den **Lobgesang** halten. Dort führt Xue-dou im zweiten Teil die legendäre Figur des Han-shan, des *Meisters vom Kalten Berg*, ein und zitiert die Schlusszeilen seines vielleicht berühmtesten Gedichts: »*Zehn Jahre lang nicht heimgekehrt, / Hat er den Weg vergessen, den er damals kam.*« Diese Gleichsetzung mit Han-shan – denn um eine solche handelt es sich – gilt zweifellos dem Mönch (und nicht Yang-shan); ist er es doch, der *„von links geschaut"*, also aus der Sicht der ursprünglichen und immer noch als Orthodoxie verbindlichen Lehre Buddha Shâkyamunis, mit seiner Suche nach »Befreiung« *„ohne jeden Makel"* dasteht, der jedoch, *„von rechts geschielt"*, also von einer niedrigeren, sich selbst ironisierenden Warte her, die uns an Yang-shans »Stand des Menschen« denken lässt, *„schon altersgrau"* erscheint; und das – *„schon altersgrau"* – ist eine abwertende Formulierung, die nur dann einen Sinn ergibt, wenn sie auf jemanden zielt, der – wie dieser Mönch auf »Wolken und Wasser«-Wanderschaft – seinem Lebensalter nach von jenem „Mann mit weißen Haaren", als den Han-shan sich selbst darstellt, noch meilenweit entfernt ist. Xue-dou, das lässt der Augenschein erkennen, stellt Han-shan hier keineswegs als Vorbild hin; im Unterschied zu Han-shans Selbstdarstellung, die sein Eremitendasein in den Klüften des Kalten Berges als ein Leben in dauerhaftem Frieden feiert (»Suchst du nach einem Ort, deinen Frieden zu finden – / der Kalte Berg kann ihn dir für immer gewähren!«), hält Xue-dou dem Mönch, den er zurechtweisend mit *„mein Herr!"* anspricht, die Gefahr, bei orthodoxer Weltentsagung den Weg zurück in die Welt nicht mehr finden zu können, vielmehr als Warnung vor!

---

374 Roloff (1), S. 70f.

Und wie geht der Yang-shan des **Beispiels** vor? Er rückt dem Mönch mit der nur scheinbar harmlosen Frage zu Leibe, ob er bei seinem Aufenthalt im *Lu-shan* denn auch *zu der Fünf-Alten-Spitze gekommen sei*, einem, wie sich vermuten lässt, besonders eindrucksvollen Gebirgsstock innerhalb des ohnehin wegen seiner landschaftlichen Schönheit berühmten „Hütten-Gebirges“, aber bereits jenseits der Zone, in der sich all die Einsiedlerhütten und Klöster angesiedelt hatten. Erwartungsgemäß (auch das zu folgern drängt sich auf) muss der Mönch diese Frage verneinen, und das wiederum gibt Yang-shan die erwünschte Gelegenheit, zu seinem eigentlichen Schlag auszuholen: *„[Dann] hat sich der Ehrenwerte Mönch noch nie in den Bergen ergangen!“* – „Schäm Dich!“, heißt das, „schäm Dich, dass Du bei Deinem offenkundigen Streben »nach oben hin« keinen Blick für die Schönheit der irdischen Welt hast; dass Du nicht fähig bist, in dieser Welt der *Zehntausend Dinge*, so wie sie es verdient, Dich heimisch zu fühlen und lustvoll zu ergehen!“ Xue-dou bringt diese Schönheit der Welt mit zwei kurzen Zeilen seines **Lobgesangs** auf den Punkt: *„Weiße Wolken, Schicht um Schicht – / Morgensonne, leuchtend hell!“*: Wem von uns echten Weltkindern ist nicht schon das Herz übergegangen, wenn sich an einem hellen Sommermorgen der Blick unter den zum Horizont hin stufenweise absteigenden Reihen weißer Cumuluswolken in unermessliche Ferne verliert!? Und genau solche Welt-Lust is es, was Yang-shan seinem Neuankömmling ans Herz legt, als Gegengewicht zu seinem bisher einseitigen Streben »nach oben hin«. Keineswegs will er dem Mönch seinen Aufwärtsdrang *„heraus aus dem Gras“*, aus der irdischen Welt hinauf in die Shûnyatâ, ausreden; nur müssn wir diese Bewegung »nach oben hin« um die gegenteilige, die *„hinein ins Gras“*, ergänzen und erweitern: Hier sind wir zuhause, hier im Reich der *Zehntausend Dinge*, und nicht in der Shûnyatâ! Und doch können wir hier im Irdischen nur dann zuhause sein, uns nur dann lustvoll in der Welt ergehen, wenn wir, dank der Bewegung »nach oben hin«, in der Shûnyatâ gegründet sind und unser fester Stand in ihr uns überhaupt erst befähigt, uns dem Vergänglichen und allzeit Gefährdeten rückhaltlos anzuvertrauen und anheimzugeben.

Xue-dous anfangs zitierte Aufforderung, *„hier genau zu prüfen“*, ist damit erfüllt: Mochte es vorübergehend so scheinen, als ziele der Eingangsvers seines **Lobgesangs** mit dem *„Heraus aus dem Gras“* auf den Mönch (und nur auf ihn), und mit dem *„hinein ins Gras“* allein auf Yang-shan als den Vertreter einer ebenso einseitigen Hinwendung zur Welt, so hat sorgfältige und *genaue Prüfung* uns zu dem Ergebnis geführt, dass Xue-dou und Yang-shan gemeinsam und einvernehmlich sowohl von diesem einen Mönch als auch von jedem von uns verlangen, beides, das *„Heraus-aus-dem-Gras“* und das *„[Wieder]-hinein-ins-Gras“* zu der Chan-typischen »Doppelbewegung« zu vereinen, auf die wir im *Bi-yan-lu* (und die Leser des *Cong-rong-lu* auch dort schon) bereits zu wiederholten Malen gestoßen sind.

Aus Anlass des jetzigen Kôan sei dem Verfasser ausnahmsweise auch einmal Polemik erlaubt, eine Polemik gegen den immer noch gern gelesenen Wilhelm Gundert und seinen unvollendeten Klassiker aus den Sechziger Jahren, die *Niederschrift von der Smaragdenen Felswand*:[375] Gunderts Deutung so des **Beispiels** wie des **Lobgesangs** läuft auf das Gegenteil dessen hinaus, was der Verfasser hier vorgetragen hat; doch nur deshalb muss sie nicht falsch sein. Gundert vermutet in dem Mönch einen zutiefst „Enttäuschten“, der im *Lu-shan*

375 Sämtliche Zitate im Folgenden beziehen sich auf Gundert, Bd. II, S. 38-44.

„das, was er erhoffte, nicht erlebt hat“, das „Große Erwachen“; und er versteht Yang-shans Frage nach der *Fünf-Alten-Spitze* nicht als Hinweis auf die Schönheit der irdischen Welt, sondern als Fingerzeig auf die „höchste Wahrheit“, also die Shûnyatâ, die Yang-shan in eben diesem Gebirgsstock „verkörpert sieht“. Für Gundert ist der Mönch ein Jemand, der immer noch „mehr ‚im Grase‘ heimisch ist als in der Höhe“ und der deshalb der Ermunterung bedarf, es aufs Neue und „auf andere Weise“ als bisher (doch auf welche, lässt Gundert ungesagt) mit der *Fünf-Alten-Spitze*, also mit der „höchsten Wahrheit“ zu versuchen. Und das Erbarmen, das Yun-men sozusagen höchstrichterlich Yang-shans Spiel mit der *Fünf-Alten-Spitze* attestiert, besteht laut Gundert eben darin, den Mönch in väterlicher Sorge „nach überwärts“ verwiesen zu haben. Yun-mens Charakterisierung des Yang-shan'schen Ausrufs: *„[Dann] hat sich der Ehrenwerte Mönch noch nie in den Bergen ergangen!“* als *„das großsprecherische Gerede eines [Menschen], der [sich] hat ins Gras fallen lassen“*, muss Gundert dann zwangsläufig dahin deuten, dass Yang-shan in den Augen Yun-mens lediglich „die Sprache des gemeinen Alltags“ verwendet habe, womit zugleich Yang-shans „Prahlerei“ auf die Übertriebenheit des Ausdrucks reduziert wird – in der Sicht des Verfassers hat Yun-mens vermeintlicher Tadel *„großsprecherisches Gerede“* jedoch noch einen anderen, bedeutsameren Aspekt: Es ist, selbstironisch formuliert, die „Prahlerei“ dessen, der es wagt, die Schönheit der Welt noch über die Erhabenheit der „höchsten Wahrheit“ zu stellen (und sich, mit den Worten Yun-mens, solchermaßen hingebungsvoll *„ins Gras fallen zu lassen“*). Und genau das und nur das entspricht dem bereits eingangs zitierten Ausspruch, den das *Cong-rong-lu* in seinem Kôan 32 Yang-shan in den Mund legt: „Für den Stand der Wahrheit ist das richtig, für den Stand des Menschen ist das **noch nicht** richtig!“[376] Für Gundert steht die Sache freilich gerade andersherum: Der Mönch gilt ihm nicht etwa als spiritueller Sucher, vielmehr als bloßer Wanderer, weshalb sich ihm – und seinem Ermessen nach auch Yang-shan – die Frage aufdrängt: „Was nützt das Wandern durch die schönste Landschaft ... Menschen ohne eigenes Erwachen?“[377] Yang-shan andererseits hat es bei diesem Mönch – und bei uns allen – in Gunderts Augen allein darauf abgesehen, ihn – und uns – zur „höchsten Wahrheit“ zu führen, wobei allerdings auch Gundert einräumen muss, dass in „dieser Wahrheit“ zugleich „auch ihr Gegenspiel einbeschlossen bleibt, oder, wie es Xue-dou [im Lobgesang] ausdrückt, man niemals in der reinen Höhe verharren kann, ohne sofort wieder ins Gras heruntersteigen zu müssen“! Doch leider zieht Gundert daraus keine entsprechenden Schlussfolgerungen; für ihn ist und bleibt Yang-shan der Mann der „wahren Wirklichkeit“, des Aufstiegs und der Zuflucht in der Shûnyatâ, und folgerichtig bezieht er Xue-dous Hinweis auf Han-shan, den *Meister vom Kalten Berg*, auf Yang-shan (und nicht, wie der Verfasser, auf den Mönch); und ebenso folgerichtig muss er den diesbezüglichen Teil des Lobgesangs dahin verstehen, dass Xue-dou uns seinen Han-shan – und mit ihm einen entsprechend auf Weltferne reduzierten Yang-shan – als Maßstab vorhält, und das, obwohl

376 Roloff (2), S. 164ff.

377 Diese Fehldeutung mag Gundert durch die Tatsache nahegelegt worden sein, dass die Standard-Version, wie bereits in der Fußnote 368 angemerkt, in der Formulierung der Frage Yang-shans nach der *Fünf-Alten-Spitze* auch schon das Verbum „spazieren gehen“ (*you*) verwendet, während die *Ichiya*-Version das passendere – und in der Antwort des Mönchs aufgenommene – Verbum „ankommen“, „erreichen“ (*dao*) bietet. Im Übrigen ist der zitierte Satz Gunderts (Bd. II, S. 39) infolge eines zu vermutenden Wortausfalls kein korrektes Deutsch: „Was nützt das Wandern durch die schönste Landschaft, was nützen Berge mit so seltenen [?] Menschen ohne eigenes Erwachen?“

Gundert selbst aus Yuan-wus Zwischenbemerkungen zum Lobgesang den Einwurf zitiert: „So alles um sich her vergessen und versäumen, das darf man nicht gutheißen. Es gehört ihm (Han-shan)" – und das müsste dann auch für Yang-shan gelten – „eins mit dem Stock!" Gundert kommt daher nicht umhin, *expressis verbis* einzuräumen, dass „der Einsiedler vom Kalten Berg durchaus nicht unbedingt als Vorbild gelten kann" – bedingt aber eben doch, oder etwa nicht? Gundert legt sich eindeutig fest: „Seligkeit ist erst da, wo die Reflexion ein Ende nimmt. Das ist, von unten her gesehen,[378] Vergessenheit, Geistabwesenheit. Wenn diese eine Weile anhält, kann ein solcher Mensch den anderen als Idiot erscheinen. Was sie jedoch in Wahrheit ist, das ‚rundum vollkommene eigentliche Wesen', das lässt sich nicht ausdenken, noch weniger in Worte fassen. Dies aber ist es, womit Yang-shan sich in den Bergen ‚herumtreibt', und was er von dort zum Dienst an seinen Schülern und zum Wirken in der Welt der Menschen mitnimmt"!

Gunderts Sicht auf die Meister des chinesischen Chan-Buddhismus, so wie sie sich in den Song-zeitlichen Quellen darstellen, läuft hier im Kôan 34 nicht anders als in all den 99 übrigen Fällen darauf hinaus, dass sie es auf das „Höchste", das „tiefste Geheimnis", das Undenkbare und Unaussprechliche – christlich gesprochen, auf den Abgrund eines »verborgenen Gottes« – abgesehen haben, auf die „Seligkeit" des Eintauchens in dieses „tiefste Geheimnis", und auf nichts anderes sonst. Liegt das daran, dass Gundert selbst es darauf, und nur darauf, abgesehen hat? Liegt nicht die Vermutung nahe, dass in seiner Sichtweise insgesamt und noch im Einzelnen seiner Wortwahl („Seligkeit") der schwäbische Pietismus nachklingt, mitschwingt, den im heidnisch-unerweckten Japan verbreiten zu helfen er einst ausgezogen war? Sein ganzes, gleichwohl bewundernswertes Werk durchzieht ein religiöses Pathos, das diesen „alten Chinesen" unangemessen ist – man denke nur an Nan-quan, der doch von sich selbst als genügsam-geduldigem „Wasserbüffel" erkärt hat, ihm diene nichts Geringeres als der Dharmadhâtu, also Gunderts „höchste Wahrheit", die Shûnyatâ, als Nahrung, von der er „an jedem beliebigen Ort ein kleines Bisschen mitnimmt, ohne je dabei gesehen zu werden" – ein tägliches Eintauchen in die Shûnyatâ mithin, das von sich selbst kein Aufhebens macht, kein „Seht her; das ist es, worauf es ankommt!"

Der Verfasser bekennt sich als ein förmlicher Gundert-Antipode: Nicht nur fehlt ihm Gunderts Hintergrund eines christlich glaubenstreuen Elternhauses; nicht nur ist er von Ausbildung und Neigung her Philosoph statt Theologe; vor allem hat ihn seine eigene Zazen-Erfahrung geprägt und zugleich seine Hinwendung zu einem auf die Höhe zeitgenössischer Wissenschaft gebrachten philosophischen Daoismus für den *»daoistic turn«* empfänglich gemacht, den der chinesische Chan-Buddhismus im Übergang von der Tang- zur Song-Zeit genommen hat.[379] Das hat es dem Verfasser erleichtert, sich mit der eindeutigen Tendenz zur Diesseitig-

378 Mit dieser Formulierung nimmt Gundert Xue-dous: „*Von rechts geschielt*" auf, das er nahezu wortgleich mit dem Verfasser als „von rechts beschielt" übersetzt, wobei er das „Beschielen" nicht als die Ironie erkennt, mit der das „ketzerische" Chan der Song-Zeit sich selbst spielerisch camoufliert, sondern dahin deutet, dass Xue-dous Wortwahl nicht weniger als sein eigenes „von unten gesehen" die betreffende Sichtweise als unzulänglich, weil unerleuchtetem Geist entsprungen hinstellen soll.

379 *»Daoistic turn«* – diese Neuschöpfung hat sich dem Verfasser in Anlehnung an den Terminus *»linguistic turn«* („Hinwendung zur Sprache") aufgedrängt, der in der angelsächsischen Philosophie des 20. Jahrhunderts eine zentrale Rolle gespielt hat und deren radikale Kehrtwendung weg von den

keit zu identifizieren, wie sie in den Kôan des *Bi-yan-lu*, *Cong-rong-lu* und *Wu-men-guan* zutage tritt. Auch dieses Kôan 34 *Bi-yan-lu* ist in seinen Augen – darauf laufen ja die obigen Erläuterungen klipp und klar hinaus – ein deutlicher Beleg für die Chan-typische Einschätzung der Welt der *Zehntausend Dinge* als eines unverzichtbaren Bestandteils unserer menschlichen Existenz und Erfüllung, eine Einschätzung, als deren vehementer Vertreter sich diesmal Yang-shan erweist: Gunderts einseitige Parteinahme für den Weg „nach überwärts" mag zwar, mit den Worten Yang-shans, „für den Stand der Wahrheit richtig sein, ist aber für den Stand des Menschen [durchaus] **noch nicht** das Richtige!" Das verweist auf eine Lebenshaltung, die uns auch dazu befähigt, *uns* im Angesicht einer großartigen Bergszenerie lustvoll-frohgemut *zu ergehen*, dank unseres Rückhalts in der Shûnyatâ frei von der Angst vor Vergänglichkeit, Verlust und Tod, frei von den orthodoxen Ängsten vor Höllenstrafen und karmischer Wiedergeburt: *„Heraus aus dem Gras [und wieder] hinein ins Gras!"*, mit unüberhörbarer Betonung des Letzteren. *„Hinein ins Gras!"* – *„Dieses Wort [Yang-shans]"*, dieser Yang-shan'sche Imperativ ist, so Yun-mens abschließender Richterspruch, *„ganz und gar in Erbarmen gegründet!"* In einem *Erbarmen*, das uns davor bewahren will, durch Weltverzicht unsere eigentliche Bestimmung zu verfehlen.

---

klassischen Gegenständen Gott, Sein, Welt etc. und hin zur Analyse der Sprache als dem Medium alles Philosophierens bezeichnet.

35. Mañjushrîs „Drei-drei“

Ankündigung

Zu entscheiden, [wer] ein Drache, [wer] eine Schlange [ist]; Jade und Stein zu unterscheiden, Schwarz und Weiß (Priester und Laien) zu sondern und Unschlüssigkeit zu beenden – wenn da oben auf dem Scheitel kein Auge bereitet und unten am Ellenbogen kein Zauberspruch vorhanden ist, [wirst du es, auch wenn du's] dann und wann gerad' vor [dir hast], versäumen und verfehlen. Doch gerade jetzt sind Sehen und Hören nicht verdunkelt, sind Klang und Farbe unverfälscht und wahr! – Nun sagt mal: Ist das schwarz [oder] ist das weiß, ist das krumm [oder] ist das gerade – wie wollt [Ihr das] unterscheiden? Versucht es doch mal mit dem, [was Xue-dou hier] vorbringt!

Beispiel

Mañjushrî fragte Wu-zhuo: „Von woher bist Du jüngst gekommen?“
Wu-zhuo sagte: „Aus dem Süden!“
Mañjushrî sagte: „Im Süden – wie sicher halten [sie da] an der Buddha-Lehre fest?“
Wu-zhuo sagte: „Von den Mönchen [dieser] Endzeit der Lehre gehorchen nur wenige den Verboten und Vorschriften!“
Mañjushrî sagte: „Wie viele [Mönche umfassen dort] die Gemeinden?“
Wu-zhuo sagte: „Manchmal dreihundert, manchmal fünfhundert Mönche.“
[Dann] fragte Wu-zhuo [seinerseits Mañjushrî]: „Wie sicher halten [sie denn] hier [an der Buddha-Lehre] fest?“[380]
Mañjushrî sagte: „[Hier] wohnen gewöhnliche Menschen und Weise zusammen, [bilden] Drachen und Schlangen ein buntes Gemisch.“
Wu-zhuo sagte: „Und wie viele [Mönche umfasst hier] die Gemeinde?“
Mañjushrî sagte: „Vorne drei-drei und hinten drei-drei!“[381]

Lobgesang

Tausend Gipfel ausgebreitet, die Farbe reines Blau –
Wer nennt Mañjushrîs rechte Antwort [bloße] Prahlerei?[382]

---

380 *Hier* – gemeint ist das überirdische Reich des Bodhisattva Mañjushrî, das er dem in einer abgelegenen Region des Wu-tai-shan herumwandernden Wu-zhuo – so Yuan-wu in seinem Kommentar – mittels visionärer Vortäuschung eines prächtigen Tempels öffnet, in den er den Verirrten für eine Nacht aufnimmt und bei der Gelegenheit befragt.

381 Gemeint ist eine Zahl, die, von vorne gelesen, mit zwei Dreien beginnt und ebenso, von hinten gelesen, auf zwei Dreien endet; das kann schon die Zahl 33 sein (man denke an die 33 Himmel der hinduistisch-buddhistischen Götterwelt); es können aber auch die Zahlen 333 oder 3333 oder 33x33 oder 33xx33 usw. sein (wobei x eine Ziffer von 0 bis 9 sein kann). Und selbst wenn wir *qian* und *hou* nicht als „von vorn“ bzw. „von hinten“, sondern nur als „vorne“ und „hinten“ übersetzen, bleiben immer noch alle skizzierten Zahlen ab 333 möglich.

382 Die Übersetzung dieser Zeile stützt sich auf die *Ichiya*-Version. Die Standard-Version bietet statt „prahlen“, „prahlerisch“, „Prahlerei“ (*tan* – Rüdenberg Nr. 5989) das homophone Schriftzeichen „reden“, „sich unterhalten“ (*tan* – Rüdenberg Nr. 5998), mit der Folge, dass alle Übertragungen der letzten

Lächerlich: „Wie viele sind's [hier in der] Klaren Kühle?"[383] –
„Vorne drei-drei und hinten drei-drei!"[384]

Über die Identität des **Wu-zhuo** besteht in den chinesischen Quellen eine gelinde Uneinigkeit, die sich jedoch bei näherem Hinsehen verflüchtigt: Die eine Quelle will in ihm einen gewissen Wen-xi (821-900) erkennen, der im Jahre 897 vom kaiserlichen Hof den Ehrentitel *Wu-zhuo* („[Der] Nicht-Anhaftende") verliehen bekommen hat und über den die Quelle zu berichten weiß, dass er nach dreijährigem Aufenthalt auf dem Wu-tai-shan in das Kloster des Yang-shan eingetreten ist. Das klingt plausibel, hat nur den Haken, dass diese Quelle, das *Wu-deng hui-yuan*, die *Zusammenfassung der Fünf Leuchten*, erst im Jahr 1253 entstanden und daher hinsichtlich einer Legende, auf die Xue-dou bereits vor 1052 in seinen *100 Beispielen der Alten* zurückgegriffen hat, wenig glaubwürdig ist. Diese Legende hat auch im *Lin-ji Lu* ihre Spur hinterlassen, und zwar in Gestalt einer äußerst knappen und gleichwohl eindeutigen Anspielung, wobei freilich offen bleiben muss, ob der Wortlauf der betreffenden Stelle auf Lin-ji selbst oder auf einen der unbekannten Bearbeiter des erst 1120 in endgültiger Fassung erschienen Werkes zurückgeht. Es heißt dort (*Lin-ji Lu*, Teil I [*Shang tang*], Text IX): *Miao Jie qi rong Wu-zhuo wen*, was sich übersetzen lässt: „Der Wunderbare Befreier" (also Mañjushrî) – „wie konnte er die Fragen eines Wu-zhuo erlauben?".[385] Diese im Höchstmaß komprimierte Deutung der Legende wird uns beim Versuch, dem Kôan einen Sinn abzugewinnen, behilflich sein. Die andere Quelle, die ausführlich über Wu-zhuo berichtet, das *Song Gao-seng-zhuan*, die *Song-zeitlichen Biographien herausragender Mönche*, veröffentlicht im Jahr 988, weiß von einem Mönch eben dieses Namens, der im Jahr 767 eine Pilgerfahrt zum Wu-tai-shan unternommen hat und dort einer Begegnung mit Mañjushrî gewürdigt worden ist. Dabei hat sich der Bodhisattva dem nichtsahnenden Mönch Wu-zhuo in Gestalt eines alten Mannes gezeigt, umsorgt von einem jungen Burschen als seinem Aufwärter, und ihn zur Nacht in seine Einsiedlerhütte eingeladen. Nach der Verabschiedung am folgenden Morgen von dem Burschen ans Tor der Einsiedelei begleitet, habe Wu-zhuo den Aufwärter nach der Identität des wundersamen Alten gefragt, und auf eine ausweichende Geste des Jungen hin sei die gesamte Einsiedelei samt Greis und Aufwärter

---

Jahrzehnte, sei es ins Englische, sei es ins Deutsche, uns weismachen wollen, es gehe hier darum, dass oder ob sich Mañjushrî mit Wu-zhuo oder umgekehrt Wu-zhuo mit Mañjushrî „unterhalten" bzw. ob der eine mit dem anderen „geredet" habe: Sekida und Cleary benutzen das englische „to converse", Schwarz formuliert: „mit Mañjushrî könne man reden", Lengsfeld und Gundert schreiben: „er habe mit Mañjushrî gsprochen" bzw. „Mañjushrî rede ihn da an". All das ist durch Itôs *Teihon*-Ausgabe hinfällig geworden!

383 *Klare Kühle* – als „Berg der Klaren Kühle" lässt Yuan-wu einen Mönch den Wu-tai-shan, die Fünf Tafelberge mit dem Hauptheiligtum Mañjushrîs, bezeichnen, der sich später mit dem obigen Beispiel an Feng-xue gewandt hat. Dabei spricht dieser Mönch von Mañjushrî als dem „Haupterrn" des Wu-tai-shan, auf dem es damals noch viele andere Heiligtümer gegeben hat.

384 Dieser Lobgesang ist ein klassisches Kurzgedicht mit je sieben Schriftzeichen pro Zeile (*qi-jue*). Es folgt dem ebenso klassischen Reinschema: a – a – x – a, seine Reimworte lauten: *lan – tan – (zhong) – san*.

385 Fuller-Sasaki / Kirchner, S. 145ff. bzw. 350. Bei der obigen Übersetzung werden die beiden Schriftzeichen *miao jie* als Eigennamen gedeutet; ebenso möglich wäre die Übersetzung: „die wunderbare Befreiung", was sich auf das Wirken Mañjushrîs bezöge; doch stehen dem in den Augen des Verfassers die weiteren Bedeutungen des Verbums *rong*, nämlich: „ertragen" und „erdulden", entgegen.

verschwunden gewesen – so als hätte es sie nie gegeben! Das *Song Gao-seng-zhuan* vermeldet noch, Wu-zhuo sei anschließend in eines der vielen Klöster im Wu-tai-shan eingetreten, sei dort zunächst mehrere Jahre als Koch tätig gewesen und habe danach in einer eigenen Einsiedelei auch den Rest seines Lebens im Wu-tai-shan verbracht. Der Bericht über Wu-zhuo schließt mit der Feststellung, in der »Yuan-he«-Ära des Kaisers Xian-zong (806-821) habe ein Schüler die wunderbaren Erlebnisse seines Lehrer niedergeschrieben und für die Nachwelt aufbewahrt.[386]

Ob letzteres zutrifft oder eine nachträgliche Erfindung darstellt, um die Glaubwürdigkeit des Geschehens auf dem Wu-tai-shan zu unterstreichen, muss dahingestellt bleiben; sicher ist, dass diese Legende, deren Spuren sich auch in den Lebensbeschreibungen eines Xue-feng (822-908) und Feng-xue (896-973) finden, spätestens seit der Zeit Lin-jis weitere Ausschmückungen erfahren hat. So konnte aus dem greisen Einsiedler ein alter Hirte werden, der eine Kuh mit sich führte und Wu-zhuo in seine Hütte einlädt, wo er ihm in einer gläsernen Schale einen höchst köstlichen Tee anbietet. Wu-zhuo ist darob doppelt erstaunt, und im Anschluss an das Gespräch, das auch das hiesige Beispiel ausmacht, bittet der Mönch darum, über Nacht bleiben zu dürfen, erhält jedoch eine herbe Abfuhr: Nur, wer sich noch von der geringsten Anhaftung frei gemacht hat, so der Hirte, darf die Nacht unter seinem Dach verbringen – woraufhin Wu-zhuo, obwohl es längst schon dunkelt, Abschied nehmen und in die Unwirtlichkeit des Gebirges hinaustreten muss. Als er sich draußen auch von dem jungen Gehilfen verabschiedet, erfährt er zu seiner Bestürzung, dass er sich keineswegs in der ärmlichen Hütte eines Kuhhirten aufgehalten hat, sondern im Heiligtum der Prajñâpâramitâ, der „Weisheit, die ans andere Ufer hinüberführt“. Von dem plötzlichen Verschwinden der ihm nur vorgegaukelten Szenerie erschreckt, habe er in den Himmel aufgeschaut und auf einer vielfarbigen Wolke Mañjushrî höchstselbst, auf einem Goldhaar-Löwen reitend, mitsamt seinem jungen Begleiter vorüberziehen sehen!

Es liegt auf der Hand, dass das Gespräch zwischen dem transzendenten Bodhisattva Mañjushrî und dem irdischen Mönch Wu-zhuo samt seiner nicht weniger legendenhaften Einbettung der Sphäre des Volks- und Wunderglaubens angehört und nicht der mehr oder minder strengen Scholastik, wie sie in der Sûtren-Exegese sämtlicher Schulen des chinesischen Buddhismus, auch des Chan der Tang-zeit, zutage tritt. Das dürfte seinen Eingang in das geradezu anti-scholastische Chan der Song-Dynastie und seine Beliebtheit in dessen Kreisen erleichtert und gefördert haben. Dass Wu-zhuo auf Mañjushrîs Frage nach seinem Woher vom *Süden* spricht und das Gespräch beider auf dem Wu-tai-shan im hohen Norden des chinesischen Reiches stattfindet, erweckt den Anschein, es seien mit dem *Süden* tatsächlich die südlichen Regionen des Riesenreiches gemeint. Doch dieser Anschein täuscht; und ebenso irreführend ist Wu-zhuos Hinweis auf die *Endzeit der Lehre*, diesen festen Bestandteil des buddhistischen Mythos.

Beginnen wir mit Letzterem. Schon Gundert hat uns „vorgerechnet“, dass das, was Wu-zhuo da über seine Gegenwart aussagt, nicht mit den Zeitangaben übereinstimmt, die der

386 Vgl. Fuller Sasaki / Kirchner, S. 145f.

Mythos vorgibt: 500 Jahre Blütezeit der Buddha-Lehre, 1000 Jahre Verfall und äußerlicher Buddha-Kult, und dann erst, für nunmehr sogar 10.000 Jahre, die Endzeit, die zum gänzlichen Erlöschen der Buddha-Lehre führt und damit das Erscheinen des Buddha Maitreya erforderlich macht.[387] Die Lebensspanne Wu-zhuos fiele demnach eindeutig in die 1000-jährige Zeit des Verfalls, womit seine Rede von der *Endzeit der Lehre* sich als bloßes Stereotyp erweist. Auch geschichtlich gesehen hätte der historische Wu-zhuo kein Recht gehabt, seine Gegenwart als *Endzeit* zu verleumden: Dank der Förderung durch die Kaiserin Wu Ze-tian (gest. 705) hatte der Buddhismus zu Beginn des 8. Jahrhunderts einen geradezu überwältigenden Aufschwung genommen, hin zu einer Blütezeit, die sich auch unter der durchaus Buddhismus-kritischen Regierung des künstlerisch hochbegabten Kaisers Xuan-zong (712-756) fortgesetzt hat. Zwar hatte dessen Konkubine, die wegen ihrer außerordentlichen Schönheit berühmt-berüchtigte Yang Gui-fei, mit der von ihr begünstigten Vetternwirtschaft ihres Clans den Aufstand des An Lu-shan ausgelöst, der das Tang-Reich an den Rand des Zusammenbruchs gebracht hat; doch diese Revolte (755-763) war zu der Zeit, da der Mönch Wu-zhuo den Wu-tai-shan aufgesucht hat, längst niedergeschlagen und die Ordnung des Reiches im Großen und Ganzen wiederhergestellt; die radikale Buddhisten-Verfolgung des Jahres 845 aber lag noch weit in der Zukunft. In diese Zeit der Kaiserin Wu Ze-tian und des Kaisers Xuan-zong fallen auch die Gründung und erste Hochblüte der Hua-yan-Schule, der auch Wu-zhuo selbst angehört haben soll, sowie die Verbreitung des esoterischen oder tantrischen Buddhismus in China; und die Tian-tai-Schule, die bereits auf das 6. Jahrhundert zurückgeht, entfaltete eine zunehmende Wirksamkeit. Objektiv gesehen hat es folglich für Wu-zhuo keinen Anlass geben können, seine Zeit als *Endzeit der Lehre* zu denunzieren.[388] Hinzukommt der Aufstieg der Chan-Bewegung, der sich auch darin widerspiegelt, dass einem wenige Jahrzehnte später tätigen Wei-shan Ling-you (771-853) eine Schar von 1500 Mönchsschülern nachgesagt wurde und wieder einige Jahrzehnte später einem Shi-shuang Qing-zhu (807-888) oder Xue-feng Yi-cun (822-908) die gleiche, von den Zeitgenossen als außerordentlich empfundene Schülerzahl. Angesichts solcher Entwicklungen davon zu sprechen, wie Wu-zhuo es Mañjushrî gegenüber tut, die Klostergemeinden umfassten *manchmal dreihundert, manchmal fünfhundert Mönche*, klingt daher wie vorsätzliche Schwarzmalerei. Wie also weiter? Was für ein Einstieg in das **Beispiel** lässt sich nach diesem ersten, vergeblichen Anlauf jetzt noch finden?

---

387 Gundert, Bd. II, S. 59

388 „Das China der Sui- und der Tang-Zeit war vom Ende des 6. Jahrhunderts an bis zur Mitte des 9. Jahrhunderts das glanzvollste Zentrum des Buddhismus, der für die Mehrheit der asiatischen Völker zur Universalreligion geworden war. Dieser Tatsache verdankte China ... seine Ausstrahlungskraft. Für Japan und Korea war das China der Tang-Zeit gleichsam die zweite Heimat des Buddhismus, näher als Indien, mit ihren Zeugnissen und Legenden, heiligen Stätten, berühmten Pilgerorten und mit ihren illustren Meistern aber nicht weniger angesehen. In den Wu-tai-Bergen im Nordosten von Shanxi fanden Erscheinungen des Bodhisattva Mañjushrî statt. ... Die Klöster waren Zentren einer weltlichen wie auch religiösen chinesischen und buddhistischen Kultur. Dem Typ des gebildeten Mönchs, der Dichter, Maler und Kalligraph war, entsprach derjenige des frommen weltlichen Gebildeten, der sich für buddhistische Philosophie interessierte, Konzentrationspraktiken betrieb und fähig war, mit Mönchen oder Eremiten über einzelne Punkte der Lehre zu diskutieren" – Jaques Gernet, *Die chinesische Welt*, suhrkamp taschenbuch 1505, 1988, S. 233f.

Nun, der, dass die Sache so wörtlich, wie sie dasteht, nicht gemeint ist. Sicher, wenn Wu-zhuo auf die Frage Mañjushrîs: *„Von woher bist Du jüngst gekommen?“*, zur Antwort gibt: *„Aus dem Süden!“*, so müssen wir das zunächst einmal wörtlich nehmen. Doch wenn Mañjushrî, als hätte er die Antwort schon vorausgesehen (und das hat er zweifellos), die Frage anschließt: *„Wie sicher halten [sie] im Süden an der Buddha-Lehre fest?“*, schwingt da bereits etwas anderes mit. Bedenken wir: Der »Sohn des Himmels« hat auf seinem Thron den Norden im Rücken und schaut nach Süden hin, dem zugewandt, was »unter dem Himmel« ist (*tian-xia*). Und von den Buddhas und Patriarchen der Vergangenheit heißt es im Lobgesang des Kôan 28: „Jeder hat, nach Süden ausgerichtet, [dabei] den Großen Wagen des Nordens im Blick!“ Wie dieser Vers des Genaueren zu verstehen ist, muss hier nicht wiederholt werden; soviel aber ist klar: »Norden« und »Süden« sind in beiden Fällen nur Metaphern; sie stehen im Falle des Kaisers für die unbedingte Autorität des Himmels und andererseits für das ihm anvertraute Reich, dessen Ordnung er, ausgestattet mit dem »Mandat des Himmels«, zu bewahren und dessen Gedeihen er zu fördern hat. Und im Falle der Buddhas und Patriarchen sind zum einen die „wahre Wirklichkeit“, die Shûnyatâ, und zum anderen die irdische Welt gemeint, der »Süden« als der Bereich der *Zehntausend Dinge.* Das gilt erst recht, wenn ein transzendenter, also jenseits der irdischen Welt angesiedelter Bodhisattva wie Mañjushrî nach dem »Süden« fragt: Hier die Shûnyatâ, Mañjushrîs eigenes Reich der *„Klaren Kühle“*, wie es im **Lobgesang** heißt, und dort der irdisch-menschliche Bereich, mit all seinen Mängeln und seiner Fehlbarkeit.

Ob nun Wu-zhuo den geheimen Sinn der Frage nach dem »Süden« verstanden hat oder nicht – seine nächsten beiden Antworten entsprechen genau dem Klischee, das der buddhistische Mythos für die irdische Welt bereithält: Ohne die leibhafte Gegenwart Buddhas – und das ist der eine Buddha Shâkyamuni – ist die Menschenwelt letztlich dem Verfall preisgegeben: Die *Gemeinden* derer, die sich überhaupt zur Buddha-Lehre bekennen, umfassen *manchmal* nur *dreihundert, manchmal* immerhin *fünfhundert Mönche*; und selbst von denen *gehorchen nur wenige den Verboten und Vorschriften* des »Erwachten«! Dieses Klischee lebt von der Antithese: Hier die *gewöhnlichen Menschen* (Mañjushrîs *„Schlangen“*) und dort die *Weisen* oder Heiligen (das chinesische *sheng ren* bedeutet beides), die *„Drachen“*, wie Mañjushrî sie nennt. *„Drachen“* sind dabei diejenigen, die – wie San-shengs „Goldschuppen-Fisch“[389] – den Ausbruch aus der Welt der Verblendung und Durchbruch zur „wahren Wirklichkeit“ bewältigt haben, und *„Schlangen“* heißen ihre Gegenspieler, weil ihnen eben dieser Ausbruch verwehrt bleibt und sie wie Gewürm dazu verurteilt sind, sich am Boden zu winden und herumzukriechen. Seinen eindeutig pessimistischen Zug jedoch erhält das Klischee erst dadurch, dass es die weitgehende Abwesenheit, ja sogar das nahezu vollständige Fehlen derer beklagt, die sich durch strikte Befolgung des Buddha-»Gesetzes« erfolgreich zu der Heiligkeit von Arhats emporarbeiten. Wichtiger ist vielleicht noch, zusammenfassend festzustellen: Das Klischee, dessen sich Wu-zhuo hier bedient, ist ganz und gar Ausdruck dualistischen Denkens: ihm nicht nur verhaftet, geht es ohne Rest in ihm auf.

Wenn in der anschließenden Umkehrung der Situation Wu-zhuo seinerseits Mañjushrî befragt, so gehören seine Fragen ihrem Inhalt nach geradezu beispielhaft dem Volksglauben an,

389 Kôan 49 *Bi-yan-lu*, Kôan 33 *Cong-rong-lu*.

der sich nun einmal die jenseitige Welt wie eine Neuauflage der irdischen vorstellt, mit den gleichen Elementen und Strukturen, nur dass dort alles ein bisschen schöner und besser ausfällt. So richtet denn Wu-zhuo an den Herrn der *„Klaren Kühle“* – wie wir vermuten dürfen, hoffnungsvoll – zunächst die Frage: *„Wie sicher halten [sie denn] hier [an der Buddha-Lehre] fest?“ Hier*, das meint die Welt, in die Mañjushrî ihn entrückt hat, und es kann kein Zweifel daran bestehen, dass Wu-zhuo, in einen Tempel wie auf Erden versetzt, sich das Reich der *„Klaren Kühle“* als strukturell gleichartig mit der Welt der Erscheinungen vorstellt. Und so kann er sich auch mit der zweiten Frage Mañjushrîs, der nach der Größe der Gemeinden, hervorwagen: *„Und wie viele [Mönche umfasst hier] die Gemeinde* der Buddha-Jünger?“

Xue-dou nennt in seinem **Lobgesang** insbesondere diese letzte Frage *lächerlich*, und Lin-ji erklärt an der bereits zitierten Stelle seines von späterer Hand ausgestalteten *Lin-ji Lu* gleich beide Fragen für unzulässig: „Der Wunderbare Befreier“ (also Mañjushrî) – „wie konnte er [nur] die Fragen eines Wu-zhuo [überhaupt] erlauben?“ Unerlaubt aber sind sie ohne Zweifel deshalb, weil wir im Reich der *„Klaren Kühle“* zugleich die Sphäre der Nicht-Dualität vor uns haben, in der es keine Vielzahl (streng genommen auch keine Einzahl) und keine Unterschiede oder Gegensätze gibt. Es macht daher keinen Sinn, im Kontext von Nicht-Dualität nach einer Lehre, und sei es das »Gesetz« eines Buddha Shâkyamuni, und einem Festhalten an dieser Lehre zu fragen, und erst recht nicht nach einer wie auch immer gearteten Anzahl derer, die sich zu dieser Lehre bekennen oder sie gar leichtfertig missachten. Mañjushrî freilich begibt sich – konsequenterweise, wie wir zugestehen müssen, gaukelt er doch seinem „Opfer“ einen himmlischen Tempel nach irdischem Muster vor – mit seinen Antworten auf die dualistische Ebene Wu-zhuos hinab und spricht in Antithesen von *gewöhnlichen Menschen* und von *Weisen* oder Heiligen, von *Drachen* und von *Schlangen*. Mit seiner letzten Antwort allerdings führt er Wu-zhuos Ansinnen *ad absurdum*; Mañjushrîs *„Vorne drei-drei und hinten drei-drei!“* ist gleichsam die Strafe, die er über den einfältigen Mönch verhängt: Nach einer konkreten Anzahl befragt (und Wu-zhuo dürfte sich eine Antwort wie mindestens „Fünfzehnhundert“ oder „Dreitausend“ erhofft haben), fertigt der Bodhisattva sein Gegenüber mit einem Rätselwort ab, das zum einen darauf abzielt, dessen Verstand stillzustellen, und das zum anderen, falls Wu-zhuo sich von seiner Fassungslosigkeit je sollte erholen können, bei gründlicherem Nachdenken auf beliebige und beliebig große Mengenangaben hinausläuft: *„Vorne drei-drei und hinten drei-drei!“* – das ergibt eine unendliche Reihe stetig anwachsender Zahlen, von denen keine die größte und letzte ist. Anders gesagt: *„Vorne drei-drei und hinten drei-drei!“* ist gar keine Zahl (keine bestimmte Zahl nämlich), vielmehr eine Metapher für Nicht-Zählbarkeit, für die Nicht-Anwendbarkeit von Zahl.

Bleibt noch zu fragen, was Chan-Meister des 12. und 13. Jahrhunderts wie Xue-dou und Yuan-wu dazu veranlasst haben könnte, ihren Mönchen und uns Späteren eine solche vom Volksglauben inspirierte Legende als Kôan zuzumuten. Die Antwort auf diese Frage dürfte sich von selbst einstellen, wenn wir zwei bisher ungeklärte Details bedacht haben: Was ist damit gemeint, wenn der Text des **Beispiels** Mañjushrî die Worte in den Mund legt: *„[Hier im Reich der ‚Klaren Kühle‘] wohnen gewöhnliche Menschen und Weise zusammen, bilden Drachen und Schlangen ein buntes Gemisch“*, und wenn Xue-dou in seinem **Lobgesang** die rhetorische Frage stellt, *„wer [denn wohl das Recht oder den Mut habe,] Mañjushrîs rechte Antwort [bloße] Prahlerei zu nennen.“*

Worauf bezieht sich die Kennzeichnung als *„[bloße] Prahlerei“*? Auf Mañjushrîs *„Vorne drei-drei und hinten drei-drei“*? Doch von diesem mit Absicht verstörenden Rätselwort des Bodhisattva ist erst im zweiten Teil des Vierzeilers die Rede, und es ist obendrein bereits als Strafe für die Unzulässigkeit der Frage Wu-zhuos nach der Größe der Gemeinde in Mañjushrîs Kloster abgetan. Xue-dous Frage nach der etwaigen *„Prahlerei“* des Bodhisattva bezieht sich vielmehr, und zwar vor dem Hintergrund der *„Tausend Gipfel ausgebreitet, die Farbe reines Blau!“* der Eingangszeile des Lobgesangs, auf Mañjushrîs kühne Behauptung, dass *„[in seinem Reich der ‚Klaren Kühle‘] gewöhnliche Menschen und Weise zusammenwohnem und Drachen und Schlangen ein buntes Gemisch [bilden]!“* Will Xue-dou uns etwa nahelegen, eben damit habe sich der Bodhisattva dem Verdacht bloßen *„Prahlens“* ausgesetzt? Holen wir ein wenig aus: Mañjushrîs *„Klare Kühle“* symbolisiert die Shûnyatâ, und wenn die als „wahre Wirklichkeit“ gelten soll, dann muss sie alles, was die „unwahre“ Wirklichkeit der Erscheinungen umfasst, gleichfalls in sich enthalten, nur mit dem Unterschied, dass alles, was in der Welt der Erscheinungen getrennt und nacheinander vorkommt, innerhalb der „wahren Wirklichkeit“ sozusagen gleichzeitig, der Zeit enthoben, ineinander verschmolzen und unwandelbar existiert – man denke an Ma-zus gegen Bai-zhang gerichteten Verweis, den vorbeigeflogenen Wildenten unerlaubterweise ein Nicht-mehr-anwesend-Sein zuerkannt zu haben: „Wie wären die denn je davongeflogen!?“ (Kôan 53). Mit anderen Worten: Alles, was in der Welt der Erscheinungen nach Raum und Zeit getrennt vorhanden ist oder war oder je sein wird, ist in der „wahren Wirklichkeit“ gleichzeitig und zusammen, ungetrennt gegenwärtig. Also sind in der *„Klaren Kühle“* auch *„gewöhnliche Menschen und Weise“*, sind auch *„Drachen* und *Schlangen“* gemeinsam (und sowohl seit je als auch für immer) gegenwärtig – allerdings, da es in der Shûnyatâ weder Vielzahl noch Verschiedenheit geben kann, als ungetrennt und in eins zusammenfallend, womit auch alle sonst noch möglichen Bestimmungen erlöschen: In der Shûnyatâ, wenn als nicht-duale „wahre Wirklichkeit“ begriffen, ist zwar alles vorhanden, doch als nicht unterscheidbar, frei von Bestimmungen, mithin als inhalts- und wesenslos, als – nichts!

(An dieser Stelle erscheint ein kleiner Exkurs verzeihlich: Wenn in der „wahren Wirklichkeit“ – falls es sie denn gibt – alles als eins bestimmt wird, dann ist auch jedes Einzelne umgekehrt alles, also auch jeder Einzelne von uns, soweit wir in der „wahren Wirklichkeit“ verankert und mit enthalten sind. Das ist etwas anderes als die Lehre von der gegenseitigen Durchdringung alles Seienden, wie sie von der Tian-tai- und der Hua-yan-Schule vertreten wird und im »Netz des Indra« ihren bildhaften Ausdruck findet: In ein unendliches Netz sind unendlich viele Perlen eingeflochten, und jede dieser Perlen spiegelt alle übrigen Perlen wider. Diese Art gegenseitiger Durchdringung bezieht sich auf die *Zehntausend Dinge*, von denen jedes einer einzelnen Perle in »Indras Netz« entspricht; doch dass wir, jeder Einzelne von uns, in der „wahren Wirklichkeit“ zugleich auch alles sind, liegt in der Aufhebung aller gegenseitigen Abgrenzungen innerhalb der Shûnyatâ begründet und hat, soteriologisch gesehen, als ein rein theoretisches Konstrukt für uns keinerlei erfahrungspraktische Bedeutung: Insofern wir leben, sind wir jeder dieser eine Einzelne, und alles sind wir nur, insofern wir – mit allem anderen zusammen – nichts sind. Und das wiederum heißt: Solange wir leben, bleibt uns die leibhafte Erfahrung jener Modalität, in der wir zugleich alles sind, verwehrt, und innerhalb jener Modalität können wir sie ebenfalls nicht erfahren, weil wir darin überhaupt nichts erfahren können:

Alles bist du nur als Nichts.
Du magst es drehen und wenden:
Dieser eine Geschmack,
In dem du alles schmecken sollst,
Alles zugleich, für immer,
Ist nichts als reiner Nicht-Geschmack!
Wie sagt doch seit alters das Sûtra,
Sagt es und unmissverständlich?
„Keine Zunge und nichts,
Das sie berührt!"

Was du allenfalls erschmeckst,
Das ist am Grund des Entgleitens –
Du den Dingen und dir –
Nur Vorgeschmack auf das, was sich
Nicht mehr zu schmecken gibt, was,
So ganz dem Meister-Wort gemäß,
Der Zunge, dem Gaumen »vorausliegt«.
Dir aber bleibt, da du fühlst, nur
Vorgeschmack, aber der
Bürgt dir dein Glück.[390]

Soweit unser kleiner Exkurs zur erfahrungspraktischen Auswirkung dessen, dass wir in der „wahren Wirklichkeit" – noch einmal gesagt: wenn es sie denn gibt – mit allem eins sind und folglich umgekehrt jeder Einzelne alles ist. Wenden wir uns nun zurück zu Mañjushrî und seinem Reich der *„Klaren Kühle"*:)

Dass in der Shûnyatâ alle Unterschiede aufgehoben sind, schließt ein, dass da, wo Mañjushrî das Vorhandensein eines *bunten Gemisches* behauptet, in Wahrheit auch Wertunterscheidungen wie *gewöhnliche Menschen* hier und *Weise* oder Heilige dort keinen Platz mehr haben. Und doch gibt es sie beide, die *gewöhnlichen Menschen* und *Weisen*, freilich (nur) in der Welt der Erscheinungen, dort aber gemeinsam der Shûnyatâ entsprungen, als Manifestationen der „wahren Wirklichkeit" sozusagen, bei denen das, was die Shûnyatâ selbst nicht enthält, aus ihr ins Dasein hervortritt. Dasselbe gilt für alle übrigen Unterschiede und Anlässe zu Unterscheidungen: Es gibt sie nur in der Welt der Erscheinungen, zu der sie unabdingbar dazugehören, gemeinsam und gleichermaßen der Shûnyatâ immer aufs Neue entspringend. Zu solchen in der Sache begründeten Unterscheidungen zählen auch das Wünschens- und Erstrebenswerte sowie die Kategorie dessen, was wir verabscheuen und zu vermeiden versuchen. Doch aus der Tatsache, dass es in der Welt neben dem Guten das Böse oder Schlechte, neben dem Schönen das Hässliche, neben dem, was uns fördert, auch das gibt, was uns zum Schaden gereicht, lässt sich kein Vorwurf gegen die Shûnyatâ oder die ihr entsprungene Welt der *Zehntausend Dinge* ableiten: Auch wenn das Ganze aus „wahrer Wirklichkeit" und den Erscheinungen als deren (!) Manifestationen Gut und Böse einschließt,

---

390 Roloff (4), Text 58 – mit dem *Sûtra* ist, wie auf der Hand liegt, das *Herz-Sûtra* gemeint.

steht es selbst »jenseits von Gut und Böse« (um Nietzsches Formel zu benutzen), ist also, in moralischer oder wertbezogener Hinsicht von einer grandiosen Neutralität. Xue-dou fasst das in einer ebenso grandiosen Metapher zusammen, wenn er in der Eingangszeile seines **Lobgesangs** die Großartigkeit und zugleich auch Gleichgültigkeit dessen beschwört, was sich »unter dem Himmel« (*tian-xia*) ins Unermessliche, jegliches Menschen-Maß Überschreitende dehnt: *„Tausend Gipfel ausgebreitet, die Farbe reines Blau"!* Es mögen Morde geschehen in dieser Bergwelt, begangen von Wegelagerern an Wandermönchen und sonstigen Reisenden; es mögen Klöster und sonstige Orte der spirituellen Läuterung sich hier und dort an Berghänge lehnen – die *Tausend Gipfel* bleiben – teilnahmslos – *ausgebreitet*, und ihre *Farbe* bleibt – *reines (!) Blau*![391]

Zugestanden, mag der Leser denken – doch was soll das alles mit Mañjushrîs Satz zu tun haben, dass *[hier im Reich der „Klaren Kühle"] gewöhnliche Menschen und Weise zusammenwohnen und Drachen und Schlangen ein buntes Gemisch bilden*? Nun, in dieser Aussage offenbart sich dieselbe Gleichgültigkeit wie die an das DAO gemahnende des Weltganzen (*tian-xia*), diesmal als Gleichgültigkeit gegenüber Gut und Schlecht, gegenüber dem, was zu bevorzugen, und dem, was zu bedauern ist. Mañjushrî, der Bodhisattva der höchsten Weisheit, hat nichts dagegen einzuwenden, dass sich mitten unter den *Weisen*, also unter denen, die der durch ihn selbst verkörperten Weisheit teilhaftig geworden sind, ganz *gewöhnliche Menschen* tummeln, unangetastet in ihrer erbärmlichen Gewöhnlichkeit. Dass sich unter die zur spirituellen »Befreiung« aufgestiegenen *Drachen* ordinäre *Schlangen mischen*, gehört für ihn zur Ordnung der *„Klaren Kühle"* und damit zur Welt insgesamt. Sich so zu äußern, zu behaupten, dass dort, wo es eigentlich nur *Weise* geben dürfte, angeblich auch als gleichberechtigte Bewohner *gewöhnliche Menschen* zuhause sein dürfen, mag schon den Anschein der *„Prahlerei"* erwecken, sich mithin dem entsprechenden Vorwurf aussetzen; doch angesichts der grandiosen Gleichgültigkeit des DAO gegenüber den Strohhunden der *Zehntausend Dinge* fällt jeder derartige Vorwurf in sich zusammen: *„Wer"*, so fragt Xue-dou seine Mönche und uns, *„wer [wollte es wagen,] Mañjushrîs rechte Antwort [bloße] Prahlerei zu nennen!?"* Dass *Mañjushrîs Antwort* die *rechte Antwort* ist, uns das zu zeigen macht Xue-dous Absicht bei der Auswahl dieses Kôan aus.

Aber widerspricht nicht die **Ankündigung** allen derartigen Überlegungen? Werden wir denn nicht von Yuan-wu aufgefordert, zwischen Höherwertigem und Geringerem zu unterscheiden und dem jeweils Besseren den Vorzug zu geben? Geht es nicht darum, unsere – scheinbar angeborene – *Unschlüssigkeit zu beenden*, wann wir einen *Drachen* und wann eine *Schlange*, einen in *Schwarz* gewandeten Priester oder einen in *Weiß* gekleideten Laien vor uns haben? (Unnötig, eigens auszusprechen, dass Yuan-wu mit dem *Drachen* und der *Schlange* die beiden Metaphern aufnimmt, mit denen Mañjushrî das Mit- und Ineinander von *Weisen* und *gewöhnlichen Menschen* in seinem Reich der *„Klaren Kühle"* umschreibt.)

---

391 Diese Gleichgültigkeit gegenüber dem Schicksal des einzelnen lebenden Wesens, ob Mensch oder Tier, gemahnt an daoistisches Gedankengut, namentlich an ein Axiom aus dem Text 5 des *Dao-De-Jing*: „Himmel und Erde sind nicht gütig. Deshalb sind die *Zehntausend Dinge* wie Strohhunde!" Mit anderen Worten: Die einzelnen Dinge, ob lebend oder tot, sind für das DAO wie Ritualgegenstände ohne eigenen, inneren Wert, die Menschen nach dem Vollzug des Rituals achtlos wegwerfen, darin der Haltung des DAO gegenüber jedem einzelnen der *Zehntausend Dinge* folgend.

Das Befremdliche an der Ankündigung ist, dass es doch keines besonders scharfen Urteils bedarf, Schwarz von Weiß zu unterscheiden oder einen geflügelten Drachen von einer flügel- und beinlosen Schlange; und dennoch weist Yuan-wu mit Nachdruck darauf hin, dass wir zu solcher Unterscheidung unbedingt eines dritten *Auges oben auf dem Scheitel* bedürfen, des Auges der „Erleuchtung"! Yuan-wu hat also etwas anderes im Sinn als äußerliche Merkmale, die jedermann vor Augen stehen; er will uns vielmehr darauf vorbereiten, dass im nachfolgenden Beispiel die Frage verhandelt wird, welche Einsicht, welche Haltung den *Weisen* zum Weisen macht und was uns in dem Status *gewöhnlicher Menschen* festhält. Und um das wissen zu können, ist es in der Tat unabdingbar, auch selbst den Status eines Weisen, und das hießt, eines „Erleuchteten", eines »Erwachten« erreicht zu haben! Aber wozu erwacht? Nun, zu einem Zustand, in dem wir die Gleichgültigkeit des DAO gegenüber Gut und Böse, Gut und Schlecht deshalb akzeptieren können, weil wir uns selbst zu einer solchen Gleichgültigkeit emporgearbeitet haben – zu jenem Zustand der Nicht-Dualität, in dem wir allen Gegensätzen enthoben sind, nicht nur dem von Leben und Tod, sondern auch dem von Gut und Böse, Gut und Schlecht! Denken wir an die Eingangszeilen der *Meißelschrift vom Glauben an den Geist* des angeblichen Autors Seng-can, auf die sich auch der Zhao-zhou des Kôan 2 bezieht: „Das DAO zu erreichen ist nicht schwierig; es gilt nur, sich vom Auswählen und Vorziehen loszusagen!" Nur wer sich vom Denken und Empfinden in Gegensätzen losgelöst hat, findet Eingang ins DAO, besagt dieses Zitat, und umgekehrt bedeutet der Eintritt ins DAO – und das meint zugleich den Eintritt in die Nicht-Dualität – dass es für uns den Gegensatz dessen, was wünschenswert, und dessen, was zu vermeiden oder gar zu verabscheuen ist, nicht mehr gibt. Wohlgemerkt: in der Nicht-Dualität; soweit wir jedoch lebende Wesen in der Welt der Erscheinungen sind, kommen wir, kommt auch der *Weise* ohne solche Unterscheidungen nicht aus; nur werden wir das Vorhandensein auch des Bösen und Schlechten in der Welt nicht als Einwand gegen das Weltganze aus DAO (der Shûnyatâ) und *Zehntausend Dingen* (den Erscheinungen) ins Feld führen!

Gerade jetzt, so beschließt Yuan-wu seine Ermahnungen und meint damit die anschließende Konfrontation seiner Zuhörer mit der von Xue-dou zitierten Legende der Begegnung zwischen Mañjushrî und dem Mönch Wu-zhuo, *gerade jetzt sind Sehen und Hören nicht verdunkelt, sind Klang und Farbe unverfälscht und wahr!* Mit anderen Worten: Wer *jetzt* Augen und Ohren aufsperrt, hat die besondere Chance, was Weisheit ist, symbolisiert durch Drache, Jade, Schwarz, *unverfälscht und wahr* dargeboten zu bekommen![392] Diesmal ist freilich Yuan-wus Verfahren, seine Mönche und noch uns heutige Leser zum Kernpunkt des jeweiligen »Öffentlichen Aushangs« hinzuführen, noch ärger verschlüsselt als sonst schon – so verschlüsselt, dass es sich erst nach eingehender Beschäftigung mit dem Beispiel selbst, auf das es doch eigentlich vorbereiten soll, entschlüsseln lässt: über die Gleichsetzung des *Drachen*, mit dem er die Ankündigung eröffnet, und der Weisheit dessen, der in die Sphäre des DAO eingetreten ist.

---

392 Es sei hier zusätzlich angemerkt, dass *Schwarz* und ebenso *Weiß* noch zu weiteren Verweisungen eingesetzt worden sind; so kann Schwarz die Shûnyatâ oder „wahre Wirklichkeit" und Weiß die Welt der Erscheinungen symbolisieren, worauf der Verfasser anlässlich des Kôan 75 (*Ma-zus „Weiß und Schwarz"*) zurückkommen wird. Vorweg sei jedoch schon hier darauf hingewiesen, dass sich im Text 28 *Dao-De-Jing* die Formulierung findet: „Das Weiße kennen, das Schwarze festhalten", eine Formulierung, die, wie der Verfasser bereits anlässlich des Kôan 6 *Cong-rong-lu* plausibel zu machen versucht hat, auf das DAO und die *Zehntausend Dinge* (analog zu Shûnyatâ und Erscheinungen) verweist.

36. Chang-sha ergeht sich in den Bergen

Ankündigung

(nicht erhalten)[393]

Beispiel

Chang-sha hatte sich einen Tag lang in den Bergen ergangen. Als [er] auf dem Rückweg zum Klostertor gekommen war, fragte [ihn] der Mönch vom Ersten Sitz: „Wohin sind denn Ehrwürden unterwegs gewesen?“
Chang-sha sagte: „[Ich] habe mich in den Bergen ergangen.“
Der Mönch vom Ersten Sitz sagte: „Wie weit seid [Ihr] dabei gekommen?“
Chang-sha sagte: „Anfangs bin [ich] dem Duft der Gräser nach davongegangen, [dann aber] auf der Jagd nach fallenden Blütenblättern umgekehrt!“
Der Mönch vom Ersten Sitz sagte: „Das hört sich doch sehr nach Frühlingsgedanken an!“
Chang-sha sagte: „Ist ja auch besser, als wenn im Herbst der Tau von den Lotospflanzen tropft!“

(*Der Meister bemerkt dazu: „[Dieses] Wort [verdient nur eine] Antwort: Dankbarkeit!“*)

Lobgesang

Die große Erde frei [noch] von feinstem Staub –
Welches Menschen Auge öffnet sich da nicht!?
„Anfangs bin [ich] dem Duft der Gräser nach davongegangen,
[Dann aber] auf der Jagd nach fallenden Blütenblättern umgekehrt!“
Ein Kranich, abgemagert, krümmt sich auf einem kalten Baum,
Ein Affe, dem Wahnsinn verfallen, kreischt von einem alten Turm!
Chang-sha erlegt seinen Gedanken keine Schranken auf –
Pfui!

Dass wir in **Chang-sha** Jing-cen (gest. 868) einen echten Schüler Nan-quans vor uns haben, zumindest des Nan-quan unserer Song-zeitlichen Quellen, wäre für jeden Leser leicht nachvollziehbar, hätten wir uns hier im *Bi-yan-lu* bereits mit dem Beispiel des Kôan 40 befassen können, in dem sich Nan-quan dagegen verwahrt, einen blühenden Päonienstrauch „anzuschauen, als wäre er ein Traum“, und darauf dringt, solch irdisch-diesseitiger Schönheit handfeste und vertrauenswürdige Wirklichkeit zuzugestehen. Über Leben und Wirken seines Schülers Chang-sha weiß selbst das *Jing-de Chuan-deng-lu* wenig zu berichten; immerhin

---

393 Wie schon zuvor in den Kapiteln 6, 14, 18, 26, 28, 30 und 34 weisen auch zu diesem Kôan weder die Standard- noch die *Ichiya*-Version (und in ihrem Gefolge die *Teihon*-Ausgabe) eine Ankündigung auf. Dieser Ausfall hier im Kôan 36 ist der achte Beleg für den schwerwiegenden und komplexen »Bindefehler«, der für beide Überlieferungsstränge, die Standard- und die *Ichiya*-Version, die Annahme eines gemeinsamen Vorfahren erzwingt.

zitiert es einige ihm zugeschriebene Gedichte, deren bekanntestes jener Vierzeiler ist, der in beide dem *Bi-yan-lu* nachfolgenden Kôan-Sammlungen Eingang gefunden hat, ins *Cong-rong-lu* anlässlich des Kôan 79 und ins *Wu-men-guan* im Kôan 46. Dieser Vierzeiler lautet:

Ein Mensch, der oben auf einer hundert Fuß hohen Stange sitzt –
Obwohl er Zugang erlangt hat, ist das noch nicht das Wahre.
Oben auf einer hundert Fuß hohen Stange musst du einen Schritt vorwärts tun.
Das Weltall der Zehn Richtungen ist dann dein vollständiger Leib![394]

Was hier noch verschlüsselt zutage tritt, dass nämlich die Versenkung in die Shûnyatâ, metaphorisch durch das Sitzen „oben auf einer hundert Fuß hohen Stange" ausgedrückt, „noch nicht das Wahre ist", dass es dazu vielmehr eines „Schrittes nach vorwärts" bedarf, hinein in das „Weltall der Zehn Richtungen", das stellt uns die Episode, die das Beispiel des jetzigen Kôan 36 ausmacht, ganz offen und dazu noch weit eindringlicher vor Augen!

Dieses Kôan 36 *Bi-yan-lu* ist geradezu ein Bekenntnis und Aufruf zu einer Geisteshaltung und Lebenseinstellung, die sich nicht anders denn als Diesseitsfrömmigkeit bezeichnen lässt – eine Diesseitsfrömmigkeit, die freilich immer auch den Blick nach „drüben", ans „andere Ufer" einschließt! Da *ergeht sich [ein] Chang-sha einen ganzen Tag lang in den Bergen.* Das ist höchst außergewöhnlich: Der Abt eines Klosters entzieht sich mir nichts, dir nichts seinen täglichen Pflichten, derer so viele sind, dass sie auch schon einmal als Entschuldigung haben herhalten müssen, für gründlicheres Nachdenken keine Zeit finden zu können.[395] Kein Wunder also, dass der *Mönch vom Ersten Sitz* unruhig wird und hin und wieder am *Klostertor* nach dem Meister Ausschau hält. *Einen ganzen Tag lang* ist dieser Chang-sha unterwegs, und das passt zu den wenigen Auskünften, die über seinen sonstigen Lebenslauf auf uns gekommen sind; denn da ist davon die Rede, er habe nach einigen Jahren Pflichterfüllung sein Amt als Klosterabt niedergelegt und den Rest seines Lebens in freier Wanderschaft verbracht.

Vorsichtig erkundigt sich der *Mönch vom Ersten Sitz* nach dem Grund für Chang-shas lange Abwesenheit. Chang-sha gibt offenherzig Auskunft: *„[Ich] habe mich in den Bergen ergangen."* Das klingt wie eine Selbstverständlichkeit, und so bleibt dem Mönch nur, sich diesem Ton anzupassen und lediglich die in Frageform gekleidete Vermutung zu äußern, das müsse dann ja wohl ein Gang bis weit hinein in die umgebende Bergwelt gewesen sein. Darauf geht Chang-sha jedoch nicht ein, wechselt vielmehr auf ein andere, eine tiefere Ebene des Gesprächs über – auf die Ebene grundsätzlichen Weltverständnisses: *„Anfangs bin [ich] dem Duft der Gräser nach davongegangen, [dann aber] auf der Jagd nach fallenden Blütenblättern umgekehrt!"*

Versuchen wir, diesen Worten nachzuspüren: Der *Duft der Gräser* bringt uns Bergwiesen vor Augen, Wiesen aus blühenden Wildgräsern, durchsetzt mit Blumen aller Art; der morgendliche Aufwind eines sonnigen Frühlingstages trägt den Duft der verschiedenen Blüten

394 Roloff (1), S. 164ff., Roloff (2), S. 408ff.
395 Man vergleiche das Kôan 49 *Bi-yan-lu* bzw. Kôan 33 *Cong-rong-lu*.

bergaufwärts und lockt den Wanderer mit sich die Hänge hinauf. Im Bergwald weiter oberhalb stehen einzelne Bäume oder Baumgruppen ebenfalls in Blüte, in voller Blüte sogar, deren Höhepunkt hier und da bereits überschritten ist. So kann selbst sanfter Wind ganze Schauer von Blütenblättern zu Boden regnen lassen. Und wie der aufsteigende Duft der Gräser und Blumen uns mit sich hinaufreißt in die Ahnung eines Ausblicks in unendliche Fernen, mischt sich mit den *fallenden Blütenblättern* ein Hauch von Melancholie in die Schönheit der Welt! Wir können mit unserer bisher untadeligen Vorstellungskraft sogar noch einen Schritt weitergehen: So, wie der aufsteigende Wohlgeruch Chang-sha gleichsam über die Welt hinaus nach oben lockt (hier klingt die Bewegung »nach oben hin« an, und das soll sie auch), ebenso führen ihn die Blütenschauer in die Vergänglichkeit des Irdischen zurück, dessen Schönheit uns mit einer von Wehmut durchtränkten Freude beschenkt. Das eine kann so rauschhaft wie das andere sein! Und die *Umkehr*, von der Chang-sha dem Mönch gegenüber spricht, wäre dann mehr als nur der Beginn des unvermeidlichen Rückwegs; sie wäre die ergänzende und freudig gewählte Bewegung »nach unten hin«! Von der Schönheit der Welt bergaufwärts gelockt und geleitet, und möglicherweise sogar in ein Sehnen über sie hinaus, und von eben dieser Schönheit, gerade in ihrer schmerzlichen Vergänglichkeit, aufs Neue eingefangen und in die Welt zurückgeholt – so den Tag verbracht zu haben bekennt Chang-sha durchaus selbstbewusst vor seinem *Mönch vom Ersten Sitz*![396]

Der zeigt sich – vorsichtig gesagt – nicht wenig irritiert: *„Das hört sich doch sehr nach Frühlingsgedanken an!"* Und die sind für einen buddhistischen Mönch der Tang-Zeit – und nach allem, was wir über den Tang-zeitlichen Buddhismus wissen, auch für einen damaligen Mann des Chan – eindeutig unstatthaft! Chang-sha jedoch lässt sich von solcher immerhin höflich-behutsam vorgebrachten Vorhaltung keineswegs einschüchtern: *„Ist ja auch besser, als wenn im Herbst der Tau von den Lotospflanzen tropft!"* Und Xue-dou hat vor seinen Mönchen beim einschlägigen Lehrvortrag in der Dharma-Halle noch eins daraufgesetzt: *„[Dieses] Wort [verdient nur eine] Antwort: Dankbarkeit!"* Aber Dankbarkeit wofür? Was hat Chang-sha denn überhaupt gemeint, als er seine Frühlingslust und -freude gegen den herbstlichen Tau auf den Blättern der Lotospflanzen als das Bessere abgesetzt hat? Eignet denn, anders gefragt, dem *Tau*, der *im Herbst* – die ehemaligen Blütenstengel des Lotos tragen nur noch kahle, leere Fruchtkapseln – von den welkenden Blättern tropft, eine schmerzlichere Melancholie, als sie den fallenden *Blütenblättern* des Frühlings innewohnt? Diese Frage stellen heißt bereits, sie zu bejahen! Es ist das eine Melancholie, die uns den unvermeidlichen Tod alles Lebenden, auch unseren eigenen, eindringlich vor Augen führt und den Gedanken an Verzicht und Abschied nahelegt: „Da ist kein Glück in dieser Welt, nicht nur kein dauerhaftes, vielmehr nur der allgegenwärtige Schmerz, nicht festhalten zu können, was uns teuer ist!" Und gegen diesen Schmerz können wir uns – so wäre fortzufahren – nur wappnen, indem wir auf Lebensglück überhaupt verzichten und

---

396 Es geht nicht an, angesichts dieser Schönheit der irdischen Welt, wie Gundert es tut, nur um weiterhin das Nirvâna als das höchste Ziel menschlichen Strebens behaupten zu können, Rilkes berühmten Satz aus der *1. Duineser Elegie* (und den auch noch ungenau und unvollständig) zu zitieren: »Denn das Schöne ist nichts als des Schrecklichen Anfang [den wir noch grade ertragen, und wir bewundern es so, weil es gelassen verschmäht, uns zu zerstören]«! – so geschehen im Bd. II, S. 80; und S. 81 heißt es dementsprechend: „Der Anfang höheren Lebens liegt am Ort der Weltverneinung und der Selbstverleugnung. Davon lässt sich auch das Zen so wenig wie der übrige Buddhismus etwas abdingen."

unser Leben damit hinbringen, uns vom Leben loszusagen! Chang-shas *Tau, der im Herbst von den Lotospflanzen tropft*, hat eine unleugbare Affinität zum Streben nach dem Nirvâna, zu Weltüberwindung und Jenseitsfrömmigkeit, zu dem beharrlichen Bemühen, „ans andere Ufer hinüber" zu gelangen und dort ins „völlige Verschwinden" einzugehen!

Eine solche Welt- und Lebenseinstellung will der Chang-sha unseres Beispiels nicht gelten lassen; stattdessen tritt er für das Recht ein, sich an der Schönheit der *Zehntausend Dinge*, und sei sie eine durchaus vergängliche, erfreuen und sie als beglückend erfahren zu dürfen. Und wir lügen uns keineswegs in die Tasche, wenn wir darauf bauen, eine solche Glückserfahrung auch tatsächlich erreichen und durchhalten zu können. Dass diese Erwartung nicht unbegründet ist, liegt zum einen an der Welt selbst, an ihrer – aller »gebrechlichen Einrichtung« zum Trotz – gleichwohl gegebenen relativen Verlässlichkeit; vor allem aber an uns selbst, wenn wir durch das spirituelle Sterben des „Großen Todes" (*da si*) die Shûnyatâ als den festen Boden unter den Füßen gewonnen haben, auch in einer nur relativ verlässlichen Welt ungeschmälert zuhause sein zu können!

Schauen wir uns dazu die beiden Eingangszeilen des **Lobgesangs** an: *„Die große Erde frei [noch] von feinstem Staub – / Welches Menschen Auge öffnet sich da nicht!?"* – So gänzlich *frei von Staub*, das ist *die große Erde* sicherlich von sich aus nicht; das ist sie nur für den, der sie mit besonderen Augen, mit den Augen eines Tathâgata ansieht, also mit den Augen dessen, der in der bodenlosen Leere seinen festen Stand gefunden hat. Und einem solchen Menschen *öffnet sich* eine andere Schönheit der Welt, eine Schönheit, die nicht durch ihre unaufhebbare Vergänglichkeit in Wehmut und Trauer versetzt; es ist das, metaphorisch ausgedrückt, die Schönheit einer *großen* und weiten *Erde, [die] frei [ist] noch vom feinsten Staub*! Wessen *Auge* könnte sich dann noch dagegen wehren, überzugehen vor Glück!? Ja, dann bleibt uns nur eins: hingerissen dem *Duft der Gräser zu folgen* und uns trunken den Schauern *fallender Blütenblätter* auszusetzen!

Für Chang-shas Bekenntnis zu einem solchen Glück fordert Xue-dou unsere *Dankbarkeit* ein und verwandelt so das bloße Bekenntnis in einen Aufruf, der uns allen gilt: dem Beispiel Chang-shas zu folgen und uns gleichfalls zu einer Haltung der Daseins- und Lebensfreude aufzuschwingen oder besser gesagt, zu ihr emportragen zu lassen – gegen alle Einwände der Melancholie, der Verlockung zu Weltschmerz, vor allem gegen das mit der Autorität eines Buddha Shâkyamuni ausgestattete Gebot zu Weltflucht und Glücksverzicht. Und genau von diesem Gebot handelt der zweite Teil des **Lobgesangs**, den Xue-dou übergangslos mit dem Gegen-Bild eines *„abgemagerten Kranichs auf kaltem Baum"*, eines *„dem Wahnsinn verfallenen Affen"* einsetzen lässt, der von einem *alten Turm* herab die Welt ringsum mit seinem *Kreischen* erfüllt. Der *„alte Turm"* (das Schriftzeichen *tai* kann auch „Terrasse", „Aussichtsplattform" bedeuten) erinnert an jenem Turm, von dem herab Mañjushrî auserwählte Jünger in die unendliche Weite der Buddha-Länder hat schauen lassen: Ist es zu kühn, diesen *alten Turm* als Metapher für die Buddha-Lehre verstehen zu wollen? Wie sehr auch der Leser vor einer solchen Zumutung zurückschrecken mag – ein *abgemagerter Kranich* lässt unweigerlich an die vom Hunger gezeichneten und ausgemergelten Leiber indischer Asketen denken, denen sich einst auch der junge Gautama zugesellt hat; eindrucksvoll, ja von nicht zu übertreffender Eindrücklichkeit jene allbekannte Steinskulptur der Gandhâra-Kultur aus dem 2. Jahrhundert, die einen bis auf die Knochen und Sehnen abgemagerten Siddhârta Gautama zeigt. Zwar hat sich der historische Buddha von der absoluten Lebensverneinung seiner frühen Jahre abgewandt und seinen Jüngern stattdessen einen »mittleren Weg« vorgelebt und anempfohlen; doch das Ziel, das er in seiner Lehre, dem Buddha-Dharma, allen Suchenden vorgibt, bleibt jener anfänglichen Askese verpflichtet: das Erreichen des Nirvâna, des „Erlöschens", als einzig möglicher Befreiung aus dem Kreislauf der Wiedergeburt. Traditionelle Buddha-Lehre schließt also – nicht anders als jene Skulptur es ins Extrem getrieben darstellt – weiterhin Weltverzicht und Daseinsverneinung ein.

Auch die übrigen Details der beiden zu Chang-shas Bekenntnis konträren Zeilen weisen in dieselbe Richtung: der *„kalte Baum"* ist semantisch gesehen nicht weit entfernt von der „kalten Asche" und dem „verdorrten Baum", die das Kôan 96 *Cong-rong-lu* als Wende-Worte des Shi-shuang Qing-zhu (807-888) zitiert.[397] Alle drei, der *kalte* wie der verdorrte *Baum* und die *kalte* Asche verweisen auf das Absterben in der Versenkungsübung, das nun einmal unverzichtbarer Bestandteil des Chan- oder Versenkungs-Buddhismus ist und auch von Chang-sha nicht in Frage gestellt werden kann. Andererseits, zusammen mit dem *abgemagerten Kranich*, der sich da auf diesem *kalten Baum krümmt*, werden uns die Auswirkungen einer Lebenshaltung vor Augen geführt, die nichts als Absterben kennt; für die das Absterben mithin Selbstzweck ist und nicht Mittel und Durchgang zu etwas anderem, Wichtigerem: zu einem erfüllten Leben inmitten der *Zehntausend Dinge* und ihrer beglückenden Schönheit. Absterben und nichts als das, das will Xue-dou uns nahelegen, führt nur dazu, dass wir ausgehungert und entkräftet zurückbleiben in einer für uns kalten und unwirtlichen Welt! Absterben und nichts als das, diese alte Leier der Buddha-Lehre, so Xue-dou mit unüberbietbar drastischem Vergleich, treibt uns wie jenen *Affen* auf dem *alten Turm* allenfalls in den *Wahnsinn*, mit dem wir dann wie mit irrem *Kreischen* aller Welt in den Ohren liegen! Chang-sha jedoch, so fährt Xue-dou unerschrocken fort, *erlegt seinen Gedanken keine [,altgläubigen'] Schranken auf*"; er denkt, heißt das, auch das in den Augen und Ohren der „Altgläubigen" Undenkbare, dass wir, auch und gerade als Menschen des Chan, ein Recht haben auf Lebensfreude und Lebenslust! Das muss für die – auf dem *alten Turm* ausharrenden – Verfechter der ursprünglichen Buddha-Lehre und ihrer Jenseitsfrömmigkeit („hinüber ans andere Ufer") geradezu Anathema sein. Und als wäre ihm eben erst bewusst geworden, welche Ungeheuerlichkeit er da gerade zum Besten gegeben hat, stellt sich Xue-dou in der Schlusszeile des **Lobgesangs** (die gar keine Zeile, sondern nur das eine, hilflose Wort dessen ist, dem ansonsten die Sprache plötzlich im Halse stecken bleibt) auf die Seite der „Altgläubigen" und stößt mit ihnen zusammen einen Schrei der Entrüstung aus: *„Pfui!"!* – „,*Pfui!*' über meine eigenen Worte, ,*Pfui!*' aber erst recht über diesen Chang-sha, der da von rechtgläubiger Jenseitsfrömmigkeit nichts wissen will und uns stattdessen zu einer – für ihn nur vermeintlich – unerhörten Diesseitsgläubigkeit anhält!"

Sagen wir es, mit einem längeren Lobgesang ganz anderer Art, auch so:

Duftende Gräser aus Nichts,
Sacht sich wiegend im Leeren,

397 Roloff (2), S. 492f.

Dort, wo es Windhauch nicht gibt, wohin
Stürme des Daseins nicht reichen,
Drüben „am anderen Ufer", das
Dunkles Gewölk nicht kennt, nicht
Grollen des Donners, nur
Stille und Licht –
Duft über Grasland,
Sanftes Versprechen,
Das vollkommenen Frühlings,
Der doch nur hier sich erfüllt,
Mitten in Leib und Leben.

Geht in die Berge hinaus,
Dieser Meister Chang-sha, jagt
Dann aber *fallenden Blüten* nach,
Kehrt so voll Lust in das Erden-
Dasein *zurück*, seine Flüchtigkeit
Lebens und Sterbens, setzt sich
Heftigem Tadel aus,
Unstatthaft sei
Diesseits-Verliebtheit.
Glänzend pariert er
Solchen Ruf zur Askese:
Wo, wenn nicht hier, lebt das Glück
Angstfreier Daseinsfreude!?

Dank sei dem alten Chang-sha,
Dass er den Mut uns bestärkt,
Rückhaltlos zu bekennen:
Nicht aus Leben und Welt die Flucht
Macht den Sinn des Zazen,
Dieser Übung ins Sterben:
Hast du einmal gelernt, dein
Ich ans Nichts zu verlieren,
Hast die Leere erkannt
Als deinen wahren Leib,
Ungeworden und nicht
Von Zerstörung bedroht,
Stehst du und gehst
Heiter im Sonnenlicht – und
Wär' es die »Sonne Satans«.[398]

---

398 Roloff (3), Text 110; das Wort von der »Sonne Satans« ist Zitat und Anspielung zugleich auf den Titel *Sous le Soleil du Satan* des katholischen Schriftstellers George Bernanos, der in seinem so benannten Roman die irdische, die „sündige" – oder auch „karmische" – Welt mit ihren Leidenschaften und

37. Pan-shans „Kein einziges Ding"

Ankündigung

Der treibenden Kraft eines zuckenden Blitzes nachzusinnen ist vergebliche Mühe; beim Donnergetöse des Himmels die Ohren [vor ihm] zu verschließen ist schwer zu vollenden. Über der Stirn das rote Banner [des Sieges] auf und nieder zu schwenken, hinter den Ohren mit den Schwertern zu wirbeln – wenn [dein] Auge nicht unterscheiden [kann] und [dir deine] Hand nicht [sicher] vertraut ist, wie vermagst [du es dann] zu erreichen? Es gibt eine Sorte [Menschen], die gesenkten Hauptes nachsinnen, mithilfe des Denkens sich daranmachen auszuwählen und abzuschätzen, und ernstlich nicht wissen, dass sie vor ihren Totenschädeln Gespenster ohne Zahl erblicken. – Nun sagt mal: [Soll man] sich mithilfe des Denkens daranmachen, zwischen Gelingen und Misslingen hin und herzuwechseln, oder gibt es so ein vollständiges Erwachen [wie hier dasjenige Pan-shans]? Wie wollt [Ihr] nur darauf antworten?

Beispiel

Pan-shan hat einmal die Bemerkung fallen lassen: „In [allen] Drei Welten kein [einziges] Ding![399] Wo [ließe sich da] nach dem Geist suchen?"

Lobgesang

„In [allen] Drei Welten kein [einziges] Ding –
Wo [ließe sich da] nach dem Geist suchen?"
Weiße Wolken bilden den Baldachin,
Sprudelnde Quellen die siebensaitige Qin:[400]
Ein Lied, zwei Lieder, kein Mensch versteht sie.
Der Regen vorbei, am nächtlichen Deich das Herbstwasser tief!

Gebrechlichkeiten, ihren Freuden, Süchten und Heimsuchungen als eine Welt *Unter der Sonne Satans* darstellt. – Im Übrigen sieht sich der Verfasser veranlasst, den Leser vor einem Missverständnis der ersten dieser drei Strophen zu warnen: Die *„duftenden Gräser"* der Eingangszeile unterliegen hier nicht der Chan-typischen Gleichsetzung von »Gras« und irdischer Welt; sie sind vielmehr Bestandteil einer in poetischer Freiheit zur Landschaft umgedeuteten Shûnyatâ: Diese erste Strophe tut so, als erwarte uns da *„am anderen Ufer"* tatsächlich ein anderes, sich weithin erstreckendes Land. – Im Übrigen unterliegt dieses Gedicht aus dem Jahr 2004 mit seiner dritten Strophe dem Verdikt des Kôan 99: „Halte doch bitte nicht Dein Selbst für den makellosen Dharmakâya!"

399 Der Terminus *»Drei Welten«* meint den *Triloka* des klassischen buddhistischen Mythos, die drei Sphären der *körperlichen Begierde* (*Kâmaloka*), der *begierdelosen Körperlichkeit* (*Rûpaloka*) und des *Körperlosen* (*Arûpaloka*), die zusammen das Ganze des Samsâra, des Kreislaufs der Existenzen, ausmachen. Zum *Kâmaloka* gehören außer Höllengeistern, Tieren und Menschen u.a. auch die Götter der 33 Himmel oben auf dem Berg Sumeru, deren höchster der Gott Indra ist; der *Rûpaloka* umfasst die Götter der vier Dhyâna- oder Versenkungs-Himmel, auf deren unterster Stufe der Gott Brahmâ steht, und in die durch entsprechende Wiedergeburt aufzusteigen auch Menschen möglich ist, die sich hinreichend in den Vier Dhyâna-Arten geübt haben; der *Arûpaloka* schließlich ist von Himmelswesen besiedelt, die sich bereits im vorangegangenen Leben den vier Stufen des *Arûpasamâdhi* gewidmet haben, einer der Frühzeit des Buddhismus entstammenden Übung, die den Adepten in immer höhere Bereiche der Unkörperlichkeit erhebt. Doch dort angekommen zu sein bedeutet immer noch keinen Ausbruch oder Ausstieg aus dem Samsâra.

400 Die *Qin* ist ein der Zither ähnliches Zupfinstrument mit sieben Saiten.

Außer der Tatsache, dass er ein Schüler und Dharma-Nachfolger des Ma-zu Dao-yi (709-788) gewesen ist, wissen die Quellen über **Pan-shan** Bao-ji (720-814) so gut wie nichts zu berichten. Zu diesem Wenigen gehört, dass Pan-shan als Lehrer und Meister seinerseits nur einen Dharma-Nachfolger hinterlassen hat, den „heiligen Narren" Pu-hua, der uns im *Lin-ji Lu* in einer Vielzahl von Anekdoten entgegentritt. Überliefert ist auch die Szene, in der Pan-shan bei der Bestimmung seines Erben eben diesem Pu-hua vor seinen anderen Schülern den Vorzug gegeben hat: Als Pan-shan kurz davor war, in die Verwandlung einzugehen, wandte er sich mit der Frage an seine Mönche, ob da jemand unter ihnen sei, der ihm eine Abbildung seines wahren Wesens vorweisen könne. Sämtliche Mönche wetteiferten darum, ein solches Bild zu zeichnen; doch Pan-shan wies alle Zeichnungen unter Prügeln zurück. Da trat Pu-hua vor und erklärte sich imstande, das Verlangte zu leisten. Als Pan-shan ihn daraufhin aufforderte, das Bild vorzuzeigen, schlug Pu-hua nur einen Purzelbaum und ging davon, was Pan-shan zu der Bemerkung veranlasste: „Dieser Bursche wird sich eines Tages mit dem Betragen eines Verrückten der Menschen annehmen!"

Und dann ist da noch ein Vier-Satz-Zitat überliefert, aus dem Xue-dou nur die beiden ersten Sätze als seinen »Öffentlichen Aushang« übernommen hat. Die beiden übrigen Sätze lauten: „Die Vier Elemente sind ursprünglich leer – auf welchen Aufenthalt [könnte] der Buddha sich da stützen?"[401] Es liegt auf der Hand, dass diese beiden Folge-Sätze das Verständnis der voraufgehenden Sätze erheblich erleichtern und mithin Xue-dou durch das Weglassen dieser beiden Sätze das Verständnis des so verkürzten Zitats absichtlich erschwert hat. Und zudem springt ins Auge, dass von den insgesamt vier Sätzen des vollständigen Pan-shan-Zitats die Sätze 1 und 3 sowie die Sätze 2 und 4 jeweils miteinander korrespondieren: Satz 3 erläutert, inwiefern *„in allen Drei Welten kein einziges Ding"* existiert (weil alles „ursprünglich leer" ist), und Satz 4 verrät uns, was es mit dem *Geist* auf sich hat, *nach dem zu suchen* vergebliche Mühe ist (dass es sich dabei um Buddha im Sinne einer allgemeinen „Buddha-Natur" oder eines letzten Grundes, einer „wahren Wirklichkeit" aller Dinge handelt).

Auch dies liegt auf der Hand, dass Pan-shans *„In [allen] Drei Welten kein [einziges] Ding! Wo [ließe sich da] nach dem Geist suchen?"* in den Umkreis eines Ma-zu gehört, wie er uns in den Song-zeitlichen Quellen entgegentritt. Und zwar sind uns in den Kôan 30 und 33 *Wu-men-guan* zwei kurze Wortwechsel überliefert, in denen Ma-zu sich zu der Frage: „Was ist mit Buddha?" äußert. Das eine Zwiegespräch lautet: „Weil Da-mei ihn fragte: ‚Was ist mit Buddha?', sagte Ma-zu: ‚Also der Geist ist Buddha!'"; und das andere hat den Wortlaut: „Weil ein Mönch ihn fragte: ‚Was ist mit Buddha?', sagte Ma-zu: ‚Weder Geist noch Buddha!'" Und dann ist da noch, neben dem Wort Pan-shans, der einschlägige Ausspruch

---

401 So der Wortlaut der *Ichiya*-Version; die Standard-Version lässt noch vier weitere Sätze folgen, die jedoch inhaltlich nicht so recht zum Voraufgehenden passen wollen! – Yuan-wu, der das gesamte Vier-Satz-Gebilde (ein Vierzeiler aus viermal vier Schriftzeichen) in seinem Kommentar anführt, schließt sein Zitat sogar ausdrücklich mit der Bemerkung ab: „Dies sind seine an die [Mönchs]gemeinde gerichteten Worte!" Pan-shans Vierzeiler mit dem chinesischen Wortlaut: *san-jie wu fa / he-chu qiu xin / si da ben kong / Fo yi he zhu* weist – etwa im Unterschied zu dem Hui-neng zugeschriebenen Vier-Zeilen-Kurzgedicht – keine Reimworte auf – vgl. die Fußnote 6 anlässlich der Abhandlung II, *Chan-Buddhismus und die Lehre vom DAO.*

eines anderen und weit bedeutenderen Ma-zu-Nachfolgers, des großen Nan-quan, der sich im Kôan 27 *Wu-men-guan* – dort mit weit größerer Bestimmtheit als im Kôan 28 *Bi-yan-lu* – zu der eindeutigen Klarstellung verleiten lässt: „Es ist nicht Geist, es ist nicht Buddha, es ist nicht [sonst] ein Ding!" Auch das wäre vorweg noch zu erwähnen, dass Wu-men selbst Ma-zus Ausspruch „Weder Geist noch Buddha!" mit der Bemerkung kommentiert: „Wenn du in diesem Punkt Einsicht erlangt hast, ist das Erlernen des In-Versenkung-Sitzens eine erledigte Angelegenheit!" – ein Urteil, das uneingeschränkt der Einschätzung entspricht, mit der Yuan-wu in seiner **Ankündigung** Pan-shans Ausspruch als Ausdruck eines *vollständigen Erwachens* würdigt.[402]

Wenden wir uns den Einzelheiten zu: Gleich zu Beginn der **Ankündigung** verheißt uns Yuan-wu einen „Leckerbissen", derart, dass Pan-shans kurzes Wort wie ein *zuckender Blitz* daherkommt, so schnell vorbei, dass wir ihn weder mit den Augen noch mit den Gedanken dingfest machen können; derart auch, dass dieses selbe Wort wie mit *Donnergetöse* den ganzen *Himmel* erfüllt und uns wie betäubt zurücklässt, weil wir vor solch ungeheurem Getöse *die Ohren nicht verschließen* können. Ja, wir könnten, wollten wir uns als Lehrlinge der Chan-Rhetorik betätigen, sogar von einem Getöse sprechen, das den Himmel selbst zerreißt, eine Übertreibung, die vom Inhalt her, wie sich bald zeigen wird, sehr wohl zu Pan-shans Worten passt. Wenn Yuan-wu anschließend von einem *roten Banner* spricht, das es *über der Stirn zu schwenken* gilt, sowie von der Fertigkeit, hinter dem Kopf zwei *Schwerter wirbeln* zu lassen, so zielt das nunmehr auf uns, die wir uns Pan-shans Ausspruch wie einem gefährlichen Gegner gegenübersehen, mit dem wir erfolgreich fertig werden müssen: Ein *rotes Banner* durfte derjenige schwenken, der bei einem – unter staatlicher Aufsicht abgehaltenen – philosophisch-theologischen Streitgespräch (ähnlich der uns näherliegenden Leipziger Disputation von 1519 zwischen dem aufmüpfigen Mönch Dr. Martin Luther und dem Papst-treuen Dr. Johannes Eck) den Sieg davongetragen hatte; und das hinterrücks ausgeführte Wirbeln zweier Schwerter war ein besonderes Fechter-Kunststück, dazu angetan, den Gegner zu überrumpeln, weil der nicht vorauszusehen vermochte, mit welchem der beiden Schwerter der nächste Hieb erfolgen wird.[403] Für uns, das will Yuan-wu uns verdeutlichen, kommt es darauf an, uns ein scharfes, zu genauer Unterscheidung fähiges *Auge* und eine *sichere Hand* anzueignen, wenn wir an Pan-shan eine Blöße entdecken und seinem dunklem Wort das Geheimnis seiner wahren Bedeutung entreißen wollen. Doch zugleich warnt uns Yuan-wu davor, uns auf den Versuch einzulassen, *mithilfe des Denkens* durch *Abschätzen* und *Auswählen* ans Ziel zu gelangen, weil dann, bestenfalls, einem *Gelingen* hier ein *Misslingen* dort entgegensteht und wir, auf jeden Fall, mit unseren vermeintlich erfolgreichen Gedanken nur *Gespenster* vor uns haben, die vor *unseren Totenschädeln* ihr Spiel treiben! Rein rhetorisch also ist Yuan-wus abschließende Frage, ob wir uns wirklich des irrlichternden *Denkens* bedienen oder uns nicht lieber, wie vom *Aufzucken eines Blitzes*,

402 Zu den *Wu-men-guan*-Zitaten vergleiche man Roloff (1), S. 108, S. 117 und S. 128.

403 *Hinter den Ohren mit [zwei] Schwertern wirbeln* – ein zweifellos schwieriges Fechter-Kunststück, das nur noch von der Kunstfertigkeit übertroffen wird, die uns Shakespeare im letzten Akt seines *Hamlet* vorführt: Im finalen Zweikampf hat Laertes den vom König vergifteten Degen in der Hand und Hamlet damit bereits touchiert; doch in der Hitze des weiteren Gefechts werfen sich beide im selben Augenblick ihren Degen, den Griff voraus, gegenseitig zu, so dass nunmehr Hamlet nichtsahnend die vergiftete Waffe in der Hand hält, mit der er Laertes anschließend zu Boden streckt.

vom Einsetzen eines plötzlichen *Donnerschlags*, in ein *vollständiges Erwachen* gleich dem Pan-shans versetzen lassen wollen. – Der Verfasser freilich räumt – mit einem ironischen Lächeln allerdings – gern offenherzig ein, sich im Folgenden auf genau das Verfahren zu versteifen, von dem uns Yuan-wu soeben mit Nachdruck abgeraten hat.

Also denn: *„In [allen] Drei Welten kein [einziges] Ding!"* Das kann, so wörtlich genommen, selbstverständlich nicht stimmen; denn das Weltganze, im buddhistischen Mythos aufgeteilt in die drei Bereiche des Kâmaloka, Rûpaloka und Arûpaloka, ist der Inbegriff eben alles Dinglichen. Wir können auch sagen: Weltganzes und Gesamtheit der Dinge sind miteinander identisch; jenseits des Triloka kann es *per definitionem* keine Dinge mehr geben. Der Satz, dass *in allen drei Welten kein einziges Ding* existiert, macht daher nur dann Sinn, wenn wir – buddhistischer Ontologie entsprechend – *Ding* als ein Etwas verstehen, das nicht nur existiert, sondern aus sich heraus existiert und das nur deshalb, weil es zugleich auch eine Essenz, ein zeitüberdauerndes Wesen besitzt. Dann und nur dann stellt Pan-shans Satz (und das ist der Satz 1 des vollständigen Zitats) eine sinnvolle Aussage dar: Im gesamten Triloka gibt es nichts, das aus einer ihm innewohnenden Essenz heraus existierte; alles, was überhaupt in der Welt vorkommt, ist gleichsam im Inneren leer, ist wie eine Hülle um nichts. Oder, mit Pan-shans eigenen Worten, Satz 3: „Die Vier Elemente sind ursprünglich leer!" Dabei sind, zumindest in den üblichen materialistischen Kosmologien, die Elemente als eben die aus sich heraus existierenden und deshalb unvergänglichen Bausteine aller Dinge gedacht, sozusagen als der feste, unwandelbare Kern inmitten des unaufhörlichen Wandels der Welt. Doch gerade derartige Elemente leugnet, buddhistischer Orthodoxie getreu, Pan-shan mit seinen Sätzen 1 und 3: Alles, auch das Gesamt der Elemente, ist im Grunde leer; andersherum (und mit logisch unerlaubter Verdinglichung) gesagt: die Leere, Shûnyatâ, ist der Grund der Dinge, ist das, was allen Dingen als deren Innerstes, sozusagen (paradox formuliert) als deren „Kern", innewohnt!

Wenn aber im Grunde und mithin von seinem Ursprung her alles leer ist, *„wo [ließe sich da]"*, so folgert Pan-shan in Form einer rein rhetorischen Frage, *„nach dem Geist suchen?"* Diese Frage macht jedoch nur dann Sinn, wenn mit dem *Geist* nicht der – unleugbar vorhandene – individuelle Geist einzelner konkreter Menschen gemeint ist, sondern der Geist als Ursprung aller Dinge, die ihrerseits – ganz im Sinne der Yogâchâra-Schule – nur vom Geist erzeugte „Erscheinungen" sind. Und rein rhetorisch ist die Frage, weil sie ihre Antwort gleich mit enthält: Wenn im Grund alles leer ist und mithin auch der Grund selbst nichts als Leere ist, kann dort auch kein *Geist* zu finden sein, oder, wie Pan-shan es in seinem Satz 4 formuliert: „Auf welchen Aufenthalt [könnte] der Buddha sich da stützen?" Die Antwort auf diese zweite rein rhetorische Frage kann nur lauten: „Auf keinen!" Und das wiederum heißt: Es gibt ihn gar nicht, diesen Geist oder Buddha; er lässt sich nirgends *suchen*, weil es ihn nirgends gibt – weil auch der Geist oder Buddha als letzte und „wahre Wirklichkeit" nichts als Leere ist! So läuft der einzige von Pan-shan überlieferte „Lehrsatz" auf dasselbe hinaus wie Nan-quans Ausspruch im Kôan 27 *Wu-men-guan*: „Es ist nicht Geist, es ist nicht Buddha, es ist nicht [sonst] ein Ding!" Noch strikter formuliert: *Geist* oder Buddha – beides ist nichts! Und weil das angeblich Letzte und Höchste nichts ist, gibt es auch nichts mehr zu *suchen*, ist folglich – mit den Worten des De-shan Yuan-ming aus dem Kôan 46 *Cong-rong-lu* – „das Lernen abgeschlossen"! Wer, so der Yun-men-Nachfolger aus dem 10. Jahrhundert,

„bis an dieses Ende gelangt ist", der hat „die Münder sämtlicher Buddhas der drei Welten" wie Siegestrophäen „oben an der Wand hängen", weil er alles, was diese Buddhas, die ja in Wahrheit nichts sind und nichts zu sagen haben, je hätten sagen können, nicht mehr nötig hat![404] Und den Zustand eben solcher Errungenschaft, die Lehren sämtlicher Buddhas der Drei Welten überwunden und den einen, allumfassenden Buddha oder *Geist* als nichts erkannt, erfahren zu haben, erhebt Yuan-wu in seiner **Ankündung** zum *vollständigen Erwachen.*

Ein auffälliger Parallelfall zu Pan-shans gar nicht so dunklem Wort, ein Parallelfall, der gleichfalls vieles und vor allem das Entscheidende unausgesprochen lässt, dass nämlich Geist und Buddha reines Nichts sind, findet sich in der Bodhidharma-Legende, von Wu-men als Kôan 41 in sein *Wu-men-guan* übernommen. Dort bittet Hui-ke, der zukünftige Zweite Patriarch, Bodhidharma darum, seinem Geist den Frieden zu schenken, nach dem er solange schon vergeblich gesucht hat. Bodhidharma fordert ihn auf: „Bring mir Deinen Geist, und ich werde ihm für Dich Frieden schenken!" Hui-ke entgegnet, in schmerzlicher Enttäuschung vermutlich: „Ich habe meinen Geist gesucht, aber ich kann ihn nicht erreichen!" Daraufhin erteilt ihm Bodhidharma einen Bescheid, der keinen Widerspruch zulässt: „Ich habe für Dich Deinem Geist endlich Frieden geschenkt!"[405] Das klingt sehr selbstgewiss, ist jedoch, auf der Ebene des bloßen Wortlauts, logisch gesehen keineswegs schlüssig. Denn aus Hui-kes Eingeständnis: „Ich kann meinen Geist nicht erreichen!", folgt durchaus nicht, dass das bloße Aussprechen dieses Eingeständnisses Hui-ke zu der doppelten Einsicht verholfen hat, dass er – wie Bodhidharma unausgesprochen unterstellt – den Geist (und das ist jetzt der Geist am Grunde der Welt) deshalb nicht erreicht, weil der grundsätzlich unerreichbar ist, und dass – noch einen Schritt weiter – der Geist (der am Grunde der Welt) nur deshalb grundsätzlich unerreichbar ist, weil er nichts ist! Und nur diese Einsicht befreit uns von weiterem Suchen und schenkt uns eben dadurch den ersehnten Frieden des Geistes, unseres je eigenen, sterblichen Geistes! Zweierlei liegt dabei auf der Hand: Ein in sich stimmiger Gesprächsverlauf bis hin zu Bodhidharmas abschließender Feststellung: „[Damit] habe ich [gerade] Deinem Geist Frieden geschenkt!", ergibt sich nur dann, wenn Hui-ke sein Scheitern nicht länger einem persönlichen Unvermögen zuschreibt, sondern als im Wesen des Geistes selbst (und das ist dann der Geist, von dem auch das Kôan 37 *Bi-yan-lu* handelt) begründet erkennt und anerkennt, und wenn zum anderen – weil ja Hui-ke durch die Suche nach seinem eigenen, individuellen Geist die Eigenart des Geistes überhaupt erkennen können soll – eine Identität dieses individuellen Geistes mit dem allgemeinen Geist am Grund der Welt vorausgesetzt wird – stillschweigend vorausgesetzt! Dieser allgemeine Geist aber, so das unausgesprochene Ergebnis auch des Kôan 41 *Wu-men-guan*, ist – nichts, und er stellt unser fortwährendes Suchen nach etwas »Rettendem« nur dadurch still, dass wir uns darein finden, dass da, wo wir Rettung zu erlangen hoffen, nichts ist, was uns retten könnte, und dass wir gleichsam am eigenen Leib erfahren, dass in eben diesem Sich-Darein-Finden unsere Rettung liegt – unser Frieden des Herzens!

Wie ein solcher Frieden des Herzens, statt dass wir in nichts als Resignation verharren, im Gegenteil uns beglücken soll, das zeigt uns Xue-dou mit seinem **Lobgesang**: Wenn sich

404 Roloff (2), S. 231ff.
405 Roloff (1), S. 151

in [allen] Drei Welten kein Geist, kein Buddha finden lässt, und erst recht nicht außerhalb der Welt, im leeren Nichts, was bleibt uns dann noch? Es bleiben, so Xue-dou, die *„weißen Wolken"*, die über den sprichwörtlichen »Bergen, Flüssen und der große Erde« einen *„Baldachin bilden"*, den Schutz und Schirm gegen die kalten Weiten eines leeren Himmels; und es bleibt die Musik der *„sprudelnden Quellen"*, vergleichbar einem Wohllaut wie dem der *„siebensaitigen Qin"*, einem Wohllaut, der sich mit dem Duft der Bergwiesen verbindet, der seinerseits – im vorigen Kôan – einen Chang-sha dazu verlockt hat, voll Lust und Freude immer weiter in die Berge hinauf zu wandern! *„Ein Lied, zwei Lieder"* seien das, lässt Xue-dou uns wissen (doch wir können nicht entscheiden, ob er mit der nachgeschobenen Zweizahl die *weißen Wolken* und *sprudelnden Quellen* oder die beiden Sätze meint, die er dem Pan-shan-Zitat entnommen hat); und er behauptet obendrein, *„kein Mensch versteht sie!"*, was doch offensichtlich, soweit es um die *Wolken* und *Quellen* geht, auf immerhin den einen Chang-sha des vorigen Kapitels nicht zutrifft, und was, wenn die beiden Sätze Pan-shans gemeint sein sollten, von all denen Lügen gestraft wird, die eben durch solches *Verstehen* dahin kommen, Yuan-wus *vollständiges Erwachen* an sich selbst zu erfahren! Es bleibt, so fasst Xue-dou zusammen, eine durch und durch bejahenswerte Welt, in der auch die lang anhaltenden und starken *Regenfälle* des *Herbstes* eines Tages *vorbei* und *am nächtlichen Deich* zwar die *Herbstwasser tief* sind, ohne jedoch so weit anzusteigen, dass sie den *Deich* überfluten und rings die Ernten und Mensch und Tier vernichten! Es ist da eine Ordnung, die über und in den Dingen waltet, und das ist die Ordnung des DAO. Und diese Ordnung macht, dass wir uns – auch wir Heutigen noch, solange wir sie nicht gedankenlos-mutwillig zerstören – in dieser Welt, aller Unbilden und Gefahren unerachtet, durchaus aufgehoben fühlen können.

Mit diesem »Öffentlichen Aushang«, dessen Beispiel sich wie eine Paraphrase des angeblichen Hui-neng-Ausspruchs liest: „Ursprünglich ist da kein einziges Ding!", haben wir einen geradezu klassischen Fall von Ikonoklasmus vor uns, wie ihn das Song-zeitliche Chan wieder und wieder ins Werk setzt: Da wird einer der geheiligten Grundsätze des chinesischen Buddhismus für null und nichtig erklärt, dass nämlich ein „ewiger" Buddha, ob nun als *Geist* oder als Dharmakâya, den sicheren und unzerstörbaren Grund der Welt bildet. Und wie der Vierzeiler, dem der Ausspruch „Ursprünglich ist da kein einziges Ding!" als die zentrale Aussage angehört, Hui-neng erst nachträglich untergeschoben worden ist, so können wir vermutlich auch hier im Falle Pan-shans und seines – inhaltlich weit radikaleren – Vierzeilers: *„In [allen] Drei Welten kein [einziges] Ding! / Wo [ließe sich da] nach dem Geist suchen? / Die Vier Elemente sind ursprünglich leer – / Auf welchen Aufenthalt [könnte] der Buddha sich da stützen?"* davon ausgehen, dass wir eine nachträgliche Erfindung vor uns haben, hervorgegangen aus dem »bilderstürmerischen« Ungestüm des Song-zeitlichen Chan.

38. Feng-xues „Eiserner Ochse“[406]

Ankündigung

Wenn [du] der Allmählichkeit [das Wort] redest, wendest [du dich] zur üblichen Übereinstimmung mit dem WEG [des Buddha] zurück – mitten auf dem lärmerfüllten Marktplatz [läufst du dann] in die Kreuz und in die Quere. Wenn [du hingegen] der Plötzlichkeit [das Wort] redest, lässt [du] nicht einmal die Andeutung einer Spur zurück – selbst tausend Weise verzichten darauf, dir nachzuforschen. Falls [du aber] weder eine allmähliche noch eine plötzliche [Vollendung] ansetzt, was denn dann? Bei einem scharfsinnigen Menschen [genügt] ein einziges Wort, bei einem schnellen Pferd [genügt] ein einziger Peitschenhieb! – Bedenkt [dazu] doch bitte, [was Xue-dou hier] vorbringt!

Beispiel

Als [sich] Feng-xue in Ying-zhou[407] im Amtsgebäude [aufhielt], stieg er zur Halle hinauf,[408] wandte sich an die Versammlung [seiner Zuhörer] und sagte: „Das Herzenssiegel unseres Schulgründers[409] gleicht in seiner Erscheinung der spirituellen

---

406 Dieses Kapitel ist zugleich dasjenige, in dem Textgestalt und Textmenge in der *Ichiya*- und der Standard-Version in der Fassung von 1317 am stärksten voneinander abweichen. Und zwar weist Zhang-wei Ming-yuans Neuausgabe aufs Ganze gesehen erheblich mehr Text auf als die *Ichiya*-Version, ja in Yuan-wus Erläuterungen zum Beispiel ist der Text der *Ichiya*-Version in der Standard-Fassung durch Zusätze förmlich aufgebläht. Kaum denkbar, dass die *Ichiya*-Version Textmaterial ihrer Vorlage in solchem Ausmaß einfach hat unter den Tisch fallen lassen; weitaus wahrscheinlicher ist, dass die *Ichiya*-Version mit ihrer knapperen Textfassung dem zu postulierenden gemeinsamen Vorgänger nicht nur zeitlich, sondern auch inhaltlich näher steht und der Text der späteren Neuausgabe von 1317 eine durch vielerlei nachträgliche Hinzufügungen erzeugte Erweiterung des Vorgänger-Textes darstellt. – Zur Erinnerung: Zhang-wei Ming-yuans 1317er Version ist zur Grundlage aller bislang gebräuchlichen Textfassungen des *Bi-yan-lu* und damit auch sämtlicher bisheriger Übersetzungen des *Bi-yan-lu* in eine westliche Sprache geworden, deshalb vom Verfasser eben Standard-Ausgabe genannt. – Das Beispiel dieses Kôan bildet auch den Mittelpunkt des Kôan 29 *Cong-rong-lu*.

407 *Ying-zhou* ist sowohl der Name einer alten Provinz, und zwar der heutigen Provinz Hubei, als auch der damalige Name ihrer Hauptstadt, des heutigen Wuchang, südlich von Wuhan, der heutigen Hauptstadt von Hubei, am Südufer des Chang-jiang oder Yangtse gelegen. Im Kontext des Beispiels ist natürlich die Provinzhauptstadt Ying-zhou gemeint.

408 Die sonst übliche Redewendung „zur Halle (und das meint die Dharma- oder Lehrhalle eines Klosters) hinaufsteigen“ (*shang tang*) erscheint hier seltsam fehl am Platz, befindet sich Feng-xue doch im *Amtsgebäude*, dem Verwaltungssitz der Provinz Ying-zhou, obendrein als seinem ihm vom Gouverneur angebotenen längerfristigen Wohnsitz. Das *shang tang* bedeutet in der hier gegebenen Situation lediglich, dass Feng-xue innerhalb des *Amtgebäudes* zu einer Lehrrede vor eine größere Zuhörerschaft tritt.

409 Das *Herzenssiegel* Buddhas verweist auf die *svastika*, das uralte, glückbringende Hakenkreuz-Zeichen, das im Buddhismus als Symbol des Rades der Lehre oder der Lehre Buddhas insgesamt fungiert. In chinesischen Buddha-Darstellungen findet es sich auf der Brust in der Höhe des Herzens. Im Chan/Zen symbolisiert dieses Zeichen das Siegel des Buddha-Geistes, welches von Patriarch zu Patriarch weitergegeben worden ist. Auch heute noch spielt diese »Weitergabe von Herz zu Herz« (bzw. »von Geist zu Geist«) in den Zen-Klöstern Japans eine zentrale Rolle: Sichtbarer Ausdruck für die erfolgreiche

Kraft des Eisernen Ochsen.[410] Wird es entfernt, so bleibt der Abdruck bestehen; bleibt es aufgedrückt, so wird der Abdruck zerstört. Aber wenn es weder entfernt ist noch aufgedrückt bleibt, ist es dann richtig, zu siegeln, oder ist es dann richtig, nicht zu siegeln?"

Da trat ein Klostervorsteher [namens] Lu-po hervor und sagte: „Unsereiner besitzt die spirituelle Kraft des Eisernen Ochsen; ich bitte den Meister, das Siegel nicht aufzudrücken!"
Feng-xue sagte: „Ich bin es gewohnt, beim Angeln nach Walen und Riesensalamandern in das ‚klare Große' einzutauchen;[411] doch ach!, [hier] stapft [nur] ein Frosch in Schlamm und Sand herum."
Lu-po schaute vor sich hin und dachte nach.
Feng-xue stieß einen Schrei aus und sagte: „Klostervorsteher, warum bringt Ihr kein Wort hervor?"
Lu-po überlegte.
Feng-xue versetzte ihm einen Schlag mit dem Fliegenwedel und sagte: „Könnt [Ihr Euch] noch an [Eure] Worte erinnern? [Dann] versucht doch mal, [etwas] vorzubringen."
Lu-po wollte gerade den Mund öffnen, da schlug Feng-xue ihn nochmals mit [seinem] Fliegenwedel.

Der Gouverneur sagte:[412] „Das Buddha-Gesetz und das Gesetz des Herrschers sind von der gleichen Art."
Feng-xue sagte: „Was [habt Ihr] erkannt?"
Der Gouverneur sagte: „Nicht zu entscheiden, was entschieden werden müsste, stiftet im Gegenteil genau da Verwirrung."
Feng-xue stieg sogleich von seinem Sitz herunter.

Übertragung des Dharma vom Lehrer auf den Schüler ist die offizielle Bestätigung des Schülers durch den Meister in Form einer Urkunde (*inka shômei*).

410 *Eiserner Ochse* – so hieß ein Felsrücken im Huang-he, dem Gelben Fluss, und zwar in jenem Abschnitt seines Mittellaufs, wo er – aus der Nord-Süd-Richtung in die West-Ost-Richtung abgebogen – die Grenze zwischen den heutigen Provinzen Shanxi und Henan bildet. Dieser Felsrücken hat die am Südufer des Huang-he gelegene Stadt Shan vor den andringenden Fluten des mächtigen, dort durch einen Engpass aufgestauten Stromes geschützt, indem er die Wassermassen nach Norden abgedrängt und so die Stadt vor Überflutung geschützt hat. Die Namensgebung beschwört das Bild eines kraftvoll-massigen Tieres, das breitbeinig im Wasser steht und den andringenden Fluten unerschütterlich standhält. Der Tang-zeitliche Dichter Jia Zhi (718-772) hatte den *Eisernen Ochsen* durch einen alsbald sehr populären Liedtext im ganzen Reich bekannt gemacht, so dass Feng-xue auch in Ying-zhou bei seinen Zuhörern ein korrektes Verständnis der von ihm verwendeten Metapher voraussetzen konnte.

411 Zwar bietet das *Far East Chinese-English Dictionary* für die beiden Schriftzeichen *jing* („Walfisch" – so Rüdenberg Nr. 2204) und *yi* („Riesensalamander" – Rüdenberg Nr. 1271) die Bedeutung: „male and female whales" an – Lexikon III, S. 1558; der Verfasser schließt sich jedoch aus inhaltlichen Gründen vielmehr Rüdenberg an: „Riesensalamander" erleichtert den assoziativen Übergang zu „Frosch", handelt es sich doch bei beiden um Lurche – Lexikon I, S. 172 bzw. 104.

412 Gemeint ist Li Shi-jun, der damalige Gouverneur der Provinz Ying-zhou, ein langjähriger Schüler Feng-xues, der den Meister eingeladen hatte, sich in seinem von den Wirren der »Fünf Dynastien« (der instabilen Kaiserreiche in der Zeit zwischen dem Untergang der Tang- und dem Aufstieg der Song-Dynastie: 907-960) relativ unberührten Verwaltungsbereich niederzulassen und im Sommer 949 sogar in seiner Residenzstadt Aufenthalt zu nehmen, und zwar direkt im Verwaltungssitz der Provinz.

Lobgesang

[Er] packt sich Lu-po, [setzt] ihn rittlings auf den Eisernen Ochsen –
Lanze und Panzer der drei Geheimnisse lässt sich nicht leicht begegnen![413]
Das Wasser, das dem König von Chu an der Grenze der Stadt aufwartet –
Mit einem einzigen Schrei hat [er] jedoch befohlen, dass es rückwärts fließt![414]

Mit seinen Lebensdaten 896-973 gehört **Feng-xue** Yan-zhao mitten hinein in die Übergangszeit zwischen Tang- und Song-Dynastie. Es ist das die Epoche der »Fünf Dynastien«, bei der sich in der einen Hälfte Chinas, nördlich des Yangtse, kurzlebige Kaiserreiche in schneller Folge abgelöst haben, begleitet von nahezu ununterbrochenen Wirren, deren Auswirkungen auch dem dortigen Chan-Buddhismus in seinen verschiedenen Ausprägungen zugesetzt haben. Insbesondere sind die auf Shen-hui, den „Erfinder" des Sechsten Patriarchen Hui-neng, zurückgehende He-ze-Schule sowie die von Ma-zu begründete Hong-zhou-Schule, soweit sie sich im Einflussbereich der alten Hauptstädte Chang-an und Luo-yang hatte etablieren können, erloschen. Südlich des Yangtse hingegen erfreuen sich relativ unabhängige Provinzen und sogar selbständige Staaten einer erstaunlichen Stabilität. In diesen auch wirtschaftlich erfolgreichen Staatsgebilden erlebt gerade der Chan-Buddhismus eine neue Blüte, sowohl von den jeweiligen Machthabern als auch von der einheimischen Bildungselite nachhaltig gefördert. Dabei hat sich vor allem das »Haus Lin-ji«, dem in der dritten Generation auch Feng-xue angehört, zur vorherrschenden Richtung des Chan entwickelt (später ist auch das »Haus Yun-men« zu großem Einfluss aufgestiegen). Und zwar ist es, wie in der Fußnote 412 bereits mitgeteilt, eben Feng-xue gewesen, der von Li Shi-jun, dem Gouverneur der Provinz Ying-zhou, die Einladung erhalten hat, in seinem von den Wirren der »Fünf Dynastien« unberührten und zudem prosperierenden Verwaltungs- und Machtbereich Zuflucht zu nehmen und von dort aus seine Lehrtätigkeit auszuweiten. Vor allem sein Schüler Shou-shan Sheng-nian (926-93) hat dem Chan der Lin-ji-Nachfolger dank der anhaltenden Unterstützung durch die lokale Macht- und Bildungselite zu einem geradezu

413 Die *drei Geheimnisse* (*san xuan*) sind ein Terminus aus dem *Lin-ji Lu*. Dort heißt es im Teil I (*shang tang*), Abschnitt IX: „Jeder einzelne Satz muss die Tore der *drei Geheimnisse* herrichten". Fuller Sasaki / Kirchner verweisen in ihrem Kommentar auf die Gleichsetzung dieser *drei Geheimnisse* mit den drei Grundbegriffen der buddhistischen Philosophie „Prinzip" (*li*), „Weisheit" (*zhi*) und „Wirken" (*yong*) und merken dazu an: *„The most we can say is, perhaps, that the master is ... dealing with suchness in (1) its absolute state, (2) its manifestations as intrinsic wisdom and the functioning of this wisdom, and (3) its manifestation through humans and their activities"* – Fuller Sasaki / Kirchner, S 149.

414 Der chinesische Wortlaut dieses 4-Zeilen-Kurzgedichts weist erstaunliche Kühnheiten auf; so ist in der zweiten Zeile anstelle des deutschen „begegnen" vielmehr von „vergelten", „belohnen" die Rede, und die dritte Zeile spricht von einem Wasser, das an der Stadtmauer des Königs von Chu „dem Ahnherrn die Aufwartung macht". Der Sinn beider Zeilen ließe sich wie folgt umschreiben: Feng-xue setzt die *drei Geheimnisse* wie Lanze und Panzer ein, also als Waffen zum Angriff auf den Gegner und zum Schutz der eigenen Person; und seinem Gegenüber fällt es schwer, der Aufforderung Feng-xues, *etwas vorzubringen*, zu entsprechen, sie durch eine hinreichende Antwort gleichsam zu „vergelten" und sich so gegen den Angriff Feng-xues erfolgreich zur Wehr zu setzen, ihm mithin zu *„begegnen"*. Und was das *Wasser* betrifft, das „dem Ahnherrn die Aufwartung macht", also bis zum Ahnentempel vorgedrungen ist, so ließe sich an ein Hochwasser denken, das die angrenzenden Gebiete südlich des Yangtse überflutet und dabei auch die Hauptstadt des Königsreichs von Chu erreicht hat.

triumphalen Aufschwung verholfen, in dessen Folge das »Haus Lin-ji« zur vorherrschenden Richtung des Song-zeitlichen Chan geworden ist.[415]

Das vorliegende Beispiel zeigt einen Feng-xue, der sich von der Vorliebe seiner Anfangsjahre für die philosophischen Spekulationen der Tian-tai-Schule weit entfernt hat. Beginnen wir zum Einstieg, wie es die Abfolge der drei Texte dieses Kôan nahelegt, mit der **Ankündigung** Yuan-wus, die unübersehbar vom Stolz des Chan, zumindest des Song-zeitlichen Chan, auf seine Umdeutung der ursprünglichen Buddha-Lehre ganz durchdrungen ist. Die einleitende Antithese von *Allmählichkeit* und *Plötzlichkeit* zielt nämlich nicht auf die Abwertung, die Shen-hui und seine Schüler als Propagandisten der „Süd-Schule" und ihrer „plötzlichen Erleuchtung" mit dem Vorwurf einer unzureichenden „allmählichen Erleuchtung" an der von ihnen so benannten „Nord-Schule" exekutiert haben; dieser Konkurrenzkampf ist längst ferne Vergangenheit. Es geht, wie der erste Satz der Ankündigung zeigt, um den *WEG*, den der historische Buddha gelehrt hat, den Weg ins Nirvâna, von dem im traditionellen Buddhismus gilt, dass sich das Ziel, der endgültige Ausstieg aus dem Kreislauf der Wiedergeburt, nur in einer Abfolge zahlreicher, um nicht zu sagen: zahlloser menschlicher Leben erreichen lässt. Auch dieser langwierige Aufstieg zur Vollendung, zur Buddhaschaft, fällt unter das Merkmal *Allmählichkeit*, sogar einer ganz besonders allmählichen *Allmählichkeit*; und selbst wenn wir bereits bei der letzten Etappe dieses beschwerlichen Weges angelangt sind, gelingt uns der Übertritt ins Parinirvâna erst nach einem lebenslangen Bemühen, einer immer noch nur allmählichen Annäherung an den Zustand der Buddhaschaft, auch Erwachen oder „Erleuchtung" genannt. Wer jedoch, so Yuan-wu, an diesem herkömmlichen Buddha-*WEG* festhält, für den verläuft das Leben so, als ob er auf einem *lärmerfüllten Marktplatz* hilflos *in die Kreuz und in die Quere [umherläuft]*, ohne den Ausweg zu finden. Ganz anders derjenige, der den Weg der *Plötzlichkeit* einschlägt, des plötzlichen und sogleich vollständigen Erwachens zur Buddhaschaft, zur Nicht-Dualität, zum DAO: Er hinterlässt, wie Yuan-wu in Anlehnung an den Text 27 des *Dao-De-Jing* formuliert,[416] keine *Spuren*, nicht einmal in *Andeutung*: Er entzieht sich so sehr jedem Versuch, seiner habhaft zu werden, dass *selbst tausend Weise darauf verzichten, ihm nachzuforschen*. Anders gesagt, in der Sprache der herkömmlichen Buddha-Lehre: Wer mitten in diesem einen Leben des plötzlichen und vollständigen Erwachens teilhaftig wird, der ist fortan frei davon, weiterhin Karma anzuhäufen; der ist der Angst enthoben, weiterhin und auf unabsehbare Zeit ans Rad der Wiedergeburt gefesselt zu sein; der ist so sehr von der Bestimmungslosigkeit des Nirvâna durchdrungen, dass er sich auch noch dem forschenden Blick *Tausender Weiser* entzieht.

Doch mit dieser überlegenen Qualität der *Plötzlichkeit* gegenüber einer bloß *allmählichen* Annäherung nicht genug; es scheint da noch ein Drittes zu geben, das noch der *Plötzlichkeit* überlegen ist, ein geheimnisvolles Weder-Noch: *„Falls du aber"*, so Yuan-wu, *„weder eine*

---

415 Welter zitiert dazu einen gleichlautenden Eintrag aus dem *Jing-de Chuan-deng-lu* und dem *Tian-sheng Guang-deng-lu*: *„The master [Sheng-nian] took the [speaker's] seat: ‚The Buddha-dharma, through the donations provided by powerful rulers and ministers, has not been extinguished, but has burned on from lamp to lamp down to the present day. Members of the great assembly, I ask you, what is it that has been passed down?' – After a while, the master said: ‚It is surely what our elder brother, master (Mahâ)kâshyapa first obtained.'"* – Welter (2), S. 192.

416 Dort heißt es: „Diejenigen, die gut gehen, hinterlassen keine Spuren" (*shan xing-zhe wu zhe ji*).

allmähliche noch eine plötzliche [Vollendung] ansetzt, was denn dann?" Denn diese Frage, die mit ihrem Weder-Noch auf das nachfolgende Beispiel vorausweist, zielt keineswegs auf einen Zustand, der – weil darin *weder eine plötzliche noch eine allmähliche Vollendung* vorkommt – gar keine Vollendung kennt; das geheimnisvolle Weder-Noch kennzeichnet vielmehr die Befindlichkeit eines *scharfsinnigen Menschen*, bei dem sogar *ein einziges Wort [genügt]*, ihm noch das Unverständlichste verständlich zu machen; oder die *eines schnellen Pferdes*, bei dem *ein einziger Peitschenhieb* hinreicht, es zur Anspannung all seiner Kräfte zu veranlassen! Was könnte das für eine außerordentliche Befindlichkeit sein, die zwar Vollendung einschließt, aber dennoch weder auf einer *plötzlichen* noch einer *allmählichen* Vollendung beruht? Befolgen wir die Aufforderung Yuan-wus, die auch an uns gerichtet ist: *„Bedenkt [dazu] doch bitte, [was Xue-dou hier] vorbringt!"*

Das **Beispiel** zieht uns hinein in ein Spiel in drei Akten. Erster Akt: Feng-xue hält einen Lehrvortrag vor seinem Gönner und langjährigen Laien-Schüler Li Shi-jun, dem Gouverneur der Provinz Ying-zhou, dem Stab seiner Beamten und weiteren Zuhörern, Mönchen und Laien. Dabei spricht er, vermutlich unter anderem, vom *Herzenssiegel unseres Schulgründers*, dem *zu-shi xin-yin*. Da *xin* sowohl „Herz" als auch „Geist" bedeutet, lässt sich *xin-yin* nicht nur als „Siegel des Herzens", sondern mit gleicher Berechtigung auch als „Siegel des Geistes" übersetzen. Weil *xin* aber auch noch die Bedeutungen „Inneres, Mitte, Mittelpunkt" umschließt, dürfen, ja müssen wir *zu-shi xin-yin* auch als das „Siegel des Innersten Buddhas" verstehen – und dieses „Innerste Buddhas", was soll das schon sein, wenn nicht der Dharmakâya, der „Wahrheitsleib", die Shûnyatâ. Das *yin* selbst ist zum einen der Stempel, der das ihm eingeprägte Zeichen auf etwas anderes überträgt, im Text des Beispiels als *Siegel* wiedergegeben, und zum anderen der *Abdruck*, den der Stempel mitsamt dem von ihm aufgeprägten Zeichen hinterlässt. Dieses *Siegel* des Herzens oder Geistes oder des Innersten Buddhas setzt Feng-xue einem *Eisernen Ochsen* gleich, nicht einer x-beliebigen aus Eisen gegossenen Figur, sondern jenem Riesentier, das die Namensgebung für den gewaltigen Felsrücken im Mittellauf des Gelben Flusses uns vor Augen ruft; einem *Eisernen Ochsen*, dem Feng-xue obendrein *spirituelle Kraft* zuspricht (kein Wunder, wenn es um die Buddha-Lehre oder gar um Buddhas „Wahrheitsleib", den Dharmakâya, geht), freilich mit dem Zusatz, dass ihm diese *spirituelle Kraft* nur *in seiner Erscheinung* eignet – was immer das vorerst bedeuten mag. Soviel aber ist klar: Mit seiner Gleichsetzung von Buddha-*Siegel* und *Eisernem Ochsen* will Feng-xue gleichsam handgreiflich deutlich machen, welch außerordentlich prägende *Kraft* der Buddha-Lehre überhaupt (in der sich „Herz" oder „Geist" des Buddha offenbart) und erst recht der unmittelbaren Erfahrung des „Innersten" Buddhas, also der schlechthinnigen Leere, innewohnt – einer insofern unmittelbaren Erfahrung, als sie sich in der Versenkungsübung jenseits von Sprache und Denken ereignet. Für einen Vertreter des Chan, des Song-zeitlichen obendrein, geht es Feng-xue bei seinem Vergleich allerdings, versteht sich, nicht um die Lehre Buddhas, wie sie in den zahllosen, so wortreichen wie wortgewaltigen Sûtren vorliegt, sondern um sein „Innerstes", die Shûnyatâ, und die *spirituelle* Veränderung, die dieses „Innerste" an uns vollzieht. Damit wird zugleich auch klar, warum Feng-xue nicht einfach vom *Herzenssiegel unseres Schulgründers*, sondern von diesem Siegel *in seiner Erscheinung* spricht: Es ist nicht der Dharmakâya selbst, sondern der „Wahrheitsleib", wie er sich in der Welt der Erscheinungen und mithin auch in uns offenbart, dem die geradezu unbändige Kraft eines keineswegs, nur weil eisernen, deshalb auch toten Ochsen eignet: die Kraft eines geduldigen und ausdauernden Tieres, das vor keiner Mühsal zurückschreckt, sich von keiner Härte des Lebens den Lebensmut rauben lässt – und das mit der scheinbar toten Materie seines stofflichen Leibes auf etwas anderes verweist, ebenso wie etwa der Chan-sprichwörtliche »Mann aus Stein, der singt« oder gar der »blütentreibende Eisenbaum« als Symbol eines anderen, eines besonderen Frühlings jenseits von Yin und Yang, der uns nur aus dem spirituellen Sterben des „Großen Todes" erwächst: Dieser *Eiserne Ochse*, unzweifelhafte Metapher für Buddhas „Innerstes", die Shûnyatâ, erweist seine *spirituelle Kraft* nur in uns, und nur, wenn wir – wie der Zhao-zhou des Kôan 41 – durch den „Großen Tod" hindurchgegangen sind, und er erweist sie eben darin, dass wir uns dann von keiner Mühsal mehr niederdrücken, von keinem Schmerz mehr beugen lassen, stattdessen den „Großen Frieden" der Gelassenheit leben.

In seiner Lehrrede vor Li Shi-jun und seinem Gefolge samt weiteren Zuhörern ergänzt Feng-xue seine Gleichsetzung von *Herzenssiegel* und *Eisernem Ochsen* um einige auf den ersten Blick dunkle Äußerungen darüber, wie es uns mit der *spirituellen Kraft* des „Innersten" Buddhas ergehen kann: *„Wird [das Siegel] entfernt, so bleibt der Abdruck bestehen; bleibt es aufgedrückt, so wird der Abdruck zerstört. Aber wenn es weder entfernt ist noch aufgedrückt bleibt, ist es dann richtig, zu siegeln, oder [vielmehr], nicht zu siegeln?"* Doch bei näherem Hinsehen bieten auch diese Sätze keine Schwierigkeit: *Wird das Siegel entfernt*, sprich: abgehoben, anders gesagt, wenn die unmittelbare Erfahrung der Shûnyatâ von ihrer Ausrichtung ins Nichts (ins „Ursprünglich ist da kein einziges Ding") aus sich heraus umschlägt in Welt- und Daseinsbejahung, dann *bleibt der Abdruck bestehen*, hat also die *spirituelle Kraft des Eisernen Ochsen* überhaupt erst Gelegenheit, ihr ganzes Potential zu entfalten. *Bleibt das Siegel* hingegen *aufgedrückt*, anders gesagt, wenn sich die Erfahrung der Shûnyatâ darin erschöpft, uns in der „Großen Leere" erlöschen zu lassen, dann *wird der Abdruck zerstört*, erhält also das Wirken des „Innersten" Buddhas gar nicht erst die Chance, sich als glückhafte Daseinsbewältigung zu erweisen. Und wenn Feng-xue darüber hinaus als möglichen dritten Zustand anführt, dass das Siegel *weder entfernt ist noch aufgedrückt bleibt*, und das heißt nichts anderes, als dass es sowohl *aufgedrückt bleibt* als auch *entfernt ist*, so haben wir in diesem Weder-Noch genau den entscheidenden Punkt des gesamten Kôan erreicht, auf den das analoge Weder-Noch der Ankündigung uns vorweg schon geheimnisvoll hingewiesen hat; und in dem darin eingeschlossenen Sowohl-Als-auch haben wir die zusammenfassende und zugleich korrekte Beschreibung der Art und Weise vor uns, wie das „Innerste" Buddhas an uns seine segensreiche Wirkung tut: in der »Doppelbewegung« des Sterbens und der Rückkehr ins Leben, in ein Leben der inneren Freude und eines Glücks nicht aus äußeren Gütern, aus Erfolg, Berühmtheit oder anderen Spielarten der Bestätigung und Steigerung unseres Selbstgefühls, sondern eines Glücks allein aus der Erfahrung dessen, was Feng-xue das *„Herzenssiegels unseres Schulgründers"* nennt, was sich freilich, freier formuliert, auch als „Herz des Buddha" sogar hymnisch feiern lässt:

> Herz des Buddha – o mein Herz!
>
> Ein einziger Herzschlag,
> Nur dieser eine,
> So als schlüge es nicht,

Als hätte das Nichts
Nicht diese Herz-Form,
Die randlose Form meines Herzens.

Herzwoge, weltenweit hin –
Nur diese unbegonnene eine,
In der alles schwingt –
Und doch still steht,
Still und gesegnet
Im Glanz meines Herzens.

Herz des Buddha, mein weites.
Noch Galaxien kreisen darin.
Kein Schrecken berührt es,
Nicht der Schrecken der Trauer,
Nicht des Entsetzens, keiner Empörung –
Gegen wen, gegen was auch sollte es aufsteh'n?

Glanz, der sich selbst bejaht,
Woge, die alles ist,
Glanzwoge, Weltwoge, herzweit.

Herz des Buddha, o mein Herz![417]

Auch auf Feng-xues abschließende Frage, die angesichts eines solchen Hymnus sowie alles sonst zuvor Gesagten nur noch eine rhetorische ist, ob nämlich dieses Sowohl-Als-auch alias Weder-Noch zu *siegeln* (zu bekräftigen) oder *nicht zu siegeln* richtig sei, fällt nunmehr ein klärendes Licht; sie zu bejahen bedarf es keiner weiteren Begründung mehr: Was sonst, wenn nicht das Gelingen der »Doppelbewegung« von radikalem Weltverzicht im „Großem Tod" und unerschütterlichem »Ergreifen der Endlichkeit« (Kierkegaard) hätte es verdient, durch Brief und *Siegel* bestätigt zu werden? Wenn wir diesen Doppelzustand erreicht haben, den wir freilich immer wieder zwar nicht neu erkämpfen, aber doch immer wieder durch unser täglich neu vollzogenes spirituelles Sterben neu erwerben müssen, dann gilt für uns, was Yuan-wu in der **Ankündigung** von seinem Weder-Noch an *Allmählichkeit* und *Plötzlichkeit* gesagt hat; dann gehören wir zu jenen *scharfsinnigen Menschen*, bei denen *ein einziges Wort [genügt]*, zu jenen *schnellen Pferden*, bei denen *ein einziger Peitschenhieb [hinreicht]*: Im Nu eines Augenblicks gleichsam vollziehen sich Absturz und Auferstehung; wir sind wie Kierkegaards »Tänzer«, der »aufsteigt« (in die Unendlichkeit einer absoluten Resignation) und »herniedergleitet« (ins irdische Dasein, in die beglückende Endlichkeit) und der im selben Augenblick auch schon »steht«, ohne jedes Schwanken, ohne jedes Zeichen einer noch so leichten Unsicherheit.[418]

417 Roloff (3), Text 7
418 So Kierkegaard in seiner frühen Schrift *Furcht und Zittern* aus dem Jahr 1843 – Kierkegaard (1), S. 40f. – Eben dieser Sören Kierkegaard hat auch bereits den Begriff der »Doppelbewegung« verwendet,

Zweiter Akt: Der *Klostervorsteher Lu-po*, freilich kein Angehöriger Feng-xues eigener Mönchsgemeinde, wagt sich hervor und erklärt, er *besitze die spirituelle Kraft des Eisernen Ochsen*. Will er damit sagen, er sei selbst der *Eiserne Ochse*? Wohl kaum, denn das hieße ja, dass er beansprucht, in höchsteigener Person der Dharmakâya, das „Innerste" Buddhas zu sein. Was der Mönch Lu-po gemeint hat, ist vielmehr, dass er den Abdruck dieses „Innersten" in sich verspürt, und dass ihm folglich die *spirituelle Kraft* eigne, die uns mit dem Abdruck des Buddha-Siegels verliehen wird. Doch das ist, wie sich gleich zeigen wird, reine Selbstüberschätzung. Dieser *Klostervorsteher* will sich seinen kostbaren Besitz nicht nehmen lassen; er hat offenbar Feng-xues letzte Äußerung missverstanden und befürchtet nun, der allseits hochgeschätzte Meister da vor ihm wolle ihn, der sich doch bereits im Besitz des kostbaren Abdrucks glaubt (Stichwort: *„nicht entfernt"*), erneut siegeln und damit den bereits vorhandenen Abdruck – „seinen" Abdruck, so wie er ihn versteht – zerstören. Daher denn seine vorsichtige, beinahe flehentliche *Bitte*, ihm *das Siegel nicht aufzudrücken*! Doch Feng-xu hat ja dergleichen gar nicht angedroht; und Lu-po selbst versteht die Wirkung, die das Buddha-Siegel an uns ausübt, genau andersherum, als Feng-xue es hat andeuten wollen, nämlich dahin, dass sie uns befähigt, uns dauerhaft dem „Innersten" Buddhas zuzuwenden, uns in diese fortwährende und ausschließliche Zuwendung hineingespannt zu halten.

Genauso versteht auch Feng-xue die Weigerung Lu-pos, sich erneut *siegeln* zu lassen; und diese Ausschließlichkeit der Hinwendung zur Shûnyatâ ist in seinen Augen ein eindeutiges Zeichen von Schwäche. Daher seine abwehrende, ja abwertende Reaktion: *„Gewohnt, beim Angeln nach Walen und Riesensalamandern in das ‚klare Große' einzutauchen, [sehe ich hier nur] einen Frosch in Schlamm und Sand herumstapfen*!" – Nicht nur Lu-po, auch wir stehen zunächst einmal verständnislos da: Was soll dieses abermalige Rätselwort besagen? Mit einer *Angel* nach *Walen* zu fischen ist sicherlich ein Unding, auch wenn es da die Sage von einem Herrn von Ren gegeben hat, der an seiner Angelrute gleich fünfzig Ochsen als Köder befestigt und damit einen so ungeheuren Riesenfisch gefangen und aus den Fluten gezogen haben soll, dass er mit dessen getrocknetem Fleisch die Bevölkerung eines ganzen Staates vor dem Hungertod hat erretten können.[419] Ein weiterer Anstoß liegt in der Formulierung *„das klare Große"*: Warum spricht Feng-xue, wenn es denn schon um *Wale* geht, nicht geradeheraus vom Ozean? Ja, spricht er überhaupt vom Ozean? Verweist *„das klare Große"* nicht vielmehr auf etwas anderes? Auf die ins Grenzenlose sich dehnende Klarheit des Dharmakâya, der Bodhidharma zugeschriebenen „offenen Weite"? Und geht es beim *Angeln* überhaupt darum, *Wale* und *Riesensalamander* zu fangen und als Beute zum Zwecke des Verzehrs an Land zu ziehen? Will Feng-xue nicht vielmehr andeuten, er habe es sich zur Pflicht und Gewohnheit gemacht, in der Tiefe und Weite der Shûnyatâ nach Menschen von solcher Lebenskraft zu suchen, wie sie *Walen* und *Riesensalamandern* zu eigen ist, die sich in den Weiten der Meere tummeln? Sicher, es geht ihm eben darum, seine Schüler, Chan-Gäste und Gegenspieler in allfälligen Dharma-Gefechten daraufhin zu prüfen, ob und wieweit sie aus der persönlichen Erfahrung der Shûnyatâ eine dem Ungestüm von *Walen* und

---

die er in einer späteren Schrift, der *Abschließenden unwissenschaflichen Nachschrift* von 1846, als das »der Unmittelbarkeit Absterben und dennoch in der Endlichkeit Bleiben« definiert – Kierkegaard (2), S. 115 sowie S. 138ff.

419 So Wan-song in seinem Kommentar zum Lobgesang des Kôan 84 *Cong-rong-lu*.

Riesensalamandern vergleichbare Kraft zur gegenläufigen Welt- und Daseinsbewältigung davongetragen haben. Bei einer solchen Ausrichtung seines Trachtens und Wirkens muss ihm jedoch ein Mann wie der *Klostervorsteher* Lu-po mit seiner einseitigen Hinwendung zur Leere des Dharmakâya als Schwächling erscheinen, als kümmerlicher *Frosch* anstelle eines *Riesensalamanders*, als einer obendrein, der nicht nur bloß im *Schlamm*, sondern auch in der ihm feindlichen Umwelt nackten *Sandes* bloß *herumstapft*, schwerfällig, hilflos, zum Versagen seiner Kräfte verurteilt: Einem Mann von entsprechender Statur bleibt es versagt, in dieser Welt zuhause zu sein – nicht nur in der Shûnyatâ, sondern zugleich auch hier inmitten der *Zehntausend Dinge*. Und wie wenig Lu-po in der Tat hier im Gedränge nie endender Ereignisse zuhause ist, zeigt der Rest des Zweiten Aktes, der uns mit dem völligen Scheitern Lu-pos vertraut macht.

Dritter Akt und Epilog: Li Shi-jun, der Gouverneur, meldet sich zu Wort: *„Das Buddha-Gesetz und das Gesetz des Herrschers sind von der gleichen Art.“* Was soll damit gesagt sein? Beachten wir den Kontext: Der Gouverneur, langjähriger Laien-Schüler Feng-xues, hat wie die übrigen Zuhörer verfolgt, wie der Meister soeben den vorlauten Klostervorsteher Lu-po zurechtgewiesen hat. Genau darauf reagiert er. So, wie er sich selbst als Vertreter der weltlichen Macht, des *Herrschers*, versteht, so sieht er in Feng-xue den Vertreter der *Buddha*-Lehre. Aber welcher? Der traditionellen oder der des Chan? Doch diese Frage erübrigt sich: Li Shi-juns Bemerkung ist nichts als eine Bekräftigung dessen, was sich gerade vor seinen Augen und Ohren abgespielt hat: der Zurechtweisung Lu-pos durch Feng-xue. Das wird allsogleich deutlich. Denn Feng-xue erkundigt sich, aus welcher Einsicht heraus – *„Was [habt Ihr] erkannt?“* – der Gouverneur gesprochen hat. Und Li Shi-jun stellt klar: Das *Buddha-Gesetz*, dem Feng-xue gerade eben Lu-po gegenüber Geltung verschafft hat, und das *Gesetz des Herrschers*, das er selbst vertritt und dem, wenn nötig, Geltung zu verschaffen seine eigene Aufgabe ist, sie stimmen darin überein, dass sie, um *Verwirrung* zu verhindern, dort, *wo entschieden werden muss*, auch tatsächlich *entscheiden* – geradeso, wie Feng-xue soeben in Sachen „einseitige Ausrichtung aufs Nirvâna contra gleichberechtigtem Einbezug der Welt“ zugunsten des Letzteren *entschieden* hat: Zuzulassen, so tritt Li Shi-jun seinem Lehrer zur Seite, dass dem herkömmlichen *Buddha-WEG*, wie Yuan-wu es in der Ankündigung formuliert hat, weiterhin *das Wort geredet wird*, stiftet Verwirrung; auf Feng-xues Schultern lastet bezüglich eines spirituell ausgereiften individuellen Lebens die gleiche Verantwortung wie in öffentlichen Angelegenheiten auf seinen eigenen: *„Nicht zu entscheiden, was entschieden werden müsste, stiftet im Gegenteil genau da Verwirrung.“* Feng-xue, so der Gouverneur, ist seiner Verantwortung gerecht geworden. Kein Wunder also, dass der hochgeschätzte Meister nach solch uneingeschränkter Zustimmung ohne jedes weitere Wort *von seinem Sitz herabsteigt* und den Ort seines Auftretens verlässt.

Nun also, als Epilog des Ganzen, auch noch der **Lobgesang**: Anfangs klingt alles nach Burleske, hat doch Feng-xue, wie Xue-dou das Beispiel zusammenfasst, mit seiner lässigen Art, ihn leichthin abzufertigen, den unverbesserlich „altgläubigen“ Klostervorsteher gleichsam *„rittlings auf den Eisernen Ochsen gesetzt“*; da mag er zusehen, ob es ihm, dem Winzling da oben, gelingt, das riesige Tier in die eigene Richtung, hin zum Nirvâna, zu lenken, oder ob nicht der Ochse ihn, so sehr er sich sträubt, vielmehr dahin trägt, wohin er selbst, der Ochse, will: in eine aus der Erfahrung der Shûnyatâ geborene Welt- und Daseinsbejahung!

Doch schon die nächste Zeile schlägt einen ernsthaften Ton an, den einer fast nüchternen Feststellung: Gegen die Waffen, die Feng-xue da einsetzt, gibt es für Lu-po keine Gegenwehr; „Prinzip", „Weisheit" und „Wirken" (laut Fußnote 413 die *drei Geheimnisse* Xue-dous) – wir können auch sagen: Shûnyatâ, die unmittelbare Erfahrung derselben und das daraus resultierende „Große Wirken" – sind wie *Panzer* (die Shûnyatâ, die unverwundbar macht) *und Lanze* (das „Große Wirken", das keinen Widerstand duldet), denen *sich nicht leicht begegnen lässt*! Und dann, als wäre das noch nicht Lob und Preis genug, wartet Xue-dou uns auch noch mit einer haarsträubend unglaubwürdigen Legende auf: der vom *König von Chu*, der es geschafft haben soll, *mit einem einzigen Schrei* die Wassermassen, die sich bis vor die Mauern seiner Stadt ausgebreitet und ihm gleichsam eine höchst feindliche *Aufwartung* gemacht hatten, zum Rückzug zu zwingen. Das *tertium comparationis*, das »gemeinsame Dritte«, das Feng-xue und den *König von Chu* verbindet, liegt in der Durchschlagskraft einer geballten Aktion, mit der ein Angreifer in die Schranken verwiesen wird. Auffällig, dass Xue-dou unausgesprochen das herkömmliche Verständnis der Buddha-Lehre, wie es von Lu-po vertreten wird, einer Flut gleichsetzt, die nicht nur das ganze Land überschwemmt, sondern obendrein auch die scheinbar sichere Bastion eines radikal anti-traditionalistischen Chan bedroht. Sicherlich würde Xue-dou sich dagegen verwahren, eben darauf das Schwergewicht gelegt zu haben; ihm kommt es einzig auf die Lobpreisung Feng-xues und seines „Großen Wirkens" an: Feng-xues unnachsichtige Demaskierung der vermeintlichen Gleichwertigkeit herkömmlich verstandener Buddha-Lehre mit der Chan-spezifischen Umdeutung des Buddha-WEGES ist wie jener ungeheure *Schrei des Königs von Chu*, der noch so weitgedehnte Wasserfluten bis hinter den Horizont zurückdrängt! Welch eindrücklicher Abschluss des kurzen, nur vierzeiligen **Lobgesangs** auf Feng-xue!

39. Yun-mens „[Goldhaar-]Löwe"

Ankündigung

Wer [für] unterwegs das [Große] Wirken empfangen hat, gleicht einem Tiger, der sich einem Berghang nähert; wer weltliche Wahrheit verbreitet, ist wie ein Affe in einem Käfig. Wenn [du] die Bedeutung der Buddha-Natur verstehen willst, dann solltest [du] Zeit, Ursache und Zusammenhang berücksichtigen; und wenn [du] hundertfach geläutertes reines Gold mit dem Hammer bearbeiten willst, musst [du] Esse und Blasebalg eines Könners sein. – Nun sagt mal: Einen Menschen, dessen Großes Wirken sich vor [Euren Augen] zeigt, wie wollt [Ihr] den genauer Prüfung unterziehen? Versucht es doch mit dem, [was Xue-dou hier] vorbringt!

Beispiel

Ein Mönch fragte Yun-men: „Was ist mit dem reinen und klaren Wahrheitsleib?"
Yun-men sagte: „Blüte – Medizin – Umzäunung!"
Der Mönch sagte: „Wenn dann [einer] einfach so davongeht, was denn dann?"
Yun-men sagte: „Goldhaar-Löwe!"

Lobgesang

„Blüte – Medizin – Umzäunung!" –
Nicht zaudern!
Der Stern ist auf dem Balken, nicht auf der Waagschale.[420]
„Einfach so" –
Ganz und gar falsch!
„Goldhaar-Löwe" – schaut alle her!

Schon zum fünften Mal widmet hier das *Bi-yan-lu* einen »Öffentlichen Aushang« ganz allein **Yun-men**, der „Sonne von Shao". Zu diesem Meister der Schlagfertigkeit und des assoziativen Denkens und Sprechens braucht an dieser Stelle nicht mehr viel gesagt zu werden; allenfalls sei daran erinnert, dass sein Ruhm wesentlich in seinen „Ein-Wort-Schranken" begründet lag, einer Kategorie sprachlicher Äußerungen von äußerster Verknappung, zu denen auch Wortprägungen gehören, die sich aus zwei oder drei Schriftzeichen zusammensetzen, wie sie das hiesige Beispiel gleich zweimal vorführt.

---

420 Diese Zeile spielt auf die alt-chinesische Laufgewichtswaage an, die aus einem waagerechten Balken mit einer asymmetrisch angebrachten Aufhängung besteht, an der der Waagebalken so befestigt ist, dass sich seine Enden in der Vertikalen auf und ab bewegen können. Am kürzeren Hebel des Balkens hängt eine Schale oder ein flacher Teller für die zu wiegende Ware, und über den weitaus längeren zweiten Hebel lässt sich, von Kerbe zu Kerbe, ein frei aufgehängtes Gewicht bewegen, das an den Markierungspunkten unterhalb der einzelnen Kerben, den sog. Sternen, das Gewicht der betreffenden Ware anzeigt.

Doch zunächst die **Ankündigung**: Da ist gleich zweimal vom *„Großen Wirken“* die Rede, und es kann kein Zweifel sein, dass beidemal Yun-men gemeint ist. Zu Beginn heißt es, wer – wie Yun-men – *[für] unterwegs das [Große] Wirken empfangen hat*, der sei so unbesiegbar wie *ein Tiger, der sich einem Berghang nähert*;[421] und später werden wir mit der Bemerkung auf das nachfolgende Beispiel eingestimmt, dass sich darin das *„Große Wirken“* – selbstverständlich dasjenige Yun-mens – direkt vor unseren Augen entfalte. Doch wenn Yuan-wu es für nötig hält, uns im Falle Yun-mens auf so etwas wie die Unbesiegbarkeit eines *Tigers* hinzuweisen, der sich vor einem Angreifer in den Schutz eines *Berghangs* zurückzieht, so muss es im **Beispiel** ebenfalls einen Angreifer geben, und das kann nur der Mönch sein, ein Mönch obendrein, der, wie Yuan-wu in seinem Kommentar ausdrücklich hervorhebt, als Mitglied der eigenen Mönchsgemeinde Yun-men umso gefährlicher werden kann, als er über Jahre hinweg Gelegenheit gehabt hat, seinen Meister gründlich zu beobachten. Das zwingt uns zu der Schlussfolgerung, dass wir die Frage des Mönchs als Provokation verstehen müssen, nicht als Ausdruck eines ehrlich-aufrichtigen Wunsches, in einer Sache belehrt zu werden, bei der der Fragende naiv sein Nicht-Wissen bekennt. Sicherlich verfolgt auch dieser Mönch eine wenn auch geheime Absicht (er ist keineswegs der *Affe*, der in seinem *Käfig* hilflos gefangen sitzt); und auf diese geheime Absicht spielt die **Ankündigung** mit dem Hinweis an, wer *die Bedeutung der Buddha-Natur verstehen wolle*, der müsse für eine entsprechende Frage die rechte *Zeit* abpassen, mit seiner Frage eine hinreichende *Ursache* für eine zufriedenstellende Antwort aufbieten und den *Zusammenhang* beachten, in dem das Gewünschte überhaupt zutage treten kann. Wenn es dem Mönch gelingt, diese drei Bedingungen zu erfüllen, dann kann er nicht einfach irgendjemand sein, dann muss er schon, wie Yuan-wu es formuliert, ein *zuo-jia*, ein Könner sein – ein Könner, der mit seiner Provokation an Yun-men herantritt, als wolle er seinen Meister, dies *hundertfach geläuterte reine Gold, mit einem Hammer bearbeiten* und in die von ihm gewünschte Form zwingen.

Lassen wir uns denn Yun-men sein *„Großes Wirken“* vorführen und ihn (aber ebenso auch den Mönch) *einer genauen Prüfung unterziehen*! Die Frage nach dem *reinen und klaren Wahrheitsleib* (*fa-shen*), mit der der Mönch das **Beispiel** eröffnet, ist genau die Frage nach der *„Buddha-Natur“* (*fo-xing*), von der die Ankündigung spricht. Yun-mens Antwort ist, ganz selbstverständlich, ein mit voller Absicht gesprochenes Rätselwort, freilich eines, das trotz aller Unverständlichkeit auf Anhieb verstanden sein will – weshalb auch Xue-dou, kaum hat er es im **Lobgesang** noch einmal wiederholt, uns streng ermahnt: *„Nicht zaudern!“* Statt hin und her zu überlegen heißt es, auf der Stelle den Dreh- und Angelpunkt der Sache zu erfassen: „*Der Stern*, der das Gewicht angibt, *ist auf dem Balken, nicht auf der Waagschale*!“ Und doch müssen wir, die wir genötigt sind, die drei Schriftzeichen der Antwort *hua yao lan* für uns ins Deutsche umzuwandeln, kurz innehalten; und schon deshalb kommen wir ganz ohne Hin und Her nicht aus: Sollen wir schreiben: „Blütenmedizinumzäunung“ oder „Blüten-Medizin-Umzäunung“ oder lieber, dem chinesischen Original entsprechend. „Blüte Medizin Umzäunung“ oder gar „Blüte, Medizin, Umzäunung“? Dann gäbe es da noch die zwei weiteren Möglichkeiten, in den drei Schriftzeichen eine „Umzäunung [für eine] Blüten-Medizin“ zu sehen, für eine Medizin mithin, die aus Blüten besteht, oder auch eine

421 Derselbe Vergleich findet sich auch schon in der Ankündigung des Kôan 8; dort zusammen mit dem weiteren Vergleich: „wie ein Drache, der ins Wasser findet“; beides verweist auf Unbesiegbarkeit.

„Umzäunung, [die aus einer] Blüten-Medizin [besteht]". Doch in beiden Fällen kämen wir aus dem Grübeln, das uns ja verboten ist, gar nicht mehr heraus.

Der Verfasser hat sich stattdessen für eine Form der schriftlichen Fixierung entschieden, die die drei Begriffe unverbunden und voneinander unabhängig nebeneinanderstellt: *„Blüte – Medizin – Umzäunung"*! Und schon springt uns der Dreh- und Angelpunkt förmlich vor die Augen: Der *„Wahrheitsleib"* oder Dharmakâya, das ist die weiße Blüte des Udumbara-Baumes, die Buddha Shâkyamuni auf dem Geierberg seiner nach Tausenden zählenden Anhängerschaft als die Quintessenz seiner Lehre schweigend entgegengestreckt hat; und ebenso lässt uns jede andere Blüte von strahlendem Weiß, ob Trichterwinde, ob Kamelien- oder Magnolienblüte, das Schweigen und die Unergründlichkeit der Shûnyatâ geradezu sinnlich erfahrbar werden. Aber der *„Wahrheitsleib"* ist auch, in der Sprache des traditionellen Buddhismus, die „Leere", in der es „kein Entstehen und kein Vergehen", „kein Leiden, kein Ansammeln des Leidens, kein Erlöschen des Leidens und keinen Weg dahin" gibt, auch „kein Alter und keinen Tod", und ebenso „kein Aufhören von Alter und Tod"[422] – er ist mithin die *Medizin*, die uns von allen Übeln der irdischen Welt befreit, ist der große Tröster und »Heiland« Avalokiteshvara, der alle Schmerzen des Daseins lindert, indem er uns in seine Leere, die der Shûnyatâ, hineinnimmt. In einer weniger traditionell-buddhistischen, dafür dem Daoismus angenäherten Sprache formuliert, ist der Dharmakâya jenes Nichts, das allem Seienden zugrunde liegt, aus dem die Dinge der Welt und die Welt insgesamt hervorgehen und in das sie zurückkehren, und das uns in der spirituellen Einübung in dieses Nichts von uns selbst und damit von allen Ängsten, allem Kummer, allem Verzagen befreit.[423]

Der *„Wahrheitsleib"*, solchermaßen ein rettender Zufluchtsort, birgt jedoch auch eine große Gefahr; er verlockt dazu, ihm für immer angehören zu wollen, sich ihm ganz und ausschließlich hinzugeben, statt auch unserer Einbindung ins irdische Leben ihr Recht zuzugestehen. So wird der Dharmakâya zu einer *Umzäunung*, die uns gefangen hält, uns an unserer Entfaltung in der Welt der *Zehntausend Dinge* hindert und uns die Verarmung eines radikalen Weltverzichtes aufzwingt. *„Was ist* also, aufs Ganze gesehen, *mit dem reinen und klaren Wahrheitsleib?"* Er ist beglückende *Blüte*, ist schmerzlösende *Medizin* und nicht zuletzt einengende *Umzäunung*! Das darzulegen hat der Verfasser viele Worte gebraucht; doch dass eben dies jedem einzelnen von uns aufgeht, dass wir, jeder einzelne, eben dies unmittelbar an uns selbst erfahren, dazu braucht es nur eines Augenblicks, einer glückhaften Intuition.

---

422 So im *Mahâprajñâpâramitâ-Hridaya-Sûtra*, dem *Sûtra vom Herzen der Großen Einsicht, die am anderen Ufer angelangt ist.*

423 Auch das drängt sich dem Verfasser zum Stichwort *Medizin* in Yun-mens Antwort auf, dass es ja unter den vielerlei Aspekten Buddhas auch den *yao-shi*, japanisch *yakushi*, den „Meister der Arzneien" gibt, dem auf dem Gelände der ehemaligen japanischen Kaiserstadt Nara der Yakushi-ji gewidmet ist, der „Tempel des Meisters der Arzneien", dessen Gebäude, soweit noch vorhanden, zu seinem 1300-jährigen Bestehen im Jahre 2018 höchst aufwendig restauriert worden sind und der darüber hinaus nach alten Plänen in seiner Gänze wiederhergestellt wird. In der Haupthalle des Yakushi-ji verlangen die großartigen Bronzefiguren des Buddha Yakushi und seiner beiden Begleiter Gakkô und Nikkô jedem Besucher höchste Bewunderung ab – vgl. die Erläuterungen zum Kôan 3 (*Meister Ma fühlt sich nicht wohl*) sowie das dort zitierte einschlägige Gedicht des Verfassers.

Und der Mönch, wie steht es mit ihm? Er will, so scheint es, von dem, was Yun-men ihm zum *„Wahrheitsleib"* zu sagen hat, nichts hören und nichts wissen: *„Wenn dann [einer]"* – und damit meint er zweifellos sich selbst – *„einfach so davongeht, was denn dann?"* Wäre die Replik des Mönchs tatsächlich so zu verstehen, dann träfe unbestreitbar zu, was Xue-dou im **Lobgesang** als Erstes dazu äußert: *„Ganz und gar falsch!"* Denn dem Dharmakâya so gänzlich den Rücken zuzukehren, hieße ja, ein rein weltliches Leben zu führen, fern von aller Spiritualität; dann säßen wir, wie Yuan-wu bereits in der **Ankündigung** formuliert hat, mit unserer *weltlichen Wahrheit wie ein Affe* – das entsprechende Schriftzeichen besagt nicht umsonst „Menschenaffe" – *in einem Käfig* gefangen – gefangen in unseren Wünschen und Ängsten, unseren Zielen, Zwängen und Süchten, gefangen aber auch in den vielerlei Verlockungen und Verheißungen der Werbung und der Mitwelt überhaupt.

Wahrscheinlicher freilich ist, dass dieser Mönch sehr wohl verstanden hat, worauf sein Meister und längjähriger Lehrer hinaus will, und dass er mit seiner Antwort sowohl Einverständnis bekunden als auch Zustimmung gewinnen will: „Ja, da gibt es den *Wahrheitsleib* als Zufluchtsort; wenn der jedoch zu einer *Umzäunung* zu werden droht, die unsere Bewegungsfreiheit einengt, dann *gehe* ich *einfach so davon*!" Mit anderen Worten: „Ich lasse mich, der *Medizin* des *Wahrheitsleibes* ungeachtet, nicht daran hindern, mich in der Welt zu tummeln!" Das ist so recht nach Yun-mens Sinn gesprochen, und so folgt ganz prompt sein Plazet: *„Goldhaar-Löwe!"* Denn nichts anderes ist dieser Ausruf als Zustimmung und Lob zugleich. Ist doch *Gold* das geläufige Symbol für Buddha, das „Goldgesicht", sowie für Buddhaschaft überhaupt; und *Löwen* fungieren in buddhistischen Klöstern als Wächterfiguren und stehen für Unerschrockenheit und Wagemut. Ein *Goldhaar-Löwe* muss also nicht unbedingt ein Löwe mit riesiger und goldgelber statt bräunlich-dunkler Mähne sein; er hat eher gelocktes Haupthaar, genau wie jene Steinfiguren in den Klostergärten, und ein glattes, kurzhaariges Fell, aber all das eben aus Gold. Was soll es also bedeuten, dass Yun-men seinen Schüler zu einem *Goldhaar-Löwen* erhebt? Soviel ist klar: Mit seiner Bekundung, sich vom Dharmakâya als einer *Umzäunung* nicht behindern lassen zu wollen, sondern *einfach so*, freiweg, in die Welt hinauszugehen, hat der sich als Tathâgata erwiesen, als ein „In-der-»Soheit«-Angekommener", der eben deshalb, weil er in der »Soheit«, im Nicht-Sein gegründet ist, sich der Welt und allem, was uns von dort her bedrängt und bedroht, furchtlos stellen kann. »Was gehen mich Tod und Teufel an!«, so könnte es in der Sprache des christlichen Mittelalters heißen, oder mit den Worten Lao-zis: „Wo kein Leib, kein Selbst mehr ist, da finden Tiger und Nashorn keine Stelle mehr, uns zu verwunden!" Ähnlich erklärt auch Lin-ji von seinem »wahren Menschen« – und das ist kein anderer als der Tathâgata in uns – dass er nicht verbrennt, wenn er ins Feuer geht, und nicht ertrinkt, wenn er ins Wasser geht! Sich daraufhin unerschrocken und wagemutig der Welt auszusetzen, das macht den *Goldhaar-Löwen* aus; und weil sich so der Welt auszusetzen kein bußfertiges Sich-Opfern, sondern ein Sich-in-der-Welt-Bewähren ist, hat es höchstes Lob verdient, eben das Lob, zum *Goldhaar-Löwen* erhoben zu werden. Dass hier, in Yun-mens Ausruf, in der Tat ein Lob vorliegt, das Lob einer vorbildhaften Daseinsform, bekräftigt auch Xue-dou, wenn er seinen **Lobgesang** mit der Zeile abschließt: *„Ein ‚Goldhaar-Löwe' – schaut alle her!"* Der scheinbare Widerspruch, den der zweite Teil des Xue-dou-Gedichtes aufweist, findet so seine Auflösung: Das *„Einfach so"*, das zunächst, als Unbekümmertheit um jedes spirituelle Streben missverstanden, als *„ganz und gar falsch!"* dasteht, erfährt seine radikale Umwertung, insofern es nunmehr, als Entschlossenheit zur Welt- und Daseinsbewältigung enthüllt, in der Metapher des *Goldhaar-Löwen* zum Vorbild aller – *„schaut alle her!“* – ausgerufen wird!

Einen unermüdlichen Leser der Chan-/Zen-Literatur könnte Verwirrung überkommen, wenn er andernorts in Sachen *Medizin* und Krankheit offenkundig Gegenteiliges zu lesen bekommt. So zitiert das Kôan 90 (87) *Bi-yan-lu* einen anderen Ausspruch Yun-mens, der da lautet: „Arznei und Krankheit heilen sich gegenseitig; die ganze große Erde ist die Arznei; was aber ist das Selbst?“ Und im Lobgesang des Kôan 6 *Cong-rong-lu* heißt es: „Die Arznei, siehe da, schafft Krankheit: / Das lässt sich an den früheren Heiligen erkennen. / Die Krankheit, siehe da, macht den Arzt: / Sicherlich, so ist es; doch wer soll das sein?“ In solchen Äußerungen scheint das Verhältnis von *Medizin* und Krankheit förmlich auf den Kopf gestellt: Die irdische Welt, die im gegenwärtigen **Beispiel** unausgesprochen die „Krankheit“ darstellt, für die der Dharmakâya die *Medizin* sein soll, wird im Kôan 90 (87) *Bi-yan-lu* unzweideutig selbst zur „Arznei“, und vom Dharmakâya, der sich hinter der „Arznei“ des Kôan 6 *Cong-rong-lu* verbirgt, heißt es dort ebenso eindeutig, dass er „Krankheit schafft“, eine Krankheit, für die die irdische Welt, zuvor noch selbst die „Krankheit“, nunmehr „den Arzt macht“! Und genau darum geht es, wenn Yun-men erklärt: „Arznei und Krankheit heilen sich gegenseitig!“ Beide Pole, Dharmakâya und irdische Welt, sind beides, *Medizin*/„Arznei“ und „Krankheit“; der Dharmakâya heilt uns von den Leiden der Welt, wird aber selbst zur „Krankheit“, wenn er sich zur *Umzäunung* wandelt, die uns gefangen hält, uns – dank einer ausschließlich auf das Nirvâna ausgerichteten Existenz – daran hindert, uns in der Welt umzutun und zu bewähren. Und für diese „Krankheit“, sich von der *Umzäunung* namens Dharmakâya gefangen halten zu lassen, ist die irdische Welt die „Arznei“, dank der Bewährung und Erfüllung, die sie uns hier inmitten der *Zehntausend Dinge* finden lässt! Doch wie kann denn die irdische Welt, die von all ihren Übeln und Leiden nichts verloren hat, für uns – ihren Übeln und Leiden zum Trotz – die rechte und einzig wirksame „Arznei“ sein? Genau da kommt dann das „Selbst“ ins Spiel, von dem Yun-men fragt: „Was aber ist das Selbst?“ Erst wenn wir, und zwar durch das Eintauchen in eben den Dharmakâya, die Shûnyatâ, uns von diesem „Selbst“ befreit haben, wenn wir erfahren haben, dass wir im tiefsten Grunde – „ursprünglich ist da kein einziges Ding“ – Shûnyatâ, also nichts sind, können wir aus diesem „Nicht-Selbst“ heraus in der Welt bestehen, ihre Schönheit, ihre Freuden genießen, ohne von ihren Übeln und Leiden zerstört zu werden: Als Shûnyatâ, als Lin-jis »wahrer Mensch«, bieten wir den „Tigern“ und „Nashörnern“ Lao-zis keine Angriffsfläche, treffen uns die Leiden, denen wir auch dann nicht entgehen können, nicht. Dann sind wir *Goldhaar-Löwen*, dann erstrahlt die Welt für uns im verklärenden Licht des „Goldgesichts“.

Worin aber – dieser Nachtrag sei noch gestattet – soll denn die Provokation des Mönchs bestanden haben, von der eingangs die Rede war? Die bloße Frage nach dem „Wahrheitsleib“, dem Dharmakâya, kann es nicht gewesen sein; denn die ist wie das übliche: *ru-he shi Fo*, „Was ist mit Buddha?“, nachgerade eine Allerweltsfrage. Die Provokation kann allein in dem Zusatz *„rein und klar“* liegen, und zwar insofern, als ja, was *„rein und klar“* ist, eben durch seine Reinheit und Klarheit zu sich verlockt und folglich ein *„reiner und klarer Wahrheitsleib“* die Wirkung haben muss, uns anzuziehen und nicht mehr loszulassen! Wenn also dieser Mönch aus der Gemeinde Yun-mens an seinen Abt und Lehrer die Frage richtet: *„Was ist mit dem reinen und klaren Wahrheitsleib?“*, so will er ihn unausgesprochen auf die Probe stellen, wie ernst Yun-men es denn angesichts der Verlockung der Reinheit und Klarheit des Dharmakâya mit seiner vielfach geäußerten Daseinszuwendung tatsächlich meint. Und Yun-mens Antwort: *„Blüte – Medizin – Umzäunung!“* ist dann genau die Bekräftigung, die der Mönch sich gewünscht hat: „Ja, trotz seiner *Reinheit und Klarheit* ist der *‚Wahrheitsleib‘* mehr ein Gefängnis als willkommener und unerlässlicher Zufluchtsort!“ Woraus folgt, dass auch die zweite Frage des Mönchs: *„Wenn dann [einer] einfach so davongeht, was denn dann?“*, nicht Widerspruch ausdrückt, sondern einem tiefen Einverständnis des Mönchs mit der Haltung Yun-mens entspringt: „Einfach so davonzugehen, das muss doch wohl ganz in Eurem Sinne sein!?“ Und Yun-mens: *„Goldhaar-Löwe!“* heißt dann ganz schlicht: „Ja!“

40. Nan-quan zeigt auf einen Blüten[strauch][424]

Ankündigung

Ruhe vorbei und Rast vorbei! Der Eisenbaum treibt Blüten! Gibt es das? Gibt es das? [Selbst] ein schlauer Bursche gerät [da] aus dem Takt: Auch wenn [du dich] beliebig in die Kreuz und in die Quere [bewegst, so kannst du doch] nicht vermeiden, dass man [dir] die Nasenlöcher durchbohrt. – Nun sagt mal: Wo sind da Streit und Irrtum? Versucht es doch mal mit dem, [was Xue-dou hier] vorbringt!

Beispiel

Als der Hohe Würdenträger Lu Geng sich einmal mit Nan-quan unterhielt, sagte er: „Der Dharma-Lehrer Zhao hat erklärt:[425] *‚Himmel und Erde haben eine gemeinsame Wurzel und die Zehntausend Dinge sind ein einziger Leib!'*[426] Das ist doch höchst geheimnisvoll!"

Nan-quan zeigte [daraufhin] mit der Hand auf einen Blüten[strauch] draußen vor dem Haus, forderte den Hohen Würdenträger auf [hinzuschauen] und sagte: „Die Menschen von heute schauen diesen einzelnen Blüten[strauch] hier an, als wäre er ein Traum!"[427]

Lobgesang

Hören, Sehen, Fühlen, Wissen, [sie sind] nicht ein Eines;
Berge und Flüsse kannst [du] nicht in einem Spiegel erkunden.
Eisiger Himmel, sinkender Mond, die Nacht bald halb [vorbei]:
Wem noch wirft der klare Teich sein kaltes Spiegelbild zurück?

---

424 Das Beispiel dieses Kapitels findet sich auch im *Cong-rong-lu*, und dort ist klipp und klar von einem „Päonien**strauch**" die Rede!

425 Mit dem *Dharma-Lehrer Zhao* ist der buddhistische Philosoph und Mystiker Seng Zhao (384-414) gemeint, der mit seinen zum *Zhao Lun* zusammengefassten *»[Drei] Abhandlungen«* für die Entwicklung des Chan-Buddhismus eine kaum zu überschätzende Bedeutung erlangt hat – vgl. die Fußnote 16.

426 In der Standard-Version findet sich zweimal das Zusatz „mit mir" (nämlich: „**mit mir** eine gemeinsame Wurzel" und „**mit mir** ein einziger Leib"). Doch dieser zweimalige Zusatz fehlt in der *Ichiya*-Version sowie in Kôan 91 *Cong-rong-lu*. Itô schließt sich an dieser Stelle der Standard-Version an, die sich auf die Ausgabe von 1317 bezieht; der Verfasser hingegen hält es hier, wegen der gleichlautenden Formulierung im Kôan 91 *Cong-rong-lu* aus dem Jahr 1228, mit der – vom *Cong-rong-lu* unabhängigen – *Ichiya*-Version von 1227!

427 Die wörtliche Übersetzung der letzten fünf Wörter (im Chinesischen sind es die vier Schriftzeichen *ru meng xiang-si*) könnte auch lauten: „.... gleichwie einen Traum!" oder sogar, weit schwächer: „... als gliche [er] einem Traum". Der Verfasser hält hier, um Nan-quans Intention deutlicher hervortreten zu lassen, eine stärkere Formulierung wie die obige für angebracht. Im *Cong-rong-lu* lautet Nan-quans Erwiderung in höchst vorsichtiger Umschreibung dessen, auf den er es eigentlich mit seiner Antwort abgesehen hat: „Zu des Herrn Würdenträgers Zeit schauen die Menschen diesen einzelnen Blütenstrauch hier an, als ..."

Mit diesem Kôan befinden wir uns im China der Tang-Dynastie zu Anfang des 9. Jahrhunderts; die An Lushan-Revolte von 750, während derer marodierende Banden auch abseits der Hauptkriegsschauplätze schwere Verwüstungen angerichtet haben, ist mittlerweile Vergangenheit. Nicht nur hat das Tang-Reich sich von dieser Katastrophe jedoch nie wieder vollständig erholt; auch die buddhistischen Klöster sind von den Plünderungen und Brandschatzungen nicht verschont geblieben und bedurften daher zu ihrem Wiederaufbau der finanziellen und materiellen Unterstützung seitens einflussreicher Männer der Macht- und Bildungselite. Auch **Nan-quan** (748-835) hat für sein Kloster auf dem „Südquell-Berg" am Unterlauf des Yangtse in **Lu Geng** (764-834), dem *Hohen Würdenträger*, einen solchen Förderer gefunden, der sich zugleich als Laien-Schüler der Führung Nan-quans anvertraut hat. Über das „Große Erwachen", das Lu Geng dabei schließlich zuteil geworden ist, und Nan-quans Beteiligung daran weiß der Kommentar zum gleichlautenden Beispiel des Kôan 91 *Cong-rong-lu* zu berichten: Lu Geng, ein Mann von nicht geringem Stolz und Selbstbewusstsein, tritt vor seinen Meister Nan-quan und erklärt: „Ich habe in einer Flasche eine Gans aufgezogen; mittlerweile ist sie zu groß geworden, als dass sie noch heraus könnte. Wie würdet Ihr, Meister, sie herausholen, ohne die Flasche zu zerstören oder der Gans Schaden zuzufügen?" Nan-quan sagte nur: „Hoheit!", und Lu Geng antwortete: „Ja!?" Nan-quan: „Sie ist schon draußen!" Und Lu Geng überkam das „Große Erwachen". Wie sich diese – als geradezu klassischer *encounter dialogue* gestaltete – Episode zeitlich zu der im Beispiel abgehandelten verhält, wissen wir nicht; zu vermuten ist freilich, dass die Szene des Beispiels sich zu einem relativ frühen Zeitpunkt der beiderseitigen Beziehung abgespielt hat, als Lu Geng, vom „Großen Erwachen" noch ein gutes Stück entfernt, sich in seiner Eigenschaft als Gouverneur des Verwaltungsbezirks, dem auch Nan-quans Kloster angehörte, vornehmlich als Förderer dieses Klosters zu erweisen Gelegenheit und die nötigen Mittel besaß; später ist Lu Geng, alles andere als ein nur durchschnittlicher Verwaltungsbeamter, zu noch höheren und höchsten Ehren aufgestiegen, insbesondere als Mitglied des Obersten Gerichts in Chang-an.

Das Beispiel selbst beschreibt einen Besuch Lu Gengs bei seinem Schützling, dem offensichtlich von ihm hochgeschätzten Meister Nan-quan, auf den Eindruck zu machen der Gouverneur sich große Mühe gibt. Doch bevor wir uns den Einzelheiten zuwenden, sei die **Ankündigung** daraufhin in den Blick genommen, was sie uns vorweg an Hinweisen zu bieten hat. *„Ruhe vorbei und Rast vorbei! Der Eisenbaum treibt Blüten!"* So setzt Yuan-wu wie mit einem Trommelwirbel ein. *„Ruhe vorbei und Rast vorbei!"* Das zielt auf ein Sich-Ausruhen in der Versenkung, in der Shûnyatâ, im Nirvâna. Dass stattdessen *der Eisenbaum Blüten treibt*, ist metaphorische Umschreibung dessen, dass wir, in der Versenkungsübung der Welt und uns selbst „abgestorben", wie der Zhao-zhou des nachfolgenden Kôan aus dem „Großen Tod" in ein neues, intensiveres, „blühenderes" Leben hinaustreten können. *„Ein Eisenbaum treibt Blüten"* – das klingt so unwahrscheinlich, so unglaubwürdig, dass stärkster Zweifel angebracht erscheint: *„Gibt es das? Gibt es das"* wirklich, dass wir, im „Absterben" zu einem Baum aus Eisen erstarrt, plötzlich, unvermittelt, wie ohne jeden Grund, die *Blüten* einer tiefen Freude und Lebendigkeit hervortreiben? Ja, das gibt es, und das ist – wie unsere Altvorderen zu sagen pflegten – »so starker Tobak«, dass auch ein noch so *schlauer Bursche aus dem Takt gerät*; dass du, magst du dich auch *beliebig in die Kreuz und in die Quere [bewegen]*, will sagen, ein noch so wendiger *Streiter* sein, dir von einem

Chan-Adepten *die Nasenlöcher durchbohren* und dich, wie sehr du dich auch sträubst, in deiner Ungläubigkeit des *Irrtums* überführen lassen musst.[428]

Soweit die Ankündigung; doch wenn wir uns nunmehr dem **Beispiel** zuwenden, stellt sich alsbald heraus, dass darin vom „Absterben", vom „Großen Tod" gar nicht die Rede ist. Auch das einzige, was sich als *tertium comparationis*, als das verbindende »gemeinsame Dritte« anzubieten scheint, die „Blüten" am Eisenbaum und die des Päonienstrauchs, bringt uns vorerst nicht weiter. Lu Geng, bei einem überraschenden Besuch im Kloster Nan-quans von seinem Schützling der Sitte gemäß zum Tee eingeladen und im Empfangsraum des Abtes mit ihm in ein angeregtes Gespräch vertieft, kommt dabei auf den *Dharma-Lehrer [Seng] Zhao* zu sprechen, den wirkungsmächtigen Autor der *»[Drei] Abhandlungen« des [Mönchs] Zhao*, die so etwas wie eine Synthese von Daoismus und Buddha-Lehre darstellen: „Wie wunderbar hat doch Seng Zhao mit seiner Feststellung, dass *Himmel und Erde eine gemeinsame Wurzel haben und die Zehntausend Dinge ein einziger Leib sind*, auf etwas *höchst Geheimnisvolles* hingewiesen!" Rein formell hat Lu Geng damit nicht mehr gesagt, als dass Seng Zhaos Ausspruch sozusagen das Geheimnis der Welt überhaupt in Worte fasst, das auch ihn selbst, Lu Geng, unwiderstehlich in seinen Bann schlägt. Mit keiner Silbe deutet er an, auch selbst den Zugang zu diesem Geheimnis erlangt zu haben. Soviel aber liegt für jeden einigermaßen kundigen Anhänger des Chan – und das dürfte auch für Lu Geng selbst gelten – auf der Hand, dass sich diese *gemeinsame Wurzel*, dieser *gemeinsame Leib*, der sich in allen Dingen der Welt verbirgt, nur im Zustand der Nicht-Dualität, mithin durch das Eintauchen in die Shûnyatâ unmittelbar erfahren lässt, und das wiederum heißt, nur durch das spirituelle Sterben des „Großen Todes" zugänglich wird. Auf eben dieses „Absterben" spielt Xue-dou auch in seinem **Lobgesang** an, ohne es allerdings als das letzthin Wünschenswerte hinzustellen, wenn er im zweiten Zeilenpaar seines vierzeiligen Kurzgedichts von einem *eisigen Himmel* spricht, von dem herab ein *sinkender Mond* – und dieser *Mond* meint allemal einen strahlenden Vollmond – auf der dunklen Oberfläche eines *klaren Teiches sein kaltes Spiegelbild* erzeugt. Die Shûnyatâ, heißt das, zieht den, der sich ihr zuwendet, wie ein *klarer Teich* dem Mond der „Großen Leere" gleichsam sein Gesicht entgegenhält, gerade so in ihre lebensfeindliche *Kälte* mit hinein, wie der nächtliche *Teich* dem *Mond* am *eisigen Himmel* sein *kaltes Spiegelbild zurückwirft.*

Doch solchermaßen in der Shûnyatâ wie hingerissen aufzugehen kann nicht das letzte Ziel unseres Strebens sein. Und demgemäß sieht Nan-quan vielmehr in Lu Gengs Schwärmerei für Seng Zhaos *gemeinsame Wurzel von Himmel und Erde*, für den einen und *einzigen Leib* aller *Zehntausend Dinge* eine nicht unerhebliche Gefahr: *„Die Menschen von heute"*, so Nan-quan, wobei er mit ausgestrecktem Zeigefinger hinaus in den Garten weist, *„schauen*

428 Sich *nach Belieben in die Kreuz und in die Quere [zu bewegen]*, chinesisch: *qi zong ba heng*: Die bei Yuan-wu häufig anzutreffende Verwendung solcher feststehender Formeln hat den Nachteil, dass sie je nach dem Zusammenhang, in den sie eingebettet werden, bald – wie hier oder in der Ankündigung des Kôan 38 – eine abwertende, bald – wie in der Ankündigung des Kôan 7 – eine herausstreichende Bedeutung erlangen, bis hin zu höchstem Lob. Dasselbe gilt für die Formel: „Die eine [Ecke] erwähnt, sich zugleich über die drei [anderen] im Klaren sein", chinesisch: *„ju yi ming san*, die in der Ankündigung der Kôan 1, 13 und 91 als Ausdruck von Herabsetzung zu verstehen ist, während sie in den Ankündigungen der Kôan 22 und 27 eindeutig die besonderen Fähigkeiten eines ausgereiften Adepten bzw. eines so herausragenden Meisters wie Yun-men hervorhebt!

diesen einzelnen Blüten[strauch da draußen] an, als wäre er ein Traum!" Mit höflichster Behutsamkeit, um nur ja bei seinem hohen Gönner auch nicht den geringsten Anstoß zu erregen, spricht er ganz allgemein von den *Menschen von heute*, statt den Namen dessen auszusprechen, den er tatsächlich warnen und belehren möchte. In der leicht abgewandelten Version des Beispiels, die das Kôan 91 *Cong-rong-lu* darbietet, sind es immerhin „die Menschen zu des Herrn Würdenträgers Zeit", die da den grundlegenden Fehler begehen, vor dem Nan-quan keinen anderen als eben seinen Gönner Lu Geng bewahren will: Auch in dieser Version sind es die anderen, die Nan-quans Vorhaltungen auf sich ziehen, nicht der *Hohe Würdenträger* selbst, der allerdings wenigstens indirekt mit einbezogen wird: Wer sich, wie es Lu Gengs Begeisterung für Seng Zhao nahelegt, ganz und ausschließlich der Shûnyatâ als dem einen und *einzigen Leib aller Zehntausend Dinge* hingibt, versäumt das Entscheidende, die handfeste Wirklichkeit der irdisch-vergänglichen Welt: Vor dem, was die traditionelle buddhistische Lehre als die „wahre Wirklichkeit" ausgibt, verblasst die einzige Wirklichkeit, die es tatsächlich gibt, die der konkreten Dinge, zu einem bloßen *Traum*. Das aber ist, mt Yuan-wu gesprochen, der *Irrtum* schlechthin, und dem entgegenzuwirken stellt Nan-quan nicht nur der großartigen, aber inhaltsleeren Vision des *einen Leibes aller Zehntausend Dinge* die unmittelbar stimulierende Schönheit eines blühenden Päonienstrauchs gegenüber und spricht dabei nicht zufällig von diesem Strauch als diesem *einen Blütenstrauch*, um so gegen die leere Allgemeinheit der *gemeinsamen Wurzel* und des *einzigen Leibes* aller Dinge das konkrete Einzelne in seiner Bedeutsamkeit und Würde hervorzuheben.

Mit einer bloßen Ermahnung freilich, das Konkrete nicht zugunsten der Shûnyatâ zu verraten, ist es bei dieser Geschichte nicht getan. Sich von einem blühenden Päonienstrauch wie dem in Nan-quans Abtsgarten faszinieren zu lassen, ist mehr, als lediglich für die Schönheit der irdischen Dinge die Augen zu öffnen; es ist – im Zusammenhang des Chan – der Ausdruck einer von innen her aufsteigenden Daseinsfreude, die uns mit den Dingen aufs Innigste verbindet, uns für das Glück, das sie uns schenken können, rückhaltlos empfänglich macht: Zu den *Blüten*, die wir als *Eisenbaum* treiben, gehört die Überschwänglichkeit einer Freude, die uns überhaupt erst erlaubt, uns ganz und gar auf *diesen einen Blütenstrauch* und seine vergängliche Schönheit einzulassen und, weiter gefasst, in den *Zehntausend Dingen*, ihrer Vergänglichkeit zum Trotz, unerschütterlich zuhause zu sein. Es ist nicht so, dass die Dinge uns mit ihrem Glanz erfüllen; wir sind es, die umgekehrt mit unserer Freude, mit den *Blüten* unseres inneren *Eisenbaums*, den Dingen erst ihren vollen Glanz verleihen!

So kommt denn schließlich doch der „Große Tod" ins Spiel, in das große Spiel um Seng Zhaos *gemeinsame Wurzel von Himmel und Erde* und Nan-quans – im Vergleich zu *Himmel und Erde* unscheinbaren – blühenden Päonienstrauch *draußen vor dem Haus*! Ankündigung und Beispiel stehen in einer untergründigen Verbindung; die Stoßrichtung der ersteren, uns aus der Erstarrung in der Shûnyatâ in die Blütenpracht eines Eisenbaums hervorbrechen zu machen, erweist sich am Ende als Anstoß und Bedingung für die rückhaltlose Hingabe an das Konkrete und Vergängliche, die Nan-quan nicht nur von seinem Gönner, sondern ebenso von uns allen verlangt.

Von daher enthüllt auch der **Lobgesang** seinen zunächst nur dunklen Sinn: *„Hören, Sehen, Fühlen, Wissen, sie sind nicht ein Eines"*; sie verweisen uns mit ihrer Verschiedenartigkeit nicht an die **eine** *gemeinsame Wurzel*, den **einen** *gemeinsamen Leib*, der sich im Innern der *Zehntausend Dinge* verbirgt, sondern richten uns auf eben deren Vielfalt und Verschiedenheit aus; sie lehren uns nicht, diese Vielfalt und Verschiedenheit zu verleugnen, sondern sie im Gegenteil ernst zu nehmen, als eine Wirklichkeit eigenen Rechts, jener der einen *gemeinsamen Wurzel*, des einen *gemeinsamen Leibes* zumindest gleichberechtigt. *„Berge und Flüsse kannst du nicht in einem Spiegel erkunden"*; welche Mühe und Anstrengung es kostet, die einen zu erklimmen, welche drängende Kraft den anderen innewohnt, das verrät uns kein Spiegelbild, das können wir nur erfahren, wenn wir uns ihnen leibhaftig aussetzen. Berge und Flüsse sind in ihrer physischen Präsenz gegenüber ihren Spiegelbildern die eigentliche Wirklichkeit, die Spiegelbilder hingegen besitzen nur eine abgeschwächte und vor allem abgeleitete Wirklichkeit. Übertragen wir diese doppelte Feststellung auf das Verhältnis der von Seng Zhao und Lu Geng beschworenen einen *gemeinsamen Wurzel* der *Zehntausend Dinge* und des von Nan-quan zum Zeugen berufenen Päonienstrauchs, so zeigt sich: Wollten wir uns darauf versteifen, der Shûnyatâ als der *gemeinsamen Wurzel* bzw. dem *einen Leib* aller Dinge die eigentliche oder „wahre" Wirklichkeit zuzusprechen, dann bleibt für die konkreten Dinge nur der Status von Traumbildern, nicht nur flüchtig, sondern vor allem unwirklich. Dagegen protestieren Nan-quan mit seinem Hinweis auf den *Päonienstrauch* und Xue-dou, ihm beipflichtend, mit seiner eindeutigen Abwertung bloßer Spiegelbilder gegenüber der handfesten Wirklichkeit der konkreten *Berge und Flüsse*. Aber nicht nur das; sie stellen das Verhältnis von Shûnyatâ als „wahrer Wirklichkeit" und den *Zehntausend Dingen* als bloß abgeleiteter Wirklichkeit geradezu auf den Kopf: Die „wahre Wirklichkeit", das sind die konkreten Dinge, denen gegenüber die Shûnyatâ nur eine abgeleitete Wirklichkeit besitzt, die Wirklichkeit des Nicht-Wirklichen, dessen, was nicht **ist**. Shûnyatâ ist – nichts, und nichts, wenn als Ursprung der Dinge genommen, ist nicht nur, inhaltlich gesehen, nichts, es **ist** auch nicht einmal.

Der zweite Teil des **Lobgesangs** liest sich wie ein versteckter Vorwurf an Lu Geng und jeden anderen, der gleich ihm – im Gegensatz zum soeben Gesagten – die Wirklichkeit der Shûnyatâ gegenüber der Wirklichkeit des Konkreten herausstreicht: Die abschließende Frage: *„Wem [sonst] noch wirft der klare Teich sein kaltes Spiegelbild zurück?"* setzt voraus, dass es da immerhin einen Menschen geben muss, auf den dieses „Sich-in-die-Kälte-der-Shûnyatâ-Hineinziehen-Lassen" zutrifft, und das kann kein anderer sein als Lu Geng mit seinem Enthusiasmus für die *eine gemeinsame Wurzel*, den *einen gemeinsamen Leib* aller Dinge, den Seng Zhao so hymnisch feiert. Dass diese bedingungslose Hingabe an die Shûnyatâ ein Irrweg ist, deutet Xue-dou auf doppelte Weise an: Die Frage: *„Wem sonst noch ...?* erlaubt nur eine Antwort: „Hoffentlich niemandem sonst!", anders gesagt: „Hütet Euch, dem Beispiel Lu Gengs nachzueifern; Ihr kommt sonst um in der *eisigen Kälte* seiner höheren, seiner ‚wahren' Wirklichkeit!" Und zum anderen haben wir, in Gestalt des *„sinkenden"* Mondes und der Aussage, dass die eiskalte *„Nacht bald halb [vorbei ist]"*, den Hinweis vor uns, dass diese Nacht der Shûnyatâ nicht das Letzte sein darf und sein kann! Dass vielmehr ein neuer Tag folgen wird und die Nacht der Shûnyatâ lediglich ein Durchgang ist, ein zwar unvermeidbarer, doch für das Heraufkommen des neuen Tages unerlässlilch – ganz im Sinne der Antwort, die Tou-zi im nächsten Kôan Zhao-zhou erteilt: „Ich erlaube nicht, bei Nacht zu reisen; in die Helle des Tages hinein muss man ankommen!" Ist es nicht so, besagt das, dass uns die Erfahrung der Shûnyatâ, auch „Großer Tod" genannt, einzig zur besseren, gelungeneren Bewältigung des Tages dient, und mithin nicht der Tod das Ziel ist, das Aufgehen in Seng Zhaos einem und *einzigem Leib* aller Dinge, sondern das Leben in der „Helle des Tages“, in der Helle der Welt!?

41. Zhao-zhou fragt nach [den Folgen des] Sterbens

Ankündigung

Wenn Richtig und Falsch ineinander verschlungen sind, kann auch der Weise nichts erkennen. Wenn Auflehnung und Folgsamkeit kreuz und quer [durcheinandergehen], kann auch ein Buddha [sie] nicht unterscheiden. Nur ein Mann, der die Welt hinter sich gelassen hat und sich über alle zwischenmenschlichen Verpflichtungen stellt, offenbart die Fähigkeiten eines großen Helden, der alle [anderen] übertrifft. [Er] läuft über Eis dahin und schreitet über die Schneide eines Schwertes. Gleich danach [gilt: Er ist] »wie das Horn eines Einhorns, wie eine Lotosblüte im Feuer«.[429] Wenn [er] in höflichem Entgegenkommen [bei jemand anderem] überragendes Verfahren erkennt, weiß [er] sogleich: „[Wir sind auf] demselben Weg!" Wer ist [hier solch] ein ausgemachter Könner? Versucht es doch mal mit dem, [was Xue-dou hier] vorbringt!

Beispiel

Zhao-zhou fragte Tou-zi: „Wenn ein Mensch, der völlig gestorben ist, dennoch lebt, was dann?"[430]

Tou-zi sagte: „[Ich] erlaube nicht, bei Nacht zu reisen; in die Helle [des Tages] hinein muss [man] ankommen."

Lobgesang

Mitten im Leben – bei [vollem] Augenlicht ist [er] zugleich auch tot!
[Ob] Scheu vor der Arznei – warum muss [er danach] den Könner prüfen?
Die Buddhas der Vorzeit – [mir] wichtig der Satz: [Sie] sind nicht angekommen!
[Ich] weiß nicht – wer versteht es, Staub und Sand [den Füßen] auszustreuen?[431]

---

429 Laut Gundert ein Zitat aus dem Geschichtswerk eines Li Yan-shou von 659.

430 *Völlig sterben*: das chinesische *da si* wird gewöhnlich als „Großer Tod" übersetzt (wobei nicht zu bezweifeln ist, dass *da* „groß" und *si* außer „sterben" auch „Tod" bedeutet). Doch die Wortverbindung *da si* besagt genau genommen „völlig" oder „restlos sterben".

431 Im chinesischen Original hat der Lobgesang, ein kunstvoll gestaltetes Vier-Zeilen-Kurzgedicht, folgenden Wortlaut: *huo zhong you yan hai tong si // yao ji he xu jian zuo-jia // gu fo shang yan cen wei dao // bu zhi shui jie sa chen sha*. Im Detail ist dabei festzuhalten: 1.) Das Gedicht besteht aus zwei Doppelzeilen, und die Enden dieser beiden Doppelzeilen sind durch Reimwörter (*jia* und *sha*) aufeinander bezogen; 2.) alle vier Zeilen, bestehend aus jeweils 7 Schriftzeichen, weisen die gleiche Binnenstruktur auf; und zwar sind 3.) in allen vier Zeilen die beiden ersten Wörter als Sinneinheiten deutlich abgesetzt: ***huo zhong*** */ you yan hai tong si //* ***yao ji*** */ he xu jian zuo-jia //* ***gu fo*** */ shang yan cen wei dao //* ***bu zhi*** */ shui jie sa chen sha*; 4.) dasselbe gilt für das jeweils nächste Wortpaar: *huo zhong /* ***you yan*** */ hai tong si // yao ji /* ***he xu*** */ jian zuo-jia // gu fo /* ***shang yan*** */ cen wei dao // bu zhi /* ***shui jie*** */ sa chen sha*; und 5.) bilden die jeweils drei letzten Wörter abermals selbständige Sinneinheiten: *huo zhong / you yan /* ***hai tong si*** */ / yao ji / he xu /* ***jian zuo-jia*** */ / gu fo / shang yan /* ***cen wei dao*** */ / bu zhi / shui jie /* ***sa chen sha***. Das spiegelt sich in der obigen Übersetzung wider.

Die hier thematisierte Begegnung zwischen **Zhao-Zhou** (778-897) und **Tou-zi** Da-tong (819-914), wenn sie denn historisch ist, muss gegen Ende jener zweiten, zwanzigjährigen Wanderschaft stattgefunden haben, die Zao-zhou nach dem Tod seines Lehrers Nan-quan und weiteren drei Jahren Aufenthalt im Kloster am „Südquell-Berg" ab 838 unter dem selbstgewählten Motto unternommen haben soll: „Wenn ich auf jemanden treffe, der mir überlegen ist, so will ich mich von ihm belehren lassen, und sei er ein siebenjähriges Kind; wenn einer weniger Einsicht besitzt als ich, und sei er hundert Jahre alt, so werde ich mir herausnehmen, ihn zu belehren!" Denn soviel wird bei näherem Hinsehen deutlich: Zhao-zhou stellt seine Frage nicht als jemand, der den „Großen Tod" gerade erst erlebt hat, aber noch nicht so recht weiß, was er von dieser Erfahrung halten soll, und sich deshalb von einem anderen, hier Tou-zi, Aufklärung erhofft. Im Gegenteil, Zhao-zhou kennt sich darin aus, was es heißt, *völlig zu sterben*, und will mit seiner Frage lediglich den Stand der Einsicht seines Gegenübers *prüfen*, wie es Xue-dou im **Lobgesang** formuliert. Tou-zi ist bei dieser Begegnung eindeutig der Jüngere, um vierzig Jahre sogar, und Zhao-zhou mag sich, allem Anschein nach zu Recht, gesagt haben: „Da wollen wir diesem Grünschnabel mal auf den Zahn fühlen!" Immerhin, um das Jahr 858 ist Tou-zi selbst bereits nahezu vierzig Jahre alt – und erweist sich seinem Herausforderer als ebenbürtig, wie auch Xue-dou in derselben Zeile seines Lobgesangs hervorhebt, wenn er Tou-zi als *„Könner"* (*zuo-jia*) bezeichnet.

Wenn die **Ankündigung** von einem *Mann* spricht, *der die Welt* mit ihren Zwängen und Vorschriften *hinter sich gelassen hat* und *sich über alle Verpflichtungen stellt*, die die *zwischenmenschlichen* Verhältnisse regeln (wie das im konfuzianisch geprägten China in besonderer Strenge der Fall war), und der sich daraufhin die Freiheit herausnehmen kann, *die Fähigkeiten eines großen Helden* an den Tag zu legen, *der alle [anderen] übertrifft*, so ist damit zweifellos Zhao-zhou gemeint. Aber warum wird Zhao-zhou, dieser „alte Buddha", hier regelrecht zu einem Tabubrecher stilisiert? Zu einem Mann, der aus allen Verbindlichkeiten zwischenmenschlicher Beziehungen heraustritt und für den es mithin keinerlei Tabus mehr gibt? Auf welches besondere Tabu Yuan-wu es dabei abgesehen hat, wird freilich erst gegen Ende der Erläuterungen deutlich werden. – Zhao-zhou ist es auch, der *über Eis dahinläuft* und *über die Schneide eines Schwertes schreitet* (ohne sich zu verletzen, versteht sich); der *wie das* spitze, tödliche *Horn eines Einhorns* zustechen kann und *wie eine Lotosblüte im Feuer* sich von keiner Glut versehren lässt. Doch was da im **Beispiel** folgt, enthält für Zhao-zhou keine Gefahr, die dem gleichkäme, barfuß *über die Schneide eines Schwertes* zu laufen, oder sich *wie eine Lotosblüte* in der verzehrenden Glut eines *Feuers* bewähren zu müssen; auch bietet die kurze Szene mit Tou-zi keinen Beleg dafür, dass Zhao-zhou es versteht, sein Gegenüber wie mit *dem Horn eines Einhorns* zu durchbohren. Im Gegenteil, was uns im Folgenden erwartet, ist ein Zhao-zhou, der *in höflichem Entgegenkommen* an seinen Gesprächspartner herantritt und in ihm alsbald einen gleichwertigen Weggefährten erkennt: *„Wir sind auf demselben Weg!"*, wie Yuan-wu es seinem *„großen Helden"* in den Mund legt. Zhao-zhou selbst soll, wie Wan-song zum gleichlautenden Beispiel des Kôan 63 *Cong-rong-lu* zu berichten weiß, seine Begegnung mit Tou-zi auf eine Weise gewürdigt haben, die den auf Risiko verweisenden Metaphern Yuan-wus weit mehr entspricht: „Zuerst bin ich ihm als Räuber entgegengetreten, doch dann hat er sogar mich ausgeraubt!"[432] Immerhin

432 Siehe Roloff (2), S. 328

bestätigt diese Selbstaussage aufs Schönste, dass Zhao-zhou die Begegnung mit Tou-zi nicht gesucht hat, um sich von ihm Rat zu holen, sondern eindeutig und ausschließlich, um die Tiefe seiner Einsicht zu ergründen; und wenn Yuan-wu in der hiesigen **Ankündigung** Zhao-zhou sein Zusammentreffen mit Tou-zi dahin beurteilen lässt, an seinem Gegenüber *überragendes Verfahren zu erkennen*, das ihm *sogleich* anzeigt: *„Wir sind auf demselben Weg!"*, so bewegt er sich mit diesem Lob für Tou-zi in eben den Fußstapfen, die sein *„großer Held"* Zhao-zhou mit der eigenen Bewertung des Geschehens – „doch dann hat er sogar mich ausgeraubt!" – selbst vorgegeben hat.

Doch kehren wir noch einmal zu den Risiken zurück, die laut Yuan-wu für seinen Helden Zhao-zhou gleichwohl keine Bedrohung bedeuten: Das geradezu einvernehmlich verlaufende Dharma-Gefecht mit Tou-zi enthält – wie bereits erwähnt – für Zhao-zhou nichts, was Yuan-wus Metaphern *„über Eis dahinlaufen"*, *„über die Schneide eines Schwertes schreiten"* oder als *„Lotoblüte im Feuer"* um sein Überleben kämpfen zu müssen, auch nur annähernd rechtfertigen könnte. Das Risiko, vor das Yuan-wu seinen Helden gestellt sieht, geht ganz und gar nicht von Tou-zi aus, es muss also woanders liegen. Und es ist auch nicht Tou-zi, dem Zhao-zhous tödliches *„Horn eines Einhorns"* gilt; es muss etwas anderes sein, dem Zhao-zhou mit dieser gefährlichen Waffe den Todesstoß versetzt. Bisher aber haben wir von Yuan-wu nicht den geringsten Hinweis erhalten, welchem Risiko sich der Zhao-zhou des nachfolgenden Beispiels so bereitwillig aussetzt und was den Gegenstand seiner *„Einhorn"*-Attacke abgibt.

Und was sollen wir gar von den beiden Eingangssätzen der **Ankündigung** mit ihrem abstrakt unterstellten Gemenge von *Richtig und Falsch*, von *Auflehnung und Folgsamkeit* halten? Allenfalls, so scheint es, dienen sie dazu, die Urteilsschärfe eines Mannes wie Zhao-zhou hervorzustreichen, der noch da erfolgreich das *Richtige* vom *Falschen* und *Auflehnung* von *Folgsamkeit* zu trennen versteht, wo selbst Weise, ja sogar ein Buddha angesichts ihres Durcheinanders scheitern müssen! Diese Aussagen Yuan-wus müssen vorerst so kryptisch bleiben, wie sie sind; später freilich, gegen Ende der Erläuterungen, wird sich gerade anhand dieser kryptischen Eingangssätze alles klären: die Frage nach dem Tabu, auf das es Yuan-wu mit seiner einschlägigen Stilisierung Zhao-zhous zum Tabubrecher abgesehen hat; die Frage, welchem Gegner Zhao-zhou mit seinem *„Horn des Einhorns"* zusetzt, und schließlich auch, wo denn das Risiko liegt, das Zhao-zhou zu einer *„Lotosblüte im Feuer"* macht und sein Unterfangen zu einem Gang über brüchiges *„Eis"* oder gar barfuß *„über die Schneide eines Schwertes"*. Soviel sei immerhin vorweggenommen: dass es in allen drei Fällen um ein und dasselbe geht – um einen Aufstand gegen allgemein anerkannte Autorität!

Vorerst allerdings sollten wir uns, was das Verständnis des Beispiels angeht, an den **Lobgesang** halten, der ja Xue-dous eigenen Kommentar zu dem von ihm ausgewählten Beispiel und damit die älteste Schicht an Erläuterung darstellt, noch weit vor den Hinzufügungen Yuan-wus: *„Mitten im Leben – bei [vollem] Augenlicht ist er zugleich auch tot!"* Mit dieser Eingangszeile, die Zhao-zhous allgemein gehaltene Aussage über *einen Menschen, der vollständig gestorben ist* und *dennoch lebt*, zur Aussage über sich selbst erklärt, stellt Xue-dou das von Zhao-zhou angesprochene Verhältnis von Leben und Tod scheinbar auf den Kopf: Statt von einem Leben im Zustand des Todes spricht er von einem *Tot-Sein mitten im Leben.*

Beides verweist auf eine häufig wiederkehrende Formel, die gleichfalls in zwei Spielarten auftritt: als *tong si tong sheng*, „gleichzeitig sterben bzw. tot sein und gleichzeitig leben", sowie als *tong sheng tong si*, „gleichzeitig leben und gleichzeitig sterben bzw. tot sein". Doch macht das wirklich einen Unterschied? Tatsächlich bildet beides eine unauflösliche Einheit: Mitten im Leben vollziehen wir unsere Versenkungsübung, und das sogar täglich; und diese Versenkungsübung bedeutet, dass wir durch Auslöschen aller Bewusstseinsinhalte und also unserer selbst unser eigenes Nicht-Sein erfahren, genauer gesagt, das Nicht-Sein unserer eigenen Person. Das ist das spirituelle Sterben, das in der Literatur den irreführenden Namen „Großer Tod" führt, eine Bezeichnung, die lediglich eben dies meint, dass wir, mittels einer spirituellen Übung, unser eigenes Ausgelöscht-Sein erfahren, mithin, in Zhao-zhous Worten, *vollständig gestorben*, oder, wie Xue-dou formuliert, *„bei [vollem] Augenlicht zugleich tot"* sind – und zwar, bei täglich neu vollzogener Übung, *„mitten im Leben"*, das ja von Tag zu Tag weitergeht, *„zugleich auch tot"*.

Doch was hat es mit der Umkehrung auf sich, dem *tong si tong sheng*, also mit Zhao-zhous verkappter Selbstaussage, *vollständig gestorben* zu sein und *dennoch* und gleichzeitig zu *leben*? Mit anderen Worten, mitten im Zustand des Todes lebendig zu sein? Handelt es sich lediglich um eine andere Abfolge bei der Aufzählung der beiden Pole Leben und Tod? Oder bedeutet dieses »Mitten-im-Tod-lebendig-Sein« eine andere Art der Lebendigkeit, als sie uns gewöhnlicherweise beschieden ist? Wenn wir unser eigenes Ausgelöscht-Sein erfahren haben und täglich aufs Neue erfahren; und wenn wir aus diesem Ausgelöscht-Sein heraus, aus dieser Gegenwärtigkeit des eigenen Nicht-Seins heraus zugleich leben, und das immer wieder aufs Neue, Tag für Tag, dann haben unsere gewöhnlichen existenziellen Ängste keinen Platz mehr. Für den, dem das eigene Nicht-Sein vertraute Gewohnheit ist, kann es keine Angst vor dem Tod mehr geben, vor Mangel, Verlust und Veränderung, vor der Unsicherheit seiner Lebensverhältnisse, vor dem Absturz in persönliche Bedeutungslosigkeit, vor dem kollektiven Untergang seiner Welt. Und wenn wir aus solcher Vertrautheit mit dem eigenen Nicht-Sein heraus immer wieder der Welt der Dinge gegenübertreten, dann erfahren wir, schon dass sie ist, als Freude; erfahren wir ihre Unbeständigkeit und überwältigende Sinnlosigkeit nicht als Bedrohung, als Einwand gegen das Gefühl, in ihr zuhause zu sein; und erfahren wir die Schönheit der Welt, daoistisch gesprochen, der *Zehntausend Dinge*, als regelrechte, sogar rauschhafte Überwältigung. So ist dieses *Leben aus dem Tod heraus*, Zhao-zhous »Mitten-im-Tod-lebendig-Sein«, auf doppelte Weise ein besonderes Leben: eines der Freude, einfach daran, dass wir sind und dass es sie gibt, diese Welt, und eines der Freiheit gegenüber den Dämonen unserer Ängste.

So gehören in der Tat das *tong sheng tong si*, mitten im Leben zu sterben bzw. tot zu sein, und das *tong si tong sheng*, mitten im Tod lebendig zu sein, unauflöslich zusammen: Das besondere Leben des *tong si tong sheng*, auf das Zhao-zou hinaus will, wird uns nur durch das *tong sheng tong si* zuteil, durch das spirituelle Sterben hier und jetzt, *„mitten im Leben, bei [vollem] Augenlicht"*.

Was aber, wenn wir nur die eine Seite, das *tong sheng tong si*, das »Mitten-im-Leben-Sterben«, zu unserer Sache machen – wie es für buddhistische Mönche, auch solche des Chan, nun einmal nahegelegen hat? Dann besteht die Gefahr, das Leben zu versäumen, einer geradezu heimtückischen Krankheit zu erliegen, dem Streben nach Zuflucht in der vermeintlichen Heimat Shûnyatâ. Gegen diese Krankheit hilft bekanntlich nur eine „Arznei", mit Yun-men zu sprechen, und das ist „die ganze große Erde", die Welt der *Zehntausend Dinge*, mit all ihren Schrecken, in all ihrem Glanz. Ob auch Tou-zi, insgeheim von der Krankheit Shûnyatâ befallen, sich dieser *Arznei* widersetzt, das zu *prüfen* ist es, was Zhao-zhou mit seinem Vorstoß – dem Stoß eines Einhorns? – im Sinne hat. Zeigt sich an Tou-zi, so Xue-dou in der zweiten Zeile des **Lobgesangs**, die sicherlich unter buddhistischen Mönchen damals weit verbreitete *Scheu vor der Arznei – der Arznei* Yun-mens? Doch Tou-zi erweist sich, so Xue-dous Urteil, als *Könner*, nicht nur, weil er die geheime Absicht hinter der Frage Zhao-zhous erfasst, sondern vor allem, weil er wie bei einem Schwertkampf gekonnt pariert: Mit seiner Antwort entspricht er haargenau Zhao-zhous unausgesprochener Erwartung, in seinem Gegenüber jemanden anzutreffen, der von der Krankheit Shûnyatâ gerade nicht befallen ist.

Sehen wir uns also Tou-zis Antwort im Einzelnen an: *„[Ich] erlaube nicht, bei Nacht zu reisen; in die Helle [des Tages] hinein muss [man] ankommen."* Wer auf Reisen ist und sein Ziel bei Tagesanbruch erreichen möchte, muss, ob er will oder nicht, *bei Nacht* unterwegs sein, und wer, andersherum, *bei Nacht* lange und weit genug unterwegs ist, wird zwangsläufig irgendwann *in die Helle [des Tages] hinein ankommen*, vielleicht auch erst, nach mehreren Nächten, am dritten oder vierten Tag. So prosaisch freilich kann Tou-zis Antwort nicht gemeint sein. *„Bei Nacht reisen"* kann auch bedeuten: nur nachts reisen, den Tag aber aussparen, und das eine Nacht nach der anderen, immer nur nachts unterwegs, so dass auch das Ziel, wenn es denn eines gibt, ein nächtliches ist. Der Sinn der Metapher liegt auf der Hand: *Nacht* und Dunkel und Tod, das sind seit jeher Geschwister; der Gang in den Tod ist ein Gang in die Nacht, und für immer ins Dunkel eingehen heißt, sich der Endgültigkeit des Todes auszuliefern. Tou-zi spielt unterschwellig auf das Stichwort an, das Zhao-zhou ihm liefert, auf sein *da si*, das *Vollständig-Sterben*. Mit seinem Verbot, *bei Nacht zu reisen*, will Tou-zi jedoch keineswegs die Notwendigkeit des *da si* in Abrede stellen und dazu auffordern, auf das *Vollständig-Sterben* zu verzichten. Wie der zweite Teil seiner Antwort zeigt, kommt es ihm darauf an, dass dieses Sterben und Tot-Sein nicht das Letzte sein darf; dass der Weg durch die *Nacht* des Todes wieder in die *Helle [des Tages]* zurückführt und das Ziel der Chan-Übung, das, wo es anzukommen gilt, das Leben, ein neues Leben ist, eines, über dem sich ein wolkenloser, von tiefem Frieden erfüllter Tag wölbt – aller Unbilden von Wetter und Welt, aller unvermeidlichen Beeinträchtigungen unserer leiblich-seelischen Befindlichkeit unerachtet. „Ja", so lautet Tou-zis beipflichtende Erwiderung an Zhao-zhou, „es gibt nicht nur ein Leben nach dem ‚Großen Tod'; es ist obendrein ein Leben tiefen inneren Friedens und fest in der Shûnyatâ gegründeter und mithin Grund-loser Freude":

»Wohlan denn, Herz,
Nimm Abschied und gesunde!«
Dies Wort aus Montagnola, Schweiz –
Vernimm darin die Stimme
Der Meister einst des Chan:
„Wie steht's um den, der gründlich
Den ‚Großen Tod' gestorben ist?"

»Wohlan denn, Herz, nimm Abschied« –
Vor allem von dir selbst,
Von deinen Träumen, Schmerzen,
Von deinem Glücksbegehr –
Und dir wächst Leichtigkeit und Freude,
Wächst aus dem Sterben Leben zu,
Wie du es nie erhofft, erahnt,
Ein Leben voll der Farben,
Ob es nun deines ist,
Ob das der Welt –
Ihr Lerchensang, ihr Sommerglanz! –
Das jeden Untergang,
Noch den,
Gelassen übersteht.

»Nimm Abschied, Herz« –
Verwandle dich ins Leichte,
Erheb' dich steil zu Lerchensang,
Auch wenn die Fluren schweigen –
Die Stille ruft dich, lockt:
„Entsteig' dem Leib, dem engen,
Und sei ganz Lied und Sommerlaut!"

Und weißt, mein »Herz«, doch dies auch:
Nur da, wo Abschied ist,
Ist Aufbruch, wartet Ankunft –
Du musst vom Hier ins Dort
Und streifst dein Hiersein ab, um anders,
Von dorther freudig, hier zu sein:
„Die Welt so groß und weit", wie sonst
Die Leere Bodhidharmas,
Und sanfthin aufgelöst
Ins Weite – du,
Hast du den Festtag ihres Lichts,
So reich an Glück, um dich
Herum,
So leibesnah, so dicht.[433]

Damit könnte für Leser und Verfasser Schluss sein; doch es stehen noch die beiden – erstaunlichen – Zeilen aus, die den zweiten Teil des kunstvoll gestalteten **Lobgesangs** bilden: *Die Buddhas der Vorzeit – [mir] wichtig der Satz: Sie sind nicht angekommen! / [Ich] weiß nicht – wer versteht es, Staub und Sand [den Füßen] hinzustreuen?* Formelhaft und höchst

433 Roloff (3), Text 24 – *„Die Welt so groß und weit"* verweist auf einen Ausspruch Yun-mens, den das Kôan 16 *Wu-men-guan* zitiert.

unbestimmt ist schon die Bezeichnung derer, von denen gleich die Rede sein soll: *Die Buddhas der Vorzeit* (oder auch: „aus alter Zeit"). Wer ist damit gemeint? Die Chan-Meister und Patriarchen, chinesische wie indische, oder die Buddhas früherer Kalpas, wie etwa Dipamkara oder Kâshyapa, von denen zumindest dreizehn durch die buddhistischen Mythen geistern? Auffällig immerhin, dass hier, im Zusammenhang einer doch deutlich abwertenden Aussage, Buddha Shâkyamuni – aus Gründen des Respekts? – nicht namentlich erwähnt wird. Oder sind die Arhats gemeint, die Heiligen des Hînayâna, deren wichtigstes und ursprünglich der Auszeichnung dienendes Merkmal gerade in ihrer restlosen Weltentsagung besteht? Als Nächstes macht Xue-dou deutlich, dass ihm die nachfolgende Aussage über diese *Buddhas der Vorzeit* am Herzen liegt: *„Wichtig [ist mir] der Satz: ...“*, wobei eine wörtliche Übersetzung der beiden einschlägigen Schriftzeichen sogar heißen müsste: „[ich] lege Wert auf den Satz: ..." Und dann kommt die ketzerische Ungeheuerlichkeit: *„[Sie] sind nicht angekommen!“* So unbestimmt dieser Satz ist, weil das Entscheidende fehlt, die Angabe dessen, wo *sie nicht angekommen sind*, so deutlich tritt der Stolz der Song-zeitlichen Chan-Meister zutage, sich von älteren Formen der Buddha-Lehre radikal, und zwar in der unbedingten Zuwendung zur Welt, zu unterscheiden! Denn der Zusammenhang des Gedichts lässt gar keine andere Wahl, als die Negation *„nicht angekommen“* auf die *Arznei* zu beziehen, genauer gesagt darauf, dass die *Buddhas der Vorzeit* nicht bis zu der Einsicht vorgedrungen sind, dass wir als *Arznei* gegen die Krankheit Shûnyatâ eben die Welt der *Zehntausend Dinge* brauchen.

Rätselhaft die Schlusszeile, die nach denen fragt, die es *„verstehen, Staub und Sand [den Füßen] auszustreuen“*: *„Staub und Sand“* (in genau dieser Abfolge, nicht umgekehrt, wie wir sagen würden: „Sand und Staub") verweisen unzweifelhaft auf die irdische Welt als den Ort von Mühsal und Plage, im Gegensatz zu den „Reinen" oder „Buddha-Ländern" mit ihrer kristallklaren Durchsichtigkeit und unirdischen Mühelosigkeit. Auf genau diese Wortfügung „Staub und Sand" sind wir schon einmal gestoßen, im Xue-dous Lobgesang zum Kôan 25. Dort hieß es von Xiang, dem Einsiedler auf der Lotosblumen-Spitze: „In den Augen Staub und Sand, und Erdreich in den Ohren! / Gipfel, tausend-, zehntausendfach, und nicht bereit, still zu stehen!" Diese beiden, *Staub und Sand*, sollen wir dabei nicht als Einwand gegen die irdische Welt verstehen; im Gegenteil, dass – anders als die „Menschen der Vergangenheit" des Kôan 25 und hier die *Buddhas der Vorzeit* – die Menschen der Jetztzeit ihnen zum Trotz, wie nunmehr auch Zhao-zhou und Tou-zi, den Weg in die unermessliche Gebirgswelt mit ihren „tausend und zehntausend Gipfeln" unerschrocken fortzusetzen entschlossen sind, ist von Xue-dou als Auszeichnung gedacht, als höchstes Lob sogar! Auf den gegenwärtigen Lobgesang angewandt heißt das: Xue-dou hält nach denen Ausschau, die – wie Zhao-zhou, wie Tou-zi – vor dem *Staub und Sand* der irdischen Welt nicht zurückschrecken, die im Gegenteil bereit sind, noch in der Reinheit der Shûnyatâ *[ihren Füßen] Staub und Sand auszustreuen*, will sagen, fest in der Grundlosigkeit der Shûnyatâ gegründet (*tong si*), zugleich mit ihren Füßen auf diesem *Staub und Sand* in die irdische Welt hinauszutreten (*tong sheng*), sich in ihren Härten zu bewähren und von ihrer Schönheit, ihrem Glanz und ihren Freuden heilen zu lassen.

Und von hier aus rückblickend gesehen, erweisen sich auch die beiden kryptischen Eingangssätze der **Ankündigung** mit ihren Antithesen von *Richtig und Falsch*, von *Auflehnung und Folgsamkeit* als so sinnerfüllt wie brisant: *Richtig* ist es, auch vom Selbstverständnis des Chan her, zu sterben, sich selbst und der Welt abzusterben; *falsch* aber ist es, zumindest für Anhänger des Chan, ausschließlich und einseitig zu sterben, ohne wieder ins Leben zurückzukehren; *richtig* ist es, zu leben und sich in der Welt zu tummeln, doch als *falsch* muss es in den Augen eines Chan-Verfechters gelten, nur leben zu wollen, sich auf das Absterben *mitten im Leben* jedoch nicht einzulassen. Und dieses Ineinander von *Richtig und Falsch* muss in der Tat für einen *Weisen* nach Art der ursprünglichen Buddha-Lehre, einen Arhat also, unentwirrbar sein (das chinesische *sheng* bedeutet ja sowohl „Weiser" als auch „Heiliger" und trifft daher an dieser Stelle eben auf den Arhat zu). Denn ein solcher *Weiser* hat sich ausschließlich dem Absterben verschrieben; er lebt nur, um zu sterben, aber er stirbt nicht, wie Zhao-zhou und Tou-zi, um zu leben. So enthält denn die Chan-spezifische Forderung des *tong si tong sheng* („gleichzeitig sterben und gleichzeitig leben") bzw. des *tong sheng tong si* („gleichzeitig leben und gleichzeitig sterben") für einen *Buddha* alten Stils unbestreitbar *Auflehnung und Folgsamkeit* zugleich: *Folgsamkeit* im täglichen Vollzug des Absterbens, *Auflehnung* hingegen in der bewusst bejahten und immer wieder freudig erfahrenen Rückkehr in Welt und Leben! Dass ein *Buddha*, wohlgemerkt ein *Buddha* alten Stils, da *nicht unterscheiden kann* – was Wunder! Denn einem Anhänger der traditionellen Buddha-Lehre zeigt sich hier nichts als *Auflehnung*! Für den Rigoristen ausschließlichen und fortwährenden Absterbens ist in einem *Vollständig-Sterben* (*da-si*), das letztlich aufs Leben und nur aufs Leben abzielt, keinerlei *Folgsamkeit* auszumachen! Für den, der Andeutungen zu lesen versteht, offenbaren so gleich die ersten Sätze des gegenwärtigen »Öffentlichen Aushangs« eine nicht unerhebliche Brisanz: Yuan-wu stellt wieder einmal, und wieder einmal nur in behutsamer Verschlüsselung, von vornherein klar, dass sich sein Song-zeitliches Chan der traditionell verstandenen Buddha-Lehre gegenüber in einem Zustand permanenter *Auflehnung* befindet – in der Revolte gegen jenseitssüchtigen Weltverzicht. Unnötig, jetzt noch eigens auszusprechen, inwiefern hier ein Tabu gebrochen, wem hier mit dem *„Horn eines Einhorns"* der Todesstoß versetzt und welches Risiko nach Art eines Gangs *„über die Schneide eines Schwertes"*, einer *„Lotosblüte im Feuer"* hier von Yuan-wus *„großem Helden"* Zhao-zhou herausgefordert wird. Und noch Yuan-wus – rhetorisch überhöhte – Bemerkung, dass nur der sich als *„großer Held"* erweisen kann, *„der die Welt hinter sich gelassen hat und sich über alle zwischenmenschlichen Verpflichtungen stellt"*, macht, auf Zhao-zhou bezogen, durchaus Sinn: Eine solche Kühnheit, wie sie in einer noch weithin vom traditionellen Buddhismus geprägten Umwelt das Bekenntnis zum »Mitten-im-Tod-lebendig-Sein« verlangt, vermag nur der aufzubringen, der alle Rücksichten *hinter sich gelassen* und den konfuzianisch bedingten Zwang zu *zwischenmenschlichen Verpflichtungen* unterschiedlicher Art abgestreift hat: Als Rebellen verstehen sich diese Song-zeitlichen Chan-Meister, nicht länger bereit, sich der allgemeinen Forderung nach Harmonie, Respekt, Loyalität zu beugen – und sind doch zugleich bemüht, dies ihr Selbstverständnis dadurch zu legitimieren, dass sie es bereits verehrungswürdigen Gestalten der Vergangenheit zuschreiben. Man denke an jene drei Zeilen aus dem Lobgesang des Kôan 47 *Cong-rong-lu*, die auch diesem Buch als Motto voranstehen: „Der greise Zhao-zhou! Der greise Zhao-zhou! / Unruhe in den Chan-Klöstern zu stiften – / noch im hohen Alter hört er nicht damit auf!"

42. Die schönen Schnee[flocken] des ehrwürdigen Pang

Ankündigung

Wenn [er es] einfach nur erwähnt und lediglich [damit] spielt, dann schleppt [er es] durch Wasser und Schlamm.[434] Wenn [aber] Schlagen und Schreien auch noch dazukommen, [ist das wie] ein Silberberg und eine Eisenwand.[435] – Wenn [du nun] überlegst, dann siehst [du nur] Gespenster und Geister;[436] wenn [du] nachdenkst und grübelst, dann sitzt [du] am Fuß des Schwarzen Berges in endloser Betrachtung [gefangen! Und doch gilt:] Leuchtend strahlt die Sonne hell am wolkenlosen Himmel, und schwungvoll umkreist die Erde reiner Wind! – Nun sagt mal: Sind die Menschen der Vergangenheit auch in Irrtum und Täuschung hängen geblieben? Versucht es doch mit dem, [was Xue-dou hier] vorbringt!

Beispiel

Als der Privatgelehrte Pang sich von Yao-shan verabschiedete, forderte der zehn Chan-Gäste auf, ihm bis zum Tor das Geleit zu geben.
Der Privatgelehrte zeigte auf den Schnee in der Luft und sagte: „[Diese] schönen Schneeflocken! [Sie] fallen nicht an einen anderen Ort!“

Nun war da der Chan-Gast Quan;[437] der sagte: „An welchen Ort fallen [sie] denn?“
Der Privatgelehrte versetzte [ihm] einen Schlag mit der flachen Hand.
Quan sagte: „Auch ein Privatgelehrter sollte nicht übereilt [verfahren]!“
Der Privatgelehrte sagte: „Damit behauptest Du zu Unrecht, ein Chan-Gast zu sein: Yama, der alte Meister,[438] hat Dich noch nicht in die Freiheit entlassen!“

---

434 *Durch Wasser und Schlamm schleppen* ist laut Rüdenberg eine Metapher für „unklaren Stil“, mithin für eine schwer verständliche Ausdrucksweise.

435 Yuan-wu bedient sich hier einer ironischen Übertreibung: Zwar *schlägt* der Privatgelehrte Pang im nachfolgenden Beispiel durchaus *zu*, und das sogar zweimal; doch statt den Chan-Gast Quan *anzuschreien*; wirft er ihm lediglich ein paar unfeine Bemerkungen an den Kopf.

436 Die Standard-Version hat hier die stereotype Wendung: „vor ihren Totenschädeln sehen sie Gespenster“, wie sie auch andernorts, beispielshalber in der Ankündigung Kôan 37 *Bi-yan-lu* oder im Lobgesang Kôan 16 *Cong-rong-lu*, vorkommt. Hier im Kôan 42 *Bi-yan-lu* liegt allerdings die Vermutung nahe, dass die Formulierung der *Ichiya*-Version: *„Gespenster und Geister“* dem ursprünglichen Text des gemeinsamen Vorgängers beider Überlieferungsstränge näher steht und wir in der Lesart der Standard-Version eine nachträgliche „Verbesserung“ vor uns haben – eine Vermutung, die umso näher liegt, als in der Formulierung der *Ichiya*-Version die beiden chinesischen Substantive *gui* und *shen* auch als „Gespenster und Götter“ missverstanden werden können, was in der Tat auf blanken Unsinn hinausliefe.

437 Ein *Chan-Gast* ist ein Mönch auf »Wolken und Wasser«-Wanderschaft, der sich nur vorübergehend, insbesondere für die dreimonatige Sommer-Übungszeit, in einem bestimmten Kloster aufhält. Die besondere Pointe in diesem Fall liegt darin, dass der Name dieses Mönchs soviel wie „vollendet“ oder „vollkommen“ (*quan*) bedeutet. Und in der Tat zeigt er sich bei genauerem Hinsehen als ein durchaus nicht unbedarfter Gegenspieler, der glaubt, gewichtige Gründe gegen den Ausruf des Privatgelehrten Pang ins Feld führen zu können, nur dass der ihm dazu keinerlei Chance einräumt!

438 *Yama* – so heißt der Höllenkönig des hinduistisch-buddhistischen Mythos.

Quan sagte: „[Und] der Privatgelehrte [selbst], wie [steht es mit dem]?"
Der Privatgelehrte versetzte ihm abermals einen Schlag mit der flachen Hand und sagte: „[Deine] Augen sehen, als wären sie blind, [Dein] Mund spricht, als wäre er stumm!"

(Der Meister sagte außerdem: „Kaum dass er angefangen hat, von einem Ort zu sprechen,[439] *hätte [ich] nur ein Handvoll Schnee genommen, einen Schneeball [geformt und ihm] sogleich [ins Gesicht] geworfen!")*

Lobgesang

[Hätte er doch] einen Schneeball geworfen, einen Schneeball geworfen,
Der ehrwürdige Pang, die spirituelle Kraft gesperrt, könnte nichts verstehen!
Weder die Götter oben noch die Menschen hier unten verstehen sich selbst,
Sind [erst] in den Augen und Ohren abgeschnitten Windgetöse und Wolkenbruch!
Sind [erst einmal] Windgetöse und Wolkenbruch abgeschnitten,
Auch der blauäugige Mönch aus der Fremde macht [da] schwerlich etwas ausfindig![440]

Der **Privatgelehrte Pang**, Zeitgenosse und Schüler zuerst des Shi-tou Xi-qian (700-790) und später des anderen herausragenden Traditionsstifters der „Süd-Schule", Ma-zu Dao-yi (709-788), war als Tang-zeitlicher Laienanhänger der noch jungen Chan-Bewegung eine Ausnahme-Erscheinung, der noch gegen Ende der Ming-Dynastie, wie Gundert zu berichten weiß, eine eigene Spruchsammlung, das *Pang ju-shi yu-lu* von 1637, gewidmet worden ist. Bei beiden Lehrern hat er sich selbst, laut Standard-Version des Yuan-wu'schen Kommentars, mit der einen Frage so eingeführt wie dargestellt: „Jemand, der sich nicht mit den *Zehntausend Erscheinungen* zusammentut, was für ein Mensch ist das?" – eine Frage, die sich im Klartext auch als die Aussage lesen lässt: „Ich kann mich mit der Einrichtung der Welt nicht einverstanden erklären!", und die zugleich den Hilferuf einschließt: „Ehrwürden, holt mich aus dieser Misslichkeit heraus!" Shi-tou erfüllt ihm diese Bitte, indem er Pang, bevor der noch zu Ende sprechen kann, mit der Hand den Mund versperrt, und Ma-zu reagiert mit seinem berühmt gewordenen Ausruf: „Wenn Du mit einem Schluck das Wasser des West-Flusses – gemeint ist der Lange Strom oder Yangtse – ohne Rest in Dich aufgesogen hast, dann werde ich's Dir sagen!" Beidemal wurde Pang ein Erwachen zuteil, im zweiten

---

439 Wörtlich heißt es an dieser Stelle: „ ... nach dem Ort zu fragen" – nähme man dieses „fragen" ernst, so müsste man den *Chan-Gast Quan* als denjenigen ansetzen, der den *Schneeball* verdient hat, weil er und er allein es ist, der tatsächlich „nach dem Ort fragt": *„An welchen Ort fallen sie denn?"* Doch wie der Lobgesang ausweist, soll umgekehrt der Privatgelehrte Pang mit dem *Schneeball* traktiert werden – damit ihm – und nicht dem *Chan-Gast Quan* – der Verstand vergeht! Und auf den Einwand, dass im chinesischen Original ja nun einmal von „fragen" (*wen*) die Rede ist und nicht von „sprechen", wäre zu antworten, dass auch an anderen Stellen des *Bi-yan-lu* das Verbum „fragen" (*wen*) vorkommt, obwohl streng genommen gar kein Fragesatz folgt, sondern im Gegenteil ein zweifelsfreier Aussagesatz, genauso wie es hier der Fall ist.

440 Mit dem *blauäugigen Mönch aus der Fremde* ist Bodhidharma gemeint – und auch er kann da, wo alle Unterschiede aufgehoben sind, nichts mehr „unterscheiden" (so die wörtliche Formulierung an dieser Stelle). Letzteres spielt auf seine berühmte, aber gleichwohl fiktive Begegnung mit dem Kaiser Wu von Liang an, bei der er auf die Frage des Kaisers: „Wer ist das da, Uns gegenüber?" zur Antwort gegeben haben soll: „[Ich] weiß [es] nicht!" vgl. das Kôan 1.

Fall sogar, wie die Standard-Version vermerkt, das „Große Erwachen“; und beidemal entsprang diesem Erwachen ein „Erleuchtungsgedicht“, das im ersten Fall mit den Zeilen endet: „Die blauen Berge ohne den geringsten Staub und Schmutz; / Geistiges Durchdringen und wunderbares Wirken: / Wasser tragen und Brennholz sammeln!“ und das im zweiten Fall in die Worte mündet: „Entleert der Geist und so nach Hause heimgekehrt!“ Es liegt auf der Hand, was diese Zeilen besagen: Da sieht sich jemand, der sich zuvor mit der Welt nicht hat abfinden können, plötzlich mit ihr ausgesöhnt; sein Erwachen – das „geistige Durchdringen“ – zeigt ihm eine Welt „ohne Staub und Schmutz“ und das „wunderbare Wirken“, das ihm nunmehr zugewachsen ist, befähigt ihn dazu, in den alltäglichen Verrichtungen des „Wasser-Holens“ und „Brennholz-Sammelns“ sein Glück und seine Erfüllung zu finden – das Glück und die Erfüllung des *wu-wei*, wie es im ersten der beiden Gedichte ein paar Zeilen vorher heißt, des »Nicht-Handelns« aus Unbedürftigkeit. Vollends deutlich wird die Schlusszeile des zweiten Gedichts: „Den Geist entleert“, und das heißt, frei von allen Vorstellungen des Wünschbaren und zu Vermeidenden, ganz im Sinne der Seng-can zugeschriebenen *Meißelschrift vom Glauben an den Geist*, weiß sich derselbe Pang, der sich bis dahin heimatlos und ausgestoßen gefühlt hat, nunmehr inmitten der *Zehntausend Dinge* zuhause, dorthin „heimgekehrt“, wo er von Natur aus immer schon hingehört.

Fortan in den Chan-Klöstern als ein Könner (*zuo-jia*) hochgeschätzt, so Yuan-wu in einem Kommentar, stand der Privatgelehrte Pang auch bei **Yao-shan** (745-828), einem Zeitgenossen und Dharma-Nachfolger ihres gemeinsamen Lehrers Shi-tou, in hohem Ansehen; und als er sich, nach längerem Aufenthalt in dessen Kloster, von ihm verabschieden wollte, trug Yoa-shan zum Zeichen seiner besonderen Wertschätzung zehn Chan-Gästen auf, den Scheidenden bis vor das Tor des Klosters zu geleiten.

Genau da setzt das **Beispiel** ein: Ein dichter Wirbel tanzender Schneeflocken lässt den Privatgelehrten Pang in den begeisterten Ruf ausbrechen: *„Diese schönen Schneeflocken! Sie fallen nicht an einen anderen Ort!“* Wie das? *„Nicht an einen anderen Ort“* – als welchen? Als den, an dem der Zufall jede einzelne von ihnen auf der Erde aufkommen lässt? Oder den ein verborgenes Schicksal ihnen Stück für Stück vorherbestimmt hat? Oder ist nicht, ganz schlicht und selbstverständlich, der Boden unter unseren Füßen gemeint, ob nun in den fernen Bergen des alten China oder hier und heutzutage in den Wintern der norddeutschen Tiefebene oder auch anderswo? Und wenn es so gemeint ist, dass die tanzenden *„Schneeflocken nicht an einem anderen Ort“* als dem Boden hier unter unseren Füßen zu liegen kommen, was wäre dann dieser *„andere Ort“*? Dass sie, ganz augenscheinlich, auf dem Erdoden ankommen, das wäre, ohne jeden weiteren Zusatz, eine derart beschämende Trivialität, dass der Privatgelehrte Pang besser den Mund gehalten hätte; erst der Zusatz *„nicht an einem anderen Ort“* verleiht seinem Ausruf den Charakter des Geheimnisvollen, das besondere Flair eines rätselhaften Chan-Wortes! Und doch gibt es für die Identifizierung dieses *anderen Ortes*, an den die Flocken gerade *nicht fallen*, nicht die geringste Auswahl; denn es bietet sich als Kandidat nur einer an, der Dharmakâya, auch Dharmadhâtu genannt, das Feld der „wahren Wirklichkeit“, die Shûnyatâ als ein „Ort“, der eigentlich ein »Nicht-Ort« ist. Nicht dort also kommen sie an, die *schönen Schneeflocken*, im Abgrund des Verschwindens; sie sind von dieser Welt und verbleiben in dieser Welt; sie sind handfeste, irdische Wirklichkeit, und dass sie es sind, nichts sonst, keine Jenseitsboten, kein Aufruf zur Flucht aus dem Jammertal, das ist es, was den Privatgelehrten Pang begeistert, ja berauscht!

„Sie fallen also *nicht an einen anderen Ort!"*, die *schönen Schneeflocken* vor dem Klostertor am Yao-shan: Nicht die „wahre Wirklichkeit" hinter den Dingen, will der Privatgelehrte Pang uns sagen, ist der Ort unserer Bestimmung; dieser Ort des Irdischen hier ist vielmehr der Ort unseres Glücks und unserer Erfüllung. So müssen wir seinen Ausruf als ein Bekenntnis zum Diesseits werten, als eine Absage an eine jenseitige Welt.

So weit, so gut. Doch ist da ja nun der *Chan-Gast Quan*, der „Vollendete": keineswegs nur ein vorlauter Naseweis, der den *ehrwürdigen Pang* in Verlegenheit bringen, seinem Hochgefühl den Aufwind nehmen möchte. Wir müssen Quan vielmehr als einen ernst zu nehmenden Gegner anerkennen, der die Behauptung des Privatgelehrten geschickt in Frage zu stellen weiß. Mit seiner Entgegnung: *„An welchen Ort fallen sie denn?"*, bestreitet er – je nachdem, ob wir die Betonung auf den Ort legen, an den die Schneeflocken fallen, oder auf den Vorgang des Fallens selbst – dass entweder der Boden unter unseren Füßen, der für den *ehrwürdigen Pang* ihren Bestimmungsort darstellt, überhaupt ein Ort ist, oder dass überhaupt ein Fallen stattfindet: Wenn Quan den Ort bestreiten will, so kann er sich dafür auf die Yogâchâra- oder „Nur-Geist"-Schule berufen, derzufolge die scheinbar äußere Wirklichkeit nur als Vorstellung des Geistes existiert; und wenn er das Fallen bestreiten will, so kann er sich dabei auf jene Episode aus den Lehrjahren des Bai-zhang (720-814) berufen, in der Ma-zu, bei dem schließlich auch Pang selbst früher einmal studiert hat, seinem Schüler Bai-zhang, der gerade eben vorbeifliegende Wildenten als „davongeflogen" bezeichnet hatte, mit dem Rätselwort: „Wie wären sie denn je davongeflogen!?" das Licht des Verstehens ausgeblasen hat.[441]

Dieses Ausblasen des Verstandeslichtes wird auch im hiesigen Kôan schon bald eine zentrale Rolle spielen; dabei nimmt das Geschehen zunächst folgenden Verlauf: Der *Privatgelehrte Pang* räumt seinem Gegenüber nicht die geringste Chance ein, sich näher zu erläutern; er schneidet ihm jedes weitere Wort mit einem Kunstgriff ab, den er seinem ehemaligen Lehrer Ma-zu abgeschaut haben mag: Er schlägt ihm *mit der flachen Hand* ins Gesicht! Zu Recht beschwert sich da Quan: *„Auch ein Privatgelehrter sollte nicht übereilt [verfahren]!"* In der Tat kann, ja muss dem Chan-Gast Quan das Vorgehen Pangs als übereilt, als Ausdruck vorschnellen Urteilens erscheinen, hat der ihm doch gleichsam den Mund gestopft, noch ehe er, Quan, Gelegenheit gehabt hat, auf sein Bestreiten sei es des Ortes, an den die Schneeflocken angeblich fallen, sei es des Fallens selbst, irgend weiter einzugehen!

Pang aber lässt den Vorwurf unzulässiger Übereiltheit nicht gelten; er dreht im Gegenteil den Spieß um und hält dem anderen vor, den Sinn seines überraschenden Zuschlagens nicht begriffen zu haben: *„Damit behauptest Du zu Unrecht, ein Chan-Gast zu sein: Yama, [dieser Fürst der Hölle und Herrscher über alle Art von Verblendung,] hat Dich noch nicht in die Freiheit entlassen!"* Ein wahrer Chan-Schüler, soll das heißen, erkennt in solch harschem und jeder Höflichkeit hohnsprechendem Zuschlagen seitens eines ausgereifteren Geistes die

441 Das *Bi-yan-lu* bietet diese Episode als Kôan 53 dar.

barmherzige Milde jener sprichwörtlichen Großmutter, von der in den Chan-Geschichten immer wieder Mal die Rede ist: dem Jüngeren, der noch der Anleitung bedarf, all sein gewohntes und unzureichendes Verstandesdenken auszutreiben! Auch der Privatgelehrte Pang hat also – so sieht er sich selbst – versucht, seinem Gegenüber das Licht des Verstandes auszublasen; doch Quan hört nur die Abwertung, die in Pangs letzten Worten liegt, und setzt sich, immerhin in höflicher Umschreibung, seinerseits zur Wehr: *„[Und] der Privatgelehrte [selbst], wie [steht es mit dem]?“* – „Auch der ist von Verblendung noch längst nicht frei?“, besagt diese Frage, die aus Pangs Sicht freilich nur ein weiterer Beweis für die mangelnde Einsicht und die Unreife seines Gegenübers ist: *„Deine Augen sehen, als wären sie blind, Dein Mund spricht, als wäre er stumm!“*

Bis hierher steht der Privatgelehrte Pang eindeutig als der Überlegene da, als ein Mann ohne Fehl und Tadel. Doch das ändert sich ganz überraschend und urplötzlich: Xue-dou hängt dieser Episode, die er gerade seinen versammelten Mönchen in der Dharma-Halle vorgetragen hat, noch ein kleines Nachwort an: *„Kaum dass er“* – gemeint ist Pang – *„angefangen hat, von einem Ort zu sprechen, hätte [ich] nur ein Handvoll Schnee genommen, einen Schneeball [geformt und ihm] sogleich [ins Gesicht] geworfen!“* Darin verbirgt sich ein schwerer Vorwurf gegenüber Pang; und denselben Vorwurf, mit seinem Gerede über einen Ort, an den die Schneeflocken fallen, und *einen anderen Ort, an den sie nicht fallen*, das letztendliche Ziel des Chan und seiner Versenkungsübung verfehlt zu haben, äußert Xue-dou auch in seinem abschließenden **Lobgesang** – wohingegen die **Ankündigung** den *ehrwürdigen Pang* zunächst einmal und von vornherein in Schutz genommen hat: Zwar ist Yuan-wu bereit einzuräumen, dass Pangs Ausruf es an Deutlichkeit fehlen ließe, wenn der Privatgelehrte es bei diesem Ausruf selbst belassen hätte (*„Wenn [er es] einfach nur erwähnt [hätte]*, dann wäre das wie *bloßes Spiel* gewesen, und er hätte die Sache gleichsam *durch Wasser und Schlamm geschleppt“*); doch weil Pang obendrein mit *Schlagen und Schreien* – richtiger gesagt, mit Schelten – vorgegangen ist, erweist er sich dem aufmüpfigen Chan-Gast gegenüber als *Silberberg und Eisenwand*, nicht zu erklimmen und mithin unüberwindbar. Dem Chan-Gast Quan hingegen schreibt Yuan-wu ins Stammbuch, dass alles *Überlegen* wie das, zu dem er ansetzt, und alles *Grübeln* nur dazu führt, *Gespenster und Geister zu sehen* und sich *am Fuß des Schwarzen Berges*, also im Vorhof der Unterwelt, *in endloser Betrachtung* zu verfangen!

Gegen diese Düsternis des *Schwarzen Berges* setzt Yuan-wu sodann die *strahlende Sonne am wolkenlosen Himmel* und den *reinen Wind*, der *schwungvoll das Erdenrund umkreist* – beides Anspielung wiederum auf den Privatgelehrten Pang, der mit seiner Diesseitsbejahung dem Glanz und der Schönheit der irdischen Welt Gerechtigkeit widerfahren lässt und sich zugleich als würdiges Gefäß für den *reinen Wind* eines Lebens in Tatkraft und Freude erweist. Der Privatgelehrte Pang, heißt das, ist für Yuan-wu ein beispielhafter Beleg dafür, dass *die Menschen der Vergangenheit* nicht *in Irrtum und Täuschung hängen geblieben* sind, in der Selbsttäuschung, eine „wahre Wirklichkeit“ jenseits der *Zehntausend Dinge* für realer und daher wichtiger zu halten als den Lebensvollzug innerhalb der irdischen Welt.

Gegen eine solche Glorifizierung des Privatgelehrten Pang erhebt jedoch Xue-dou seinen bereits erwähnten Vorwurf – einen Vorwurf, wie sich zeigen wird, mangelnder Konsequenz und Tiefgründigkeit. *„[Hätte er doch nur] einen Schneeball geworfen!“*, so nimmt Xue-dou zu Beginn seines **Lobgesangs** das Motiv des Schneeball-Werfens wieder auf und meint damit nicht etwa Pang, sondern seinen Gegenspieler. „Dann wäre“, so fährt er fort, „der *spirituellen Kraft des ehrwürdigen Pang,* die ihm die wortlose Botschaft der fallenden Schneeflocken erschlossen hat, ganz jählings Schloss und Riegel vorgesetzt, wäre noch sein intuitives Verstehen augenblicks zum Stillstand gekommen!“ Von dem – leider ungeworfen gebliebenen – Schneeball des Chan-Gastes Quan getroffen, hätte Pang, so will Xue-dou uns bedeuten, nicht nur diesen Wurf eines Schneeballs, sondern überhaupt *nichts mehr verstanden,* wäre ihm also alles in Worte fassbare Verstehen schlagartig ausgeblasen worden! Wozu das gut sein soll, das herauszufinden bleibt freilich unserem eigenen Gespür überlassen; Xue-dou schlägt stattdessen einen anderen Weg ein, den einer Verallgemeinerung, die schließlich in jenes Sich-selbst-nicht-mehr-Verstehen einmündet, das die Chan-Überlieferung einem Bodhidharma als Symbol seiner spirituellen Vollendung zugeschrieben hat: Wenn endlich *Windgetöse und Wolkenbruch in den Augen und Ohren abgeschnitten,* allgemeiner gesprochen, wenn alle Eindrücke, auch noch die leisesten, die aus der Welt unablässig auf uns einströmen, ausgelöscht sind und die zeitlose Stille jenseits der Dinge in uns eingezogen ist, dann *verstehen* nicht nur die *Menschen,* sondern auch die *Götter* des hinduistisch-buddhistischen Mythos *sich selbst nicht mehr,* haben wir alle gleichermaßen, gerade so, wie es die berühmte Legende von Bodhidharma behauptet, kein Wissen mehr von uns selbst. Eine solche Aussage gemahnt an die nicht minder bedeutsame Schlusszeile aus Dan-yuans Gedicht zur „Nahtlosen Pagode“: „Oben in der Halle aus Glas, da ist kein Wissen mehr!“[442] Beides, Dan-yuans Gedicht und Xue-dous hiesiger Lobgesang, verweist auf die Nicht-Dualität, in die einzugehen die höchste Stufe gelungener Versenkung darstellt.

Doch was bedeutet solche Nicht-Dualität, die ja dem Pang der *„Schönen Schneeflocken“* laut Xue-dou noch abgeht, für dessen und unsere eigene Welt- und Daseinsbejahung? Dass sie erst darin ihre Vollendung findet, dass zwischen den *Zehntausend Dingen* und uns kein Unterschied, kein Abstand mehr ist, nicht einmal der, uns dessen bewusst zu sein, dass sie die einzige Wirklichkeit sind, die für uns wichtig ist! Der Pang des Ausrufs: *„Sie fallen nicht an einen anderen Ort“* hat noch soviel Abstand zu den Schneeflocken als Inbegriff diesseitiger Wirklichkeit, dass er über sie reden, ja räsonieren kann (denn was sonst als ein Räsonnement stellt sein Reden von einem *anderen Ort* dar, an den sie gerade *nicht fallen*!?). Ganz in den Dingen zuhause ist dieser Pang erst dann, wenn er jeden Gedanken an einen *anderen Ort,* an den die *Schneeflocken* auch fallen könnten, aber *nicht fallen,* an einen Ort mithin jenseits der Welt, losgeworden ist; und das geschieht eben in der Erfahrung von Nicht-Dualität, in der auch die Zweiheit von irdisch-wirklichem und jenseitig-möglichem Ort aufgehoben ist und aus der wir, zunächst auch uns selbst entschwunden, in ein Dasein der Verschmelzung von Welt und Ich wieder hervortreten – in ein Dasein, das keine Alternative einer anderen Wirklichkeit kennt oder nötig hat, ein Dasein, dem die Welt so innig vertraut und wirklich ist, wie es sich selbst vertraut und wirklich ist, in einer geradezu unbedingten Gewissheit.

---

442 Vgl. im Voraufgegangenen das Kôan 18 *Bi-yan-lu* bzw. das Kôan 85 *Cong-rong-lu*, letzteres in Roloff (2), S. 439ff.

Diese letzte Vollendung also fehlt dem ansonsten *ehrwürdigen Pang*, so lautet der Vorwurf, den Xue-dou erhebt. Yuan-wu hingegen hält ihn für höchsten Lobes wert! Wer von beiden hat dabei dem anderen gegenüber Recht? Entwertet Xue-dou das Lob Yuan-wus oder konterkariert Yuan-wus Lob den Vorwurf Xue-dous? Wer von ihnen hat das letzte Wort, Yuan-wu mit seiner einleitenden **Ankündigung** oder Xue-dou mit seinem abschließenden **Lobgesang**? Nun, Yuan-wu hat seine Ankündigung einhundert Jahre nach Xue-dous Lobgesang verfasst, und mithin müssen wir Yuan-wus positive Einschätzung des Privatgelehrten Pang als Antwort auf den kritischen Einwand verstehen, den Xue-dou gegen ihn vorbringt, als Antwort und Schadenseingrenzung zugleich: „Dieser *‚ehrwürdige Pang‘* – wie Xue-dou es selbst formuliert – ist in seiner Diesseitsbejahung unbestreitbar höchsten Lobes wert, auch wenn ihm die letzte Vollendung darin noch abgeht!“

Für den heutigen Leser sei noch eine abrundende Bemerkung angehängt: In der Einstellung des *„ehrwürdigen Pang“* haben wir keinen platten Hedonismus vor uns, keine Wellness-Religion, für die es nichts gibt als ein sich selbst genießendes Wohlgefühl, keine Anbetung der Oberflächlichkeit, etwa nach Art des heutigen Zeitgeistes, der kritische Gemüter zu der Frage veranlasst, ob denn nicht materieller Konsum die Religion der Gegenwart darstellt. Wir müssen uns vor Augen halten, dass eine Welt- und Daseinsbejahung, wie sie aus Pangs begeistertem Ausruf spricht, erst recht, wenn sie die Stufe nicht-dualer Versenkung erreicht hat, eine geradezu mystische Lebenshaltung bedeutet, die über bloßen Selbstgenuss weit hinaus ist und uns zugleich von unseren Ängsten vor Verlust und Tod befreit: Sie mag so fragil sein, wie sie ist, die Welt der *Zehntausend Dinge*, wir sind dann fraglos in ihr aufgehoben, so fraglos, dass wir keinen *anderen Ort* nötig haben, auch keinen innerweltlichen Ersatz für einen solchen – einst geglaubten und heute verlorenen – Zufluchtsort jenseits der irdischen Welt.

Dem aufmerksamen Leser mag aufgefallen sein, dass in diesem »Öffentlichen Aushang« mit dem Privatgelehrten Pang einem Vertreter des Tang-zeitlichen Chan eine Einstellung zugeschrieben wird, die der Verfasser ansonsten immer wieder als das besondere Kennzeichen des Song-zeitlichen Chan ausgegeben hat. Haben wir hier also das Gegenbeispiel vor uns, das die bisher behauptete Abgrenzung des Song-zeitlichen vom Tang-zeitlichen Chan hinfällig macht? Doch bedenken wir, dass es eben Song-zeitliche Quellen sind, denen wir sämtliche Informationen verdanken, die uns über diesen Privatgelehrten Pang, den Schüler Shi-tous und Ma-zus, zu Gebote stehen! Und wir haben uns ja längst von der Forschung des letzten Jahrzehnts belehren lassen müssen, dass der ursprüngliche Bestand an zeitgenössischen Aufzeichnungen zu den Chan-Meistern der Tang-Zeit, so es sie denn überhaupt gegeben hat, schon in der Übergangszeit der »Fünf Dynastien« und erst recht in der Song-Zeit erheblichen Veränderungen – Umformulierungen, Verkürzungen, Erweiterungen – unterworfen gewesen ist. Wir haben deshalb keine Gewähr, dass eine Aussage, wie sie sich in einem der beiden „Erleuchtungsgedichte“ des Privatgelehrten findet („Die blauen Berge ohne den geringsten Staub und Schmutz; / Geistiges Durchdringen und wunderbares Wirken: / Wasser tragen und Brennholz sammeln!“) und die so ganz den daoistisch bestimmten Geist des Song-zeitlichen Chan verrät, tatsächlich authentisch ist. Zweifel an der Authentizität des Bildes, das der »Öffentliche Aushang« 42 *Bi-yan-lu* vom Privatgelehrten Pang entwirft, sind immerhin erlaubt. Der Verfasser sieht sich dabei von der – bereits in der Fußnote 11 zitierten – Einschätzung Welters bestätigt, dass das auf uns gekommene Überlieferungsgut zu den Meistern der Tang-Zeit letztlich die Vorlieben einer Chan-Orthodoxie widerspiegelt, wie sie unter den Autoren der Song-zeitlichen Textsammlungen verbreitet war.

43. Dong-shan zu „Kälte und Hitze“

Ankündigung

Sätze, die Himmel und Erde bestimmen[443] – Zehntausende von Generationen werden sich alle zusammen [nach ihnen] richten. Die spirituelle Kraft, Tiger und Nashorn einzufangen – Tausende Weise können [sie] schwerlich ausmachen. [Gehst du] schnurstracks drauflos und [bist] überdies nicht im Geringsten durch Grauen Star [behindert] – die ganze spirituelle Kraft liegt [dann] überall vollständig klar zu Tage. Wenn [du] Zange und Hammer [für den Durchbruch] »nach oben hin« verstehen willst, musst du Esse und Blasebalg eines Könners sein.[444] – Nun sagt mal: Hat es unter allen Weisen seit jeher sonst noch eine solche Familiensitte gegeben oder nicht? Versucht es doch mal mit dem, [was Xue-dou hier] vorbringt!

Beispiel

Ein Mönch fragte Ehrwürden Dong-shan: „Wenn Kälte und Hitze kommen, wie [kann man sie] vermeiden?“
Dong-shan sagte: „Warum machst [Du Dich] denn nicht auf und davon zu einem Ort ohne Kälte und Hitze?“
Der Mönch sagte: „Was ist [denn] ein [solcher] Ort ohne Kälte und Hitze?“
Dong-shan sagte: „Zur Zeit der Kälte tötet [dort] die Kälte den Âchârya; zur Zeit der Hitze tötet [dort] die Hitze den Âchârya!“[445]

Lobgesang

[Er] lässt die Arme hängen, [steht] auch wie eine Zehntausend-Klafter-Klippe [da] –
Das Richtige und das Einseitige, warum müssen [sie] nach Rang angeordnet sein?[446]
Die uralte Halle aus Glas spiegelt den hellen, klaren [Schein des] Mondes wieder –
Geduldig [lässt sie] den Hund der Han vergeblich die Stufen hinaufspringen![447]

---

443 Wie schon anlässlich des Lobgesangs zum Kôan 11 angemerkt, bedeutet *Bestimmen*, chinesisch *ding*, mehr als nur „definieren“, „auf den Begriff bringen“; *ding* heißt auch „festsetzen, beschließen“. Mithin wird hier durch das *Bestimmen* zugleich festgelegt, als was Himmel und Erde zu gelten haben, als was die Welt insgesamt erfahren werden, welche Haltung der Einzelne ihr gegenüber einnehmen soll.

444 *Zange* und *Hammer* dienen dazu, glühendes Eisen zu schmieden; die *Esse* (*lu*, auch „Kohlenbecken“) liefert die Hitze, in der das Eisen zum Glühen gebracht wird, und der *Blasebalg* (*bei*, auch „Kolben“ zum Hineinpressen der Luft) sorgt für die Glut der Kohlen.

445 *Âchârya* meint den älteren, erfahrenen Mönch, den sich jeder Novize eines Klosters als spirituellen Lehrer wählen musste. Wenn Dong-shan hier, statt den Fragesteller direkt anzusprechen, ganz allgemein von einem *Âchârya* redet, so soll damit angedeutet sein, dass der Mönch da vor ihm, auch wenn er eines Tages die Stufe eines solchen Lehrers erklommen hat, dem Schicksal eines *Todes durch Kälte und Hitze* nicht entgehen wird. Anders gesagt: Auch spirituelle Reife bewahrt uns nicht vor den Unbilden der physischen Welt.

446 Das »*Richtige*« und das »*Einseitige*« sind Leitbegriffe der Cao-Dong-Schule: Das »*Richtige*« (oder »Wahre«) zielt auf den Dharmakâya, die Shûnyatâ, und mit dem »*Einseitigen*« ist die Welt der Erscheinungen, das Reich der *Zehntausend Dinge* gemeint.

447 In den *Annalen der Streitenden Reiche* ist von einem schwarzen (Wolfs-)*Hund* die Rede, der dem Clan *der Han* gehörte und so schnell war, dass selbst der wachsamste und verschlagenste Hase ihm nicht entgehen konnte.

Auf **Dong-shan** (807-869), zusammen mit seinem Nachfolger Cao-shan Begründer der Cao-Dong-Schule des chinesischen Chan und damit auch der Sôtô-Schule des japanischen Zen, ist der Leser bereits anlässlich des Kôan 12 gestoßen. Dort hatte er die Frage eines Mönchs: „Was ist mit Buddha[schaft]?", mit der frappierenden Antwort beschieden: „Drei Pfund Hanf!" – eine Anekdote so recht nach dem Geschmack der Bildungselite, die mit dem Übergang zur Song-Dynastie die Patronage der Chan-Bewegung übernommen hatte. Das Gleiche gilt von der gegenwärtigen Episode, zu deren Verständnis ebenfalls kein Rückgriff auf die besonderen der Cao-Dong-Schule zugeschriebenen Lehrinhalte erforderlich ist, auch wenn Xue-dou in seinem Lobgesang wie nebenbei darauf anspielt. Gemeint ist die Lehre von den »Fünf Rängen«, denen die Formeln: »Das Richtige mitten im Einseitigen«, »Das Einseitige mitten im Richtigen«, »Mitten aus dem Richtigen gekommen«, »Mitten im Einseitigen angekommen« und »Mitten in die Vereinigung gelangt« zugeordnet sind. Hier genügt es, noch einmal, wie bereits in der Fußnote 446 geschehen, darauf hinzuweisen, dass der Terminus »das Richtige« auf die „wahre Wirklichkeit" und der Gegen-Terminus »das Einseitige« dementsprechend auf die Welt der Zehntausend Dinge abzielt; allenfalls sei noch dies hinzugefügt: Wie schon der erste Eindruck vermuten lässt, hat die Episode des Beispiels etwas mit der »Vereinigung« [beider], des »Richtigen« und des »Einseitigen«, zu tun.

Denn die Episode des Beispiels ist mehr als nur die triviale Ermahnung, dass wir die Welt halt hinnehmen müssen, wie sie ist, mit allen ihren Mängeln und Widersprüchen, weil wir eine andere nicht haben, oder auch nur, weil eine andere uns nicht zugänglich ist. Es steckt ein bisschen mehr in Dong-shans Begegnung mit einem weltfluchtwilligen Mönch. Das zeigt schon die **Ankündigung**. Da bezeichnet Yuan-wu gleich zu Beginn die beiden Äußerungen Dong-shans als *Sätze, die Himmel und Erde bestimmen*, und unterstreicht ihr Gewicht und ihre Bedeutung, indem er sie zur freiwillig befolgten Richtschnur für *Zehntausende von Generationen* erklärt. Zugleich gibt er uns zu verstehen, in ihnen wirke eine *spirituelle Kraft*, die befähigt, *Tiger und Nashorn einzufangen*, und spricht dieser *Kraft* eine Subtilität und einen Höhenflug zu, der es selbst *Tausenden Weisen* unmöglich macht, ihrer habhaft zu werden! Was soll damit gesagt sein?

Wir können Himmel und Erde als Einheit, als Symbol für das Ganze der Welt, oder aber als Antithese verstehen. Im ersten Fall wären die beiden *Sätze, die Himmel und Erde bestimmen*, eine Aussage ausschließlich über die irdische Welt, und zwar genauer darüber, wie wir diese Welt hier zu bewerten, wie wir uns zu ihr zu stellen hätten; im zweiten Fall hingegen, als Antithese, stünden sie für eine jenseitige und vollkommene Welt dort und eine mangelhafte, mit Leiden durchsetzte Welt hier, eben die irdische. Das trifft sich mit der Gegenüberstellung des *»Richtigen«* und des *»Einseitigen«*, auf die Xue-dou im Lobgesang zurückgreift, und gestattet zugleich den nahtlosen Übergang zu der *spirituellen Kraft, die Tiger und Nashorn einfängt.* Denn der Begriff *spirituelle Kraft* zielt immer auf die Bewegung »nach oben hin«, ins ganz Andere: Sie ist es, die uns gleichsam den Himmel erobern und darin festen Stand fassen lässt und uns eben dadurch *befähigt*, *Tiger* und *Nashorn*, Verkörperung der Gefahren, mit denen die irdische Welt uns aufwartet, wohlgemerkt, nicht auszurotten, sondern nur *einzufangen* und damit unschädlich zu machen, anders gesagt, ihnen den Charakter von Bedrohung und Zerstörung zu nehmen: Es gibt sie weiterhin,

Tiger und Nashorn, aber sie können uns, wie es schon im *Dao-De-Jing* heißt, nichts mehr anhaben![448] Dass zu einer solchen ungefährdeten Zuwendung zur Welt zunächst einmal eine Abkehr von ihr nötig ist, und zwar die besondere Abkehr des Chan, bestätigt Yuan-wu ein, zwei Sätze später: *Weise* anderer Provenienz, und seien es gleich *Tausende*, sind zwar nicht imstande, die entsprechende *spirituelle Kraft* überhaupt in den Blick zu bekommen; doch die Chan-Schüler, an die sich das Kôan wendet, brauchen nichts weiter als *schnurstracks grauflos zu gehen* und mit ihren gesunden Augen (*„nicht im Geringsten durch Grauen Star [behindert]"*) hinzuschauen – schon *liegt die ganze spirituelle Kraft* [für sie] *vollständig klar zu Tage*! Freilich, folgt sogleich der Zusatz, bedarf es zu ihrer Aneignung des *[Durchbruchs] »nach oben hin«*, und der wiederum erfordert harte Arbeit an sich selbst: *Hammer* und *Zange* sind vonnöten, um aus dem stählernen Gefängnis bloßer Welt-Verhaftung auszubrechen, und um die zu schmieden, müssen wir *Esse und Blasebalg eines Könners sein*! Auch den Stolz auf diese Chan-typische »Doppelbewegung« hinein in die Shûnyatâ und zurück in die Welt, verbunden mit einer Entmachtung von *Tiger und Nashorn*, will Yuan-wu nicht unterdrücken und setzt ihn – freilich als rhetorische Frage formuliert – dazu ein, seine Chan-Schüler zusätzlich anzuspornen: *„Unter allen Weisen seit jeher hat es [nirgendwo] sonst eine solche Familiensitte gegeben!"*

Nun also das **Beispiel**. Erstaunlich konkret und auf Anhieb nachvollziehbar die Frage des Mönchs: „Bei all den Unbilden, die die Welt für uns bereithält, mutet sie uns auch *Kälte und Hitze* zu, scharfe, bisweilen tödliche *Kälte* sogar, und kaum noch zu ertragende *Hitze*! Da kann man es niemandem, auch und gerade mir nicht, einem Mönch auf »Wolken und Wasser«-Wanderschaft, verdenken, dass er ihnen dringend entkommen möchte. Aber wie stellt man das an?" Gemeint sind dabei, versteht sich, nicht nur die besonderen Unbilden *Kälte und Hitze*, sondern die Übel der Welt insgesamt, deretwegen der historische Buddha das Leben zu nichts als Leiden erklärt hat. Doch als Anhänger der Buddha-Lehre weiß dieser Mönch selbstverständlich, dass es auf seine Frage, falls so allgemein formuliert, eine feststehende Antwort gibt: „Durch das Loslassen von Gier, Hass und Verblendung!" Allerdings weiß er, der sich ja als Mönch gerade diesem traditionellen Buddha-Weg verschrieben hat, aus eigener, bitterer Erfahrung, dass physische Beeinträchtigungen wie extreme *Kälte und Hitze* trotzdem nahezu unerträglich sein können! Und deshalb seine ganz konkrete Frage: „Wie kann ich auch diesen, ja gerade diesen Unbilden auf meinen Wanderungen quer durch das ‚große Reich der Tang' entgehen?"

Dong-shan erteilt ihm, lässig und ungerührt (*„er lässt die Arme hängen"*, heißt es im Lobgesang) eine verblüffende Antwort: *„Warum machst Du Dich [auf Deinen Wanderungen von Nord nach Süd, von Ost nach West] denn nicht auf und davon zu einem Ort ohne Kälte und Hitze?"* Der Mönch stutzt: „Meint der große Dong-shan wirklich einen geographischen Ort oder meint er es metaphorisch?" Er entschließt sich für Letzteres und fragt nicht zurück: „Wo ist denn dieser Ort?", sondern vielmehr: *„Was ist [denn] ein [solcher] Ort ohne Kälte und*

448 Mit der Erwähnung von *Tiger und Nashorn* spielt Yuan-wu ganz offensichtlich auf den Text 50 des *Dao-De-Jing* an, der besagt: „Das Nashorn findet an ihnen keinen Platz, sein Horn hineinzustoßen; der Tiger findet an ihnen keinen Platz, seine Krallen anzubringen; die feindlichen Schwerter finden keinen Platz, der ihre Schneiden aufnimmt. Warum ist das so? Weil sie (die Menschen des »rechten Lebens«) am Ort des Nicht-Sterbens sind!"

Hitze?" Diese Frage ist umso mehr berechtigt, als ja ein nur als Metapher verstandener *Ort* nicht zu den ganz konkreten, raum- und zeitgebundenen Übeln *Kälte und Hitze* passt. Noch verblüffender, ja geradezu wie ein Schlag vor den Kopf wirkt Dong-shans zweite, höchst paradoxe Antwort: „Das ist der Ort, wo Dich *in der Zeit der Kälte* eben *die Kälte tötet* und wo Dich *in der Zeit der Hitze* eben die Hitze tötet!" Das ist nun wieder ganz und gar nicht metaphorisch, das meint ganz offensichtlich die konkrete irdische Wirklichkeit im Reich der Mitte, mit dem Winter als der *Zeit der Kälte* und dem Sommer als der *Zeit der Hitze*, und enthält das Zugeständnis: „Ja, diese physische *Kälte und Hitze* können so ins Extrem gesteigert sein, dass sie Dich im wortwörtlichen Sinne *töten*!" Ist das bloßer Zynismus? Gibt Dong-shan damit den Mönch kaltherzig den klimatischen Extremen Chinas oder ganz allgemein seinem irdischen Elend preis?

Auf den ersten Blick mag das so scheinen, zumal der **Lobgesang** zur Charakterisierung Dong-shans die bereits zitierte Formulierung: *„Er lässt die Arme hängen"* um den Zusatz erweitert: *„[Er steht] auch wie eine Zehntausend-Klafter-Klippe [da]!"* Im Nachhinein lässt sich dabei die erste der beiden Aussagen auch anders lesen, als zuvor geschehen: *„Er lässt die Arme hängen"* – das kann nunmehr auch bedeuten: Er streckt dem Hilfesuchenden keine helfenden Hände entgegen, verharrt vielmehr in mitleidloser Untätigkeit. Und in der Tat, indem er den Mönch, so scheint es, mitleidlos in sein irdisches Elend zurückstößt, *[steht er] wie eine Zehntausend-Klafter-Klippe [da]* – schroff abweisend, ein Fels, an dem alles Streben nach Hilfe abprallen, jede Hoffnung auf Hilfe zerschellen muss.

Doch dass es so gerade nicht ist, darauf hat uns die **Ankündigung** ja längst hinreichend vorbereitet: Dong-shan weist dem Mönch im Gegenteil einen Weg, den einzig gangbaren, der ihm dazu verhelfen kann, die irdischen Verhältnisse als erträglich, ja als lohnens- und lebenswert zu empfinden. Seine erste Antwort – der *Satz, der den Himmel bestimmt* – ist nämlich keineswegs nur eine Falle, in die der Mönch augenblicklich hineintappt; der *Ort ohne Kälte und Hitze* ist kein anderer als der, den Dong-shan im Kôan 89 *Cong-rong-lu* als den Ort umschreibt, „wo es auf *Zehntausend Li* nicht einen Zoll Gras gibt",[449] der »Nicht-Ort« schlechthin, an dem und in dem wir allen Orten und allem, was uns in Raum und Zeit widerfahren mag, enthoben sind: die Shûnyatâ, der »Nicht-Ort« des Nicht-Seins. Dong-shans dortige Aufforderung an den Mönch, sich von hier, dem Irdischen, weg zu diesem »Nicht-Ort« hin zu begeben, bedarf zu ihrem rechten Verständnis allerdings einer Einschränkung. Sie ist nicht als Aufruf zur Selbstvernichtung, zur physischen Auslöschung seiner selbst gemeint. Zwar gilt ganz unbestreitbar, dass wir an einen Ort, besser gesagt in einen Zustand, in dem wir allem, was uns in Raum und Zeit widerfahren mag, enthoben sind, nur durch unseren physischen Tod, das Erlöschen unserer leiblich-geistigen Existenz gelangen können (wobei unser Enthoben-Sein auf dem doppelten Faktum beruht, dass es uns dann nicht mehr gibt und das es auch das nicht mehr gibt, was – wem auch immer – zustoßen kann). Was uns jedoch hier und jetzt in unserer physischen Existenz sehr wohl möglich ist, das ist eine Annäherung an den »Nicht-Ort« oder Nicht-Zustand des Nicht-Seins, und zwar durch die schon von Yuan-wu beschworene Versenkung in den spirituellen Tod, bei der alles, was uns einschränkt, festhält, ängstigt und quält, von uns abfällt, mithin durch die

449 Roloff (2), S. 459

radikale Abkehr von der Welt, vollzogen durch die radikale Abkehr von uns selbst, auch *[Durchbruch] »nach oben hin«* genannt.

Wenn also Dong-shan seinen Hinweis auf den *Ort ohne Kälte und Hitze* ernst gemeint hat (und daran kann es keinen Zweifel geben), was hat er damit beabsichtigt? Die dichotomische Terminologie in der ihm zugeschriebenen Formel von den »Fünf Rängen« könnte den Gedanken nahelegen, er habe dem Mönch seinen *Ort ohne Kälte und Hitze* als das »Richtige« dahingehend ans Herz legen wollen, in ihm einen dauerhaften, der Welt entrückten Zufluchtsort und seine wahre Heimat zu sehen, der gegenüber die irdische Welt als das »Einseitige« den eindeutig niedrigeren Rang einnimmt und daher zu vernachlässigen ist. Doch das ist Dong-shans Absicht – und die des Chan überhaupt – gerade nicht, wie seine zweite Antwort – der *Satz, der die Erde bestimmt* – hinreichend klarstellt, die im Gegenteil zum Standhalten aufruft, und wie auch Xue-dou durch die rhetorische Frage seines **Lobgesangs**: *„Warum [denn nur] müssen das Richtige und das Einseitige nach Rang angeordnet sein?“* unmissverständlich unterstreicht. Das Irdische hat als das *»Einseitige«* für uns zumindest das gleiche Gewicht wie das *»Richtige«*; beide durchdringen einander, wie ein alter Mahâyâna-Grundsatz festlegt, und schon das hebt das vermeintlich Niedrigere auf dieselbe Ebene der Bedeutsamkeit wie das angeblich Höhere und nur scheinbar Wichtigere. Das *»Richtige«*, also der »Nicht-Ort« des Nicht-Seins, hat seine Bedeutung vor allem als unerlässliches Durchgangsstadium, ohne das sich eine irdische Lebensform, in der wir uns nicht länger vor *Tiger und Nashorn* zu fürchten haben, nicht erreichen lässt: Nicht das Verweilen im *»Richtigen«* kann daher unser Ziel sein; Hong-zhi spricht im Lobgesang zum Kôan 26 *Cong-rong-lu* von der Shûnyatâ sogar als von einer „falschen Heimat“; Heimat, wirkliche Heimat kann für den Menschen nur die irdische Welt sein, in die es aus der vermeintlichen Höhe der Shûnyatâ herabzusteigen gilt, eine Umkehr, von der Hong-zhi im Anschluss an die soeben zitierte Aussage erklärt: „Aus [der] klaren Helle [der Shûnyatâ] umkehren heißt auch seinen Rang verlieren“ – den vermeintlich höheren Rang des *»Richtigen«*![450] Aber dieser Rangverlust wird mehr als wettgemacht durch die Erfüllung, die uns nur das Leben hier in dieser Welt zu bieten vermag. Andererseits gilt freilich auch dies: dass die wirkliche Welt für uns nur dann wirklich Heimat sein kann, wenn uns der *Durchbruch »nach oben hin«*, also die radikale Abkehr von Ich und Welt, zu einer Lebensform verholfen hat, bei der wir *Tiger und Nashorn* „keinen Platz mehr bieten, seine Krallen anzubringen“ bzw. „sein Horn hineinzustoßen“, wie es das *Dao-De-Jing* umschreibt. Derselbe Sachverhalt findet in Xue-dous hiesigem **Lobgesang** einen anderen, poetisch-phantastischen Ausdruck: *„Die uralte Halle aus Glas“*, der Zustand der gelungenen Versenkung in die Shûnyatâ, *„spiegelt den hellen, klaren [Schein des] Mondes wieder“* (wir können auch sagen: ist erfüllt von der klaren Helle eines leeren Bewusstseins), / *„Geduldig [lässt sie] den Hund der Han“*, einen grimmigen schwarzen Wolfshund, der versucht, des Mondhasens habhaft zu werden, *„vergeblich die Stufen hinaufspringen“*: Wir sehen ihn vor uns, wie er geifernd die Treppe zur gläsernen Halle hinaufhetzt, in deren Außenwand sich der Vollmond mitsamt dem Hasen spiegelt, der für Chinesen und Japaner heute noch die Mondscheibe bewohnt. Dieser Hund in seiner Gier ist so töricht wie die sprichwörtlichen Affen, die sich des Mondes bemächtigen zu können glauben, indem sie nach seinem Spiegelbild auf nächtlichen Gewässern

450 Roloff (2), S. 131

greifen. Bei Xue-dous poetischem Kommentar aber geht es darum, dass an demjenigen, der zuvor den *Durchbruch »nach oben hin«* geschafft hat, nach seiner Rückkehr in die Welt der *Zehntausend Dinge* noch der Angriff eines so grimmigen Unheilsbringers, wie ihn der *„Hund der Han"* verkörpert, wirkungslos abprallt.

Das Fazit zu Dong-shans paradoxer Empfehlung zur *Kälte und Hitze* muss also lauten: Es gibt für uns, die wir unter den Widrigkeiten der irdischen Welt zu leiden haben, in der Tat einen Ort, wenn auch nur den »Nicht-Ort« der Shûnyatâ, an dem wir allen Beeinträchtigungen wie *Kälte und Hitze* enthoben sind, den erreicht zu haben uns jedoch andersherum in den Stand versetzt, uns der irdischen Welt wieder zuzuwenden und die nach wie vor vorhandenen Beeinträchtigungen wie *Kälte und Hitze* hier in der Welt so zu ertragen, als wären sie nicht. Anders gesagt: Für den, der sich den Zugang zu dem spirituellen Zustand der Selbst- und Weltlosigkeit erstritten hat, sind die Unbilden und Übel der Welt kein Grund mehr, sich nicht in eben dieser Welt aufgehoben zu fühlen, ja in ihr als dem letztlich Wichtigeren seine Erfüllung zu finden. So ist, anders und mit Dong-shans Worten gesagt, der Ort, wo uns *Kälte und Hitze* physisch zusetzen, möglicherweise bis in den Tod, in der Tat eben der Ort, wo es für uns keine Kälte und Hitze mehr gibt!

44. He-shans „Die Trommel schlagen“

Ankündigung

(nicht erhalten)[451]

Beispiel

He-shan ließ einmal [vor seinen Mönchen] die Bemerkung fallen: „Sich im Lernen üben heißt ‚Hörer‘ sein; das Lernen abgeschnitten [zu haben] heißt ‚Nachbar‘ sein, und diese beiden überschreiten heißt ‚wahres Überschreiten‘!“[452]

Ein Mönch trat vor und fragte: „Was ist [denn] dieses ‚wahre Überschreiten‘?“

He-shan sagte: „Verstehen, die Trommel zu schlagen!“

Der Mönch fragte [noch einmal]: „Was ist [denn nun] dieses ‚wahre Überschreiten‘?“

He-shan sagte [abermals]: „Verstehen, die Trommel zu schlagen!“

Der Mönch fragte: „‚Ist es Geist, dann ist es Buddha‘[453] – danach frage ich jetzt nicht! Was [aber] besagt: ‚Es ist weder Geist noch Buddha‘?“

He-shan sagte: „Verstehen, die Trommel zu schlagen!“

Der Mönch fragte: „Wenn ein Mensch kommt, der »nach oben hin« [strebt], wie begegnet [Ihr dem]?“

He-shan sagte: „Verstehen, die Trommel zu schlagen!“

Lobgesang

Einer [lässt] den Mühlstein in die Runde ziehen, ein Zweiter Erde tragen[454] –

---

451 Wie schon zuvor in den Kapiteln 6, 14, 18, 26, 28, 30, 34 und 36 weisen auch zu diesem Kôan weder die Standard- noch die *Ichiya*-Version (und in ihrem Gefolge die *Teihon*-Ausgabe) eine Ankündigung auf. Dieser Ausfall hier im Kôan 44 ist der neunte Beleg für den schwerwiegenden und komplexen »Bindefehler«, der für beide Überlieferungsstränge, die Standard- und die *Ichiya*-Version, die Annahme eines gemeinsamen Vorfahren erzwingt.

452 Mit dieser *Bemerkung* bezieht sich He-shan auf Seng Zhao, den Wegbereiter des Chan, der die sonst übliche Vielstufigkeit des Weges zur vollkommenen Erleuchtung zu einer Drei-Stufen-Folge reduziert hat: Auf der untersten Stufe stehen die „Hörer“, im Frühbuddhismus Shrâvaka genannt, deren maximale Errungenschaft darin besteht, die Buddha-Lehre, die sie aus dem Munde des Tathâgata selbst oder eines seiner Nachfolger vernommen haben, gedanklich zu verstehen; die nächste Stufe gehört den Pratyeka, die nicht mehr von einem anderen lernen müssen, ihre Einsicht vielmehr aus sich selbst gewinnen, in einem Akt spontanen Verstehens; sie werden damit zu „Nachbarn“ des Tathâgata: Sie sind zwar nahe daran, zur höchsten Einsicht zu erwachen, haben jedoch den Stand eines Tathâgata nicht auch selbst schon erreicht. Allein ein Tathâgata hat die dritte und letzte Stufe der Erleuchtung erklommen: Er ist derjenige, der nicht nur das Lernen beendet, sondern auch noch dieses „Überschreiten des Lernens überschritten“ hat.

453 Diese Formulierung umschreibt die Definition der „Buddha-Natur“ als Geist bzw. umgekehrt die Erhebung des Geistes zur „Buddha-Natur“; man denke an das Kôan 30 *Wu-men-guan*, wo Ma-zu auf die Frage: „Was ist mit Buddha?“ antwortet: „Geist ist Buddha!“ Demselben Ma-zu wird im Kôan 33 *Wu-men-guan* ebenso auch die sogleich anschließend zitierte Aussage: „Weder Geist noch Buddha!“ als Antwort auf die gleiche Frage in den Mund gelegt.

454 Diese doppelte Anspielung zielt einmal auf Gui-zong Zhi-zhang, einen Schüler Ma-zus und Mitschüler Nan-quans, der in den Beispielen des *Bi-yan-lu* nur einmal wie nebenbei vorkommt (Kôan 71 (69)),

Spirituelle Kraft auszulösen, dazu braucht es eine 1000-Kilo-Armbrust.
Der alte Meister vom Elefantenknochen-Berg hat Kugeln rollen lassen[455] –
Wie käme das He-shans „*Verstehen, die Trommel zu schlagen*“ gleich?
[Ihnen], mein Herr, zur Kenntnis [dies], und geht nicht achtlos [damit] um:
Das Süße [ist] süß, versteht sich, [und] das Bittere [ist] bitter!

Zu **He-shan** Wu-yin (891-960), dem „Helden“ des gegenwärtigen Kôan, weiß Yuan-wu in seinem Kommentar, oder vielleicht besser gesagt, weiß das, was im gemeinsamen Vorgänger der *Ichiya-* und der Standard-Version von Yuan-wus ursprünglichem Kommentar übrig geblieben ist, nicht das Geringste zu sagen. Gundert hat einiges ausgegraben, unter anderem He-shans Lebensdaten, überwiegend aus dem entsprechenden Kapitel des *Jingde Chuan-deng-lu.*[456] Das alles muss hier nicht ausgebreitet werden – es trüge zum Verständnis des Beispiels rein gar nichts bei. Nur soviel noch: dass wir in He-shan, wie seine Lebensdaten zeigen, jemanden vor uns haben, dessen Wirken genau in die Zeit der »Fünf Dynastien« fällt, mithin in die Übergangszeit vom Zusammenbruch des Tang-Reiches (908) bis zum Beginn der Song-Dynastie (960), die für die Transformation des Chan von so entscheidender Bedeutung gewesen ist. Wir können also von vornherein davon ausgehen, in He-shan einen authentischen Vertreter des „neuen“ Chan anzutreffen – was freilich nicht ausschließt, dass sein „Verstehen, die Trommel zu schlagen“, im chinesischen Original die an Kürze und Prägnanz nicht mehr zu überbietende 3-Wort-Formel *jie da gu*, nicht anders als Dong-shans „Ort ohne Kälte und Hitze“, die 4-Wort-Formel *wu han shu chu* aus dem vorigen Kôan, möglicherweise erst das Ergebnis einer nachträglichen Stilisierung unter dem Einfluss eben jener sprachbewussten Bildungselite ist, die sich als entscheidender Förderer des „neuen“ Chan erwiesen hat.

Von He-shans Lehrtätigkeit scheint sich nur diese eine Anekdote mit dem vierfachen „*Verstehen, die Trommel zu schlagen!*“, ins Gedächtnis der Chan-Anhänger eingegraben zu haben. Doch wir müssen uns davor hüten, uns sogleich auf dieses in den damaligen Chan-Kreisen wieder und wieder gerühmte *jie da gu* zu stürzen oder gar uns in wilde Vermutungen über den Sinn dieser drei Schriftzeichen zu verstricken. Stattdessen sollten wir

---

und zum anderen auf einen gewissen Mu-ping Shan-dao (Lebensdaten unbekannt). Ersterer hatte seinen Ritualmeister, der sich wie die übrigen Mönche daranmachen wollte, gemeinsam den riesigen Mühlstein zum Reis-Schälen zu drehen, mit der unsinnigen Ermahnung an die Arbeit geschickt, statt des Mühlsteins nicht etwa den feststehenden Baumstamm in die Runde zu drehen, um den der Mühlstein rotiert. Und Mu-ping hatte es sich zur Gewohnheit gemacht, jeden Neuankömmling in seinem Kloster zunächst einmal drei Fuder Erde schleppen zu lassen, ehe er ihn als Schüler annahm – ein nicht ganz so grausames Verfahren wie das, dem sich der tibetische Mahâsiddha Milarepa unterwerfen musste, den sein Lehrer Marpa Steine sammeln, daraus ein Haus bauen und dann das Haus wieder abreißen ließ!

455 Gemeint ist Xue-feng (822-908), der seinen Schüler Xuan-sha dadurch zum Loslassen (zur Aufgabe eines eigenmächtigen Vorhabens) überlistet hat, dass er überraschend drei hölzerne Kugeln hervorholte und hinter dem bereits zum Aufbruch entschlossenen Xuan-sha hinterherrollen ließ: Xuan-sha sammelte sie auf, brachte sie zu Xue-feng zurück und nahm von seinem geplanten Aufbruch Abstand.

456 Gundert, Bd. II, S. 227ff.

auf den Zusammenhang achten, in den He-shans viermalige Aufforderung seines *jie da gu* eingebettet ist, und zwar sowohl auf den sprachlich-gedanklichen als auch auf den situativen Zusammenhang, in den hinein die drei Worte vermutlich gesprochen sind.

Da ist also zunächst, wenn wir dem Ablauf des **Beispiels** folgen, das Seng Zhao-Zitat, das He-shan dem *Bao-zang-lun*, einer der »*[Drei] Abhandlungen*« dieses Philosophen und Mystikers aus der Wende vom 4. zum 5. Jahrhundert, entnommen hat: *„Sich im Lernen üben heißt ‚Hörer' sein; das Lernen abgeschnitten [zu haben] heißt ‚Nachbar' sein, und diese beiden überschreiten heißt ‚wahres Überschreiten'"*. Der Sinn des ersten dieser drei Sätze liegt auf der Hand: Solange wir mit dem Wortlaut der Buddha-Lehre beschäftigt sind und sie gedanklich zu verarbeiten versuchen, sind wir im Zustand des Lernens und befinden uns damit – als *„Hörer"* – auf der untersten Stufe spiritueller Reife. Die nächste Stufe haben wir dann erreicht, wenn wir dieses Lernen, also die gedankliche Verarbeitung der Lehre, *abgeschnitten* haben. Was bedeutet dabei *„abschneiden"*? Das entsprechende Schriftzeichen *jue* könnte auch als „beenden" übersetzt werden, doch das liefe auf etwas ganz anderes hinaus: „Das Lernen beenden" heißt, ausgelernt zu haben und nunmehr im Stande des Wissens und der Verfügung über dieses Wissen zu sein. *„Das Lernen abschneiden"* hingegen meint ein *„Überschreiten"* des Wissens; meint den Eintritt in einen Zustand, in dem es kein Wissen mehr gibt; in den Zustand der Leere des Geistes bzw. der Nicht-Dualität. Das ist der Zustand, auf den Dan-yuan mit seinem Gedicht zur „Nahtlosen Pagode" hinaus will: „Oben in der Halle aus Glas, da ist kein Wissen mehr!" Dann muss freilich überraschen, dass ein Mensch, der diesen Zustand der Leerheit erreicht hat, lediglich als *„Nachbar"* des Tathâgata gelten soll, weil doch – bei der unbestreitbaren Identität von Leerheit und »Soheit« – der „In-der-Leerheit-Angekommene" auch ein „In-der-»Soheit«-Angekommener", mithin ein Tathâgata sein müsste. Dieser scheinbare Widerspruch lässt sich allerdings leicht auflösen: Es gehört zum allgemeinen Gedankengut des Mahâyâna, dass der Titel Tathâgata dem Buddha nicht unter dem Aspekt des Dharmakâya (der Leere), sondern des Nirmânakâya, seines Erscheinens in der irdischen Welt, zuerkannt wird.[457] Schon hier deutet sich an, dass der Zustand der Leerheit und damit des Nicht-mehr-Wissens nicht das Letzte und Höchste sein kann: Dieser Zustand entspräche zwar, mit den Worten Yang-shans aus dem Kôan 32 *Cong-rong-lu*, dem »Stand der Wahrheit«, aber noch nicht dem »Stand des Menschen«!

Was folgt daraus – im Zusammenhang des gegenwärtigen **Beispiels** – für den dritten und entscheidenden Satz des Seng Zhao-Zitats, der nicht nur von einem *„Überschreiten"* des *Lernens* und Wissens, sondern auch noch von einem *„Überschreiten dieses Überschreitens"* spricht und letzteres als das *„wahre Überschreiten"* auszeichnet? Nun, schon rein logisch betrachtet hat Folgendes zu gelten: Wenn das *Überschreiten* des *Lernens* zu einem Nicht-

457 Vgl. das Lexikon II, S. 387, Stichwort ‚Tathâgata'. Ebenda findet sich allerdings auch der Hinweis, dass der Tathâgata „vielfach auch mit ... der Shûnyatâ gleichgesetzt wird". Im Kôan 93 *Cong-rong-lu*, das von einem „Schatzhaus des Tathâgata" handelt, wird beides miteinander verknüpft, und zwar derart, dass nicht nur der Dharmakâya in Gestalt eines „alten Lehrers Wang (Nan-quan), der weder geht noch kommt", sondern ebenso der Nirmânakâya in Gestalt des lebenden Nan-quan, der da „geht und kommt", zu diesem „Schatzhaus des Tathâgata" erklärt wird. Auch diese Verknüpfung von Dharmakâya oder Shûnyatâ und Nirmânakâya läuft also letztlich auf eine Zuordnung des Titels Tathâgata zum „Erscheinungleib" Buddhas hinaus – vgl. Roloff (2), S. 479ff.

(mehr)-Wissen führt, dann muss das *Überschreiten* dieses Nicht-(mehr)-Wissens in ein Nicht-(mehr)-Nicht-(mehr)-Wissen einmünden, und ein Nicht-Nicht-Wissen muss zweifellos wieder ein Wissen sein! Zu einer entsprechenden Kehrtwendung gelangen wir auch, wenn wir He-shans *„Überschreiten des Überschreitens"* mit einer gleichgerichteten Formulierung verknüpfen, die erstmals für den „Lehrer des Reiches" Hui-zhong belegt ist (besser gesagt, ihm zugeschrieben wird), und die da lautet: „auf den Scheitel des Vairochana treten und oben darüber hinlaufen!" (Kôan 99 *Bi-yan-lu*), und die Hong-zhis Lobgesang zum Kôan 29 *Cong-rong-lu* in verkürzter Form als „über den Scheitel des Vairochana laufen" wiederholt. Denn dieser Vairochana, innerhalb der Lehren des Mahâyâna von einem der fünf gleichberechtigten transzendenten Buddhas zum Âdi-Buddha, dem höchsten oder Ur-Buddha aufgestiegen, galt fortan als die Personifizierung des Dharmakâya, mithin der Leere schlechthin. Und diesem Vairochana „über den Scheitel zu laufen" bedeutet folglich, nicht nur – zunächst – über die *Zehntausend Dinge*, sondern – in einem zweiten Schritt – auch noch über den Dharmakâya hinauszugehen, anders gesagt, auch noch die Leere der „wahren Wirklichkeit" zu *überschreiten*. Und das wiederum lässt sich nicht anders realisieren als durch eine Rückkehr in die irdische Welt, mit Yang-shans Worten: in den »Stand des Menschen«, der vermutlich – soviel lässt sich jetzt schon sagen – auch für He-shan noch über dem »Stand der Wahrheit« steht!

He-shan selbst allerdings – er spricht vor seinen in der Dharma-Halle versammelten Mönchen – belässt es bei der vagen Formulierung *„wahres Überschreiten"*. Das muss die Neugier der Mönche, ihren Wunsch nach Klärung wecken. Und so *tritt* tatsächlich einer *vor und fragt*: *„Was ist [denn] dieses ‚wahre Überschreiten'?"* Er ist völlig im Recht, diese Frage zu stellen. He-shan erteilt ihm augenblicklichen Bescheid mit einer Antwort, die so gar nicht zu der Frage des Mönchs zu passen scheint: eine Antwort, die an der Frage schlichtweg vorbeigeht und sie als in den Wind gesprochen erscheinen lässt – ein klassisches *non sequitur*![458] Doch dieser Schein trügt – wie stets bei solchen *Non sequitur*-Geschichten der Chan-Literatur.

Es wäre freilich voreilig und ungerecht, dem Mönch schon an dieser Stelle vorzuhalten, er habe nichts verstanden, ja, er habe nicht bemerkt, dass He-shan mit seiner scheinbar unsinnigen Äußerung genau die gewünschte Belehrung bereits gegeben hat. Versetzen wir uns in seine Lage: Da bitten wir um inhaltliche Konkretisierung einer abstrakten und nichtssagenden Begrifflichkeit und werden – anstelle einer Antwort – mit dem Verweis auf eine x-beliebige praktische Tätigkeit abgespeist! Völlig zu Recht wiederholt der Mönch daher seine Frage. Doch was bekommt er zu hören? Dieselbe unbefriedigende, weil nicht zur Sache gesprochene Antwort! Der Mönch aber, der sich im Recht weiß (oder zumindest im Recht glaubt), ist noch keineswegs bereit, sich geschlagen zu geben. Um dem Meister doch noch etwas anderes zu entlocken als nur ein ständig wiederholtes *„Verstehen, die Trommel zu schlagen!"*, setzt er neu an und konfrontiert He-shan mit einem Thema, das gleichfalls mit dem Voraufgehenden nichts zu tun hat; er versucht also, He-shan mit seinen eigenen Waffen zu schlagen. Und zwar greift er auf zwei einander ausschließende Bemerkungen des

458 *Non sequitur*, wörtlich übersetzt: „es folgt nicht", bezeichnet – wie in einem früheren Kapitel schon einmal erläutert – eine sprachliche Äußerung, die mit dem Voraufgehenden rein gar nichts zu tun hat!

„Großmeisters" Ma-zu zurück: Der hatte angeblich einerseits zur Frage nach dem Wesen Buddhas erklärt: „Geist ist Buddha!", und andererseits seiner eigenen Definition mit der Bemerkung widersprochen: *„Es ist weder Geist noch Buddha!"* He-shan jedoch bleibt bei seinem *„Verstehen, die Trommel zu schlagen!"*, und das klingt jetzt nicht nur nach einer Verweigerung der Antwort, es ist auch eine. Denn schwerlich hat das Schlagen einer Trommel auch nur das Geringste mit der Frage zu tun, ob Buddha Geist ist oder nicht oder nicht einmal Buddha, sondern – wie der Ma-zu-Nachfolger Nan-quan verschärfend hinzusetzt – vielmehr gar nichts?[459]

Der Mönch allerdings lässt sich nichts anmerken; er muss enttäuscht sein, vielleicht sogar empört. Denn mit seiner Frage: *„Was [aber] besagt: ‚Es ist weder Geist noch Buddha'?"*, spielt er gleichfalls auf ein *„Überschreiten"* an, ein allerletztes sogar, das durchaus auch den Ehrentitel *„wahres Überschreiten"* tragen könnte. Denn was sollte sich über das Wesen Buddhas und also des denkbar Höchsten sonst noch aussagen lassen, das über die doppelte Verneinung. „weder Geist noch Buddha" hinausginge? Selbst Nan-quans Ergänzung „auch sonst nichts" geht nicht noch weiter darüber hinaus, sie zieht lediglich zur Verdeutlichung die letzte Konsequenz. Der Mönch, wie gesagt, lässt sich von Enttäuschung oder gar heimlicher Empörung nicht das Geringste anmerken. Er setzt vielmehr zu einem letzten Angriff an, indem er, scheinbar ohne Bezug zu sich selbst, ganz allgemein auf einen *Menschen* zu sprechen kommt, *der »nach oben hin« [strebt]*, und versucht He-shan mit der Frage in die Enge zu treiben, wie er denn solch einem ernsthaften Jünger des Chan *begegnen* wolle: ob – aber das bleibt unausgesprochen, drängt sich jedoch unweigerlich auf – genauso respektlos und leichtfertig wie ihm selbst, oder ob er den nicht doch einer gleichfalls ernsthaften Antwort würdigen werde. Eins liegt dabei auf der Hand: Mit dem *»nach oben hin« strebenden Menschen* meint dieser Mönch sich selbst; und das durchaus zu Recht. Denn ein Mensch, der die Frage nach dem Wesen Buddhas ernsthaft stellt, nicht todernst, sondern lebensernst, weil er sich und sein Leben ganz der Einübung in dieses Wesen Buddhas weiht, der ist, wenn überhaupt jemand, ein *Mensch des Strebens »nach oben hin«*! He-shan aber gibt sich den Anschein, als habe er diesen Unterton gar nicht bemerkt. Er versteift sich auf sein *„Verstehen, die Trommel zu schlagen!"*, das nunmehr, als Antwort auf die Frage: *„Wie begegnet [Ihr]* einem solchen ernsthaften Sucher?" als kalte Abweisung daherkommt. Mit diesem vierten Verweis auf das Trommel-Schlagen bricht die Anekdote ab, und wir erfahren nicht, ob sie abbricht, weil der Mönch sich geschlagen gibt, oder weitere Äußerungen des Mönchs als nicht weiter erheblich beiseite gelassen sind.

Sind wir damit am Ende? Ganz und gar nicht! Sehen wir uns dieses *„Verstehen, die Trommel zu schlagen"* nunmehr näher an. Bei dem Schlagen der Trommel, das He-shan als Abt eines buddhistischen Klosters im Auge hat, geht es nicht darum, auf eine x-beliebige Trommel in x-beliebiger Weise einzuschlagen; vielmehr handelt es sich um ein zeremonielles Trommeln, bei dem zum einen auf dem Fell einer riesigen, horizontal aufgebockten Trommel

459 Die beiden Ma-zu zugeschriebenen Aussagen sind, wie bereits in der Fußnote 453 angemerkt, Gegenstand der Kôan 30 und 33 *Wu-men-guan*; und Nan-quan gibt – im Kôan 27 *Wu-men-guan* – der negativen Aussage Ma-zus die erweiterte Fassung: „Es ist nicht Geist, es ist nicht Buddha, es ist [auch sonst] kein Ding" (im Sinne von: „kein Etwas", mithin „nichts")! – vgl. Roloff (1), S. 108, 117 und 128, jeweils ff.

kunstvolle Rhythmen von Tönen unterschiedlicher Lautstärke und variierender Abfolge und zum anderen auf dem hölzernen Trommelrand mit seinen das Fell in Spannung haltenden Zapfen harte, hell knatternde Geräusche erzeugt werden. Dieses komplexe Trommeln bedarf ausführlicher Übung, um es korrekt ausführen zu können, weshalb He-shan bezüglich der Ausübung dieser Kunst zu Recht von einem *„Verstehen"* spricht (das chinesische Schriftzeichen *jie* bedeutet in den Song-zeitlichen Chan-Texten stets: „verstehen, etwas zu tun").[460] Nur ein besonders ausgebildeter Mönch bekommt dieses Amt übertragen, das er immer dann ausübt, wenn die Mönche zu einem herausgehobenen Ritual in die Buddha- oder Dharma-Halle gerufen werden. Zu den entsprechenden Anlässen gehört auch der allwöchentlich stattfindende Lehrvortrag des Meisters wie etwa derjenige, bei dem sich die im Beispiel beschriebene Szene abspielt.

Das vorausgesetzt, können wir He-shans *„Verstehen, die Trommel zu schlagen"* sehr wohl als passende Antwort auf die Frage des Mönchs nach dem *„wahren Überschreiten"* und ebenso auf seine beiden anderen Fragen verstehen. Statt sich etwa *»nach oben hin«* in eine „Buddha-Natur" zu verlieren, die *weder Geist noch Buddha*, sondern gar nichts ist, kommt es, so He-shan, darauf an, sich einer konkreten, handfesten Handlung zu widmen, einer Handlung, die als fester Bestandteil des Klosteralltags ganz der irdischen Welt angehört. Sich den Alltagsaufgaben zu stellen, sie mit ganzer Kraft zu bewältigen – das hat den Vorrang vor dem Verharren im Nicht-(mehr)-Wissen, vor dem Verweilen in der „Halle aus Glas" – anders gesagt, vor jenem (im Seng Zhao-Zitat mittleren) Zustand, der durch das *Abschneiden des Lernens*, das *Überschreiten* des Wissens erreicht ist!

Und umgekehrt: Wenn He-shan mit seinem Seng Zhao-Zitat ein weiteres, als *„wahres Überschreiten"* ausgezeichnetes Überschreiten und damit einen dritten und höchsten Zustand noch jenseits des Nicht-(mehr)-Wissens einfordert, dann ist sein exemplarisch gemeintes *„Verstehen, die Trommel zu schlagen"* in der Tat genau die Antwort, und obendrein die einzig logisch korrekte Antwort, auf die der Mönch mit seiner Frage: *„Was ist [denn] dieses ‚wahre Überschreiten'?"* Anspruch hat: Der höchste Zustand noch jenseits des Nicht-(mehr)-Wissens, der nur durch das *Überschreiten des Überschreitens* zu erreichen ist, besteht ebendarin, sich in der irdischen Welt mit ihren vielerlei Alltagsaufgaben zu bewähren, was seinerseits sehr

460 Gundert übersetzt das *jie da gu* als: „den Trommelschlag verstehen". Das erscheint dem Verfasser in doppelter Hinsicht unhaltbar. Zum einen legen Satzbau und Sprachgebrauch des Chinesischen eindeutig fest, dass die Wortfolge *da gu* (Ersteres ein Verbum mit der Bedeutung „schlagen" und Letzteres das Substantiv „Trommel") nur eine Übersetzung zulässt, nämlich: „die Trommel schlagen"; ein „Trommelschlag", also der beim Trommeln erzeugte Klang oder Laut hingegen wäre im Chinesischen allenfalls ein *gu da*, eher noch ein *gu yin* oder *gu sheng* oder auch *gu yin-sheng*, mithin eine Wortfolge, bei der das Wort *gu* als Genitivattribut an erster und nicht wie bei *da gu* als Akkusativobjekt an zweiter Stelle steht. Und zum anderen bedeutet das „Verstehen", von dem Gundert spricht, ein Begreifen, eine Einsicht in ein Nicht-gleich-zutage-Liegendes, also ein Aufdecken einer verborgenen Bedeutung, mithin etwas ganz anderes als das vom Sprachgebrauch geforderte „Verstehen, etwas zu tun"! Gunderts Interpretation des **Beispiels** muss also – und damit erlaubt sich der Verfasser ein zweites Mal eine kleine Portion Polemik – als abwegig gelten: Davon, dass es hier darum geht, „den Ruf des Buddha [zu] hören und [zu] vernehmen", was nichts anderes bedeute, als lediglich „einen solchen Trommelschlag mit offenem Sinn und stillem Herzen ganz in [s]ich eingehen zu lassen, gerade so wie einen Vogelschrei, ein Donnerrollen, den Wellenschlag der Brandung, das Tosen eines Wasserfalls" – davon kann keine Rede sein! – Gundert, Bd. II, S. 236

wohl ein Wissen erfordert – ein Wissen genau wie das, das das *Verstehen, die Trommel zu schlagen*, ausmacht. He-shan, so lautet das Fazit, hält nicht anders als der Yang-shan des Kôan 32 *Cong-rong-lu* den »Stand des Menschen« mit dessen Bewährung in der irdischen Welt für höher als den »Stand der Wahrheit«, das Aufgehen in einer „Buddha-Natur", die „weder Geist noch Buddha noch sonst etwas" ist: Nicht die gelungene Zuflucht im Dharmakâya, im leeren Nichts macht die Vollendung des Menschen, sondern die Rückkehr in die Welt der *Zehntausend Dinge* und die Bewährung in ihr! Und deshalb ist auch He-shans *„Verstehen, die Trommel zu schlagen"* genau die richtige Art, einem in das *Streben »nach oben hin«* vernarrten Menschen zu *begegnen*: He-shan nimmt den Mönch, dessen versteckte Selbst-Charakterisierung er sehr wohl wahrnimmt, durch und durch ernst; sein *„Verstehen, die Trommel zu schlagen"* dient einzig dazu, ihm aus der „Überwindung" der Welt, in die er sich verrannt hat, herauszuhelfen, ihn dorthin wieder zurückzuholen, von wo sein *Streben »nach oben hin«* ihn weggelockt hat.

Aber macht denn nicht Xue-dous **Lobgesang** alles bisher Erreichte wieder zunichte? Da werden uns nämlich, gegen Ende, solche Trivialitäten und Tautologien wie: *„Das Süße [ist] süß, versteht sich, [und] das Bittere [ist] bitter!"* eindringlich ans Herz gelegt, verbunden mit der Ermahnung, *„nicht achtlos damit umzugehen"*! Und wenn He-shans *„Verstehen, die Trommel zu schlagen"* gleichfalls nichts als eine solche Trivialität darstellt, dann müssen wir ja wohl von einer Deutung des Beispiels als Hinweis darauf, was menschliche Vollendung wirklich ausmacht, Abschied nehmen!

Sehen wir genauer hin. Zunächst, in der Eingangszeile, spielt Xue-dou auf unkonventionelle Verfahrensweisen zweier Meister an, mit denen sie die *spirituelle Kraft* ihrer Schüler wecken wollten; doch beide Verfahrensweisen halten dem Urteil Xue-dous nicht stand: Um die *spirituelle Kraft* eines anderen zu wecken, *„braucht es eine 1000-Kilo-Armbrust"*, und das waren sowohl das Erde-Schleppen-Lassen des einen als auch das Erteilen offensichtlich sinnloser Ermahnungen des anderen sicherlich nicht! Dann aber hebt Xue-dou überraschend He-shans *„Verstehen, die Trommel zu schlagen"* als etwas ganz Besonderes hervor, dem nicht einmal Xue-fengs gelungener Trick mit den drei Kugeln *gleichkommt*: *„Der alte Meister vom Elefantenknochen-Berg hat Kugeln rollen lassen – / Wie käme das He-shans ‚Verstehen, die Trommel zu schlagen' gleich?"* Anders gesagt: Wenn überhaupt einem der insgesamt vier Erweckungs-Verfahren die Wucht einer *„1000-Kilo-Armbrust"* innewohnt, dann dem He-shans. Also wäre dessen *„Verstehen, die Trommel zu schlagen"* doch keine Trivialität? Immerhin erkennt Xue-dou ihm mittelbar zumindest die potentielle Wirkungsmacht zu, die *spirituelle Kraft* des Mönchs zu wecken! Aber auch die tatsächliche?

Das hängt ganz allein vom Mönch selbst ab, dem sich Xue-dou mit den letzten zwei Zeilen des **Lobgesangs** zuwendet, die das kunstvoll gestaltete 6-Zeilen-Kurzgedicht abrunden.[461]

---

461 Wir haben hier eine besondere Form des 7-Zeichen-Kurzgedichts (*qi jue*) vor uns: Es besteht aus 6 Zeilen, die sämtlich auf ein Reimwort enden, und alle Reimwörter lauten auf denselben Vokal aus: *tu, nu, qiu, gu, lu* und *ku*. Die erste und die fünfte Zeile bestehen abweichend nur aus je 6 Schriftzeichen (statt der 7 Zeichen pro Zeile, die dieser Gedichtform den Namen geben), und beide 6-Zeichen-Zeilen gliedern sich in zwei Dreier-Einheiten. Dass in einem 7-Zeichen-Kurzgedicht eine einzelne Zeile, meistens die Eingangszeile, nur sechs Zeichen umfasst, ist durchaus gebräuchlich. Dass in diesem Fall

An den Mönch also, und nicht an uns, ist Xue-dous Mahnung gerichtet, mit dem, was folgt, *„nicht achtlos umzugehen“*! Und was folgt? Eben die Trivialität der Tautologie: *„Das Süße ist süß, das Bittere bitter!“* Was aber soll sie dem Mönch sagen? Weshalb und wozu soll er sie beherzigen? Nun, dieses Rätsel ist leicht gelöst: Für den Mönch, der sich – hinter vorgehaltener Hand, sozusagen – als ein Mensch »nach oben hin« zu erkennen gegeben hat, muss das Höchste, die Stufe der Vollendung, darin bestehen, sich ganz und restlos dem Dharmakâya noch jenseits von Geist und Buddha zu widmen und darin aufzugehen. Demgegenüber verdient für ihn die irdische Welt mit ihren Gegensätzen, ihren angenehmen, verlockenden und ihren abstoßenden Seiten keinerlei Beachtung, geschweige denn Wertschätzung. Und zumal die *Süße des Süßen* wie die *Bitterkeit des Bitteren* kann er nur als schlechterdings banal und bedeutungslos empfinden. Wenn Xue-dou jedoch gerade diesen Mönch mit seinem halsstarrigen Kopf auf so triviale Sachverhalte wie *»süß«* und *»bitter«* stößt und dem auch noch durch den Zusatz, *„nicht achtlos damit umzugehen“*, Nachdruck verleiht, dann will er ihn von der Höhe seiner Verstiegenheit herunterholen – zurück in die irdische Welt! Dieser Welt, in der *„das Süße süß [ist] und das Bittere bitter“*, sorgfältige Beachtung zu schenken, darin besteht, so Xue-dou, die Vollendung der *spirituellen Kraft*, die höchste Stufe ihrer Entfaltung – nicht in der ausschließlichen Bewegung »nach oben hin«! Zu einer entsprechenden Lebenspraxis angehalten zu haben, so müssen wir uns das Fazit des **Lobgesangs** denken, ist in Xue-dous Augen das Besondere, ja Auszeichnende an He-shan und seinem *„Verstehen, die Trommel zu schlagen“*! Und zwar belegt dieser Schlachtruf, um zum Schluss an den Anfang der He-shan-Anekdote wieder anzuknüpfen, in exemplarischer Weise, was das *wahre Überschreiten*, das *Überschreiten des Überschreitens* ausmacht: dass sich nämlich die *spirituelle Kraft* eines Menschen, die freilich zuvor in der Bewegung »nach oben hin« durch das Stadium des einfachen Überschreitens und seines Nicht-(mehr)-Wissens hindurchgegangen sein muss, nunmehr ganz in die irdische Welt mit ihren Banalitäten einbringt und sich in der Bewältigung ihrer trivialen Alltagspflichten bewährt!

---

hier auch noch die fünfte Zeile nur 6 Zeichen aufweist, bedeutet so etwas wie einen Neu-Einsatz und hebt damit die beiden letzten Zeilen als besondere Einheit von den voraufgegangenen ab.

45. Zhao-zhous Leinengewand

Ankündigung

Sprechen müssen und nach Belieben sprechen – [das können] in der [ganzen] Welt nicht Zwei; Handeln müssen und unverzüglich handeln – [seine] vollendete spirituelle Kraft weicht nicht zurück. [Sie ist] wie Feuer, das aus einem Stein geschlagen wird; [sie] gleicht dem Licht eines aufzuckenden Blitzes, dem Wind, der durch eine schwächelnde Flamme hindurchfährt, [und] einer Klinge, über die eine eilige Strömung hinweggeht. – Wenn [er] Zange und Hammer [für den Durchbruch] »nach oben hin« aufnimmt, [kannst du] nicht vermeiden, [dass er deinem Pfeil] die Spitze bricht und [deine] Zunge im Fesseln legt. [Er] lässt dir [gleichwohl] den Weg einer einzigen Fährte! – Versucht es doch bitte mal mit dem, [was Xue-dou hier] vorbringt!

Beispiel

Ein Mönch fragte Zhao-zhou: „Die *Zehntausend Dinge* kehren in das Eine zurück; wohin kehrt [seinerseits] das Eine zurück?“
Zhao-zhou sagte: „Als ich noch in Qing-zhou lebte, habe [ich mir] ein Leinengewand gefertigt, das wog sieben Pfund!“[462]

Lobgesang

Rings umgarnend hat [er] die alte Ahle einer fernen Zeit bedrängt:
Das Gewicht eines Sieben-Pfund-Gewandes – wie viele Menschen verstehen das?
Eben jetzt schleudere [ich es hoch und weit] in den Westsee hinein:
Den reinen Wind, der [strom]abwärts befördert – wem vertrauen [wir den] an?

Schon zum fünften Mal lässt Xue-dou in seiner Zusammenstellung von *100 Beispielen der Alten*, dem Basis-Text des *Bi-yan-lu*, an dieser Stelle **Zhao-zhou** auftreten (nur einer hat bisher noch weit mehr Auftritte gehabt, Yun-men, der erklärte „Liebling“ Song-zeitlicher Chan-Verfasser). Auch Yuan-wu, Herausgeber des *Bi-yan-lu* und Kommentator der von Xue-dou ausgewählten »Öffentlichen Aushänge« und seiner zugehörigen Lobgesänge, zollt ihm ausgesprochenen Respekt; ja, er widmet Zhao-zhou, der (laut Xue-dou) *„alten Ahle einer fernen Zeit“*, in seiner **Ankündigung** eine Eloge ganz besonderer Art, der sich allenfalls Hong-zhis Hymnus auf den „alten Buddha“ Zhao-zhou zur Seite stellen lässt. Der hat, rund einhundert Jahre nach Xue-dou, im Kôan 47 *Cong-rong-lu* seiner Verehrung wie folgt Ausdruck gegeben (und das sei hier vorweg angeführt): „Die Brauen – ein Uferstreifen quer vor Schnee, / Die Augen – ein Strom, der den Herbst umfängt, / Der Mund – ein Meer, das Wellen schlägt, / Die Zunge – ein Schiff, das die Strömung zügelt – / Ein Sachverständiger,

---

462 *Qing-zhou* war Zhao-zhous Heimatbezirk mit dem Haus seiner Eltern. Bei dem *Leinengewand* handelte es sich um ein sackartiges, ungefüttertes Kleidungsstück mit Ärmeln, das bis auf die Knie reichte und auf der nackten Haut getragen wurde. Ein chinesisches *Pfund* der damaligen Zeit betrug 605 Gramm; mithin hat dieses Gewand runde 4,235 Kilo gewogen!

Verwirrung zu zerstreuen, / Einer, der Maßregeln für den Großen Frieden trifft: / Der alte Zhao-zhou! Der alte Zhao-zhou!"[463] Ist Hong-zhi also darauf bedacht, Zhao-zhous überlegene Einsicht uns gleichsam mit den Mitteln eines Malers eindringlich vor Augen zu führen, so geht Yuan-wu dessen aus spiritueller Erfahrung hervorgegangene Freiheit des Sprechens und Belehrens geradewegs an: *„Sprechen müssen und nach Belieben sprechen"* – in der Tat, der Mönch drängt Zhao-zhou zum Sprechen, ein *Bedrängen* (so Xue-dou), dem Zhao-zhou nicht ausweichen kann; doch Zhao-zhou antwortete *nach freiem Belieben*; notgedrungen *muss* er *handeln*, nämlich Antwort geben, und er tut es *unverzüglich*, da ist kein Haarbreit Abstand – wie man in damaligen Chan-Kreisen zu sagen pflegte – zwischen Frage und Antwort: *„Seine vollendete spirituelle Kraft weicht nicht zurück"* – im Gegenteil: *„[Sie ist] wie Feuer, das aus einem Stein geschlagen wird; [sie] gleicht dem Licht eines aufzuckenden Blitzes, dem Wind, der durch eine schwächelnde Flamme hindurchfährt, [und] einer Klinge, über die eine eilige Strömung hinweggeht!"* Das Ganze – die beiden ersten Vergleiche als Anspielungen auf die Geistesgegenwart Zhao-zhous, die beiden anderen zur Verdeutlichung einer Überlegenheit, gegen die sich kein Widerstand behaupten kann – eine Häufung rühmender Metaphern, wie sie allenfalls noch Lin-ji oder Yun-men zuteil wird.

W*as* das **Beispiel** selbst und sein Verständnis angeht, so gesteht der Verfasser freimütig ein, dass er sich – in diesem Fall – der Deutung Gunderts anschließt, Zhao-zhous *Sieben-Pfund-Gewand* als „Jugendsünde" und dessen Erwähnung mithin als an den Mönch gerichtete Warnung vor Verstiegenheit zu deuten; ebenso bekennt er, bei der Übersetzung des Lobgesangs, genauer gesagt, dessen letzter Zeile, sich durch Gunderts Vorschlag vor einem argen und weitreichenden Missverständnis bewahrt zu wissen.[464] Andererseits hat der Verfasser, wie seine Erläuterungen zeigen werden, sich im Laufe der Analyse genötigt gesehen, über die „Jugendsünde" samt Warnung vor Verstiegenheit hinauszugehen, wobei – ironischerweise – eben sein von Gundert angestoßener Sinneswandel bei der Übersetzung des Lobgesangs ihn darin bestärkt hat, Gunderts Deutung des *Sieben-Pfund-Gewandes* schließlich weit hinter sich zu lassen. Doch folgen wir zunächst dem **Beispiel** in Ablauf und Detail.

Die Äußerung des Mönchs, die das Beispiel eröffnet: *„Die Zehntausend Dinge kehren in das Eine zurück; wohin kehrt [seinerseits] das Eine zurück?"* verrät deutlich daoistisches Gedankengut. Das beginnt schon mit dem Terminus *„die Zehntausend Dinge"*, dessen buddhistisches Gegenstück die „Zehntausend Erscheinungen" sind. Als Nächstes folgt der Terminus *„zurückkehren"* (man denke an den Grundsatz: „Rückkehr ist die Bewegung des

463 Roloff (2), S. 236

464 Gundert übersetzt, Bd. II, S. 244: „Die reineren Winde zur Fahrt stromab, wem kann man sie gönnen?" Der chinesische Text bietet lediglich die Schriftzeichen: *xia zai qing-feng fu-yu shui*, was wörtlich bedeutet: „Der hinab befördert, den reinen Wind – anvertrauen [und] gewähren] wem?" Wollte man diese letzte Zeile des Lobgesangs auf die vorangehende beziehen, so müsste man den „reinen Wind" dahin verstehen, dass er das *Sieben-Pfund-Gewand*, das Xue-dou in den Westsee werfen will, durch die Luft in dessen Wasser „hinab befördert". Eine solche Deutung, der der Verfasser anfänglich zugeneigt hat, wäre weit weniger sinnvoll, als den „reinen Wind", von dem es etwa in der Ankündigung des Kôan 42 heißt, „schwungvoll umkreist die Erde reiner Wind", mit Gundert vielmehr Menschen, Lasten, Schiffe die großen Ströme Chinas in müheloser Fahrt *hinab befördern* zu lassen (zumal sich in den Lexika die Wortfügung *xia shui* mit der Bedeutung „stromabwärts" findet).

DAO" – *Dao-De-Jing* Text 40). Weiter gilt das DAO selbst auch als *das Eine*, aus dem die *Zehntausend Dinge* hervorgehen und in das sie *zurückkehren* (*Dao-De-Jing* Texte 16, 34 und 50). Wenn der Mönch dann an diese axiomatischen Aussagen des Daoismus die Frage anknüpft, *„wohin kehrt [denn seinerseits] das Eine zurück?"*, so ist das keine boshafte Spitzfindigkeit, etwa um den hochbetagten Meister auf die Probe zustellen; vielmehr kann sich der Mönch dabei auf den eben erwähnten Text 40 des *Dao-De-Jing* berufen, dessen Aussage über das „Hervorgehen" er durch die komplementäre des *„Zurückkehrens"* ersetzt, das mit dem „Hervorgehen" immer schon mit gesetzt ist: „Die *Zehntausend Dinge* gehen aus dem Sein hervor, das Sein geht [seinerseits] aus dem Nicht-Sein hervor". Die komplementäre Aussage müsste also lauten: „Die *Zehntausend Dinge* kehren in das Sein zurück, das Sein kehrt [seinerseits] in das Nicht-Sein zurück." Genau so jedoch formuliert der Mönch nicht; er spricht statt vom DAO vielmehr vom „Einen", und schon hat er ein sprachlich-philosophisches Problem: Ohne die Einführung einer „Null" – und die ist ja eine Erfindung arabischer Mathematiker, die auch für unsere übrigen arabischen Ziffern verantwortlich sind – kann es jenseits der „Eins" nichts weiter geben, nichts, was dem Nicht-Sein (oder Nichts) entspräche, das der Text 40 *Dao-De-jing* noch jenseits des Seins ansetzt. Für einen buddhistischen Mönch wie den des gegenwärtigen Beispiels ist *das Eine* (das ja im *Dao-De-Jing* auch als „die Leere" oder „Stille" bezeichnet wird) zwangsläufig identisch mit der Shûnyatâ, dem Dharmakâya, aus dem die Welt der Erscheinungen hervorgeht und wohin sie auch wieder zurückkehrt; und die Frage nach einem X, in das seinerseits auch *das Eine zurückkehrt*, läuft folglich darauf hinaus, ob es jenseits des Dharmakâya noch ein Allerletztes gibt, etwas, das in seiner „Leerheit" noch über die Leere, den Dharmakâya, hinausgeht. Eine solche Frage ist gerade innerhalb der Chan-Bewegung durchaus berechtigt, zumal zumindest das Song-zeitliche Chan durch die Tendenz gekennzeichnet ist, den letzten Grund der Welt als wahrhaften Ab-Grund von allen Bestimmungen, auch noch von denen der Leere und des Seins, der bloßen Existenz, zu befreien; man denke nur an die bereits mehrfach, zuletzt im vorigen Kapitel zitierte Redewendung: „über den Scheitel des Vairochana laufen", bei der der Âdi-Buddha Vairochana eben für den Dharmakâya steht.[465] Es geht dem Mönch also nicht um die Mahâyâna-Allerweltsweisheit, dass da eine Wechselbeziehung zwischen Shûnyatâ und Erscheinungen besteht, bei der die Erscheinungen, aus der Shûnyatâ hervorgegangen, in die Shûnyatâ „zurückkehren" und umgekehrt die Shûnyatâ sich – immer wieder – in den Erscheinungen manifestiert, hegelisch gesprochen, sich in die Erscheinungen hinein »entäußert«; ein solche »Entäußerung« wäre keine „Rückkehr" im Sinne der ontologisch-linearen Abfolge „Das Nicht-Sein entlässt aus sich das Sein, und das Sein entlässt aus sich die *Zehntausend Dinge"* und ihrer ebenso linearen Umkehrung „Die *Zehntausend Dinge* verschwinden im Sein, und das Sein verschwindet im Nicht-Sein", bzw., in der Formulie-

465 Wie bereits im vorigen Kapitel, anlässlich des Kôan 44, angemerkt, heißt es im Kôan 99, dem „Lehrer des Reiches" Nan-yang Hui-zhong in den Mund gelegt und an den Kaiser Su-zong gerichtet: „Mein Wohltäter möge auf den Scheitel des Vairochana treten und oben darüber hinlaufen!", sowie, als Reaktion auf die Verständnislosigkeit des Kaisers: „Haltet doch bitte nicht Euer [wahres] Selbst für den makellosen Dharmakâya!" – vgl. dazu die Erläuterungen des Verfassers im Kapitel 99. Die Tendenz des Überschreitens sämtlicher Bestimmungen kommt im selben Kôan in Yuan-wus Ankündigung mit der Formel zu Worte: „Über den Ahnherrn der Welt (eben Vairochana) hinausgehen", und im Lobgesang des Kôan 29 *Cong-rong-lu* heißt es, wie ebenfalls bereits im vorigen Kapitel angesprochen: „Nach drüben (nämlich über alle Bestimmungen hinaus) hindurchdringen und über den Scheitel des Vairochana laufen"!

rung des Mönchs, „Die *Zehntausend Dinge* kehren in *das Eine* zurück, und *das Eine* kehrt in ein X zurück"! Nach diesem X also befragt der Mönch den hochbetagten Zhao-zhou, ob es das gibt und was wir, im Falle einer positiven Antwort, uns darunter – wie auch immer nur annäherungsweise – vorzustellen haben.

Um eine derartig daoistisch eingefärbte Frage überhaupt stellen und von einem Chan-Meister wie Zhao-zhou eine entsprechende Antwort erwarten zu können, muss der Mönch kein Spezialist in Sachen Daoismus gewesen sein oder in Zhao-zhou einen ausgesprochenen Kenner daoistischen Gedankenguts vermutet haben. Wenn schon nicht der historische Zhao-zhou (778-897) und sein zeitgenössischer Fragesteller, so sind doch zumindest die Song-zeitlichen Chan-Vertreter, die einerseits für das *Zhao-zhou chan-shi yu-lu*, die *Aufzeichnungen der Worte des Chan-Meisters Zhao-zhou*, und zum anderen für die großen Chan-Kompendien wie das *Jing-de Chuan-deng-lu* und *Tian-sheng Guang-deng-lu* sowie die Kôan-Sammlungen *Bi-yan-lu*, *Cong-rong-lu* und *Wu-men-guan* verantwortlich sind, so sehr mit dem Geist des Daoismus vertraut, dass eine Chan-buddhistische Anekdote wie die des hiesigen Beispiels für sie etwas ganz Selbstverständliches gewesen sein muss, statt dass sie, wie es vermutlich bei Tang-zeitlichen Chan-Anhängern der Fall gewesen sein dürfte, an der so auffälligen Verquickung von Daoismus und Buddha-Lehre Anstoß genommen hätten: Fragen der Buddha-Lehre in daoistisches Gewand zu hüllen gehörte zu ihren durchaus alltäglichen Usancen.[466]

Wir können also davon ausgehen, dass der Mönch, wie die Anekdote ihn darstellt, mit seiner an Zhao-zhou gerichteten Frage nach dem *Wohin* einer *Rückkehr des Einen* die Reichweite und Zielrichtung seines spirituellen Strebens andeuten möchte: ganz hoch hinaus – noch über den höchsten Dhyâna-Himmel, den Himmel der tiefsten Versenkung, noch über die stählerne Kuppel eines letzten benennbaren Welthintergrundes hinaus, die zu durchstoßen es der *Zange* und des *Hammers [für den Durchbruch] »nach oben hin«* bedarf, mit Yuan-wu zu reden, und deren hilfreichen Einsatz der Mönch sich von Zhao-zhou erhoffen zu können glaubt.[467]

Doch es kommt anders: Zwar setzt Zhao-zhou diese *Zange* und diesen *Hammer* tatsächlich ein, doch das Resultat weicht von dem, was der Mönch sich erhofft, auf höchst verstörende

---

466 Man kann es auch anders sagen: Die Song-zeitlichen „Erfinder" der Anekdote haben es für unanstößig gehalten, einen um Rat und Hilfe suchenden Mönch seine Bitte in das Gewand daoistischen Gedankenguts kleiden und sich bei einem Meister wie Zhao-zhou, seiner Lebensdaten unerachtet, Verständnis für sein Vorgehen erhoffen zu lassen.

467 Es gibt da eine erstaunliche Parallele aus dem christlichen Mittelalter, und die findet sich in Meister Eckharts Deutscher Predigt Nr. 10: »Ich habe von einer Kraft in der Seele gesprochen: In ihrem ersten Ausbruch erfasst sie Gott nicht, insofern er gut ist, sie erfasst Gott auch nicht, insofern er die Wahrheit ist; sie dringt bis auf den Grund und sucht weiter und erfasst Gott in seiner Einheit und in seiner Einöde; sie erfasst Gott in seiner Wüste und in seinem eigenen Grunde. Deshalb lässt sie sich nichts genügen; sie sucht weiter danach, was das sei, das Gott in seiner Gottheit und im Eigentum seiner eigenen Natur sei« – Eckhart, Bd. I, S. 171f. und 470. Ein paar kurze Bemerkungen dazu: Die »Kraft in der Seele«, von der Meister Eckhart hier spricht, entspricht offensichtlich der „spirituellen Kraft" der Chan-Terminologie; und wenn Eckhart »Gottes Einheit« als »Einöde« und »Wüste« bezeichnet, so soll damit der tiefste »Grund« Gottes gemeint sein, in dem es keine Bestimmungen und folglich auch nichts mehr zu erkennen gibt – analog zu der Chan-buddhistischen Vorstellung, es müsse oberhalb, jenseits des Vairochana/Dharmakâya noch ein nicht benennbares X geben.

Weise ab. Zhao-zhous frappierende Entgegnung ist abermals ein mustergültiges *non-sequitur*: *‚Als ich noch in Qing-zhou lebte, habe [ich mir] ein Leinengewand gefertigt, das wog sieben Pfund!*" Und doch müssen wir in dieser scheinbar schlechthin unpassenden Bemerkung eine genau auf die Frage seines Gegenübers ausgerichtete Antwort sehen: „In meiner Jugend", so ließe sich Zhao-zhous kryptische Entgegnung übersetzen, „habe ich als junger Mönch es ebenso übertrieben, wie Du es hier und jetzt mit Deiner Suche nach einem Letzten und Unausdenklichen übertreibst! Allerdings ist es mir damals nur um etwas so Handfestes und Irdisches wie ein aus Leinen gefertigtes, ungefüttertes Gewand gegangen, das mir bei der Feldarbeit und anderen schweißtreibenden Tätigkeiten zunutze und zugleich möglichst unverwüstlich sein sollte. Deshalb habe ich es aus so dickem, festem Stoff geschneidert, dass es sieben Pfund gewogen hat und damit zur praktischen Arbeit schlechterdings untauglich gewesen ist!" In dieser Antwort stecken *die Zange und der Hammer [für den Durchbruch] »nach oben hin«*, die von Zhao-zhou vorgeführt zu bekommen uns Yuan-wu bereits in seiner Ankündigung versprochen hat, und zugleich hat von ihr zu gelten, dass sie, wiederum mit Yuan-wus eigenen Worten, *dem Pfeil* des Mönchs *die Spitze bricht und ihm die Zunge in Fesseln legt*!

Letzteres liegt auf der Hand: Der Mönch, der ganz, ganz hoch hinaus will, in ein Jenseits aller Denkbarkeiten, dieser Mönch muss sich sagen lassen, dass sein Streben nichts als Übertreibung und Verstiegenheit darstellt, und sieht sich, so aus seinem Höhenflug zum Absturz gebracht, zu nichts als Sprachlosigkeit verurteilt. Aber halt! Yuan-wu hat doch von vornherein betont, *die Zange und der Hammer*, die Zhao-zhou mit seinem *Sieben-Pfund-Gewand* in die Hand nehmen wird, seien Werkzeuge [für den Durchbruch] »nach oben hin« – wie soll das zu dem bisherigen Ergebnis passen, dass er den Mönch mit eben diesem *Sieben-Pfund-Gewand* aus seinem Streben »nach oben hin« heruntergeholt und zu Fall gebracht hat? Oder ist mit dem Durchbruch »nach oben hin«, den Zhao-zhou mit seinem *Sieben-Pfund-Gewand* ins Werk setzt, etwas anderes gemeint als der Durchbruch »nach oben hin«, den sich der Mönch zum Ziel gesetzt hat? Dass es tatsächlich so ist, nimmt Yuan-wu schon in der **Ankündigung** vorweg: Wenn Zhao-zhou – so steht dort zu lesen – mit seinem *Sieben-Pfund-Gewand* der Intention des Mönchs *die Spitze bricht und seine Zunge in Fesseln legt*, so *lasse* er dem Mönch dennoch einen Ausweg, den *Weg einer einzigen Fährte*, anders gesagt: Zhao-zhou gibt ihm einen Hinweis in Richtung auf Neuland, er setzt ihn auf eine Spur, der nachzugehen ihn zu einem anderen Durchbruch »nach oben hin« führen wird.

Was aber soll das sein? Der Mönch will noch über *das Eine* hinausgehen; das ist sein Durchbruch »nach oben hin«. Zhao-zhou jedoch muss ihn, wenn er denn mit seinem *Sieben-Pfund-Gewand* gleichfalls auf einen Durchbruch »nach oben hin« abzielt und seine *Zange* und sein *Hammer* tatsächlich Werkzeuge eines solchen weiteren Durchbruchs sein sollen, noch über das Über-das-Eine-Hinausgehen hinaustreiben, und das erinnert doch in überraschend zwingender Weise an das „wahre Überschreiten" des vorigen Kôan, das „Überschreiten des Überschreitens"! Die Vermutung drängt sich auf, Zhao-zhuo habe es mit dem Hinweis auf sein *Sieben-Pfund-Gewand* genauso wie der He-shan des Kôan 44 auf die Hinwendung zur Welt, die „Rückkehr" in das Reich der *Zehntausend Dinge* abgesehen: Sicherlich, die Erwähnung des Gewichts, das dem Gewand des jungen Zhao-zhou mehr als nur einen Anflug von Absurdität verliehen hat, schließt nach wie vor den Vorwurf der Übertreibung und Verstiegenheit ein; doch dass Zhao-zhou als Reaktion auf das weltübersteigende Streben des Mönchs überhaupt etwas so Irdisches und Alltägliches wie ein Arbeitsgewand ins Feld führt, weist in dieselbe Richtung wie He-shans „Verstehen, die Trommel zu schlagen". Und so betrachtet erscheint die Siebenpfündigkeit des Gewandes noch in einem anderen Licht: Sie besagt, dass der junge Zhao-zhou, der sich schon sehr früh für ein Mönchs- und Klosterleben entschieden zu haben scheint, sich mit der Verfertigung eines derart unverwüstlichen Arbeitsgewandes ein Zuviel an Askese auferlegt hat: unnötige Selbstquälerei im Dienste einer möglichst radikalen Weltentsagung als vermeintlichem Ziel „rechtverstandener" Buddha-Lehre! Genau davor warnt Zhao-zhou sein Gegenüber, genau davor möchte Zhao-zhou den Mönch bewahren.

Dass die zwei Akteure des gegenwärtigen Beispiels überhaupt ganz Unterschiedliches, wenn nicht gar Gegensätzliches im Auge haben, findet in der ersten Zeile des **Lobgesangs** seine Bestätigung: *„Rings umgarnend"*, heißt es da, *„hat [er, der Mönch,] die alte Ahle einer fernen Zeit bedrängt"* – und wir wissen ja längst, dass diese *„Ahle"* auf Zhao-zhou gemünzt ist. Die Frage nach einem X noch jenseits des *Einen*, mit der sich der Mönch an Zhao-zhou wendet, wird also von Xue-dou als ein *Umgarnen* und *Bedrängen* bezeichnet, was nur Sinn macht, wenn zumindest Xue-dou im Nachhinein sich dessen sicher ist, dass Zhao-zhou ein ganz anderes Chan vertritt, als der Mönches es sucht (der Mönch selbst muss davon nicht von Vornherein gewusst haben; andernfalls hätte er sich vermutlich gar nicht erst an Zhao-zhou gewandt). Dass es bei dieser Differenz um eine unterschiedliche, ja gegensätzliche Einstellung zur irdischen Welt geht, darauf spielt der **Lobgesang** in seiner zweiten Zeile an: Wenn Xue-dou dort fragt: *„Das Gewicht eines Sieben-Pfund-Gewandes – wie viele Menschen verstehen das?"*, so kann es bei der besonderen Schwierigkeit eines rechten Verständnisses nicht um den Vorwurf der Übertreibung und Verstiegenheit gehen; denn der liegt förmlich auf der Hand. Dass das Gewand selbst und sein *Sieben-Pfund-Gewicht* noch eine andere Bedeutung haben, eine doppelte sogar, die der Weltzuwendung und der Warnung vor asketischer Selbstquälerei, das erschließt sich hingegen nicht auf den ersten Blick; das abzuleiten hat es eines ziemlich langen Umwegs bedurft! In der Tat, *wie viele Menschen verstehen das?* Die beiden letzten Zeilen des **Lobgesangs** bestätigen diese doppelte Ausrichtung: Wenn Xue-dou zunächst erklärt, er wolle dieses *Sieben-Pfund-Gewand* hier und jetzt in hohem Boden ausgerechnet *in den Westsee schleudern*, ein Gewässer von erlesener, vielgepriesener Schönheit (!), so tut er das nicht, weil er der Arbeit im Klostergelände überhaupt abschwört, sondern weil er sich dabei nicht mit einem Gewand, das mehr behindert als es Nutzen schafft, belasten möchte! Der *Westsee* in seiner landschaftlichen Schönheit und die Selbstverurteilung zu unnötiger Askese, das beides verträgt sich nicht. Vielmehr gilt es, sich dem *„reinen Wind"* zu überlassen, der Schiffe und Menschen ohne die Mühen einer Fahrt stromauf vielmehr *„[strom]abwärts befördert"*! *„Wem* können *[wir]* diesen *reinen Wind* wohl *anvertrauen?"* – fragt Xue-dou zum Schluss: „Wer hat ihn denn verdient?" Der Mönch sicherlich nicht, wenigstens nicht, solange er an seinem Streben nach einem Jenseits noch über *das Eine* hinaus hartnäckig festhält! Derjenige hingegen, der nach gründlichem Verzicht auf Ich und Welt in der Versenkungsübung doch wieder in die Welt zurückkehrt, für den ist dieser *reine Wind* das rechte Geschenk! Ein Geschenk im Übrigen, das er sich selber macht; denn nur dem, der durch diesen Verzicht hindurchgegangen ist, der wie der Zhao-zhou des Kôan 41 von einem erfolgreichen spirituellen Sterben sprechen kann, wird dieser beglückende *Wind* zur heiter-mühelosen Fahrt *stromabwärts* überhaupt zuteil! So umschreibt Xue-dou nur mit einer anderen Metapher, was sonst als „Großer“ oder „Ewiger Frieden“, als die Freiheit eines Unherschweifens „in die Kreuz und in die Quere“ oder auch als „vergnüglich-spielerisches Leben“ rühmend ausgezeichnet wird.[468]

So bestätigt zumal die letzte Zeile des **Lobgesangs**, wie sich als Fazit formulieren lässt, mit aller wünschbaren Deutlichkeit, dass es Zhao-zhou (zumindest dem Zhao-zhou der Song-zeitlichen Texte) bei seinem *Sieben-Pfund-Gewand* nicht bloß um das Eingeständnis einer „Jugendsünde“ sowie die Warnung vor Verstiegenheit und Übertreibung beim Streben »nach oben hin« geht, sondern um ein Überschreiten noch desjenigen Überschreitens, das der Mönch bei seinem Drang „nach überwärts“ – so Gunderts Wortprägung – im Sinne hat. Und sie bestätigt zum anderen, dass dieses „Überschreiten des Überschreitens“ auf eine radikale Aufwertung der Welt der *Zehntausend Dinge*, im traditionellen Buddhismus zu bloß „schattenhaften“ Erscheinungen degradiert, so abzielt wie hinausläuft: Die beiden Kôan 44 und 45 gehören damit thematisch wie in einer Verdopplung ein und desselben Lehrinhalts Song-zeitlicher Chan-Orthodoxie aufs Engste zusammen!

---

468 Kôan 60 *Cong-rong-lu*: Wei-shan und die Nonne Liu sind „erfahren im Großen Frieden“; Kôan 64 *Bi-yan-lu*: Zhao-zhou „schlendert müßig in der Stadt **Chang-an**“, zu deutsch: **„Ewiger Frieden“**; Kôan 20 *Cong-rong-lu* spricht davon, „auf der Hauptstraße zum ‚Ewigen Frieden‘ siebenmal in die Kreuz und achtmal in die Quere“ unterwegs zu sein; Kôan 1 *Wu-men-guan*: „An der Küste von Leben und Tod … erfährst du den Samâdhi des ‚vergnüglich-spielerischen Lebens‘“.

46. Jing-qing und die Regentropfen

Ankündigung[469]

Ein einziger [Schlag mit dem] Hammer, und schon hat [er es] vollbracht. [Er] geht über das Weltliche wie über das Heilige hinaus: Mit wenigen Worten kann er [beides] zusammenfalten und entfernt so den Kleister und löst die Fessel![470] [Es ist,] als ob [er] über Eisschollen ginge und auf der Klinge eines Schwertes entlangliefe. [Er] ruht mitten im Gedränge der Farben und Geräusche und läuft zugleich über die Farben und Geräusche oben darüber hin. Sein wunderbares Wirken in die Kreuz und in die Quere lasse [ich] jedoch für den Augenblick beiseite.[471] Wenn [er aber] im Nu davongegangen wäre, wie stünde es dann damit? – Versucht es doch bitte mal mit dem, [was Xue-dou hier] vorbringt!

Beispiel

Jing-qing fragte einen Mönch: „Draußen vor dem Eingang, was ist das für ein Geräusch?"
Der Mönch sagte: „Das Geräusch von Regentropfen."
Jing-qing sagte: „Alle lebenden Wesen stellen die Sache auf den Kopf: Sie irren ab vom Selbst und jagen den Dingen nach!"
Der Mönch sagte: „Wie [hält es] Ehrwürden [selbst damit]?"
Jing-qing sagte: „Bis dahin, vom Selbst nicht [mehr] abzuirren!"
Der Mönch sagte: „Bis dahin, vom Selbst nicht [mehr] abzuirren – was ist dabei die Absicht?"
Jing-qing sagte: „Aus dem Leib herauszutreten lässt sich noch leicht machen; [aber] den Leib [ganz] abzustreifen – [wozu das gut sein sollte, das] zu beantworten ist schwer!"

Lobgesang

Eine leere Halle und das Geräusch von Regentropfen –
Auch für Könner ist es schwer, damit fertig zu werden!
Sagst [du etwas], bist [du] bereits in den Strom eingetreten[472] –
Wie zuvor hast [du es] dann noch nicht verstanden!
Verstehst [du oder] verstehst [du] nicht? –
Am Südberg und Nordberg wechseln sich Regenschauer ab!

---

469 Entgegen seinem sonstigen Verfahren schließt sich der Verfasser bei der Zuordnung dieser Ankündigung aus inhaltlichen Gründen der Standard-Version an, die den obigen Text dem Kôan 46 zuweist, während die *Ichiya*-Version und in ihrem Gefolge die *Teihon*-Ausgabe ihn dem Kôan 48 zuordnen. In der *Ichiya*-Version samt *Teihon*-Ausgabe weist das Kôan 46 keine Ankündigung auf, wohingegen in der Standard-Version das Kôan 48 ohne Ankündigung da steht.

470 Wörtlich: „Er löst den Kleister und entfernt die Fessel." Die Standard-Version bietet die umgekehrte Reihenfolge: „Er entfernt die Fessel und löst den Kleister."

471 Dieser Satz ist eine der Stellen, wo entweder Dôgens Vorlage für seine *Ichiya*-Version bereits fehlerhaft gewesen oder aber Dôgen selbst ein offensichtlicher Flüchtigkeitsfehler unterlaufen ist: In der *Ichiya*-Version fehlen die Schriftzeichen für „wunderbares Wirken", „in die Kreuz und in die Quere" und „jedoch"; Itô korrigiert, wie er selbst anmerkt, aufgrund der Standard-Version.

472 Mit diesem *Strom* ist der unaufhörliche Strom unserer Bewusstseinsinhalte gemeint, der uns mit der Welt der Erscheinungen verbindet.

Was wir über **Jing-qing** Dao-fu (868-937) wissen, ist bereits anlässlich des Kôan 16 kurz umrissen worden. Und was der Verfasser in den dortigen Erläuterungen zu Jing-qings Chan-Verständnis vorgetragen hat, ließe sich an dieser Stelle kurz zusammengefasst rekapitulieren, doch das nähme der Entschlüsselung des gegenwärtigen Beispiels von vornherein die Spannung: Xue-dou und Yuan-wu haben – wie sollte es auch anders sein – die einzelnen Kapitel des *Bi-yan-lu* so angelegt, dass jedes in sich geschlossen und aus sich heraus verständlich ist.

Die **Ankündigung** setzt ein, als wäre sie bereits der Lobgesang: *„Ein einziger [Schlag mit dem] Hammer, und schon hat [er es] vollbracht!"* Wenn wir schon gleich von diesem ersten Satz aus einen Blick auf das **Beispiel** werfen, dann kann es nur einen Kandidaten für diesen *einen* und nur *einen Hammerschlag* geben, und das ist Jing-qings abschließender Bescheid, mit dem er den Versuch des Mönchs vereitelt, sich gegen den Vorwurf einer grundlegenden Fehlhaltung – *„Alle lebenden Wesen"* (also auch Du!) *„irren ab vom Selbst und jagen den Dingen nach!"* – dadurch zur Wehr zu setzen, dass er den Spieß umdreht und nun seinerseits den Meister bedrängt: *„Wie [hält es] Ehrwürden [selbst damit]?"* Jing-qings Bescheid, ein Satz von nur vier Schriftzeichen (*ji bu mi ji*), lautet: *„Bis dahin, vom Selbst nicht [mehr] abzuirren!"* Und *mit* diesen *wenigen Worten*, so Yuan-wu weiter, *geht er über das Weltliche wie über das Heilige hinaus*, und zwar indem *er [beides] zusammenfaltet*, also zu einer Einheit verschmiltzt, *und so den Kleister entfernt*, mittels dessen die *weltlichen* Dinge uns nicht von sich loskommen lassen, *und* zugleich auch *die Fessel löst*, die wir uns selbst anlegen, wenn wir uns in das *Heilige* jenseits der Welt verrennen! Wie Jing-qing das macht? Auch dazu gibt Yuan-wu schon vorweg einen Hinweis: Jing-qing, dieser Meister aus der Zeit des untergehenden Tang-Reiches, beherrscht die Kunst, *auf der Klinge eines Schwertes entlangzulaufen*, ohne sich die Fußsohlen zu zerschneiden: *Mitten im Gedränge der Farben und Geräusche* [der *Zehntausend Dinge*] *läuft er zugleich oben über* eben diese *Farben und Geräusche hin*, die auf ihn eindringen und an sich binden wollen; andererseits gilt von ihm, dass er *inmitten* eben *der Farben und Geräusche ruht*, über die er so frei und leicht, als spränge er über *Eisschollen* dahin, hinwegläuft! Und dieses – an Wei-shans Nickerchen gemahnende – *„Ruhen" inmitten des Gedränges* der *Zehntausend Dinge* zeigt an, dass er sich nicht vom Zauber des Heiligen hat einfangen lassen: Wie Jing-qing davor gefeit ist, sich von den *Zehntausend Dingen* zu ihrem Gefangenen machen zu lassen, so sicher ist er sich seiner Freiheit gegenüber dem scheinbar unabweisbaren Anspruch des Heiligen. Frei bewegt er sich *in die Kreuz und in die Quere*, und diese Freiheit, die Yuan-wu veranlasst, ihm *wunderbares Wirken* zuzuerkennen, braucht nur *einen einzigen* Satz, sich darin zu manifestieren – den einen *Hammerschlag* seiner Antwort: *„Ji bu mi ji – Bis dahin, vom Selbst nicht [mehr] abzuirren!"*

Dieser eine Satz, so deutet Yuan-wu zum Abschluss an, hätte völlig ausgereicht, Jing-qings Chan-Verständnis auszusprechen. Denn die Frage: *„Wenn [er aber]"* – statt auf eine neuerliche Frage des Mönchs auch noch einzugehen – *„im Nu davongegangen wäre, wie stünde es dann damit?"*, ist eine rein rhetorische Frage: Da wäre kein Unterschied! Der Mönch nämlich hat nichts verstanden, und uns geht es »bis dato« ebenso; Jing-qing aber, auch er eine Chan-sprichwörtlich fürsorgende „Großmutter", lässt sich aus Mitleid und Erbarmen dazu hinreißen, dem verständnislosen Mönch mit einem weiteren, freilich kaum weniger kryptischen Hinweis helfen zu wollen – mit dem Schluss-Satz des Beispiels, der zugleich nur eine halbe Antwort ist, weil er die andere Hälfte verschweigt.

Was also? Sehen wir uns nunmehr auch das **Beispiel** in seinen Einzelheiten an: Ein Mönch hat sich zu einem persönlichen Gespräch in die Räumlichkeiten des Abts begeben. Von draußen dringt das Geräusch fallender Regentropfen herein. Das nutzt der Abt, den Mönch auf die Probe zu stellen: *„Draußen vor dem Eingang, was ist das für ein Geräusch?"* Laut Yuan-wu hat Jing-qing genau diese Frage immer wieder gestellt; sie ist so etwas wie sein Markenzeichen, sein Wende-Wort! Yuan-wu führt in seinem Kommentar zwei weitere Beispiele an: Einmal antwortet der betreffende Mönch, vermutlich ebenso wahrheitsgemäß wie der Mönch des gegenwärtigen Kôan: „Der Ruf einer Wachtel!", was Jing-qing mit der Bemerkung quittiert: „Wenn Du vermeiden willst, für immer in der Hölle gefangen zu sein, dann solltest Du nicht das Rad des Wahren Dharma des Tathâgata verleumden!" Ein andermal gibt der Mönch, der die Falle wittert und ihr zu entgehen versucht, eine betont kecke Antwort: „Das Geräusch einer Schlange, die einen Frosch verschlingt!"(Als gäbe sie dabei ein Schmatzen von sich!) Doch seine Keckheit hilft ihm nicht; Jing-qing kontert: „Ich wusste doch immer schon, dass lebende Wesen leiden; hier vor mir gibt es ein weiteres lebendes Wesen, das leidet!" Yuan-wu fasst die Absicht, die Jing-qing mit seinem Wende-Wort verfolgt, wie folgt zusammen: „Wer hier hindurchzudringen vermag, dem kann nichts seine (neu erworbene) Freiheit inmitten des Gedränges der Geräusche und Formen wieder rauben; wer hingegen nicht hindurchdringt, ist und bleibt ein Gefangener der Geräusche und Formen!"

Der Mönch der **Beispiels** also gibt die korrekte, aber auch einfältige Antwort: *„Das Geräusch von Regentropfen."* Jing-qings Entgegnung kann uns nicht mehr überraschen: *„Alle lebenden Wesen stellen die Sache auf den Kopf: Sie irren ab vom Selbst und jagen den Dingen nach!"* Der Sinn liegt auf der Hand: „Du bist auch einer von denen, die *von ihrem Selbst abirren* und stattdessen mit allen ihren Sinnen auf die *Zehntausend Dinge* außerhalb des *Selbst* ausgerichtet sind!" Doch schon beginnen die Schwierigkeiten! Das *Selbst*, von dem Jing-qing da redet, kann nicht unser irdisches, unser empirisches Selbst sein; denn es ist genau dieses empirische Selbst, das uns mit unseren Bedürfnissen, Wünschen, Plänen, aber auch mit unseren Ängsten, unserer Vorsicht, unseren Vermeidungsstrategien auf die *Zehntausend Dinge* hin ausrichtet und ausgerichtet hält; von diesem empirischen *Selbst abzuirren* bedeutete folglich, sich zugleich auch von den *Zehntausend Dingen* abzuwenden und aus dem Zusammenhang der Dinge gleichsam auszutreten. Auch jenes Selbst, das die daoistischen Texte als Nicht-Selbst umschreiben, kann nicht gemeint sein, weil der daoistische Weise mit eben seinem Nicht-Selbst immer noch der Welt zugewandt ist, mit einem Handeln, das sich als Nicht-Handeln (*wei wu wei*), und einem Wünschen, das sich als Nicht-Wünschen (*yu wu yu*) versteht. Auch von diesem Selbst als Nicht-Selbst *abzuirren* hieße folglich, sich gänzlich aus der Welt zurückzuziehen statt ihren *Dingen nachzujagen*! Ein *Selbst* freilich bleibt uns noch, um die Aussage Jing-qings zu einer sinnvollen und widerspruchsfreien Aussage zu machen, und auf genau dieses *Selbst* trifft, wie sich gleich zeigen wird, der Satz Jing-qings tatsächlich zu. Es ist das jenes *Selbst*, zu dem das Kôan 99 dem „Lehrer des Reiches" Nan-yang Hui-zhong die an den Kaiser Su-zong gerichtete Ermahnung in den Mund legt, sein Selbst nicht zu niedrig anzusetzen, sich nicht damit zufrieden zu geben, es nur als Dharmakâya zu verstehen statt es noch höher anzusiedeln, noch jenseits der Bestimmungen, die den „Wahrheitsleib" charakterisieren. So weit will und muss Jing-qing bei der anschließenden Erläuterung seines Wende-Worts nicht gehen; für seinen Satz genügt es, den angesprochenen Mönch auf eben den Dharmakâya als sein „wahres Selbst" hinzuweisen, auf die Shûnyatâ als seine und aller übrigen Dinge Quintessenz. Und in der Tat: Als in den Zusammenhang der *Zehntausend Dinge* eingebunden sind die *lebenden Wesen* nicht auf den Dharmakâya ausgerichtet, sondern (von woher sonst auch sollten sie sich in ihrer physischen Existenz erhalten und fortpflanzen können?) auf eben die *Dinge* der physischen Welt. Jing-qings Aussage: *„Alle lebenden Wesen irren ab vom Selbst und jagen den Dingen nach!"* ist – wenn wir dies *Selbst* als den Dharmakâya verstehen – nichts anderes als eine Trivialität; das Einzige, was ihr einen Anschein von Tiefsinn verleiht, besteht darin, dass Jing-qing den Dharmakâya, der doch so gar nichts von einem Selbst an sich hat, als das *Selbst*, das „wahre Selbst" aller lebenden Wesen ausgibt; in Wahrheit steht die Metapher „Dharmakâya" doch lediglich für das, was wir letztlich und im Grunde sind, nämlich nichts: dem Nicht-Sein entsprungen und wieder verschwindend im Nichts.

Der Mönch jedoch versteht Jing-qings Aussage keineswegs als bloße Feststellung einer trivialen Tatsache; er versteht sie als Vorwurf, und soll sie auch so verstehen, dafür sorgt schon Jing-qings Formulierung: *„Alle lebenden Wesen* – also auch Du – *stellen die Sache auf den Kopf!"* Damit erweckt Jing-qing den Anschein, als befänden sich die *lebenden Wesen* in einem grundlegenden, aber umkehrbaren Irrtum, und als hätte der Mönch die Pflicht, sich aus diesem Irrtum – den er zwangsläufig teilt – zu befreien. Wir können die Angelegenheit auch andersherum formulieren: Jing-qing verwendet eine allgemeine Aussage, um nur diesen einen Mönch zu treffen und ihn wachzurütteln! Der Mönch jedoch hält sich an die Allgemeingültigkeit des Satzes und wendet ihn so gegen Jing-qing selbst: *„Wie [hält es] Ehrwürden* – der ja zweifellos auch zu den lebenden Wesen zählt – *[selbst damit]?"*

Jing-qings Antwort ist so recht ein Rätselwort nach Chan-Geschmack: *„Bis dahin, vom Selbst nicht [mehr] abzuirren!"* „Bis hin zu ..." bedeutet im gewöhnlichen Sprachgebrauch, dass ich den Ort, den Punkt, den Grad, den ich mir zum Ziel gesetzt habe, auch tatsächlich erreiche, dass ich dort ankomme und angekommen bin, wo ich ankommen möchte. Auf das *„Vom-Selbst-nicht-(mehr)-Abirren"* bezogen hieße das, dass Jing-qing den Ziel-Zustand erreicht hat, mithin nicht länger – und das schon seit langem nicht mehr – *vom Selbst abirrt.* Eben das aber kann nicht gemeint sein, wie der weitere Verlauf der Episode zeigt. Wäre es tatsächlich so, dass Jing-qing vom *Selbst,* also vom Dharmakâya, *nicht mehr abirrt* und sich folglich von den *Dingen* restlos und für immer abgewandt hätte, so gäbe es ihn nicht mehr; so könnte er weder diesem noch sonst einem Mönch, wie es hier geschieht, Rede und Antwort stehen!

Eine zweite, weniger strikte Bedeutung des „Bis hin zu ..." lautet hingegen: „bis an ... heran", „bis nahe an ...". Auf den Dharmakâya als das „wahre Selbst" und das *Nicht-(mehr)-Abirren* davon bezogen heißt diese schwächere Version: immer wieder einmal und vielleicht sogar regelmäßig von diesem *Selbst abzuirren,* doch stets sich ihm auch wieder zuzuwenden und den unerlässlichen Austausch zu erneuern. Dabei ist mit dem intermittierenden *Abirren* die immer wieder neu aufgenommene Zuwendung zu Leben und Welt gemeint, ergänzt und in Balance gehalten durch die ebenso regelmäßige Rückwendung zu Dharmakâya und Shûnyatâ – als die verlässliche Rückversicherung für ein Leben im „Großen Frieden". So ergibt sich eine Daseinsform, die einem fortwährenden *Nicht-(mehr)-Abirren* so nahe wie möglich kommt, ohne sich jedoch ganz darin zu verlieren.

Der Mönch hat möglicherweise diese letzte Feinheit nicht verstanden; aus seiner Anschluss-Frage: *„Bis dahin, vom Selbst nicht [mehr] abzuirren!" – was ist dabei die Absicht?"* lässt sich nicht ersehen, ob er Jing-qing den Vorsatz unterstellt, irgendwann einmal und dann für immer von seinem, von unser aller „wahren Selbst" auch kein einziges Mal mehr *abzuirren*, oder ob es ihm bei dem Gedanken einer bloßen Annäherung nicht ganz geheuer ist. In beiden Fällen ist seine Frage zweifellos berechtigt: *„Was ist dabei die Absicht?"*

Jing-qing stellt klar: Es geht ihm nicht darum, sich aus der Welt sowohl geistig – durch Abwendung von den *Dingen* – als auch physisch – durch Verweigerung des Weiterlebens – herauszuhungern: *„Den Leib [ganz] abzustreifen* (denn darauf läuft unbedingte Askese zwangsläufig hinaus) – *[wozu das gut sein sollte, das] zu beantworten ist schwer!"*, womit er meint: unmöglich! Praktikabel hingegen, so Jing-qing, ist etwas anderes, etwas weit weniger Rigoroses: *„Aus dem Leib herauszutreten lässt sich [jedoch] leicht machen!"* Dabei muss sich schon aus logischen Gründen (weil sonst keine Gegenüberstellung vorläge) das *Heraustreten* vom *Abstreifen* deutlich unterscheiden, und das kann es nur, wenn es nicht als endgültiges, sondern als sowohl vorübergehendes als auch sich wiederholendes Ereignis verstanden oder, besser gesagt, vollzogen wird. Überdies können wir uns als Leser nicht mit Jing-qings Hinweis auf bloße Praktikabilität begnügen, sondern müssen in seiner Entgegnung auch eine Antwort auf die Frage nach der *Absicht* suchen – die wir freilich in der Entgegnung selbst nicht finden können! Allenfalls lässt sich aus ihr folgern, dass das zeitweilige und wiederkehrende *Heraustreten aus dem Leib* im Gegensatz zum *Abstreifen des Leibes*, für das Jing-qing einen Sinn nicht angeben kann, keineswegs sinnlos ist. Worin freilich dieser Sinn bestehen soll, das abzuleiten bleibt uns selbst überlassen.

Größere Schwierigkeiten wären dabei allerdings nicht zu erwarten, zumal ein wichtiger Hinweis bereits gefallen ist: der auf den „Großen Frieden". Doch statt hier Grundsätzliches aufs Neue aufzurollen, möchte der Verfasser auf ein Kôan aus dem *Wu-men-guan* sowie seine eigene Erläuterung dazu zurückgreifen: Anlässlich des Beispiels in seinem Kôan 35 spricht Wu-men von einem „Heraustreten aus der Hülle" und einem „[Wieder]eintreten in die Hülle" und erklärt dazu, dass beides zusammen wie „das Übernachten in einem Rasthaus für Reisende" sei. Der Verfasser hat das seinerzeit wie folgt kommentiert: „ ... das Sitzen in Versenkung, was wäre das denn – wenn wir uns schon der Metapher Wu-mens anschließen – anderes als ein ‚Heraustreten aus der Hülle' unseres Leibes? Ein Heraustreten in die Große Leere, das Nichts? Und das Eintreten ist ein [Wieder]eintreten, ist die Rückkehr in Leib und Leben! So gewendet, bedeutet das ‚Rasthaus für Reisende' eben unser ‚wahres Selbst', in das wir uns (in der Versenkung) zurückziehen, um Kraft für die nächste Etappe unserer ... Lebensreise zu sammeln!"[473]

Dass Jing-qings *„Heraustreten aus dem Leib"* mitsamt Wu-mens „[Wieder]eintreten in die Hülle [des Leibes]", beides zugleich der Eintritt in den „Großen Frieden", nicht bloß leere Floskeln einer längst untergegangenen Chan-Rhetorik darstellen, sondern eine zeitlose

473 Roloff (1), S. 132f.

Erfahrung widerspiegeln, die sich auch heute noch ins Wort drängen kann, sei mit einem Text belegt, den der Verfasser schon einmal, in seinem *Cong-rong-lu*, zitiert hat:

Die Blätter fallen,
Lautlos, ohne Wind.
Der leise Hauch von Kühle,
Der ihrem Fallen folgt,
Dich erreicht er nicht.
So sterblich dieser Leib,
Dein Herz schlägt längst schon
Einen andern Takt,
Den Takt des Schweigens
Jenseits jeder Jahreszeit.

Du hast dein Leben
Nicht an diesem Leib.
Das Welken ist ein Blühen
An einem andern Ort.
Du bist's, der da blüht,
Auch ohne dass du bist.
Was sonst an Herbsten
Uns so traurig macht,
Es macht dich inne
Werden, dass dich Zeit nicht trifft.[474]

Soweit das Beispiel; was aber sagt zu alledem der **Lobgesang**? *„Eine leere Halle und das Geräusch von Regentropfen – / Auch für Könner ist es schwer, damit fertig zu werden!"* – so setzt Xue-dou mit seiner ersten Doppelzeile ein: *„Eine leere Halle und [draußen] das Geräusch von Regentropfen* – das beschreibt, so scheint es, nichts als die Situation, in die hinein das Zwiegespräch von Mönch und Abt gesprochen wird: Was soll daran jedoch, wie Xue-dou behauptet, *schwer* zu begreifen sein? Das bedarf ganz offensichtlich der Erklärung; Xue-dou freilich verbietet uns mit seiner nächsten Doppelzeile regelrecht den Mund: *„Sagst [du etwas], bist [du] bereits in den Strom eingetreten – / Wie zuvor hast [du es] dann noch nicht verstanden!"* Versuchen wir es trotzdem! *„Eine leere Halle und das Geräusch von Regentropfen"* – ist das wirklich die Beschreibung der realen Situation, in der sich Mönch und Abt befunden haben? Oder ist es bereits Metapher? Wir sind bei der Erörterung des Beispiels davon ausgegangen, dass sich das Gespräch – ein Vier-Augen-Gespräch obendrein – in den Räumen des Abtes abgespielt hat. Keiner dieser Räume hat jedoch die Ausmaße einer *Halle* und *leer* war der betreffende Raum zu dem Zeitpunkt, da Jing-qing mit seiner Fangfrage herausrückt, auch nicht, weil er ja zumindest von zwei Personen bevölkert gewesen ist. Die

474 Roloff (3), Text 108 – in den Anfang dieses Gedichts, entstanden November 2000 im Sôgenji in Okayama, Japan, hat sich, vom Verfasser unbemerkt, möglicherweise eine Reminiszenz an Rilkes Gedicht *Herbst* eingeschlichen, das da beginnt: »**Die Blätter fallen**, fallen wie von weit«. Aber ist das, angesichts eines Baumes, von dem in einer mondlosen November-Nacht bei völliger Windstille Blätter zu Boden sinken, tatsächlich eine Entlehnung?

leere Halle erweist sich somit, weil wir sie nicht wörtlich nehmen dürfen, als Metapher – doch wofür? Die Antwort fällt leicht und sie fällt eindeutig aus: Die *leere Halle* steht für die Shûnyatâ! Und was hat es dann mit den *Regentropfen* auf sich, deren Geräusch die *Halle* umgibt? Auch diese Antwort liegt auf der Hand: Sie vertreten – folgerichtig – den Schleier der Erscheinungen, in die sich die Leere einhüllt. Und auf diese Gegenüberstellung von Shûnyatâ und irdischer Welt träfe dann auch nachvollziehbar zu, dass es selbst *für Könner schwer ist, damit fertig zu werden!*" In der Tat, die Erfahrung der Shûnyatâ und das Leben in der Welt der *Zehntausend Dinge* miteinander in Einklang zu bringen, das ist die eine entscheidende Aufgabe und das höchste Ziel, vor die sich die Anhänger des Chan gestellt sehen; und diese Versöhnung der Gegensätze zu bewerkstelligen ist ein anderes *Damit-fertig-Werden* als bloß sprachgebundenes Verstehen. Mit dieser Versöhnung *fertig zu werden*, das erfordert im Gegenteil ein unmittelbares Verstehen, das Verstehen einer unmittelbaren Erfahrung, jenseits des *Stroms* unserer flüchtig-oberflächlichen Bewusstseinsinhalte, vielmehr aus den Tiefen unserer Existenz. Die Versöhnung von Shûnyatâ und irdischer Welt hingegen durch Worte zustande bringen und vermitteln zu wollen, heißt, sie zu verfehlen; daher auch Xue-dous Verdikt: „*Wie zuvor hast [du es] dann noch nicht verstanden!*"

Und doch gibt auch Xue-dou selbst noch nicht auf und bedrängt uns in den beiden Schlusszeilen seines **Lobgesangs** mit einem hartnäckigen „*Verstehst [du oder] verstehst [du] nicht?*", um uns zu guter Letzt doch noch mit einer sprachvermittelten Metapher auf die Sprünge zu helfen: „*Am Südberg und Nordberg wechseln sich Regenschauer ab!*" *Südberg* und *Nordberg* sind dabei, wie der Leser sich möglicherweise aus der *Cong-rong-lu*-Ausgabe des Verfassers erinnert, keineswegs wörtlich zu nehmen; sie vertreten vielmehr, analog der Gegenüberstellung von *leerer Halle* und *Regentropfen* aus der Eingangszeile, die beiden Pole Shûnyatâ (*Nordberg*) und irdische Welt (*Südberg*).[475] Was aber soll damit gesagt sein, dass über beiden Bergen im Wechsel gleichermaßen heftige *Regenschauer* niedergehen*?* Nun, die beiden Pole, die sie verkörpern, verlieren dadurch ihre Gegensätzlichkeit und verschmelzen zu der Einheit einer Lebensform, bei der wir, den *Dingen* so zugewandt wie ausgesetzt, zugleich *nicht abirren vom Selbst*, von Shûnyatâ und Dharmakâya, und zwar weil wir, im fortwährenden Wechsel zwischen »*Nord*« und »*Süd*« uns auf dieses „*Selbst*", das in Wahrheit Nicht-Selbst ist, immer wieder rückbeziehen – ein beständiger, aber gleichwohl intermittierender Rückbezug, von dem mit Recht zu gelten hat, was Jing-qing von sich selbst eingesteht: „bis nahe daran zu sein, *vom Selbst* überhaupt nicht mehr *abzuirren*!" Aber eben nur „nahe daran"!

Wir können Xue-dous „*Am Südberg und Nordberg wechseln sich Regenschauer ab!*", mit dem er seinen Kommentar zu Jing-qings Wende-Wort beschließt, auch so lesen: Für den lebensspendenden Regen bedarf es, um die Erde zu befruchten, sowohl des *Nordbergs* wie des *Südbergs*; mal geht er in satten Schauern am *Südberg*, mal am *Nordberg* nieder; wir brauchen sie deshalb beide; erst das Ganze aus *Nordberg* und *Südberg*, die beide ihren Beitrag leisten, machen die Vollständigkeit unseres Lebens aus. So haben beide, Xue-dou wie Jing-qing, im Sinne Yuan-wus gleichsam Wort gehalten, indem sie *über das Weltliche wie über das Heilige hinausgegangen* sind und dem *Weltlichen* durch Einbezug des *Heiligen*

---

475 Das Kôan 31 *Cong-rong-lu* zitiert eine „stellvertretende Antwort" Yun-mens: „Am Südberg steigen Wolken auf, am Nordberg fällt Regen." Vgl. dazu Roloff (2), S. 159ff.

den Charakter bloßer Weltlichkeit genommen haben und umgekehrt dem *Heiligen* durch Einbezug des *Weltlichen* seine unirdisch-lebensferne Heiligkeit!

47. Yun-mens „Sechs [ergreifen ihn] nicht“

Ankündigung

Der Himmel – wahrlich, welcher Worte [bedürfte er]!?“ –
Die Vier Jahreszeiten laufen [einfach so] dahin.
Die Erde – wahrlich, welcher Worte [bedürfte sie]!?“
Die *Zehntausend Dinge* gehen [einfach so] hervor![476]
Was den Lauf der Vier Jahreszeiten betrifft,
So kannst [du daran seinen] Körper erkennen;
Was das Entstehen der *Zehntausend Dinge* betrifft,
So kannst [du daran ihr] Wirken erkennen![477]

Nun sagt mal: An welchem Umstand kannst [du] einen Flickenkutten-Mönch erkennen, wenn man [seine] Worte und Redensarten, [seine] Bewegungen und [sein] Wirken, [sein] Gehen und Ruhen, [sein] Sitzen und Schlafen nicht gelten lässt? Wenn man [ihm] aber die Kehle zudrückt und die Lippen verschließt, kann [er] dann noch etwas sagen?[478] – Versucht es doch bitte mal mit dem, [was Xue-dou hier] vorbringt!

Beispiel

Ein Mönch fragte Yun-men: „Was ist mit dem Wahrheitsleib?“
Yun-men sagte: „Sechs (um)fassen [ihn] nicht!“

---

476 Laut Gunderts Hinweis stellen diese ersten vier Zeilen eine Anspielung auf einen Ausspruch des Kong-zi dar, bei dem er sich dagegen verwahrt, als Lehrer reden zu müssen, anstatt, was er selbst für das bessere, das angemessenere Verfahren hält, zu schweigen. Gundert zitiert dabei aus Richard Wilhelms Übersetzung der *Lun-yu* des Kong-zi: „Der Meister sprach: ‚Wahrlich, redet etwa der Himmel? Die vier Zeiten gehen ihren Gang. Alle Dinge werden erzeugt. Wahrlich, redet etwa der Himmel?‘“ und merkt dazu an: „Wie man sieht, ist hier nur vom Himmel, nicht auch von der Erde die Rede.“ – Gundert, Bd. II, S. 376. Von dieser Kong-zi-Anspielung abgesehen, entspricht die von Yuan-wu verwendete Abfolge: Himmel – Erde – Mönch eher dem daoistischen Schema der „Drei Großen“: Himmel – Erde – Mensch.

477 Die *Vier Jahreszeiten* sind, metaphorisch gesprochen, das Kleid, in das sich der *Körper* (*ti*) des *Himmels* hüllt und in dem er sich zugleich auch enthüllt – man denke an das Kôan 27: „Seinen Körper entblößt der goldene Wind“, was ja zugleich auch, und mit gleichem Recht, als: „Der Körper enthüllt den goldenen Wind“ übersetzt werden kann – vgl. die dortige Fußnote 319! Und das *Wirken* (*yong*) ist hier, dementsprechend, das Wirken der Erde. Keinesfalls aber geht es um den Körper und das Wirken des Dharmakâya.

478 Die Zhang-ming-Ausgabe von 1317 bietet im letzten Gliedsatz („*kann [er] dann noch* ...“) statt der chinesischen Entsprechung für „sagen“ vielmehr das Schriftzeichen *bian* = „unterscheiden“. Das macht für das Verständnis einen entscheidenden Unterschied; denn dann müsste dieser Gliedsatz, um sinnvoll zu sein, wie folgt übersetzt werden: „kann [man **ihn**] (den Mönch) dann noch **unterscheiden** (etwa von anderen, gewöhnlichen Menschen)?“ – Die *Ichiya*-Version hingegen bietet statt *bian* das Schriftzeichen *dao* = „sprechen“, „sagen“; und da es im vorangehenden Gliedsatz nicht – wie Cleary übersetzt – darum gehen kann, sich selbst die Kehle zuzudrücken, bleibt als sinnvoll nur die eine Übersetzung: „kann [**er**] dann noch etwas **sagen**?“

Lobgesang

Eins, zwei, drei, vier, fünf, sechs –
[Auch] der blauäugige Mönch aus der Fremde zählt [sie] nicht vollständig auf!
„Kleiner Wald“ täuscht vor, er habe [ihn] dem „Überirdischen Licht“ übergeben[479] –
Er rollt sein Gewand zusammen und erklärt, er wolle heim nach Indien!
Indien aber ist endlos weit [entfernt], und nirgends ein Ort, ihn zu suchen –
Bei Nacht ist er vielmehr [hierher] zum Ru-feng gekommen, Rast zu machen![480]

Es möge niemand mehr sagen, diese Chan-Meister des alten China hätten grundsätzlich keinen Humor gehabt. Mit dem gegenwärtigen **Beispiel** haben wir einen Fall vor uns, der das Gegenteil beweist. Wie Yun-men hier mit dem Dharmakâya, dem „Wahrheitsleib“, verfährt, das hat durch und durch humoristische Züge.

Der Dharmakâya oder „Wahrheitsleib“ vertritt in der Vorstellungswelt des Mahâyâna-Buddhismus das eigentliche Wesen, den letzten Grund aller Dinge, vergleichbar dem DAO, aus dem alle Dinge hervorgehen, auch die Buddhas und Bodhisattvas, und in das sie ebenso wieder zurückkehren. Wörtlich genommen aber ist der Dharmakâya, chinesisch *fa shen*, „Körper der Lehre“, nur einer von den drei Leibern Buddhas. Gemeint ist der Trikâya, der außer dem Dharmakâya auch noch einen Nirmânakâya sowie einen Sambhogakâya umfasst. Der Nirmânakâya, der „Erscheinungsleib“, ist der irdische Leib eines Buddha, sein physischer Körper aus Fleisch und Blut, der Krankheit, dem Alter und dem Tode ausgesetzt; mit dem Sambhogakâya oder „Körper des Entzückens“ genießt ein Buddha die Früchte seines Erwachens, ist er folglich allem Leid enthoben, und der Dharmakâya, der „Körper der Lehre“, ist – strenggenommen – der Leib, den ein Buddha als Lehrer trägt, insofern er den Weg zur »Befreiung«, den er den Menschen verkündet, auch selber geht, und der insofern auch als die Verkörperung seiner Lehre gelten kann.

Der Mönch des **Beispiels** will mit seiner Frage: *„Was ist mit dem Wahrheitsleib?“* selbstverständlich auf den Dharmakâya als den letzten Grund alles Seienden hinaus. Ja, noch mehr: Sein *ru-he shi fa-shen* – so das chinesische Original – zielt nicht einfach auf eine Definition des Dharmakâya ab (dann müsste seine Frage eher *fa-shen shi shen-me* lauten), sondern hat – analog zum *ru-he shi Fo*, „Was ist mit Buddha?“ mit der Nebenbedeutung: „Wie erlange ich Buddhaschaft?“– einen existentiellen Unterton: „Was bedeutet der Wahrheitsleib für mich?“ und „Wie kann ich das erlangen, was der Wahrheitsleib für mich bereithält?“ Yun-men hat, wie die Wortwahl seiner Entgegnung verrät (*shou*, wörtl. „ergreifen“, „emp-

---

479 *„Kleiner Wald“*, chinesisch *shao-lin* – meint, was auf der Hand liegt, Bodhidharma, und *„Überirdisches Licht“*, chinesisch *shen-guang*, ist der ursprüngliche Mönchsname des Zweiten Patriarchen Hui-ke – vgl. den Lobgesang 1 des Kôan 96. – Im chinesischen Text fehlt jede Angabe, was denn Bodhidharma seinem Nachfolger *übergeben* zu haben *vortäuscht*; es kann dabei nur um den Dharma als die inhaltliche Konkretisierung des Dharmakâya gehen.

480 Wie bereits anlässlich des Kôan 22 angemerkt, haben wir mit dem *Ru-feng*, wörtlich übersetzt: mit der „Brust(warzen)-Spitze“, den ursprünglichen Namen des Berges vor uns, auf dem das Kloster Xue-dous, des Verfassers der Lobgesänge des *Bi-yan-lu*, gestanden hat – vgl. den Lobgesang zum Kôan 22 sowie die dortige Fußnote 267.

fangen", „ ernten") den Unterton in der Frage des Mönchs sehr wohl verstanden. Gleichwohl verhält er sich so, als wäre diese Frage ein Angriff, auf den es mit einem Gegenangriff zu antworten gilt: *„Sechs (um)fassen [ihn] nicht!"* Dem Mönch dürfte es nicht nur die Sprache, sondern auch das Denken verschlagen haben. Und wie steht es mit uns? Wir können uns aus der Verlegenheit, der weder seinerzeit Gundert noch jüngst Yamada/Lengsfeld entkommen sind, auf elegante Weise retten, indem wir uns an die Metapher vom einem 16 Fuß großen Buddha halten: In seiner Ankündigung des Kôan 8 greift Yuan-wu auf einen Ausspruch Zhao-zhous zurück: „Manchmal macht jemand (das zielt auf Zhao-zhou) aus einem einzelnen Grashalm einen 16 Fuß großen Goldleib [Buddhas], und manchmal macht er aus dem 16 Fuß hohen Goldleib [Buddhas] einen einzelnen Grashalm!"[481] Und Zhao-zhou wiederum macht sich eine gängige mythische Überhöhung des historischen Buddha zunutze, derzufolge dessen physischer Leib eine Höhe von 16 Fuß, sprich: etwa 5,30 m besessen hat, weshalb Statuen, die einen aufrecht stehenden Buddha darstellen, oftmals in dieser Größe (oder einem Mehrfachen davon) ausgeführt worden sind.

Was also macht Yun-men? Er behandelt – ohne es auszusprechen, versteht sich – den Dharmakâya, die „Große Leere" oder Shûnyatâ, als wäre er von menschlicher Gestalt, mit einer Körpergröße von 16 Fuß (oder einem Mehrfachen davon) und einem Leibesumfang so groß, dass nicht einmal *sechs* Menschen, die sich an den Händen halten, ihn umspannen können – was auf eine Größe von mehr als nur 5,30 m schließen lässt. Und wie zur Bestätigung nimmt Xue-dou in den beiden Eingangszeilen seines **Lobgesangs** sowohl das Bild des menschengestaltigen Dharmakâya als auch Yun-mens Übertreibung auf und steigert sie ins Unermessliche: *„Eins, zwei, drei, vier, fünf, sechs [Baum-Umarmer]"* – das reicht noch lange nicht aus, so Xue-dou; und indem er geschickt den *blauäugigen Mönch aus der Fremde*, Bodhidharma also, mit ins Spiel bringt, ruft er den angeblichen Ahnherrn des Chan als Zeugen dafür auf, dass selbst unabzählbar viele „Baum-Umarmer" den Umfang des „Wahrheitsleibes" nicht ermessen können. Doch weshalb gerade Bodhidharma? Weil der in seinem fiktiven, ihm Jahrhunderte später untergeschobenen Gespräch mit dem Kaiser Wu von Liang als Erster so etwas wie eine Definition des Dharmakâya vorgetragen hat: *kuo-ran*, wörtlich: „weit", „geräumig", „leer" und „grenzenlos" – ausgerechnet dieser Bodhidharma als Zeuge für handfesten Leibesumfang der „Großen Leere", welche Ironie!

Mit seinem so stillschweigenden wie jähen Wechsel vom gestalt – und bestimmungslosen „Wahrheitsleib" zum körperlich-dreidimensionalen Goldleib Buddhas verfolgt Yun-men, was auf der Hand liegt, den eindeutigen Zweck, dem Mönch jeden Gedanken an einen „Wahrheitsleib" für immer auszutreiben; und dabei genügt er wieder einmal den drei Anforderungen, die er als Lehrer an seine eigene Unterweisung gestellt haben soll: Sein impliziter 16 Fuß großer Goldleib Buddhas ist genau „der Deckel, der auf die Dose" der Erwartungen des Mönches passt, sie „deckelt"; er „schneidet wie ein Schwert" das fehlgeleitete Denken des Fragestellers ab; und vor allem „schließt er sich" der Bewusstseinsrichtung seines Gegenübers „an, wie eine Welle der anderen folgt", indem er mit seinem „ergreifen", *„(um)fassen"* auch den Unterton in der Frage des Mönchs aufnimmt: „Wie erlange ich die Wohltaten des

481 Der betreffende Ausspruch Zhao-zhous findet sich in Dôgens Shôbôgenzô Sambyakuzoku, und zwar als Eintrag 240 – Ôkubo, Bd. II, S. 244.

Wahrheitsleibes?"! Und wie Yuan-wu in seiner *Ankündigung* vorwegnimmt, hat Yun-men seinen Zweck ohne Abstriche erreicht – doch dazu später Genaueres.

Zunächst aber der weitere Verlauf des **Lobgesangs**: Xue-dou spielt das Spiel, das Yun-men mit dem Mönch treibt, auch insofern mit, als auch er einen – allerdings expliziten – Wechsel vollzieht: vom „Wahrheitsleib" zur Person Bodhidharmas, ohne jedoch den Dharmakâya ganz aus den Augen zu verlieren. Xue-dou beginnt mit dem Vorwurf, Bodhidharma habe die gesamte Chan-Gemeinde – einschließlich von uns Heutigen, heißt das – durch die *Vortäuschung* in die Irre geführt, er habe Hui-ke, dem *„Überirdischen Licht"* und Zweiten Chan-Patriarchen, einen Dharma *übergeben*, und gar den Dharma des Buddha Shâkyamuni, obwohl doch, so müssen wir ergänzen, dieser Dharma gar keinen Inhalt hat, der sich aussagen und übertragen lässt, oder anders gesagt, obwohl es einen solchen Dharma überhaupt nicht gibt – und mithin auch der Dharmakâya als die Verkörperung dieser nicht vorhandenen Lehre ohne jeden Inhalt ist. Und dann schildert Xue-dou, wie sich dieser Bodhidharma durch seinen Rückzug ins unerreichbar ferne *Indien* jedem Zugriff entzieht (*„und nirgends ein Ort, ihn zu suchen"*), ganz entsprechend der Art, wie sich der Dharmakâya jedem Versuch eines *(Um)fassens*, und das heißt, einer inhaltlichen Festlegung sowie einer inhaltsgesättigten Erfahrung entzieht. Doch gerade diese Unfassbar- und Unerreichbarkeit, dass Bodhidharma so *nirgends zu finden* ist, wie der Dharmakâya nichts und nirgends ist, so schließt Xue-dou seinen Lobgesang, hat zur Folge, dass er überall gegenwärtig sein kann, auch auf dem Ru-feng, dem Berg, der Xue-dous Kloster beherbergt, wo der seit Jahrhunderten auf der Heimreise befindliche Bodhidharma – und damit gibt sich auch Xue-dou als Humorist zu erkennen – unterwegs ins *ferne Indien* erschöpft für eine *Nacht Rast macht.*

Nachträglich nunmehr auch die **Ankündigung**, die ja eigentlich der Vorbereitung und Einstimmung dienen soll, in diesem Fall jedoch in ihren Formulierungen so dunkel ist, dass sich ihr Sinn so recht erst im Nachhinein erschließt: *„Himmel* und *Erde"* – so beginnt Yuan-wu, *„welcher Worte [bedürften sie]?"* Keiner, versteht sich – weil sie ja nichts zu sagen haben. Sie, die das DAO oder den Dharmakâya als den letzten Grund der Welt vertreten, besitzen keine inhaltlichen Bestimmungen, die sich aussprechen, mitteilen ließen. Und dennoch vollbringen sie ihr Werk. Der *Himmel* lässt die *Vier Jahreszeiten*, den fortwährenden Wandel und die unablässige Wiederkehr der Dinge, unter der Wölbung seiner Leere *[einfach so] dahinlaufen*, und die *Erde*, als der schöpferische Aspekt des DAO oder Dharmakâya gleichfalls letztlich nichts als Leere, lässt die *Zehntausend Dinge* aus eben dieser Leere *[einfach so] hervorgehen.* Und weil die Dinge solchermaßen in Nichts und Nicht-Sein wurzeln, tragen sie den Keim ihres Untergangs von Geburt an in sich; keines von ihnen kann Bestand haben, sind sie doch auch selbst im letzten Grunde nichts; allenfalls können sie immer wieder neu aus dem Nicht-Sein hervortreten, was sich in eben dem unaufhörlichen Wechsel der *Vier Jahreszeiten* niederschlägt. Der *Körper*, der sich an diesem fortwährenden Wechsel *erkennen* lässt, ist der des DAO oder Dharmakâya, und er ist eben – nichts, als zu einem *Körper* verdinglicht auch **das** Nichts; und das *Wirken*, das sich an dem unablässig wiederkehrenden *Entstehen der Zehntausend Dinge erkennen* lässt, ist eben dasjenige dieses *Körpers*, mithin ein *Wirken* aus – nichts. Für die Einstimmung auf das Beispiel ist an diesem ersten Teil der Ankündigung vor allem dies wichtig: dass der Grund der Welt, der Dharmakâya, nichts an sich hat, was sich aussagen oder erfahren ließe, weshalb jeder Versuch, die Frage des

Mönchs durch Benennung wie auch immer gearteter Bestimmungen zu beantworten, von vornherein zum Scheitern verurteilt wäre und es deshalb nur eine Antwort geben kann, eben die, die Yun-men dem Mönch erteilt: dass es sich grundsätzlich verbietet, eine Frage wie sein *„Was ist mit dem Wahrheitsleib?"* samt unterschwelligem „Wie erlange ich ihn" überhaupt zu stellen!

Und der zweite Teil der **Ankündigung**? Er lässt sich kurz abmachen; er bereitet darauf vor – und gibt uns die nachträgliche Bestätigung – dass Yun-men diesen Mönch, der da nach dem *„Wahrheitsleib"* fragt, radikal verwirft, mit Yuan-wus Worten: nichts an ihm *gelten lässt*, nicht nur seine *Worte und Redensarten*, sondern gleichermaßen auch sein gesamtes *Wirken*, sein *Gehen und Ruhen, sein Sitzen und Schlafen* nicht! Das läuft auf eine Ablehnung jeder Frage nach dem letzten Grund der Welt hinaus, wie sie umfassender und härter nicht sein kann. Und noch etwas bekräftigt Yuan-wu bereits vorweg: dass Yun-men mit seinem *„Sechs (um)fassen [ihn] nicht!"* dem Mönch darüber hinaus gleichsam *die Kehle zudrückt und die Lippen verschließt*: Dieser Mönch bringt kein Wort mehr heraus – und wir können für ihn nur hoffen, dass er sich die Erfahrung eines solchen Stupor für immer zu Herzen nimmt!

48. Ein Oberster Staatsrat kocht Tee

Ankündigung

(entfällt)[482]

Beispiel

Als der Oberste Staatsrat Wang im Zhao-qing-Kloster eingetroffen war, kochte er Tee. Damals assistierte Lang vom Ersten Sitz [dem stellvertretenden Abt] Ming-zhao und hielt den Stieltopf. Lang jedoch warf den Stieltopf mit dem Tee um. Als der Oberste Staatsrat das sah, fragte er Lang vom Ersten Sitz: „Was ist das da unten am Teeherd?"
Lang sagte: „Der beidhändig festhaltende Herdgeist!"
Der Oberste Staatsrat sagte: „Da das nun der beidhändig festhaltende Herdgeist ist – warum wirft [er] dann aber den Stieltopf mit dem Tee um?"
Lang sagte: „Ein Beamter [seit] tausend Tagen – an einem einzigen Morgen begeht [er] einen Fehltritt!"
Der Oberste Staatsrat wischte sich seine Ärmel ab und ging auf der Stelle davon.
Ming-zhao sagte: „Lang vom Ersten Sitz, [Ihr] habt immerhin den Reis des Zhao-qing-Klosters gegessen, und doch geht [Ihr] über den Gelben Fluss hinüber und schlagt im öden Grasland morsches Holz!"[483]
Lang sagte: „Was [hätte] der Mönch vom Ersten Sitz [denn sonst sagen sollen]?"
Ming-zhao sagte: „Ein Unheilsgeist hat da ganz nach Belieben gehandelt!"[484]

(*Der Meister hat dazu gesagt: „[Ich hätte] damals nur den Teeherd mit einem Fußtritt umgestoßen!"*)

Lobgesang

Die Frage kommt, als drängte sich ein Windhauch ein –
Was [er] zu antworten vermag, ist unfein und ungeschickt.[485]
Bemitleidenswert der Einäugige Drache –

---

482 Die Ankündigung, die *Ichiya*-Version und *Teihon*-Ausgabe für dieses Kôan ausweisen, ist vom Verfasser in Anlehnung an die Standard-Version bereits für das Kôan 46 verwendet worden, so dass sich für das hiesige Kôan 48 eine Leerstelle ergibt.

483 Gemeint ist totes Holz, das auf dem Boden liegt und überwuchert ist – ein Holz, das natürlich zum Kochen und Heizen völlig ungeeignet ist.

484 *Unheilsgeist* – chinesisch *fei ren*, wörtlich: ein „nicht menschliches Wesen"; der ganzen Satz heißt in möglichst textnaher Übersetzung. „Ein Nicht-Mensch hat da sein Belieben gefunden!"

485 Die wörtliche Übersetzung dieser Zeile lautet: „[Seine] spirituelle Kraft antwortet unfein und ungeschickt." Gemeint ist *Lang vom Ersten Sitz*, dem wir sicherlich eine gewisse spirituelle Reife unterstellen dürfen – nimmt er doch in der Rangfolge der Mönche immerhin die oberste Stufe ein. Das Schriftzeichen *ji* („spirituelle Kraft") ist wie andernorts so auch hier Terminus technicus und dient dazu, den inneren Zwiespalt des Mönchs hervorzuheben: hier seine spirituelle Reife, die ihm eigentlich eine andere Antwort hätte in den Mund legen müssen, und dort seine moralische Entrüstung über den – nicht näher bezeichneten – *Fehltritt* des hohen Gastes.

[Er] hat [seine] Zähne und Krallen nicht gezeigt.[486]
Heraus mit den Zähnen und Krallen!
Gewölk und Gewitter erzeugt![487]
Anwogende Strömung – wie oft schon ist [er] hindurchgegangen!

Das Geschehen, von dem das Beispiel berichtet, hat sich in der – für die Entwicklung des Chan so überaus bedeutsamen – Übergangszeit zwischen dem Untergang der Tang-Dynastie (906) und dem Aufstieg der Song-Dynastie (960) abgespielt (genauer gesagt, während der zweiten der kurzlebigen »Fünf Dynastien« (923-936), die den genannten Zeitraum ausgefüllt haben), allerdings nicht im nördlichen Teil des ehemaligen Tang-Reiches mit der Kaiserstadt Luo-yang, sondern in einem halbselbständigen Königtum weit im Süden, dem Staat Min. Dort amtierte **Wang** Yan-bin als Beamter mit einem relativ kleinen Verwaltungsbereich, aber vom Kaiserhof in Luo-yang mit dem pompösen Ehrentitel eines *„Obersten Staatsrates"* ausgestattet. Er war einer der hochgebildeten Laien-Schüler, an denen die Geschichte des Chan-Buddhismus so reich ist, und aufgrund seiner lokalen Machtbefugnisse innerhalb eines prosperierenden Staatsgebildes zugleich ein wichtiger Gönner und Förderer buddhistischer Einrichtungen, insbesondere des *Zhao-qing-Klosters*, dessen Abt und Xue-feng-Nachfolger Hui-leng (854-932) er allerdings zu sich in seine Bezirksstadt an das dortige Chang-qing-Kloster berufen, ihm jedoch – als seinem ehemaligen Lehrer und Meister – das Vorrecht zugestanden hatte, auch weiterhin formell Abt des Zhao-qing-Klosters zu bleiben. In die vakante Position eines amtierenden Abtes im Zhao-qing-Kloster hatte Wang Yan-bin hingegen den *„Einäugigen Drachen"* **Ming-zhao** De-jian eingesetzt, dessen genaue Lebensdaten unbekannt sind (9./10. Jh.). Wang selbst war schließlich seines Postens enthoben worden, weil er angesichts des unaufhaltsamen Untergangs des damaligen Kaiserhauses Kontakte zu Vertretern der Vorgänger-Dynastie geknüpft hatte, in der Hoffnung auf einen persönlichen Aufstieg von der Zivil- zur einflussreicheren Militärverwaltung; dieser „Verrat" war ans Licht gekommen und hatte Wang Stellung und Titel gekostet – was dem Zhao-qing-Kloster, seinem Abt und seinen Mönchen nicht hat verbogen bleiben können.

Damit ist die Bühne für das kleine Drama des **Beispiels** aufgespannt: Wang Yan-bin ist zu Besuch in „sein" Zhao-qing-Kloster gekommen und hat Tee als Gastgeschenk mitgebracht. Dieser Tee muss selbstverständlich sofort probiert werden, und zu dem Zweck ist eine tragbare Feuerstelle, vermutlich aus Bronze, in den Empfangsraum gebracht worden, auf der, überlieferter Sitte zufolge, die Teeblätter in einem Stieltopf unter Zugabe von Salz und Gewürzen regelrecht ausgekocht wurden. Der Senior-Mönch *Lang vom Ersten Sitz* assistiert, indem er den Topf mit dem brodelnden Tee an seinem Stiel über dem Holzkohlenfeuer in der Balance hält. Selbstverständlich hat auch Lang vom *Fehltritt* Wangs und seiner Amtsenthebung gehört, und um dem Gast seine Missbilligung zu zeigen, begeht Lang den Affront, den Topf mit

486 *Einäugiger Drache* ist der Spitzname des Ming-zhao, der in diesem Fall hinter dem Bild, das er sonst von sich selbst vermittelt hat, zurückbleibt.

487 Wenn mythische Drachen sich zeigen, dann in Wolken gehüllt und von Blitz und Donner begleitet; diese Zeile müssen wir folglich als Xue-dous Aufforderung an Ming-zhao verstehen, seine – in der Situation des Beispiels – bisher verborgen gehaltene Drachennatur endlich zu enthüllen.

dem Tee zur Seite weg von dem kleinen Bronzeherd herunterzuwerfen. Zweifellos hat Wang den Sinn dieser Aktion sehr wohl verstanden; doch er reagiert höchst souverän und weist, um die Situation zu entschärfen, fragend auf den Unterteil des Herdes mit seiner stilisierten Tiermaske hin: *„Was ist das da unten am Teeherd?"*[488] Lang hätte daraufhin einlenken können, indem er etwa zur Antwort gegeben hätte, dass sich da ein vermeintlicher Schutzgeist im Gegenteil als *Unheilsgeist* entpuppt habe. Doch Lang denkt nicht daran, die Schuld an der Beleidigung des Gastes – und das ist kein gewöhnlicher Gast, sondern der ehemalige Wohltäter des Klosters! – von sich weg auf einen anderen Verantwortlichen ableiten zu lassen; ungerührt beantwortet er die Frage Wangs mit der Erklärung: „Das ist *der beidhändig festhaltende Herdgeist*!" Und der kann auf gar keinen Fall an dem Unfall Schuld sein! Wang weist daraufhin, immer noch höflich, aber bestimmt, seinen Kontrahenten – denn als der hat sich Lang mittlerweile deutlich genug zu erkennen gegeben – auf die Unangemessenheit seiner Antwort hin: *„Da das nun der beidhändig festhaltende Herdgeist [sein soll] – warum wirft [er] dann den Stieltopf mit dem Tee um?"* So in die Enge getrieben kann Lang nicht mehr an sich halten und spricht seinen bitteren Vorwurf rückhaltlos aus: *„Ein Beamter seit tausend Tagen – an einem einzigen Morgen begeht [er] einen Fehltritt!"* Das ist nun in der Tat eine ungeheuerliche Brüskierung des Gastes und macht es Wang unmöglich, irgend länger zu verweilen; er vollzieht die typische Geste des Abscheus und der Verachtung: Er fährt sich mit den Händen über seine lang herabhängenden Ärmel und wischt damit den Schmutz der Beleidigung von sich ab – und geht, ohne selbst den Abt, der dem kurzen Wortwechsel bisher tatenlos zugesehen hat, noch eines Blickes zu würdigen.

Da findet auch der gastgebende Abt die Sprache wieder und erteilt seinem Mönch vom Ersten Sitz die allfällige Zurechtweisung: „Auch Ihr, *Lang vom Ersten Sitz, habt den Reis gegessen*, den Wang Yan-bin, als er noch Oberster Staatsrat war, dem *Zhao-qing-Kloster* gespendet hat; und doch habt Ihr Euch jetzt *über den Gelben Fluss hinüber* in die Gefilde jenseits der Zivilisation begeben und *im öden Grasland* der Barbaren totes Holz geschlagen, das längst überwuchert und vermodert und zu nichts mehr nutze war!" – ein Tadel, in höflicher Umschreibung formuliert und doch von einer Deutlichkeit, die nichts zu wünschen übrig lässt. Lang hat dem, in einem Anflug von Verstocktheit, nur die Frage entgegenzuhalten: *„Was [hätte] der Mönch vom Ersten Sitz [denn sonst sagen sollen]?"* Darauf Ming-zhao kurz und knapp und überlegen: *„Ein Unheilsgeist hat da ganz nach Belieben gehandelt!"* Das hätte zum einen die Antwort sein können, mit der *Lang vom Ersten Sitz*, statt den hohen Gast mit dem ungeschminkten Hinweis auf seinen *Fehltritt* zu beleidigen, die Situation hätte retten können. Es ist aber zum anderen auch, von Ming-zhao aus gesehen, auf Lang selbst, seinen *Mönch vom Ersten Sitz*, gemünzt! Xue-dou freilich gibt sich den Anschein, als sei er mit Ming-zhaos Äußerung keineswegs zufrieden: *„[Ich hätte] damals nur den Teeherd mit einem Fußtritt umgestoßen!"* Wollten wir diese wortlose Geste in Sprache übersetzen, so hieße das: „Ich habe mit der Sache nichts zu tun, und auch Ihr, *Lang vom Ersten Sitz*,

488 Wer sich je in einem Museum für Ostasiatische Kunst die Ritualgefäße aus dem alten China angeschaut hat, ist unvermeidlich auf die Tiermasken gestoßen, zumeist stilisierte Drachengesichter, die die Vorderseite des Gefäßkörpers bedecken; solche Masken dienten der Abwendung von Unheil und finden sich auch auf den archaischen Gefäßen anderer Kulturen.

hättet besser daran getan, hier nicht, ganz ohne Not, für Verärgerung zu sorgen! Seht selbst zu, wie Ihr damit fertig werdet!"

Doch wäre Xue-dous alternative Reaktion tatsächlich soviel besser als der Bescheid, mit dem Ming-zhao seinen Mönch vom Ersten Sitz hat auf den rechten Weg (zurück)bringen wollen? *„Ein Unheilsgeist hat da ganz nach Belieben gehandelt!"* Dieser Satz ist der Ausdruck von Weisheit. Er verweist auf etwas Grundsätzliches, auf ein wesentliches Element der *condition humaine* und trifft dabei nicht nur auf den Mönch zu, der sich aus moralischer Entrüstung zu einer doppelten Beleidigung des Gastes hat hinreißen lassen, sondern ebenso auf den Gast selbst und seinen – nicht näher bezeichneten – *Fehltritt*: Auch er, in Sachen Chan nicht unbewandert, hat sich zu etwas verleiten lassen, was seiner Persönlichkeit eigentlich nicht entspricht. *„Ein Unheilsgeist hat da ganz nach Belieben gehandelt!"* – mit diesem Satz umschreibt Ming-zhao den misslichen Sachverhalt, dass wir als irdische Wesen, aller Einsicht und Reife, der moralischen wie der spirituellen, zum Trotz, Impulsen ausgesetzt sind, die dem, was Einsicht und Reife uns eingeben, strikt widersprechen und uns so zu etwas verleiten, das wir eigentlich weder wollen können noch tatsächlich wollen. Auch als spirituell Gefestigte sind wir gegen Verstörungen nicht gefeit. So ist Ming-zhaos Satz, in dem sich ein klares Wissen um unsere unaufhebbare menschliche Unzulänglichkeit ausspricht, alles andere als eine schwächliche Reaktion, die dringend – wie Xue-dou uns vortäuscht – der Korrektur bedürfte.

Aber der **Lobgesang** – spricht er nicht allzu deutlich eine andere Sprache? Ming-zhao, der wegen des Verlusts eines seiner beiden Augen und wegen seiner aggressiven Art, mit Schülern umzuspringen, sich den Beinamen *„Einäugiger Drache"* erworben hatte – dieser Ming-zhao muss sich von Xue-dou vorhalten lassen, er sei ein *bemitleidenswerter* Schwächling, der es nicht geschafft habe, *seine Zähne und Krallen zu zeigen*, und dem Xue-dou deshalb vorgibt zurufen zu müssen: *„Heraus mit den Zähnen und Krallen! / Gewölk und Gewitter erzeugt!"* Mit anderen Worten: „Erweise Dich endlich als der Drache, der Du doch bekanntermaßen bist, und stell Dich der *anwogenden Strömung* entgegen, durch die Du doch *schon so oft hindurchgegangen* bist!" Diese Aufforderung, in der sich ein bitterer Vorwurf versteckt, erscheint umso schwerwiegender, als Xue-dou gleich in der ersten Zeile des Lobgesangs dem scheinbaren Verlierer der Szene, dem ehemaligen Obersten Staatsrat Wang, lobend attestiert, seine Reaktion auf die Ungehörigkeit des Mönchs vom Ersten Sitz komme daher, *als drängte sich ein Windhauch ein* – womit, laut Yuan-wus Kommentar, Xue-dou auf eine Legende anspielt, derzufolge ein Zimmermann einem Verputzer, der sich einen klitzekleinen Spritzer Putz auf der Nasenspitze zugezogen hatte, eben diesen Spritzer Putz mit einem einzigen Hieb seiner Axt weggeschlagen hat, ohne die Haut der Nase auch nur anzuritzen! So hoch also Xue-dous Lob für Wang Yan-bin und die Treffsicherheit seines Beschwichtigungsversuches ausfällt, so deutliche Kritik übt er an Ming-zhaos *Mönch vom Ersten Sitz*: *„Was [der] zu antworten vermag, ist unfein und ungeschickt!"* – eine Abfuhr kurz und knapp, der dann die Breitseite gegen Ming-zhao selbst folgt.

Doch stimmt das alles so? Zweifellos hat sich der Abt nicht wie ein aggressiver Drache verhalten, wohl aber – und hat das nicht größeres Gewicht? – wie ein Weiser vom Schlage eines Lao-zi, der, statt sich andrängenden Wogen entgegenzustellen und ihnen siegreich standhalten zu wollen, ihrem Ansturm vielmehr nachgibt und mit der Strömung geht, nicht aber gegen sie an! Denn genau das bedeutet Ming-zhaos Eingeständnis menschlicher Fehlbarkeit, ein Eingeständnis, das nicht nur seinem *Mönch von Ersten Sitz* gilt und dem ehemals *Obersten Staatsrat Wang*, sondern gleichermaßen auch sich selbst! (Will er sich damit, zumindest indirekt, dafür entschuldigen, dass er nicht schon früher eingegriffen hat, als sich das Entgleisen der Situation bereits deutlich abgezeichnet hat?)

Wir kommen daher nicht umhin, den **Lobgesang**, was die so pastos aufgetragene Kritik an Ming-zhao angeht, als durch und durch ironisch einzuschätzen: Dieser *„Einäugige Drache"* ist kein *bemitleidenswerter* Versager, der es nicht fertig gebracht hat, *seine Zähne und Krallen zu zeigen* (man denke an die gewaltigen Eckzähne und riesigen Krallen auf den Darstellungen chinesischer Drachen) und der demgemäß hätte ermahnt werden müssen, sich auf seine sprichwörtlichen Drachenkräfte neu zu besinnen – er ist vielmehr der Weise, der die menschliche Natur und ihre Fehlbarkeit anerkennt und, statt gegen die *anwogende Strömung* unmoralischer Impulse an- und als Überwinder durch sie *hindurchzugehen*, sie als unaufhebbaren Bestandteil unserer menschlichen Existenz in sein Weltverständnis einbezieht. Dass Kritik, erst recht eine in schreienden Farben vorgetragene Kritik, gerade keine Kritik sein soll, sondern sich – ganz im Gegenteil – als ironisch verkleidetes Lob enthüllt, dafür hält die Chan-Literatur durchaus noch andere Belege bereit, und ist mithin an dieser Stelle kein singulärer Fall. Und zum anderen hat gerade bei den Song-zeitlichen Chan-Autoren etwa ein Mann wie Zhao-zhou eben deswegen allerhöchstes Ansehen genossen, weil er mit der Milde der Altersweisheit für menschliche Unzulänglichkeit ein verzeihendes Verständnis an den Tag gelegt hat. Damit zeigt sich Zhao-zhou im Übrigen lediglich als besonders gelungene Verkörperung eines übergreifenden Chan-Ideals, nämlich des Ideals der „fürsorglichen Großmutter", die uns Nachgeborenen noch eine süße Litchi-Frucht von Schale und Kern befreit, um sie uns zu purem Genuss in den Mund zu stecken (so Wu-men in seinem Kommentar zum Kôan 23 *Wu-men-guan*). Und eine solche „fürsorgliche Großmutter" ist auch der Ming-zhao dieses »Öffentlichen Aushangs«!

Können wir aus alledem den Schluss ziehen, Xue-dou habe das kleine Drama um den amtsenthobenen Wang Yan-bin, den moralischen Rigorismus eines Lang vom Ersten Sitz und Ming-zhaos „schwächlichen" Verweis auf den jederzeit möglichen Einbruch „nichtmenschlicher" Impulse eben deshalb in seine Sammlung aufgenommen, um auch sich selbst zu dem Eingeständnis zu bekennen, dass noch das Streben nach spiritueller Reife uns nicht zu moralischen Heiligen zu machen vermag, die gegen jede Anfechtung gefeit sind? Denn es würde in der Tat der Glaubwürdigkeit des Chan in erheblichem Maße abträglich sein, wollte es sich den Anschein geben, unter seinen spirituellen Meistern, vergangenen wie zukünftigen, nur Männer und Frauen aufzuweisen, die eine absolute moralische Integrität beanspruchen können.

49. San-shengs „Goldschuppen[fisch]“

Ankündigung

[Einer, der] vielfach unterirdische Gänge bohrt,[489] [dann] die Trommeln aufstellt und [dem Feind] das Banner entreißt! [Ein anderer, der] hundertfach eingekreist ist, tausendfach gestaffelt, [dabei jedoch] nach vorne ausspäht und sich nach hinten umschaut! [Mit der einen Hand] den Kopf des Tigers halten und [mit der anderen Hand] den Schwanz des Tigers greifen, das macht noch keinen Könner! Und wenn der Ochsenkopf verschwindet und der Pferdekopf wiederkehrt,[490] dann ist das noch keineswegs bemerkenswert! – Nun sagt mal: Wenn aber ein Mann erscheint, der alles Maß übersteigt, was dann? Versucht es doch bitte mal mit dem, [was Xue-dou hier] vorbringt!

Beispiel

San-sheng fragte Xue-feng: „Ein Goldschuppen[fisch], der das Netz durchbrochen hat[491] – ich bin dabei noch unschlüssig, was ihm dann als Nahrung dient.“
Xue-feng sagte: „Wart's ab: Wenn Du aus dem Netz hervorgekommen bist, dann werde ich's Dir sagen!“
San-sheng sagte: „Ein Lehrmeister für tausendfünfhundert Menschen, und versteht doch nicht, wovon hier die Rede ist!“
Xue-feng sagte: „Die Angelegenheiten dieses alten Mönchs und Abtes sind allzu zahlreich!“

Lobgesang

„Goldschuppen[fisch], der das Netz durchbricht“ –
Sag nicht, die Wasser[fluten] hemmten [ihn]![492]

---

489 Hier die Formel *qi chuan ba xue*, die der Verfasser sonst als „vielfach Schächte [in die Erde] bohren“ übersetzt; doch an dieser Stelle ist es sinnvoller, von unterirdischen Gängen zu sprechen, mit denen die Befestigungen einer belagerten Stadt unterminiert werden.

490 *Der Ochsenkopf verschwindet und der Pferdekopf kehrt wieder* – genau diese Redewendung hat Yuan-wu aus Xue-dous Lobgesang zum Kôan 5 übernommen.

491 Diese Selbst-Charakterisierung San-shengs verknüpft zwei unterschiedliche Motive: zum einen die Legende von den Karpfen, die einen dreistufigen Wasserfall hinaufzuspringen versuchen und sich im Falle des – höchst seltenen – Gelingens in Drachen verwandeln; und zum anderen tritt an die Stelle des Wasserfalls die Metapher vom *Netz* der Verblendung, das es zu *durchbrechen* gilt: Nur ein ganz besonderer Karpfen besitzt die Kraft zu solch ungeheurem Sprung und Durchbruch; und seine Besonderheit zeigt sich schon an seinen goldenen Schuppen.

492 Die in der vorigen Fußnote erwähnte Legende ist Bestandteil der umfassenderen Legende vom mythischen Kaiser Yu, die der Verfasser bereits in der Fußnote 105 anlässlich des Kôan 7 vorgestellt hat, die er hier gleichwohl – und in der Fußnote 801 anlässlich des Kôan 95 noch ein drittes Mal – der leichteren Orientierung des Lesers zuliebe nahezu wortgleich wiederholt: Dieser Kaiser Yu, einer der Kultur-Heroen Chinas, soll in grauer Vorzeit dem Huang-he, dem „Gelben Fluss“, an der Stelle, wo sich sein Lauf von nord-südlicher in west-östliche Richtung ändert, mit seinem Schwert den Durchgang durch das dortige Gebirge verschafft und das dabei entstandene Gefälle durch die Errichtung

[Er] rüttelt den Himmel und schüttelt die Erde,
[Kaum dass er] Finne und Schwanz hin und her schlägt:
Ein 1000-Fuß-Walfisch bläst, und riesige Wellen[spritzer] fliegen – [doch]
Ein einziger Donnerschlag [lässt] die Erde beben: Klarer Sturm erhebt sich!
Klarer Sturm erhebt sich!
Unter Göttern und Menschen – wie viele [gibt es, die das] verstehen?

Wer ist hier der „Held" des Beispiels, San-sheng oder Xue-feng? Oder sollen wir beide, wie die militärischen Metaphern der **Ankündigung** nahelegen, als gleichwertige Gegner einschätzen? Einer der beiden – und das zielt zweifellos auf San-sheng – ist der Angreifer, der den anderen belagert, seine Befestigungen mit *unterirdischen Gängen* untergräbt, unter dem lauten Dröhnen seiner *Trommeln* zum Sturm ansetzt und dem Gegner *das Banner entreißt.* Der andere – und das passt auf Xue-feng – sieht sich zwar als Belagerter *hundertfach eingekreist,* ja von *tausendfach gestaffelten* Reihen der Belagerer umzingelt, bleibt *[dabei jedoch]* auf seiner Hut und gibt sich, *nach vorne ausspähend und sich nach hinten umschauend,* keine Blöße. Doch wichtiger als die Frage, ob einer von den Beiden als der Überlegene dastehen soll, und falls ja, wer, oder ob wir sie vielmehr als einander gleichwertig erkennen sollen, ist die Tatsache, dass Yuan-wu sie uns überhaupt mittels Metaphern aus der Kriegsführung vorstellt, sie also von vornherein als Gegner gegeneinander antreten lässt. Das hat weitreichende Auswirkungen auf das Verständnis, das wir dem Beispiel abgewinnen sollen, wie ein Vergleich mit der Ankündigung des Kôan 33 *Cong-rong-lu* verdeutlicht, das um dieselbe Episode kreist. Dort greift Wan-song zur Eröffnung auf das daoistische Axiom zurück, dass sich der Stärke am Besten mit Schwachheit begegnen lässt und der Weichheit gegenüber Härte angebracht und geboten ist. Damit ordnet Wan-song die beiden Akteure schon im Vorgriff komplementären Verhaltensweisen zu, hier der Stärke und Härte, dort der Weichheit und Schwäche,[493] während Yuan-wu uns nötigt, in beiden gleichermaßen wehrhafte Gegenspieler zu sehen. Und doch nimmt Yuan-wu mit seiner abschließenden Frage: „Was aber, wenn ein Mann erscheint, der alles Maß übersteigt?", das Fazit vorweg, dass einer der beiden, San-sheng oder Xue-feng, sich als dem anderen gleichwohl haushoch überlegen erweist! Wer das sein könnte, anders gesagt, wie Xue-dou selbst in seiner Vorlage für Yuan-wu die Gewichte verteilt sehen möchte, das zeigt der **Lobgesang**, auf den deshalb bereits vorweg kurz eingegangen sei:

Von den acht Zeilen dieses Gedichts sind die ersten vier ganz augenscheinlich San-sheng gewidmet, der dabei höchstes Lob erfährt: Nicht nur, dass die drei Stufen des gewaltigen Wasserfalls für ihn kein Hindernis sind (*„Sag nicht, die Wasser[fluten] hemmten [ihn]!"*); mit

---

mächtiger Wehre in drei Stufen gegliedert und entschärft haben, mit dem beabsichtigten Nebeneffekt, dass er von jeder dieser Stufen Bewässerungskanäle ableiten konnte. – Wenn an diesem „Tor des Kaisers Yu" am 3. Tag des 3. Monats die Pfirsichblüte einsetzt, soll ein Hochgefühl davon Himmel und Erde durchdringen und die stromaufwärts schwimmenden Karpfen zu dem Versuch verleiten, diese drei Stufen durch mächtige Sprünge zu erklimmen. Das schaffen natürlich nur die wenigsten (ebendie, die sich dabei in Drachen verwandeln), wohingegen der große Rest sich geschlagen geben und mit schweren Kopfverletzungen umkehren muss.

493 Vgl. Roloff (2), S. 169ff.

seiner Frage nach der Nahrung eines „Netzdurchbrechers" (Gundert) erschüttert er *Himmel und Erde*, einfach dadurch, dass er bei seinem Sprung das „Tor des Kaisers Yu" hinauf mit *Finne und Schwanz hin und her schlägt.* Laut Yuan-wus Kommentar zielt allerdings auch noch die fünfte Zeile auf San-sheng, den goldbeschuppten Karpfen, eine Zeile, mit der Xue-dou ihn, und zwar seiner Herabsetzung Xue-fengs wegen, gar zu einem *Walfisch von 1000 Fuß* Länge erhebt, der mit seinem *Blasen riesige Wellen[spritzer]* aufsteigen lässt. Erst die letzten drei Zeilen gelten dem Lobpreis Xue-fengs, dem – so Yuan-wu – für seine abschließende Äußerung (*„Dieser alte Mönch und Abt [hat] allzu [viele Pflichten]!"*) die Wirkung zugesprochen wird, mit *einem einzigen Donnerschlag ein Erdbeben* ausgelöst zu haben! Damit ergibt sich, rein äußerlich gesehen, ein deutliches Übergewicht für San-sheng; und doch heißt es, mit unserem endgültigen Urteil vorsichtig zu sein. Denn was Xue-fengs scheinbar einlenkender Satz *„Dieser alte Mönch und Abt [hat] allzu [viele Pflichten]!"* tatsächlich bedeutet, das – so Xue-dous Resümee – *verstehen unter Göttern und Menschen* nur höchst wenige! So geheimnisvoll diese Schlusszeile sich gibt, so unmissverständlich leitet Xue-dou sie mit der Bemerkung ein, dass Xue-fengs Aussage über seine *allzu zahlreichen* Pflichten wie ein *klarer Sturm* daherkommt, will sagen, wie ein *Sturm*, der am Himmel wie im Geist der Chan-Anhänger für wolkenlose Klarheit sorgt! Und so scheinen sich zum Schluss die Gewichte wieder zu verschieben, diesmal zugunsten Xue-fengs: San-sheng wäre demnach denn doch nicht der eindeutige Sieger, im Gegenteil vielleicht sogar Xue-feng? Das muss vorerst noch unentschieden bleiben; stellte es sich jedoch letztendlich so heraus, dann wäre zwischen der abschließenden Bewertung des Geschehens, die Xue-dou und Yuan-wu dem Beispiel geben, und der einhundert Jahre späteren durch Hong-zhi und Wan-song im *Cong-rong-lu* kein Unterschied!

Zunächst jedoch müssen wir uns eingestehen, dass ein und dieselbe Episode je nach der einleitenden Ankündigung, hier derjenigen Yuan-wus und dort derjenigen Wan-songs, zwei unterschiedliche Deutungen erzwingt: Wenn wir mit Wan-song von dem daoistischen Axiom ausgehen, dass man Stärke mit Schwachheit und Weichheit mit Härte begegnen soll, dann müssen wir San-shengs Ausgangsfrage aufgrund ihres Zusatzes *„Ich bin noch unschlüssig, was [einem ‚Netzdurchbrecher'] dann als Nahrung dient!"* als Ausdruck von Unsicherheit verstehen, wie es der Verfasser bei seiner Erläuterung des Kôan 33 *Cong-rong-lu* getan hat. Wird die Episode des **Beispiels** jedoch, wie Yuan-wu in seiner Ankündigung verfährt, durch die kriegerischen Metaphern eines kundigen und starken Angreifers und eines umsichtigen Verteidigers eingeleitet, so ergibt sich ein anderes, ein geradezu konträres Bild:

San-sheng (Lebensdaten unbekannt), Schüler und Nachfolger Lin-jis, von seinem Meister anlässlich der Dharma-Übertragung als „blinder Esel" beschimpft (Kôan 13 *Cong-rong-lu*) und eben dadurch zur höchsten Reife gebracht,[494] tritt auf seiner zweiten »Wolken und Wasser«-Wanderschaft, die er nach dem Tod Lin-jis (gest. 867) aufgenommen hat, auch dem vermutlich ein, zwei Jahrzehnte älteren **Xue-feng** (822-908) gegenüber, zu dem alles Nötige bereits anlässlich der Kôan 5 und 22 gesagt worden ist. Bei dieser Begegnung präsentiert sich San-sheng selbstbewusst als jemanden, der sein „Großes Erwachen" be-

494 Vgl. Roloff (2), S. 67ff.

reits hinter sich und für seine Errungenschaft des Durchbruchs in die Shûnyatâ die stolze Metapher eines *Goldschuppen[fisches]* gefunden hat, der so, wie die Karpfen der Legende vom „Tor des Kaisers Yu" den dreistufigen Wasserfall des Huang-he überwinden und sich dabei in Drachen verwandeln, das *Netz* der Verblendung zerrissen hat und in den Stand eines „In-der-»Soheit«-Angekommenen", eines Tathâgata also, aufgestiegen ist. Das ist noch keine Kampfansage; das soll lediglich San-shengs Anspruch auf Gleichrangigkeit mit dem längst weithin hochangesehenen Xue-feng verdeutlichen. Zur Kampfansage, mit der er Xue-feng wie ein gefährlicher Belagerer zu Leibe rückt, wird San-shengs Eröffnungszug erst durch den scheinheiligen Zusatz: „*Ich bin dabei noch unschlüssig, was [einem solchen ‚Netzdurchbrecher'] dann als Nahrung dient.*" Mit dieser in Frageform gekleideten Bitte, die an die Pflicht eines jeden Lehrers appelliert, einem Ratsuchenden aufzuhelfen, will San-sheng sein Gegenüber zwingen, Farbe zu bekennen, und versucht er zugleich – das sind die *unterirdischen Gänge* aus Yuan-wus Ankündigung – eine möglicherweise zu erwartende Abwehrhaltung Xue-fengs zu untergraben! Und scheinheilig ist dieser Zusatz deshalb, weil San-sheng ja, insofern er den Durchbruch in die Shûnyatâ bereits hinter sich hat, damit in eben dem Element angekommen ist, das ihm – mit den Metaphern der Karpfen- und Drachen-Legende gesprochen – die Kraft verleiht, sich als feuerspeiender Drache in die Luft zu erheben: Die Erfahrung der Leere, des Nichts, ist eben die *Nahrung*, nach der er angeblich immer noch sucht, geradeso, wie Hong-zhi in seinem Lobgesang zum Kôan 69 *Cong-rong-lu* es vom Dharmadhâtu, dem Bereich der „Wahren Wirklichkeit", zugleich auch alternativer Bezeichnung für Leere und Nichts, formuliert: „All überall wird der Dharmadhâtu als ganzer dir zur Nahrung!"[495] Aus der Erfahrung der Leere, heißt das, schöpfen wir die Kraft zu einer gelasseneren und zugleich freudigeren Daseinsbewältigung, die sich weniger entmutigen lässt, einer Daseinsbewältigung in größerer Lebendigkeit und Leichtigkeit des Seins, in einer heiteren Furchtlosigkeit gegenüber Absturz, Missgeschick und Tod. Das alles verdichtet sich in der wundervollen Metapher eines goldbeschuppten Fisches, der sich über den drei Stufen des Gelben Flusses in die Lüfte erhebt und dahinschwebt, als wäre er ein Himmelsdrache.

Xue-feng, der Belagerte, der – mit den Worten Yuan-wus – *nach vorne ausspäht und sich nach hinten umschaut*, hat in seiner Wachsamkeit die Blöße, die San-sheng sich in der Art, wie er seinen Angriff vorträgt („*Ich bin da noch unschlüssig*"), sofort erkannt und nutzt sie gnadenlos aus: Wenn San-sheng wirklich, wie er vorgibt, noch nicht weiß, *was* einem „Netzdurchbrecher" *dann als Nahrung dient*, dann kann er auch noch nicht *durchs Netz hindurchgebrochen* sein! Und folglich fertigt er den Angreifer auf elegante Weise ab: „Wenn Du noch nicht soweit bist, dann musst Du halt *abwarten, bis Du [tatsächlich] aus dem Netz hervorgekommen bist!*", und fügt noch boshaft hinzu: „Dann, wenn Du tatsächlich durch das *Netz* hindurch bist und es aus Dir selbst heraus weißt, *dann werde ich's Dir sagen*!"

---

495 Roloff (2), S. 359 – In diesem Zusammenhang wäre auch auf das Kôan 10 *Wu-men-guan* zu verweisen, wo Cao-shan auf die Mitteilung eines gewissen Qing-shui, gänzlich „verwaist und verarmt", soll heißen, von der Shûnyatâ erfüllt zu sein, mit der Entgegnung regiert: „Da habt Ihr vom frischen, ursprünglichen Wein des Hauses Bai drei Schluck zu Euch genommen und behauptet dennoch, Ihr hättet Euch nicht einmal Eure Lippen angefeuchtet!", womit gleichfalls die Erfahrung der Leere diesmal zwar nicht als Nahrung, sondern stattdessen als köstliches Genussmittel angesprochen wird – vgl. Roloff (1), S. 52ff.

San-sheng ist empört – nicht, weil Xue-feng ihm die Frage nach der *Nahrung* eines „Netzdurchbrechers" nicht beantwortet hat; er ist – zu Recht – empört, weil er sich abgewertet, in seiner Errungenschaft als jemand, der in der „Großen Leere" angekommen ist, verworfen sieht. Und so schlägt er zurück, verwandelt sich, mit Xue-dou gesprochen, aus einem mäßig großen, wenn auch *goldbeschuppten* Karpfen in einen riesigen *Walfisch von 1000 Fuß Länge* und deckt mit einem ungeheuren Schwall aus Wellenschaum seinen Gegenspieler förmlich zu: *„Ein Lehrmeister für tausendfünfhundert Menschen, und versteht doch nicht, wovon hier die Rede ist!"*[496] – eine Abwertung das, die genauso radikal vernichten soll, wie San-sheng sich durch Xue-feng vernichtet gefühlt hat. Doch seine Attacke ist eben nur Schaum und keineswegs tödlich. Xue-feng, der sich nunmehr auf die daoistische Weisheitsregel besinnt, der Stärke und Härte mit Schwäche und Weichheit zu begegnen, greift geschickt San-shengs Zugeständnis auf, für *tausendfünfhundert Menschen* zuständig zu sein, und erklärt mit dem Hinweis auf die Vielzahl seiner Pflichten seine Unzuständigkeit: „Bei all den *Angelegenheiten*, die ich täglich zu erledigen habe, bleibt mir keine Zeit und keine Kraft, mich mit Spekulationen zu befassen, wie Du sie von mir verlangst!" Damit lässt er den Angriff seines Gastes ins Leere laufen.

So weit, so gut; doch warum erhebt Xue-dou in seinem **Lobgesang** diese taktisch geschickte Reaktion zu einem *Donnerschlag*, der mit *einem einzigen* Knall gleich *ein Erdbeben* auslöst? Und nicht nur das: Xue-fengs Parade, die den Angriff seines Gegners unterläuft, soll obendrein wie ein *Sturm* daherkommen, der für *Klarheit* des Himmels wie des Geistes sorgt! Und soll schließlich ein so tiefes Geheimnis berühren, dass *unter Menschen* und selbst *unter Göttern* nur wenige die tatsächliche Bedeutung seiner so bescheiden klingenden Bekundung *verstehen*! Es muss also mehr dahinterstecken – aber was?

Wenn wir San-shengs Frage nach der *Nahrung* eines „Netzdurchbrechers" erst nehmen, dann müssen wir sein Dharma-Gespräch, diesmal in der Tat ein Dharma-Gefecht, für gescheitert erklären. Oder dürfen wir, um dieser Schlussfolgerung zu entgehen, vielmehr unterstellen, dass Xue-feng mit seinem Hinweis auf die Alltagspflichten eines Abtes San-sheng eine zusätzliche Belehrung erteilt hat, die keineswegs die Gültigkeit seiner vorgängigen Shûnyatâ-Erfahrung in Frage stellt, sondern nur, und zwar um einen unverzichtbaren Bestandteil, ergänzt? Es gibt da nämlich im Chan einen Hauch von hegelscher Dialektik: Die Shûnyatâ ist unbezweifelbar zunächst einmal Arznei; der *Yao-shi Fo*, japanisch *Yakushi-nyorai*, Buddha als „Meister der Arzneien", heilt die »Bekümmerten und Beladenen«, indem er sich ihnen als die „Große Leere" anbietet, in die sie eintauchen und in der sie aufgehen können. Doch die „Große Leere" ist zugleich auch Krankheit, oder, besser gesagt, verwandelt sich in Krankheit, wenn der nach Erlösung Strebende sich ganz in ihr verliert, soll heißen, nicht auch wieder von ihr lassen kann. Das ist die bekannte Chan- oder Zen-Krankheit, und für diese Krankheit gibt es – so der unbestechliche Zeuge Yun-men – nur eine Arznei, und das ist die Welt der *Zehntausend Dinge*, von deren Leiden uns eben die „Große Leere" heilt! So lesen wir im Kôan 90 (87): „Arznei und Krankheit heilen sich gegenseitig; die ganze große Erde ist Arznei!"

---

496 Statt *Lehrmeister* heißt es im Original: „erfahrenes Wissen" oder „gründliche Erfahrung", was auf jemanden zielt, der sich in allen relevanten Fragen bestens auskennt.

Eine ähnliche dialektische Wendung lässt sich auch hinsichtlich der Metapher der *Nahrung* feststellen: Das Ausbrechen aus der Welt der Dinge und Eintauchen in die Shûnyatâ verschafft uns einen Zuwachs an Lebensenergie und Freude; doch wenn wir in der Erfahrung der Shûnyatâ verharren, uns darin gefallen, uns aus der Welt hinauszudrücken, verflüchtigen sich diese Energie und Freude in die Leere der Inhaltslosigkeit. Wir bedürfen der Welt, um unserer Energie ein Ziel zu geben, um durch die *Angelegenheiten* unserer Alltagsaufgaben und -pflichten unsere Lebensfreude mit Inhalt zu füllen! Die in der Erfahrung der Shûnyatâ begründete, mithin aus nichts entspringende Daseinsfreude strahlt auf alle Situationen aus, in die wir eintreten; doch wir brauchen diese Situationen, um an ihnen unsere in nichts begründete Daseinsfreude auszuleben! Ohne die Welt ist selbst jubelnde Freude – nichts; erst die Erfahrung der Welt macht sie zur Freude, verleiht ihr die unerlässliche Konkretion:

> Farben fluten herein,
> Aus deinem Glück ihre Leuchtkraft,
> Entzünden den Sommertag.
> Vogelruf,
> Prangendes Ulmengrün,
> Das hohe,
> Entrückte Schreiten der Wolken –
> Alles wird so zu Licht.
> Auch du bist verschmolzen
> In das ekstatische Glühn.[497]

„Wohin will dieser Jubel mit Dir?", so setzt der soeben ausschnittsweise zitierte Text ein; und es ist das eine überströmende Freude, die uns an die Verrichtungen unseres Alltags verweist, uns bei unseren Pflichten, selbst lästigen, mit der Lust einer frisch gewonnenen Freiheit erfüllt.

Auch das ist die *Nahrung* eines „Netzdurchbrechers"; und wenn Xue-feng in diesem Sinne mit seinem Hinweis auf das Sich-Versenken in Alltagspflichten seinem Widerpart San-sheng eine solchermaßen grundsätzliche Belehrung – so der sie denn nötig hatte – erteilt hat, kann Xue-dou mit Recht von *Donnerschlag und Erdbeben* sprechen, von ein *Sturm*, der *Klarheit* schafft – zumal angesichts einer auch noch in den Zeiten der Tang- und der Song-Dynastie fortbestehenden orthodox-buddhistischen Tendenz zu Entsagung und Weltflucht, wofür hier als Beleg das Kôan 96 *Cong-rong-lu* ausreichen mag, in dessen Beispiel ein hochrangiger Mönch aus der Gemeinde Shi-shuangs seinen Anspruch auf das „Absterben" als alleiniges Ziel der Buddha-Lehre mit dem Opfer seines Lebens besiegelt.[498] Das Chan der Song-Zeit versteht sich als Aufruf zur Welt- und Daseinsbejahung, und insofern es damit gegen eine immer noch mächtige buddhistische Orthodoxie alter Schule antritt, bedeutet eine Einstellung wie die Xue-fengs, Xue-dous und auch Yuan-wus – der schließlich mit dem *alles Maß übersteigenden Mann* seiner Ankündigung niemand anderen als eben Xue-feng gemeint haben kann – und später genauso der beiden Autoren des *Cong-rong-lu*, Hong-zhis und

---

497 Roloff (3), Text 18, 1. Strophe (Auszug)
498 Vg. Roloff (2), S. 492ff.

Wan-songs, in der Tat einen reinigenden Sturmwind, der durch die stickigen Klostergebäude der Orthodoxie hindurchweht, sowie einen Stand der Einsicht, dem *unter Göttern wie Menschen* nur wenige zu entsprechen vermögen.

Dieser Stand der Einsicht, der – mit den Worten Yang-shans aus dem Kôan 32 *Cong-rong-lu* – die Welt- und Daseinsbejahung als den »Stand des Menschen« noch über das Aufgehen in der Shûnyatâ als den »Stand der Wahrheit« stellt, hat offensichtlich unter den in der Mehrheit traditionellen Buddhisten des damaligen China noch immer einen schweren Stand gehabt, und das wiederum macht eine Würdigung Xue-fengs, wie sie von Xue-dou („*Unter Göttern und Menschen – wie viele [gibt es, die das] verstehen?*") und Yuan-wu („*Wenn aber ein Mann erscheint, der alles Maß übersteigt, was dann?*") vorgetragen wird, durchaus plausibel.

50. Yun-mens „Essnapf und Kübel“

Ankündigung

Von Stufen will [er] nichts wissen, bequeme Mittel lässt [er] aus: Die spirituelle Kraft [des einen] und die spirituelle Kraft [des anderen] entsprechen einander, der Satz [des einen] und der Satz [des anderen] stimmen miteinander überein! Falls [du] noch nicht in das Tor der Großen Befreiung eingetreten bist und das Wirken der Großen Befreiung [noch nicht] erlangt hast, wie willst [du dich da] mit den Buddhas und Patriarchen messen und den Erfordernissen der spirituellen Kraft erfolgreich anpassen? – Nun sagt mal: Wenn es aber gilt, [jemandes] spiritueller Kraft hier und jetzt [den Weg] zu versperren, [ihr] widerstrebend und im Einklang [mit ihr], und das [ganz nach Belieben] in die Kreuz und in die Quere – wie könnt [Ihr dann] einen Satz aussprechen, der aus [Euch] selbst hervorgeht? – Versucht es doch mal mit dem, [was Xue-dou hier] vorbringt!

Beispiel

Ein Mönch fragte Yun-men: „Was ist der Samâdhi der Staubkörner?“
Yun-men sagte: „Im Essnapf Reis, im Kübel Wasser!“

Lobgesang

„Im Essnapf Reis, im Kübel Wasser“ –
Wie geschwätzig! Diesem Meister fällt es schwer, sein Mundwerk einzusetzen!
Der Große Wagen und der Stern des Südens – sie stehen beide am selben Ort –
Weiße Wogen, mit Schaum zum Himmel hoch – sie steigen auf aus ebenem Land!
Sich festlegen, sich nicht festlegen – Aufhören, nicht aufhören!
Alle sind [wir] Söhne eines reichen Mannes – [auch] ohne noch das dünnste Kleid!

Mancher Leser mag angesichts der hartnäckigen Neigung des Verfassers, das chinesische Chan als eine revolutionäre Strömung gegen den traditionellen Buddhismus abzugrenzen und diese Abgrenzung obendrein als dem Selbstverständnis der Chan-Bewegung zugehörig auszugeben, wachsenden Unmut in sich verspüren. Doch selbst ein so konservativ argumentierender Mann wie Gundert, mit dem wir anlässlich dieses 50. Kapitels zum letzten Mal zu tun haben werden,[499] unterstreicht gleich zu Beginn in auffälliger Ausführlichkeit, wie weit sich das Chan, vertreten durch seinen „Großmeister“ Yun-men, von der buddhistischen Orthodoxie entfernt hat: Die **Ankündigung**, ein vorgezogener, wenn auch verkappter Lobgesang auf Yun-men, setzt mit der Mitteilung ein, er – gemeint ist Yun-men – *„will von Stufen nichts wissen und lässt bequeme Mittel aus!“* Das ist, so Gundert (und wir haben keinen Grund, ihm darin zu widersprechen), eine deutliche und zugleich radikale Absage

499 Wie aus jeder heute noch verfügbaren Ausgabe seines *Bi-Yän-Lu* ersichtlich, ist es Gundert nicht vergönnt gewesen, seine Kommentierung der einzelnen Kôan über das Kapitel 50 hinaus fortzusetzen.

an das mahâyânistische Lehr- und Übungsprogramm eines stufenweisen und äußerst langwierigen Aufstiegs zur Buddhaschaft sowie Ausdruck einer ebenso radikalen Weigerung, sich für die Vermittlung des Dharma der Upâya, der „geschickten Hilfsmittel" wie der bekannten Gleichnisse vom „brennenden Haus" oder dem „verlorenen Sohn" zu bedienen. All das – so Yuan-wu – lässt ein Meister wie Yun-men weit hinter sich; stattdessen geht es ihm einzig darum, mit seiner eigenen und vollen *spirituellen Kraft* ohne Abstriche *der spirituellen Kraft* seines jeweiligen Gegenübers zu *entsprechen* und seine Antwort auf die Ausführungen eines Mönchs, im Falles des hiesigen Beispiels den einen *Satz*, mit dem er auf die Frage des Mönches eingeht, mit dem einen *Satz* dieser Frage in *Übereinstimmung* zu bringen. Nur wer – so Yuan-wu weiter – wie Yun-men bereits *in das Tor der Großen Befreiung eingetreten ist und das Wirken der Großen Befreiung erlangt hat*, ist überhaupt imstande, *sich* solchermaßen *mit den Buddhas und Patriarchen zu messen und den Erfordernissen der spirituellen Kraft erfolgreich anzupassen*! Im Falle des Mönchs, der ihm hier entgegentritt, besteht die Aufgabe des adäquaten Entsprechens, vor die sich Yun-men gestellt sieht, sogar darin, der *spirituellen Kraft* seines Gegenübers *hier und jetzt [den Weg] zu versperren*, und dieses Widerstreben ist gleichwohl genau das angestrebte *Entsprechen*, weil es – so wieder Yuan-wu – zugleich *im Einklang mit* der spirituellen Kraft des anderen geschieht. Yuan-wu krönt seine Lobeshymne mit dem Zusatz, dass sich Yun-men hier bei seinem zugleich *widerstrebenden* und *im Einklang* befindlichen *Entsprechen* in völliger Freiheit, *[ganz nach Belieben] in die Kreuz und in die Quere* bewegt! Insbesondere mit der Bemerkung, Yun-mens herausragende Leistung bestehe darin, der spirituellen Kraft des Mönchs *hier und jetzt [den Weg zu versperren* und dabei doch *im Einklang mit ihr* vorzugehen, spielt Yuan-wu auf den schon mehrfach zitierten Anspruch an, den Yun-men der Überlieferung zufolge an seine Wegweisungen stellt: Jede Antwort soll das dualistische Denken und Fühlen seines Gegenübers „abschneiden wie ein scharfes Schwert" und sich zugleich an den Bewusstseinszustand des Fragenden so selbstverständlich anschließen, „wie eine Welle der vorausgegangenen" folgt, und soll dabei – diese beiden Anforderungen gleichsam überwölbend – der Frage so haargenau entsprechen, wie „der Deckel auf die Dose" passt! Sehen wir also zu, inwiefern das nachfolgende **Beispiel** dieser schon vorweg rühmenden Ankündigung tatsächlich entspricht!

Zunächst die Frage des Mönchs: *„Was ist der Samâdhi der Staubkörner?"* Ja, was sollen wir darunter verstehen? Einen ersten Hinweis kann uns das *Cong-rong-lu* erteilen, das in seinem vorletzten Kapitel gleichfalls Yun-mens *„Im Essnapf Reis, im Kübel Wasser"* behandelt. Dort verweist Wan-song in seinem Kommentar auf einen einschlägigen Passus aus dem *Buddhâvatamsaka-Sûtra*, wo davon die Rede ist, über ein einzelnes Staubkorn in das rechte Samâdhi einzutreten und aus diesem rechten Samâdhi heraus zu allen Staubkörnern überzugehen. Leichter verständlich formuliert heißt das: Wir sind dazu aufgefordert, uns über die Winzigkeit eines einzelnen Staubkorns der Großen Leere anzunähern und dann die Gesamtheit aller Staubkörner, die als die kleinsten materiellen Partikel alle zusammen das Universum ausmachen, in diese Annäherung einzubeziehen. Anders gesagt: Der *Samâdhi der Staubkörner* zielt darauf ab, uns das scheinbar so fest im Sein gegründete Universum als nahezu nichts erfahren zu lassen; als etwas, das sich über seine Urbestandteile letztlich ins Nicht-Sein verliert. Wan-song fügt noch hinzu, dass sich auf diese Weise, derselben Quelle zufolge, für jedes einzelne Staubkorn und ebenso für jedes einzelne der *Zehntausend Dinge* die »Soheit«, also das Leer-Sein, die Shûnyatâ, als deren wahre Natur erweise.

Gundert ist da anderer Meinung. Zwar beruft er sich zunächst – und stützt damit eher die Deutung des Verfassers – auf anonyme buddhistische „Scholastiker" des Mahâvibhâshâ und ihre Zahlenspiele, denen zufolge das kleinste sichtbare Staubkorn erst in der 823 543fachen Verkleinerung zum kleinsten kosmischen Teilchen führt. Doch dann verknüpft er diese mehr als quantenphysikalische Zergliederung der materiellen Grundlage der Welt mit der Lehre von der gegenseitigen Widerspiegelung der Perlen im allbekannten »Netz des Indra«. Was dabei herauskommt, ist eine „unbeschreiblich potenzierte Lichtesfülle", in der vor lauter Licht – und das soll das Licht der Wahrheit sein – nichts mehr zu erkennen ist.[500] Was Gundert hier evoziert, ist ein unverkennbares Abbild der christlich-mittelalterlichen »Gottesschau«, wie sie Dante im Paradieses-Teil seiner *Göttlichen Komödie* beschreibt; allerdings dürfte es buddhistischen Mönchen gleich welcher Richtung – und damit kehren wir zu dem Mönch des **Beispiels** zurück – bei ihrem Streben nach *Samâdhi* nicht um eine »Gottesschau« gegangen sein, sondern eher – wenn überhaupt – um eine Schau der Shûnyatâ; und ein Licht, in dem nichts mehr zu erkennen ist, könnte, buddhistisch gesprochen, doch wohl nur – wenn überhaupt – als ein Licht der Leere verstanden werden, als das Licht der Shûnyatâ.

Der Mönch also fragt und sucht nach einer besonderen Form der Versenkungsübung, und zugleich sucht er nach dem »richtigen Leben«, und dieses »richtige Leben« muss in seinen Augen eines sein, das in der Schau oder, besser gesagt, in der Erfahrung der Shûnyatâ seine Erfüllung findet. Mit dieser Suche ist es ihm, das können wir unterstellen, bitterer Ernst. Und dann kommt Yun-mens Antwort, dieser eine *Satz*, mit dem laut Yuan-wu *die spirituelle Kraft [des einen]*, nämlich die Yun-mens, *der spirituellen Kraft [des anderen]*, des Mönchs, *entspricht*, und der obendrein mit dem *Satz*, der Frage des Mönchs zugleich *übereinstimmen* soll! Wie das!? Wo doch Yun-mens *„Im Essnapf Reis, im Kübel Wasser"* der Intention des Mönchs, ja dem Mönch selbst geradezu ins Gesicht schlägt: Da ist keine Spur von Transzendenz in dieser Antwort, da wird die Shûnyatâ beiseite geschoben, weggewischt, und reine Immanenz „gepredigt"! Nur das Irdisch-Diesseitige zählt, heißt das; freilich eine Diesseitigkeit des einfachen Lebens, der Genügsamkeit und äußersten Schlichtheit: *Reis im Essnapf*, das hat auszureichen und reicht auch aus, und *Wasser im Kübel*, um den Essnapf auszuwaschen!

Ein Schlag ins Gesicht, wie gesagt, ist Yun-mens Antwort, ein ganz heftiger sogar; und damit erfüllt sie die grundlegende der drei Anforderungen, deren uneingeschränkte Einlösung die Späteren so sehr an Yun-men bewundern: Sie „schneidet" das verblendete Denken und Fühlen des Mönchs „ab wie ein scharfes Schwert"! Und damit ist zugleich auch Yuan-wus doppelte Ankündigung erfüllt, zum einen die, dass wir Zeugen dessen sein werden, wie hier *die eine spirituelle Kraft*, die Yun-mens, *der anderen* des Mönchs *entspricht*, und zum anderen die, dass da einer, nämlich Yun-men, *der spirituellen Kraft eines anderen – ihr widerstrebend – hier und jetzt [den Weg] versperrt*! Doch wie soll das – *ihr widerstrebend* –

500 „Wird nun die Welt der Dinge bereits als eine Welt von Staub erkannt, so ist auch jedes feine Stäubchen nichts weiter als ein Spiegel, der das Licht der Wahrheit widerstrahlt. Verfolgt man diesen Sachverhalt sorgfältig und beharrlich in gesammelter Betrachtung, so erscheint dem geistigen Auge eine unbeschreiblich potenzierte Lichtesfülle, indem jedes Stäubchen nicht allein direkt das Licht der Wahrheit widerspiegelt, sondern ebenso die Spiegelungen dieses Lichts in allen ungezählten Millionen anderer Stäubchen" – Gundert, Bd. II, S. 327.

ebenso auch *im Einklang mit ihr* geschehen sein, in *Übereinstimmung* mit ihr, wie Yuan-wu sich ebenfalls vernehmen lässt? Nun, der gemeinsame Nenner ist das »richtige Leben«! Der Mönch will nicht nur Aufklärung über eine bestimmte Technik des Sich-Versenkens; er sucht nach einer Lebensform, die ihm Frieden und Erfüllung nicht nur verspricht, sondern auch gewährt, die Gelassenheit und das Glück des „Großen Friedens", in den die vom Buddha verheißene »Befreiung« mündet. Und genau dahin will Yun-men ihm den Weg weisen, nur dass die inhaltliche Bestimmung des »richtigen Lebens«, die Yun-men zu bieten hat, derjenigen, die dem Mönch vorschwebt, diametral entgegensteht: Nicht Zuflucht und Geborgenheit in der Shûnyatâ ist das Ziel, eine Heimkehr sozusagen, die alles weitere Verlangen, allen Durst nach Welt erlöschen lässt, sondern im Gegenteil ein von Frieden erfülltes und zugleich gesättigtes Leben hier in dieser Welt: „Öffne dich den *Zehntausend Dingen*", besagt seine Antwort, „lass dich ausfüllen von der Fülle der Welt!"[501] So bestehen, aller Gegensätzlichkeit auf der Ebene des Vordergründig-Konkreten zum Trotz, auf einer anderen, tieferen Ebene, der einer unterschwelligen Gemeinsamkeit des Ziels, sehr wohl *Einklang* und *Übereinstimmung*; und insofern ist auch dem zweiten Anspruch Yun-mens, sich mit jeder Antwort an den Bewusstseinszustand des jeweiligen Gegenübers so anzuschließen, „wie eine Welle der vorausgegangenen folgt", voll und ganz Genüge getan.

Doch keineswegs will Yun-men mit seinem *„Im Essnapf Reis, im Kübel Wasser!"* dem Mönch die Versenkungsübung überhaupt austreiben. Die Erfahrung der Shûnyatâ als Quelle der Kraft bleibt unangetastet; es kommt nur darauf an, uns nicht an die „Große Leere" zu verlieren. Wir müssen sie, die uns wie San-shengs „Goldschuppenfisch" oder Nan-quans „Wasserbüffel" als spirituelle „Nahrung" dient, genauso sehr auch immer wieder hinter uns lassen, uns der Welt der *Zehntausend Dinge* vertrauensvoll anheimgeben, statt uns gegen sie aufzulehnen und ihr in eine andere, vermeintlich bessere Welt entfliehen zu wollen.[502] Ja, es ist gerade die Erfahrung der Shûnyatâ, die uns in den Stand setzt, hier in dieser Welt tatsächlich aufgehoben und heimisch zu sein, so dicht an den Dingen, dass Nan-quan von seinem „Wasserbüffel" und seiner Nahrungsaufnahme sagen kann: „Er nimmt an allen nur möglichen Orten immer nur ein kleines Bisschen auf, ohne je dabei gesehen zu werden." Und dieses Ineinander von Rückversicherung in der Shûnyatâ und augenblicklicher Rückkehr in die irdische Welt verleiht dem Chan-Adepten jene tänzerische Leichtigkeit, nach der im abendländisch-christlichen Kontext einst ein Sören Kierkegaard bewundernd, aber vergeblich

---

501 Hier wäre an ein altes 5-Zeichen-Motto zu erinnern, das sich auch heute noch auf Zen-Kalligraphien findet: *xiu kong hua wan xing*, zu Deutsch: „Widme dich den Zehntausend Ereignissen der Blumen der Leere". Dabei dürfen wir getrost die „Zehntausend Ereignisse" den sattsam bekannten *Zehntausend Dingen* gleichsetzen, insofern diese ja, eingespannt zwischen Entstehen und Vergehen, durchaus Ereignisse sind; und dann fällt ins Auge, dass diese *Zehntausend Dinge* nicht nur als der „Leere" entspringend, sondern obendrein als „Blumen", sogar als die „Blumen der Leere" charakterisiert werden: welch schöne Metapher für die Schönheit und (Farben-)Vielfalt dessen, was aus der Leere hervortritt: der sichtbaren Welt.

502 Wie es etwa der (allzu) wirkungsmächtige Platon in dem Dialog *Theaitetos* sein Alter Ego Sokrates formulieren lässt: »Die Übel (aller Art) können weder aus der Welt geschafft werden – weil es zum Guten stets ein Entgegengesetztes geben muss – noch können sie im Bereich des Göttlichen vorkommen. Hingegen ist es notwendigerweise die Welt des Vergänglichen und dieser (irdische) Ort hier, an dem sie sich tummeln. **Und deshalb muss man versuchen, von hier weg nach dorthin zu fliehen, und das so schnell wie möglich!**« (Theaitetos 176a5-b1) – vgl. Platon, S. 61f.

Ausschau gehalten hat – eine tänzerische Leichtigkeit, die uns über die vielerlei Widrigkeiten des irdischen Lebens hinweggleiten lässt, uns, bei allem sicheren Bodenkontakt, ein paradoxes Über-den-Dingen-Schweben ermöglicht, das Straucheln und Sturz ausschließt.[503]

Auch die dritte und letzte der Anforderungen, an denen Yun-mens Wegweisungen sich erklärtermaßen messen lassen müssen, sehen wir damit erfüllt. Sein *„Im Essnapf Reis, im Kübel Wasser!“* genügt der Frage des Mönchs in der Tat so haargenau, wie „der Deckel auf die Dose“ passt: Die „Dose“, das ist in diesem Fall die „Große Leere“ als Ort der Erfüllung, in dem alles Streben des Mönchs Ruhe und Stillstand findet; dass Yun-men den Mönch stattdessen an die irdische Welt verweist, läuft darauf hinaus, dass diese „Dose“ verschlossen, ihr potentiell gefährlicher Inhalt, wie eine uns Deutschen geläufige Wendung besagt, »unter dem Deckel gehalten« wird: Yun-men will die Shûnyatâ und ihren offenkundigen Sog durch den Verweis an die irdisch-alltägliche Welt durchaus nicht zum Verschwinden bringen; sie soll nur letztendlich mit einem dicht schließenden „Deckel“ versehen sein, damit sie uns nicht allzeit mit dem verstörenden Gefühl in die Quere kommt, in dieser Welt nicht so recht zuhause, vielmehr eher Fremde zu sein. *„Im Essnapf Reis, im Kübel Wasser!“* leistet das paradoxe Kunststück, die „Große Leere“ und ihre fundamentale Bedeutung für uns zugleich anzuerkennen und ihrem Sog entgegenzuwirken, nämlich uns mit einem unverbrüchlichen Anspruch auf Heimat hier in der Welt der *Zehntausend Dinge* auszustatten.

Diese Paradoxie umkreist Xue-dou in seinem **Lobgesang** mit Metaphern der Unmöglichkeit. Zunächst aber hebt er mit Chan-typischer Ironie Yun-mens besondere Geschicklichkeit bei der Formulierung gerade dieser seiner „Ein-Satz-Antwort“ hervor: *„‚Im Essnapf Reis, im Kübel Wasser‘ – / Wie geschwätzig! Diesem Meister fällt es schwer, sein Mundwerk einzu-*

503 Es geht dabei um den von Kierkegaard von ferne bewunderten »Glaubensritter«, der an einer bereits anlässlich des Kôan 38 (Fußnote 418) ausgewiesenen Stelle seiner 1843er Schrift *Furcht und Zittern* gleichsam aus der Negativ-Form seines Widerparts, des »Ritters der unendlichen Resignation« heraus seine spezifischen Konturen erhält: »Die Ritter der Unendlichkeit« (und die wäre in der Sprache des Chan/Zen eben die Shûnyatâ) »sind Tänzer und haben Steigekraft. Sie machen die Bewegung (der unendlichen Resignation) aufwärts und gleiten wieder hernieder... Aber jedes Mal, dass sie herniedergleiten, können sie nicht alsogleich die Stellung einnehmen, sie wanken einen Augenblick, und dies Wanken zeigt, dass sie gleichwohl Fremdlinge sind in der Welt... Man braucht sie nicht in der Luft zu sehen, man muss sie nur in dem Augenblick sehen, wo sie den Boden berühren und berührt haben – und man kennt sie. Aber so herniedergleiten zu können, dass es in der gleichen Sekunde aussieht, als ob man stünde und ginge, den Sprung ins Leben zum Gang wandeln, das Erhabene schlechthin ausdrücken im Platten – das vermag allein jener Ritter (des Glaubens) – und dies ist ein einziges Wunder«, Kierkegaard (1), S. 40f. – Die Kierkegaard-Parallele reicht sogar noch weiter und deckt auch noch Nan-quans „Wasserbüffel“-Feststellung ab: „Er nimmt an allen nur möglichen Orten immer nur ein kleines Bisschen auf, **ohne je dabei gesehen zu werden!**“ Und zwar spricht Kierkegaard in seiner *Abschließenden unwissenschaftlichen Nachschrift* von dem »wahrhaft Religiösen« als einem »Ritter der **verborgenen Innerlichkeit**«, der auch dann noch, wenn er sich ein Vergnügen, eine Zerstreuung im »Wildpark« gönnt, zuvor stets die »Gottesbewegung« vollzieht; der, zu einer vergnüglichen Gesellschaft eingeladen, »präzis auf den Glockenschlag mit der wünschenswerten Munterkeit kommt, desungeachtet, dass er doch erst die Gottesbewegung macht«. Und dann in ironischem Wechsel der Perspektive vom »wahrhaft Religiösen« zum durchschnittlichen Sonntags-Christen: »Den Gedanken von Gott kann der Religiöse mit einer solchen Leichtigkeit bewegen wie du und ich und Müller und Schulze und Justizrat Madsen – denn das ist ganz gewiß, **da ist keiner, der uns etwas anmerkt**« – Kierkegaard (2). S. 184.

setzen!" Das ist – mit seinem *Oxymoron* einer Geschwätzigkeit dessen, der mehr als sechs Wörter (so auch im Chinesischen) nicht herauszubringen vermag – allerhöchstes Lob, in Chan-Manier durch krasse – und obendrein paradoxe – Herabsetzung unmissverständlich ausgedrückt! Dann folgen die Metaphern der Unmöglichkeit, zwei an der Zahl, die gleichwohl das Unvereinbare vereinen sollen: *„Der Große Wagen"*, am Nordhimmel den Polarstern umkreisend und Symbol der „wahren Wirklichkeit", *„und der Stern des Südens"*, wie der „Südberg" Symbol der irdischen Welt, *„sie stehen beide am selben Ort"*: Jenseits und Diesseits ineinander verschlungen, als untrennbare Einheit, das eine des anderen Grund, das andere des einen Erfüllung. Der Sog der Shûnyatâ – das ist wie der *Schaum*, den aufgewühlte Riesenwogen »nach oben hin«, bis in den *Himmel*, den leeren, aufsteigen lassen; doch *„steigen [diese] weißen Wogen mitsamt [ihrem] Schaum"* laut Xue-dou ausgerechnet *„aus [dem] ebenem Land auf"* – wahrlich ein Ding der Unmöglichkeit. Und dennoch: Es ist das *„ebene Land"*, zuverlässiger Boden für unsere Füße und Ort gesicherten Lebens, von dem aus der Aufschwung »nach oben hin« ausgeht, nicht umgekehrt; und was da zum Himmel aufsteigt, sind *„Wogen"*, die auch wieder in sich zusammensinken, ist bloßer *„Schaum"*, wenig dauerhaft und dazu verurteilt, wieder »nach unten hin«, zum Boden zurückzustürzen. So verbinden sich das Vorübergehende, mag es sich auch ein ums andere Mal wiederholen, und das Beständige, der zuverlässige und unverrückbare Ort unseres irdischen Daseins: Von hier aus schwingen wir uns auf zur Shûnyatâ und kehren von dort zurück ins Hier unserer Bleibe; nicht ist umgekehrt die Shûnyatâ der Ort unseres dauerhaften Aufenthalts, aus dem wir, immer nur vorübergehend, hinabsinken aufs *„ebene Land"*!

Die drei letzten Zeilen des **Lobgesangs** sind nur verständlich, wenn wir sie auf den Mönch beziehen.[504] Er ist es, der sich fragen, sich zumindest fragen lassen muss: *Sich festlegen, sich nicht festlegen – /Aufhören, nicht aufhören*? Aber womit? Das verrät die Abschlusszeile, die das Gleichnis vom Verlorenen Sohn aus dem *Lotos-Sûtra* zitiert: *„Wir alle sind die Söhne eines reichen Mannes – [auch] ohne noch das dünnste Kleid"*: Der Reichtum, der uns als Erben dieses *reichen Mannes* zusteht, ist dabei unsere angeborene „Buddha-Natur", mithin die Shûnyatâ; und dass wir *„ohne noch das dünnste Kleid"* dastehen, beschreibt – innerhalb des Gleichnisses – die Armseligkeit unseres irdischen Daseins, der wir nur entrinnen könnten, wenn wir, wie es der Mönch mit seiner Frage unausgesprochen tut, als Ort unserer Erfüllung nicht die Welt der *Zehntausend Dinge*, sondern eben die Shûnyatâ ansetzen. Wollten wir uns mit dem Mönch auf diese Einstellung *festlegen*, wollten wir also *nicht* damit *aufhören*, das Ziel des Lebens darin zu sehen, dem Leben zu entsagen, dann stellten wir die Intention des Kôan auf den Kopf. Folgen wir jedoch der offenkundigen Absicht Yun-mens, so müssen wir umgekehrt das Gleichnis vom Verlorenen Sohn auf den Kopf stellen: Der Reichtum, der als der uns angestammte Besitz auf uns wartet, das ist der Reichtum der *Zehntausend Dinge*, und *„ohne noch das dünnste Kleid"* steht dann der Mönch – und jeder seinesglei-

504 Sowohl in der *Ichiya*- als auch in der Standard-Version fällt Yuan-wus Kommenar zu diesem Kôan ungewöhnlich kurz aus, was auf eine Verstümmelung des Textes schließen lässt: Während Yuan-wu sonst häufig die einzelnen Zeilen eines Lobgesangs explizit den einzelnen Akteuren eines Beispiels zuordnet, fehlt in diesem Fall jeder derartige Hinweis; und doch wäre er gerade hier vonnöten. Das lässt vermuten, dass schon in dem gemeinsamen Vorläufer der beiden Text-Versionen ein solcher Hinweis nicht mehr vorhanden war. Wir hätten also abermals einen zusätzlichen »Bindefehler« vor uns, der die beiden Text-Versionen als auf denselben Ursprungstext zurückgehend ausweist.

chens – nicht wegen seines Elends im irdischen Jammertal da, sondern eben deshalb, weil er sich mit Haut und Haar an die Öde der Shûnyatâ verloren hat. Dieser Reichtum der Welt wartet als unser Erbteil auch dann noch auf uns, wenn wir uns in der Askese von der Welt abgewandt haben; wir müssen nur *aufhören*, müssen uns nur von der einseitigen *Festlegung* auf das „andere Ufer“ der Shûnyatâ lossagen. Gegen diesen Reichtum der *Zehntausend Dinge* bedeutet auch Yun-mens Ausrufung eines einfachen Lebens mit gekochtem *Reis im Essnapf* und *Wasser im Kübel* keinen Einwand; denn der Reichtum des »richtigen Lebens« besteht für einen Menschen des Chan nun einmal nicht in äußeren Gütern, nicht in Ruhm und Statussymbolen, vielmehr darin, sich – mit den Worten Dôgens – von den Dingen erleuchten, und das heißt, in den Leerraum eines sich selbst stillstellenden Ichs die Fülle der Welt, die vergängliche und stets gefährdete Schönheit der Dinge einströmen zu lassen.

Nacktheit – Stichwort: *„ohne noch das dünnste Kleid“* – mit Weltflucht und Glücksverzicht zu verknüpfen, ist der Chan-Literatur durchaus nicht fremd. So lässt Wan-song seine Ankündigung des Kôan 28 *Cong-rong-lu* mit dem Satz beginnen: „Jemand, der nicht einen Zoll Faden an sich trägt, ist wahrlich ein nackter Mensch »außerhalb des DAO«!“[505] Andersherum gesagt, wer sich »außerhalb des DAO« stellt, wer also sein Ziel darin sieht, aus der Ordnung der *Zehntausend Dinge* auszubrechen, der „trägt nicht einen Zoll Faden mehr an sich“, der steht da als nackter, weltabgewandter Asket. Sich gegen solche Nacktheit zu wenden gehört zu den grundlegenden Selbstverständlichkeiten des Chan.

505 Vgl. Roloff (2), S. 141ff. – Die Gleichsetzung: »außerhalb des DAO« gleich Nacktheit asketischer Weltentsagung, deren Umkehrung ja besagt: „Innerhalb des DAO steht nur der, der sich den *Zehntausend Dingen* und ihrer immanenten Ordnung nicht entzieht“, befindet sich keineswegs im Widerspruch zu der früheren Bestimmung, dass nur der innerhalb des DAO steht, der – über die Shûnyatâ hinaus – bis in das DAO als Nicht-Sein und Nichts vorgedrungen ist. Beide Bestimmungen thematisieren nur zwei unterschiedliche Aspekte desselben Sachzusammenhangs. Das Verbindungsglied ist das „Überschreiten des Überschreitens“, wobei das erste Überschreiten darin besteht, über die *Zehntausend Dinge* hinaus in die Shûnyatâ einzutreten, und das zweite Überschreiten, auch als „über den Scheitel des Vairochana laufen“ formuliert, noch über die Shûnyatâ hinaus- ins Nichts und damit zwangsläufig in die Welt der *Zehntausend Dinge* zurückführt. Wer solchermaßen innerhalb des DAO als Nichts und Nicht-Sein steht, der steht zugleich auch immer »mit beiden Füßen« in der irdischen Welt.

51. Xue-fengs „Was ist [es]?“

Ankündigung

Kaum gibt es »Richtig« und »Falsch«, verliert sich [dein] Geist in Verwirrung; nur wenn [du dich] nicht auf einen stufenweisen Aufstieg einlässt, tappst [du] nicht im Dunkeln! Nun sag mal: Loslassen ist richtig, und Festhalten ist richtig – falls [du] dabei auch nur das kleinste Bisschen vom Verfahren des Verstehens an dir hast, [so kommt das] einem Steckenbleiben in Worten und Erklärungen gleich; und wenn [du] noch an Gelegenheiten und Umständen festhältst, dann ist das ganz und gar so, als suchtest [du] Halt an Grashalmen und lehntest [dich] an Bäume an: ein rechter Bambus- und Baum-Geist! Auch wenn [du] auf der Stelle den Ort der einsamen Befreiung erreichtest, könntest [du] nicht vermeiden, *Zehntausend Li* weit nach dem Tor [deines heimatlichen] Dorfes auszuschauen! Vermagst [du] denn dorthin zurückzukehren und [auch tatsächlich] dort anzukommen? Wenn dem aber nicht so ist, dann kümmere [dich] nur darum, den hier fertig vorliegenden »Öffentlichen Aushang« zu verstehen! – Versucht es doch bitte mal mit dem, [was Xue-dou hier] vorbringt!

Beispiel

Zu der Zeit, da Xue-feng in einer Einsiedlerhütte lebte,[506] kamen einmal zwei Mönche, um ihm ihre Verehrung zu bezeugen.
Als Xue-feng sie kommen sah, stützte er sich mit den Händen auf [das Unterteil] der Tür seiner Hütte, streckte seinen Oberkörper hinaus und sagte: „Was ist [es]?“
Einer [der beiden] Mönche sagte ebenso: „Was ist [es]?“
Xue-feng senkte seinen Kopf und zog sich in seine Einsiedlerhütte zurück.

Später kam [dieser] Mönch zu Yan-tou.[507]
Yan-tou fragte ihn: „Woher kommst [Du]?“
Der Mönch sagte: „Von der Südseite des Passes.“
Yan-tou sagte: „Bist [Du] auch bei Xue-feng gewesen?“
Der Mönch sagte: „[Ja, ich] bin da gewesen.“
Yan-tou sagte: „Welchen Ausspruch hast [Du mitgebracht]?“
Der Mönch erwähnte den obigen Wortwechsel.
Yan-tou sagte: „Was hat er [dann] gesagt?“

---

506 Es gehörte zum üblichen Ausbildungsweg, dass ein Mann des Chan, nachdem er seine Lehrzeit bei einem oder mehreren Meistern mit einer Erfahrung des „Großen Erwachens“ abgeschlossen hatte, sich für einige Jahre in die Berge zurückzog, um als Einsiedler seine spirituelle Reife weiterzuentwickeln, bevor ihm schließlich die Leitung eines Klosters angetragen wurde und er auf diese Weise selbst zu Meisterwürden aufstieg. Bei Xue-feng fällt dieses Einsiedlerdasein in die Zeitspanne zwischen seinem 45. und 50. Lebensjahr.

507 Aus Yuan-wus Kommentar geht eindeutig hervor, dass nur derjenige der beiden Mönche, der sich durch die Wiederholung der Frage hervorgewagt hat, nach mehr oder weniger längerem Aufenthalt bei Xue-feng weitergewandert ist zu Yan-tou. Durch diesen Hinweis Yuan-wus sieht sich der Verfasser veranlasst, seine im Kôan 50 *Cong-rong-lu* vorgetragene Übersetzung der Anekdote um Xue-fengs *„Was ist es?“* entsprechend abzuändern.

Der Mönch sagte: „Ohne ein Wort hat er den Kopf gesenkt und sich in seine Hütte zurückgezogen."
Yan-tou sagte: „Ach, wie bedauerlich, dass ich ihm nicht gleich zu Beginn den allerletzten Satz verraten habe![508] Wenn ich ihm [den] verraten hätte, dann könnte kein Mensch unter dem Himmel dem alten Xue-feng noch etwas anhaben."

Gegen Ende der Sommer-[Übungszeit] trug der Mönch dieses letztere Zwiegespräch noch einmal vor und bat um einen hilfreichen Hinweis.
Yan-tou sagte: „Warum hast [Du das] nicht schon längst gesagt?"
Der Mönch sagte: „[Ich habe] nicht gewagt, [es mir so] leicht [zu machen]."
Yan-tou sagte: „Obwohl Xue-feng mit mir zusammen demselben Zweig entstammt, wird [er] nicht mit mir zusammen im selben Zweig sterben.[509] [Wenn Du nun] den allerletzten Satz wissen willst: ‚Nur dies ist der Fall!'"

Lobgesang

„Der allerletzte Satz" –
Für [Euch], Ihr Herren, ausgesprochen!
Die Zeit, da »Hell« und »Dunkel« [immer nur] zu zweit auftreten –
„Demselben Zweig entstammen" bedeutet ein gemeinsames Verständnis,
„Nicht im selben Zweig sterben": zugleich ganz und gar verschieden sein!
Zugleich ganz und gar verschieden –
Noch Gelbgesicht und Blauauge müssen [zwischen ihnen] unterscheiden.[510]
Süden, Norden, Osten, Westen: ein Gehen und Kommen voll Heimkehr[511] –
In tiefer Nacht gemeinsam den Schnee auf tausend Felsenspitzen schauen!

---

508 *Gleich zu Beginn* – eine Anspielung auf Xue-fengs Erweckungserlebnis, ausgelöst durch eine Bemerkung Yan-tous. Und zwar weiß das *Jing-de Chuan-deng-lu* über die beiden zu berichten, dass Xue-feng auf der gemeinsamen zweiten »Wolken und Wasser«-Wanderschaft nach dem Tode ihres Lehrers De-shan, als sie auf dem Ao-shan oder Schildkröten-Berg eingeschneit und zum Ausharren verurteilt waren, dem Gefährten seine noch verbliebenen Zweifel offenbart habe, woraufhin Yan-tou ihn mit den Worten zurechtwies: „Du weißt doch: Was durch die Tür hereinkommt, ist niemals der wahre Familienschatz; Du musst es aus dir selbst hervorströmen lassen, so dass es den Himmel überschattet und die ganze Erde zudeckt!" Da sei alle Unsicherheit von Xue-feng abgefallen und er, der Ältere, sei voller Dankbarkeit vor dem Jüngeren niedergekniet und habe ihm, dem Mitbruder, die gleiche Verehrung erwiesen, wie sie in einer solchen Situation einem Meister gegenüber als selbstverständlich galt. –Yan-tous Äußerung zum „Familienschatz" hat der Verfasser erstmals bereits anlässlich des Kôan 5 zitiert.

509 In der Tat spaltet sich nach der herkömmlichen Genealogie die Traditionslinie des De-shan Xuan-jian (782-865) mit Yan-tou Quan-huo (828-887) und Xue-feng Yi-cun (822-908), seinen beiden Dharma-Nachfolgern, in zwei getrennte Linien auf, deren eine, die des Yan-tou, bereits zwei Generationen später wieder endet, während die Linie des Xue-feng nach weiteren Aufspaltungen so bedeutende Chan-Meister wie Fa-yan Wen-yi, Yun-men Wen-yan und Xue-dou Zhong-xian, den Dichter der Lobgesänge des *Bi-yan-lu*, hervorgebracht hat.

510 Mit dem *Gelbgesicht* ist Buddha Shâkyamuni gemeint, und mit dem *Blauauge* Bodhidharma, der ja bereits zweimal von Xue-dou als „der blauäugige Mönch aus der Fremde" tituliert worden ist: in den Lobgesängen der Kapitel 42 und 47.

511 Diese Zeile des Originals ist kaum zu übersetzen; ihr chinesischer Wortlaut: *nan bei dong xi, gui qu lai* ergibt wörtlich: „Süden, Norden, Osten, Westen – heimkehren, (weg)gehen, (her)kommen". Am plausibelsten erscheint dem Verfasser die folgende Deutung: „Sie, Xue-feng und Yan-tou, sind zunächst

Von den beiden Hauptakteuren des gegenwärtigen Beispiels hat **Xue-feng** (822-908) bereits drei Auftritte samt wirkungsgeschichtlicher Würdigung durch den Verfasser hinter sich, und zwar in den Kôan 5 und 22 sowie, ohne erneute historische Einordnung, im Kôan 49; **Yan-tou** Quan-huo (828-887) hingegen bekommt im *Bi-yan-lu* hier zum ersten Mal Gelegenheit, sein Verständnis vorzuführen; einen zweiten und zugleich letzten Auftritt hat er, wiederum zusammen mit Xue-feng, im Kôan 68 (66). Beide sind sie Dharma-Nachfolger De-shans (782-865) und *entstammen* insofern *demselben Zweig* am Stammbaum des Chan. Dass sie deshalb auch ein *gemeinsames Verständnis* des Chan besitzen, diese Auskunft Yan-tous, von Xue-dou in seinen Lobgesang mit aufgenommen, besagt in ihrer Abstraktheit wenig oder gar nichts. Wir müssen uns schon der Gedankenwelt De-shans zuwenden, wenn wir den doppelten Hinweis auf dieses vom gemeinsamen Lehrer vermittelte *gemeinsame Verständnis* mit Inhalt füllen wollen; und dazu bietet uns das Kôan 4 Gelegenheit. Das dortige Beispiel berichtet von einer scheinbaren Respektlosigkeit De-shans, der grußlos die Lehrhalle Wei-shans betritt, sie von West nach Ost und von Ost nach West durchquert und laut und für alle dort versammelten Mönche deutlich vernehmbar ausruft „Da ist nichts! Da ist nichts!" Der Verfasser hat diesen Ausruf in seinen Erläuterungen auf die Frage nach dem Kern der Buddha-Lehre bezogen und dahin gedeutet, „dass es angesichts des tiefsten Grundes der Welt, des letzten Geheimnisses der Dinge nichts zu sagen gibt, eben weil da nichts ist!" Das also wäre das *gemeinsame Verständnis* des Chan, das Xue-feng und Yan-tou von De-shan übernommen haben und von dem sich in der Episode des Kôan 51 zeigen soll, dass sie diesem *gemeinsamen Verständnis* jeweils eine andere Ausprägung gegeben, den entscheidenden Akzent jeweils anders gesetzt haben, weshalb Yan-tou davon spricht, sie würden *nicht im selben Zweig sterben*, und Xue-dou von ihnen sagen kann, sie seien *zugleich ganz und gar verschieden*. Worin diese Verschiedenheit besteht, das sei hier vorweg bereits angedeutet: Der eine, Xue-feng, legt den Akzent auf die reine Feststellung, dass sich über den letzten Grund der Dinge nichts aussagen lässt, und der andere, Yan-tou, beruft sich bei diesem erzwungenen Verstummen darauf, dass da am Grunde der Welt nun einmal nichts ist und sich deshalb – weil über nichts – auch nichts aussagen lässt.

Beginnen wir mit der **Ankündigung**, deren erster Satz allerdings einem Vorhaben wie dem, das eben jetzt beginnen soll, von vornherein den Boden zu entziehen scheint: *„Kaum gibt es »Richtig« und »Falsch«, verliert sich dein Geist in Verwirrung!"* Denn um *»Richtig« und »Falsch«* geht es auch bei dem folgenden wie jedem anderen Versuch, einem der einhundert Kôan-Texte des *Bi-yan-lu* sein Geheimnis zu entlocken: Was macht das *richtige* Verständnis des Kôan 51 aus, und wie können wir verhindern, einem *falschen*, weil irreführenden Ansatz aufzusitzen?[512] Und doch brauchen wir uns von Yuan-wus einleitender Warnung nicht ins Bockshorn jagen zu lassen: Es macht einen Unterschied, einen Text als eine geordnete Menge von Aussagen verstehen und die Intention dieser Aussagen freilegen zu wollen, und

in alle Himmelsrichtungen *weg-* und auseinander*gegangen*; doch dann *kehren* sie *heim*, *kommen* aus den vier Himmelsrichtungen wieder *her* an den Ort des gemeinsamen Schauens." Doch wie das als Zeile eines Gedichts formulieren? Vielleicht eben so: „Süden, Norden, Osten, Westen: ein Gehen und Kommen voll Heimkehr".

512 Beispielshalber dem, bei jedem Deutungsversuch mit einer „Wesenswelt" zu operieren, wie es etwa in der von Peter Lengsfeld besorgten deutschen Ausgabe des *Hekiganroku* von Yamada Kôun geschieht.

andererseits sich an einem Kôan abzuarbeiten; und nur auf Letzteres beziehen sich all die Warnungen Yuan-wus, die den ersten und größeren Teil der Ankündigung ausmachen. Die Besonderheit der Kôan-Arbeit ist zum einen methodischer Art, und zum anderen zeigt sie sich im angestrebten Resultat: Der Verfasser selbst hat sich vor mehr als zwei Jahrzehnten wie nahezu jeder Anfänger, der sich auf das sog. Rinzai-Zen einlässt, am „Kôan MU" abgemüht und dabei, dem Rat seiner Lehrer folgend, das Wort „MU" wie ein Mantra stunden- und tagelang stumm in sich hineingesprochen, mit dem Ziel, schließlich „MU zeigen" zu können! Späterhin hat er sich von der Wirksamkeit desselben Verfahrens bei komplexeren Kôan-Vorlagen überzeugen können, nämlich sich ein einzelnes Wort oder einen einzelnen Satz auszuwählen, in dem sich ihm spontan gleichsam der Kern des gesamten Kôan-Textes dargestellt hat, und sich daran, wieder in Form eines Mantras, abzuarbeiten, fern jeder Grübelei, und geduldig darauf zu warten, dass ihm an diesem Mantra der Sinn des Ganzen aufgeht, und zwar als unmittelbare, am eigenen Leib verspürte Erfahrung. Kôan-Arbeit zielt darauf ab, dass etwas mit uns geschieht, sie zielt nicht auf das theoretische Wissen einer Textanalyse, wie es die Erläuterungen des Verfassers vermitteln, die die Seiten dieses Buches füllen. Und so dürfen wir uns denn getrost auf den Weg machen, auch dem Text des Kôan 51 durch möglichst detaillierte Analyse seine absichtsvoll verborgene Bedeutung zu entlocken.

Zunächst also noch die **Ankündigung**, durch deren ersten Teil der Verfasser sich in seiner Auffassung der Kôan-Arbeit nur bestätigt sieht: Wenn es darum geht, der Intention eines Kôan durch unmittelbare Erfahrung auf die Spur zu kommen, dann führt jedes Nachdenken über *»Richtig« und »Falsch«* in der Tat zu nichts als *Verwirrung*; dann kann es eine stufenweise Annährung nicht geben, weil ja das Resultat – wenn überhaupt – mit einem Schlag zutage tritt, und bedeutet folglich das Festhalten an einem *stufenweisen Aufstieg* nichts anderes, als weiterhin *im Dunkeln zu tappen*; und dann ist zwar sowohl das *Festhalten* wie an einem Mantra als auch das *Loslassen* und zeitweilige Vergessen des Mantra beides *richtig*, doch *„falls du dabei auch nur das kleinste Bisschen vom Verfahren des Verstehens an dir hast, [so kommt das]"* – wie könnte es anders sein – *„einem Steckenbleiben in Worten und Erklärungen gleich"*, statt in eine spontane und befreiende Erfahrung einzumünden. Und was das *Festhalten an Gelegenheiten und Umständen* angeht, so kann der Verfasser eine Anekdote beisteuern, mit der er in seinen ersten Übungsjahren eine persönliche Anfänger-Verirrung hat beschreiben hören: Aus dem ersten, gleichwohl überwältigenden Anflug eines *Kenshô*, einer „Schau des eigenen Wesens", resultierte der unstillbare Wunsch nach einer Wiederholung, die sich jedoch nicht einstellen wollte, woraufhin der Erzähler die näheren *Umstände* zu rekonstruieren versucht hat, die seinem *Kenshô*-Erlebnis die rechte *Gelegenheit* geboten haben, um durch minutiöse Wiederherstellung der erschlossenen *Umstände* auch eine Wiederkehr des beglückenden *Kenshô*-Erlebnisses zu erzwingen – ein selbstverständlich untaugliches Verfahren, das die Hilflosigkeit des Anfängers nur noch verstärkt hat, eine Hilflosigkeit, für die Yuan-wu die auch sonst gebräuchliche Metapher eines Gespenstes aufgreift, das *Halt an Grashalmen und Bäumen sucht.*

Nach all diesen Warnungen vor vermeidbarer Torheit wechselt Yuan-wu übergangslos und wie unter der Hand zu einem geradezu verheißungsvollen und für die Intention des Kôan – wie sich zeigen wird – entscheidenden Hinweis: dass nämlich derjenige, der – statt sich an die eindringlich beschworenen Irrwege zu verlieren – *auf der Stelle den Ort der einsamen Be-*

freiung erreicht, dennoch nicht umhin kommt, *Zehntausend Li weit nach dem Tor [seines heimatlichen] Dorfes Ausschau zu halten*, und zwar weil ihm nun einmal aufgegeben ist, *dorthin zurückzukehren* und *[auch tatsächlich] dort anzukommen*! Was es aber mit dieser „Heimkehr ins heimatliche Dorf" im Klartext auf sich hat, muss hier freilich vorerst offen bleiben!

Das **Beispiel** schildert ein Geschehen, das in drei Etappen vor uns abläuft. Die erste umfasst lediglich die kurze Begegnung zwischen Xue-feng und zwei Mönchen, die ihn in seiner Einsiedelei besuchen. Xue-feng hört sie kommen; sie machen sich ungewollt durch das Klimpern der Zinnringe oben an ihrem Wanderstab bemerkbar; Xue-feng streckt daraufhin den Oberkörper aus der Tür seiner Hütte und ruft ihnen, noch bevor sie sich verbeugen können, sein „*Was ist [es]?*" entgegen. Er will sie auf die Probe stellen, das Ausmaß ihrer Einsicht testen. Einer der Mönche weiß sich Rat; zumindest das Eine hat er auf seiner bisherigen »Wolken und Wasser«-Wanderschaft gelernt, dass es oftmals ein probates Mittel ist, statt des Versuchs einer eigenständigen Antwort einfach die an ihn gerichtete Frage zu wiederholen – dass sein zweites „*Was ist [es]?*", mit dem er Xue-fengs erstes „*Was ist [es]?*" kontert, nicht tieferer Einsicht entspringt, zeigt der weitere Verlauf des Geschehens.

Sehen wir uns also Xue-fengs „*Was ist [es]?*" genauer an. Rein sprachlich fällt an der chinesischen Originalfassung der Frage: *shi shen-me* auf, dass dasjenige, von dem da danach gefragt wird, was es ist, gar nicht vorkommt. Wörtlich übersetzt müsste die Frage lauten: „ ... ist was?" Es handelt sich dabei um einen anderen Fragetyp als bei der häufig geäußerten Frage: *ru-he shi Fo*, „Was ist mit Buddha?", genauer gesagt: „Welcher Zustand spiritueller Errungenschaft macht einen Buddha, macht Buddhaschaft aus?" Die dem Fragetyp: *shi shen-me* entsprechende Buddha-Frage hätte hingegen den Wortlaut: *Fo shi shen-me*, mit der Bedeutung: „Was haben wir unter einem Buddha bzw. unter dem Buddha zu verstehen?", anders gesagt: „Welche Merkmale und Eigenschaften weist ein Buddha bzw. der Buddha auf?"Auf Xue-fengs *shi shen-me* angewandt ergibt sich so die Frage: „Was haben wir darunter zu verstehen?" – doch worunter? Genau das wird nicht erwähnt, wir müssen es also erschließen. Dieses „es" in der Frage „Was ist [es]?" mag zwar durchaus Namen haben, einen oder auch mehrere; aber zugleich muss es etwas sein, dass sich durch keinen Namen tatsächlich bezeichnen, in dem, was es ist, bestimmen lässt, so dass alle Namen, die Menschen ihm je beigelegt haben, nur Metaphern sind, unzulängliche Metaphern obendrein. Für dieses X gibt es nur einen Kandidaten, der in der Tat vielerlei Namen trägt: „Buddha-Natur", „wahre Wirklichkeit", „Dharmakâya", „Shûnyatâ", oder gar, höchst poetisch, unser „ursprüngliches Antlitz, noch bevor unsere Eltern geboren waren". Dass nun keiner dieser Namen das Unbekannte und Unbenennbare beschreibt, für das er steht, und dass das auch sonst kein Name leisten kann – das eben drückt sich in Xue-fengs Frage: *shi shen-me* durch den Wegfall dessen aus, von dem gefragt wird, was es sei. Das aber bedeutet, dass Xue-feng schon mit der Formulierung seiner Frage zugleich auch die Antwort auf seine Frage gibt, nämlich dass das, was sonst „Buddha-Natur", „wahre Wirklichkeit" und so weiter heißt, ein unbenennbares und unerkennbares Etwas, oder richtiger gesagt, ein Unbenennbares und Unerkennbares ist (denn korrekterweise lässt sich von ihm auch nicht einmal aussagen, dass es ein Etwas ist). Xue-fengs „*Was ist [es]?*" schließt also zugleich auch seine eigene Beantwortung ein, macht mithin seine Frage zu einer rein rhetorischen. Mit anderen Worten, eine Antwort kann es nicht geben; und damit ist für ihn, zumal einer der beiden Mönche eben diese rein rhetorische Frage wiederholt, alles gesagt, was zu sagen war; und wenn er sich daraufhin in seine Hütte zurückzieht, so liegt darin kein Affront, keine Verweigerung, sondern der ganz selbstverständliche Abschluss eines ganz auf das Wesentliche beschränkten Dialogs. – Was Xue-feng freilich nicht entscheiden kann (und wir fürs Erste auch nicht), ist die Frage, ob die Wiederholung des *„Was ist [es]?“* tatsächlich Ausdruck echter Einsicht oder nur ein Trick ist, anderen abgeschaut und geeignet, in jeder vergleichbaren Situation angewandt zu werden.

Die zweite Etappe des Geschehens ist durch das Auftreten Yan-tous bestimmt, der sich von dem Ankömmling, der soeben zu seinem Antrittsbesuch vor ihm erschienen ist, seine Begegnung mit Xue-feng in allen Einzelheiten berichten lässt. Dass der Mönch dabei auf Yan-tous Nachfrage: *„Was hat er“* – gemeint ist Xue-feng – *„[dann] gesagt?“*, ohne jede Andeutung eines Kommentars von dessen wortlosem Rückzug in seine Einsiedlerhütte erzählt, lässt allerdings schon vermuten, dass der Mönch Xue-fengs Reaktion auf seine Wiederholung des *„Was ist [es]?“* nicht verstanden hat und dass folglich auch diese Wiederholung selbst keiner tatsächlichen Einsicht entsprungen, sondern nur die Anwendung eines abgeschauten Tricks oder sogar nur ein bloßes Nachplappern gewesen ist. Yan-tou aber stellt nun seinerseits den Mönch auf die Probe, und zwar indem er auf einen angeblichen *allerletzten Satz* zu sprechen kommt, den Xue-feng *nicht gleich zu Beginn verraten zu haben*, er mit geheucheltem Bedauern vor diesem doch reichlich unbedarften Mönch gesteht: *„Wenn ich ihm den verraten hätte, dann könnte kein Mensch unter dem Himmel dem alten Xue-feng noch etwas anhaben.“* Das klingt wenn nicht nach einem Tadel, so doch nach einem deutlichen Vorbehalt gegenüber Xue-fengs spiritueller Reife und Errungenschaft. Mit diesem *allerletzten Satz* zu operieren, den angeblich ein anderer noch nicht oder nun endlich verstanden hat, scheint zum festen Repertoire Yan-tous gehört zu haben. Aktenkundig ist vor allem das eine Mal, als Yan-tou seinem noch etwas einfältigen Mitschüler Xue-feng gegenüber erklärt: „Unser Alterchen De-shan hat den *allerletzen Satz* noch nicht verstanden!“, woraufhin De-shan, kaum dass ihm dieser aufmüpfige Ausspruch zu Ohren gekommen ist, Yan-tou zur Rede stellt und befragt, ob er etwa „mit seinem Meister nicht einverstanden“ sei: Yan-tou kann seinen verehrten Lehrer leicht beruhigen, mit dem Hinweis nämlich, dass sein Satz vom Nicht-Verstehen des *allerletzen Satzes* nicht auf ihn, De-shan, sondern auf Xue-feng abziele, der ihm gerade mit naivem Befremden von einer absonderlichen Begegnung mit De-shan berichtet hat: Dieser sei vorzeitig mit dem Essnapf in der Hand zur Mittagsmahlzeit unterwegs gewesen und habe sich, von Xue-feng auf seinen Irrtum aufmerksam gemacht, wortlos wieder zurückgezogen! Um dem „Jüngeren“ über dieses Lehrstück die Augen zu öffnen, verabredet Yan-tou mit De-shan eine kleine Komödie, die um eben diesen *allerletzen Satz* kreist und damit endet, dass Yan-tou in den Jubelruf ausbricht: „Jetzt hat auch unser alter De-shan den *allerletzen Satz* verstanden! Von nun an kann *kein Mensch unter dem Himmel* ihm *noch etwas anhaben*!“[513]

Yan-tous Behauptung eines Mangels an Vollendung aufseiten Xue-fengs stellt zwar nicht, wie der Verfasser noch in seinen Erläuterungen zum Kôan 50 *Cong-rong-lu* gewollt hat, „uneingeschränkte Anerkennung“ dar, nur auf Chan-typische Weise ins Gegenteil verkehrt;

513 Der Bericht über diese Vorkommnisse macht auch das Beispiel des Kôan 55 *Cong-rong-lu* sowie des Kôan 13 *Wu-men-guan* aus – vgl. Roloff (2), S. 281ff. und Roloff (1), S. 60ff.

auf jeden Fall aber ist sie durch und durch ironisch, wie es nicht anders sein kann bei einem Yan-tou, der einst – wie in der Fußnote 508 ausführlich geschildert – dem noch unsicheren, nach fremder Hilfe suchenden Xue-feng durch Verweis auf dessen eigene Kraft, den in ihm selbst schlummernden „Familienschatz", zum entscheidenden Durchbruch verholfen hat. Wenn es denn den von Yan-tou beschworenen *allerletzen Satz* überhaupt gibt – und daran darf erheblicher Zweifel geäußert werden; denn wie soll bei dem von Xue-feng intendierten X, das sich weder benennen noch bestimmen noch sonstwie aussagen lässt, irgendein *Satz*, gar ein *allerletzter* möglich sein – so muss er in eine andere Richtung zielen als darauf, dass zu dem Geheimnis am Grund der Welt von der Menge der insgesamt möglichen Sätze einer eben der allerletzte ist, der das Geheimnis endgültig und für immer enthüllt![514]

Der Mönch freilich versteht, wie der Ablauf des Geschehens in seiner dritten und letzten Etappe zeigt, auch Yan-tous Rede vom angeblichen *allerletzten Satz* nicht: Er hat in Yan-tous Kloster bis zum Ende der Sommer-Übungszeit ausgeharrt, ist jedoch trotz aller Bemühung mit Yan-tous Rede vom *allerletzten Satz* nicht zurechtgekommen. So *trägt* er beim Abschied sein anfängliches *Zwiegespräch* mit dem Meister *noch einmal vor und bittet um einen hilfreichen Hinweis*. Yan-tou entgegnet scheinheilig: *„Warum hast [Du das] nicht schon längst gesagt?"*, und der Mönch gesteht: *„[Ich habe] nicht gewagt, [es mir so] leicht [zu machen]."* Das spricht für diesen Mönch, der bis dahin nicht gerade durch Äußerungen aufgefallen ist, die von Einsicht hätten zeugen können. Und Yan-tou erteilt ihm den erbetenen *hilfreichen Hinweis*, allerdings in einer Form, die dem Mönch gleichfalls weiterhin zu knacken gibt: *„Obwohl Xue-feng mit mir zusammen demselben Zweig entstammt, wird er nicht mit mir zusammen im selben Zweig sterben. [Wenn Du nun] den allerletzten Satz wissen willst: ‚Nur dies ist der Fall!'"*

Sehen wir uns genauso wie Xue-fengs *„Was ist [es]?"* auch Yan-tous *„Nur dies ist der Fall!"* genauer an. Dieser Satz, dessen chinesischer Wortlaut: *zhi zhe shi* gar keine andere Übersetzung erlaubt als eben dieses *„Nur dies ist der Fall!"*, und der in seiner deutschen Fassung an Wittgensteins berühmtes Diktum gemahnt: »Die Welt ist alles, was der Fall ist!« – er ist, anders als jener ein ausschließender Satz: Nicht alles, was sich überhaupt denken lässt (und dazu gehört auch eine „Große Leere", ein „Wahrheitsleib" als Grund der Welt), sondern ***nur dies** ist der Fall!*, **anderes** aber eben nicht. Womit sich die doppelte Frage aufdrängt, was denn jenes andere ist, das nicht der Fall ist, und was wir uns unter dem als *„dies"* Bezeichneten vorzustellen haben, von dem gelten soll, dass es allein der Fall ist. *„Dies"*, das besagt das entsprechende chinesische Schriftzeichen *zhe*, meint „dies hier", das hier Vorhandene oder hier Gegebene, im Gegensatz zu allem, was nur als „jenes andere" zu bezeichnen wäre. Auf ein solches „Jenes andere" zielt Xue-fengs Frage: *„Was ist [es]?"*ab, wenn er dabei jenes Unbenennbare und Unaussagbare am Grund der Welt im Auge hat, das in herkömmlicher Chan-buddhistischer Sprechweise „Buddhas Wahrheitsleib" (Dharmakâya), „wahre Wirklichkeit", „Dharmadhâtu", „Shûnyatâ" und „ursprüngliches Antlitz" heißt und das zugleich

514 Dass es diesen *allerletzten Satz* gar nicht gibt, bestätigt uns auch Wu-men in seinem knappen Kommentar zu seinem Kôan 13; dort heißt es: „Einen derartigen letzt-abschließenden Satz / Schauen Yan-tou und De-shan nicht einmal im Traum!" Und der zweite Teil seines zugehörigen Vier-Zeilen-Lobgesangs lautet: „ Letzt-abschließender und uranfänglich erster Satz, / sie sind nicht einmal dieser eine Satz!" – Roloff (1), S. 61.

nicht nur numerisch, sondern vor allem qualitaiv ein „anderes“ ist. Demgegenüber bezeichnet „dies hier“ etwas ganz und gar Hiesiges und gleichsam mit Händen Greifbares und im Falle von Yan-tous *„Nur dies ist der Fall!“* nicht ein einzelnes konkretes Ding, sondern die konkrete Wirklichkeit überhaupt, das, was in unserem immer noch christlich geprägten Sprachgebrauch das „Diesseits“ heißt. Das aber besagt: Yan-tous *„Nur dies ist der Fall!“* lässt nur die konkrete Wirklichkeit gelten und verwirft – als der ausschließende Satz, der er ist – alles, was gemeinhin als der Grund der Dinge angenommen wird; er geht damit über Xue-fengs Aussage, dass wir am Grund der Welt auf ein geheimnisvolles X stoßen, über das sich nichts aussagen lässt, noch weit hinaus und besagt – nicht anders als Yun-yans gleichlautender Satz aus dem Kôan 49 *Cong-rong-lu*, auf den der Verfasser anlässlich Dong-shans: „Drei Pfund Hanf“ bereits mehrfach verwiesen hat – dass es diesen Grund der Dinge gar nicht gibt – er gehört nicht zu dem, was *„der Fall ist“*! Das ist, im Sinne des traditionellen Mahâyâna-Buddhismus, eine ganz und gar ketzerische Aussage, ja die Ketzerei schlechthin! Und weil Yan-tou mit seinem *„Nur dies ist der Fall!“* somit *expressis verbis* das Vorhandensein eines Grundes der Welt leugnet (und nicht nur dessen Unaussagbarkeit und Unerkennbarkeit behauptet), kann er diesen seinen Satz zu Recht gegenüber Xue-fengs als rhetorische Frage vorgetragenen Satz zu einem *allerletzten Satz* erklären, über den in der Tat nicht weiter hinausgegangen werden kann. Und damit wären Verfasser und Leser wieder bei jenem Fazit angelangt, das Ersterer eingangs schon einmal aus seinen Erläuterungen zu De-shans „Da ist nichts! Da ist nichts!“ zitiert hat: „dass es angesichts des tiefsten Grundes der Welt, des letzten Geheimnisses der Dinge nichts zu sagen gibt, eben weil da nichts ist!“

* An dieser Stelle scheint, als Exkurs ins Grundsätzliche, ein kurzer Blick auf die beiden späteren Kôan-Sammlungen *Cong-rong-lu* und *Wu-men-guan* angebracht. Und zwar geht es um jene allbekannte Episode, in der Zhao-zhou danach befragt wird, ob auch einem Hund die „Buddha-Natur“ zukommt oder nicht (dass mit dieser „Buddha-Natur“ nichts anderes als das „wahre Wesen“ aller Dinge am Grund der Welt gemeint ist, bedarf keiner weiteren Erörterung). Das *Cong-rong-lu* zitiert in seinem Kôan 18 aus dem reichen Vorrat Song-zeitlicher Chan-Anekdoten gleich zwei Versionen, in denen Zhao-zhou der Gattung Hund diese „Buddha-Natur“ zunächst zuspricht, anschließend aber eine „Buddha-Natur“ von Hunden gleich wieder in Abrede stellt und für beide Behauptungen recht hintersinnige Gründe anführt:

Ein Mönch fragte Zhao-zhou: „Hat auch ein Hund die Buddha-Natur oder nicht?“
Zhao-zhou sagte: **„Er hat!“** Der Mönch fragte: „Wenn er sie aber bereits hat, warum begibt er sich dennoch in diesen Sack aus Haut?“ Zhao-zhou sagte: „Weil er es weiß und doch vorsätzlich einen Fehltritt begeht.“
Ein anderer Mönch fragte Zhao-zhou gleichfalls: „Hat auch ein Hund die Buddha-Natur oder nicht?“ Zhao-zhou sagte: **„Nein!“** Der Mönch fragte: „Alle lebenden Wesen haben sämtlich die Buddha-Natur; warum hat ein Hund sie jedoch nicht?“
Zhao-zhou sagte: „Weil in ihm das karmische Bewusstsein immer noch lebendig ist.“

Das Kôan 1 *Wu-men-guan* hingegen bietet nur die zweite Version, und die obendrein in einer radikal verkürzten Form: Ein Mönch fragte Zhao-zhou: „Hat auch ein Hund die Buddha-Natur oder nicht?“ Und Zhao-zhou antwortete, auf Chinesisch, versteht sich: „*Wu*“ (japanisch: „MU“).

In seinem Chan-Erstling von 1999 hat der Verfasser dieses „*Wu*“ noch als „Nichts da!“ übersetzt, was er heute jedoch als unzulänglich, weil zu vorsichtig empfindet. Denn angesichts des daoistischen Axioms „Die *Zehntausend Dinge* entstehen aus dem Sein (*you*) und das Sein entsteht aus dem Nicht-Sein (*wu*)“ drängt sich die unabweisliche Schlussfolgerung auf, dass Wu-men mit seiner radikalen Verkürzung der Anekdote und ihrer Zuspitzung auf eben dieses „*Wu*“ nur eines beabsichtigt haben kann: uns zu dem Eingeständnis zu bekehren, dass da am Grund der Welt gerade nichts ist, keine „Buddha-Natur“, kein „wahres Wesen“, keine „wahre Wirklichkeit“, sondern eben nur – „*nichts*“! Und dieses „Da ist nichts!“ Wu-mens, zugleich auch das „Da ist nichts!“ De-shans, sowie Yan-tous „Nur dies ist der Fall!“ sind lediglich die zwei Seiten der einen Medaille, die da heißt: Es gibt nur eine Wirklichkeit, nämlich die der *Zehntausend Dinge*, und hinter oder jenseits dieser Wirklichkeit ist nichts, kein ewiger und unveränderlicher Grund der Welt, kein Zufluchtsort für »müde Seelen«, keine „vollkommene und immerwährende Glückseligkeit“ – *perfect and eternal happiness* – an einem „anderen Ufer“ namens Nirvâna. Diese Leugnung einer „wahren Wirklichkeit“ jenseits der Dinge, verbunden mit einer unbedingten Hinwendung zur irdischen Welt als der einzigen Wirklichkeit, die es gibt, macht die revolutionäre Lehre des Song-zeitlichen Chan aus. *

Was aber bedeutet dieses Ergebnis für uns Heutige, wenn wir uns denn auf die Sicht der Song-zeitlichen Chan-Meister einlassen, die einen »Öffentlichen Aushang« wie diesen für die eigene Versenkungsübung und diejenige ihrer Mönchs- und Laien-Schüler „erfunden“ und auch uns hinterlassen haben? Nun, dass es angesichts aller Bedrängnisse, die das Leben in dieser Welt der *Zehntausend Dinge* für uns bereithält, seien es Verletzungen und Verluste, ob physischer oder seelischer Art, seien es Entbehrungen, Kümmernisse, Ängste, keine Flucht in eine andere und bessere, eine leidfreie oder gar ausschließlich von Glücksgefühlen erfüllte Welt gibt; und dass wir daher lernen müssen, uns mit dieser Welt hier zu begnügen und dabei all das Glück, das wir irrtümlich von einer – nicht existenten – anderen und „wahren“ Welt erwarten, vielmehr hier inmitten der *Zehntausend Dinge* zu finden, und zwar auf eine Weise, dass wir eine andere und bessere Welt gar nicht mehr nötig haben.

Dass das gegenwärtige Kôan genau darauf hinaus will, hat Yuan-wu bereits vorweg in seiner **Ankündigung** angedeutet, wenn er von einem „Ausschau-Halten *nach dem Tor [unseres heimatlichen] Dorfes*“ spricht und uns auffordert, *dorthin zurückzukehren und [auch tatsächlich] dort anzukommen*! Denn dieses *[heimatliche] Dorf* ist nichts anderes als die durchsichtige Metapher für die irdische Welt, der wir nun einmal *qua* physischer Geburt angehören – wobei auch die Erwähnung des *Tores* durchaus Sinn macht, insofern es uns den (Wieder)eintritt in das *Dorf* ermöglicht. Doch es bleiben, wenn wir uns den entsprechenden Passus der Ankündigung noch einmal in seinen Einzelheiten ins Gedächtnis rufen, zwei, drei Fragen: Warum führt Yuan-wu die Distanz von *Zehntausend Li* ein, über die hinweg wir nach unserem *Heimatdorf* auszuschauen genötigt seien? Warum fragt er danach, ob wir zu einer erfolgreichen Rückkehr auch tatsächlich imstande seien? Und was hat mit alledem die *einsame Befreiung* zu tun, die – wenn überhaupt – an einem *Ort* stattfindet, der uns zu unserem *[heimatlichen] Dorf* auf die besagte Distanz von *Zehntausend Li* bringt? Beginnen wir mit Letzterem: Der *Ort der einsamen Befreiung* ist jenes Nichts jenseits der Dinge,[515] auf das De-shans „Da ist nichts!" abzielt und das korrekterweise nicht einmal Shûnyatâ benannt werden kann; und die *einsame Befreiung* selbst ist eben die Erfahrung dieses Nichts, die ihrerseits aus der Chan-spezifischen Versenkungsübung resultiert. Innerhalb des traditionellen Buddhismus hat eine solche Erfahrung, gewöhnlich als Übertritt „ans andere Ufer" oder auch als Eintritt ins Nirvâna umschrieben, den Charakter einer Zuflucht, von der der Adept nicht wieder lassen will, und die ihn in eben jene *Zehntausend Li* Entfernung zur irdischen Welt versetzt, über die hinweg laut Yuan-wu sich unser Blick wieder auf das *[heimatliche] Dorf* richten soll. Wer die Erfahrung des De-shan'schen „Da ist nichts!" jedoch als Zuflucht empfindet, ist gar nicht willens, ins *[heimatliche] Dorf* zurückzukehren; und von diesem Widerstand loszukommen, verlangt eine Entschlossenheit, sich den Bedrängnissen der Welt, vor denen der Adept ja gerade geflohen ist, erneut zu stellen – eine Entschlossenheit, die angesichts des Widerstandes, den es da zu überwinden gilt, Yuan-wus Frage nach dem Können, dem Zu-einer-Rückkehr-imstande-Sein durchaus plausibel macht. Uns Heutigen hingegen erscheint die Erfahrung eines De-shan'schen Nichts eher als ein Schrecknis, ja vielleicht sogar als das Schrecknis schlechthin; doch gerade die Chan-spezifische Versenkung, wenn sie denn gelingt, verleiht uns eine Befindlichkeit, die uns die Welt der *Zehntausend Dinge*, allen Fährnissen, all ihrer Sinnlosigkeit zum Trotz, als Ort der Erfüllung erfahren lässt, einer Erfüllung, die jegliche Sehnsucht nach einer anderen und besseren, doch nun einmal nicht existenten Welt von vornherein ausschließt:

Buddha-Statuen –
In den Vitrinen der Völkerkunde
Halten wir uns ihr
Lächeln vom Leibe.
Spotlights verfälschen das
Ihnen eigene Licht,
Gegenzauber, um uns
Ihrer Macht zu entziehen.

Lässt du aber dich ein,
Brichst durch die Trennwand des
Aufgezwungenen Gleißens,
Offenbart sich ein anderer Glanz,
Einer mit Sprengkraft,
Seines Gefängnisses Spott, der draußen
Vor den Museumsmauern
Erst seinen Welttag hat.

---

515 „Nichts" ist der Versuch einer Umschreibung des chinesischen *wu*, japanisch MU, jedem Rinzai-Anhänger aus dem allbekannten Kôan MU geläufig; und zwar heißt es im chinesischen Original an jener Stelle des Kôan 4 *Bi-yan-lu*, die der Verfasser als „Da ist nichts! Da ist nichts!" übersetzt hat, lediglich: *wu wu*!

Nein, es sind nicht,
Platon, zwei Welten, die eine jenseits,
Jene des Glanzes,
Hier diese andre,
Die unsrer Leiden, so
Unvollkommen, dass uns
Nur Verzweiflung, es sei
Denn die Flucht dorthin bliebe.

Nein, die Epiphanie
Göttlichen Glanzes auf
Leib und Lippen der Buddhas
Kündet dir vom Frohlocken der Welt,
Dieser nur einen,
Über sich selbst: So sich ganz genügend
Ist ihr, vom Glanz erfüllt, nichts
Rettendes nötig sonst.[516]

Noch einige wenige Worte, soweit überhaupt nötig, zu Xue-dous **Lobgesang**: Dass auch wir zu den – leicht begriffsstutzigen – *Herren* gehören, für die Yan-tous *allerletzter Satz ausgesprochen* ist, versteht sich von selbst. Dass wir nun einmal in einer *Zeit* leben (hat es je eine andere gegeben?), in der *»Hell« und »Dunkel« immer nur zu zweit auftreten*, ebenso. Hier soll diese Trivialität lediglich darauf hinweisen, dass Xue-fengs und Yan-tous Verständnisweisen des *gemeinsamen* Vermächtnisses seitens ihres Lehrers De-shan so unauflöslich zusammengehören wie *»Hell«* und *»Dunkel«* (eine Wertung ist in dieser Antithese nicht enthalten), so *verschieden* ihre Sichtweisen auch sein mögen – Xue-dou formuliert mit Chan-typischer Übertreibung sogar: *„ganz und gar verschieden"*, und eben diese Übertreibung, die sich in der nächsten Zeile fortsetzt, verweist *e contrario* („vom Gegenteil her") auf Xue-fengs und Yan-tous enge Zusammengehörigkeit: Noch Buddha, das *Gelbgesicht*, und Bodhidharma, der Barbar mit den *blauen Augen*, die Garanten einer einstrangigen Überlieferung und unbedingten Einheitlichkeit der Lehre, kommen angeblich nicht umhin, die Verschiedenheit der beiden anzuerkennen! Doch dann widerruft Xue-dou eben dieses Auseinanderdriften, ebenfalls mit gehöriger Übertreibung: Als hätten sich Xue-feng und Yan-tou mit der Unterschiedlichkeit ihres Verständnisses gleichsam nach *Süden, Norden, Osten, Westen* voneinander entfernt, *kehren* sie schlussendlich *heim* – dorthin, wo sie *in tiefer Nacht gemeinsam den Schnee auf tausend Felsenspitzen schauen.* Ein wunderbares Bild, doch zugleich eine Metapher, die sich nur auf Umwegen entziffern lässt: *In tiefer Nacht den Schnee* auf fernen Gipfeln entdecken zu können, setzt Mondlicht voraus; und wenn wir noch einen Schritt weitergehen und Vollmond unterstellen, gar einen Vollmond an wolkenlosem Himmel, dann haben wir eine eindeutige Umschreibung des Zustandes vor uns, in dem sich befindet, wer in der Versenkung zur Erfahrung des De-shan'schen „Da ist nichts!" vorgedrungen ist. Und aus dieser Erfahrung heraus – so Xue-dous implizite Er-

516 Roloff (3), Text 13 – die beiden letzten Zeilen stellen dabei eine offenkundige Anspielung auf Hölderlins: »Wo aber Gefahr ist, wächst / **Das Rettende** auch« dar.

mahnung auch an uns Nachgeborene – richten Xue-feng und Yan-tou ihre Aufmerksamkeit auf den überwältigenden Glanz der *tausend schneebedeckten Felsenspitzen* – ein Anblick, der nichts anderes als Bejahung der Welt erlaubt, einer Welt, die „sich ganz genügend, von Glanz erfüllt, nichts Rettendes sonst nötig“ hat.

52. Die Steinerne Brücke von Zhao-zhou

Ankündigung

(nicht erhalten)[517]

Beispiel

Ein Mönch fragte Zhao-zhou: „Schon lange steht [mir] der Sinn nach der Steinernen Brücke von Zhao-zhou! [Da ich jetzt hier] angekommen bin, sehe [ich] aber mehr oder weniger nur eine Laufplanke!"[518]
Zhao-zhou sagte: „**Du** siehst nur die Laufplanke, die Steinerne Brück jedoch siehst [Du] nicht!"
Der Mönch sagte: „Was ist mit der Steinernen Bücke?"
Zhao-zhou sagte: „Es gehen Esel und Pferde über sie hin!"

Lobgesang

Nicht steht [er] einsam, hoch aufgerichtet da – wie [er] verfährt, ist außergewöhnlich!
Fährt [er] aufs Meer hinaus, muss [er] auch nach der Großen Schildkröte angeln![519]
[Sein] Zeitgenosse, der Alte vom Gießbach, verdient es, dass man [über ihn] lacht –
[Er] wusste zu sagen: „Ein spaltender Pfeil" – und hat sich ebenso vergeblich bemüht![520]

Keineswegs wirkungsgeschichtlich so einflussreich wie Xue-feng oder Yun-men oder gar Lin-ji, ist **Zhao-zhou** (778-897) gleichwohl ein großartiger Solitär, von den Chan-Meistern der Song-Zeit hochgeschätzt und im *Bi-yan-lu* nach Yun-men (mit 18 Auftritten) am zweithäufigsten vertreten: 12 Kôan haben Aussprüche und Wortwechsel Zhao-zhous zum Gegenstand! Dieser hier erweist sich als eine ganz besondere Köstlichkeit!

---

517 Wie schon zuvor in den Kapiteln 6, 14, 18, 26, 28, 30, 34, 36 und 44 weisen auch zu diesem Kôan weder die Standard- noch die *Ichiya*-Version (und in ihrem Gefolge die *Teihon*-Ausgabe) eine Ankündigung auf. Dieser Ausfall hier im Kôan 52 ist der zehnte Beleg für den schwerwiegenden und komplexen »Bindefehler«, der für beide Überlieferungsstränge, die Standard- und die *Ichiya*-Version, die Annahme eines gemeinsamen Vorfahren erzwingt.

518 Wir befinden uns mit dieser Episode, grob gerechnet, in dem Zeitraum der Jahre 858-897. Offensichtlich ist die einstmals berühmte Steinerne Brücke von Zhao-zhou inzwischen, möglicherweise während der An-Lu-shan-Revolte von 755 zerstört und durch eine hölzerne Notbrücke ersetzt worden – sollte der Mönch das, einhundert Jahre später, nicht gewusst haben?

519 Mit der *Großen Schildkröte* tritt hier zum zweiten Mal die mythische Riesenschildkröte in Erscheinung, die fern im Osten die Inseln der Seligen auf ihrem Rücken trägt.

520 Mit dem *Alten vom Gießbach* (*guan-qi*) ist Guan-qi Zhi-xian gemeint, den sein Todesjahr 895 eindeutig als *Zeitgenossen* Zhao-zhous ausweist (gest. 897). Dieser Quan-qi hatte bei einem vergleichbaren Zwiegespräch auf die erstaunte Feststellung eines Mönches: „Ich sehe hier nur einen Tümpel, aber keinen Gießbach!" zunächst in analoger Manier geantwortet: „Du siehst nur den Tümpel, den Gießbach aber siehst Du nicht!", um dann den Mönch, der ebenfalls nicht locker lassen wollte („Und was ist mit dem Gießbach?") mit der Bemerkung abzufertigen: *„Ein spaltender Pfeil!"* – will sagen: ein Pfeil, der einen anderen spaltet!

Da kommt also ein Mönch zur Stadt Zhao-zhou, nach der der greise Meister und „alte Buddha" Zhao-zhou benannt ist, um die vielberufene *Steinerne Brücke* zu sehen (sicherlich so berühmt wie in Europa die Brücke von Mostar) – und was zeigt sich seinen überraschten Augen? Eine Holzplanke, mehr nicht! Die Brücke aber ist verschwunden! Mit einem Unterton von Entrüstung in der Stimme tritt er vor den Abt des nahegelegenen Klosters: „Nach einer mühevollen Reise, mit der ich mir einen lang gehegten Wunsch erfüllen wollte, jetzt endlich *[hier] angekommen, sehe ich mehr oder weniger nur eine Laufplanke* über dem Fluss!" Geradezu kontrafaktisch hält ihm Zhao-zhou entgegen, so als wollte er ihn einer Halluzination bezichtigen: *„Du siehst nur die Laufplanke, die Steinerne Brück jedoch siehst [Du] nicht!"* Aber der Mönch kann sie doch gar nicht sehen, weil es sie ja gar nicht mehr gibt! Der Mönch ist, verständlicherweise, ziemlich verwirrt: *„Was ist mit der Steinernen Bücke?"* Und jetzt kommt Zhao-zhous »linker Haken«, der nicht nur den Mönch, sondern auch uns zu Boden streckt: *„Es gehen Esel und Pferde über sie hin!"* – Wie bitte?

Nun kann allerdings der Mönch mit seiner *Steinernen Brücke* auch etwas anderes gemeint haben als die steinerne Brücke vor den Toren der Stadt Zhao-zhou – wie ja überhaupt zwischen Chan-Meistern und Mönchen scheinbar eindeutige Äußerungen, je einfältiger sie daherkommen, in der Regel einen doppelten Boden haben![521] Erinnern wir uns an das Kôan 9, bei dem die Frage des Mönchs „Was hat es auf sich mit Zhao-zhou?" sicherlich nur auf den Meister zielt, dem der Mönch gerade seine Aufwartung macht, der der Angesprochene jedoch eine andere Bedeutung unterschiebt, indem er sich bei seiner Antwort auf die vier Tore der Stadt Zhao-zhou bezieht: „Osttor, Südtor, Westtor, Nordtor!" – eine, wie erinnerlich, erst recht doppelbödige Antwort! Oder der Leser sei auf das Kôan 51 *Cong-rong-lu* verwiesen, wo Fa-yan seinem heimkehrenden Mönch vom Ersten Sitz die – falls wörtlich genommen – ganz harmlose Frage stellt: „Bist Du mit dem Schiff gekommen oder über Land?", mit der er jedoch in Wahrheit auf etwas völlig anderes hinaus will, nämlich auf das Verhältnis des Mönchs zu jenseitiger und diesseitiger Welt.[522]

Und was könnte im Falle der *Steinernen Brücke* von Zhao-zhou gemeint sein? Nun, eine Brücke führt über einen Fluss, vom einen Ufer zum anderen, und eine steinerne Brücke tut das mit besonderer Zuverlässigkeit! Und was ein buddhistischer Mönch von einem Chan-Meister erwarten kann, oder zumindest erwarten zu können glaubt, ist eben dies: ans „andere Ufer" geführt zu werden! Es ist das die uralte Mahâyâna-Metapher für den Übergang aus der irdischen Welt der Leiden in das paradiesesartig vorgestellte jenseitige „Land" des Nirvâna oder wenigstens in eines der nun tatsächlich paradiesischen Lotos- oder Buddha-Länder! Und noch die Entrüstung, mit der der Mönch dem alten Zhao-zhou die *„[hölzerne] Laufplanke!"* entgegenschleudert, fügt sich in diese allegorische Deutung ein: Es mag ja durchaus sein, dass der Mönch angesichts der physischen Gebrechlichkeit oder

---

521 Dass das auch hier der Fall ist, scheint der Mönch bzw. der Song-zeitliche Verfasser dieser Anekdote schon durch die eigenartige Wortwahl andeuten zu wollen: Das Verbum *xiang*, mit dem der Mönch sein Interesse für die Steinerne Brücke ausdrückt, bedeutet wörtlich: „hinneigen zu etwas", „Partei ergreifen für etwas", „sich auf jemandes Seite bzw. auf die Seite einer Sache stellen" – eine befremdliche Wortwahl, wenn es nur um den Wunsch ginge, etwas, in diesem Fall die Steinerne Brücke von Zhao-zhou, sehen zu wollen!

522 Vgl. Roloff (2), S. 259ff.

gar Hinfälligkeit des greisen, längst über achtzigjährigen Zhao-zhou zutiefst enttäuscht war und augenblicklich die Hoffnung aufgegeben hat, von diesem vom Alter gebeugten Mann ans „andere Ufer" geführt zu werden!

Gehen wir also einmal davon aus, dass mit der *Steinernen Bücke* etwas anderes gemeint ist als die – nicht mehr existente – Brücke aus Stein vor den Toren der Stadt Zhao-zhou, und sehen wir zu, wohin dieser Ansatz uns führt! Die *Steinerne Brücke*, die allen Unwettern, die noch dem heftigsten Andrang des Wassers trotzt, wäre dann Garant und Symbol des Übergangs zum „anderen Ufer", der erfolgreichen Flucht aus dem irdischen Jammertal hinüber an einen Ort der Leidlosigkeit, mythisch gesprochen, auf die Inseln der Seligen, die die *Große Schildkröte* des **Lobgesangs** auf ihrem Rücken trägt. Und die hölzerne *Laufplanke*, im Vergleich zu einer Brücke aus Stein ein höchst hinfälliges Ding, alles andere als vertrauenerweckend, stünde für die Gebrechlichkeit des Irdischen, für die Unbeständigkeit unseres Glücks hier inmitten der *Zehntausend Dinge*!

Auch die Antwort Zhao-zhous, die erste seiner beiden scheinbar so kryptischen Äußerungen: *„Du siehst nur die Laufplanke, die Steinerne Brück jedoch siehst [Du] nicht!"* hat dann nichts Kontrafaktisches mehr an sich: „**Du** richtest Dein Augenmerk", gibt er dem Mönch zu verstehen, „allein auf die Mangelhaftigkeit der irdischen Welt; doch dass sich in eben dieser so unbeständigen, so von Schmerzlichem durchsetzten Welt gleichwohl eine unsichtbare Steinerne Brücke verbirgt, das sieht du nicht!" Was es mit dieser unsichtbaren Brücke auf sich hat, das wird für einen Leser, der dem Verfasser bis zu diesem Kôan 52 gefolgt ist, leicht zu erschließen sein; der Mönch jedoch hat nichts verstanden, und daher kommt er nicht umhin, kleinlaut die Frage anzuhängen: *„Was ist mit der Steinernen Bücke?"* Auch Zhao-zhous zweite Antwort: *„Es gehen Esel und Pferde über sie hin!"*, erhält nun einen überraschend plausiblen Sinn: Menschen, denen das – unvermeidliche – Nachdenken über die Mängel der Welt ein naives und rückhaltloses Einverständnis mit eben dieser Welt unmöglich macht, fällt es schwer, Zhao-zhous unsichtbare Brücke zu entdecken, die sie hier in der irdischen Welt sicher über die Unbilden des Daseins hinwegträgt; *Esel und Pferde* hingegen ... „Aber das ist doch blanker Unsinn!", kommt da der leicht vorauszusehende Einwand. Doch denken wir an einen anderen »Öffentlichen Aushang« wie das Kôan 69 *Cong-rong-lu*, in dessen Beispiel schon Zhao-zhous Lehrer Nan-quan zwar nicht *Esel und Pferde*, dafür aber „Bullen und Füchse" sogar noch über die Buddhas der Vergangenheit, Gegenwart und Zukunft stellt: „Sämtliche Buddhas der drei Zeiten verstehen es nicht, da zu sein; streunenden Füchse und gewöhnliche Bullen jedoch verstehen es, da zu sein!"[523] Dort geht es zwar nicht um unsichtbare Brücken, die hier in der Welt über die Nöte des Daseins hinweghelfen, vielmehr um die – positiv besetzte – rückhaltlose Einsenkung ins irdische Dasein, der die Buddhas aller Zeiten mit ihrer Lehre von der „Großen Befreiung", dem Übertritt ans „andere Ufer", aus demselben Grund entgegenzuwirken bemüht sind, der den Mönch des gegenwärtigen Beispiels dazu antreibt, nach der *Steinernen Brücke von Zhao-zhou* zu suchen. Wozu dort, im Kôan 69 *Cong-rong-lu*, „streunende Füchse und gewöhnliche Bullen" imstande sind, das wird hier im Kôan 52 *Bi-yan-lu* ebenso zustimmend *Eseln und Pferden* zugesprochen: dass sie, ungeachtet aller Lasten, die sie zu tragen haben (und das sind, im übertragenen Sinne,

523 Vgl. Roloff (2), S. 359ff.

die Lasten des irdischen Daseins), dank einer unsichtbaren Brücke dort gehen können, wo Menschen vor den Abgründen des Daseins zu kapitulieren geneigt sind. Auch das Kôan 52 handelt also von der Möglichkeit, ganz eingesenkt ins irdische Dasein hier in der Welt der *Zehntausend Dinge* heimisch zu sein, statt uns, angesichts all der Kümmernisse und Leiden, die diese Welt uns auferlegt, in ihr als Fremdlinge zu fühlen und anderswohin, in eine bessere Welt, zu wollen.

Was aber soll das sein, diese unsichtbare Brücke, auf der *Esel und Pferde* über die Abgründe des Daseins hinweggehen? Es geht dabei immer wieder um ein und dasselbe, nämlich darum, dass wir durch die Einübung in die Shûnyatâ, mithin die Erfahrung, dass hinter den Dingen nichts ist, jenen Zustand des Schwebens erreichen, in dem wir, gleichsam hoch über die Dinge hinweg, auf paradoxe Weise zugleich den Dingen so nahe sein können, dass – mit den Worten Wu-mens – nicht einmal „ein Wind zwischen ihnen und uns hindurchgeht".[524] Eben deshalb, weil wir in einem solchen Schwebezustand von den Kümmernissen und Nöten aus den Abgründen der Welt nicht ernsthaft betroffen werden, können wir uns den Dingen mit einer „Vertrauensseligkeit" hingeben, die sich durch nichts erschüttern lässt.

Ebenso köstlich wie die *Esel und Pferde*, die – wie es bei Hölderlin heißt – »auf leichtgebaueten Brücken furchtlos über den Abgrund weg gehen«,[525] ist der **Lobgesang**, der Zhao-zhou zunächst höchstes Lob ausspricht („*wie [er] verfährt, ist außergewöhnlich*"), ihn dann aber einem anderen gleichsetzt, der gleichfalls gescheitert ist („*hat sich ebenso vergeblich bemüht*")! Das Lob, das Xue-dou dem „alten Buddha" Zhao-zhou erteilt, umfasst zum einen die allgemeine – und lediglich negative – Kennzeichnung seines *Verfahrens*, dass er bei seinen Belehrungen nicht bedrohlich dasteht wie die sprichwörtliche »1000 Klafter hohe Wand«, und zum anderen, auf den konkreten Fall des gegenwärtigen Beispiels bezogen, die – diesmal positive – Hervorhebung: *„Fährt [er] aufs Meer hinaus, muss [er] auch nach der Großen Schildkröte angeln!"* Die *Fahrt aufs Meer hinaus* ist dabei eine höchst durchsichtige Metapher dafür, dass Zhao-zhou es mit seinen *Eseln und Pferden*, die unbedenklich über die unsichtbare *Steinerne Brücke* gehen, auf die – an den Mönch wie an uns alle gerichtete – Ermutigung abgesehen hat, uns noch auf die Stürme des Daseins einzulassen, statt aus der Welt zu entfliehen. Und das *Angeln der Großen Schildkröte*, die die Inseln der Seligen auf ihrem Rücken trägt, umspielt ebenso durchsichtig-metaphorisch Zhao-zhous auf die eigene Erfahrung gegründete Gewissheit, dass wir die Inseln der Seligen nicht in einer anderen Welt, jenseits „am anderen Ufer", suchen müssen, sondern sie hier in dieser Welt finden können, besser gesagt, uns „*angeln*", also erarbeiten müssen!

Doch dann, im zweiten Teil des vierzeiligen **Lobgesangs**, kommt Xue-dou auf einen *Zeitgenossen* Zhao-zhous zu sprechen, der sich in den Augen Xue-dous lächerlich gemacht hat – nicht weil *er zu sagen wusste: „Ein spaltender Pfeil"*, sondern weil er sich mit eben

524 Im Kôan 26 *Wu-men-guan* klingt der Lobgesang mit folgender Doppelzeile aus: „Warum, als ob du dich der Leere fügtest, alles beiseite legen? / Unaufhörlich ganz dicht daran, und kein Wind dringt mehr hindurch" – Roloff (1), S. 105

525 In Hölderlins Hymne *Patmos* (1803) finden sich in der ersten Strophe die Zeilen: »Im Finstern wohnen / Die Adler und **furchtlos gehn** / Die Söhne der Alpen **über den Abgrund weg** / **Auf leichtgebaueten Brücken**« – Hölderlin, S. 447.

dieser Belehrung *vergeblich bemüht* hat, und zwar *ebenso* wie – und das zu ergänzen kommen wir nicht umhin – Zhao-zhou mit seinen *Eseln und Pferden*! Was auch immer sich bei dem Bemühen, der Metapher des *spaltenden Pfeils* eine plausible Deutung abzugewinnen, herausstellen mag – auf jeden Fall handelt es sich um einen Schuss, bei dem ein zweiter Pfeil den ersten genau in seinem Schaftende trifft und zerspaltet. Beziehen wir diesen *spaltenden Pfeil* – gegen den Wortlaut der betreffenden Zeile – auf den Gesprächspartner des *Alten vom Gießbach*, von dem genau wie von dem Mönch des gegenwärtigen Beispiels nach der entrüsteten Bekundung, das Erhoffte nicht gefunden zu haben, noch eine zweite Äußerung erwähnt wird, dann dürfen wir den zweiten Pfeil nicht als jenen Meisterschuss verstehen, den uns Herrigel zu Unrecht als Ausdruck von *Satori* glauben gemacht hat,[526] sondern nur als einen Zufallstreffer, der den ersten entwertet, weil er, statt gleichfalls das Ziel zu treffen, nicht mehr ausrichtet als der erste Schuss, ja den vorangegangenen Pfeil zerstört! Abgesehen davon wäre es bei dieser Deutung nicht – wie der Lobgesang verlangt – der *Alte vom Gießbach*, sondern jener andere Mönch, der sich – siehe die Fußnote 520 – mit seiner zusätzlichen Frage: „Und was ist mit dem Gießbach?" lächerlich gemacht hätte.

Nein, der *Alte vom Gießbach* ist es, der einerseits *zu sagen gewusst hat*: *„Ein spaltender Pfeil!"*, und diese Formulierung Xue-dous müssen wir zweifellos als Auszeichnung verstehen, und der sich andererseits mit eben diesem höchstes Können verratenden Ausspruch lächerlich gemacht hat! Und wenn der *Alte vom Gießbach* sich mit seinem *„spaltenden Pfeil!"* zum einen lobende Anerkennung verdient und zum anderen zugleich der Lächerlichkeit preisgegeben hat, weil er mit eben diesem Ausspruch angeblich gescheitert ist, dann gilt dasselbe auch für Zhao-zhou und seine Verteidigung der *Steinernen Brücke*, deren Existenz der Mönch bestreitet, weil er sie nicht sieht: *„Es gehen Esel und Pferde über sie hin!"* Mit anderen Worten: Diesen Satz sollen wir als Ausdruck überragenden Könnens verstehen (*„wie [er] verfährt, ist außergewöhnlich!"*) und zugleich mit schadenfrohem Gelächter quittieren, weil sich der „große, alte" Zhao-zhou mit ihm *vergeblich abgemüht*, also sein Ziel verfehlt hat! Das lässt sich wohl kaum anders verstehen denn als pure Ironie! Denn das hieße ja, dass es Zhao-zhou nicht gelungen sei, den Mönch zu der von ihm intendierten Einsicht zu bringen – und immerhin erfahren wir anhand des Beispiels ja tatsächlich nicht, wie der Mönch Zhao-zhous Belehrung *„Es gehen Esel und Pferde über sie hin!"* aufgenommen hat! Doch selbst wenn auch ein Zhao-zhou so vergeblich gegen Verstocktheit ankämpft, wie einst »die Götter gegen die Dummheit« – die unterstellte Lächerlichkeit wegen eines Scheiterns aufgrund einer Wahl unzureichender Mittel widerspricht dem Lob der Eingangszeile: Zhao-zhou stünde dann nicht nur nicht wie eine »1000 Klafter hohe Wand«, sondern wie ein Schwächling und Versager da, dem auch ein enthusiasmierter Xue-dou keine *Außergewöhnlichkeit des Verfahrens* zusprechen könnte!

---

526 Einer der Höhepunkte in Eugen Herrigels vielgelesenem und – wie sich heute herausstellt – zu Unrecht berühmtem Buch *Zen in der Kunst des Bogenschießens* ist die Szene, in der Herrigels Kyûdô-Lehrer Awa Kenzo ihm seine Meisterschaft vorführen will und dabei in einem abgedunkelten Dôjô mit dem zweiten Pfeil den ersten trifft. Wie jedoch Shoji Yamada in seiner Herrigel-Kritik *Shots in the Dark. Japan, Zen and the West*, nachgewiesen hat, war das keineswegs Awa Kenzos Absicht, der im Gegenteil anderen Gewährsleuten gegenüber unmissverständlich zu erkennen gegeben hat, dass es sich bei dem Auftreffen des zweiten Pfeils auf dem Schaftende des ersten um einen „reinen Zufall" gehandelt hat! Herrigels Darstellung erweist sich damit als reine Mystifizierung!

Warum aber zieht Xue-dou gerade den *„spaltenden Pfeil“* als Parallele zum angeblichen Scheitern Zhao-zhous heran? Besteht da eine Beziehung in der Sache, um die es geht? Nun, den ersten *Pfeil*, der unerlässlich ist für einen *spaltenden* zweiten, könnte die entrüstete Feststellung des Mönchs abgeben: *„Schon lange* verlangt es mich *nach der Steinernen Brücke von Zhao-zhou*, doch *ich sehe hier nur eine Laufplanke!“*, mit der er seine Enttäuschung darüber ausdrückt, bei der Suche nach einem sicheren Übergang ans „andere Ufer“ bei Zhao-zhou keine Hilfe zu finden. Den zweiten, den *zerspaltenden Pfeil* – in diesem Fall ebendoch jener Meisterschuss, den Herrigel seinem Lehrer nur angedichtet hat – hätten wir dann in den beiden Äußerungen Zhao-zhous zusammen vor uns, von denen die zweite ja die erste gerade nicht widerlegt, sondern im Gegenteil bekräftigt, mit der doppelten Folge, dass zumal die zweite von den *Eseln und Pferden* sowohl den Angriff des Mönchs: „Hier ist ja nur eine hölzerne Laufplanke!“ zunichte macht (den ersten Pfeil „zerpaltet“) als auch sein Streben nach einer Brücke hinüber ans „andere Ufer“ verwirft, und zwar als Hinweis darauf, dass wir Glück und Erfüllung nicht an einem Ort jenseits der irdischen Welt, sondern nur hier inmitten der *Zehntausend Dinge* erlangen können! So gedeutet fügt sich auch der zweite Teil des Lobgesangs der bewundernden Einschätzung ein: *„Wie [er] verfährt, ist außergewöhnlich!“*, freilich ironisch zum scheinbaren Tadel gewendet.

53. Bai-zhangs „Wildenten“

Ankündigung

Die ganze Welt verbirgt [sie] nicht – und doch enthüllt [nur er] allein die gesamte spirituelle Kraft! [Er] beschreitet [seinen] Weg, ohne [auf ein] Hindernis [zu stoßen] – Zug um Zug eignet [ihm] eine spirituelle Kraft, die über [ihn] selbst hinausgeht! Das heißt Maßnahmen zu treffen ohne Eigennutz: Von Anfang bis Ende hat [er] die Absicht, zu töten und lebendig zu machen! – Nun sagt mal: Die Menschen der Vergangenheit, wohin haben [sie] sich schließlich zurückgezogen, um sich auszuruhen? – Versucht es doch bitte mal mit dem, [was Xue-dou hier] vorbringt!

Beispiel

Großmeister Ma war einmal mit Bai-zhang zusammen unterwegs. [Da] sahen sie Wildenten vorbeifliegen.
Der Großmeister sagte: „[Das da,] was ist [das]?“
Bai-zhang sagte: „Wildenten!“
Der Großmeister sagte: „Wohin sind [sie auf und] davon?“
Bai-zhang sagte: „[Sie] sind davongeflogen!“
Der Großmeister drehte Bai-zhang auf der Stelle die Nasenspitze um.
Bai-zhang stieß einen Schmerzensschrei aus.
Der Großmeister sagte: „Wie wären [die denn] davongeflogen!?“

Lobgesang

Wildenten – [er] weiß, wo [sie sind]!
Ma, der Patriarch, sieht [sie] kommen, beginnt ein Zwiegespräch:
Spricht alles über Berge und Wolken, über Meer und Mondschein aus.
[Bai-zhang] – wie zuvor versteht [er] nicht: Noch fliegen [sie ihm] fort!
Gerade dabei, davon zu fliegen, hält [Ma sie] jedoch [im Fluge] an:
„Sprich schon, sprich!“

Hier haben wir gleich noch einmal eine Anekdote aus der Frühzeit der Chan-Bewegung vor uns, deren Akteure **Ma-zu** (709-788) und **Bai-zhang** (720-814) historisch gesehen dem noch ganz der Tradition verhafteten Tang-zeitlichen Versenkungs-Buddhismus angehören.[527] Da liegt der Verdacht nahe, dass es sich bei der Szene, in der uns Ma-zu und Bai-zhang hier vorgeführt werden, nur um eine nachträgliche Erfindung handelt; doch es gibt darin zwei Anhaltspunkte, die dem zu widersprechen scheinen: Zum einen läuft die Belehrung, die Ma-zu seinem Aufwärter Bai-zhang in Gestalt zweier kritisch-vorwurfsvoller Fragen erteilt, auf die Annahme und den Glauben an die Realität eines Dharmakâya oder Dharmadhâtu hinaus, also eines „Wahrheitsleibes“ Buddhas bzw. eines „Bereichs der wahren Wirklichkeit“

527 Vgl. dazu die Erläuterungen zu den Kôan 3 und 26.

im Sinne bester Mahâyâna-Tradition. Und zum anderen haben wir hier den besonderen Fall vor uns, dass Yuan-wu sich in seiner Erläuterung des Beispiels anders als in der Ankündigung Ma-zu gegenüber höchst kritisch zeigt, Bai-zhang hingegen, der sich im Beispiel von Ma-zu Naivität und Einfalt vorwerfen lassen muss, die allein angemessene Sichtweise der Dinge zuschreibt und – man lese und staune – gegen Ma-zu die Einstellung der Menschen der Vergangenheit (zu denen freilich, streng genommen, auch Ma-zu gehören müsste!) ins Feld führt: „Wenn du [es]“, so Yuan-wu sinngemäß, „mit dem richtigen Auge betrachten willst, dann ist Bai-zhang im Recht; Ma-zu [jedoch] erzeugt Wellen, wo kein Wind ist![528] Wenn du für Buddha und die Patriarchen ein Lehrer und Meister sein willst, dann schließ dich Bai-zhang an; wenn du [aber] nicht einmal dich selbst gerettet sehen willst, dann schließ dich Ma-zu an! Sieh sie dir an, die Menschen der Vergangenheit: Alle 24 Stunden [des Tages] waren sie stets in diesem hier [zuhause]!“[529]

Was es mit diesen – durchaus nicht ironisch gemeinten – Bemerkungen auf sich hat, zeigt sich bei der Betrachtung der Einzelheiten. Zunächst also die **Ankündigung**, in der Yuan-wu wie üblich weder Eigennamen noch Personalpronomina verwendet. Gleichwohl ergibt sich aus dem Inhalt seiner Aussagen eine eindeutige Zuordnung: Der, von dem da die Rede ist, kann nur Ma-zu sein, und dem zollt Yuan-wu allerhöchstes Lob, beginnend mit einer Chan-typischen Übertreibung: „Überall in der Welt findet sie Gelegenheit hervorzutreten – doch Ma-zu *allein enthüllt die gesamte spirituelle Kraft*!“ Danach fährt er gemäßigter fort: „Dabei *beschreitet [Ma-zu] seinen Weg, ohne [auf ein] Hindernis [zu stoßen]*, und *Zug um Zug eignet ihm eine spirituelle Kraft, die* (wie es für spirituelle Kraft grundsätzlich selbstverständlich ist) *über [ihn] selbst hinausgeht*, was sein Handeln als Lehrer zu einem Handeln *ohne Eigennutz* macht: *Von Anfang bis Ende hat [er] die Absicht, zu töten und lebendig zu machen*, will sagen, sein Gegenüber in den Abgrund der Shûnyatâ zu stoßen und daraus zu neuem Leben erwachen zu lassen!“ Genauso wird Ma-zu auch mit Bai-zhang verfahren! Dann aber wechselt Yuan-wu abrupt den Gegenstand: *„Nun sagt mal: Die Menschen der Vergangenheit, wohin haben [sie] sich schließlich zurückgezogen, um sich auszuruhen?“* – ein rätselhafter Satz, zu dem es freilich eine – ebenfalls Song-zeitliche – Parallele gibt, wenn auch einhundert Jahre später formuliert: In seinem Kommentar zum Kôan 35 seines *Wu-men-guan* spricht Wu-men von einem „Übernachten in einem Rasthaus für Reisende“,

528 In unserem heutigen Sprachgebrauch müsste die entsprechende Metapher lauten: „Ma-zu [jedoch] ist ein bloßer Schaumschläger!“

529 Allerdings lässt sich Ma-zus Reaktion auf Bai-zhangs naive Feststellung: *„Sie sind [auf und] davongeflogen!“* auch anders denn als Hinweis auf einen Dharmakâya oder Dharmadhâtu verstehen, und zwar – im Sinne der Abhandlung II: *Chan-Buddhismus und die Lehre vom DAO*, Abschnitt 4 – dahingehend, dass dem Ma-zu des Beispiels Ansichten unterstellt werden, die sich auch in den *Büchern Zhuang-zi und Lao-zi* finden: Auch diese Texte des philosophischen Daoismus kennen einen „Ort des Nicht-Entstehens und Nicht-Vergehens“ als unser aller „wahres Selbst“ bzw. als das „wahre Wesen“ aller Dinge! Und Yuan-wus Kritik an dem Ma-zu des Beispiels sowie seine Zustimmung zum dortigen Bai-zhang wäre dann eine Kritik an der Inkonsequenz der daoistischen Texte, einerseits ein Nicht-Sein und Nichts (*wu*) als den Urgrund der *Zehntausend Dinge* zu postulieren und andererseits einem unvergänglichen „wahren Wesen“ das Wort zu reden, in dem „die Dinge kein Verschwinden erfahren und wo alles erhalten bleibt“ (*Buch Zhuang-zi*). Die Episode des Beispiels enthält also keinen zwingenden Grund, das dort Dargestellte zu einem historischen Faktum zu erklären!

und zwar derart, dass wir durch ein „Heraustreten aus der Hülle [des Leibes]" in der Versenkungsübung gleichsam in eine Herberge eintreten, uns dort *ausruhen*, neue Kraft für die Weiterreise sammeln, um dann wieder „in die Hülle [des Leibes] einzutreten"![530] Rasthaus und Herberge können dabei nur als Shûnyatâ verstanden werden, als Shûnyatâ im Sinne eines Dharmakâya oder Dharmadhâtu, auf den auch Ma-zus Belehrung für Bai-zhang hinausläuft. Wir können also festhalten, dass Yuan-wu das intendierte Ergebnis der Ma-zu/ Bai-zhang-Episode schon vorweg relativiert, indem er es in den größeren Zusammenhang einer Chan-spezifischen Daseinsbewältigung einfügt, wie sie sich etwa in der Metapher eines Wanderers widerspiegelt, der sich „mit einem Vorrat an Weichkastanien über der Schulter in eine Bergwelt aus tausend und zehntausend Gipfeln" hineinwagt.[531]

Das **Beispiel** führt uns in die Welt außerhalb der Klostermauern. Ma-zu und Bai-zhang auf einem Spaziergang; plötzlich rauschen *Wildenten* heran und sind im nächsten Augenblick auch schon wieder verschwunden. Ma-zu aber – so Xue-dou in der Eingangszeile des **Lobgesangs**, der uns das Beispiel kommentiert – *weiß, wo [sie sind]*! Lassen wir uns überraschen! Ma-zu – so Xue-dous zweite Zeile – hat *[sie] kommen sehen und beginnt ein Zwiegespräch.* Scheinheilig richtet er an Bai-zhang die Frage: *„[Das da,] was ist [das]?"*, und bekommt die wenig überraschende Antwort: *„Wildenten!"* Wenn Ma-zu sogleich an ihr Verschwinden die Frage anknüpft: *„Wohin sind [sie auf und] davon?"*, dann mit der Hinterabsicht, nur eine Antwort gelten zu lassen, die kontrafaktische nämlich, dass sie keineswegs weg, sondern immer noch zugegen sind! Aber wo!? Yuan-wu bestätigt diese Deutung indirekt, indem er in seinem Kommentar die dritte Zeile des Lobgesangs ausschließlich auf Ma-zus Frage nach dem Verbleib der entschwundenen Enten bezieht: *„Spricht alles über Berge und Wolken, über Meer und Mondschein aus"*: Das streicht Ma-zus zweite Frage heraus: *„Wohin sind [sie auf und] davon?"* Denn wie kann diese Frage zugleich eine Aussage und Feststellung sein – eine Feststellung, die *alles* über flüchtige *Wolken* aussagt, die über *Berge* dahinziehen, alles auch über den unsteten *Mondschein* auf Meereswellen, wenn sie nicht insgeheim das leugnet, wonach sie fragt, das Verschwinden und Verschwundensein davongeflogener Wildenten!? Bai-zhang, der ebenso naiv und aufrichtig wie zuvor („wahrheitsgetreu" – aber was ist hier „Wahrheit"?) zur Antwort gibt: *„Sie sind [auf und] davongeflogen!"*, muss sich von Xue-dou – so die vierte Zeile des Lobgesangs – den Vorwurf gefallen lassen: *„[Bai-zhang] – wie zuvor versteht [er] nicht: Noch fliegen [sie ihm] fort!"* Das aber heißt, nunmehr schon ziemlich unverhohlen, dass sie gerade nicht davongeflogen, also immer noch zugegen sind! (Yuan-wu kommentiert diese vierte Zeile dahin, dass Bai-zhang mit seinem *„[Sie] sind [auf und] davongeflogen!"* zum zweiten Mal das Zutreffende verfehlt!)

---

530 In seinen Erläuterungen zum Kôan 35 *Wu-men-guan* hat der Verfasser seinerzeit geschrieben (und sich dabei gegen eine Deutung im Sinne der Lehre vom Kreislauf der Wiedergeburt ausgesprochen): „Was wäre [das Sitzen in Versenkung] denn ... anderes als ein Heraustreten aus der Hülle unseres Leibes? Ein Heraustreten in die Große Leere, das Nichts? Und das Eintreten ist ein Wiedereintreten, ist die Rückkehr in Leib und Leben! So gewendet, bedeutet das ‚Rasthaus für Reisende' eben unser wahres Selbst, in das wir uns (in der Versenkung) zurückziehen, um Kraft für die nächste Etappe unserer (jetzigen und einmaligen) Lebensreise zu sammeln!" – vgl. Roloff (1), S.132f.

531 Vgl. das Kôan 25

Was jetzt folgt, Ma-zus plötzlicher und brutaler Griff nach Bai-zhangs Nase, ist der Versuch des Meisters, seinen Schüler und Aufwärter zu einer Erfahrung zu bringen, die den Augenschein überzeugend außer Kraft setzt. Das Tor zu dieser Erfahrung ist der Schmerz, der jähe, alles andere auslöschende Schmerz! Und damit Bai-zhang der Erfahrung dieses Schmerzes, dem Abtauchen in eine völlige Leere des Bewusstseins, die von Ma-zu gewünschte Deutung gibt, setzt er hinzu: *„Wie wären [die denn]"* – die Enten – *„davongeflogen!?"* Xue-dou stellt den Sinn dieser Frage in der fünften Zeile des Lobgesangs unmissverständlich klar: *„Gerade dabei, davon zu fliegen, hält [Ma sie] jedoch [im Fluge] an!"* Das zielt nicht auf so etwas wie den angeblich in der Luft »stehenden Pfeil« des griechischen Philosophen Zenon ab; das zielt auf das ontologisch-metaphysische Axiom des Mahâyâna ab, dass in der „wahren Wirklichkeit", im Dharmakâya, alle Dinge der irdischen Welt, als bloße Erscheinungen von geringerer, sozusagen nur vorgetäuschter Wirklichkeit, »ungeboren« und unvergänglich zugegen sind, in einer zeitlosen, dem Entstehen und Vergehen und jeder sonstigen Veränderung enthobenen Existenz. Das gilt für *Wildenten* in der Flüchtigkeit ihres Fluges, das gilt auch für die *Wolken über den Bergen*, für den unsteten *Mondschein* auf bewegter See, von denen der Lobgesang spricht. Doch wäre das, gäbe es sie denn, eine inhaltlich andere Existenz, eine Existenz, in der alle Unterschiede aufgehoben wären und die unendliche Vielzahl der Dinge in Eins zusammenfällt. Deshalb kann diese „wahre Wirklichkeit" auch die Bezeichnung »das Eine« tragen, in dem alles, aber unterschiedslos, seit je und für immer und unwandelbar vorhanden ist – falls es dieses »Eine« tatsächlich gibt und nicht an der Stelle, wo wir »das Eine« zu suchen hätten, nämlich jenseits der Dinge, vielmehr nichts ist! Yuan-wu immerhin, in seinem Kommentar zur entsprechenden Zeile des Lobgesangs, bestätigt Xue-dou, dass der sich mit seiner Behauptung, Ma-zu habe die Wildenten *[in ihrem Fluge] angehalten*, „auf die Tatsachen stütze und damit den Fall gültig abgeschlossen hat!"

Wenn wir uns von hier zu Yuan-wus **Ankündigung** und seiner Frage zurückwenden: *„Nun sagt mal: Die Menschen der Vergangenheit, wohin haben [sie] sich schließlich zurückgezogen, um sich auszuruhen?"*, so findet sich damit die bereits geäußerte Vermutung bestätigt, dass Xue-dou und Yuan-wu den Dharmakâya, den Ort, an dem wir und alle Dinge unvergänglich ins eins versammelt sind, nicht als Zufluchtsort verstanden wissen wollen, zu dem wir ein für allemal aus der Welt der Vergänglichkeit entfliehen sollen, sondern als einen Ort vorübergehenden *Rückzugs*, den wir nur aufsuchen, um uns *auszuruhen* und dann in die Welt der *Zehntausend Dinge* zurückzukehren und unsere – mehr oder weniger beschwerliche – Lebensreise unbekümmert fortzusetzen! Dem entspricht die Selbstbeschreibung Nan-quans, der von sich als einem Wasserbüffel sagt, er lasse ihn immer wieder mal hier und da ein bisschen Nahrung aus dem Dharmadhâtu aufnehmen, um dann weiter seine mühevollen Tagespflichten zu erfüllen! Genau das ist die Lebenslehre insbesondere des Song-zeitlichen Chan!

Worin das Song-zeitliche Chan allerdings radikaler ist, als wir aus den spärlichen authentischen Zeugnissen für das Chan der Tang-Zeit, des angeblichen „Goldenen Zeitalters des Chan", ableiten können, ist die in dem Axiom „Nur dies da!" enthaltene Abwertung jeder jenseitigen „wahren Wirklichkeit", eine Abwertung, die aufs Engste mit der mehr oder weniger ausschließlichen Hinwendung zum Diesseits verknüpft ist, wie sie noch in dem oben angeführten Ausschnitt aus Yuan-wus Kommentar zum Beispiel nachklingt, freilich rückwirkend und gegen Ma-zu auf die „Menschen der Vergangenheit“ projiziert: „Alle 24 Stunden [des Tages] waren sie stets in diesem hier (!) [zuhause]!“ Yan-tous Schlachtruf „Nur dies ist der Fall!“ (Kôan 51) oder das De-shan zugesprochene komplementäre „Da ist nichts! Da ist nichts!“ (Kôan 4) laufen gleichermaßen darauf hinaus, dass jenseits der Dinge „nichts ist“, also auch keine „wahre Wirklichkeit“, kein Dharmakâya, kein Dharmadhâtu, und dass es umgekehrt nur eine Wirklichkeit gibt, nämlich die der Dinge. Die „Leere“ jenseits der Dinge, die Shûnyatâ als metaphysische Realität, ist also die Leere des Nicht-Seins: „Da ist nichts“, auch keine Leere! Alles, was uns bleibt, ist „dies hier“, die Wirklichkeit der Dinge, unser einziges Zuhause! Und wenn wir weiterhin davon sprechen wollen, dass uns in der Versenkungsübung die Shûnyatâ als Nahrung und Wegzehrung à la Nan-quan dient, dann müssen wir ehrlicherweise eingestehen: Es ist nicht eine Erfahrung **der** Shûnyatâ (also einer real vorhandenen, durch spirituelle Transformation erreichbaren Shûnyatâ), sondern die Erfahrung **von** Shûnyatâ (also jener Ausnahmezustand eines sich selbst überschreitenden Bewusstseins, in dem alles, Welt und das eigene Ich, ausgelöscht sind), die uns den „Großen Frieden“ schenkt. Das nachfolgende Gedicht vereint beide Aspekte, den des Aufgehobenseins in einer als real unterstellten Shûnyatâ und den des „Da ist nichts, jenseits der Dinge, auch keine Shûnyatâ!“

Eingebettet ins Leere liegt
Sonnenbeschienen die Welt
Rings und weit um dich da,
Leiser Windhauch von See lässt
Gräser und Sträucher sich wiegen:
Alles, was ist,
Atmet den Frieden der Leerheit.
Sieh, diesen Gautama:
Weiß und leuchtend der Blütenkelch,
Den er den Jüngern zeigt,
Schweigen, Lächeln, sonst nichts. Denn –
Was auch solltest du suchen?
Hinter den Dingen ist nichts. Und
Das, eben das
Schenkt dir Stille und Frieden,
Schenkt auch den Dingen
Ihre Vollkommenheit,
Sind sie doch so sich genug.

Hör’ im Rauschen der Pappeln nicht
Nur den schon herbstlichen Wind,
Du vernimm darin auch
Klang und Wohllaut der Leerheit:
Tief in der Wölbung des Rauschens
Nistet und lockt
Tröstlich die Stimme des Schweigens,
Legt sie doch Zeugnis ab,

Dass, dem Anschein zum Trotz, wie du
So auch die Dinge sonst
Keinem Tod unterliegen:
»Ungeboren« und zeitlos
Sind sie im Leeren geborgen,
Du bist es auch,
Wie schon Meister Ma-zu an
Wildenten einst und
Handgreiflich klargestellt:
Flüchtig und doch – immer da![532]

• Allerdings bleibt – nicht nur innerhalb dieses Gedichts, sondern erst recht in der Deutung des Beispiels durch Xue-dou und Yuan-wu – ein Widerspruch bestehen: dass einerseits eine „wahre Wirklichkeit" als tatsächlich gegeben und andererseits nur die im steten Fluss der Veränderung befindliche Welt der *Zehntausend Dinge* als wirklich anerkannt wird. Wenn Ma-zu anlässlich des Lobgesangs sowohl vonseiten Xue-dous als auch vonseiten Yuan-wus Recht bekommt und zugleich Bai-zhang sich dem Tadel beider ausgesetzt sieht (Xue-dou: *„Bai-zhang ... noch fliegen [die Wildenten ihm] fort!"*; Yuan-wu: „Zum zweiten Mal hat er das Zutreffende verfehlt!"), dann läuft das unzweifelhaft auf das Postulat einer „wahren Wirklichkeit" hinaus. Wenn demgegenüber Yuan-wu, wie bereits zitiert, sinngemäß erklärt: „Mit dem richtigen Auge betrachtet ist Bai-zhang im Recht!" – ein Bai-zhang, der ja nur diese eine Äußerung getan hat: *„[Sie] sind [auf] und davongeflogen!"* – dann stellt er sich damit auf die Seite jemandes, der sich zu einer Welt des Entstehens und Vergehens, des Erscheinens und Verschwindens bekennt, ja eben diese Welt als die einzige Wirklichkeit gelten lässt. Mit Letzterem verleiht Yuan-wu zwar der naiven Äußerung Bai-zhangs eine tiefere Bedeutung, als sie in dessen eigenen Augen hat haben soll; doch Yuan-wus ebenfalls bereits zitierte Fortsetzung: „Wenn du für Buddha und die Patriarchen ein Lehrer und Meister sein willst, dann schließ dich Bai-zhang an; wenn du [aber] nicht einmal dich selbst gerettet sehen willst, dann schließ dich Ma-zu an!", erhebt nicht nur Bai-zhang in die Position der überlegenen Einsicht und setzt zugleich Ma-zu ins Unrecht – sie lässt vor allem keine andere Deutung zu als eben die: Es gibt nur eine Wirklichkeit, genau diejenige, in der Wildenten herangeflogen kommen und verschwinden. Das zu lehren und damit die Existenz einer „wahren Wirklichkeit" zu leugnen, das allein macht einen Lehrmeister noch für Buddha und die Patriarchen aus, soll heißen: belehrt sie eines Besseren! Hingegen mit Ma-zu – und Buddha und den Patriarchen – an einer „wahren Wirklichkeit" festzuhalten bedeutet vielmehr, sich selbst von jeglicher »Befreiung« auszuschließen! Ein eindeutigeres Bekenntnis zum Hiesig-Irdischen, zu Yan-tous „Nur dies ist der Fall!", kann es nicht geben, so dass sich angesichts des nicht wegzuleugnenden Widerspruchs zwischen einem eindeutigen Ja zu Ma-zu als demje-

532 Roloff (3), Text 35 – auch dieses Gedicht aus dem Jahr 2002 fällt mit seiner zweiten Strophe, zumal der dortigen Anspielung auf Bankeis »Ungeborenes« sowie der Tatsache, dass sie die Intention der Ma-zu zugeschriebenen Misshandlung Bai-zhangs übernimmt, dem Verdikt des Kôan 99: „Halte doch bitte nicht Dein Selbst für den makellosen Dharmakâya!"

nigen, der, so Xue-dou, die Wildenten *[im Fluge] anhält*, und Yuan-wus Ausdeutung des Bai-zhang'schen: „*[Sie] sind [auf und] davongeflogen!*“, die Frage aufdrängt: Haben wir denn damit nicht den klaren Beleg für eine nicht zu leugnende Unentschiedenheit und Inkonsequenz des Song-zeitlichen Chan in Sachen Metaphysik vor uns? Oder ist diese Unentschiedenheit von nur untergeordneter Bedeutung gegenüber dem allerdings eindeutigen Bekenntnis zu einer „Großen Befreiung“, die allein in der Rückwendung zur Welt der vergänglichen Dinge besteht?! •

54. Yun-men breitet die Arme aus

Ankündigung

Durch Leben und Sterben hindurch und hinaus gedrungen, hat [er] alles, was [seiner] spirituellen Kraft im Wege steht, beiseite geräumt. Wie müßig zerschneidet [er] Eisen und schlägt Nägeln den Kopf ab. Überall verhüllt [er] den Himmel und bedeckt [er] die Erde. – Nun sagt mal: Welches Menschen Handel und Wandel ist das? Bedenkt [dazu, was Xue-ou hier] vorbringt!

Beispiel

Yun-men fragte einen Mönch: „Von woher bist Du kürzlich aufgebrochen?"
Der Mönch sagte: „Von Xi-chan!"
Yun-men sagte: „Was für Worte und Sätze hat denn Xi-chan in jüngster Zeit?"
Der Mönch breitete seine Arme aus.
Yun-men versetzte ihm einen Schlag mit der flachen Hand.
Der Mönch sagte: „Unsereiner ist noch dabei, etwas zu sagen!"
Yun-men aber breitete [seinerseits] die Arme aus.
Der Mönch verstummte.
Yun-men versetzte ihm auf der Stelle einen [weiteren] Schlag.

Lobgesang

Gleichzeitig ergreift [er] den Kopf und den Schwanz eines Tigers –
Das Gerücht [seiner] Majestät [lässt] die Vierhundert Provinzen erzittern!
Immerhin ist zu fragen: „Wisst [Ihr] nicht, wie äußerst steil [er dasteht]?"[533] –
Der Meister sagt: „Ich lasse einen Schachzug aus!"[534]

---

533 *Ichiya*- und Standard-Version haben hier zwei unterschiedliche Schriftzeichen, die beide *xian* ausgesprochen werden: „gefährlich" und „steil". Laut *Ichiya*-Version müsste der Satz lauten: „... wie höchst gefährlich [das] ist" (das gleichzeitige Ergreifen von Kopf und Schwanz eines Tigers – so tatsächlich, wenn auch nur aufgrund lexikalisch-semantischer Unterschiede zwischen dem Chinesischen und dem Japanischen, Cleary und Yamada/Lengsfeld) bzw. „... wie höchst gefährlich [er] ist" (Yun-men für dich und mich – so Gundert). Die Formulierung der Standard-Version, die doch den eben genannten Übersetzern einzig zu Gebote gestanden und die Itô in seine *Teihon*-Ausgabe übernommen hat (*xian* ausschließlich im Sinne von „steil"), läuft auf die Chan-typische Wendung hinaus: „dastehen wie eine 1000 Klafter hohe Wand" und spielt auf die Höhe der Meisterschaft Yun-mens, auf den außerordentlichen Rang seiner spirituellen Fähigkeiten an. Diese Deutung erscheint auch dem Verfasser als die plausiblere. Hinzukommt, dass die Verknüpfung der *Tiger*-Metapher (*Kopf und Schwanz gleichzeitig ergreifen*) mit einem majestätisch *steilem* Aufragen geradezu so etwas wie eine feste Formel darstellt, die schon in der Ankündigung des nachfolgenden Kôan wiederkehrt.

534 Die Äußerung, mit der Xue-dou hier sich selbst zitiert, kann nicht, wie Yamada/Lengsfeld schreiben, bedeuten: „Ich will dir (warum ‚dir'?) oder ihm (Yun-men) einen Schlag ersparen!" – weshalb denn? Im Gegenteil besagt sie, dass Xue-dou bereit ist, selbst zurückzuweichen: Er verzichtet auf einen Schachzug, der ihm eigentlich zusteht, und gewährt so seinem Gegenüber, also Yun-men, einen Vorteil – weil er einsieht, dass er sowieso gegen ihn keine Chance hat. Damit kommt Yun-men nur schneller zu seinem ohnehin unabwendbaren Sieg. So verstehen auch Cleary und Gundert diesen Satz.

Dieses Kôan fällt in zweierlei Hinsicht aus dem Rahmen des Üblichen: durch die Diskrepanz zwischen dem hohen Ton von Ankündigung und Lobgesang und der Banalität des **Beispiels** sowie durch das »*Double-bind*«, in das Yun-men den hilflosen Mönch versetzt. Beginnen wir mit Letzterem. Auf Yun-mens Frage nach den Belehrungen des Meisters, in dessen Kloster er sich zuletzt aufgehalten hat, *breitet der Mönch seine Arme aus* – vielleicht als Einleitung einer mehr oder weniger ausführlichen Antwort, vielleicht aber auch nur, um die gewünschte Antwort hinauszuzögern, wie Yuan-wu in seinem Kommentar unterstellt[535] – Yun-men verwirft diese Geste, indem er – ohne zu zögern, versteht sich – dem Mönch einen Schlag mit der flachen Hand versetzt. Der Sinn dieses Schlages liegt auf der Hand: Er soll dem Mönch das *Ausbreiten der Arme* schmerzhaft-eindringlich als unzulässig kundtun. Der Mönch versucht zu protestieren und sich mit der entrüsteten Bemerkung zu rechtfertigen, er habe doch gerade erst zum Reden ansetzen wollen. Doch auch das lässt Yun-men nicht gelten; er *breitet nun [seinerseits] die Arme aus*! Für den Mönch bedeutet das, dass nunmehr richtig ist, was eben noch falsch war! Doch damit nicht genug: Yun-men *versetzt* ihm unmittelbar darauf *einen [weiteren] Schlag* und macht es damit dem Mönch unmöglich, sich an dem Gedanken festzuhalten, dass sein Arme-Ausbreiten denn vielleicht doch das Richtige war! Damit haben wir eine geradezu klassische »*Double-bind*«-Situation vor uns: Ein und dasselbe ist falsch, dann aber doch richtig und dann doch wieder falsch! Aber auch das ist nicht ausgemacht – warum denn sonst hätte Yun-men auch seinerseits die Arme ausbreiten sollen!? Der Mönch ist in einer Zwickmühle gefangen – genau wie das Kleinkind aus dem einstigen Paradebeispiel der Schizophrenie-Forschung, das von seiner Mutter bei Strafe der Missbilligung auf deren Schoß gelockt wird, dort am Sich-Versteifen der Mutter deren Zurückweisung verspürt, sich daraufhin – gehorsam – zurückzieht, dann aber durch unmissverständliche Signale der Mutter sich doch wieder auf deren Schoß gelockt sieht.

Zugleich jedoch ist das *Ausbreiten der Arme* samt der Frage seiner Richtigkeit oder Falschheit ein derart trivialer Sachverhalt, dass er, vor lauter Banalität, eigentlich nicht zu einem »Öffentlichen Aushang« eines Hauptwerks der Chan-Literatur taugt: Es ist kein Wort gefallen, das tiefere Bedeutung vermuten ließe, kein extravaganter Ausspruch wie die Verwandlung der „ganzen großen Erde in ein Hirsekorn" (Kôan 5) oder die nicht minder faszinierende Verwandlung eines „Wanderstabs in einen Drachen, der Himmel und Erde verschlingt" (Kôan 60); *Arme auszubreiten* – das hat keinerlei erwähnenswerte Bedeutung; »Schwamm drüber!« wäre die richtige Reaktion!

Doch **Ankündigung** und **Lobgesang** deuten auf etwas ganz anderes hin! Beidemal ist – wie könnte es anders sein – von Yun-men die Rede; und beidemal wird ihm, dem eindeutigen Favoriten und Ahnherrn Xue-dous, Außerordentliches nachgesagt, in der **Ankündigung** auch von Yuan-wu: *[Er]*, also Yun-men, ist *durch Leben und Sterben hindurchgedrungen*, hat mithin im *da si*, dem Sterben des „Großen Todes", das Leben hinter sich gelassen und ist zugleich, wie der Zhao-zhou des Kôan 41, aus diesem Sterben zu neuem, besserem Leben erwacht! *[Er]*, Yun-men, hat auf diese Weise *alles, was seiner spirituellen Kraft im Wege steht, beiseite geräumt* und sich so eine völlige spirituelle Freiheit errungen! *[Er]* vermag,

535 Yuan-wu erklärt den Mönch zu einem Könner: er strecke die Arme aus, um seinerseits Yun-men auf die Probe zu stellen!

als wäre das nichts, *Eisen zu zerschneiden*, die eisernen Fesseln der Verblendung, in die wir von Haus aus geschmiedet sind, und ebenso *Nägeln*, mit denen unser „hölzerner Halskragen" zusammengehalten oder das „Brett der Dummheit" und Selbsttäuschung uns vor Stirn und Augen befestigt ist, *den Kopf abzuschlagen*;[536] kurz, er ist aufgrund seiner eigenen spirituellen Freiheit imstande, anderen die gleiche Freiheit zu schenken – und zwar, wie die nächste, noch majestätischere Metapher umschreibt, indem er *den Himmel verhüllt und die Erde bedeckt*, also den anderen, sein Gegenüber, in das Dunkel eines Nichts versetzt, in dem ihm alles, Himmel und Erde, abhanden gekommen ist! Der **Lobgesang** führt diesen Hymnus auf die Könnerschaft Yun-mens auf seine Weise fort. Da ist von dem Kunststück die Rede, *„gleichzeitig den Kopf und den Schwanz eines Tigers zu ergreifen"*; davon, dass Yun-men eine *„Majestät"* ausstrahlt, von der bereits das bloße *„Gerücht"* sämtliche *„Vierhundert Provinzen [des Reiches] erzittern [lässt]"* (gemeint ist vermutlich das sprichwörtliche „große Reich der Tang", dessen Ausdehnung von keiner späteren Dynastie je wieder erreicht worden ist); da wird, mit eben dieser Zeile, Yun-men dem »Sohn des Himmels« gleichgesetzt, nicht einem der machtlosen Kaiser der »Fünf Dynastien«, sondern einer „Majestät" wie Gao-zong, unter dessen Herrschaft das Tang-Reich seine größte Ausdehnung erreicht hat. Da lesen wir die rein rhetorische Frage: *„Wisst Ihr nicht*, dass Yun-men so *äußerst steil dasteht* wie die nicht minder sprichwörtliche »1000 Klafter hohe Wand«?" – eine stolze Metapher, die Yun-men eine geradezu furchteinflößende Unnahbarkeit zuspricht. Und schließlich stoßen wir auf Xue-dous tiefe und ehrfurchtsvolle Verbeugung vor seinem überlegenen Ahnherrn: *„Ich lasse einen Schachzug aus!"*, weil ja, hätten wir hier einen Wettkampf vor uns, gar ein Dharma-Gefecht, Yun-mens Sieg ohnehin nicht mehr abzuwenden ist!

Wenn wir von dieser doppelten Eloge in Ankündigung und Lobgesang auf das **Beispiel** zurückblicken, müssen wir ihm einen anderen und gewichtigeren Sinn unterstellen als bloß den, einen Mönch in einer so trivialen Angelegenheit wie dem *Ausbreiten der Arme* in ein *»Double-bind«* zu verstricken! Wenn es Yun-mens besondere Leistung ist, wie ihm die Ankündigung attestiert, *alles, was seiner spirituellen Kraft im Wege steht, beiseite geräumt zu haben*, dann kann das Beispiel nur die Absicht verfolgen, uns einen Fall vorzuführen, in dem Yun-men es unternimmt, einem anderen zu der gleichen Freiheit zu verhelfen. Und was behindert unsere *spirituelle Kraft* mehr als das Sich-Festklammern an Gewissheiten, an den *Worten und Sätzen* ausgewiesener Lehrer à la *Xi-chan*, an scheinbar unerschütterlichen Axiomen wie der Existenz eines Dharmakâya oder der für die abendländische Metaphysik konstitutiven Behauptung, dass aus nichts nichts entstehen kann!?[537] Spirituelle Freiheit, heißt das, ist erst dann gegeben, wenn wir keine „Wahrheiten" mehr nötig haben; wenn wir keinen festen Boden mehr unter den Füßen brauchen, um sicher dazustehen; wenn wir sozusagen mitten über dem Abgrund schwebend dennoch festen Stand innehaben. Zu einer solchen Deutung des Beispiels passt, dass eine *»Double-bind«*-Situation allemal danach ruft, aus der Zwickmühle auszubrechen, sich aus dem unauflösbaren Hin-und-her zwischen »Richtig« und »Falsch« zu befreien. Und das gelingt nur durch einen Sprung, den Sprung

536 Der *„hölzerne Halskragen"*, ein sperriges Quadrat, aus dicken und schweren Brettern zusammengefügt, das den Hals eines verurteilten Delinquenten umschloss, war ein häufig verwendetes Strafinstrument im alten China – und nicht nur im alten.

537 *»Ex nihilo nihil fit«* („Aus nichts geht nichts hervor"), heißt es schon bei dem römischen Dichter-Philosophen Lukrez, der sich dabei seinerseits auf die altgriechischen Atomisten beruft.

aus der Situation heraus, die den Betreffenden, in diesem Fall den Mönch, im Unerträglichen gefangen hält. Diesen Mönch zu einem solchen Ausbruch aus grundsätzlich jedem *»Double-bind«* zu motivieren, dazu reicht auch eine Trivialität wie das Ausbreiten der Arme, das Yun-men von dem Mönch geistesgegenwärtig übernimmt und in eine Gestes des „Was soll es da noch zu sagen geben?“ verwandelt: Da gibt es in der Tat nichts mehr zu sagen; da bleibt nur noch dies eine, der Ausbruch aus »Richtig oder Falsch«!

55. Dao-wus „[Ich] sag' [es] nicht"

Ankündigung

Sicher mit der ganzen Wirklichkeit vertraut, in direktem Zugriff erreichen, dass sie [sich selbst] bezeugt! Die Strömung durchschreiten, den Dingen eine [neue] Wendung geben und sie ohne Umschweife übernehmen. [Jedoch], sich daran machen, im Aufleuchten eines Blitzes aus einem Stein Funken zu schlagen; durch Übung Irrtum und Täuschung abschneiden; [mit der einen Hand] den Kopf eines Tigers ergreifen und [mit der anderen Hand] den Schwanz des Tigers ergreifen und aufrecht dastehen wie eine 1000 Klafter hohe Wand – das will [ich] in diesem Fall einmal beiseite lassen! [Andererseits], sich von der Bahn des einen [durchgängigen] Fadens loszusagen, gibt es auch [dazu] für Menschen eine Möglichkeit oder nicht? – Versucht es doch bitte mal mit dem, [was Xuedou hier] vorbringt!

Beispiel

Dao-wu und Jian-yuan kamen zu einer Familie, um Trostworte auszusprechen.
Jian-yuan klopfte auf den Sarg und sagte: „Lebendig oder tot?"
Dao-wu sagte: „Dass [er] lebt, sag' [ich] nicht; dass [er] tot ist, sag' [ich auch] nicht!"
Jian-yuan sagte: „Warum sagt [Ihr es] nicht?"
Dao-wu sagte: „[Ich] sag' [es] nicht, [ich] sag' [es] nicht!"

Als [sie] auf dem Rückweg schon die halbe Strecke [hinter sich hatten], sagte Jian-yuan: „Ehrwürden [sollten es] unsereinem schnell sagen; wenn [Ihr es] nicht sagt, werde [ich] Ehrwürden mit Schlägen davontreiben!"
Dao-wu sagte: „Wenn [Du mich] schlägst, dann lasse [ich Dich] schlagen! Selbst wenn [ich es] sage, sage [ich es] nicht!"
Jian-yuan schlug auf der Stelle zu.

Später, als Dao-wu in die Verwandlung eingegangen war, kam Jian-yuan zu Shi-shuang und knüpfte bei ihm an das frühere Gespräch an.
Shi-shuang sagte: „Dass [er] lebt, sag' [ich] nicht; dass [er] tot ist, sag' [ich auch] nicht!"
Jian-yuan sagte: „Warum sagt [Ihr es] nicht?"
Shi-shuang sagte: „[Ich] sag' [es] nicht, [ich] sag' [es] nicht!"
Auf diese Worte hin erfuhr Jian-yuan eine Einsicht.

Eines Tages stieg er mit [seinem] Spaten in der Hand zur Lehrhalle hinauf, durchquerte sie von der Ostseite zur Westseite und von der Westseite zur Ostseite.
Shi-shuang sagte: „Warum [das]?"
Jian-yuan sagte: „[Ich] suche die segensreichen Gebeine [unseres] verstorbenen Lehrers!"
Shi-shuang sagte: „Unermessliche Wellen [ziehen sich] weit ins Unendliche [hin], weißgischtige Wogen schäumen bis zum Himmel hinauf! Was für segensreiche Gebeine [unseres] verstorbenen Lehrers suchst [Du]?"

(*Der Meister bemerkt dazu: „Himmel! Himmel!"*)

Jian-yuan sagte: „[Die, die] gerade recht [sind], Kraft zu entfalten!"

Fu vom Tai-yuan[-Kloster] sagte [später]: „Die segensreichen Gebeine des verstorbenen Lehrers sind [immer] noch da!"

Lobgesang

Hasen und Pferde haben Hörner,
Ochsen und Widder haben keine!
Noch ein Härchen, eine Winzigkeit [müsstest du] abtrennen,
Als [wär' es] ein Berg, als [wär's gar] ein heiliger Berg!
„Die segensreichen Gebeine" aus reinem Gold – *„[sie] sind [auch jetzt] noch da!"* –
„Weißgischtige Wogen schäumen bis zum Himmel hinauf!" – wo trifft das zu?
Am Nicht-Ort trifft es zu![538]
Einen seiner Schuhe freilich hat [er], in den Westen heimgekehrt, zurückgelassen![539]

Auf den ersten Blick sieht es so aus, als folgte hier lediglich auf eine absurde Frage die hartnäckige und ebenso unverständliche Verweigerung einer Antwort: Angesichts eines aufgebahrten Toten zu fragen: „Ist er lebendig oder tot?", könnte schon am Verstand dessen zweifeln lassen, der so fragt; und unerfindlich ist, warum die unbezweifelbare Tatsache, dass ein Toter tot ist, nicht zur Antwort taugen soll. Doch in Wahrheit steckt etwas anderes, geradezu Tiefgründiges dahinter – es geht um Grundsätzliches der Chan-buddhistischen Metaphysik.

Mit **Dao-wu** Yuan-zhi (769-853), seinem Dharma-Nachfolger **Shi-shuang** Qing-zhu (807-888) und beider Schüler **Jian-yuan** Zhong-xing (Lebensdaten unbekannt) bewegen wir uns in der zweiten Hälfte der Tang-Dynastie nach dem verheerenden Aufstand des An Lu-shan (755-763), von dem sich das „große Reich der Tang" nie wieder erholt hat. Doch

538 Mit diesem *»Nicht-Ort«* ist nicht unser geläufiger Begriff „Utopie" gemeint, obwohl der von seinem griechischen Ursprung her (*û-topos*) gerade ein „Nicht-Ort" wäre und nicht, abgeschwächt, nur ein Etwas, das noch nirgends, also an keinem Ort der Welt, vorhanden ist. – Wichtiger ist freilich, darauf hinzuweisen, dass Xue-dou im Lobgesang des Kôan 95 noch einmal auf diesen *»Nicht-Ort«* zu sprechen kommt, ihn dort jedoch auf geradezu konträre Weise beschreibt: Wird der *»Nicht-Ort«* hier im Kôan 55 einem in Aufruhr begriffenen Meer gleichgesetzt, über dem *„weißgischtige Wogen bis zum Himmel hinauf schäumen"*, so ist derselbe *»Nicht-Ort«* im Kôan 95 ein in heller Vollmondnacht friedlich ausgebreitetes Meer: **„Am *»Nicht-Ort«* gibt es Mondschein, [sind] die Wellen klar und durchsichtig!"** Bei diesen konträren Metaphern geht es um die zwei unterschiedlichen Aspekte dessen, was sich hinter der Wortfügung *»Nicht-Ort«* verbirgt: um die Shûnyatâ als reglose Leere sowie als „überschäumender" Urgrund und „mütterlicher Schoß" der *Zehntausend Dinge*.

539 Diese Abschlusszeile spielt auf die Legende an, derzufolge Bodhidharma nach seiner förmlichen Bestattung leibhaftig in den Westen, aus dem er gekommen war, zurückgekehrt und dabei von einem Augenzeugen beobachtet worden ist; auf dessen Aussage hin, er habe unterwegs in den Bergen einen Mönch mit nur einem Schuh getroffen, man – so die Legende weiter – Bodhidharmas Grab geöffnet und es leer gefunden hat – bis auf einen einzelnen Schuh!

so instabil die politische Situation seither auch gewesen sein mag, in der Geschichte der Chan-Bewegung herrscht nach wie vor das traditionelle Verständnis einer mahâyânistisch überformten Buddha-Lehre; die Song-zeitliche „Revolution“ steht erst noch bevor. Im Klartext gesprochen heißt das: Für Männer wie Dao-wu, Shi-shuang und Jian-yuan ist die Existenz eines Dharmakâya oder „Wahrheitsleibes“ unbezweifelbares Faktum, umfasst die Wirklichkeit zwei Bereiche, den „Ort“ der konkreten Dinge, an dem wir entweder als *lebendig* oder, im Falle des Ablebens, als *tot*, als Leichnam vorkommen, aufgebahrt oder nicht, und den anderen „Ort“ der „wahren Wirklichkeit“, den Dharmakâya, an dem alles Seiende in eins versammelt ist und – mit den Worten Xue-dous – *„Hasen und Pferde Hörner haben, Ochsen und Widder [aber] keine“* – eine Doppelung der Wirklichkeit, gegen die Xue-dou, ganz Vertreter des Song-zeitlichen Chan, auf sanfte Weise Einspruch erhebt, indem er den „Wahrheitsleib“ zum *»Nicht-Ort«* erklärt![540]

Beginnen wir ordnungsgemäß mit der **Ankündigung**. Die beiden ersten Sätze sind Programm, nicht so sehr Hinweis auf die besonderen spirituellen Fähigkeiten der Akteure, sondern Aufforderung an jeden von uns, der den Weg des Chan beschreitet. *Sicher mit der ganzen Wirklichkeit vertraut, in direktem Zugriff erreichen, dass sie [sich selbst] bezeugt!* Auch wenn dieser Satz, genau genommen, hinreichend für sich selbst spricht, seien doch ein paar Anmerkungen erlaubt: Die *ganze Wirklichkeit* – und das ist etwas anderes als die „wahre Wirklichkeit“ – umfasst als die gesamte Wirklichkeit sämtliche Bereiche des Wirklichen (*zhen*), und davon gibt es nun einmal nur zwei, die Wirklichkeit der Dinge und die „wahre Wirklichkeit“ jenseits davon, metaphorisch gesprochen „am anderen Ufer“. Was wir unter dem *direkten Zugriff* zu verstehen haben, ist jedem Chan-Anhänger klar: die unmittelbare Erfahrung von Shûnyatâ einerseits und die durch kein Vermittelndes verfälschte Erfahrung der *Zehntausend Dinge*, so nah daran, dass – wie Wu-men formuliert – „kein Wind mehr hindurchgeht“;[541] auch das ein Geschenk der Versenkungsübung! Unsere persönliche Aufgabe ist es dabei, zu *erreichen*, dass sich diese zweifache Wirklichkeit uns von sich aus *bezeugt*, also in dem und mit dem, was sie ist, offenbart. Offen bleibt dabei zunächst, auf welche Ausrichtung des Beispiels uns Yuan-wu mit seiner Ankündigung vorbereiten will, ob auf das *Ganze* oder nur einen seiner beiden Teilbereiche. Das klärt sich bereits mit dem nächsten Satz: *Die Strömung durchschreiten, den Dingen eine [neue] Wendung geben und sie ohne Umschweife übernehmen!* Auch dazu ein paar Worte der Erklärung, vielleicht nötiger als beim vorigen Satz: *Die Strömung durchschreiten* – das ist etwas anderes als sich vom Strom [freudigen Lebens] dahintragen zu lassen; *die Strömung durchschreiten* heißt, sie zu durchqueren, vom einen, vom hiesigen Ufer zum anderen, jenseitigen also. Dort sind zwar, im Sinne des Kôan 53, alle Dinge seit je und für immer zeitlos vorhanden, doch in ein ununterscheidbares »Eines« hinein aufgelöst. Eben dort können wir jedoch *den Dingen*

540 Von diesem *»Nicht-Ort«* ist, wie bereits in der Fußnote 538 dargestellt, auch im Lobgesang des Kôan 95 die Rede. Dort stellt Xue-dou ihm einen „Ort“ antithetisch gegenüber: „Am *»Nicht-Ort«* gibt es Mondschein, sind [Meer und] Wellen klar, / Dort, wo es *»Or«t* gibt, erheben sich die Wogen ganz ohne Wind!“ Diese Antithese macht deutlich, dass so, wie der *»Ort«* auf den Bereich dessen abzielt, was **ist** (die *Zehntausend Dinge*), der *»Nicht-Ort«* als Inbegriff dessen zu verstehen ist, was gerade **nicht ist**, mithin nicht den ontologischen Status von Wirklichkeit für sich beanspruchen kann.

541 Kôan 26 *Wu-men-guan*, Lobgesang – Roloff (1), S. 105

eine [neue] Wendung geben und sie – wie es Yun-men im Kôan 60 von uns verlangt – mit uns in ihre und unsere gemeinsame raum-zeitliche Existenz zurück mitnehmen: „Dieser Wanderstab hier verwandelt sich [vor Euren Augen] in einen Drachen – und schon hat er Himmel und Erde verschlungen", erklärt dort Yun-men und fragt dann: „Woher [wollt Ihr jetzt] Berge, Flüsse und die große Erde wiederbekommen?" Und damit wäre auch die Forderung erfüllt, die – so zurückgewonnenen – Dinge *ohne Umschweife zu übernehmen!*

Die allerlei Großartigkeiten, die Yuan-wu im Anschluss aufzählt – *[mit der einen Hand] den Kopf eines Tigers ergreifen und [mit der anderen Hand] den Schwanz des Tigers ergreifen und aufrecht dastehen wie eine 1000 Klafter hohe Wand* – die können auch wir getrost *beiseite lassen*! Sie dienen da, wo sie ihren Platz haben, nicht allgemeiner Aufforderung, sondern dem Lobpreis einzelner Chan-Meister. Auf die Akteure des hiesigen Beispiels lassen sie sich, wie Yuan-wu andeutet, allerdings nicht anwenden; doch das mindert die Bedeutung dieses »Öffentlichen Aushangs« nicht. Denn hier geht es um etwas anderes als Schlagfertigkeit und unnahbare Tiefe der Einsicht: um die Frage nämlich, ob *es für Menschen auch eine Möglichkeit gibt, sich von der Bahn des einen [durchgängigen] Fadens loszusagen*, anders, mit einer gebräuchlicheren Metapher gesagt, „den ›roten Faden unter unseren Füßen‹ abzuschneiden"; und wie Dao-wu und Shi-shuang im Umgang mit dieser Frage hier agieren, hat in der Tat nichts Frappierendes oder Definitives an sich, wie es unnahbarer Tiefe der Einsicht entspräche: Der *eine*, rote, *[durchgängige] Faden* meint gewöhnlicherweise die karmische Kausalität, die uns zu immer neuem Begehren treibt und uns für immer an die „Welt der Erscheinungen" bindet, indem sie uns in eine nie endende Abfolge von Wiedergeburten zwingt; doch das gegenwärtige Beispiel handelt nicht davon, aus der karmischen Kausalität auszubrechen und die Abfolge weiterer Wiedergeburten ein für allemal zu beenden; hier steht vielmehr eine andere Frage an: Können wir die *Bahn*, auf der uns der *eine [durchgängige] Faden* unseres Lebenswillens festhält, auch verlassen und uns eine andere Lebensform eröffnen, in der wir, *tot*, wie wir dann wären, dennoch *lebendig* sind?

Schauen wir uns dazu das **Beispiel** an. Wenn angesichts eines Toten, der aufgebahrt in seinem Sarg liegt, *„Lebendig oder tot?"* zu fragen ernst gemeint sein soll, dann kann diese Frage nur als Andeutung oder Ahnung einer Möglichkeit verstanden werden, dass wir, obwohl physisch *tot*, dennoch auf eine andere Weise zugleich auch – und immer noch – *lebendig* sind. Dao-wus Antwort: *„Dass [er] lebt, sag' [ich] nicht; dass [er] tot ist, sag' [ich auch] nicht!"* gibt sich als indirekte Bestätigung: *„Dass [er] lebt"* – und das meint unser leibhaftes, Ich-zentriertes Leben – lässt sich in der Tat von einem physisch Toten nicht behaupten; die Weigerung andererseits, ihn als tot und nichts als tot zu akzeptieren – *dass [er] tot ist, sag' [ich auch] nicht!"* – kann ja nur heißen, dass er zugleich auch, freilich nicht auf die Weise unseres physischen Lebens, *lebendig* ist. Wie aber dann? Genau das jedoch erfahren wir aus dem Wortlaut des Beispiels nicht. Stattdessen erkundigt sich Jian-yuan, der offensichtlich nicht verstanden hat, nach den Gründen, die Dao-wu davon abhalten, sich eindeutig festzulegen: *„Warum sagt [Ihr es] nicht?"*, woraufhin dieser mit seinem *„[Ich] sag' [es] nicht, [ich] sag' [es] nicht!"* die Antwort nicht so sehr verweigert, als vielmehr bekräftigt, dass er sich auf ein Entweder-Oder nicht festlegen will – vielleicht auch nicht festlegen kann? Jian-yuan allerdings hört aus Dao-wus Entgegnung nur die Verweigerung heraus, die er dem Meister jedoch mit Stockhieben austreiben zu können meint. Dao-wus

Bereitschaft freilich, diese Prügel über sich ergehen zu lassen: *„Wenn [Du mich] schlägst, dann lasse [ich Dich] schlagen!"*, verbunden mit dem Eingeständnis: *„Selbst wenn [ich es] sage, sage [ich es] nicht!"*, spricht eindeutig für die objektive Unmöglichkeit, sich hier auf ein Entweder-Oder einzulassen. Jian-yuan hat immer noch nicht verstanden, und nur deshalb *schlägt er auf der Stelle zu.*

Verständlich, dass ihn die ungelöste Frage: *„Lebendig oder tot?"* weiter umtreibt. Und so wendet Jian-yuan sich an Shi-shuang, wie er selbst einst ein Schüler Dao-wus. Dort wiederholt sich sein Gespräch mit Dao-wu Wort für Wort; und erst als auch Shi-shuang sich weigert, sich auf ein Entweder-Oder festzulegen, *erfährt Jian-yuan eine Einsicht* – die Einsicht nämlich, dass eine solche Festlegung von der Sache her nicht möglich ist. Das schließt die weitere Einsicht ein, warum die Sache, um die es geht, ein Entweder-Oder nicht zulässt, mithin ein Sowohl-Als-auch erzwingt. Nur – wir, die Leser dieses »Öffentlichen Aushangs«, wissen immer noch nicht, inwiefern wir denn, obwohl physisch *tot*, zugleich immer noch *lebendig* sein können sollen! Uns bleibt daher vorerst nur abzuwarten und zuzusehen, welche Folgerungen Jian-yuan selbst aus seiner *Einsicht* zieht: Er kommt *eines Tages mit einem Spaten in der Hand in die Lehrhalle*, wo Shi-shuang gerade zu einem der regulären Vorträge vor seinen versammelten Mönchen ansetzt, durchquert den Raum vor den Augen des Abtes hin und zurück und erklärt: *„[Ich] suche die segensreichen Gebeine [unseres] verstorbenen Lehrers!"* Was soll das? Er weiß doch genau, dass dessen *Gebeine* hier in der Lehrhalle eines fremden Klosters nicht zu finden sind! Offenbar sucht er nach etwas, das sich gar nicht ausgraben lässt, etwas, das gleichsam im Untergrund der Dinge vorhanden und von dort aus sein *segensreiches* Wirken ausübt. Shi-shuang geht darauf ein und beschreibt diesen Untergrund als einen „Ort", an dem *„[sich] unermessliche Wellen weit ins Unendliche [hinziehen]* und *weißgischtige Wogen bis zum Himmel hinauf schäumen!"* Das läuft auf eine Sphäre unbändiger, unerschöpflicher Energie hinaus, gleichsam ohne Grenzen randvoll angefüllt; und wie könnte man da, so Shi-shuangs verkleideter Tadel, nach etwas so eng Umgrenztem und Konkretem wie *Gebeinen* suchen!? Auch Xue-dou protestiert: „Der *Himmel* verschone uns mit solchen segensreichen Gebeinen, zu wem auch immer sie gehören mögen!" Jian-yuan rechtfertigt sich: „Was ich suche, muss lediglich ein Merkmal tragen: es muss *gerade recht sein, Kraft zu entfalten*!" Dieses Etwas oder X kann nur der allgegenwärtige Dharmakâya sein, der doch nach allgemeiner Mahâyâna-Lehre alles aus sich hervorbringt, „die Flüsse, die Berge und die ganze große Erde", wie die Formel heißt, deren sich auch Yun-men im Kôan 60 bedient. Und genau in diesem Sinne hat ein Späterer, Fu vom Tai-yuan-Kloster, hinzugefügt: *„Die segensreichen Gebeine des verstorbenen Lehrers sind [immer] noch da"* – auch im Kloster „zum Höchsten Ursprung" (*tai yuan*) wie auch in jedem anderen, kurz, an jedem Ort der Welt! Und sie vermodern nicht, sind vielmehr, wie der Dharmakâya, nicht nur allüberall, sondern auch jederzeit gegenwärtig, von der fernsten Vergangenheit bis in die entfernteste Zukunft! Solche *Gebeine* sind keine Gebeine, so *segensreich* sie sein mögen; solche *Gebeine* können allein der „Wahrheitsleib" Buddhas sein!

Im **Lobgesang** knüpft Xue-dou gleich zu Beginn an das – freilich unausgesprochene – Stichwort „Dharmakâya" an, wenn er von *Hasen und Pferden* spricht, die *Hörner haben*, sowie von *Ochsen und Widdern*, die *keine haben*. Denn das zielt auf eine Sphäre, in der *Hasen und Pferde* keine Hasen und Pferde mehr sind und *Ochsen und Widder* keine Ochsen und Widder mehr. Das ist die Sphäre des unterschiedslosen Einerlei, in der alles, was sich in der Welt der Dinge von anderem unterscheidet, in Eines zusammenfällt, und in der, mit den Worten des Lobgesangs, ein hauchdünnes *Härchen*, eine allerkleinste *Winzigkeit abzutrennen* dem Umsetzen eines ganzes *Berges* oder *gar eines heiligen Berges gleichkäme*, der, weil unter dem Schutz der Götter stehend, schlechterdings unverrückbar ist; kurz gesagt, eine Sphäre von solch absoluter Einheitlichkeit, dass irgendetwas daraus vom Übrigen abzusondern etwas ganz und gar Unmögliches ist.[542]

Dann greift Xue-dou das – nunmehr explizite – Stichwort der *segensreichen Gebeine* auf, überhöht sie zu *„goldenen"* Gebeinen, womit er sie in die Sphäre des Göttlichen, des allumfassenden Buddha mit dem Goldleib rückt, und bekräftigt die Feststellung des Fu vom Tai-yuan, dass sie *[auch] jetzt noch da sind*, jetzt und zu jeder anderen Zeit und ebenso an jedem anderen Ort, dass ihnen, kurz gesagt, die Allgegenwart eines Weltengrundes zukommt. Auch Shi-shuangs Charakterisierung dieses Weltengrundes als einer Sphäre, in der *weißgischtige Wogen bis zum Himmel hinauf schäumen*, übernimmt Xue-dou und ergänzt sie um die unvermeidlich-zwangsläufige Frage, die Shi-shuang selbst freilich gerade nicht gestellt hat: *„Wo trifft das zu?"*, sprich: „Um welche Sphäre, welchen ‚Ort' geht es dabei überhaupt?" Xue-dou gibt sich selbst und uns eine allerdings frappierende Antwort: *„Am Nicht-Ort trifft es zu!"* Was soll das sein, ein *»Nicht-Ort«*? Das kann doch nur ein Ort sein, an dem es gerade keinen Ort gibt; ein Ort, der keinem Ding einen Ort bietet, an dem es sich befinden, sich entfalten kann! Und wie sollen dann an einem solchen *»Nicht-Ort«* gar *weißgischtige Wogen bis zum Himmel hinauf schäumen* können? In diesem Widerspruch der Metaphern, dass sich an einem *»Nicht-Ort«* Dinge abspielen sollen, die einen Ort erfordern, an dem sie sich abspielen können, spiegelt sich nur der für menschliches Denken unauflösliche ontologische Widerspruch, dass aus einer Leere, die nichts als leer ist, die Fülle der Dinge, ja – nach radikalerem Verständnis – sogar aus einem Nicht-Existenten die Gesamtheit des Existierenden hervorgehen soll. Ein *»Nicht-Ort«* ist nun aber nicht nur ein Ort, der keinen Ort bieten kann, weil er selbst **kein Ort** ist, sondern darüber hinaus auch ein Ort, der **nicht** einmal **ist**! Und dann steht dem paradoxen Sachverhalt eines *»Nicht-Ortes«*, an dem sich *weißgischtige Wogen bis zum Himmel* türmen, der andere eines Nicht-Seienden (daoistisch gesprochen: *wu*), aus dem Seiendes, ja das Seiende insgesamt (daoistisch: die *Zehntausend Dinge*) hervorgeht, wie zur Beglaubigung erläuternd zur Seite. – Doch was soll all das, was Xue-dou bis hierher in seinem Lobgesang vorgetragen hat, mit der eigentlichen Frage dieses »Öffentlichen Aushangs« zu tun haben, ob wir nämlich im dereinstigen Zustand unseres

542 Eine erstaunliche Parallele findet sich im Lehrgedicht des griechischen Philosophen Parmenides (535-475 v.u.Z.). Dort ist zwar nicht von einer „Leere" die Rede, sondern von einem sozusagen gut gefüllten »Seienden«, das im Gegenteil nichts als voll ist, voll von sich selbst, von Seiendem. Und doch haben der Dharmakâya als Shûnyatâ und das »Seiende« des Parmenides vieles gemeinsam: Beide sind sie so etwas wie eine „wahre Wirklichkeit" jenseits der Erscheinungen; beide sind sie in sich selbst so durch und durch „eines", also unterschiedslos, dass sich in diesem Einen nichts von einem anderen abgrenzen lässt; beide haben einen Status jenseits von Entstehen und Vergehen, und auch jenseits jeder Veränderung (siehe für die Shûnyatâ das Kôan 53), und schließlich liegt das »Seiende« fest gebunden in den Fesseln, mit denen eine Göttin, bald Dike, bald Moira genannt, es rings umschlungen hält, und sind die *heiligen Berge*, die Xue-du hier zur Charakterisierung der Unzerteilbarkeit der Shûnyatâ heranzieht, unverrückbar fest im Kosmos von Himmel und Erde, auch sie durchaus als göttliche Mächte zu verstehen, verankert.

unvermeidlichen *Tot*-Seins gleichwohl auf irgendeine Weise *lebendig* sind? Es kann, wenn da überhaupt ein Zusammenhang besteht, nur Vorgeplänkel, Vorbereitung sein.

Und in der Tat kommt Xue-dou in der allerletzten Zeile schließlich doch, und gerade noch zur rechten Zeit, auf die Frage: *„Lebendig oder tot?"* zu sprechen: Da ist von einem Mann die Rede – von Bodhidharma, wie jeder Chan-/Zen-Anfänger leicht erkennt – der, obwohl ein für allemal *tot* und in einem festen Sarg bestattet, dennoch *lebendig* dabei angetroffen worden ist, wie er, der »aus dem Westen Gekommene«, auf dem Weg nach Westen in seine Heimat Indien zurückgekehrt ist: *„Einen seiner Schuhe freilich hat [er], in den Westen heimgekehrt, zurückgelassen!"* Was soll diese „Auferstehung" im Anschluss an den Dharmakâya- oder Shûnyatâ-„Exkurs" besagen?

Nun, gemäß dem daoistischen Grundsatz, dass Entstehen ein Hervorgehen und Vergehen ein Zurückkehren ist, muss Sterben als eine Rückkehr, ja Heimkehr in die Shûnyatâ, das DAO, verstanden werden – in einen Zustand, bei dem wir, aller Individualität und Ichhaftigkeit entkleidet, in das unterschiedslose Einerlei des »Einen« aufgelöst, jenseits eines wie auch immer gearteten Weiter-Lebens (*„Dass [er] lebt, sag' [ich] nicht, ..."*) gleichwohl nicht für immer erloschen sind (*„... dass [er] tot ist, sag' [ich auch] nicht!"*), vielmehr mit allem und in allem, was als Neues aus der Leere des DAO hervorgeht, gleichsam „auferstehen", freilich ohne ein Bewusstsein unserer selbst: Nicht „Ich", dieses konkrete Individuum hier, tritt da, um seine „Auferstehung" wissend, neu aus dem DAO hervor, sondern es ist das Nichts (*wu*) des DAO selbst, zu dem wir mit unserem physischen Sterben geworden sind, das sich in Seiendes verwandelt – in anderes Seiendes, als wir es waren, vom einzelnen Quark bis zu ganzen Galaxien, von „toter Materie" bis hin zu hochkomplexen, sich selbst erhaltenden Systemen.

Sätze wie diese vermitteln allerdings lediglich ein rein theoretisches „Wissen"; sie stellen lediglich höchst abstrakte, erfahrungsferne Aussagen dar. Und doch gibt es einen unmittelbaren Zugang zu dem so umrissenen Sachverhalt: In der Versenkungsübung überschreiten wir, mitten im physischen Leben, die Grenzen eben dieses physischen Lebens, hinein in einen Zustand jenseits unseres Ich, in dem wir zugleich ein „Weiterleben" erfahren, das freilich nicht mehr unseres ist. Und diese durchaus ekstatische Erfahrung lässt die Bedeutsamkeit des gegenwärtigen Lebens in der überbordenden Fülle dessen, was dem DAO erst noch entspringen soll, förmlich verschwinden:

> Dich erhoben hast du
> Über Leben und Tod:
> Niemals sterben zu müssen, ja,
> Uralter Märchentraum.
> Doch auch: nicht
> Leben zu müssen, um –
> Randvoll gesättigt zu sein!
> „Du brauchst nicht zu leben!" –
> Was für ein Satz!
> Erdbeben gleich,

Jäh stürzen die Mauern ein,
Ist kein Gefängnis und
Kein Gemäuer aus Welt mehr!
„Du brauchst nicht zu leben!“ –
Jubel bricht auf
Bei solchem Fanfarenstoß,
Jubelnder noch
Als der Posaunen-Sieg
Einstmals vor Jericho.
„Nicht leben zu müssen!“ –
Tränenstürze
Fluten die Brust dir,
Freude, Meer-weit,
Schwemmt dich hinaus,
Fort in ein Glück ohne dich.

Freude, die weiter besteht,
Auch wenn es dich
Nicht mehr gibt: Wie
Werden die Welten
Nach dir – jubelnd,
Wie! – singen zu sein! Wie
Schwelbrand, so breitet sich,
Unter dem Grundlosen,
Unter dem Tod
Einst auch deines Leibes hin,
Freudenglut aus,
Von hier, unaufhaltsam,
Anfangslos, aus der Hülle
Deiner Vergänglichkeit:
Neu-Welten entgegen, von
Schwelbrand zu Glut
Offen entfacht,
Zum Jubel des Da-Seins:
Schon dass sie sind, ist Gesang,
Darin du auferstehst.
So fremd auch,
So unerreichbar fern
Sie dir sind, hier im Leibes-Ich –
Dir entspringt, was an Glück
Sie begeh'n, statt deiner.[543]

543 Roloff (3), Text 71 – dem aufmerksamen Leser wird sich die rhythmische Struktur dieses Gedichts wie folgt erschließen: Die 2. Strophe stellt eine Spiegelung der 1. dar, und zwar eine Spiegelung um die x-Achse; die 1. Zeile der 2. Strophe nimmt den Rhythmus der letzten Zeile der 1. Strophe wieder auf,

Was bei solcher ekstatischer Entrückung von uns gleichsam hier zurückbleibt, ist der „eine Schuh Bodhidharmas“, während wir selbst, der Bodhidharma in uns, „heimgekehrt“ sind in die fernen Länder zukünftigen Daseins.

---

ihre 2. Zeile den der vorletzten Zeile der 1. Strophe usw., bis schießlich mit der letzten Zeile der 2. Strophe der Rhythmus der 1. Zeile der 1. Strophe wiederkehrt.

56. Qin-shan und die „eine Pfeilspitze"

Ankündigung

Sämtliche Buddhas sind [bisher] nicht in der Welt erschienen; ebenso hat es [bisher] keine einzige Lehre für die Menschen gegeben! [Auch] der Gründer [unserer Schule] ist nicht aus dem Westen gekommen; und es hat noch nie eine Übertragung von Geist zu Geist stattgefunden:[544] [Weil] die Menschen dieser Zeit es nicht aus sich selbst heraus verstehen, schweifen [sie] in die Ferne und suchen es außerhalb von sich. [Sie] kennen durchaus nicht unter ihren eigenen Füßen das erste Teilstück [ihres Weges], die karmischen Bedingungen der Großen Angelegenheit;[545] [selbst] tausend Weise tappen da ebenfalls im Dunklen und [können es] nicht verkünden! Aber jetzt, [in diesem Augenblick,] zu sehen, [wo du bisher] nicht siehst, zu hören, [wo du bisher] nicht hörst, zu erklären, [wo du bisher] nicht erklären [kannst] – woher willst [du] das erlangen?[546] Falls [du] noch nicht imstande bist, das bis auf den Grund zu verstehen, dann mach [dich] doch mal daran, es inmitten der Schlingpflanzen und Rankengewächse zu verstehen und zu erfassen! – Versucht es doch mal mit dem, [was Xue-dou hier] vorbringt!

Beispiel

Der Chan-Gast Liang fragte Qin-shan: „Wenn eine einzige Pfeilspitze die drei Sperren durchbricht, was dann?"[547]

Qin-shan sagte: „Dann lass doch mal den Hausherren im Inneren der Sperren frei!"

Liang sagte: „Ja, [ich] erkenne [meinen] Fehler und muss [ihn] berichtigen!"

Qin-shan sagte: „Wie lange willst Du [damit] noch warten?"

---

544 Der Verfasser übernimmt an dieser Stelle gegen Itôs *Teihon*-Ausgabe die Formulierung der *Ichiya*-Version: *shou* als Ausdruck des Passivs („es ist übertragen worden") statt *shou* im Sinne von „übermitteln" als letztes Schriftzeichen des Satzes.

545 *Unter ihren eigenen Füßen* – damit spielt Yuan-wu auf den »roten Faden unter unseren Füßen« als Metapher für „Gier, Hass und Verblendung" als die Ursachen unaufhörlicher Wiedergeburt an; auf jenen »roten Faden«, den wir – traditionell-buddhistischer Lehre zufolge – „abschneiden" müssen, um den Weg zu gehen, auf dem wir dem Kreislauf von Leben und Tod schließlich doch entkommen. *Die karmischen Bedingungen der Großen Angelegenheit* bestehen demnach eben darin, uns von Gier, Hass und Verblendung zu befreien – das ist das im Text erwähnte *erste Teilstück* – um überhaupt zu der „Großen Angelegenheit" vorstoßen und sie bewältigen zu können.

546 Dieser Satz weist im chinesischen Original eine aufs Äußerste verkürzte Formulierung auf: Das, was es zu *erlangen* gilt, wird lediglich durch die Schriftzeichen: „Sehen", „Nicht-Sehen", „Hören", „Nicht-Hören" und „Erklären", „Nicht-Erklären" (*jian bu jian, wen bu wen, shuo bu shuo*) dargestellt. Eine mögliche Übersetzung könnte, analog zum daoistischen *wei wu wei*, dem „Handeln auf die Weise des Nicht-Handelns", lauten: „Sehen auf die Weise des Nicht-Sehens" usw.; doch das ergibt im Zusammenhang des Kôan insgesamt keinen Sinn. Dasselbe gilt für die ebenfalls möglichen Übersetzungen: „Sehen **das** Nicht-Sehen" usw. bzw. „Sehen **und** Nicht-Sehen" usw. Wollte man das Letztere erweitern zu „Sehen **und doch** nicht sehen", so liefe das auf die erstgenannte daoistisch gefärbte Übersetzung hinaus. Sinn macht dieser Satz in den Augen des Verfassers nur dann, wenn man das „Sehen das Nicht-Sehen" umdeutet zu „Sehen, wo [bisher] Nicht-Sehen ist"! Denn so verstanden, passt der Satz – wie sich zeigen wird – auf den zweiten Akteur des Beispiels, den *Chan-Gast Liang*.

547 Bei den *drei Sperren* handelt es sich um eben die Dreiheit aus Gier, Hass und Verblendung, die uns – nach orthodoxem Verständnis – den Weg ins Freie, in die »Befreiung« versperren.

Liang sagte: „Ein guter Pfeilschuss hat sein Ziel nicht erreicht!", und ging auf der Stelle davon.
Qin-shan sagte: „Komm doch mal her, Du ehrenwerter Mönch!"
Liang wandte sich um.
Qin-shan packte ihn mit festem Griff und sagte: „Dass eine einzige Pfeilspitze die drei Sperren durchbricht, das soll [uns] jetzt nicht kümmern. Aber versuch doch mal, auf [mich,] Qin-shan, einen Pfeil abzuschießen!"
Liang überlegte [hin und her].
Qin-shan versetzte ihm sieben Stockhiebe und sagte: „[Ich] will diesem alten Chinesen hier mal zugestehen, noch dreißig Jahre lang hin und her zu grübeln!"

Lobgesang

Für [Euch], Ihr Herren, *lässt [er] den Hausherren im Inneren der Sperren frei*!
[Ihr] Schüler, die [Ihr] Pfeile abschießt, [verfahrt dabei] nicht nachlässig!
Nehmt [Ihr] die Augen weg, ertauben bestimmt die Ohren –
Gebt [Ihr] die Ohren her, werden beide Augen blind!
Bemitleidenswert: *„Ein einziger Pfeil durchbricht drei Sperren!"*
Wahr und wirklich! Deutlich sichtbar hinter dem Pfeil [sein] Pfad!
Ihr Herren, seht [Ihr] denn nicht? Xuan-sha hat da ein Wort [zu sagen]:
„Ein großer, stattlicher Mann ist vor allem Anfang der Ahnherr des Geistes!"[548]

Mit dem Geschehen dieses »Öffentlichen Aushangs« bewegen wir uns in der Zeit des ausgehenden Tang-Reiches. **Qin-shan** Wen-sui, dessen Lebensdaten uns nicht erhalten sind, war ein Zeitgenosse Xue-fengs (822-908) und Yan-tous (828-887), mit denen zusammen er seine »Wolken und Wasser«-Wanderschaft absolviert und sich wie diese schließlich der Zuchtrute des strengen De-shan (782-865) unterstellt hat.[549] Doch nach einer Zeit für ihn unerträglicher Tortur ist Qin-shan zu Dong-shan (807-869) gewechselt und hat sich in seiner späteren eigenen Lehrtätigkeit stets der Cao-Dong-Schule zugehörig gefühlt. Über den **Chan-Gast Liang** wissen wir so gut wie nichts, außer dass sein vollständiger Name Ju Liang gelautet hat.[550] Immerhin bezeichnet ihn Yuan-wu in seinem Kommentar als einen kampferprobten, schlachtengewohnten General und vergleicht ihn sogar, wenn auch nur in seinem schlussendlichen Scheitern, mit dem Reitergeneral Li Guang, auf den Xue-dou bereits im Lobgesang zum Kôan 4 angespielt hatte.[551]

---

548 *Vor allem Anfang*: eine wörtliche Übersetzung der entsprechenden Schriftzeichen des Originals müsste lauten: „vor dem Himmel"; in seinem Kommentar erweitert Yuan-wu diese Formel zu „vor Himmel und Erde" und gibt ihr damit den Sinn: „[schon] bevor Himmel und Erde entstanden sind". Die Übersetzung, die der Verfasser stattdessen gewählt hat, ist demgemäß als: „[schon] bevor überhaupt etwas entstanden ist" zu verstehen.

549 De-shan Xuan-jian hat im Umgang mit seinen Mönchen ein Doppelgesicht gezeigt: Da war der strenge, der „harte" De-shan, der seine Schüler mit Stockhieben traktiert hat, und da gab es den „weichen" De-shan, von dem das Kôan 14 *Cong-rong-lu* handelt – siehe die dortigen Erläuterungen des Verfassers: Roloff (2), S. 75f.

550 Zum Begriff „Chan-Gast" siehe die Fußnote 437 anlässlich des Kôan 42.

551 War dort, im Kôan 4, von einer einzigartigen Bravourtat des Li Guang die Rede gewesen, so erwähnt Yuan-wu hier dessen schließliches Scheitern, insofern dieser große Kriegsheld trotz seines überragenden Ansehens niemals ein Lehen erhalten hat.

Welch ein Paukenschlag, welch ein Trommelwirbel die ersten Sätze der **Ankündigung** mit ihrer kontrafaktischen Behauptung, *sämtliche Buddhas seien [bisher] nicht in der Welt erschienen; ebenso habe es [bisher] keine einzige Lehre für die Menschen gegeben! [Auch] der Gründer [unserer Schule] sei nicht aus dem Westen gekommen; und es habe noch nie eine Übertragung von Geist zu Geist stattgefunden*! Kaum anzunehmen, Yuan-wu habe ernsthaft glauben können, seine Zeitgenossen und uns glauben machen zu können, dass sich das von ihm Geleugnete tatsächlich niemals ereignet hat! Was also will er dann mit seiner Leugnung sagen? Wenn die *Buddhas*, wie nicht zu leugnen, hier in der Welt gewesen sind und uns mit ihren unbezweifelbaren Lehren alles an die Hand gegeben haben, was wir in ihren Augen zu unserer Rettung nötig haben, dann kann die Behauptung, sie seien gar nicht da gewesen, nur Eines bedeuten: Was sie gesagt und gelehrt haben, reicht nicht aus; sie haben das Entscheidende trotz allem gerade nicht gesagt! Dasselbe gilt für die Leugnung, die *Bodhidharmas* Erscheinen in China und seine *Übertragung von Geist zu Geist* betrifft: Auch er hat mit seinem neunjährigen Anstarren einer Höhlenwand und seinem Vermächtnis, es ihm gleichzutun und uns wie er selbst ausschließlich der Shûnyatâ zuzuwenden, das Entscheidende gerade nicht gesagt! Was in beiden Fällen dies Entscheidende ist, das wird uns das Beispiel zeigen müssen. Hier in der Ankündigung beschränkt sich Yuan-wu auf die Feststellung, dass *die Menschen dieser Zeit*, von den Buddhas und Bodhidharma im Stich und sich selbst überlassen, das Entscheidende *nicht aus sich selbst heraus verstehen* können und deshalb zwangsläufig in die Ferne schweifen und das ihnen Vorenthaltene am falschen Ort, *außerhalb* ihrer selbst, und folglich vergeblich suchen müssen; Yuan-wu unterstreicht die Ausweglosigkeit dieser *condition humaine* noch durch den Hinweis, dass *[selbst] tausend Weise da ebenfalls im Dunklen tappen* und daher den auf sich gestellten *Menschen dieser Zeit* auch keine Hilfe bieten können. Ja, die hilflos irrende Menschheit – so Yuan-wu in weiterer Zuspitzung – weiß nicht einmal von dem »roten Faden unter ihren Füßen« und von der unabdingbaren Voraussetzung jener wahrhaften »Befreiung«, die den Gegenstand der „Großen Angelegenheit" ausmacht, nämlich diesen »roten Faden« abzuschneiden – geschweige denn dass ihr bewusst wäre, dass ein solches Bemühen, selbst ein erfolgreiches, nur ein *Teilstück*, obendrein nur *das erste, ihres Weges* zur »Befreiung« darstellt: Letzteres ein abermaliger Hinweis auf die Intention des Beispiels, uns auf die Fährte dessen zu setzen, was die herkömmliche Buddha-Lehre und auch noch Bodhidharmas Vermächtnis intensiven „Wandanstarrens" uns bisher vorenthalten hat.

Dann wendet sich Yuan-wu überraschend seinen Mönchen und uns, seinen Lesern, zu: *Aber jetzt, [in diesem Augenblick,] zu sehen, [wo du bisher] nicht siehst, zu hören, [wo du bisher] nicht hörst, zu erklären, [wo du bisher] nicht erklären [kannst] – woher willst du das erlangen?* Es soll uns, wie das Beispiel zeigen wird, nicht so ergehen wie dem *Chan-Gast Liang*, der da, wo er *sehen* soll, *nichts sieht*, da, wo er *hören* soll, *nichts hört* und da, wo er *sich erklären* soll, sich *nicht zu erklären* weiß. Wir sind es letztlich, die sich in die *Schlingpflanzen und Rankengewächse* des Beispiels hineinwagen, uns sodann aus ihrer Umklammerung befreien und so bis auf den Grund verstehen lernen sollen, was Liang bis zuletzt nicht verstanden und damit sein Scheitern unwiderruflich besiegelt hat.

Anfangs freilich, so das **Beispiel**, tritt der *Chan-Gast Liang* höchst selbstsicher und siegesgewiss vor Qin-shan hin: „Ich habe mit *einer einzigen Pfeilspitze die drei Sperren durch-*

brochen – was sagt Ihr dazu?", und eröffnet damit ein höchst raffiniertes Spiel der Worte! Wenn die Vermutung des Verfassers zutrifft, dass mit diesen *drei Sperren* die Kräfte gemeint sind, die uns den Weg in die von Buddha verheißene »Befreiung« verstellen, also „Gier, Hass und Verblendung", dann heißt das: Dieser *Chan-Gast*, möglicherweise nicht einmal ein Anhänger des Chan, sondern der Buddha-Lehre ganz allgemein, beruft sich auf eine einmalige und besondere Erfahrung, die ihn nicht nur befähigt hat, eben das zu überwinden, was uns an die Welt der Dinge bindet, ja kettet: Gier und Hass, sondern die ihm vor allem, weil zugleich ein Ausbruch aus der Verblendung, zu genau dem Erwachen verholfen hat, dem Buddha Shâkyamuni seinen Ehrentitel Buddha, der »Erwachte«, verdankt.

Qin-shan nimmt ihn beim Wort, greift seine Metapher von einem Pfeil, der Sperren aufbricht, auf und kontert: *„Dann lass doch den mal frei*, der sich *im Inneren der Sperren* geradezu gefangen gesetzt gesehen hat: den *Hausherrn*, der, weil eingesperrt, sich bisher nicht hat zeigen und entfalten können, und den zu befreien Dein Pfeil vonnöten war, die *Sperren* von außen aufzusprengen!" – Dem Chan-Gast Liang verschlägt es die Sprache; mit der Existenz eines *Hausherren im Inneren der Sperren* hat er nicht gerechnet, zumal eines *Hausherren*, der trotz des angeblich befreienden Pfeilschusses immer noch nicht frei ist, und so gesteht er aufrichtig seine Niederlage ein: *„Ja, [ich] erkenne [meinen] Fehler und muss [ihn] berichtigen!"* Und auf Qin-shans Drängen, damit nicht länger zu warten, verdeutlicht er sein Eingeständnis: *„Ein guter Pfeilschuss hat sein Ziel nicht erreicht!"*, und wendet sich zum Gehen.

Man male sich das aus: Da kommt ein Chan-Gast mit dem stolzen Wort daher: „Ich habe mit *einer einzigen Pfeilspitze die drei Sperren durchbrochen*, mich von Gier, Hass und Verblendung befreit!", und muss sich gleichwohl sagen lassen, dass das noch keineswegs genügt. Wie das? Wenn ich „Gier, Hass und Verblendung" in mir überwunden habe, dann bleiben da – nach traditioneller buddhistischer Anthropologie – noch die „sechs Arten der Wahrnehmung", aber keine Antriebskräfte mehr, die mich über die Kanäle meiner Sinnesausstattung auf die Welt hin ausrichten und mit ihr fest verknüpfen.[552] So muss mit dem Wegfall von „Gier, Hass und Verblendung" das von der Buddha-Lehre behauptete Faktum zutage treten, dass wir keine Substanz besitzen, in der Antriebskräfte gleich welcher Art verwurzelt sein könnten, sondern letztlich „leer" sind. Und nun soll da plötzlich jenseits von „Gier, Hass und Verblendung" noch ein *Hausherr* vorhanden sein, der sich so recht erst regen und entfalten kann, wenn er von diesen drei Fesseln befreit ist.

Qin-shan allerdings lässt seinen Chan-Gast nicht mit dem bloßen Eingeständnis davonkommen, mit seinem *einen Pfeil* das *Ziel* verfehlt zu haben; er will vielmehr mögliche Zweifel Liangs an der Existenz eines solchen *Hausherren* von vornherein ausräumen und drängt sich ihm mitsamt seinem eigenen *Hausherren* förmlich auf: durch die Aufforderung, auch auf ihn, Qin-shan, *einen Pfeil abzuschießen*! Ein solcher Pfeil aus nächster Nähe wäre zweifellos tödlich; und sich selbst für einen derart lebensbedrohenden Pfeilschuss anzubieten

552 Im traditionellen Buddhismus gilt neben den auch uns geläufigen fünf Arten der Sinneswahrnehmung (Sehen, Hören, Riechen, Schmecken und Berühren) auch noch das Bewusstsein, in dem sie sich ereignen, selbst als Wahrnehmung.

setzt voraus, sich unverwundbar zu fühlen: „Mir kann ein solcher Pfeil nichts anhaben!" Haben wir darin bereits einen Hinweis auf das Wesen des geheimnisvollen *Hausherren* vor uns? Lässt doch Qin-shans Bereitschaft, sich selbst einem allgemein als tödlich erachteten Pfeilschuss anzubieten, an daoistische Aussagen wie die denken, dass der Weise, weil ohne Selbst, durch ein waffenstarrendes Heer hindurchgehen kann, ohne verwundet zu werden: »Denn da ist keine Stelle, die« – oh, unversehens hat sich da eine Rilke-Assoziation eingeschlichen! – einer Waffe, den Zähnen eines Tigers, der Wut eines Nashorns, Platz bietet, ihre tödliche Wirkung auszuüben![553] Der Chan-Gast Liang freilich kann sich zu dem von Qin-shan geforderten Pfeilschuss nicht entschließen – nicht, weil er einsieht, dass ein solcher Schuss zwangsläufig ins „Leere", in die Shûnyatâ, treffen würde, sondern weil er nichts versteht! Und so verabreicht Qin-shan dem unsicher schwankenden Liang *sieben Stockhiebe* und schickt ihn für die in solchen Fällen obligaten *dreißig Jahre* zum Weitergrübeln davon.[554] Zu den *sieben Stockhieben* bemerkt Yuan-wu in seinem Kommentar, in den Chan-Kreisen seiner Zeit sei vielfach gerätselt worden, warum gerade *sieben* Hiebe und nicht sechs oder acht, und verwirft alle derartigen Überlegungen als schlechterdings untaugliches Mittel, dem Geheimnis dieses »Öffentlichen Aushangs« auf die Spur zu kommen. Doch liegt es nicht auf der Hand, dass Qin-shan mit der Anzahl seiner Stockhiebe auf das abzielt, was für Liang nach seiner Überwindung der *drei Sperren* zu tun noch übrig bleibt: sich mit den sechs Arten der Wahrnehmung und, als Siebtem und Wichtigstem, mit dem geheimnisvollen *Hausherren* auseinanderzusetzen? Allerdings ist mit solchem Hinweis in der Tat dessen Rätsel weder bereits gelöst noch jemals lösbar!

Dass der *Hausherr im Inneren der Sperren* der entscheidende Punkt des ganzen Kôan ist, bekräftigt Xue-dou, indem er gleich zu Beginn seines **Lobgesangs** Qin-shans Formel wiederholt: *„Für [Euch], Ihr Herren, lässt [er] den Hausherren im Inneren der Sperren frei!"* Das kann nur auf Qin-shan selbst abzielen, obwohl der streng genommen den *Hausherrn* gar nicht *freizulassen* vorgegeben, sondern nur ins Spiel gebracht und so auf dessen Existenz überhaupt erst aufmerksam gemacht hat, während die Aufforderung, ihn freizulassen, an seinen Widerpart ergangen ist. Und zum anderen kommt Xue-dou in der Abschlusszeile seines Lobgesangs noch einmal auf den *Hausherren* zurück, mit einem Zitat, das er Xuan-sha zuschreibt, das Xuan-sha jedoch, wie Yuan-wu erläutert, seinerseits von einem anderen entlehnt und nur wieder und wieder als Wende-Wort verwendet hat: *„Ein großer, stattlicher Mann ist vor allem Anfang der Ahnherr des Geistes!"* Das ist der erste unmissverständliche, wenn auch immer noch geheimnisvolle Hinweis darauf, was es mit dem *Hausherren im Inneren der Sperren* tatsächlich auf sich hat; doch alles Weitere dazu im übernächsten Absatz!

Zunächst wendet sich Xue-dou seinen Mönchen zu, warnt sie vor *Nachlässigkeit* bei dem Versuch, sich auf gleiche Weise wie der Chan-Gast Liang ihrem *Hausherren* zu nähern, und umschreibt die von ihm ins Visier genommene Nachlässigkeit dahin, dass auch nur eine partielle Abwendung von der Welt (*„Nehmt [ihr] die Augen weg ..., gebt [ihr] die Ohren*

553 Vgl. den Text 50 des *Dao-De-Jing*!

554 Die Zeitspanne von *dreißig Jahren* der Übung bzw. weiterer Übung findet sich wiederholt in den Texten des *Cong-rong-lu*, so in der Ankündigung des Kôan 8, im Lobgesang des Kôan 20, wobei besonders auf die dortige Fußnote 107 hinzuweisen ist, und im Lobgesang des Kôan 84.

er ...“) einen völligen Weltverlust herbeiführt („... *ertauben bestimmt die Ohren, ... werden beide Augen blind*“), den weder Xue-dou noch Yuan-wu befürworten können; vielmehr brechen sie über eine Einstellung wie die des Chan-Gastes Liang den Stab: Dessen stolze Errungenschaft, mit *einem einzigen Pfeil* im Sinne der traditionellen Buddha-Lehre *die drei Sperren* „Gier, Hass und Verblendung“ überwunden zu haben, verwirft Xue-dou als *bemitleidenswert* und besteht darauf, dass *hinter dem Pfeil* dessen *deutlich sichtbarer Pfad* auf seine Herkunft aus Weltverneinung und Weltüberwindung verweist. Was Xue-dou, und mit ihm Yuan-wu, stattdessen propagieren, deutet der Lobgesang in seiner letzten Zeile an, die von einem *Ahnherrn des Geistes* spricht und ihn als einen *großen, stattlichen Mann* einführt – was nicht gerade nach Weltverneinung und Weltüberwindung klingt!

Nun also der geheimnisvolle letzte Satz, der uns den *Hausherren im Inneren der Sperren* nun endlich doch enthüllen soll: *„Ein großer, stattlicher Mann ist [schon] vor allem Anfang der Ahnherr des Geistes!“* Gehen wir diesen Satz von vorne an: Ein *„großer, stattlicher Mann“* – für Kenner des *Wu-men-guan* drängt sich die Parallele zu jenem „Mann von großer Körperkraft“ auf, von dem Wu-mens Kôan 20 handelt und der, laut dem Erfinder der Metapher, Song-yuan Chong-yue (1139-1209), „seinen Fuß nicht heben kann“, aber gleichwohl, so Wu-men in seinem zugehörigen Lobgesang, mit einem einzigen Fußtritt das gesamte Universum auf den Kopf zu stellen imstande ist: „Hebt er den Fuß, / tritt er und stellt kopf das Meer des wohlriechenden Wassers; // Neigt er das Haupt, / sieht er von oben herab / auf die Vier Himmel der Versenkung!“[555] Wie dieser „Mann von großer Körperkraft“ ist auch Xuan-shas und Xue-dous *„großer, stattlicher Mann“* selbstverständlich kein Mensch, kein kraftstrotzender, durch besondere Wohlgestalt ausgezeichneter Angehöriger des männlichen Geschlechts. So wie jener „Mann von großer Körperkraft“ das gesamte Universum überragt, so geht hier der *„große, stattliche Mann“*, ob nun zeitlich oder nur ontologisch, dem All der *Zehntausend Dinge* voraus: Er ist schon *vor allem Anfang* da, es hat ihn schon gegeben, bevor Himmel und Erde entstanden sind; er existiert jenseits der Welt und liegt zugleich der Welt zugrunde – kurz, er ist, wie jener, Metapher für die Shûnyatâ, den Dharmakâya, als den Ursprung aller Dinge, einschließlich insbesondere sämtlicher Buddhas, Bodhisattvas und Patriarchen. *„Ahnherr des Geistes“*, das ist nur eine andere, frühere Formulierung jenes Ausspruchs, den Wu-men in seinem Kôan 45 von Wu-zu Fa-yan (1024-1104), dem Lehrer Yuan-wus, zitiert: „Shâkyamuni und Maitreya sind wie seine Knechte – wer ist er denn?“ Beide, Wu-zus mysteriöser „er“ und hier der *„große, stattliche Mann“*, übersteigen noch Existenz und *Geist* der Buddhas aller Zeiten; dort, wo beide gleichsam zuhause sind, gibt es keine Buddhas, keine Patriarchen mehr, und doch sind sie es, diese beiden, die – der eine wie der andere – über sämtliche Buddhas, Bodhisattvas, Patriarchen die Macht des Ursprungs und der Weisung haben.

Um dasselbe noch einmal nüchterner zu sagen: Bei dem *„großen, stattlichen Mann“* handelt es sich, in buddhistischer Terminologie, um den Dharmakâya, jenen „Wahrheitsleib“, aus dem die Buddhas des „Erscheinungsleibes“, ob nun als transzendente oder irdische Variante, hervorgehen, in dem sie aber, als diese konkreten Buddhas, selbst noch nicht vorhanden sind, mithin um die Shûnyatâ, die als „Große Leere“ auch noch von Buddhas und Bodhisattvas

555 So Roloff (1), S. 85ff.

„leer“ ist. Und in daoistischer Terminologie vertritt der *„große und stattliche Mann“* das DAO, nicht nur insofern es als das Sein (*you*) die „Mutter aller Dinge“, auch der Buddhas ist, sondern erst recht insofern es als das Nicht-Sein und Nichts (*wu*) noch jeder Bestimmung, auch der der Existenz, vorausgeht.

Was aber wollen Qin-shan, Xue-dou und Yuan-wu uns damit sagen, dass sie diese Shûnyatâ, dieses Nichts zu einem *Hausherren im Inneren der Sperren* und den wiederum zu einem *großen, stattlichen Mann* erklären? Und wenn sie obendrein von uns verlangen, diese machtvolle Gestalt nunmehr *freizulassen*? Nun, nicht nur, dass uns allen derselbe eine *Hausherr* innewohnt, darin dem »wahren Menschen ohne Status« des Lin-ji vergleichbar, sondern vor allem, dass wir, durch die Versenkungsübung in der Erfahrung von Shûnyatâ verwurzelt, uns damit nicht aus der Welt zurückgezogen haben und ihr auf Dauer entsagen wollen, vielmehr aus der Shûnyatâ neue, zusätzliche Kraft schöpfen und uns mit dieser Kraft in der Welt betätigen wollen und das erst so recht zu tun imstande sind, wenn wir uns aus den Fesseln von „Gier, Hass und Verblendung“ befreit haben, wenn wir also zu unseren Wünschen, Begierden, Süchten, zu unseren Vorlieben und Abneigungen, unseren Ängsten, Beschränkungen und Fluchten durch das Eintauchen in Zustände des Sich-selbst-Auslöschens Abstand gewonnen haben und aus diesem Abstand heraus unser je eigenes Dasein neu ergreifen und in seinen Möglichkeiten ausschöpfen – weniger verwundbar, weniger getrieben, weniger eingesperrt und mit dem Gefühl einer größeren, unbeirrbaren, einer freien und freudigen Gelassenheit. – Haben wir das erreicht, dann haben wir auch den *Hausherren* in uns, diesen *großen, stattlichen Mann*, statt ihn weiterhin gleichsam in uns eingesperrt zu halten, endlich und tatsächlich *freigelassen*!

Schauen wir von hier aus auf den Anfang der **Ankündigung** zurück, so erhalten auch deren befremdliche kontrafaktischen Behauptungen ihren Sinn: Wieder einmal grenzt sich das Song-zeitliche Chan mit großer Verve von der traditionellen Buddha-Lehre ab, der es vorwirft, die aus der *„Freilassung des Hausherrn“*, dieses *„großen, stattlichen Mannes“*, gespeiste kraftvoll-spielerische Hinwendung zur Welt unterschlagen und damit das Entscheidende, das wahrhaft »Rettende« nicht gesagt zu haben!

57. Zhao-zhous „Bauernlümmel“[556]

Ankündigung[557]

Vorher, als [du] noch nicht hast hindurchdringen können, war es wie ein Silberberg, eine Eisenwand; nachdem [du] es geschafft hast hindurchzudringen, bist [du] vom Ursprung her selbst die Eisenwand und der Silberberg! Vielleicht gibt es einen Menschen, der da fragt: „Aber – wie denn das?“ Dann sage [ich] zu ihm nur: „Falls du in Richtung auf dies hier die ganze spirituelle Kraft enthüllen und alle Umstände überblicken kannst, dann schneidest [du] durch deine Übung den unvermeidlichen Zufluss ab,[558] lässt [dich] nicht auf [den Gegensatz von] Irdischem und Heiligem ein und tust [dennoch] nichts Ungebührliches! Falls [du] aber noch nicht so weit bist, dann nimm [dir] die Art und Weise der Alten zum Vorbild!“

Beispiel

Ein Mönch fragte Zhao-zhou: „*Das DAO zu erreichen ist nicht schwierig; es gilt nur, sich vom Auswählen und Vorziehen loszusagen* – was hat es da mit dem Nicht-Auswählen und Nicht-Vorziehen auf sich?“
Zhao-zhou sagte: „*Über dem Himmel und unter dem Himmel nur ich allein erhaben!*“
Der Mönch sagte: „Das ist doch immer noch ein Auswählen und Vorziehen!“
Zhao-zhou sagte: „Du Bauernlümmel! Wo ist da ein Auswählen und Vorziehen?“
Der Mönch war sprachlos.

Lobgesang

[Er] ist so tief wie das Meer und so unverrückbar wie die Berge!
Mücken und Stechfliegen necken am Himmel heftigen Wind,

556 Dieser und die beiden nächsten »Öffentlichen Aushänge« bilden thematisch eine Einheit: Drei Mönche treten in der Dharma-Halle nacheinander mit einer Frage vor und beziehen sich dabei auf ein und dieselbe Äußerung des Meisters, in diesem Falle auf Zhao-zhous Zitat aus der *Meißelschrift vom Glauben an den Geist*, das bereits Gegenstand des Kôan 2 gewesen ist. Wir können uns die Situation, in der die drei kurzen Wortwechsel stattgefunden haben, so vorstellen: Zhao-zhou hat in der Dharma-Halle vor den versammelten Mönchen einen seiner obligatorischen Lehrvorträge gehalten und dabei (auch?) über die Eingangsverse der *Meißelschrift* gesprochen. Wie üblich, durften anschließend Mönche vortreten und jeweils eine Frage an den Meister richten. – Wie schon bei den Kôan 14 und 15 wird der Verfasser deshalb auch hier bei den Kôan 57 – 59 seine Erläuterungen zusammenfassen und das, was er zu sagen hat, **erst im Anschluss an das Kôan 59** dem Leser unterbreiten; vgl. die Fußnote 181 anlässlich des Kôan 14.

557 In der *Ichiya*-Version fehlt an dieser Stelle die Ankündigung; Itô hat für seine *Teihon*-Ausgabe die entsprechende Ankündigung der *Standard*-Version übernommen. Dem folgt auch der Verfasser: Die obige Ankündigung ist also die des Kôan 57 Standard.

558 Diese Redewendung, chinesisch *zuo duan yao-jin*, die uns erstmals in der Ankündigung des Kôan 21 entgegengetreten ist und die Itô hier mitsamt des ganzen Ankündigung in das Kôan 57 übernommen hat, findet sich wenige Kapitel später auch in der Ankündigung des Kôan 60, dort freilich ebenfalls nur in der Standard-Version; Itô übernimmt sie auch dort, weist aber in den von ihm aufgeführten Textvarianten darauf hin, dass die *Ichiya*-Vesion an jener Stelle statt *yao-jin* vielmehr *shi-jie* („die Welt“) bietet, was für den *unvermeidlichen Zufluss* die Bedeutung: „alles, was aus der Welt auf uns einströmt“ nahelegt – vgl. die Fußnote 249.

Grillen und Ameisen rütteln an einer eisernen Säule![559]
„Auswählen und Vorziehen“ – welch eine erhabene Stofftrommel!

559 Es gibt da im Chinesischen das Sprichwort: „Ameisen rütteln an einem hohen Baum“ (*pi-fu han da shu*) – soll heißen: „seine Kräfte maßlos überschätzen“.

58. Zhao-zhous „Genau Verstehen“[560]

Ankündigung

(nicht erhalten)[561]

Beispiel

Ein [zweiter] Mönch fragte Zhao-zhou: „*Das DAO zu erreichen ist nicht schwierig; es gilt nur, sich vom Auswählen und Vorziehen loszusagen* – [ist das] für die Menschen von heute eine Höhle, ein Versteck oder nicht?“
Zhao-zhou sagte: „Es hat schon einmal einen Menschen gegeben, der mir [diese Frage] gestellt hat. Gerade jetzt ist es fünf Jahre her, und [ich] habe noch nicht einmal angefangen, [sie] genau zu verstehen!“

Lobgesang

Der Elefantenkönig runzelt die Stirn und stöhnt –
Der Löwe röhrt und brüllt.
Gerede ohne Geschmack –
Es verstopft den Menschen den Mund!
Süden, Norden, Osten, Westen –
Der Rabe fliegt, der Hase rennt dahin.

---

560 Auch zu diesem Kôan folgen die Erläuterungen erst im Anschluss an den Text des Kôan 59.

561 Wie schon zuvor in den Kapiteln 6, 14, 18, 26, 28, 30, 34, 36, 44 und 52 weisen auch zu diesem Kôan weder die Standard- noch die *Ichiya*-Version (und in ihrem Gefolge die *Teihon*-Ausgabe) eine Ankündigung auf. Dieser Ausfall hier im Kôan 58 ist der elfte Beleg für den schwerwiegenden und komplexen »Bindefehler«, der für beide Überlieferungsstränge, die Standard- und die *Ichiya*-Version, die Annahme eines gemeinsamen Vorfahren erzwingt.

59. Zhao-zhous „Nicht schwierig“

Ankündigung[562]

[Er] schließt den Himmel ein und umfasst die Erde; [er] überschreitet das Heilige und übersteigt das Profane. Auf den Spitzen von hundert Gräsern offenbart [er] den wunderbaren Geist des Nirvâna; mitten im Dickicht der Schilde und Speere bestimmt [er] den Pulsschlag des Lebens der Flickenkutten-Mönche! – Nun sagt mal: Mithilfe welcher Menschen Gunst und Kraft wird [Euch] sogleich zuteil, auch so zu sein? Versucht es doch mal mit dem, [was Xue-dou hier] vorbringt!

Beispiel

Ein [dritter] Mönch fragte Zhao-zhou: „*Das DAO zu erreichen ist nicht schwierig; es gilt nur, sich vom Auswählen und Vorziehen loszusagen* – kaum dass sich Worte und Sprache einstellen, wird daraus ein Auswählen und Vorziehen![563] Wie können Ehrwürden da den Menschen helfen?“

Zhao-zhou sagte: „Warum zitierst Du nicht den ganzen Ausspruch?“

Der Mönch sagte: „Unsereiner hat [ihn] nur bis hierher auswendig gelernt.“

Zhao-zhou sagte: „[Es geht] nur [um] dies: *Das DAO zu erreichen ist nicht schwer; es gilt nur, sich vom Auswählen und Vorziehen loszusagen*!“

Lobgesang

Wasser, gesprengt, erreicht [ihn] nicht;[564]
Wind, wenn er weht, dringt nicht ein!
Ein Tiger schreitet, ein Drache reist dahin;
Gespenster jammern, Geister weinen!

---

562 Wie schon im Kapitel 57 weist die *Ichiya*-Version auch hier im Kapitel 59 keine Ankündigung auf. Und wie dort hat Itô für die *Teihon*-Ausgabe die entsprechende Ankündigung der Standard-Version übernommen. Auch hier schließt sich der Verfasser dem Vorbild Itôs an. – Ob es sich in beiden Fällen, Kôan 57 und 59, um »Trennfehler« handelt, die der *Ichiya*-Version eine andere, aber von einem gemeinsamen Vorläufer ausgehende Überlieferungslinie als der Vorlage (bzw. den Vorlagen) für Zhang-wei Ming-yuans Neuausgabe von 1317 zuweisen, lässt sich nicht mit Sicherheit entscheiden – die Alternative, dass Dôgen sowohl vor wie nach dem schon im gemeinsamen Vorläufer ohne Ankündigung überlieferten Kapitel 58 aus bloßer Flüchtigkeit gleich zwei weitere Ankündigungen ausgelassen hat, ist noch weniger plausibel.

563 Eine etwas wörtlichere Übersetzung dieses Satzes müsste lauten: „Kaum gibt es Worte und Sprache, [schon] ist da ein Auswählen und Vorziehen!“ Genau dieser Satz ist auch schon im Beispiel des Kôan 2 vorgekommen, und der Wortlaut des chinesischen Originals, also Anzahl und Art der Schriftzeichen, ist in beiden Fällen identisch: *cai you yu yan, shi jian ze*. Um das auch in der deutschen Übersetzung durchscheinen zu lassen, wählt der Verfasser hier im Kôan 59 dieselbe etwas freiere und elegantere Formulierung, die er bereits im Kôan 2 verwendet hat.

564 Cleary übersetzt diese Zeile wie folgt: „*Water poured on cannot wet!*“ und trifft damit den Sinn sehr genau: „*Wasser*, das über Zhao-zhou ausgegossen – oder, wie oben formuliert, *[gegen ihn] gesprengt* – wird, kann ihn nicht nass machen!“

Sein Kopf drei Fuß lang – weißt [du], wer er ist?[565]
Sprachlos, auf nur einem Bein, stehst [du ihm] gegenüber!

Was wäre zu Zhao-zhou, dem „alten Buddha", der in Xue-dous *100 Beispielen der Alten* bisher bereits sechs Auftritte gehabt hat, jetzt noch zu sagen? Aus Anlass der gegenwärtigen drei Kôan mit ihrem dreimal wiederholten angeblichen Seng-can-Zitat vielleicht noch dies: Zhao-zhou (778-897), dessen Lehrtätigkeit während der vier letzten Jahrzehnte seines überlangen Lebens schon in die Zeit des untergehenden Tang-Reiches fällt, hat das Seng-can zugeschriebene, aber wahrscheinlich erst anderthalb Jahrhunderte nach dessen Tod (606) entstandene *Xin-xin-ming*, die *Meißelschrift vom Glauben an den Geist*, durchaus kennen können. Ebenso kann es sehr wohl historisches Faktum sein, dass er, wie vom Kôan 2 dargestellt, diesen Hymnus auf das DAO für seine formellen Lehrvorträge in der Dharma-Halle genutzt und daraus zitiert hat.

Wir können uns, ausgehend vom Beispiel des Kôan 2, folgende Situation vorstellen: Zhao-zhou hat anlässlich eines solchen Lehrvortrags vor seinen versammelten Mönchen die beiden Eingangszeilen des *Xin-xin- ming* zitiert und sich nach einigen kurzen Bemerkungen dazu auf ein Dharma-Gefecht mit einem Mönch eingelassen, den er alsbald mit dem Bescheid: „Nach Deiner Sache zu fragen hast Du jetzt Gelegenheit gehabt: Mach Deine Verbeugung und zieh Dich zurück!" auf seinen Platz in den Reihen der Mönche zurückgeschickt hat. Die drei Mönche, die sich in den Kôan 57 – 59 gleichfalls an Zhao-zhou wenden und sich dabei mit ihren Fragen ebenso wie der Mönch des Kôan 2 auf genau diese beiden Eingangszeilen des *Xin-xin-ming* beziehen, haben Zhao-zhous Lehrvortrag und das anschließende Dharma-Gefecht mit angehört; ja, der dritte dieser Mönche zitiert seinerseits wortwörtlich eine Äußerung, die Zhao-zhou unmittelbar auf sein „Seng-can"-Zitat im Kôan 2 hat folgen lassen, was den Verfasser in seiner Vermutung bestärkt, dass die kurzen Wortwechsel, von denen die Kôan 57 – 59 handeln, während desselben Lehrvortrags und gleich im Anschluss an das Geschehen im Kôan 2 stattgefunden haben.[566]

Drei Mönche also treten nacheinander vor und stellen ihre Frage zu der Behauptung, das DAO lasse sich dadurch erreichen, dass wir uns vom *Auswählen und Vorziehen* freimachen. Der erste Mönch möchte vom Meister wissen, was er sich unter einem *Nicht-Auswählen und Nicht-Vorziehen* vorstellen solle – eine völlig berechtigte Frage! Der zweite erkundigt sich, ob nicht die Forderung nach einem *Nicht-Auswählen und Nicht-Vorziehen* ein Fehlverhalten derer befördert, die sich um die Einhaltung des Geforderten bemühen – eine vielleicht sogar noch dringendere Anschluss-Frage, wenigstens solange nicht geklärt ist, was sich hinter der verfänglichen Formel vom *Nicht-Auswählen und Nicht-Vorziehen* tatsächlich verbirgt. Der

565 Yuan-wu verweist zu dieser Zeile auf folgende Anekdote: Ein Mönch stellt einem Meister früherer Zeiten die stereotype Buddha-Frage: „Was ist mit Buddha?", worauf der Meister erklärt: „Sein Kopf misst drei Fuß (99 cm) in der Länge, und sein Nacken ist zwei Zoll (5 cm) lang!" – welch eine Missgeburt!

566 Schon im *Zhao-zhou chan-shi yu-lu*, den *Aufzeichnungen der Aussprüche des Chan-Meisters Zhao-zhou*, sind die einzelnen Episoden dieses Ereignisses auseinandergerissen und auf die Einträge 103 (~ Kôan 2), 405 (~ Kôan 57), 32 (~ Kôan 58) und 105 (~ Kôan 59) verteilt.

dritte Mönch greift sogar ausführlicher auf Zhao-zhous Lehrvortrag zurück, indem er auch noch den Satz des Meisters zitiert, der sich im Kôan 2 unmittelbar an das „Seng-can"-Zitat anschließt: *„Kaum dass sich Worte und Sprache einstellen, wird daraus ein Auswählen und Vorziehen!"*, und will damit Zhao-zhou auf einen vermeintlichen Selbstwiderspruch hinweisen: „Wenn das so ist, *wie können Ehrwürden* – ergänze: mit Lehrreden wie diesen – *da den Menschen helfen* wollen?"

Gehen wir die kurzen Meister-Schüler-Dispute im Einzelnen durch: Der Mönch des Kôan 57 bekommt auf seine Frage, was genau er sich denn unter einem *Nicht-Auswählen und Nicht-Vorziehen* vorzustellen habe, von Zhao-zhou zu hören: *„Über dem Himmel und unter dem Himmel nur ich allein erhaben!"* – „Aber *das ist doch immer noch ein Auswählen und Vorziehen!*", entgegnet der Mönch völlig zu Recht, zumindest solange dieser angebliche Buddha-Satz nicht ausschließt, dass es da noch andere gibt, die gleichfalls Anspruch auf Erhabenheit und Verehrung erheben! Doch Zhao-zhou schiebt diesen Einwand unwirsch beiseite: *„Du Bauernlümmel! Wo ist da ein Auswählen und Vorziehen?"* Kein Wunder, dass diesem Mönch die Sprache wegbleibt.

Seien wir ehrlich: Zhao-zhou hat da das eine Rätselwort, das vom *Nicht-Auswählen und Nicht-Vorziehen*, lediglich durch ein anderes ersetzt! Was ist denn gemeint mit den angeblichen Buddha-Worten: *„Über dem Himmel und unter dem Himmel nur ich allein erhaben!"*? Heißt das wirklich, dass da *über dem Himmel und unter dem Himmel* unter mehreren vermeintlich Erhabenen nur einer wirklich erhaben ist, nämlich – *„ich"*? Und wer soll das sein, dieser *„ich"*? Als Worte eines soeben geborenen Buddha kann sie nur der mythische Buddha gesprochen haben, nicht der historische Buddha Shâkyamuni; *„ich"* ist also der Buddha mit den „Drei Leibern", von denen der „Wahrheitsleib" der höchste und zugleich der umfassendste ist: noch *über den Himmel* hinaus und *unter dem Himmel* allgegenwärtig, im Mahâyâna zum Vairochana und Âdhi-Buddha personifiziert, dem kosmischen Buddha, der nicht nur die übrigen Buddhas samt ihren „Erscheinungsleibern" und „Leibern des Entzückens", sondern auch die Gesamtheit der *Zehntausend Dinge* aus sich hervorbringt. Dieser „Wahrheitsleib" und Vairochana ist in der Tat *über dem Himmel*, dem er ja vorausgeht, und *unter dem Himmel*, in dem er als das „wahre Wesen" aller Dinge überall gegenwärtig ist, *allein erhaben*, zum einen weil „ursprünglich" – *ben-lai wu yi wu / hon-lai mu ichi motsu* – außer ihm nichts existiert, und zum anderen weil er als der Ursprung von allem, wenn je ein Gott, dann er, *erhaben* und verehrungswürdig ist.[567]

Was aber soll diese Selbst-Bekundung eines Buddha vom Range Vairochanas im Zusammenhang einer an uns Menschen gerichteten Aufforderung, uns *vom Auswählen und Vorziehen loszusagen*? Was bei solchem Bemühen bestenfalls herauskommt, verwandelt uns ja keineswegs in einen transzendenten Buddha, erst recht nicht den höchsten. Wenn Zhao-zhou dem Mönch, der da vor ihm steht – und damit auch uns – das stolze Buddha-Wort seiner einzigartigen *Erhabenheit* vorhält, dann muss der Mönch – und müssen wir – das als Hin-

567 Das einschlägige Schriftzeichen *zun* bezeichnet denjenigen, der Verehrung verdient und auch tatsächliche Verehrung genießt; so ist es auch Bestandteil des formelhaften Buddha-Titels „der Welt-Geehrte", *shi-zun*.

weis auf ein Ziel, auf einen Zustand verstehen, den er – und wir – erreichen können. Und zwar ist das der Zustand der tiefsten Versenkung, bei dem wir in die unbedingte Leere des Dharmakâya eintauchen und unser Eins-Werden mit dem Dharmakâya oder Vairochana erfahren: ein Zustand jenseits von Leben und Tod, jenseits von »Ja und Nein«; ein Zustand, in dem es in der Tat kein *Auswählen und Vorziehen*, ebenso kein Ablehnen und Verwerfen mehr gibt. So führt uns Zhao-zhous kurzer Wortwechsel mit dem Mönch des Kôan 57 zu demselben Zustand der Nicht-Dualität, den der Verfasser bereits zur Erklärung des Kôan 2 aufgeboten hat! – Der Mönch freilich hat nichts verstanden, er steht, längst an seinen Platz in der Menge der Mönche zurückgekehrt, weiterhin mit offenem Munde da!

An dieser Stelle tritt der nächste Mönch vor, der des Kôan 58, und möchte, da er in der Forderung nach einem *Nicht-Auswählen und Nicht-Vorziehen* eine Gefahr enthalten sieht, von Zhao-zhou wissen, ob es nicht besser sei, statt auf das *Auswählen und Vorziehen* vielmehr auf den Verzicht aufs *Auswählen und Vorziehen* zu verzichten: *„Nicht-Auswählen und Nicht-Vorziehen, ist das [denn nicht] für die Menschen von heute eine Höhle, ein Versteck?“* Was meint er damit? Obwohl es nicht schwer sein dürfte, das zu klären, gibt Zhao-zhou vor, sich von dem Mönch vor ein unlösbares Rätsel gestellt zu sehen: *„Es hat schon einmal einen Menschen gegeben, der mir [diese Frage] gestellt hat. Gerade jetzt ist es fünf Jahre her, und [ich] habe noch nicht einmal angefangen, [sie] genau zu verstehen!“* Was für ein Ironiker, dieser Zhao-zhou! Mit lässiger Geste wischt er die Frage des Mönchs beiseite – und doch hat die Frage sehr wohl ihre Berechtigung! Denn wollten wir uns tatsächlich in unserer Lebensführung auf ein *Nicht-Auswählen und Nicht-Vorziehen* zurückziehen, so käme das einer radikalen Gleichgültigkeit der Welt gegenüber gleich: Es gäbe keine Unterscheidung mehr zwischen dem, was in der Welt uns wünschenswert und was uns verabscheuenswert erscheint; statt uns einzumischen und das Wünschenswerte zu befördern und das Verabscheuenswerte zu bekämpfen, würden wir die Hände in den Schoß legen und tatenlos dem Unrecht, der Gewalt, dem Elend unter den Menschen, unseren Mitmenschen, zusehen! So würde in der Tat das *Nicht-Auswählen und Nicht-Vorziehen*, oder richtiger, ein missverstandenes *Nicht-Auswählen und Nicht-Vorziehen* zu einer *Höhle*, in der wir uns vor der Welt und den Anforderungen *verstecken*, die sie unzweifelhaft an uns stellt![568] Indem nun Zhao-zhou die Frage des Mönchs beiseite wischt, verwirft er nicht nur dieses Missverständnis, sondern zugleich auch die Haltung, auf die der Mönch mit seiner Frage anspielt, nämlich sich aus der Welt herauszuhalten! Indirekt bekräftigt Zhao-zhou damit die Einstellung, dass ein richtig verstandenes Streben nach *Nicht-Auswählen und Nicht-Vorziehen* uns keineswegs aus der Welt herauslöst, uns im Gegenteil fürs Einmischen zusätzlich Kraft und Ausdauer schenkt.

Auch der Mönch des Kôan 58 tritt ratlos ins Glied zurück. Da wagt sich noch ein dritter Mönch vor, und angesichts der zweifachen Niederlage seiner Vorgänger versucht er jetzt, den Spieß umzudrehen und den Meister mit dessen eigenen Waffen zu schlagen. Der Mönch des Kôan 59 lässt es nämlich nicht dabei bewenden, wie die beiden Mönche vor ihm nur Zhao-zhous „Seng-can“-Zitat zu wiederholen; er greift vielmehr auch noch die kurze Bemerkung auf, die Zhao-zhou – wie aus dem Kôan 2 erinnerlich – unmittelbar auf die beiden

568 Auf ein solches Missverstehen der Forderung nach *Nicht-Auswählen und Nicht-Vorziehen* hatte der Verfasser bereits anlässlich des Kôan 2 verwiesen.

Xin-xin-ming-Verse hat folgen lassen: „*Kaum dass sich Worte und Sprache einstellen, wird daraus ein Auswählen und Vorziehen!*", und glaubt, damit den Meister bereits in der Tasche zu haben! Denn was hat Zhao-zhou gerade getan? Er hat einen Lehrvortrag gehalten, der nun einmal zwangsläufig aus *Worten und Sprache* besteht; und wenn es Zhao-zhou darauf ankommt, den Mönchen dazu zu verhelfen, *das DAO zu erreichen*, sich das DAO aber nur durch einen Verzicht auf jegliches *Auswählen und Vorziehen* erreichen lässt, jede Benutzung von *Sprache* jedoch eben ein *Auswählen und Vorziehen* einschließt, dann ist es ein Widerspruch in sich, durch Mittel der Sprache das Erreichen des DAO befördern zu wollen. Doch so stichhaltig dieser Einwand zu sein scheint, er leidet an einer grundsätzlichen Schwäche, der Verwechslung zweier logischer Ebenen: Es ist ja nicht Zhao-zhou, der durch Sprache sein eigenes Erreichen des DAO herbeiführen will, sondern es geht darum, dass die Mönche das DAO erreichen sollen und dies ihr eigenes Erreichen des DAO nur durch den Verzicht aufs *Auswählen und Vorziehen* bewerkstelligen können. Zhao-zhous Rückgriff auf *Worte und Sprache* zwecks Belehrung seiner Mönche spielt sich auf einer Meta-Ebene ab, verglichen mit der Ebene, auf der die Mönche sich durch den Verzicht aufs *Auswählen und Vorziehen* und damit auch auf *Worte und Sprache* um das DAO bemühen sollen und müssen. Der Einwand des Mönchs taugt also, bei Licht besehen, nicht viel.

Zhao-zhou freilich, zumindest der Zhao-zhou des Song-zeitlichen Textes Kôan 59, schlägt einen anderen Weg ein, den Mönch in die Schranken zu verweisen – den der alogischen Argumentation, die mit ihrer Absurdität jeder weiteren rationalen Auseinandersetzung den Boden entzieht: Er fordert den Mönch auf, nicht nur die erste Doppelzeile des *Xin-xin-ming* zu zitieren, sondern auch die anschließende, die zusammen mit der ersten eine in sich geschlossene Sinneinheit darstellt und die da lautet: „Nur nicht hassen und lieben, [dann wirst du] durch und durch verstehen!"[569] Zhao-zhou allerdings hat diese zweite Doppelzeile gar nicht erwähnt, gleichwohl tut er so, als läge die Antwort auf die Frage des Mönchs und damit die Auflösung des von ihm entdeckten Widerspruchs in eben dieser Anschlusszeile verborgen. Der Mönch fühlt sich ertappt und muss eingestehen: „*Unsereiner hat [Seng-cans Worte] nur bis hierher auswendig gelernt.*" Was macht nun Zhao-zhou daraufhin? Er annulliert sogleich die Relevanz der Anschlusszeile, der er eben noch besondere Bedeutung zugemessen hat, und erklärt dem verblüfften Mönch: „Auf diese Anschlusszeile kommt es gar nicht an!" Was soll ein Widerpart in einem Streitgespräch auf solche Verweigerung sinnvoller Rede da noch antworten? So bleibt dem Mönch nichts anderes, als sich vor dem Meister zu verbeugen und auf seinen Platz in den Reihen der übrigen Mönche zurückzukehren.

---

569 Zu diesem „*durch und durch verstehen*" (*tong-ran ming-bai*) möge der Leser die Fußnote 57 anlässlich des Kôan 2 vergleichen: Im dortigen Beispiel hatte Zhao-zhou seinem Satz: „*Kaum dass sich Worte und Sprache einstellen, wird daraus ein Auswählen und Vorziehen!*" noch den Nachtrag angehängt: „wird daraus ein Verstehen (*ming-bai*)", ein Anhängsel, das der Mönch des hiesigen Beispiels mit Absicht unterschlägt. Doch das *ming-bai* in Zhao-zhous Nachtrag meint ein anderes Verstehen als das *ming-bai* in der zweiten Doppelzeile des *Xin-xin-ming*, der *Meißelschrift vom Glauben an den Geist*, nämlich ein rationales, an Sprache und Denken gebundenes Verstehen, während das *ming-bai* der *Meißelschrift* auf das Verstehen im Nicht-Wissen der Nicht-Dualität abzielt, auf das der Verfasser zuletzt noch in seinen obigen Erläuterungen zum Kôan 57 zu sprechen gekommen ist. Hier jedoch, im Kôan 59, spielt zumindest im Wortlaut des Beispiels weder das eine noch das andere Verstehen eine Rolle. Untergründig jedoch, wie sich gleich zeigen wird, läuft auch das Kôan 59 in seiner vermutlich beabsichtigten Wirkung auf eben das Verstehen im Nicht-Wissen der *Meißelschrift* hinaus!

Doch was ist mit diesem leicht errungenen Sieg Zhao-zhous gewonnen? Hat er mehr erreicht, als den Mönch mundtot zu machen? Hat er gar die Frage des Mönchs: *„Wie können Ehrwürden da den Menschen helfen?“*, statt mit Worten durch sein Tun beantwortet? Hat er etwa durch die Absurdität seines Verhaltens dem Mönch das Denken ausgetrieben und ihn in jenen Zustand der Nicht-Dualität versetzt, der aller Sprache vorausliegt und auch kein *Auswählen und Vorziehen* mehr kennt? Sicher ist immerhin: Dieser Mönch, von Zhao-zhou so alogisch abgefertigt, hat nicht mehr gewusst, wie ihm geschah! Und „Nicht-Wissen“, so Di-zang im Kôan 20 *Cong-rong-lu*, „kommt ihm“ (wem wohl? dem Erreichen des DAO, versteht sich) „äußerst nahe!“ Welch ein krönender Abschluss für die Dharma-„Sprechstunde“ dieses einen Tages!

Wenn wir uns nun den beiden nur in der Standard-Version überlieferten Ankündigungen und den drei Lobgesängen beider Überlieferungsstränge zuwenden, so müssen wir die Abfolge der drei Wortwechsel noch einmal der Reihe nach durchgehen.

Die **Ankündigung** des Kôan 57 spricht von einer Aufgabe, die zu bewältigen so schwer ist wie das Erklimmen eines *Silberbergs*, das Überwinden einer *Eisenwand*. Das kann nur auf den Zustand vorausweisen, für den die Buddha-Worte gelten: *„Über dem Himmel und unter dem Himmel nur ich allein erhaben!“*, und in dem es kein *Auswählen und Vorziehen* mehr gibt. Wenn wir diesen Zustand, den der Nicht-Dualität, erreicht haben, sind wir in unserem *Ursprung* angekommen, sind wir selbst der schwer zugängliche *Silberberg*, die undurchdringliche *Eisenwand*, will sagen, erfahren wir uns als identisch mit der Shûnyatâ. Der Weg dorthin – so ruft uns Yuan-wu vielleicht überflüssigerweise in Erinnerung – führt über die *Übung* der Versenkung, des Samâdhi, bei der wir den *unvermeidlichen Zufluss* an Sinneseindrücken und Gedanken *abschneiden*, über *[den Gegensatz] von Irdischem und Heiligem* hinauswachsen und lernen, ohne von einer göttlichen Autorität sanktionierte Gebote und Verbote *[dennoch] nichts Ungebührliches zu tun*: Die scheinbar schrankenlose Freiheit, keinen solchen Geboten und Verboten mehr zu unterstehen, hat keineswegs, so Yuan-wu, unmoralisches Verhalten zur zwangsläufigen Folge – ein für unsere Bewährung in der Welt ganz und gar nicht unwichtiger Zusatz!

Für das, was Yuan-wu hier in der Ankündigung an Erstrebenswertem ausführt, gibt selbstverständlich Zhao-zhou das *Vorbild* ab und nicht der Mönch, mag der auch im Fortgang des kurzen Zwiegesprächs noch so geschickt argumentieren. Und so kann es nicht überraschen, wenn der **Lobgesang** des Kôan 57 die Differenz, den spirituellen Abstand zwischen den beiden Akteuren thematisiert und mit prachtvollen Metaphern geradezu ins Groteske steigert: Von Zhao-zhou heißt es in der ersten der vier Zeilen: *Er ist so tief wie das Meer und so unverrückbar wie die Berge!*; der Mönch wird anschließend mit *Mücken und Stechfliegen* gleichgesetzt, die *am Himmel einen heftigen Wind* herausfordern zu können glauben, sowie mit *Grillen und Ameisen*, die *an einer eisernen Säule rütteln!* Und seinen scheinbar so gewichtigen Einwand gegen die Heranziehung des Buddha-Wortes von der alleinigen Erhabenheit: „Aber *das ist doch immer noch ein Auswählen und Vorziehen!*“, setzt Xuedou in der vierten und letzten Zeile – welch ironischer Widerspruch in sich selbst – einer *erhabenen Stofftrommel* gleich, die – und werde sie noch so heftig traktiert – keinen Ton von sich gibt und mithin allenfalls lächerlich ist, aber nicht erhaben! Tut Xue-dou damit dem Mönch nicht doch ein bisschen Unrecht? Oder sollen wir gar die bitterböse Ironie, die ja schon mit dem *Mücken-* und *Ameisen-*Vergleich einsetzt, als nach Chan-Manier verkleidete Anerkennung lesen?

Zum Kôan 58 haben wir nur den **Lobgesang**, und der ist, was den Mönch betrifft, von der gleichen bissigen Ironie gekennzeichnet: Da wird dessen Einwand, der Verzicht auf jedes *Auswählen und Vorziehen* könne sich als ein *Versteck* auswirken, sich wie in einer *Höhle* vor einer *vita activa*, einem tätigen Leben hier in der Welt zu drücken, von Xue-dou als ein *Gerede ohne Geschmack* abgetan, das *den Menschen den Mund verstopfe*; da wird Zhao-zhous Entgegnung, mit der er den Einwand des Mönchs beiseitefegt, dem entrüsteten *Gebrüll eines Löwen*, gar dem *Stirnrunzeln* und *Aufstöhnen* des *Elefantenkönigs* gleichgesetzt, Symboltier des Bodhisattva Samanthabadra und Inbegriff der „alle Hindernisse überwindenden Kraft der Weisheit".[570] Mit alledem stempelt Xue-dou den Mönch mitleidlos zum Hohlkopf ab, Zhao-zhou hingegen widmet er zum Schluss noch einmal höchstes Lob: *„Süden, Norden, Osten, Westen – / Der Rabe fliegt, der Hase rennt dahin!"* Warum diese beiden Zeilen ein Lob darstellen sollen, mag sich der Leser fragen; doch *„Süden, Norden, Osten, Westen"* ist unzweifelhaft eine Anspielung auf die Selbstbeschreibung Zhao-zhous, von der das Kôan 9 handelt, und *„Rabe"* und *„Hase"*, von denen der Lobgesang des Kôan 12 besagt, „Der Rabe aus Gold hat es eilig, der Hase aus Jade ist schnell!", verweisen auf Sonne und Mond:[571] Die vier Himmelsrichtungen sollen uns die Freiheit Zhao-zhous ins Gedächtnis rufen, sich in alle Himmelsrichtungen ungehindert zu bewegen, sich in allen Situationen, seien sie einladend oder sperrig-abweisend, durch nichts in seinem Wirken behindern zu lassen; und der *Rabe*, der *dahinfliegt*, sowie der *Hase*, der *dahinrennt*, setzen Zhao-zhous Wirken dem unbeirrbaren Gang von Sonne und Mond gleich, die erhaben und segensreich über den Himmel ihre Bahn ziehen!

Beim Kôan 59 setzt die Lobpreisung Zhao-zhous gleich mit der **Ankündigung** ein: *„[Er] schließt den Himmel ein und umfasst die Erde; [er] überschreitet das Heilige und übersteigt das Profane. Auf den Spitzen von hundert Gräsern offenbart [er] den wunderbaren Geist des Nirvâna; mitten im Dickicht der Schilde und Speere bestimmt [er] den Pulsschlag des Lebens der Flickenkutten-Mönche!"* Diese Sätze sprechen für sich, und sie sind keineswegs bloßes Chan-rhetorisches Wortgeklingel: Das *Einschließen des Himmels* und *Umfassen der Erde* spielt, wie das „Über dem Himmel und unter dem Himmel" des Buddha-Wortes, auf das Eintauchen in den Dharmakâya, die Shûnyatâ, sowie auf ein Leben aus der Shûnyatâ an (*„... und umfasst die Erde"*); die *Spitzen der hundert Gräser* sind metaphorische Umschreibungen für sein Leben und Wirken in der Welt der *Zehntausend Dinge*, vielleicht auch für seine zweite, zwanzigjährige »Wolken und Wasser«-Wanderschaft, die er nach dem Tode Nan-quans angetreten hat; der *wunderbare Geist des Nirvâna*, den er dabei offenbart hat, verweist auf die Legende von einem Buddha Shâkyamuni, der auf dem Geierberg anstelle

570 Lexikon II, S. 315

571 Im Kôan 12 heißt es dazu in der Fußnote 162: Der *Rabe aus Gold* meint die Sonne, der *Hase aus Jade* den Mond (weil alter chinesischer Mythologie zufolge auf der Sonne ein goldener Vogel und auf dem Mond ein weißer Hase lebt). Dort freilich, aus Anlass des Dong-shan'schen „Drei Pfund Hanf!", zielt die zitierte Zeile nicht auf Dong-shan selbst; hier hingegen erhebt sie Zhao-zhou in den Rang der beiden, für uns unerlässlichen Himmelskörper!

einer Lehrrede seinen Zuhörern lediglich lächelnd eine Blüte hinhält, um anschließend doch noch den Mund zu öffnen und eben diese Geste zum „Schatz des Auges des Wahren Dharma" (*zhen-fa-yan-zang*, japanisch: *shôbôgenzô*), zum *„wunderbaren Geist des Nirvâna"* zu erklären![572] Auf Zhao-zhou bezogen bedeutet die Verkündung eines solchen *wunderbaren Geistes des Nirvâna* allerdings nicht, die Flucht aus der Welt hinüber ans „andere Ufer", den endgültigen Rückzug in die Shûnyatâ gelehrt zu haben; im Falle Zhao-zhous enthält der *wunderbare Geist des Nirvâna* vielmehr die Aufforderung und Befähigung, aus dieser Shûnyatâ heraus sich hier in der Welt unverzagt und leichthin zu bewähren: Das *Wunder* dieses *Geistes des Nirvâna* besteht eben darin, dass das Eintauchen ins Nirvâna gerade nicht dazu führt, in ihm zu verschwinden, sondern im Gegenteil aus ihm ins Leben zurückzukehren, überdies in ein Leben des „Großen Friedens"!

Im zugehörigen **Lobgesang** setzt sich die verklärende Überhöhung Zhao-zhous, verbunden mit einer ironischen Abwertung des Mönchs, unvermindert fort: Zhao-zhou, das besagen die beiden Eingangszeilen, ist allen Anwürfen, allen Beeinträchtigungen enthoben: *„Wasser*, das gegen ihn spritzt, *erreicht [ihn] nicht*; *Wind*, der ihn umweht, *dringt nicht* in ihn *ein*!" Es folgt die Gegenüberstellung von Meister und Mönch: Wie ein *Tiger schreitet* Zhao-zhou kraftvoll-geschmeidig dahin, wie ein *Drache reist* er unbeirrbar durch die Lüfte *dahin*, wohingegen der Mönch sich *Gespenstern und Geistern* gleichgesetzt sieht, die ängstlich *jammern* und hilflos *weinen*! Den Abschluss bildet eine durch und durch ironisch gefärbte Erhebung Zhao-zhous zum Buddha: *„Sein Kopf [ist] drei Fuß lang – weißt [du], wer er ist?"* Ja, dank Yuan-wus hilfreichem Hinweis wissen wir es: kein anderer als eben Buddha Shâkyamuni, allerdings in ironisch verfremdeter, in höchst misslicher Gestalt! Und wie stehen wir diesem Buddha gegenüber da? *Sprachlos, auf nur einem Bein*, behauptet Xuedou, unsicher vor lauter Verlegenheit. Das ist, versteht sich, als Ansporn gedacht: Sollten wir es wirklich dabei belassen wollen?

Ein poetologischer Nachtrag sei noch erlaubt: Allen drei **Lobgesängen** ist die Entgegensetzung von Meister und Mönch gemeinsam, wobei Tier-Vergleiche eine auffällige Rolle spielen: Im Kôan 57 dienen *Mücken* und *Stechfliegen*, *Grillen* und *Ameisen* der ironischen Abwertung des Mönchs; in den Kôan 58 und 59 *Elefantenkönig* und *Löwe* sowie *Tiger* und *Drache* der Überhöhung Zhao-zhous, im letzteren Fall kontrastierend ergänzt um Bewohner der Welt kraftloser Un-Wesen, eine indirekte Kennzeichnung des Mönchs, die ihn auf eine fast beleidigende Distanz zum kraftvoll-unnahbaren Zhao-zhou bringt. So ergibt sich der Eindruck einer kompositorischen Klammer, die alle drei Kôan umspannt.

572 So geschehen im Kôan 6 *Wu-men-guan* – vgl. Roloff (1), S. 42f.

60. Yun-mens Wanderstab

Ankündigung

Sämtliche Buddhas und alle lebenden Wesen – [sie sind] ursprünglich nicht zweierlei. Die Berge, Flüsse und [wir] selbst – da hättet [Ihr] lieber einen Gattungs-Unterschied! Warum jedoch macht [Ihr daraus] zwei Seiten? Wenn [Ihr] imstande seid, einem Wende-Wort zu folgen und durch [Eure] Übung den unvermeidlichen Zufluss abzuschneiden,[573] so dürft [Ihr ihn] doch nicht fahren lassen. Und falls [Ihr ihn] nicht fahren lasst, dann braucht [Ihr] die ganze große Erde nicht ausschließlich zwischen den Fingern hin und her zu rollen. Wie sieht denn nun eine Gelegenheit aus, einem Wende-Wort zu folgen? – Versucht es doch mal mit dem, [was Xue-dou hier] vorbringt!

Beispiel

Yun-men streckte der Gemeinde [der Mönche] seinen Wanderstab entgegen und sagte: „[Dieser] Wanderstab [hier] verwandelt sich [vor Euren Augen] in einen Drachen – doch [schon] hat er Himmel und Erde verschlungen! Woher [wollt Ihr jetzt] Berge, Flüsse und die große Erde wiederbekommen?"

Lobgesang

[Sein] Wanderstab verschlingt Himmel und Erde –
Vergeblich der Hinweis, dass noch Pfirsichblüten auf Wellen treiben.
Wessen Schwanz versengt ist, muss nicht nach Wolken und Nebel greifen[574] –
Wessen Kiemen austrocknen, was bringt es [ihm], verzagt die Seele auszuhauchen?
[Ich] hab's [Euch] vorgeführt –
Habt [Ihr's] gehört?
[Ihr] müsst nur allzeit locker und ungezwungen [sein],
Hört auch auf, endlos verworrenes [Zeug zu reden]!
[Bei] zweiundsiebzig Stockhieben sei [Euch noch] leichthin verziehen –
[Bei] hundertfünfzig Hieben aber fällt es schwer, Euch Herren freizugeben.

(Unerwartet ergriff Xue-dou seinen Wanderstab und stieg von seinem Sitz herab. Die große Menge [der Mönche] aber wandte sich augenblicks zur Flucht.[575])

---

573 Dieselbe Redewendung, chinesisch *zuo duan yao jin*, findet sich erstmals in der Ankündigung des Kôan 21 und später u.a. in der Ankündigung des Kôan 57 – Die *Ichiya*-Version hat hier im Kôan 60 statt der beiden Schriftzeichen *unvermeidlicher Zufluss* (*yao-jin*) vielmehr „die Welt" (*shi-jie*), eine Textvariante, die uns zu verstehen hilft, was mit dem *unvermeidlichen Zufluss* gemeint ist: siehe oben die Fußnote 558 zur Ankündigung Kôan 57.

574 Ergänze: „um sich darin zu verstecken"!

575 Während sonst, z. B. gleich im folgenden Kapitel, die Standard-Version in Fällen wie dem obigen Xue-dou mit Namen erwähnt, die *Ichiya*-Vesion hingegen nur vom „Meister" spricht, ist es hier einmal umgekehrt: Die *Ichiya*-Version bringt den Eigennamen, die Standard-Version jedoch nur den Titel „Meister".

Im Unterschied zu den Äußerungen, die die Song-zeitliche *Gong-an*-Literatur Zhao-zhou (778-897) in den Mund legt, können *Wende-Worte* Yun-mens wie das hier zu verhandelnde unbedenklich als authentisch gelten, gehört doch Yun-men (864-949) zu denjenigen Chan-Meistern, die zunächst während des fortschreitenden Zerfalls des Tang-Reiches in einem der relativ unabhängigen Machtgebilde Süd-Chinas und später, in der anschließenden Epoche der »Fünf Dynastien«, in den nunmehr uneingeschränkt autonomen Königreichen des Südens dem Chan eben die Gestalt gegeben haben, die ihm zu seinem Siegeszug in der sich konsolidierenden Song-Dynastie verholfen hat. Yun-men, von Xue-dou noch weit höher geschätzt als Zhao-zhou, tritt hier nicht zufällig gleich im Anschluss an die Zhao-zhou-Anekdoten der letzten drei Kôan mit einem geradezu klassischen *Wende-Wort* in Erscheinung.

Das Kôan insgesamt lässt drei unterschiedliche Zeitebenen mit jeweils derselben situativen Konstellation erkennen: Das eigentliche Beispiel umfasst zwei davon, die ursprüngliche Konstellation, bei der Yun-men in seinem Kloster auf dem „Wolkentor"-Berg (*Yun-men-shan*) sein *Wende-Wort* zur Belehrung seiner in der Dharma-Halle versammelten Mönchen vorgetragen hat, und die viele Jahrzehnte spätere, bei der Xue-dou auf dem „Schneemulden"-Berg (*Xue-dou-shan*) Yun-mens Wende-Wort dazu benutzt, seine eigenen Mönche anzuspornen. Diese zweite Konstellation, aus der das Beispiel hervorgeht, ist durch Xue-dous Bemühen gekennzeichnet, gegenüber seinen offenbar begriffsstutzig dastehenden Mönchen der Eindringlichkeit des soeben von ihm vorgetragenen Yun-men'schen Wende-Wortes mittels einer entsprechenden Geste nachzuhelfen: Er greift *unerwartet* nach *seinem eigenen Wanderstab, steigt von seinem Sitz herab* und schwingt den zum Drachen verwandelten Stab gegen die Mönche, die in völliger Verkennung dieser Geste die Flucht ergreifen: Sie haben nichts verstanden! Denn da liegt in Yun-mens *Wende-Wort* wie auch in Xue-dous wortloser Geste durchaus keine Drohung; da ist vielmehr nichts als Aufforderung und Verheißung gegeben! – Und auf der dritten, abermals um Jahrzehnte verschobenen Zeitebene, vertreten durch Yuan-wus Ankündigung, stoßen wir auf eine vergleichbare Konstellation, bei der diesmal Yuan-wu seinen in der Dharma-Halle versammelten Mönchen durch zusätzliche Hinweise zum Verständnis des Yun-men'schen *Wende-Wortes* auf die Sprünge helfen will.

Dass Yun-men, wie das **Beispiel** ihn vor uns auftreten lässt, von seinem ganz konkreten *Wanderstab* eine assoziative Brücke zu einem weltverschlingenden *Drachen* schlägt, mag, wie Xue-dou in den ersten vier Zeilen seines **Lobgesangs** andeutet, in der allbekannten Legende von den Karpfen begründet sein, die am „Tor des Kaisers Yu", einem dreistufigen Katarakt im Mittellauf des Gelben Flusses, wenn dort am 3. Tag des 3. Monats die Pfirsichblüte einsetzt, von einem Hochgefühl erfüllt versuchen, den mächtigen Katarakt hinaufzuspringen: Diejenigen Karpfen – und das sind naturgemäß immer nur die kräftigsten – denen diese „Heldentat" gelingt, verwandeln sich dabei, der Legende zufolge, unter Blitz und Donner in Drachen, die sich mit versengten Schwänzen in die Wolken erheben und in deren Dunst gehüllt davonfliegen. Dass für den *Wanderstab*, der *Himmel und Erde verschlingt*, eben diese Legende Pate gestanden hat, zeigen die Details, aus denen Xue-dou den ersten Teil seines Lobgesangs komponiert: Da ist von *Pfirsichblüten* die Rede, die *auf den Wellen* – des Gelben Flusses, versteht sich – *treiben*, von *Schwänzen*, die – unzweifelhaft von der Glut der Blitze – *versengt* worden sind, von *Wolken und Nebel*, in deren Dunst die verwandelten

Karpfen entschwinden, sowie von dem Scheitern der schwächeren Fische, die in das Flussbett am Fuße des Katarakts zurückfallen und, mit *ausgetrockneten Kiemen*, auf Sandbänken ihr Leben, ihre *Seele aushauchen*.

Doch Yun-men nutzt die Drachen dieser Legende zu einem andern Zweck: Er lässt sie ihre Kraft, ihre eindeutig spirituelle Kraft darauf verwenden, *Himmel und Erde zu verschlingen.* Seinen Wanderstab in einer blitzschnellen Bewegung den versammelten Mönchen entgegenzustrecken und ihn zu einem *Drachen* zu erklären, der *Himmel und Erde verschlingt*, enthält die unmissverständliche Aufforderung (Xue-dous Mönche freilich haben sie dennoch missverstanden!), so tief in Samâdhi einzutauchen, dass da keine Welt mehr vorhanden ist, sondern nur noch Leere und Nichts! Yuan-wu umschreibt und verdeutlicht zugleich Yun-mens Aufforderung zu unbedingter Versenkung, indem er in der **Ankündigung** davon spricht, *„durch unsere Übung den unvermeidlichen Zufluss abzuschneiden“*; darüber hinaus hält er, seinen – vielleicht gleichfalls begriffsstutzigen – Mönchen zuliebe, die Ergänzung für angebracht, dass *Berge und Flüsse*, hier die *»pars pro toto«*-Vertreter der Welt insgesamt, mit *uns selbst* genauso im Grunde (Yuan-wu sagt: *„ursprünglich“*) ein und dasselbe sind wie die *sämtlichen Buddhas* und die Gesamtheit der *lebenden Wesen.* Dieser Hinweis, dass alles – *Buddhas, lebende Wesen, Berge und Flüsse und wir selbst – ursprünglich* ein und dasselbe sind, nämlich Shûnyatâ, reines Nichts, dient hier selbstverständlich nicht der metaphysischen Spekulation; er dient vielmehr dazu zu unterstreichen, dass wir, gelingt uns im Samâdhi die spirituelle Auslöschung der *Berge, Flüsse und der großen Erde*, damit auch uns selbst auslöschen; dass wir in der gelungenen Versenkung dort ankommen, wo nicht nur die *Buddhas* und *lebenden Wesen* ganz allgemein sowie *die Berge und Flüsse* um uns herum nicht mehr vorhanden sind, sondern genauso auch – jeder einzelne für sich – *[wir] selbst.*

Yun-men geht es jedoch um mehr als nur die negative Bewegung des Auslöschens, den Schritt ins Nichts. Es geht ihm vielmehr darum, das Aufgegebene und Verlorene zurückzubekommen, es aufs Neue – und vermutlich auf eine bessere Weise – zu besitzen, weshalb er auch sein *Wende-Wort* mit der Frage beschließt: *„Und woher [wollt Ihr jetzt] Berge, Flüsse und die große Erde wiederbekommen?“* Dass diese positive Bewegung zurück in Leben und Welt das eigentlich Entscheidende ist, hebt auch Yuan-wu in der **Ankündigung** hervor: „Wenn es Euch gelingt, *den unvermeidlichen Zufluss* vonseiten der physischen Welt *abzuschneiden, so dürft [Ihr ihn] dennoch nicht fahren lassen*!“, anders gesagt, so darf die Auslöschung von Welt und Ich nicht das Letzte sein; das Letzte und Entscheidende, worauf es Yun-men, Xue-dou und Yuan-wu bei dem weltverschlingenden Drachen ankommt, ist vielmehr die Rückkehr ins Leben, in ein reicheres und leichteres Leben, dessen Gelassenheit und „Großer Frieden“ nicht – wie vor dem Verzicht auf Welt und Ich – allzeit bedroht und gefährdet sind. Wenn Yuan-wu dazu in der **Ankündigung** desweiteren formuliert: *„Und falls [Ihr den unvermeidlichen Zufluss] gerade nicht [für immer] fahren lasst, dann braucht [Ihr] die ganze große Erde nicht ausschließlich zwischen den Fingern hin und her zu rollen!“*, so setzt er mit deutlicher Anspielung – ganz zu Recht, versteht sich – Yun-mens *Wende-Wort* einem anderen gleich, das Xue-dou bereits für den fünften seiner »Öffentlichen Aushänge« ausgewählt hat: Xue-fengs „Hirsekorn“. Dort hat es zunächst geheißen: „Die ganze große Erde nehme ich mit meinen *Fingern* auf, groß wie ein Hirsekorn!“, was sich nahtlos zu Yuan-wus: *„[und] rolle [sie] zwischen den Fingern hin und her“* erweitern lässt. Doch dann folgt auf die Auslöschung der Welt bei Xue-feng geradeso wie hier bei Yun-men die Wendung ins Gegenteil. Bei Xue-feng geschieht das mit den Worten: „Ich werfe sie" – die ganze große Erde in Gestalt des Hirsekorns – „vor Euch hin! ... Schlagt die Trommel und haltet überall [im Kloster nach ihr] Ausschau!" Und Yun-men formuliert stattdessen: *„Woher [wollt Ihr jetzt] Berge, Flüsse und die große Erde wiederbekommen?"* Kurz, Yuan-wu gibt sich mit seiner **Ankündigung**, nicht anders als Xue-dou mit der wortlosen Geste seines gegen die Mönche geschwungenen Wanderstabs, die größte Mühe, seinen Zuhörern gleichsam mit Worten einzubläuen, dass ihre Versenkungsübung nicht auf Weltverneinung und Weltverzicht, sondern auf die Bejahung von Leben und Welt hinauszulaufen hat und auch, wenn erfolgreich, tatsächlich hinausläuft.

Genau das hat – bei der Abfassung seiner *100 Beispiele der Alten* – zuvor schon der Xue-dou des **Lobgesangs** mit seinem expliziten Rückgriff auf die Karpfen-Legende herausgestellt, die dabei, in Anlehnung an die Umdeutung durch Yun-men, die gleiche ganz andere Ausrichtung erfährt: *„[Yun-mens] Wanderstab verschlingt Himmel und Erde"* – womit der Drache, Inbegriff überlegener Kraft, wie bei Yun-men zum Symbol einer außergewöhnlichen spirituellen Leistung wird: der Auslöschung der Welt. Dass die reale Welt gleichwohl weiterbesteht, ist kein Einwand: *„Vergeblich der Hinweis, dass noch Pfirsichblüten auf Wellen treiben"* – ja, die Spuren der Blütenpracht auf den Wassern des Gelben Flusses belegen den unbestreitbaren Fortbestand der *Zehntausend Dinge*; doch dieser *Hinweis* geht an der Sache vorbei, eben weil die Auslöschung von Ich und Welt nur ein spirituelles Ereignis ist. Soweit der erste und entscheidende Schritt, das Eintauchen in die Tiefen des Nicht-Seins. Dann die Wendung zurück ins Leben: *„Wessen Schwanz versengt ist, muss nicht nach Wolken und Nebel greifen"* – wer sich selbst in einen weltverschlingenden Drachen verwandelt hat, der hat es nicht nötig, sich zu verstecken, ob nun in *Nebel und Wolken* oder in der weltenthobenen Shûnyatâ. *„Wessen Kiemen austrocknen, was bringt es [ihm], verzagt die Seele auszuhauchen?"* – wer es vorzieht, statt sich seinem angestammten Lebensraum, der Welt der *Zehntausend Dinge*, anheim zu geben, lieber in der Öde der Shûnyatâ wie ein Fisch mit ausgetrockneten Kiemen seine Seele auszuhauchen, verfehlt die »Bestimmung des Menschen«.

Xue-dou kann sich nicht sicher sein, ob seine Mönche ihn und sein Yun-men-Zitat verstanden haben: *„[Ich] hab's [Euch] vorgeführt – / Habt [Ihr's] gehört?"* Er weiß, dass sie, traditioneller Buddha-Lehre verhaftet und von deren heiligen Axiomen eingeengt, erhebliche Schwierigkeit haben, sich den Neuerungen des Chan zu öffnen: *„[Ihr] müsst nur allzeit locker und ungezwungen [sein], / Hört auch auf, endlos verworrenes [Zeug zu reden]"* – sollte Letzteres wirklich auf das herkömmliche Verständnis der Buddha-Lehre gemünzt sein? Wenn sie, die Mönche, nun gar nichts von Yun-mens *Wende-Wort* verstanden hätten, so Xue-dou zum Abschluss seines Lobgesangs, dann hätten sie dafür immerhin *zweiundsiebzig Stockhiebe* verdient; doch sollen ihnen dieser Fehler *leichthin verziehen* und die Strafe erlassen sein! Wenn sie jedoch, was weit schlimmer wäre, Yun-men und ihn selbst dahin missverstünden, ihnen Weltflucht und Weltverzicht ans Herz legen zu wollen, dann hätte das, weil doppelt so gravierend, gar *hundertfünfzig Hiebe* zur Folge,[576] und es fiele ihm, Xue-dou, sehr *schwer*,

576 Doppelter Fehler, doppelte Strafe; doch selbstverständlich sind 2 ×72 nicht 150, sondern nur 144. Doch Yuan-wu zitiert in seinem Kommentar dazu den Ausspruch eines „Alten", der genau das erklärt

die *Herren freizugeben* und ungestraft davonkommen zu lassen. Welch ein Glück also für Xue-dous Mönche, dass sie, wie ihre Flucht vor dem Wanderstock des Meisters zeigt, „nur“ rein gar nichts verstanden haben; so können sie ohne Prügel entkommen.

Vom **Lobgesang** solchermaßen in seinem eigenen Verständnis bestätigt, liegt es für den Verfasser auf der Hand, dass Yun-mens *Wende-Wort* vom weltverschlingenden Drachen geradezu die Quintessenz des Chan verkörpert: durch Ausbruch aus unserer uranfänglichen Einbettung in Ich und Welt und rigoroses Eintauchen in Shûnyatâ doch nur Leben und Welt wiederzugewinnen, allerdings ein anderes Leben und eine andere, aus der Tiefe strahlende Welt:

Gefräßiger Drache am Wolkentor,
Im Rachen des Großen Samâdhi
Verschlingt er gleich alles zugleich,
Die Erde, den Himmel, die Sterne.
Nichts lässt er als Rest,
Nicht einmal – dich selbst.

Und dann die hämische Frage:
„Woher denn willst du jetzt noch“ –
Und jetzt erst recht – „all die Berge,
Die Flüsse nehmen?“ – die ganze,
Die schöne Vielfalt des Daseins
Der Dinge, des deinen?

Oh, nichts
Leichter als das, und so
Leicht wie der Flug eines Falters,
Denn:

Die Schwelle des Verschwindens ist
Die Schwelle deiner Wiederkehr.
Der Sog der Schwärze, die
Nun nichts mehr zu verschlingen hat,
Schlägt um in reines Strahlen.
Und das bist du,
Du bist es, der
Das Grenzenlose füllt
Mit diesem reinen Strahlen –
In dem die Sterne neu ersteh'n,
Die Sternen-Nebel wandern,

---

hat: „72 Stockhiebe verdoppelt ergibt 150 Hiebe!“, und bemerkt dazu, ein solcher Verstoß gegen das Einmaleins solle verhindern, dass die Mönche an Worten kleben und zu rationalistischen Deutungen Zuflucht nehmen.

Die blaue Erde hier
Zu reichem Blüh'n sich öffnet.

Wie aus dem Augenmund der Stille,
Inmitten ihres Kreisens, jäh
Der Rausch der Schöpfungsworte bricht,
Dich mitreißt in die Weltgeburt![577]

577 Roloff (3), Text 21

61. Feng-xues „Ein einzelnes Staub[korn]“

Ankündigung

Einen Dharma-Wimpel aufzurichten und die Absicht [unserer] Schule [für alle sichtbar] aufzustellen – auch das gehört zu seinen Pflichten als Lehrer [unserer] Schule. Zu entscheiden, wer ein Drache, wer eine Schlange ist, und Mönch und Laie zu unterscheiden – [dazu] muss [er] ein Könner sein, der sich auf die geeigneten Mittel versteht![578] Oben auf der Schneide eines Schwertes mit Worten zu töten und lebendig zu machen;[579] mit der Spitze eines Stockes zu sondieren, was einer Situation angemessen ist,[580] das lasse [ich] diesmal für den Augenblick beiseite. – Nun sagt mal:[581] Die Sache, derer man sich ausschließlich im Innern des Kaiserpalastes bemächtigen kann – wie [steht es damit]?[582]

Beispiel

Feng-xue ließ einmal die Bemerkung fallen: „Wenn [du] ein einzelnes Staub[korn] hinstellst, blüht [dein] Heimatland auf; wenn [du] nicht ein einzelnes Staub[korn] hinstellst, geht [dein] Heimatland zugrunde.“

(Der Meister ergriff seinen Wanderstab und sagte: „Gibt es da noch Flickenkutten-Mönche, die gleichzeitig leben und gleichzeitig sterben?“[583])

---

578 So die *Ichiya*-Version, der sich Itô in seiner *Teihon*-Ausgabe anschließt. In der Standard-Version heißt es anstelle des obigen (auf den zweiten Gedankenstrich folgenden) Haupt- und Relativsatzes vielmehr: „das muss das Wissen eines Könners sein!“

579 *Oben auf der Schneide eines Schwertes* ... – anders gesagt: „Mit der unfehlbaren Sicherheit dessen, der auch in einer Situation auf Leben und Tod sein Ziel zu erreichen weiß“.

580 *Bie ji yi*: „sondieren/entscheiden, was (in) einer Situation angemessen ist“: eine Formel, die in Ankündigungen häufiger vorkommt, so erstmals in der Ankündigung des Kôan 8.

581 Diese Überleitungsformel hat der Verfasser – abweichend von der *Teihon*-Ausgabe – aus der Standard-Version ergänzt.

582 Statt des kurzen *„Wie steht es damit?“* (*ruo-he*) bietet die Standard-Version noch folgende zwei Sätze: „Wie willst du die mit einem einzigen Satz abhandeln? Versucht es doch mal mit dem, [was Xue-dou hier] vorbringt!“ – Der *Kaiserpalast* (die „Verbotene Stadt“) ist seit jeher durch hohe Mauern gegen die Außenwelt abgeschirmt gewesen, so dass ein Eindringen von außen so gut wie ausgeschlossen war; diese Abschirmung spiegelt sich auch in der chinesischen Formulierung dieses Satzes wieder, die wörtlich übersetzt lauten müsste: „ ... im Innern der Umfassungsmauern des Kaiserpalastes ...“ Zugleich gilt: Dieser Kaiserpalast war sozusagen der Mittelpunkt, das Herz der Welt.

583 An dieser Stelle weisen *Ichiya*- und Standard-Version gleichermaßen die Fassung *„gleichzeitig leben und gleichzeitig sterben“* auf, wohingegen bei dem früheren Vorkommen im Kapitel 32 die Standard-Version die umgekehrte Fassung bietet: „gleichzeitig sterben und gleichzeitig leben“ (so auch in den Kôan 26 und 34 *Cong-rong-lu*) – beide Formeln sind letztlich gleichbedeutend; siehe dazu auch die Fußnote 348 anlässlich des Kôan 32.

Lobgesang

Alte Bauern folgen der Lehre [der Weisen] und ziehen die Stirn in Falten,[584] –
Sind auch fürs Heimatland auf starken Grund zu [festem] Stand bedacht.
Doch fähige Minister, tatkräftige Generäle – wo gibt es die noch heute?
Den reinen Wind über *Zehntausend Li* kannst [du] nur aus [dir] selber kennen![585]

Zur historischen Einordnung **Feng-xues** mit den Lebensdaten 896-973 ist anlässlich seines ersten Auftritts im Kôan 38 bereits alles Nötige gesagt; hier wird er uns mit seinem spezifischen Wende-Wort präsentiert, für das ihn Yuan-wu, der gleich ihm dem »Haus Linji« angehört, nur sieben Generationen später, in seiner Ankündigung mit höchstem Lob bedenkt. Die beiden Episoden, die Xue-dou als die »Öffentlichen Aushänge« 38 und 61 in seine *100 Beispiele der Alten* aufgenommen hat, standen im Übrigen bei den Song-zeitlichen Chan-Meistern so hoch im Kurs, dass auch Hong-zhi, nach dem Untergang des *Bi-yan-lu*, sich veranlasst gesehen hat, sie in seine eigene Sammlung »Öffentlicher Aushänge« mit aufzunehmen, und dass Wan-song sie in seinem *Cong-rong-lu* mit gleicher Ausführlichkeit wie zuvor Yuan-wu im *Bi-yan-lu* kommentiert hat – in eben jenen *Aufzeichnungen aus der Klause der Gelassenheit*, von denen der Verfasser glaubt plausibel gemacht zu haben, dass sie als Ersatz für das verloren gegangene *Bi-yan-lu* und gleichsam als dessen nachgeborener Zwilling entworfen und ins Werk gesetzt worden sind.

Nun also Yuan-wus **Ankündigung** zum Kôan 61 *Bi-yan-lu*, in der er Feng-xue eben wegen seines *„Staub[korn]“*-Wende-Wortes höchste Wertschätzung ausdrückt: Ein solcher Satz ist wie das *Aufstellen* eines *Dharma-Wimpels*, der mit seiner Aufschrift *die Absicht [unserer] Schule [für alle sichtbar]* macht; ist wie ein Maßstab, an dem sich *entscheidet, wer ein Drache, wer [nur] eine Schlange ist* – ein Drache, der sich in die Höhen spiritueller Vollendung erhebt, eine Schlange, die sich im Gestrüpp erfolglosen Bemühens windet. Dieser Satz ist der Satz eines Mannes, der in einer Situation auf Leben und Tod (*oben auf der Schneide eines Schwertes*) *Worte* findet, die *töten und lebendig machen* – die uns ins Bodenlose stürzen lassen und uns zugleich hinaufheben in ein Schweben, das einen sichereren Stand verleiht als scheinbar fester Grund. Ein *Könner* ist er, dieser Feng-xue, einer, *der sich auf die geeigneten Mittel versteht*, der wie *mit der Spitze eines Stockes zu sondieren* vermag, *was einer [jeden] Situation angemessen ist*. Dass all das auf den Feng-xue des *„Staub[korns]“* zutrifft, liegt für Yuan-wu so klar auf der Hand, dass er es nunmehr *beiseite lassen* kann. Worauf es ihm stattdessen ankommt, ist, noch darauf hinzuweisen, dass es hier um eine *Sache* geht, derer wir uns *ausschließlich im Innern des Kaiserpalastes bemächtigen* können: um eine *Sache* unbedingter Innerlichkeit also, die wir, mit Xue-dous Worten aus dem Lobgesang, *nur aus uns selber kennen können*, eine *Sache* zudem von allerhöchster Kostbarkeit, wie sie allein im *Kaiserpalast* des »Himmelssohnes« anzutreffen ist – um die Erfahrung dessen nämlich,

---

584 *Ziehen die Stirn in Falten* – eine wörtliche Übersetzung müsste lauten: „Sie schauen nicht vergnüglich drein.“

585 Zur Erinnerung: *Zehntausend Li* entsprechen in etwa 5.000 km, meinen aber eine geradezu unendliche Wegstrecke.

was Xue-dou mit einem *reinen Windes über Zehntausend Li* umschreibt. Dass dabei die beiden Metaphern, Yuan-wus *„Inneres des Kaiserpalastes"* und Xue-dous *„reiner Wind über Zehntausend Li"*, sich zu beißen scheinen, ist kein Manko; die Spannung zwischen ihnen verweist im Gegenteil auf die beiden Pole eben der spirituellen Erfahrung, von der das **Beispiel** handelt: hier die Versenkung ins eigene Innere, bei der wir gleichsam in dem Abgrund verschwinden, der sich mitten in uns auftut, und dort die Lebensfreude und der Lebensmut, die uns wie über *Zehntausend Li* hinwegtragen.

Was ist denn nun die *Absicht [unserer] Schule*, die das **Beispiel** laut Yuan-wu für alle sichtbar vorführt? *„Wenn [du] ein einzelnes Staub[korn] hinstellst, blüht [dein] Heimatland auf; wenn [du] nicht ein einzelnes Staub[korn] hinstellst, geht [dein] Heimatland zugrunde"* – das soll sicherlich nicht als Aufruf an Herrscher und sonstige Machthaber verstanden werden, im Sinne des *Dao-De-Jing* sich selbst zurückzunehmen, sich klein und unauffällig zu machen, um dem größeren Ganzen, das ihrer Verantwortung unterstellt ist, zu dauerhafter Blüte zu verhelfen. So heißt es zwar im Text 17 *Dao-De-Jing*: „Der allerhöchste Herrscher ist der, von dem das Volk nicht einmal merkt, dass es ihn gibt"; und im Text 57 behauptet der Weise von sich selbst: „Ich handele nicht, und das Volk wandelt sich von selbst; ich verhalte mich ganz und gar ruhig, und das Volk wird von selbst redlich; ich bin nicht-tätig, und das Volk wird von selbst reich!" Doch steht einer solchen politischen Deutung des „Staub[korn]"-Satzes zweierlei entgegen, Yuan-wus Hinweis, es handele sich dabei um eine Angelegenheit *ausschließlich im Inneren des Kaiserpalastes*, mithin um einen Vorgang reiner Innerlichkeit, und zum anderen Xue-dous Zusatz-Frage nach den *Flickenkutten-Mönchen*, die willens und mutig genug sind, *gleichzeitig zu leben und gleichzeitig zu sterben*![586] Diese Formel korrespondiert ganz offenkundig mit Yuan-wus Metapher aus der Ankündigung, die Feng-xues Ausspruch einer Attacke *oben auf der Schneide eines Schwertes* gleichsetzt, bei der es ums *Töten und Lebendig-Machen* geht: So wie das Meister-Wort die Kraft hat, uns *zugleich zu töten und lebendig zu machen*, so ist es an uns selbst, zugleich zu sterben und lebendig zu werden; denn ohne dass wir uns auf das Wagnis einlassen, in den Abgrund des Verschwindens einzutauchen und zugleich darauf zu vertrauen, wie von einer Woge aus Lebensfreude und Lebenslust wieder in die Welt der *Zehntausend Dinge* emporgehoben zu werden, hat auch das treffendste Meister-Wort keine Kraft, uns tatsächlich *zu töten und lebendig zu machen*!

Aber – so könnte sich hier der Einwand aufdrängen – Xue-dou redet doch gar nicht davon, gleichzeitig zu sterben und gleichzeitig zu leben, sondern von der Umkehrung, *gleichzeitig zu leben und gleichzeitig zu sterben*! Ersteres ist, das bleibt von dem Einwand unberührt, ohne Zweifel eine Umschreibung des „Großen Todes", analog zu Zhao-zhous provokanter Frage aus dem Kôan 41: „Wenn ein Mensch, der völlig gestorben ist, dennoch lebt, was dann?" und Tou-zis verkappter Zustimmung: „Ich erlaube nicht, bei Nacht zu reisen; in die Helle

586 Der Zusatz: *Der Meister ergriff seinen Wanderstab und sagte: „Gibt es da noch Flickenkutten-Mönche, die gleichzeitig leben und gleichzeitig sterben?"*, der ebenso wie Xue-dous entsprechende Zusatz-Aktion im vorigen Kapitel dazu dient, die Intention des zuvor zitierten Meister-Wortes zu verdeutlichen, lässt unzweifelhaft erkennen, dass wir mit dem Beispiel eine Szene in der Dharma-Halle vor uns haben, bei der Xue-dou seinen versammelten Mönchen zunächst das Zitat vorträgt (im Kôan 60 auch noch seinen Lobgesang) und dann in eine überraschende Aktion ausbricht, die den Sinn des zuvor Gesagten blitzartig aufleuchten lassen soll.

des Tages hinein muss man ankommen!“ Doch Letzteres? Bei genauerem Hinschauen zeigt sich der Unterschied beider Formeln, wie schon in den Erläuterungen zum Kôan 41 hervorgehoben, lediglich als einer des Akzents: Das spirituelle Sterben, die spirituelle Auslöschung unserer selbst und damit auch der Welt außerhalb von uns, bleibt kein einmaliges Geschehen, zumindest dann nicht, wenn es auf ein dauerhaftes Leben im „Großen Frieden“, auf ein, mit Feng-xue gesprochen, dauerhaftes *Aufblühen des Heimatlandes* hinauslaufen soll; dazu bedarf es im Gegenteil der Wiederholung, sogar einer ständigen Wiederholung, damit wir nicht, hingegeben an die Welt und ihre Freuden und Nöte, den tragenden Grund unter unseren Füßen, den Abgrund der Shûnyatâ, unbemerkt verlieren und in einen Zustand der Hilflosigkeit gegenüber den Schrecknissen des Daseins zurückfallen, den Wu-men in seinem Kôan 35 mit der eindrücklichen Metapher eines „Krebses“ umschreibt, der „in kochendes Wasser fällt“: „[Und] dann heißt es: ‚[Hätte ich doch] sieben Hände und acht Füße, mich aus dem Kessel zu befreien!‘“[587] Auf die unerlässliche Wiederholung andererseits, *gleichzeitig zu leben und gleichzeitig zu sterben*, also sich mitten im Leben zugleich immer wieder in die Auslöschung seiner selbst zu vertiefen, spielt Wu-men im selben Kôan mit der Metapher eines „Heraustretens aus der Hülle – gemeint ist: des Leibes – und eines Wiedereintretens in die Hülle [des Leibes] an, das „wie das Übernachten in einem Rasthaus für Reisende“ sei: Die Shûnyatâ als das „Rasthaus“, in das wir durch das „Heraustreten aus der Hülle unseres Leibes-Selbst“ einkehren und in dem wir alsbald neue Kraft für die nächste Etappe unserer Lebensreise schöpfen, bei einem immer nur vorübergehenden nächtlichen (!) Aufenthalt, aus dem wir jedes Mal wie durch ein „Wiedereintreten in die Hülle unseres Leibes-Selbst“ zurückkehren in die „Helle des Tages“, und das heißt, unseres Daseins inmitten der Welt.[588] Kierkegaard, europäischer Theologe und Philosoph zugleich, beschreibt diese besondere Form menschlicher Existenz, wie ein übereifriger Verfasser immer wieder mal anzumerken beliebt, in rhetorischer Zuspitzung dahingehend, dass der von ihm so benannte »Glaubensritter« das Kunststück vollbringt, in jedem Augenblick (!) die doppelte Bewegung der »unendlichen Resignation« und des getrost anzugehenden »Wiederergreifens des Daseins« zu vollziehen: Erst der unbedingte Verzicht auf jegliches Lebensglück – Kierkegaards Gegenstück zur Selbstauslöschung in Shûnyatâ – schafft das Fundament für das rückhaltlose Behagen im Daseinsgenuss – Kierkegaards später widerrufenes Pendant zur Rückkehr in die „Helle des Tages“, zur Erfahrung des *reinen Windes über Zehntausend Li.* Dieselbe Wiederholung, wie sie hier in der Existenzphilosophie Kierkegaards hervortritt, bestimmt auch das Ineinander von Leben und Sterben, von Sterben und Leben im Chan: Ob es nun heißt, *„gleichzeitig zu leben und gleichzeitig zu sterben“* oder „gleichzeitig zu sterben und gleichzeitig zu leben“ –

---

587 Ein in sich abgerundetes Zitat müsste folgende Zeilen umfassen: „Wenn nämlich plötzlich Erde, Wasser, Feuer und Luft sämtlich auseinandertreten, / Ergeht es dir wie einem Krebs, der in kochendes Wasser fällt. / Denn dann heißt es: Sieben Hände und acht Füße! / Sag in dem Augenblick bitte nicht, ich hätte es dir nicht gesagt!“ – Kôan 35 *Wu-men-guan*; vgl. Roloff (1), S. 132.

588 *Leibes-Selbst* – das chinesische Schriftzeichen *shen* mit der Grundbedeutung „Körper“, „Leib“, bedeutet auch: „selbst“ und „ich“ und lässt sich in dieser Bedeutung auch zu „Selbst“ oder „Ich“ substantivieren. In dieser substantivierten Form tritt *shen* uns beispielshalber im *Dao-De-Jing* wiederholt entgegen, so im Text 13: „Deshalb erfahre ich großes Unheil, weil ich ein Selbst (*shen*) habe; wenn ich kein Selbst habe, was für ein Unheil kann ich dann erfahren?“; oder im Text 16: „Kein Selbst (*shen*), keine Gefahr!“; oder im Text 52: „Sein Selbst (*shen*) nicht zu verlieren bedeutet Unheil!“ – gerade dies letzte Zitat lässt ein zusätzliches Licht auf den zweiten Teil des Feng-xue'schen Wende-Wortes fallen: *„Wenn du nicht ein einzelnes Staub[korn] hinstellst, geht dein Heimatland zugrunde“*!

beides läuft auf ein und dasselbe hinaus: auf die immer wieder neu vollzogene Gründung eines (mit Wu-men gesprochen) „spielerisch-vergnüglichen Lebens" im immer wieder neu erfahrenen „Großen Tod".

Schauen wir von hier aus auf Feng-xues Wende-Wort zurück, so liegt dessen zunächst rätselhafter Sinn nunmehr offen auf der Hand. *Ein einzelnes Staub[korn] hinzustellen* hat die Forderung zum Inhalt, alles, die gesamten *Zehntausend Dinge* einschließlich unserer selbst, in ein einzelnes Staubkorn zusammenzudrängen, analog zum „Hirsekorn" Xue-fengs, sie auszulöschen bis auf einen schlechthin verschwindenden Rest, ein Nahezu-Nichts. Dass daraufhin *unser Heimatland aufblüht*, besagt keineswegs einen Aufschwung, eine objektive Veränderung der engeren oder weiteren Welt um uns herum, der Welt, in der wir, jeder einzelne für sich, wie in einer Heimat zuhause sind, wie noch die Erläuterungen des Verfassers zum Kôan 34 *Cong-rong-lu* nahezulegen scheinen;[589] das *Aufblühen unseres Heimatlandes* besagt vielmehr unseren eigenen und subjektiven Aufschwung, nunmehr in einer Welt des Wohlergehens zu leben, in der gelassenen Heiterkeit eines „Großen Friedens", der über alles ringsum seinen Glanz ausbreitet: Die Welt, wie sie war und weiterhin ist, wird uns zum „Lotos-Land", zu einem „Reinen Land" jenseits aller Schatten von Leid und Angst.

Dass andererseits der Verzicht auf ein solches *Hinstellen eines einzelnen Staub[korns]* zum Untergang des *Heimatlandes* führt, dürfen wir gleichfalls nicht als eine Aussage über die jeweilige Welt um uns herum verstehen, auch wenn Xue-dou in seinem **Lobgesang** genau diesem Eindruck Vorschub leistet: Da ist von *alten Bauern* die Rede, die an den seit alters her überkommenen *Lehren [der Weisen]* festhalten und angesichts des unaufhörlichen Wandels der Verhältnisse nach einem *starken Grund für den [festen] Stand ihres Heimatlandes* suchen, den sie eben im Festhalten am Althergebrachten finden zu können glauben. *Doch fähige Minister* und *tatkräftige Generäle*, die am ehesten den Ruf genießen, für den Erhalt des Status quo einzustehen, *„wo"* – so lautet Xue-dous rhetorische Frage – *„gibt es die noch heute?"* Diese ersten drei Zeilen seines nur vierzeiligen Lobgesangs sind allerdings mehr Ironie als bloße Metapher; sollen sie doch seine *Flickenkutten-Mönche* auf eine falsche Fährte locken. Erst in der letzten Zeile seines Lobgesangs vollzieht Xue-dou den Schwenk zu dem, worum es beim *Hinstellen* oder *Nicht-Hinstellen eines einzelnen Staub[korns]* eigentlich geht: um die Erfahrung bzw. das Verfehlen des *reinen Windes über Zehntausend Li*, um den unbeugsamen Lebensmut, die unerschöpfliche Lebensfreude, die wir *nur aus uns selber kennen können*, aus dem Eintauchen in Shûnyatâ, in die Leere eines ich- und weltlosen Bewusstseins – nicht aber durch den Ruf nach und den Beistand von *fähigen Ministern und tatkräftigen Generälen*!

Für das *Heimatland*, das mangels *Hinstellen eines einzelnen Staub[korns]* zum Untergang verurteilt ist, folgt daraus: Nicht die äußeren Gegebenheiten unserer unmittelbaren oder weiteren Umgebung sind gemeint, sondern unsere Befindlichkeit inmitten dieser äußeren Gegebenheiten. Wie der *reine Wind über Zehntausend Li* diesen Gegebenheiten Glanz und

589 Dort hat es der Verfasser mehr auf die Auslöschung des Selbst als die Überwindung unserer eigensüchtigen Selbstbezogenheit abgesehen, auf die Zurücknahme unserer selbst als die Voraussetzung dafür, zum Gedeihen der Welt um uns herum ernsthaft beitragen zu können – vgl. Roloff (2), S. 177f.

die Farbenpracht des Herbstes zu verleihen vermag (Stichwort: „Reines Land"), so setzt uns das Fehlen einer solch verklärenden, aus der Tiefe der Shûnyatâ aufschießenden, uns über die Stromschnellen des Lebens hinwegtragenden Kraft der Gefahr aus, auch in einer aufs Ganze gesehen wirtlichen Welt plötzlich und ungeschützt in Situationen zu geraten, bei denen wir, mit den Worten Wu-mens, „wie ein Krebs in kochendes Wasser fallen" und uns, panisch und hilflos strampelnd, vergeblich „sieben Hände und acht Füße" wünschen, uns aus der tödlichen Falle zu retten! Was Feng-xue mit dem *Zugrunde-Gehen des Heimatlandes* umschreibt, ist – so gesehen – keine unabdingbare Folge, die überall und jederzeit zutage treten **muss**; es ist eher ein Jederzeit-Zugrunde-Gehen-**Können**, die überall lauernde Möglichkeit eines Absturzes – nicht in die rettende Bodenlosigkeit der Shûnyatâ, sondern in den Abgrund der Verzweiflung.

Inwiefern hat denn nun, zum Abschluss gefragt, Feng-xue nach allem bisher Gesagten mit seinem Wende-Wort einen *Dharma-Wimpel aufgestellt*, der *die Absicht [unserer] Schule [für alle sichtbar] macht*? Anders und präziser formuliert: Was ist denn nun, ausweislich des „Staub[korn]"-Satzes, die *Absicht* des Chan? Und das heißt: nicht irgendeine, sondern die eine und hauptsächliche *Absicht* des Chan? Zwei Antworten seien hier versucht, die freilich beide dasselbe besagen und sich nur nach dem Grad ihrer Nüchternheit bzw. ihres Überschwangs unterscheiden. Die nüchterne Antwort lautet: Die eine und entscheidende *Absicht* des Chan besteht darin, uns mit der Forderung, gleichzeitig zu sterben und gleichzeitig zu leben und ebenso *gleichzeitig zu leben und gleichzeitig zu sterben*, das tiefe Glück eines „Großen Friedens" hier in dieser ansonsten gebrechlichen Welt zu schenken. Und die andere, die enthusiastische Antwort bedient sich der Klang- und Bildersprache des Gedichts:

Du stirbst den „Großen Tod",
Steigst abwärts in den Schacht,
Den bodenlosen,
Und kehrst mit vollen Händen wieder,
Wie man aus Brunnen Wasser schöpft,
Mit Händen, überhäuft von Glück.

Du sammelst aus der Tiefe Kraft,
Wie man aus Brunnen Wasser schöpft,
Du gehst, beschenkt mit Lebensfreude,
Den Weg der Stärke,
Der Liebe auch, und gibst
Vom Lebenswasser ab.[590]

590 Roloff (4), Text 85. Auch bei diesem Gedicht sind – wie bei dem Text, mit dem die Erläuterungen zum Kôan 55 schließen – die beiden Strophen in ihrer rhythmischen Struktur gleichsam um die X-Achse gespiegelt.

62. Yun-men zu [Seng Zhaos] »Ein einziges Kleinod«

Ankündigung

Durch ein Wissen, das keinen Lehrer hat, erzeugt [er] das wunderbare Wirken des Nicht-Handelns; durch ein Erbarmen, das keiner Begründung bedarf, erweist [er] sich als ein Freund, den man nicht bitten muss. In die Äußerung eines einzigen Satzes legt [er] ein Töten und Lebendig-Machen hinein; mit einem einzigen Kunstgriff verfügt [er] über Ergreifen und Loslassen. – Nun sagt mal: Was für Menschen sind je so in Erscheinung getreten? Versucht es doch bitte mal mit dem, [was Xue-dou hier] vorbringt!

Beispiel

Yun-men ließ einmal die Bemerkung fallen: »Innerhalb von Himmel und Erde, im unendlichen Raum und in der unendlichen Zeit, mitten darin gibt es ein einziges Kleinod, verborgen im Berg der Erscheinungen!«,[591] [und sagte dazu:] „Mit einer Laterne in der Hand ins Innere der Buddha-Halle [eindringen] und dabei das Tripeltor oben auf der Laterne tragen!"[592]

Lobgesang

Schau hin, schau hin!
Am uralten Ufer – wer hält da seine Angelrute in Händen?
Wolken – kaum merklich; Wasser – weit und breit![593]
Unter klarem Mond die Schilfblüte – schauen [Sie] selbst, mein Herr![594]

---

591 Yun-men zitiert hier einen Ausspruch des Seng Zhao. In seiner vollständigen Fassung, so belehrt uns Wan-song in seinem Kommentar zum Kôan 92 *Cong-rong-lu*, enthält Seng Zhaos Äußerung noch folgende – an Lao-zis Aussagen über das DAO gemahnende – Formulierungen: »Es weiß um die Dinge, leuchtend aus Leerheit, innen und außen leer, einsam und unbewegt, unsichtbar, und sein Wirken ist ein dunkles Geheimnis.« – Die anschließende Einfügung: [und sagte dazu:] hat der Verfasser aus dem ansonsten gleichlautenden Beispiel des Kôan 92 *Cong-rong-lu* übernommen; sowohl *Ichiya*- als auch Standard-Version sind an dieser Stelle so formuliert, dass der Eindruck entstehen muss, der zweite Teil dessen, was Yun-men seinen Mönchen vorträgt, sei gleichfalls Bestandteil des Seng Zhao-Zitats.

592 *Tripeltor* (chin. *san-men*, jap. *san-mon*), auf Deutsch „das Dreitor", ist das zweistöckige Haupttor eines Klosters, das jedoch nicht direkt an der Grenze zur Außenwelt, sondern bereits innerhalb des Klostergeländes steht. Es besitzt drei Durchgänge (daher der Name), von denen der mittlere breiter und höher als die beiden seitlichen ist; das begehbare Obergeschoss dient der Aufnahme einer Vielzahl „segenspendender Statuen". Das Tripeltor trennt den sakralen Innenbezirk von der Welt des Profanen, die in Gestalt des Badehauses sowie des Aborts, die links und rechts vor dem *San-mon* ihren festen Platz haben, bis in das Kloster hineinreicht. – Das japanische Wort *san-mon* weist häufig an erster Stelle ein anderes Schriftzeichen auf, nämlich *san* gleich „Berg"; dann heißt das Haupttor eben „Bergtor": das Tor zu dem Berg, an dessen Hang das Kloster liegt. Im Chinesischen hingegen sind „Tripeltor" und „Bergtor" keine Homophone, weil das Schriftzeichen „Berg" anders als die Zahl „drei", nämlich *shan*, ausgesprochen wird.

593 Diese Zeile besteht aus zweimal drei Schriftzeichen, und der zweite Teil lautet im Original: *shui man-man*. Dabei bedeutet ein einfaches *man* „überschwemmen", und zu *man-man* verdoppelt ergibt sich die Bedeutung: „Überschwemmung". Bei dem *Wasser*, das sich *weit und breit* ausdehnt, handelt es sich also um eine Überschwemmung, die das Land weithin zudeckt. Und solche Überschwemmungen gehörten für die Chinesen von damals zu den regelmäßigen Ereignissen eines jeden Jahres, vor allem am Unterlauf des Gelben Flusses sowie längs des Yangtse.

594 Die *Schilfblüte*, von der es sonst auch heißt, sie sei gegen Schnee, der auf ihr liegt, nicht abzugrenzen, ist von dem Silberglanz einer ruhigen Wasserfläche, auf die der Vollmond scheint, gleichfalls nicht zu

Und wieder einmal Yun-men, nunmehr bereits mit seinem 13. Auftritt. Eindeutig Xue-dous haushoher Favorit, erhält er hier auch von Yuan-wu ein höchst erlesenes Lob. Schon in der Ankündigung des Kôan 54 hatte Yuan-wu die überragende Größe Yun-mens durch Sätze wie: „Alles, was seiner spirituellen Kraft im Wege steht, hat er beiseite geräumt; wie müßig zerschneidet er Eisen und schlägt Nägeln den Kopf ab; überall verhüllt er den Himmel und bedeckt er die Erde!" in starken Metaphern herausgestrichen. Hier, in der **Ankündigung** des Kôan 62, greift Yuan-wu nicht ganz so hoch, bestätigt Yun-men aber immerhin *ein Wissen, das keinen Lehrer hat*, sowie *ein Erbarmen, das keiner Begründung bedarf*, um einzugreifen, ein ganz und gar unbedingtes Erbarmen also, das ihn geradezu in die Nähe des Bodhisattva Avalokiteshvara rückt! Außerdem spricht er Yun-men das *wunderbare Wirken des Nicht-Handelns* zu, eine offenkundige Anspielung auf das *Dao-De-Jing* oder das *Buch Zhuang-zi* und deren Lehre vom *wei wu wei*, dem Handeln in Nicht-Handeln, womit Yuan-wu seinen und Xue-dous „Helden" den daoistischen Weisen schlechthin, Lao-zi nämlich und eben Zhuang-zi, gleichsetzt! Dass ein Chan-Meister über die Fähigkeit verfügt, *zu töten und lebendig zu machen* und ebenso *zu ergreifen und loszulassen*, ist eine heraushebende Feststellung, mit der Yuan-wu auch schon andere Größen des Chan bedacht hat; doch dass es zu solchem *Töten und Lebendig-Machen* nur *eines einziges Satzes* bedarf, und *ein einziger Kunstgriff* ausreicht, sein Gegenüber zugleich *zu ergreifen und loszulassen*, zielt auf Yun-mens Markenzeichen, die lakonische Kürze seiner Äußerungen – und das, obwohl gerade im hiesigen Fall von lakonischer Kürze keine Rede sein kann, eher von einer – für Yun-mens Verhältnisse – ausschweifenden Redseligkeit.

Die *Bemerkung*, die er vor seinen Zuhörern *fallen lässt*, und die zugleich das ganze **Beispiel** ausmacht, gliedert sich in ein Zitat aus den *Zhao Lun*, den *»[Drei] Abhandlungen« des [Mönchs] Zhao*, und in Yun-mens eigene Zutat, mit der er das Zitat kommentiert und zugleich für das, was Seng Zhao zum »Kleinod« erhebt, eine „andere Antwort" parat hat. Seng Zhao (384-414), Philosoph und Mystiker, hat mit seiner Verschmelzung buddhistischen Gedankenguts, namentlich Nâgârjunas Lehre des „Mittleren Weges", mit der originär chinesischen Lehre vom DAO insbesondere auf das spätere Chan großen Einfluss ausgeübt; und wir müssen davon ausgehen, dass seine *»[Drei] Abhandlungen«* bei der chinesischen Bildungselite, wie das Beispiel Lu Geng (764-834) im Kôan 40 zeigt, von der Tang-Zeit an bis weit über die Song-Zeit hinaus in höchstem Ansehen gestanden haben.[595] Hier also ist es Yun-men (864-949), der in der Übergangszeit zwischen Tang- und Song-Dynastie, möglicherweise einem der Bildungselite angehörenden Laien-Schüler oder gar einem Wohl-

---

unterscheiden. Der Uferstreifen mit seinem Schilfgürtel und die Wasserfläche der Überschwemmung verschwimmen zu einem einheitlichen Leuchten, in dem alle Details der Landschaft verschwunden sind.

595 Dumoulin zitiert in seiner *Geschichte des Zen-Buddhismus*, Bd. I, unter Berufung auf einen Aufsatz vom W. Liebenthal einen nicht namentlich genannten Kaiser der Qing-Dynastie (1644-1911), der Seng Zhao einen „Patriarchen der Meditationsschule" genannt haben soll, sowie einen Chan-Meister der ausgehenden Ming-Dynastie namens De-qing (1546-1623), der von seinem durch *Zhao Lun*-Lektüre „angeregten Erleuchtungserlebnis" berichtet: „Was er erlebte", so Dumoulin, „schrieb er im echten Zen-Stil nieder: ‚Der Wirbelsturm, der Berge entwurzelt, ist still. Die stürzenden Ströme fließen nicht ...' Er schildert dann die Erregung, die ihn beim Lesen der Druckfahnen einer neuen Ausgabe der Werke Seng Zhaos erfasste: ‚Meine Freunde kannte keine Grenzen. Ich sprang auf und warf mich vor dem Buddha-Bild nieder, aber – wie wunderbar! – mein Körper blieb bewegungslos ... und ich wusste, dass der Wirbelsturm, der Berge entwurzelt, ewig still ist!'"

täter und Patron zuliebe, aus den *Zhao Lun* zitiert: *»Innerhalb von Himmel und Erde, im unendlichen Raum und in der unendlichen Zeit, mitten darin gibt es ein einziges ›Kleinod‹, verborgen im Berg der Erscheinungen!«* Der Bedeutungsgehalt dieser Metaphern ist leicht zu entziffern. Was da – als eine einzige Entität – hinter den *Erscheinungen* wie *in einem Berg verborgen* ist und sich durch *Raum und Zeit*, beides *unendlich*, hindurch erstreckt und dabei *Himmel und Erde* durchdringt, das kann nichts anderes sein als der Dharmakâya, die Shûnyatâ. Die aber zu einem *»Kleinod«* zu erklären, lässt sich zwar nachvollziehen: Sie ist es, die sich in den *Zehntausend Dingen*, in ihrem Glanz, ihrer bunten Vielfalt und Schönheit manifestiert; sie ist es, die in diesem Glanz und dieser Schönheit gleichsam mit dem ihr Eigenen durchscheint; warum sie dann nicht ein *»Kleinod«* nennen, als das eigentlich Glänzende, das eigentlich Kostbare hinter dem äußeren Schein der *Zehntausend Dinge*? Doch gerade darin liegt eine Gefahr, die nämlich, der Shûnyatâ – von ihrer unzulässigen Verdinglichung abgesehen – als dem eigentlich Kostbaren eine größere Bedeutung als den *Zehntausend Dingen* zuzumessen, für sie eine größere Aufmerksamkeit und Wertschätzung einzufordern als der gleichsam von ihr mit Glanz und Schönheit beliehenen Welt.

Einer solchen Verklärung der Shûnyatâ begegnet Yun-men mit der provokanten Behauptung, das laufe darauf hinaus, *mit einer Laterne in der Hand ins Innere der Buddha-Halle [einzudringen] und dabei das Tripeltor oben auf der Laterne zu tragen!* Was soll damit gesagt sein? Es mit Seng Zhao auf ein *»Kleinod«* im Inneren der *Erscheinungen* abgesehen zu haben, wird zu einem *Eindringen ins Innere der Buddha-Halle*, in der doch – von seinem Bildnis abgesehen –der Buddha unsichtbar und ungegenständlich, aber in seiner Ungegenständlichkeit gleichsam raumfüllend gegenwärtig ist. Wir dürfen diese leere Buddha-Halle mit ihrem unsichtbaren und gleichwohl allgegenwärtigen Buddha getrost als Metapher für die Shûnyatâ verstehen, den unsichtbaren und ungegenständlichen Buddha darin als weltbegründenden Dharmakâya genommen. Mit einer *Laterne* in den Dämmer dieser Buddha-Halle *einzudringen* bedeutet, ihr Inneres mit einem Licht auszustatten, das ihr selbst nicht zu eigen ist; ihr zu einem Leuchten zu verhelfen, das ihr von Haus aus nicht zukommt. Obendrein *oben auf der Laterne* auch noch *das Tripeltor* mit *ins Innere der Buddha-Halle* hineinzutragen heißt erst recht, ihr einen Reichtum, eine Fülle – nämlich an „segenspendenden Statuen", an Buddhas und Bodhisattvas aller Art – zuzusprechen, die ihr in Wahrheit fehlt. Die Shûnyatâ zum *»Kleinod«* zu erheben bedeutet mithin eine Aufwertung, auf die sie keinen Anspruch hat und haben kann – nicht Fülle ist sie, kein »Glanz von innen«, sondern einfach nur leer, Leere schlechthin, reines Nichts.

So beantwortet Yun-men den Überschwang eines Seng Zhao mit der Nüchternheit eines Mannes, der im Inneren der Dinge nicht nach einem *»Kleinod«* sucht, das uns mit seinem Glanz bereichert und betört, der sich vielmehr damit begnügt, dass im Inneren der Dinge nichts ist als einfach nur nichts und dass es nur einen Glanz und eine Schönheit gibt, und das ist der Glanz und die Schönheit der *Zehntausend Dinge*. Wir dürfen uns, so lautet in diesem Fall Yun-mens „andere Antwort", nicht dazu verleiten lassen, uns der einzigen Kostbarkeit zu entziehen, die vom Augenschein beglaubigt wird, und uns stattdessen an eine Schimäre zu verlieren, die Verlockendes vortäuscht, wo in Wahrheit nichts ist.[596]

---

596 Mit dieser Auslegung modifiziert und präzisiert der Verfasser die Deutung, die er demselben Ausspruch Yun-mens im Kôan 92 *Cong-rong-lu* gegeben hat – vgl. Roloff (2), S. 474ff.

Der **Lobgesang** verherrlicht keineswegs ein »*Kleinod*«, wie es Seng Zhao postuliert hat – denn da malt Xue-dou nur eine silbrig-kalte Wasserfläche vor unser geistiges Auge, eine Wasserfläche, die auch noch den Schilfgürtel am Ufer mit einbezieht in das allgemeine Einerlei. Stattdessen ist es Yun-men, auf den Xue-dou mit seinem „*Schau hin, schau hin*" unsere zum Staunen angehaltene Aufmerksamkeit lenkt – wie er mit *seiner Angelrute in den Händen* dasteht und vom *uralten Ufer* daoistischer Weisheit aus den Köder auswirft, seinen frechen Spruch vom *Eindringen in die Buddha-Halle, das Tripeltor oben auf der Laterne in der Hand*: Yun-men hat damit, wie Xue-dou an anderer Stelle, im Kôan 78, von sich selbst behauptet, „seine Angel nach einem Wal" – also einem Könner unter seinen Zuhörern – „ausgeworfen", läuft aber Gefahr, „nur eine Kröte zu fangen!", also nicht oder falsch verstanden zu werden. Doch warum vom *uralten Ufer* daoistischer Weisheit und nicht vom dem der Buddha-Lehre aus? Fällt doch das Wirken Buddha Shâkyamunis etwa in dieselbe Zeit wie die Entstehung der klassischen Bücher des Daoismus, der *Bücher Zhuang-zi* und *Lao-zi*, Letzteres bekannt als *Dao-De-Jing*! Aber für einen Chinesen der Song-Dynastie, zumindest wenn er der Bildungselite angehört, ist die Lehre vom DAO das Ursprüngliche und die Buddha-Lehre nur ein freilich ernstgenommener Import aus der Fremde; und insbesondere im Chan sind es gerade die Grundannahmen des Daoismus gewesen, die zu der revolutionären Umformung der traditionellen Buddha-Lehre geführt haben, wie sie für die Chan-Bewegung der Song-Zeit charakteristisch ist.

Yun-men also erhält hier sein Lob, nicht Seng Zhao – allerdings wofür? Was verraten uns die beiden letzten Zeilen über seine „andere Antwort"? Welchen Sinn heben sie an ihr, nachträglich kommentierend, hervor? Sehen wir uns die Einzelheiten an: „*Wolken – kaum merklich*" – ein (nahezu) klarer, leerer Himmel mithin, schon für sich allein ein Symbol für die „Große Leere", die Shûnyatâ; dann: „*Wasser – weit und breit!*" – eine leere, öde Wasserfläche, in der alle Einzelheiten der Landschaft ausgelöscht sind und in der sich der leere Himmel spiegelt; erst recht in *klarer* Nacht der *Vollmond*, auch er und er erst recht Symbol der Shûnyatâ! Wenn dann noch der Schilfgürtel am Ufer, ehemals die eindeutige Begrenzung der Wasserfläche, mit seiner schneeweißen Blüte in dem allgemeinen Gleißen verschwimmt, das sich von Horizont zu Horizont erstreckt, dann bleibt nur eine kalte, leere Einöde, die unwirtliche Wüste der Shûnyatâ, aber kein wärmender Glanz eines »*Kleinods*«, kein Gefühl von Zuhause-Sein: „*Schauen [Sie] selbst, mein Herr!* Erfahren Sie's am eigenen Leibe!" Und vor einer solch kalten, leeren Einöde gewarnt zu haben, das ist es, wofür Yunmen in den Augen Xue-dous – nicht anders als in denen Yuan-wus – diesen Lobgesang verdient hat: dafür, dass er damit in den *einen Satz* seiner „anderen Antwort" zugleich *ein Töten und Lebendig-Machen hineingelegt* hat!

Das *uralte Ufer*, das da über der unabsehbaren und öden Wasserfläche aufragt und von dem aus Yun-men seine *Angel* nach uns auswirft – die Lehre vom DAO ist gerade keine Lehre der Weltverneinung; auch sie kennt die Leere des Nicht-Seins, aber verweist uns an das, was diesem Nicht-Sein entspringt, die *Zehntausend Dinge*. Indem Yun-men dieser Leere den Anschein eines »Kleinods« nimmt und ihr, von Xue-dou mit seinen eindrucksvollen Metaphern unterstützt, den Charakter von (Wasser-)»Wüste und Einöde« zurückgibt, unterstreicht er die Lebensfeindlichkeit einer Shûnyatâ, die uns auf dem Weg zum „Großen Frieden" freilich nicht erspart bleibt (das ist das *Töten*, auf das Yuan-wu mit seinem *Töten und Lebendig-Machen*, und das *Ergreifen*, auf das er mit seinem *Ergreifen und Loslassen* anspielt). Andererseits ist da das *uralte Ufer* der Lehre vom DAO, von dem aus Yun-men seine *Angel* nach uns auswirft – um uns aus der Wasserwüste zu erretten? Das *uralte Ufer* so verstanden, lässt sich auch Yuan-wus *Lebendig-Machen* und *Loslassen* nachvollziehen, das in der Weltbejahung des Daoismus beschlossen liegt. Auch Yuan-wus Bemerkung zum *Erbarmen*, mit dem *sich* Yun-men *als ein Freund erweist, den man nicht bitten muss*, ist dann nicht länger nur ein leeres Wort. Und der „Wal", den Yun-men an die Angel zu bekommen hofft, sind mithin wir, die wir eben dann an seiner Angel hängen, wenn wir den Wink verstehen und ihm zu folgen bereit sind, den beide, Yun-men mit seiner „anderen Antwort" und Xue-dou mit seinem Lobgesang, uns erteilen.

63. Nan-quan schneidet eine Katze entzwei[597]

Ankündigung

Wo der Weg der Gedanken nicht zum Ziel führt, ist es gerade recht, [das, worum es geht], in die Hände zu nehmen und zu zerreißen! Wo erklärende Worte nicht hinreichen, ist es passend und vordringlich, [das, worum es geht], den Augen zu unterbreiten! Falls auch Blitze rollen und Sterne [ihren Platz] verändern, darfst [du] auf der Stelle Teiche ausschütten und heilige Berge umstürzen! Gibt es denn in der Menge [der Mönche] niemanden, der [hier das Erlaubte vom Unerlaubten] unterscheiden kann? - Bedenkt [dazu, was Xue-dou hier] vorbringt!

Beispiel

Am Südquell[-Berg] stritten sich eines Tages [die Mönche] der Ost- und der Westhalle um ein Katzen-Junges.[598]
Als Nan-quan das sah, hob er es sogleich vom Boden auf und sagte: „Wenn [Ihr] etwas sagen könnt, dann schneide [ich es] nicht entzwei!"
Die Mönche gaben keine Antwort.
Nan-quan jedoch zerschnitt das Katzen-Junge in zwei Stücke.

Lobgesang

In beiden Hallen sind [sie] sämtlich verhinderte Chan-Anhänger,
Verbreiten Rauch und Staub - und wissen sich nicht zu helfen!
Sie verlassen sich darauf, dass Nan-quan ihnen zu befehlen weiß:
Ein einziger Schnitt, zwei Teile - so überlässt [er sie] ihrer Einseitigkeit.

---

597 Mit diesem und dem folgenden Kôan zerteilen Xue-dou und Yuan-wu eine Episode, die im *Cong-rong-lu* (Kôan 9) und im *Wu-men-guan* (Kôan 14) als das behandelt wird, was sie der Sache nach ist, eine Einheit nämlich, auf zwei getrennte »Öffentliche Aushänge« - so, wie sie auch schon in den Kôan 57 - 59 eine einzelne komplexe Situation in gleich drei getrennte Episoden aufgespalten haben. Der Verfasser jedoch behandelt in seinen Erläuterungen auch die jetzt anstehenden Kôan 63 und 64 als geschlossenes Ganzes und fasst daher auch in diesem Fall seine Deutungsansätze zusammen, und zwar im Anschluss an das Kôan 64.

598 *Am Südquell[-Berg]* - gemeint ist das Kloster des Nan-quan (wörtl. „Südquell"), am Hang eben des „Südquell-Berges" gelegen.

64. Zhao-zhous Strohsandalen

Ankündigung

(nicht erhalten)[599]

Beispiel

Später wiederholte Nan-quan seine Worte vor Zhao-zhou und stellte [auch ihn] auf die Probe.
Zhao-zhou streifte sogleich seine Strohsandalen von den Füßen, legte [sie sich] auf den Kopf und ging davon.
Nan-quan sagte: „Wenn Du zur rechten Zeit da gewesen wärest, hättest [Du] das Katzen-Junge retten können."

Lobgesang

Den »Öffentlichen Aushang« längst geklärt, befragt [er] Zhao-zhou –
[Dessen] Sache ist es, müßig in der Stadt Chang-an zu schlendern![600]
Die Strohsandalen auf den Kopf gelegt[601] – kein Mensch versteht das –
Zurückgekehrt zu seinem Heimatberg, lässt [er's] alsbald auf sich beruhen!

Diese – fiktive – Episode hat gleich zwei „Helden": **Nan-quan** (748-835, bisher Kôan 28, 31, 49), dessen Diesseits-Zuwendung in seiner Selbstdefinition als „Wasserbüffel" ihren symbolischen Ausdruck gefunden hat,[602] und **Zhao-zhou** (778-897), seinen unaufhaltsam

599 Wie schon zuvor in den Kapiteln 6, 14, 18, 26, 28, 30, 34, 36, 44, 52 und 58 weisen auch zu diesem Kôan weder die Standard- noch die *Ichiya*-Version (und in ihrem Gefolge die *Teihon*-Ausgabe) eine Ankündigung auf. Dieser Ausfall hier im Kôan 64 ist der zwölfte Beleg für den schwerwiegenden und komplexen »Bindefehler«, der für beide Überlieferungsstränge, die Standard- und die *Ichiya*-Version, die Annahme eines gemeinsamen Vorfahren erzwingt.

600 Wie bereits aus früherem Anlass erwähnt, bedeutet *Chang-an*, der Name der Hauptstadt des „großen Reiches der Tang", in wörtlicher Übersetzung „Ewiger Frieden" – und um den, und nur um den geht es hier bei der Charakterisierung Zhao-zhous.

601 Anders als in seinen zeitlich mehr oder weniger weit zurückliegenden Übersetzungen der Kôan 9 *Cong-rong-lu* und 14 *Wu-men-guan* hat sich der Verfasser hier dazu entschieden, die Tatsache, dass die chinesische Sprache keinen Unterschied zwischen Singular- und Plural-Formen kennt, dahin zu nutzen, von den *Strohsandalen* im Plural zu sprechen – das erscheint ihm heute der Radikalität des beschriebenen Vorgangs angemessener.

602 Man denke an Aussprüche wie die beiden folgenden, die der Verfasser auch hier im *Bi-yan-lu* bereits mehrfach zitiert hat: „Seit meiner Jugend habe ich einen Wasserbüffel aufgezogen: Wenn ich ihn östlich des Tales weiden ließ, habe ich ihm nicht erlaubt, von den Pflanzen jener Gegend zu fressen; wenn ich ihn westlich des Tales weiden ließ, habe ich ihm ebenso wenig erlaubt, von den dortigen Pflanzen zu fressen. Jetzt nimmt er an allen nur möglichen Orten ein kleines Bisschen mit, ohne freilich je dabei gesehen zu werden." – Noch mit der Todesstunde des Siebenundachtzigjährigen ist folgendes Kôan verknüpft: Als der Meister im Sterben lag, fragte ihn der Mönch vom Ersten Sitz: „Was wird aus Euch in hundert Jahren wohl geworden sein?" „Ein Wasserbüffel am Fuß dieses Berges!", gab Nan-quan zur Antwort. „Darf ich Euch dorthin folgen?", fragte der Mönch weiter. „Wenn Du das tun willst", erwiderte Nan-quan, „dann musst Du ein Grasbüschel in Deinem Maul halten!"

in die Rolle eines „alten Buddha“ hineinwachsenden Schüler, der ihn um mehr als sechzig Jahre überlebt und hier seinen drittletzten von insgesamt zwölf Auftritten hat! In den Song-zeitlichen Texten werden Nan-quan auch eindeutig ikonoklastische Züge zugeschrieben, so etwa, wenn er im Kôan 28 verkündet: „Es ist nicht Geist, es ist nicht Buddha, es ist nicht [sonst] ein Ding!“, womit dem zum Vairochana oder Âdi-Buddha personifizierten Dharmakâya abgesprochen wird, Buddha oder sonst etwas zu sein. Erst recht stellt das gegenwärtige Kôan einen Ikonoklasmus dar, und nicht nur irgendeinen, sondern den Ikonoklasmus schlechthin, insofern es eine Tat als vorbildlich hinstellt, mit der die unbedingte Autorität Buddha Shâkyamunis und seiner Ethik aus den Angeln gehoben wird: die Tötung einer Katze! Dieser Verstoß gegen das grundlegende Gebot buddhistischer Ethik ist so eklatant, dass kein Geringerer als Dôgen sich veranlasst gesehen hat, Nan-quans Ermordung eines Katzen-Jungen – ein für Buddhisten in der Tat unerträglicher Vorgang – mit allerlei sophistischer Rhetorik zu einer „Tat Buddhas“ umzudeuten, und doch nicht umhin gekommen ist einzugestehen, dass sich Nan-quan eines schwerwiegenden Verbrechens schuldig gemacht hat.[603] Und ein so tief gläubiger Anhänger der Buddha-Lehre wie Hakuin hat Nan-quan eben der Tötung der Katze wegen ein Vergehen von besonders schwerer Schuld zuerkannt, so schwer, dass sie als unvermeidliche Folge den Sturz in die Hölle hat nach sich ziehen müssen. Für uns Heutige hingegen hat die Einsicht in den sowohl weithin fiktiven wie ikonoklastischen Charakter Song-zeitlicher Chan-Texte den erheblichen Vorteil, dass wir uns nicht mehr, wie noch jüngst vor allem japanische Zen-Lehrer, abmühen müssen, durch allerlei interpretatorische Tricks Nan-quan „von der Schande der Gebotsübertretung frei zu halten.“[604] Denn zum einen ist, nach Einschätzung des Verfassers, ein Tang-zeitlicher Chan-Meister wie Nan-quan niemals, an keinem Ort und zu keinem Zeitpunkt, willens und imstande gewesen, so eindeutig und radikal vorsätzlich der Buddha-Lehre zuwider zu handeln; und zum anderen ist für das »bilderstürmerische« Chan der Song-Zeit an einer Tat wie Nan-quans demonstrativer und als *Upâya* eingesetzter Ermordung des Katzen-Jungen nichts Verwerfliches![605]

Und Zhao-zhou? Er steht seinem Lehrer und Meister in nichts nach; auch sein Verhalten ist in Szene gesetzter Ikonoklasmus – nur dass er es auf seine Weise, weniger auffällig und sanfter macht: Statt „das Weltenmeer umzustürzen“ oder Himmel und Erde umzukehren, nimmt er sich lediglich seine Sandalen von den Füßen und legt sie sich auf den Kopf! Doch davon später.

Im ersten Teil der Episode, Kôan 63, beherrscht Nan-quan allein das Feld. Auf ihn und nur auf ihn beziehen sich daher auch die dunklen Andeutungen der **Ankündigung**. Wir haben nämlich hier den Sonderfall vor uns, dass nicht so sehr die Ankündigung auf das Beispiel vorbereitet, als vielmehr umgekehrt die Ankündigung erst vom Beispiel her verständlich

---

603 Dôgen (2), *Shôbôgenzô Zuimonki*, S. 39

604 So Kôun Yamada in seinen Erläuterungen zum Kôan 63 *Bi-yan-lu*: Yamada (1), Bd. 2, S. 125

605 Zur Erinnerung: Upâya sind „geschickte Mittel“, auch in der Einzahl, die den Zugang zum eigentlichen Gehalt der Lehre erleichtern sollen. – Als gleichwertiger Ausdruck desselben ikonoklastischen Charakters des Song-zeitlichen Chan kann auch ein Bild wie die bekannte **Tuschezeichnung „Der Sechste Patriarch zerreißt die Sûtren“** des Song-zeitlichen Chan-Malers **Liang Kai** (13. Jh.) gelten – eine Darstellung, **die der Verfasser eben aus dem Grund, diese ikonoklastischen Tendenzen als Grundzug auch des *Bi-yan-lu* hervorzuheben, zum Titelbild seines Buches gewählt hat.**

ist: „*Wo der Weg der Gedanken nicht zum Ziel führt, ist es gerade recht, in die Hände zu nehmen und zu zerreißen!*" – so setzt im chinesischen Original die Ankündigung ein, ohne jede Erwähnung dessen, worum es dabei gehen soll (weil sich aber so im Deutschen kein korrekter Satz ergibt, hat sich der Verfasser genötigt gefühlt, bei seiner obigen Übersetzung eben „das, worum es geht", zu ergänzen). Und in der Tat *nimmt* der Nan-quan des Beispiels etwas *in die Hände und zerreißt es* – das Katzen-Junge, versteht sich. Auch der nächste Satz: „*Wobei erklärende Worte nicht hinreichen, ist es passend und vordringlich, den Augen zu unterbreiten!*", lässt das, was es da vor Augen zu führen gilt, unerwähnt – und wiederum trifft es auf den Nan-quan des Beispiels zu, dass er genau das tut, *den Augen* seiner Mönche etwas *zu unterbreiten*, nämlich dass es in einer besonderen Situation unumgänglich ist, selbst vor radikalen Maßnahmen nicht zurückzuschrecken. Auch, worin in diesem Fall solche besonderen Voraussetzungen bestehen, deuten die beiden einleitenden Sätze an: Die entsprechende Situation ist dann gegeben, wenn *der Weg der Gedanken nicht zum Ziel führt*, bzw. wenn *erklärende Worte nicht hinreichen*, was beides auf dasselbe hinausläuft. Und insofern fällt von den Eingangssätzen der Ankündigung zugleich auch andersherum ein vorausleuchtendes Licht auf das nachfolgende Beispiel, als es unsere Aufmerksamkeit dafür schärft, unter welchen Bedingungen Nan-quan den Tod der Katze ins Spiel bringt.

Der nächste Satz ist wieder nur vom Beispiel her zu verstehen; und zwar enthält er Yuanwus Eingeständnis, dass die Tötung der Katze eine unbestreitbare Ungeheuerlichkeit, doch zugleich, als Ikonoklasmus, auch wieder ausnahmsweise erlaubt ist: „*Falls auch Blitze rollen und Sterne [ihren Platz] verändern, darfst du auf der Stelle Teiche ausschütten und heilige Berge umstürzen!*"[606] Dieser Satz – keineswegs das, wonach er auf den ersten Blick aussieht, ein klassisches *Adynaton*[607] – verweist nämlich mit den *rollenden Blitzen* und den *wandernden*

606 Zu diesem Satz sind einige philologische Anmerkungen erforderlich: 1.) Sein zweiter Teil wird in dieser Übersetzung von dem Modalverb „*dürfen*" bestimmt; das chinesische Original weist an dieser Stelle das Schriftzeichen *ke* auf, das gewöhnlich als „können" zu übersetzen ist; *ke* hat aber auch die Nebenbedeutungen: „mögen", „dürfen", „sollen" sowie: „passend", „schicklich" und „angängig"; der Zusammenhang nun lässt es in diesem Fall geraten erscheinen, aus der Gesamtmenge an Möglichkeiten statt „können" die Übersetzung „dürfen" zu wählen. 2.) Die Wendung: „*Teiche ausschütten und heilige Berge umstürzen*" (*qing jiu dao yue*) hat geradezu den Charakter einer (in sich ironischen) Formel (denn die *Teiche*, eigentlich sogar nur: die *kleinen Teiche*, stellen kein Pendant zu den Massiven *heiliger Berge* dar) und findet sich hier im *Bi-yan-lu* auch in der Ankündigung des Kôan 97: „wenn du *Teiche ausschüttest und heilige Berge umstürzt*, als gössest Du Kübel aus und verschüttetest Krüge ..."; doch solche festen Formeln ändern je nach Kontext ihren Sinn; hier im Kôan 63 geht es nicht wie dort darum, etwas höchst Schwieriges, ja Unmögliches mit leichter Hand dennoch zu vollbringen; hier geht es vielmehr um eine Tat von äußerster Anstößigkeit, und daher hat das *Umstürzen heiliger Berge*, auf dem gegenüber dem *Ausschütten [kleiner] Teiche* eindeutig das Schwergewicht liegt, hier die Bedeutung einer unzweifelhaften Ungeheuerlichkeit. 3.) Den *rollenden Blitzen* und *Sternen, die [ihren Platz] verändern*, hier im Kôan 63 entspricht dort im Kôan 97 eine Verwandlung von Himmel und Erde samt Annullierung der Vier Himmelsrichtungen; doch was dort als Forderung an den Übenden formuliert ist, genau das zu leisten, erscheint hier als objektive Gegebenheit, als die vorgegebene Bedingung, unter der auch das Ungeheuerliche auszuführen statthaft ist.

607 Ein *Adynaton* hat etwas offenkundig Unmögliches zum Inhalt, es beschreibt also ein Ereignis oder einen Sachverhalt, der auf gar keinen Fall eintreten bzw. vorkommen kann: *Blitze* zucken, aber sie *rollen* nicht (das tut bekanntlich nur der Donner) und *Sterne* – gemeint sind die einzelnen Fixsterne eines beliebigen Sternbilds – *verändern [ihren Platz]* nicht (dass Sterne wandern, gilt nur von „Wandelsternen", etwa den Planeten unseres Sonnensystems). Ganz ähnlich steht es mit dem *Adynaton*, das

Fixsternen nur auf die Besonderheit der Bedingungen, unter denen es erlaubt ist, *Teiche auszuschütten und heilige Berge umzustürzen*: Welch ungleiches Paar, *Teiche*, die *ausgeschüttet*, und *heilige Berge*, die *umgestürzt* werden! Dass von einem Chan-Schüler gefordert wird, den Ozean auszuschütten, oder dass einem Meister die Fähigkeit zugesprochen, wird, genau das zu tun, ist – so oder ähnlich formuliert – seit jeher Bestandteil der Chan-Rhetorik und ebenfalls nur zum Schein ein *Adynaton*; aber *Teiche* auszuschütten? Wie unbedeutend, wie geringfügig im Vergleich zum *Umstürzen heiliger Berge*! Und im hiesigen Kontext bedeutet ein solches *Umstürzen des Heiligen* unzweifelhaft eine Ungeheuerlichkeit, durch nichts zu entschuldigen, bedeutet den Frevel eines Sich-Vergreifens am Unantastbaren! Und doch soll gerade diese Ungeheuerlichkeit unter den besonderen Umständen *rollender Blitze* und *wandernder Fixsterne* erlaubt sein. Solche scheinbaren *Adynata* aber umschreiben lediglich den Zielzustand der Versenkungsübung, den der Nicht-Dualität, in dem alle Unterschiede, auch die zwischen Blitz und Donner, zwischen Fix- und Wandelsternen aufgehoben sind.[608] Dass gerade dieser Zustand der Nicht-Dualität einen Ikonoklasmus wie das Töten einer Katze statthaft machen soll, liegt nicht ohne Weiteres auf der Hand, weshalb Yuan-wu seine Ankündigung mit der Frage abschließt: *„Gibt es denn in der Menge [der Mönche] niemanden, der [hier das Erlaubte vom Unerlaubten] unterscheiden kann?"* Betrifft also, wäre hier zu fragen, das Verschwinden aller Unterschiede, wie es sich im Zustand der Nicht-Dualität nun einmal einstellt, auch den zwischen *»Erlaubt«* und *»Unerlaubt«*? Und wäre folglich, was unzweifelhaft als *unerlaubt* zu gelten hat, unter der Bedingung von Nicht-Dualität, genauer gesagt, der Induktion von Nicht-Dualität zugleich *erlaubt*? Und wenn ja, inwiefern? Als tatsächlicher Vollzug des »Unerlaubten« oder nur, auf einer anderen logischen Ebene, als Erzählung von »Unerlaubtem«, wie es hier in diesem Kôan geschieht?

Nun also das **Beispiel**: Im Kloster Nan-quans *streiten sich [die Mönche] der Ost- und der Westhalle um ein Katzen-Junges*, das sich vermutlich ins Klostergelände verirrt hat. Kaum anzunehmen, dass es bei diesem Streit um einen theoretisch-philosophischen Disput geht, etwa darum, ob auch eine Katze Buddha-Natur besitzt oder nicht. Vielmehr – und das dürfte schon die Niedlichkeit und Possierlichkeit des jungen Kätzchens nahelegen – hat sich der Streit an dem menschlich-allzumenschlichen Wunsch entzündet, von dem auch Mönche nicht frei sind, das Katzen-Junge ganz für sich zu haben – für Mönche, die sich mit ihrer Entscheidung für ein Leben in Hauslosigkeit von allem Weltlichen, insbesondere von weltlichem Besitz, losgesagt haben, ein unverzeihlicher Rückfall in allergröbstes Anhaften! Der Streit eskaliert, die Mönche verrennen sich immer tiefer in den Sumpf des Haben-Wollens. Schließlich erscheint Nan-quan – wir erfahren nicht, woher er von dem Streit Kenntnis

den Lobgesang des Kôan 55 einleitet: „Hasen und Pferde haben Hörner, / Ochsen und Widder haben keine!", und dessen Umkehrung der Tatsachen mehr als offensichtlich ist. – Bei einem Wenn-dann-Satzgefüge besagt ein *Adynaton* folglich: Wenn das eine unmöglich ist, kann auch das andere auf keinen Fall geschehen.

608 Diesen Zustand der Nicht-Dualität finden wir häufig auch als ein „Mit-den-Augen-Hören" und „Mit-den-Ohren-Sehen" beschrieben, womit gleichfalls das Verschwinden von Unterschieden, nämlich der einzelnen Sinneswahrnehmungen, angedeutet wird. Auf Nicht-Dualität in Form des Verschwindens aller Unterschiede zielt auch das – gleichfalls nur scheinbare – *Adynaton* des Lobgesangs Kapitel 55; die dortige Aussage. dass „Hasen und Pferde Hörner haben, / Ochsen und Widder [jedoch] keine", meint ebenfalls einen Zustand bzw. eine Sphäre, in der das unterscheidende Merkmal: „Hörner ja, Hörner nein" aufgehoben ist – vgl. die vorige Fußnote.

bekommen hat: Ist der Lärm bis zu ihm in die Abtsräume gedrungen? (Unwahrscheinlich.) Hat ihn der Mönch vom Ersten Sitz herbeigerufen? (Schon eher wahrscheinlich.) Wusste Nan-quan, als er sich zum Quartier der Mönche aufmachte, bereits um Art und Gegenstand des Streits? Der Fortgang des Berichts legt das immerhin nahe: Nan-quan hat ein Messer mitgebracht – was doch nur Sinn macht, wenn er zuvor schon von der Katze und der Gier der Mönche beider Hallen erfahren hat, das possierliche Tierchen jeweils für sich zu reklamieren. Es muss Nan-quan von vornherein darum gegangen sein, eine Lektion in Sachen Anhaftung zu erteilen, und so greift er zu einem äußersten und zugleich „geschickten Mittel", einer *Upâya*: Er lässt sich das Kätzchen aushändigen, hebt es in die Höhe, zückt sein Messer, das er mit Vorbedacht eingesteckt hat, und droht den Mönchen an, *das Katzen-Junge entzweizuschneiden,* fall sie nicht in der Lage sind, ein Wort, ein Wende-Wort zu sagen, das nicht nur die Situation wendet und zu einem für das Kätzchen glücklichen Ende bringt, sondern auch bei ihnen selbst eine Wende herbeiführt, zurück zu ihrem Gelöbnis, an nichts mehr anzuhaften. Die Mönche aber sind entsetzt; sie bringen kein Wort heraus; und so macht Nan-quan seine Drohung wahr, hält das Kätzchen vor die Mönche hin und zerteilt es mit ein paar Messerhieben!

Regelrechter Stupor muss die Mönche erfasst haben – nicht so sehr, weil das Katzen-Junge, eben noch Objekt ihrer Begierde und zappelnd vor Lebendigkeit, nunmehr, zwei blutige Fetzen, vor den Füßen ihres Meisters liegt. Nein, was die Mönch erstarren lässt, ist, dass sie haben mitansehen müssen, wie ihr Abt, bislang unbestrittenes Vorbild, sich bedenkenlos über das grundlegende Gebot, nicht zu töten, hinweggesetzt und damit den Anschein erweckt hat, als hätten die Vorschriften Buddhas für den rechten Lebenswandel keinerlei Gültigkeit mehr: „Wenn aller Unterschied zwischen »Erlaubt« und »Verboten« aufgehoben ist, woran sollen wir uns dann noch halten?" Ein solcher Stupor kommt dem Zustand der Nicht-Dualität nahe – eine Feststellung, die mit Absicht auf das Kôan 20 *Cong-rong-lu* anspielt, wo Di-zang (867-928) dem noch unfertigen Fa-yan (885-958) erklärt: „Nicht-Wissen kommt ihm äußerst nahe!", woraufhin Fa-yan ein „völliges Verstehen" überkommt. Doch unbestreitbar ist das, was den Mönchen Nan-quans da gerade widerfährt, noch kein Zustand echter, aus Versenkung erwachsender Nicht-Dualität. Aber immerhin gibt ihr Stupor diesen Mönchen einen Vorgeschmack, bereitet sie darauf vor, was es heißt, sich auf Nicht-Dualität einzulassen.

Ist es das, was Nan-quan mit seiner Ermordung des Katzen-Jungen bezweckt hat? War sie von vornherein als „geschicktes Mittel" eingeplant, seine Mönche auf den Weg zu echter Nicht-Dualität zu bringen? Oder hat er sie, was näher zu liegen scheint, nicht schlicht und einfach nur von ihrem fieberhaften Anfall neuerlicher Anhaftung befreien wollen? Doch liegt da tatsächlich ein Entweder-Oder vor? An diesem Punkt helfen uns die beiden ersten Sätze der Ankündigung weiter, in denen Yuan-wu die Tötung der Katze für gerechtfertigt erklärt, wenn *der Weg der Gedanken nicht zum Ziel führt* und es um eine Sache geht, bei der *erklärende Worte nicht hinreichen.* Diese Formulierungen schließen nämlich aus, dass es, um die Mönche auf den »Pfad der Tugend« des Nicht-Anhaftens zurückzubringen, ausgereicht hätte, ihnen mit *Worten* ins Gewissen zu reden und ihnen mit überzeugenden und unbestreitbaren Argumenten die unheilvollen Folgen ihres Verhaltens wirksam vor Augen zu führen! Yuan-wu stellt also von vornherein unmissverständlich klar, dass Nan-quan mit seinen Mönchen – und wir Leser mit unserem Verständnis des Beispiels – vor einer Situation stehen, in der *Worte* und *Gedanken* fehl am Platze, weil unwirksam sind. Wo aber Worte und Gedanken ausscheiden, betreten wir die Sphäre der Nicht-Dualität!

Tritt hier ein grundsätzlicher Unterschied zwischen traditioneller Buddha-Lehre und Song-zeitlichem Chan-Buddhismus zutage? Dort, wie die Sûtren zeigen und wie es auch für jede Sûtren-Auslegung gilt, ist Belehrung das Mittel der Wahl, um bei den Anhängern „rechtes Handeln" und „rechte Gesinnung" zu erzeugen: Die Verwandlung eines Menschen, den die drei Grundübel „Gier, Hass und Verblendung" beherrschen, in einen »Erwachten«, der von aller Anhaftung frei ist, soll durch *Worte* und *Gedanken*, Argumente also, herbeigeführt werden, die ihrerseits als hinreichende Werkzeuge einer solchen Verwandlung unangefochtene Geltung besitzen. Das trifft auch noch auf die Sûtren-Exegese Tang-zeitlicher Chan-Meister zu. Das Song-zeitliche Chan hingegen, das folgt aus der detailgenauen Dechiffrierung des Kôan 63, verfolgt ein radikal anderes Verfahren, das einer »Befreiung« durch Nicht-Dualität: Mittels Versenkungsübung (und bisweilen, wenn die allein nicht ausreicht, durch einen zusätzlichen, oftmals überraschenden Stimulus wie Nan-quans Katzenmord verstärkt) in jenen Zustand einzutreten, der kein Ich und keine Welt mehr kennt, läuft zugleich darauf hinaus, dass Anhaftung aller Art erlischt, weil es ja weder den noch gibt, der von der Welt nicht loskommt, noch das, was ihn »in Banden hält«. Und nicht nur das; die Erfahrung von Nicht-Dualität erlaubt es uns auch, uns der Welt erneut zuzuwenden, ohne ihr zu verfallen; das, was sie zu unserer Lebensfreude beizutragen vermag, in vollen Zügen zu genießen, ohne in neuerlicher Anhaftung von ihr abhängig, ihr Gefangener zu sein.

Diese Interpretation scheint vom zugehörigen **Lobgesang** bedauerlicherweise nicht gestützt zu werden. Da bezeichnet Xue-dou die Mönche *beider Hallen* als *verhinderte Chan-anhänger*, die *sich nicht zu helfen wissen*, und in ihrer Hilflosigkeit darauf warten, *dass Nan-quan ihnen zu befehlen* weiß. Allerdings unterlässt es Xue-dou, uns darüber aufzuklären, worin denn Nan-quans *Befehl* bestanden haben soll – seine Aufforderung, ein Wort, ein Wende-Wort *zu sagen*, kann es nicht gewesen sein, denn die kam völlig überraschend. Und statt von Nicht-Dualität auch nur andeutungsweise zu sprechen, beschließt Xue-dou seinen Lobgesang mit der Feststellung: „*So überlässt [Nan-quan die Mönche] ihrer Einseitigkeit*!" – Wieso *Einseitigkeit*? Damit kann ja kaum gemeint sein, dass die Mönche der Ost- und die der Westhalle beide das Kätzchen für sich haben wollten, statt sie mit den anderen zu teilen; das wäre zu trivial und obendrein eine Einseitigkeit, die sie beide gemeinsam haben und die sie mithin nicht gegeneinander abgrenzt. Eine solche Einseitigkeit des Haben-Wollens verlangt nach einem Gegenpol, und das kann nur das Nicht-Anhaften sein, das die Buddha-Lehre seit alters her buddhistischen Mönchen ganz allgemein, und nicht nur Chan-Anhängern, grundsätzlich abverlangt. Da muss also noch etwas anderes im Spiel sein, was gerade diese Mönche nicht nur zu *verhinderten Anhängern* der Buddha-Lehre allgemein, sondern namentlich zu verhinderten *Chan-Anhängern* macht. Und außerdem passt Xue-dous Schlussbemerkung, Nan-quan *überlasse* seine Mönche *ihrer Einseitigkeit*, dann nicht zur Tötung der Katze, wenn das die *Einseitigkeit* des Anhaftens sein soll: Die wenigen Schnitte –Xue-dou spricht sogar nur von *einem einzigen Schnitt* – mit denen Nan-quan das Katzen-Junge zerteilt, zerschneiden, wenn überhaupt etwas an den Mönchen, dann ihr Haben-Wollen, mithin ihre vermeintliche *Einseitigkeit* des Anhaftens, statt die Mönche – indem *[er sie] ihrer Einseitigkeit überlässt* – in sie zurückfallen zu lassen!

Worum geht es also bei der Einseitigkeit, die Xue-daou an Nan-quans Mönchen tadelt? Treten wir ein paar Schritte zurück: Wie oben bereits angemerkt, spricht die Wahrscheinlichkeit dafür, dass sich der Mönch vom Ersten Sitz oder sonst einer der besonneneren Mönche zu Nan-quan in die Abtsräume begeben und ihn von den Vorgängen im Mönchsquartier in Kenntnis gesetzt hat – und das wohl kaum deshalb, weil er mit dem Treiben der Mönche einverstanden war. Wir dürfen daher, bei genauerer Überlegung, davon ausgehen, dass es überkreuz mit dem Streit um den Besitz des Kätzchens einen zweiten Streit gegeben hat, bei dem die eine Partei, unter Berufung auf das strikte Gebot des Nicht-Anhaftens, das gierige Haben-Wollen der anderen Partei grundsätzlich verwirft, während die andere mit welch fadenscheinigen Ausreden auch immer ihr Treiben verharmlost. Und damit haben wir zwei Einstellungen, die eines unbedingten Haben-Wollens und die konträre und ebenso unbedingte Forderung nach ausnahmslosem Nicht-Anhaften, von denen Xue-dou sagen kann, dass Nan-quan mit den *zwei Teilen* der von ihm zerschnittenen Katze beiden gleichermaßen *Einseitigkeit* attestiert. Das wiederum läuft auf die Folgerung hinaus, es müsse noch einen dritten Standpunkt geben, der dem Vorwurf der *Einseitigkeit* entkommt, indem er beides in sich vereint, das Nicht-Anhaften und die Freude am Besitz eines Kätzchens. Selbstverständlich *überlässt* Nan-quan seine Mönche nicht einfach ihrer *Einseitigkeit* (diese Behauptung ist reine Ironie); selbstverständlich sind die beiden Fetzen des zerteilten Katzen-Jungen eine stumme, bittere Anklage, eine wortlose Aufforderung an die Mönche, ihre *Einseitigkeit* zu überwinden und damit – und nur damit – aus *verhinderten Chan-Anhängern* zu echten zu werden. Genau das nun leistet die Erfahrung von Nicht-Dualität: von aller Anhaftung frei zu werden, frei zu bleiben, und zugleich die Freuden des Daseins und der Welt zu genießen, ohne abhängig, ohne süchtig zu sein. Und so hat sich die scheinbare Divergenz zwischen Ankündigung und Beispiel hier und Lobgesang dort schlichtweg verflüchtigt.

Es folgt, mit dem Kôan 64, der Auftritt Zhao-zhous. Nan-quan erzählt ihm, der soeben von einer Besorgung (?), einem Spaziergang (?) ins Kloster zurückgekehrt ist, von den Streitereien der Mönche und seiner eigenen Reaktion darauf und versucht, *[auch ihn] auf die Probe zu stellen*, indem er von seinem Meister-Schüler gleichfalls ein Wende-Wort einfordert, eines, das die Situation des vom Tode bedrohten Kätzchens zum Guten hätte wenden können. Doch Zhao-zhou geht auf diese Forderung nicht im Geringsten ein, entzieht sich stattdessen elegant der Zwickmühle: Buddha-Tat oder Verbrechen, indem er *sich* ohne jedes Zögern *seine Strohsandalen von den Füßen streift, sie sich auf den Kopf legt und davongeht*! Was geht ihn das noch an, ob es erlaubt oder unerhörter Frevel ist, eine Katze zu töten! *„Zurückgekehrt zu seinem Heimatberg, lässt er's alsbald auf sich beruhen!"*, so kommentiert Xue-dou in seinem **Lobgesang** den wortlosen Abgang Zhao-zhous. *„Die Strohsandalen auf den Kopf gelegt – kein Mensch versteht das"*, heißt es weiter in Xue-dous Kurzgedicht. Doch ganz so schlimm ist es nicht, wenn wir uns die Szene deutlich vor Augen halten: Zhao-zhou hat einen langen Weg hinter sich; an seinen Füßen und erst recht an seinen Strohsandalen haftet noch der Staub der Straßen und Bergpfade, die er beschritten hat, und gerade dieses schmutzige, wenn auch nicht gleich lehmverschmierte Schuhwerk legt er sich aufs Haupt und kehrt so, im wörtlichsten Sinne, das Unterste zuoberst! Das läuft durchaus darauf hinaus, dass hier einer die Rollen von Himmel und Erde umkehrt, die Welt auf den Kopf stellt und – in naheliegender Konsequenz – keine Tabus mehr anerkennt, nicht die Heiligkeit und Unantastbarkeit der Buddha-Lehre, nicht die Vorschriften für den rechten Lebenswandel, wie Buddha Shâkyamuni höchstpersönlich sie erlassen hat, nicht die Wahrheiten all der Sûtren, die die „eine Lehre seiner ganzen Lebenszeit" (Kôan 14) ausmachen. Was dabei bleibt, ist keineswegs offener oder auch nur unterschwelliger Zynismus, ist vielmehr eine heitere Gelassenheit, oder wie Xue-dou es ausdrückt, ein von Weltoffenheit und Freude geprägtes Leben in „Ewigem Frieden": *„Sache [eines Mannes wie Zhao-zhou] ist es, müßig in der Stadt Chang-an zu schlendern"* – der damals weltweit größten, multikulturellen Metropole!

Zhao-zhou also *schlendert* gelassen davon; dass er sich dabei seine Sandalen auf den Kopf gelegt hat, ist nun keineswegs, wenn auch wortlos, die Antwort, die Nan-quan zuvor vergeblich von seinen Mönchen verlangt hat, um das Kätzchen nicht töten zu müssen, um also der unverzeihlichen Gebotsverletzung seiner Tötung enthoben zu sein – welche auch immer das hätte sein können. Indem Zhao-zhou mithilfe seiner *Sandalen* die Welt auf den Kopf stellt, bekundet er vielmehr rückhaltlose Zustimmung zu Nan-quans „verbrecherischer Buddha-Tat", eine Buddha-Tat, die darin besteht, Buddha und seine lebensverneinenden Lehre vom unablässigen Streben nach Nirvâna abzuschaffen – wie ja überhaupt das Song-zeitliche Chan die von Buddha verheißene »Befreiung« erst dann für gelungen, für tatsächlich verwirklicht ansieht, wenn sie uns auch noch von Buddha befreit hat. Und Nan-quan fühlt sich ganz und gar verstanden, wie sein Schluss-Satz innerhalb des **Beispiels** zeigt: *„Wenn Du zur rechten Zeit da gewesen wärest, hättest [Du] das Katzen-Junge retten können!"*

So weit der Text der Kôan 63/64 *Bi-yan-lu*. Doch in der praktischen Kôan-Arbeit geht es um anderes als eine Text-Auslegung wie die hier betriebene. Da stellt Nan-quans senkrechter Schnitt durch die Katze keine Anekdote aus ferner Vergangenheit dar, da geht es darum, hier und jetzt das eigene Ego zu töten, das eine nicht weniger zähe Lebendigkeit als eine Katze aufweist (man spricht bekanntlich von den »sieben Leben« einer Katze); und da wird es jedem Zen-Schüler, der sich dem Rinzai-Zen verschrieben hat, irgendwann im Laufe seiner Lehrjahre widerfahren, dass an ihn von Seiten seines Lehrers, mag der nun Usami Sôgen oder sonst wie heißen, die Aufforderung ergeht: „Zeig mir die tote Katze!", um daraufhin mit der überraschenden und scheinbar alogischen Frage konfrontiert zu werden: „Lebt die Katze oder ist sie tot?" Was wirst **Du** darauf antworten? Und was soll das für ein Leben sein, **Dein** Leben einer toten Katze?

Anders gesagt: „Wie schaffst **Du** es, als ein zweiter Zhao-zhou *müßig in Chang-an zu schlendern?*"

65. [Ein Mann] »außerhalb des DAO« [als] vortreffliches Pferd

Ankündigung

[Wenn du,] ohne Form und dennoch Form, die Zehn Himmelsrichtungen und Weiten des Vierecks ausfüllst;[609] versunken ins Nicht-Denken, dennoch Antwort gibst; Land und Meer durchstreifst und doch von Mühe frei bist; [wenn du dir], kaum wird die eine [Ecke] erwähnt, schon über die drei [anderen] im Klaren bist und auf einen Blick Gramm und Unze [unterscheiden kannst];[610] [wenn du] hier und jetzt [mit der Häufigkeit] von Regentropfen zuschlagen [und so plötzlich] wie das Zucken eines Blitzes losschreien kannst – sogar dann [ist es] noch nicht [soweit, dass du] in den Wanderschuhen eines »nach oben hin« ausgerichteten Menschen steckst. – Nun sagt mal: Was ist es denn nun, das ein »nach oben hin« ausgerichteter Mensch sich angelegen sein lassen muss? Bedenkt [dazu, was Xue-dou hier] vorbringt!

Beispiel

[Jemand, der] »außerhalb des DAO« [stand], fragte den Buddha: „Ich frage nicht [nach dem, wofür] es Worte gibt, ich frage auch nicht [nach dem, was] ohne Worte ist!“[611]
Der Welt-Geehrte [verharrte] sehr lange [in Schweigen].[612]
Der Mann »außerhalb des DAO« sagte voller Bewunderung: „Die große Güte und das große Erbarmen des Welt-Geehrten haben die Wolken meiner Verblendung vertrieben: [Er] hat bewirkt, dass ich [nunmehr in das DAO] habe eintreten können!“
Danach entfernte sich der Mann, der [bis zu diesem Augenblick] »außerhalb des DAO« gestanden hatte.

---

609 Im *Dao-De-Jing*, Text 41, findet sich der Satz: „Das Große Viereck (gemeint ist die Welt als Ganzes) hat keine Ecken ...“ Wir dürfen dementsprechend das hiesige *Viereck* als metaphorische Umschreibung für „Weltall“ oder „Weltraum“ verstehen.

610 Diese beiden Formeln (*ju yi ming san, mu ji shu liang*) sind erstmals bereits in der Standard-Ankündigung des Kôan 1 in völlig gleichem Wortlaut vorgekommen.

611 Im chinesischen Original finden sich nur die Worte (bzw. Schriftzeichen): „Nicht fragen, es gibt Worte“ (*bu wen you yan*), sowie: „nicht fragen, ohne Worte“ bzw. „nicht fragen, es gibt keine Worte“ (*bu wen wu yan*). Aus diesem Wort-Skelett den Satz: „Ich frage nicht mit Worten, ich frage nicht ohne Worte“ zu machen, wie es der Verfasser in seiner Übersetzung des Kôan 32 *Wu-men-guan* getan hat (Roloff I, S. 126) leidet an dem nicht unerheblichen Manko eines inneren Widerspruchs: „Ich frage **nicht mit Worten**“ – folglich fragt der *Mann »außerhalb des DAO«* **ohne Worte**; und doch erklärt er gleich anschließend, er „frage **nicht ohne Worte**“, also doch wieder **mit Worten**; überdies geben sich die beiden Sätze lediglich als Einleitung einer eigentlichen Frage, die jedoch nicht erfolgt, und doch gehören sie, die doch ganz offenkundig aus Worten bestehen, eben als einleitende mit zu der – unausgesprochen bleibenden – Frage: Wie kann der Sprecher da behaupten, er „frage nicht mit Worten“? – Von solchen Misslichkeiten ist die Übersetzung, die der Verfasser heute, zwölf Jahre später, gewählt hat, glücklicherweise frei.

612 *[Verharrte] sehr lange [in Schweigen]* – Diese Formel, die im Original aus nur zwei Schriftzeichen besteht (*liang jiu*: „sehr lange“), ist dem Leser schon einmal, im Beispiel des Kôan 18, begegnet. Trotz der Kürze der chinesischen Fassung verlangt der Zusammenhang eindeutig die hier wie dort vorgenommenen Ergänzungen.

Ananda fragte den Buddha: „Was besitzt der Mann »außerhalb des DAO«, das [er da] bezeugt und auf das hin [er] gesagt hat, [er] habe [nunmehr in das DAO] eintreten können?“
Der Buddha sagte: „[Er ist] wie das beste Pferd der Welt: [Er] sieht [nur] den Schatten der Peitsche und [schon] rennt [er] los!“

Lobgesang

Das Rad der spirituellen Kraft hat sich noch nicht gedreht –
Dreht [es] sich, tut [es] das sicherlich nach zwei Seiten hin!
Plötzlich lässt sich ein klarer Spiegel auf ein Gestell herab –
Unterscheidet nunmehr das Schöne und das Hässliche.
»Schön« und »Hässlich« geschieden, sind auch die Wolken der Verblendung fort –
Unter dem Tor der Güte – wo sind da frischer Staub und Schmutz?
Daher denke [ich]: Ein vortreffliches Pferd späht nach dem Schatten der Peitsche –
Tausend Li dem Wind nachgejagt, genügt ein Ruf, es zurückzuholen:[613]
Genügt ein Ruf, es zurückzuholen, schnipse [ich] nur dreimal mit den Fingern!

Diese Buddha-Anekdote ist, so wie sie vorliegt, eindeutig chinesischen Ursprungs; kein indischer Geschichten-Erfinder hätte einen Mann, der nicht der Buddha-Lehre anhängt, als einen Mann *»außerhalb des DAO«* (auch nicht: „außerhalb des WEGES“) bezeichnet. Deshalb wäre eine Übersetzung nur als „Nicht-Buddhist“ unangemessen, weil sie Wesentliches unterschlägt: Für Chinesen waren – bereits seit den *Zhao Lun*, den *»[Drei] Abhandlungen« des [Mönchs] Zhao* – Buddha-Lehre und Lehre vom DAO wesensgleich, miteinander vereinbar und schließlich sogar identisch. Zum anderen griffe eine Übersetzung als „Nicht-Buddhist“ auch insofern viel zu kurz, als mit der Formel *»außerhalb des DAO«* (*wai dao*), wie sich zeigen wird, keineswegs nur ein Mensch gemeint sein muss, der – die Gleichsetzung von Buddha-Lehre und Lehre vom DAO vorausgesetzt – einer anderen Schulrichtung als derjenigen Buddha Shâkyamunis angehört, sondern durchaus auch jemand bezeichnet sein kann, der innerhalb der Buddha-Lehre noch nicht bis zum endgültigen Erwachen bzw. innerhalb der Lehre vom DAO noch nicht ins DAO selbst vorgedrungen ist.[614] Um sich auch diese Möglichkeit offen zu halten, hat der Verfasser eine Übersetzung gewählt, die vom Wortlaut des Originals so wenig wie möglich, nämlich gar nicht abweicht.

---

613 Mit dieser Zeile spielt Xue-dou auf ein sagenumwobenes Pferd des Kaisers Qin Shihuang-di an, das den Namen *„dem Wind nachjagen“* oder besser: „Jag' dem Wind nach“ (*zhui-feng*) getragen haben und imstande gewesen sein soll, an einem einzigen Tag ohne Unterbrechung *tausend Li*, das sind etwa 500 km, zurückzulegen.

614 Man denke nur an die Eingangszeile der *Meißelschrift vom Glauben an den Geist*, die da lautet: „Das DAO zu erreichen ist nicht schwierig / ...“ (Kôan 2): Da wird gleich zu Beginn eines Chan-Textes, der sich an Leser wendet, die in der Lehre vom DAO durchaus bewandert sind, davon gesprochen, dass sie das DAO erst noch erreichen müssen, was nicht mehr als den trivialen Sachverhalt bedeutet, dass Anhänger einer Lehre nicht schon deshalb, weil sie Anhänger sind, das eigentliche Ziel der betreffenden Lehre bereits verwirklicht haben. Wer also, innerhalb des Daoismus, das DAO noch nicht „erreicht“ hat, steht mithin »außerhalb des DAO«.

Die Ankündigung redet zwar nicht, wie das Beispiel, vom DAO, weder von einem *»Außerhalb des DAO«* noch von einem *Eintreten ins DAO*, wohl aber von *einem »nach oben hin« ausgerichteten Menschen, in dessen Wanderschuhen zu stecken* laut Yuan-wu das entscheidende und letzte Ziel unseres spirituellen Strebens darstellt. Doch warum spricht Yuan-wu überhaupt von *„Wanderschuhen"*, und was soll es heißen, bei gelungener Nachfolge selbst *in den Wanderschuhen eines »nach oben hin« ausgerichteten Menschenzu stecken*? Wohin wandert er denn, dieser *»nach oben hin« ausgerichtete Mensch*? Etwa eben *»nach oben hin«*? Aber was gäbe es da zu *„wandern"*? *„Wandern"* – das weckt doch innerhalb der *Gong-an*-Literatur ganz andere Assoziationen; die naheliegendste ist die an die Forderung des Einsiedlers von der Lotosblumen-Spitze, „[mit einem Vorrat an] Weichkastanien quer über den Schultern ... hinein in die [Bergwelt der] tausend und zehntausend Gipfel zu gehen" und dabei, mit Xue-dous Worten, nicht vor „Staub und Sand in den Augen und Erdreich in den Ohren" zurückzuschrecken![615] Ein solcher Wanderer zu werden reichen, so Yuan-wu weiter, die üblichen Fertigkeiten eines Flickenkutten-Mönches nicht aus, als da sind, *sich, kaum dass die eine [Ecke] erwähnt wird, über die drei [anderen] im Klaren zu sein* und *auf einen Blick Gramm und Unze [unterscheiden zu können];* selbst solche „Errungenschaften" wie die eines weiter fortgeschrittenen Chan-Anhängers, *[mit der Häufigkeit] von Regentropfen* auf den Meister oder sonst ein Gegenüber *einschlagen [und so plötzlich] wie das Zucken eines Blitzes* den berüchtigten Chan-Schrei ausstoßen *zu können*, bleiben hinter den Erfordernisen zurück. Ja, sogar Errungenschaften, die bereits Vollendung vermuten lassen, wie die, *ohne Form und dennoch Form, die Zehn Himmelsrichtungen und Weiten des Vierecks ausfüllen* und *versunken ins Nicht-Denken, dennoch Antwort geben [zu können]* und schließlich gar *Land und Meer zu durchstreifen und [dabei] doch von Mühe frei zu sein* – auch die machen, so Yuan-wu, noch keinen *„Wanderer"* im Sinne dessen, worauf das Chan letztlich abzielt.

Diese drei, so scheint es, hohen und höchsten Errungenschaften – was sollen wir uns darunter vorstellen? *Ohne Form und dennoch Form*, also in unserer menschlichen Gestalt zugleich ganz ins Formlose eingesenkt *die Zehn Himmelsrichtungen und Weiten des Vierecks auszufüllen*, das klingt wenn schon nicht nach einer schamanistischen Existenz, wie sie dem *Buch Zhuang-zi* entsprungen sein könnte, so zumindest nach tiefster Versunkenheit, in der wir mit dem leeren Raum der Shûnyatâ förmlich verschmolzen sind; *versunken ins Nicht-Denken, dennoch Antwort geben [zu können]*, das scheint doch genau das zu sein, was der Buddha des Beispiels aus- und vorführt, nämlich im Zustand der Nicht-Dualität gleichwohl auf die Frage nach der Nicht-Dualität einen so eindeutigen Bescheid zu geben, wie er auch eines Vimalakîrti würdig wäre – warum sollte das, wenn wir denn Yuan-wu folgen wollen, nicht bereits die Vollendung sein, die ein *»nach oben hin« ausgerichteter Mensch* anstrebt? *Von Mühe frei Land und Meer* zu durchstreifen – diese geradezu übermenschliche Fähigkeit hingegen verleugnet ihren eindeutig schamanistischen Charakter nicht, wir brauchen uns nur das *Durchstreifen* dahin zu verdeutlichen dass da einer –mühelos, dieser Zusatz ist wichtig! – durch die Luft über Länder und Meere dahinreist.

---

615 So legt es das Beispiel des Kôan 25 dem Einsiedler Xiang, dem „Glücklichen", in den Mund, von Xue-dou in seinem dazugehörigen Lobgesang bekräftigt.

Um uns nun klarzumachen, warum Yuan-wu auch diese drei durchaus außergewöhnlichen Fähigkeiten als unzureichend verwirft, müssen wir nur nach dem fragen, was sie gemeinsam haben. Und das ist, dass es zu ihrer Ausübung keiner *„Wanderschuhe"* bedarf, dass so zu verfahren kein *„Wandern"* ist, wie es dem – sehr wohl und sogar äußerst mühevollen – „Gang in die [Bergwelt der] tausend und zehntausend Gipfel" entspricht! Und wenn Yuan-wu seine Ankündigung mit der Frage abschließt, was denn *ein »nach oben hin« ausgerichteter Mensch sich angelegen sein lassen muss*, so kann die Antwort nur lauten: sich die *Wanderschuhe* anzuziehen, in die (Berg-)welt hineinzugehen und sich von keiner Mühe davon abhalten zu lassen, immer weiter, immer tiefer in sie einzudringen!

Wie verhält sich zu diesem Ergebnis das **Beispiel**? Auf den ersten Blick so, als hätte es damit rein gar nichts zu tun! Beschreibt es doch, wie ein *Mann »außerhalb des DAO«* vor Shâkyamuni, den *Welt-Geehrten*, hintritt, der vermutlich in irgendeinem Hain oder Park in Lotos-Haltung dasitzt. Ob dieser Jemand sich selbst als *Mann »außerhalb des DAO«* vorgestellt hat, erfahren wir nicht; so, wie der Text sich gibt, müssen wir die Kennzeichnung *»außerhalb des DAO«* als eine Zuschreibung von dritter Seite, also vonseiten der Autoren dieses »Öffentlichen Aushangs«, verstehen. Wenn nun der Mann *»außerhalb des DAO«* Shâkyamuni gegenüber erklärt: *„Ich frage nicht [nach dem, wofür] es Worte gibt"*, dann deshalb, weil er über alles, was sich in Worte fassen, mit Worten aussagen lässt, längst hinaus ist; er muss mithin bereits zu einem ontologisch Letzten, einem geheimnisvollen X am Grund der Welt vorgestoßen sein, über das Aussagen nicht möglich sind – und genau das trifft auch und insbesondere auf das DAO zu.[616] Konsequenterweise fährt der *Mann »außerhalb des DAO«* fort: *„Ich frage [aber] auch nicht [nach dem, was] ohne Worte ist"* – also auch nicht nach jenem geheimnisvollen X am Grund der Welt, und das ganz zu Recht; denn jede mögliche Frage besteht ja nun einmal aus Worten, Worte aber reichen an das, *was ohne Worte ist*, nicht heran; und jenes geheimnisvolle X, bei dem es sich sehr wohl um das DAO handeln kann, ist *ohne Worte*, ja es ist (von seinen sonstigen Bezeichnungen abgesehen) sogar das Einzige, was wirklich *ohne Worte* ist.

Mit seinen beiden Sätzen *„Ich frage nicht ..., ich frage auch nicht ..."* gibt sich der *Mann »außerhalb des DAO«* als jemand zu erkennen, der überhaupt nicht fragt, und in der Tat sind diese beiden Sätze, bei Licht betrachtet, nichts als die Einleitung zu einer Frage, die dann gar nicht gestellt wird, und zwar deshalb nicht, weil sie sich gar nicht stellen lässt. Gleichwohl geschieht es ja nicht zufällig, dass der *Mann »außerhalb des DAO«* vor den *Welt-Geehrten* hintritt. Sein Auftritt ist, der unterlassenen Frage zum Trotz, eine eindeutige Aufforderung, eine unausgesprochene Bitte – und Shâkyamuni entspricht dieser Bitte, unverzüglich und, so will es diese kleine Legende, mit unfehlbarer Sicherheit: *Der Welt-Geehrte [verharrte] sehr lange [in Schweigen].* Shâkyamuni demonstriert damit Nicht-Dualität, wie wir es auch von Vimalakîrti kennen, der im 9. Kapitel des gleichnamigen Sûtra vor Buddha und seinen

616 Das *Dao-De-Jing* setzt, zumindest in der bei uns geläufigen Anordnung der Texte, gleich mit der programmatischen Aussage ein: „Das DAO, [bei dem] es möglich ist [zu sagen:] DAO, ist nicht das beständige (also das wahre) DAO" (Text 1, Satz 1). Metaphorisch ausgedrückt, lautet derselbe Gedanke: „[Wenn man es] ergreift, bekommt [man es] nicht [zu fassen]; [denn sein] Name ist: GLATT!" (Text 14). Oder: „Ich weiß nicht seinen Namen; [sein] Schriftzeichen ist: DAO; [wenn ich mich] bemühe, [ihm dennoch einen] Namen zu geben, [dann] diesen: GROSS!" (Text 25).

80.000 Bodhisattvas gleichfalls in Schweigen verharrt, um Mañjushrîs einschlägiger Bitte zu willfahren.[617] Nicht-Dualität ist bekanntlich jener Zustand spirituellen Strebens, in dem sowohl Ich wie Welt ausgelöscht und mit dem Denken auch jegliches Bedürfnis zu fragen und alles Verlangen nach Antworten verschwunden sind.

Der *Mann »außerhalb des DAO«* versteht augenblicklich; *voller Bewunderung* bedankt er sich: *„Die große Güte und das große Erbarmen des Welt-Geehrten haben die Wolken meiner Verblendung vertrieben: [Er] hat bewirkt, dass ich [nunmehr] habe eintreten können!"* Er sagt nicht, worin er eingetreten ist; doch das kann, im Zusammenhang des gegebenen Textes, nur das DAO sein! Machen wir uns also klar, was da passiert ist: Der Mann *»außerhalb des DAO«*, der keine Fragen mehr stellt, steht vor einem Shâkyamuni, der sich keine Antwort mehr entlocken lässt, und versteht auf der Stelle, dass Shâkyamunis demonstratives Schweigen auf eben die Sphäre weist, zu der er sich selbst mit seinem ausdrücklichen Verzicht aufs Fragen bekannt hat. Aber nicht nur das; er erfährt Shâkyamunis komplementären Hinweis, sich in einer Sphäre nicht nur jenseits aller Fragen, wie sein Gegenüber, sondern auch jenseits aller Antworten zu bewegen, als überraschenden *Eintritt* ins DAO! Ob seine Kennzeichnung als *Mann »außerhalb des DAO«* nun als Selbst- oder Fremdzuschreibung zu verstehen ist, dieser Mann steht vor uns als jemand da, der dem DAO schon längst aus eigener Kraft ganz nahe gekommen ist und jetzt, in der Begegnung mit dem in Schweigen verharrenden Shâkyamuni, nur noch eines minimalen Anstoßes bedarf – gerade so (und das sind nunmehr die Buddha zugeschriebenen Worte des **Beispiels**, mit denen der seinem Jünger Ananda, der treuen, aber einfältigen Seele, den Vorfall erklärt), wie es um das *beste Pferd der Welt* steht*: [Er] sieht [nur] den Schatten der Peitsche und [schon] rennt [er] los!"*

Das besagt schon hohe Anerkennung; doch Xue-dou sattelt in den letzten drei Zeilen seines **Lobgesangs** noch eins oben darauf: Dieses *vortreffliche Pferd* wartet nicht erst auf den *Schatten der Peitsche*, es *späht* im Gegenteil bereits im Voraus *nach ihm aus*, gleichsam zitternd vor Ungeduld. Ihm genügt dabei ein so schwacher Anstoß, wie es ein einzelner *Ruf* gewesen wäre, der das Pferd „Jag' dem Wind nach!" des Kaisers Qin Shihuang-di noch aus einer Distanz von *Tausend Li* hätte *zurückholen* können: ein Vergleich, der allerdings geradezu das Gegenteil dessen unterstellt, worauf der Buddha des Beispiels mit seinem lobenden Vergleich hinauswill. Denn den *Mann »außerhalb des DAO«*, nachdem er soeben noch ins DAO eingetreten ist, wieder *zurückzuholen*, besagt ja, ihn aus dem DAO wie aus einer Verirrung zurückzuholen – aus einer Verirrung obendrein, aus der sich dieser *»Mann»* nunmehr *»des DAO«* höchst bereitwillig *zurückholen* lässt. Xue-dou nämlich schließt seinen Lobgesang mit der Zeile: *„Genügt ein Ruf, [ihn] zurückzuholen, [so] schnipse [ich] nur dreimal mit den Fingern!"* Ein Mehr an Aufwand ist nicht nötig, heißt das; die Ausrichtung in die inhaltliche Leere eines DAO, das nichts ist und nicht ist, wartet nur darauf, umgekehrt zu werden – zurück in die Welt der *Zehntausend Dinge*! Den »Mann des DAO« mit *nur dreimaligem Fingerschnipsen zurückholen* zu können besagt, dass sich da in und unter der Einsenkung hinein und hinab in die Tiefen des DAO ein Impuls zur Welt-Bejahung verbirgt, der bereits von sich aus darauf angelegt ist, zum Durchbruch zu kommen.

617 Vgl. Kôan 48 *Cong-rong-lu* – Roloff (2), S. 241ff.

Kryptisch hingegen, auf einen nur flüchtigen Blick, die ersten sechs Zeilen des **Lobgesangs**: Von einem so begnadeten *Mann »außerhalb des DAO«*, wie ihn das Beispiel vorführt, zu behaupten, *„das Rad [seiner] spirituellen Kraft hat sich noch nicht gedreht"*, erscheint absurd, und vollends unverständlich kommt die nachfolgende Aussage daher: *„Dreht [es] sich, tut [es] das sicherlich nach zwei Seiten hin!"* Doch zu dieser Zeile bieten Yuan-wus Zwischenbemerkungen einen hilfreichen Fingerzeig, indem sie das Begriffspaar »Sein« (*you*) und »Nicht-Sein« (*wu*) einführen, mit denen im *Dao-De-Jing* das DAO auf seine schon oft zitierte Formel gebracht wird. Diese beiden Begriffe auf die *Drehung nach zwei Seiten hin* angewandt ergibt, dass hier, bei diesem *Mann »außerhalb des DAO«* und seinem *Eintritt ins DAO*, eine »Doppelbewegung« gefordert ist, die einerseits und zunächst ins Nicht-Sein führt, andererseits aber und zuletzt zurück ins Sein – eine »Doppelbewegung«, von der mit dem *Eintritt ins DAO*, insofern es letztlich Nicht-Sein ist, jedoch nur die eine Hälfte bewältigt ist, während die entgegengesetzte zurück ins Sein noch aussteht. Von diesem Mangel her betrachtet erhält auch die Eingangszeile ihren Sinn: Wenn erst die vollständige »Doppelbewegung« als *Drehung des Rades spiritueller Kraft* gelten soll, trifft auf den *»Mann«* nunmehr *»des DAO«* in der Tat zu, dass *sich*, trotz seines Eintritts in die Nicht-Dualität am Grunde des DAO, *das Rad [seiner] spirituellen Kraft noch nicht gedreht hat.*

Die folgenden vier Zeilen versetzen den aufmerksamen Leser in neuerliches Befremden: Die abschließende Formulierung: *„Wo sind da frischer Staub und Schmutz?"* verweist eindeutig auf den nachträglich Hui-neng zugeschriebenen Vierzeiler, mit dem er sich angeblich gegen Shen-xiu als Nachfolger des Fünften Patriarchen qualifiziert hat und der da sinngemäß in die rhetorische Frage mündet: „Wo könnte sich da Staub ansetzen?". Andererseits stellt die erste dieser vier Zeilen – *„Plötzlich lässt sich ein klarer Spiegel auf ein Gestell herab"* – die entsprechende Aussage des angeblichen Hui-neng-Gedichts regelrecht auf den Kopf und greift stattdessen die konträre Aussage des Shen-xiu zugeschriebenen Konkurrenz-Gedichtes auf, wo es heißt: „Der Leib ist der Baum der Erkenntnis, / Der Geist ist wie ein klarer Spiegel auf seinem Gestell." Desweiteren beziehen sich die vier Mittelzeilen des Lobgesangs nicht minder eindeutig auf Shâkyamunis Schweigen als Auslöser für den *Eintritt ins DAO* dessen, der bis dahin immer noch »außerhalb des DAO« gestanden hat. Da ist von einem *Tor der Güte* sowie von *Wolken der Verblendung* die Rede, womit Xue-dou die entsprechenden Äußerungen zitiert, mit denen sich der *Mann „außerhalb das DAO"* bei Shâkyamuni für dessen Anstoß zu seinem nunmehr gelungenen *Eintritt ins DAO* bedankt. Und doch legt der Kontext, in den diese Mittelzeilen eingebettet sind, dem Schweigen Shâkyamunis noch eine andere und zusätzliche Auswirkung bei, die einer Rückkehr ins Dasein, womit erst die geforderte »Doppelbewegung« sowohl ins Nicht-Sein als auch ins Sein ihre Vollendung erfährt.[618]

---

618 Dazu gibt es eine auffällige Parallele, nämlich die Bewertung, die Hong-zhi in seinem Lobgesang des Kôan 2 *Cong-rong-lu* Bodhidharmas „neunjährigem" In-Versenkung-Sitzen zuteil werden lässt. Zunächst heißt es: „Ganz allein sitzt er teilnahmslos nahe dem Shao-lin, / Stumm bewahrt er in seinen Händen den **richtigen Befehl**", nämlich den, sich aus der Welt heraus in die Shûnyatâ zu versenken. Dann aber folgt das Fazit: „Und seitdem machen Menschen und Götter daraus so Arznei wie Krankheit!" – Roloff (2), S. 16. Das besagt: In der Shûnyatâ, dem DAO als Nicht-Sein, zu verharren ist Krankheit; zur Arznei wird Versenkung erst dadurch, dass sie uns zurückführt ins Sein, in Dasein und Welt. Damit will Hong-zhi klargestellt wissen, dass der **richtige Befehl** beides umfasst, die »Doppelbewegung« des Eintauchens in Shûnyatâ und der daraus resultierenden Rückkehr ins Leben.

Und dann ist da auch noch die Anstößigkeit, dass Xue-dou im Zusammenhang einer Legende, die von *Eintreten ins DAO* handelt, sich auf ein *Unterscheiden des Schönen und Hässlichen* beruft, während doch das *Eintreten ins DAO* – man denke an die beiden Eingangszeilen der *Meißelschrift vom Glauben an den Geist* – voraussetzt, dass wir uns im Gegenteil „von allem Auswählen und Vorziehen lossagen"! Obendrein gibt Xue-dou dabei der Metapher *„Wolken der Verblendung"* aus dem Beispiel eine neue Wendung, insofern er solchem *Unterscheiden des Schönen und des Hässlichen* die Wirkung zuschreibt, eben diese *„Wolken der Verblendung"* zu vertreiben: Aber welcher Verblendung? Doch nicht der, die den *Mann »außerhalb des DAO«* daran gehindert hat, ins DAO einzutreten! – Setzen wir bei der *Unterscheidung des Schönen und Hässlichen* an: Von einem Spiegel, zumal einem *klaren Spiegel* ist in der Chan-Literatur mehrfach die Rede. Dieser *klare Spiegel* zeigt die Dinge, wie sie sind, heißt es dabei, dergestalt, dass er, wenn ein Chinese kommt, einen Chinesen zeigt, und wenn ein Barbar kommt, eben einen Barbaren. Schon das läuft auf eine *Unterscheidung des Schönen und des Hässlichen* hinaus, insofern der Chinese als Vertreter gepflegten, zivilisierten Aussehens für das Schöne und der Barbar in seiner Ärmlichkeit und Struppigkeit für das Hässliche steht.[619] Unübersehbar also, dass ein solcher klarer Spiegel der Welt der *Zehntausend Dinge* zugewandt ist, und das gilt selbstverständlich auch für den klaren Spiegel in Xue-dous Lobgesang: Nur unter den *Zehntausend Dingen* in ihrer unabsehbaren Verschiedenheit ist *Unterscheidung* so möglich wie unumgänglich, eine Unterscheidung, die auch die von *»Schön« und »Hässlich«* einschließt. Der klare Spiegel, der *sich da plötzlich auf ein Gestell herablässt*, kann also nicht jener leere Spiegel sein, der er sein müsste, sollte mit seinem *plötzlichen Sich-Herablassen* der durch Shâkyamunis Schweigen ausgelöste überraschende *Eintritt ins DAO* gemeint sein, und aus dem mit eben diesem *Eintritt ins DAO* alle Bilder notwendigerweise weggewischt wären! Nein, Xue-dou hat mit diesem *klaren Spiegel*, der *sich da plötzlich auf ein Gestell herablässt*, nämlich auf den *Mann »außerhalb des DAO«* in seiner konkreten physischen Existenz, etwas anderes im Sinn: Diesen *Mann »außerhalb des DAO«*, der nunmehr, dank Shâkyamunis Schweigen, ein Mann »innerhalb des DAO« ist, überkommt, so will Xue-dou uns sagen, plötzlich und zusätzlich eine neue Hinwendung zur Welt, eine, die zwischen *»Schön« und »Hässlich«*, »Gut« und »Schlecht« zu unterscheiden weiß und die ihn von den *Wolken* einer anderen *Verblendung* befreit als derjenigen, aus der ihn Shâkyamunis Schweigen gerettet hat. Es ist das die *Verblendung*, sich ganz und ausschließlich an das DAO, und das meint jetzt, an das Nicht-Sein im DAO zu verlieren! Auch das *Tor der Güte* zielt nunmehr auf eine andere Güte als die, deretwegen der schließlich im DAO Angekommene sich bei Shâkyamuni bedankt hat; es ist das vielmehr eine *Güte*, die aus der Erfahrung des DAO resultiert und sich in der Anteilnahme an der Welt so erweist wie bewährt und überdies verhindert, dass sich auf dem nunmehr *klaren Spiegel* bei eben dieser Zuwendung zur Welt *frischer Staub und Schmutz* ansetzt! *„Wo sind da frischer Staub und Schmutz?"* darf daher nicht als Anspielung auf das sog. Erleuchtungsgedicht Hui-nengs verstanden werden; es geht nicht darum, dass sich da, wo „ursprünglich kein einziges Ding existiert", auch kein Staub ansetzen kann; und ebenso wenig geht es bei dem *Herabsinken eines klaren Spiegels*

---

619 Genau in diesem Sinne heißt es in der Ankündigung des Kôan 9, wo Yuan-wu im Übrigen den *klaren Spiegel* gleichfalls mit dem *Unterscheidung des Schönen und Hässlichen* zusammenfügt: „Ein klarer Spiegel auf seinem Gestell – das Schöne und das Hässliche unterscheiden sich darin von selbst. ... Geht der Chinese weg, so kommt der Barbar, kommt der Barbar, so geht der Chinese weg."

auf ein Gestell um das gleichermaßen untergeschobene Gedicht Shen-xius; es geht allein um die Rettung unserer Zugehörigkeit zur Welt der *Zehntausend Dinge*, um die Bejahung unseres Lebens in einer auch von dunklen und zerstörerischen Kräften durchwalteten Welt.

Der **Lobgesang**, so stellt sich also heraus, ist weniger ein Kommentar zu den Vorkommnissen des Beispiels als vielmehr das Korrektiv dazu, und wir können ihn nunmehr lesen wie ein offenes Buch: *„Das Rad der spirituellen Kraft [des Mannes »außerhalb des DAO«] hat sich noch nicht gedreht"* – weil der noch ganz und ausschließlich dem DAO und seinem Nicht-Sein zugewandt ist. *„Dreht [es] sich, tut [es] das sicherlich nach zwei Seiten hin"* – es muss bei diesem Mann – wie bei jedem von uns – zum erfolgreichen *Eintritt ins DAO* noch seine erneute Hinwendung zur Welt hinzukommen. *„Plötzlich lässt sich ein klarer Spiegel auf ein Gestell herab"* – ihn überkommt, ausgelöst durch die Erfahrung des DAO, eine klarsichtige Umkehr, zurück zu den *Zehntausend Dingen*. *„[Er] unterscheidet nunmehr das Schöne und das Hässliche"* – antithetisch zur Auslöschung aller Unterschiede beim *Eintritt ins DAO* ist er nunmehr bereit, aus dem DAO heraus sich den Gegensätzen und Widersprüchen der Welt zu stellen. *„Schön und Hässlich geschieden, sind auch die Wolken der Verblendung fort"* – es gibt für diesen Mann keinen neuerlichen Rückfall in die Eintönigkeit und Leere einer ausschließlichen Hinwendung in die »Einöde« des Nicht-Seins. *„Unter dem Tor der Güte, wo sind da frischer Staub und Schmutz?"* – seine offenherzige und zugleich selbstlose Hinwendung zur Welt bewahrt ihn davor, sich von ihr wie mit Staub und Schmutz besudeln zu lassen. *„Daher denke [ich]: Ein vortreffliches Pferd späht nach dem Schatten der Peitsche"* – Xue-dou erklärt sich die Wendung, die sich an dem »Mann« nunmehr *»innerhalb des DAO«* vollzogen hat, damit, dass der, wie ein *vortreffliches Pferd*, auf den *Schatten der Peische*, die ihm das Losrennen erlaubt, regelrecht wartet, und zwar darauf, in die Welt der *Zehntausend Dinge* zurückkehren zu dürfen: *„Tausend Li dem Wind nachgejagt, genügt ein Ruf, [ihn] zurückzuholen"* – er hat sich verirrt, ist in die falsche Richtung gelaufen und lässt sich jetzt mit bloßem, wenn auch *dreimaligem Fingerschnipsen* in die irdische Welt *zurückholen*. Derart unabweisbar, wenn auch verborgen, derart dicht unter der Oberfläche liegt beim *Eintritt ins DAO* der darin mit enthaltene Impuls, sich wieder und jetzt erst recht der Welt zuzuwenden. Nebenbei bemerkt hat sich dieses *Mit-den-Fingern-Schnipsen* als Mittel, jemand tief Versunkenen aufzuwecken, andernorts sogar in noch reduzierterer Form voll und ganz bewährt, und zwar im Kôan 42 *Wu-men-guan*, wo schon einmaliges Schnipsen ausreicht, eine im Samâdhi versunkene Frau wieder in die Welt zurückzuholen[620] – dort wie hier im Kôan 65 *Bi-yan-lu* das untrügliche Zeichen, dass Versenkung ins DAO oder auch, weniger stringent formuliert, in die Shûnyatâ den Keim der Auferstehung zurück ins Leben unverlierbar in sich trägt, in ein Leben, das einer *„Wanderung"*, gelassen und wohlgemut, „hinein in die Bergwelt der tausend und zehntausend Gipfel" gleichkommt!

---

620 Dort, in der Legende von Mañjushrîs vergeblichem Versuch, eine Frau „aus ihrer Versenkung hervorzuholen", ist es der „Bodhisattva der Anfangsstufe" namens „Ohne Klarheit", dem gelingt, woran der „Lehrer der Sieben Buddhas" scheitert, scheitern muss: mit einem einzigen Schnipsen die Frau aufzuwecken. Und zwar muss Mañjushrî scheitern, weil er als Inbegriff der Weisheit, und das heißt, des Eins-Seins mit der Shûnyatâ, die Frau nur immer tiefer in den Samâdhi hineinlockt, während der dem irdischen Leben noch nicht entrückte Bodhisattva „Ohne Klarheit" keine Schwierigkeit hat, der Tendenz zur Rückkehr ins Leben, die auch in dieser Frau schlummert, zum Durchbruch zu verhelfen – Roloff (1), S. 154ff.

66. (82.)[621] Da-long zum „Wahrheitsleib“

Ankündigung

Die dünne Schnur einer Angelrute – [nur wer] sich Augen bereitet hat, kann sie erkennen; die spirituelle Kraft außerhalb aller Regeln – [nur wer] ein Könner [ist], kann sie unterscheiden. – Nun sagt mal: Was [ist] die dünne Schnur einer Angelrute, [und was] die spirituelle Kraft außerhalb aller Regeln? Versucht es doch mal mit dem, [was Xue-dou hier] vorbringt!

Beispiel

Ein Mönch fragte Da-long: „[Unser] stofflicher Leib verwelkt und verdirbt; was ist mit dem dauerhaften und beständigen Wahrheitsleib?“
Da-long sagte: „Die Bergblumen öffnen sich wie [zu einem Teppich aus] Brokat, die Wasser der Gebirgsbäche [sind so] klar wie [das klare Blau des] Indigo!“

Lobgesang

[Der eine] fragt, [weil er’s] nicht gewusst hat,
[Erhält] Antwort und versteht noch [immer] nicht:
Der Mond ist kalt, der Wind [weht] hoch –
Uralte Felswand, frostiger Wacholder.
Lächerlich,[622] unterwegs jemandem zu begegnen, der das DAO verstanden hat,
Und [ihm] nicht [sei’s mit] Worten, [sei’s] mit Schweigen zu entsprechen.
[Der andere] hält eine Rute aus weißer Jade in der Hand,
Zertrümmert ganz und gar die schwarze Perle.[623]

---

621 Wie in der Abhandlung III: *Vom Erstdruck bis heute: Zur Geschichte des Bi-yan-lu*, bereits hervorgehoben, weicht in den Kapiteln 66 bis 93 die Abfolge der einzelnen Kôan der *Ichiya*-Version von derjenigen der Standard-Version erheblich ab. Der Verfasser hat sich wie in anderen Punkten so auch hier der *Teihon*-Ausgabe Itôs angeschlossen, die sich ihrerseits an der *Ichiya*-Version orientiert. Um dem Leser den Wechsel von der einen zur anderen Version zu erleichtern, hat der Verfasser den Weg gewählt, hinter die fettgedruckte Ordnungszahl, die dem jeweiligen Kôan seine Stellung innerhalb der *Ichiya*-Version zuweist, in Klammern eine zweite Ordnungszahl einzufügen, die den Ort desselben Kôan innerhalb der Standard-Version angibt.

622 Cleary übersetzt an dieser Stelle: *„how delightful“* (*„wie wunderbar!“*); doch *kan xiao*, wie es im chinesischen Original heißt, bedeutet vielmehr „lächerlich“, gerade wie *kan bei* im Kôan 48 als „bemitleidenswert“ zu vertehen ist. *Kan xiao*, wörtlich: „[einen solchen Menschen] kann man nur auslachen“, wäre allenfalls mit *„how laughable!“* zu übersetzen, während *„how delightful“* den Sinn des Satzes ins Gegenteil verkehrt.

623 Dies die wörtliche Übersetzung der entsprechenden Zeile des Originals. Das Lexikon III vermerkt unter der Nummer 6989 zur *schwarzen Perle* (*li zhu*): *„a pearl supposedly held under the jaw of a black dragon“* („eine Perle, von der man glaubte, dass ein schwarzer Drachen sie unter seinem Kinn festhielt“). Entsprechend übersetzt Cleary: *„And smashes the black dragon’s pearl“* („und zerschmettert die Perle des Schwarzen Drachen“). Doch im Unterschied zum Lobgesang des Kôan 3, in dem explizit von der „Höhle des Blauen **Drachen**“ die Rede ist und nicht von einer blauen Höhle, fehlt hier das Schriftzeichen „Drachen“, und es besteht auch kein Grund, es zu ergänzen, zumal die vorangehende Zeile mit der *weißen Jade* das Gegenstück zur *schwarzen Perle* bietet. Was aber soll diese *schwarze Perle* sein?

Hätte [er sie] nicht zerschlagen –
Vermehrt hätte [er nur] ihre Fehler und Mängel!
Das Reich hat eine Verfassungsurkunde –
Mit dreitausend Straftatbeständen!

Über einen Chan-Meister namens Da-long, „Großer Drachen", weiß auch Yuan-wu nichts zu berichten. Dieser „Große Drachen" taucht im *Bi-yan-lu* nur einmal, hier an dieser Stelle, auf und findet sich darüber hinaus weder im *Cong-rong-lu* noch im *Wu-men-guan*. Nach dem Tenor seines vorliegenden Ausspruchs zu urteilen, gehört er wie Yun-men (864-949) oder Feng-xue (896-973) in die Übergangszeit zwischen Tang- und Song-Dynastie.

Mit ihrer *„dünnen Schnur einer Angelrute"* sowie der *„spirituellen Kraft außerhalb aller Regeln"* zielt die **Ankündigung** auf eben diesen ansonsten unbekannten „Großen Drachen" und hebt das Außergewöhnliche seiner Leistung noch dadurch weiter hervor, dass sie uns wissen lässt, auf Seiten der Leser und Übenden, also auf unserer Seite, sei besondere Einsicht (*„nur wer sich Augen bereitet hat, ..."*) sowie besondere Kennerschaft (*„nur wer ein Könner ist, ..."*) vonnöten, um überhaupt seiner *spirituellen Kraft außerhalb aller Regeln* ansichtig zu werden. Eine *Angelrute* zum anderen dient in Chan-Texten stets dem Menschenfang, und zwar derart, dass derjenige, nach dem sie ausgeworfen wird, sich aus freien Stücken von ihr fangen und emporziehen lässt. Dann aber bedeutet eine *„dünne [Angel]schnur"* eine zusätzliche Erschwerung, weil wir sie ja überhaupt erst einmal wahrnehmen müssen, um uns von ihr einfangen zu lassen. Und dem Angelnden geht es entsprechend nicht um gewöhnliche Beute, sondern – wie dem Feng-xue des Kôan 38 – um Wale und anderes Großgetier, Metapher für fortgeschrittene „Einsicht".

Das **Beispiel** erweist sich als eindeutige Absage an jegliche metaphysischen Sehnsüchte, an das Verlangen nach Zuflucht bei einer allen Dingen zugrunde liegenden unwandelbaren Substanz, die dazu verlockt, sie mit Attributen des Göttlichen auszustatten. So weit freilich geht der Mönch nicht, der sich da an den „Großen Drachen" wendet; doch dass er Zuflucht sucht, macht er durch seinen Hinweis auf die Vergänglichkeit unserer physischen Existenz mehr als deutlich. Obendrein wäre seine Frage: *„Was ist mit dem dauerhaften und beständigen Wahrheitsleib?"*, wollten wir sie als lediglich theoretisch ausgerichtet und dabei auf die Antithese „vergänglich – unvergänglich" beschränkt verstehen, schlicht unsinnig. Denn wenn für diesen Mönch feststeht, dass der *Wahrheitsleib dauerhaft und beständig* ist, erledigt sich die Frage, *was mit ihm sei*, in dem Sinne, ob er gleichfalls dazu verurteilt sei, *zu verwelken und zu verderben*, ganz von selbst. Wir müssen daher in der Formulierung des Mönchs *„Was ist mit dem Wahheitsleib?"*, wieder einmal eine Frage des Typs *ru-he shi*,

---

Um das zu klären, sei auf das Kôan 75 sowie auf das Beispiel des Kôan 6 *Cong-rong-lu* verwiesen. Dort gibt es beidemal eine Antithese von „Weiß" und „Schwarz", wobei „Weiß" für die Welt der Erscheinungen steht und „Schwarz" für das „Absolute", also die Shûnyatâ, den Dharmakâya – vgl. S. 527 samt Fußnote 662 sowie Roloff (2), S. 37 (einschließlich Fußnote 36). Die *schwarze Perle* vertritt hier im Kôan 66, wie die Erläuterungen zeigen sollen, gleichfalls die Shûnyatâ.

noch einen bedeutsamen Unterton mithören, etwa „Wie soll ich mich zu ihm stellen?“ oder „Was soll er für mich bedeuten?“ Und genau das läuft auf eine Suche nach Zuflucht hinaus.

Großartig die Antwort Da-longs: *„Die Bergblumen öffnen sich wie [zu einem Teppich aus] Brokat, die Wasser der Gebirgsbäche [sind so] klar wie [das klare Blau des] Indigo!“* Nicht nur, dass er damit die Frage des Mönchs unterläuft, indem er, statt sich auf den *„Wahrheitsleib“* jenseits der *Zehntausend Dinge* einzulassen, vielmehr mit einer Aussage reagiert, die sich ausschließlich auf die Welt eben dieser *Zehntausend Dinge* beschränkt; obendrein konterkariert er die abwertende Einstellung des Mönchs zu allem Vergänglichen, indem er die überwältigende Schönheit eben dieses Vergänglichen enthusiastisch hervorhebt. Mit seinen beiden Sätzen entwirft er vor dem Mönch und vor uns das Panorama einer klassischen Gebirgslandschaft, wie sie für die chinesische Landschaftsmalerei charakteristisch ist, die nicht umsonst die Bezeichnung *shan-shui*, „Berge und Wasser“, trägt.

Aber was besagt das für den Dharmakâya? Nun, gehen wir von dem Wortlaut der Frage aus, die der Mönch an Da-long gerichtet hat: *„Was ist mit dem* – angeblich – *dauerhaften und beständigen Wahrheitsleib?“* Wenn Da-long darauf mit dem Hinweis auf blühende *Bergblumen* antwortet, die später wieder verwelken, genau wie unser eigener Leib verwelkt, und wenn er dazu das klare Blau gleichmäßig fließender *Gebirgsbäche* beschwört, die in Zeiten der Trockenheit sehr wohl zu Geröllrinnen verdorren oder bei heftigen Regenfällen zu trüben Wassermassen anschwellen, dann heißt das: „Diese Welt des Vergänglichen, das ist für uns der Dharmakâya!“ – was mehr ist als nur eine Wiederholung des herkömmlichen Mahâyâna-Axioms „Nirvâna und Samsâra sind eins!“ Denn dieser Satz „Das Vergängliche ist für uns der Dharmakâya“ besagt, dass es, uns zum Segen, keinen anderen Dharmakâya gibt als eben das Vergängliche, oder – anders formuliert – dass hinter den *Zehntausend Dingen* und jenseits von ihnen kein zusätzliches Etwas ist, das Dharmakâya heißen könnte, kein Etwas, von dem sich sagen ließe, es sei *dauerhaft und beständig*, kein Etwas, das für uns wichtiger sein könnte und sollte als diese Welt des Vergänglichen. Mit anderen, unmissverständlichen Worten: Es gibt für uns hier nur die Welt der *Zehntausend Dinge*, und dahinter ist – nichts.

Aber damit nicht genug. Dass Da-long an den *Zehntausend Dingen* ihre Schönheit hervorhebt, die brokatartige Vielfalt einer von Blumen übersäten Bergwiese und den frischen Glanz indigoblauen Wassers, das über Stromschnellen und Strecken ruhigeren Verlaufs aus Bergeshöhe zu Tal fließt, das enthält zugleich auch die tröstlich-beseligende Botschaft: „Wir brauchen einen *‚Wahrheitsleib‘* hinter den Dingen gar nicht, wir brauchen kein „anderes Ufer“ mit einem anderen Land, um uns dort in Sicherheit zu bringen. Diese Welt hier ist uns, all ihrer Gebrechlichkeit, ihren Widersprüchen zum Trotz, Heimat genug!“ So bekennt sich der „Große Drachen“ zu dem Credo des Song-zeitlichen Chan, dass wir hier, in der irdischen Welt, den Ort unserer Bestimmung haben, den Ort, an dem wir uns bewähren müssen und unsere Erfüllung finden.

Und Xue-dous Kommentar? In seinem **Lobgesang** stellt er sich, wenn auch auf die übliche Weise metaphorisch verschlüsselt, auf die Seite des „Großen Drachen“: ein ungewöhnlich langes Gedicht, zwölf Zeilen, von denen die ersten sechs dem Mönch und seiner Frage gelten und die übrigen sechs Da-long. Dass der Mönch aus Unsicherheit heraus gefragt hat („*[er] fragt, [weil er's] nicht gewusst hat*"), ist trivial. Dass er, trotz der Antwort Da-longs, *noch immer nicht versteht*, können wir nicht überprüfen, weil das Beispiel über die Reaktion des Mönchs kein Wort verliert; wir müssen daher Xue-dous Behauptung einfach guten Glaubens folgen. Was der Mönch „*noch [immer] nicht versteht*", verraten die beiden folgenden Zeilen: „*Der Mond ist kalt, der Wind [weht] hoch – / Uralte Felswand, frostiger Wacholder!*" – Zeilen, die zweifellos mit der Unwirtlichkeit der von ihnen beschriebenen Szenerie auf deren Gegenteil verweisen, die Beschwörung der anheimelnden Schönheit der irdischen Welt. Überraschend und auf Anhieb unverständlich die Formulierung: „*Der Wind [weht] hoch!*" Doch wenn wir uns klarmachen, dass der *kalte Mond* auf die Shûnyatâ und mithin auf den Dharmakâya verweist, macht eine Aussage wie die, *der Wind wehe* oder gehe *hoch*, durchaus Sinn: Dieser Wind einer kalten Mondnacht, selbstverständlich auch seinerseits kalt, weht bis zu den – freilich vom Mondlicht überdeckten – Sternen hinauf, füllt das Himmelsgewölbe bis zu seinem Scheitel hoch über uns. Auch die *uralte Felswand* und der *frostige Wacholder* korrespondieren durch Gegensatz mit der Lieblichkeit bunter Blumenwiesen und klar dahinströmenden Wassers: starr und leblos, ja lebensfeindlich die *Felswand* und stachlig der *Wacholder*, obendrein unter dem Frost der kalten Vollmondnacht erstarrt. Wenn wir uns diese Metaphern in Klartext übersetzen, dann ergibt sich: Was der Mönch nicht verstanden hat, ist die Unwirtlichkeit des Ortes, den er sich als Zuflucht wünscht, es gäbe ihn denn überhaupt! Sich in den Dharmakâya hinein zu sehnen, bedeutet die Torheit, erfrieren zu wollen – erfrieren in nichts. Ja, Xue-dou gibt den Mönch vollends der *Lächerlichkeit* preis, weil der nicht imstande gewesen ist, „*[einem Mann], der das DAO verstanden hat, sei's mit Worten, sei's mit Schweigen zu entsprechen.*" Da-long, heißt das, ist eben dieser Mann, *der das DAO verstanden hat*, und der Mönch hat ihm nicht entsprechen können, weil er selbst das DAO gerade nicht verstanden hat: Das DAO zu verstehen bedeutet, sich dessen bewusst zu sein, dass auf seinem Grund das Nichts lauert, dass aber eben dieses Nichts und Nicht-Sein sich ins Sein »entäußert« und über dieses Sein zu dem – wenn auch gebrechlichen – Gefüge der *Zehntausend Dinge* entfaltet, in dem es sich, seiner Rückkehr über das Sein ins Nicht-Sein zum Trotz, gleichwohl vollendet.[624] Der zweite Teil des **Lobgesangs** würdigt, wie bereits gesagt, den Ausspruch des „Großen Drachen": „*[Er] hält*", so Xue-dou, „*eine Rute aus weißer Jade in der Hand [und] zertrümmert [mit ihr] ganz und gar die schwarze Perle*". Wie sollen wir diese Metaphern verstehen? Im Lobgesang des Kôan 60 *Cong-rong-lu* setzt Hong-zhi die Nonne Liu, den „Eisernen Mühlstein", so wie sie da den alten Wei-shan traktiert, einer „Jade-Rute" gleich; und hier im Kôan 66 *Bi-yan-lu* gibt Xue-dou dem „Großen Drachen" gleichfalls eine Jade-Rute, gar eine *Rute aus weißer Jade*, in die Hand. Eine Rute ist ein Instrument der Züchtigung, und eine Rute aus Jade wäre entweder, weil ihr die entsprechende Geschmeidigkeit fehlt, schon gar keine Rute mehr, oder sie wäre untauglich, weil sie gleich beim ersten Schlag zerbrechen müsste. Dennoch dienen Metaphern wie „Jade-Rute" oder *Rute aus weißer Jade* dazu, die betreffende Person (dort die Nonne Liu, hier Da-long) wegen der Schärfe ihrer Attacke bzw. der Genauigkeit

---

624 Vgl. *Dao-De- Jing*, Text 40 – eine zeitgenössische Parallele des Inhalts, dass sich das Nichts ins Sein »entäußert« und zum Gesamt der *Zehntausend Dinge*, heute „Universum" geheißen, entfaltet, findet sich bei Hawking/Mlodinow, die explizit davon sprechen, dass das Universum aus dem Nichts hervorgegangen ist.

ihrer Zurechtweisung auszuzeichnen, was im Besonderen für die hiesige *Rute aus weißer Jade* gilt, weil *weiße Jade* nun einmal eine allerhöchste Kostbarkeit darstellt, die eigentlich nur dem »Sohn des Himmels« zusteht. Da-long also, so Xue-dou, züchtigt mit seiner Antwort den Mönch, und er züchtigt ihn auf die angemessene und einzig richtige Weise – hat er doch mit seinem Verlangen nach dem *dauerhaften und beständigen Wahrheitsleib*, wie Yuan-wu in seinem Kommentar anmerkt, gegen sämtliche *dreitausend Straftatbestände* zugleich verstoßen, die in der *Verfassungsurkunde des Reiches* aufgezählt sind! Merkwürdig, dass Xue-dou hier die weltliche Gesetzgebung ins Spiel bringt; und doch passt diese letzte Metapher des Lobgesangs haargenau zu der „Verfehlung" des Mönchs und der Züchtigung, die Da-long über ihn verhängt, indem er ihn – statt seinem Verlangen nach dem *dauerhaften und beständigen Wahrheitsleib* stattzugeben – im Gegenteil an die Vergänglichkeit der irdischen Welt verweist!

Wir sind freilich mit den beiden voraufgegangenen Metaphern noch nicht zum Ende gekommen: In dem *Weiß* der Jade und dem *Schwarz* der Perle haben wir genau dieselbe Antithese von »Weiß« und »Schwarz« vor uns, wie wir sie im Kôan 75 *Bi-yan-lu* bzw. im Kôan 6 *Cong-rong-lu* vorfinden. Aus dem dortigen Vorkommen ergibt sich, dass »Weiß« für die Welt des Vergänglichen, der *Zehntausend Dinge* steht und »Schwarz« für den letzten Grund dieser *Zehntausend Dinge*, die Shûnyatâ, das DAO als Nicht-Sein und Nichts. Und die *Perle* lässt an die berühmte Formel des Xuan-sha Shi-bei denken, die da lautet: „Die ganze Welt in allen Zehn Richtungen ist eine einzige leuchtende Perle!", und die sich bereits anlässlich des Kôan 22 zitiert findet (es ist das dieselbe „leuchtende Perle", der Dôgen das Kapitel *Ikka no myôju* seines *Shôbôgenzô* gewidmet hat). Diese „leuchtende Perle" vertritt wie das »eine und einzige Kleinod« des Seng Zhao („Innerhalb von Himmel und Erde, im unendlichen Raum und in der unendlichen Zeit, mitten darin gibt es ein einziges Kleinod, verborgen im Berg der Erscheinungen!") den Dharmakâya als die allgegenwärtige Qintessenz alles Seienden, seit jeher und für immer in allen Dingen vorhanden. Wenn Xue-dou diese „leuchtende Perle" hier als *schwarze Perle* einführt, ist das geradezu als Pleonasmus zu bewerten, insofern zweimal dasselbe ausgesagt wird: Die *Schwärze* der Perle verweist auf den Dharmakâya als Shûnyatâ, und die *Perle* selbst genauso. Da-long züchtigt mithin den Mönch, indem er ihm diese *schwarze Perle* als die Quintessenz und Substanz aller Dinge *zertrümmert* und ihm als Wirklichkeit, sogar als einzige Wirklichkeit, nur die Welt der *Zehntausend Dinge* übrig lässt: Der Dharmakâya als Shûnyatâ hat sich aus einer ewigen und unwandelbaren Substanz in das Nicht-Sein und Nichts des DAO verwandelt!

„Hätte [Da-long]", so fügt Xue-dou noch hinzu, *„[die schwarze Perle] nicht zerschlagen, hätte er vielmehr nur ihre Fehler und Mängel vermehrt!"* Da ist also ganz offen und unmissverständlich von *Fehlern und Mängeln* dieser *schwarzen Perle* die Rede, und der entscheidende *Fehler und Mangel* eines als Zufluchtsort ersehnten „Wahrheitsleibes" besteht sowohl für Da-long wie für Xue-dou und Yuan-wu eben darin, uns aus der Welt der *Zehntausend Dinge* mit ihren *Bergblumen wie Brokat* und dem *Indigoblau der Gebirgsbäche* in eine Sphäre der Kälte und Erstarrung zu locken, in der ein *kalter Mond* bei himmelhoch wehendem Nachtwind *frostigen Wacholder* vor der steinernen Glätte *uralter Felswand* ersterben lässt. Der Mönch, so muss das Fazit lauten, macht sich mit seinem Verlangen nach dem *dauerhaften und beständigen Wahrheitsleib* folglich der Welt gegenüber der Verweigerung schuldig,

und deshalb muss ihn, insofern er die Welt als ganze verwirft, die volle Härte des Gesetzes treffen: Wie er mit seiner ausnahmslosen Verweigerung alle *dreitausend Straftatbestände* zugleich erfüllt, schlägt die *Verfassungsurkunde des Reiches* mit gleicher Wucht zurück; sie schlägt ihm, vertreten durch Da-long und seinen punktgenauen Richtspruch, alles, was für ihn wichtig ist, aus den Händen und stößt ihn in eben die Welt, aus der er entkommen möchte, als die einzig gegebene zurück!

Das sind der Feinheiten – und mancher Leser mag auch denken, der Spitzfindigkeiten – mehr als genug. Doch sei noch dies gesagt: Jeder Übende muss sich, wenn er denn an diesem Kôan „kaut“, der Frage stellen: „Ist das auch für mich eine Strafe, mich auf diese Welt hier zurückgeworfen zu sehen und keinen Ort jenseits des Sterbens zu haben, der Ewigkeit verheißt?“ Diese Frage lässt sich auch andersherum formulieren: „Ist eine Welt, hinter der nichts auf mich wartet, was dem Sterben enthoben wäre, auch für mich eine Welt, in der *Bergblumen sich wie [zu einem Teppich aus] Brokat öffnen und die Wasser der Gebirgsbäche [so] klar [sind] wie [das klare Blau des] Indigo?*“

67. (83.) Yun-mens „Freistehende Säulen“

Ankündigung

(nicht erhalten)[625]

Beispiel

Der Großmeister Yun-men ließ einmal die Bemerkung fallen: „Die Buddhas der Vergangenheit haben sich mit den freistehenden Säulen eingelassen.[626] Die wievielte spirituelle Kraft ist das?“
Yun-men gab stellvertretend [für die Mönche] selbst die Antwort: „Am Südberg steigen Wolken auf, am Nordberg fällt Regen.“

Lobgesang

Am Südberg Wolken, am Nordberg Regen –
Die Achtundzwanzig und die Sechs schauen gemeinsam zu.[627]
Im Reich von Silla sind [sie] bereits in die Halle hinaufgestiegen,[628]
Im großen Reich der Tang haben [sie] noch nicht einmal die Trommel geschlagen!
Mitten im Leiden Freude, mitten in der Freude Leid –
Wer sagt da, reines Gold sei nichts anderes als Kot!?

---

625 Wie schon zuvor in den Kapiteln 6, 14, 18, 26, 28, 30, 34, 36, 44, 52, 58 und 64 weisen auch zu diesem Kôan weder die Standard- noch die *Ichiya*-Version (und in ihrem Gefolge die *Teihon*-Ausgabe) eine Ankündigung auf. Dieser Ausfall hier im Kôan 67 ist der dreizehnte Beleg für den schwerwiegenden und komplexen »Bindefehler«, der beiden Überlieferungssträngen, der Standard- und der *Ichiya*-Version, einen bereits verstümmelten gemeinsamen Vorfahren zuweist.

626 Die chinesischen Schriftzeichen *jiao can*, die hier zusammengefasst als *sich mit etwas einlassen* wiedergegeben werden, bedeuten wörtlich zum einen: „gegenseitig“, „mit etwas verkehren“, „(sich) vereinigen“, „(sich) vermischen“, „(sich) vermengen“ und zum anderen: „teilnehmen“, „beiwohnen“. Um sprachliche Anstößigkeit zu vermeiden, hat der Verfasser die eher unbestimmte Übersetzung *sich mit etwas einlassen* gewählt; doch sind alle aufgeführten Bedeutungen bei dem Versuch, der Aussage Yun-mens einen sprachlich vermittelbaren Sinn abzugewinnen, stets mit zu bedenken.

627 Mit den *Achtundzwanzig* (im Original wörtlich: „vier [mal] sieben“) sind die indischen Patriarchen bis einschließlich Bodhidharma gemeint, und mit den *Sechs* (wörtlich: „zwei [mal] drei“) die chinesischen Patriarchen von Bodhidharma bis einschließlich Hui-neng; insgesamt sind das aber nur dreiunddreißig Patriarchen, weil ja Bodhidharma als der 28. indische zugleich auch der 1. chinesische Patriarch ist. Zusammen mit Buddha Shâkyamuni bilden diese dreiunddreißig Patriarchen eben die *Buddhas der Vergangenheit*, auf die sich Yun-men im ersten Satz seines Ausspruchs beruft. Die „Dreiunddreißig“ sind übrigens bereits im Lobgesang des Kôan 15 vorgekommen; vgl. die dortige Fußnote 190. – Die Formeln „vier [mal] sieben“ und „zwei [mal] drei“ finden sich noch einmal im Lobgesang des Kôan 81.

628 *Reich von Silla* – in der Song-Zeit übliche Bezeichnung für Korea, dessen Halbinsel sich östlich von China nach Süden erstreckt, aber nur zu etwa einem Drittel der Nord-Süd-Ausdehnung des „großen Reiches der Tang“, Letzteres auch noch zur Zeit der beiden Song-Dynastien das Idealbild des chinesischen Reiches.

Yun-mens kurzer Auftritt, von dem Yuan-wu in seinem Kommentar erklärt, er sei wie Funken, aus einem Stein geschlagen, oder wie das Aufleuchten eines Blitzes, ist ein eindeutiges Bekenntnis zur Bejahung unseres irdischen Daseins. Formal gesehen gehört es überdies in die Kategorie der „stellvertretenden Antworten“: Die Mönche wissen mit Yun-mens einleitender *Bemerkung* nichts anzufangen und stehen, statt die anschließende Frage ihres Meisters zu beantworten, mit offenem Munde da! Und folglich gibt Yun-men sich auf seine eigene Frage selbst die Antwort, dürfte damit jedoch seine Mönche nur noch mehr verwirrt haben – was offensichtlich seine Absicht war: Da blitzt etwas auf, und ist schon wieder verschwunden; zurück bleibt Ratlosigkeit.

Beginnen wir mit Yun-mens *Bemerkung*, die er wie unabsichtlich *fallen lässt*: *„Die Buddhas der Vergangenheit ...“* – und schon geraten wir in einen Streit der Meinungen. Dürfen wir, müssen wir gar die beiden Schriftzeichen, die das chinesische Original an dieser Stelle aufweist (*gu fo*), als „der alte Buddha“ – „alt“ im Sinne von „hochbetagt“ – übersetzen und verstehen? Auf einen Mann wie Zhao-zhou mit seinen unglaublichen und zugleich verbürgten einhundertneunzehn Jahren Lebenszeit träfe eine solche Bezeichnung zweifellos zu; dasselbe gilt für Buddha Shâkyamuni selbst, mit seinen immerhin achtzig Jahren beim Eintritt ins Parinirvâna; doch unter einem „alten Buddha“ die immer schon, seit anfangslosen Zeiten vorhandene Buddha-Natur zu verstehen, wie es Yasutani und Yamada tun, erscheint bereits vom Sprachgebrauch her gewollt und unglücklich; vor allem aber besagt das chinesische Adjektiv *gu* nicht „alt“ im Sinne von „hochbetagt“ oder „alt an Jahren“ (*nian lao*), sondern eindeutig „in alter Zeit“, „aus ferner Vergangenheit“. Es können mit den *Buddhas der Vergangenheit* also nur Buddha Shâkymuni und seine sechs mythischen Vorgänger oder eher noch – wenn wir Xue-dous Hinweis aus dem **Lobgesang** aufgreifen – Shâkyamuni samt den *achtundzwanzig* indischen und *sechs* chinesischen Patriarchen des Chan bis hin zu Hui-neng gemeint sein.

Diese *Buddhas der Vergangenheit*, so Yun-men weiter, *„haben sich mit den freistehenden Säulen eingelassen!“* Mag das nun auf Dachstützen innerhalb oder außerhalb eines Gebäudes oder vielmehr, wie der chinesische Wortlaut mit dem Schriftzeichen *lu* (*im Freien*) nahelegt, auf tatsächlich unter freiem Himmel aufragende Säulen abzielen – in beiden Fällen (und das ist immerhin unstrittig) vertreten diese *freistehenden Säulen* die Welt der „Erscheinungen“, auf die und mit der sich die *Buddhas der Vergangenheit* trotz und mitsamt ihrer Verwurzelung in der Shûnyatâ gleichwohl *eingelassen* haben, statt ihr ein für alle Mal den Rücken zuzukehren. Auffällig und hervorhebenswert ist dabei, dass ein solcher Ausspruch wie der Yun-mens die Chan-spezifische Daseins-Hinwendung auch auf Buddha Shâkyamuni selbst und sämtliche indischen und chinesischen Patriarchen ausdehnt, mithin eine bruchlose Kontinuität der Lehre behauptet, während doch andere Song-zeitliche Chan-Äußerungen, diejenigen mit eindeutig »bilderstürmerischem« Charakter, sich nicht genug tun können, einen radikalen Traditionsbruch herauszustellen. Diese in sich widersprüchliche Haltung Song-zeitlicher Chan-Autoren hat ihren guten Grund: Eingebunden in das System staatlicher, vom Kaiserhof kontrollierter sowie von örtlichen Machthabern unterstützter buddhistischer Klöster war es der Chan-Bewegung unmöglich, sich konsequenterweise vom überkommenen Buddhismus gänzlich loszusagen. Um bei aller unleugbaren Radikalität der Chan-spezifischen Einstellung zur Transzendenz (Dharmakâya, Shûnyatâ) und zur Welt der „Erscheinungen“

(den *Zehntausend Dingen* des Daoismus) zugleich ihre Zugehörigkeit zur Buddha-Lehre ganz allgemein unter Beweis zu stellen, sind solche Legenden und Anekdoten wie die von der wortlosen Übertragung an Mahâkâshyapa auf dem Geierberg erfunden worden, deren Fassung im Kôan 6 *Wu-men-guan* paradoxerweise dem „Welt-Geehrten" gerade jene Zeilen in den Mund legt, die – als angebliche Äußerung Bodhidharmas – die grundsätzliche Andersartigkeit des Chan bekräftigen: „Eine besondere Überlieferung außerhalb der Lehre, / die nicht auf [Worten und] Schriftzeichen fußt!"[629] Zu den mancherlei Behauptungen einer bruchlosen Kontinuität der Lehre gehört auch Yun-mens obiger Ausspruch, der in seinem ersten Satz die Diesseits-Hinwendung des Chan als nichts anderes denn die geradlinige Fortsetzung der Lehre und Praxis Buddha Shâkyamunis erscheinen lässt.

Doch schon der nächste Satz, Yun-mens Frage: *„Die wievielte spirituelle Kraft ist das?"*, geht bereits wieder auf Distanz zur buddhistischen Orthodoxie: Yun-men unterstellt hier eine Abfolge unterschiedlicher Stufen *spiritueller Kraft* und befindet sich damit in bester Chan-Gesellschaft. Da wäre etwa sein Zeitgenosse He-shan (891-960) zu nennen, der jenseits der Stufen des „Hörers" (desjenigen, der „sich im Lernen übt") und des „Nachbarn" (desjenigen, der „das Lernen abgeschnitten" hat) als dritte Stufe ein „wahres Überschreiten" erwähnt, mit dem wir nicht nur das Lernen, sondern auch das Überschreiten des Lernens überschreiten (Kôan 44). Oder die Hui-zhong zugeschriebene Metapher „auf den Scheitel des Vairochana treten und oben darüber hinlaufen" (Kôan 99), was gleichfalls auf ein Überschreiten hinausläuft, und zwar auf das Überschreiten des Dharmakâya, sonst Ziel und Inhalt höchster spiritueller Vollendung. Weiter wäre an die Antithese einer Bewegung »nach oben hin« und einer zweiten, konträren und zugleich komplementären Bewegung »nach unten hin« zu erinnern, wie sie Yuan-wu in seiner Ankündigung des Kôan 10 so aufgreift wie ausmalt. Und schließlich sei noch einmal auf die bereits mehrfach zitierte Unterscheidung eines »Standes der Wahrheit« und eines »Standes des Menschen« (Kôan 32 *Cong-rong-lu*) hingewiesen, bei der der »Stand der Wahrheit«, das Eingehen in die Shûnyatâ, gleichfalls höchste spirituelle Vollendung suggeriert, eine Vollendung, die tatsächlich jedoch erst mit dem »Stand des Menschen« erreicht wird. He-shans „wahres Überschreiten" lässt ebenso wie das „Über-den-Scheitel-des-Vairochana-Laufen" nicht nur die Welt der „Erscheinungen", sondern auch die Shûnyatâ, den Dharmakâya jenseits der „Erscheinungen" hinter sich, um die Bewegung »nach oben hin« in eine solche »nach unten hin« zu überführen, mit der dann zugleich der »Stand des Menschen« als die höchste Stufe spiritueller Kraft erreicht ist. Yun-mens Frage: *„Die wievielte spirituelle Kraft ist das, [sich auf die Welt der ‚Erscheinungen' einzulassen]?"*, wäre demnach dahingehend zu beantworten, dass es sich – nach der Zählweise He-shans – um die dritte Stufe, im Falle der »Doppelbewegung nach oben und nach unten hin« um den – numerisch nur zweiten – Schritt abwärts, in jedem Fall aber um die höchste Stufe der Kraft handelt, um diejenige der spirituellen Vollendung.

---

629 Im Kôan 6 *Wu-men-guan* lauten diese beiden Zeilen auf Chinesisch: *jiao wai bie chuan / bu li wen-zi*; mit genau demselben Wortlauf finden sie sich in dem Bodhidharma zugeschriebenen Vierzeiler: „Eine besondere Überlieferung außerhalb der Lehre, / Unabhängig von [Worten und] Schriftzeichen, / Unmittelbar auf des Menschen Herz zeigend: / Die eigene Natur zu schauen und Buddha zu werden", chinesisch: ***jiao wai bie chuan / bu li wen-zi*** / *zhi zhi ren xin / jian xing cheng Fo.*

„Die Buddhas der Vergangenheit haben sich mit den freistehenden Säulen eingelassen. Die wievielte spirituelle Kraft ist das?" – kein Wunder, dass Yun-mens Mönche, wie die *Cong-rong-lu*-Version derselben Anekdote eigens hervorhebt, sprachlos dastehen, was Yun-men die – zweifellos erwünschte – Gelegenheit verschafft, statt ihrer zu antworten; doch was für eine Antwort ist das! *„Am Südberg steigen Wolken auf, am Nordberg fällt Regen!"* Ein Rätselwort, nicht minder verwirrend als der rätselhafte Ausspruch selbst, den Yun-mens „stellvertretende" Antwort zu klären vorgibt. *„Südberg"* und *„Nordberg"* sind selbstverständlich Metaphern. Der *„Südberg"* steht dabei für die Welt unseres irdischen Daseins, etwa im Sinne des Kôan 15 *Cong-rong-lu*, in dessen Beispiel Wei-shan seinen Meisterschüler Yang-shan auffordert, sich all denen zuzugesellen, die „am Südberg Schilf mähen".[630] Der *„Nordberg"* vertritt entsprechend die Transzendenz, ob nun Shûnyatâ oder Dharmakâya benannt. Am *„Südberg"* also sammeln sich Wolken, und mit der Metapher einer wolkenverhangenen Welt umschreiben Song-zeitliche Chan-Texte die Beimengung von Leid, Bedrohung, Kümmernissen aller Art, die aus der ansonsten leuchtenden Welt der *Zehntausend Dinge* nicht wegzuleugnen ist. Wolken bedeuten Verdüsterung, eben jene Verdüsterung, die Menschen dazu antreibt, der irdischen Welt entfliehen zu wollen und Zuflucht in einer anderen Welt zu suchen, einer leidfreien Welt – sei das die Sphäre des völligen Erlöschens, uns von Buddha Shâkyamuni als Nirvâna anempfohlen, oder sei es, nicht rein negativ formuliert, der „dauerhafte und beständige Wahrheitsleib", den der Mönch des vorigen Kôan im Munde geführt hat. Und der *„Nordberg"* mit seinem Regen – was ist es, das uns, wie Segen von oben her, aus der Transzendenz heraus hier unten in der irdischen Welt zuteil wird? *Regen*, neben dem Sonnenlicht das Lebenselixier schlechthin, dessen Ausbleiben, wie wir Zeitgenossen des von uns selbst verursachten Klimawandels wenn nicht am eigenen Leibe, so doch aus hautnaher Berichterstattung fast täglich erfahren, weltweit fruchtbare Landstriche in Wüsten verwandelt – dieser *Regen*, gleichfalls nur Metapher, und zwar physisches Gegenstück zu der uns auferlegten spirituellen Bewegung »nach unten hin«, aus der Transzendenz der Shûnyatâ zurück in die irdische Welt, umschreibt den Lebensmut, die Lebensfreude, die uns aus der Erfahrung der Shûnyatâ, aus dem Nicht-Sein und Nichts des DAO erwachsen, und die uns – mit den Worten des Einsiedlers auf der Lotosblumen-Spitze – dazu befähigen, mit einer Traglast einfachsten Proviants quer über den Rücken „in die Bergwelt der tausend und zehntausend Gipfel" aufzubrechen (Kôan 25).

So wie *Wolken* und *Regen* untrennbar zusammengehören, so auch *Südberg* und *Nordberg* mit ihren jeweiligen Erfahrungen unsererseits: derjenigen von Leid und Schmerz, von Not, „Krankheit, Alter und Tod" unter dem wolkenverhangenen Himmel unseres irdischen Daseins einerseits sowie derjenigen einer immer wieder erneuerten Freude andererseits, die wir aus

---

630 Dort heißt es: Wei-shan fragte Yang-shan: „Woher kommst Du?" Yang-shan sagte: „Ich komme mitten vom Feld." Wei-shan fragte: „Mitten auf dem Feld, wieviele Menschen gibt es da?" Yang-shan stieß seinen Spaten in den Boden, legte die Hände vor der Brust zusammen und stand aufrecht da. Wei-shan sagte: **„Der Südberg hat reichlich Menschen, das Schilf zu mähen."** Yang-shan ergriff seinen Spaten und machte sich sogleich auf den Weg (zum **Südberg**, versteht sich, um beim Mähen des Schilfes mitzuhelfen). – Vgl. dazu Roloff (2), S. 78ff. Im Übrigen sei noch auf Wan-songs Ankündigung zum Kôan 31 *Cong-rong-lu* verwiesen, die mit der Antithese beginnt: ***„Nach oben hin*** **– die eine spirituelle Kraft**: Ein Kranich steigt zur Milchstrasse auf. **Genau nach *Süden* hin – die andere Bahn**", anders formuliert: *„Nach unten hin* – die **andere**, die zweite und höhere spirituelle Kraft!" – Roloff (2), S. 159ff.

der Versenkung in Nicht-Ich und Nicht-Welt gewinnen und die die dunklen Seiten unseres Lebens zwar nicht auslöscht, doch kraftvoll überstrahlt. So kann Xue-dou in seinem **Lobgesang** zusammenfassen (und dabei die 33 Patriarchen, zusammen mit Buddha Shâkyamuni Yun-mens *Buddhas der Vergangenheit*, als so einvernehmliche wie zustimmende *Zuschauer* dieses Naturschauspiels mit einbeziehen): *„Am Südberg Wolken, am Nordberg Regen / ... / Mitten im Leiden Freude, mitten in der Freude Leid – / Wer sagt da, reines Gold sei nichts anderes als Kot!?"* Die irdische Welt *zu nichts anderem als Kot* abzuwerten, gedrängt und genötigt von der enttäuschten Erwartung durchgängigen Glücks, geht für den nicht an, der unter dem „goldenen" *Regen des Nordbergs* steht;[631] der also, begnadet mit der Freude und dem inneren Frieden – dem „Großen Frieden" – eines gelungenen Aufstiegs »nach oben hin«, in einer noch so brüchigen Welt der *Zehntausend Dinge* (*„mitten in der Freude Leid"*) das *reine Gold* ihrer Schönheit und ko-evolutionären Selbsterhaltung und Selbststeigerung, emphatisch gesprochen, ihrer Vollkommenheit zu erfahren vermag (*„mitten im Leiden Freude"*).

Gleichfalls rätselhaft, vielleicht sogar noch rätselhafter als Yun-mens *„Am Südberg Wolken, am Nordberg Regen"* sind die beiden Zeilen, die Xue-dou zwischen sein – durch die 33 Patriarchen inhaltlich beglaubigtes – Yun-men-Zitat und die Glücksverkündung des „goldenen" Regens eingefügt hat: *„Im Reich von Silla sind [sie] bereits in die Halle hinaufgestiegen, / Im großen Reich der Tang haben [sie] noch nicht einmal die Trommel geschlagen!"* Was bei diesen beiden Zeilen auf der Hand liegt, ist die in ihnen enthaltene Anspielung auf den Klosteralltag: Mittels einer großen Zeremonial-Trommel werden die Mönche früh morgens in die Buddha-Halle gerufen, um dort Buddha Shâkyamuni mit Gebet und Sûtren-Rezitation ihre Verehrung zu bezeugen. Will Xue-dou uns sagen, die Mönche in Korea seien, weil die Sonne bei ihnen früher aufgeht, eher daran als ihre Brüder in den Klöstern Chinas? Das wäre allzu trivial! Oder hat der koreanische Buddhismus, weil weit von den Zentren der Chan-Revolution in den südlichen Regionen des Song-zeitlichen China entfernt, bei den dortigen Chan-Meistern als konservativ, wenn nicht gar als reaktionär gegolten, weiterhin der traditionellen Buddha-Lehre mit ihrer Zuflucht im Nirvâna verhaftet, während die chinesischen Anhänger eines „progressiven" Chan es keineswegs eilig haben, sich in die Arme Buddhas zu flüchten und damit der Welt zu entfliehen, sich vielmehr – ähnlich Wei-shans Nickerchen zur Abwehr seiner Herausforderung durch die Nonne Liu (Kôan 24) – zur Fortsetzung eines behaglichen Schlafs noch einmal gelassen ausstrecken – solch behaglicher Schlaf als Metapher dafür, dass wir uns hier in der wolkenverhangenen Welt, vom *Nordberg* her gesegnet, gleichwohl heimisch und geborgen fühlen können?

»Es geht ein dunkle Wolk' herein« –
Wie doch die Welt aus Leid und Tod
Mit Dunkelheit sich überzieht!
Wie schwarze Lasten aus Gewölk

631 *„Goldener" Regen* – Anspielung auf den altgriechischen Mythos, demzufolge Zeus in Gestalt eines goldenen Regens Eingang in den Schoß der argivischen Königstochter Danaë gefunden hat, die ihr Vater aus Angst vor der Erfüllung eines Orakels in einen Turm eingesperrt hatte; dieser Befruchtung entsprang das „Götterkind" Perseus, dem es gelang, die Schreckensgöttin Medusa zu töten, sich ihr mit Zauberkraft ausgestattetes Haupt anzueignen und mittels seiner jeden Gegner zu Stein erstarren zu lassen, mithin jedes drohende Unheil abzuwenden!

Sich senken himmelweit,
Und kein Entrinnen möglich scheint!
So steht's am *Südberg*, sagt Yun-men,
Und das trotz Frühlingswind
Und Sommerlicht –
Ein Wolkendunkel, schwerer noch,
Als Bruegel es den Hirten und
Den Rindern in den Abend malt,
Ein Grabtuch fast,
Das Baum und Strauch entlaubt,
So schmerzensschwere Düsternis.

Und doch: Wie hohe Berge ihr
Meist schneebedecktes Haupt noch aus
Den Wolken heben, angestrahlt
Von Licht, und wie einst Götter sich
Auf Gipfeln, fern vom Leid
Der Welt, des Glücks zu sein erfreut –
So hast auch **Du** dein Glück, sogar
Hier unten in der Zeit,
Vom Glanz umhüllt,
Der **Dich** – vom *Nordberg* steil herab,
Wo Regen fällt, wo alles Leid
Der Welt sich auflöst, Freude wird
Und Fruchtbarkeit –
Zu neuem Leben **dich**
Erweckt, aus Sternengrund und Tod.[632]

632 Roloff (3), Text 85; *Bruegel*: Anspielung auf „Die Heimkehr der Hirten“ aus Pieter Bruegels des Älteren Gemälde-Zyklus „Die Vier Jahreszeiten“; *Nordberg* und *Südberg* zitieren den Yun-men des Beispiels.

68. (66.) Yan-tou nimmt [das] Schwert [des Huang-chao] weg

Ankündigung

Geradewegs geht [er] die Gelegenheit an und baut [seine] Tigerfalle auf. [Er] packt [ihn] von vorn, fasst [ihn] von der Seite und entfaltet [seinen] Plan, den Dieb festzunehmen. [Er] bringt das Helle und das Dunkle in Einklang, lässt beides los, hält beides fest und versteht es, eine tote Schlange zu necken – auch er ist ein Könner.

Beispiel

Yan-tou fragte einen Mönch: „Woher kommst Du?"
Der Mönch sagte: „[Ich] komme aus der Westlichen Hauptstadt."
Yan-tou sagte: „Nachdem Huang-chao dahingegangen ist, hast [Du] da auch [sein] Schwert an [Dich] genommen?"[633]
Der Mönch sagte: „[Ich] habe [es] an [mich] genommen!"
Yan-tou streckte seinen Hals vor, trat näher [an ihn] heran und sagte: „Schlag zu!"
Der Mönch sagte: „Der Kopf des Meisters ist bereits gefallen!"
Yan-tou brach in lautes Gelächter aus.

Später kam der Mönch zu Xue-feng. Der fragte: „Woher kommst Du?"
Der Mönch sagte: „[Ich] komme von Yan-tou."
Xue-feng sagte: „Was für Worte hat denn Yan-tou?"
Der Mönch berichtete [ihm] das vorige Gespräch.
Xue-feng versetzte [ihm] dreißig Schläge mit dem Stock und jagte [ihn] davon.

Lobgesang

Nach Huang-chaos Tod hat er sein Schwert an sich genommen –
[Darauf] mit lautem Gelächter zu antworten versteht [nur] ein Könner!
Dreißig Bergrohr[-Hiebe] zeugen jedoch von Milde und Nachsicht –
Einen Vorteil zu erlangen bedeutet, einen Vorteil zu verlieren!

In den Jahren 874-884 wurde das „große Reich der Tang" von einem Aufstand heimgesucht, bei dem dessen hauptsächlicher Anführer Huang-chao nach verheerenden Streifzügen bis in den Süden Chinas sich schließlich in die nördlichen Gebiete des Reiches zurückgezogen

---

633 *Huang-chao* war einer der beiden Anführer eines zehn Jahre währenden Aufstandes, der letztendlich den Untergang der Tang-Dynastie herbeigeführt hat: Seine Rebellen-Armee eroberte Chang-an, die *Westliche Hauptstadt* des Tang-Reiches, er selbst rief sich zum Kaiser aus und glaubte, eine neue Dynastie begründen zu können. Zu diesem Zwecke ließ er sämtliche Mitglieder der kaiserlichen Familie, soweit sie in Chang-an zurückgeblieben waren, ermorden. Doch bereits im Jahre 881 wurde er mitsamt seiner Rebellen-Armee aus Chang-an vertrieben und drei Jahre später, also 884, niedergerungen und getötet. Der Legende nach soll ihm, einem gescheiterten Kandidaten mehrerer Staatsprüfungen, eines Tages ein Schwert mit der Inschrift: „Der Himmel verleiht dies an Huang-chao" in die Hände geraten sein und ihn zu seiner Rebellion veranlasst haben.

und nach der Zerstörung der östlichen Hauptstadt Luo-yang auch die *Westliche Hauptstadt* Chang-an eingenommen und sämtliche Angehörigen des Kaiserhauses, soweit sie nicht rechtzeitig geflohen waren, hat umbringen lassen. Das *Schwert des Huang-chao*, von dem die zeitgenössische Legende wissen will, dass es ihn zu seinem Aufstand überhaupt erst bewogen habe, steht daher für die Zerstörung Chang-ans und den Massenmord an der kaiserlichen Familie dortselbst. **Yan-tou** (828-887) hat wie **Xue-feng** (822-908) als Zeitgenosse Huang-chaos dessen Grausamkeiten, wenn auch aus der Ferne des südlichen China, miterlebt und wusste selbstverständlich um die Legende von dem *Schwert des Huang-chao*, das diesem mit seiner angeblichen Inschrift geradezu ein »himmlisches Mandat« für seinen Aufstand erteilt hat. Huang-chao selbst ist 884 im Kampf gegen die überlegenen Truppen eines vom Kaiserhaus zu Hilfe gerufenen Turk-Stammes getötet worden.

Das **Beispiel** dieses Kôan mutet wie eine bloße Aneinanderreihung von Versatzstücken an. Da ist von einem *Schwert* die Rede, und jeder Chan-Mönch weiß, dass die Meister gern ein „Schwert, das tötet und lebendig macht", im Munde führen. Und er weiß auch, dass dieses Schwert zu schwingen eben einen Meister ausmacht, und dass von ihm selbst erwartet wird, sich die Fähigkeit, andere derart zu töten und lebendig zu machen, auch selbst zu Eigen gemacht zu haben. Das nächste Versatzstück besteht darin, dass sich der Meister danach erkundigt, ob der Mönch, der ihm da gegenübersteht, über dieses *Schwert* verfügt, und ihn – im Falle der zu erwartenden Bejahung – auffordert, das unter Beweis zu stellen, indem er sein Schwert erfolgreich gegen den Meister schwingt. Und als drittes Versatzstück können wir das kurze Geplänkel ausmachen, dass der Mönch, in Überschätzung seiner Kräfte, vorgibt, das Geforderte auf der Stelle leisten zu können, was der Meister lediglich mit einem hämischen Lachen quittiert.[634] Noch der Nachtrag, dass ein zweiter Meister den unverbesserlichen, weil uneinsichtigen Mönch mit Stockschlägen davontreibt, hat den Charakter eines Versatzstückes. Und so betrachtet wäre an der Anekdote des Beispiels nichts daran, was ihre Aufnahme in eine Sammlung »Öffentlicher Aushänge« rechtfertigte.

Doch ein solcher Mangel an tieferer Bedeutung ist wie so oft nur trügerischer Schein. Es muss mehr dahinter stecken, wie auch Xue-dou in seinem **Lobgesang** hervorhebt, wenn er Yan-tous *lautem Gelächter*, mit dem er den selbstbewussten Mönch abfertigt, besondere Könnerschaft unterstellt: *„Nach Huang-chaos Tod sein Schwert an sich genommen zu haben – / [Darauf] mit lautem Gelächter zu antworten versteht [nur] ein Könner!"* Einen *Könner* nennt den betagten Yan-tou auch Yuan-wu in seiner **Ankündigung** und gesteht ihm zugleich zu, imstande zu sein, in der Person des Mönchs *eine tote Schlange zu necken.* Damit gibt er uns, seinen Lesern, auch schon ein weiteres Stichwort, nicht so sehr damit, dass er den Mönch statt als Drachen nur als eine *Schlange* und obendrein eine *tote Schlange* tituliert, mithin als jemanden, der von Einsicht noch weit, weit entfernt ist. Das entscheidende Stichwort ist vielmehr das *Necken*: Yan-tou treibt mit dem Mönch sein hinterlistiges

634 Yuan-wu erwähnt in seinem Kommentar einen ähnlichen Vorfall, der sich zwischen Long-ya und De-shan abgespielt und seine Fortsetzung in einer Begegnung zwischen Long-ya und Dong-shan gefunden hat, bei der Letzterer Long-yas: „Der Kopf des Meisters ist bereits gefallen!" mit der Aufforderung gekontert hat: „Dann zeig mir De-shans abgeschlagenen Kopf!", was bei Long-ya – anders als Yan-tous lautes Lachen bei dem hiesigen Mönch– das „Große Erwachen" ausgelöst hat.

Spiel! Er *baut* für ihn, so Yuan-wu gleich zu Beginn, sogar *eine Falle auf*, aus der nicht einmal ein *Tiger* entkommen könnte, geschweige denn, dass dieser Mönch, alles andere als ein Tiger, sich aus ihr befreien kann! Die Falle, das ist *das Schwert des Huang-chao*, und Yan-tou entwindet es ihm wie einem *Dieb*! Sehen wir uns das Spiel an, das Yan-tou mit seinem hilflosen Opfer treibt:

Yan-tou stellt dem Neuankömmling die übliche Frage: *„Woher kommst Du?"* Diese scheinbar harmlose Eröffnungsfrage hat allemal einen Hintersinn; sie zielt in Wahrheit auf den spirituellen Standort eines Mönchs, auf den Stand seiner Erfahrung ab. Dieser Mönch hier kommt aus Chang-an, und so antwortet er, offenkundig ohne sich der Doppeldeutigkeit der Frage bewusst zu sein, wahrheitsgemäß: *„Aus der Westlichen Hauptstadt!"* Da könnte Yan-tou die Frage anschließen, wie es denn – so die Bedeutung des Namens Chang-an – um seinen eigenen „Ewigen Frieden" bestellt sei; doch stattdessen kommt Yan-tou, was für ihn als Zeitzeugen naheliegt, die Eroberung und Zerstörung der alten Kaiserstadt durch die Rebellen-Armee des Huang-chao mitsamt der Ermordung der kaiserlichen Familie in den Sinn, und weil er genau weiß, dass jeder Mönch schon mehr als einmal von dem „Schwert, das tötet und lebendig macht" gehört hat und obendrein um die an jeden Mönch gerichtete Erwartung weiß, sich dieses Schwert auch seinerseits anzueignen, bringt Yan-tou das legendenhafte *Schwert des Huang-chao* in das Spiel ein, das er eben damit eröffnet: *„Nachdem Huang-chao dahingegangen ist, hast [Du] da auch [sein] Schwert an [Dich] genommen?"* (Diese Frage kann er, nebenbei bemerkt, erst nach 884, also frühestens drei Jahre vor seinem eigenen Ableben, gestellt haben.) Und dieses *Schwert des Huang-chao* bedeutet eine raffinierte Falle – ist es doch das Schwert eines Massenmörders, ein Schwert, das unzähligen Menschen den Tod und nur den Tod, den physischen, gebracht hat, und keines, das über das spirituelle Sterben des „Großen Todes" zur Auferstehung in ein neues Leben führt! Der Mönch aber hört aus der Frage Yan-tous nur dieses andere *Schwert* heraus, dasjenige, das nicht nur tötet, sondern auch lebendig macht, und so erklärt er selbstbewusst: *„[Ja, ich] habe [es] an [mich] genommen!"* Vor lauter verblendetem Eifer merkt er nicht, dass er sich damit auch selbst zum Massenmörder abstempelt! Vielmehr hat er sich durch seine Antwort mit eigenen Händen einen Ring durch die Nase gezogen, an dem Yan-tou ihn nunmehr leicht zur Schlachtbank ziehen kann: *Yan-tou streckte seinen Hals vor, trat näher [an ihn] heran und sagte: „Schlag zu!"* Und der Mönch, immer noch in höchstem Maße selbstgewiss, erklärt ohne das geringste Zaudern: *„Der Kopf des Meisters ist bereits gefallen!"* Es ist ihm immer noch nicht aufgegangen, dass er das falsche Schwert in Händen hält, weshalb Yan-tou mit vollem Recht *in lautes Lachen ausbricht.*

Nicht jedes *Schwert*, soll uns das **Beispiel** sagen, ist das „richtige" Schwert, auf das es im Chan-Buddhismus ankommt; eines, das nur tötet, sei es physisch, sei es „nur" spirituell, ist auf jeden Fall das falsche Schwert. Im Klartext heißt das, wieder einmal: Sich selbst und andere zu der Einstellung zu bringen, dass der Welt abzusterben das höchste Ziel, die Erfüllung des menschlichen Lebens sei, muss als der Irrweg schlechthin gelten. Das Schwert, das tötet, die spirituelle, in der Versenkung vollzogene – oder durch ein überraschendes und im richtigen Augenblick gesprochenes Wende-Wort ausgelöste – Auslöschung von Ich und Welt, muss zugleich auch das Schwert sein, das lebendig macht, uns über das Gelingen des spirituellen Sterbens in die Welt zurückschickt – in eine verwandelte Welt, in der wir, allem Dunklen und Schmerzlichem zum Trotz, den „Großen“ oder „Ewigen Frieden“ leben. Dass es auch Yan-tou in seiner Begegnung mit dem Mönch aus Chang-an eben darum zu tun ist, hatte Yuan-wu bereits in seiner **Ankündigung** vorweg angedeutet: *„[Er, Yan-tou], bringt das Helle und das Dunkle in Einklang, lässt beides los, hält beides fest“* – *lässt* Ich und Welt *los*, um an der (Erfahrung von) Shûnyatâ *festzuhalten*, und *lässt* umgekehrt auch die (Erfahrung von) Shûnyatâ *los*, um an Ich und Welt *festzuhalten*.

Der Mönch jedoch muss geglaubt haben, mit dem *Schwert des Huang-chao* über eben dieses „Wunderschwert“ zu verfügen und mit seinem unverzüglich geäußerten *„Der Kopf des Meisters ist bereits gefallen!“* solch freies Verfügen unter Beweis stellen zu können. Anders gesagt, hat er sich mit dieser Fehleinschätzung zu Eigen gemacht, was ihm gar nicht zusteht, weshalb Yuan-wu ihn in seiner Ankündigung auch als *Dieb* bezeichnen kann, dem Yan-tou mit seinem *lauten Gelächter* dieses Diebesgut wieder entreißt.

Gleichwohl scheint der Mönch nichts begriffen zu haben. Denn als er später den mit Yan-tou eng verbundenen Xue-feng aufsucht, erzählt er treuherzig und ohne ein Wort der Einsicht fallen zu lassen, was zwischen ihm und Yan-tou vorgefallen ist. Damit verrät er eine sogar doppelte Verblendung, den aufrechterhaltenen Glauben an sein *Schwert des Huang-chao* sowie sein Nicht-Verstehen, dass Yan-tou ihm längst sein *Schwert des Huang-chao* aus den Händen geschlagen hat. Für soviel Dummheit hat er Strafe verdient, die er auch auf der Stelle erhält: *Xue-feng versetzte [ihm] dreißig Schläge mit dem Stock und jagte [ihn] davon.* Xue-dou allerdings hält die Strafe von *dreißig Bergrohr[-Hieben]* angesichts der Schwere der Verfehlung für zu geringfügig (so die wörtliche Bedeutung des Schriftzeichens *qing*) und ein Zeichen allzu großer *Nachsicht.* Und er schließt seinen **Lobgesang** mit der daoistisch anmutenden Sentenz: *„Einen Vorteil zu erlangen“* – das *Schwert des Huang-chao* durch Yan-tous einschlägige Frage gleichsam in die Hand gegeben zu bekommen – *„bedeutet, einen Vorteil zu verlieren“* – insofern ihm dieses Schwert durch Yan-tous *Gelächter* gleich wieder aus der Hand geschlagen wird!

Zusammenfassend lässt sich so, entgegen dem ersten Eindruck, von diesem Kôan sagen: „Ein feinsinnig-ironisches Kammerspiel, durchaus mit tieferer Bedeutung!“

69. (67.) Der Mahâsattva [Fu] legt das *[Diamant-]Sûtra* aus

Ankündigung

(nicht erhalten)[635]

Beispiel

Kaiser Wu von Liang bat den Mahâsattva Fu, das [Diamant-]Sûtra auszulegen. Der Mahâsattva stieg sogleich auf das [Vortrags-]Podest, rüttelte einmal am Pult und stieg alsbald wieder vom Podest herab.

Kaiser Wu zeigte Bestürzung.

Der hochgeschätzte Herr Zhi sagte:[636] „Majestät haben doch wohl verstanden?"

Der Kaiser sagte: „[Ich] habe nichts verstanden!"

Der hochgeschätzte Herr Zhi sagte: „Der Mahâsattva hat das Sûtra bis zu Ende ausgelegt!"

Lobgesang

[Er] hat nicht [im Hain] der Zwillings-Bäume verweilen [wollen] –
Vielmehr hat [er] sich im Land Liang mit Schmutz und Staub befleckt.[637]
Hätte [er] damals nicht den alten hochgeschätzten Herrn Zhi gehabt,
Wäre [auch ihm] beschieden gewesen, das Land schleunigst zu verlassen.[638]

Ein zweites Mal wird hier der arme *Kaiser Wu von Liang* erbarmungslos »vorgeführt«! Wie aus den Erläuterungen zum Kôan 1 erinnerlich, hat sich dieser hochgebildete Mann als überaus großzügiger Förderer des Buddhismus hervorgetan und auch selbst gelehrte Vorträge insbesondere über die *Prajnâpâramitâ-Sûtren* gehalten. Wie ebenfalls bereits anlässlich des Kôan 1, allerdings nur in einer Fußnote, erwähnt, hatte er der Überlieferung

---

635 Wie schon zuvor in den Kapiteln 6, 14, 18, 26, 28, 30, 34, 36, 44, 52, 58, 64 und 67 weisen auch zu diesem Kôan weder die Standard- noch die *Ichiya*-Version (und in ihrem Gefolge die *Teihon*-Ausgabe) eine Ankündigung auf. Dieser Ausfall hier im Kôan 69 ist der vierzehnte Beleg für den schwerwiegenden und komplexen »Bindefehler«, der beiden Überlieferungssträngen, der Standard- und der *Ichiya*-Version, einen bereits verstümmelten gemeinsamen Vorfahren zuweist.

636 Diesem *hochgeschätzten Herrn Zhi* ist der Leser bereits anlässlich des Kôan 1 begegnet – man vergleiche dazu die dortige Fußnote 38.

637 *Hain der Zwillings-Bäume* – Yuan-wu weiß zu berichten, dass der Mahâsattva Fu, um den es in diesem Vier-Zeilen-Kurzgedicht geht, zunächst auf einem Berg fern der Hauptstadt des Liang-Reiches gelebt und dort zwei Bäume gepflanzt habe, denen er den Namen „Zwillings-Bäume" gab. Später habe er sich entschlossen, diesen Berg zu verlassen und sich in die Hauptstadt von Liang zu begeben, um dem Kaiser Wu seine Dienste anzubieten. Der entsprechende Brief wurde jedoch wegen Missachtung der Formalitäten vom Kaiserhof zurückgewiesen. Daraufhin habe sich Fu, der sich selbst einen Mahâsattva genannt habe, als Fischhändler in der Stadt umgetan.

638 Es wäre ihm, dem Mahâsattva Fu, wie vor ihm schon Bodhidharma ergangen, der aus Enttäuschung über das Unverständnis des Kaisers sowie aus Furcht vor dessen Ungnade infolge seiner offen zutage getretenen Inkompetenz das Land hatte verlassen müssen. So aber hat *der hochgeschätzte Herr Zhi* mit seiner bestätigenden Feststellung: „Ja, er hat das Sûtra bis zu Ende ausgelegt!" für den Mahâsattva die Situation gerettet.

zufolge zudem einen schamanistischen Zauberer namens *Zhi* als *hochgeschätzten* Ratgeber an den kaiserlichen Hof berufen, den er auch in religiösen und spirituellen Fragen um Hilfe anging. Diesen *hochgeschätzten Herrn Zhi*, so berichtet Yuan-wu in seinem Kommentar, hatte der Kaiser eines Tages aufgefordert, ihm das *Diamant-Sûtra* auszulegen, als *Vajrachchedikâ-Prajnâpâramitâ-Sûtra* ein in China höchst einflussreicher Bestandteil des vom Kaiser bevorzugten Sûtren-Korpus. Der *hochgeschätzten Herr Zhi* jedoch habe sich unter Hinweis auf die eigene Inkompetenz geweigert, dem kaiserlichen Wunsch nachzukommen, und den Kaiser stattdessen an den *Mahâsattva Fu* verwiesen, der im *Schmutz und Staub* des Marktplatzes anzutreffen sei. So habe denn der Kaiser den Befehl erteilt, diesen Mann, nicht weniger geheimnisvoll als der *hochgeschätzte Herr Zhi* selbst, vor ihn zu bringen, und ihn dann, höflich aber bestimmt, um eine Erläuterung des *Vajrachchedikâ-Sûtra* ersucht.

An dieser Stelle setzt das **Beispiel** ein. Der *Mahâsattva* besteigt ein Podest, setzt sich hinter ein Lesepult, auf dem der Text des *Diamant-Sûtra* ausgebreitet liegt, *rüttelt einmal am Pult und steigt alsbald wieder vom Podest herab*. Statt eines langwierigen und tiefschürfenden Vortrags, den der Kaiser zweifellos erwartet hat, also nur ein einziges, wenn auch heftiges *Rütteln*, das die Sûtra-Rolle bzw. das Sûtra-Buch beinahe zu Fall gebracht haben dürfte! Das Ganze lässt uns unwillkürlich an die Legende vom Geierberg denken, derzufolge Buddha Shâkyamuni bei seinem letzten Auftritt vor der Versammlung seiner nahezu zahllosen Jünger statt einer Rede, die alles bisher Gelehrte zusammenfasst, den gespannt Wartenden lediglich wortlos eine Blüte hingehalten hat. Beide Legenden, auch die des gegenwärtigen Beispiels, laufen darauf hinaus, dass es dort, wohin uns der Chan-Buddhismus letztlich führen will, nichts mehr zu sagen gibt. Das Schweigen der Nicht-Dualität, das zugleich das Schweigen Vimalakîrtis ist, lässt sich nicht mit Worten, sondern nur durch Schweigen vermitteln, auch durch das wortlose *Rütteln* an einem Lesepult, auf dem der Text des *Diamant-Sûtra* ausgebreitet ist und auf Erläuterung wartet.

Und so hat der *Mahâsattva Fu*, wie der *hochgeschätzte Herr Zhi* zu Recht bemerkt, das *Diamant-Sûtra* in der Tat *bis zu Ende ausgelegt*, zumal gerade das *Vajrachchedikâ-Prajnâpâramitâ-Sûtra* als das *Sûtra vom Diamantschneider der Höchsten Weisheit* darauf abzielt, alles begriffliche Verstehen „mit der Härte eines Diamanten abzuschneiden“ und so den Zugang zur „Höchsten Weisheit am jenseitigen Ufer“ – jenseits begrifflichen Denkens, heißt das – zu ermöglichen. Genau das, nämlich das begriffliche Verstehen abzuschneiden, leistet auch ein Verfahren wie dasjenige, das der Mahâsattva Fu gewählt hat, und so wäre von ihm zu sagen, dass er nicht nur das Sûtra *bis zu Ende ausgelegt*, sondern auch noch dessen Auftrag in die Tat umgesetzt und verwirklicht hat.

Das gilt auch hinsichtlich des Kaisers Wu, dem er mit seinem Gerüttel am Vortragspult das Denken ausgetrieben hat, nur dass es bei dem Kaiser nicht zum „Großem Erwachen“, sondern lediglich zu Bestürzung gereicht hat. Der Kaiser muss eingestehen: *„[Ich] habe nichts verstanden!“*, doch anders als bei der ebenfalls legendenhaften Begegnung desselben Kaisers mit Bodhidharma im Kôan 1 kommt es nicht zu einem Ausbruch kaiserlichen Unwillens, und zwar nur deshalb nicht, weil – wie Xue-dou in seinem **Lobgesang** betont – der *hochgeschätzte Herr Zhi* mit seinem Eingreifen zugunsten des *Mahâsattva Fu* die Situation hat entschärfen können.

Worauf soll dieses Kôan hinauslaufen? Angesichts der offenkundigen Bloßstellung des Kaisers Wu fällt es schwer zu glauben, es gehe um eine Demonstration der Unaussprechlichkeit des letzten und tiefsten Grundes der Welt, ob nun DAO genannt oder Dharmakâya oder Shûnyatâ – eine Demonstration, wie wir sie im Kôan 90 *Cong-rong-lu* bzw. Kôan 25 *Wu-men-guan* vor uns haben. Eher schon zielt dieses Kôan darauf ab, anhand eines markanten Beispiels nachzuweisen, dass noch so große Gelehrsamkeit, wie die Überlieferung sie dem Kaiser Wu von Liang zuschreibt, und noch so diffizile Textinterpretation, wie er sie von einem Mahâsattva Fu erwartet haben dürfte, der falsche Weg sind, in der Erfahrung von Nicht-Dualität dem letzten Geheimnis der Dinge näherzukommen. Das gilt selbstverständlich auch für den Verfasser und seine langatmigen Erläuterungen zu den Kôan des *Bi-yan-lu*, die noch den letzten Verästelungen der einzelnen Texte nachzugehen bemüht sind. Auch für den Verfasser – und ebenso für jeden seiner Leser – gilt, dass sich Nicht-Dualität nur durch die eigene Versenkungsübung erreichen lässt. Die gedankliche Arbeit an den Textgebilden des *Bi-yan-lu* und ebenso die – zweifellos nicht eben leichte – Lektüre ihrer Ergebnisse kann nur eine Folie, den facettenreichen Hintergrund für die eigene Übung bereitstellen. Mit den starken Worten der Chan-Rhetorik gesprochen: Wenn wir nur auf Gelehrsamkeit und gedankliches Verstehen setzen, sind wir »rettungslos verloren«, ergeht es uns wie Wu-mens „Krebs, der in kochendes Wasser geworfen wird".

• Nehmen wir darüber hinaus gerade dieses Kôan zum willkommenen Anlass, uns selbst von einer grundsätzlichen Illusion loszusagen: derjenigen von der Erfahrbarkeit eines „letzten und tiefsten Grund[es] der Welt"oder einem Zugang zum „letzten Geheimnis der Dinge", wie der Verfasser im vorigen Absatz noch selbst formuliert hat. Beschränken wir uns dabei auf die Begriffe „Dharmakâya", „Shûnyatâ" und „Nicht-Dualität": Wenn wir, wie gleichfalls im vorigen Absatz geschehen, von einer „Erfahrung **von** Nicht-Dualität" reden, und an einer solchen Rede ist schlechterdings nichts Anstößiges, dann verstehen wir Nicht-Dualität als einen Zustand unseres eigenen Geistes, als den Zustand, in dem es keine unterschiedlichen Bewusstseinsinhalte und damit überhaupt keine Bewusstseinsinhalte mehr gibt. Dasselbe gilt für die Rede von einer „Erfahrung **von** Shûnyatâ, denn auch da ist die „Leere" lediglich eine Leere unseres eigenen Geistes. Doch wenn wir von einer „Erfahrung **der** Shûnyatâ" sprechen, dann unterstellen wir damit zweierlei, zum einen, dass es da, unabhängig von uns, eine Shûnyatâ als transzendente Wesenheit gibt (oder umgekehrt eine transzendente Wesenheit, die wir mit den Namen „Shûnyatâ" oder auch „Dharmakâya" belegen können), und zum anderen, dass uns ein wie auch immer gearteter Zugang zu dieser transzendenten Wesenheit offensteht. Wir müssen uns jedoch darüber im Klaren sein, dass wir uns mit allen unseren „Erfahrungen", auch denen jenseits der Sprache, immer nur innerhalb der Sphäre unseres eigenen Geistes bewegen und uns deshalb auch keine Aussagen über ein transzendentes X möglich sind, weder ob es da etwas gibt, noch, erst recht, was es damit auf sich hat. Folglich gilt, dass wir, streng genommen, kein Recht haben, von einer „Erfahrung **der** Shûnyatâ" zu reden – oder von einem „Eintauchen in **die** Shûnyatâ" oder einem „Eins-Werden mit **dem** Dharmakâya" oder davon, selbst zum Dharmakâya bzw. zur Shûnyatâ zu werden. Tun wir das dennoch, so bedienen wir uns einer bloß metaphorischen (oder dichterischen) Sprechweise und lassen uns darauf ein, lediglich das »Sprachspiel« mitzuspielen, das da „Song-zeitlicher Chan-Buddhismus“ heißt!

Wenn wir gar von einer „Erfahrung **des** DAO“ als Nichts und Nicht-Sein sprechen (für das DAO als Sein gilt dasselbe wie für Shûnyatâ und Dharmakâya), ergibt sich, bei Licht besehen, eine weitere Ungereimtheit. Denn eine solche Rede setzt voraus, dass es genau da etwas gibt, das sich unserer Erfahrung als gegeben und zugänglich darbietet, wo ja gerade nichts sein soll; die Behauptung einer Möglichkeit, **das** Nichts und Nicht-Sein zu erfahren, verwandelt, was erklärtermaßen nichts ist und nicht ist, ins sein genaues Gegenteil: in ein Etwas, das ist!

Und auf die Unentschiedenheit der Song-zeitlichen Chan-Autoren bezogen, zwischen der Anerkennung und der Leugnung einer „wahren Wirklichkeit“ hin und herzuschwanken, ergibt sich, dass diese Unentschiedenheit und das Fehlen einer klaren Unterscheidung zwischen einer Erfahrung **der** Shûnyatâ bzw. **des** Nichts und einer Erfahrung **von** Shûnyatâ bzw. **von** Nichts oder Nicht-Sein sich gegenseitig bedingen.•

70. (68.) Yang-shans lautes Gelächter

Ankündigung

[Sie] heben die Umdrehung des Himmels auf und entfernen die Achse der Erde;[639] [sie] fangen Tiger und Nashorn und unterscheiden Drachen und Schlangen – [sie] müssen schon Könner in ihren Pflichten sein, erst dann bringen [sie] es so weit, dass spirituelle Kraft und spirituelle Kraft einander entsprechen und Satz mit Satz übereinstimmen können. – Nun sagt mal: Was für Menschen sind es, die so aufzutreten verstehen? Bedenkt [dazu, was Xue-dou hier] vorbringt!

Beispiel

Yang-shan fragte San-sheng: „Wie lautet Dein Name?"
San-sheng sagte: „Hui-ji!"
Yang-shan sagte: „Hui-ji bin [doch] ich!"
San-sheng sagte: „Mein Name ist Hui-ran!"
Yang-shan brach in lautes Gelächter aus.

Lobgesang

Beide greifen zu, beide lassen los, wie [es sich gehört] für unsere Schule –
Auf einem Tiger zu reiten verlangt bis heute nach äußerster Kompetenz.
Das Gelächter ist vorbei – [ich] weiß nicht, wohin es entschwunden ist –
Aber es taugt dazu, für alle Zeiten den Wind des Erbarmens zu entfachen.

Da macht einer, so scheint es, bei einem anderen seinen Antrittsbesuch, und nach dem eigenen Namen befragt, antwortet er in seiner Schusseligkeit mit dem Namen dessen, den er besucht. Auf die entsprechende Vorhaltung hin muss er sein Versehen eingestehen und erntet dafür lautes Gelächter. Das soll ein Kôan sein? Wohl kaum.

In der Tat lassen Ankündigung und Lobgesang keinen anderen Schluss zu, als dass sich unter der Oberfläche der Anekdote anderes, für das Selbstverständnis des Chan Bedeutsames verbirgt. Außerdem kommt uns Yuan-wu mit seinem Kommentar zu Hilfe. Dort findet sich der Hinweis, dass **San-sheng Hui-ran** (genaue Lebensdaten unbekannt), Schüler und Nachfolger Lin-jis,[640] in den damaligen Chan-Kreisen hoch angesehen war und im Kloster seines zweiten

639 Wieder einmal erlaubt die Eigenart der chinesischen Kunstsprache, nämlich auf Personalpronomina weitgehend zu verzichten, zumal bei den Ankündigungen ganz unterschiedliche Ausdeutungen des betreffenden Textes. Neben der Deutung der Verbformen als imperativische Infinitive bietet sich in den meisten Fällen das Einsetzen eines Pronomens der 3. Person Singular an. Hier jedoch legen die Vorkommnisse des Beispiels nahe, stattdessen ein Pronomen der 3. Person Plural einzufügen; daher die Übersetzung; „[Sie] heben auf ..." Dasselbe gilt für die folgenden Sätze.

640 Im Kôan 13 *Cong-rong-lu* wird die Geschichte der Dharma-Übertragung, die San-sheng von Lin-ji erhalten hat, ausführlich nacherzählt – vgl. Roloff (2), S. 67ff. Von San-sheng auf seiner »Wolken und

Lehrers von **Yang-shan Hui-ji** (807-883) wegen seiner spirituellen Kompetenz den Platz des Ersten Mönches angewiesen bekommen hat. Zudem macht uns Yuan-wu ausdrücklich darauf aufmerksam, dass dem Abt Yang-shan in dem Augenblick, da er seinen Mönch vom Ersten Sitz nach dessen Namen fragt, dieser Name schlechterdings nicht unbekannt gewesen sein kann. Unmöglich also, dass wir in dem, was uns das Beispiel vorführt, einen Antrittsbesuch mit irrtümlich-unabsichtlicher Namensverwechslung vor uns haben. Im Gegenteil, sowohl in Yang-shans Frage als auch in San-shengs Antwort steckt bewusste Provokation.

Was aber spielt sich da tatsächlich vor unseren Augen ab? Die **Ankündigung** spricht von *Könnern*, die *es so weit gebracht haben, dass spirituelle Kraft und spirituelle Kraft einander entsprechen und Satz mit Satz übereinstimmen können.* Das besagt für Yang-shan und San-sheng, dass sie gleichwertige Gegner sind, jedoch Gegner, die sich zu einem gemeinsamen Spiel zusammengefunden haben: Sie beide sind *Könner* genug, auch mit den gefährlichsten Situationen, mit *Tigern* und *Nashörnern*, fertig zu werden; sie beide sind imstande, ihr jeweiliges Gegenüber je nach seiner spirituellen Kompetenz den *Drachen* oder *Schlangen* zuzuordnen; sie beide treiben gemeinsam das Spiel, das Weltall zum Einsturz zu bringen, in Yuan-wus Worten, *die Umdrehung des Himmels aufzuheben und die Achse der Erde zu entfernen*! Und der **Lobgesang** fügt mit seiner ersten Zeile zur weiteren Verdeutlichung dessen, was da im Beispiel tatsächlich abläuft, dem noch hinzu: *„Beide greifen [sie] zu, beide lassen [sie] los, wie [es sich] für [die Lehrmethoden] unserer Schule [gehört]!"*

Es geht also im **Beispiel** um ein gegenseitiges *Zugreifen* und *Loslassen*, bei dem *[die] spirituelle Kraft [des einen] und die spirituelle Kraft [des anderen] einander entsprechen und Satz mit Satz übereinstimmt.* Yang-shan eröffnet den spielerischen Zweikampf mit der Frage: *„Wie lautet Dein Name?"* Wenn er den Namen aber doch längst kennt, muss diese Frage etwas ganz anderes bedeuten, als ihr Wortlaut hergibt. Sie ist dann ein offenkundiges *Zugreifen* und Festhalten, mit dem Yang-shan seinen Mönch vom Ersten Sitz herausfordert, Farbe zu bekennen, etwa im Sinne eines „Wer bist Du wirklich?". San-sheng aber *fängt den Tiger, fängt das Nashorn* ein, das in dieser Frage versteckt ist, und kontert kurz und bündig: *„Hui-ji!"* Kürzer lässt sich kaum ausdrücken, was er damit sagen will: „Ich bin Du, bin wie Du; ich und Du, wir sind derselbe, sind dasselbe, nämlich letztlich nichts!" Dass er es auf diese Weise vermeiden kann, sich zu so Hochtrabendem wie „Ich bin in tiefstem Grunde Dharmakâya!" hinreißen zu lassen – eben darin liegt sein *Einfangen von Tiger oder Nashorn.* Zugleich bedeutet sein *„Hui-ji!"*, dass er damit seinerseits bei Yang-shan *zugreift*, ihn packt und festhält, und zwar indem er ihn der unausgesprochenen Frage aussetzt: „Inwiefern bin denn ich meinerseits wie Du, sind ich und Du ein und derselbe?" In der Tat, inwiefern trifft das zu? Nun, insofern sie beide in ihrem tiefsten Grunde eben dies sind, Dharmakâya, Leere, Nichts! Und insofern beide es bei ihrem einvernehmlichen Spiel genau darauf abgesehen haben, gilt in der Tat namentlich für sie, was die Ankündigung ganz ohne Namensnennung anspricht: *[Sie] heben die Umdrehung des Himmels auf und entfernen die Achse der*

Wasser«-Wanderschaft nach dem Tode Lin-jis handelt die nicht minder berühmte Anekdote seiner Begegnung mit Xue-feng, in der es um die „Nahrung für einen Goldschuppen-Fisch" geht, „der das Netz durchbrochen hat": Kôan 49 *Bi-yan-lu*, Kôan 33 *Cong-rong-lu*.

Erde und bringen damit die Welt zum Einsturz, zum Verschwinden; übrig bleibt die „wahre Wirklichkeit", die in Wahrheit nichts ist.

Yang-shan erweckt zwar mit seinem nächsten Zug: „*Hui-ji bin [doch] ich!*", den Anschein, er wolle eine Namensverwechslung korrigieren. Doch vor dem Hintergrund von Dharmakâya und „wahrer Wirklichkeit" bedeutet das, was wie Protest aussiehst, zugleich auch: „Wenn Du den Namen Hui-ji aussprichst, denn zielt das zwangsläufig auf mich, auf diesen ganz konkreten Menschen Hui-ji!" Damit *lässt* Yang-shan *los*, wie der **Lobgesang** im Nachtrag konstatiert, sowohl den Dharmakâya als auch San-sheng, der sich, von ihm selbst veranlasst, eben erst auf das Thema Dharmakâya eingelassen hat. San-sheng folgt dieser jähen Wendung unverzüglich nach: „*[Dann] ist mein Name Hui-ran!*" Auch er *lässt los*, wendet sich von dem, was jenseits der Dinge unser angebliches „wahres Wesen" ausmacht, eben diesen Dingen zu: „Wir beide, Du als Hui-ji und ich als Hui-ran, sind gleichermaßen Kinder und Angehörige dieser Welt der *Zehntausend Dinge*; die ist für uns entscheidend, nicht ein unbekanntes X ‚am jenseitigen Ufer'!"

Yang-shan *bricht* daraufhin *in lautes Gelächter aus*. Das ist beileibe kein hämisches Gelächter, wie es das sein müsste, wollten wir den Text des Beispiels lediglich dem Wortlaut nach verstehen: Wenn A einen falschen Namen angibt, den seines Gegenübers statt seines eigenen, und B ihn darauf aufmerksam macht, dass da wohl ein Irrtum vorliegt, und wenn A dann eingesteht, doch anders zu heißen, und seinen richtigen Namen nennt – wenn das Beispiel so und nur so zu lesen wäre, dann kämen wir nicht umhin, Yang-shans *lautes Gelächter* als ein Auslachen zu werten. Wenn es in der Begegnung zwischen Yang-shan und San-sheng jedoch um etwas ganz anderes geht, um die Alternative: Weltflucht oder Weltbejahung, Zuflucht im „Ödland" der Shûnyatâ (so Xue-dou im Lobgesang des Kôan 74) oder ein Leben hier und jetzt in Diesseitslust, dann hat Yang-shan *lautes Gelächter* einen anderen Klang; dann ist es der spontane Ausdruck herzlicher Freude, wie wir ihn auch sonst aus Chan-Geschichten kennen, insbesondere aus der Erzählung um das „Große Erwachen" Lin-jis: Der hatte sich, von den anfänglichen Schlägen Huang-bos in Verwirrung versetzt, zu Da-yu, der „Großen Einfalt", schicken lassen, unter dessen harschem Tadel ihn urplötzlich das „Große Erwachen" überkam. Von Da-yu an seinen ersten Lehrer zurückverwiesen, begrüßt ihn Huang-bo eher vorwurfsvoll: „All dies Kommen und Gehen, wann soll das endlich ein Ende haben?" Als Huang-bo dann, auf Lin-jis Bericht über die Ereignisse im Kloster der „Großen Einfalt" hin, diesem für die nächste Begegnung Schläge androht, versetzt Lin-ji mit dem Ausruf: „Warum so lange warten?" seinerseits dem greisen Huang-bo eine Schlag ins Gesicht – woraufhin dieser in ein herzhaftes Lachen der Freude und Genugtuung ausbricht.[641] So auch hier: Das *laute Gelächter* Yang-shans verrät seine Freude über San-shengs spontane und glaubwürdige Bereitschaft, ihm statt »in die Plutonien«, mit Benn gesprochen, vielmehr in die Bejahung der diesseitigen Welt zu folgen.[642]

---

641 Einzelheiten dazu im Kôan 86 *Cong-rong-lu* – vgl. Roloff (2), S. 444ff.

642 Gottfried Benns bildungsträchtiges Abschieds- und Todes-Gedicht mit der ersten Strophe: »Und einer stellt die attische Lekythe, / Auf der die Überfahrt von Schlaf und Staub / In weißen Grund gemalt als Hades-Mythe, / Zwischen die Myrte und das Pappellaub«, endet mit der Zeile: »Und keiner folgt mir in die Plutonien«, in das Schattenreich des Unterweltgottes Pluto – auf das „Sprachspiel" des Song-zeitlichen Chan übertragen: in das zuvor erwähnte „Ödland" der Shûnyatâ!

Noch einige wenige Bemerkungen zum **Lobgesang**, dessen erste Zeile freilich nach allem keiner weiteren Erläuterung bedarf: *„Beide greifen zu, beide lassen los, wie [es sich gehört] für unsere Schule!“* Wenn dann in der folgenden Zeile von der *„äußersten Kompetenz“* die Rede ist, die es *„verlangt, auf einem Tiger zu reiten“*, so gilt das gleichfalls für beide: Sowohl Yang-shan erweist sich mit seiner Frage nach dem ihm wohlbekannten Namen San-shengs diesem gegenüber als ein *Tiger*, dem sich San-sheng mit seiner Antwort: „Hui-ji“ gleichsam auf den Rücken schwingt, als auch San-sheng sich mit eben dieser Antwort, die Yang-shan auf die Transzendenz verweist, vor seinem Gegenüber als einen angriffslustigen Tiger darstellt, der zum Sprung ansetzt, und den Yang-shan mit seiner Wendung zurück ins Diesseits sicher bezwingt. Erstaunlich hingegen die beiden letzten Zeilen des Lobgesangs: Die Aussage, *„das Gelächter ist vorbei“*, und Xue-dou *„weiß nicht, wohin es entschwunden ist“*, klingt wie eine Abschwächung, so als wäre Yang-shans Gelächter keine besondere Bedeutung beizumessen, schon gar nicht die einer freudigen Bekräftigung; und erst recht tut die letzte Zeile so, als sollte eben dieses Gelächter auf San-sheng *„für alle Zeiten den Wind des Erbarmens“* herabrufen – was San-sheng nachträglich als hoffnungslosen Versager hinstellt. Warum Xue-dou eine solche Schlusszeile gewählt hat, diese unvermeidliche Frage hat sich auch schon Yuan-wu in seinem Kommentar aufgedrängt. Nun, zum einen ist diese Zeile, so gelesen, schlichtweg ironisch, zieht sie doch, auf San-sheng bezogen, ihre ganze Glaubwürdigkeit aus dem Beim-Wort-Nehmen des Beispiels, das sich ja als ganz und gar unzureichend erwiesen hat, und zum anderen – damit eng verbunden – will Xue-dou seine Mönche zwingen, sich mehr als nur oberflächlich mit dieser Anekdote auseinanderzusetzen, und zwar, wie öfter schon, indem er sie auf eine falsche Fährte lockt! Nein, dieses *Gelächter* ist in Wahrheit nicht *entschwunden*; dieses *Gelächter*, das die unbedingte Zuwendung zur Welt besiegelt, hat, solange Menschen sich zum Chan bekennen, seinen untrüglichen Bestand. Und damit erhält auch die Abschlusszeile, die sich zugleich als durch und durch doppeldeutig enthüllt, einen ganz anderen Sinn: *„[Dieses Gelächter] taugt [in der Tat] dazu, für alle Zeiten“* – und nicht nur für die kurze Lebensspanne eines San-sheng – *„den Wind des Erbarmens zu entfachen!“* Streicht es doch wie ein warmer, besänftigender *Wind* über alle hin, die sich, ob ehemals, ob in Zukunft, angesichts ihrer unvermeidlichen Übel aus dieser Welt hinaussehnen und in der Kälte und Einöde der Shûnyatâ ihre Zuflucht suchen: Dieser *Wind des Erbarmens taugt dazu*, sie aus ihrer Erstarrung zu befreien und zum Einverständnis mit den *Zehntausend Dingen* wie mit tröstendem Streicheln zu überreden.

Wenn wir also das **Beispiel** so lesen, wie es sich unterhalb der Wort-Oberfläche darbietet, so haben wir in dem zentralen Hinweis der **Ankündigung** auch schon das Fazit des gesamten Kôan vor uns: *„Die spirituelle Kraft [Yang-shans] und die spirituelle Kraft [San-shengs] entsprechen einander, und die Sätze [des einen] stimmen mit den Sätzen [des anderen] überein“* – wie zum einen Yang-shans *„Wie lautet Dein Name?“* und San-shengs *„Hui-ji!“* so zum anderen auch Yang-shans *„Hui-ji bin [doch] ich!”* und San-shengs *„Mein Name ist Hui-ran!“* Welch vollkommener Gleichklang!

71. (69.) Nan-quans Kreisfigur

Ankündigung

Wo keine Stelle ist, zu picken und aufzuhacken, dort „gleicht das Herzenssiegel unseres Schulgründers in seiner Erscheinung der spirituellen Kraft eines Eisernen Ochsen"![643] Wenn [sie] den Dornenwald hinter sich gelassen haben, sind Flickenkutten-Mönche wie Schnee[flocken] auf rotglühendem Herd! Auf ebener Erde vielfach Schächte zu bohren, das lasse [ich] in diesem Fall mal beiseite. Wenn [Ihr] nicht dazu herabsinken wollt, [Euch] an jemandes Rockschößen emporzuziehen, wie ist es denn dann?

Beispiel

Nan-quan, Gui-zong und Ma-gu waren zusammen aufgebrochen, um Hui-zhong, dem Lehrer des Reiches, ihre Verehrung zu bezeigen. Als [sie] schon die Hälfte des Weges erreicht hatten, zeichnete Nan-quan einen Kreis auf den Boden und sagte: „Wenn [Ihr etwas] sagen könnt, dann gehen [wir] weiter!"
Gui-zong nahm mitten in dem Kreis die Sitzhaltung ein und Ma-gu vollzog die Verbeugung einer Frau.
Nan-quan sagte: „Wenn dem so ist, dann gehen [wir] nicht weiter!"
Gui-zong sagte: „Welchen Geistes Reise ist [das hier]?"

Lobgesang

You-jis Pfeil erschoss den Affen –
[Er] umrundete den Baum: wie höchst geradlinig![644]
Tausende und Zehntausende [Schützen] –
Wer hat je [so] ins Schwarze getroffen!
[Sie] rufen einander zu: „Lasst [uns] heimkehren –
Hört auf, den Weg zum Cao-Bach hinaufzusteigen!"[645]

([Xue-dou freilich] sagte [ganz] im Gegenteil: „Der Weg zum Cao-Bach ist eben und flach; warum aufhören, [ihn] zu ersteigen?)

---

643 Hier zitiert Yuan-wu den Feng-xue des Kôan 38 – vgl. S. 273.

644 Dazu berichtet Yuan-wu in seinem Kommentar folgende Legende: Als der König von Chu einmal zur Jagd ausgeritten war, stieß er auf einen weißen Affen und befahl einem seiner Begleiter, ihn mit Pfeil und Bogen zu erlegen. Doch der Affe fing den Pfeil mit seinen Händen ab und begann, mit ihm herumzuspielen. Daraufhin forderte der König weitere Schützen seiner Jagdgesellschaft auf, den Affen zu erschießen – aber niemandem gelang es, den Affen auch nur zu treffen. Der König rief seine Männer zusammen und wollte von ihnen wissen, wie weiter zu verfahren sei. Die Männer erklärten, es gebe da im Gefolge des Königs diesen *You-ji*, und der sei ein hervorragender Schütze. Der König ließ ihn vortreten, und als You-ji seinen Bogen spannte, umklammerte der Affe den Baum und stimmte ein mitleiderregendes Geheul an. Als aber You-ji seinen Pfeil abgeschossen hatte, schwang sich der Affe blitzschnell auf die Rückseite des Baumes, um dem Pfeil zu entgehen. Doch der Pfeil – welch Wunder – *umrundete den Baum* und tötete den Affen!

645 Mit dem *Cao-Bach* spielt Xue-dou auf Hui-neng und seinen hauptsächlichen Wirkungsort an, sein Kloster oberhalb des Gießbachs in der Cao-Schlucht – dieser Satz ist also metaphorisch zu verstehen.

Wie oft sind wir nicht schon, Leser und Verfasser gleichermaßen, auf die Behauptung gestoßen, Kôan seien ihrem Wesen nach paradoxe Kurzgeschichten, die ein unauflösbares Dilemma zum Gegenstand haben, nach dem Muster: „Wenn Du etwas sagst, bekommst Du dreißig Schläge mit dem Stock, und wenn Du nichts sagst, bekommst Du ebenfalls dreißig Schläge mit dem Stock!" Doch zumindest für Anekdoten mit mehr als einem Beteiligten gilt weitaus häufiger, dass sie auf den ersten Blick etwas ganz anderes vermuten lassen als das, was bei gründlicherer Betrachtung schließlich an Intention herauskommt. So auch im vorliegenden Falle:

Da haben sich drei *Flickenkutten-Mönche*, allesamt Schüler der großen Ma-zu (709-788), nämlich **Nan-quan** (748-835), **Gui-zong** und **Ma-gu** (genaue Lebensdaten unbekannt), auf eine Pilgerfahrt zu Nan-yang **Hui-zhong**, dem Lehrer des Reiches (675-775), begeben, *um ihm ihre Verehrung zu bezeigen.* Unterwegs stellt einer von ihnen, Nan-quan, den beiden anderen verklausuliert die Frage, was sie denn mit ihrer Pilgerfahrt bezwecken. Statt einer Antwort vollziehen die Angesprochenen jeder eine stumme Geste, woraufhin Nan-quan, der sich damit zum Anführer aufschwingt, kurzerhand entscheidet: *„Wenn dem so ist, dann gehen [wir] nicht weiter!"* Das sieht doch so aus, als hätten Gui-zong und Ma-gu sich mit ihren Reaktionen als Versager entpuppt; nur Gui-zong protestiert noch verhalten, indem er Nan-quan die naheliegende Frage entgegenhält: „Aber wozu sind wir dann überhaupt aufgebrochen?"[646] Es wäre zwar einzuräumen, dass dieser Nan-yang Hui-zhong nicht in die Ahnenreihe der besonderen Traditionslinie der drei Pilger gehört (als Lehrer Ma-zus wird vielmehr ein mit Nan-yang gleichzeitiger Nan-yue Huai-rang [677-744] angegeben); andererseits ist Nan-yang schon wegen seines vom Kaiserhaus verliehenen Ehrentitels „Lehrer des Reiches" eine unter den damaligen Buddhisten herausragende Gestalt gewesen, die aufzusuchen auch Angehörigen anderer Traditionslinien des Chan als durchaus angemessen, ja lohnenswert hat erscheinen können – sich von einem hochbetagten Weisen (Nan-yang muss zum Zeitpunkt dieser Pilgerfahrt bereits weit in den Neunzigern gewesen sein) Belehrung zu erbitten, bringt doch allemal Gewinn!

Das also ist der Eindruck, den das **Beispiel** auf den ersten (und vielleicht auch zweiten) Blick erweckt. Dass dieses Bild allerdings nicht stimmen kann, dafür finden sich bereits in den einrahmenden Texten Yuan-wus und Xue-dous die ersten Hinweise. Da heißt es im **Lobgesang** abschließend: *„[Sie] rufen einander zu: ‚Lasst [uns] heimkehren – / Hört auf, den Weg zum Cao-Bach hinaufzusteigen!'"*, und in der **Ankündigung** verwirft Yuan-wu jeglichen Vorsatz, *sich an den Rockschößen [eines anderen]* – in diesem Fall Nan-yangs – *emporzuziehen*, als für *Flickenkutten-Mönche* ganz und gar unter Niveau! Mit solchem Verdikt umschreibt und verdeutlicht Yuan-wu lediglich die Schlusszeile des Lobgesangs, die den drei Pilgern die wechselseitige Ermahnung in den Mund legt, davon abzulassen, *den Weg zum Cao-Bach hinaufzusteigen*: Xue-dous Formulierung *„Cao-Bach"* verweist dabei zwar auf Hui-neng, den angeblichen Sechsten Patriarchen, doch gemeint ist kein anderer als Nan-yang, der ebenso wie Ma-zus Lehrer Nan-yue als unmittelbarer Erbe

646 Der genaue Wortlaut seiner Frage heißt zwar: *„Welchen Geistes Reise ist [das hier]?"* (*shi shen-me xin xing*); doch das Schriftzeichen *xin* kann auch „Absicht" bedeuten, was auf folgenden Sinn hinausläuft: „In welcher Absicht unternehmen wir [denn] diese Reise?"

dieses „Sechsten Patriarchen" gegolten hat. Wichtiger indes als die Andeutung, dass die drei Wanderer sich von ihrer Pilgerfahrt zu Nan-yang keineswegs zusätzliche, gar rettende Belehrung versprochen haben, ist die überraschende Wendung, die Xue-dou der zentralen Aussage der gesamten Anekdote gibt: Die Aufforderung heimzukehren kommt für ihn nicht nur aus dem Munde Nan-quans; die beiden anderen werden vielmehr gleichberechtigt in sie einbezogen: *„[Sie] rufen [es] einander zu!"* Diese Wechselseitigkeit der Zurufs lässt nur die eine Deutung zu, dass wir wie Nan-quans *„Dann gehen [wir] nicht weiter!"* so auch *Gui-zongs Einnehmen der Sitzhaltung* und *Ma-gus Verbeugung einer Frau* als – wenn auch wortlose – Aufforderung zur Umkehr verstehen sollen. Nan-quan hätte demnach mit seinem verbalen Ausruf lediglich auf den Punkt gebracht, was seine beiden Begleiter schon vor ihm mit stummer Geste haben ausdrücken wollen: Sich in dem magischen *Kreis*, den Nan-quan *auf den Boden gezeichnet hat*, in Sitzhaltung niederzulassen besagt ja nichts anderes, als dass allein die eigene Versenkungsübung den Gewinn abwirft, den nur einfältige Gemüter sich von fremder Belehrung, also auch der Nan-yangs, versprechen könnten; und Ma-gus schelmisch-augenzwinkernder Rollenwechsel läuft – vielleicht sogar noch radikaler als die Geste Gui-zongs – auf einen Widerruf, ja eine Annullierung ihres gemeinsamen Unternehmens hinaus: „Nicht wir Mönche sind hier unterwegs, sondern weibliche Laien, die einfach einen Ausflug machen und zufällig auf einen alten Weisen treffen; wir selbst sind gar nicht auf dem Weg, zu wem auch immer hin!" Noch Gui-zongs Schluss-Bemerkung – alles andere als ein Einspruch gegen die Entscheidung Nan-quans – bekräftigt das Zu-nichts-nütze-Sein der gemeinsamen Pilgerfahrt, eine Nichtsnutzigkeit, die es jederzeit erlaubt, das scheinbar so zielgerichtete Unternehmen abzubrechen. Denn seine Frage: *„Welchen Geistes Reise ist [das hier]?"*, erinnert allzu deutlich an jene berühmte Frage einer namenlosen Teehaus-Besitzerin, an der De-shan Xuan-jians hochgemute Klugheit jäh zu Schanden geworden ist: „Welchen Geistes Stärkung also sucht Ihr?" Diese alte Frau, von der sich der Vortragsreisende in Sachen *Diamant-Sûtra* einen kleinen Imbiss, eine „Geistesstärkung", erbitten wollte, hatte ihn mit der Bemerkung aufs Glatteis gelockt: „Im *Diamant-Sûtra* steht doch, dass wir sowohl den vergangenen als auch den gegenwärtigen und ebenso auch den zukünftigen Geist nicht fassen können", und dann ihre hintersinnige Fang-Frage angefügt, auf die De-shan keine Antwort wusste.[647] Und wie die alte Frau De-shan zu der Einsicht führen wollte, dass da kein Geist ist, für den er eine Stärkung nötig hätte, so muss im Falle der drei Pilgerbrüder die Antwort auf Gui-zongs *„Welchen Geistes Reise ist [das hier]?"* lauten: „Eine Reise aus Nicht-Geist", sprich: eine Reise ohne Ziel und Zweck, ohne eine Absicht auf Nutzen und Gewinn.[648]

Genau solche Absichtslosigkeit hat Yuan-wu im Auge, wenn er in der **Ankündigung** desweiteren davon spricht, dass ausgereifte *Flickenkutten-Mönche*, eben diejenigen, die *den Dornenwald [der Verblendung] hinter sich gelassen haben, wie Schnee[flocken] auf rotglühendem Herd* zergehen: Das *Herzenssiegel unseres Schulgründers*, wie aus dem Kôan 38 erinnerlich nichts anderes als die Erfahrung des Nichts noch jenseits der Shûnyatâ, hat alle Ziele möglichen Strebens ausgelöscht, hat sie – in Yuan-wus Metapher – wie Schnee auf

647 Diese Geschichte wird im Kôan 28 *Wu-men-guan* in allen Einzelheiten nacherzählt – vg. Roloff (1), S. 110ff.

648 In der Terminologie des japanischen Zen wäre dieser »*Nicht-Geist*« das klassische *mu-shin*, das „Nicht-Denken" der Absichtslosigkeit.

glühendheißem Herd zerschmelzen lassen. So ins Leben zurückgekehrt, werden wir mit jenem absichtslosen Handeln beschenkt, das unseren Gang durchs Leben zu einem „spielerisch-vergnüglichen“ Wandeln macht, ganz wie die Pilgerfahrt der drei Akteure unseres Beispiels, weil absichtslos, ein „spielerisch-vergnügliches Schlendern“ ist – ein Schlendern, das seine Erfüllung in sich selbst hat und nicht der Erreichung eines Ziels bedarf. Ein solch gelassenes Schlendern kennt kein Scheitern, lässt die drei Akteure – und in vergleichbarer Lage auch uns – als die Verkörperung der *spirituellen Kraft des Eisernen Ochsen* erscheinen und verleiht ihnen – und uns – die Freiheit, irgendwohin aufzubrechen, energisch drauflos zu wandern und genauso gut auch umzukehren, ohne dass dabei die Umkehr irgendeinen Verlust einschließt. An diesen drei Mönchen, so Yuan-wu, ist *nichts zu picken und aufzuhacken*, sie haben, heißt das, anders als der Mönch des Kôan 16 nicht mehr nötig, dass ein anderer ihrem „Großen Erwachen“ erst noch zum Durchbruch verhilft; sie bieten für keinen Angriff, keinen Tadel, keinen Schnitt ins Fleisch noch irgend Platz, erst recht nicht für den Vorwurf, *sich an den Rockschößen [eines anderen]*, denen des Nan-yang, *emporziehen* zu wollen: Sie brauchen ihn nicht, diesen „Lehrer des Reiches“; sie haben niemanden nötig; sie sind, ausgestattet mit dem *Herzenssiegel unseres Schulgründers*, sich selbst genug.

Wenn wir von hier aus noch einmal auf das **Beispiel** zurückschauen, so bietet sich ein anderes Bild, als der erste (und vielleicht auch zweite) Blick uns hat glauben machen wollen. Nan-quan, Gui-zong und Ma-gu haben sich von ihrem Lehrer Ma-zu für eine Pilgerfahrt zu Nan-yang Hui-zhong verabschiedet, um dem hochbetagten „Lehrer des Reiches“ vor seinem erwartbaren Ableben noch ihre Verehrung bezeigen zu können – ein Unterfangen, das ohne Zweifel jeden Lobes wert ist. Unterwegs, auf halber Strecke, fühlt einer von ihnen, Nan-quan, sich bemüßigt, die beiden anderen zu zwingen, sich der Frage nach dem wahren Sinn und Zweck ihrer tagelangen Wanderschaft zu stellen. Dazu belegt er sie gleichsam mit einem Bann, indem er mittels Wanderstock oder Stein einen Kreis in den Boden ritzt. Einer der beiden Angesprochenen, Gui-zong, begibt sich auf der Stelle in den Kreis hinein, zeigt damit, dass er die Absicht des Bannens akzeptiert, und – nimmt die Sitzhaltung der Versenkungsübung ein. Was das bedeutet, liegt – wie bereits angedeutet – auf der Hand: „Wir brauchen eigentlich nicht weiterzugehen; wir haben, was uns selbst, unsere Spiritualität und Lebensführung angeht, den ‚Lehrer des Reiches‘ nicht nötig!“ Der andere, Ma-gu, steigt gleichsam aus der gemeinsamen Unternehmung aus, indem er sich in eine Frau verwandelt, und nimmt damit auch den beiden anderen die Möglichkeit, an ihrer Rolle als ernsthafte Pilger festzuhalten: „Das hier ist gar keine echte Pilgerfahrt, nichts, wovon wir uns einen Beitrag zu unserem »Seelenheil« versprechen könnten!“ Und wenn dann Nan-quan das scheinbar entscheidende Urteil fällt: *„Wenn dem so ist, dann gehen [wir] nicht weiter!“*, so fasst er lediglich in Worte, was die beiden anderen durch ihr Verhalten, nur wortlos, auch schon zu verstehen gegeben haben: „Wir verfolgen hier keine ernsthafte Absicht, wir können daher genauso gut auch umkehren!“

Gleichwohl preist Xue-dou gerade Nan-quans vermeintliche Entscheidung in den allerhöchsten Tönen; er vergleicht sie in seinem **Lobgesang** mit dem Wunderschuss eines gewissen *You-ji*, dem es laut einer Legende in den berühmten *Frühlings- und Herbst-Annalen* gelungen sein soll, einen Affen mit seinem Pfeil tödlich zu treffen, obwohl der sich auf der Rückseite eines Baumes versteckt hatte: *„You-jis Pfeil erschoss den Affen – / [Er] umrundete den*

Baum: wie höchst geradlinig! / Tausende und Zehntausende [Schützen] – / Wer hat je [so] ins Schwarze getroffen!" Und in der Tat können wir Xue-dou zugestehen, dass sich Gui-zong und Ma-gu mit ihren wortlosen Aktionen sozusagen hinter einem Baum versteckt gehalten haben, und Nan-quan sie gleichsam mit einem Pfeilschuss von diesem Baum herunter auf die Erde geholt hat. Doch wenn wir der Wahrheit die Ehre geben wollen, dann müssen wir darauf bestehen, dass auch Nan-quan nicht offen ausspricht, worum es hier eigentlich geht: dass es bei der gemeinsamen Pilgerfahrt – wie bei allem anderen Tun – letztlich keinen Sinn gibt und geben kann. Auch Nan-quan, der ja nichts anderes tut als aus dem Verhalten der beiden anderen die zwingende Folgerung zu ziehen, umschreibt nur, wenn auch mit Worten, genauso wie die wortlosen Aktionen Gui-zongs und Ma-gus nur Umschreibungen gewesen sind. Xue-dous überschießendes Lob enthält also einen Schuss ironischer Einseitigkeit, worauf auch Yuan-wu in seinem Kommentar hinweist, wenn er alle Drei zu ganz und gar gleichwertigen Chan-Adepten erklärt.

Nicht das ist das Thema dieses Kôan, dass wir »Befreiung« nur aus uns selbst gewinnen können, getreu dem – anlässlich des Kôan 5 erstmals und später, im Kôan 51, noch einmal zitierten – Wort Yan-tous, mit dem er bei Xue-feng das „Große Erwachen" ausgelöst haben soll: „Was durch die Tür hereinkommt, ist niemals der wahre Familienschatz; Du musst es aus Dir selbst hervorströmen lassen, so dass es den Himmel überschattet und die ganze Erde zudeckt!" Dass nicht darin der Sinn des Kôan liegt, mag auch Gui-zongs erste „Antwort", sich in Sitzhaltung auf dem Boden niederzulassen, genau diesen Eindruck erwecken, das bestätigt Gui-zong mit seiner zweiten, diesmal verbalen Reaktion, die zugleich die gesamte Anekdote abschließt: *„Welchen Geistes Reise ist [das hier]?"* Wie bereits ausgeführt, kann es darauf nur die eine Antwort geben: „Die eines »Nicht-Geistes«, der nichts beabsichtigt und nichts erreichen will!" Eine solche Antwort zieht allerdings unweigerlich die weitere Frage nach sich, was für einen Grund wir denn haben könnten, uns zu einem derartigen »Nicht-Geist« zu bekennen. Und die Antwort darauf, die zugleich die eigentliche Intention des ganzen Kôan in sich schließt, kann nur lauten: „Weil wir uns damit der bitteren, aber unabweisbaren Tatsache anbequemen, dass menschliches Handeln – wie alle anderen Abläufe in der Weite des Weltalls auch – letztlich sinnlos ist!" Doch wirklich bitter ist die Tatsache einer allumfassenden Sinnlosigkeit auch wieder nicht, weil eben ein »Nicht-Geist«, der ihr Rechnung trägt, und er allein uns dazu verhilft, unseren Gang durch Leben und Welt als „spielerisch-vergnügliches Schlendern" erfahren zu können.

Bleibt noch nachzutragen, dass Xue-dous nachträglicher Widerruf seines eigenen Lobgesangs: *„Der Weg zum Cao-Bach ist eben und flach; warum aufhören, [ihn] zu ersteigen?"* nur zum Schein besteht; er besagt ja – in der Chan-typischen Paradoxie eines *Ersteigens* dessen, was *eben und flach* ist – lediglich, dass nichts einfacher sei als dem „Sechsten Patriarchen" nachzufolgen. Und eine solche Aussage steht in keinem Widerspruch zu dem unverrückbaren Grundsatz des Chan, dass wir »Befreiung« nur aus uns selbst erlangen können; im Gegenteil, genau so zu verfahren, macht eben die Nachfolge nicht nur eines fiktiven Hui-neng, sondern auch eines nicht minder legendenhaften Bodhidharma aus. Und das Gelingen dieser »Befreiung« zeigt sich in nichts anderem so deutlich wie in dem „spielerisch-vergnüglichen" Lebenswandel, auf den das Kôan letztlich hinaus will und der uns ein *Ersteigen* auch da noch erlaubt, wo es nichts zu *ersteigen* gibt!

72. (70.) Wei-shan bittet zu sprechen

Ankündigung

Bei einem schnellen Menschen [reicht] ein einziges Wort; bei einem schnellen Pferd [genügt] ein einziger Peitschenhieb. Zehntausend Jahre [sind wie] ein einziger Gedanke; ein einziger Gedanke [ist wie] zehntausend Jahre. [Du] musst [dich] darauf verstehen, geradewegs abzuschneiden; wenn [du das] nicht vorher schon unternommen hast, wie willst [du dich dann] im Dunkeln zurechtfinden? – Bedenkt [dazu, was Xue-dou hier] vorbringt!

Beispiel

Als Wei-shan, Wu-feng und Yun-yan einmal gemeinsam Bai-zhang aufwarteten, richtete Bai-zhang an Wei-shan die Frage: „Wenn [Du] aber Kehle und Lippen gleichermaßen verwirfst, wie willst [Du dann] sprechen?"
Wei-shan sagte: „Im Gegenteil bitte [ich] Ehrwürden zu sprechen!"
Bai-zhang sagte: „Ich lehne es keineswegs ab, zu Dir zu sprechen; nur fürchte [ich], später meine Kinder und Enkel zu verlieren!"

Lobgesang

„Im Gegenteil bitte [ich] Ehrwürden zu sprechen!" –
Der Tigerkopf lässt Hörner sprießen, aus dem Gras des Ödlandes hervor!
Der Frühling der Zehn Kontinente ist dahin, die Blumen sind verkümmert[649] –
Über dem Wald der Korallenbäume steht die Sonne strahlend hell![650]

---

649 Laut dem hinduistisch-buddhistischen Mythos gibt es rund um den Weltenberg Sumeru *zehn Kontinente*, auf denen ein Frühling – so Yuan-wu in seinem Kommentar – ganze einhundert Jahre währt. Es sollen das wohl besonders intensive Frühlinge sein.

650 Der *Wald der Korallenbäume* vertritt, ähnlich wie der „Wald aus Sandelholzbäumen" im Kôan 5 *Cong-rong-lu*, den Zustand der „Erleuchtung".

73. (71.) Wu-fengs „Gleichermaßen verwerfen“

Ankündigung

(nicht erhalten)[651]

Beispiel

Bai-zhang richtete diese Frage auch an Wu-feng: „Wenn [Du] aber Kehle und Lippen gleichermaßen verwirfst, wie willst [Du dann] sprechen?“
Wu-feng sagte: „Ehrwürden müssen [sie] ebenso gleichermaßen verwerfen!“
Bai-zhang sagte: „Wo niemand ist, schneide [ich mir] die Stirn ab und halte nach Dir Ausschau!“[652]

Lobgesang

„Ehrwürden [müssen sie] ebenso gleichermaßen verwerfen!“ –
Über den Reihen der Drachen und Schlangen schau [dir seine] Kriegskunst an!
[Er] macht die Menschen noch lange des Generals Li Guang gedenken[653] –
Vor dem Horizont von *Zehntausend Li* fliegt ein einziger Fischadler!

651 Wie schon zuvor in den Kapiteln 6, 14, 18, 26, 28, 30, 34, 36, 44, 52, 58, 64, 67 und 69 weisen auch zu diesem Kôan weder die Standard- noch die *Ichiya*-Version (und in ihrem Gefolge die *Teihon*-Ausgabe) eine Ankündigung auf. Dieser Ausfall hier im Kôan 73 ist der fünfzehnte Beleg für den schwerwiegenden und komplexen »Eindefehler«, der beiden Überlieferungssträngen, der Standard- und der *Ichiya*-Version, einen bereits verstümmelten gemeinsamen Vorfahren zuweist.

652 *Ich schneide mir die Stirn ab* – damit ist gemeint, sich mit der flachen Hand senkrecht vor der Stirn von oben nach unten zu fahren und dabei die Augen zu verdecken; deshalb könnte hier auch übersetzt werden: „Ich halte mir mit der Hand die Augen zu“.

653 Der *General Li Guang*, auf den auch schon der Lobgesang des Kôan 4 angespielt hat, war durch seinen Sieg über die Mongolen zu geradezu unsterblichem Ruhm gelangt – die Einzelheiten später in den Erläuterungen!

74. (72.) Yun-yans „Haben oder [Nicht-Haben]?“

Ankündigung

(nicht erhalten)[654]

Beispiel

Bai-zhang richtete seine Frage ebenso an Yun-yan: „Wenn [Du] aber Kehle und Lippen gleichermaßen verwirfst, wie willst [Du dann] sprechen?“
Yun-yan sagte: „Haben Ehrwürden [denn die Möglichkeit zu sprechen] oder [haben sie sie] nicht?“
Bai-zhang sagte: „Damit habe [ich] meine Kinder und Enkel verloren!“

Lobgesang

„Haben Ehrwürden [denn die Möglichkeit zu sprechen] oder [haben Sie sie] nicht?“ –
Ein Goldhaar-Löwe duckt sich nicht auf den Boden.
Zwei und Zwei, Drei und Drei, so gehen sie die alte Straße dahin[655] –
Auf dem Berg des Großen Helden schnipst [er] vergeblich mit den Fingern![656]

Diese drei »Öffentlichen Aushänge« sind, nach den Kôan 57-59 sowie 63-64, ein weiteres und zugleich das letzte Beispiel für die Eigenart des *Bi-yan-lu*, eine einzige komplexe, durch unterschiedliche Sprecher gegliederte Situation in getrennte »Aushänge« aufzuteilen – auffälliger noch als bei den Kôan 57-59, weil hier die drei Gesprächspartner **Bai-zhangs** (720-814) gleich zu Beginn namentlich als geschlossene Gruppe eingeführt werden: **Wei-shan** Ling-you (771-853), **Wu-feng** Chang-guan (Lebensdaten unbekannt) und **Yun-yan** Tan-sheng (780-841) als Aufwärter bei gemeinsamem Dienst. Deshalb soll wie in den beiden früheren Fällen auch diesmal so verfahren werden, dass der Verfasser die getrennten Kôan in seinen Erläuterungen zusammenfasst.

---

654 Wie schon zuvor in den Kapiteln 6, 14, 18, 26, 28, 30, 34, 36, 44, 52, 58, 64, 67, 69 und 73 weisen auch zu diesem Kôan weder die Standard- noch die *Ichiya*-Version (und in ihrem Gefolge die *Teihon*-Ausgabe) eine Ankündigung auf. Dieser Ausfall hier im Kôan 74 ist der sechzehnte Beleg für den schwerwiegenden und komplexen »Bindefehler«, der beiden Überlieferungssträngen, der Standard- und der *Ichiya*-Version, einen bereits verstümmelten gemeinsamen Vorfahren zuweist.

655 Was es mit den rätselhaften „Zwei und Zwei, Drei und Drei“ auf sich hat, sei den Erläuterungen vorbehalten.

656 Der da *mit den Fingern schnipst*, ist Bai-zhang, der, bevor er als Abt eines Kloster eingesetzt worden ist, auf dem *Berg des Großen Helden* (*Da-xiong-shan*) in einer Einsiedlerhütte sein „Großes Erwachen“ vertieft und gefestigt hatte. Dass dieser Berg später zum „Hundert-Klafter-Berg“ (*Bai-zhang-shan*) umbenannt worden ist, darauf hat der Verfasser bereits in der Fußnote 308 anlässlich des Kôan 26 hingewiesen.

Dreimal stellt der Bai-zhang der **Beispiele** dieselbe Frage, und dreimal erhält er eine Antwort, die lediglich darauf hinauszulaufen scheint, dass sie die Frage an Bai-zhang zurückgibt – Antworten, die Xue-dou gleichwohl für so bedeutsam hält, dass er sie zum Gegenstand der jeweiligen Lobgesänge erhebt. Bai-zhangs Frage – oder besser gesagt, die Frage, die Bai-zhang hier in den Mund gelegt wird – lautet: *„Wenn [Du] aber Kehle und Lippen gleichermaßen verwirfst, wie willst [Du dann] sprechen?"* Das klingt zunächst nach einem klassischen *Adynaton*, einer logischen Unmöglichkeit, die lediglich verwirren, den Adressaten in eine ausweglose Lage versetzen soll, mit dem Ziel zu prüfen, ob und wie er sich daraus befreien kann. Und doch muss noch etwas anderes, Wichtigeres dahinter stecken. Denn die **Ankündigung** zum Kôan 72 bereitet uns, rückwärts gelesen, von Anfang an darauf vor, dass es bei der Frage Bai-zhangs um den Zustand der Nicht-Dualität geht: *„[Du] musst [dich] darauf verstehen, geradewegs abzuschneiden; wenn [du das] nicht vorher schon unternommen hast, wie willst [du dich dann] im Dunkeln zurechtfinden?"* Das *Abschneiden*, von dem dabei die Rede ist, bezieht sich vorrangig auf die eigene Person, ob nun als „Abschneiden der Zehn Richtungen" oder als Abschneiden des eigenen Gedankenstroms (des »Roten Fadens unter unseren Füßen«) formuliert; nur wer dieses *Abschneiden* an sich selbst vollzogen hat (Yuan-wu verschärft es sogar noch zu einem *„Geradewegs-Abschneiden"*), ist nach allgemeiner Chan-Auffassung imstande, auch anderen das Denken abzuschneiden. Auf die nachfolgenden Beispiele bezogen erklärt Yuan-wu zudem, dass erst der erfolgreiche Vollzug solchen Abschneidens Bai-zhangs Adressaten in die Lage versetzt, sich *im Dunkeln* der Ausweglosigkeit *zurechtzufinden*, in die Bai-zhangs Frage sie versetzt. Der voraufgehende Satz der Ankündigung spielt gleichfalls – mehr oder weniger deutlich – auf den Zustand der Nicht-Dualität an, insofern die Gleichung: *„Zehntausend Jahre [sind wie] ein einziger Gedanke und umgekehrt"*, eine gebräuchliche Metapher für das Nicht-Denken darstellt, in dem jegliches Zeit-Bewusstsein erloschen ist; Dan-yuans „Oben in der Halle aus Glas, da ist kein Wissen mehr" beschreibt nicht nur den Zustand der Nicht-Dualität, sondern zugleich auch die Auslöschung des Zeitgefühls, die mit dem Nicht-Wissen und Nicht-Denken verbunden ist. Noch weiter vorn, gleich zu Beginn seiner **Ankündigung**, kommt Yuan-wu auf den Adressaten des ersten Beispiels, auf Wei-shan, zu sprechen (und das gilt auch für die beiden anderen, für Wu-feng und Yun-yan), dass *bei einem schnellen Menschen* wie ihm (und den beiden anderen) *ein einziges Wort* – Bai-zhangs Frage – *[ausreicht]*, ihn (und sie) verstehen zu lassen, wonach Bai-zhang sie ausforschen will: nach ihrer Vertrautheit mit Nicht-Dualität. Eben darauf zielt auch der nachfolgende Satz, *bei einem schnellen Pferd*, wie jeder der drei Adressaten es ist, *genüge ein einziger Peitschenhieb*, sie zum Erweis dessen zu bringen, was in ihnen steckt: im Falle der drei Chan-Mönche, dass sie über die Freiheit des Handelns und Sprechens verfügen, die aus ihrer Erfahrung der Nicht-Dualität erwächst, die Chan-typische Freiheit des „In-die-Kreuz-und-in-die-Quere-Schweifens".

Wenden wir uns den **Beispielen** und **Lobgesängen** im Einzelnen zu. Wenn wir in Bai-zhangs Ausgangsfrage: *„Wenn [Du] aber Kehle und Lippen gleichermaßen verwirfst, wie willst [Du dann] sprechen?"*, das *Verwerfen* dem Wortsinne nach als die Weigerung verstehen wollten, Lippen und Kehle zum Sprechen einzusetzen, so käme lediglich Unsinn dabei heraus: „Wenn du dich zu sprechen weigerst" ..., noch krasser formuliert: „Wenn du nicht sprechen willst, wie willst du dann sprechen?" Das kann es also nicht sein, was der angebliche Bai-zhang hier im Auge hat. Wir müssen uns das *Verwerfen von Lippen und Kehle* vielmehr als das Eintauchen in einen Zustand vorstellen, in dem es keine Lippen und keine Kehle, aber ebenso auch keinen Mund, keine Nase, keine Augen und so weiter mehr gibt, kurz in den Zustand der Nicht-Dualität. Insofern jedoch der Zustand der Nicht-Dualität keine Fragen und kein Suchen nach Antworten mehr aufkommen lässt, gibt es auch keinen Anlass mehr, überhaupt sprechen zu wollen. Andererseits, aus dem Zustand der Nicht-Dualität heraus weiterzuleben – und Nicht-Dualität bedeutet ja keineswegs, aus Leben und Welt für immer auszuscheiden – schließt auch ein Weitersprechen ein, ein Sprechen, das sich nach den jeweiligen Umständen richtet und in seiner Freiheit des Ausdrucks die zugrunde liegende Erfahrung von Nicht-Dualität verrät.

Ein solches Sprechen haben wir in der Antwort vor uns, die zunächst – Kôan 72 – Wei-shan erteilt: *„Im Gegenteil bitte [ich] Ehrwürden zu sprechen!“* Das besagt mehr als nur, den Ball an Bai-zhang zurückzuspielen. Es besagt in Wahrheit: „Genauso wie ich weiß, dass der Meister weiß, dass es für mich in der Nicht-Dualität nichts mehr zu sagen gibt, genauso weiß der Meister, dass ich weiß, dass er in der Nicht-Dualität gleichfalls nichts mehr zu sagen hat!“ So verstanden, lässt sich Wei-shans Antwort, wie Xue-dou im Lobgesang formuliert, tatsächlich poetisch-metaphorisch in einen *Tigerkopf* umwandeln, der *aus dem Gras des Ödlands* (Letzteres die poetische Umschreibung des Zustand des Nicht-Dualität) heraus auch noch *Hörner sprießen lässt*: Bai-zhang, heißt das, sieht sich der Gefahr ausgesetzt, restlos durchschaut und entlarvt zu sein; ein Tiger, ohnehin schon lebensgefährlich, der ihm im *Gras des Ödlands* – im Schutz der Nicht-Dualität gewissermaßen – auflauert, zeigt auch noch die scharfen *Hörner* eines Stieres – da kann es kein Entkommen geben! Und Bai-zhangs Erwiderung ist nichts anderes als verkappte Zustimmung: *„Ich lehne es keineswegs ab, zu Dir zu sprechen; nur fürchte [ich], später meine Kinder und Enkel zu verlieren!“* Denn frei übersetzt läuft diese Entgegnung auf das Eingeständnis hinaus: „Wollte ich, um auf der Berechtigung meiner Fangfrage, wie sich ohne Sprechwerkzeuge sprechen lässt, zu beharren, die Unverbrüchlichkeit von Nicht-Dualität leugnen, so verdiente ich es nicht, irgendwelche Nachfolger zu haben!“

Eine letzte Bestätigung dafür, dass es bei Bai-zhangs Frage um Nicht-Dualität und die Freiheit eines Sprechens geht, das in der Erfahrung von Nicht-Dualität begründet ist, liefern die beiden letzten Zeilen des **Lobgesangs** zum Kôan 72: *„Der Frühling der Zehn Kontinente ist dahin, die Blumen sind verkümmert – / Über dem Wald der Korallenbäume steht die Sonne strahlend hell!“* Dabei weisen die *verkümmerten Blumen*, unverkennbarer Anklang an das *Ödland* der voraufgegangenen Zeile, auf den Zustand der Nicht-Dualität hin, und die Beschwörung des Endes selbst hundertjähriger Frühlinge lässt noch den Schmerz erkennen, der mit dem *da si*, dem spirituellen Sterben verbunden ist, das uns wie die Welt so auch uns selbst wegnimmt. Diesem bedingungslosen Verzicht steht jedoch mit der *hellstrahlenden Sonne*, Metapher für den Tag der Welt (während der nächtliche Vollmond die kalte Klarheit des Shûnyatâ vertritt), das Gegen- und Heilmittel gegenüber, im Glanz der *Korallenbäume*, gleichsam umstrahlt von der Erfahrung der Nicht-Dualität (und „Erleuchtung“, durch eben die *Korallenbäume* symbolisiert, ist nichts anderes als diese Erfahrung von Nicht-Dualität), ein gelassenes Leben zu führen, erfüllt von Diesseits-Freude und Mut.

Die Antwort, die der Wu-feng des Kôan 73 gibt, ist von anderer Art als Wei-shans gewundene Replik: „Im Gegenteil bitte [ich] Ehrwürden zu sprechen!“, die Yuan-wu in seinem Kommentar „ausschweifend“ und „lässigem Abwarten“ entsprungen nennt. Wu-fengs *„Ehrwürden müssen [sie] ebenso gleichermaßen verwerfen!“* stößt gleichsam direkt von vorne zu, ohne Umschweife, kurz und bündig und treffsicher zugleich. Auch der Meister selbst, sagt sein Schüler, muss sein Leben auf die Erfahrung von Nicht-Dualität gründen, muss sich – immer wieder – in das Schweigen der Shûnyatâ zurückziehen, um der sein zu können, der er als Lehrer ist: Führer und Begleiter auf dem Weg zur spirituellen Reife eines Lebens, das sich in der irdischen Welt vollendet. Und so kann es nicht überraschen, dass Xue-dou im zugehörigen **Lobgesang** diesem *„Ehrwürden müssen [sie] ebenso gleichermaßen verwerfen!“* allerhöchstes Lob erteilt: Die Art, wie Wu-feng hier geradewegs und gleichsam von oben zustößt, preist er als eine *Kriegskunst*, die sich, für Gegenwehr unerreichbar, *über den Reihen von Drachen und Schlangen* entfaltet, eine *Kriegskunst*, die derjenigen des *Generals Li Guang* gleichkommt, eines der größten Helden der chinesischen Geschichte, der – wie bereits anlässlich des Kôan 4 in allen Einzelheiten wortgleich dargestellt – in einer Schlacht gegen die übermächtigen Mongolen geradewegs und ganz allein in die tiefgestaffelten Reihen der Feinde eingedrungen und gefangen genommen worden war, dann im feindlichen *Lager* verwundet zwischen zwei Pferden gefesselt am Boden lag, sich jedoch zu befreien vermochte und in einem günstigen Augenblick einen Mongolen von seinem Pferd gestürzt, sich aufgeschwungen hat, davongejagt ist und seine Verfolger mit dem erbeuteten Bogen von sich ferngehalten hat. Hier im Kôan 73 liegt das *tertium comparationis*, das, was beide gemeinsam haben, allein in der Direktheit eines kraftvoll-wagemutigen Angriffs, gegen den im Falle Wu-fengs nicht einmal Drachen, geschweige denn Schlangen ankommen können. Xue-dou rundet sein Aufgebot an Metaphern mit dem Bild eines *Fischadlers* ab, der fern am Himmel vor einem unermesslichen *Horizont von Zehntausend Li* einsam *dahinfliegt*, hin und wieder aus der Höhe auf seine Beute hinabstößt – wie der Wu-feng, der von vorn über Bai-zhang wie ein Greifvogel von oben *über die Reihen der Drachen und Schlangen* herfällt. Bai-zhang aber fühlt sich von seinem Schüler verstanden: *„Wo niemand ist* (in der Leere der Nicht-Dualität), *schneide [ich mir] die Stirn ab* (halte ich mir die Augen zu, weil es in solchem Dunkel ohnehin nichts mehr zu sehen gibt) *und halte nach Dir Ausschau!“* – „nach Dir“, heißt das, „der Du, nicht anders als ich selbst, in der Leere der Nicht-Dualität verschwunden bist!“ Auch Bai-zhang meint damit, wie sich versteht, kein endgültiges Verschwinden und Verschwunden-Sein, sondern eines, aus dem heraus so lebendig-freies Sprechens erwächst, wie es sich in Bai-zhangs: *„Wo niemand ist, ... halte [ich gleichwohl] nach Dir Ausschau!“*, vor unseren Augen und Ohren unleugbar manifestiert.

Yun-yans Antwort im Kôan 74 ist da wesentlich vorsichtiger, so als wollte er sein Gegenüber lediglich abtasten, statt zuzuschlagen: *„Haben Ehrwürden [denn die Möglichkeit zu sprechen] oder [haben Sie sie] nicht?“* Das verrät Unsicherheit; dieser Yun-yan, das verrät Yuan-wu in seinem Kommentar, hat erst viele Jahre später unter Yao-shan sein „Großes Erwachen“ erlebt und war in all den zwanzig Jahren, die er Bai-zhang als Aufwärter gedient hat, so naiv wie ein Novize (Yuan-wu wörtlich: „Zwanzig Jahre bei Bai-zhang, und [Du] bist [Deinen] gewöhnlichen Geist immer noch nicht losgeworden!“). Seine jetzige Antwort lässt nicht die geringste Vertrautheit mit Nicht-Dualität erkennen, wie sie aus den Worten seiner Mitschüler Wei-shan und Wu-feng spricht. Und so kann Bai-zhang mit der – freilich ironischen – Feststellung kontern: „Wenn Du immer noch nicht weißt, dass meine Fangfrage an Euch Drei auf Eure Erfahrung von Nicht-Dualität abgezielt hat, dann war all meine Lehrtätigkeit umsonst, dann *„habe [ich nunmehr] meine Kinder und Enkel verloren!“*

Auch Xue-dou lässt in seinem **Lobgesang** an Yun-yan kein gutes Haar: Wer nicht mehr zu sagen weiß als: *„Haben Ehrwürden [denn die Möglichkeit zu sprechen] oder [haben Sie sie] nicht?“*, ist beileibe kein *Goldhaar-Löwe*, weil er mit solchen Entgegnungen *sich* vielmehr *auf den Boden duckt*, in Deckung bleiben, seine Unwissenheit nicht ans Licht gebracht sehen möchte. Xue-dou fasst sodann zusammen: *Zwei und Zwei*, Bai-zhang und Wei-shan, Bai-zhang und Wu-feng, *gehen [gemeinsam] die alte Straße dahin*, die zu einem tätigfreien Leben aus Nicht-Dualität oder, was dasselbe ist, aus Shûnyatâ. Wir können sie dabei selbstverständlich auch zu einer Dreier-Gruppe zusammenfassen, zu den ersten *Drei* des Paares *„Drei und Drei“*, Bai-zhang und seine beiden Meisterschüler Wei-shan und Wu-feng. Die zweiten *Drei* wären dann die drei Aufwärter zusammen, einschließlich des „Versagers“ Yun-yan, auf den Xue-dou in der letzten Zeile des Lobgesangs noch einmal zurückkommt: *„Auf dem Berg des Großen Helden schnipst“* kein anderer als Bai-zhang *„vergeblich mit den Fingern“* – und zwar insofern *vergeblich*, als es ihm selbst mit seiner brüsken Zurückweisung: *„Damit habe [ich] meine Kinder und Enkel verloren!“* nicht gelingt, Yun-yan aus der Naivität seines „gewöhnlichen Geistes“ aufzuwecken; allenfalls mag überraschen, dass Xue-dou hier einen so heftigen Vorwurf wie Bai-zhangs vernichtendes Abschluss-Urteil einem so zarten Laut wie dem Schnipsen gleichsetzt. Doch im Falle Yun-yans dürfte das reine Ironie sein, während Bai-zhangs Ausgangsfrage bei Wei-shan und Wu-feng in der Tat nicht mehr als ein Finger-Schnipsen gewesen ist, das sie auf der Stelle dazu bewogen hat, ihre Vertrautheit mit Nicht-Dualität in Wort und Tat zu demonstrieren – so wie im Kôan 42 *Wu-men-guan* der rangniedere Bodhisattva „Ohne Klarheit“ mit einem bloßen Schnipsen seiner Finger hat bewerkstelligen können, was einem Mañjushrî nicht hat gelingen wollen: eine tief versunkene Frau aus ihrer Versunkenheit aufzuwecken.

75. (73.) Ma-zus „Weiß und Schwarz“

Ankündigung

Ein Mann, der die [Buddha-]Lehre erklärt – [er] erklärt nichts und teilt nichts mit! Wer die [Buddha-]Lehre hört – [er] hört nichts und erlangt nichts! Da nun [der eine] nichts erklärt und nichts mitteilt – inwiefern wäre das wie Nicht-Erklären? Und da [der andere] nichts hört und nichts erlangt – inwiefern wäre das wie Nicht-Hören? Indessen haben Nicht-Erklären und Nicht-Hören einiges gemeinsam. Aber Ihr, die [Ihr] jetzt hier hört, wie dieser Mönch vom Berge hier [die Buddha-Lehre] erklärt, wie könnt [Ihr] diesen Fehler, [den des Nicht-Hörens], vermeiden? – Diejenigen, die [Ihr Euch] Augen bereitet habt, die die Sperre durchdringen, versucht es doch bitte mal mit dem, [was Xue-dou hier] vorbringt!

Beispiel

Ein Mönch fragte den Großmeister Ma: „Von den ‚Vier Behauptungen und den Hundert Verneinungen‘[657] abgesehen – bitte, Meister, zeigt unsereinem geradewegs den »Sinn des Kommens aus dem Westen«!“

Der Großmeister Ma sagte: „Ich bin heute von der Arbeit erschöpft und [daher] nicht imstande, es Dir zu erklären. Geh hin und bitte Zhi-zang um Auskunft!“

Der Mönch fragte Zhi-zang.

Zhi-zang sagte: „Warum fragst [Du] nicht Ehrwürden?“

Der Mönch sagte: „Ehrwürden hat [mir gerade] aufgetragen, [hierher] zu kommen und [Dich] zu fragen.“

Zhi-zang sagte: „Ich habe heute Kopfschmerzen und bin [daher] nicht imstande, es Dir zu erklären. Geh hin und bitte den Älteren Bruder Huai-hai um Auskunft!“[658]

Der Mönch fragte Huai-hai.

Huai-hai sagte: „Ich bin hier zwar angekommen, verstehe jedoch nichts!“

Der Mönch berichtete [alles] dem Großmeister Ma.

Der Großmeister Ma sagte: „Zhi-zangs Haupt ist weiß, Huai-hais Haupt ist schwarz.“

---

657 *Vier Behauptungen und Hundert Verneinungen* – logische Spitzfindigkeiten, erfunden von dem indischen Philosophen Nâgârjuna (2./3. Jh.), um seine Philosophie des Mittleren Weges abzusichern. – Bei den *Vier Behauptungen* handelt es sich um die Aussagen, dass etwas (1) existiert / x ist, (2) nicht existiert / nicht x ist, (3) sowohl existiert / x ist als auch nicht existiert / nicht x ist, und (4) weder existiert / x ist noch nicht existiert / nicht x ist. Die *Hundert Verneinungen* kommen dadurch zustande, dass jede dieser Aussagen verneint, diese Verneinung wieder verneint wird usw. – Die häufig wiederkehrende Aufforderung an einen Chan-Meister, etwas *ohne die Vier Behauptungen und Hundert Verneinungen* zu erklären, will – entsprechend der Selbstbeschreibung des Chan, „unmittelbar auf des Menschen Herz zu zeigen“ – darauf hinaus, einen direkten Zugang zur „wahren Wirklichkeit“ eröffnet zu bekommen.

658 Tatsächlich ist Bai-zhang, um den es sich hier handelt, von seinen Lebensdaten her der Jüngere; wenn Xi-tang Zhi-zang ihn gleichwohl als den Älteren betitelt, so deshalb, um ihn als den Erfahreneren und Kundigeren vorschieben zu können!

Lobgesang

> *„Zhi-zangs Haupt ist weiß, Huai-hais Haupt ist schwarz“* –
> Flickenkutten-Mönche mit hellen Augen können [es] nicht verstehen!
> Ma, das Fohlen, hat alle Menschen unter dem Himmel tot getreten –
> Lin-ji, den Dieb, der [auch] am hellen Tage zugreift, gibt's noch nicht![659]
> *„Von den Vier Behauptungen und den Hundert Verneinungen abgesehen“* –
> Unter Göttern und Menschen weiß nur ich Bescheid![660]

Wieder einmal begegnet uns hier **Ma-zu** (709-788), der einflussreiche Begründer der Hong-zhou-Schule des Chan und Ahnherr jener wirkungsmächtigen Traditionslinie, die schließlich zu Lin-ji (?-867) und seinen für das Song-zeitliche Chan entscheidenden Nachfolgern geführt hat. Zu Ma-zu ist freilich alles Wichtige bereits anlässlich des Kôan 3 gesagt worden, auf dessen ausführliche Erläuterungen der Leser hiermit zurückverwiesen sei. Mit beteiligt an dem Spiel um den »Sinn des Kommens aus dem Westen«, das uns das hiesige Beispiel vorführt, sind Ma-zus Schüler Xi-tang **Zhi-zang** (734-814) und der jüngere, aber im selben Jahr verstorbene Bai-zhang **Huai-hai** (749-814), den wir gerade in den drei vorangegangenen Kôan erlebt haben. Beide, Xi-tang wie der fünfzehn Jahre jüngere Bai-zhang, erweisen sich dabei als ebenbürtige Mitspieler.

Zwar handelt die **Ankündigung** von der *[Buddha-]Lehre*, genauer gesagt, vom *Erklären* und *Hören* der *[Buddha-]Lehre*, während der Mönch des Beispiels nach dem *»Sinn des Kommens aus dem Westen«* fragt; doch ist das eine nur scheinbare Differenz. Denn die Buddha-Lehre, wie sie das Chan versteht, und Bodhidharmas »Kommen aus dem Westen« entführen uns letztlich in ein und dieselbe Sphäre, die der Nicht-Dualität. Und so können wir die Aussagen oder vielmehr mehr oder weniger dunklen Hinweise der Ankündigung sehr wohl auf das Geschehen des Beispiels beziehen:

Dass, *wer die [Buddha-]Lehre erklärt, nichts erklärt und nichts mitteilt*, und dass folglich auch, wer *die [Buddha-]Lehre hört, nichts hört und nichts erlangt*, und zwar deshalb nicht, weil es in der Sphäre der Nicht-Dualität nichts mehr auszusagen und also auch nichts mehr zu vernehmen gibt, das wissen wir, Leser und Verfasser, längst aus all den »Öffentlichen Aushängen«, durch die wir uns bisher wie Maulwürfe hindurchgegraben haben. Doch darüber hinaus haben Yuan-wus einleitende Feststellungen, wenn wir sie auf das nachfolgende Beispiel beziehen, noch einen anderen Sinn. Dazu müssen wir sie freilich in umgekehrter Reihenfolge ihrer jeweils zwei Bestandteile lesen: Die drei Männer, die da dem hilfesuchenden

---

659 Eine wörtliche Übersetung dieser Zeile müsste lauten: „Lin-ji **ist noch nicht** der Dieb, der [auch] am hellen [Tage] zugreift“. Aber warum ist er das noch nicht? Nicht deshalb, weil er erst noch eine entsprechende Entwicklung durchmachen müsste, sondern weil er (mit dem Todesjahr 867 und einer zu vermutenden Lebensspanne von 60 bis 70 Jahren) zu der Zeit Ma-zus (709-788) noch gar nicht gelebt hat! Daher die freiere Übersetzung, die der Verfasser gewählt hat.

660 Wer sähe nicht in dieser Zeile, zumal sie mit den Schriftzeichen *tian shang* („über dem Himmel“) beginnt, eine Anspielung auf den berühmten, selbstverständlich legendenhaften Buddha-Ausspruch: „Über dem Himmel, unter dem Himmel nur ich allein erhaben!“?

Mönch auf seine Frage Auskunft geben sollen, *erklären*, so scheint es, dazu *nichts und teilen nichts mit* (weshalb er auch zu dieser seiner Frage *nichts hört und nichts erlangt*); und doch werden wir sehen, dass sie mit eben dem, was sie an Nicht-Erklärung äußern, sehr wohl *die [Buddha-]Lehre erklären* (und der Mönch sehr wohl *die [Buddha-]Lehre* eben hätte *hören und erlangen* können). Wenn wir uns das vor Augen halten, machen auch die beiden nächsten Sätze der Ankündigung Sinn: „*Da [also die einen] nichts erklären und nichts mitteilen*" und „*[der andere] nichts hört und nichts erlangt*", scheint das Verhalten der einen eben auf *Nicht-Erklären* und das, was dem Mönch widerfährt, eben auf *Nicht-Hören* hinauszulaufen. Gleichwohl scheint es nur so; denn *Nicht-Erklären*, wirkliches *Nicht-Erklären*, läge nur dann vor, wenn die betreffenden Akteure sich tatsächlich jedem Erklären verweigerten, was sie ja gerade nicht tun, weil ihr nur scheinbares Nicht-Erklären eben doch die gewünschte Erklärung mit enthält! Dasselbe gilt fürs *Nicht-Hören*: Der Mönch, der da zu seiner Enttäuschung das nicht zu hören bekommt, was er hören möchte, hört ja im Gegenteil, ohne sich dessen bewusst zu werden, genau das, wonach er gefragt hat! Sein *Nicht-Hören* ist mithin kein wirkliches *Nicht-Hören*: auch hier trügt der Schein. *Nicht-Erklären*, so fährt Yuan-wu fort, diesmal als vermeintliche, weil vom Fragenden so empfundene Verweigerung jeglichen Erklärens, und *Nicht-Hören*, das subjektive Bewusstsein, um das betrogen zu sein, was der Fragende sich gewünscht hat, *haben einiges gemeinsam* – nämlich dass sie auf subjektivem Missverstehen beruhen und eine Fehlhaltung darstellen, aus der es sich unbedingt zu befreien gilt. Daher kann Yuan-wu seine Zuhörer in der Lehrhalle davor warnen, beim Hören des nachfolgenden Beispiels demselben Fehler wie der doch etwas unbedarfte Mönch zu verfallen, dem *Fehler des Nicht-Hörens*: das nicht zu hören, was ihm die drei Autoritäten unterschiedlichen Ranges in Wahrheit mitgeteilt haben.

Der Mönch des **Beispiels** also stellt die Frage nach dem »*Sinn des Kommens aus dem Westen*«. Einfältig und unerfahren, wie er ist, versteht er die Antwort, die ihm Ma-zu erteilt, nur ganz wörtlich, nämlich als eine Verweigerung der Antwort, die er sich erhofft; als Aufforderung, sich um eben dieser Antwort willen an jemand anderen zu wenden. Dabei versteht er nicht, dass ihm Ma-zu bereits alles gesagt hat, was bezüglich des »*Kommens aus dem Westen*«, anders gesagt, was über die Befreiung aus »unglücklichem Bewusstsein« (um Hegels Terminus hier aufzunehmen) überhaupt zu sagen ist: dass es darauf ankommt, sein Tagewerk zu tun, mit ganzer Kraft und bis zur Erschöpfung, und dass in einem solchen ganz auf das Konkrete ausgerichteten Leben spekulative Fragen wie die nach einer Erlösung an irgendeinem „jenseitigen Ufer", die ja in der Suche nach einem »*Sinn des Kommens aus dem Westen*« unausgesprochen enthalten ist, keinen Platz mehr haben. Und Zhi-zang, an den sich der Mönch weisungsgemäß als nächsten wendet, ein ausgereifter Meisterschüler seines Lehrers, gibt dem Fragesteller auf gleich gekonnte Weise den nötigen Bescheid: „Ja, das Leben hier in dieser Welt hält mancherlei Beschwernisse – wie etwa, so Zhi-zang in hintergründiger Ironie, meine *heutigen Kopfschmerzen* – für uns bereit; aber das ist doch kein Grund, anderswo, außerhalb, nach Erlösung zu suchen!"[661] Doch auch das vermag

661 Das klingt nicht nur von fern nach einem anderen, dem Kôan 43 *Bi-yan-lu*: Dong-shan Liang-jie antwortet dort auf die Frage eines Mönchs, wie man denn der quälenden Hitze des Sommers und der nicht minder schmerzlichen Kälte des Winters entgehen könne: „Warum gehst Du nicht dorthin, wo es weder Kälte noch Hitze gibt?" Und als der Mönch erwartungsvoll weiterfragt: „Wo ist das denn, wo

der Mönch nicht herauszuhören und lässt sich stattdessen mir nichts, dir nichts zur dritten Instanz weiterschicken. Auch deren Antwort freilich bleibt dem Mönch des Beispiels unverständlich; immerhin ist sie von anderer Art als die beiden vorangegangenen, wenn auch gleichermaßen doppelbödig: Huai-hai, der spätere Abt Bai-zhang, gesteht offen ein, *hier angekommen* zu sein, und das meint nicht das Kloster seines Lehrers Ma-zu, sondern einen Ort, an dem es nichts mehr zu verstehen, nichts mehr zu fragen und nichts mehr zu antworten gibt, weshalb auch das Bekenntnis, *nichts zu verstehen*, statt des Eingeständnisses eines Mangels oder Unvermögens vielmehr eine positive Feststellung darstellt. Dieser Ort, die Stille der Nicht Dualität, ist zugleich der Ort der „Großen Befreiung", allerdings nicht als ein jenseitiger Ort, sondern als das „*Hier* in dieser Welt", in dem *angekommen* zu sein Huai-hais heimlicher Stolz ist! So läuft der Bescheid, den der Mönch in allen drei Fällen erhält, stets auf dasselbe hinaus: dass es für die vielerlei Übel und Leiden der irdischen Welt nur ein Heilmittel gibt, das aus der Stille der Nicht-Dualität gespeiste fraglose Sich-Einsenken in ein tätiges und unverzagtes Leben in eben dieser gebrechlichen Welt.

Ma-zu hat bei diesem Spiel mit verteilten Rollen das entscheidende letzte Wort: „*Zhi-zangs Haupt ist weiß, Huai-hais Haupt ist schwarz.*" Ein höchst dunkler Satz, der sich jedem Verständnis zu entziehen scheint. Wie der Verfasser schon in seinen Erläuterungen zur gleichlautenden Anekdote des Kôan 6 *Cong-rong-lu* angeführt hat, stellt Katsuki Sekida in seinen *Two Zen Classics* der Äußerung Ma-zus einen Ausspruch Dôgens zur Seite, mit dem dieser auf die Frage, was für Einsichten er denn aus China mitgebracht habe, zur Antwort gibt: „Meine Augen liegen horizontal, meine Nase ist vertikal." Das laufe, so Sekida, darauf hinaus, dass hier mit dem Verstand nichts auszurichten, also jeder Versuch eines Verständnisses von vornherein aussichtslos sei. Eine andere, ganz und gar nicht resignative Deutung, die schon Wan-song, der Herausgeber des *Cong-rong-lu*, in seinen einschlägigen Erläuterungen herangezogen hat, lautet hingegen: *Weiß* bezeichnet die Welt der Erscheinungen, *Schwarz* das Absolute.[662] Das fügt sich dem Zusammenhang nahtlos ein: Huai-hais Antwort zielt, insofern sie davon spricht, *angekommen zu sein*, auf die Nicht-Dualität, die Shûnyatâ hinter der Welt der Erscheinungen, und Zhi-zangs Antwort mit ihren *Kopfschmerzen* verbleibt, zumindest dem Wortlaut nach, ganz im Hiesigen, in der Welt der wechselseitigen Bedingtheit und Vergänglichkeit. Es wäre allerdings ein völliges Missverstehen, wollte der Leser die konträre Kennzeichnung der beiden Männer, hier mittels eines *weißen*, dort mittels eines *schwarzen Hauptes*, als Werturteil verstehen, das dem einen von ihnen einen

---

es weder Kälte noch Hitze gibt?", erteilt ihm Dong-shan den Bescheid: „Dort, wo Dich im Winter die Kälte und im Sommer die Hitze umbringt!"

662 Im Text 28 *Dao-De-Jing* heißt es (worauf schon die Fußnote 392 anlässlich des Kôan 35 hingewiesen hat) unter anderem: „Das Weiße kennen, das Schwarze festhalten" – eine Formel, die das Vorbild sowohl für Ma-zus tatsächliche oder nur untergeschobene Metapher als auch für Wan-songs Deutung gewesen sein mag. Analog zu der anderen Formel: „die Seele anleiten, das Eine festhalten" (Text 10) geht es bei dem Festhalten beidemal darum, im Ursprung verwurzelt zu bleiben, auch und gerade während der konträren Hinwendung zu Leben und Welt. „Das Weiße kennen [und] das Schwarze festhalten" besagt also, sich in der Welt der *Zehntausend Dinge* auszukennen, zurechtzufinden und zugleich im Grund der Welt, dem Absoluten, weiterhin verwurzelt zu sein. Anders gesagt: Wan-songs Deutung findet in der *Dao-De-Jing*-Parallele eine deutliche Stütze; und dass Ma-zu – wenn denn die Episode des Beispiels authentisch ist – sein *Dao-De-Jing* gut gekannt hat, darf getrost vorausgesetzt werden (für etwaige Song-zeitliche Autoren des Beispiels gilt das allemal).

höheren Grad an Einsicht als dem anderen zuspricht, sind sie doch beide ganz und gar gleichen Ranges, insofern sie, nicht anders als ihr Meister Ma-zu, einerseits die Kraft zu ihrer Diesseits-Bejahung der gleichen Erfahrung von Nicht-Dualität verdanken und andererseits die Erfahrung von Nicht-Dualität gerade nicht zur Zuflucht in der Shûnyatâ missbrauchen, sondern als dauerhaftes Fundament einer uneingeschränkten Diesseits-Hinwendung, wie sie das Chan als gültige Verwirklichung der *[Buddha-]Lehre*, als den »*Sinn des Kommens aus dem Westen*« proklamiert.[663]

Der **Lobgesang** kommentiert das Beispiel gleichsam im Rückwärtsgang. Xue-dou setzt ein mit Ma-zus Schluss-Sentenz: *„Zhi-zangs Haupt ist weiß, Huai-hais Haupt ist schwarz"*, und bestätigt seinerseits deren Unverständlichkeit: „Selbst *Flickenkutten-Mönche mit hellen Augen können [das] nicht verstehen!"* – eine Bemerkung, die außer der Dechiffrierung der Metaphern auch die Komplementarität der scheinbar einander ausschließenden Gegensätze umfasst, dass doch die Erfahrung von Nicht-Dualität zu ihrer Ergänzung und Abrundung der Zuwendung zur Welt bedarf. Mit den beiden mittleren Zeilen stellt uns Xue-dou sodann die generelle Zielrichtung vor Augen, die der Anekdote als ganzer innewohnt: den damaligen Mönchen – und ebenso auch uns – alle falschen Erwartungen auszutreiben, die sie – und uns möglicherweise auch heute noch – auf einen letzten transzendenten Halt und Zufluchtsort haben hoffen lassen. Xue-dou bedient sich dazu der fiktiven Prophezeiung, mit der angeblich Hui-neng seinem Nachfolger Nan-yue Huai-rang Mut zur Zukunft gemacht hat: dass nämlich aus dessen Schülern „ein junges Pferd (chinesisch: *ma*) hervorgehen werde, das jedermann in diesem Land zu Tode trampelt", und erklärt diese Prophezeiung als auch durch den gemeinsamen Auftritt des *Großmeisters Ma* und seiner beiden Mitspieler für allemal erfüllt: *„Ma, das Fohlen, hat alle Menschen unter dem Himmel tot getreten!"* Er hat ihnen, heißt das, wie später dann erst recht *Lin-ji*, der *„Dieb, der auch am hellen Tage zugreift"*, ihre Hoffnung auf eine Zuflucht am „jenseitigen Ufer" für immer genommen!

Xue-dous Bemerkung zu Lin-ji sollten wir aber nicht so schnell als erledigt betrachten – ist sie doch der eindeutige Beleg dafür, dass ein Song-zeitlicher Chan-Meister etwa 150 Jahre nach dessen Tod Lin-ji ganz offen als den „Großen Zertrümmerer" anerkennt. Finden sich doch im *Lin-ji Lu*, den *Aufzeichnungen der [Ausprüche des Chan-Meisters] Lin-ji*, Aussagen wie „Buddha ist nur ein Name!", „Es gibt keinen Buddha und keinen Dharma!", „Die Ihr nach Befreiung strebt, danach, den Drei Welten zu entkommen – wohin wollt Ihr Kindsköpfe denn dann gehen, wenn Ihr die Drei Welten verlasst?", „Ihr habt doch einen Vater und eine Mutter – wonach sucht Ihr denn noch?" Insbesondere dieser letzte Ausspruch, so harmlos er klingt, ist für hochfliegende Erwartungen im wörtlichen Sinnen niederschmetternd: „Ihr habt doch einen Vater und eine Mutter – und die haben Euch alles gegeben, äußere Gliedmaßen, innere Organe, alles, was Ihr zum Leben braucht: Lebt einfach!", heißt das. Es heißt aber auch: „Dass sie Euch auf die Welt gebracht haben, ist Erklärung für Eure Existenz genug; es bedarf keiner weiteren Rechtfertigung, keiner Sinn- und Zielsetzung; es soll mit Euch

663 Leser, die die hiesigen Erläuterungen mit denen vergleichen, die der Verfasser anlässlich des Kôan 6 *Cong-rong-lu* vorgetragen hat, werden neben grundsätzlicher Übereinstimmung vielerlei Unterschiede in den Einzelheiten feststellen, die geradezu zwangsläufig aus dem jeweils anderen Kontext von Ankündigung und Lobgesang resultieren.

nichts erreicht werden; Ihr seid keine Agenten eines Heilsplanes (oder, hegelisch gesprochen, eines »Weltgeistes«); Ihr seid einfach da, weil ihr gezeugt und geboren worden seid!“ Dieser Lin-ji, das zeigen schon die wenigen obigen Zitate, hat mit allem Höheren und Jenseitigen aufgeräumt und uns nur das von keinem kosmischen Glanz überhöhte Dasein in der irdischen Welt übriggelassen – und genau das hat auch der Ma-zu des hiesigen Beispiels getan! So wird denn Ma-zu von Xue-dou als unstrittiger Vorläufer Lin-jis in die Song-zeitlich kulminierende Tradition Chan-typischen »Bilderstürmens« einbezogen!

Mit den beiden Schlusszeilen des **Lobgesangs** wendet sich Xue-dou zum Anfang des Geschehens zurück, zu der Ausgangsfrage des Mönchs, der Aufklärung über den »*Sinn des Kommens aus dem Westen*« jenseits aller Worte – „*von den Vier Behauptungen und den Hundert Verneinungen abgesehen*“ – von Ma-zu erheischt. Dieser Mönch hat es Ernst gemeint; er hat sich nicht mit irgendeiner Aussage zu einem Teilaspekt der *[Buddha-]Lehre* abspeisen lassen wollen, er zielt mit seiner Frage ins Zentrum des Geheimnisses hinter den Dingen, in den letzten und unausprechlichen Grund der Welt. Und was hätte Ma-zu da, wo es nichts mehr zu sagen gibt, noch sagen sollen? Außer einer Feststellung, die die Sphäre des letzten Geheimnisses schlicht beiseite schiebt und sich auf die Sphäre dessen beschränkt, worin wir mit unserer Sprache zuhause sind, die unseres irdischen Daseins? Nichts also hat Ma-zu zu dem eigentlichen Gegenstand der Frage sagen können, und er hat nicht nur deshalb nichts sagen können, weil es da nichts mehr zu sagen gibt, sondern weil da auch nichts mehr ist, das dazu herausfordern könnte, bestimmt oder auch nur metaphorisch – als Vairochana, Dharmakâya, Shûnyatâ – umschrieben zu werden. (An dieser Stelle sei daran erinnert, dass im Sinne des Song-zeitlichen Chan der Weg »nach oben hin« erst dann vollendet, mithin »Befreiung« erst dann erreicht ist, wenn wir „über den Scheitel des Vairochana zu laufen“ gelernt, also noch Dharmakâya und Shûnyatâ hinter und unter uns gelassen haben.)

Xue-dou allerdings, um zur Frage des Mönchs zurückzukehren, gibt sich den Anschein, er könnte es besser als Ma-zu, und erteilt dem Mönch immerhin nachträglich doch eine Antwort: „*Unter Göttern und Menschen weiß nur ich Bescheid!*“ Das klingt höchst überheblich – und ist doch nur Ironie! Keineswegs maßt er sich an, Bescheid zu wissen, wo alle anderen versagen, und sich einen Status zuzuschreiben, der allein dem mythischen Buddha zukommt: „Über dem Himmel und unter dem Himmel nur ich allein erhaben!“ Nein – worauf diese letzte Zeile abzielt, ist das Faktum, dass jeder von uns die Erfahrung der Nicht-Dualität, des Nicht-Seins und Nichts als eines letzten Nicht-Grundes immer nur für sich selbst machen kann; dass wir da, mit den Worten Wu-mens, „wie Stumme sind, die einen Traum erleben, den jeder einzelne nur selbst kennen kann“![664]

664 Kôan 1 *Wu-men-guan* – Roloff (1), S. 22.

76. (74.) Jin-niu und der Reiskübel

Ankündigung

Das Schwert Mo-ye waagerecht in die Hände nehmen und die Höhle aus Schlingpflanzen und Rankengewächsen vor seiner Spitze zerschneiden;[665] ein klarer Spiegel auf seinem Gestell [sein], in Worten das Siegel des Vairochana aussprechen.[666] Wenn die Umstände sicher und still sind, dann isst [du deinen] Reis und ziehst [deine] Kleidung an. Wenn [du] ein spirituelles Verständnis [erlangt hast] und [dein Leben] ein spielerisches Schlendern ist, warum dann zufällig [hier oder dort] verweilen? Weißt [du] es auch wirklich genau? Nimm [dir] dazu das Nachfolgende vor!

Beispiel

Ehrwürden Jin-niu [pflegte] jedesmal zur Zeit des Mittagsmahls mit dem Reiskübel in den eigenen Händen vor der Mönchshalle einen Tanz aufzuführen;[667] dazu stimmte [er] ein lautes Gelächter an und rief: „Ihr Bodhisattvas, kommt Reis essen!"

(Der Meister sagte dazu: „Auch wenn es so gewesen ist, so lag doch in Jin-nius [Verhalten] keine Güte!")

[Später] richtete ein Mönch an Chang-qing die Frage: „Da hat ein Mensch aus früherer Zeit gesagt: ‚Ihr Bodhisattvas, kommt Reis essen' – was hat er damit sagen wollen?" Chang-qing sagte: „[Seine Worte] ähneln sehr einer Lobrede, die sich auf die Freude auf das Mittagsmahl gründet!"

Lobgesang

Im Schatten weißer Wolken ein lautes Gelächter –
Mit beiden Händen hält er [den Kübel] für sie hin!
Wären sie Söhne des Goldhaar-Löwen –
[Noch] dreitausend *Li* weit weg hätten [sie] den zänkischen Betrug erkannt![668]

---

665 Das *Schwert Mo-ye* ist dem Leser schon einmal begegnet, und zwar in der Ankündigung des Kôan 9. Die dortige Fußnote 128 sei hier der Einfachheit halber wiederholt: Das *Schwert Mo-ye* ist das berühmteste, weil schärfste Schwert aus der Geschichte Chinas; seinen Namen verdankt es einer Frau, und zwar der Frau eines Schwertschmieds, die dieses Wunderschwert etwa 500 Jahre vor Beginn unserer Zeitrechnung geschmiedet hat!

666 *Siegel des Vairochana* – wie beim „Siegel des Buddha-Herzens" im Kôan 38 ist auch bei *Vairochana* mit dem Siegel das „Innerste" gemeint, das letzte und unaussprechliche Geheimnis, das sich in der Tiefe, in diesem Falle in der Tiefe *Vairochanas* verbirgt. Wenn *Vairochana* den Dharmakâya als den Grund der Welt verkörpert, so verweist sein *Siegel* gleichsam auf den Grund dieses Grundes, auf etwas, das sich nicht mehr aussprechen lässt, nicht einmal durch die Begriffe „Nicht-Sein" und „Nichts" als die Umschreibung der tiefsten Tiefe des DAO.

667 Bei dem *Reiskübel* (oder auch „Reiseimer") handelt es sich um ein größeres Gefäß, in dem der gekochte Reis für die gesamte Mönchsgemeinde aufgetragen wurde. Eigenhändig trägt Jin-niu sie aus der *Mönchshalle*, in der die Mönche ihr Essen einnahmen, ins Freie hinaus, um sie den Bodhisattvas hinzuhalten!

668 Die Formulierung *„zänkischer Betrug"* mag befremden; doch das chinesische Original enthält an dieser Stelle tatsächlich die beiden Schriftzeichen: „Zank" und „Betrug"! Welchen Sinn diese Verknüpfung hat, soll aus den Erläuterungen hervorgehen.

77. (93.) Da-guang tanzt

Ankündigung

(nicht erhalten)[669]

Beispiel

Ein Mönch fragte Da-guang: „Chang-qing hat von einer ‚*Lobrede*‘ gesprochen, ‚*die sich auf die Freude auf das Mittagsmahl gründet*‘ – was hat [er] damit sagen wollen?“
Da-guang vollführte einen Tanz.
Der Mönch verbeugte sich in Verehrung.
Da-guang sagte: „Was hast [Du] gesehen, dass [Du Dich] sogleich in Verehrung verbeugst?“
Der Mönch vollführte [gleichfalls] einen Tanz.
Da-guang sagte: „Dieser Geist eines wilden Fuchses!“

Lobgesang

Der erste Pfeil [traf] noch leicht, der zweite Peil [dringt] tief[670] –
Wer will da sagen, gelbe Blätter seien gelbes Gold?[671]
Die Wellen des Cao-Bergbaches ähneln einander –
Gewöhnliche Menschen ohne Zahl werden [von ihnen] überschwemmt![672]

Bei diesen beiden »Öffentlichen Aushängen« liegt der Fall anders als bei denjenigen Kôan, die der Verfasser bisher schon in ihren Erläuterungen zusammengefasst hat – anders insofern, als sich zwar die Frage, die der Mönch des Kôan 77 an **Da-guang** (836-903) richtet, inhaltlich auf das Kôan 76 bezieht, und zwar auf eine Bemerkung, die **Chang-qing** (854-932) erst nachträglich zu **Jin-nius** befremdlichem Reis-Ritual geäußert hat, andererseits aber die einzelnen Begebenheiten nicht Teile einer einzigen, in sich geschlossenen Situation sind, sondern jeweils mehrere Jahre auseinanderliegen, was auch für Jin-nius scheinbar

---

669 Wie schon zuvor in den Kapiteln 6, 14, 18, 26, 28, 30, 34, 36, 44, 52, 58, 64, 67, 69, 73 und 74 weisen auch zu diesem Kôan weder die Standard- noch die *Ichiya*-Version (und in ihrem Gefolge die *Teihon*-Ausgabe) eine Ankündigung auf. Dieser Ausfall hier im Kôan 77 ist der siebzehnte Beleg für den schwerwiegenden und komplexen »Bindefehler«, der beiden Überlieferungssträngen, der Standard- und der *Ichiya*-Version, einen bereits verstümmelten gemeinsamen Vorfahren zuweist.

670 Diese Zeile greift Wu-men in seinem Lobgesang zum Kôan 15 *Wu-men-guan* auf – wenn es sich dabei nicht um eine feststehende Redewendung handelt.

671 Um die Reinheit von Gold hervorzuheben, bedienen sich die Autoren des *Bi-yan-lu* zweier Adjektive: Entweder ist von „echtem“ oder „wahrem“ oder „reinem“ Gold (*zhen jin*) die Rede oder von „gelbem“ Gold (*huang jin*). Der Verfasser hat bisher die Wortfügung „gelbes Gold“ stets im Sinne von „echtem“ oder „wahrem“ Gold als „reines Gold“ übersetzt; doch im Falle der obigen Gedichtzeile ist angesichts der Gegenüberstellung zu den *gelben Blättern* die wörtliche Wiedergabe als *gelbes Gold* unbedingt vorzuziehen.

672 Der *Cao-Bergbach* steht für Hui-neng – vgl. die Fußnote 86 anlässlich des Kôan 5; und mit den *Wellen* sind seine Dharma-Nachfolger der verschiedenen Generationen gemeint, in diesem Fall Jin-niu und Da-guang, die beide gleichermaßen einen Tanz aufführen.

absurden Auftritt und Chang-qings Deutung dieses regelmäßig wiederkehrenden Auftritts gelten muss, da ja der betreffende Mönch, der sich da im Kôan 76 an Chang-qing wendet, diesen Jin-niu, laut Yuan-wu ein Schüler Ma-zus (709-788), als einen *Menschen aus früherer Zeit* bezeichnet. Gleichwohl sollen auch hier, und zwar wegen des engen inhaltlichen Zusammenhangs beider »Öffentlichen Aushänge«, die Erläuterungen zu den Kôan 76 und 77 zusammengefasst werden.

In der Ankündigung des Kôan 76 spricht Yuan-wu zunächst davon, sich wie mit einem Schwert aus der Verblendung zu befreien, die uns wie eine *Höhle aus Schlingpflanzen und Rankengewächsen* umschließt und gefangen hält. Welche Verblendung ist da gemeint? Die gewöhnliche Verblendung, der nach traditioneller Buddha-Lehre jeder gewöhnliche Mensch unterliegt, nämlich das, was ohne innewohnende Wirklichkeit und mithin bloße Erscheinung ist, für eben dies, für Wirklichkeit zu halten? Doch wenn dem so wäre, wozu bedürfte es dann eines so außerordentlichen Schwertes wie des *Schwertes Mo-ye*? Oder gibt es mehrere Arten oder Stufen der Verblendung, und darunter eine, der wir uns besonders schwer entreißen können, weshalb wir dazu ein so einmalig scharfes Schwert wie das *Schwert Mo-ye* benötigten? Und welche Verblendung höheren Grades wäre das? Das, was nach traditioneller Buddha-Lehre das allein Wirkliche ist, ob nun Dharmakâya oder Shûnyatâ, für etwas Wirkliches zu halten – statt für nichts?

Sodann geht es laut Yuan-wu darum, als *ein klarer Spiegel auf seinem Gestell* das, »was der Fall ist« (um abermals Wittgensteins Formel aufzugreifen), so abzubilden und darzustellen, wie es der Fall ist, und dabei das Unmögliche zu vollbringen, nämlich *in Worten das Siegel des Vairochana auszusprechen.* Wie aber ließe sich das schlechterdings Unaussprechliche, das, was dem *Vairochana*, auch Dharmakâya oder Shûnyatâ genannt, zuinnerst innewohnt, *in Worten aussprechen*? Wie anders als indirekt – gerade so, wie es der Jin-niu des Beispiels tut?

Denn soviel ist zu dem Bisherigen noch nachzutragen: Wieder einmal fehlen in den Sätzen der Ankündigung die Personalpronomen, mit der Folge, dass die beiden ersten zunächst einmal als allgemeine gehaltene Aufforderung verstanden werden können: „Du musst dies oder das!“ Aber genauso gut sind sie als Aussagen über den „Helden“ des Beispiels, also Jin-niu, zu verstehen. Er ist es, der das *Schwert Mo-ye in die Hände nimmt* und damit eine *Höhle aus Schlingpflanzen und Rankengewächsen* zerschneidet – wobei vorerst offenbleibt, um welche Verblendung es sich dabei handelt. Er ist es auch, der wie *ein klarer Spiegel auf seinem Gestell* das, »was der Fall ist«, so widerspiegelt, wie es der Fall ist; und er ist es schließlich auch, der *in Worten das Siegel des Vairochana ausspricht* – mit seinen Worten mithin, mit denen er die *Bodhisattvas* zum Mittagsmahl einlädt: *„Kommt Reis essen!“* Aber wieso *spricht* er mit diesen so ganz und gar alltäglichen und der irdischen Sphäre verhafteten Worten *das Siegel des Vairochana aus*?

Ähnlich steht es um die beiden nächsten Sätze. Wir können sie als Wenn-Dann-Beziehungen deuten, wie in der obigen Übersetzung geschehen ist. Aber ebenso gut lassen sie sich als Aussagen über Jin-niu interpretieren: Seine *Umstände* sind *sicher und still*, die Umstände, in denen Jin-niu sein Leben führt; und weil sie das sind, *isst* er in aller Seelenruhe *seinen*

Reis und *zieht* die passende *Kleidung an*, je nach den Tätigkeiten, für die er sich mit seinem Reis gestärkt hat. Und weil er ein hinreichendes *spirituelles Verständnis erlangt hat* und infolgedessen *sein Leben ein spielerisches Schlendern ist*, gibt es für ihn keinen Grund, *zufällig [hier oder dort] zu verweilen* – ein befremdlicher Zusatz, steht es doch jedem, der müßig-spielerisch schlendert, jederzeit frei, irgendwo des Längeren oder Kürzeren zu verweilen! Oder will Yuan-wu uns sagen, dass ein Mann wie Jin-niu, der aus *spirituellem Verständnis* ein *Leben spielerischen Schlenderns* führt, keinen Anlass hat, sich irgendwo festzusetzen? Und wo sollte das denn, bitte schön, sein? Wohl kaum an einem konkreten geographischen und obendrein *zufälligen* Ort! Dann also hier in der Welt überhaupt? Aber dort verweilt er ja ohnehin und zwangsläufig, wenn er sein *Leben* als *spielerisches Schlendern* führt! Dann also in der „anderen Welt", als dem „Rasthaus für Reisende", von dem Wu-men in seinem Kôan 35 spricht? In der Tat hat ein Mensch des „spielerisch-vergnüglichen Lebens" keinen Anlass, in der „wahren Wirklichkeit" zu verweilen, kehrt er doch nach jeder „Übernachtung" – so Wu-men – von dort in die hiesige Welt zurück. Und wenn es das ist, was Yuan-wu uns zu Jin-niu sagen will – was bedeutet dann seine Kennzeichnung eines solchen von ihm verworfenen Aufenthaltes als *zufällig*? Dass die „wahre Wirklichkeit" nicht der Ort unserer Bestimmung ist?

Doch wie soll denn nun das **Beispiel** die teils vagen, teils rätselhaften Aussagen Yuan-wus mit so konkretem wie eindeutigem Inhalt füllen, also das bloß Angekündigte gleichsam einlösen? Betrachten wir die Einzelheiten. Das Beispiel des Kôan 76 gliedert sich in zwei Etappen, von denen die erste dem eigentlichen Auftritt Jin-nius gewidmet ist. Dieser Auftritt fällt äußerst kurz aus: *Ehrwürden Jin-niu pflegte jeden Tag zur Mittagszeit mit dem Reiskübel in seinen Händen vor die Mönchshalle zu treten und dort einen Tanz aufzuführen, wozu [er] ein lautes Gelächter anstimmte und rief: „Ihr Bodhisattvas, kommt Reis essen!"* Was sollen wir damit anfangen? Es ist doch eine großzügige Geste, dass der Abt persönlich den für die Mönche bestimmten Reiskübel erst einmal vors Haus trägt und die Bodhisattvas einlädt, vom Himmel herabzusteigen und an dem Essen teilzunehmen! Freilich, so harmlos-freundlich diese Szene aussieht, der Kommentar, den Xue-dou dazu abgegeben hat, weist auf etwas ganz Anderes hin: *„Auch wenn es so gewesen ist, so lag doch in Jin-nius [Verhalten] keine Güte!"* Nicht Freundlichkeit und Güte also soll sich in der Geste Jin-nius verbergen; es muss folglich etwas Boshaftes und Hinterhältiges darin versteckt gewesen sein – aber was? Bei den Bodhisattvas, die Jin-niu da herbeiruft, handelt es sich ganz offensichtlich nicht um Menschen, die den Status eines Bodhisattva errungen haben; es müssen, metaphorisch gesprochen, Bewohner des Himmels sein, die er auf die Erde herabruft. Transzendente Bodhisattvas also, der jenseitigen Welt „am anderen Ufer" zugehörig, zu denen als die bedeutendsten Avalokiteshvara, der Bodhisattva des unendlichen Erbarmens, Mañjushrî, der Bodhisattva der Weisheit und Lehrer der Sieben Buddhas, und Samantabhadra gehören, Letzterer der Begleiter Vairochanas und Verkörperung einer spirituellen Kraft, die alle Hindernisse überwindet. Sie alle vertreten den Bereich der „wahren Wirklichkeit", des „dauerhaften und beständigen Wahrheitsleibes", wie es im Kôan 66 geheißen hat. Sie alle ruft Jin-niu auf die Erde herab, so als hätten sie irdische Nahrung nötig, als wäre dieser irdische Reis die allein sättigende Nahrung, neben der es eine andere nicht gibt. Und genau darin liegt die Bosheit und das Hinterhältige seiner Einladung, dass sie auf die indirekte Botschaft an die Bodhisattvas hinausläuft: „Da oben im Himmel der ‚wahren Wirklichkeit' ist für Euch nichts zu holen! Der einzige Ort, zu dem Ihr Zuflucht nehmen solltet, ist hier die irdische Welt!" In seinem Lobgesang bestätigt Xue-dou diese Deutung des Beispiels, indem er in der letzten Zeile von einem *„zänkischen Betrug"* spricht (wörtlich sogar von „Zank und Betrug"), den Jin-niu da an den himmlischen Bodhisattvas verübt: Er *betrügt* sie, insofern er vorgibt, ihnen etwas Gutes tun zu wollen, in Wahrheit aber ihnen das Vertrauen in ihren angestammten Wohnsitz zu rauben unternimmt. Und er *zankt* sogar mit ihnen, insofern er diesen Wohnsitz selbst, die „wahre Wirklichkeit", in Frage stellt und nur die irdische Welt als möglichen Wohnsitz gelten lässt – eine Attacke, der sich die Bodhisattvas sicherlich nicht so ohne Weiteres werden beugen wollen!

Dass Jin-nius Auftritt mehr und anderes ist als eine freundlich-harmlose Einladung, unterstreicht die zweite Etappe des **Beispiels**, bei der Chang-qing auf die Frage eines Mönchs, was denn Jin-niu mit seinem täglich wiederkehrenden Ausruf *„Ihr Bodhisattvas, kommt Reis essen!"* wohl gemeint haben könnte, zurAntwort gibt: *„[Seine Worte] ähneln sehr einer Lobrede, die sich auf die Freude auf das Mittagsmahl gründet!"* Denn diese Einladung an die Bodhisattvas, sich gemeinsam mit den Mönchen am Mittagsreis zu laben, drückt zugleich Jin-nius völliges Genügen an den irdischen Freuden eines einfachen Lebens aus. Einem Loblied auf solche Freuden freilich *ähnelt* seine tägliche Aufführung nur, da sie ja tatsächlich etwas ganz anderes aussagt, nämlich über den ontologischen Status von „wahrer Wirklichkeit" und irdischer, oder besser gesagt, physischer Welt.

Der **Lobgesang** springt mit den Bodhisattvas auch nicht gerade zimperlich um: *„Wären sie Söhne des Goldhaar-Löwen – / [Noch] dreitausend Li weit weg hätten sie den zänkischen Betrug erkannt!"* – sie sind aber keine Söhne des Goldhaar-Löwen, wofür auch immer der hier stehen mag; und so sind sie Jin-niu auf den Leim gegangen und haben den *Betrug* in seinen Worten nicht bemerkt! Jin-niu selbst hingegen, der *„im Schatten weißer Wolken"* – also aus komfortabler Lage – *„ein lautes Gelächter [anstimmt und] mit beiden Händen [den Kübel] für sie hinhält"*, ist ein Scherzbold durch und durch: Er lacht sie aus, die Bodhisattvas, die er da einzuladen scheint, und benutzt den Kübel voller Reis als ein Lockmittel, dem sie nicht widerstehen können. Folgerichtig fortgefahren heißt das: Die einfältig-treuherzigen Bodhisattvas haben Jin-nius Angebot unbesehen angenommen, sind auf die Erde hernieder gestiegen und haben – bis heute – nicht erkannt, dass er sie damit in der irdischen Welt gefangen setzt! Das alles ist vonseiten Xue-dous, wie sich versteht, nur Scherz: weil er die Anekdote um Jin-niu wie unbefangen wörtlich nimmt, die das, was sie zu sagen hat, nur in metaphorischer Umschreibung zu sagen wagt: dass es nur eine Wirklichkeit gibt, die der irdischen Welt. Und mit eben dieser nur indirekten Aussage löst Jin-niu ein, was Yuan-wu schon vorweg angekündigt hat: *„Er spricht das Siegel des Vairochana* – das unaussprechliche, wohlgemerkt – *[gleichwohl] in Worten aus!"* Eben darin nämlich besteht dieses *Siegel*, dass der Grund der Welt, Dharmakâya oder Shûnyatâ, im Grunde nichts ist. Genau das auszusprechen, ist die Tat, zu der es eines *Schwertes Mo-ye* bedarf mit seiner Grausamkeit und Schärfe; und die Verblendung, deren *Schlingpflanzen und Rankengewächse zu zerteilen* eben ein solches *Schwert Mo-ye* vonnöten ist, sie unterscheidet sich in der Tat wesentlich von dem, was gewöhnlicherweise als Verblendung gilt: Es ist das der Glaube an eine „wahre Wirklichkeit" jenseits der „Erscheinungen", von dem sich loszusagen einem Anhänger des Mahâyâna weitaus schwerer fallen muss.

Das **Beispiel** des Kôan 77 erweist sich als weitere Fortsetzung der Anekdote um Jin-niu, die an Chang-qings Ausdeutung dieser Anekdote anschließt. Ein Mönch fragt Chang-qings Zeitgenossen Da-guang: *„Chang-qing hat von einer ‚Lobrede' gesprochen, ‚die sich auf die Freude auf das Mittagsmahl gründet' – was hat er damit sagen wollen?"* Chang-qings Äußerung scheint in den Klöstern die Runde gemacht zu haben und zu einiger Berühmtheit gekommen zu sein. Also erbittet sich ein weiterer Mönch diesmal von Da-guang genauere Auskunft. Statt auf diese Bitte einzugehen, *vollführt Da-guang einen Tanz*, mit dem er den Tanz wiederholt, den einst Jin-niu mit seinem Reiskübel vor der Mönchshalle veranstaltet hat. Was dabei wie die Verweigerung einer Antwort aussieht, ist, wenn auch non-verbal formuliert, eben die gewünschte Antwort: Ein Tanz bedeutet Lebensfreude (und ein Freudentanz ist schon der Tanz Jin-nius gewesen) und also Daseins- und Diesseitsbejahung! Der Tanz eines Klosterabtes aber, obendrein mitten im Kloster aufgeführt, besagt noch etwas anderes, nämlich dass hier der oberste Repräsentant der Klosterdisziplin sich die Freiheit herausnimmt, aus der Strenge dieser Disziplin auszubrechen, ein Ausbruch, der nicht als Aufkündigung aller Disziplin missverstanden werden darf, der vielmehr voraussetzt, das die unerlässliche Disziplin – und in einem Chan-Kloster schließt das die tägliche Routine des In-Versenkung-Sitzens ein – im Übrigen gewahrt bleibt.

Wenn auf Da-guangs Tanz hin der *Mönch sich in Verehrung verbeugt*, will er damit zu erkennen geben, er habe verstanden, er habe die Belehrung dankbar angenommen, dass es hier um Lebensfreude geht. Doch Da-guang bleibt skeptisch: *„Was hast [Du] gesehen, dass [Du Dich] sogleich in Verehrung verbeugst?"* Der Mönch tut es dem Meister gleich; statt sich auf eine verbale Antwort einzulassen, *vollführt er [gleichfalls] einen Tanz*. Das ist zwar schön und gut, aber zuwenig, wie auch Xue-dou in seinem **Lobgesang** hervorhebt: *„Wer will da sagen, gelbe Blätter seien gelbes Gold?"* Denn die Reaktion des Mönchs ist zweideutig: Hat er wirklich verstanden oder täuscht er wirkliches Verständnis nur vor und greift mit seiner Nachahmung des Meisters lediglich zu einem Trick? Und was alles muss Bestandteil eines wirklichen Verstehens sein? Genügt es, sich zu nichts als Lebensfreude zu bekennen? Dazu bedarf es doch keiner spirituellen Übung; das können doch *gewöhnliche Menschen* ohne jegliche Versenkungsübung auch. Wegen der offenkundigen Zweideutigkeit seiner Reaktion aber schimpft Da-guang den Mönch folgerichtig den *„Geist eines wilden Fuchses"*!

Was das besagt, liegt auf der Hand. Fuchsgeister sind Betrüger, die alles daran setzen, Menschen in Verirrungen zu locken und dem Unheil zu überlassen. Unterstellt, der Mönch habe Da-guangs Tanz – von Xue-dou *„der erste Pfeil"* genannt, der ihn *„noch leicht getroffen hat"* – tatsächlich verstanden, so besteht doch die Gefahr, dass er diesen Tanz als Aufforderung zu einer naiven Lebensfreude sich zu eigen macht, die nichts anderes im Sinn hat, als das Leben leicht zu nehmen und alles Harte, Kantige und Dunkle auszublenden. Da-guangs *„Dieser Geist eines wilden Fuchses!"* ist – mit den Worten Xue-dous – *„der zweite Pfeil, der tief dringt"* und setzt den Mönch dem Verdacht aus, er werde zukünftig einer oberflächlichen und leichtfertigen Lebensweise Vorschub leisten, die die Abgründe des Daseins nicht wahrhaben will, sozusagen in Verlängerung jener hintersinnigen, doch fälschlicherweise wörtlich genommenen Aussprüche Lin-jis, mit denen er seinen Mönchen ans Herz gelegt hat, es bräuchte nicht mehr, als dass sie aufstehen, sich ankleiden, essen, ihre Notdurft verrichten und sich wieder schlafen legen! Da-guangs Vorwurf, nichts als *der Geist eines wilden Fuchses* zu sein, soll den Mönch zu kritischer Selbstreflexion und letztlich zu der Einsicht führen, dass eine Lebensfreude, wie sie in den Tänzen Jin-nius und Da-guangs ihren Ausdruck findet, genau die Askese der Versenkungsübung voraussetzt, die die Disziplin des Klosterlebens den Chan-Mönchen abverlangt. Es ist das eine Lebensfreude, die aus dem spirituellen Sterben des *da si*, des „Großen Todes", erwächst, eine Lebensfreude, die allein es aufgrund der Unerschütterlichkeit der ihr zugrunde liegenden Gelassenheit (»alles gelassen zu haben« wie es bei Plotin und Eckhardt heißt) verdient, den Ehrentitel des „Großen Friedens" zu führen. Nein, diese Lebensfreude ist etwas anderes als die naive, nicht von Schmerz und Verzicht unterfütterte Lebensfreude *gewöhnlicher Menschen*, von denen Xue-dou daher im **Lobgesang** sagen kann, sie seien den *Wellen des Cao-Bergbaches*, sprich, den Meistern des Chan und ihrem Insistieren auf den Abgründen des Daseins so hilflos ausgeliefert wie der Flutwelle einer landesweiten *Überschwemmung*: Sich plötzlich vor die Notwendigkeit des *da si* gestellt zu sehen ist für *gewöhnliche Menschen* wie ein Dammbruch des Gelben Flusses, der immer wieder die weiten Ebenen des nordöstlichen China unter Wasser gesetzt und dabei Tausende von Toten gefordert hat.

78. (91.) Yan-guans Nashorn-Fächer

Ankündigung

[Wenn du] das Fühlen überschreitest, das Sehen hinter [dir] lässt, [deine] Fesseln entfernst, den Kleister auflöst; die Heilslehre [unserer] »nach oben hin« ausgerichteten Schule aufrichtest[673] und den »Schatz des Auges des wahren Dharma«[674] stützend senkrecht hinstellst – [dann] ist es auch notwendig, dass [du] allen Zehn Himmelsrichtungen gleichermaßen entsprichst, nach den Acht Himmelsseiten hin Klugheit [beweist] und ohne Umschweife eine solche Stufe [der Vollendung] erreichst. – Nun sagt mal: Gibt es tatsächlich Menschen, die gleichzeitig erlangen und gleichzeitig bezeugen, die gleichzeitig sterben und gleichzeitig leben?[675] Bedenkt [dazu, was Xue-dou hier] vorbringt!

Beispiel

Yan-guan forderte eines Tages [seinen] Aufwärter auf: „Reich mir den Nashorn-Fächer her!"
Der Aufwärter sagte: „Der Fächer ist zerbrochen!"
Yan-guan sagte: „Da der Fächer nun einmal zerbrochen ist, gib mir das Nashorn zurück!"
Der Aufwärter fand keine Antwort.

[Später] sagte Tou-zi dazu: „[Ich] würde [mich] nicht weigern, es herauszugeben; [nur] **fürchte** [ich, sein] Horn auf dem Kopf wäre [dann] nicht [mehr] vollständig!"

---

673 *Heilslehre* – das chinesische Schriftzeichen *cheng* bedeutet im buddhistischen Kontext – als Entsprechung zum Sanskrit-Wort yâna" – auch: „Fahrzeug" oder „Heilsweg". Weil jedoch im obigen Satz „Fahrzeug" zu „aufrichten" schlecht passen will, hat der Verfasser die Übersetzung „Heilslehre" gewählt. Dabei ist sowohl das „Aufrichten" als auch das nachfolgende „Senkrecht-Hinstellen" nicht wörtlich zu nehmen, sondern als ein „Fördern", „Unterstützen", „Zur-Entfaltung-und-Vertiefung-Bringen" zu verstehen.

674 *Der »Schatz des Auges des wahren Dharma«*, chinesisch: *zheng fa yan zang*, japanisch: *shôbôgenzô*, ist eine emphatische Formel für die Lehre Buddhas, die einem chinesischen Sûtra (*Fragen und Antworten zwischen dem Großen Brahman und Buddha*) entstammt und nicht nur von Lin-ji gegen Ende des 9. Jahrhunderts und hier im *Bi-yan-lu* von Yuan-wu Ke-qin (1036-1135) aufgegriffen, sondern auch von Da-hui Zong-gao (1089-1163) als Titel für seine Sammlung von mehr als 650 Kôan gewählt worden ist und noch später in das *Wu-men-guan* (1229) und dessen Kôan 6 Eingang gefunden hat. Etwa zeitgleich hat sie dann Dôgen als Titel für die Sammlung seiner Lehrreden und Kôan-Kommentare übernommen (1231-1253). Das Kôan 6 *Wu-men-guan* verrät uns zugleich, dass mit dem *»Schatz des Auges des wahren Dharma«* das Nirvâna, genauer gesagt, die Lehre von der »Befreiung« durchs Nirvâna gemeint ist; legt doch Wu-men dort dem Buddha die Worte in den Mund: „Ich besitze den Schatz des Auges des Wahren Dharma, den wunderbaren Geist des Nirvâna (*nie-pan miao xin*)!" – Roloff (1), S. 42

675 *Gleichzeitig erlangen und gleichzeitig bezeugen* – diese Formel findet sich noch ein zweites Mal, in der Ankündigung des Kôan 90.

(Der Meister griff das auf und sagte: „Ich wünschte [ihm sogar] ein unvollständiges Horn auf dem Kopf!“)

[Bei anderer Gelegenheit] sagte Shi-shuang dazu: „Wenn [ich es] Ehrwürden zurückgäbe, wäre [es alsbald] nicht mehr da!“

(Der Meister griff das auf und sagte: „Das Nashorn ist [aber] immer noch da!“)

Zi-fu zeichnete [seinerseits] einen Kreis und schrieb das eine Schriftzeichen „Ochse“ hinein.

(Der Meister griff das auf und sagte: „Warum [ihn] nicht gerade jetzt herausgeben?“)

Und Bao-fu [schließlich] sagte: „Ehrwürden hat [doch schon] ein ehrwürdiges Alter erreicht; [da wäre es] richtig, nicht jemand anderen zu bitten!“

(Der Meister griff das auf und sagte: „Wie bedauerlich, sich abgeplagt und doch nichts zustande gebracht zu haben!“)

Lobgesang

Den Nashorn-Fächer hat [er] schon bei vielen Anlässen benutzt –
Befragt, woher [er ihn] hat, so weiß [er es] durchaus nicht!
Keine Schranken [kennen] der reine Wind und das Horn auf dem Kopf –
Gerade wie es schwer ist, Wolken und Regen einzuholen, sind sie erstmal fort!

(Der Meister sagte auch: „Wenn [Ihr] möchtet, dass der reine Wind wieder zurückkommt und das Horn auf dem Kopf wieder nachwächst, dann bittet einen Chan-Gast, ein Wende-Wort zu äußern!“ [Daraufhin] befragt sagte er: „Da der Fächer nun einmal zerbrochen ist, gebt mir das Nashorn zurück!“
Da trat ein Mönch vor und sagte: „Lasst uns alle zusammen in die Mönchshalle zur Versenkungsübung gehen!“
Der Meister stieß einen Schrei aus und sagte: „[Ich] habe [meine] Angel nach einem Wal ausgeworfen, habe [aber nur] eine Kröte gefangen!“ Und sogleich stieg [er] von seinem Lehrsitz herab.)

Anders als später Hong-zhi und Wan-song im Kôan 25 *Cong-rong*-lu präsentieren uns Yuan-wu und Xue-dou hier im *Bi-yan-lu* ein vielstimmiges Geschehen. **Yan-guan** Qi-an (750-842), **Tou-zi** Da-tong (819-914), **Shi-shuang** Qing-zhu (807-888), **Zi-fu** Ru-bao (9./10. Jh.), **Bao-fu** Cong-zhan (gest. 928) – und immer wieder **Xue-dou** (980-1052) in eigener Person: Sie alle gehören nicht nur unterschiedlichen Generationen, sondern auch unterschiedlichen Teil-Traditionen des Chan an: Yan-guan als angeblicher Dharma-Nachfolger Ma-zus der Hong-zhou-Schule, Tou-zi als Schüler Cui-weis und Shi-shuang als Schüler Dao-wus beide der von Shi-tou (700-790), dem Zeitgenossen Ma-zus, ausgehenden Traditionslinie, Zi-fu dem »Haus Wei-Yang«, dem ältesten der in der Chan-Literatur so benannten »Fünf Häuser«, Bao-fu dem Schüler- und Nachfolger-Kreis um Xue-feng (822-908) und Xue-dou, mit Abstand der historisch Jüngste, dem »Haus Yun-men«. Diese zeitliche und genealogische Divergenz der Akteure legt von der für die Geschlossenheit der Chan-Bewegung grundlegenden Eigenart Zeugnis ab, dass Chan-Lehrer quer über wechselseitige Abgrenzungen hinweg die Aussprüche und Taten anderer, insbesondere älterer Meister aufgegriffen und zur Anleitung ihrer eigenen Schüler verwendet haben. Zugleich gewährt gerade das hiesige Beispiel Einblick in die Praxis, wie dabei verfahren wurde: Jeder der hier nacheinander auftretenden Chan-Meister hat im Anschluss an die Anekdote um Yan-guan und dessen Aufwärter vor seinen in der Lehrhalle versammelten Mönchen auch seinen eigenen Kommentar vorgetragen, möglicherweise unabhängig voneinander, möglicherweise aber auch – bei Kenntnis eines oder mehrerer fremder Kommentare – unter Einbeziehung auch dieser Aussprüche anderer Meister, und Xue-dou schließlich hat nicht nur, wie es scheint, sämtliche verfügbaren Fremd-Kommentare nacheinander angeführt, sondern auch noch jeden einzelnen mit einer eigenen Zusatz-Bemerkung kommentiert. Diese Aneinanderreihung muss an das Gedächtnis der stehend zuhörenden Mönche nicht geringe Anforderungen gestellt haben! – Was die Ausgangs-Anekdote betrifft, so ist es unmöglich zu entscheiden, ob sie authentisch oder nachträglich untergeschoben bzw. abgewandelt worden ist, weil von Yan-guan keine weiteren Aussprüche überliefert sind.

Das scheinbare »Kauderwelsch« des Beispiels wird eingerahmt von zwei Antithesen, die beide denselben Gegenstand haben: den Gegensatz von Shûnyatâ-Erfahrung und Hinwendung zur Welt. In seiner **Ankündigung** spielt Yuan-wu zunächst unübersehbar deutlich auf die Bewegung *»nach oben hin«* an, auf das Überschreiten des eigenen Selbst hin zur Leere des Nicht-Selbst („*[Wenn du] das Fühlen überschreitest [und] das Sehen hinter [dir] lässt* ...“), das zugleich die Befreiung aus jeglicher Art von Verblendung einschließt („... *[wenn du deine] Fesseln entfernst [und] den Kleister auflöst*“). Doch damit nicht genug; um von vornherein klarzustellen, dass es im Folgenden um den »Aufstieg« in die Shûnyatâ geht, fügt Yuan-wu noch einen zweigliedrigen Satz an, der von Hinweisen auf die Bewegung *»nach oben hin«* nur so strotzt: *„[Wenn du] die Heilslehre unserer »nach oben hin« ausgerichteten Schule aufrichtest und den »Schatz des Auges des wahren Dharma« stützt und senkrecht stellst ...“* Nicht nur, dass er damit das Chan ausdrücklich als die *»nach oben hin« ausgerichtete Schule* kennzeichnet, von ihrer *Heilslehre* spricht und unter der Metapher vom *»Schatz des Auges des wahren Dharma«* das mit der Shûnyatâ identische Nirvâna einbezieht; hinzukommen Satz-Prädikate, die nicht so recht zum jeweiligen Subjekt des Satzes passen wollen: *„aufrichten“* und *„senkrecht hinstellen“*, Prädikate, die jedoch darin konvergieren, dass sie eine Aufwärts-Aktion beinhalten und damit auch ihrerseits auf die Bewegung *»nach oben hin«* verweisen!

Diesem zu Beginn der **Ankündigung** emphatisch vorgetragenen Bekenntnis zur Erfahrung der Shûnyatâ entspricht gegen Schluss des längeren Zusatzes, mit dem Xue-dou seinen **Lobgesang** abrundet, die Aufforderung jenes Mönches, der – von der Gewissheit erfüllt, Xue-dous voraufgegangenen Bemerkungen verstanden zu haben – kühn vortritt und erklärt: *„[Dann] lasst uns alle zusammen in die Mönchshalle zur Versenkungsübung gehen!“* Wenn Xue-dou diesen Mönch sogleich abkanzelt: *„[Ich] habe [meine] Angel nach einem*

Wal ausgeworfen, habe [aber nur] eine Kröte gefangen!" und damit auch dessen Aufruf zur Einübung in Shûnyatâ radikal verwirft, besagt das nicht, dass er der *Versenkungsübung* jeglichen Wert, ja jede Berechtigung abspricht; wogegen Xue-dou sich wendet, ist die Einseitigkeit dieses Mönchs, ist das Fehlen des Gegengewichts, auf das der Leser bereits in Yuan-wus **Ankündigung** gestoßen ist und das erst aus deren Aussage die oben behauptete Antithese macht: dass wir nämlich, nach gelungenem »Durchbruch« in die Shûnyatâ, *„allen Zehn Himmelsrichtungen gleichermaßen entsprechen [und] nach den Acht Himmelsseiten hin Klugheit [beweisen] müssen"*, mit anderen Worten, dass wir uns – freilich immer aus der Shûnyatâ-Erfahrung heraus – genauso auch hier in der Welt der *Zehntausend Dinge*, dem uns auf Dauer zugewiesenen Aufenthaltsort, bewähren müssen. Dass Xue-dou es bei seiner vernichtenden Abwertung des vorlauten Mönchs gleichfalls auf solche tatkräftige Bewährung ankommt, zeigt die Wahl seiner Metaphern: In dem Mönch hat er zu seinem Entsetzen nur eine im Schlamm hockende *Kröte* angetroffen, gesucht aber hat er ein Wesen von der unbändigen Kraft eines *Wals*! Erbärmliche Kreaturen sind wir, so ließe sich Xue-dous Radikal-Kritik übersetzen, wenn wir uns ausschließlich dem Weg »nach oben hin« verschrieben, einer Weltflucht in ein transzendentes, wie auch immer geartetes Paradies „am anderen Ufer".

* Für uns Heutige, Angehörige einer grundsätzlich säkularisierten Gesellschaft und zumindest Mitbewohner einer Welt, die sich ganz und gar der „Wellness" verschrieben hat, müssen solche Warnungen vor Weltflucht und Sehnsucht ins Jenseitige schlechterdings obsolet klingen; und wenn der Verfasser mit dieser seiner kommentierenden Übersetzung eines nach europäischen Maßstäben „mittelalterlichen" buddhistischen Textes zugleich für den Gegenstand seines Bemühens eine immer noch und auch für uns gültige Bedeutsamkeit reklamieren möchte, dann selbstverständlich nicht als probates Heilmittel gegen die Verirrung einer geradezu krankhaften Jenseits-Sehnsucht, sondern allein wegen der stärker strömenden Lebendigkeit und einer durch »Gelassenheit« gefestigteren Lebensfreude, die uns aus der Praxis des Chan, und das heißt, insbesondere aus der Erfahrung von Shûnyatâ erwachsen kann.[676] Eine Ermahnung zu Welt- und Lebensbejahung haben wir Heutigen, soweit wir den überkommenen Religionen gründlich entfremdet sind, nicht mehr nötig. Bei den buddhistischen Mönchen des Song-zeitlichen China muss das, der Emphase nach zu urteilen, mit der die drei großen Sammlungen »Öffentlicher Aushänge« immer wieder, in ermüdender Wiederholung, der Diesseits-Zuwendung das Wort reden, noch ganz anders gewesen sein. Was jedoch für uns wie für die Mönche und Meister des Song-zeitlichen Chan gleichermaßen bedeutsam ist, und zwar nicht nur so nebenbei, das ist die Frage eines gelungenen Lebens! *

So vorbereitet, können wir uns nunmehr den Einzelheiten des **Beispiels** zuwenden: *Yan-guan forderte eines Tages [seinen] Aufwärter auf: „Reich mir den Nashorn-Fächer her!" Der Aufwärter sagte: „Der Fächer ist zerbrochen!"* Die Frage, ob es sich bei diesem Fächer tatsächlich

676 Es mag vielleicht nicht überflüssig sein, noch einmal darauf hinzuweisen, dass »Gelassenheit« im Kontext des Chan allemal bedeutet: »alles gelassen zu haben«, auch sich selbst, auch die Welt – womit »Gelassenheit« geradezu zum Synonym für Shûnyatâ-Erfahrung wird – der Leser erinnere sich an den Hinweis des Verfassers gegen Ende seiner Erläuterungen zum vorigen Kôan, der »Gelassenheit« als spezifischen Terminus auch für die abendländische Geistesgeschichte nachweist.

um ein aus dem entsprechenden Horn gefertigtes Exemplar handelt oder ob Yan-guan ihn nur deshalb als *Nashorn-Fächer* bezeichnet, weil ihm ein solches Tier bloß aufgemalt ist, sei hier als unentscheidbar beiseite gelassen. Immerhin steuert Wan-song, der Herausgeber des *Cong-rong-lu*, in seinem Kommentar zum dortigen Kôan 25 den Hinweis bei, das Bild auf Yan-guans Fächer – wenn es denn ein bemalter Fächer war – habe vermutlich ein Nashorn dargestellt, das zum Mond aufschaue, als eindeutiges Symbol zumindest für das Streben nach „Erleuchtung", wenn schon nicht für den Zustand endgültigen „Erleuchtet"-Seins. Dieser Hinweis wird sich für das Verständnis des weiteren Geschehens als keineswegs unwichtig erweisen, wohingegen die Frage, ob nun bemalter oder aus Horn gefertigter Fächer, letztlich unerheblich bleibt. Nehmen wir die zitierten Sätze, wie sie dastehen, und stellen uns vor, dass da der Abt eines Chan-Klosters bei sommerlich schwüler Hitze nach seinem Fächer verlangt, um sich Kühlung zuzufächeln, wie er es auch schon all die heißen Sommertage zuvor getan hat. Doch statt ihm wortlos das Gewünschte zu reichen, erklärt sein *Aufwärter*, und zwar kontrafaktisch, dass *der Fächer zerbrochen sei*! Ein gewiefter Bursche, dieser Aufwärter, zudem einer, der auf dem Weg zu spiritueller Reife – wie es sich für jemanden, der zum Aufwärter des Meisters berufen wird, eigentlich von selbst versteht – schon recht weit fortgeschritten ist! Er verwandelt den banal-alltäglichen Austausch in ein Dharma-Gespräch, indem er den ach so prosaischen Fächer dazu nutzt, seinem Lehrer den Stand seiner spirituellen Entwicklung mitzuteilen. Sein *„Der Fächer ist zerbrochen!"* bedeutet dann: „Die Mauern meines Ich sind gesprengt, ich bin aus mir selbst in den Abgrund der Shûnyatâ gestürzt!" Der Abt hat verstanden (wie sollte er auch nicht!?) und stellt seinen Zögling auf die Probe; mit scharfem Schnitt trennt er aus der Bezeichnung *„Nashorn-Fächer"* das *„Nashorn"* heraus und fordert seinen Aufwärter dazu auf, dieses *Nashorn* herauszurücken und vorzuzeigen. (Heutzutage hieße es im *Dokusan*-Raum eines Rinzai-Klosters sicherlich kurz und bündig: „Zeig mir das Nashorn!" Ja, und was dann?)[677]

Was also will Yan-guan – *„Da der Fächer nun einmal zerbrochen ist, gib mir das Nashorn zurück!"* – mit dieser seiner Aufforderung, ihm das *Nashorn* herauszugeben? Schweifen wir für einen Augenblick ab: Tiere spielen in der Chan-Metaphorik eine nicht unbedeutende Rolle; man denke an den „Ochsen" der berühmten „Ochsen-Bilder" als Symbol für unser „wahres Selbst", das in Wahrheit gar kein Selbst mehr ist, oder an den „Wasserbüffel" Nanquans, dieses Symbol unerschrockener und unermüdlicher Daseinsbewältigung; man denke an die „Karpfen", die sich am „Tor des Kaisers Yu" unter Blitz und Donner in „Drachen" verwandeln,[678] an die Gegenüberstellung von „Drachen" und „Schlangen" zur Kennzeichnung spirituellen Tiefgangs oder seichter Unzulänglichkeit, oder auch an den bereits erwähnten kraftstrotzenden *Wal* aus Xue-dous Zusatz zum hiesigen Lobgesang. Nun also soll es ein *Nashorn* sein, das uns hier, Symbol-verdächtig, vor die Augen gestellt wird. Da steht es, das mächtige Tier, ganz und gar geballte Kraft, von nichts und niemandem einzuschüchtern, den Kopf stets leicht zu Boden geneigt, aber mit einem wehrhaften Horn ausgestattet, das noch in der Beugung des Kopfes nach unten aufwärts zum Himmel zeigt – durchsichtige Anregung für Wan-song oder seinen anonymen Gewährsmann, wenn es um die malerisch-poetische

---

677 So, wie es dem Verfasser einst bei seinem „Kôan MU" ergangen ist, als ihn, den blutigen Anfänger, die Aufforderung „Zeig mir MU!" in restlose Verwirrung versetzt hat – Dank sei W.-D. N. und U. S. R.

678 Siehe dazu die Fußnote 105 anlässlich des Kôan 7 sowie die Erläuterungen zum Kôan 49.

Erfindung eines „Nashorns“ geht, „das zum Vollmond hinaufschaut“. Der metaphorische Gehalt dieses Tieres ist nunmehr leicht zu entschlüsseln: Ähnlich Nan-quans „Wasserbüffel“ steht das *Nashorn* mit seinem *»nach oben hin«* gerichteten Auswuchs für Unerschrockenheit und Ausdauer in der Bewältigung all dessen, was die irdische Welt uns abverlangt oder auferlegt. Dabei verkörpert das aufwärts gerichtete Horn die ständige Verbindung mit der Shûnyatâ, der allein diese Unerschrockenheit und Ausdauer entspringen. Was Yan-guan also von seinem Aufwärter will, der ihm soeben zu verstehen gegeben hat, den Ausbruch aus dem Gefängnis des Selbst nunmehr geschafft zu haben, ist, vor ihm von der komplementären Errungenschaft Zeugnis abzulegen, sich zugleich und jetzt erst recht auch innerhalb der festgefügten Mauern der irdischen Welt bewähren zu wollen und bewähren zu können! Doch so weit ist dieser Aufwärter noch nicht: *[Er] hat keine Antwort gefunden!*

Eben das jedoch, was der Aufwärter hätte antworten können, aber nicht zu sagen gewusst hat, haben spätere Chan-Meister nachgetragen. Dieser Reigen beginnt mit Tou-zi, der erklärt hat: *„[Ich] würde [mich] nicht weigern, es herauszugeben; [nur] fürchte [ich, sein] Horn auf dem Kopf wäre [dann] nicht [mehr] vollständig!“* Wohlgemerkt: Tou-zi sagt nicht, dass im Falle seiner eigenen Beteiligung das *Horn* gänzlich verschwunden, sondern nur, dass es *dann nicht mehr vollständig wäre.* Der Sinn dieser Bemerkung ist leicht zu erschließen: In voller Übereinstimmung mit seinem Grundsatz: „Ich erlaube nicht, bei Nacht zu reisen; in die Helle des Tages hinein muss man ankommen“ (Kôan 41), plädiert Tou-zi hier für eine spirituelle Haltung, bei der wir uns vorbehaltlos unserem Leben in der Welt der *Zehntausend Dinge* anheimgeben, freilich ohne die Verbindung mit der Shûnyatâ als dem Grund unserer Existenz gänzlich zu kappen (eben deshalb spricht er lediglich von einer *Unvollständigkeit des Hornes* statt von seinem völligen Verschwinden). Xue-dou kann sich vor seinen in der Lehrhalle versammelten Mönchen eines kurzen Kommentars nicht enthalten. Mit seinem Einwurf: *„Ich* ***wünschte*** *[ihm sogar] ein unvollständiges Horn auf dem Kopf!“*, stellt er sich klipp und klar auf Tou-zis Seite, hält ihm allerdings zugleich durch die eigene Wortwahl vor, seine Einstellung nicht nachdrücklich genug vertreten zu haben: Tou-zi hatte nur von einer Befürchtung gesprochen: *„[Nur]* ***fürchte*** *ich ...“* (*kong*), wohingegen Xue-dou als Ausdruck einer stärkeren Bejahung das Wort „wünschen“ (*yao*, auch: „wollen“) benutzt: *„Ich* ***wünschte*** *[ihm sogar] ...“*[679] Xue-dou nutzt also das Tou-zi-Zitat dazu, seinen Mönchen genau die Lebensweise einer rückhaltlosen Welt- und Daseinsbejahung nahezulegen, die auch schon Tou-zi, wenn auch vorsichtiger formuliert, von einem Anhänger des Chan verlangt hat.

Es folgt Shi-shuang mit seinem auf den ersten Blick verwirrenden Kommentar zu der Fächer-Anekdote: *„Wenn [ich] Ehrwürden [das Nashorn] zurückgäbe, wäre [es alsbald] nicht mehr da!“* Das klingt doch wie ein Widerruf der von Tou-zi und Xue-dou vertretenen Welt- und Daseinsbejahung. Und doch lässt sich auch dieses Rätsel leicht auflösen. Man denke nur an die berühmten „Ochsen-Bilder“, deren achtes das Vergessen nicht nur des Selbst, sondern ebenso auch des „Ochsen“ symbolisiert. Den Ochsen zu vergessen besagt nichts anderes, als die höchste Stufe der »Gelassenheit« erreicht zu haben, bei der wir auch noch die Shûnyatâ-

679 Da im chinesischen Original ein Pronomen fehlt, das festlegt, wem Xue-dous Wunsch gilt, sind auch folgende Ergänzungen möglich, ohne dass sich an dem Sinn seiner Aussage irgendetwas ändert: „Ich wünschte [mir für ihn] bzw. [von ihm] ...“

Erfahrung hinter uns lassen, von uns abtun. Das aber darf nicht dahin verstanden werden, dass unsere „Vollendung“ in einer totalen Annihilisation besteht; vielmehr zielt es auf eben jenes – aristotelisch eingefärbte – »Umschlagen« ab, bei dem sich die Bewegung »nach oben hin« umkehrt in die Zuwendung zur Welt, als der komplementären Bewegung »nach unten hin«. Der Zustand, in dem *das Nashorn nicht mehr da ist*, bedeutet analog zum Vergessen des Ochsen eine letzte Steigerung in der Zuwendung zur Welt: Da ist kein Rest mehr von Verlangen nach Shûnyatâ; da ist nur noch völliges Aufgehen im Umgang mit den *Zehntausend Dingen.*[680] Um einem möglichen Missverständnis vorzubeugen, kommentiert Xue-dou den Ausspruch Shi-shuangs mit den Worten: *„Das Nashorn ist [aber] immer noch da!“* Soll heißen: Das Vergessen des Nashorns stellt – anders als Heideggers »Seinsvergessenheit« – keine restlose und endgültige Abwendung vom Grund der Welt dar, sondern beinhaltet lediglich, dass wir, im sicheren Besitz unseres Gegründet-Seins in Shûnyatâ, es nicht nötig haben, sozusagen mit einem Auge (mit dem *unvollständigen Horn* Tou-zis) ständig nach der Shûnyatâ zu schielen! Das *Nashorn*, Symbol unserer Lebensfreude und Lebenskraft, *„ist“* dann sogar erst recht *„da“*, insofern wir, frei von dem ängstlichen Verlangen nach immer neuer Rückversicherung in der Transzendenz, unsere Aufmerksamkeit ganz dem „Getümmel des Marktplatzes“ widmen können – sozusagen ohne auch nur einen Fingerbreit Abstand zwischen uns und der Welt!

Als »Dritter im Bunde« zeichnet Zi-fu, der Vorliebe seines »Hauses Wei-Yang« für die Kreisfigur folgend, *einen Kreis [auf den Boden] und schreibt das eine Schriftzeichen „Ochse“ hinein.* Der *Kreis* (chin. *yuan-xiang*, jap. *ensô*) – wem müsste das noch eigens erläutert werden? – vertritt wie die runde Scheibe des Vollmonds die Shûnyatâ und den »Durchbruch« in die Abgründigkeit ihres *ben-lai wu yi wu / honrai mi ichi motsu* („ursprünglich ist da kein einziges Ding“). Diesem Kreis nun das Schriftzeichen *„Ochse“* einzuschreiben, bedeutet eine so gut wie unverschlüsselte Metapher: „Wir dürfen uns mit der Leere der Shûnyatâ nicht zufrieden geben; es kommt darauf an, von ihr umfangen und gleichsam beschützt sich dem Leben in der Welt und seinen Anforderungen zu stellen – mit solcher Ausdauer und Geduld, solcher Hingabe und Genügsamkeit, wie sie einen Ochsen oder Wasserbüffel auszeichnet, diese Arbeitstiere par excellence!“ Doch auch in diesem Fall ist Xue-dou wie schon zuvor bei Shi-shuang die Form der Aussage nicht deutlich-nachdrücklich genug; und so fügt er für seine Mönche hinzu: *„Warum [ihn]“* – gemeint ist der *Ochse* – *„nicht gerade jetzt herausgeben?“*[681] Tatkraft zu entfalten, sich den „Geschäften des Marktes“ zu stellen, dafür ist jeder Augenblick recht; dafür bedarf es keines Abwartens, bis eine geeignete Gelegenheit geruht sich einzustellen. Hier und jetzt ist der *Kairós*! Oder, um einen bekannten Buchtitel abzuwandeln: „Chan-Geist ist Augenblicks-Geist!“, ist der Geist, ganz Gegenwart zu sein.

680 Entsprechend ist das letzte der zehn Ochsen-Bilder betitelt: „Sich mit ausgestreckten Händen [als Zeichen unbedingter Zuwendung] auf den Marktplatz begeben“ – s. Yamada Mumon, S. 94ff.

681 Wieder fehlt, wie schon bei Xue-dous Kommentar zu der Äußerung Tou-zis, jedes Pronomen, das festlegte, wen oder was es *gerade jetzt herauszugeben* gilt. Es bestehen zwei Möglichkeiten: Entweder geht es – was freilich näher liegt – um den von Zi-fu als Schriftzeichen einbeschriebenen *Ochsen* oder, wie bei Tou-zi und Shi-shuang, um das *Nashorn* Yan-guans. Aber selbst das machte inhaltlich keinen Unterschied, weil ja beide Symbol-Tiere für dasselbe stehen – für die Bewährung in der irdischen Welt.

Der Reigen schließt mit Bao-fus respektloser Bemerkung: „*Ehrwürden* – das zielt auf Yan-guan – *hat [doch schon] ein ehrwürdiges Alter erreicht; [da wäre es] richtig, nicht jemand anderen* (gemeint ist sein Aufwärter) *zu bitten [das Nashorn vorzuzeigen]!*" Und Xue-dou haut in dieselbe Kerbe: „*Wie bedauerlich, sich abgeplagt und doch nichts zustande gebracht zu haben!*" – womit er gleichfalls auf Yan-guan anspielt. Natürlich ist das pure Ironie, so die eine wie die andere Äußerung; denn Yan-guan hat mit seiner Aufforderung an den Aufwärter, dann doch bitteschön das *Nashorn* ihm herauszugeben, mithin vorzuzeigen, genau das getan, was Xue-dou eben noch mit seiner Frage „*Warum [den Ochsen / das Nashorn] nicht gerade jetzt herausgeben?*" von seinen Mönchen eher als von einem bereits verstorbenen Zi-fu verlangt hat: die eigene Könnerschaft in Sachen Alltagspflichten hier und jetzt unter Beweis zu stellen.

Der **Lobgesang** bestätigt das: „*Den Nashorn-Fächer hat er*" – Yan-guan, versteht sich –„*schon bei vielen Anlässen benutzt*" – dieser hier, das Gespräch mit seinem Aufwärter, ist nur einer von vielen, bei denen er aus der Unergründlichkeit seines Gegründet-Seins in Shûnyatâ für die Bewältigung konkreter Situationen wie aus dem Vollen geschöpft hat. Eine solche Deutung mag allzu gewollt und weit hergeholt erscheinen, könnte doch Xue-dou ganz schlicht und ergreifend gemeint haben, dass Yan-guan das Spiel mit dem *Nashorn-Fächer* – immer wieder aufs Neue – als sein besonderes Wende-Wort benutzt hat. Doch offenbar hat Xue-dou genau jene spielerische Spontaneität im Auge, eine Spontaneität des Sprechens und Handelns, die noch den Handelnden selbst überrascht, wenn er fortfährt: „*Befragt, woher [er ihn, den Nashorn-Fächer] hat, so weiß [er es] durchaus nicht!*" – einfach deshalb nicht, weil seine spirituelle Lebenskraft dort entspringt, wo es, in der „Halle aus Glas", kein Wissen mehr gibt – womit es ihm nicht anders ergeht als jenem Bodhidharma, der auf die fiktive Frage eines empörten Kaisers Wu von Liang: „Wer ist das da, Uns gegenüber?" die ebenso fiktive Antwort gibt: „[Ich] weiß [es] nicht!"[682]

Eine Überraschung erwartet uns in dem nachfolgenden Zeilen-Paar. Da rückt Xue-dou *den reinen Wind* und *das Horn auf dem Kopf* des Nashorns als gleichgerichtet zusammen, statt sie als Gegensätze einander gegenüberzustellen, wie er doch tun müsste, wenn das Nashorn, Symbol eben jener Lebenskraft, die hier durch die Metapher des *reinen Windes* umschrieben wird, wie bisher die Bewährung in der irdischen Welt und ebenso das Horn auf seinem Kopf weiterhin die Bewegung »nach oben hin« in Richtung Shûnyatâ vertreten sollen. Und doch müssen wir uns auf eine solche – obendrein ganz plötzliche – Umdeutung des *Horns* einstellen, zumal Xue-dou sie in seinem *ad hoc*-Kommentar gleich weiterführt, indem er seinen Mönchen den Wunsch unterstellt, „*dass der reine Wind wieder zurückkommt und das Horn auf dem Kopf wieder nachwächst*". Diese Umdeutung macht allerdings durchaus Sinn; denn – als Bild gesehen – gibt ein Nashorn, dem sein Horn fehlt, nicht gerade ein Muster an unbezwinglicher Lebenskraft ab; erst wenn wir ihm sein Horn zurückgeben und es nicht länger als Verkörperung des Strebens nach Shûnyatâ ausgeben, sondern als die Waffe gelten lassen, die es *de facto* ist, wird aus dem nun wieder vollständigen Nashorn das Symbol einer Kraft, die sich vor nichts und niemandem fürchtet und die unerschütterliche »Gelassenheit«

---

682 So in der Anekdote, mit der Xue-dou seine Sammlung der *100 Beispiele der Alten* eröffnet hat: Kôan 1 *Bi-yan-lu*.

eines Dulders und Kämpfers zugleich an den Tag legt. „*Keine Schranken [kennen] der reine Wind und das Horn auf dem Kopf*" – das heißt dann: Wie selbstverständlich gegründet in der Shûnyatâ und ganz in der Welt der *Zehntausend Dinge* zuhause, sind wir – Nashörnern, unversehrten, gleich – mit unserem Lebensmut und unserer Lebenslust wie der *reine Wind*, der durch die Welt dahinfährt und *keine Schranken* kennt, eine Metapher, die das „freie Dahinschweifen in die Kreuz und in die Quere", das sonst dem ausgereiften Chan-Adepten zugesprochen wird,[683] noch überbietet. Ein gewöhnlicher Mönch hat demgegenüber das Nachsehen: Einem Meister wie Yan-guan bei gelungener Aktion zuzusehen ist wie „*Wolken und Regen [nachzuschauen]*" und sie „*einholen [zu wollen], sind sie erstmal fort!*"

An dieses uneinholbare „*Fort-Sein*" knüpft Xue-dou mit seinem Zusatz an: „*Wenn [Ihr] möchtet, dass der reine Wind wieder zurückkommt und das Horn auf dem Kopf wieder nachwächst* (soll heißen, „wenn Ihr diesen reinen Wind auch in euch selbst verspüren und die unbezwingliche Kraft eines mit stolzem Horn ausgestatteten Nashorns als die Eure erfahren wollt"), *dann bittet einen Chan-Gast, ein Wende-Wort zu äußern!*" Wie üblich herrscht nach diesen Worten hilfloses Schweigen unter den versammelten Mönchen. Allenfalls wagt sich einer aus dem Hintergrund mit der Frage hervor, wie denn nach Meinung des Meisters ein solches Wende-Wort lauten sollte. Da macht Xue-dou etwas, das er dem Ahnherrn seines »Hauses«, Yun-men, abgeschaut hat: Er beantwortet seine an die Mönche gerichtete Frage kurzerhand selbst. Und was wirft er seinen Mönchen als das von ihnen eingeforderte Wende-Wort hin? Nichts anderes als Yan-guans eigene Worte, mit denen er seinen Aufwärter herausgefordert und auf die Probe gestellt hat, nur grammatisch der Mehrzahl der Mönche angepasst: „*Da der Fächer nun einmal zerbrochen ist, gebt mir das Nashorn zurück!*" Das ist in der Tat, wenn denn der Leser den Erläuterungen des Verfassers Glauben schenken mag, ein geradezu klassisches Wende-Wort: weil es seine Mönche – und im Falle Yan-guans seinen Aufwärter – aus der Einseitigkeit ihres Strebens »nach oben hin« umwenden sollte in die Bewegung »nach unten hin«, zur Bejahung der irdischen Welt.

Und damit sind wir an den Anfang der Erläuterungen zurückgekehrt: *Ein Mönch tritt vor und sagt: „Lasst uns alle zusammen in die Mönchshalle zur Versenkungsübung gehen!"* Er hat ganz offensichtlich aus der Nashorn-Fächer-Anekdote samt den Kommentaren anderer Meister nur dies herausgehört: „Die Aufforderung, *das Nashorn zurück-* bzw. heraus*zugeben* und vorzuzeigen, kann doch nichts anderes bedeuten als den strikten Befehl, sich noch mehr als bisher in die Shûnyatâ zu vertiefen!" Aber genau damit hat dieser Mönch es völlig verfehlt; er muss sich von Xue-dou aufs Schändlichste abkanzeln lassen: „*[Ich] habe [meine] Angel nach einem Wal ausgeworfen, habe [aber nur] eine Kröte gefangen!*"

683 So heißt es etwa in der Ankündigung des Kôan 7 *Bi-yan-lu*: „[Dann] schweifst [du] schwungvoll in die Kreuz und in die Quere, bewegst dich frei und ungehindert inmitten der Dinge!" Oder im Lobgesang des Kôan 40 *Cong-rong-lu*: „Du musst so sein wie sie: frei und ungehindert in die Kreuz und in die Quere!" Zur Eigenart solcher stereotyper Formeln gehört es allerdings, dass sie auch in negativ konnotierten Zusammenhängen verwendet werden können, so das „in die Kreuz und in die Quere" (*qi zong ba heng*) in der Ankündigung des Kôan 38 *Bi-yan-lu* zur Verdeutlichung der Hilflosigkeit eines Umherirrens „mitten auf lärmerfülltem Marktplatz".

Noch ein paar Worte zu der Umdeutung des Horns auf der Nase des Nashorns: Was uns als logischer Bruch in der Argumentation und deshalb als unzulässig erscheint, ist innerhalb der Chan-Rhetorik gängige Münze. Selbstverständlich haben die Song-zeitlichen Chan-Meister bei den »Beispielen der Alten«, die sie zur Schulung ihrer Mönche eingesetzt haben, sich auch Mühe gegeben, dem Verständnis ihrer Mönche mittels sachdienlicher Erläuterungen aufzuhelfen. Andererseits jedoch haben sie zugleich auch immer die Absicht verfolgt, Verwirrung zu stiften, um es den Mönchen möglichst schwer zu machen, die jeweilige Anekdote voreilig als bis auf den Grund durchschaut beiseite zu legen. Erläuterungen, wie sie der Verfasser hier versucht, indem er nach Möglichkeit sämtliche Einzelheiten einschließlich der Ankündigungen und Lobgesänge einer stringenten und kohärenten Deutung unterzieht, lagen den damaligen Meistern schlechterdings fern.[684]

684 Der Verfasser hat hier im *Bi-yan-lu* bei seinem Versuch, die Nashorn-Fächer-Anekdote zu erläutern, einen ganz anderen Weg eingeschlagen als bei der Interpretation derselben Anekdote im *Cong-rong-lu*, Kôan 25. Und doch ist das Ergebnis beidemal das gleiche – mag auch dort der hier verwendete Terminus „Shûnyatâ" durch den gleichbedeutenden Begriff „Dharmakâya" ersetzt sein. Die Unterschiedlichkeit der eingeschlagenen Wege resultiert allerdings auch, jedoch nicht restlos, aus den jeweils anderen Ankündigungen und Lobgesängen – Roloff (2), S. 126ff.

79. (92.) Der Welt-Geehrte besteigt den Lehrsitz

Ankündigung

[Kaum] eine Saite angeschlagen [und schon] das Lied [von anderen] unterscheiden – [so jemanden] anzutreffen ist [selbst] in tausend Jahren schwierig. Einen Hasen erblicken [und schon] einen Habicht aufsteigen lassen – das verlangt auf der Stelle [besondere] Tüchtigkeit. Sämtliche Wörter zu einem einzigen Satz zusammenfassen; den gesamten Sand der Welt versammeln und ein winziges Staubkorn daraus machen; gleichzeitig sterben und gleichzeitig leben, vielfach Schächte [in die Erde] bohren – gibt es auch Menschen, die davon Zeugnis ablegen? Bedenkt [dazu, was Xue-dou hier] vorbringt!

Beispiel

Der Welt-Geehrte bestieg eines Tages den Lehrsitz.
Mañjushrî kündigte [seinen Vortrag] mit dem Holzhammer [auf dem Schlagbrett] an und sagte: „Prüft genau die Lehre des Königs der Lehre. Die Lehre des Königs der Lehre ist wie dies!"
Und alsbald stieg der Welt-Geehrte vom Lehrsitz herab.

Lobgesang

Inmitten der Menge all der Weisen weiß der Könner Bescheid –
Die Lehre des Königs der Lehre gibt keinen Anlass zu *„wie dies!"*
Falls es in der Versammlung einen Saindhava-Gast gibt,[685]
Warum muss dann Mañjushrî zu Hammerschlägen greifen?

Mit absolut identischem Wortlaut findet sich das **Beispiel** dieses »Öffentlichen Aushangs« auch im Kôan 1 des *Cong-rong-lu*. Doch wie unterschiedlich ist der Sinn, den diese kurze Begebenheit einerseits durch Yuan-wus Ankündigung und Xue-dous Lobgesang hier im *Bi-yan-lu* und andererseits durch Wan-songs und Hong-zhis entsprechende Zusätze in den *Aufzeichnungen aus der Klause der Gelassenheit* erhalten hat! Was an der Sache – der Begebenheit, die das Beispiel schildert – derart unterschiedliche Ausdeutungen überhaupt möglich macht, steht nicht im Text, sondern eher zwischen den Zeilen, genauer gesagt, zwischen dem *„wie dies"*, auf das Mañjushrîs kryptisch-knappe Bekanntmachung hinausläuft, und Buddha Shâkyamunis *Herabsteigen* von dem Podest, auf das er sich erst kurz zuvor zu

685 Im *Nirvâna-Sûtra* ist davon die Rede, der Name *saindhava* bezeichne vier unterschiedliche Dinge: Wasser, Salz, eine Schale und ein Pferd; und zwar habe ein nicht näher gekennzeichneter König einen äußerst einfühlsamen Aufwärter gehabt, der imstande war, die Wünsche seines Herrn zu erraten, noch bevor der sie ausgesprochen hatte: Als der König den Wunsch verspürte, sich die Hände zu waschen, habe der Aufwärter ihm Wasser gebracht; als dem König danach war zu essen, habe er ihm Salz gereicht; als der König sein Mahl beendet hatte, habe der Aufwärter ihm eine Schale gereicht, damit der König seinen Durst löschen konnte; und als dem König danach war, auszureiten, habe er ihm sein gesatteltes Pferd zugeführt.

einem Lehrvortrag hinaufbegeben hat. Dort, in dieser kaum wahrnehmbaren Lücke, könnte gleichsam als Bestandteil einer potentiellen Regieanweisung entweder stehen: „Buddha erhebt sich unverzüglich“ oder: „Nach kurzem Innehalten erhebt sich der Welt-Geehrte“. Beides wäre von der Angabe *„alsbald“* gedeckt; denn was sich da *„alsbald“* abspielt, könnte sowohl ohne jeden zeitlichen Abstand als auch nach einer minimalen Pause erfolgen. Auf Ersterem basiert die Deutung, die das Beispiel im *Cong-rong-lu* erfährt, und die Deutung, die Xue-dou und Yuan-wu ihm geben, setzt die zweite Möglichkeit voraus: Erhebt sich der Buddha unverzüglich, so weist Mañjushrîs *„wie dies“* auf eben dieses Sich-Erheben und Herabsteigen voraus;[686] lässt der Buddha hingegen auch nur eine kaum wahrnehmbare Zeitspanne verstreichen, weist das *„wie dies“* auf Mañjushrîs eigene Worte zurück. Diese Divergenz hat tiefgreifende Auswirkungen: Im *Cong-rong-lu* wird das *Hinauf-* und *Herabsteigen* des *Welt-Geehrten* zum Inhalt der *Lehre des Königs der Lehre* erhoben,[687] hier im *Bi-yan-lu* jedoch – aber dazu bedarf es eines neuen Anlaufs!

Mit hinreichender Deutlichkeit bereitet uns die **Ankündigung** auf das vor, was uns beim Umgang mit dem Beispiel erwartet: Wir müssen imstande sein – und das scheint eine außerordentliche Schwierigkeit zu implizieren – *[kaum dass auch nur] eine Saite* des Begleitinstruments *angeschlagen ist, das Lied*, das da angestimmt werden soll, *[von anderen]* möglichen Liedern *zu unterscheiden*, anders gesagt, zu erkennen, um welches Lied es sich handelt, sowie – *„einen Hasen erblicken [und schon] einen Habicht aufsteigen lassen“* – geradeso wie ein Habicht den Hasen greift, den ganzen, nicht nur seine Löffel oder Nasenlöcher, das Ganze und zwar, im Falle des *Liedes*, dessen gesamten Inhalt gegenwärtig zu haben. Im Beispiel geht es allerdings nicht um ein *Lied*, sondern um die *Lehre des Königs der Lehre*, mithin den Buddha-Dharma insgesamt, und der dürfte zweifellos noch weit komplexer sein, als die umfänglichste Lied-Komposition es je sein kann. Und was uns dabei bevorsteht, ist zum Einen eben dies, dass wir von dieser höchst komplexen Lehre, diesem zur Rezitation anstehenden Konvolut ausgedehnter Texte gleichsam nur den Anfangsbuchstaben dargeboten bekommen, ja noch weniger, den ersten Ton einer einleitenden Begleitmusik. Und zum Anderen wird von uns erwartet, dass uns bei nur diesem einen Buchstaben, bei diesem einen Laut bereits das Ganze der Buddha-Lehre vor Augen steht – ein Ding der Unmöglichkeit, oder – vielleicht – doch nicht? Immerhin, Yuan-wu kann sich nicht genug damit tun, uns zu warnen: dass hier jemand, und das meint Mañjushrî, *sämtliche Wörter* der Buddha-Lehre, und das mögen Millionen sein, *zu einem einzigen Satz zusammenfasst*, zu dem zweiten seiner Zwei-Satz-Ansprache: *„Die Lehre des Königs der Lehre ist wie dies!“* Yuan-wu unterstreicht diese schier unmöglich scheinende Verdichtung mithilfe einer Metapher, die zugleich zu einem ganz anderen, für das Chan jedoch zentralen Detail überleitet: dass nämlich Mañjushrî mit diesem einen Satz gleichsam den *Sand* des gesamten Universums, modern gesprochen,

686 Um das zu unterstreichen, hat der Verfasser in seiner *Cong-rong-lu*-Ausgabe das Schriftzeichen *bian*, das laut Rüdenberg u.a. „alsbald“, bedeutet, mit „sogleich“ übersetzt – Lexikon I, S. 348.

687 Vgl. Roloff (2), S. 13ff. – dass in die ontologisch-kosmologische Deutung der *Lehre des Königs der Lehre* durch Hong-zhi nicht nur das Herabsteigen, auf das Mañjushrîs *„wie dies“* strenggenommen allein verweist, sondern auch schon sein Hinaufsteigen einbezogen sein soll, zeigt die Eingangszeile des dortigen Lobgesangs: „Erkennst du im ersten Teil dieses Auftritts (gemeint ist das Besteigen des Lehrsitzes) den Wind der Wirklichkeit?“

die Materie sämtlicher Hunderter Milliarden Galaxien, zu einem einzigen, verschwindend kleinen *Staubkorn* komprimiert. Diese Metapher gemahnt den aufmerksamen Leser des *Bi-yan-lu* unweigerlich an Xue-fengs „Hirsekorn“, zu dem dieser im Kôan 5 die „ganze große Erde“ zwischen seinen Fingern zusammenschrumpfen lässt. Das aber spielt auf das angestrebte Ziel der Chan-typischen Versenkungsübung an, dass nämlich die gesamte Welt um uns herum einschließlich unseres eigenen Ich in der Shûnyatâ verschwindet, was wiederum nur den inhaltlichen Aspekt des „Großen Todes“, des spirituellen Sterbens ausmacht, zu dem wir uns jedoch allein deshalb anhalten, um daraus ins Leben, allerdings ein anderes, ein ungeahntes Leben, zurückzukehren. Und so überrascht es nicht, wenn Yuan-wu an die Welt-zu-Staubkorn-Metapher nahtlos die sattsam bekannte Formel: *tong si tong sheng*, „gleichzeitig sterben und gleichzeitig leben“, anschließt. Uns dazu aufzufordern, so das Fazit der Ankündigung, sei letztlich die Intention, die der für die Auswahl verantwortliche Xue-dou und sein Interpret Yuan-wu mit der anschließenden Anekdote verfolgen.

Das **Beispiel** – ein Märchen in Kurzform, auf minimale Andeutungen reduziert – entführt uns an einen transzendenten Ort, den wir uns als Kopie eines Chan-Klosters samt all seinen Ritualen vorstellen müssen. Dort betritt Buddha, nicht der irdische Shâkyamuni, sondern ein ewiger Buddha, die Lehrhalle und nimmt auf einem erhöhten Stuhl mit gebogener Arm- und Rückenlehne sowie einem Tritt zum Abstützen der Füße Platz – vor sich die Versammlung seiner Zuhörer in gespannter Erwartung. Mañjushrî, der Bodhisattva der „Vollkommenen Weisheit“ (er vollführt heute einen Meisterstreich) kündigt Buddhas Rede mit der vorgeschriebenen Folge von langsamen und schnellen, leisen und lauten Hammerschlägen auf dem Holzbrett an und gibt bekannt: *„Prüft genau die Lehre des Königs der Lehre. Die Lehre des Königs der Lehre ist wie dies!“* Mehr nicht. Auch der Buddha enttäuscht die Erwartung seiner Zuhörer: Kein einziges Wort kommt von seinen Lippen. Stellen wir, die Leser dieses Märchens, uns für einen Augenblick vor, diese äußerst knappe Erzählung sei das uns gerade in diesen Tagen aufgegebene Kôan; stellen wir uns weiterhin vor, wir befänden uns auf einem *Sesshin* und es sei gerade die Stunde des *Dokusan* oder *Sanzen*. Wir sagen den entscheidenden Satz unsers Kôan auf: *„Die Lehre des Königs der Lehre ist wie dies!“*, und – verharren in Schweigen (denn was sollten wir auch sagen!?). Wir können nicht einfach aufstehen und den Raum verlassen; das verbieten die Spielregeln, die fürs *Dokusan* gelten. Also sitzen wir da und schweigen. Doch unser Gegenüber, ob nun ein japanischer Rôshi oder ein westlicher Lehrer, lässt uns damit nicht durchkommen; unweigerlich bedrängt er uns mit der Frage: „Was ist denn nun *die Lehre des Königs der Lehre*?“ Uns bleibt nichts anderes übrig als zu wiederholen: *„Die Lehre des Königs der Lehre ist wie dies!“*, was freilich nur die abermalige Frage nach sich zieht: „Ja, was ist denn nun *die Lehre des Königs der Lehre*?“ Und so ins Unendliche fort: eine selbstbezügliche Schleife, die nur eine Schlussfolgerung zulässt, dass es da sonst nichts zu sagen gibt; dass *die Lehre des Königs der Lehre* keinen Inhalt hat. *„Die Lehre des Königs der Lehre ist wie dies!“* – „Ja, wie denn? Oder was denn?“ – „Nun, *wie dies*! Wie dieses Wort: ‚*Wie dies!*‘“ – „Also nichts!“: All die zahllosen Buddha Sûtren mit ihren Millionen von Wörtern verwandeln sich, wenn zu dem einen Satz: *„Die Lehre des Königs der Lehre ist wie dies!“* zusammengefasst, in ein inhaltsloses Nichts. Und doch wäre es falsch, die Zusammenfassung der *Lehre des Königs der Lehre* zu *„wie dies!“* dahin verstehen zu wollen, die Buddha-Lehre lehre nichts; sie lehrt sehr wohl etwas, allerdings nur dies, dass da letztlich – am Grund der Dinge und ebenso am Grund unserer selbst – nichts ist, was sich lehren, mithin aussagen ließe. Jedoch haben wir die Möglichkeit, uns in dies: dass da letztlich nichts ist, zu versenken, und eine solche Versenkung – nichts anderes als die Verwandlung des *gesamten Sandes der Welt* in ein einziges *winziges Staubkorn*, von der Yuan-wu in der Ankündigung gesprochen hat – führt uns genau dorthin, wo uns das Glück eines neuen Lebens aufblüht: dank eben des *tong si tong sheng*, des „gleichzeitig Sterbens und gleichzeitig Lebens", auf das uns Yuan-wu gleichfalls vorweg schon hingewiesen hat.

Xue-dou freilich verfolgt, zumindest in seinem **Lobgesang**, ein bescheideneres Beweisziel. Ihm geht es lediglich darum, das ein *Könner*, sobald er Mañjushrîs »Bekanntmachung«: *„Prüft genau die Lehre des Königs der Lehre. Die Lehre des Königs der Lehre ist wie dies!"*, auch nur vernommen hat, bereits *Bescheid weiß*, also gar nichts mehr prüfen muss, vielmehr von vornherein durchschaut, dass *die Lehre des Königs der Lehre* nicht einmal zu einem *„wie dies!" Anlass gibt*, dass mithin schon ein *„wie dies!"* zuviel an Aussage ist! Das ist für uns mittlerweile allerdings nichts Neues; allenfalls könnte in dem zweiten Zeilen-Paar, über den vordergründigen und offenkundigen Sinn hinaus, noch etwas anderes stecken, etwas, das Yuan-wu mit seinem Hinweis aufs *tong si tong sheng* nur noch explizit aussprechen zu müssen geglaubt hat. Vordergründig wiederholt das zweite Zeilen-Paar nur die Aussage des ersten: Wäre da unter den Zuhörern – und ebenso unter uns – jemand, wäre da auch nur ein einziger, ob Mann oder Frau, der – ähnlich jenem *Saindhava*, der seinem König die Wünsche von den Lippen abzulesen, ja sie zu artikulieren vermochte, noch bevor der König selbst von ihnen auch nur wusste – imstande wäre, Mañjushrîs Botschaft zu verstehen, bevor auch nur ein einziges Wort gefallen wäre, dann hätte *Mañjushrî* es zweifellos nicht nötig gehabt, überhaupt *zum Hammer zu greifen* und auf das Holzbrett einzuschlagen! Das klingt nicht nur, das ist eine deutliche Anspielung auf die allbekannte Geierberg-Legende, derzufolge nur einer unter Zehntausenden, Kâshyapa nämlich, Buddhas wortloses Hinhalten einer Blüte auf Anhieb verstanden und dies sein Verständnis mit einem leisen Lächeln kundgetan hat! Auch damals hat der Buddha – wenn wir denn die Legende für ein historisches Ereignis nehmen wollen – nicht nötig gehabt, seinem Wink mit der Blüte noch irgendetwas hinzuzufügen! Die Blüte selbst ist hinreichender Hinweis, dass es aus Anlass einer letzten, alles zusammenfassenden Lehrrede nichts zu sagen gibt, weil im Herzen der Dinge, am tiefsten Grunde der Welt, dort, wo das „Geheimnis des Geheimnisses" (Lao-zi) wohnt, einfach nichts ist!

Soviel zu der These, dass auch das zweite Zeilen-Paar des Lobgesangs lediglich darauf abzielt, uns die Angemessenheit sowohl dessen zu demonstrieren, dass uns Mañjushrî jede inhaltliche Aussage verweigert, als auch des Schweigens, in dem der Buddha auf seinem Lehrsitz kurzfristig, bis zu seinem alsbaldigen Abgang, verharrt. Doch steckt nicht doch noch etwas anderes dahinter? Muss nicht Mañjushrîs anhaltendes Dreinschlagen auf das Holzbrett die Versammlung, die da in Erwartung versunken vor dem Buddha sitzt, aus eben dieser Versenkung aufschrecken, sie in die Wachheit eines weltzugewandten Bewusstseins zurückrufen? Will uns Xue-dou hier andeuten, dass Versenkung ihr Ziel darin hat, uns letztlich in die Welt und ins Leben, in ein neues, gelungeneres Leben zurückzuführen, ganz dem *tong si tong sheng* Yuan-wus entsprechend? Sollen also die beiden letzten Zeilen besagen, dass uns ein spontanes Verständnis dessen, dass da am Grund der Welt nichts ist, ganz von selbst und wie zwangsläufig in die Bejahung von Leben und Welt zurückschickt? Doch halt! Lesen wir nicht im Kôan 42 *Wu-men-guan* im Gegenteil davon, dass gerade Mañjushrî nicht in der Lage gewesen sei, eine Frau aus der Versenkung ins Leben zurückzurufen, dass es dazu vielmehr eines rangniederen, der Welt noch eng verbundenen Bodhisattva „Ohne Klarheit" bedurft hat?[688] Aber dort ist nicht von *Hammerschlägen* die Rede; dort soll ein dreimaliges Schnipsen, mit dem man Schlafende aufweckt, das untaugliche Mittel der Wahl Mañjushrîs gewesen sein.

Mañjushrî, der Bodhisattva der „Vollkommenen Weisheit", so hat der Verfasser anlässlich des Beispiels bereits in Klammern angedeutet, vollbringt in diesem Märchen sein Meisterstück: Er ist es, der uns die befreiende Weisheit schenkt, indem er mit seinem unvermeidlichen Schwert alle Verblendung und alles Denken von uns abschneidet. Trifft Letzteres auch auf die Anekdote des Beispiels zu? In der Tat; zwar vollzieht sich dies sein Abschneiden unseres Denkens nicht durch Kunstgriffe wie Lin-jis lautes Geschrei, wie Ma-zus schmerzhaftes Verdrehen einer Nase, also nicht durch das Erzeugen von Stupor, es vollzieht sich vielmehr auf eine sanfte und geräuschlose Art: allein durch sein *„Die Lehre des Königs der Lehre ist wie dies!"* Zunächst mag dieser Satz zwar kräftezehrendes Grübeln herausfordern, doch wenn wir schließlich mit der Buddha-Lehre zu dem Schluss gekommen sind, dass dort, wo wir nach dem letzten Geheimnis suchen, nichts ist, dann hat alles Denken ein Ende! Dem Wink Mañjushrîs folgend endet all unser Grübeln, all unser Denken im Schweigen des Nichts. Dank des *tong si tong sheng* aber hat Mañjushrîs *„Wie dies!"* zugleich auch die Wirkung von *Hammerschlägen*, nämlich uns aufzuwecken, uns aus dem Schweigen des Nichts zurückzurufen, zurück in die Welt der *Zehntauend Dinge*, in die Aufgaben, die Freuden und Schmerzen unseres irdischen Daseins. Xue-dou hat recht: Wenn wir uns, mit der Feinfühligkeit eines *Saindhava*, auf die Anforderungen des Chan einlassen, haben wir in der Tat über Mañjushrîs *„Wie dies!"* hinaus weitere Hilfsmittel wie *Hammerschläge* nicht nötig.

688 Vgl. Roloff (1), S. 154ff.

80. (75.) Wu-jius „Ungerechtfertigte Schläge“

Ankündigung

Das kostbare Schwert mit der wundertätigen Spitze, beständig vor [uns] sichtbar, gleichermaßen fähig, Menschen zu töten und Menschen lebendig zu machen – [es] befindet sich hier bei diesem und befindet sich dort bei jenem und [lässt] gleichzeitig gewinnen und gleichzeitig verlieren. Wenn [du es] in die Hand nehmen möchtest, dann ist es eine Sache, [es] in die Hand zu nehmen; wenn [du es] flach [auf dem Boden] ausbreiten möchtest, dann ist es eine andere Sache, [es] flach auszubreiten. – Nun sagt mal: Wenn [Ihr] nicht zu Gast und Gastgeber herabsinkt und nicht an gegenseitiger Erwiderung festhaltet, was dann? Bedenkt [dazu, was Xue-dou hier] vorbringt!

Beispiel

Ein Mönch, der sich [zunächst] der Mönchsgemeinde von Ehrwürden Ding-zhou angeschlossen hatte, kam zu Wu-jiu. Der fragte [ihn]: „Ding-zhous Dharma-Weg, wieweit gleicht es diesem hier?“[689]
Der Mönch sagte: „[Er] unterscheidet sich nicht!“
Wu-jiu sagte: „Wenn [er] sich nicht unterscheidet, [dann solltest Du] dorthin zurückkehren!“, und versetzte [dem Mönch] auf der Stelle einen Schlag.
Der Mönch sagte: „Der Stock hat an der Spitze ein Auge; [Ihr] solltet [deshalb] nicht leichtfertig auf Menschen einschlagen!“[690]
Wu-jiu sagte: „Heute aber habe [ich] jemanden geschlagen!“, und schlug [ihn] noch drei Mal.
Der Mönch wandte sich auf der Stelle ab.

Wu-jiu sagte: „Ungerechtfertigte Schläge! Erstmals gibt es da einen Menschen, der [sie] hat schlucken müssen!“
Der Mönch drehte sich um und sagte: „Was könnte [ich] dagegen tun? Der Griff [des Stockes] befindet sich [nun einmal] in Ehrwürdens Hand!“
Wu-jiu sagte: „Wenn Du willst, kehrt dieser Mönch vom Berge [ihn] um und reicht [ihn] Dir!“
Der Mönch trat näher heran, entriss Wu-jiu den Stock und schlug ihn drei Mal.
Wu-jiu sagte: „Ungerechtfertigte Schläge, ungerechtfertigte Schläge!“
Der Mönch sagte: „Es gibt da jemanden, der [sie] hat schlucken müssen!“

---

689 Wu-jius Frage nach dem Dharma-Weg (*fa-dao*) des Ding-zhou bedeutet etwas anderes als die sonst übliche Frage: „Was für Worte hat denn X?“, so wenn Xue-feng im Kôan 68 an einen Mönch, der bekennt, zuletzt im Kloster Yan-tous gewesen zu sein, die Frage richtet: „Was für Worte hat denn Yan-tou?“ Denn diese Frage zielt auf das besondere Lehrverfahren eines anderen Meisters, während es bei der Frage nach dem *Dharma-Weg* darum geht, zu welchem Ziel des Dharma Ding-zhou nach Einschätzung des Mönches seine Schüler führen will.

690 *Leichtferig* – das chinesische *cao-cao*, das sich an dieser Stelle des Originals (sowie weiter unten noch einmal) findet, bedeutet wörtlich. „nachlässig“, „flüchtig“, „oberflächlich“. Der Mönch macht Wu-jiu den Vorwurf, dass sein Schlag aufgrund einer nur oberflächlichen Beurteilung erfolgt sei.

Wu-jiu sagte: „Leichtfertig habe [ich] einen Chinesen geschlagen!"
Der Mönch verbeugte sich sogleich in Verehrung.
Wu-jiu sagte: „Dennoch gehst [Du] so davon?"
Der Mönch brach in lautes Gelächter aus und entfernte sich.
Wu-jiu sagte: „Hat [einfach] so Schluss gemacht! Hat [einfach] so Schluss gemacht!"

Lobgesang

[Ihn] herauszufordern,[691] das war leicht; [ihn] loszuwerden, das war schwer –
Wie [sie] mit ihrer spirituellen Kraft die Klingen kreuzen, schau's [dir] an!
[In Vergleich dazu] könnte ja der Kalpa-Felsen noch von selbst zerfallen[692] –
Auf tiefstem Grund des Meeres stehend müssen [sie dennoch] trocken sein![693]
Der alte Wu-jiu, der alte Wu-jiu!
Wie viele Möglichkeiten [hatte er denn]?
Ihm den Griff [des Stockes] hinzuhalten gab es ganz und gar keinen Grund!

Was für eine Diskrepanz – zumindest auf den ersten Blick – zwischen Ankündigung und Lobgesang hier und dem Beispiel dort, in dem zwei Kontrahenten aus scheinbar nichtigem Anlass einander mit Stockschlägen traktieren! Die **Ankündigung** jedoch spricht davon, dass sie statt eines Stocks, der obendrein zwischen ihnen hin und her wechselt, beide gleichermaßen über *das kostbare Schwert mit der wundertätigen Spitze* verfügen, das *Menschen zu töten und Menschen lebendig zu machen* vermag! Und der **Lobgesang** stößt ins selbe Horn, wenn er unterstellt, es sei besonderer Aufmerksamkeit wert, *„wie sie mit ihrer spirituellen Kraft die Klingen kreuzen: ‚Schau's dir an!'"* – ein Zweikampf von solcher Ausgeglichenheit des Könnens, dass *„noch der Kalpa-Felsen eher von selbst zerfällt"*, als dass dieser „Waffengang" mit dem Sieg des einen und der Niederlage des anderen endet! Das wunderbare *Schwert*, das sie führen, richtet es vielmehr – laut **Ankündigung** – so ein, dass sie beide *gleichzeitig gewinnen und gleichzeitig verlieren*! Und die beiden Kämpfer sehen sich dabei zu solcher Kunstfertigkeit und Geschicklichkeit genötigt, dass sie – so nun wieder der **Lobgesang** – das Wunder vollbringen, *„auf tiefstem Grund des Meeres stehend [dennoch] trocken zu sein!"* Was diese Metapher besagen soll, lässt sich vielleicht wie folgt erraten: Hunderte, ja Tausende Meter tief auf dem Grund des Meeres zu stehen und dann noch ein Schwert

---

691 *Herausfordern* – das chinesische Schriftzeichen *hu* bedeutet „rufen", „aufrufen", „heran-" oder „herbeirufen"; es kann daher auch eine Aufforderung beinhalten, etwa die, näherzutreten oder auch: sich einer Sache oder einer Person zu stellen. Deshalb hier die Übersetzung „herausfordern".

692 Im hinduistisch-buddhistischen Mythos soll die unvorstellbare Länge eines Kalpa der menschlichen Vorstellungskraft durch die Metapher eines Felsquaders mit der Kantenlänge von 1 Kilometer nahegebracht werden, der alle 1000 Jahre einmal von den Schwingen eines Riesenvogels berührt wird: Erst wenn der Felsquader auf diese Weise abgetragen sein wird, ist ein Kalpa vergangen. Eine andere Version besagt, dass dieser *Kalpa-Felsen* als ein riesiger Felsen von mehr als zehn Meilen Kantenlänge alle hundert Jahre von Göttern aufgesucht wird, die mit ihren Ärmeln aus hauchdünner Gaze einmal darüber hin streifen: Wenn sie so den Felsen gänzlich abgetragen haben, ist ein Weltalter immer noch nicht zu Ende! Hier in Xue-dous Lobgesang steht der *Kalpa-Felsen* für das schlechthin Unzerstörbare innerhalb einer von Vergänglichkeit durchherrschten Welt.

693 Abermals, wie schon im Kôan 64, Fußnote 607, ein klassisches *Adynaton*, dies hier vergleichbar der Aussage: „Auf dem tiefsten Grund des Meeres stehen und Staub aufwirbeln".

zu schwingen, dürfte angesichts der Wassermassen und des Wasserdrucks schlechterdings ausgeschlossen sein; diese beiden Kämpfer aber müssen sich in ihrem gemeinsamen Tanz der außerordentlichen Könnerschaft des Gegners wegen so leicht und frei bewegen, als stünden sie auf trockenem Boden, wo unter der Weite des Himmels die Luft sie in ihren blitzschnellen Vorstößen und Paraden nicht im Geringsten behindert.

Wie anders aber mutet uns das Geschehen an, das sich im **Beispiel** unserem Augenschein darbietet! Da trifft ein Mönch auf seiner »Wolken und Wasser«-Wanderschaft in einem neuen Kloster ein, macht dem Abt seine Aufwartung, beantwortet wahrheitsgemäß die dabei übliche Frage nach seinem letzten Aufenthaltsort und erklärt auf die obligate Anschluss-Frage nach der Lehre des dortigen Abtes leichtsinnigerweise, sie *unterscheide sich nicht* von der durch den hiesigen Abt vertretenen. Der Abt des neuen Klosters reagiert, wie es die Sitte verlangt: *„Wenn [sie] sich nicht unterscheidet, [dann solltest Du] dorthin zurückkehren!“*, und um dieser Aufforderung Nachdruck zu verleihen, versetzt er dem Mönch einen Schlag. Denn wenn ein Mönch nacheinander zwei Meister aufsucht, so bleibt er – es sei denn der zweite ermögliche ihm bisher verschlossene Erfahrungen – gleichwohl der Schüler des ersten! Wie kommt also dieser Mönch hier dazu, dem neuen Abt, Wu-jiu, wegen seines Schlages Vorhaltungen zu machen?

Doch Halt! Bei genauerem Hinsehen liegt die Sache ja wesentlich anders! **Wu-jiu** (8./9. Jh. und mithin Angehöriger der Schüler-Generation Ma-zus [709-788] und Shi-tous [700-790], von dem wir freilich nicht einmal wissen, in welche dieser beiden Traditionslinien er gehört, und der obendrein, außer der Episode hier vor unseren Augen, in der Chan-Literatur keine Spuren hinterlassen hat) – dieser Wu-jiu fragt gar nicht nach dem Lehrverfahren des zuvor besuchten Meisters, sondern nach *Ding-zhous Dharma-Weg*, und außerdem nicht nach dessen Eigenart, vielmehr nur nach einer möglichen Differenz zu dem in seinem Kloster gültigen *Dharma-Weg*: *„Wieweit gleicht er diesem hier?“* Diese Frage ist eine nicht unerhebliche Provokation! Denn woher soll ein Mönch, der eben erst eingetroffen ist, wissen können, was der Abt, dem sich der Ankömmling nunmehr gegenübersieht, als Ziel des *Dharma*, also der Buddha-Lehre, seinen eigenen Mönchen vermittelt!? Wu-jiu *nimmt*, mit den Worten Yuan-wus aus der Ankündigung, *das Schwert in die Hand*. Auch Xue-dou bewertet seine Frage nach *Ding-zhous Dharma-Weg* als Provokation, wie die Eingangszeile des Lobgesanges zeigt: *„[Ihn]“* – den Mönch – *„herauszufordern, das war leicht!“* Der Mönch nimmt die Herausforderung an; statt auf die situative Unzulässigkeit der Frage zu verweisen, gibt er mit aller Bestimmtheit eine eindeutige Antwort: *„[Er]“* – der Dharma-Weg Ding-zhous – *„unterscheidet sich nicht!“* Und damit *nimmt* auch der Mönch *das Schwert in die Hand!* Denn woher will er das wissen? Seine Behauptung wäre nur dann haltbar, wenn sie sich darauf berufen wollte, dass doch in allen buddhistischen Klöstern dieselbe Lehre Buddha Shâkyamunis (und in allen Chan-Klöstern dieselbe besondere Ausrichtung dieser Lehre) mit gleichfalls allemal identischer Zielsetzung gelehrt werde. Das wäre freilich nur ein ziemlich schwaches Argument, lässt sich doch keineswegs ausschließen, dass da sehr wohl, auch in den Chan-Klöstern, ein unterschiedliches Verständnis der Buddha-Lehre und ihrer Zielsetzung vorherrscht. Nur unter einer Voraussetzung hat der Mönch mit seiner Leugnung eines Unterschiedes Recht, ist seine Behauptung geradezu unbegrenzt belastbar: wenn er darauf hinaus will, dass die Buddha-Lehre ganz allgemein letztlich nichts lehrt, der Dharma-Weg mithin ins Nichts führt: Da ist schlechterdings nichts, was der Dharma letztlich als seinen Gegenstand vorweisen und als seinen Inhalt aussagen könnte! In einem solchen Nichts kann es in der Tat keine Unterschiede mehr geben! Und erst wenn wir die Antwort des Mönchs *„[Er] unterscheidet sich nicht!“* auf diese Weise deuten, wird aus dem *Schwert*, das er mit seiner Entgegnung *in die Hand nimmt*, das *kostbare Schwert mit der wundertätigen Spitze*, das *gleichermaßen fähig* ist, *Menschen zu töten und Menschen lebendig zu machen* – ohne den Rekurs auf die tiefste Schicht der Buddha-Lehre nämlich wäre das Dharma-Gefecht zwischen Wu-jiu und seinem Besucher nur ein belangloses Geplänkel, das allenfalls unsere historische Neugier anspricht, uns aber nicht existentiell berührt.

Wu-jiu holt zum nächsten Schlag aus – vorerst allerdings nur im übertragenen Sinne. Er hält sich ausschließlich an die Oberfläche der Worte, greift das *„Kein Unterschied!“* des Mönchs wie selbstverständlich auf und bedient sich zusätzlich des Stereotyps, wonach ein Mönch der Schüler seines ersten Lehrers bleibt, wenn er sich von einem weiteren Lehrer nicht andere Belehrung erwarten kann: *„Wenn [Ding-zhous Dharma-Weg] sich nicht [von diesem hier] unterscheidet, [dann solltest du] dorthin zurückkehren!“* Und ohne ihm für eine Entgegnung Zeit zu lassen, versetzt Wu-jiu dem Mönch tatsächlich einen Schlag – einen echten und schmerzhaften Schlag, mit dem er ihn regelrecht fort- und zu Ding-zhou zurückzutreiben sucht. Allerdings vergeblich: *„[Ihn] loszuwerden“*, so Xue-dou nachträglich im Lobgesang, *„das war schwer!“* Denn der Mönch – ein ausgereifter Könner, wie Yuan-wu in seinem Kommentar nicht müde wird zu betonen – kann seinem Gegenspieler ganz zu Recht Voreiligkeit und Oberflächlichkeit des Urteils vorwerfen, weil der sich auf das, was sich hinter seinem Bestreiten eines Unterschieds verbirgt, nicht eingelassen hat: *„Der Stock hat an der Spitze ein Auge“* (mit dem er, anders als Wu-jiu, sehr wohl unterscheiden kann, wer denn Schläge verdient und wer nicht)*; „[Ihr] solltet [deshalb] nicht leichtfertig auf Menschen einschlagen!“* Gegen diesen Vorwurf hat Wu-jiu kein Argument mehr zur Hand! So beharrt er auf der Willkürlichkeit seines Handelns: *„Heute aber habe [ich] jemanden geschlagen!“*, und um die Schwäche seines Standpunkt wettzumachen, *schlägt* er den Mönch gleich *noch drei Mal.* Der *wendet sich auf der Stelle ab* und legt damit *sein Schwert* nieder, *breitet [es]*, mit Yuan-wu zu sprechen, *flach [auf dem Boden] aus*!

Wu-jiu – von Yuan-wu in seinem Kommentar gleichermaßen emphatisch zum ausgereiften Könner ausgerufen – legt nun auch seinerseits das Schwert aus den Händen, *breitet [es] flach [auf dem Boden] aus* und gibt klein bei: *„Ungerechtfertigte Schläge! Erstmals gibt es da einen Menschen, der [sie] hat schlucken müssen!“* Ist der erste Teil dieses Ausrufs das unmissverständliche Eingeständnis, den Mönch zu Unrecht geschlagen zu haben, und zwar deshalb zu Unrecht, weil ihm aus seinem *„Kein Unterschied“* keinerlei Vorwurf zu machen ist, so überrascht der zweite Teil mit der nun ihrerseits überschießenden Behauptung Wu-jius, derlei sei hier *erstmals* einem Unschuldigen widerfahren! Woher will er das wissen können? Und weil er das nicht wissen kann, muss unter der Oberfläche der Worte etwas anderes verborgen sein, gerade wie beim *„Kein Unterschied“* des Mönchs. Zunächst also die *ungerechtfertigten Schläge*: Eigentlich – die Aussage des Mönchs, es gebe da *keinen Unterschied zwischen den Dharma-Wegen* Ding-zhous und Wu-jius so genommen, wie sie auf den ersten Blick erscheint – hätte Wu-jiu seinem Kontrahenten seinerseits den Vorwurf der Oberflächlichkeit machen müssen: „Weil Dein ‚*Kein Unterschied!*' eine voreilige und leichtfertige Äußerung gewesen ist, sind meine Schläge gerechtfertigt gewesen!" Doch Wu-jiu tut genau das Gegenteil: Kein Vorwurf der Oberflächlichkeit, stattdessen nimmt er die Schuld auf sich, selbst Unrecht getan zu haben! Das lässt sich nicht anders deuten, als dass er die geheime Botschaft des Mönchs verstanden hat und – noch mehr – mit ihr einverstanden ist! Mit seinen *ungerechtfertigten Schlägen* bekennt sich Wu-jiu zu dem gemeinsamen, Chantypischen und vom Daoismus beeinflussten Verständnis der Buddha-Lehre, dass da am Grund der Dinge nichts ist. Das *Schwert, Menschen zu töten*, von dem Yuan-wu in der Ankündigung spricht, ist beiden wohlvertraut. Und Wu-jius: *„Erstmals gibt es da einen Menschen, der [sie] hat schlucken müssen!"*, was soll es damit auf sich haben? Um das befremdliche *„erstmals"* logisch unanfechtbar zu machen, müssen wir es wohl auf Wu-jius eigene Lebenszeit und Lehrtätigkeit beziehen. Dann aber stellt es eine ganz besondere Aufwertung des Mönches dar: „Vor Dir habe ich noch bei keinem Chan-Gast ein gleich tiefgründiges Verständnis der Buddha-Lehre angetroffen und – ihm das mit Schlägen gedankt!"

Was sich anschließt, ist ein spielerischer Tanz mit umgekehrten Rollen – ein Tanz von solch heiterer Leichtigkeit und Lebendigkeit, wie sie nur das *Schwert, das tötet und zugleich lebendig macht*, verleiht: die Leichtigkeit eines „spielerisch-vergnüglichen Lebens"! Schauen wir dem Schauspiel zu: Der Mönch erklärt sich für hilflos und ohnmächtig: *„Was könnte ich dagegen tun? Der Griff [des Stockes] befindet sich [nun einmal] in Ehrwürdens Hand!"* Wu-jiu zeigt sich überraschend bereit, seine „Waffe" auszuhändigen und sich seinem Gegner wehrlos preiszugeben: *„Wenn Du willst, kehrt dieser Mönch vom Berge [ihn] um und reicht [ihn] Dir!"* Xue-dou will uns zwar glauben machen, dieser Tausch entbehre jeder nachvollziehbaren Begründung, wenn er seinen Lobgesang mit der Zeile schließt: *„Ihm den Griff [des Stockes] hinzuhalten gab es ganz und gar keinen Grund!"* Doch diesen Grund gibt es für Wu-jiu sehr wohl; er besteht darin, seinem vermeintlichen Kontrahenten sein Einverständnis, sein uneingeschränktes sogar, im wörtlichsten Sinne handgreiflich vor Augen zu führen! Der Mönch geht auf Wu-jius Angebot unverzüglich ein, *tritt näher heran, entreißt Wu-jiu den Stock und schlägt ihn drei Mal.* Wu-jiu bricht in lautes Lamentieren aus: *„Ungerechtfertigte Schläge, ungerechtfertigte Schläge!"*, und der Mönch wiederholt Wu-jius scheinbar zynisch-kalte Feststellung: *„Es gibt da jemanden, die [sie] hat schlucken müssen!"* Selbstverständlich sind die Schläge, mit denen der Mönch Wu-jiu traktiert, genauso *ungerechtfertigt*, wie es Wu-jius eigene Schläge waren; doch sie sind, für beide „Tänzer" deutlich, auch vordergründig bloßes Spiel!

Es folgt ein burleskes Nachspiel, bei dem die Beiden wie auch schon zuvor in ihrem Tanz mit umgekehrten Rollen nicht mehr – mit Yuan-wus Worten – *Gast und Gastgeber* sind: der eine, der Wu-jiu der Eingangs-Szene, in der Rolle dessen, dem das Sagen zusteht, und der andere, der Mönch, in der Rolle dessen, der sich anpassen und fügen muss. Jenseits solcher Differenz in Rang und Macht *halten sie* im Gegenteil *nicht* länger *daran fest*, mit ihrer jeweiligen *Erwiderung* Recht zu behalten und den anderen ins Unrecht zu setzen. Jenseits von *Gast und Gastgeber* spielen sie sich vielmehr die Bälle zu. Wu-jiu beginnt, reumütig und schuldbewusst: *„Leichtfertig habe [ich] einen Chinesen geschlagen!" Der Mönch verbeugte sich sogleich in Verehrung* – als hätte er soeben eine Belehrung empfangen, für die er sich ergebenst bedanken müsste. Dabei hat aber Wu-jiu lediglich wiederholt, was der Mönch von vornherein für sich in Anspruch genommen hat: dass es für Wu-jius ersten Schlag nicht die geringste Berechtigung gegeben hat. Die ehrfurchtsvolle Verbeugung des Mönch, durch und durch ironisch gemeint, besagt vielmehr: „Wir verstehen einander! Wir sind, was die Buddha-Lehre angeht, ein verschworenes Paar!“ Halb enttäuscht, halb bittend reagiert Wu-jiu: *„Dennoch gehst [Du] so davon?“ Der Mönch [aber] bricht in lautes Gelächter aus und entfernt sich.* „Einfach so davonzugehen“ gilt nach Chan-Sitte als Ausweis von Reife, als Anzeichen für jene innere Freiheit, die aus der Verwurzelung in der Shûnyatâ resultiert; von einem andern ausgesagt, wird die Zuerkennung dieser Freiheit häufig durch den Zusatz „ohne auf jemanden Rücksicht zu nehmen“ noch verstärkt.[694] In diesem Falle freilich begleitet der Mönch seinen unbekümmerten Abgang mit einem schallenden Gelächter; und zu diesem Gelächter mit seinem beinahe jämmerlichen *„Dennoch gehst [Du] so davon?“* hinreichenden Anlass gegeben zu haben, verleiht dem anfangs so aggressiven Wu-jiu einen ironisch gefärbten Hauch von Sentimentalität: Über die aber sind sowohl der Abt als auch sein Besucher längst hinaus! Und wenn Wu-jiu seinem Besucher gleichsam nachruft: *„Hat [einfach] so Schluss gemacht! Hat [einfach] so Schluss gemacht!“*, so ist auch das als Einverständnis zu werten, nicht als Bedauern, wie es auf den ersten Blick erscheint. Ja, es ist sogar noch mehr als nur Einverständnis; Wu-jiu zollt dem Mönch auf Chan-typisch verkappte Weise seine uneingeschränkte Anerkennung! Xue-dou allerdings hört, voller Ironie seinen Mönchen und Lesern, auch uns heutigen, gegenüber, nur das Bedauern heraus: *„Der alte Wu-jiu, der alte Wu-jiu!“*, so heißt es gegen Ende des **Lobgesangs**, *„wie viele Möglichkeiten [hatte er denn]?“*, wir dürfen ergänzen: „den Mönch zurückzuhalten?“ Klingt doch Xuedous *„Der alte Wu-jiu, der alte Wu-jiu!“* bei genauerem Hinhören sogar nach „Der arme Wu-jiu! Der arme alte Wu-jiu!“ Ein solches Bedauern freilich hat Wu-jiu nicht verdient, und von der gleichen Ironie ist auch die Schlusszeile des Lobgesangs geprägt: *„Den Griff [des Stockes] hinzuhalten gab es ganz und gar keinen Grund!“* Dass ein solcher Grund sehr wohl vorgelegen hat, glaubt der Verfasser durchaus glaubhaft gemacht zu haben.

So hat denn die Anekdote um Wu-jiu und seine *ungerechtfertigten Schläge*, so banal und nichtssagend sie auf Anhieb erscheinen mag, durchaus zu Recht ihren Platz in einer Sammlung »Öffentlicher Aushänge«; auch heute noch kann jeder von uns sie zu seinem Kôan machen, zu einem Kôan, das ihn selbst betrifft, ihn selbst in seiner Existenz – aber wie?

694 So heißt es im Kôan 25: „Sich eine Eschenholz[stange mit Vorräten an] Weichkastanien quer über die Schulter legen und, **ohne Rücksicht auf jemand [anderen]**, ganz im Gegenteil hinein in die [Bergwelt der] tausend und zehntausend Gipfel gehen!“

81. (76.) Dan-xias „[Hast Du schon Deinen] Reis gegessen?"

Ankündigung

Feinkörnig wie Reis-Mehl / Und kalt wie Eis und Frost – / Abgedichtet Himmel und Erde, / Ohne Dunkel und Dämmerung. / An einem Ort ganz unten ist [noch] das Gewöhnliche mehr als genug, / An einem Ort hoch oben ist [sogar] Einsicht, Prajña, nicht genug. / Festhalten und Freilassen / Hier vereint gegenwärtig. / [Aber] gibt es auch eine Möglichkeit, sich auszuzeichnen, oder nicht? //[695] Bedenkt [dazu, was Xue-dou hier] vorbringt!

Beispiel

Dan-xia fragte einen Mönch: „Woher kommst [Du]?"
Der Mönch sagte: „Vom Fuß des Berges."
Dan-xia sagte: „Hast [Du] schon [Deinen] Reis gegessen oder noch nicht?"
Der Mönch sagte: „[Ja, ich] habe [meinen] Reis schon gegessen."
Dan-xia sagte: „Der Mensch, der den Reis [aus dem Kübel] geschöpft und Dir zu essen gegeben hat, hat der sich [auch] Augen bereitet?"
Der Mönch war sprachlos.

Chang-qing fragte Bao-fu: „Reis zu schöpfen und jemandem zu essen zu geben, das entspricht der Pflicht, sich für [empfangene] Wohltat dankbar zu zeigen: Warum hast [Du Dir] dafür keine Augen bereitet?"
Bao-fu sagte: „Derjenige, der [den Reis] austeilt, und derjenige, der [ihn] entgegennimmt – alle beide sind [sie] blinde Chinesen!"
Chang-qing sagte: „Wenn sich die spirituelle Kraft [eines Tages] erschöpft hat, werden [wir] dann auch blind oder nicht?"
Bao-fu sagte. „Sagst [Du], ich sei erblindet?"

Lobgesang

Die spirituelle Kraft erschöpft, sind [sie gerade] nicht erblindet –
Haben den Kopf des Ochsen niedergedrückt, damit [er] Gras frisst!
Die achtundzwanzig und die sechs Patriarchen und Meister[696] –

---

695 Die Ankündigung ist wie ein Gedicht gestaltet, mit festem Schema der Silbenzahl pro Zeile, aber ohne deutliches Reim-Schema: 4 / 4 / 4 / 4 / 7 / 7 / 4 / 4 / 7. Der Verfasser hat sich bemüht, den Charakter eines Gedichts deutlich hervortreten zu lassen. Die äußere Form eines Gedichts erlaubt im Übrigen inhaltlich größere Freiheiten, als sie einem Prosa-Text angemessen wären. – Zweimal kommt in diesem Text wieder eine typische Anti-Klimax vor: „Eis und Frost" (wir würden formulieren: „Frost und Eis) sowie „Dunkel und Dämmerung" (wir würden umgekehrt „Dämmerung und Dunkel" bevorzugen).

696 Mit den *achtundzwanzig Patriarchen und Meistern* sind die indischen Patriarchen einschließlich Bodhidharma gemeint, und mit den *sechs* die chinesischen von Bodhidharma bis einschließlich Hui-neng – Bodhidharma wird also zweimal gezählt. Im Übrigen taucht hier zum zweiten Mal die Formel„vier [mal] sieben" und zwei [mal] drei" auf, die Xue-dou bereits im Lobgesang des Kôan 67 verwendet hat – vgl. die dortige Fußnote 627.

An [ihrem] kostbaren Gefäß festzuhalten wird zum Fehler!
Zum verborgenen Fehler, und kein Ort, nach [ihm] zu suchen!
Götter und Menschen sind [da] alle zusammen verloren!

Das Beispiel dieses Kôan zerfällt in zwei zeitlich weit auseinanderliegende Episoden. Dabei erweist sich die erste, in der **Dan-xia** Tian-ran (738-824), Schüler sowohl Ma-zus (709-788) als auch Shi-tous (700-790), den Hauptakteur abgibt, als bloßes Vorspiel, lediglich dazu da, die zweite Episode mit **Chang-qing** (854-932) und **Bao-fu** (gest. 928) zu ermöglichen.

Die Geschichte um Dan-xia und seinen sprachlosen Mönch ist mehr oder weniger banal: Der Mönch trifft nach langer und mühseliger Wanderung im Kloster Dan-xias ein, vermutlich gegen Abend; das letzte Mahl des Tages, die Mittagsmahlzeit der Mönche, ist längst vorbei, die Küche aufgeräumt, alle Gefäße gesäubert. Unwahrscheinlich, dass der erschöpfte Ankömmling sogleich mit einer Schale Reis bewirtet wird; er hat bis zum nächsten Morgen, zur ersten gemeinsamen Mahlzeit der Mönchsgemeinde, warten müssen.[697] Danach macht er seinen Antrittsbesuch beim Abt und wird von ihm mit der obligaten Frage begrüßt: *„Woher kommst [Du]?“* Die Antwort dieses Mönchs: *„Vom Fuß des Berges“* verrät eine seltene Einfalt – wenn sie nicht gar eine Beleidigung des gewöhnlichen Verstandes darstellt! Denn das weiß doch wohl jeder Mönch, der auf seiner »Wolken und Wasser«-Wanderschaft unterwegs ist, dass diese gängige Begrüßungsfrage darauf abzielt, dem jeweiligen Abt Klarheit darüber zu verschaffen, bei welchem anderen Chan-Meister der betreffende Mönch sich zuvor aufgehalten und geschult hat. Dass demgegenüber ein Mönch, der einem neuen Kloster zustrebt – und Klöster liegen ja nun einmal mehr oder weniger hoch am Hang eines Gebirgsstockes – sich diesem Kloster nur vom Fuß des jeweiligen Berges her nähern kann, ist eine triviale, ja beleidigende Selbstverständlichkeit. Dan-xia aber lässt noch nicht locker und stellt dem Mönch mit einer zweiten Frage eine regelrechte Falle: *„Hast Du schon Deinen Reis gegessen oder noch nicht?“* Das ist doch klar, dass der Ankömmling zu dem Zeitpunkt seines Antrittsbesuchs bereits am gemeinsamen Morgenmahl der Mönche teilgenommen hat. Und ein halbwegs gewiefter Mönch muss sich doch sagen können, dass der Abt das selbstverständlich weiß, und dass folglich diese Frage einen anderen Sinn haben muss als den, den der Wortlaut vortäuscht.[698] Dieser Mönch jedoch tappt blindlings in die Falle: *„[Ja, ich] habe [meinen] Reis schon gegessen.“* Auf soviel neuerliche Einfalt hin holt Dan-xia zu einem wohlgezielten, freilich nur verbalen Hieb aus: *„Der Mensch, der den Reis [aus dem Kübel] geschöpft und Dir zu essen gegeben hat, hat der sich [auch] Augen bereitet?“* Yuan-wu verrät uns in seinem Kommentar mit ausnahmsweise eindeutiger Offenheit, was Dan-xia mit dieser dritten Frage dem Mönch zu verstehen geben will: „Hätte der Mönch, der Dir den Reis in Deine Schale gefüllt hat, Augen im Kopf gehabt, so hätte er einem solchen Tölpel, wie Du es bist, den Reis verweigern und Dir stattdessen einen gehörigen Stoß

697 Der Leser vergleiche dazu, was dem Verfasser bereits in seinen Erläuterungen zum Kôan 39 *Cong-rong-lu* als plausibler Ablauf dieses geradezu stereotypen Geschehens erschienen ist – Roloff (2), S. 200f.

698 Ganz ähnlich fragt Zhao-zhou im eben erwähnten Kôan 39 *Cong-rong-lu*: „Hast Du schon Deinen Reisbrei gegessen oder nicht?“ Auch bei dieser Frage geht es nicht um die physische, sondern um die spirituelle Nahrung, die der Mönch bis dahin zu sich genommen hat – Roloff, a.a.O.

versetzen müssen!“ Dieser Mönch – wen wundert’s – begreift von solchem Hintersinn rein gar nichts; mit offenem Munde steht er *sprachlos* da. So weit das Vorspiel.

Die zweite Episode führt uns vor, wozu spätere Vertreter des Chan bereits gegen Ende der Tang-Dynastie Anekdoten aus früherer Zeit genutzt haben.[699] Yuan-wu setzt uns in seinem Kommentar auch darüber ins Bild, dass Chang-qing und Bao-fu während ihres Aufenthalts im Kloster ihres gemeinsamen Lehrers Xue-feng (822-908) wiederholt solche Anekdoten wie die um Dan-xia und seinen tumben Mönch in freundschaftlichen Dharma-Gefechten hin und her gewendet haben. Chang-qing macht hier den Anfang, indem er an Bao-fu die Frage richtet: *„Reis zu schöpfen und jemandem zu essen zu geben, das entspricht der Pflicht, sich für [empfangene] Wohltat dankbar zu zeigen: Warum hast [Du Dir] dafür keine Augen bereitet?“* Das kann kein ernstgemeinter Vorwurf sein; denn schließlich ist sich jeder Mönch dessen bewusst, dass er mit all seinem Tun die *Wohltat*, die er in Gestalt der Buddha-Lehre von Shâkyamuni *empfangen* hat, vergelten soll, ob er nun Reis zum Essen vorbereitet, den fertigen Reis *austeilt* oder ihn zu sich nimmt, um durch die vorgeschriebenen Mahlzeiten seine Gesundheit zu erhalten. Chang-qings Frage will lediglich aus Bao-fu eine Reaktion hervorlocken, und die folgt auf der Stelle, überraschend und rätselhaft: *„Derjenige, der [den Reis] austeilt, und derjenige, der [ihn] entgegennimmt – alle beide sind sie blinde Chinesen!“* Wie das? Obwohl auch diese beiden fiktiven Gestalten genau wissen, dass sie mit dem Austeilen und Entgegennehmen des Reises *der Pflicht genügen, sich für die [empfangene] Wohltat dankbar zu zeigen*, sollen sie dennoch eben dadurch Blinde sein? Ja, es scheint, als wolle Bao-fu darauf hinaus, dass sie gerade dadurch, dass sie ihr Austeilen und Entgegennehmen als besagte Pflichterfüllung vollziehen, sich selbst zu Blinden machen. Nun, wenn ja, dann inwiefern? Insofern sie sich durch den fortwährenden Ernst einer solchen Pflichterfüllung jeder Spontaneität berauben, sich die Möglichkeit verstellen, Dinge einfach so, um ihrer selbst willen zu tun. Indem sie – und jeder ihresgleichen – ihr gesamtes Tun von früh bis spät auf Buddha Shâkyamuni ausrichten, um durch den rechten Lebenswandel ununterbrochener Dankesbeweise schließlich zur »Befreiung« zu gelangen, versäumen sie das Leben, versäumen sie die Möglichkeit, die Lebensvollzüge ihrer Alltagswelt als das zu nehmen, was sie sind, und als solche zu genießen! Wie wird doch Yun-men, damals noch Mitschüler Chang-qings und Bao-fus im Kloster Xue-fengs, wenige Jahrzehnte später erklären: „Jeder Tag – auch in einem Kloster – ist ein guter und schöner Tag!“ Stattdessen mit allem Tun und allem Denken immer nur der *Wohltat* Shâkyamunis eingedenk zu bleiben und sozusagen mit allen Fasern des Herzens nur danach zu trachten, diese *Wohltat zu vergelten*, verleiht zwar mönchischem Leben den Charakter unbestreitbarer Spiritualität, schützt es jedoch nicht gegen jeglichen denkbaren Einwand. Auch nicht gegen den Einwand Bao-fus: *„[Sie] alle, [die so leben], sind blinde Chinesen!“* – und das trotz ihrer unbestreitbaren Spiritualität! Chang-qing, gleichgesinnter Weggefährte Bao-fus, unterstellt daraufhin, dass sich solcher Furor der Askese auch erschöpfen könnte, und führt Bao-fus Gedanken fort:

699 Ob die Dan-xia-Anekdote, zumindest in der vorliegenden Fassung, tatsächlich authentisch oder nachträglich untergeschoben ist, ließe sich anhand sprachgeschichtlicher Kriterien entscheiden, etwa anhand der Frage, für welche Zeit die Redewendung „sich Augen bereiten“ (*ju yan*) erstmals in der Chan-Literatur nachzuweisen ist. Leider verfügt der Verfasser nicht über ein entsprechendes historisch ausgerichtetes Lexikon.

„Wenn sich [diese besondere] spirituelle Kraft [eines Tages] erschöpft hat, werden [wir] dann auch blind oder nicht?“[700] – was dieser mit der Gegenfrage beantwortet: *„Sagst [Du], ich sei erblindet?“* So, wie Chang-qings Frage unsinnig ist, insofern ja das Erlöschen gerade dieser besonderen *spirituellen Kraft* auch den Zustand der zugehörigen besonderen Erblindung beenden müsste, geradeso ist Bao-fus Gegenfrage nur eine rein rhetorische, mit der er aus seinem Gegenüber die Zustimmung hervorlocken möchte, dass er, Bao-fu, selbstverständlich gerade nicht *erblindet ist* und erst recht bei einem Erlöschen jener besonderen *spirituellen Kraft* nicht *erblinden* wird, sondern längst ein Sehender geworden ist.

Was es mit den beiden letzten Äußerungen Chang-qings und Bao-fus auf sich hat, verrät uns der **Lobgesang**. Schon dass Xue-dou in dessen erster Zeile Chang-qings *„Wenn sich [diese] spirituelle Kraft [eines Tages] erschöpft hat, ...“* und Bao-fus *„Sagst [Du], ich sei erblindet?“*, aufgreift und miteinander zu der Aussage verbindet: *„Die spirituelle Kraft erschöpft, sind [sie gerade] nicht erblindet“*, zeigt das besondere Gewicht, das diesen beiden Äußerungen zukommt; sie stellen, so macht Xue-dou uns mit seiner Hervorhebung klar, sozusagen die Quintessenz des gesamten Beispiels dar. Und was besagt diese Quintessenz? Dass sich die ständige und ausschließliche Ausrichtung auf die *Wohltat* der Buddha-Lehre, und das ist die Lehre der »Befreiung« durch Nirvâna, auch erschöpfen kann, dass Männer wie Chang-qing und Bao-fu, die selbstverständlich als buddhistische Mönche gleichfalls in der Pflicht aufgewachsen sind, die *Wohltat* der Buddha-Lehre zu *vergelten*, sich irgendwann aus den Fesseln solch restriktiver Vorschriften befreit und einer weniger asketischen, einer eher weltoffenen Lebensweise zugewandt haben. Das bestätigt die anschließende Zeile, die zusammen mit der ersten ein Ganzes bildet: *„[Sie] haben den Kopf des Ochsen niedergedrückt, damit [er] Gras frisst!“ Gras*, allseits verbreitete Metapher für die irdische Welt, wird hier als Nahrung auch für denjenigen anerkannt, der der Buddha-Lehre folgt, einer modifizierten freilich, die die einseitige Ausrichtung auf das „andere Ufer“ hinter sich gelassen hat und die unserem spirituellen Selbst, diesem Nicht-Selbst, zugesteht, sich der Welt zuzuwenden. Das bedeutet für jeden, der im traditionellen Verständnis der Buddha-Lehre aufgewachsen ist, sich vom Überkommenen zu lösen und den eigenen *Ochsen*, diese Verkörperung unseres „wahren Wesens“ jenseits der *Zehntausend Dinge*, dazu zu bewegen, den *Kopf* abwärts zu beugen und mit diesem Sich-Beugen »nach unten hin« der irdischen Welt eigenen Wert, den Wert einer uns angemessenen Nahrung, zuzuerkennen.

Wenn dem so ist; wenn es für den Chan-Adepten darauf ankommt, *den Kopf des Ochsen niederzudrücken, damit [er] Gras frisst*, dann kann das einseitige Festhalten am Ideal der Entsagung nur noch als Verirrung gelten. Und genau dazu bekennt sich Xue-dou im nächsten

---

700 Wieder einmal eröffnet uns das Fehlen von Personalpronomina – mitsamt dem Fehlen eines bestimmten Artikels – einen erheblichen Interpretationsspielraum. Wessen *spirituelle Kraft* ist da gemeint, etwa die der beiden fiktiven Akteure des Reis-Austeilens und -Entgegennehmens? Und von wem gilt, dass er oder sie (im Plural) beim *Sich-Erschöpfen* der *sprituellen Kraft* erblinden? Die beiden fiktiven Akteure können nicht gemeint sein, weil sich dann Unsinn ergäbe; denn wie könnten Menschen, die wie diese beiden bereits *blind sind*, erst noch *blind werden*? Bao-fus Replik – *„Sagst [Du], ich sei erblindet?“* – legt vielmehr den Schluss nahe, dass es in Chang-qings vorausgehender Frage um sie beide, Chang-qing und Bao-fu, geht, weshalb sich der Verfasser veranlasst gefühlt hat, dort das Personalpronomen „wir“ zu ergänzen – mit der weiteren Folge, das das, was *sich* da *erschöpft*, die *spirituelle Kraft* ganz allgemein ist.

Zeilen-Paar: *„Die achtundzwanzig und die sechs Patriarchen und Meister – / An [ihrem] kostbares Gefäß festzuhalten wird zum Fehler!“* Das läuft nicht auf völlige Abkehr hinaus; die Bewegung »nach oben hin«, das Streben nach Shûnyatâ, ist als das *kostbare Gefäß* Buddhas und der Patriarchen weiterhin unverzichtbar; sie darf nur nicht zum Weltverzicht verengt werden. Die Erfahrung von Shûnyatâ ist nach wie vor das Fundament gelungenen Lebens, gleichsam die Grundnahrung, die es uns – kontrafaktisch – ermöglicht, in dieser Welt als einem Ort des „Großen Friedens“ auszuharren. Von eben dieser Nahrung ist auch im Lobgesang des Kôan 69 *Cong-rong-lu* die Rede, wo die Shûnyatâ unter dem Namen Dharmadhâtu, „wahres Wesen“, „wahre Wirklichkeit“ erscheint: „All überall wird der Dharmadhâtu als ganzer dir zur Nahrung – / Die Nasenlöcher hängen tief herab, so kannst du dich nach Belieben daran sättigen!“ Wer da seinen *Kopf* tief nach unten beugt, um seine Nahrung zu erreichen, ergibt sich aus dem dortigen Zusammenhang: Es ist der „Wasserbüffel“, mit dem sich Nan-quan immer wieder verglichen hat und der das Eintauchen in die Shûnyatâ, den Dharmadhâtu, als seine Nahrung erfährt, an der er sich, wo auch immer er sich befindet, „nach Belieben sättigen kann“.[701] Aber daneben gibt es eben noch eine weitere und komplementäre Nahrung, gleichfalls unerlässlich für ein gelungenes Leben, eine Haupt- und Zusatz-Nahrung sozusagen, ohne die Erfüllung für uns nicht möglich ist: eben das *Gras* der vergänglichen, der obendrein »zerbrechlich eingerichteten« Welt. Der *Fehler* freilich, an dem *kostbaren Gefäß* der ursprünglichen Buddha-Lehre *festzuhalten*, wird – so Xue-dou – gerade dadurch, dass wir auf dieses *Gefäß* und seinen Inhalt nicht verzichten können, zu einem *verborgenen Fehler*, nur schwer, ja unmöglich aufzudecken, so als gäbe es, mit den Worten Xue-dous, gleichsam *keinen Ort, nach ihm zu suchen*. Solange das nicht gelingt, solange, im Sinne des traditionellen Verständnisses der Buddha-Lehre, keine Möglichkeit gegeben ist, wir uns keine Möglichkeit zugestehen, diesen Fehler aufzuspüren, sind – und damit schließt der Lobgesang – *„Götter und Menschen alle zusammen verloren!“* Andersherum gesagt: Erst wenn wir es uns erlauben, auch die „Nahrung“ der *Zehntausend Dinge* anzunehmen, sind *Götter und Menschen* gerettet!

Und wo bleibt die **Ankündigung**? Ihrer Funktion nach soll sie zum Thema hinführen, auf das Beispiel vorbereiten; in diesem Fall jedoch ist sie in ihren Formulierungen so unbestimmt, dass sich den einzelnen Aussagen Plausibilität erst rückblickend zuweisen lässt. Die größte Schwierigkeit erwartet uns gleich zu Beginn (den vier Zeilen zu je vier Schriftzeichen): *„Feinkörnig wie Reis-Mehl / Und kalt wie Eis und Frost – / Abgedichtet Himmel und Erde, / Ohne Dunkel und Dämmerung.“* Versuchen wir, in diese metaphorischen Formulierungen Klarheit zu bringen. *Himmel und Erde* werden uns als abgeschlossenes Ganzes vorgestellt,

701 Doch diese Nahrung des „Wasserbüffels“ Nan-quan ist eine andere als die, um die es hier im Lobgesang des Kôan 81 *Bi-yan-lu* geht, ja sie ist geradezu ihr Gegenteil, mag auch in beiden Fällen von einem Wiederkäuer, hier von einem *Ochsen*, dort von einem „Wasserbüffel“ die Rede sein, dessen *Kopf* bzw. Nasenlöcher abwärts zur Erde hin gerichtet sind. Dieser scheinbare Widerspruch lässt sich leicht auflösen: Hier im *Bi-yan-lu* bildet Gras, metaphorische Umschreibung der irdischen Welt, die Nahrung, dort im *Cong-rong-lu* der Dharmadhâtu als die jenseitige „wahre Wirklichkeit“; ebenso verkörpern *Ochse* und „Wasserbüffel“ die entgegengesetzten und jeweils komplementären Rollen, der *Ochse* unser „wahres Wesen“, die Shûnyatâ als unser „wahres Selbst“, und der „Wasserbüffel“ den konkreten Menschen Nan-quan. So bekräftigt das Kôan 69 *Cong-rong-lu* die Bedeutsamkeit, die das Eintauchen in Shûnyatâ für unser Dasein inmitten der *Zehntausend Dinge* hat, und das Kôan 81 *Bi-yan-lu* die Notwendigkeit, das Eintauchen in Shûnyatâ um die konträre Hinwendung zur Welt zu ergänzen – vgl. Roloff (2), S. 359ff.

das Himmelsgewölbe oben, die sich weithin ausbreitende Erde unten, versteht sich. Dieses Ganze ist *abgedichtet*, die *Erde*, wie zu vermuten ist, nach unten hin, und zwar wie durch *feinkörniges Reismehl*, das noch in die kleinsten Poren eindringt; und der *Himmel* nach oben hin, wie durch eine Kuppel aus *Frost und Eis*. Innerhalb dieses geschlossenen und nach außen *abgedichteten* Gebildes herrscht keineswegs *Dämmerung und Dunkel*, es ist vielmehr lichterfüllt, vom Licht des Mondes (*yin*) und der Sonne (*yang*). Was könnte das für uns bedeuten, die wir als physische Wesen zweifellos diesem Ganzen aus *Himmel und Erde* angehören? Nun, es bedeutet klipp und klar, dass es für uns eben als physische Wesen kein Entweichen gibt, jeder noch so minimale Ausweg ist verschlossen und verstopft. Wir müssen uns notgedrungen darauf einrichten, in diesem *abgedichteten* Ganzen angesiedelt zu sein und nirgendwo sonst, und uns auch nicht anderswo, außerhalb, ansiedeln zu können. *„An einem Ort ganz unten ist [noch] das Gewöhnliche mehr als genug, / An einem Ort hoch oben ist [sogar] Einsicht, Prajña, nicht genug.“* Von diesen beiden (nunmehr aus je sieben Schriftzeichen bestehenden) Zeilen besteht die erste aus ausschließlich daoistischem Gedankengut: „Unten zu sein“, „das Tal der Welt zu sein“, das ist im *Dao-De-Jing* die Formel für die besondere Existenzform des Weisen, der – ganz nach Schamanen-Art – alles Elend, allen Schmutz, alles Unheil in sich aufnimmt, geradeso wie Wasser sich stets an der tiefsten Stelle sammelt, und so alle negativen Anteile neutralisiert. Und für den Weisen gilt ebenso, dass er sich bei seiner Lebensführung mit dem *Gewöhnlichen* zufrieden gibt, und das nicht in der Strenge einer rigorosen Selbstdisziplin, sondern mit einer lockeren Genügsamkeit, der noch *das Gewöhnliche mehr als genug ist*. Aus ganz anderem, aus buddhistischem Zusammenhang stammt die zweite der Sieben-Zeichen-Zeilen. Da ist von *Prajña* die Rede, von jener *Einsicht*, die an das „andere Ufer“ führt, jenseits der Welt. Und von dieser *Prajña* heißt es, dass sie – selbstverständlich *einem Ort hoch oben*, weit über dem *Gewöhnlichen*, zugehörig – durchaus *nicht genug* sei, behaftet mit unaufhebbarer Unzulänglichkeit. Doch wie das? Wie kann die höchste Stufe der Einsicht, eben die *Prajña*, die uns »Befreiung« verspricht, *nicht genug* sein? Da ergibt sich aus dem Kontext eine einfache Lösung: Der Aufstieg und Ausstieg aus den irdischen Leiden hinüber in ein Jenseits der Welt, den *Prajña* bewerkstelligt, ist lediglich ein spiritueller Auf- und Ausstieg; dass wir als physische Wesen gleichwohl innerhalb des *abgedichteten* Ganzen aus *Himmel und Erde* gefangen bleiben, dieses Faktum kann auch *Prajña* nicht aufheben. Von den beiden Anschlusszeilen (jetzt wieder zu je vier Schriftzeichen): *„Festhalten und Freilassen / Hier vereint gegenwärtig“*, erhält die gängige Formel vom *Festhalten und Freilassen* im Kontext dieser Ankündigung einen überraschend neuen Sinn: Als physische Wesen erfahren wir das *Festhalten* regelrecht am eigenen Leibe; die *abgedichtete* Welt *hält* uns nun einmal »mit Leib und Leben« zwischen *Himmel und Erde fest*; zugleich aber wird uns auch ein *Freilassen* zuteil, indem die von Kausalität durchherrschte physische Welt uns die Möglichkeit lässt, dank des spirituellen Auf- und Ausstiegs zur Shûnyatâ, eben diese physische Welt als einen Ort der Freiheit und des „Großen Friedens“ zu erfahren. Und damit wäre auch schon die mehr oder weniger rhetorische Frage, die schließlich zum Beispiel überleitet: *„[Aber] gibt es auch eine Möglichkeit, sich auszuzeichnen, oder nicht?“*, wie von selbst beantwortet: „Ja, selbstverständlich gibt es die; sie besteht eben darin, hier in dieser *abgedichteten* physischen Welt zu einem Leben der Freiheit und des „Großen Friedens“ durchzudringen – ganz so, wie es dann im Hauptteil des Beispiels Chang-qing und Bao-fu proklamieren. Beginnen wir also, um uns dieses »Öffentlichen Aushangs« wirklich zu bemächtigen, noch einmal von vorn.

82. (77.) Yun-mens „Reisbreikuchen“

Ankündigung

»Nach oben hin« gewandt, ist [er] imstande, die Nasenlöcher aller Menschen unter dem Himmel zu durchbohren – wie wenn ein Habicht eine Taube reißt; »nach unten hin« gewandt, sind [seine] eigenen Nasenlöcher in den Händen anderer Menschen – wie wenn eine Schildkröte sich in ihrer Schale versteckt.

Wenn nun einer von uns hier vortritt und sagt: „Ursprünglich gibt es kein »nach oben hin« und kein »nach unten hin«, wozu braucht es dann ein Sich-Hinwenden?“, dann sage [ich] zu ihm nur:[702] „**Ich** weiß sehr wohl, dass **Du** Deinen Lebensunterhalt in einer Gespenster-Höhle bestreitest! Wie willst **Du** da Schwarz und Weiß (Priester und Laien) unterscheiden?“

Nach einer langen Pause sagte [Yuan-wu]: „Wo es eine Regel gibt, haltet [Euch] an die Regel; wo es keine Regel gibt, haltet [Euch] an ein Beispiel!“[703]

Beispiel

Ein Mönch fragte Yun-men: „Was ist mit [einem Reden, das] das prahlerische Gerede der Buddhas und Patriarchen überschreitet?“[704]
Yun-men sagte: „Reisbreikuchen!“

Lobgesang

Chan-Gäste, die das *prahlerische Gerede* überschreiten, fragen dennoch viel –
Ein Riss tut sich da auf, ein Spalt öffnet sich – kannst [du es] sehen?
Noch den *Reisbreikuchen* hineingestopft, hören [sie] doch nicht auf –
Bis heute gibt es [so] unter dem Himmel Täuschung und Betrug!

---

702 Während in den ersten Sätzen der Ankündigung wie üblich Personalpronomina fehlen, gibt Yuan-wu hier und im folgenden Satz durch die entsprechenden Pronomina zu erkennen, dass er von sich selbst spricht („**ich**“), sich an einen Dritten wendet („ihm“), den er dann in der zweiten Person anredet („**Du**“).

703 Diese Meta-Regel (*you tiao pan tiao, wu tiao pan li*) hat Yuan-wu schon einmal verwendet, und zwar in der Ankündigung zum Kôan 10; die Art und Weise, wie sie hier eingeführt wird („*nach einer langen Pause [liang jiu] sagte er*“), macht mit aller wünschenswerten Deutlichkeit augenfällig, dass genauso, wie Xue-dou die von ihm ausgewählten Beispiele mitsamt seinen auf das jeweilige Beispiel zugeschnittenen Lobgesängen seinen Mönchen persönlich vorgetragen hat, so auch Yuan-wu seine Ankündigungen (und ebenso auch seine Kommentare) primär für den mündlichen Vortrag entworfen und als direkte Unterweisung vom „Lehrsitz“ herab genutzt (und ebenso noch seine Zwischenbemerkungen in den mündlichen Vortrag eingestreut) hat.

704 Die Standard-Version bietet hier ein Schriftzeichen *tan* mit der Bedeutung „plaudern“ oder einfach „reden“; die *Ichiya*-Version hingegen, der sich der Verfasser auch an dieser Stelle anschließt, weist stattdessen ein homophones, doch anders geschriebenes Zeichen *tan* auf, das in der Tat „Prahlerei“ oder „Geschwätz“ besagt! Nach den Grundsätzen der »Textkritik« ist angesichts der sonstigen Tendenz des Song-zeitlichen Chan zu zunehmender Zuspitzung mit größerer Wahrscheinlichkeit anzunehmen, dass hier gleichwohl der frühere und zugleich stärkere Ausdruck „Prahlerei“ oder „Geschwätz“, wie er sich in der älteren *Ichiya*-Version findet, nachträglich, und zwar aus Gründen der Pietät, zu dem harmloseren „Geplauder“ oder „Gerede“ der Standard-Version abgeschwächt worden ist, als dass wir in dem späteren und weniger anstößigen „Geplauder“ die ursprüngliche Fassung vor uns haben. Der Verfasser hat einen Mittelweg gewählt.

Gegen Ende seiner Auswahl von *100 Beispielen der Alten* räumt Xue-dou seinem eindeutigen Favoriten Yun-men noch einmal vier Auftritte ein, von denen dieser hier ein geradezu klassisches Beispiel für Yun-mens „Ein-Wort-Schranken" darstellt. Zugleich aber macht gerade das hiesige Kôan die eingeschränkte Tauglichkeit solcher Kategorien wie „Schranken des einen Wortes" oder „stellvertretende Worte" deutlich, und zwar insofern Yun-mens Ausruf *„Reisbreikuchen!"*, wie sich zeigen wird, nicht so sehr dazu dient, dem Fragesteller das Denken abzuschneiden, als er vielmehr die Frage des Mönchs auf punktgenaue (und obendrein geniale) Weise beantwortet, indem er ein Beispiel für eben jenes *[Reden]* bietet, *[das] das prahlerische Gerede der Buddhas und Patriarchen überschreitet*, nach dem der Mönch gefragt hat.

In diesem Zusammenhang sieht sich der Verfasser bedauerlicherweise, doch folgerichtig veranlasst, den Leser mit einigen philologischen Überlegungen zu behelligen: Die Frage des Mönchs lautet im Chinesischen: *ru-he shi chao Fo yue Zu zhi tan*. Dabei bedeuten: *ru-he shi* wörtlich: „Was ist mit x" oder freier übersetzt: „Was hat es auf sich mit x", *Fo* und *Zu*: „Buddha" und „Patriarch" bzw. „Buddhas" und „Patriarchen", *tan* eben: „Prahlerei/ Geschwätz" oder, abgeschwächt, „Gerede", und stellt *zhi* ein Füllwort dar, das einen Genitiv anzeigt, weshalb *Fo zhi tan* bzw. *Zu zhi tan* als „prahlerisches Gerede der Buddhas" bzw. „der Patriarchen" zu verstehen ist. Bleiben noch *chao* („übersteigen", „überschreiten", „übertreffen" und *yue* („überschreiten"), die sich damit als Synonyme erweisen, mit der gemeinsamen Bedeutung „überschreiten". Nun liebt die chinesische Sprache ganz allgemein Verdopplungen, also statt nur *chao* oder nur *yue* vielmehr beides zusammen einzusetzen: *chao-yue*, ohne einen Zuwachs an Bedeutung gegenüber den beiden Einzelkomponenten; und die klassische chinesische Schriftsprache spaltet Verdopplungen wie *chao-yue*, wenn von zwei gleichrangigen Objekten gefolgt, also: *chao-yue Fo Zu*, zu Deutsch: „Buddhas und Patriarchen überschreiten" zu Verschränkungen wie eben *chao Fo yue Zu* auf. Zusammen mit dem Genitiv-Wort *zhi* und dem Substantiv *tan* ergibt das wörtlich: „das Geschwätz der Buddhas und Patriarchen überschreiten".

Das alles läuft auf folgende wörtliche Übersetzung der Frage hinaus, mit der der Mönch Yun-men zu provozieren versucht: „Was ist mit..." bzw. „Was hat es auf sich mit dem Überschreiten des prahlerischen Geredes der Buddhas und Patriarchen?" Ein solche Frage zielt zunächst einmal auf den Inhalt der verbalen Äußerungen der Buddhas und Patriarchen, und genau in diesem Sinne hat der Verfasser das gleichlautende Beispiel im Kôan 78 *Cong-rong-lu* interpretiert – ein Aspekt, der auch hier bei der Behandlung desselben Beispiels im *Bi-yan-lu* keineswegs unterschlagen werden soll. Doch Yun-mens Antwort *„Reisbreikuchen!"* beinhaltet noch mehr: Sie bedeutet als verbale Äußerung zugleich auch ein Überschreiten der Buddha- und Patriarchen-Reden in ihrem sprachlich-performativen Aspekt! Um das deutlich zu machen, hat sich der Verfasser entschlossen, versuchsweise die Ergänzung „Was ist mit *[einem Reden, das]* ... überschreitet?" einzufügen, womit er über seine Deutung desselben Beispiels im *Cong-rong-lu* hinausgeht.[705]

---

705 Immerin übersetzt auch Cleary in annähernd gleichem Sinne: *„What is talk that goes beyond Buddhas and Patriarchs?"* – Cleary, S. 424. Um jedoch den Sinn genau zu treffen, den der Verfasser hier im

Noch bevor im Beispiel die eigentliche Sache zur Sprache kommt, macht die **Ankündigung** deutlich, dass wieder einmal die Chan-typische »Doppelbewegung« so *»nach oben hin«* wie auch *»nach unten hin«* im Spiel ist. Und zwar geht es dabei, im Vorgriff auf das Beispiel, zunächst allein um Yun-men, dem Yuan-wu – in Chan-rhetorischer Übertreibung – die uneingeschränkte Kompetenz zuspricht, andere, sogar ausnahmslos jeden anderen, wie an einem Ring durch dessen *Nasenlöcher* auf den Weg *»nach oben hin«* zu zwingen, mit einer Unentrinnbarkeit der Überwältigung, *„wie wenn ein Habicht eine Taube reißt"*. Ebenso gesteht er Yun-men die – aus dem Erbarmen eines Bodhisattva entspringende – Bereitwilligkeit zu, in der Wendung »nach unten hin« sich *in die Hände anderer Menschen* zu begeben und von ihren Anforderungen so bedrängen zu lassen, wie es einer *Schildkröte* ergeht, die ihren Verfolgern nicht entkommen kann und sich genötigt sieht, sich in der Enge *ihrer Schale zu verstecken.* Genau das, sich *in [seiner] Schale verstecken*, tut ein Yun-men nun freilich nicht; er stellt sich vielmehr solchen Zugriffen anderer, solchem Griff in *[seine] eigenen Nasenlöcher* wie dem, mit dem der Mönch des Beispiels ihn bedrängt, und handelt sodann gleichwohl in der Souveränität seiner Freiheit.

Der zweite Teil der **Ankündigung** zielt auf den Mönch des Beispiels, dem Yuan-wu – in Gestalt eines fiktiven, aus den Reihen der Mönche hervor- und an den Meister herantretenden *Chan-Gastes* – unterstellt, er habe es mit seinem *Überschreiten* der Buddhas und Patriarchen auf die Shûnyatâ und das Verweilen in der Shûnyatâ abgesehen: Dort, wo laut dem berühmten, Hui-neng zugeschriebenen Vierzeiler „ursprünglich kein einziges Ding existiert", dort gibt es selbstverständlich auch ebenso *ursprünglich kein »nach oben hin« und kein »nach unten hin«*, weshalb es dort, zumindest für den, der süchtig ist nach Transzendenz, in der Tat *kein Sich-Hinwenden braucht*, auch nicht »nach unten hin«, zurück in die Welt. Ein solches Leben anzustreben, gar zu führen, verdient es in den Augen Yuan-wus, mit der vernichtenden Metapher bedacht zu werden, dass da einer *seinen Lebensunterhalt in einer Gespensterhöhle bestreitet.*

Das **Beispiel** selbst wird von ganz anderen Metaphern bestimmt. Da ist ein Mönch, der hoch hinaus will; ein Mönch, der all die Buddha-Reden mit ihren Schilderungen unendlich vieler Buddha-Welten, mit den Wundertaten ihrer unzähligen Bodhisattvas und mit ihren phantastischen Verheißungen (die Äußerungen der Patriarchen hier einmal beiseite gelassen) als *prahlerisches Gerede*, wenn nicht gar als Geschwätz abtut, und der zu einem Reden vorstoßen möchte, das all dies *prahlerische Gerede* hinter sich lässt – nicht nur zu inhaltlichen Aussagen ganz anderer Art, sondern, so dürfen wir vermuten (und ergänzen), auch zu einer anderen Art des Redens selbst. Einem Mönch mit solcher Einstellung muss auch noch die angebliche Selbstbezichtigung Buddhas, er habe in seinem ganzen Leben, in all seinen Lehrvorträgen kein einziges Wort gesagt, als *prahlerisches Gerede* gelten; und wenn er von Yun-men ein Reden benannt hören möchte, das auch noch solches Nichts-Sagen *überschreitet*, dann kann das nur ein Reden sein, das auch über das Schweigen hinausgeht. Aber ein Reden, das – immer im Kontext der Buddha-Lehre – sämtliche Sûtren und auch noch das Schweigen hinter den Sûtren hinter sich lässt, wovon soll das reden, und wie

---

Auge hat, hätte Cleary formulieren müssen: *„What is talk that goes beyond the talk of the Buddhas and Patriarchs?"*

soll es davon reden? Ein Reden, das nicht nur von nichts redet, sondern folgerichtig auch nichts redet, ist ein paradoxes Vorkommnis, das sich selbst aufhebt. Ein Reden aber, das die Gesamtheit aller Sûtren überschreiten und doch wirkliches Reden sein soll, muss auch das Schweigen noch überschreiten – doch wohin? Hier tritt der unterschwellige Zusammenhang mit der Ankündigung und ihrer »Doppelbewegung nach oben und nach unten hin« zutage: Ein »Nach oben hin«, zumal wenn es noch über den Dharmakâya hinaus und mithin dorthin führt, wo nichts mehr ist, lässt sich nur »nach unten hin« überschreiten, durch Rückkehr in die Welt. Ebenso muss ein Reden, das noch über das Schweigen hinter den Buddha-Reden hinausgeht, ein Reden von etwas sein, allerdings nicht das heroisch-phantastische über jenseitige Welten und überirdische Taten, sondern eines, das sich des Banalen, Alltäglichen, des »Irdischen-Allzuirdischen« (Nietzsches »Menschliches-Allzumenschliches« leistet da Patendienst) bedient. Und für diese „ganz andere" Art des Redens reicht Yun-men mit seinem *„Reisbreikuchen!"* dem Mönch ein Beispiel hin, gibt er ihm auf seine Frage, was das für ein Reden sei, *das das prahlerische Gerede der Buddhas und Patriarchen überschreitet*, die punktgenaue Antwort!

Aber auch inhaltlich liegt hier ein *Überschreiten* des Buddha- und Patriarchen-Geredes vor, genau im gleichen Sinne, wie die Wendung »nach unten hin«, zurück in die Welt, die Ausrichtung »nach oben hin« überschreitet. Statt der Verheißung phantastischer Jenseits-Welten, auch statt der weitaus nüchterneren Zielsetzung, an ein „jenseitiges Ufer" zu gelangen und im Verweilen dortselbst »Befreiung« zu erfahren und zu genießen, verweist Yun-men seinen *Chan-Gast* zurück in die irdische Welt, und zwar als den einzigen Ort der uns möglichen Erfüllung. Solch ein schlichter Genuss wie ein mehr oder weniger fader *Reisbreikuchen* genügt demjenigen vollauf, der in der Wendung *»nach oben hin«* sich von allem Anhaften befreit hat; der es gelernt hat, von allem Abschied zu nehmen, sowohl von den materiellen Glücksversprechungen des Konsums und den hehren Zielen gesellschaftlicher Bedeutsamkeit als auch von den offenen und geheimen Begierden und Süchten des Ich. So »alles gelassen zu haben« (wie schon Plotin und Eckhart formulieren) und dann in die Welt zurückzukehren befähigt uns, noch in den einfachsten Dingen Freude und Glück zu erleben, eine Erfüllung, die wir letztlich der Erfahrung des Nichts verdanken, die uns ausbrechen lässt in den Jubel zu sein, ohne die Angst vor dem Nicht-Sein, vor Sterben und Tod:

> Unbegreiflich,
> Dass du im Nicht-Sein zuhause,
> Aufgehoben,
> Dich geborgen erfährst!
> Das an dir, was noch ist:
> Heimgekehrt in die Tränen – wie Licht –
> Grundloser Freude,
> Längst und für immer
> Gänzlich gestillt zu sein:
> »Frieden«, nicht nur »geschaut«,
> Dir entspringt er
> Allem, was dich umgibt,
> Mitten im Nicht-Sein.

Das versteht sich:
Nicht-Sein ist nicht, wie zu Buddhas
Zeiten einstens,
Flucht und Rückzug aus sonst
Nicht bezwingbarem Leid.
Altem Chan-Brauch gemäß ist doch **dir**
Nicht-Sein der Quellgrund
Täglichen Daseins,
Täglicher Freude auch:
Dass sich alles verliert,
Kann doch dich, so
Grundlos gegründet, nicht
Schmerz-jäh erschrecken.[706]

Der **Lobgesang** fällt insofern aus dem Rahmen des sonst Üblichen, als hier Xue-dous persönliche Erfahrungen zu Wort kommen, die er mit den Mönchen seines Klosters bezüglich Yun-mens *„Reisbreikuchen!"* gemacht hat. *„Chan-Gäste, die* – wie der Mönch des Beispiels – *[sich zum Ziel gesetzt haben,] das prahlerische Gerede der Buddhas und Patriarchen zu überschreiten"*, müssen sich von Xue-dou vorwerfen lassen, dass sie *dennoch* nicht aufhören, immer weiter *Fragen zu stellen*, womit *sich* in ihrem Bemühen der *Riss* eines inneren Widerspruchs *auftut*. Denn wenn sie alles *prahlerische Gerede* nach Art der Buddhas und Patriarchen hinter sich lassen wollen, dann müssen sie auch über Gerede überhaupt hinausgehen, weil ja alles Reden, jedes ambitionierte jedenfalls, und somit auch das Reden des Verfassers hier, die Gefahr der Prahlerei in sich birgt. Wer jedoch solchermaßen alles *prahlerische Gerede* hinter sich lassen will, der kann nicht umhin, in die Sphäre des Schweigens einzutreten, eines Verstummens angesichts des Unsagbaren, das jedes weitere Fragen ausschließt – und, bei etwa tatsächlichem Zugang zum Unsagbaren, überflüssig macht. Und wer auch noch über das Schweigen – das hinter den Buddha-Reden, das dann auch sein eigenes ist – hinausgehen will, der braucht dazu gleichfalls keine Fragen mehr, weil diese Rückwendung ins Sprechen, in ein anderes, der Prahlerei unverdächtiges Sprechen, für das Yun-mens *„Reisbreikuchen!"* das passende Beispiel darstellt, sich von selbst ergibt. – Xue-dous Mönchen allerdings, der Mehrzahl zumindest, bleibt das Verständnis für die Anekdote um den *Reisbreikuchen* verschlossen: Mag Xue-dou sie ihnen noch so oft vorgetragen, ihnen den *Reisbreikuchen* wieder und wiede in ihre beim Fragen weit aufgesperrten Münder *hineingestopft* haben, so *hören sie* mit ihren Fragen eben *doch nicht auf*. Und deshalb, so lautet Xue-dous bitteres Fazit, *„gibt es bis heute unter dem Himmel Täuschung und Betrug"* – den *Betrug*, den sie aneinander verüben, indem sie ihre eigene Blindheit, ihre Selbst-*Täuschung* untereinander weiterreichen.

706 Roloff (3), Text 55 – Die Zeile »*Frieden*«, nicht nur »*geschaut*« spielt auf Hölderlins Hymne *Friedensfeier* an, in der es heißt; »Und vor der Thüre des Haußes / Sitzt Mutter und Kind, / Und **schauet den Frieden** / Und wenige scheinen zu sterben / Es hält ein Ahnen die Seele, / Vom goldnen Lichte gesendet, / Hält ein Versprechen die Ältesten auf« – Hölderlin, S. 365.

83. (78.) [Sechzehn] Edle der Gründer[zeit] betreten das Bad

Ankündigung

(nicht erhalten)[707]

Beispiel

In ferner Vergangenheit [waren da einmal] sechzehn Edle der Gründer[zeit]; als für die Mönche die Stunde gekommen war, ins Bad zu gehen, folgten sie ihrem Beispiel und betraten das [Bade]haus. Plötzlich erwachten sie aufgrund [der Berührung mit dem] Wasser. All [Ihr] tugendhaften Chan[-Anhänger], wie versteht [Ihr es], wenn sie sagen: „Die wunderbare Berührung [mit dem Wasser] vermittelt Verstehen; [wir] sind wahrhaft zu Söhnen Buddhas geworden!“? – [Ihr aber] müsst sogar vielfach Schächte [in die Erde] bohren; erst dann erlangt [Ihr es]!

Lobgesang

Nur **ein** Flickenkutten-Mönch ist nötig, [diese] Angelegenheit zu Ende zu bringen:
Auf dem durchgehenden [Sitz]gestell die Füße auszustrecken und zu schlafen!
[Nur] im Traum hast du gesagt: „[Ich] bin erwacht in vollständigem Durchdringen!“:
[Du] magst [dich] in Duftwasser waschen, [ich] spucke [dir] jäh ins Gesicht!

Ein hochinteressantes Kôan, das wir hier vor uns haben! Und zwar deshalb hochinteressant, weil der zweite der erhaltenen Teile, der Lobgesang, uns zu dem genauen Gegenteil dessen hinführen will, worauf, zumindest vordergründigem Anschein nach, das Beispiel abzielt. Es geht, wie Yuan-wu in seinem Kommentar erläutert, um eine Episode aus dem *Shûrangama-Sûtra*, einem nur in chinesischer Übersetzung erhaltenen Mahâyâna-Sûtra, das „Methoden der Leerheitsmeditation (Shûnyatâ) vertritt, durch deren Praxis jeder, ... ob Mönch oder Laie, die Erleuchtung eines Bodhisattva verwirklichen kann“.[708] Neben geradezu ausschweifenden Zwiegesprächen zwischen Buddha Shâkyamuni und Ananda enthält das Sûtra ein Kapitel, in dem 26 „Große Arhats“ und „Bodhisattva-Mahâsattvas“ davon berichten, wie sie erfolgreich bis zum vollständigen »Erwachen« vorgedrungen sind. Einer dieser Arhats namens Bhadrapala ist mit 16 Anhängern vor Buddha erschienen und erzählt von einer ganz persönlichen Erfahrung, an der seine Begleiter nicht beteiligt gewesen sind. Gleichwohl bietet die Erwähnung dieser 16 Anhänger den einzigen Anhaltspunkt dafür, warum im Wortlaut des Beispiels ausgerechnet von *sechzehn Edlen der Gründer[zeit]* die Rede ist, auf die obendrein in freier Verwendung der Vorlage das, was das Sûtra zur allei-

707 Wie schon zuvor in den Kapiteln 6, 14, 18, 26, 28, 30, 34, 36, 44, 52, 58, 64, 67, 69, 73, 74 und 77 weisen auch zu diesem Kôan weder die Standard- noch die *Ichiya*-Version (und in ihrem Gefolge die *Teihon*-Ausgabe) eine Ankündigung auf. Dieser Ausfall hier im Kôan 83 ist der achtzehnte Beleg für den schwerwiegenden und komplexen »Bindefehler«, der beiden Überlieferungssträngen, der Standard- und der *Ichiya*-Version, einen bereits verstümmelten gemeinsamen Vorfahren zuweist.

708 Lexikon I, Artikel *Shûrangama-Sûtra*, S. 353

nigen Erfahrung Bhadrapalas macht, als gemeinsames Erlebnis ausgeweitet wird: „Als ich eines Tages, als gerade der Badefeiertag war, ins Bad stieg, erfuhr ich plötzlich durch den Sinn des Tastens die wahre Natur des Wassers: dass es weder Schmutz entfernte noch meinen physischen Körper reinigte. Mit dieser Einsicht erkannte ich die wahre und essentielle Natur meines Herzens und meines Geistes. Mit dieser Erkenntnis schien nichts irgendwo in der Existenz zu weilen als nur Stille und Frieden. Diese Erfahrung verweilt bis heute in meinem Bewusstsein. Da ich nun Anhänger meines Herrn und zu seiner Lehre übergetreten bin, so hat diese frühe Erfahrung mir weitergeholfen, die vollkommene Loslösung von allen Anhaftungen und Befleckungen zu erreichen."[709]

Diese ausführliche Äußerung Bhadrapalas über seinen Weg ins »*Erwachen*« wird im **Beispiel** zu der formelhaften und zudem unbestimmten Aussage komprimiert: *„Plötzlich erwachten sie aufgrund des Wassers"*[710] – die erweiterte Formulierung: *„... aufgrund [der Berührung mit dem] Wasser"*, ergibt sich aus dem anschließenden Satz mit seinem den *sechzehn Edlen* in den Mund gelegten Bekenntnis: *„Die wunderbare Berührung [mit dem Wasser] vermittelt Verstehen; wir sind wahrhaft zu Söhnen Buddhas geworden!"* Wenn wir die verkürzte Formulierung in die differenzierte Darstellung des Sûtra zurückübersetzen, kann das Beispiel, wie auch Yuan-wu es in seinem Kommentar vorträgt, sehr wohl dahin gedeutet werden, dass die ungepflegten und verdreckten Arhats, um die es hier geht, gar nicht ihren physischen Leib haben reinigen wollen, sondern die Berührung mit dem Badewasser als Aufforderung an sich selbst verstanden haben, ihren Geist von „allen Anhaftungen" (statt ihren Körper nur vom anhaftenden Schmutz) und „allen Befleckungen" zu befreien. Auf Chan-Anhänger angewandt bedeutet das die Aufforderung, sich so gründlich in die Shûnyatâ zu versenken, dass nur „Stille und Frieden" übrig bleiben, die Stille und der Frieden eines Zustands, in dem es nichts, rein gar nichts mehr gibt. Die Forderung nach einer solchen Radikalität der »Befreiung« wird auch von Yuan-wu ausdrücklich hervorgehoben, wenn er davon spricht, dass die Versenkung eines Chan-Übenden bis in jene Sphäre vordringen müsse, in der sich auch noch das Wort „Buddha" verbietet. So kommen wir nicht umhin anzuerkennen, dass die Badehaus-Begebenheit des Beispiels als Einladung zum spirituellen Sterben und als nichts anderes dasteht – als die Verheißung eines „Friedens", der nur durch ein Streben »nach oben hin« zu erreichen ist, das alles hinter sich lässt, nicht nur Ich und Welt, sondern ebenso auch alle religiösen Gewissheiten: dass es da einen Dharmakâya, eine „wahre Wirklichkeit", einen ewigen Buddha als den Grund aller Dinge gibt. Mit einer solchen Chan-typischen Überspitzung gedeutet – und eine andere Deutung scheint nicht zulässig – redet das Beispielt einseitig und ausschließlich dem Streben nach Nirvâna das Wort, der »Befreiung« durch Selbst- und Welt-Auslöschung. – Wie soll das zu der vom Verfasser immer wieder behaupteten Welt-Zuwendung und Daseins-Bejahung der Song-zeitlichen Chan-Lehre passen?

---

709 *Shûrangama-Sûtra*, in der Übersetzung durch Raoul von Muralt, S. 106f. – Inhaltlich liegt somit eine doppelte Flüchtigkeit vor, einmal was die Anzahl von 16 *Edlen* angeht (weil es ja zusammen mit Bhadrapala 17 Beteiligte sein müssten), und zum anderen in der Ausweitung des Badehaus-Erlebnisses auch auf die Begleiter Bhadrapalas.

710 Das cinesische Original weist an dieser Stelle nur die vier Schriftzeichen auf: *hu* („plötzlich") *wu* („erwachen") *shui* („Wasser") *yin* („Ursache", „Grund").

Es passt natürlich nicht; doch der **Lobgesang**, der ja bisher noch aussteht, bringt die angekündigte Kehrtwendung. Xue-dou knüpft dabei an den letzten Satz des Beispiels an, der von den Mönchen Schwerstarbeit verlangt, wenn sie denn das »vollkommene Erwachen« erreichen wollen, das die *sechzehn Edlen der Gründer[zeit]* ihnen als höchstmögliche Errungenschaft vor Augen stellen: *„Nur **ein** Flickenkutten-Mönch ist nötig, [diese] Angelegenheit“* – nämlich die des »vollkommenen Erwachens« – *„zu Ende zu bringen!“* Die *sechzehn Edlen der Gründer[zeit]*, heißt das, haben die *Angelegenheit* des »vollkommenen Erwachens« mithin noch keineswegs *zu Ende gebracht*; und mit dieser Feststellung deutet Xue-dou schon einmal an, dass das Verstehen, das den *sechzehn Edlen* zuteil geworden ist, noch keineswegs das »vollkommene Erwachen« darstellt. *[Diese] Angelegenheit* tatsächlich *zu Ende zu bringen*, dazu bedarf es laut Xue-dou wenigstens ***eines** Mönches*, der mit seinem persönlichen Beispiel dasjenige wesentliche Element hinzufügt, das dem »vollkommenen Erwachen«, wie die *sechzehn Edlen* es proklamieren, bisher noch fehlt, und das Xue-dou in der folgenden Zeile seines Lobgesangs so umschreibt: *„Auf dem durchgehenden [Sitz]gestell die Füße auszustrecken und zu schlafen!“* Bei dem *durchgehenden [Sitz]gestell* handelt es sich um jene in die Breite ausgedehnte Bank, auf der die Mönche nebeneinander sitzend ihre Versenkungsübung vollziehen. Doch statt dass sie sich in konzentriertem Bemühen in die Shûnyatâ versenken, fordert Xue-dou von ihnen hier, es sich bequem zu machen, *die Füße auszustrecken und sich schlafen zu legen*! Mit den *sechzehn Edlen* und ihrer Reinigung des Geistes von „allen Anhaftungen und Befleckungen“ zu sagen: *„Ich bin erwacht in vollständigem Durchdringen!“*, das gilt Xue-dou lediglich so, als hättest *„du das [nur] im Traum gesagt“*: Sich ausschließlich der Ich- und Welt-Auslöschung hinzugeben, ist nur ein geträumtes »Erwachen«; zum wirklichen »Erwachen« gehört auch, sich ganz irdisch-physisch entspannen und die Entspannung genießen zu können, kurz, sich zugleich auch in der Welt aufgehoben und wohlzufühlen: Der »vollkommen Erwachte« als hingebungsvoll-gelassener Schläfer – zur Tuschezeichnung geronnen ein Bild tiefsten Friedens inmitten der Welt! Wer sich hingegen mit Bhadrapala allein darauf versteift, seinen Geist von „allen Anhaftungen und Befleckungen“ zu befreien, wer sich also ausschließlich der Askese eines radikalen spirituellen Sterbens verschreibt, den lässt Xue-dou seine Geringschätzung, ja seine Verachtung spüren: *„Ich spucke [ihm] jäh ins Gesicht!“* – mag er sich auch mit dem *duftendem Wasser waschen*, das Bhadrapala nicht zur Reinigung seines nach Arhat-Art ungepflegten und ungewaschenen Körpers genutzt hat, sondern lediglich dazu, von ihm den Anstoß zu einer Reinigung des Geistes zu empfangen, die aus restloser Ich- und Welt-Auslöschung besteht. Dieses nur geträumte »Erwachen« verdient Xue-dous Hohn und Spott; das wahre »Erwachen« fordert von uns Übenden – das macht der Lobgesang deutlich – zusätzlich zur Erfahrung der Shûnyatâ auch die Bejahung der irdischen Wirklichkeit, unsere eigene eingeschlossen.

Wenn wir von hier aus noch einmal auf das **Beispiel** zurückblicken, lässt sich dessen Text auch ganz anders lesen: „In ferner Vergangenheit [sind einmal] sechzehn Edle der Gründer[zeit] den Mönchen ins Badehaus gefolgt und haben aufgrund [der Berührung mit dem] Wasser plötzlich das *»Erwachen«* erfahren. Was für einen Reim wollt Ihr Euch daraus machen, dass sie gesagt haben: *‚Die wunderbare Berührung [mit dem Wasser] vermittelt Verstehen; wir sind wahrhaft zu Söhnen Buddhas geworden‘?*“ – Da wird auch nicht mit einem einzigen Wort angedeutet, dass die *Edlen*, die Arhats, ihre Körper ***nicht*** vom Schmutz befreit hätten! Sie sind ins Badehaus gegangen und haben sich vom warmen Badewasser umspülen lassen; das ist die *Berührung mit dem Wasser*, die ihnen zum »*Erwachen*« verholfen hat! Wenn sie diese *Berührung* als eine *wunderbare* eingestehen, heißt das, sie haben sie als Wohltat erlebt, als eine beglückende Überraschung, nach all den Jahren ihres Asketen-Daseins, in dem sie sich um ihren Körper nicht im Mindesten gekümmert haben! Nun plötzlich diese *wunderbare* und unzweifelhaft physische *Berührung*! Was für ein *Verstehen* soll die denn wohl *vermittelt haben*, wenn nicht die Einsicht, dass auch unser physischer Leib zu uns gehört und zu unserem Wohlbefinden beiträgt? Dass diese *Edlen* durch die *wunderbare Berührung mit dem Wasser* nach eigenem Bekunden nunmehr *wahrhaft zu Söhnen Buddhas geworden sind*, gibt dann ihrem bisherigen Verständnis der Buddha-Lehre eine ganz neue Wendung: Zwar hatte sich schon der historische Buddha von einer stetig fortschreitenden Abtötung des Körpers abgewandt und seinen „mittleren Weg" gefunden, den lebensnotwendigen Bedürfnissen unserer physischen Existenz notgedrungen Rechnung zu tragen; doch aus deren Befriedigung Lustgewinn und Glücksempfinden zu erfahren oder gar anzustreben, hatte als Rückfall in bereits überwunden geglaubte Anhaftung zu gelten. Jetzt aber hatte die *wunderbare Berührung mit dem Wasser* die *Edlen der Gründer[zeit]* belehrt, dass wir der nun einmal gegebenen Ordnung der Dinge (für Chinesen allemal als DAO vorgestellt) Unrecht tun, wenn wir physisches Wohlbefinden als eine Quelle möglichen Glücks grundsätzlich verwerfen. Die Buddha-Lehre in diesem Sinne neu verstanden, sind die *sechzehn Edlen* erst dadurch zu *wahren Söhnen Buddhas* geworden, dass sie sich durch die *wunderbare Berührung mit dem Wasser* zu einer entsprechenden Diesseits-Bejahung haben bekehren lassen! Auf die Song-zeitlichen Chan-Meister angewandt heißt das: Sie, die sich ja in ihrer ausgesprochenen und in der Lehre vom DAO verankerten Diesseits-Bejahung nicht nur immer noch als Buddha-Jünger, sondern sogar als die einzig authentischen Buddha-Nachfolger verstanden haben, sie unterziehen hier in diesem Kôan einen anerkannten und ehrwürdigen Text der Mahâyâna-Tradition einer radikalen Umdeutung, um eben damit ihrem Anspruch auf authentische Jüngerschaft die erforderliche Berechtigung zu verleihen!

84. (79.) Tou-zi zu den „Buddha-Lauten"

Ankündigung

Wenn sich [sein] Großes Wirken vor [dir] offenbart, hat keine feste Bahn und keine Regel mehr Bestand.[711] [Er] nimmt [ihn] lebendig gefangen, bemüht dabei keine überflüssige Kraft. Nun sagt mal: Welche Menschen können [so etwas]? Bedenkt [dazu, was Xue-dou hier] vorbringt!

Beispiel

Ein Mönch fragte Tou-zi: „Jeder Laut ist ein Buddha-Laut – [ist das] richtig oder nicht?"
Tou-zi erwiderte: „Richtig!"
Der Mönch sagte: „[Dann], Ehrwürden, lasst aus dem brodelnden Topf [Eures Gedärms] keinen geräuschvollen [Wind] abgehen!"
Ohne zu zögern schlug Tou-zi [auf ihn] ein.

Der Mönch fragte weiter: „Grobe Reden und feine Reden kehren alle zur [ursprünglich]-ersten Bedeutung zurück – [ist das] richtig oder nicht?"
Tou-zi entgegnete: „Richtig!"
Der Mönch sagte: „Darf [ich] Ehrwürden [dann] in der Anrede zu einem Esel machen?"
Ohne zu Zögern schlug Tou-zi [abermals auf ihn] ein.

Lobgesang

Tou-zi, Tou-zi!
Das Rad [seiner] spirituellen Kraft kennt kein Hindernis!
[Er] verzichtet auf einen [Stein] und erlangt dafür zwei,
[Ist] gleichzeitig jener [und] gleichzeitig dieser.
Bemitleidenswert: ein Mensch, der sich hemmungslos tummelt in Ebbe und Flut –
Letztendlich versinkt [er] auch inmitten von Ebbe und Flut und stirbt!
Plötzlich zum Leben erweckt –
Hundert Ströme flössen dann rückwärts, mit laut brüllendem Getöse!

Wieder eine dieser Geschichten, bei denen sich die Frage aufdrängt, was sie in einer Sammlung von »Öffentlichen Aushängen« im Sinne der Chan-Übung zu suchen haben: Da spricht ein Mönch einen philosophisch-religiösen Gemeinplatz aus, freilich als Frage getarnt, bekommt eine bestätigende Antwort, beleidigt sodann völlig unmotiviert sein Gegenüber, den angesehenen Abt **Tou-zi** (819-914), und erhält zur Strafe einen Schlag mit dessen Wanderstock, vielleicht auch mehrere. Dieses Spiel wiederholt sich ein zweites Mal. Das ist doch kein Kôan, eher schon die Schilderung einer plumpen und zugleich banalen Beleidigung.

---

711 Wie bereits angemerkt, hat Yuan-wu diesen Satz auch schon in den Ankündigungen der Kôan 2 und 8 verwendet.

Und doch will die **Ankündigung** uns glauben machen, hier entfalte sich vor unseren Augen *„Großes Wirken"*, das des Tou-zi, versteht sich, wobei dieser den Mönch angeblich *lebendig gefangen nimmt und dabei keine überflüssige Kraft bemüht!* Und der **Lobgesang** streicht Tou-zis Leistung noch stärker heraus, spricht dabei von einer *spirituellen Kraft, die kein Hindernis kennt*, und attestiert ihm höchste Geschicklichkeit, derjenigen eines routinierten Brettspielers vergleichbar, der einen kurzfristigen Nachteil zugunsten eines späteren, unaufhaltsamen Sieges in Kauf nimmt: *„Er verzichtet auf einen [Stein] und erlangt dafür zwei, / Ist gleichzeitig [Verlierer] und gleichzeitig [Gewinner]."* Wie lassen sich solche Elogen mit dem **Beispiel** in Einklang bringen?

Der Mönch beginnt: *„Jeder Laut ist ein Buddha-Laut!"* Sicherlich, wenn – einem Mahâyâna-Axiom zufolge – die Welt und alle Dinge in ihr Manifestationen Buddhas sind, und zwar des Buddha-Leibes am Grund der Welt, mithin des Dharmakâya, dann müssen wohl *alle Laute* eben *Laute Buddhas* sein! Das ist – innerhalb der Mahâyâna-Lehre – eine Binsenwahrheit. Und doch formuliert der Mönch diesen Grundsatz als Frage, die er von Tou-zi bestätigt haben möchte: *„[Ist das] richtig oder nicht?"* Zumindest der Form nach lässt das auch die Möglichkeit offen, das keineswegs *alle Laute Buddha-Laute* sind! Und in der Tat, wenn auch menschliche Sprechakte Laute sind, und wenn desweiteren zu den Vorschriften des Achtfachen Pfades die Forderung nach „rechter Rede" gehört, dann können Äußerungen, die dieser Forderung zuwider laufen, keine *Buddha-Laute* sein! So kann die Behauptung: *„Jeder Laut ist ein Buddha-Laut!"*, wenn schon nicht in ontologischer, so doch in moralisch-ethischer Hinsicht unzutreffend sein.[712] Was will also der Mönch mit seiner Frage? Will er Tou-zi aufs Glatteis locken? Will er ihn, im Falle dass Tou-zi die Frage verneint, des Widerspruchs zu einem Basistext der Chan-Bewegung bezichtigen können, der *Meißelschrift vom Glauben an den Geist*, deren Eingangs-Axiom bekanntlich lautet: „Das DAO zu erreichen ist nicht schwierig; es gilt nur, sich vom Auswählen und Vorziehen loszusagen!"[713] Oder will er, falls Tou-zi bejaht, mit diesem Axiom selbst seinen Spott treiben – wie es dann ja auch geschieht?

Wie aber ist Tou-zis Antwort zu bewerten? Statt einer ausführlichen und differenzierenden Antwort, wie sie von der Sache her gefordert wäre, nur dieses eine Wort *„Richtig!"* Lockt nicht auch Tou-zi damit diesen Mönch aufs Glatteis? Nur mit dem Unterschied, dass der Mönch auf Tou-zis Kunstgriff hereinfällt, während Tou-zi sich der Falle, die der Mönch ihm stellt, entzieht? Gehen wir also davon aus, dass das Beispiel Tou-zi als den Überlegenen zeigen soll, der den Mönch sogleich durchschaut und dazu verleitet, gleichsam sein Inneres nach außen zu kehren, so dass zum Vorschein kommt, was er in sich verbirgt – nichts Gutes nämlich! Unbestreitbar ist, dass Tou-zi mit seinem *„Richtig!"*, das dem Mönch unverzüglich Recht gibt, förmlich einen Schritt vor ihm zurückweicht (das ist der *eine [Stein]*, auf den Tou-zi laut Lobgesang *verzichtet*), und ihn eben dadurch dazu bringt, sich zu verraten (diesen Erfolg meint der Lobgesang mit den *zwei [Steinen]*, die Tou-zi für sein Zugeständnis

712 Zur Verdeutlichung sei auf eine Parallele im Daoismus hingewiesen: Ontologisch gesehen sind zwar alle Dinge ausnahmslos Äußerungen des DAO; der Mensch jedoch kann sich durchaus dem DAO entfremden, ihm zuwider handeln und so in seinem Verhalten ein *bu DAO* sein: jemand, der – moralisch-ethisch gesehen – nicht im DAO steht, „nicht das DAO ist".

713 Siehe die Kôan 2 und 57 bis 59.

erlangt). Und indem Tou-zi durch den geschickten Schachzug seines so leicht dahingesagten *„Richtig!“* den Mönch zur Selbst-Entblößung verleitet, nimmt er *ihn*, mit den Worten Yuan-wus, *lebendig gefangen*, ohne *überflüssige Kraft zu bemühen*!

Der Mönch jedoch glaubt, seinerseits Tou-zi in die Falle gelockt zu haben, und spielt nunmehr seine Trumpfkarte aus: *„[Dann], Ehrwürden, lasst aus dem brodelnden Topf [Eures Gedärms] keinen geräuschvollen [Wind] abgehen!“* Das ist, wenn nicht gar als Beleidigung, so doch als unverhüllte Herausforderung gedacht, wobei der Mönch allerdings wohl kaum Tou-zi persönlich hat treffen wollen (wir erfahren nichts darüber, dass Tou-zis Verhalten dem Mönch möglicherweise Anlass gegeben hat, ihn so unverschämt zu attackieren). Nein, der Angriff des Mönchs zielt eher ins Allgemeine und Grundsätzliche: Die inakzeptable Folgerung, auch ein lauter Furz müsste als Laut Buddhas anerkannt werden, soll das Eingeständnis unumgänglich machen, dass sich auch für diejenigen, die im DAO wandeln, entgegen dem Ausgangs-Axiom der *Meißelschrift* ein „Auswählen und Vorziehen“ grundsätzlich nicht vermeiden lässt. Inakzeptabel muss besagte Folgerung insbesondere im Rahmen der Vorgaben für monastisches Leben erscheinen, bei dem Orte der Unreinheit wie der Abort außerhalb des Tripeltores (*san-men*) und damit außerhalb des eigentlichen und geweihten Klosterbezirks angesiedelt waren. Wir werden daher die durchaus auch beleidigende Äußerung des Mönchs als das Bemühen verstehen dürfen, das Grund-Axiom der *Meißelschrift* nicht sosehr zu widerlegen als vielmehr der Lächerlichkeit preiszugeben. Was ist es also, das Tou-zi mit seinem *„Richtig!“* aus dem Mönch hervorgelockt und gleichsam als Fessel gegen ihn verwendet hat? Es sind seine Aufmüpfigkeit und sein Widerspruchsgeist, gepaart mit Unverschämtheit, in denen dieser Mönch sich selbst verfängt.

Tou-zi freilich lässt sich nicht provozieren; ohne auch nur mit einem Wort auf den Inhalt dessen einzugehen, was der Mönch ihm ansinnt, *schlägt er ohne zu zögern auf* sein Gegenüber *ein*. Der Mönch jedoch setzt, unbeeindruckt, zu einem zweiten Angriff an: *„Grobe Reden und feine Reden kehren alle zur [ursprünglich]-ersten Bedeutung zurück – [ist das] richtig oder nicht?“* Tou-zi weicht abermals einen Schritt zurück; mit einem zweiten, ebenso leichthin gesagten *„Richtig!“* pflichtet er seinem Herausforderer abermals bei. Worauf hat der Mönch es bei diesem zweiten Anlauf abgesehen? Tatsache ist ja, dass bedeutende Chan-Meister auch *grobe Reden* als Mittel der Belehrung eingesetzt haben, man denke an Huang-bos „Trester-Schlürfer!“ oder Lin-jis „Blinder Esel!“, mit dem er seinen Dharma-Nachfolger San-sheng bedenkt, oder gar an Lin-jis „eingetrockneten Kotspatel“, als den er – Kôan 38 *Cong-rong-lu* – seinen »wahren Menschen ohne Status« ausgibt. Ebenso trifft zu, dass solche *groben Reden* nicht minder als Zhao-zhous schlichte Worte oder die *fein* ziselierten Äußerungen Yun-mens dazu dienen, die Mönche letztlich *zur [ursprünglich]-ersten Bedeutung* hinzuführen, zu jener inhaltslosen Stille, die auch mit der Formel von dem „einen Satz, der aller Stimme vorausliegt“, umschrieben wird. In dieser Hinsicht bleibt zwar Tou-zi nichts anderes übrig, als dem Mönch mit seinem zweiten *„Richtig!“* vorbehaltlos und ohne Hinterabsicht zuzustimmen. Andererseits aber fallen gerade *grobe Reden* unter das Verdikt des Achtfachen Pfades, insofern die dortige Forderung nach „rechter Rede“ grobes Reden als geeignetes Mittel zum Erlangen von Buddhaschaft geradezu ausschließt. Sicherlich handelt es sich in dem einen wie dem anderen Fall um unterschiedliche Formen der Grobheit; und die Grobheiten eines Huang-bo oder Lin-ji lassen sich sehr wohl als der

Buddha-Lehre konform, ja sogar als regelrechte „Buddha-Taten" rechtfertigen, so wie Nanquans Zerteilen einer Katze, offenkundiger Verstoß gegen das Tötungs-Verbot, von Späteren wie etwa Dôgen als „Buddha-Tat" gerühmt worden ist. Unberührt davon bleibt freilich, dass *grobes Reden* ganz allgemein Gefahr läuft, einem Aufstieg zur Shûnyatâ entgegenzustehen – wie es bei der Äußerung der Fall sein wird, die der Mönch gleich anschließend von sich gibt: *„Darf [ich] Ehrwürden [dann] in der Anrede zu einem Esel machen?"* Das ist, über die Anspielung auf Lin-jis „Blinden Esel" hinaus, pure Provokation und hat mit dem Weg »nach oben hin« nicht das Mindeste zu tun. So *schlägt* denn Tou-zi *[abermals] ohne zu Zögern [auf seinen Widersacher] ein.*

Tou-zi hätte also, und zwar schon von vornherein, hinreichenden Grund gehabt, der – vermutlich noch ganz treuherzig vorgetragenen – Frage des Mönchs zu den *feinen und groben Reden* seine Zustimmung zu verweigern. Dass er das nicht tut, ist Ausdruck derselben Strategie wie zuvor, den Mönch sich entblößen und verraten zu lassen. Was dabei zutage kommt, ist, mehr noch als beim ersten „Waffengang", Unflätigkeit und Unverschämtheit, nicht etwa nur (durchaus lobenswertes) kritisches Denken, das sich mit immanenten Widersprüchen der Chan-Lehre auseinandersetzt. Denn, wie gesagt, auch gegen die zweite Behauptung, dass *grobe Reden und feine Reden alle [gleichermaßen] zur [ursprünglich]-ersten Bedeutung zurückkehren*, ist Einspruch gerechtfertigt.

Ist der Fall damit abgeschlossen? Durchaus nicht. Yuan-wus **Ankündigung** beginnt mit einem Satz voller Emphase: *„Wenn sich [sein] Großes Wirken vor [dir] offenbart, hat keine feste Bahn und keine Regel mehr Bestand!"* Wessen *„Großes Wirken"*? Dass *keine feste Bahn und keine Regel mehr Bestand hat*, scheint vor allem auf den Mönch zuzutreffen; doch seine Attacken als *„Großes Wirken"* einzustufen, liefe auf eine Verfälschung dieses Begriffs hinaus. Es muss Tou-zis *Wirken* gemeint sein, das für Yuan-wu die Auszeichnung verdient hat, als *„Großes Wirken"* zu gelten. *„Großes Wirken"*, das haben frühere Beispiele oft genug gezeigt, äußert sich nicht in spektakulären Aktionen; es trägt eher – so auch hier – den Deckmantel der Unscheinbarkeit. Und die Aussage, Tou-zi habe sich mit seiner Behandlung des Mönchs außerhalb jeder *festen Bahn und Regel* bewegt, ließe sich – vorerst – damit begründen, dass er seinem Kontrahenten eine inhaltliche Auseinandersetzung rundweg verweigert. Der Lobgesang bestätigt uns, dass es um Tou-zis *„Großes Wirken"* geht: *„Das Rad [seiner] spirituellen Kraft kennt kein Hindernis!"* Es ist Tou-zi, dieser Könner des Brettspiels, der *„auf einen [Stein] verzichtet und dafür zwei erlangt"*, der obendrein das Kunststück vollbringt, *„gleichzeitig jener und gleichzeitig dieser zu sein"* – als derjenige, der in einem einzigen Sprechakt, seinem zustimmenden *„Richtig!"*, sowohl – darin der Verlierer – nachgibt als auch – nunmehr der Sieger – eine wirksame Falle stellt, in die hineinzutappen der Mönch nicht umhin kann.

Höchstes Lob also für Tou-zi; über den Mönch hingegen bricht Xue-dou im **Lobgesang** den Stab: Er nennt ihn *hemmungslos* (das ist er ja in der Tat) und umschreibt sein Treiben als ein *Sich-Tummeln in Ebbe und Flut:* Sanft, scheinbar harmlos setzt er beidemal ein (das ist mit der *Ebbe* gemeint), um sich alsbald – das ist dann die *Flut* – zu einer wüsten Attacke zu steigern. Bei all seinem überheblichen Auftrumpfen gilt er Xue-dou gleichwohl als *bemitleidenswert*: *„Letztendlich versinkt [er jedoch] inmitten von Ebbe und Flut und* *stirbt*“ – allerdings nicht unter den Schlägen, die Tou-zi ihm verabreicht; er *stirbt* vielmehr an sich selbst, daran, dass er sich selbst den Weg zum Leben (aber zu welchem denn?) abschneidet. Xue-dou beschließt sein vernichtendes Urteil mit einem typischen *Adynaton*, wie sie dem Leser schon des Öfteren begegnet sind: *„Plötzlich zum Leben erweckt – / Hundert Ströme flössen dann rückwärts, mit laut brüllendem Getöse!“*[714] Xue-dou verknüpft hier die Unmöglichkeit dessen, dass dieser Mönch aus seinem selbstgewählten (und so dürfen wir vermuten) spirituellen Tod je wieder zum Leben erwacht, mit der absurden Annahme, dass *hundert Ströme* – und *„hundert“*, chinesisch *bai*, bedeutet nicht nur zahllos viele, sondern sogar sämtliche Ströme der Welt – unter ungeheurem *Getöse* plötzlich ihren Lauf umkehren könnten!

Warum aber erklärt Xue-dou den Mönch zu einem derart für immer Verlorenen? Was hat der Mönch denn mit seinem doppelten Angriff auf Tou-zi tatsächlich gewollt? Und was ist so besonders verwerflich an dem, was er gewollt hat? Und was Tou-zi betrifft: Worin besteht sein *„Großes Wirken“* denn nun wirklich? Den Mönch durch den kleinen Trick einer scheinbaren Zustimmung dazu gebracht zu haben, sein Innerstes nach außen zu stülpen, und ihn anschließend dafür zu verdreschen – »das kann es doch nicht gewesen sein«! Und schließlich die Ausgangs-Frage, inwiefern diese Geschichte denn nun zu einem »Öffentlichen Aushang« im Sinne der Chan-Übung taugt – ist sie mit dem bisher Gesagten wirklich bereits geklärt?

Versuchen wir eine Antwort: Der zweimalige Angriff auf Tou-zi ist in Wahrheit ein Angriff auf das Chan ganz allgemein. Der Mönch versucht, zwei Axiome des Chan, dass das DAO zu erreichen den Verzicht auf jegliches „Auswählen und Vorziehen“ voraussetzt, sowie dass grobes Reden nach Art eines Huang-bo oder Lin-ji nicht minder als die „rechte Rede“ zum Ziel spiritueller Suche führt, der Lächerlichkeit preiszugeben. Dahinter verbirgt sich eine – zeitgenössisch formuliert – »ultra-orthodoxe« Auslegung der Buddha-Lehre, eine Auffassung, die alles, was über die „Vier Edlen Wahrheiten“ und die Vorschriften des „Achtfachen Pfades“ hinausgeht, auszurotten für richtig und unumgänglich hält. Und Tou-zis besondere *spirituellen Kraft*, die *kein Hindernis kennt*? Zeigt sie sich dann nicht darin, dass er diesen Mönch von Anfang an, gleich bei dessen scheinbar harmloser Eingangsfrage, durchschaut und mit leichter Hand dazu verleitet, seine feindliche Absicht deutlich hervortreten zu lassen? Tou-zis *„Großes Wirken“* bestünde demnach darin, den Angriff des Mönchs gleichsam ins Leere laufen gelassen und ihn mit Schlägen als einzig angemessener Antwort in die Schranken verwiesen zu haben? Es sieht alles ganz danach aus! Und inwiefern die Begegnung der beiden Akteure, so betrachtet ein Dharma-Gefecht erster Klasse, folgerichtig als ein echtes Kôan einzustufen wäre, das in Worte zu fassen bleibe dem Leser aufgetragen!

---

714 Auf gar keinen Fall dürfen wir diese beiden Zeile nach dem Muster deuten: „Wenn ein einziger Sünder sich bekehrt, jubeln sämtliche Engelsscharen“ – prosaischer ausgedrückt: „jubelt das gesamte Universum!“

85. (80.) Zhao-zhou zum „[Neugeborenen] Kind“

Ankündigung

(nicht erhalten)[715]

Beispiel

Ein Mönch fragte Ehrwürden Zhao-zhou: „Hat sich ein neugeborenes Kind gleichfalls die Sechste [Art des] Erkennens bereitet oder nicht?“[716]
Zhao-zhou sagte: „Ein Ball, der auf ungestümem Wasser hierhin und dorthin springt!“[717]

Später fragte der Mönch auch Tou-zi: „Dieser *»Ball, der auf ungestümem Wasser hierhin und dorthin springt«* – worauf will [das] hinaus?“
Tou-zi sagte: „[Auf ein] Denken, das nicht aufhört dahinzuströmen!“

Lobgesang

„Die sechste [Art des] Erkennens untätig?“ – [diese] eine Frage stellt [sich];
Die [beiden] Könner haben gemeinsam [deren] Herkunft klargestellt:
Endlos [lässt] *ungestümes Wasser den Ball hierhin und dorthin springen*;
Sein Aufprallen nimmt kein Ende – wer vermag [das] recht zu verstehen?

Zhao-zhou (778-897) und **Tou-zi** (819-914) – diesen beiden sind wir schon einmal zusammen in einer Anekdote, und zwar der des Kôan 41, begegnet. Dort ging es um ein Zwiegespräch der beiden, hier trägt ein Mönch die Antwort des einen nachträglich dem andern vor; und wie dort im Kôan 41 ergänzen sich auch hier beide geradezu nahtlos.

Um zu verstehen, worauf der Mönch des **Beispiels** mit seiner Frage: *„Hat sich ein neugeborenes Kind gleichfalls die Sechste [Art des] Erkennens bereitet oder nicht?“*, hinaus will, müssen wir auf Yuan-wus Kommentar zurückgreifen. Dort erfahren wir, dass für die

---

715 Wie schon zuvor in den Kapiteln 5, 14, 18, 26, 28, 30, 34, 36, 44, 52, 58, 64, 67, 69, 73, 74, 77 und 83 weisen auch zu diesem Kôan weder die Standard- noch die *Ichiya*-Version (und in ihrem Gefolge die *Teihon*-Ausgabe) eine Ankündigung auf. Dieser Ausfall hier im Kôan 85 ist der neunzehnte und vorletzte Beleg für den schwerwiegenden und komplexen »Bindefehler«, der beiden Überlieferungssträngen, der Standard- und der *Ichiya*-Version, einen bereits verstümmelten gemeinsamen Vorfahren zuweist.

716 *Die Sechste [Art] des Erkennens* – dieser Begriff entstammt der Yogâchâra- oder „Nur-Geist“-Schule und bezeichnet das unterscheidende Bewusstsein, das die Sinneswahrnehmungen interpretiert, ihnen Bedeutung verleiht. In der Lehre des Yogâchâra erschafft es so die uns umgebende Welt. Im Chan erhält es, wie aus diesem Kôan hervorgeht, eine partiell abgewandelte Funktion.

717 *Hierhin und dorthin springen* – im Original steht da nur *da* mit der Bedeutung: „schlagen“ oder, weil es im Chinesischen keine Passiv-Form gibt, auch „geschlagen werden“; der Satz spricht also vom einem *Ball*, der von den Wellen eines *ungestümen* Baches oder Flusses hierhin und dorthin „geschlagen wird“, hier und dort „aufschlägt“, mithin auf den Wellen hin und her tanzt.

Yogâchâra-Schule – und dieser Mönch kennt sich da offensichtlich aus – als ausgemacht gilt, dass aus den fünf Arten der Sinneswahrnehmung erst durch das verarbeitende Eingreifen der *Sechsten [Art des] Erkennens*, sprich, des interpretierenden begrifflichen Denkens die Dinge und die Welt insgesamt hervorgehen; dass also ohne die Zutaten des begrifflichen Denkens in dem Wirrwarr verschwommener Wahrnehmungsinhalte nichts existiert, das uns Halt und Orientierung böte. Wenn nun der Mönch danach fragt, ob auch ein Neugeborenes bereits über dieses begriffliche Denken verfügt, so setzt er dabei stillschweigend voraus, dass die fünf Sinneswahrnehmungen von vornherein, und zwar als bereits vollentwickelte Fähigkeiten, zur Grundausstattung eines Neugeborenen gehören, während das begriffliche Denken erst noch im Laufe eines Entwicklungsprozess hinzukommen muss. Ein Neugeborenes nimmt daher möglicherweise wahr, ohne jedoch Einzelheiten voneinander abgrenzen und identifizieren zu können, hat mithin – möglicherweise – noch keine Welt. Aber warum will der Mönch darüber von Zhao-zhou Aufklärung erhalten? Innerhalb der Yogâchâra-Lehre kommt es darauf an, sich aus den Fesseln solcher fest umrissener Bewusstseinsinhalte zu befreien und einen Zustand zu erreichen, in dem es keine Unterscheidungen, keine Dualität von Subjekt und Objekt mehr gibt. Das ist der Zustand der Vereinigung mit der »Soheit«, der Zustand des Tathâgata, dessen, der in der »Soheit« angekommen ist. Wenn es daher zutrifft, dass wir als Neugeborene ohne das interpretierende Bewusstsein mit seinem begrifflichen Denken dastehen, besser gesagt, daliegen, dann muss es grundsätzlich auch möglich sein, zu solcher Existenzweise zurückzukehren und – im Sinne des Yogâchâra – Buddhaschaft zu erlangen!

Zhao-zhous Antwort: „*Ein Ball, der auf ungestümem Wasser hierhin und dorthin springt!*“, auf den ersten Blick die uneingeschränkte Bestätigung der Yogâchâra-Lehre, macht in Wahrheit dem Mönch, zumindest was das Ziel einer weltenthobenen Buddhaschaft angeht, einen Strich durch die Rechnung. Denn dieser *Ball, der auf ungestümem Wasser hierhin und dorthin springt*, ist mehr als nur eine objektive Umschreibung für die Existenzform eines Säuglings; er enthält zugleich gerade so, wie der Mönch allem Anschein nach auf etwas Unausgesprochenes hinaus will, seinerseits eine verkappte Aufforderung, nämlich die, statt eines weltentrückten Buddha vielmehr genau so zu sein wie ein irdischer Säugling, weltzugewandt und mit einem durchaus unterscheidenden Bewusstsein, das sich jedoch nicht an Fixierungen festhält. Die Metapher eines *Balles, der auf ungestümem Wasser hierhin und dorthin springt*, hat demnach nichts Abwertendes an sich, stellt keine Warnung vor einem Rückfall in eine prä-kognitive Befindlichkeit dar. So wahllos wie dieser *Ball* hin und her zu *springen*, bedeutet auch nicht, sich von den auf uns eindringenden Sinneseindrücken hilflos *hierhin und dorthin* zerren zu lassen; es bekommt vielmehr sehr bald eine positive Konnotation, von der gleich zu reden sein wird.

Dem Mönch geht es nämlich wie vorerst auch uns; er hat nichts verstanden: „*Dieser »Ball, der auf ungestümem Wasser hierhin und dorthin springt« – worauf will [das] hinaus?*“, so sucht er anschließend bei Tou-zi Rat. Und Tou-zis Antwort: „*[Auf ein] Denken, das nicht aufhört dahinzuströmen!*“, ist wie diejenige Zhao-zhous von Abwertung frei. Sie zielt, wie Yuan-wu in seinem Kommentar bestätigt, auf ein Denken, das sich nicht von Festlegungen gefangen nehmen lässt; das die Freiheit besitzt, sich jeder Situation anpassen zu können, Gutes wie Schlechtes gleichermaßen anzunehmen, Freude und Schmerz, Leben und Tod.

Diese Freiheit aber erlangen wir nur, wenn das unterscheidende Bewusstsein mit seinem begrifflichen Denken erst einmal schweigt, besser gesagt, wenn wir es erfolgreich zu einem wenn auch nur vorübergehenden Schweigen gebracht haben – wenn es, mit Xue-dou zu reden: *untätig* ist, zur Untätigkeit verurteilt. So beginnt Xue-dou seinen **Lobgesang** mit der Zeile: *„‚Die sechste [Art des] Erkennens untätig?' – [diese] eine Frage stellt [sich].“*

Wir dürfen uns die verkürzte Frage *„Die sechste Art von Erkennen untätig?“* entweder zu „Auf welche Weise untätig?“ oder auch zu „Wenn sie untätig ist, was dann?“ vervollständigen. Wenn Xue-dou dann fortfährt: *„Die [beiden] Könner haben gemeinsam [deren] Herkunft klargestellt“*, so heißt das: Die Frage nach der Untätigkeit des unterscheidenden Bewusstseins resultiert aus dem Wunsch, geklärt – oder auch nur bestätigt – zu bekommen, dass solcher Stillstand des begrifflich operierenden Bewusstseins, weil davon entfernt, ein Mangel zu sein, uns zu etwas Besonderem und Wünschenswertem verhilft, zu einer Befindlichkeit, dank derer wir imstande sind, uns den ständig sich wandelnden und wie *ungestümes Wasser* auf uns eindringenden Situationen anzupassen, ohne durch Fixierungen behindert zu sein. Xue-dou hebt die Besonderheit dieses Sich-Anpassen-Könnens in den beiden Abschlusszeilen des Lobgesangs hervor: *„Endlos [lässt] ungestümes Wasser den Ball hierhin und dorthin springen; / Sein Aufprallen nimmt kein Ende – wer vermag [das] recht zu verstehen?“* Da gibt es also, so Xue-dou, für den, der sein unterscheidendes Bewusstsein immer wieder zum Schweigen zu bringen versteht, keine zeitliche oder räumliche Grenze seiner Freiheit des Handelns; er lässt sich von den Anforderungen der jeweiligen Situation gleichsam bald *hierhin*, bald *dorthin* tragen und findet sich allemal zurecht. So entpuppt sich die Metapher eines *auf ungestümem Wasser hin und her springenden Balles* lediglich als das Komplement einer anderen und uns bekannteren Formel: derjenigen eines ungehinderten Umherschweifens, schwungvoll „in die Kreuz und in die Quere“.[718] Der subjektiven Freiheit hier, sich gleichsam ungezwungen in jede Situation hineinbegeben zu können, entspricht dort der objektive Sachverhalt, dass Situationen sich uns aufdrängen können, die wir – wenigstens unter den hier zu verhandelnden Voraussetzungen – zu bestehen imstande sind, ohne uns in unserem Handlungsspielraum durch Fixierungen behindern zu lassen, die wir selbst zu verantworten haben. Dass eine derartige Existenzform uns nicht in den Schoß fällt, sondern harter und erfolgreicher Arbeit an uns selbst bedarf, unterstreicht Xue-dou abschließend mit der als Anreiz gemeinten Frage: *„Wer vermag [das] recht zu verstehen?“* Nur der, versteht sich, der sich immer wieder in den Zustand eines *neugeborenen Kindes* zurück- und hineinzuversetzen vermag: in jenen Zustand, in dem es Welt und uns selbst noch nicht oder vielmehr nicht mehr gibt. Auf diese Weise „das DAO erlangt“ zu haben, so Yuan-wu in seinem Kommentar, befähigt uns, „inmitten von Untätigkeit“ – aus der Stille der Shûnyatâ heraus – „unsere Tätigkeiten zu entfalten und dabei alle Umstände, solche, die dem Gefühl widersprechen, und solche, die für uns günstig sind, sie alle gleichermaßen mit offenem und gütigem Herzen und tätigen Händen hinzunehmen.“

---

718 Yuan-wu hat diese Formel in seinen Ankündigungen vielfach eingesetzt, manchmal mit dem negativen Vorzeichen eines Umherirrens, vor allem aber mit der positiven Konnotation einer selbstbestimmten Freiheit, so in den Kôan 7, 46 und 50.

So handelt auch dieses Kôan – entgegen dem Anschein, den es auf den ersten Blick nahezu zwangsläufig erweckt – von dem zentralen Thema des Chan: dass wir durch das Stillstellen sämtlicher Bewusstseinsakte, mithin durch Eintauchen in Nicht-Dualität und Shûnyatâ (die eingeübte *Untätigkeit der sechsten Art des Erkennens*) uns die Möglichkeit eröffnen, zurückgekehrt in die Welt der Unterscheidungen uns in der Freiheit eines „vergnüglich-spielerischen Lebens" zu bewegen, hier in der Welt der Unterscheidungen zuhause, als Herren, nicht als Sklaven unseres unaufhörlich strömenden Denkens, dieses – mit Zhao-zhous Worten – *ungestümen Wassers*, das *endlos den Ball* unseres Bewusstseins *hierhin und dorthin springen* lässt (man denke an einen anderen Ausspruch Zhao-zhous: „Die vierundzwanzig Stunden des Tages sind es, die über dich verfügen; ich aber verfüge meinerseits über die vierundzwanzig Stunden des Tages!" – ein Ausspruch, der scheinbar, aber eben nur scheinbar, das Gegenteil besagt: „Wir dürfen nicht die Sklaven dessen sein, was in den ‚vierundzwanzig Stunden des Tages' auf uns einströmt; wir müssen uns vielmehr als die Herren unseres frei strömenden Denkens den ständig wechselnden Anforderungen des Tages anpassen können, um sie angemessen zu meistern!").

Diese Deutung mag aufmerksam-kritischen Lesern an den Haaren herbeigezogen erscheinen. Und der Verfasser muss gestehen, dass er anfangs ganz anders gedacht hat und erst durch deutliche Fingerzeige, die Yuan-wu in seinem Kommentar beigesteuert hat, zu der Einsicht gekommen ist, sich von dem Anschein loszusagen, in den sich das Beispiel für den flüchtigen Blick verhüllt. Wenn wir also auf den Anfang zurückschauen, so zeigt sich: Dieser Mönch ist kein Anhänger des Yogâchâra, sondern ein Mann des Chan, ausgestattet zwar mit Kenntnissen über die Lehre dieser anderen Schulrichtung des chinesischen Buddhismus, doch nicht an dem für das Yogâchâra typischen Aufstieg zur Buddhaschaft interessiert, sondern eher schon darauf ausgerichtet, die Möglichkeiten auszuloten, die ein „Sein wie ein Neugeborenes" in sich birgt – auch diese Formel hat der Verfasser Yuan-wus Kommentar entlehnt, in dem es gut daoistisch heißt: „Ein Mensch, der das DAO studiert, muss wieder sein wie ein neugeborenes Kind!" Dabei sucht der Mönch des Beispiels bei Zhao-zhou eher Rat, vielleicht auch nur Bestätigung, als dass er diesen „alten Buddha" auf die Probe stellen will. Und Zhao-zhous Reaktion will alles andere, als dem Mönch ein Strich durch die Rechnung machen, wie der Verfasser es weiter oben formuliert hat. Wir dürfen vielleicht sogar sagen: Sie entspricht haargenau dem, was sich der Mönch erhofft hat.

Ein solches Fazit ist eingangs nicht zu erwarten gewesen; der Leser wird es nur mit Staunen hinnehmen können – ist nicht doch alles ganz anders? Immerhin spricht auch schon das *Dao-De-Jing* in seinem Text 28 von einer „Rückkehr [in den Zustand] des Säuglings", die es uns ermöglicht, der „Strom der Welt" zu sein, nicht als Opfer der auf uns einströmenden Ereignisse, sondern erfüllt von gestaltender Tatkraft!

86. (81.) Yao-shan zu „Elchen und Hirschen“

Ankündigung

Das Banner aufgerichtet, die Trommel geraubt[719] – [selbst] tausend Weise [können es] nicht ergründen! Aufgrund der Übung Streit und Irrtum abzuschneiden – auch zehntausendfache spirituelle Kraft reicht daran nicht heran – und ist doch kein übernatürliches Durchdringen und ebenso kein Verfahren von ebensolcher Art. – Nun sagt mal: Auf welche Lehre gestützt erlangt [jemand] solch außergewöhnlichen Sonder[rang]? Bedenkt [dazu, was Xue-dou hier] vorbringt!

Beispiel

Ein Mönch fragte Yao-shan: „Auf ebenem Feld im niedrigen Gras bilden Elche und Hirsche eine Herde. Wie kann [man] den Elch unter den Elchen erschießen?“[720]
Yao-shan sagte: „Gib Acht auf den Pfeil!“
Der Mönch ließ sich auf der Stelle zu Boden fallen.
Yao-shan sagte: „Aufwärter, schaff diesen toten Chinesen da nach draußen!“
Der Mönch lief auf der Stelle fort.
Yao-shan sagte: „Ein Chinese, der mit einem Klumpen Lehm spielt! Wie lange soll das gehen?“

(Der Meister griff das auf und sagte: „Auch wenn [er] drei Schritte weit lebt – nach fünf Schritten muss [er] sterben!“)

Lobgesang

Diesen *Elch unter den Elchen* da –
Ihr Herren, seht [ihn Euch] ganz genau an!
Einen einzigen Pfeil schießt [der eine] ab –
[Der andere] läuft drei Schritte weit!
Nach fünf Schritten, falls [er noch] lebt,
Wird [er] zum [Herrscher] und verfolgt den Tiger![721]
Das rechte Auge wird seit jeher [nur] dem Jäger geschenkt.

(Der Meister erhob seine Stimme und sagte: „Gebt Acht auf den Pfeil!“)

---

719 Hier liegt ein weiteres Beispiel für die Verwendung formelhafter Wendungen vor, obendrein eines, an dem sich zeigt, wie Yuan-wu mit solchen Formeln spielt: eine Vier-Wort-Formel, stehend aus zwei Wort-Paaren (*chan qi, duo gu*): In der Ankündigung des Kôan 49 sind diese beiden Wort-Paare schon einmal vorgekommen, aber mit einer doppelten Vertauschung, einmal in der Abfolge der Substantive *qi* und *gu*, zum anderen, daraus resultierend, in der Zuordnung der Verben zu den beiden Substantiven: *chan gu, duo qi*, zu Deutsch: „die Trommeln aufgestellt, das Banner weggerissen!“

720 Laut Yuan-wu ist mit dem *Elch unter den Elchen* ein mythischer König der Elche gemeint, der besonders schwer zu erlegen, weil höchst gefährlich ist: Beständig schärft er sein Geweih an den Felsen seiner Umgebung, so dass dessen Spitzen die Schärfe eines Schwertes erreichen; mit dieser Waffe verteidigt er seine Herde mit einer solchen Unerschrockenheit, dass sich selbst ein Tiger nicht traut, sich der Herde zu nähern.

721 Das chinesische Original bietet in dieser Zeile sowohl nach der *Ichiya-* als auch nach der Standard-Version statt *„Herrscher“* (*pi*) das sehr ähnliche Schriftzeichen *qun* mit der Bedeutung: „Herde“, das

Schenken wir uns längere Ausführungen zu **Yao-shan** Wei-yan (745-828 oder 750-834), der uns hier im *Bi-yan-lu* nur ein einziges Mal begegnet (auch im *Cong-rong-lu* tritt er nicht häufiger auf). Wie der Dan-xia des Kôan 81 soll er während seiner Ausbildung zwischen Shi-tou (700-790) und Ma-zu (709-788) hin und her gewechselt, schließlich aber ein Dharma-Nachfolger des Ersteren geworden sein, womit er zu den Vorläufern der Cao-Dong-Schule gehört. Ausdrucksweise und Verlauf der hiesigen Anekdote entsprechen allerdings sowenig dem noch weitgehend der Tradition verhafteten Lehrstil der Shi-tou- und Ma-zu-Generation, soweit sich der aus anderen Quellen rekonstruieren lässt, dass der Gedanke an eine nachträgliche Zuschreibung naheliegt. Innerhalb der Cao-Dong-Schule scheint gerade diese Anekdote sehr beliebt gewesen zu sein und wurde dort, so Yuan-wu, als „Frage, die den Gastgeber auf die Probe stellt" geführt.

Schon diese Information stellt klar: Der Mönch des Beispiels versucht mit seiner Metapher vom *Erschießen eines Elchs unter den Elchen*, also eines Elch-Königs, Yao-shan in eine Falle zu locken. Genau da setzt auch die **Ankündigung** an: *„Das [eigene] Banner aufgerichtet, die Trommel [des Gegners] geraubt"* – das kann nur umgekehrt auf Yao-shan gemünzt sein, der den Angriff des Mönchs erfolgreich abwehrt, indem er nicht nur, zum Zeichen der Herausforderung, sein eigenes *Banner* aufstellt, sondern sogleich auch, in perfekter Überrumpelung, seinem Gegner die *Trommel* entreißt, mit der dieser seine Truppen in die Schlacht führt. Wir haben also ein echtes Dharma-Gefecht zu erwarten, einen bitterernsten „Waffengang", der über Sieg und Niederlage entscheidet. Das Überrumpelungsmanöver selbst, seine Präzision und Schnelligkeit, entlocken Yuan-wu Töne höchster Bewunderung: *„[Selbst] tausend Weise [können es] nicht ergründen!"* Und er streicht als weitere Besonderheit Yao-shans Fähigkeit heraus, *aufgrund [seiner] Übung Streit und Irrtum abzuschneiden* – den *Streit*, in den ihn der Mönch hineinzuziehen versucht, sowie dessen *Irrtum*, in Yao-shan einen Gegner vor sich zu haben, mit dem er so oder so fertig werden kann. Dann folgt eine erstaunliche Einschränkung: *„Auch zehntausendfache spirituelle Kraft reicht daran nicht heran – und ist doch kein übernatürliches Durchdringen und ebenso kein Verfahren von ebensolcher Art."* Es ist nicht seine *spirituelle Kraft*, heißt das, die Yao-shan in den Stand setzt, den Mönch so vollständig zu überrumpeln (nicht einmal zehntausendfache, und mithin überhaupt keine spirituelle Kraft wäre dazu in der Lage), auch *kein übernatürliches Durchdringen* und keine ebenso übernatürliche *Verfahrensweise*. Es ist ganz einfach der Scharfblick seiner Menschenkenntnis, das *„rechte Auge"*, das – wie der **Lobgesang** abschließend feststellt – *„seit jeher [nur] einem Jäger geschenkt wird."*

Der Mönch des **Beispiel** beginnt mit einer harmlos klingenden Aussage: *„Auf ebenem Feld im niedrigen Gras bilden Elche und Hirsche eine Herde"* – leichte Beute für die Pfeile eines jeden Jägers, versteht sich! Doch dann folgt die „Frage", mit der er „den Gastgeber auf die

---

auch schon im ersten Satz des Beispiels vorgekommen ist („... bilden eine Herde"). Doch während es dort durchaus am Platze ist, macht es an dieser Stelle des Lobgesangs, zumal nach Yuan-wus in der vorigen Fußnote erwähntem Kommentar, absolut keinen Sinn. Der Verfasser vermutet daher einen Schreibfehler bereits in der gemeinsamen Vorlage von *Ichiya-* und Standard-Version und ersetzt hier „Herde" eigenmächtig durch eben den *„Herrscher"*, der den in der vorigen Fußnote erwähnten *Tiger* attackiert, der sich denn doch an seine Herde heranmacht.

Probe stellt": *„Wie kann man den Elch unter den Elchen erschießen?"* Was mag der Mönch mit diesem angeblichen Wundertier, einem Elch-König, gemeint haben? Ein geheimnisvolles Wesen wie etwa unsere allgemeine „Buddha-Natur"? Für Yao-shan gibt es da nicht den geringsten Zweifel; er hat diesen Mönch auf Anhieb durchschaut. Er stößt wie ein erfahrener Fechter blitzschnell zu: *„Schau auf den Pfeil, [den ich in diesem Augenblick auf Dich abschieße]!"* Mit dem *Elch unter den Elchen*, besagt das, hat der Mönch sich selbst gemeint, seine Überlegenheit als Dharma-Streiter, seine – wie sich herausstellt, durch nichts gerechtfertigte – Selbsteinschätzung, auch für diesen Gegner, Yao-shan, unbesiegbar zu sein. Was nämlich macht Yao-shan? Er spannt – blitzschnell, ohne auch nur ein Haarbreit Abstand eintreten zu lassen – einen fiktiven Bogen und zielt auf eben den Mönch: Das ist der *Elch unter den Elchen*, den er zu erlegen sich anschickt! So leicht ist es, sagt seine Geste, einen Elch-König zu *erschießen*!

Und wie reagiert der Mönch? Er *lässt sich auf der Stelle zu Boden fallen*. Er ist derart überrumpelt, dass ihm seine angemaßte Rolle als *Elch unter den Elchen* im Nu entgleitet und er sich wie getroffen aufführt und zu Boden stürzt. So verhält sich doch kein König der Elche! Wäre er tatsächlich einer, hätte er sich doch – wie gegen den *Tiger*, den Xue-dou im Lobgesang und Yuan-wu in seinem Kommentar erwähnen – energisch behaupten müssen! So aber, wie sich der Mönch tödlich getroffen *zu Boden fallen lässt*, hat Yao-shan leichtes Spiel mit ihm; er braucht sich nur an seinen Aufwärter zu wenden und die Farce, die ihm der Mönch da vorgaukelt, beim Wort zu nehmen: *„Aufwärter, schaff diesen toten Chinesen da nach draußen!"* Das muss nicht darauf abzielen, dass dieser Mönch in Yao-shans Augen spirituell gesehen *tot* ist, unrettbar verloren also, ohne den geringsten Funken spiritueller Kraft; es führt nur fort, was der Mönch da pantomimisch vorgegeben hat.

Der Mönch freilich versucht, der angedrohten Schmach zu entgehen, springt auf und *läuft auf der Stelle fort*. Das kann ihn allerdings auch nicht retten; er ist und bleibt als Hochstapler entlarvt. Xue-dou unterstreicht das auf seine Weise unmissverständlich: *„Auch wenn er drei Schritte weit lebt – nach fünf Schritten muss er sterben!" Drei Schritte weit* also mag er kommen, heißt das, doch *nach dem fünften Schritt* wird er unweigerlich tot zusammenbrechen![722] Yao-shan selbst bedenkt den misslungenen Auftritt des Mönchs mit einer weniger unbarmherzigen Metapher: *„[Sieh da,] ein Chinese, der"* – statt mit steinernen oder eisernen Kugeln zu schießen – *„mit einem Klumpen Lehm spielt!"*

Yao-shans missbilligende Frage: *„Wie lange soll das gehen?"*, greift Xue-dou in seinem **Lobgesang** auf. „Irgendwann muss dieser Mönch doch aufwachen aus seiner verblendeten Selbsteinschätzung, das Ziel bereits erreicht zu haben, nämlich längst aufgewacht zu sein!", so ließe sich Yao-shans Frage umformulieren; und Xue-dou macht daraus: *„Nach fünf Schritten, falls er [dann] noch lebt, / Wird er zum [Herrscher] und verfolgt den Tiger!"* Wenn der

722 Das klingt doch wie aus der Schluss-Szene des Tarentino-Films „Kill Bill" entlehnt! Natürlich kann es nur andersherum sein: dass Tarentino bei Xue-dou abgeschrieben hat: Aber sollte Tarentino wirklich dieses Kôan gekannt haben? Wer traut ihm das zu? Haben also beide, Xue-dou und Tarentino, eine gemeinsame Quelle? Hat es im alten China unter den Anhängern der verschiedenen Kampfkünste eine entsprechende Redensart gegeben, auf die auch Tarentino bei seiner Vorliebe für diese kriegerischen Traditionen gestoßen sein könnte?

Mönch also auch den *fünften Schritt* überlebt, könnte er sich immerhin zu der spirituellen Statur erheben, die – nach seiner eigenen Metapher vom *Elch unter den Elchen* – allein einem König der Elche zukommt (als den er sich freilich bereits ein für allemal disqualifiziert hat) und die ihn in den Stand setzte, etwaige Gegner in Dharma-Gefechten (vertreten durch den *Tiger*) in die Flucht zu schlagen, statt sich von ihnen ausstechen oder wie von Yao-shan überrumpeln zu lassen.

So weit, so gut. Doch dann *erhebt* Xue-dou plötzlich *seine Stimme* und ruft seinen Mönchen zu: *„Gebt Acht auf den Pfeil!"* Was soll das? Warum sollen sich die Mönche vor einem Pfeil in Acht nehmen? Welchen Vorwurf könnten sie auf sich ziehen, dass sie Grund haben müssten, sich vor diesem Pfeil zu fürchten? Schließlich haben sie sich nicht, wie jener Mönch, als König der Elche aufgespielt! Und doch muss es da eine Gemeinsamkeit zwischen ihnen und dem Mönch des Beispiels geben, sonst entbehrte Xue-dous Drohung, sie mit seinem Pfeil zu erlegen, jeder Grundlage. Auch darüber nämlich haben wir, Leser und Verfasser, uns noch keinerlei Gedanken gemacht, im Vertrauen auf welches Wissen, welchen sicheren Besitz sich jener Mönch als Elch-König ausgeben zu können geglaubt hat. Wenn es, wie zu vermuten, seine Kenntnisse zur Buddha-Lehre, insbesondere in ihrer Ausprägung durch das Mahâyâna, gewesen sein sollten (und derlei könnten Xue-dous Mönche ja durchaus auch für sich beanspruchen), dann bekommt Yao-shans Griff zu Pfeil und Bogen nachträglich eine ganz andere Bedeutung: Er verweigert dem Mönch ein Kräftemessen spiritueller Art, verweigert ihm jede inhaltliche Auseinandersetzung über das rechte Verständnis der Buddha-Lehre, zumal ihre auf Transzendenz verweisenden Aspekte, und beschränkt sich stattdessen auf die innerweltliche Ebene der vom Mönch selbst vorgetragenen Metapher: eine ungeschützt grasende Herde aus Elchen und Hirschen, die geradezu dazu herausfordert, ihr mit Pfeil und Bogen im wörtlichen Sinne zu Leibe zu rücken. Anders und deutlicher gesagt: Dieser Yao-shan vermeidet es, sich bei der Vermittlung der Buddha-Lehre auf deren inhaltlich tiefsinniges und metaphysisch untermauertes Heilsversprechen auch nur im Geringsten einzulassen.

Von hier aus lässt sich ein eleganter Bogen zu dem anderen Beispiel schlagen, mit dem Yao-shan in den Song-zeitlichen Kôan-Sammlungen vertreten ist: zum Kôan 7 *Cong-rong-lu*. Dort hatte er sich, nachdem er „lange Zeit nicht mehr den Lehrsitz bestiegen hatte", von seinem Klostervorsteher bedrängen lassen müssen, dem sehnlichen Wunsch der Mönchsgemeinde endlich wieder einmal nachzukommen, ihr „den Dharma zu erklären". Was geschieht? Yao-shan „befiehlt, die Glocke anzuschlagen", woraufhin sich die Mönche in der Dharma-Halle versammeln, „besteigt den Lehrsitz, bleibt sehr lange sitzen und steigt dann wieder herab", um sich in seine Abts-Räume zurückzuziehen. Der Klostervorsteher, fassungslos, geht ihm nach, um ihn zur Rede zu stellen: „Ehrwürden hatten doch gerade eben noch versprochen, der Mönchsgemeinde den Dharma zu erklären. Warum habt Ihr dann bei Eurer Ansprache kein einziges Wort fallen lassen?" Mit dem fadenscheinigen Argument, „weder ein Sûtra-Meister noch ein Shâstra-Meister zu sein, entzieht sich Yao-shan einer Antwort und zugleich der Verantwortung![723]

723 Siehe Roloff (2), S. 39ff.

Beide, der Yao-shan des *Bi-yan-lu* und der des *Cong-rong-lu*, haben dies gemeinsam, dass sie sich weigern, auf inhaltliche Fragen der Buddha-Lehre, ob nun in ihrer Hînayâna-, Mâhâyâna- oder Chan-Version, einzugehen, was in beiden Fällen auf die Einstellung hinausläuft, dass es zur Buddha-Lehre nichts zu sagen gibt, dass umgekehrt derjenige, der zur Buddha-Lehre nichts sagt, eben dadurch die Buddha-Lehre vermittelt, ja dass sich die Buddha-Lehre nur dadurch vermitteln lässt, dass zu ihr nichts gesagt, also über sie geschwiegen wird! Genau das ist auch das Verfahren, das Yao-shan gegenüber dem selbsterklärten König der Elche anwendet. Und wenn Xue-dou auch seinen eigenen Mönchen den Pfeil des Yao-shan androht, so enthält das die verschlüsselte Aufforderung, sich von allen Inhalten des Dharma zu lösen, allem diesbezüglichen Wissen den Abschied zu geben, um sich auf diesem Weg eines radikalen Verzichts, dem einzig erfolgversprechenden, dem Ziel der Buddha-Lehre zu nähern. Und dieses Ziel kann dann kein jenseitiges sein, keine Zuflucht an einem „anderen Ufer", sondern nur eines, das sich ausschließlich hier in dieser Welt realisieren lässt!

Dieses Kôan 86 *Bi-yan-lu* hat also noch eine zweite Bedeutungsebene, und das ist sogar die entscheidende – erst auf Umwegen zugänglich, erst nachträglich an den Rändern der Wahrnehmung ins Blickfeld gerückt, durch einen scheinbar unspektakulären Zusatz Xuedous, durch die beiden letzten Worte des Textes: *kan jian, „Gebt Acht auf den Pfeil!"* Und die Analyse dieser zweiten Bedeutungsebene bestätigt, was eingangs nur als Vermutung geäußert werden konnte: Beide Yao-shan-Anekdoten widersprechen so sehr den Zeugnissen, die uns zum Lehrverfahren Tang-zeitlicher Chan-Meister erhalten sind, dass ihre Echtheit nahezu ausgeschlossen werden kann; es muss sich um nachträgliche Erfindungen handeln.

87. (84.) Vimalakîrti [fragt nach der] Nicht-Dualität

Ankündigung

Zu sagen, [es] ist richtig, kann unmöglich richtig [sein]; zu sagen, [es] ist nicht falsch, kann unmöglich falsch [sein]. Wenn »Richtig« und »Falsch« längst dahin und Gewinn und Verlust gleichermaßen vergessen sind, [dann bist du] rein und gänzlich nackt, entleert und ausgegossen.[724]

Nun sag mal: [Was] vor [dir] und hinter [dir ist], was ist das? Wenn da unerwartet ein Flickenkutten-Mönch zu [mir] herantritt und sagt: „Vor [mir] sind die Buddha-Halle und das Haupttor, und hinter [mir] der Schlafraum des Abtes und seine Wohnräume", dann sag mir: Hat sich dieser Mensch auch Augen bereitet oder nicht? Falls [du] diesen Menschen hast durchschauen können, dann gestehe [ich] dir zu, dass [du] den Menschen der Vergangenheit persönlich begegnet bist. – Versucht es doch mal mit dem, [was Xuedou hier] vorbringt!

Beispiel

Vimalakîrti fragte Mañjushrî: „Welcher Art ist das Vorgehen eines Bodhisattva, ins Nicht-Zwei (die Nicht-Dualität) einzutreten?"
Mañjushrî sagte: „Meiner Ansicht nach besteht es darin, bei allen Dingen nichts zu sagen und nichts zu erklären, nichts zu verkünden und nichts zu erkennen, sich von jeglicher Frage und Antwort fernzuhalten – das ist das Vorgehen [eines Bodhisattva], ins Nicht-Zwei einzutreten."
Darauf befragte Mañjushrî [seinerseits] Vimalakîrti: „Jeder Einzelne von uns hat nun [seine] eigene Meinung dazu kundgetan; in [Eurer] Güte solltet [Ihr Euch jetzt Eurerseits] dazu äußern: Welcher Art ist das Vorgehen eines Bodhisattva, ins Nicht-Zwei einzutreten?"

(Der Meister sagte dazu: „Was hat Vimalakîrti gesagt?" Er hat auch gesagt: „Geprüft und entlarvt!")

Lobgesang

Ach, dieser alte Vimalakîrti!
Erbarmen mit [allem] Lebenden [macht ihn] vergeblich voll Kummer leiden:
Krank liegt er da in Vaishâlî –
Am ganzen Leibe völlig abgemagert.

---

724 *Rein und gänzlich nackt, entleert und ausgegossen* – diese Formel, chinesisch: *jing luo-luo chi sa-sa,* findet sich noch zwei weitere Male, in den Ankündigungen der Kôan 93 und 95; den zweiten Teil der Formel, *entleert und ausgegossen,* verwendet Yuan-wu ebenfalls ein weiteres Mal, in der Ankündigung des Kôan 90.

Auch der Lehrer der Sieben Buddhas ist gekommen:[725]
Ein einziger Raum, doch eilig gesäubert[726] –
[So] bittet und fragt [er] nach dem Tor zum Nicht-Zwei.
Damals hat er sich sogleich angelehnt und ist gestürzt[727] –
Hat sich nicht angelehnt, ist nicht gestürzt! Ein Goldhaar-Löwe
findet keine Stelle, [ihn] anzugreifen![728]

Beginnen wir mit einem Exkurs zu **Vimalakîrti** und dem nach ihm benannten *Vimalakîrti-nirdesha-Sûtra*, dem das Beispiel dieses »Öffentlichen Aushangs« entnommen ist:[729] Dieses Sûtra, vermutlich im 2. Jahrhundert und damit rund 500 Jahre nach dem Tod des historischen Buddha entstanden, stellt gleichsam die Magna Charta des Mahâyâna-Buddhismus da; es kreist um den reichen Kaufmann Vimalakîrti aus der Stadt Vaishâlî, einen Laien-Anhänger Buddha Shâkyamunis, der trotz seines weltlichen Lebens und seines Strebens nach beruflichem Erfolg zur höchsten Erleuchtung gelangt ist und sich als vollkommene Verkörperung des Bodhisattva-Ideals erweist. Damit wird dieses Sûtra zur feierlichen Proklamation der Gleichwertigkeit der Lebensweise eines Laien-Anhängers mit der für das Hînayâna allein gültigen mönchischen Lebensform. – Das 9. Kapitel des Sûtra, zugleich der Höhepunkt der mythisch überhöhten Erzählung, beschreibt, wie der Buddha zunächst vergeblich seine Schüler auffordert, den erkrankten Vimalakîrti in seinem Haus aufzusuchen, um sich nach seinem Befinden zu erkundigen. Jeder der von Buddha namentlich Angesprochenen weigert sich, der Aufforderung nachzukommen – aus Furcht, sich von Vimalakîrtis überlegener Weisheit beschämen lassen zu müssen. Als schließlich Mañjushrî – wenn auch erst nach längerem Zögern – sich zum Krankenbesuch bereit erklärt, schließen sich auch alle anderen Schüler ihm an (und es folgt die Beschreibung des Wunders, dass 80.000 Bodhisattvas in dem neun Quadratmeter großen Krankenzimmer Platz finden). Von Mañjusrhî nach seinem Befinden befragt, erwidert Vimalakîrti:

---

725 Gemein ist Mañjushrî, der dem buddhistischen Mythos zufolge, obwohl selbst nur ein Bodhisattva, allerdings ein transzendenter, als die Verkörperung der Vollkommenen Weisheit nicht nur Buddha Shakyamûni, sondern ebenso auch dessen sechs Vorgänger innerhalb des gegenwärtigen Kalpa vor ihrem Eintritt in die irdische Welt unterrichtet und zur höchsten Einsicht geführt hat.

726 Hier wechselt Xue-dou von Mañjushrî zu Vimalakîrti, der unmittelbar vor dem Eintreffen seiner unangemeldeten Gäste schnell noch sein Krankenzimmer, den einzigen Raum seines kleinen Hauses, gereinigt hat.

727 *Hat sich angelehnt und ist gestürzt* – Xue-dou deutet Vimalakîrtis Bitte an Mañjushrî und die übrigen in seinem Krankenzimmer versammelten Bodhisattvas ironisch als den gescheiterten Versuch, sich an fremde Aussagen *anzulehnen*, d.h., durch sie eigene Sicherheit zu gewinnen, dabei jedoch an den erhaltenen Auskünften keinen Halt gefunden zu haben, mithin *gestürzt* zu sein. Diese Behauptung wird freilich von Xue-dou gleich in der nächsten Zeile widerrufen: Vimalakîrti hat es, wie der – hier allerdings verschwiegene – Fortgang der Geschichte belegt, gar nicht nötig gehabt, sich bei anderen *anzulehnen*!

728 Schon formal fällt die letzte Zeile des Lobgesangs aus dem Rahmen des übrigen Gedichts: Auf acht Zeilen zu je fünf Schriftzeichen, durch die Reimworte zu vier Doppelzeilen zusammengefasst (*lao* / *nao* // x / *gao* // x / *sao* // x / *dao*), folgt als neunte Einzelzeile ein Vers aus der doppelten Anzahl von Schriftzeichen, mithin mit zehn Zeichen genauso lang wie jede der voraufgegangenen Doppelzeilen, obendrein mit passendem Reimwort (*tao*).

729 Der Verfasser übernimmt ihm Folgenden eine längere Passage aus seiner *Cong-rong-lu*-Ausgabe, und zwar aus seinen Erläuterrungen zum dortigen Kôan 48 – Roloff (2), S. 242f.

„Aus der Torheit entstand die Liebe, und das ist der Grund meiner Krankheit. Seitdem alle Wesen krank sind, bin auch ich krank. Wenn sie geheilt sein werden, werde auch ich geheilt sein. Und warum? Ein Bodhisattva tritt in das Werden und Vergehen um aller Wesen willen ein; wo Geburt und Tod sind, da ist auch immer Krankheit. Wenn alle Wesen von Krankheit frei wären, dann wäre auch der Bodhisattva frei davon. Wenn z.B. der einzige Sohn eines Millionärs erkrankt, dann erkranken auch seine Eltern aus Sorge um ihn, und wenn er wiederhergestellt ist, dann werden auch die Eltern wieder gesund. Genauso ist es auch mit einem Bodhisattva; er liebt alle Wesen wie seinen Sohn, und solange alle Wesen krank sind, ist auch er krank, und wenn sie gesunden, gesundet auch er. Du hast mich nach der Ursache meiner Krankheit gefragt; die Krankheit eines Bodhisattva wird einzig und allein verursacht durch das große Mitleid."[730]

Und dann kommt es zu der Begebenheit, von der das **Beispiel** handelt: Vimalakîrti fragt nach dem *Vorgehen eines Bodhisattva, ins Nicht-Zwei, [mithin in die Nicht-Dualität,] einzutreten.* 32 Bodhisattvas bemühen sich daraufhin um eine Antwort, wobei jeder die Überwindung eines einzelnen Gegensatzpaares wie Entstehen und Vergehen, Subjekt und Objekt u.s.w. anführt, bis schließlich Mañjusrhî erklärt, dass sich Nicht-Dualität nicht mit Worten ausdrücken lässt. Die Szene gipfelt darin, dass Vimalakîrti, seinerseits von Mañjusrhî befragt, als Antwort in Schweigen verharrt.

Genau dieses Schweigen aber wird von Xue-dou unterschlagen! Die Episode des Beispiels endet damit, dass Mañjusrhî die Frage nach dem *Eintritt in die Nicht-Dualität* an Vimalakîrti zurückgibt – und Schluss! Kein Wort über eine mögliche Antwort Vimalakîrtis (falls er denn eine gegeben hätte) oder über seine sonstige Reaktion. Stattdessen vielmehr Xue-dous mündlicher Zusatz: *„Was hat Vimalakîrti gesagt?"* Das klingt so, als sei Xue-dou sich nicht sicher, was er da gehört hat, oder ob er überhaupt etwas hätte hören müssen: „Hat Vimalakîrti überhaupt etwas gesagt?" Nein, hat er natürlich nicht; und so, wie Xue-dou die Sache darstellt, drängt sich der Eindruck auf, Vimalakîrti sei plötzlich von der Bühne verschwunden. Und zu diesem gleichsam verschwundenen Vimalakîrti fügt Xue-dou dann noch sein übliches *„Geprüft und entlarvt!"* an. Das kann doch nur heißen: „Er taugt nichts, dieser Vimalakîrti!" – das ist, wohlgemerkt, wieder einmal pure Ironie: Vimalakîrti als zu leicht befunden, weil er zu keiner Antwort oder anderweitigen Reaktion imstande gewesen ist!

Was sollen wir von dieser Wendung der Geschichte halten? Xue-dou stellt also Vimalakîrtis überlegene Demonstration des *Eintritts in die Nicht-Dualität* gerade nicht heraus. Er hat das auch gar nicht tun müssen, denn seine Mönche – und ebenso die Mönche Yuan-wus – sind mit dem *Vimalakîrti-nirdesha-Sûtra* zweifellos hinreichend vertraut gewesen; sie haben also gewusst, wie die Geschichte um den *Eintritt in die Nicht-Dualität* dort weiter- und zu Ende gegangen ist! Und dass Schweigen, nicht ein Schweigen nach außen hin, Dritten gegenüber, sondern ein Schweigen nach innen hin, das alles Denken zum Verstummen bringt – dass ein

---

730 zitiert nach Lexikon (1), S. 432, Artikel *„Vimalakîrti-nirdesha-Sûtra"*, in dem die Herausgeber ihrerseits die deutsche Übersetzung dieses Sûtra durch Jakob Fischer /Yokota Takezo, Das Sûtra Vimalakîrti, Tôkyô, 1944, zitieren.

solches Schweigen den *Eintritt in die Nicht-Dualität* bedeutet, muss Xue-dou und Yuan-wu als so trivial erschienen sein, dass es sich für sie erübrigt, ihre Mönche noch eigens mit der Nase darauf zu stoßen. Was aber dann? Worauf will Xue-dou – und mit ihm Yuan-wu – bei der hier vorgetragenen Version hinaus?

Versuchen wir's mit der **Ankündigung**. Dort stellt Yuan-wu eine abstrakte und höchst erklärungsbedürftige Aussage an den Anfang: *Zu sagen, [es] ist richtig, kann unmöglich richtig [sein]; zu sagen, [es] ist nicht falsch, kann unmöglich falsch [sein].* Worauf bezieht sich dabei das unbestimmte – obendrein erst noch zu ergänzende – *„es"*? Setzen wir dafür Vimalakîrtis Schweigen, ja sein Verharren in Schweigen ein, so ergibt sich eine durchaus sinnvolle Aussage: „Wenn wir *sagen*, Vimalakîrtis Schweigen, also sein Verharren in Nicht-Dualität *sei richtig*, dann *kann das unmöglich richtig sein* (weil Yuan-wu außer dem Verharren in Nicht-Dualität noch etwas anderes von uns erwartet); und wenn wir *sagen*, Vimalakîrtis Schweigen *sei nicht falsch*, dann *kann das unmöglich falsch sein* (weil neben dem noch zu bestimmenden ‚anderen' auch das Verharren in Nicht-Dualität von uns verlangt wird)!" Doch was soll dies „andere" sein? Zunächst umschreibt Yuan-wu, assoziativ von den Begriffen *»Richtig«* und *»Falsch«* ausgehend, den Zustand der Nicht-Dualität: *Wenn »Richtig« und »Falsch« längst dahin* (und damit alle Gedanken erloschen) *und Gewinn und Verlust gleichermaßen vergessen sind* (und alles Wollen erstorben), *[dann bist du] rein und gänzlich nackt, entleert und ausgegossen.* Was Yuan-wu dabei an der Nicht-Dualität hervorhebt, ist nicht so sehr, dass es in diesem Zustand für uns kein *»Richtig«* und *»Falsch«* und keine Gedanken an *Gewinn und Verlust* mehr gibt; für ihn steht im Vordergrund, dass Nicht-Dualität uns gleichsam *nackt* sein lässt, aller Beziehungen zur Welt entkleidet, und dass sie uns *entleert*, wie einen Krug, der *ausgegossen*, dem aller Inhalt genommen wird. Das ist jedoch allenfalls die Befindlichkeit eines Arhat, aber nicht die eines Menschen, der – wie der Vimalakîrti der Legende – mitten im Leben steht. Es ist, ganz allgemein formuliert, für uns Menschen keine erstrebenswerte Befindlichkeit und unterstreicht nur Yuan-wus Eingangs-Feststellung: Zu sagen, das Verharren in Schweigen und Nicht-Dualität *sei richtig, kann unmöglich richtig sein*! Aber damit wissen wir immer noch nicht, was denn das „andere" sein soll, das Yuan-wu über das Verharren in Nicht-Dualität hinaus zusätzlich von uns verlängt!

Mit der Formel „ *Nun sag mal!*" setzt wie üblich ein neuer Gedanke ein. Zur Überleitung bedient sich Yuan-wu eines weiteren all jener Begriffs-Paare, die durch die Nicht-Dualität ausgeschlossen sind: *„[Was] vor [dir] und hinter [dir ist], was ist das?"* Für jeden, der *rein und gänzlich nackt, entleert und ausgegossen* ist, muss das eine sinnlose Frage sein; denn im Zustand der Nicht-Dualität existiert kein Innerhalb und kein Außerhalb, also auch kein »vor mir« und kein »hinter mir«. Wenn aber Yuan-wu gleichwohl auf solchem *»vor dir«* und *»hinter dir«* beharrt, dann bewegt er sich schon nicht mehr in der Sphäre der Nicht-Dualität, dann befinden wir uns bereits wieder in der von Unterschieden und Gegensätzen bestimmten Realität der irdischen Welt. Die tritt dann auch ausdrücklich ins Blickfeld, indem Yuan-wu anschließend einen Mönch fingiert, der auf seine Frage hin vortritt und bekennt: *„Vor [mir] sind die Buddha-Halle und das Haupttor, und hinter [mir] der Schlafraum des Abtes und seine Wohnräume!"* Das ist, auf einem typischen Kloster-Gelände, keine überraschende Aussage. Was überrascht, ist die Tatsache, dass Yuan-wu an diese durch und durch banale Feststellung die Frage anknüpft: *„Hat sich dieser Mensch auch Augen bereitet oder nicht?"*

Das unterstellt, dass es zu einer solchen Aussage, wenn sie denn mehr sein soll als bloße Trivialität, besonderer Einsicht bedarf, obendrein einer Einsicht, die bis ins Herz der Chan-Lehre reicht: *„Falls [du] diesen Menschen hast durchschauen können* (ob sich also hinter seiner Aussage tiefere Einsicht verbirgt oder nicht), *dann gestehe [ich] dir zu, dass [du] den [Meistern] der Vergangenheit persönlich begegnet bist!"* Diese persönliche Begegnung (*qin jian* – eine Formulierung, die sich auch im Kôan 1 *Wu-men-guan* findet, wo Wu-men uns ermuntert, „persönlich Zhao-zhou zu begegnen": *qin jian Zhao-zhou*) geschieht zweifellos nur in der Tiefe und Stille der Nicht-Dualität; doch eine solche Erfahrung des Eins-Seins mit den Meistern der Vergangenheit muss zugleich die Wendung zurück in die Welt der Dualität einschließen; und sich eben dieser Not-Wendigkeit im wörtlichen Sinne bewusst zu sein, macht die besondere Einsicht aus, auf die Yuan-wu mit seiner Frage anspielt: *„Hat sich"*, wer davon spricht, ‚Buddha-Halle und Haupttor vor sich und Schlaf- und Wohnraum des Abtes hinter sich zu haben', *„auch Augen bereitet oder nicht?"* Nur dann ist die Aussage über *Buddha-Halle, Haupttor und das Quatier des Abtes* nicht-trivial, wenn sie eben das besagen soll, dass wir zusätzlich zum Verweilen in Nicht-Dualität uns gleichermaßen auch in der Welt unseres irdischen Daseins auskennen und – bewegen können müssen! Für diese Deutung, die allzu weit hergeholt erscheinen mag, kann der Verfasser im Übrigen die typische Topographie eines Chan-Kloster ins Feld führen: Wer die Abts-Räume *hinter sich* und das Haupttor *vor sich* hat, der steht, den »Norden« im Rücken, dem »Süden« und mithin der Welt der *Zehntausend Dinge* zugewandt, nicht darauf aus, dem irdischen Dasein im Gegenteil den Rücken zu kehren!

Genau darauf zielt auch Wu-men ab, wenn er sein *qin jian Zhao-zhou* zu der Ermahnung erweitert, es dahin zu bringen, dass wir die Meister der Vergangenheit „an den Händen fassen und mit ihnen gemeinsam gehen, ja mit denselben Augen sehen und mit denselben Ohren hören können wie sie"; denn wir müssen dieses „Gehen", „Sehen" und „Hören" wörtlich nehmen: Wu-mens Emphase gilt nicht der uneingeschränkten Verschmelzung mit Zhao-zhou oder sonst einem Großen der Chan-Geschichte in der Leere der Nicht-Dualität (dort gibt es gerade kein „Gehen", kein „Sehen" und „Hören" mehr); vielmehr verweist uns Wu-mens Appell gleichfalls an die Welt der *Zehntausend Dinge*, verbunden mit dem Auftrag, uns dort so zu bewähren, wie es die Meister der Vergangenheit auch schon getan, es uns vorgelebt haben! Ihnen *persönlich begegnet* zu sein schließt ein, dass wir die besondere Art ihrer Daseinsbewältigung mit übernehmen – weltzugewandt, frei „in die Kreuz und in die Quere", mit einem „spielerisch-vergnüglichen Schlendern"![731]

---

731 Roloff (1), S. 21ff. – Wenn Wu-men in seinem Kôan 1 die „persönliche Begegnung mit Zhao-zhou" in den Zusammenhang seiner „Sperre der Gründerväter" stellt und diese Sperre inhaltlich durch das „Schriftzeichen *wu* (‚nichts da', ‚da ist nichts') bestimmt und dann fortfährt: „Diejenigen, die [durch diese Sperre] hindurchgedrungen sind, erblicken nicht nur persönlich Zhao-zhou; sie können alsbald auch mit den Gründervätern aller früheren Zeitalter auf gutem Fuße stehen ...", so besagt das eindeutig, dass zwar die „persönliche Begegnung mit Zhaou-zhou" gerade dort stattfindet, wo „nichts mehr ist", also in der Shûnyatâ, in der es auch keinen Zhao-zhou – und keine sonstigen Gründerväter – mehr gibt. Wenn Wu-men aber andererseits die Folgen eines gelungenen „Hindurchdringens" samt der „persönlichen Begegenung mit Zhao-zhou" und den übrigen Gründervätern in der Sphäre des „Nichts da!" dahingehend beschreibt: „[Diejenigen, denen diese Begegnung vergönnt ist,] können mit denselben Augen sehen und mit denselben Ohren hören wie [eben Zhao-zhou und die übrigen Gründerväter]", und wenn er sodann diese besondere Existenzweise zu einem „freudevollen Glück"

Und Yuan-wu, worauf will der mit seiner **Ankündigung** hinaus? Nun, eben darauf, dass die Erfahrung der Nicht-Dualität einer komplementären Zuwendung zur Welt bedarf, soll sie denn unserer *condition humaine* angemessen sein. Und wenn wir noch einen Schritt weitergehen, dann gilt: Die Zuwendung zur Welt kann nur dann wirklich gelingen, wenn ihr die Erfahrung der Nicht-Dualität zugrunde liegt. So bestätigt der weitere Verlauf der Ankündigung den Eingangssatz *„Zu sagen, [Vimalakîrtis Schweigen] sei nicht falsch, kann unmöglich falsch sein!“* – weil die Erfahrung der Nicht-Dualität nun einmal zu einer gelungenen Zuwendung zur Welt unabdingbar dazu gehört.

Und der Vimalakîrti des **Beispiels** – entspricht der dem Bild einer idealen Daseinsbewältigung, das Yuan-wu hier in kaum wahrnehmbaren Strichen immerhin angedeutet hat? Wie lautet dazu das Urteil Xue-dous? Halten wir uns an den **Lobgesang**. Xue-dou zeichnet den *alten Vimalakîrti* ausgezehrt, wie jene berühmte Darstellung des Asketen Siddhârta Gautama, die ein nahezu nur mit Haut überzogenes Gerippe zeigt. Nur ist dieser Vimalakîrti hier nicht deshalb *am ganzen Leibe völlig abgemagert*, weil er sich um seines eigenen Heiles willen kasteit hätte, sondern weil er am *Erbarmen mit [allem] Lebenden* erkrankt ist: *„Krank liegt er da in Vaishâlî“*, leidend am Leiden der Welt. Das Leiden der anderen ist sein eigenes Leid, und weil er dieses fremde Leiden, auch das zukünftiger Generationen, nicht aus der Welt verschwinden machen kann, ist all sein *Kummer vergeblich* und unaufhebbar. In dieser seiner Not wendet er sich, als überraschend 80.000 Bodhisattvas zu einem Krankenbesuch in sein winziges Gemach eingetreten sind, unter ihnen auch Mañjusrhî, *der Lehrer der Sieben Buddhas*, mit der Bitte an seine überirdischen Gäste, ihm das *Tor zum Nicht-Zwei*, also zur Nicht-Dualität, zu weisen. Xue-dous Formulierung – *„[So] bittet und fragt [er] nach dem Tor zum Nicht-Zwei“* – erweckt dabei den Eindruck, als habe Vimalakîrti diesen Eingang in die Nicht-Dualität für sich selbst noch gar nicht gefunden und als drängte ihn das Bedürfnis, *sich [bei seinen Gästen] anzulehnen*, in ihren Auskünften die Stütze und den Trost zu finden, nach denen sein unstillbarer Kummer ihn lechzen lässt. Doch dieses Bedürfnis, so Xue-dous Urteil, hat unerfüllt bleiben müssen, weil all die 32 Bodhisattvas, die auf seine Bitte eingegangen sind, doch immer nur über die Nicht-Dualität **geredet**, mithin sich bei all ihren Erklärungen immer noch im Bereich der Dualität bewegt haben – einschließlich jenes Mañjusrhî, der im Beispiel mit reichlich viel Worten erklärt, dass man das *Tor zum Nicht-Zwei* nur beim Verzicht auf alle Worte durchschreiten kann! So zu verfahren, wie dieser Mañjusrhî verfährt, heißt daher, die Nicht-Dualität zwangsläufig zu verfehlen; und wenn er dann noch die Frage nach dem *Tor zum Nicht-Zwei* an Vimalakîrti zurückgibt, muss das den scheinbar hilflosen Bittsteller Vimalakîrti bei seinem Versuch *sich anzulehnen* ins Bodenlose *stürzen* lassen! Der Vimalakîrti, den Xue-dou hier im Lobgesang zeichnet, und bei der verkürzten Fassung der Geschichte im Wortlaut des Beispiels scheinbar zu Recht zeichnet, ist ein Leidender und Suchender, der zum Schluss mit leeren Händen dasteht.

---

erklärt und wenig später jedem von uns, dem Gleiches zuteil wird, verheißt: „[Dann] erlangst du das große Wohlbeinden, und mitten in allen sechs [Samsâra-Bereichen] erfährst du den Samâdhi des vergnüglich-spielerischen Lebens“, so liegt ebenso klar auf der Hand: Die „persönliche Begegnung mit Zhao-zhou“ in der Shûnyatâ findet ihre Vollendung erst und allein in der Welt der *Zehntausend Dinge*, in unserem tätig-alltäglichen Leben hier und jetzt in der irdischen Welt. – Auf diese Zusammenhänge ausdrücklich hinzuweisen, hat der Verfasser in seinem „Erstling“ leider versäumt!

Doch angesichts des tatsächlichen Verlaufs, den die Begegnung Vimalakîrtis mit seinen Besuchern, insbesondre mit Mañjusrhî, im allbekannten Sûtra nimmt, muss dieses Bild des „Weisen aus Vaishâlî" eher als Karikatur denn als zutreffendes Porträt gelten. Die Wahrheit über Vimalakîrti, zumindest die der Legende, verlangt einen deutlichen Widerruf, und den bietet Xue-dou mit der – obendrein auch formal aus dem Rahmen des übrigen Gedichts herausfallenden – Schlusszeile des Lobgesangs: *„Hat sich nicht angelehnt, ist nicht gestürzt! Ein Goldhaar-Löwe findet keine Stelle, [ihn] anzugreifen!"* Nein, der Vimalakîrti des Sûtra hat es nicht nötig *sich anzulehnen*; er ist auch nicht *gestürzt*, weil er im Gegenteil ganz in sich selbst ruht, in seiner sogar innigen Vertrautheit mit Nicht-Dualität und Shûnyatâ. Doch solches In-sich-Ruhen in Nicht-Dualität bedeutet ja noch keineswegs auch Zuwendung zur Welt – nicht einmal jene unleugbare Zuwendung zur Welt, die sich in der Anteilnahme, ja im Leiden an den Leiden der anderen manifestiert, erst recht nicht die des erfolgreichen Kaufmanns, der Vimalakîrti laut Legende auch gewesen ist. Um tätige Zuwendung zur Welt geht es also letztlich auch bei dem Vimalakîrti aus Beispiel und Lobgesang, weshalb Xue-dou sein Gedicht mit dem *Goldhaar-Löwen* ausklingen lässt, der an Vimalakîrti *keine Stelle*, keine Blöße *findet*, ihn *anzugreifen* und zu zerfleischen! Wieso lässt sich das mit solcher Sicherheit behaupten? Weil ein *Goldhaar-Löwe*, wie der Verfasser in seinen Erläuterungen zum Kôan 39 vorgetragen hat, die unzweideutige Metapher für einen Tathâgata darstellt, der eben wegen seines Gegründet-Seins in »Soheit« oder Shûnyatâ imstande ist und die Kraft besitzt, sich der Welt und allem, was uns von dort her bedrängt und bedroht, furchtlos zu stellen: als »Ritter von« einer alles andere als »traurigen Gestalt«, der von sich weiß: »Was gehen mich Tod und Teufel an!« Und ein solcher *„Goldhaar-Löwe findet [an Vimalakîrti] keine Stelle"*, ihm mit wie auch immer geartetem Tadel zuzusetzen und ihn davonzuscheuchen.

So endet das Kôan 87 *Bi-yan-lu* genau dort, wo hundert Jahre später auch das Kôan 48 *Cong-rong-lu* anlangt: bei einer Bejahung der Welt, die ihre Kraft aus der Erfahrung von Nicht-Dualität und Shûnyatâ schöpft, aus dem Rückzug in ein spirituelles Sterben, das mitten im Grundlosen umschlägt in Lebensfreude und den „Großen Frieden" einer um das eigene Ich nicht länger angstvoll besorgten Existenz.

Eine Frage bliebe freilich noch zu beantworten: Warum hat Xue-dou den Umweg über das Verschweigen des Schweigens Vimalakîrtis gewählt? Hat er seine Mönche lediglich auf eine falsche Fährte locken, sie mit seiner bis in den Lobgesang reichenden Ironie zwingen wollen, der Nicht-Dualität auf einem je eigenen Weg näherzukommen? Ging es ihm bloß darum, die Geschichte so zu erzählen, dass seine Mönche Mañjusrhîs an Vimalakîrti adressierte Aufforderung, das *Vorgehen eines Bodhisattva zwecks Eintritt in die Nicht-Dualität* nun seinerseits darzulegen, zwangsläufig auch und vor allem als an sie selbst gerichtet verstehen mussten? Oder hat er, mit einer modernen Redewendung gesprochen, seine Mönche »da abholen wollen, wo sie gestanden haben«? Hat er sie, heißt das, aufs Glatteis gelockt, indem er ihre immer noch grassierende Neigung zur Weltflucht zunächst aufgegriffen und hofiert hat, um sie schließlich mit dem Gegenteil zu konfrontieren, der Existenzform eines *Goldhaar-Löwen* als der ihnen – und uns – einzig angemessenen? Eine Stoßrichtung, die dann auch Yuan-wu mit seiner später verfassten Ankündigung verstärkt hat?

88. (85.) Das Tiger-Gebrüll [auf dem] Tong-fang

Ankündigung

Sich die Welt greifen, [sie] abschneiden und nicht das kleinste Teilchen dabei auslassen;[732] überall auf der großen Erde den Menschen ihre Spitzfindigkeit austreiben und die Zunge festbinden, das ist für Flickenkutten-Mönche der richtige Befehl! Vom Scheitel Licht aussenden und [alles über]strahlend die vier Himmels[richtungen] erleuchten, das ist der goldene Augapfel im Diamant-Auge der Flickenkutten-Mönche. Flüchtig Eisen berühren und in Gold verwandeln,[733] mal festhalten und mal loslassen, das ist der Wanderstab der Flickenkutten-Mönche. Aufgrund von Übung den Menschen in der Welt die Zunge abschneiden; geradewegs erreichen, [dass sie] keinen Atem mehr ausströmen lassen können und dreitausend *Li* entfernt zu Boden stürzen, das ist das lufterfüllte Himmelszelt der Flickenkutten-Mönche.[734] – Nun sagt mal: Wenn [sie] nicht ganz so sind,[735] was für Menschen sind sie dann letztendlich? Bedenkt [dazu, was Xuedou hier] vorbringt!

Beispiel

Ein Mönch kam zu dem Ort des Einsiedlers auf dem Tong-feng.[736] Sogleich fragte er: „Wenn [Ihr] hier plötzlich einem großen Kriechtier begegnetet, was dann weiter?"

---

732 Dieser Satz findet sich im nachfolgenden Kapitel gleich zu Beginn der Ankündigung noch einmal; die Unterschiede in der deutschen Formulierung ergeben sich zum einen aus der Tatsache, dass im Schrift-Chinesischen in der Regel auf Pronomina verzichtet wird, eine eindeutige Zuordnung des Verbums zu einer bestimmten Person daher nicht möglich ist, und zum anderen aus dem je verschiedenen Zusammenhang, in den der – im Chinesischen absolut gleichlautende – Satz eingebettet ist.

733 In der Standard-Version folgt noch die Umkehrung: „Gold berühren und in Eisen verwandeln". Doch das passt hier nicht zum *Wanderstab der Flickenkutten-Mönche*, der sie ja in die Welt hinein und nicht aus ihr heraus führen soll. Denn „aus Gold Eisen zu machen", hieße ja, die Welt wieder zu entwerten, ihr den Rücken zuzukehren und sich ans Nirvâna zu klammern. – Auf die *Verwandlung von Eisen in Gold* die umgekehrte Verwandlung des Goldes in Eisen folgen zu lassen, ist eine naheliegende und gleichwohl nachträgliche Ergänzung, die sich auf Aussprüche wie den des großen Zhao-zhou berufen kann: „Aus einem Grashalm einen 16 Fuß hohen Gold-Buddha machen und aus einem 16 Fuß hohen Gold-Buddha einen Grashalm machen" – einen Ausspruch, den Yuan-wu auch schon selbst, und zwar in der Ankündigung des Kôan 8, zitiert hat; vgl. die dortige Fußnote 118.

734 *Lufterfülltes Himmelszelt* (*qi-yu*) – diese Metapher lässt einerseits an Vögel denken, gleich denen die *Flickenkutten-Mönche* sich frei und mit ungebremstem Schwung bewegen, und weckt andererseits die Assoziation zur Luft als dem Lebenselixier, ohne das sie und wir nicht existieren können.

735 Eine wörtliche Übersetzung der betreffenden Stelle müsste eigentlich lauten: „Wenn sie ganz nicht so sind, ..." (*zong bu ren-me*); das widerspricht allzu sehr unserem Sprachgebrauch, der stattdessen die Reihenfolge: „*Wenn sie nicht ganz so sind, ...*" verlangt. Zwischen beiden Formulierungen besteht zwar im Deutschen ein grundlegender Unterschied: „ganz nicht so ein" heißt, „überhaupt nicht so sein", während „nicht ganz so sein" immerhin ein „teilweise so sein" beinhaltet. Der weitere Verlauf des Textes lässt jedoch, wenn er mit der Ankündigung sinngemäß übereinstimmen soll, den Schluss unumgänglich erscheinen, dass Yuan-wu es auf eben dieses „zum Teil so sein" abgesehen hat.

736 Bei diesem *Einsiedler*, der nach dem Namen seines Berges auch selbst als *Tong-feng* bezeichnet wurde, handelt es sich um einen Schüler Lin-jis; die Episode dürfte sich daher zu Begin des 10. Jahrhunderts abgespielt haben.

Der Einsiedler stieß auf der Stelle das Gebrüll eines Tigers aus.[737]
Der Mönch machte unverzüglich eine Gebärde des Erschreckens.
Der Einsiedler brach in lautes Gelächter aus.
Der Mönch sagte: „Dieser alte Dieb!"
Der Einsiedler sagte: „Was könntest [Du denn auch] gegen diesen alten Mönch hier tun?"
Der Mönch gab auf und ging davon.

(Der Meister sagte: „Selbst wenn das richtig ist, so verstehen diese beiden üblen Diebe [doch] nur, mit zugehaltenen Ohren eine Glocke zu stehlen!")

Lobgesang

Wenn [du ihn] siehst und [dir] nicht greifst,
Denkst [du an ihn] noch nach tausend *Li*![738]
Wie wunderbar gestreift [er ist] –
[Aber] noch ohne Klauen und Zähne!
Haben [Sie], mein Herr, denn nicht
die plötzliche Begegnung unten am Großen-Helden-Berg vor Augen?[739]
Weithin erschüttern Getöse und Licht zusammen die Erde!
Männer von bedeutender Statur,[740] begreifen [sie's] oder nicht:
Den Schwanz des Tigers packen, [ihm] die Barthaare streichen!?

---

737 Stichwort *„Großes Kriechtier"*: Die beiden einschlägigen chinesischen Schriftzeichen (*da chong*) werden üblicherweise als „Tiger" übersetzt (so Cleary, so Yamada Kôun bei Lengsfeld); doch das nimmt der Szene ihre wunderbare Prägnanz: Der Einsiedler antwortet mit seinem Tiger-Gebrüll nicht auf einen Tiger (als wollte er Tiger mit Tiger vertreiben), sondern stellt sich als Tiger einem Drachen entgegen! Man denke an die vielfachen chinesischen und japanischen Darstellungen, auf denen Drache und Tiger, diese beiden Symboltiere höchster Kraft, fauchend und brüllend gegeneinander zum Kampf antreten! Diese Deutung wird auch durch den Sprachgebrauch gestützt: Das Schriftzeichen *chong* bedeutet primär „Würmer", „Reptilien", und in der Tat werden Drachen in der Regel mit langen und schlanken, sich wurmartig windenden Leibern dargestellt, mit zwei Paaren von Echsenbeinen samt weit gespreizten Echsenklauen. – Man vergleiche in der *Cong-rong-lu*-Ausgabe des Verfassers die Fußnote 112 anlässlich des dortigen Kôan 22: In der zugehörigen Ankündigung ist gleichfalls von einem *da chong* die Rede, und sowohl Yasutani Hakuun als auch Cleary in seinem *Book of Serenity* übersetzen statt *„Großes Kriechtier"* mit „Tiger"! So pflanzen sich Fehler von einer Generation zur anderen, von einem Buch zum anderen fort!

738 *... noch nach tausend Li* – an jemanden denken, auch wenn er schon tausend *Li* weit weg ist.

739 Anspielung auf eine Episode aus Huang-bos Lehrjahren bei Bai-zhang: Als Huang-bo einmal von auswärts ins Kloster zurückkam, lief er Bai-zhang über den Weg, der ihn sogleich fragte, woher er komme. Huang-bos patzige Antwort: „Vom Fuße des Berges!" (woher sollte er sonst kommen, wenn das Kloster hoch am Berghang liegt?) provozierte Bai-zhang zu der weiteren Frage: „Hast Du dort einen Tiger getroffen?", woraufhin Huang-bo in ein Tigergebrüll ausbrach. Bai-zhang griff zu einer Axt (mit der er wohl gerade gearbeitet hatte) und tat so, als wollte er diesen Tiger da vor ihm erschlagen. Huang-bo fiel im in den Arm, hielt die Axt fest und versetzte Bai-zhang einen Schlag mit der Hand. Am gleichen Abend erklärte Bai-zhang vor den versammelten Mönchen: „Am Fuße des Großen-Helden-Berges gibt es einen Tiger! Vor dem müsst Ihr Euch in Acht nehmen beim Kommen und Gehen! Ich selbst bin heute schon von ihm gebissen worden!" – *„Großer-Helden-Berg"* oder „Berg des Großen Helden" (*Da-xiong-shan*) war der ursprüngliche Name des später zu „Hundert-Klafter-Berg" (*Bai-zhang-shan*) umbenannten Klosterberges Bai-zhangs – vgl. die Fußnoten 308 und 656.

740 *Männer von bedeutender Statur* (*da-zhang-fu*, wörtl. „Große(s)-Klafter-Männer") – dabei geht es natürlich nicht um die physische Statur, sondern den Charakter und die Fähigkeiten einer Person; so bie-

Yuan-wus **Ankündigung** stellt die Erwartungen heraus, denen sich ein *Flickenkutten-Mönch* ausgesetzt gesehen hat: Nach Jahren erfolgreicher Selbstschulung sollte er imstande sein, *die Welt* ohne den allerkleinsten Rest *abzuschneiden*, aufgrund dieser seiner eigenen Erfahrung von Shûnyatâ *überall auf der großen Erde den Menschen spitzfindiges* Denken, mithin das Denken überhaupt, *auszutreiben* und ihrer um keine Ausflucht verlegenen Rhetorik *die Zunge festzubinden*; ja damit nicht genug (Yuan-wu sattelt – seinerseits rhetorisch überbordend – noch eins darauf), sollen sie *aufgrund ihrer Übung*, ihrer Einübung in Shûnyatâ, heißt das, ihren Zeitgenossen *die Zunge* sogar förmlich *abschneiden* und ihren Ausflüchten in verstandesmäßiges Verstehen derart zusetzen können, dass ihnen der *Atem* stockt und sie selbst, dreitausend *Li* weit davongeschleudert, besinnungslos *zu Boden stürzen* – welch bombastische Rhetorik! Desweiteren (das Wortgetöse von ihrem *Diamant-Auge* mit *goldenem Augapfel*, das die Welt nach allen *vier Himmels[richtungen]* ausleuchtet, vorerst beiseite gelassen) sollen *Flickenkutten-Mönche* in der Lage sein, schon durch *flüchtige Berührung Eisen in Gold zu verwandeln*, eine Metapher, auf die näher einzugehen schon eher lohnt: Nicht nur, dass da etwas minder Wertvolles in Höherwertiges, ja ausgesprochen Kostbares umgewandelt werden soll; *Eisen* weckt – man denke an den Eisenbaum, der Blüten hervortreibt – Assoziationen zum Absterben und Abgestorben-Sein, mithin zum Erlöschen in Shûnyatâ, freilich zu einem Erlöschen, das ins Leben, in ein leuchtenderes Leben sogar – darauf deutet das *Gold* – zurückführt. Wenn Yuan-wu hier noch die Formel vom „Festhalten und Loslassen“ anschließt, so zielt er damit in die gleiche Richtung. *Mal festhalten und mal loslassen*, das umschreibt zwar zuvörderst eine Technik, mit der Chan-Meister ihre Schüler auf den rechten Weg führen wollen; doch wenn diese Antithese, wie es hier geschieht, zum *Wanderstab der Flickenkutten-Mönche* erklärt wird, muss etwas anderes gemeint sein, etwas, das Mönchen ihren Lebensweg zu beschreiten und zu vollenden hilft. Zusammen mit der *Verwandlung von Eisen in Gold* kann *mal festzuhalten und mal loszulassen* sich auch auf den Umgang mit der Shûnyatâ beziehen, insofern zur gelungenen Chan-Schulung auch und ganz wesentlich gehört, sich immer wieder der Erfahrung, dass da am Grund der Dinge letztlich nichts ist, zu vergewissern und eben dieses Sich-Versenken in die Grundlosigkeit der Dinge auch immer wieder loszulassen, um sich der Welt und dem Leben zuzuwenden – als einem höchst kostbaren Gut, kostbar und strahlend wie *Gold*!

Gewöhnlich weisen solche allgemeinen Aussagen zu den besonderen Fähigkeiten eines Chan-Anhängers vorweg auf den Hauptakteur (oder auch beide Akteure) des nachfolgenden Beispiels hin. Doch diesmal folgt auf das aufwendig skizzierte Idealbild eines Chan-Adepten die Andeutung eines Zweifels, einer Einschränkung: *Nun sagt mal: Wenn [Flickenkutten-Mönche] nicht ganz so sind, was für Menschen sind sie dann letztendlich?* Gilt das dem *Einsiedler am Tong-feng*? Oder gar beiden, dem *Einsiedler* und seinem Herausforderer? Will uns Yuan-wu vorweg warnen, dahingehend, dass der Hauptakteur, dass beide Akteure den aufgeführten Erwartungen nur zum Teil entsprechen?

Der Mönch des **Beispiels** stellt mit seiner an den Einsiedler gerichteten Frage: *„Wenn [Ihr] hier plötzlich einem großen Kriechtier begegnetet, was dann?“*, kaum verhüllt sich selbst

---

tet das Lexikon IV für den Ausdruck *da-zhang-fu* im heutigen Chinesisch die Bedeutung: „ein ganzer Mann“! Hier im *Bi-yan-lu* ist eher an die geistige, ja spirituelle Statur eines Menschen zu denken.

als Drachen vor! Der Drachen steht als mythisches Symboltier zunächst einmal nur für überlegene Kraft. Doch auch dieser Mönch kennt wie jeder Wanderer auf dem Weg zur „Erleuchtung" die Legende von den Karpfen, die am „Tor des Kaisers Yu" einen dreistufigen Katarakt überwinden, sich dabei unter Blitz und Donner in Drachen verwandeln und feuerspeiend in die Lüfte erheben. Sich als Drachen vorzustellen schließt daher im Kontext eines Dharma-Gefechts (und ein solches hat der Mönch gerade eröffnet) den Anspruch ein, allen Hindernissen zum Trotz den Zugang zu Shûnyatâ und „Erleuchtung" bereits gefunden zu haben.[741] Der Einsiedler zeigt sich von diesem Anspruch des Mönchs wenig beeindruckt. Er kontert, indem er in die Rolle eines Tiger schlüpft, dieses von der Tradition beglaubigten mythischen Gegenspielers, der vor den Drohgebärden eines Drachens nicht zurückweicht: *Er stößt auf der Stelle das Gebrüll eines Tigers aus!* Der Mönch lässt sich – wie sein Gegenstück im Kôan 86 – überrumpeln und verfällt in eine *Gebärde des Erschreckens.* Damit entlarvt er sich – wie jener Herausforderer Yao-shans – als bloßer Hochstapler, woraufhin der Einsiedler ein durchaus höhnisches *Gelächter* anstimmt. Wie hilflos dieser Mönch ist, der doch eben noch vorgegeben hat, ein Drachen zu sein, zeigt sich an seinem Ausruf: *„Dieser alte Dieb!"* Der Mönch, heißt das, gibt auf; der Einsiedler hat ihm, gesteht er damit ein, den falschen Schein gleichsam vom Leibe gerissen! Der Einsiedler verzichtet darauf, seinen Sieg überheblich auszukosten: *„Was könntest Du [denn auch] gegen diesen alten Mönch hier tun?"*, anders gesagt: „So ist es nun einmal; Du hattest keine Chance!" Der Mönch akzeptiert diesen Urteilsspruch und *geht davon.*

So weit scheint alles in Ordnung, doch Xue-dou hat etwas einzuwenden: *„Selbst wenn das richtig ist, so verstehen diese beiden üblen Diebe [doch] nur, mit zugehaltenen Ohren eine Glocke zu stehlen!"* Und im **Lobgesang** heißt es vom Einsiedler Tong-feng: *„Wie wunderbar gestreift [er ist] – / [Aber] noch ohne Klauen und Zähne!"* Vor allem die erste dieser beiden Äußerungen muss uns überraschen. Im Text des Beispiels ist es nur Tong-feng, der sich von seinem Gegenspieler als *Dieb* bezeichnen lassen muss; hier aber, in seinem mündlichen Zusatz, schmäht Xue-dou beide gleichermaßen als *üble Diebe*, die obendrein so ängstlich vorgehen, dass sie sich *nur mit zugehaltenen Ohren* getrauen, *eine Glocke zu stehlen*! Versuchen wir eine Deutung: Beide Akteure haben sich gegenseitig bestohlen; Tong-feng hat dem Mönch die Maske seiner Selbstüberschätzung vom Gesicht gerissen, und der Mönch hat umgekehrt mit seiner voreiligen Kapitulation Tong-feng die Möglichkeit „gestohlen", noch einmal nachzufassen und sein Gegenüber in die Enge zu treiben; der Mönch kommt davon, ohne sich zu einer Änderung seines Denkens, zu einer Einsicht genötigt zu sehen. Darin, wie der Mönch sogleich klein beigibt, verrät sich seine Mutlosigkeit; er stiehlt sich davon, ohne noch mehr anhören zu wollen – er *hält sich* mit seinem Abgang gleichsam *die Ohren zu.* Und zum anderen ist es eben Tong-fengs Mangel an Mut, dem Mönch hart zuzusetzen, den Xue-dou im Lobgesang kritisiert: Dass Tong-feng dem angeblichen Drachen mit seinem Tigergebrüll in die Parade fährt, findet selbstverständlich Xue-dous Beifall (*„Wie wunderbar gestreift [er ist, der Tiger Tong-feng]!"*), doch zu einem wahren Chan-Meister, der seinem Gegenüber mit einem wirksamen Wende-Wort den Atem verschlägt, reicht es bei Tong-feng nicht (er ist nur ein Tiger, dem *noch Klauen und Zähne* fehlen!).

741 Der Leser erinnere sich an das Kôan 49.

Doch bezüglich Tong-feng überwiegt bei weitem das Lob. Er, der *Tiger*, ist gemeint, wenn Xue-dou jeden einzelnen von uns ermahnt: *„Wenn [du ihn] siehst und [dir] nicht greifst, / Denkst [du an ihn] noch nach tausend Li!"* – so sehr wirst du dein Versäumnis im Nachhinein bereuen[742] (und dann folgt die bereits zitierte Zeile *„Wie wunderbar gestreift [er ist]!"*) Dem Mönch allerdings hält Xue-dou jene *plötzliche Begegnung am Großen-Helden-Berg* entgegen, bei der zwei gleichwertige Gegner, Bai-zhang und Huang-bo, miteinander kämpfen: Der eine macht sich zum Tiger (auch er bedient sich dabei des Tigergebrülls), der andere greift – furchtlos – zur Axt, um den Tiger, Inbegriff von Todesgefahr, zu erschlagen! Der Tiger aber kommt dem Hieb zuvor, indem er – ganz untigerisch – dem Axt-schwingenden Bai-zhang in den Arm fällt und ihm mit der anderen Hand einen – entwaffnenden? – Schlag versetzt. Jedenfalls erkennt Bai-zhang Huang-bos Tiger-Qualitäten vorbehaltlos an und warnt den Rest seiner Mönche, vor diesem Tiger auf der Hut zu sein – in ironische Negation gehüllte Aufforderung, sich (und wir ebenso uns) von ihm oder sonst einem Tiger, und sei es einem in ihnen (oder in uns) selbst auf Lauer liegenden, zu Tode beißen zu lassen: »Mich hat er im Rachen und beißt, und man weiß nicht, bin ich noch ich oder schon er?« Dieses Zitat aus Barlachs *Echten Sedemunds* fügt sich hier nahtlos ein, als treffende Umschreibung dessen, was die Shûnyatâ mit uns anstellt, so wir uns denn auf sie einzulassen bereit sind. Dasselbe gilt, wenn Barlach dasselbe Alter Ego bekennen lässt: »Dann sperrt er seinen Rachen in deinem Innern auf und frisst dich mit Haut und Haar und macht dich zum Teil seiner Majestät. Ohne [Tiger] ... ist man leb-, lieb- und lustlos!«[743] Genau diese Polarität, einerseits sich »mit Haut und Haar« von der Shûnyatâ verschlingen zu lassen und andererseits, durchtränkt von ihrer unerschöpflichen »Fülle des Nichts« (Barlachs »Majestät«), ein lustvoll liebendes, ein „spielerisch-vergnügliches" Leben zu führen, ist ja nun einmal auch dem Chan zu Eigen. Zielt also die Erwähnung der Bai-zhang-Hung-bo-Anekdote immerhin indirekt darauf ab, dem Mönch dazu anzuhalten, bei seinem – bisher nur angemaßten – Aufstieg als Drachen über die Bewegung »nach oben hin« deren Komplement, die Bewegung »nach unten hin«, nicht zu versäumen?

Auf jeden Fall zeichnet Xue-dou die Begegnung der beiden Chan-Meister, damals noch Lehrer und Schüler, in der anschließenden Zeile durch eine mythisch überhöhte Zutat aus, in der unüberhörbar die Legende von der Geburt des Zweiten Patriarchen nachklingt:[744] *„Weithin erschüttern Getöse und Licht zusammen die Erde!"* Was sich da zwischen Bai-zhang und Huang-bo, diesen *Männern von bedeutender Statur*, abgespielt hat, kann – so Xue-dous zur rhetorischen Frage abgeschwächte Anspielung – als ein beispielhafter Beleg dafür gelten, was es heißt, *„den Schwanz des Tigers zu packen [und ihm] die Barthaare zu*

742 Das klingt doch ganz nach der Legende von Bodhidharma und dem Kaiser Wu von Liang im Kôan 1, wo der Kaiser dem von ihm abgewiesenen und über den Großen Strom nordwärts entschwundenen Bodhidharma vergeblich einen Boten nachschickt, um ihn, laut Ratgeber Zhi eine Verkörperung des Bodhisattva Avalokiteshvara, an den Kaierhof zurückzurufen.

743 Barlach, S. 707 und 705 – Bei Barlach ist freilich statt von einem Tiger vielmehr von einem Löwen die Rede, doch als bedrohliche Raubkatzen, denen es gleichermaßen ein Leichtes ist, uns, wenn unbewaffnet, zu töten und zu zerreißen, kann der eine – Huang-bos Tiger – durchaus für den anderen – Barlachs Löwen – einstehen und umgekehrt!

744 Der Leser sei diesbezüglich auf den Lobgesang des Kôan 96 verwiesen, wo es von der Geburt Hui-kes, des Zweiten Patriarchen, heißt: „Überirdisches Licht hat Himmel und Erde erfüllt!" – siehe dazu auch die dortige Fußnote 807.

streichen." Aber was heißt das, über die wohlbekannte Metapher hinaus, tatsächlich? Wer mit der einen Hand *den Schwanz eines Tigers gepackt* hält und zieht, besitzt die Herrschaft über das immer noch wütende Tier; wer aber zugleich mit der anderen Hand demselben Tier *über die Barthaare streicht*, hat es besänftigt, kann es zu seinem harmlos-zutraulichen Gefährten machen, wie jene eindrucksvoll-unpathetischen Chan-Bilder es vorführen, auf denen ein einzelner oder gleich mehrere Schläfer auf einen ebenfalls schlafenden Tiger gestützt sich sorgloser Ruhe und einem unerschütterlichen inneren Frieden, dem „Großen Frieden" der Kôan-Texte, hingeben. Hält Xue-dou also dem Mönch des Beispiels – und uns allen – schlussendlich vor, dass es nicht genügt, in der Bildersprache des Chan formuliert, ein himmelwärts aufsteigender Drachen zu sein; dass es vielmehr darauf ankommt, sich auch wieder und immer wieder der Erde zuzuneigen und wie ein friedlich-sanfter Tiger den friedvollen Schlaf der „Erleuchteten" zu teilen – Schlaf als das Sinnbild einer Geborgenheit inmitten der ach so »gebrechlich eingerichteten« Welt?

Ein solches Fazit, wenn es denn zu Recht besteht, passt aufs Beste zu den Details der **Ankündigung**. Nicht nur, dass die Verwandlung zum *Drachen* aus dem dort geforderten restlosen *Abschneiden der Welt* hervorgeht (und die Existenz als *Drachen* die fortwährende Wiederholung dieses *Abschneidens* einschließt); wichtiger ist, dass die bisher wegen rhetorischen Bombasts beiseite gelassene Aussage: *„Vom Scheitel Licht aussenden und [alles] überstrahlend die vier Himmels[richtungen] erleuchten, das ist der goldene Augapfel im Diamant-Auge der Flickenkutten-Mönche"*, erst dann nachvollziehbaren Sinn erhält, wenn wir – analog zur nachfolgenden *Verwandlung von Eisen in Gold*, siehe oben – das *Aussenden eines Lichtes*, das *die Welt in alle vier Himmels[richtungen] erleuchtet*, als die verklärende Zuwendung zur Welt verstehen: Wir sind es, die mit dem „Großen Frieden" im eigenen Inneren der Welt da draußen ihren besonderen Glanz verleihen.

89. (86.) Yun-mens „Helles Licht“

Ankündigung

[Er] greift sich die Welt, schneidet [sie] weg und lässt nicht das kleinste Teilchen dabei aus; [er] unterbindet alles Strömen, schneidet [es] ab und behält keinen plätschernden Tropfen zurück! [Er] öffnet den Mund, und schon [ist da] Irrtum; [er] macht einen Vorschlag, und alsbald [sind da] Fehler! – Nun sagt mal: Was heißt es, sich Augen zu bereiten, die die Sperre durchbrechen? Versucht es doch bitte mal mit dem, [was Xuedou hier] vorbringt!

Beispiel

Der Großmeister Yun-men ließ eine Bemerkung fallen und sagte: „Alle Menschen ohne Ausnahme haben ein helles Licht. Wenn [du es] anschaust, siehst [du] kein Dunkel. Was ist das helle Licht, das alle Menschen besitzen?“

Anstelle [der Mönche] sagte [er] selbst: „Küche, Vorratskammer, Tempeltor!“
[Er] sagte auch: „Eine gute Sache ist nicht wie nichts!“

Lobgesang

Selbst lichterfüllt, stellt [er anderen] ein einsames Licht hin –
Für [Euch], Ihr Herren, legt [er] eine einzige Fährte aus:[745]
Die Blüten verwelkt, wirft ein Baum keinen Schatten.
Wenn man [es] anschaut, wer sieht [es dann] nicht?
Siehst [du es], siehst [du es] nicht?
Rücklings auf einem Ochsen reitend in die Buddha-Halle eindringen![746]

Dieses Kôan, in dessen Mittelpunkt ein geradezu klassisches Beispiel für Yun-mens „stellvertretende Worte“ steht, sei vom Ende her aufgerollt. Da lautet die Schlusszeile des Lobgesangs: *„Rücklings auf einem Ochsen reitend in die Buddha-Halle eindringen!“* Diese aus zwei Metaphern zusammengefügte Aufforderung weckt einerseits die Erwartung leichter Entschlüsselung und hat zum anderen durchaus Verstörendes an sich. *Rücklings auf einem Ochsen reiten* ist eine eindeutige Anspielung auf die Zehn Ochsenbilder, genauer gesagt auf das Sechste Bild, das davon handelt, nach der Auffindung und Zähmung des verlorenen

---

745 *Auslegen* – das chinesische Verbum *tong* zielt auf einen Vorgang, der einen freien Durchgang durch ein Hindernis schafft. Gemeint ist hier, dass Yun-men mit dem *Auslegen einer Fährte* einen Ausbruch ins Freie eröffnet.

746 Die Reimworte dieses Sechs-Zeilen Gedichts, *ming, xian, ying, jian, jian, dian,* unterstreichen die Zweiteilung des Lobgesangs, die inhaltlich gesehen nicht so deutlich hervortritt; *ming* und *ying* spannen die ersten drei Zeilen zusammen, *jian* und *dian* die zweiten drei, und *xian* stellt eine Verknüpfung dar, die das formale Auseinanderfallen beider Teile verhindert. Diese Gliederung hat selbstverständlich Auswirkungen auf die inhaltliche Interpretation.

Ochsen, Sinnbild unseres „wahren Selbst", in heiterer Gelassenheit nachhause zurückzukehren.[747] Das passt zu der für Yun-men charakteristischen Einstellung, seine Mönche – und uns – davon abzuhalten, sich an die Shûnyatâ zu verlieren, und sie – wie auch uns – zur Rückkehr in die Welt als unsere wahre Heimat zu bewegen. Demgegenüber muss der zweite Teil der Aufforderung, auf einem Ochsen reitend *in die Buddha-Halle einzudringen*, befremdlich, ja anstößig erscheinen. Von der praktischen Durchführbarkeit eines solchen *Eindringens* abgesehen, ist es schlechterdings ungehörig, sich dem Buddha, der allen Anspruch auf demütige Verehrung hat, auf so plumpe und aufdringliche Weise zu nähern und ihm, dem »Hohen Herrn« in seiner Transzendenz, zu demonstrieren, dass »Unsereiner« den gleichen Stand an Buddhaschaft erreicht und folglich keinen anderen Buddha mehr über sich hat. Hinzukommt, dass die Buddha-Halle als Ort der Anbetung eines weltüberwindenden Buddha weder die passende »Anlaufstelle« noch der korrekte Zielort für denjenigen ist, der *rücklings auf einem* – auf seinem – *Ochsen reitet*, führt doch dieser heiter-gelassene Ritt auf dem Ochsen letztlich zum Marktplatz, also mitten hinein ins irdisch-geschäftige Leben. *Auf einem Ochsen reitend in die Buddha-Halle einzudringen* muss daher zugleich auch als die Demonstration dessen verstanden werden, dass Buddhaschaft, die Verwandlung durch Shûnyatâ, nicht Abwendung von der Welt, sondern im Gegenteil freudig-bejahende Teilnahme am irdischen Leben zum Ziel hat. Der Affront, *auf [seinem] Ochsen in die Buddha-Halle einzudringen*, dem auf Transzendenz ausgerichteten Buddha mithin ein gleichsam trotziges Sich-Versteifen auf Parteinahme für die irdische Welt zu demonstrieren, ist folglich nicht bloß entschuldbar; er hat sogar volle Berechtigung!

Von hier aus lassen sich auch die entscheidenden Sätze der **Ankündigung** entschlüsseln. *Sich die Welt zu greifen, sie wegzuschneiden und nicht das kleinste Teilchen auszulassen, alles Strömen* – vertraute Metapher für unseren unaufhörlichen Bewusstseinsstrom, die fortwährende Abfolge unserer Wünsche, Hoffungen, Ängste – *abzuschneiden und keinen [einzigen] plätschernden Tropfen zurückzubehalten* – das alles klingt doch nach Abkehr von der Welt, nach Hinwendung ins Nirvâna und Zuflucht „am anderen Ufer", und legt den Schluss nahe, es müsse sich bei dem *hellen Licht* des Beispiels um ein Licht handeln, das uns in der Shûnyatâ erwartet und belohnt. Doch dann folgt die erstaunliche Aussage, *[er]*, Yun-men, *öffne den Mund, und schon [sei da] Irrtum; [er] mache einen Vorschlag, und schon [seien da] Fehler!* Denn nach den vorangegangenen Sätzen mit ihrer verklärenden Emphase können mit diesem *Irrtum* und diesen *Fehlern* nicht Yun-mens *Irrtum* und *Fehler* gemeint sein, nicht einmal, wenn wir Yuan-wu bei dieser Formulierung Ironie unterstellen – liefe das doch auf eine zumindest vordergründige Entwertung des Beispiels hinaus, die jeglicher

747 Yamada Mumon schreibt in seinen *Lectures on The Ten Oxherding Pictures* zum Sechsten Bild: *„'Riding home on the ox': this is the stage where having tamed the ox and having made it your own, you ride it back to your home. If you had gone into the mountains to tame the ox and then just stayed there riding your ox around, this would have been like the searcher who never came back and thus became the object of other searchers. Shakyamuni went into mountains to engage in practice, but if he had just left off there in the mountains, if he had left off at just being a Buddha, there would be no saving of sentient beings. So he too came down from the mountains"* – Yamada Mumon, S. 63. Man nehme die „Berge" als Metapher für den Weg »nach oben hin«, für den Aufstieg in die Shûnyatâ, und dann ist klar, was das Sechste Bild uns sagen soll: Es genügt nicht, Zugang zur Shûnyatâ gefunden zu haben und damit ein Buddha geworden zu sein; es genügt auch nicht, in der Shûnyatâ verweilen zu wollen; vielmehr kommt es darauf an, in die Welt zurückzukehren und sich dort zu bewähren.

Plausibilität ermangelt. Nein, es geht darum, dass Yun-mens und ebenso Xue-dous und Yuanwus eigene Adressaten das Wort von dem *hellen Licht, das ausnahmslos allen Menschen [innewohnt]*, missverstehen und aus dem *Vorschlag*, den Yun-men ihnen *macht*, die falschen Folgerungen ziehen. Dieser Vorwurf passt komplementär zu dem trotzigen Auftrumpfen eines Reiters, der *rücklings auf einem Ochsen reitend in die Buddha-Halle eindringt*, und besagt seinerseits klipp und klar: „Ihr befindet Euch im *Irrtum*, wenn Ihr Yun-mens ‚*helles Licht*' für ein Licht haltet, das uns zum ‚anderen Ufer' lockt; und Ihr begeht einen *Fehler*, wenn Ihr Euch von Yun-mens falsch verstandenen Worten ans ‚andere Ufer' locken lasst, Euch als Ziel Eures Strebens das Verweilen und Verschwinden in der Shûnyatâ erwählt!"

So vorbereitet, können wir uns dem **Beispiel** zuwenden. *Yun-men lässt*, vermutlich während des wöchentlichen Lehrvortrags in der Dharma-Halle, eine rätselhafte *Bemerkung fallen*: *„Alle Menschen ohne Ausnahme haben ein helles Licht. Wenn [du es] anschaust, siehst [du] kein Dunkel"*, und schließt daran, an seine Mönche gerichtet, die Frage an: *„Was ist das helle Licht, das alle Menschen besitzen?"* Dass dieses *Licht* ein spirituelles ist, liegt auf der Hand, ein *Licht*, das wir nur in uns selbst entdecken und zum Aufleuchten bringen können (wir dürfen getrost voraussetzen, dass dieses Licht zunächst, im Zustand unserer angeborenen Naivität, unsichtbar, weil von eben dieser Naivität überdeckt ist). Und ebenso unzweifelhaft hängt dieses *Licht* mit der Erfahrung von Shûnyatâ, poetischer ausgedrückt, mit dem Erlangen der Buddhaschaft zusammen. Entweder zieht dieses Licht uns in sich hinein, hinauf in die Stufe der Vollendung, auf der wir nichts als dieses Licht sehen und selbst dieses All-füllende Licht sind (wofür wir Belege auch im abendländischen Kulturkreis finden, etwa in der Licht-Metaphysik Plotins oder Dantes), oder es ist ein Licht, das in die Welt hinaus strahlt, uns mit sich in die Welt hinein entführt und unser irdisches Dasein in all seiner Alltäglichkeit lichterfüllt sein lässt. Dass Ersteres nicht der Fall sein kann, hat sich uns aus dem Lobgesang, soweit bisher besprochen, sowie der Ankündigung erschlossen. Was hat es aber dann mit dem Folge-Satz auf sich: *„Wenn [du es] anschaust, siehst [du] kein Dunkel"* Dass wir, wenn wir in Licht hinein schauen, kein Dunkel sehen, ist trivial; es muss also etwas anderes gemeint sein. Sicherlich nicht, dass die überwältigende Fülle und Helligkeit des Lichtes die „Augen unserer Seele" erblinden lässt (eine Metapher, wie sie sich in christlicher Mystik findet). Was hingegen Sinn macht, ist eine Deutung, die auf der Ausrichtung des *hellen Lichts* in die Welt hinein fußt und – nicht bloß hypothetisch, sondern empirischer Bestätigung zugänglich – besagt, dass dieses uns innewohnende *Licht*, wenn erst einmal entzündet, uns noch die dunklen Seiten der irdischen Welt als von seinem Glanz überstrahlt erfahren lässt; dass wir Vergänglichkeit, allzeit möglichen Verlust, Enttäuschung, Schmerz nicht länger als die Bedrohung erleben müssen, als die sie dem naiven Bewusstsein zwangsläufig erscheinen. Dieses Licht, geboren aus der zunächst schmerzhaften, ja angsterfüllten Erfahrung der Shûnyatâ, der eigenen, spirituellen Vernichtung, ist das Licht eines Geistes, der aus dem Nichts in Leben und Welt zurückkehrt; der die Lebensfreude des „Großen Friedens" in sich trägt und dann die Welt, all ihren dunklen Seiten zum Trotz, ihrerseits als lichterfüllt erfährt:

> Flirrendes Laub im Gegenlicht,
> Wenn schon die Sonne sinkt.
> Baumgewölbe, als hätte

Ruysdael Rembrandt die Hand
Über das Kupfer geführt.
Goldglanz,
Frieden von innen her,
Deiner und des erst
Noch zukünftigen Abends,
Angekündigt im Schattenhauch.
Goldglanz –
Siehst du das Goldgesicht?
Lächelnd sitzt er und Licht-umkränzt,
Rings überall,
Sanft in den Fluren: sie segnend.

„Buddha-Natur"! Doch nicht wie sonst
Dein und der Dinge Kern,
„Große Leere" genannt. Nein,
Fülle dessen, was sich
Autopoietisch erhält:
Physis
Hieß es den Griechen – als
Kreislauf bedingten,
Immer gleichen Entstehens
Galt und gilt es seit Gautama.
Physis,
Buddha-entsprungen, dem
Dharmakâya, dem Nichts, und ist
Liebend beschützt,
Freudig geborgen im Goldlicht.[748]

Nach solch ekstatischer Schwärmerei zurück zu einem weit weniger euphorischen Yun-men. Auf seine, an die Mönche gerichtete Frage: *„Was ist das helle Licht, das alle Menschen besitzen?"*, gibt er selbst die gleichfalls rätselhafte Antwort: *„Küche, Vorratskammer, Tempeltor!"* Das klingt sehr nüchtern, meint jedoch nichts anderes als den *Vorschlag* einer von Bejahung geprägten Hinwendung zur Welt: *Küche* und *Vorratskammer* dienen unserem leiblichen Wohl, und sie sind mit dem, was sie uns zu bieten haben, rückhaltloser Bejahung wert, mag auch ihr Angebot eher schlicht und bescheiden sein. Und das *Tempeltor* ist nicht nur der Ort, wo wir den reinen und heiligen Bezirk des Klosters betreten, sondern zugleich der Ort unserer Passage hinaus in die alltägliche Welt. Nicht im Kloster, in der Ausrichtung »nach oben hin« zu verharren, vielmehr in den Bereich des Profanen zurückzukehren, ist gleichsam der stumme Auftrag des *Tempeltores* an jeden von uns. Ja, wir dürfen die Doppelfunktion des Tores, uns zum Eintritt aufzufordern und andererseits uns die immer wieder zu vollziehende Rückkehr zu ermöglichen, sogar dahin verstehen, dass Yun-men mit dem *Tempeltor* auf die »Doppelbewegung« des *tong si tong sheng* bzw. umgekehrt des *tong sheng*

748 Roloff (3), Text 8

tong si anspielt, „zugleich zu sterben und zu leben" bzw. „zugleich zu leben und zu sterben", anders gesagt, aus dem spirituellen Sterben immer wieder ins Leben zurückzukehren und im Leben immer wieder aus dem spirituellen Sterben Kraft und den inneren, den „Großen Frieden" zu schöpfen (dabei spricht die Formel: *tong si tong sheng* bzw. umgekehrt *tong sheng tong si* lediglich deutlicher aus, was die Metapher einer doppelten Wendung »nach oben hin« und ebenso »nach unten hin« nur bildlich umschreibt).

Und dann ist da noch Yun-mens Nachtrag: *„Eine gute Sache ist nicht wie nichts!"* Nun ja, bei der *guten Sache* sollen wir vermutlich an *Küche und Vorratskammer* denken, oder besser gesagt, an das, was sie uns an Ergötzlichem zu bieten haben; und die Aussage, dass derlei Erfreulichkeiten *nicht wie nichts sind*, macht dann Sinn, wenn wir sie vor dem Hintergrund jenes traditionellen Aspekts der Buddha-Lehre betrachten, dass die irdische Welt mit allem, was sie enthält, nur „Erscheinung" und eigentlich eben *nichts* ist. Gegen eine derartige Abwertung wendet sich Yun-men, schon indem er ein beliebiges Detail dieser nichtigen Welt zu einer *guten Sache* erklärt und dann obendrein derlei Aufgewertetes *expressis verbis* als mehr als nur nichts einstuft! Nein, diese irdische Welt ist keineswegs *nichts*, das heißt, nichts wert; sie, die durchaus nicht nichts als Geringschätzung verdient, ist keineswegs nur wert, ihr ein für allemal den Abschied zu geben! Im Gegenteil hat sie unsere Zuwendung verdient, unsere Wertschätzung als Ort unseres Glücks, unserer Erfüllung.

Kommen wir zum Schluss wieder auf den **Lobgesang** zurück. Das erste Zeilenpaar gilt Yun-men und den Ungelehrigen unter einen Mönchen: Yun-men, *selbst von dem Licht* der Welt-Verklärung *erfüllt*, zeigt uns eben dieses Licht auf,[749] und zwar, so Xue-dou, als *ein einsames Licht*, das nicht deshalb einsam ist, weil es klein und verloren in weithin sich ausbreitender Finsternis aufscheint, sondern weil es – im Chan-typischen Sinn von „einsam" – nichts anderes sonst gibt: Da ist nur Licht, dieses eine Licht, und keine Finsternis. Und mit diesem einen Licht, so Xue-dou, eröffnet Yun-men seinen Mönchen einen Weg ins Freie: *„Für [Euch], Ihr Herren, legt [er] eine einzige Fährte aus"* – ein Fährte, die ihnen einen Ausweg aus dem Dickicht ihrer Verblendung zeigst, nicht der gewöhnlichen, sondern einer bei buddhistischen Mönchen viel hartnäckigeren Verblendung, nämlich derjenigen, die uns „Erlöschen" als höchstes Ziel vorgaukelt. Xue-dou vervollständigt die positive Aussage zu der *Fährte* ins Freie mit einem negativ formulierten Komplement: *„[Sind] die Blüten verwelkt, wirft ein Baum keinen Schatten!"* Das muss uns als eine befremdliche Behauptung erscheinen, weil es doch gemeinhin – von Ausnahmen wie der Paulownia abgesehen, die zunächst nur Blüten und erst nach deren Welken Blätter treibt, mit einer kaum wahrnehmbaren Zwischenphase von Kahlheit – das Verwelken und Abfallen der Blätter ist, was einem Baum die Fähigkeit nimmt, Schatten zu spenden. So haben wir denn das *Verwelken der Blüten*, so kontrafaktisch als Ursache für die Schattenlosigkeit eines Baumes ins Feld geführt, vielmehr metaphorisch zu verstehen: Blütenpracht steht in Chan-Texten stets für die Schönheit der irdischen Welt, und vermutlich sind es wir selbst, die durch Entwertung

749 Das chinesische Verbum *lie*, das der Verfasser bisher als „[für jemanden] hinstellen" übersetzt hat, bedeutet wörtlich: „aufreihen", „aufstellen"; Cleary übersetzt es als „to display", was ja unter anderem besagt: Waren ausstellen (im Schaufenster oder auf dem Verkaufstisch auslegen, etwas vorführen oder vorzeigen. Deshalb kann hier die freiere und zugleich deutlichere Übersetzung „aufzeigen" verwendet werden.

der Welt diese Blütenpracht zum *Verwelken* bringen, und dann ist da kein *Baum* mehr, der über unser irdisches Dasein köstlichen *Schatten* breitet! So bestätigt Xue-dou im ersten Teil seines Lobgesangs Yun-mens indirekten Aufruf, die Welt der angeblich nichtigen „Erscheinungen", daoistisch gesprochen, die Welt der *Zehntausend Dinge*, nicht geringzuschätzen, vorsichtig ausgedrückt.

Merkwürdig ist auch der Einsatz des zweiten Teils: „*Wenn man [es] anschaut, wer sieht [es dann] nicht?*" Welch unsinnige Frage, so scheint es; denn wie sollte jemand ein Licht, das er anschaut, nicht sehen? Sinn macht diese Zeile nur, wenn wir das *Anschauen*, statt es auf die persönliche Erfahrung des *hellen Lichtes* zu beziehen, vielmehr als ein In-Augenschein-Nehmen dessen verstehen, was Yun-men den Mönchen und uns zu seinem *hellen Licht* vorträgt: „Wer, wenn er sich das hier vor Augen hält, kann das Licht, von dem ich spreche, dann nicht sehen?" – so lautet die Frage, die Xue-dou hier Yun-men in den Mund legt. Und daran schließt sich folgerichtig auch die nächste Zeile an: „*Siehst [du] es, siehst [du es] nicht?*", fragt Xue-dou jeden einzelnen von uns, in der stillschweigenden Hoffnung auf eine bejahende Antwort! Zum Schluss dann die fulminante Zeile über den *Ritt rücklings* auf heimwärts trabendem *Ochsen* – eine Zeile, die zusammenfasst, wohin es uns führt, uns von Yun-mens *hellem Licht* führen zu lassen!

90. (87.) Yun-mens „Arznei und Krankheit“

Ankündigung

Ein Mann mit klarem Auge bewegt sich außerhalb der ausgetretenen Pfade: Manchmal [tummelt er sich] oben auf der Spitze eines einsamen Berges zwanglos im Gras; manchmal [bleibt er] mitten im Gedränge eines lärmerfülltem Marktes entleert und ausgegossen.[750] Mal zeigt [er] sich, wenn er im Zorn drauflos schreit, mit drei Köpfen und sechs Armen; mal sendet [er], als [Buddha] mit dem Sonnen- und mit dem Mondgesicht, das Licht des allheilenden Erbarmens aus. In einem einzigen Staubkorn lässt er sämtliche Leiber [Buddhas] erstrahlen;[751] um sich [andererseits] den Menschen anzugleichen, macht er sich mit Schmutzwasser gemein. [Ein anderes] Mal, wenn [er] sich abwendet und die eine Öffnung »nach oben hin« ins Werk setzt, kann auch das Auge Buddhas [ihn nicht erspähen. Und gesetzt den Fall, [er] ließe tausend Weise, [sich mit ihm zu messen,] nach vorne kommen, so müssten [sie] ebenso [vor ihm] weichen und sich dreitausend *Li* zurückziehen! Gibt es da noch Menschen, die das gleichzeitig erlangen und gleichzeitig bezeugen? – Bedenkt [dazu, was Xue-dou hier] vorbringt!

Beispiel

Der Großmeister Yun-men wandte sich an die Gemeinde [der Mönche] und sagte: „Arznei und Krankheit heilen sich gegenseitig: Die ganze große Erde ist Arznei – was aber ist das Selbst?“

Lobgesang

„Die ganze große Erde ist Arznei“ –
In alter und in neuer Zeit, welch allergrößter Fehler!
Das Tor zusperren, keinen Wagen bauen[752] –
Die Hauptstraße selbst liegt leer und weit:

---

750 *Zwanglos im Gras* – dabei ist *„Gras“* die häufig wiederkehrende Metapher für die irdische Welt und das Leben in ihr, so wie die *„Spitze eines einsamen Berges“* metaphorisch den Zustand höchster Versenkung umschreibt. *„Entleert und ausgegossen (chi sa-sa)“* ist als Hinweis auf nicht mehr zu überbietende spirituelle „Leere“ der zweite Teil jener Formel, die bereits in der Ankündigung des Kôan 87 vorgekommen ist und in den Ankündigungen der Kôan 93 und 95 noch zwei weitere Male aufgegriffen wird.

751 *Sämtliche Leiber [Buddhas]* – damit sind die Zehn Leiber Buddhas gemeint, desjenigen, der uns im Beispiel des Kôan 99 auch als „Gebieter der Zehn Leiber“ entgegentritt, wobei die Zehn Leiber auf die zehn Aspekte Buddhas zielen, von denen jeder einzelne als ein eigenständiger „Leib“ vorgestellt wird. Da ist der „Buddha des Nicht-Anhaftens“, der „Buddha des Gelübdes (alle Wesen zu retten)“, der „Buddha der Weisheit“, der „Buddha des Bestehens“, der „Buddha der Auslöschung“, der „Buddha der Lehre“, der „Buddha der Achtsamkeit“, der „Buddha der Versenkung“, der „Buddha der Natur“ und der „magische Buddha“.

752 Im alten China waren in die Straßendecke Fahrrillen eingelassen, die die Räder eines Wagens aufnahmen und damit seine Spurbreite bestimmten; wer den Abstand dieser Fahrrillen kannte, konnte bei der Anfertigung eines Wagens seelenruhig sein *Tor zusperren* und ohne einen Blick auf die Abmessungen der Straße ans Werk gehen; so kam auch hinter verschlossenem Tor ein verkehrstauglicher Wagen zustande. – Aber hier heißt es ja, dass hinter dem verschlossenen Tor gerade *kein Wagen gebaut* wird. Dadurch erhält die Zeile einen ganz anderen Sinn: *Das Tor zusperren* spielt auf den Text 52 *Dao-De-Jing* an, wo es heißt: „Seine Öffnungen verstopfen, seine Tore verschließen“ und meint damit den Blick

Fehler, Fehler!
Trägst [du] die Nase auch zum Himmel hoch, wird [sie dir] doch durchbohrt.[753]

Ein großartiges Kôan! Geradezu die Quintessenz des Song-zeitlichen Chan. Dass *sich Arznei und Krankheit gegenseitig heilen*, ist auch für „Außenstehende" eine befremdliche Behauptung;[754] aber dass gar *die ganze große Erde die Arznei sei*, muss für Traditionalisten innerhalb des damaligen wie heutigen Buddhismus eine Ungeheuerlichkeit sein! Das hebt auch Xue-dou in seinem **Lobgesang** hervor, indem er gleich zu Beginn aus Yun-mens Ausspruch nur diesen einen Satz zitiert: *„Die ganze große Erde ist Arznei"*, und dann, um die Empörung der Traditionalisten zu verdeutlichen, hinzufügt: *„In alter und in neuer Zeit, welch allergrößter Fehler!"* Denn man halte sich vor Augen: Da lautet die erste der Vier Edlen Wahrheiten, dass das Leben Leiden sei, dass mithin die irdische Welt als ein Ort der Unzulänglichkeiten uns nichts als Schmerzen mannigfacher Art beschert: „Alles ist Leiden: Geburt, Krankheit und Tod; die Vereinigung mit dem, was man nicht liebt; die Trennung von dem, was man liebt, sowie das Nicht-Erlangen dessen, was man begehrt!"[755] Diese Sätze bilden seit den Tagen des historischen Buddha und bis in unsere heutige Gegenwart das Grund-Axiom der Buddha-Lehre, auf dem die übrigen drei Edlen Wahrheiten aufbauen: die Wahrheit von den Ursachen des Leidens, die von der möglichen Aufhebung des Leidens und die von dem Weg, der zur tatsächlichen Aufhebung des Leidens führt. So hat es der Buddha gelehrt; und dann kommt einer daher, mag der sich auch Yun-men, den Meister vom „Wolken-Tor" nennen, und erklärt, genau diese Welt der Leiden sei Arznei! Und abgesehen von der Ungeheuerlichkeit dieser Behauptung krankt sie an einem inneren Widerspruch: Wie sollte denn Leiden die Arznei gegen Leiden sein? Ist also, was der angebliche „Großmeister" Yun-men hier von sich gibt, obendrein auch noch Unsinn?

Sehen wir uns Yun-mens Ausspruch im Ganzen an. *„Arznei und Krankheit heilen sich gegenseitig" (yao bing xiang zhi)* – auch dieser Satz erscheint auf den ersten Blick unsinnig. Denn wie sollte eine *Arznei*, die eine *Krankheit heilt*, ihrerseits der Heilung bedürfen (es sei denn, sie hätte »Nebenwirkungen« und zöge Folgeschäden nach sich, die zu behandeln wären), und wie sollte ausgerechnet die *Krankheit*, gegen die sie eingesetzt, und zwar erfolgreich eingesetzt worden ist, diese Heilung bewirken? Nein, die Eröffnung (im doppelten Sinne des Wortes) *yao bing xiang zhi* macht nur dann Sinn, wenn sie ein zirkuläres

---

nach innen, in die Shûnyatâ. Und *keinen Wagen zu bauen* heißt dann, das Tor nach draußen gerade nicht zu öffnen und sich nicht mit einem Wagen auf die *Hauptstraße* hinaus zu begeben.

753 Das chinesische Original bietet an dieser Stelle eines der nicht seltenen Doppel-Prädikate: Zwei Verben mit unterschiedlicher Bedeutung werden kombiniert. Hier folgt auf das Verbum *chuan*, „durchbohren", noch das Verbum *que*, „verwerfen", „zurückweisen", was der abschließenden Aussage des Lobgesangs eine zusätzliche Nuance verleiht: dass der Betreffende an seinen durchbohrten Nasenlöchern aus der Höhe des Himmel heruntergeholt und abgetan, „verworfen" wird.

754 Mit der Formulierung „Außenstehende" spielt der Verfasser ganz bewusst auf die Formal *wai dao* an, die in Chan-Texten häufiger vorkommt und die der Verfasser noch im Kôan 65 als „[ein Mann] »außerhalb des DAO« übersetzt hat, eineWortwahl, die sich so eng wie möglich an den chinesischen Wortlaut anschließt, während andere Übersetzer diese Formel auch schon mit „Nicht-Buddhist" wiedergegeben haben. Hier im Kôan 90 sind „Außenstehende" selbstverständlich genau das: „Nicht-Buddhisten".

755 Zitiert nach Lexikon II, S. 430

Geschehen beschreibt: Da ist eine *Krankheit*, und das kann durchaus die vom Buddha diagnostizierte Krankheit „Welt" sein, für die es eine *Arznei* gibt, und das kann durchaus der vom Buddha empfohlene Verzicht sein, eine durchaus erfolgreiche Arznei; doch eben diese *Arznei* verwandelt sich ihrerseits in eine *Krankheit*, für die es dann nur eine *Arznei* gibt, den Verzicht auf den Verzicht, der jedoch seinerseits schließlich nur zu einem Rückfall in die Krankheit „Welt" führen kann, gegen die dann wieder nur der Verzicht hilft, und so ins Unendliche fort. Das wäre nun allerdings ein sehr trauriges Ergebnis, das so gar nicht zu dem Lobeshymnus passen will, den Yuan-wu schon vorweg, in der **Ankündigung**, auf Yun-men angestimmt hat.

Gehen wir daher den zirkulären Ablauf noch einmal durch: Bei der *Arznei*, mit der Yun-men einsetzt, handelt es sich unzweifelhaft um die Ausrichtung unseres spirituellen Strebens »nach oben hin«, um das rückhaltlose Bemühen, Zugang zur Shûnyatâ zu erlangen. Das kann nur durch ein doppeltes „Absterben" geschehen, zugleich der Welt und sich selbst abzusterben, also durch das *da si*, den „Großen Tod". Doch sich der Shûnyatâ ganz und gar anheimzugeben und ausschließlich in ihr verweilen, für immer im Zustand der Abgestorbenheit ausharren zu wollen, wie es das Ideal der Arhats war, läuft auf nichts anderes als Verarmung, als lebensfeindliche und krankhafte Verkümmerung hinaus. Diese neue *Krankheit* bedarf dann ihrerseits einer *Arznei*, und diese *Arznei* – so Yun-mens zweiter Satz *„Die ganze große Erde ist Arznei"* – kann nur darin bestehen, dass wir aus der Abgestorbenheit („Sei kalte Asche, sei ein verdorrter Baum!", heißt es im Kôan 96 *Cong-rong-lu*) ins Leben zurückkehren; dass wir uns aus der *Himmelshöhe* der Shûnyatâ zurückwenden »nach unten hin« in die irdische Welt! Genau das hält Xue-dou im **Lobgesang** den Traditionalisten entgegen, wenn er in der Schlusszeile formuliert: „Magst du auch in deiner Ausrichtung »nach oben hin« *die Nase bis in die Höhe des Himmels hinauf* erheben, so musst du dir doch gefallen lassen, dass sie dir durchbohrt wird und du selbst zur Erde hinabgezogen wirst" (die unübersetzt gebliebene Nuance des Satzes besagt zusätzlich, dass der Betreffende nicht umhinkommt, in seiner ausschließlichen Ausrichtung »nach oben hin« verworfen zu werden). Es sind nämlich eben die „Altgläubigen" unter den Buddhisten des Song-zeitlichen China, die Xue-dou hier im Auge hat und mit der Losung *„das Tor zusperren und keinen Wagen bauen!"* als weltabgewandt und auf die Versenkung nach innen, in die Auslöschung ihrer selbst fixiert eingeführt hat und denen er mit einem entsetzten Ausruf: *„Fehler, Fehler!"* vorwirft, sich dem Appell der *Hauptstraße* zu entziehen, die sich auch vor ihnen *weithin*, doch für sie, dank ihrer Verweigerung, *menschenleer* erstreckt. Das Leben in der Welt – und nichts anderes ist hier gemeint – als *Hauptstraße* zu bezeichnen, ist dabei eine eindeutige Absage an ein Leben in Weltflucht und Weltverzicht: Nicht der Entsagungs-Lehre der Traditionalisten zu folgen ist für einen Anhänger des Chan die *Hauptstraße* seines Lebens, sondern eben der Gang in die Welt und durch die Welt samt ihren Freuden und Beschwernissen.

Ist aber nicht die Rückkehr in Leben und Welt zugleich eine Rückkehr in all die Unzulänglichkeiten des Daseins, in das vom Buddha beschworene Leiden, und mithin ein Rückfall in eben die Krankheit, der es doch ein für allemal zu entkommen gilt? All das Schmerzhafte, oft sogar Unerträgliche, das die Welt uns antut, es ist keineswegs nur deshalb, weil wir zwischendurch Zuflucht in der Shûnyatâ gesucht und gefunden haben, aus der Welt ausgelöscht; es steht uns bei unserer Rückkehr unvermeidlicherweise nur aufs Neue bevor.

Und was dabei herauskommt, soll ein gelungenes Leben sein? Nun, da gibt Yun-men uns einen Hinweis, weiß er uns einen hilfreichen Rat, freilich nur als Frage mehr angedeutet als unmissverständlich ausgesagt: *„Was aber ist das Selbst?“* Es ist der Angelpunkt, der darüber entscheidet, ob Leben tatsächlich Leiden bedeutet oder ob nicht trotz der unaufhebbaren Mängel einer »gebrechlichen Einrichtung der Welt« dennoch grundsätzlich Glück und ein Leben im „Großen Frieden“ möglich sind: *Das Selbst* ist es, das uns überhaupt für Leiden empfänglich macht; uralte daoistische Weisheit hat schon zu Zeiten Shâkyamunis gelehrt: „Deshalb erfahre ich großes Unheil, weil ich ein Selbst habe“, „wenn ich kein Selbst habe, was für ein Unheil kann ich dann erfahren?“, „sein Selbst nicht zu verlieren bedeutet Unheil“, „kein Selbst, keine Gefahr“, „wer sich, [weil ohne Selbst], das Leben richtig aneignet, der bietet Nashörnern und Tigern keine Stelle, ihr Horn, ihre Klauen, ihre Reißzähne anzubringen“![756] In die Sprache des Chan übertragen bedeutet das: Wenn wir Eingang in den Zustand der Shûnyatâ gefunden haben – und in der Shûnyatâ gibt es kein Selbst mehr, und die Shûnyatâ selbst ist gleichfalls kein Selbst, nicht einmal als unser angebliches „wahres Selbst“ – dann kann uns, zurückgekehrt in die Welt, kein Unheil, kein Schicksalsschlag mehr in den Grundfesten erschüttern – einfach weil da keine Grundfesten mehr sind; weil in dem Nichts der Shûnyatâ, das wir im tiefsten Grunde sind, auch nichts mehr ist, was von Unheil betroffen werden könnte. Dem, der so ins Leben zurückgekehrt der Welt gegenübertritt, zeigt sich noch hinter dem Dunklen, noch hinter schwärzester Düsternis ein Lächeln, das Frieden schenkt, den „Großen Frieden“ auch noch inmitten von Schmerzen, Kummer und Not:

Märchenerzähler,
Lügen-Barone,
Diese alten Erfinder des Chan:
Dass nur einer gelächelt habe,
Damals, bei jenem
Seltsamen Auftritt:
Buddha mit Blüte statt Worten!
Unsinn: Nur einer!
Alles lächelt, lächelt dich an,
Nicht die Wunder des Frühlings allein,
Nicht die Gluten des Herbstes –
Noch im großen Gewölk,
Noch im Dunst über See,
Der die Inseln umschleiert,
Lächelt die Welt,
Lächelt der Buddha dir zu;
Du auch lächelst zurück,
Lächelst – auch du – die Buddha-Güte,
Lächelst die Leichtigkeit
Lebens wie Sterbens:
Und all dies Lächeln ist grundlos.

756 Alle Zitate entstammen dem *Dao-De-Jing*, und zwar in der Reihenfolge ihres Vorkommens, den Texten 13, 52, 16 u. 52, 50 – so auch schon in der Fußnote 588 anlässlich des Kôan 61.

Stille des Meeres
Unter der Küste.
Felsen ruhen im Spiegel der See,
Schädelstätte der Vorzeit, schweigend –
Windschatten glättet
Wellen und Lüfte,
Frieden umhüllt dich, der aufsteigt
Hinter dem Antlitz
Dieses sonst so stürmischen Tags.
Buddha-Lächeln – sein leerer, sein Leib
Strahlt es aus, und ist Goldglanz
Allzumal, der der Welt
Innewohnt, ihr das Licht
Schenkt, den Segen des Lächelns.
Strahlt nicht aus dir
Auch dieser Segen hervor?
Ist dies Lächeln nicht deins?
Dort, wo dein Leib in Leerheit mündet,
Teilst du den Segen aus,
Selbstloses Leuchten:
Du Quell und Abgrund der Buddhas.[757]

So ist es denn unser *Selbst*, das eben dadurch und allein dadurch, dass es sich auflöst in Shûnyatâ, uns in einen Stand versetzt, wo uns *die ganze große Erde zur Arznei werden* kann, wenn wir uns denn dazu entschließen, das Angebot zur Rückkehr anzunehmen und uns nunmehr erst recht auf das Leben hier in der Welt offenen Herzens einzulassen. Freilich besteht die Gefahr (und da stellt sich gleichfalls eine Zirkularität des Ablaufs ein), dass wir dabei erneut in das alte Muster eines Ich-bezogenen, um ein Selbst kreisenden Lebens zurückfallen, womit aus dem Leben hier in der Welt abermals die *Krankheit* wird, der wir uns nur entwinden können, indem wir das neu erwachte Selbst abermals dem Säurebad der Shûnyatâ übergeben, ein Kreislauf, den wir immer wieder durchlaufen müssen, so oft es sich als nötig erweist. Was jedoch den Kreislauf von Shûnyatâ-Erfahrung und Hinwendung zur Welt vor allem in Gang hält, ist das Faktum, dass nur das leiblich-irdische Leben uns die Erfüllung zu schenken vermag, die uns eine ausschließliche Hinwendung zur Shûnyatâ nicht geben kann. Ein Verweilen in der Shûnyatâ bedeutet Hungertod.

Dass sie sich damit von der ursprünglichen Buddha-Lehre und dem Dharma-Verständnis der „Altgläubigen" weit entfernt haben, ist den Chan-Meistern der Song-Zeit sehr wohl bewusst gewesen. Und so hat Yuan-wu den auf Yun-men gemünzten Lobeshymnus seiner **Ankündigung** gleich mit der Feststellung beginnen lassen: *„Ein Mann mit klarem Auge"* – einer wie Yun-men – *„bewegt sich außerhalb der ausgetretenen Pfade!"* Nicht nur, dass er bald

757 Roloff (3), Text 9 – auch dieses Gedicht aus dem Jahr 2003 fällt mit seiner Schlusszeile selbstverständlich unter das Verdikt des Kôan 99: „Halte doch bitte nicht Dein Selbst für den makellosen Dharmakâya!"

oben auf der Spitze eines einsamen Berges reglos in Versenkung hockt und bald sich *mitten im Gedränge eines lärmerfülltem Marktes* frei bewegt; zugleich *[tummelt er sich]* mitten in der Versenkung *zwanglos im Gras* (für Traditionalisten ein haarsträubender Gedanke) und bleibt noch im Getümmel des Marktes, in der prallen Geschäftigkeit des Alltags *entleert und ausgegossen* (und so zugleich von Shûnyatâ erfüllt). Mit einem Ausspruch wie dem des Beispiels *sendet er, als [Buddha] mit dem Sonnen- und mit dem Mondgesicht, [anderen] das Licht des allheilenden Erbarmens aus*; und wenn er sich selbst in der Wendung *»nach oben hin«* zu neuerlicher Welt-Bejahung sammelt, geht er noch so weit über das vermeintliche Sein von Dharmakâya oder „wahrer Wirklichkeit“ hinaus, dass *auch das Auge Buddhas ihn nicht mehr erspähen kann.* Mit anderen Worten: Selbst ein transzendenter Buddha, selbst ein Âdhi-Buddha wie Vairochana ist einem Mann wie Yun-men kein Höchstes; er lässt sie noch hinter und unter sich, beim Aufstieg in die Eiseskälte des Nichts – beides Ungeheuerlichkeiten für jeden Anhänger traditioneller Buddha-Lehre. Und wie er, schrecklich auszusprechen [wie anzuhören],[758] noch Buddha Shâkyamuni überragt, so überschreitet er auch das Fassungsvermögen sämtlicher nur denkbarer Weisen, denen vor Ehrfurcht und Entsetzen zugleich nichts bleibt, als *sich dreitausend Li zurückziehen*! Dieses emphatisch übersteigerte Loblied auf Yu-men lässt einen Abglanz seines Lichtes noch auf die allgemeine Errungenschaft des Chan – und das ist allemal das Song-zeitliche Chan – wie zur Verklärung fallen: dass für uns Menschen nicht die Flucht ins Nirvâna, sondern *die ganze große Erde die Arznei ist*, derer wir bedürfen.

758 „*horribile dictu*“ müsste es an dieser Stelle heißen; „schrecklich auszusprechen [wie anzuhören]“ soll der Versuch einer – sinngemäß erweiterten – Eindeutschung sein.

91. (88.) Xuan-shas „Drei Gebrechen“

Ankündigung

[Unsere] Schule macht es möglich, mal [einfach] so zwei zu zerteilen und drei [daraus] zu machen. Tiefsinniges Geplauder, das in die Grundlagen eindringt, bedeutet, vielfach Schächte [in die Erde] bohren, der Situation entsprechend den Punkt treffen, die verborgene Sperre [in Gestalt] goldener Ketten sprengen und dem Befehl gemäß handeln zu müssen.[759] So erreicht [einer] geradewegs, [seine] Spuren zu tilgen und [seine] Fährte auszulöschen. – Nun sagt mal: Wo ist da zänkischer Betrug?[760] [Ihr], die [Ihr Euch] oben auf dem Scheitel ein Auge zubereitet habt,[761] versucht doch mal, das ausfindig zu machen!

Beispiel

Xuan-sha wandte sich an die Gemeinde [der Mönche] und sagte: „Die ehrwürdigen Meister aller Himmelsrichtungen sprechen ohne Ausnahme davon, [allen] lebenden Wesen zu begegnen und sie zu fördern. Wenn nun plötzlich Menschen mit drei Arten von Gebrechen [vor dich] träten, wie würdest [du ihnen] begegnen? Da leidet einer an Blindheit; wenn [du vor ihm] einen Hammer in die Hand nimmst [oder] einen Fliegenwedel in die Höhe streckst, [kann] er [das] nicht sehen! Da leidet einer an Taubheit; wenn [du zu ihm] von Samâdhi sprichst, [kann] er [es] nicht hören! Da leidet einer an Stummheit; wenn [du] ihn aufforderst, sich zu erklären, [kann er] nicht darlegen, [was er zu sagen hat]. Wie willst [du ihnen also] in Zukunft begegnen? Wenn du es nicht fertig bringst, diesen Menschen zu begegnen, dann geht [bei ihnen] die Buddha-Lehre nicht in Erfüllung!“

[Später] wandte sich ein Mönch [in dieser Angelegenheit] an Yun-men um Hilfe.
Yun-men sagte: „Nimm Du eine verehrungsvolle Verbeugung ein!“
Der Mönch verbeugte sich ehrerbietig und richtete sich [dann wieder] auf.[762]

---

759 Mit den *goldenen Ketten* sind die Vorschriften gemeint, die das Leben buddhistischer Mönche und Nonnen regeln und die einhalten zu lernen das Studium des Vinaya-Pitaka, des „Korbes der Disziplin“, des dritten Teils des Tripitaka, ausmacht. Zu den *goldenen Ketten* schreibt Cleary in einer Fußnote: *„‚Golden chains‘ is a classic Buddhist metaphor for the moral code or behavioral discipline, one of the three Buddhist studies. Though one renounces society to become a monk or nun, and is thus freed from the problems of secular life, one is said to be still bound by the ‚golden chains‘ of precepts. Attachment to precepts, pride in one's way of life, or belief in the efficacy of mere morality or ritual, is called a form of bondage in Buddhist teaching. In Chan this is extended to refer to the whole of the Buddhist teachings, to all sense of realisation or attainment, attachment to the holiness, which still must be transcended before one is really free“* – Cleary, S. 488.

760 *Zänkischer Betrug* (wörtlich: „Zank und Betrug“) – so schon einmal im Lobgesang des Kôan 77; vgl. die dortige Fußnote 668.

761 Dieselbe Redewendung: „sich oben auf dem Scheitel ein Auge bereiten“ findet sich auch früher schon, so in der Ankündigung des Kôan 35.

762 Es mag überraschen, dass hier das Sich-wieder-Aufrichten, das wie selbstverständlich auf eine Verbeugung folgt, eigens erwähnt wird. Das macht nur Sinn, weil im voraufgehenden Satz auf die Zei-

Yun-men holte mit seinem Wanderstock [nach ihm] aus, und der Mönch wich zurück.
Yun-men sagte: „Blind bist **Du** [also] nicht!"
Anschließend forderte [er ihn] auf, näher heran zu treten.
Der Mönch trat näher heran.
Yun-men sagte: „Taub bist **Du** [also] auch nicht!", und setzte hinzu: „Hast Du auch verstanden?"
Der Mönch sagte: „[Ich] habe nicht verstanden!"
Yun-men sagte: „Stumm bist **Du** [also] auch nicht!"
Bei diesen Worten hatte dieser Mönch eine Einsicht.

Lobgesang

Blind [sein], taub [sein], stumm [sein] –
Kaum geeignet, spirituelle Kraft zu behindern!
„Über dem Himmel und unter dem Himmel" –
Da kann man nur lachen und Mitleid haben!
Li Zhu hat die richtige Farbe [der Perle] nicht erkannt –
Wie hätte Shi Kuang die dunklen Saiten verstehen [können]![763]
Wie käme das dem gleich, einsam unter leerem Fenster zu sitzen?
Blätter fallen, Blüten öffnen sich, [jedes] zu seiner eigenen Zeit!

([Der Meister] hat auch gesagt: „Habt [Ihr] auch verstanden oder nicht? Ein eiserner Hammer[kopf] ohne Loch!")

Was für eine unsinnige Geschichte uns **Xuan-sha** (835-908) da auftischt – ähnlich dem „Mann im Baum" seines Zeitgenossen Xiang-yan (Kôan 5 *Wu-men-guan*) ganz auf einen absurden Anschein hin konstruiert, diesmal dahingehend, dass bei Blinden, Tauben, Stummen die Verheißungen der Buddha-Lehre zwangsläufig ins Leere laufen! Selbstverständlich kann man auch einem Blinden die Buddha-Lehre über Worte und Gehör vermitteln – schließlich hat ja Buddha Shâkyamuni selbst den Dharma nahezu ausschließlich durch Reden an seine

---

chen-Kombination *li-bai*, die der Verfasser bisher stets als „sich in Verehrung verbeugen" übersetzt hat, noch das Zeichen *zhu* hinzugefügt ist, das einen Zustand ausdrückt, den des In-der-Verbeugung-Verharrens. Dieser Mönch aber richtet sich entgegen Yun-mens Aufforderung gleich wieder auf, was Yun-men Anlass gibt, gegen ihn mit seinem Wanderstock auszuholen! Ein recht selbstbewusster Mönch, der da von Yun-men Aufklärung über Xuan-shas Dilemma verlangt!

763 *Li Zhu*, ein Zeitgenosse des mythischen Gelben Kaisers, war imstande, noch aus hundert Schritten Entfernung die Spitze des dünnsten Haares auszumachen. Als der Gelbe Kaiser einmal den Roten Fluss überquerte, ließ er eine Perle ins Wasser fallen und befahl Li Zhu, sie ausfindig zu machen und wieder heraufzuholen; doch Li-Zhu versagte jämmerlich: Er konnte die *Farbe* der Perle nicht vom Untergrund des Flussbetts unterscheiden! – *Shi Kuang* („Meister Einöde" – ganz offensichtlich ein daoistischer Zauberer) hatte ein so gutes Gehör, dass er das Geräusch einer Ameise auf der Rückseite eines Berges hören konnte. Als die Staaten Qin und Chu um die Vorherrschaft kämpften, hat er aus dem Klang seiner Laute, deren Saiten er nur leicht berührte, vorhersagen können, was noch im Schoß der Zukunft verborgen war, dass nämlich die Chu den Krieg verlieren würden – wie es dann auch geschah! Xue-dou allerdings hält das für einen Zufallstreffer: In seinen Augen ist es Anmaßung, mit noch so scharfen Ohren aus den *dunklen*, weil nur undeutlich sprechenden *Saiten* einer Laute die Zukunft heraushören zu wollen!

Anhänger weitergegeben. Ebenso selbstverständlich lässt sich gestisch-körpersprachlich auch einem Tauben *Samâdhi* vermitteln, so wie Nan-yang dem Kaiser Dai-zong wortlos sein eigenes tiefes Versunken-Sein vorgeführt und wie auch Buddha Shâkyamuni selbst das letzte Geheimnis seiner Lehre durch bloßes Vorzeigen einer Udumbara-Blüte enthüllt hat. Und schließlich wäre selbstverständlich auch ein Stummer sehr wohl in der Lage, seinem Lehrer mittels Schrift Rede und Antwort zu stehen und sich so vor Irrwegen bewahren zu lassen! Auch diesen Menschen die Buddha-Lehre zu vermitteln bedarf es also keiner Mittel und Wege, die uns nicht zu Gebote stünden! Wenn es gleichwohl tatsächlich so wäre, wie Xuan-shas Äußerung zu unterstellen scheint, dass wir Menschen mit einem dieser Gebrechen in Sachen Buddha-Lehre nicht zu helfen vermögen, dann läge beim einzelnen Buddha-Jünger keine Schuld; der Fehler wäre vielmehr der Buddha-Lehre selbst anzulasten, insofern sie mit dem Bodhisattva-Gelübde – *„[allen] lebenden Wesen zu begegnen und sie zu fördern"* – von uns Unmögliches verlangt: *Ultra posse nemo obligatur*, „Über sein Können hinaus ist niemand verpflichtet", dieser alte römische Rechtsgrundsatz hätte auch im Mahâyâna-Buddhismus zu gelten, es sei denn, das Bodhisattva-Gelübde sei, eben weil es Unmögliches verlangt, gar nicht ernst gemeint und verpflichtete uns folglich auch zu gar nichts!

Oder ist das alles ganz anders zu verstehen? Nicht nur hat das **Beispiel** ja noch einen zweiten Teil, in dem Yun-men, wie Xuan-sha Schüler und Nachfolger Xue-fengs, die Regie übernimmt und dabei Xuan-shas Äußerungen – wie wir aufgrund des Fehlens jeglichen Hinweises annehmen dürfen – keineswegs kritisiert oder korrigiert, sie vielmehr als Aufforderungen ernst nimmt und in die Tat umsetzt. Ja, wir können sogar vorweg schon sagen, dass Yun-men die von Xuan-sha konstruierte Zwickmühle aufsprengt und als bloß scheinbare entlarvt. Auch Xue-dou lässt sich von Xuan-sha nicht einschüchtern und äußert im **Lobgesang** deutlichen Zweifel an unserem vermeintlich unvermeidlichen Zuwiderhandeln gegen das grundlegende Gebot der Buddha-Lehre, allen lebenden Wesen zur »Befreiung« zu verhelfen.

Vor allem aber hätte uns schon von vornherein die **Ankündigung** stutzig machen müssen, die ganz offen von einem mit *Zank* verbundenen *Betrug* spricht, den Xuan-sha an uns verübt! Herauszufinden, wo sich dieser *Betrug* versteckt, das ist der Auftrag, den uns Yuan-wu in genau dem Augenblick erteilt, da er uns in die Geschichte um Xuan-sha entlässt. Hinzukommt, dass die Ankündigung selbst von Ironie erfüllt ist: Das „spielerisch-vergnügliche Leben", das sonst den Chan-Anhängern als Lohn ausdauernder und erfolgreicher Versenkungsübung verheißen wird – hier finden wir es in dem Lehrvortrag eines Chan-Meisters exemplarisch vorgeführt (wie hätte sich wohl Gunderts zu Verehrung neigende und auf Ehrfurcht gestimmte Interpretation bei diesem Text gemacht?). Da erklärt Yuan-wu es zur Eigenart des Chan, *mal [einfach] so zwei zu zerteilen und drei [daraus] zu machen*. Was für *zwei* und was für *drei*? Soll das ein erster Hinweis darauf sein, dass Xuan-sha die (mögliche) Zweiheit von Blinden und Taubstummen in die Dreiheit von Blinden, Tauben und Stummen zerteilt? Was hätte das mit den Eigentümlichkeiten des Chan zu tun? Dann spricht Yuan-wu von *tiefsinnigem Geplauder* – eine ironische Formulierung, die auf eine *contradictio in adiecto*, einen Widerspruch in sich selbst, hinausläuft, mag damit nun Chan-typische Belehrung ganz allgemein oder das von Xuan-sha erfundene Dilemma gemeint sein. Und wenn Xuan-shas

Dilemma gemeint ist, welche *Grundlagen* sollen das dann sein, in die er damit *eindringt*? Wir sollten uns nicht gleich wieder auf die beliebte „Wesenswelt“ festlegen,[764] sondern abwarten, was bei der ins Einzelne gehenden Erläuterung des Beispiels schließlich herauskommt. Um zu solch *tiefsinnigem Geplauder* fähig zu sein, aber ebenso, um ein *tiefsinniges Geplauder* wie Xuan-shas Dilemma-Vortrag auch nur zu verstehen, bedarf es *vielfachen Bohrens von Schächten*, einer *der Situation angemessenen* Treffsicherheit (beides arge Leerformeln!) sowie eines Ablegens auch noch der letzten Fesseln und Denkschablonen: So, wie Xuan-sha seine *verborgene Sperre [in Gestalt] ein goldener Ketten gesprengt hat*, genauso müssen auch wir unsere *goldenen Ketten* abwerfen – fragt sich nur, welche denn? Sind es, wie Cleary meint, die der mönchischen Disziplin oder des Anhaftens an „Erleuchtung“, oder sind es die Fesseln, von denen sich Yun-men im zweiten Teil des Beispiels befreit zeigt? Danach, überraschend, kommt Yuan-wu auf einen *Befehl* zu sprechen, nach dem sich unser Handeln richten soll – und wieder stellt sich die Frage: Welcher *Befehl* ist da gemeint? Bodhidharmas „richtiger Befehl“, der uns zum Absterben auffordert? Doch was sollte der im hiesigen Kontext zu suchen haben? Wo doch gerade eben noch vom Abwerfen *goldener Ketten* die Rede gewesen ist! Oder geht es um den *Befehl*, den Xuan-sha uns mit seiner Dilemma-Konstruktion erteilen will? Im letzteren Fall ergäbe sich zugleich ein innerer Zusammenhang zwischen dem Abwerfen der *goldenen Ketten* und der Aufforderung, einem *Befehl* zu folgen, ja das Befolgen des *Befehls* bestünde eben darin, die *goldenen Ketten* so *zu sprengen*, wie Yun-men es uns in seinem Teil der Anekdote vorführt! Und wenn es dann abschließend heißt: *„So erreichst [du] geradewegs, dass [du deine] Spuren tilgst und [deine] Fährte auslöscht“*, so fügt sich auch das – freilich nur unter der Voraussetzung, dass Xuan-shas *Befehl* gemeint ist, nicht der „richtige Befehl“ Bodhidharmas – nahtlos an: Es geht, um das vorweg zu verraten, nicht um die *Spuren*, die Versenkungsübung und „Erleuchtung“ hinterlassen, sondern um die *Spuren*, die das strikte Einhalten der Buddha-Lehre hinterlässt!

Xuan-shas Dilemma kreist um den Begriff des *Begegnens*. Das entsprechende chinesische Schriftzeichen *jie*, das zugleich auch „empfangen“ bedeutet, beispielshalber „Gäste empfangen“ oder „Gäste begrüßen“, gilt einer genau umschriebenen Situation. Ein solches Begegnen oder Empfangen findet immer dann und nur dann statt, wenn jemand anderes auf mich zutritt, so wie in einem Chan-Kloster einzelne Mönche auf den Abt zugetreten sind, um ihn um Belehrung zu bitten, und wie es im zweiten Teil des **Beispiels** der Mönch tut, der sich an Yun-men gewandt hat. Es geht dabei nicht darum, einem Schüler, dessen mögliches Gebrechen dem Meister aufgrund bisherigen Umgangs längst bekannt ist, gerecht zu werden; Gegenstand des angeblichen Dilemmas ist vielmehr die Möglichkeit oder Unmöglichkeit, einem bis dahin Unbekannten angemessen, und zwar im Sinne des Auftrags der Buddha-Lehre angemessen zu *begegnen*! Nun mag es in der Regel einem Blinden anzusehen sein, dass er blind ist; doch einem Tauben oder Stummen lässt sich sein Gebrechen nicht sogleich ansehen. Seien wir also großzügig und konzedieren wir Xuan-sha, dass es uns mit einem Blinden auch so ergehen mag wie im Falle der beiden anderen Gebrechen! Aber warum sollte ich einem Menschen, der mir zum ersten Mal gegenübertritt, mag er nun *blind* sein oder nicht, gleich mit dem *Hammer* oder dem *Fliegenwedel* drohen – statt ihn in Chan-typischer Manier mit der Frage „Woher kommst Du?“ zu begrüßen? Dasselbe gilt für

764 Siehe dazu Yamada Kôun, Bd. 2, S. 330ff.

den Tauben, dem ich seine Taubheit nicht ansehen kann – warum sollte ich ihn gleich beim ersten Zusammentreffen über Samâdhi belehren oder auch plump und offen nach seinem eigenen Samâdhi befragen wollen, statt ihm – nach der Begrüßung, versteht sich – bezüglich seiner bereits gewonnenen Einsicht behutsam auf den Zahn zu fühlen, wie es in zahllosen »Öffentlichen Aushängen« beschrieben ist? Und warum sollte ich von einem Stummen, von dessen Stummheit ich bis zur meiner Aufforderung zu sprechen nichts wissen kann, noch vor jeder anderen Frage meinerseits verlangen, *sich zu erklären*, also mir den Stand seiner Einsicht mitzuteilen? Habe ich mich jedoch durch den ersten Kontakt davon überzeugen lassen müssen, dass mein Gegenüber an einem der drei Gebrechen leidet, die Xuan-sha da aufzählt, dann bestehen – siehe oben – hinreichende Möglichkeiten, mit ihm über ein von seinem Gebrechen nicht betroffenen »Kommunikationskanal« ein Lehrer-Schüler-Verhältnis einzugehen!

Was will er also anderes, dieser Xuan-sha, als uns in eine künstliche Zwickmühle zu versetzen und uns – vorausgesetzt, dass wir sie ernst nehmen – wie schon seinerzeit seine Mönche auf die Probe zu stellen, wie wir es wohl anstellen werden, aus ihr herauszuspringen. Wie sich das machen lässt, demonstriert uns im zweiten Teil des **Beispiels**, mit geradezu spielerischer Leichtigkeit, Yun-men. Es sind ganz simple Tricks, mit denen er den Mönch überführt, an keinem der drei Gebrechen zu leiden: Als *Yun-men mit seinem Wanderstock* wortlos *nach ihm ausholt, weicht der Mönch* spontan *zurück*, woraufhin Yun-men konstatieren kann: *„Blind bist **Du** [also] nicht!“* Als er den Mönch dann auf sein Zurückweichen hin *auffordert*, wieder *näher heranzutreten*, leistet dieser seinen Worten ebenso spontan Folge, was Yun-men die Feststellung des Offensichtlichen erlaubt: *„Taub bist **Du** [also] auch nicht!“* Und auf Yun-mens anschließende Erkundigung, ob der Mönch *auch verstanden habe*, was er, Yun-men, mit seinem Wegscheuchen und Heranholen beabsichtigt habe, gesteht der Mönch immer noch spontan und ganz treuherzig: *„[Ich] habe nicht verstanden!“* – was Yun-men mit dem ein für allemal rechtskräftigen Urteil quittieren kann: *„Stumm bist **Du** [also] auch nicht!“*

Spielerisch ist dieser Ausbruch aus dem Dilemma Xuan-shas aber vor allem deshalb, weil Yun-men gar nicht erst den Versuch macht, sich an Xuan-shas Vorgaben zu halten: Er wartet nicht ab, bis er zufällig einmal auf einen blinden oder tauben oder stummen Mönch trifft, um dann an ihm zu demonstrieren, wie er ihm, seinem Gebrechen zum Trotz, dennoch den Dharma vermittelt. Stattdessen springt er aus der Falle, die Xuan-sha den Quellen zufolge seinen Mönchen immer wieder gestellt hat, mit einem Satz heraus, indem er Xuan-sha beim Wort nimmt – bei dem von ihm selbst verwendeten Wort „begegnen“. Yun-men führt vor, was die Situation einer erstmaligen Begegnung überhaupt erlaubt, nämlich herauszufinden, ob derjenige, dem ich trotz Blindheit, Taubheit oder Stummheit den Dharma vermitteln soll, tatsächlich an einer dieser drei Behinderungen leidet. Oder, wie dieser Mönch da vor Yun-men, eben nicht.

Bis hierhin scheint das Beispiel nur eine Demonstration spielerischer Freiheit und geistiger Beweglichkeit zu sein, wie sie von den Song-zeitlichen Autoren auch sonst an herausragenden Chan-Gestalten der allgemeinen Bewunderung und Nachahmung anempfohlen werden – man denke nur daran, wie etwa Zhao-zhou sich seine Sandalen auf den Kopf gelegt hat und wortlos davongegangen ist (Kôan 64 *Bi-yan-lu*), oder wie Wei-shan mit einem Fußtritt

Bai-zhangs Flasche umgestoßen und sich dann gleichfalls unbekümmert davongemacht hat (Kôan 40 *Wu-men-guan*). Genau ein solches unbekümmertes Davongehen hat sich auch hier soeben vor unseren Augen abgespielt: Yun-men ist, nachdem er Xuan-shas Dilemma als bloßen *Betrug* entlarvt hat, wenn auch nur im übertragenen Sinne, gleichsam unbekümmert davongegangen! (Und wenn es zutrifft, dass Xuan-sha immer wieder mit diesem Dilemma auf seine Mönche förmlich eingedroschen hat, so besteht auch Yuan-wus Zusatz zu Recht, es habe sich dabei nicht nur um *Betrug*, sondern auch um *Zänkerei* gehandelt.) Doch dann folgt auf Yun-mens abschließende Feststellung *„Stumm bist Du [also] auch nicht!“* die überraschende Mitteilung: *Bei diesen Worten hatte dieser Mönch eine Einsicht.* Und abermals drängt sich uns, wie schon mehrmals in der Ankündigung, damit die Frage auf: Welche Einsicht soll das denn sein? Das zu beantworten sind wir auf das eigene Verständnis angewiesen: Der Mönch hat also, so legt der Kontext nahe, verstanden, welche Absicht Yun-men mit seinem Prozedere verfolgt hat. Yun-men hat ihn belehrt, worin Belehrung zur Buddha-Lehre tatsächlich besteht: nicht in der Exegese irgendwelcher Sûtren, sondern in einem so alltäglichen Reden, wie Yun-men es ihm gegenüber angewandt hat – ein alltägliches Reden, das deutlich macht, dass nichts anderes als solch profanes und gewöhnliches Handeln das Befolgen der Buddha-Lehre ausmacht! Diese Schlussfolgerung kann so befremdlich nicht sein, wenn wir an Lin-ji denken (möglicherweise den Lin-ji der Song-zeitlichen Chan-Autoren), der noch eins darauf gesetzt und seinen Mönchen immer wieder eingebläut hat, einfach nur zu essen und zu schlafen und Kot und Urin auszuscheiden sei alles, dessen wir zur Buddhaschaft bedürfen! Und wenn wir unterstellen dürfen, Yun-men habe mit seiner Demonstration die geheime Absicht Xuan-shas an den Tag gebracht, so ist dessen Dilemma auch insofern ein *Betrug*, als es ihm gar nicht um das Ausbrechen aus einer Zwickmühle geht, sei die nun vorgetäuscht oder echt, sondern darum, aus den Mönchen die Einsicht herauszulocken, dass die – im Sinne des Chan recht verstandene – Buddha-Lehre nichts anderes von ihnen und ebenso von uns verlangt als Hingabe an unsere Alltags-Existenz und ihnen wie uns – so dürfen wir diese Aussage verlängern – nichts anderes verspricht als die Erfüllung, die unsere Alltags-Existenz uns bietet. Dass auch dieser Zusatz nicht allzu weit hergeholt ist, zeigt sich, wenn wir die *Einsicht* des Mönchs auf eine andere und nicht minder berechtigte Weise formulieren: „Der Gebrauch meiner Sinne wie Sehen und Hören sowie meiner angeborenen Fähigkeiten wie Sprechen macht ein Dharma-konformes Leben aus!“

Der **Lobgesang** wendet sich zu Xuan-sha zurück, dessen Dilemma der *drei Gebrechen* sich – eingerahmt von der ironischen Ankündigung Yuan-wus und dem nicht minder ironischen Befreiungsschlag Yun-mens – gleichfalls, ja in noch höherem Maße als Ironie erwiesen hat (denn kaum vorstellbar, das Xuan-sha sich der Schwächen seiner Argumentation nicht bewusst gewesen ist). Mit überraschender Deutlichkeit verwirft Xue-dou die Ausgangsthese Xuan-shas: *„Blind [zu sein], taub [zu sein], stumm [zusein] – / [Das ist] kaum geeignet, spirituelle Kraft zu behindern!“* Derlei Unsinn zu behaupten, kommt in Xue-dous Augen einer durch nichts gerechtfertigten Überheblichkeit der Gesunden gleich: Sich aufzuspielen, wie es, der Legende zufolge, der neugeborene Gautama getan hat (*„Über dem Himmel und unter dem Himmel“* – ergänze: „ich allein erhaben!“), heißt, so Xue-dou, sich der *Lächerlichkeit* und bestenfalls dem *Mitleid* der Zeitgenossen auszuliefern: *„Da kann man nur lachen und Mitleid haben!“* Wie lächerlich ein solcher Stolz der Gesunden auf den eigenen Vorzug ist, macht Xue-dou an einem historischen Beispiel augenfällig: Ein gewisser *Li Zhu*, ein Zeitgenosse des mythischen Gelben Kaiser, besaß angeblich einen so vollkommenen Gesichtssinn, dass er noch aus hundert Schritt Entfernung die Spitze des dünnsten Haares auszumachen imstande war; dennoch *„hat [er] die richtige Farbe [einer Perle] nicht erkennen“* können, die der Kaiser mutwillig in einen Fluss geworfen hatte, um Li Zhu auf die Probe zu stellen: Er sollte sie wieder heraufholen, war jedoch nicht in der Lage, sie an ihrer Farbe vom Untergrund des Flussbetts zu unterscheiden. Dieser wenig erstaunliche Misserfolg lässt Xue-dou an der Wahrheit eines anderen Beispiels für die unbedingte Zuverlässigkeit menschlicher Sinneswahrnehmung zweifeln, bei dem ein *Shi Kuang* angeblich aus dem undeutlichen Klang nur leicht berührter Saiten einer Laute – Xue-dou spricht deshalb von *dunklen Saiten* – den Untergang des Reiches Chu vorhergesagt hat: *„Wie hätte [denn wohl ein] Shi Kuang die dunklen Saiten [seiner Laute so eindeutig] verstehen [können]?“* Selbst übermäßig geschärfte Sinnesorgane, so führt Xue-dou gegen Xuan-sha ins Feld, sind keine Gewähr für zuverlässige Wahrnehmung, erst recht nicht für das Gelingen spiritueller Erfahrung. Da ist es schon hilfreicher, *einsam unter leerem Fenster zu sitzen* und sich in die Weite des Himmels zu versenken, der in eben dieses *leere Fenster* hineinschaut und hineinschweigt. Zu solcher Versenkungsübung, dem A und O der Chan-Lehre, sind – so will Xue-dou andeuten – gleichermaßen auch Menschen imstande, die das Schicksal mit Blindheit, Taubheit oder Stummheit geschlagen hat. Und wenn Xue-dou dann in der letzten Zeile des Lobgesangs formuliert: *„Blätter fallen, Blüten öffnen sich, [jedes] zu seiner eigenen Zeit!“*, so sollen wir auch das als eine auf die *drei Gebrechen* bezogene Metapher verstehen: Wie wir gelernt haben, den Wechsel der Jahreszeiten ohne Widerstreben hinzunehmen, was umso leichter fällt, als ja jede Jahreszeit ihre besonderen Vorzüge besitzt, so müssen wir Menschen auch akzeptieren lernen, dass es unverschuldete Behinderungen wie Blindheit, Taubheit, Stummheit gibt, in die wir umso eher gleichsam einwilligen können, als sie kein Hindernis auf dem Weg zu spirituell fundierter Lebensfreude darstellen. Xuan-sha Dilemma? Ach, nur ein Witz! Das behauptet nicht der Verfasser; das ist das Fazit Xue-dous! Zu Yun-mens Auftritt allerdings äußert Xue-dou sich nicht. Warum auch? Da gibt es ja nichts auszusetzen! Freilich meint Xue-dou, seine Mönche zum „Entschlüsseln“ seines Lobgesangs noch eigens anspornen zu müssen, indem er zu ihnen von einem *Hammer[kopf] ohne Loch* spricht, den sie gleichwohl mit einem Stiel verstehen sollen. Damit wirft auch Xue-dou selbst über seine Mönche das Netz der Ironie!

92. (89.) Yun-yan zum „[Bodhisattva des] Großen Erbarmens"

Ankündigung

[Wenn] der ganze Körper Auge ist, [so] kommst [du] nicht dazu zu sehen; [wenn] der ganze Körper Ohr ist, [so] kommst [du] nicht dazu zu hören; [wenn] der ganze Körper Mund ist, [so] kannst [du] nicht sprechen; [und wenn] der ganze Körper Geist ist, [so] kommt es zu keinem Erkennen.[765] Lassen [wir also] den „ganzen Körper" für den Augenblick einmal beiseite: Falls [du] plötzlich keine Augen mehr hättest, wie [wolltest du da] sehen? Ohne Ohren, wie [wolltest du da] hören? Und ohne Mund, wie [wolltest du da] sprechen? Und ohne Geist, wie [wolltest du da] erkennen? Falls [du] in dieser Hinsicht einen Ausweg zustande bringen kannst, nimmst [du] sogleich zusammen mit den Buddhas der Vergangenheit an der Versenkungsübung teil. – Nun sagt mal: Was für Menschen sind das, die daran teilnehmen?

Beispiel

Yun-yan fragte Dao-wu: „Wozu benutzt der Bodhisattva des Großen Erbarmens seine ungeheuer vielen Hände und Augen?"[766]
Dao-wu sagte: „[Es ist,] wie wenn ein Mensch in der Nacht hinter sich mit der Hand nach dem Kopfkissen tastet."
Yun-yan sagte: „Ich verstehe!"
Dao-wu sagte: „Wie verstehst Du es?"
Yun-yan sagte: „Am ganzen Körper sind Hände und Augen."
Dao-wu sagte: „Du hast da gerade einen ganz außerordentlichen Grundsatz ausgesprochen – wenn Du auch nur acht Zehntel erfasst hast."
Yun-yan sagte: „Mein älterer Bruder und Lehrer, wie [steht es mit dem]?"
Dao-wu sagte: „Der ganze Körper ist Hände und Augen."[767]

---

765 Zwar könnten die Schriftzeichen für „Auge" und „Ohr" auch als Plural übersetzt werden, doch bei „Mund" und „Geist" geht es eindeutig um den Singular. Dieser Kontext gibt hinreichenden Anlass, auch in den beiden ersten Fällen den Singular zu wählen. Ebenso übersetzt Cleary unmissverständlich mit Singular: *„If your whole body were an eye, ...", „if your whole body were an ear, ..."* („wenn Dein ganzer Körper ein Auge, ... ein Ohr wäre") – Cleary, S. 489.

766 Bei dem *Bodhisattva des Großen Erbarmens* handelt es sich um Avalokiteshvara, der auch heute noch als menschliche Figur mit einem lückenlosen Kranz aus Armen und Augen dargestellt wird, und zwar so, dass auf jeder Handinnenfläche ein Auge angesiedelt ist: sehende, allgegenwärtige Hände, die von sich aus wissen, wo sie helfend eingreifen müssen.

767 Im chinesischen Original unterscheiden sich die Aussagen Yun-yans und Dao-wus nur durch das erste Schriftzeichen. Doch ob es nun *bian shen* (so Yun-yan) oder *tong shen* (so Dao-wu) heißt – beide Kombinationen lassen sich als „der ganze Körper" übersetzen, *bian shen* allerdings auch als „am ganzen Körper" (*bian* = „ringsherum", „überall"). Doch auch dann („am ganzen Körper sind Hände und Augen") ergibt sich kein inhaltlicher Unterschied zu „der ganze Körper ist Hände und Augen". Allenfalls bietet sich für Dao-wus Aussage auch die Übersetzung: „Der ganze Körper ist Hand und Auge" an, da ja den Schriftzeichen für Hand/Hände und Auge/n nicht anzusehen ist, ob sie als Singular oder als Plural verstanden werden sollen. Nun zitiert aber Yuan-wu in seiner Ankündigung den Satz

Lobgesang

„Am ganzen Körper“ [ist] richtig, *„der ganze Körper“* [ist] richtig –
Nimmst [du's] zur Hand, [ist es] noch mehr als hunderttausend *Li* [entfernt]!
Die Flügel ausgebreitet, erhebt sich der Riesenvogel über die Wolken der Welt,
Peitscht den Wind, die Wasser der Vier Meere heftig aufzuwühlen.
Was für Staub wird da aufgewirbelt – plötzlich erzeugt?
Was für Härchen fast ohne Gewicht – nicht einzufangen?
Mein Herr, sehen [Sie] es nicht?
Die Perlen des Netzes hängen schwer herab, voll gegenseitiger Spiegelung.
Die Hände und Augen vorn auf dem Stock [aber], woraus entspringen [sie]?
Laut aufgeschrien!

Es ist wie beim vorigen Kôan: Nicht nur Yuan-wu und Xue-dou erweisen sich mit Ankündigung und Lobgesang als geübte Ironiker, sondern ebenso auch die beiden Akteure des Beispiels, in diesem Fall **Dao-wu** Yuan-zhi (769-835) und **Yun-yan** Tan-sheng (780-841), beide Schüler und Nachfolger Yao-shan Wei-yans (Kôan 86). Beginnen wir mit Yuanwu: Was er uns da in seiner **Ankündigung** auftischt, ist hanebüchen. Er konstruiert eine Antithese, die uns zugleich wie eine Zwickmühle einfangen und festhalten soll, ohne doch eine zu sein! Die Ausgangs-These nimmt die Aussage Dao-wus vorweg, mit der das Beispiel abschließt (und zwar in der alternativen Version „Der ganze Körper ist Hand und Auge“), und erweitert ihren Geltungsbereich auf zusätzliche Organe unserer physischen Ausstattung: Der *ganze Körper* soll bald Auge sein, bald Ohr oder Mund oder Geist, und in jedem dieser Fälle soll eben deshalb die dem jeweiligen Organ zugehörige Funktion nicht vollzogen werden können! Wir wollen hier den Wahrheitsgehalt einer solchen Behauptung nicht näher untersuchen.[768] Dem Verfasser geht es vielmehr allein darum, dass Yuan-wu seine rein fiktiven Annahmen, die ja an unserer tatsächlichen physischen Ausstattung völlig vorbeigehen, lediglich einführt, um anschließend mit der Annahme „ganz ohne Augen, Ohren, Mund und Geist“ als dem Gegenstück zu „ganz Auge, Ohr, Mund und Geist“ eine vermeintliche Zwickmühle zu erzeugen, aus der einen *Ausweg* zu finden uns auf eine Stufe mit den *Buddhas der Vergangenheit* erheben soll: „Wenn wir entweder ganz Auge, Ohr, Mund und Geist oder ganz ohne diese Organe sind, dann können wir in beiden Fällen weder sehen noch hören noch sprechen noch denken! Wie wollen wir es da einrichten, dass wir gleichwohl das alles tun können, wie es ja auch tatsächlich der Fall ist?“ Sicherlich können wir – wie überaus trivial! – ohne Augen, Ohren etc. weder sehen noch hören etc.; doch wir verfügen ja nun einmal, zumindest normalerweise, über eben diese Organe, während doch

---

Dao-wus, und dort legt der Zusammenhang nahe, dass der Singular gemeint ist. Deshalb müssen wir bei Dao-wus Satz auch die Übersetzung „Der ganze Körper ist Hand und Auge“ als gleichberechtigte Alternative mit in Betracht ziehen!

768 Dass es sich bei dieser Behauptung keineswegs um eine Denknotwendigkeit handelt, mag ein Gegenbeispiel aus der abendländischen Philosophiegeschichte belegen: Ein gewisser Xenophanes (5.Jh. v.u.Z.) hat von seinem Gott mit gleichem Nachdruck behauptet: »»Er ist ganz Auge, ganz Geist, ganz Ohr«, und dabei in wörtlicher Übersetzung sogar postuliert: »Ganz sieht er, ganz denkt er und ganz hört er!« – Diels/Kranz, Xenophanes, fr. 24, Bd. I, S. 135; das anschließende fr. 25 führt dann obendrein aus: »Doch ohne Mühe erschüttert er alles mit der Denkkraft seines Geistes« – ebd.

die Gegenthese, ganz Auge, Ohr etc. zu sein, an der Wirklichkeit unleugbar scheitert. Wo also liegt da auch nur die geringste Schwierigkeit? Nein, Yuan-wus **Ankündigung** ist nichts als ein ironisches Verwirrspiel!

So „vorbereitet" nähern wir uns dem **Beispiel**, das mit Yun-yans höchst einfältiger Frage einsetzt: *„Wozu benutzt der Bodhisattva des Großen Erbarmens seine ungeheuer vielen Hände und Augen?"* Das weiß doch jedes Kind. Avalokiteshvara hat deshalb 84.000 *Hände*, damit er allen, die seiner Hilfe bedürfen, auch tatsächlich helfen kann, sogar allen zugleich, wo auch immer sie sich aufhalten mögen. Und seine 84.000 *Augen* dienen dazu, dass er, noch bevor der Hilfsbedürftige seine Bitte um Hilfe auch nur geäußert hat, augenblicklich erkennt, wo seine Hilfe benötigt wird. Und all diese *Augen* trägt er deshalb auf seinen Händen, weil so gewährleistet ist, dass seine jeweils zugreifende Helferhand den auch findet, dem sie aufhelfen will. Yun-yans mithin völlig überflüssige Frage kann daher nur ironisch gemeint sein, als Provokation; Yun-yan will, wie man so sagt, bei dem Älteren »auf den Busch klopfen«. Xue-dou hingegen – und das ist gleichfalls pure Ironie – verleiht im **Lobgesang** der Frage Yun-yans durch einen geradezu pompösen Vergleich ein Schwergewicht, das ihr in keiner Weise zukommt: *„Die Flügel ausgebreitet, erhebt sich der Riesenvogel"* – Yun-yan! – *„über die Wolken der Welt, / Peitscht den Wind, die Wasser der Vier Meere heftig aufzuwühlen"*, und zwar um die Drachen – Dao-wu? – aufzuspüren, die er als seine naturgemäße Nahrung zu verschlingen pflegt.

Dao-wu kontert durch und durch ironisch: *„Es ist, wie wenn ein Mensch in der Nacht hinter sich mit der Hand nach dem Kopfkissen tastet."* Zum einen spielt er auf den ganz und gar trivialen Sachverhalt an, dass ein Mönch nach langer und kräftezehrender Versenkungsübung *hinter sich nach dem Kopfkissen* greift, um sich auf dem Gestell, das zugleich der Übung und dem Schlafen dient, auszustrecken und neue Kräfte zu sammeln: Welch ein Kontrast, hier der himmlische Tröster und Retter, der „die Leiden der Welt schaut und deren Hilferufe erhört", und dort ein müder Mönch, der nur seinem eigenen Schlafbedürfnis nachgibt! Noch deutlicher gesagt: Hier der unermüdliche Helfer, der nichts als Einsatz für die Leidenden kennt, und dort der Erschöpfte, der nur noch Ruhe will. Größer könnte der Abstand zum *Bodhisattva des Großen Erbarmens* kaum sein! Und zum anderen bezeichnet Dao-wu den Griff nach dem *Kopfkissen* als ein *Tasten* und Suchen (so die Bedeutung des chinesischen Verbums *mo*, das Dao-wu hier verwendet), als ein Tappen, so wie man „im Dunkeln / im Finsteren tappt".[769] Dieses blind tastende Suchen steht offensichtlich in schroffstem Gegensatz zu der zielsicheren Zuwendung, wie sie den *Bodhisattva des Großen Erbarmens* auszeichnet, verbunden mit der liebend-fürsorglichen Aufmerksamkeit seiner allsehenden Augen! Bezogen auf Yun-yans Frage ist die Antwort Dao-wus eine schonungslose Herabsetzung voll beißender Ironie, auf Avalokiteshvara bezogen hingegen reiner Hohn! Und so bewertet der Xue-dou des **Lobgesangs** sie im Vergleich zu Yun-yans gewichtiger Frage als bloßen *„Staub*, der da *plötzlich aufgewirbelt"* wird, als ein *„Härchen fast ohne Gewicht"*! Xue-dous Zusatz, dieses *„Härchen fast ohne Gewicht"* sei *„nicht einzufangen"*, deutet allerdings auf Schwierigkeiten hin, Dao-wus Antwort in ihrer ganzen Bedeutungsfülle zu erfassen. Dazu gehört nämlich

769 Genau das wird im Lexikon IV als erläuterndes Beispiel für „tappen" als Entsprechung zum chinesischen *mo* angeführt – a.a.O., S. 570.

auch die Frage, was sich aus dem *„Menschen, [der] in der Nacht hinter sich mit der Hand nach dem Kopfkissen tastet"*, für Dao-wus Verständnis des Bodhisattva Avalokiteshvara ergibt. Zu diesem Punkt hat sich der Verfasser bereits in seinen Erläuterungen zum Kôan 54 *Cong-rong-lu* geäußert, das gleichfalls das hier zu verhandelnde Dharma-Gefecht zwischen Yun-yan und Dao-wu zum Mittelpunkt hat.[770] Und was der Verfasser dort geschrieben hat, soll auch heute, nach fünf, sechs Jahren Abstand, immer noch gelten:

Dem unermüdlich tätigen, von keiner Erschöpfung, keinem Nachlassen seines Mitleids betroffenen Avalokiteshvara des Volksglaubens stellt Dao-wu den in sich gekehrten, um das Leid der Welt unbekümmerten Mönch auf seiner Reisstrohmatte gegenüber, die zugleich sein Schlafplatz ist. Was sagt diese Gegenüberstellung über den *Bodhisattva des Großen Erbarmens* aus? Sieht das nicht nach einer Korrektur des Bildes aus, das sich der Volksglaube von seinem unverzichtbaren Nothelfer macht? Avalokiteshvara, der transzendente Bodhisattva, ist in Wahrheit nur ein Aspekt des ebenfalls transzendenten Buddha Amitâbha, der ebenso wie Buddha Shâkyamuni in seinem tiefsten Wesen, als Dharmakâya, nichts anderes als die „Große Leere" ist; auch Avalokiteshvara, der Karunâ-Aspekt Amitâbhas, verweist auf diese „Große Leere": Als die befreiende, erlösende Wirkung, die das Eintauchen in die Shûnyatâ mit sich bringt, verkörpert er ein Erbarmen, das nicht in tätigem Eingreifen, sondern – ähnlich dem Nicht-Handeln des DAO – in dem Geschehen-Lassen dessen besteht, was uns durch die „Große Leere" zuteil wird (wie ja auch andersherum die Erfahrung der „Großen Leere" in uns Liebe zur Welt und Erbarmen mit allem Gefährdeten und Geschundenen wachruft). Und für ein solches „göttliches" Erbarmen in Untätigkeit ist Dao-wus müder, um die Welt unbekümmerter Mönch eine passende Metapher; ist doch – wiederum wie das DAO – die „Große Leere" ganz und gar unbekümmert um alles, was unter und mit den *Zehntausend Dingen* geschieht.[771]

Yun-yan freilich erklärt, Dao-wus Antwort auf Anhieb, also ohne derlei ausschweifende Umwege, verstanden zu haben; und auf Nachfrage seitens Dao-wus wandelt er dessen Gleichsetzung Avalokiteshvaras mit einem *„Menschen, der in der Nacht hinter sich mit der Hand nach dem Kopfkissen tastet"*, zu der Aussage um: *„Am ganzen Körper sind Hände und Augen."* Das kommt für uns Leser höchst überraschend! Dao-wu hingegen stimmt auf der Stelle zu, spricht von einem *ganz außerordentlichen Grundsatz*, den Yun-yan da formuliert habe, wirft ihm aber zugleich vor, nicht weit genug gegangen zu sein. Er verbessert daher Yun-yans *„Am ganzen Körper sind Hände und Augen"* zu der Feststellung *„Der ganze Körper ist Hände und Augen"* oder auch *„Der ganze Körper ist Hand und Auge!"* Xue-dou tut ein Übriges und erklärt gleich zu Beginn seines **Lobgesangs**: *„‚Am ganzen Körper' [ist] richtig [und] ‚der ganze Körper' [ist ebenso] richtig!"*, fügt dann aber – ganz so, als hätte er unsere verständnislosen Gesichter vor sich – warnend hinzu: *„Nimmst [du's] zur Hand, [ist es] noch mehr als hunderttausend Li [entfernt]!"* Xue-dou gibt, mit anderen Worten, offen zu, dass es sich bei den beiden Behauptungen Yun-yans und Dao-wus um höchst kryptische

770 Siehe Roloff (2), S. 277ff. Ein Vergleich beider Kôan-Texte, des hiesigen Kapitels 92 und des dortigen Kapitels 54, lässt im Übrigen das überraschende Ausmaß erkennen, in dem die jeweils andere Ankündigung und der jeweils zugehörige Lobgesang die Interpretation des identischen Beispiels bestimmen!
771 A.a.O. S. 279

Aussagen handelt. Wie sollen wir mit diesem Rätsel fertig werden? Greifen wir zu diesem Zweck noch einmal auf die Ankündigung zurück. Dort kommt Yuan-wu wie nebenbei auch auf die *Versenkungsübung* aller *Buddhas der Vergangenheit* zu sprechen. Wenn wir uns an diesen Hinweis halten und darangehen, in den eigenen Samâdhi einzutauchen, dann stoßen wir im Übergang zum Zustand der Nicht-Dualität auf das Phänomen des Verschwimmens unserer Sinneswahrnehmungen, ein Phänomen, das in der Sprache des Chan auch als ein wechselseitiges Verschmelzen der unterschiedlichen Wahrnehmungsarten beschrieben wird: „... dann hörst du mit den Augen und siehst du mit den Ohren“, das sich jedoch auch dahingehend kennzeichnen lässt, dass wir gleichsam mit dem ganzen Körper sehen und mit dem ganzen Körper hören. Dieses Phänomen, das zum völligen Verschwinden von Wahrnehmung überleitet, weist uns – siehe da! – an Yuan-wus Ausgangs-These in der Ankündigung zurück: *„[Wenn] der ganze Körper Auge ist, [so] kommst [du] nicht dazu zu sehen; [wenn] der ganze Körper Ohr ist, [so] kommst [du] nicht dazu zu hören etc.“* Hatte der Verfasser den Wahrheitsgehalt dieser Aussage zunächst in Zweifel gezogen, so stellt sich jetzt heraus: Als Beschreibung eines konkreten Phänomens innerhalb der Versenkungsübung können wir Yuan-wus Behauptung für tragfähig erklären. Und wenn wir mit einem solchen Ergebnis zu Dao-wu und Yun-yan zurückkehren, beginnt das Dunkel, sich zu lichten: Dao-wus *„Mönch, [der da] in der Nacht hinter sich nach seinem Kopfkissen tastet“*, tut das gleichsam mit einer blinden Hand; er sieht nicht, wohin er greifen muss; er ist bei seinem Suchen sozusagen selber blind. Auf den *Bodhisattva des Großen Erbarmens* mit seinen 84.000 Händen und Augen übertragen bedeutet das: Auch er sieht mit all seinen Augen nichts, weiß mit all seinen Händen nicht, wohin er sie richten, wem er sie entgegenstrecken soll! Und genau diese Aussage übersetzt Yun-yan, der ja erklärt, *verstanden zu haben*, in den Satz *„Am ganzen Körper sind Hände und Augen!“*, was Dao-wu sogleich zu *„Der ganze Körper ist Hände und Augen“* so zuspitzt wie abrundet. Umgekehrt aber heißt das: Yun-yans und Dao-wus *„Am ganzen Körper sind Hände und Augen!“* und *„Der ganze Körper ist Hände und Augen“* sind nichts anderes als Umschreibungen einer – für den Volksglauben höchst ketzerischen – Avalokiteshvara-Interpretation: Dieser *Bodhisattva des Großen Erbarmens*, dem zwar *ungeheuer viele Hände und Augen* zugesprochen werden, mit denen er den Leidenden zu Hilfe eilt, ist in Wahrheit blind für die Leiden der Welt, taub für die Schreie, die ihm aus dem irdischen Jammertal entgegenschallen, und unfähig, aktiv einzugreifen, um das Leid ungeschehen oder auch nur wiedergutzumachen!

Den Leser freilich wird dieses Resultat nach der aus dem *Cong-rong-lu* zitierten Passage nicht mehr bestürzen; nüchtern betrachtet besagt es, dass die Autoren-Paare des Kôan 92 *Bi-yan-lu* und des Kôan 54 *Cong-rong-lu* trotz ihres durchaus unterschiedlichen Vorgehens beide auf dasselbe hinauswollen: auf die Deutung Avalokiteshvaras als der „Großen Leere“ oder Shûnyatâ, die uns zwar aufnimmt, wenn wir uns ihr zuwenden, und uns von unseren Kümmernissen befreit, wenn wir in sie eintauchen, die jedoch von sich aus nichts unternimmt und unternehmen kann, uns unserem Elend zu entreißen, einfach deshalb, weil da nur Leere ist, aber keine hilfreichen Hände und Augen! Sich das sagen lassen zu müssen, trifft uns Weltkinder hart; wir leben in der Glitzerwelt der Erscheinungen, die Xue-dou uns gegen Ende seines **Lobgesangs** mit der Metapher vom *Netz* des Gottes Indra vor Augen ruft, in dem sich Milliarden und Abermilliarden glänzender *Perlen gegenseitig spiegeln*. Dieses Netz, das uns mit der Schönheit der Welt verwöhnt und betört und uns verleitet, von ihr nicht lassen zu wollen – dieses *Netz hängt*, so Xue-dou, *schwer herab*, verstellt uns den Blick auf die „dahinter" verborgene Einöde der Shûnyatâ und hält uns davon ab, uns auf die Shûnyatâ überhaupt einzulassen. Wie könnten wir da die Segenswirkung der „Großen Leere", das *Große Erbarmen* der Shûnyatâ, je erfahren? Es bedarf schon, so Xue-dou weiter in poetischer Umschreibung, eines *Stockes*, mit dem wir dieses verführerische Netz durchstoßen und zerreißen können. Doch dazu muss dieser Stock immerhin, wenn schon der Avalokiteshvara der „Großen Leere" ohne Hände und Augen dasteht, seinerseits über *Hände und Augen* verfügen, die *vorn auf [seiner Spitz]* sitzen und ihm sowohl die Richtung weisen als auch beim Zerreißen behilflich sind. Ja, was kann die Rolle dieses *Stockes* übernehmen und ihm die nötigen *Hände und Augen* verleihen? Bleibt uns, bleibt dem Leser da tatsächlich nichts anderes übrig, als – mit Xue-dous Abschlusszeile – in Ratlosigkeit und Verzweiflung *laut aufzuschreien*? Noch diese Unterstellung Xue-dous ist pure Ironie!

93. (90.) Zhi-men zur „Prajñâ“

Ankündigung[772]

Der eine Satz, der der Stimme vorausliegt – auch tausend Weise können ihn [dir] nicht übertragen.[773] Der eine Faden, der sich vor dir erstreckt – ohne Unterbrechung [läuft er] für alle Zeiten [dahin]. [Bist du aber] rein und gänzlich nackt, entleert und ausgegossen,[774] [und wartet da] ein Weißer Ochse auf freiem Feld,[775] [und] sein Körper überstrahlt den Neumond, was denn dann? – Versucht es doch mal mit dem, [was Xuedou hier] vorbringt!

Beispiel

Ein Mönch fragte Zhi-men: „Was ist mit dem Körper der Prajñâ?“[776]
Zhi-men sagte: „Eine Auster umschließt den strahlenden Mond.“
Der Mönch sagte: „[Und] was ist mit dem Gebrauch der Prajñâ?“
Zhi-men sagte: „Eine Häsin ist trächtig.“

Lobgesang

Verdichtete Leere aus einem Stück, ohne Bedeutung, [ohne] Neigung –
Menschen und Götter schauen von hier aus auf die Blüten des Himmels![777]
Eine Auster umschließt die Himmels-Häsin, [welch] tiefgründiger Sinn![778]
Einmal der Chan-Familie übergeben, bewirkt sie nur Kampf und Streit![779]

---

772 Den nachfolgenden Text bieten sowohl die *Ichiya-* als auch die Standard-Version als Ankündigung des Kôan 93 *Ichiya* bzw. 90 Standard, wobei allerdings der Wortlaut, den die Standard-Version aufweist, als verderbt gelten muss (statt von einem *weißen Ochsen auf freiem Feld* ist dort von „zerzaustem und aufgelöstem Kopfhaar“ die Rede und statt von einem *Körper* vielmehr von „Ohren, die den Neumond übertreffen“). – Derselbe, ebenfalls verderbte Text, mit korrektem *weißen Ochsen auf freiem Feld*, andererseits mit fehlerhaften „Augen und Ohren, die den Neumond übertreffen“ anstelle des korrekten *Körpers* und um einen „Goldhaar-Löwen“ erweitert, der „unberücksichtigt bleiben soll“, findet sich in der Standard-Version ein paar Kapitel später noch einmal: als Ankündigung des Kôan 94 Standard.

773 So auch schon in der Ankündigung des Kôan 7.

774 *Rein und gänzlich nackt, entleert und ausgegossen* (*jing luo-luo chi sa-sa*): Diese Formel findet sich erstmals in der Ankündigung des Kôan 87 und kehrt noch einmal in der des Kôan 95 wieder.

775 Der *weiße Ochse* ist eine Anspielung auf das *Lotus-Sûtra*, genauer auf das Gleichnis vom „Brennenden Haus“, wo von kostbaren Wagen die Rede ist, jeder von einem *weißen Ochsen* gezogen: „Deren Hautfarbe ist ganz rein, ihre Gestalt gefällig und in den Muskeln haben sie große Kraft; ihr Gang ist gleichmäßig und schnell wie der Wind“ – *Lotos-Sûtra*, S. 98f.

776 *Prajñâ*, zu Deutsch „Weisheit“, ist das „nicht begrifflich-intellektuell vermittelte, sondern unmittelbar erfahrene, intuitive ... Begreifen und die Einsicht in die Leere (Shûnyatâ), das Wahre-Wesen der Welt“ – so das Lexikon der Östlichen Weisheitslehren, S. 292.

777 *Blüten des Himmels* (*kong sheng*) – wörtl. „die Erzeugnisse des Himmelsgewölbes“, eine Anspielung auf den Subhûti-Mythos, demzufolge Subhûti, einer der herausragenden Schüler Buddha Shâkyamunis und Sprecher in der Mehrzahl der Prajñâpâramitâ-Sûtren, von den Göttern für seine wortlose Darlegung der Prajñâ, der höchsten, alles Sprechen transzendierenden Weisheit mit einem Blütenregen vom Himmelsgewölbe herab geehrt wird.

778 Eine *Häsin* ist das Symboltier des Vollmonds – so wie wir vom »Mann im Mond« sprechen. Mit der *Himmels-Häsin* ist also der strahlende Mond des Beispiels gemeint.

779 *Kampf und Streit* statt „Streit und Kampf“: In unserer deutschen Sprache sind wir es gewohnt, bei einer Aneinanderreihung mehrerer sinnverwandter Wörter mit demjenigen von schwächerer Bedeu-

Wie schon anlässlich seines ersten Auftritts im Kôan 21 angemerkt, handelt es sich bei **Zhi-men** Guang-zu (gest. 1031) um Xue-dous eigenen Lehrer, dem dieser im hiesigen Beispiel ein noch glänzenderes Denkmal setzt, als es auch schon die Anekdote um die „Lotosblume" gewesen ist. Da Xue-dou hier den Mann zitiert, bei dem er selbst seine Ausbildung absolviert hat, besteht kein Anlass zu unterstellen, es handele sich bei dem hiesigen Beispiel um eine nachträgliche Zuschreibung; wir können also davon ausgehen, dass das Zitat authentisch ist. Von Intention und Metaphorik her gehört Zhi-men – als dessen Enkel-Schüler – eindeutig in die Traditionslinie Yun-mens; und wie revolutionär die Umdeutung des Chan durch das »Haus Yun-men« gewesen sein muss, davon legt noch Xue-dou selbst in dem zweiten Zeilen-Paar seines **Lobgesangs** beredtes Zeugnis ab: *„Eine Auster umschließt die Himmels-Häsin, [welch] tiefgründiger Sinn!"*, so Xue-dous höchst anerkennendes Resümee des Beispiels, um dann fortzufahren: *„Einmal der Chan-Familie übergeben, bewirkt sie"* – die Auster, wohlgemerkt – *„nur Kampf und Streit!"*

Auch bei diesem Kôan drängt sich als erfolgsversprechend ein rückwärts ablaufendes Vorgehen auf: Wenn ein Verständnis des Chan wie dasjenige Zhi-mens *Kampf und Streit* auslöst, dann muss es auch eine Gegenpartei geben, und das sind die Konservativen, für die Subhûti mit seiner ausdauernden und rückhaltlosen Versenkung in die *Prajñâ* das höchste Vorbild ist: *„Menschen und Götter schauen von hier aus auf die Blüten, [die der] leere Himmel [auf den Asketen Subhûti niederregnen lässt]"*, heißt es im **Lobgesang**. Versenkung in die *Prajñâ* bedeutet, sich einer Weisheit anzuvertrauen, die „ans andere Ufer" führt (deshalb eben „Prajñâpâramitâ"), oder genauer gesagt, sich ganz und gar in die Erfahrung der Shûnyatâ zu vertiefen, als der transzendenten, gleichsam am jenseitigen Ufer gelegenen „wahren Wirklichkeit". Und von dieser „wahren Wirklichkeit" oder vielmehr von ihrem *Körper* gilt, zumindest für die Konservativen unter den Chan-Anhängern, was Xue-dou zu Beginn seines Lobgesangs formuliert: *„Verdichtete Leere aus einem Stück, ohne Bedeutung [und ebenso auch ohne] Neigung"*, also ohne eine wie auch immer geartete Vorliebe für das Gute oder das Schlechte, das Schöne oder das Hässliche, das Rechte oder das Falsche erkennen zu lassen!

Damit kommen das **Beispiel** und die Eingangsfrage des Mönchs in den Blick: *„Was ist mit dem Körper der Prajñâ?"* Dabei stellt sich sogleich auf unserer Seite, die wir das Kôan verstehen wollen, die weitere und vorgängige Frage: „Wozu braucht denn die *Prajñâ* überhaupt einen *Körper?*" *Prajñâ*, Weisheit, ist ja zunächst einmal die Eigenschaft oder spirituelle Errungenschaft eines Menschen, eines irdischen Bodhisattva oder Buddha sowie, von dort übertragen, eines transzendenten Bodhisattva oder Buddha. Der *Körper der Prajñâ* wäre dann allemal der bald irdische bald transzendente Körper dessen, der *Prajñâ* besitzt. Doch sobald davon die Rede ist, dass der Betreffende **die** *Prajñâ* besitzt, wird aus der Eigenschaft „Weisheit" ein eigenständiges Seiendes namens „Weisheit", das nicht von einem Träger abhängig ist, sondern für sich selbst besteht. Und wie in tibetischen Yab-yum-Darstellungen

---

tung zu beginnen und mit dem von stärkster Bedeutung zu enden; das ist unser Erbe der griechisch-römischen Rhetorik mit ihrer Vorliebe für die Figur der Klimax, der fortschreitenden Steigerung. Das Chinesische verfährt umgekehrt und neigt zur Anti-Klimax, stellt also das Stärkere nach vorn und fügt das Schwächere hinten an.

die Weisheit als eigenständige Person, als die weibliche Begleiterin eines Buddha oder Bodhisattva erscheint, der seinerseits das Mitgefühl oder Erbarmen verkörpert,[780] so muss auch *Prajñâ*, wenn als eigenständiges und freischwebendes Wesen gedacht, einen *Körper* besitzen. Das kann nach Lage der Dinge nur der Dharmakâya sein, die „wahre Wirklichkeit" als Körper gedacht, bzw. die Shûnyatâ, mit der die *Prajñâ* als die Erfahrung eben dieser Shûnyata zusammenfällt. Denn eine Weisheit, die ans „andere Ufer" führt, ist, dort angekommen, kein Wissen mehr, auch nicht das Wissen einer Weisheit, sondern ein Erlöschen allen Wissens, aller Weisheit. In der Terminologie der Shûnyatâ ausgedrückt heißt das: *Prajñâ* als Erfahrung der Shûnyatâ kann eben das, die Erfahrung der Shûnyatâ, nur leisten, indem sie selbst bzw. der betreffende Adept mit der Shûnyatâ eins, mithin selbst zur Shûnyatâ wird, in ihr verschwindet. Was bleibt – was von ihm bzw. der *Prajñâ* bleibt – ist die Shûnyatâ. Und wenn nach einem *Körper der Prajñâ* gefragt wird, gibt es für dieses X nur einen Kandidaten: die Shûnyatâ.

Doch die Shûnyatâ als *Körper*? Wäre das nicht ein Widerspruch in sich selbst? Und so karikiert Xue-dou diese Vorstellung denn auch im **Lobgesang**, indem er von einer *verdichteten Leere* spricht, obendrein von einer durch und durch massiven Verdichtung *aus einem Stück*, der er zusätzlich jede *Bedeutung* und jede *Neigung* abspricht, auch die der *Prajñâ* zum „anderen Ufer"! Entweder nämlich ist Leere Leere, und dann lässt sie sich nicht verdichten, oder sie ist, wenn verdichtet, nicht länger Leere! Doch das sind metaphysische Spekulationen, die den Mönch des Beispiels langweilen dürften; mit seiner Frage nach dem *Körper der Prajñâ* hat es eher eine soteriologische Bewandtnis; es dürfte ihm darum gehen, bei seinem Streben nach Rettung ein geradezu handgreifliches Ziel zu haben, einen Ort sozusagen, an dem sein Bemühen um Weisheit, im Falle des Gelingens mit der Weisheit selbst vereinigt, auf Dauer aufgehoben ist. Anders ausgedrückt steckt hinter der Frage des Mönchs das Verlangen, dem „anderen Ufer", dem er mithilfe der *Prajñâ* zustrebt, eine geradezu körperliche Wirklichkeit zugesprochen zu sehen: „Nur wenn es da diesen *Körper der Prajñâ* gibt, kann ich in ihr für immer verweilen!" – Wollen wir die Anfangszeile des Lobgesangs hingegen nicht als Karikatur, sonder als ernstgemeint verstehen, so müssen wir nur zum Terminus Dharmakâya zurückkehren, der eben insofern er *kâya*, also „Körper" bedeutet, in der Tat auf eine *verdichtete Leere* hinweist, obendrein auf einen Körper *aus einem Stück*, dem zu Recht nicht nur jegliche *Bedeutung*, sondern ebenso auch jegliche *Neigung* abzusprechen ist – einfach deshalb, weil in dieser *verdichteten Leere* eben als Leere nichts mehr vorhanden ist.

Soviel zur Eingangsfrage des Mönchs. Zhi-mens Antwort *„Eine Auster umschließt den strahlenden Mond"* ist ein rechtes Rätselwort, vergleichbar dem geheimnisvollen Ausspruch Ba-lings im Kôan 100, auf den sie vorauszuweisen scheint: „Jeder einzelne Korallenzweig stützt allezeit den Mond!" Hier, im Kôan 93, hebt Xue-dou an Zhi-mens Antwort *„Eine Auster umschließt den strahlenden Mond"* hervor, ihr eigne ein *tiefgründiger Sinn* – eine emphatische Betonung, wie er auch, nicht ohne Grund, Balings „Korallenzweig" an das Ende

780 „*Yab-yum*"-Bilder oder -Plastiken, wörtl. „Vater und Mutter", stellen ein männliches und ein weibliches Wesen in sexueller Vereinigung dar; er, der Buddha oder Bodhisattva als das männliche Prinzip, überragt mit dem Kopf seine Begleiterin, die ihm als das weibliche Prinzip auf dem Schoß sitzt, Arme und Beine um ihn geschlungen und das Gesicht in reiner Verzückung zu ihm wie zum Kuss emporgewandt.

seiner Sammlung von »Beispielen der Alten« gesetzt hat! Zu Zhi-mens *„Eine Auster umschließt den strahlenden Mond"* zieht Yuan-wu in seinem Begleittext zur Erläuterung einen Volksglauben heran, demzufolge im Herbst beim Aufgang eines unverhüllten Vollmonds, der mit seinem Licht die Sterne überstrahlt und den Himmel ansonsten leer erscheinen lässt, die Austern aus der Tiefe an die Wasseroberfläche emporsteigen, sich öffnen und das Mondlicht in sich aufnehmen, aus dem dann später die Perlen hervorgehen. Doch diese Erklärung löst das Rätsel nicht; weder ist in Zhi-mens dunklem Spruch von einer Vielzahl von Austern die Rede, noch davon, dass die eine Auster etwas „in sich aufnimmt" (sie enthält es bereits), noch geht es dabei statt um den Mond selbst nur um sein Licht, noch ist von Perlen die Rede – die eine Auster Zhi-mens enthält vielmehr eben den Mond, und das in seiner Gänze![781] Wie also soll der Reim aussehen, den wir uns auf Zhi-mens Ausspruch machen wollen? Nun, nicht zum ersten Mal kann der Verfasser darauf verweisen, dass der Vollmond am sternenleeren Nachthimmel die Shûnyatâ vertritt sowie die Vereinigung mit ihr, mithin auch die *Prajñâ*, die der Mönch im Munde führt. Demgegenüber können wir die Auster auf dem Boden des Meeres, nicht so tief, dass das Mondlicht nicht bis dorthinab gelangt, als metaphorische Umschreibung für die Welt der *Zehntausend Dinge* verstehen, ebenso wie wir bei der geläufigeren Gegenüberstellung von Vollmond und Meeresfläche, auf der sich das Licht des Mondes spiegelt, in dem Meer eine Metapher für die Welt der „Erscheinungen" vor uns haben. Zhi-mens Antwort auf die Frage nach dem *Körper der Prajñâ* läuft dann auf die Aussage hinaus: „Nichts anderes als die Welt der *Zehntausend Dinge* ist der *Körper der Prajñâ* – das also, was die *Prajñâ* umfasst und trägt!" Das besagt: Shûnyatâ oder Dharmakâya sind nicht etwas, das jenseits der Welt, von ihr unabhängig und aus sich selbst heraus existiert; die Shûnyatâ bzw. der Dharmakâya existiert nur innerhalb der Welt, ja sie bzw. er existiert sogar nur durch die Welt – als deren „nicht existenter Ursprung"![782] *Prajñâ*, heißt das im Klartext, taugt nicht dazu, uns am „anderen Ufer" anzusiedeln; sie führt uns zwar in der Versenkungsübung dorthin, wo nichts mehr ist, aber sie kann uns dort keinen festen Boden unter den Füßen für dauerhaften Aufenthalt bieten: Wie die *Prajñâ* selbst ihren letzten Halt in der Welt der *Zehntausend Dinge* hat, die laut Zhi-men als ihr Körper die *Prajñâ umschließt* und stützt, so verweist sie auch uns immer wieder zurück an die irdische Welt – als den einzigen dauerhaften Halt, den wir haben: ausgerechnet die unbeständige Welt!

Der Mönch freilich versteht nicht. Oder – auch das mag der Fall sein – er traut seinen Ohren nicht. Und so fügt er die Frage an: *„[Und] was ist mit dem Gebrauch der Prajñâ?"* Wenn er schon, wie ihm scheinen mag, auf seine erste Frage nach dem *Körper der Prajñâ* keine Antwort bekommen hat, dann will er jetzt wenigstens wissen, wozu wir die *Prajñâ* gebrauchen sollen – und bei diesem Ansinnen könnte er immer noch hoffen, die eine Antwort zu erhalten: „Um ans ‚andere Ufer' zu gelangen!" Oder im zweiten Fall, so er denn doch verstanden hätte, enthielte seine zweite Frage einen nicht zu überhörenden Protest: „Aber

781 Aus Yuan-wus erläuterndem Hinweis geht daher allenfalls hervor, dass sich Zhi-men bei seiner Formulierung von diesem Volksglauben hat anregen lassen!

782 Zu dem „nicht existenten Ursprung" vgl. das Kôan 74 *Cong-rong-lu*, wo ein Mönch in Anlehnung an das *Vimalakîrti-nirdesha-Sûtra* nach dem „nicht da seienden Ursprung der Gesamtheit der Dinge" fragt und Fa-yan zur Antwort gibt: „Die Erscheinungen entspringen einem nicht vorhandenen Urstoff!" – s. Roloff (2), S. 384ff.

die *Prajñâ* soll uns doch zur Befreiung aus der Welt verhelfen, statt uns noch mehr in sie zu verstricken!" Wie dem auch sei – Zhi-mens zweite Antwort trifft ihn in beiden Fällen hart: *„Eine Häsin ist trächtig!"* – allerdings selbstverständlich nur, wenn ihr Sinn sich ihm enthüllt. Und der wäre? Die *Häsin* – identisch mit der *Himmels-Häsin* des Lobgesangs – steht für den Mond, mithin für Shûnyatâ und *Prajñâ*. Dass diese Häsin *trächtig* ist, soll uns anzeigen, dass Shûnyatâ und *Prajñâ* sich nicht in sich selbst verschließen, *Prajñâ* sich also nicht darin erschöpft, ans „andere Ufer" zu gelangen und dort für immer auszuharren; dass vielmehr beide, aristotelisch gesprochen, ihr »Telos«, das, worin sie sich vollenden, in der Welt der *Zehntausend Dinge* haben, die Shûnyatâ als dasjenige, dem sich die Dinge als ihrem „nicht existenten Ursprung" verdanken, und die *Prajñâ* als die spirituelle Kraft, die uns letztlich aus der Erfahrung von Shûnyatâ immer wieder zurückführt in die Welt und es uns ermöglicht, in dem unbeständigen Hier und Jetzt gleichwohl »verlässlich zu Haus zu sein«![783] Wunderbar also, in der Tat von *tiefgründigem Sinn*, dieser eine und knappe Satz *„Eine Häsin…"*, oder besser *„Die Häsin ist trächtig!"*[784] Er will wie dem Mönch so auch uns nahebringen, dass die „Häsin im Mond", dass Shûnyatâ und das Streben zum „anderen Ufer" mit der Welt schwanger gehen; dass sie sich nicht in ein „Drüben", ein „Jenseits der Dinge" verschließen, sich vielmehr in die *Zehntausend Dinge* »entäußern«,[785] die Shûnyatâ nicht nur als ihr jenseitiger und zugleich „nicht existierender Ursprung", sondern derart, dass sie sich, in eins mit der *Prajñâ*, an sie gleichsam verausgabt. Die Welt ist es, auf die es mit der Shûnyatâ und *Prajñâ* hinausläuft, ungewollt, versteht sich; nicht aber sollen wir uns umgekehrt die Welt als auf Shûnyatâ und *Prajñâ* hin ausgerichtet denken!

Die **Ankündigung** kann allerdings den Eindruck erwecken, als sollten wir genau den gegenteiligen Schluss aus Zhi-mens Antworten ziehen. Da spricht Yuan-wu davon, *rein und gänzlich nackt, entleert und ausgegossen* zu sein; da führt er den *Weißen Ochse auf freiem Feld* an, den der Buddha dem *Lotos-Sûtra* zufolge in seinem Gleichnis vom „Brennenden Haus" unter den geeigneten Mitteln aufzählt, mit denen der Hausherr seine Söhne ins rettende Freie lockt; und da hängt er an diese Metapher noch die weitere an, dass besagter *Weißer Ochse* mit dem Glanz seines *Körpers den Neumond überstrahlt*, will sagen, in der mondlosen Nacht des irdischen Daseins ein geradezu überirdisches Licht verbreitet, das uns – wie schon der *Weiße Ochse* die Söhne aus dem brennenden Haus ihres Vaters – in ein jenseitiges Reich der »Befreiung« entführt. Also wäre das Beispiel doch eine Aufforderung, sich mittels der *Prajñâ* von der Welt abzuwenden und an einem jenseitigen, einem „anderen Ufer" für immer Zuflucht zu suchen? Durchaus nicht; wir können nämlich mit den beiden

---

783 »*Verlässlich zu Haus zu sein*« – Anspielung auf Rilkes *Erste Duineser Elegie*, in der er vielmehr das Gegenteil behauptet: »… dass wir **nicht** sehr **verlässlich zu Haus sind** / in der gedeuteten Welt.«

784 Da das Chinesische keine Artikel kennt, weder bestimmte noch unbestimmte, kann der Satz, der im Original lediglich: *tu-zi* („Häsin") *huai-tai* („schwanger") lautet, je nach Kontext als: *„Eine Häsin …"* oder als: *„Die Häsin ist trächtig"* übersetzt werden. Hier in den Erläuterungen, da wir längst wissen, dass es sich bei der *Häsin* um die „Häsin im Mond" handelt, ist der bestimmte Artikel angebracht, während bei der ersten Erwähnung der *Häsin* im Beispiel dem Verfasser die Übersetzung mit unbestimmtem Artikel sinnvoller scheint – um voreilige Festlegungen zu vermeiden!

785 Zum wiederholten Male greift der Verfasser hier auf einen Begriff aus der Philosophie Hegels zurück. »Sich entäußern« bedeutet hier wie dort, dass ein X das, was es als bloße Möglichkeit enthält oder sogar bloß als Möglichkeit selbst ist, aus sich herausbringt und dabei aus dem Zustand bloßer Möglichkeit in den von Wirklichkeit überführt.

ersten Sätzen der Ankündigung sehr wohl und erfolgreich dagegen halten: Zunächst redet Yuan-wu mit dem *einen Satz, der der Stimme vorausliegt*, der alles transzendierenden *Prajñâ* das Wort, um sich dann dem Gegenpol zuzuwenden, der Verstrickung ins irdische Dasein, vertreten durch den *einen Faden, der sich vor [uns] erstreckt*. Doch überraschenderweise folgt kein Hinweis auf ein unerlässliches Abschneiden dieses *Fadens*; stattdessen begnügt sich Yuan-wu mit der Feststellung, dieser *Faden [laufe] ohne Unterbrechung für alle Zeiten [dahin]* – eine Formulierung, die eher nach Einverständnis klingt als nach Protest! Ja, so müsste ein Fazit lauten, wir haben Grund, das Fortlaufen des Fadens bis in die ferne Zukunft zu akzeptieren, statt ihn zu zerreißen, statt uns von der Welt für immer loszureißen. Und von daher bekommen die Anschluss-Sätze vom *Leer- und Ausgegossen-Sein* sowie vom *Weißen Ochsen* und seinem *Überstrahlen des Neumonds* einen ganz anderen Sinn – zumal Yuan-wu ihnen die Frage nachschickt: *„Was denn dann?"* Diese zunächst anders gedeuteten Anschluss-Sätze stellen keineswegs eine Aufforderung dar, ihnen nachzueifern; sie sind vielmehr Warnungen; sie zielen auf eine Einstellung zu Leben und Welt, für die sich aus den tatsächlichen Verhältnissen keine Rechtfertigung finden lässt: „Wenn wir gerade so verfahren wollten, ja *was denn dann*?" Damit leitet die Ankündigung geschickt zu einer Anekdote über, die genau der gegenteiligen Einstellung den Weg bereitet, wenn wir uns denn gründlich genug auf sie einlassen.

94. Das *Shûrangama-Sûtra* zum „Nicht-Sehen“

Ankündigung

(entfällt)[786]

Beispiel

Im *Shûrangama-Sûtra* heißt es: „Wenn ich nicht sehe, warum siehst [du] dann mein Nicht-Sehen nicht?[787] Falls [du] aber doch [mein] Nicht-Sehen siehst, ist das selbstverständlich nicht das Nicht-Sehen eines anderen. Falls [du] aber [mein] Nicht-Sehen nicht siehst, ist [das trotzdem] selbstverständlich kein Ding.[788] – Sag, warum [bist das] nicht du?“

786 *Ichiya*-Version und Itôs *Teihon*-Ausgabe weisen an dieser Stelle keine Ankündigung auf; die Standard-Version hingegen bietet folgenden Text, auf den der Verfasser bereits anlässlich der voraufgegangenen Kapitels hingewiesen hat, als Ankündigung des Kôan 94: „Der eine Satz, der der Stimme vorausliegt – auch tausend Weise können ihn dir nicht übertragen. Der eine Faden, der sich vor dir erstreckt – ohne Unterbrechung läuft er für alle Zeiten dahin. Warum [sich] ganz entblößen, ganz entleeren? Der Weiße Ochse auf freiem Feld – seine Augen und Ohren überstrahlen den Neumond. Den Goldhaar-Löwen hingegen will ich in diesem Fall beiseite lassen. – Nun sag mal: Was ist der Weiße Ochse auf freiem Feld?“

787 *[Mein] Nicht-Sehen* – wörtlich: „der Umstand meines Nicht-Sehens“; man könnte auch übersetzen: „die Tatsache meines Nicht-Sehens“; beides läuft lediglich darauf hinaus, dass es um *[mein] Nicht-Sehen* geht. Das Gleiche gilt für den folgenden Satz, wo wörtlich vom „Aussehen des Nicht-Sehens eines anderen“ die Rede ist; auch dort geht es lediglich um *das Nicht-Sehen eines anderen*. Und im dritten Satz ist, wörtlich übersetzt, von einem „Ort [meines] Nicht-Sehens“ die Rede; auch hier geht es lediglich darum, dass *[mein] Nicht-Sehen* nicht in den Blick des anderen (in *„deinen“* Blick) gerät. – Hinter dem hier zitierten Abschnitt des *Shûrangama-Sûtra* steht eine – reichlich sophistische – Ontologie, die als Merkmal des Subjekts die Fähigkeit ansetzt, dass es „sieht“, während die Objekte dadurch gekennzeichnet sind, dass sie „nicht sehen“. Das, was „nicht sieht“, also auch ich, insofern ich nicht sehe, wäre also ein Objekt und mithin zwangsläufig etwas, das ein anderer, *„dich“* eingeschlossen, sehen können müsste: Die Frage, *warum siehst du dann mein Nicht-Sehen nicht?* wäre also völlig berechtigt. – Sophistisch ist das Ganze freilich insofern, als die Objekte nicht so sehr dadurch gekennzeichnet sind, dass sie *nicht sehen*, sondern eher dadurch, dass sie „gesehen werden“; und folglich wäre ich, insofern ich lediglich *nicht sehe*, noch kein Objekt und andererseits, wenn ich im Zustand des Sehens von einem anderen „gesehen werde“, als Subjekt gleichzeitig auch Objekt und als Objekt gleichzeitig auch Subjekt.

788 Mit dem Pronomen *das* ist wiederum *[mein] Nicht-Sehen* gemeint: Nach der eben umrissenen Ontologie müsste *[mein] Nicht-Sehen* freilich genau das sein: ein *Ding*; gerade das wird hier jedoch geleugnet. – Genauso müsste, nach der gleichen Ontologie, „dein Nicht-Sehen meines Nicht-Sehens“ ein Objekt oder *Ding* sein; und auch das ist, versteht sich, nicht der Fall! Denn ein Subjekt, „das sieht“, wird nicht dadurch, dass es – in dieser oder jener Hinsicht – „nicht sieht“, bereits zum Objekt oder *Ding*. Andersherum machte es Sinn, in Anlehnung an Sartres *Das Sein und das Nichts*, davon zu sprechen, dass ich, ein Subjekt oder „Für-mich“, dadurch, dass ein anderer mich sieht, für diesen zu einem Objekt oder „An-sich“ werde, meiner Freiheit, meiner bisherigen Möglichkeiten nunmehr beraubt.

Lobgesang

Ein ganzer Elefant, ein ganzer Ochse – [als hättest du] Grauen Star[789] –
Von jeher sind die Könner allesamt nur dem Namen nach Vorbild!
Willst [du] jetzt das alte Gelbgesicht erblicken –
Aller Staub der Klöster macht erst den halben Weg!

Auch bei diesem Kôan erlaubt sich der Verfasser, sich selbst zu zitieren, allerdings mit leichten Abwandlungen, und zwar aus seinen Erläuterungen zum Kôan 88 *Cong-rong-lu*, bei dem dasselbe und in seiner sprachlichen Gestalt Wort für Wort identische Zitat aus dem *Shûrangama-Sûtra* im Mittelpunkt steht. Er tut das mit umso ruhigerem Gewissen, als ja eine **Ankündigung** fehlt, die mit ihren für Yuan-wu spezifischen Hinweisen einen anderen Blick auf das gemeinsame **Beispiel** nahelegte oder gar erzwänge:

Versuchen wir's einmal hinten herum! Gehen wir davon aus, dass das *Shûrangama-Sûtra* vom Samâdhi handelt. Dann ist von vornherein klar: Mit dem *Nicht-Sehen*, das schon die Überschrift des Kapitels anführt, ist der Zustand tiefster Versenkung, der der Nicht-Dualität, gemeint. Und in der Tat: Jedes Sehen setzt Dualität voraus: entweder die Zweiheit dessen, der sieht, und dessen, was er sieht; oder aber, wenn es sich um ein Sehen in übertragenem Sinne handelt, um ein Sehen, das sich innerhalb des Geistes oder, trivialer gesprochen, innerhalb des Bewusstseins abspielt, die Zweiheit aus „Ich weiß, dass ich etwas sehe“ und „Da ist dasjenige, das ich sehe“ bzw. „dessen ich mir bewusst bin.“ Wenn hingegen die Pole dieser Dualität zusammenfallen und Nicht-Dualität entsteht; wenn also das „Ich sehe“ und das „Da ist etwas, das ich sehe“ in der Leere des Geistes ineinanderstürzen, dann ist da auch *kein Sehen* mehr!

Wenn wir, dies alles vorausgesetzt, uns an das **Beispiel** machen, fällt es uns wie Schuppen von den Augen: *Wenn ich nicht sehe*, mich also im Zustand der Nicht-Dualität befinde, dann kann ein anderer mein *Nicht-Sehen* selbstverständlich *nicht sehen*, und zwar aus doppeltem Grund: Dies *Nicht-Sehen* ist kein *Ding*, das sich mit den Augen wahrnehmen ließe, und zum anderen spielt es sich nur innerhalb meines eigenen Geistes ab. Dass ein anderer dennoch *mein Nicht-Sehen sehen* können soll, wie das Zitat fortfährt, setzt zweierlei voraus: Derjenige, der das *Nicht-Sehen* eines anderen *sehen* können soll, muss mit diesem anderen eins geworden sein – weshalb auch der zweite Teil des Satzes lautet: *Dann ist das selbstverständlich nicht das Nicht-Sehen eines anderen*, mit der Folge, dass er dann sein eigenes *Nicht-Sehen sieht*. Und zum anderen ist dabei das *Sehen*, das da das *eigene Nicht-Sehen sieht*, keines

789 Mit dieser Zeile spielt Xue-dou auf zwei Parabeln an. Die eine entstammt dem *Nirvâna-Sutra* und handelt von Blinden, die einen *Elefanten* betasten und ihm, je nach dem Körperteil, den sie jeweils berühren, ein ganz unterschiedliches Aussehen zuschreiben: Für die Gestalt des *ganzen Elefanten* sind die Blinden auch mit ihren Händen blind. Die andere Parabel findet sich im *Buch Zhuang-zi*, als Bericht über den Koch des Fürsten Wen Hui, der mit seinem seit neunzehn Jahren nicht mehr nachgeschliffenen und gleichwohl immer noch scharfen Hackmesser mühelos einen Ochsen zerteilt; auch dieser Koch sieht das Ganze nicht mehr, sein Blick folgt nur noch den einzelnen Gliedern und Gelenken (*Zhuang-zi*, S. 88f.). Xue-dou will mit diesen beiden Anspielungen deutlich machen, dass die Konzentration auf Details für das Ganze blind macht!

im üblichen Sinn, sondern, um eine Formel des *Dao-De-Jing* abzuwandeln, ein „Sehen des Nicht-Sehens", ein *Sehen* auf die Weise des *Nicht-Sehens,* und doch insofern ein *Sehen,* als es eine tatsächliche Erfahrung darstellt, die unmittelbare Erfahrung der Nicht-Dualität. Auf die Weise eines solchen *Sehens* das fremde und zugleich eigene *Nicht-Sehen* eben doch *nicht zu sehen,* macht daraus jedoch kein totes *Ding,* sondern belässt ihm den Status einer inneren und lebendigen Befindlichkeit: Der „Große Tod", durch den wir mit allem eins werden, was in der Shûnyatâ enthalten ist (nämlich alles und zugleich nichts), er ist – als rein geistiges Geschehen – ein Tod bei weiterhin lebendigem Leibe; und die Nicht-Dualität, die wir durch ihn leibhaftig erfahren, ist eine allumfassende, in die auch die Nicht-Dualität jedes anderen als ausgelöschter Inhalt eingeschlossen ist. So gilt denn auch umgekehrt: ‚Wenn *du* die Nicht-Dualität eines beliebigen anderen, sogar die des Buddha Shâkyamuni, auf die Weise des *Nicht-Sehens siehst* und also zugleich *nicht siehst,*[790] so ist das, was du da unmittelbar erfährst, die allgemeine Shûnyatâ, eben das, wonach das Beispiel fragt, wenn es abschließend heißt: ‚*Warum [bist das] nicht du?*'[791] – natürlich bist das *du,* nämlich als das, was du im tiefsten Grunde bist, Shûnyatâ, genauer gesagt – nichts!"[792]

So sehr sich der Verfasser bemüht hat, dem *Shûrangama-Sûtra*-Zitat eine nachvollziehbare und in logischer Hinsicht konsistente Deutung abzugewinnen, so muss er sich doch zu einem schmerzlichen Eingeständnis bequemen: Wenn seine bisherigen Darlegungen einem Leser als rabulistisch erscheinen, dann hat der Betreffende damit völlig Recht; doch diese Rabulistik geht auf das Konto der Vorlage, nicht auf das des Verfassers. So wäre beispielshalber das *Nicht-Sehen,* mit dem ich angeblich das *Nicht-Sehen* eines anderen *nicht sehe,* ein anders als das *Nicht-Sehen,* in dem ich meine eigene Nicht-Dualität erfahre. Oder der Text springt zwischen metaphysischen Aussagen und solchen zur Befindlichkeit eines individuellen Geistes unmerklich hin und her. Was Song-zeitliche Chan-Meister wie Xue-dou von solcher Rabulistik halten, wird der **Lobgesang** uns enthüllen:

Gleich vorweg gesagt: „Nicht viel!" Xue-dou drückt das freilich behutsamer aus, poetisch verkleidet: *„Ein ganzer Elefant, ein ganzer Ochse – [als hättest du] Grauen Star!"* Wer sich in die Finessen theoretischer Darlegungen vertieft, wie sie das *Shûrangama-Sûtra* in Hülle und Fülle bietet, wer sich auch nur an einen einzelnen Ausschnitt daraus verliert, seinen Unterscheidungen und Spitzfindigkeiten nachgeht (wie es – zu seiner eigenen Beschämung – auch der Verfasser getan hat!), der ist wie vom *Grauen Star* befallen: Er bekommt das

790 • Der Verfasser fühlt sich veranlasst, an dieser Stelle Bedenken vorzutragen: Wenn wir die Nicht-Dualität nicht als einen eigenen Seinsbereich wie etwa den Dharmadhâtu, sondern, unserer heutigen Denkweise entsprechend, als den durch Übung zu erreichenden Zustand eines individuellen Geistes, also eines einzelnen Subjekts, ansehen, dann kann seine Nicht-Dualität immer nur die dieses einzelnen Subjektes sein, niemals aber die von einem andern Subjekt erfahrene Nicht-Dualität. Allenfalls können diese individuellen Zustände von Nicht-Dualität einander ähneln, möglicherweise sogar weitgehend; doch wie will ich wissen können, was ein anderer in seinem Zustand von Nicht-Dualität tatsächlich erfährt oder erlebt? Dass jemand von uns die Nicht-Dualität etwa Buddha Shâkyamunis sehen, und sei es auf die Weise des Nicht-Sehens sehen könnte, ist daher, nüchtern betrachtet, reiner Unsinn! •

791 Cleary (S. 377) übersetzt die abschließende rhetorische Frage: *Warum bist das nicht du?* genau in diesem Sinne, nämlich: „How could it not be you?" („wie könnte das nicht Du sein?")!

792 Vgl. Roloff (2), S. 456f.

Ganze, das Entscheidende niemals in den Blick! Und deshalb *sind Könner*, die derartige Texte in die Welt setzen oder tiefsinnig zu kommentieren sich abmühen, *von jeher allesamt nur dem Namen nach Vorbild!* Für einen echten Chan-Anhänger kommt es stattdessen ausschließlich darauf an, *das alte Gelbgesicht zu erblicken*, Buddha Shâkyamuni also, wie er leibhaftig in Versenkung dasitzt, und seinem Beispiel zu folgen, sich von allen noch so klugen Gedankengängen loszusagen und sich ganz und gar der Einheit von Nicht-Dualität und Shûnyatâ zu widmen. Wer sich weiterhin mit Theorie abgibt, mit dem Studium von Sûtren und Sûtren-Kommentaren, oder gar selbst solche Kommentare verfasst, von Xue-dou als *aller Staub der Klöster* denunziert, der bleibt auf *halbem Wege* stecken: *„Aller Staub der Klöster macht erst den halben Weg!“*

So verstanden, erweist sich das *Shûrangama-Sûtra*-Zitat eher als Mittel der Abschreckung denn als hilfreicher Hinweis auf den rechten Weg zu »Befreiung« und »Erwachen«. „So bitte nicht!“, heißt das; und mit dieser Eindeutigkeit des Urteils hebt sich das Kôan 94 *Bi-yan-lu* auffällig vom Kôan 88 *Cong-rong-lu* ab, an dem eine ambivalente Einstellung zu dem gemeinsamen Zitat abzulesen ist. Zwar stellt auch Wan-song in seiner Ankündigung das spitzfindige Theoretisieren als hirnrissig bloß und spricht verächtlich vom „Gerede der Flickenkutten-Mönche“. Doch Hong-zhi nutzt in seinem Lobgesang das *Shûrangama-Sûtra*-Zitat dazu, die beherzigenswerten Aspekte der als Nicht-Sehen verkleideten Nicht-Dualität hervorzuheben. Dabei kommen wir, wenn wir genau hinsehen, nicht umhin festzustellen, dass Hong-zhi in traditioneller Manier Nicht-Dualität als eben das behandelt, was sie – in unseren heutigen Augen – gerade nicht sein kann: ein eigener Seinsbereich, der Dharmadhâtu – das Reich einer „wahren Wirklichkeit“![793] Hier im *Bi-yan-lu* hingegen nutzt Xue-dou das *Shûrangama*-Zitat zu einem Stück Sûtren-Kritik, ein Vorgang, der sich in ähnlicher Form wenige Kapitel später gleich noch einmal wiederholt. Auffällig ist dabei, dass Xue-dou sich erst gegen Ende seiner *100 Beispiele der Alten* mit solch kritischer Einstellung zu den „Heiligen Texten“ des Buddhismus offen zu Wort meldet: hier im Kôan 94 und – sozusagen drei Häuser weiter – im Kôan 97 *Bi-yan-lu*.

793 Das Lexikon II definiert den Dharmadhâtu („Sphäre des Dharma“) wie folgt: „Im Mahâyâna entwickelte sich [aus älteren Auffassungen] die Vorstellung eines Wahren-Wesens, das die Phänomene durchdringt und umfasst. Als Raum oder Bereich ist die ‚Sphäre des Dharma‘ die unverursachte und unwandelbare Totalität, in der alle Erscheinungen entstehen, verweilen und sich wieder auflösen“ – Lexikon II, S. 92.

95. Chang-qing zur „Sprache des Tathâgata"

Ankündigung

An Orten, wo es Buddhas gibt, darfst [du dich] nicht aufhalten – wenn [du dich] dort aufhältst, wachsen [dir] sogleich Hörner auf dem Kopf.[794] An Orten, wo es keine Buddhas gibt, [sollst du] schleunigst vorübergehen – gehst [du] nicht vorbei, [steckst du] einen Klafter tief im Gras.[795] Auch wenn [du] rein und gänzlich nackt, entleert und ausgegossen bist[796] – [denn] außerhalb von Aufgaben und Tätigkeiten keine spirituelle Kraft und außerhalb spiritueller Kraft keine Aufgaben und Tätigkeiten[797] – kannst [du es] nicht vermeiden, neben einem Baumstamm Wache zu halten und auf einen Hasen zu warten.[798] – Nun sagt mal: Wenn Ihr durchaus nicht solcher Art seid, wie wollt Ihr es dann ausführen? Versucht es doch mal mit dem, [was Xue-dou hier] vorbringt!

Beispiel

Chang-qing hat zuweilen gesagt: „Sag lieber, ein Arhat-Chinese leide an den drei Giften, aber sage nicht, der Tathâgata bediene sich zweier Arten von Sprache. Sag [auch] nicht, der Tathâgata sei ohne Sprache, nur sind es nicht zwei Arten von Sprache!"[799]
Bao-fu sagte: „Was ist denn [dann] die Sprache des Tathâgata?"
Chang-qing sagte: „Wie könnten taube Menschen [sie] hören?"
Bao-fu sagte: „Ich weiß sehr wohl, dass Du mit dieser Bemerkung auf das Zweitwichtigste abzielst!"
Chang-qing sagte: „Was ist denn nun die Sprache des Tathâgata?"
Bao-fu sagte: „Geh [eine Schale] Tee trinken!"

---

794 *Hörner auf dem Kopf* – Umschreibung und Androhung zugleich, dass „du dich in einen Höllendämon oder Teufel verwandelst", analog zu dem Dämon mit dem Ochsenkopf, den Xue-dou im Lobgesang des Kôan 5 eingeführt hat.

795 *Ein Klafter*, gleichbedeutend mit 10 Fuß, beträgt wohlgemerkt 3 Meter 30! Da *Gras* auch hier als Metapher für die irdische Welt zu verstehen ist, bedeutet, *einen Klafter tief im Gras [zu stecken]* nichts anderes als sich heillos in irdischen Angelegenheiten zu verfangen.

796 Hier kehrt die aus den Ankündigungen der Kôan 87 und 93 bereits bekannte Formel *jing luo-luo chi sa-sa* wieder – vgl. die dortige Fußnote 724.

797 *Aufgaben und Tätigkeiten* sollten als Umschreibung für die *vita activa* verstanden werden; dann besagt der obige Satz: „Ohne *vita activa* keine – echte – Spiritualität, und ohne Spiritualität keine – recht verstandene – *vita activa*!"

798 Gemeint ist: „Auch wenn du dich von der Welt losgesagt und losgelöst hast, bist du so dumm wie jener sprichwörtliche Bauer", den Yuan-wu in der Ankündigung des Kôan 8 schon einmal als warnendes Beispiel eingeführt hat. Dem Verfasser sei es gestattet, hier zu wiederholen, was er bereits in der dortigen Fußnote 113 zur Erläuterung angeführt hat: „...[ein Bauer, der] bei der Arbeit mit seinem Ochsen einen Hasen aufgescheucht und in solchen Schrecken versetzt hat, dass der bei seiner Flucht gegen einen Baumstamm am Rande des Feldes stieß, sich das Genick brach und so für den Bauer zu einer willkommenen Beute wurde. Daraufhin hockte sich der Bauer, statt weiterhin seine harte Feldarbeit zu verrichten, jeden Tag neben diesen Baumstamm und wartete darauf, dass weitere Hasen eben diesen Baumstamm nutzen würden, sich daran zu Tode zu bringen: So hat sich dieser schlaue Bauer zum Gespött des ganzen Reiches gemacht!"

799 *Zwei Arten von Sprache*: die eine „mit Worten" (*you yan*), die andere „ohne Worte" (*wu yan*); hätte der Tathâgata nur die Sprache „ohne Worte", so wäre er ohne Sprache; das soll ausgeschlossen sein; bleibt also nur eine Sprache „mit Worten" – aber wie sähe die aus? Diese eine und geheimnisvolle Sprache ist es, auf die Chang-qing es abgesehen hat.

Lobgesang

Vom Wichtigsten, sieh da: ein Erstes und ein Zweites!
Ein Drache, der sich schlafen legt, schaut nicht nach stehendem Gewässer!
Am Nicht-Ort gibt es Mondschein, [sind] die Wellen klar und durchsichtig,
Dort, wo es Ort gibt, erheben sich die Wogen [ganz] ohne Wind!
Chan-Gast Leng! Chan-Gast Leng![800]
Im März, am Tor des [Kaisers] Yu, hat [er sich] nur leicht den Kopf gestoßen![801]

Noch einmal das Zweigespann **Chang-qing** (854-932) und **Bao-fu** (gest. 928), abermals, wie schon im Beispiel des Kôan 8, auf ihrer zweiten »Wolken und Wasser«-Wanderschaft, zu der sie nach dem Tode ihres Lehrers Xue-feng (908) aufgebrochen sind. Das legt zumindest die Bezeichnung *„Chan-Gast Leng"* nahe, die Xue-dou im hiesigen Lobgesang verwendet.

Die **Ankündigung** setzt mit einem überraschenden *Paradoxon* ein: „Mit Buddha geht es nicht, und ohne Buddha geht es auch nicht!", nur ein wenig eleganter formuliert: *„An Orten, wo es Buddhas gibt, darfst [du dich] nicht aufhalten!"*, und andererseits: *„An Orten, wo es keine Buddhas gibt, [sollst du] schleunigst vorübergehen!"* Zur Begründung führt Yuan-wu an, dass derjenige, der sich Buddha, und das heißt, dem Streben nach Shûnyatâ und Nirvâna als dem Aufgehen in Shûnyatâ verschreibt, sich in einen Höllengeist verwandelt, also statt »Befreiung« zu erlangen in die Verdammnis abstürzt; und dass andererseits, wer auf Shûnyatâ und Nirvâna verzichten zu können glaubt, sich hoffnungslos im Gestrüpp der Welt verfängt. Nachdem Yuan-wu so seine Mönche und uns Leser in die Zwickmühle eines – so scheint es – unauflösbaren *Paradoxon* versetzt hat, gibt er die Anhänger der ersten Alternative, die Buddha-Jünger mit dem geradezu fanatisch anmutenden Drang zur Askese, zur *„Entleerung"* ihrer selbst, zur Abtötung allen Wünschens und Begehrens, aller Freude und Lebenslust,

---

800 Mit dem *Chan-Gast Leng* ist Chang-qing gemeint, der bis zu seiner Einsetzung als Abt des gleichnamigen Klosters den Mönchsnamen Hui-leng getragen hat. Von diesem Chang-qing Hui-leng stammt jenes berühmte „Erleuchtungsgedicht", das Yuan-wu bereits in seinem Kommentar zum Lobgesang des Kôan 6 zitiert hat: „Im Innern der Zehntausend Formen zeigt sich ein einziger Leib. / Nur wenn ein Mensch von sich aus einwilligt, wird der ihm vertraut. / In früheren Jahren war ich bei meiner Suche in falscher Richtung unterwegs – / Heute aber weiß ich: Mitten im Feuer bin ich Eis gewesen!"

801 Diese Zeile spielt auf die Legende vom mythischen *Kaiser Yu* an, die der Verfasser bereits zweimal, in den Fußnoten 105 anlässlich des Kôan 7 sowie 492 anlässlich des Kôan 49 vorgetragen hat, die er hier gleichwohl, der leichteren Orientierung des Lesers zuliebe, nahezu wortgleich wiederholt: Dieser Kaiser Yu, einer der Kultur-Heroen Chinas, soll in grauer Vorzeit dem Huang-he, dem „Gelben Fluss", an der Stelle, wo sein Lauf aus der nord-südlichen in die west-östliche Richtung übergeht, mit seinem Schwert den Durchgang durch das dortige Gebirge verschafft und das dabei entstandene Gefälle durch die Errichtung mächtiger Wehre in drei Stufen gegliedert und entschärft haben, mit dem beabsichtigten Nebeneffekt, dass er von jeder dieser Stufen Bewässerungskanäle ableiten konnte. – Wenn an diesem *Tor des Kaisers Yu* am dritten Tag des Monats *März* die Pfirsichblüte einsetzt, soll ein Hochgefühl davon Himmel und Erde durchdringen und die stromaufwärts schwimmenden Karpfen zu dem Versuch verleiten, diese drei Stufen durch mächtige Sprünge zu erklimmen. Das schaffen natürlich nur die wenigsten (ebendie, die sich dabei in Drachen verwandeln), wohingegen der große Rest sich geschlagen geben und mit schweren Kopfverletzungen umkehren muss. – Der *Chan-Gast Leng* aber hat sich dabei nur leicht den Kopf gestoßen, ist also, von dieser unerheblichen Blessur abgesehen, erfolgreich gewesen!"

der Lächerlichkeit preis: So *rein und gänzlich nackt, entleert und ausgegossen* gleichen sie dem im ganzen Reich verlachten Bauerntölpel, der an einem Baumstamm hockend darauf wartet, dass ein Hase auf der Bildfläche erscheint und nichts Besseres zu tun hat, als sich an diesem Baumstamm durch Genickbruch zu Tode zu bringen. Dieser aberwitzigen Verirrung hält Yuan-wu seine und Xue-dous gemeinsame Einschätzung entgegen, dass spirituelles Streben (einschließlich des spirituellen Sterbens) und tätige Lebensführung unauflöslich zusammengehören: *„Außerhalb von Aufgaben und Tätigkeiten keine spirituelle Kraft und außerhalb spiritueller Kraft keine Aufgaben und Tätigkeiten!"* So weit, so gut; gerade Leser des *Bi-yan-lu* freilich kann solch ein Fazit nicht mehr überraschen. Doch inwiefern sind wir damit auf das Beispiel vorbereitet? Allenfalls ließe sich, in Anlehnung an das Kôan 24 *Wu-men-guan* und ganz im Sinne des obigen Eingangs-*Paradoxon*, ein weiteres *Paradoxon* formulieren, das geeignet wäre, zum Beispiel überzuleiten: „Mit Sprache geht es nicht und ohne Sprache geht es auch nicht!" Und wie dort, im *Wu-men-guan*, Feng-xue (896-973) sich aus dieser neuerlichen Zwickmühle befreit, indem er eine Doppelzeile des großen Poeten Du Fu zitiert,[802] so weiß auch hier, im **Beispiel** des Kôan 95 *Bi-yan-lu*, einer der beiden Akteure Rat: Bao-fu demonstriert uns *die Sprache des Tathâgata*!

Chang-qing hat ein Dilemma entdeckt, mit dem er andere Anhänger des Chan auf die Probe stellen, gleichsam mit der Chan-typischen Sondierstange die Tiefe ihrer Einsicht ausloten kann: *„Sag lieber, ein Arhat-Chinese leide an den drei Giften"* – also an Gier, Hass und Verblendung – *„aber sage nicht, der Tathâgata bediene sich zweier Arten von Sprache. Sag [auch] nicht, der Tathâgata sei ohne Sprache, nur sind es nicht zwei Arten von Sprache!"* Der erste Teil dieses doppelten Verbots enthält eine durch und durch kontrafaktische Behauptung, insofern sich nun einmal nicht leugnen lässt, dass der historische Buddha seine Lehre zum einen in der Sprache der Sûtren und zum anderen, in jener Abschiedsrede auf dem Geierberg, in der Sprache des Schweigens verkündet hat, letztere formuliert im wortlosen Vorzeigen einer weißen Udumbara-Blüte. Soll also die Behauptung, der *Tathâgata* – und das meint zunächst nur den historischen Buddha – habe *nicht zwei Arten von Sprache* benutzt, habe sich aber gleichwohl der Sprache, und zwar nur einer einzigen Sprache bedient, der Wahrheit entsprechen, dann kann das weder die Sprache der Sûtren noch die des Schweigens gewesen sein – weil jeder dieser beiden Sprachen, historisch gesehen, die jeweils andere komplementär gegenübersteht: In dem Augenblick, wo wir die Sprache der Sûtren erwähnen, ist die Sprache des Schweigens immer schon mit erwähnt und umgekehrt.

Und so drängt sich, unabweisbar, die Frage auf, die Bao-fu bei Gelegenheit des hier wiedergegebenen Zwiegesprächs an Chang-qing gerichtet hat: *„Was ist denn dann die Sprache des Tathâgata?"* Denn entweder kann es eine Sprache, die sich weder der Worte bedient noch ganz ohne Worte auskommt, nicht geben, oder es muss das eine Sprache sein, die sich zwar der Worte bedient, aber mit diesen Worten nicht das aussagt, was sie eigentlich sagen will, also das, was sie verschweigt, hinter dem Vorhang ihrer beliebig vielen oder wenigen Worten versteckt. Und genau einer solchen Sprache hat sich – der Legende nach – der historische Buddha gebrüstet, wenn er behauptet, mit all den Lehrreden, die er während seines langen

802 Diese Doppelzeile lautet in der Übersetzung des Verfassers: „Beständig denke ich an Jiang-nan im Monat März, / Die Rebhühner rufen, und der Duft Hunderter von Blumen!" – Roloff (1), S. 99

Lebens gehalten hat, nicht ein einziges Wort gesagt zu haben, und doch nicht leugnen kann noch will, dass er all diese Lehrreden tatsächlich gehalten hat! Dass es hier im Kôan 95 um eben diese paradoxe Sprache geht, bestätigt Chang-qing, wenn er Bao-fus Frage: *„Was ist denn dann die Sprache des Tathâgata?"*, mit der Gegenfrage beantwortet: *„Wie könnten taube Menschen sie hören?"* In der Tat, einer Sprache gegenüber, die nicht das sagt, was sie sagen will, eben das vielmehr durch Verschweigen verhüllt, sind wir gleichsam *taub*: Wir hören ja gleichsam nichts! Und doch ist diese absurde Sprache, die zwangsläufig nur auf *Taubheit* stößt, laut eigenem Eingeständnis *die Sprache des Tathâgata* gewesen! Er hat sie sich nicht aussuchen können; um das auszusagen, worum es ihm letztlich geht, das Nichts am Grund der Welt, gibt es keine andere Möglichkeit, als in immer neuen Anläufen mit Worten letztlich eben – nichts zu sagen! Von Anfang an einfach nur dazustehen und zu schweigen, weckt bei niemandem den Gedanken, es könnte dabei um den Grund der Welt, um das letzte und tiefste Geheimnis gehen; Worte sind unerlässlich, um die Erwartung der Zeugen eines jeden solchen Auftritts in die entsprechende Richtung zu lenken! Folgerichtig pflichtet Bao-fu seinem „Zwilling im Geiste" bei: *„Ich weiß sehr wohl, dass Du mit [Deiner] Bemerkung*, wir seien gegenüber der Sprache des Tathâgata taub, auf das letzte und tiefste Geheimnis der Welt *abzielst!"* Aber befremdlicherweise wählt Bao-fu eine ganz andere, obendrein rätselhafte Formulierung; statt vom „letzten und tiefsten Geheimnis der Welt" spricht er von einem *„Zweitwichtigsten"*! Wie das? Wenn es ein *Zweitwichtigstes* gibt, dann muss es, wie auch Xue-dou gleich zu Beginn seines Lobgesangs hervorhebt (*„Vom Wichtigsten, sieh da: ein Erstes und ein Zweites!")*, ein Erstes an Wichtigkeit geben; und dieses Erste an Wichtigkeit kann nicht das Geheimnis am Grund der Welt, die Shûnyatâ, das Nichts sein, denn das ist ja laut Bao-fu nur das *Zweitwichtigste*. Die Unterscheidung in *ein Erstes und ein Zweites* an Wichtigkeit ruft eine andere Unterscheidung ins Gedächtnis, die schon wiederholt zitierte Unterscheidung zwischen einem »Stand der Wahrheit« und einem »Stand des Menschen«, wie sie das Kôan 32 *Cong-rong-lu* Yang-shan (807-883) in den Mund legt: „Für den Stand der Wahrheit ist das richtig, für den Stand des Menschen ist das noch nicht richtig" – eine Formulierung, aus der zugleich hervorgeht, dass die „Wahrheit" – die Shûnyatâ als „wahre Wirklichkeit" – nur den zweiten Rang einnimmt, also lediglich – in der Ausdrucksweise des Kôan 95 *Bi-yan-lu* – das *Zweitwichtigste* darstellt! Was aber soll dann *vom Wichtigsten das Erste* sein? Nun, eben Yang-shans »Stand des Menschen«, das Glück seines irdischen Daseins, der Lebensvollzüge seiner Alltagswelt, zu denen auch das *Trinken einer Schale Tee* gehört, zu dem Bao-fu zusammen mit seinem Gefährten Chang-qing auch uns auffordert: *„Geh [eine Schale] Tee trinken!"*

Im Kontext des Beispiels hat Bao-fus Aufforderung freilich vordergründig eine ganz andere Funktion. Es geht ja nach wie vor um *die Sprache des Tathâgata*; und wenn zum Schluss Chang-qing den Spieß umdreht und seinerseits die Frage an Bao-fu zurückgibt, die dieser zuvor an Chang-qing gerichtet hatte: *„Was ist denn nun die Sprache des Tathâgata?"*, und wenn dann Bao-fu antwortet: *„Geh [eine Schale] Tee trinken!"*, dann dürfen wir das nicht als ein Ausweichen auffassen, ein Ausweichen vor dem Versuch, eine zutreffende Antwort zu geben, oder ein Ausweichen vor dem Eingeständnis, dass eine solche Antwort unmöglich ist. Nein, Bao-fus *„Geh [eine Schale] Tee trinken!"* stellt genau das dar, was Chang-qing von ihm erwartet: eine Antwort, ja die einzig korrekte und zugleich erschöpfende Antwort auf die Frage nach der Eigenart der *Sprache des Tathâgata*. Mit seinem *„Geh [eine Schale]*

Tee trinken!" gibt Bao-fu ein Beispiel für die Sprache des Tathâgata, spricht er geradezu die Sprache des Tathâgata, allerdings nicht nur des einmaligen Tathâgata, der da den Namen Buddha Shâkyamuni trägt, sondern aller Tathâgatas der Vergangenheit, bis hin zu den zukünftigen. Was aber sagt Bao-fus Beispiel-Satz über die Sprache aus, von der er ein Beispiel sein soll? Nun, dass die Sprache des Tathâgata sich durchaus der Worte bedient, dass sie aber auf das, worum es geht, gerade nicht eingeht; dass sie vielmehr vorsätzlich und nur scheinbar von etwas ganz Anderem spricht und dennoch genau von dem redet, was sie verschweigt![803]

Das ist allerdings nur der formale Aspekt; inhaltlich aber besagt Bao-fus Aufforderung an Chang-qing, einfach nur eine Schale Tee trinken zu gehen (*chi cha qu*, so das chinesische Original)[804], den – im Falle Chang-qings sicherlich unnötigen, an die noch hilfsbedürftigen Leser des *Bi-yan-lu* allerdings zu Recht gerichteten – Ratschlag, statt nach Nirvâna zu trachten uns vielmehr hier in der irdischen Welt einzurichten, unser Heil nicht in einem jenseitigen Ort des Verschwindens, sondern in der Bejahung unseres »Erdenwandels« zu suchen – eines Wandels im „Großen Frieden", versteht sich! Mit anderen Worten: Nicht die „wahre Wirklichkeit" ist für uns Menschen *das Erste an Wichtigkeit*; das ist wie für Yang-shan so auch für Chang-qing und Bao-fu, für den Yuan-wu der Ankündigung und ebenso für den Xue-dou des **Lobgesangs** das Glück hingebungsvoll vollzogener Lebensvollzüge – sich dem Dasein so anzuvertrauen, wie wir bedächtig und mit Genuss eine Schale Tee trinken!

Ein großartiges Poem, dieser **Lobgesang** des Kôan 95, vor allem wegen seines Mittelteils: *„Ein Drache, der sich schlafen legt, schaut nicht nach stehendem Gewässer! / Am Nicht-Ort gibt es Mondschein, [sind] die Wellen klar und durchsichtig, / Dort, wo es Ort gibt, erheben sich die Wogen [ganz] ohne Wind!"* – eine Zeilen-Dreiheit, die dem Verfasser schon vor 25 Jahren, zu Beginn seiner Zen-Übung, Tränen des Glücks in die Augen getrieben hat: Die Shûnyatâ oder „wahre Wirklichkeit", die Zuflucht am „anderen Ufer", vertreten durch *Mondschein* und die *durchsichtige Klarheit* eines absolut ruhigen Meeres, wird zum *Nicht-*

803 Als weitere Beispiele für die *Sprache des Tathâgata* lassen sich anführen: Da-longs „Die Bergblumen öffnen sich wie [zu einem Teppich aus] Brokat, die Wasser der Gebirgsbäche [sind so] klar wie [das klare Blau des] Indigo!" (Kôan 66 *Bi-yan-lu*); Feng-xues „Beständig denke ich an Jiang-nan im Monat März, / Die Rebhühner rufen, und der Duft Hunderter von Blumen!" (Kôan 24 *Wu-men-guan*); Zhao-zhous „Vor dem Haus die Zypresse!" (Kôan 47 *Cong-rong-lu*); sein „Osttor, Südtor, Westtor, Nordtor!" (Kôan 9 *Biyan-lu*); sein „Als ich noch in Qing-zhou lebte, habe ich mir ein Leinengewand gefertigt, das wog sieben Pfund!" (Kôan 45 *Bi-yan-lu*);Yun-mens „Reisbreikuchen!" (Kôan 82 *Bi-yan-lu*); sein „Ein trockener Kotspatel!" (Kôan 21 *Wu-men-guan*); Shou-shans „Eine junge Braut reitet auf einem Esel, den die Schwiegermutter an der Leine führt!" (Kôan 65 *Cong-rong-lu*); Zhi-mens „Eine Auster umschließt den strahlenden Mond!" (Kôan 93 *Bi-yan-lu*); Ba-lings „Jeder einzelne Korallenzweig stützt allezeit den Mond!" (Kôan 100 *Bi-yan-lu*) – eine Reihe, die sich nahezu beliebig fortsetzen ließe! – All diese Äußerungen fallen in der englischsprachigen Literatur, der der Verfasser auch den treffenden Begriff *encounter dialogue* entnommen hat, unter die Kategorie »*Non sequitur*« („es folgt nicht"): Sie stellen keine logisch folgerichtige Antwort auf die jeweils vorhergehende Frage dar – vgl. die Fußnote 458 anlässlich des Kôan 44. Die Bildungselite der Song-Zeit muss im Übrigen für solche Sprachspiele eine besondere Vorliebe besessen haben!

804 Die Schriftzeichen *chi cha qu* finden sich häufig auch auf japanischen Zen-Kalligraphien. Doch aufgrund der strukturellen Unterschiede der chinesischen und japanischen Sprache wird eine solche Kalligraphie regelmäßig als: „Trink eine Schale Tee und geh!" missverstanden.

Ort erklärt, zu einem Ort, der kein Ort ist und an dem sich folglich auch niemand aufhalten, geschweige denn verweilen oder zuhause sein kann. Diesem *Nicht-Ort* steht die irdische Welt gegenüber, *wo es Ort gibt*, den einzigen Ort, an dem wir leben und uns aufgehoben fühlen können. Wenn *sich* an diesem tatsächlichen Ort *ohne Wind Wellen erheben*, dann sind das keine Wellen auf sturmgepeitschtem Meer, keine bildliche Umschreibung für die vielerlei Unbilden, die der irdischen Welt unaufhebbar innewohnen; diese *Wellen ohne Wind* verkörpern die unbändige Lebenskraft und Lebenslust derer, die – wie laut Xue-dou der *Chan-Gast Leng* – durch den „Großen Tod", durch das spirituelle Sterben einwärts in Shûnyatâ, hindurchgegangen und – als „Drachen" *am Tor des [Kaisers] Yu* – in Leben und Welt zurückgekehrt sind: Xue-dou greift in seinem Lobgesang auf die Legende von den Karpfen im Gelben Fluss zurück, die alljährlich am dritten Tag des Monats März, wenn der Duft frischer Pfirsichblüten das Land erfüllt, das dreistufige Wehr des mythischen Kaisers Yu hinaufspringen und, sofern ihnen dieser Kraftakt gelingt, sich dabei unter Blitz und Donner in Drachen verwandeln. Die Zuordnung der Details zu spirituellem Tod und Rückkehr in ein kraftvoll-unverzagtes Leben liegt auf der Hand; Menschen, die sich solchermaßen in *Drachen* verwandelt haben, bedürfen, um sich auszuruhen und im *Schlaf* neue Kräfte zu sammeln, keines *stehenden Gewässers*, keines Verweilens an einem *Nicht-Ort*; sie besinnen sich hier und jetzt, mitten in der irdischen Welt, auf ihre Kraft; sie sind, frei von jedem Anflug von Weltflucht, ganz dem Diesseits zugeneigt; sie verwerfen – um zum Abschluss auch die Ankündigung wieder mit einzubeziehen – keineswegs den Buddha samt Buddha-Lehre, aber sie nutzen ihn und seine Shûnyatâ lediglich dazu, erst recht in der irdischen Welt, und zwar unentmutigt, da zu sein; der Buddha-Weg in die Shûnyatâ ist ihnen immer nur Durchgang, nicht das Ziel. Wie hat doch Yuan-wu schon vorweg erklärt: *„Außerhalb von Aufgaben und Tätigkeiten keine spirituelle Kraft und außerhalb spiritueller Kraft keine Aufgaben und Tätigkeiten!"* – zumindest keine so unverzagt betriebenen wie die eines zum *„Drachen"* verwandelten „Netzdurchbrechers", den das Kôan 49 beschreibt.

Ein kleiner Rest bedarf noch der Klärung: Warum ernennt Xue-dou nur den *Chan-Gast Leng*, also Chang-qing, zum *Drachen*, nicht aber auch Bao-fu? Und warum spricht er davon, Chang-qing *habe sich*, wenn auch *nur leicht, am Tor des [Kaisers] Yu den Kopf gestoßen*? Zweifellos ist es Chang-qing gewesen, der mit seiner »Engführung« der zwei Arten von Buddha-Sprache zu einer einzigen den Anstoß zu Bao-fus exemplarischem *„Geh [eine Schale] Tee trinken!"* gegeben hat. Das mag ihn für die Auszeichnung, als einziger der beiden Akteure mit dem Ehrentitel *Drachen* bedacht zu werden, hinreichend qualifizieren. Doch ebenso zweifellos hat auch Bao-fu dieses *Epitheton* oder „schmückende Beiwort" verdient, ist er es doch, der mit seinem *„Geh [eine Schale] Tee trinken!"* Chang-qing und uns darüber aufklärt, was es mit der Sprache eines Tathâgata nicht nur inhaltlich, sondern auch und vor allem in der Art und Weise ihrer »Sprechakte« auf sich hat. Und eben darin, dass es zu solcher Klarstellung der Mithilfe Boa-fus bedurft hat, mag der Grund liegen, dass Xue-dou dem *Chan-Gast Leng* nachsagt, *sich* beim Sprung das dreistufige Wehr hinauf *den Kopf*, freilich *nur leicht, gestoßen zu haben*: Die von ihm selbst formulierte Zwickmühle aufzubrechen war für Chang-qing durchaus kein müheloses Unterfangen, will sagen: war die Eigenart der *Sprache des Tathâgata* durchaus keine Selbtverständlichkeit für ihn! Dass Xue-dou aber Bao-fu nicht mit gleichem Lob bedenkt, hat darin seinen simplen Grund, dass der sich bei seiner Verwandlung zum *Drachen* gerade nicht *den Kopf gestoßen* und deshalb ein so eingeschränktes Lob, wie Chang-qing es hinnehmen muss, eben nicht verdient hat. Bao-fu steht vielmehr noch ein größeres Lob zu, nämlich eines ohne Einschränkung, und das herauszufinden hat Xue-dou seinen Mönchen und seinen Lesern überlassen, bis hin zu uns Heutigen.

96. Zhao-zhous [drei] Wende-Worte

Ankündigung

(nicht erhalten)[805]

Beispiel

Zhao-zhou verkündete der Gemeinde [der Mönche] drei Wende-Worte: [„Ein Buddha aus Lehm übersteht kein Wasser, ein Buddha aus Gold übersteht keinen Ofen, ein Buddha aus Holz übersteht kein Feuer!“][806]

Lobgesang 1

Ein Buddha aus Lehm übersteht kein Wasser –
Überirdisches Licht hat Himmel und Erde erfüllt;[807]
Im Schnee gestanden, als sollte das niemals enden –
Welcher Mensch wird da nicht falsche Schlüsse ziehen?[808]

Lobgesang 2

Ein Buddha aus Gold übersteht keinen Ofen –
Wenn Menschen Zi-hu besuchen kamen,

---

805 Wie schon zuvor in den Kapiteln 6, 14, 18, 26, 28, 30, 34, 36, 44, 52, 58, 64, 67, 69, 73, 74, 77, 83 und 85 weisen auch zu diesem Kôan weder die Standard- noch die *Ichiya*-Version (und in ihrem Gefolge die *Teihon*-Ausgabe) eine Ankündigung auf. Dieser Ausfall hier im Kôan 96 ist der zwanzigste und zugleich letzte Beleg für den schwerwiegenden und komplexen »Bindefehler«, der beiden Überlieferungssträngen, der Standard- und der *Ichiya*-Version, einen bereits verstümmelten gemeinsamen Vorfahren zuweist.

806 Im chinesischen Original umfasst das Beispiel nur den Einleitungssatz: „Zhao-zhou verkündete der Gemeinde der Mönche drei Wende-Worte“; der Inhalt der einzelnen Wende-Worte ergibt sich aus den nachfolgenden Lobgesängen, von denen je einer einem der drei Wende-Worte gewidmet ist. Der Verfasser hat sie, der größeren Leserfreundlichkeit wegen, vorweg bereits in den Text des Beispiels eingefügt, und zwar in genau der Reihenfolge, in der Xue-dou sie in seinen drei Lobgesängen abhandelt, wohingegen das *Zhao-zhou chan-shi yu-lu*, die *Aufzeichnungen der Worte des Chan-Meisters Zhao-zhou*, ihnen eine andere, in sich schlüssigere Abfolge zuweist: Buddha aus Gold, Buddha aus Holz, Buddha aus Lehm – vgl. Zhao-zhou, S. 77.

807 *Überirdisches Licht* (*shen guang*) ist der Mönchsname des späteren Zweiten Patriarchen Hui-ke; der Legende nach soll bei seiner Geburt ein *überirdisches Licht* das Zimmer der Gebärenden erfüllt haben. Auch in der folgenden Zeile ist von Hui-ke die Rede, und zwar von jener ebenfalls legendenhaften Episode, derzufolge Hui-ke tagelang im tiefen Schnee vor der Höhle Bodhidharmas gestanden haben soll, um endlich die Aufmerksamkeit des »wandanstarrenden Brahmanen« zu erringen und als sein Schüler angenommen zu werden.

808 Eine wörtliche Übersetzung müsste lauten: „Welcher Mensch wird da nicht etwas Falsches eingravieren?“ – Texte, die große Zeiträume überdauern sollten, wurden in Stein eingraviert, und solches In-einen-Stein-Meißeln wurde auch im übertragenen Sinne zur Kennzeichnung der besonderen Wichtigkeit einer Schrift verwendet – man denke an die Seng-can nachträglich untergeschobene *Meißelschrift von Glauben an den Geist*. Dieses Beispiel wirft zugleich Licht auf den Sinn der obigen Zeile: Dort geht es darum, dass Menschen, denen es an Einsicht mangelt, sich zu einer falschen Meinung oder Überzeugung verleiten lassen, die so unerschütterlich, so gegen Korrektur gefeit ist wie eine in Stein gemeißelte Inschrift.

Stand auf einem Schild: „Bissiger Hund!"[809] –
Der reine Wind, wo [weht] er nicht?

Lobgesang 3

Ein Buddha aus Holz übersteht kein Feuer –
Beständig denke [ich] an das Zertrümmern des Herdes:[810]
Ein Stab hat plötzlich zugeschlagen –
Da wusste [der Geist]: „Hab' mich gegen mich vergangen!"[811]

Zhao-zhous letzter Auftritt hier im *Bi-yan-lu* kann geradezu als Musterbeispiel für das Verfahren der Song-zeitlichen Kôan-Autoren gelten, vorgefundenes Textmaterial zu verkürzen und damit auf den Punkt zu bringen. So finden sich Zhao-zhous *drei Wende-Worte* auch schon in den vermutlich zu Beginn der Nördlichen Song-Dynastie entstandenen *Aufzeichnungen der Worte des Chan-Meisters Zhao-zhou*, freilich ohne dort als Wende-Worte bezeichnet zu werden. Sie bilden dort die in Metaphern gekleidete Einleitung zu einer ausführlicheren Ermahnung, sich nicht an bestimmte zentrale Begriffe der vom Mahâyâna erweiterten Buddha-Lehre zu klammern: „Der Meister stieg zur Dharma-Halle hinauf, um die versammelten Mönche zu unterweisen, und sagte: ‚Ein Buddha aus Gold übersteht keinen Ofen, ein Buddha aus Holz übersteht kein Feuer, ein Buddha aus Lehm übersteht kein Wasser! Der wahre Buddha steckt in Euch! Bodhi (Verwirklichung der Prajñâ), Nirvâna, »Soheit« und Buddha-Natur sind nichts als Gewänder, die am Köper kleben, und müssen daher als zwanghafte Neigungen gelten. Wenn Ihr nicht nach ihnen fragt (sucht), sind sie [auch] keine zwanghaften Neigungen [mehr]. Wo könntet Ihr also den Bereich der Wah-

809 Zi-hu (800-880), Schüler des großen Nan-quan, hatte am Tor seiner Einsiedelei eine Tafel angebracht, auf der vor einem höchst gefährlichen Hund gewarnt wurde; einem Hund, der bei einem Besucher „oben nach dem Kopf, in der Mitte nach den Lenden und unten nach den Füßen schnappt; wer dann noch überlegt, verliert Leib und Leben!" – so Yuan-wu in seinem Kommentar. Die wörtliche Übersetzung der dritten Zeile lautet allerdings nur: „Mitten auf der Tafel einige Schriftzeichen" – diese Anspielung genügte, weil Xue-dou die Sache mit Zi-hu als unter Chan-Mönchen allbekannt voraussetzen konnte.

810 Hier spielt Xue-dou auf eine andere bekannte Geschichte an: Ein Mönch traf auf einer Wanderung Bergbewohner dabei an, wie sie in einem geheiligten Tempel auf einem simplen Kochherd aus Ziegeln und Lehm Tieropfer darbrachten. Entrüstet darüber, dass da ein höchst irdischer Kochherd für die heilige Handlung von Brandopfern benutzt wird, schlug er mit seinem Wanderstab sechsmal auf den Kochherd ein, der sich daraufhin – wie von unsichtbarer Hand umgestoßen – zur Seite neigte und auf dem Boden in Stücke sprang. Augenblicklich stieg ein äußerlich menschliches Wesen aus den Trümmern empor, gab sich als der Geist des Herdes zu erkennen und bedankte sich bei dem Mönch für seine Befreiung. Der wies diesen Dank mit dem Hinweis zurück, er habe lediglich auf den bloß irdischen Charakter des angeblich Heiligen hingewiesen; und im Übrigen sei es seine „eigene ursprüngliche Natur" – gemeint ist die Shûnyatâ – selbst gewesen, die dem Herdgeist zur Befreiung verholfen habe. Der Lobgesang folgt freilich nur dem äußeren Ablauf der Anekdote, deutet sie jedoch Xue-dous eigener Intention entsprechend um.

811 In dieser letzten Zeile geht es in abruptem Wechsel nunmehr um den Geist, der in den Herd eingesperrt war und den der Mönch mit seinen Schlägen befreit hat; diesen Herdgeist überkommt die Einsicht: „[Ich] habe mich gegen mich [selbst] vergangen!" Und dieses Vergehen des Herdgeistes gegen sich selbst besteht eben darin, dass er sich mit seinen irdischen Aspekten und ausschließlich mit ihnen identifiziert hat.

ren Wirklichkeit (Dharmadhâtu) finden?'"[812] Wenn dieser Text nicht, logisch gesehen, an einem inneren Widerspruch kranken soll, nämlich dem, Nirvâna, »Soheit« (Tathatâ) und „Buddha-Natur" zu verwerfen, aber gleichwohl einen „Bereich der wahren Wirklichkeit" gelten zu lassen, dann bleibt nur eine mögliche Deutung: Er will darauf hinaus, dass ein solcher Dharmadhatu vielmehr gerade nicht existiert, weil es da keinen Ort gibt, nach ihm zu suchen – geradeso, wie im Kôan 37 Pan-shan mit seinem Ausspruch: „In [allen] Drei Welten kein [einziges] Ding! Wo [ließe sich da] nach dem Geist suchen?", die Existenz eines Geistes am Grund der Welt bestreitet! Um eine entsprechende offenkundige Folgerung den Zuhörern und Lesern nicht von vornherein förmlich unter die Nase zu reiben, haben die Song-zeitlichen Kôan-Autoren sich auf die drei einleitenden Metaphern beschränkt und sie zu Wende-Worten erklärt.

Xue-dou beginnt – **Lobgesang 1** – mit einem Buddha aus dem hinfälligsten aller drei ausgewählten Materialien: *„Ein Buddha aus Lehm übersteht kein Wasser!"* Klar, selbst eine Buddha-Figur aus gut getrocknetem, steinhartem *Lehm* löst sich im Wasser auf. Aber wozu haben wir überhaupt Buddha-Figuren, und sei es aus *Lehm*? Um vor ihnen Buddha, den Befreier, anzubeten und in dieser Anbetung am Buddha festen Halt zu finden! Festen Halt an einem *Buddha aus Lehm*? Das klingt wie ein schlechter Scherz, und ist auch einer! Denn ein *Buddha aus Lehm* ist zweifellos ein wenig verlässlicher Halt! Xue-dou aber hängt an gerade dieses Wende-Wort eindeutige Anspielungen auf Hui-ke, den Nachfolger Bodhidharmas, an: *„Überirdisches Licht hat Himmel und Erde erfüllt; / Im Schnee gestanden, als sollte das niemals enden!"* Da steht also einer, dem schon bei der Geburt durch Wunderzeichen zukünftige Bedeutung verheißen worden ist, mit verbissener Hartnäckigkeit und Selbstüberwindung in der Winterkälte tage-, ja vielleicht sogar wochenlang reglos da, und schneidet sich schließlich sogar einen Unterarm ab – nur um als Schüler die Aufmerksamkeit des Meisters zu erringen und in dessen Versenkungsübung einbezogen zu werden! Das ist sein Halt, der Halt des Mönches *Shen-guang*, „Überirdisches Licht": die Versenkung in Bodhidharmas „unendliche Weite", in die leere Weite der Shûnyatâ! Aber ist das ein Halt an einem *Buddha aus Lehm*? Will Xue-dou uns mit seiner Zuordnung Hui-kes zum Wende-Wort vom *Buddha aus Lehm* eben dies sagen, dass die Versenkung in die unendliche Weite der Shûnyatâ ein unzureichender, ein falscher Halt ist? Auf jeden Fall fügt er als Schlusszeile dieses ersten Lobgesangs die rein rhetorische Frage an: *„Welcher Mensch wird da* (aus dem Verhalten Hui-kes) *nicht falsche Schlüsse ziehen?"* Den nämlich, dass solche Versenkung wie die Bodhidharmas und Hui-kes, mit Ausschließlichkeit betrieben (*„als sollte das niemals enden"*), das einzig sinnvolle Ziel unseres spirituellen Strebens sei!?[813]

---

812 Der Verfasser stützt sich hier auf die englischsprachige Version der *Aufzeichnungen der Worte des Chan-Meisters Zhao-zhou*. Da heißt es zum Schluss wörtlich: *„Where can the True Realm of Reality be found?"* („wo kann der wahre Bereich der Wirklichkeit [!] gefunden werden?"). Diese Formulierung scheint zu implizieren, dass der Dharmadhatu tatsächlich gefunden werden kann, mithin tatsächlich existiert. Der Verfasser hat jedoch, der größeren Deutlichkeit halber und um einen inneren Widerspruch der zitierten Passage zu vermeiden statt „Wo könnt Ihr ..." die Formulierung: „Wo könntet Ihr ... finden?" gewählt – Zhao-zhou, S. 77.

813 Dieses Missverständnis wird beispielshalber im Kôan 96 *Cong-rong-lu* mit Nachdruck abgehandelt: *„Jiu-feng zeigt sich nicht einverstanden!"* – Roloff (2), S. 492ff.

Doch auch für eine Buddha-Figur aus edlerem Material, dem kostbarsten sogar, gilt die entsprechende Feststellung: *„Ein Buddha aus Gold übersteht keinen Ofen!"* Es hilft alles nichts: Es gibt da nichts, woran wir uns klammern können! Wir müssen bereit sein, alles aufzugeben, nicht nur das Leben, auch jeden vermeintlich noch so zuverlässigen Halt. Uns eben das ans Herz zu legen, dient – so im **Lobgesang 2** – der Hinweis auf Zi-hu und seinen höchst gefährlichen Hund, der jedem potentiellen Besucher damit bedroht, ihm „oben nach dem Kopf, in der Mitte nach den Lenden und unten nach den Füßen zu schnappen". Nun gut, dann verzichten wir eben darauf, diesen Zi-hu zu besuchen; es geht auch ohne ihn. Doch gerade so geht es hier nicht: Die Buddhas aus Lehm oder Gold oder Holz signalisieren, dass es hier um unsere »Befreiung« geht, und da vertritt der Zugang zur Hütte Zi-hus das eine Tor, das uns Zugang zu dieser »Befreiung« gewährt. Es gibt also kein anderes, heißt das, wir müssen uns diesem *bissigen Hund* stellen, uns ihm ausliefern, mithin bereit sein, „Leib und Leben zu verlieren". Aber nicht nur das; wir müssen auch bereits sein, den Buddha zu verlieren, unseren vermeintlich sicheren Halt; erst dann sind wir wirklich tot! So gesehen, kommt die Erwähnung Zi-hus einer nachträglichen Ehrenrettung der Hui-ke und Bodhidharma gleich: Das Absterben in der Versenkungsübung ist unerlässlich für den, der nach »Befreiung« strebt. Nur darf die Versenkung in die leere Unendlichkeit der Shûnyatâ nicht das Einzige und Letzte sein, das wir anstreben; wir müssen im Gegenteil – und das will uns Xue-dou mit seinem *reinen Wind* andeuten – ins Leben, in die Endlichkeit der irdischen Welt zurückkehren: *„Der reine Wind, wo weht er nicht?"*, lautet der Schluss des zweiten Lobgesangs; und es liegt auf der Hand, was Xue-dou mit dieser Frage sagen will: „Er weht überall, dieser reine Wind!" – allerdings nicht in der unendlichen Leere der Shûnyatâ, einfach deshalb nicht, weil es dort überhaupt nichts gibt, auch keinen wie auch immer gearteten *Wind.* Nein, der *reine Wind*, von den Song-zeitlichen Chan-Meistern wieder und wieder beschworen, er weht ausschließlich hier in der Welt der *Zehntausend Dinge*, er weht über die Felder der Ebenen und durch die Baumkronen der Bergwälder, weht die Flusstäler hinab und die Gestade der Meere entlang, entführt uns in die Schönheit der Landschaften von Xiao und Xiang,[814] in den blütentrunkenen Frühling von Jiang-nan,[815] in die Klarheit des Herbstes an Dongting-See und Gelbem Fluss. Der *reine Wind*, der überall weht, dient den Chan-Autoren aber stets auch als Metapher für unsere Einstellung zu dieser irdischen Welt, für ein tatkräftiges Leben inmitten der *Zehntausend Dinge*, das vor keiner Mühsal, keiner Entbehrung und keiner Gefahr zurückschreckt. Auch noch auf den letzten Halt zu verzichten und doch freudig-energisch das Leben zu meistern, dazu aufzufordern macht den verborgenen Sinn des zweiten Lobgesanges aus.

Die häufigste Art von Buddha-Figuren dürften auch damals schon die aus Holz gefertigten gewesen sein, denen sich der **Lobgesang 3** zuwendet: *„Ein Buddha aus Holz übersteht kein Feuer!"* Selbst wenn hier keine bewusste Anspielung seitens Zhao-zhous oder Xue-dous

---

814 Die außerordentliche Schönheit dieser Regionen haben bedeutende Maler in ihren Bildfolgen: „Ansichten von Xiao und Xiang" mit dem Pinsel einzufangen versucht; vgl. dazu die Fußnote 216 anlässlich des Kôan 18.

815 Die Frühlingslandschaft von Jiang-nan („Südlich des Yangtse") hat der berühmte Du Fu (712-770) in den beiden Versen besungen, die Feng-xue im Kôan 24 *Wu-men-guan* zitiert: „Beständig denke ich an Jiang-nan im Monat März: / Die Rebhühner rufen, und der Duft Hunderter von Blumen!" – Roloff (1), S. 99

vorliegt – welcher halbwegs Kundige muss da nicht an die berühmte Anekdote denken, derzufolge der spätere Dan-xia Tian-ran (738-823) als einfacher Mönch an einem kalten Wintertag eine hölzerne Statue des Schulgründers aus der Buddha-Halle des Klosters ins Freie getragen und in Brand gesetzt hat, um sich an ihr zu wärmen. Vom Klostervorsteher zur Rede gestellt, erklärte er scheinheilig, er suche nach den in der Figur verborgenen Knochenresten Shâkyamunis. Auf die Vorhaltung hin, er glaube doch wohl nicht im Ernst, in einer hölzernen Buddha-Figur die Knochenreste des Schulgründers finden zu können, konterte Dan-xia mehr oder weniger triumphierend: „Dann ist ja klar, dass es sich bei dieser Statue nur um ein Stück Holz und nicht um den heiligen Körper Buddha Shâkyamunis handelt; warum also sollte ich dieses Stück Holz nicht verbrennen dürfen, um mich daran zu wärmen?!" Doch Xue-dou geht es nicht darum, dass eine Buddha-Statue niemals der Buddha selbst sein kann; worauf er es abgesehen hat, verraten die übrigen Zeilen des Lobgesangs: „*Beständig denke ich an [jenen] Herd*, der, von den *plötzlichen Schlägen eines [Wander]stabes zertrümmert*, in sich zusammengesunken ist!"[816] Zunächst einmal muss überraschen, dass in der Geschichte, auf die Xue-dou hier unübersehbar anspielt, von Holz und hölzernen Buddha-Statuen gar keine Rede ist; der *Kochherd*, der da in sich zusammenfällt, besteht vielmehr aus Lehm und Ziegeln, und bei dem, was auf diesem *Herd* in Flammen aufgeht, wird das Brennmaterial mit keinem Wort erwähnt, wohl aber, dass da Tiere zur höheren Ehre irgendwelcher Götter in Rauch und Dünsten zum Himmel aufsteigen. Und wie die überlieferten Einzelheiten dieser Geschichte belegen, ist es nicht die Tatsache, dass da Lebewesen geopfert werden, was die Zerstörung des Herdes herausfordert, sondern dass hier ein *Kochherd*, der ja eigentlich in eine Küche (statt in einen Tempel) gehört und der Zubereitung von Essen dienen sollte, dazu missbraucht wird, Göttern in den Höhen des Himmels Verehrung und Speisen darzubringen. An diesem Herd aber sind heilige Handlungen vollzogen worden, haben Menschen sich selbst geheiligt, um eines Höheren und Heiligen willen, um das Ihre dem Wohl und der Ehre himmlischer Mächte hinzugeben. Nicht die eigenen und ganz und gar irdischen Bedürfnisse der Opfernden sollten da befriedigt werden; genau die hatten vielmehr hinter wie auch immer gearteten Forderungen aus den Höhen des Überirdischen zurückzustehen. Und wenn dann – so die Schlusszeile des Lobgesangs – aus dem in Trümmern daliegenden Herd ein *Geist* hervortritt und von sich bekennt: „*Jetzt weiß ich, dass ich mich gegen mich [selbst] vergangen habe!*", dann will Xue-dou uns zu der Schlussfolgerung (ver)führen: „Dieser Herdgeist hier hat gegen seine ihm innewohnende Natur, nämlich sich in den Dienst irdischer Bedürfnisse zu stellen, grob verstoßen und stattdessen diese seine eigentliche, seine irdische Natur an ein Über- und Unirdisches verraten!"

Im Zusammenhang der drei Wende-Worte insgesamt sowie des 3. Lobgesangs als ganzem heißt das nicht nur: „Ein jeglicher Buddha, ob nun aus Lehm, Gold, Holz oder von außerweltlicher Natur wie etwa der Dharmakâya, Buddhas ‚Wahrheitsleib', ist ein unzuverlässiger, weil illusorischer Halt!" Es heißt auch: „Verbrenne diesen Buddha aus Holz!", und heißt darüber hinaus auch: „Löse dich von allen Buddha-Vorstellungen und Buddha-Hoffnungen, von

816 Diese Umschreibung der Zeilen 2 und 3 des Lobgesangs kommen einer wörtlichen Übersetzung des chinesischen Originals schon wesentlich näher als die vom Verfasser für den Lobgesang gewählte Fassung; denn genaugenommen müsste die deutsche Version namentlich der 2. Zeile lauten: „Beständig denke ich daran, dass da ein Kochherd zerschlagen in sich zusammengesunken ist."

seinem ‚Wahrheitleib', seinem Dharmadhatu, seiner Vairochana- oder Âdhi-Buddha-Variante, und widme dich deinen irdischen Aufgaben, statt dein Leben einem vermeintlich Höheren zu weihen – einer Shûnyatâ, einer gar nicht existenten Zuflucht an einem ‚anderen Ufer', der Illusion eines anhaltenden und endgültigen Aufgehens in so etwas wie Transzendenz!"

Ein kleiner, eher spielerischer Nachtrag: *„Beständig denke [ich] an das Zertrümmern des Herdes"* – diese für die Intention Xue-dous so wichtige Zeile des 3. Lobgesangs weckt mit ihrem *„Beständig denke ich"* die unvermeidliche Assoziation zu den bereits erwähnten Versen des großen Poeten Du Fu (712-770) aus dem Kôan 24 *Wu-men-guan*: „Beständig denke ich an Jiang-nan im Monat März: / Die Rebhühner rufen, und der Duft Hunderter von Blumen!" Doch hinter der im Deutschen gleichlautenden Formel: *„Beständig denke ich"* verbirgt sich im Chinesischen ein nicht unerheblicher Unterschied: *Chang si* lautet die Formulierung des chinesischen Originals im Falle des 3. Lobgesangs, und *chang yi* im Kôan 24 *Wu-men-guan. Si* bedeutet außer „denken" noch „nachdenken", „überlegen", und *yi* zusätzlich zu „denken" und „nachdenken" auch noch „sich erinnern", „gedenken" und „eingedenk sein". Dieser feine, unaufdringliche Unterscheid macht sehr wohl Sinn: Im Kôan 24 *Wu-men-guan* will Feng-xue, der sich dort des Du Fu-Zitats bedient, andeuten, dass er sich inmitten der *Zehntausend Dinge*, mitten in dem sprichwörtlichen Gedränge des Marktes zugleich seiner Verwurzelung in der beglückenden Stille der Shûnyatâ bewusst bleibt; hier hingegen, im Kôan 96 *Bi-yan-lu*, hält Xue-dou sich selbst und uns dazu an, nicht aus dem Blick zu verlieren, dass wir hier in der irdischen Welt unseren Platz und unsere Aufgaben haben, und nicht die Flucht in ein Jenseits das uns aufgegebene Ziel unseres Strebens ist.

97. Das *Diamant-Sûtra* zur „Verachtung"

Ankündigung

Eines aufnehmen und eines loslassen, das macht noch keinen Könner; kaum [dass] die eine [Ecke] erwähnt wird, sich schon über die drei [anderen] im Klaren zu sein, [das ist] noch ein verschrobener Grundsatz. [Wenn du] es geradewegs erreichst, dass sich Himmel und Erde plötzlich verwandeln, die Vier Himmelsrichtungen [dich] nicht mehr leiten, Blitze zucken, Wolken treiben und Regengüsse niedergehen; [wenn du] Teiche ausschüttest und heilige Berge umstürzt, als würden Kübel ausgegossen und Krüge verschüttet – [dann] bedeutet das, dass [du] noch nicht einmal einen halben [Menschen] gerettet hast. Oder gibt es da jemanden, der den Angelpunkt des Himmels verlagert und die Achse der Erde verschiebt? – Bedenkt [dazu, was Xue-dou hier] vorbringt!

Beispiel

Das *Diamant-Sûtra* sagt: „Wird [jemand] von den Menschen verachtet, [dann] ist dieser Mensch gemäß der Vergeltung für die Verfehlungen früherer Leben auf den Weg des Lasters hinabgesunken. Weil aber die Menschen seines gegenwärtigen Lebens [ihn] verachten, als Vergeltung der Verfehlungen [seiner] früheren Leben, deshalb werden [diese Verfehlungen] ausgelöscht."

Lobgesang

Eine strahlende Perle in der flachen Hand –
Dem, der sich Verdienst erworben, zum Lohn.
Kommt kein Barbar, kein Chinese,[817]
Ist für Schlauheit keinerlei Platz.
Da nun Schlauheit entfällt,
Verliert [auch] Mâra den Weg.[818]
Gautama, Gautama!
Erkennst [Du] mich oder nicht?

([Der Meister] hat auch gesagt: „Geprüft und entlarvt!")

---

817 Anspielung auf den sprichwörtlichen klaren Spiegel des Geistes, von dem er heißt: „Wenn ein Barbar kommt, zeigt er einen Barbaren, und wenn ein Chinese kommt, zeig er einen Chinesen" – womit gesagt sein soll, dass er von Trübungen und Verzerrungen frei ist und deshalb die Dinge so zeigt, wie sie sind. *„Kommt kein Barbar, kein Chinese"* meint einen Geist, in dem sich nichts spiegelt, also den leeren Geist der Nicht-Dualität.

818 *Mara* ist bekanntlich der Herrscher über das Böse, dessen Einfluss sich gewöhnliche Menschen nicht erwehren können. Wenn er jedoch auf einen von Nicht-Dualität erfüllten Geist stößt, findet er keinen *Weg*, ihn gleichsam zu infiltrieren und durch die „Anhäufung schlechten Karmas" dem Gesetz der Vergeltung zu unterwerfen: Nicht-Dualität bewahrt vor der Verstrickung in den Kreislauf der Wiedergeburt!

Noch einmal Sûtren-Kritik; und diesmal trifft es das *Diamant-Sûtra*, einen der Haupttexte des Mahâyâna! Allerdings geht es dabei nicht um das Sûtra selbst, sondern um aus ihm nur abgeleitete Behauptungen sowie in gleichem Maße um die Art des Umgangs mit Sûren-Aussagen, authentischen oder nur unterstellten, ob nun in Buchstabengläubigkeit oder auf eine Art und Weise, die Yuan-wu in der **Ankündigung** mit der Metapher umschreibt, sie *verändere den Angelpunkt des Himmels und verschiebe die Achse der Erde*! Die Ankündigung spricht nämlich nicht vom Sûtra bzw. vom Sûtra-Zitat des Beispiels, sondern von Fähigkeiten derer, an die sich das Sûtra wendet, von mehr oder weniger gewöhnlichen, wie sie angeblich jedem Flickenkutten-Mönch eignen (etwa jener Schnelligkeit des Auffassens, die *sich, kaum [dass] die eine [Ecke] erwähnt wird, schon über die drei [anderen] im Klaren ist*), oder auch ganz außerordentlichen, für die Yuan-wu keine Metapher zu großartig ist: *Himmel und Erde* dazu zu bringen, dass die *Vier Himmelsrichtungen* verschwimmen, *Blitze zucken, Wolken treiben und Regengüsse niedergehen*; oder auch *Teiche auszuschütten und heilige Berge umzustürzen, als würden Kübel ausgegossen und Krüge verschüttetet*! Das alles aber, so Yuan-wu mit Blick auf das Sûtra, reiche noch nicht aus, auch nur *einen halben Menschen zu retten.* Solchen Fähigkeiten – der Lobgesang wird später von *Schlauheit* sprechen – stellt Yuan-wu gleichfalls im Hinblick auf das Sûtra-Zitat jenen seltenen Ausnahme-Menschen gegenüber, der das Bild vom menschlichen Schicksal, wie es das Sûtra-Zitat entwirft, gleichsam durch eine gemeinsame *Verlagering des Himmels-Angelpunktes und Verschiebung der Erdachse* verrückt, vielleicht sogar – zurechtrückt?

Das Zitat, das Xue-dou als **Beispiel** für sein viertletztes Kôan ausgewählt hat, handelt vom Karma, von der zwangsläufigen und unvermeidbaren Vergeltung für Taten der Vergangenheit, guten wie schlechten. Und zwar wird die Menge derer herausgegriffen, die in ihrem gegenwärtigen Leben unter der Verachtung ihrer Mitwelt leiden, weil sie ein lasterhaftes Leben führen. Dass sie auf dem *Weg des Lasters* wandeln, verdanken sie nicht näher bezeichneten *Verfehlungen früherer Leben.* Wohlgemerkt, was ihnen die Geringschätzung und Verachtung (so die genaue Übersetzung der einschlägigen Schriftzeichen) seitens ihrer Mitmenschen einträgt, sind nicht die Verfehlungen ihrer Vergangenheit, die ihnen gleichsam auf die Stirn geschrieben wären; auch nicht schwere Verfehlungen, die sie sich in ihrem jetzigen Leben hätten zu Schulden kommen lassen, sondern eben *Laster*, Schwächen ihrer persönlichen Lebensführung, wozu Haltlosigkeit, sexuelles Fehlverhalten, der Hang zu Völlerei und Trunksucht, zu Suchtmitteln aller Art gehören mögen. Gleichwohl, so das Zitat, hat die *Verachtung*, die ihnen ihr gegenwärtiger Lebenswandel einträgt, die Kraft, in einer rückwirkenden Reinigung *die Verfehlungen ihrer früheren Leben auszulöschen*! Wovon das Zitat nicht spricht, ist das Karma, das die Betreffenden durch ihr lasterhaftes Verhalten erneut „anhäufen“ und entweder noch in diesem Leben oder im nächsten abbüßen müssen. Mit seinem Schweigen könnte es den Eindruck erwecken, als hätte in diesem Fall gegenwärtiges Verhalten keine weiteren karmischen Folgen; doch wir dürfen und müssen zweifellos davon ausgehen, dass das Gesetz der Vergeltung keine derartige Ausnahme duldet.

Nun enthält das *Diamant-Sûtra*, wie wir es heute lesen, gar keinen Passus, der dem Zitat wortwörtlich entspricht; wohl aber finden sich die zentralen Begriffe „Verachtung“ und „Auslöschung“ früherer Verfehlungen, allerdings in einem anderen Zusammenhang, und zwar dem, dass das „Rezitieren und Praktizieren des Sûtra“, wenn es unter den erschwerten

Bedingungen von „Verachtung und Verleumdung“ erfolgt, die „Missetaten“, die jemand „in vergangenen Leben“ begangen hat – „auch solche, die ein übles Schicksal nach sich ziehen können“ – „auslöscht“ und darüber hinaus dem so Beglückten zum »vollkommenen Erwachen« verhilft.[819] Wichtig ist dabei, dass nicht die „Verachtung und Verleumdung“ selbst, sondern das „Rezitieren und Praktizieren des Sûtra“ unter den Begleitumständen von „Verachtung und Verleumdung“ sowohl reinigende als auch zum »vollkommenen Erwachen« überleitende Wirkung hat, während im Beispiel allein die *Verachtung*, ohne weitere Zutat, insbesondere ohne irgendein zusätzliches verdienstvolles Tun, von Makel und Schuld befreit. Sollen wir deshalb auch das Schweigen des Beispiels über die karmischen Folgen einer die *Verachtung* auslösenden lasterhaften Lebensführung dahin verstehen, dass die Verachtung der Mitwelt allein bereits denselben Effekt hat wie das „Rezitieren und Praktizieren des Sûtra“, nämlich die eherne Kette karmischer Vergeltungen zu durchtrennen – eine Befreiung aus dem Kreislauf der Wiedergeburt, die sonst nur dem »vollkommenen Erwachen« zugeschrieben wird? „Das kann doch nicht sein!“, werden wir insistieren und uns damit begnügen müssen festzuhalten, dass die Chan-Autoren, die das angebliche Zitat formuliert haben, es lediglich auf die *Auslöschung vergangener Verfehlungen* durch das Erleiden von *Verachtung* abgesehen haben.

Doch eine *Auslöschung vergangener Verfehlungen* durch die bloße Erfahrung von *Verachtung* seitens der Mitwelt? Das entspricht so gar nicht den Grundsätzen des Chan. Wie noch bei Hakuin, dem Erneuerer der Lin-ji-Tradition im Japan des 17. Jahrhunderts, in seinem *Zazen Wasan* nachklingt, kann allein das Gelingen der Versenkungsübung vergangene Verfehlungen unwirksam machen: „Wer auch nur ein einziges Mal seine Versenkungsübung vollendet, der wird all seine Verfehlungen, die er ohne Zahl angehäuft hat, mit einem Schlage los!“[820] Und allein das Erlangen eines gelungenen Samâdhi ist imstande, den Betreffenden von der Anhäufung weiteren Karmas zu befreien. So heißt es ebenfalls im *Zazen Wasan*: „Das Tor der Einheit von Ursache und Wirkung steht offen; / Der Weg des Nicht-Zwei und Nicht-Drei macht alles heil und gut!“[821] Denn diese „Einheit von Ursache und Wirkung“ besagt nichts anderes, als dass ein beliebiges Tun, üblicherweise die „Ursache“ karmischer Vergeltungen, eben diese Vergeltungen als seine „Wirkungen“ bereits mit einschließt, also außerhalb seiner keine weiteren „Wirkungen“ herbeiführt. Wer den „Weg des Nicht-Zwei und Nicht-Drei“ beschreitet, wer also den Zustand der Nicht-Dualität erreicht, der ist damit nicht nur von allen karmischen »Altlasten« befreit, sondern kann obendrein, zumindest solange er

---

819 Das Fehlen eines dem Zitat entsprechenden Passus gilt z. B. für die von Thich Nhat Hanh herausgegebene Fassung; dort lesen wir im Abschnitt 16 der von Ursula Richard besorgten deutschen Übersetzung Folgendes: „Überdies, Subhuti – wird ein Sohn oder eine Tochter aus guter Familie verachtet und verleumdet, während er oder sie das Sûtra rezitiert und praktiziert, so werden die Missetaten, die er oder sie in vergangenen Leben beging – auch solche, die ein übles Schicksal nach sich ziehen können – ausgelöscht, und er oder sie wird die Frucht des höchsten, vollkommen erwachten Geistes erlangen“ – *Diamant-Sûtra*, S. 24f.

820 Japanisch: *ichiza no kô wo nasu hito mo / tsumishi muryô no tsumi horobu*, auf Deutsch: „Schon bei einem Menschen, der das Verdienst nur eines einzigen Sitzens vollbringt, / Sterben die angehäuften unermesslich vielen Verfehlungen ab.“

821 Japanisch: *inga ichinyo no mon hirake / mu-ni mu-san no michi naoshi*, wobei *mu-ni* („Nicht-Zwei“) und *mu-san* („Nicht-Drei“) nichts anderes bedeuten als die uns vertrautere „Nicht-Dualität“, die ihrerseits mit dem Samâdhi gleichzusetzen ist.

sich aus solchem »Gnadenstand« nicht durch eigenes Zutun verabschiedet, auch kein neues Karma anhäufen – mit der Folge, dass all sein Handeln keine Wirkungen mehr zeitigt, die erst in der Zukunft zutage träten, auch schon deshalb nicht, weil er mit der Befreiung vom Karma zugleich vom Kreislauf weiterer Wiedergeburt ausgenommen ist.

Dass aber ein Erleiden von *Verachtung* für sich allein genommen ausreicht, die Last des angehäuften Karma, und sei sie noch so schwer, für immer abzuwerfen, das kann ein Chan-Meister nicht gelten lassen. Um derartiges glauben zu machen, muss schon jemand, wie Yuan-wu in der Ankündigung in aller Drastik formuliert hat, ganz besondere Tricks anwenden, Tricks, die den Adressaten der Orientierung an den *Vier Himmelsrichtungen* berauben, ihn dem Chaos *zuckender Blitze*, wild *treibender Wolken* und heftigster *Regengüsse* aussetzen, Tricks, die dem *Ausschütten* ganzer *Teiche* und dem *Umstürzen heiliger Berge* gleichkommen! Doch mit Tricks, welcher Art auch immer, so Yuan-wus vernichtendes Urteil, kann der Schlaukopf *nicht einmal einen halben [Menschen] retten*!

Andere *Menschen zu retten* vermag nur der, der ihnen den richtigen Weg zur Befreiung von angehäuftem Karma weist, und das ist der Weg der Nicht-Dualität, wie ihn Xue-dou im **Lobgesang** poetisch umschreibt. Und diesen Weg zu weisen bedeutet, um ein letztes Mal Yuan-wu zu zitieren, *den Angelpunkt des Himmels zu verlagern und die Achse der Erde zu verschieben* – gegenüber den Lehren des Sûtra, versteht sich, wie das Zitat sie ausweist. Xue-dou deutet den zu erreichenden Zustand der Nicht-Dualität nur an: *„Kommt kein Barbar, kein Chinese“* – was, wie bereits erläutert, auf den sprichwörtlichen „klaren Spiegel“ als Metapher des menschlichen Geistes hinweist, in dem sich im Falle von Nicht-Dualität nichts mehr zeigt, weder ein *Barbar* noch ein *Chinese*, weder Abstoßendes noch Wünschenswertes also, was seinerseits auf die oft zitierten Eingangszeilen der *Meißelschrift vom Glauben an den Geist* verweist: „Das DAO zu erreichen ist nicht schwierig, / Es gilt nur, sich vom Auswählen und Vorziehen loszusagen!“, gleichfalls formelhafte Umschreibung der Nicht-Dualität. Sodann hebt Xue-dou als positive Folge solcher Leere des Geistes hervor: *„[Dann] ist für Schlauheit keinerlei Platz, [und deshalb] / Verliert [auch] Mâra den Weg!“* Für den, der den Zustand der Nicht-Dualität erreicht hat, heißt das, besteht nicht länger die Gefahr, sich in spitzfindige Überlegungen zu verstricken, die ihm zur Befreiung vom Karma verhelfen sollen, ihn jedoch in Wahrheit, wie Einflüsterungen des Erzverführers *Mâra*, nur in die Irre und statt zum Ausbruch aus dem Kreislauf der Wiedergeburt zurück ins Elend karmischer Vergeltungen führen. Wer den Zustand der Nicht-Dualität erreicht hat, ist für *Mâra* unerreichbar, ja er ist sogar für die Augen Buddhas, die doch sonst über die unendliche Vielzahl der Welten hin jede noch so kleine Einzelheit erfassen, unsichtbar: *„Gautama, Gautama! / Erkennst [Du] mich oder nicht?“* – kein Wunder, bedeutet doch Nicht-Dualität zugleich Shûnyatâ, und Shûnyatâ: „Da ist nichts mehr!“ Also auch nichts, was noch länger dem Gesetz von Ursache und Wirkung unterworfen wäre.

Dieses von ihm selbst eingefädelte Fazit ist Xue-dou allerdings zu wenig: Zum einen unterschlägt das bisher nur negativ formulierte Ergebnis die positiven Auswirkungen, die Nicht-Dualiät auf unsere Lebensführung haben kann; und um diesem Manko abzuhelfen, hat Xue-dou gleich eingangs seines Lobgesangs von einer *„strahlenden Perle in der flachen Hand“* gesprochen, die *„dem, der sich Verdienst erworben, [als] Lohn“* zuteil wird – wohlgemerkt eine Perle von höchster Kostbarkeit, die ungefährdet auf der *flachen Hand* ruht, die nicht umklammert, nicht unter ständiger Anspannung davor bewahrt werden muss, verloren zu gehen – *auf flacher Hand* zum Zeichen von Gelassenheit und friedvoll-sicherem Besitz! Diese *strahlende Perle* soll uns daran erinnern, dass es neben der Nicht-Dualität selbst auch ein Leben, sogar ein tätiges Leben aus Nicht-Dualität gibt, das sich, von einem inneren Glanz erfüllt, in der Sorglosigkeit derer vollzieht, die keine karmischen Verstrickungen mehr befürchten müssen – freilich ohne darin einen Freibrief zu sehen, der ihnen auch unmoralisches Verhalten als erlaubt erscheinen ließe. Die Reinheit der *Perle*, ihr *strahlend* heller Glanz, verbürgt zugleich eine Reinheit des Herzens und des Handelns.[822]

Zum anderen muss Xue-dou das Fazit seines eigenen Lobgesangs auch darin unzureichend erschienen sein, dass es sich auf die Feststellung beschränkt, wer bis in die Leere der Nicht-Dualität vorgedrungen ist, sei eben deshalb sogar für die Augen Buddhas unerreichbar. Und aus diesem Ungenügen heraus hängt Xue-dou seinem Lobgesang noch die – auch sonst schon oft verwendete – Bemerkung hintendran: „*Geprüft und entlarvt!* Aber wen meint er da entlarvt zu haben? *Gautama*, insofern der den Adepten der Nicht-Dualität nicht mehr erkennen kann? Oder den Adepten selbst, wenn sich dessen Bestimmung damit begnügt, für die ansonsten allsehenden Augen *Gautamas* unsichtbar zu sein? In der Tat, wenn wir lediglich darauf pochen wollten, dass der in Sachen Nicht-Dualität erfolgreiche Adept für einen weiterhin real geglaubten Buddha unsichtbar sei, müssen wir uns den Vorwurf mangelnder Konsequenz gefallen lassen: Nicht-Dualität bedeutet immer auch, dass es da keinen Buddha Shâkyamuni, keine sonstigen Buddhas (und auch keine Sûtren) mehr gibt! Damit erst sieht Xue-dou seine Aufgabe als Meister und Lehrer seiner Mönche erfüllt, wenn er sie – und uns – durch seinen mündlichen Zusatz darauf aufmerksam gemacht hat, dass unser spiritueller Aufstieg »nach oben hin« uns dahin führen muss, über alle Buddhas samt ihren Sûtren hinauszuwachsen, also nicht nur unserer selbst und der Welt, sondern ebenso auch aller Buddhas, erst recht der transzendenten, »ledig zu werden«, einschließlich Buddhas „Wahrheitsleib“, Âdi-Buddha oder welche Namen die buddhistische Tradition sonst noch aufzubieten vermag. In unserem eigenen Kulturkreis findet sich dazu eine erstaunliche Parallele in Gestalt eines recht ketzerischen Dominikaner-Mönchs, der da, sehr zum Verdruss der Wächter der Orthodoxie, erklärt hat: »Darum bitte ich Gott, dass er mich Gottes quitt mache!«[823] Genauso ketzerisch muss es für das traditionelle Verständnis der Buddha-Lehre

822 *Strahlende Perle* – das chinesische Original hat an dieser Stelle die beiden Schriftzeichen *ming zhu*, wobei *ming* zunächst einmal „hell“ bedeutet, sodann „glänzend“ oder „klar“; und diese rein deskriptive Kategorie, die feststellt, was ist, hat zugleich auch eine moralische Implikation, insofern sie auch aussagt, was sein soll und was nicht.

823 In Meister Eckharts Deutscher Predigt 52 *Beati pauperes spiritu* findet sich folgender Passus: *»Darum bitte ich Gott, dass er mich Gottes quitt mache;* denn mein wesentliches Sein ist oberhalb von Gott [statt »Gott« lässt sich hier ohne weiteres ‚Buddhas Wahrheitsleib‘ einsetzen], sofern wir Gott als Ursprung der Kreaturen fassen [auch hier lässt sich »Gott« durch ‚Buddhas Wahrheitsleib‘, den Dharmakâya, ersetzen] ... Und darum bin ich ungeboren, und nach der Weise meiner Ungeborenheit kann ich niemals sterben. Nach der Weise meiner Ungeborenheit bin ich ewig gewesen und bin jetzt und werde ich ewiglich bleiben. Was ich meiner Geborenheit nach bin, das wird sterben und zunichte werden, denn es ist sterblich; darum muss es mit der Zeit verderben. In meiner [ewigen] Geburt wurden alle Dinge geboren, und ich war Ursache meiner selbst und aller Dinge; und hätte ich gewollt, so wäre weder ich noch wären alle Dinge; wäre aber ich nicht, so wäre auch ‚Gott‘ nicht: dass Gott ‚Gott‘ ist, dafür bin ich die Ursache; wäre ich nicht, so wäre Gott nicht ‚Gott‘. Dies zu wissen ist nicht

gewesen sein, wenn die Song-zeitlichen Chan-Meister statt der demütig aufschauenden Hingabe an ein höchstes Wesen, etwa einen Buddha Vairochana, wie auch Xue-dou hier im *Bi-yan-lu* die Aufforderung in die Welt setzen: „Du musst noch oben über den Scheitel des Vairochana laufen!" (Kôan 99). Klar, dass dabei auch Sûtren keinen Platz mehr haben, und seien es so ehrwürdige wie das *Diamant-Sûtra*, das in diesem Kôan eine grundlegende Kritik erfährt.

Oder können, ja müssen wir Xue-dous *„Geprüft und entlarvt!"* noch ganz anders verstehen? Spricht doch Xue-dou in den beiden letzten Zeilen des Lobgesangs ausrücklich von *Gautama* und nicht von einem Buddha, welchem auch immer; und ist doch eben *Gautama* der Begründer der Lehre vom Nirvâna als dem einzig erfolgversprechenden Ziel unseres Strebens nach Befreiung von den Übeln der irdischen Welt! *„Geprüft und entlarvt!"* besagt, wenn auf diesen *Gautama* bezogen, dass Xue-dou seine Mönche und uns auffordert, uns von diesem Ziel loszusagen: *„Gautama, Gautama! / Erkennst [Du] mich oder nicht?"*, soll heißen: „Kennst Du, verstehst Du mich noch?"[824] – „Mich, der ich mich so weit von Dir und Deiner Lehre entfernt habe, dass ich nicht mehr, wie Du gelehrt hast, am ‚anderen Ufer' Zuflucht suche?" – „Habe ich doch einen Weg beschritten, auf dem Du mir nicht mehr folgen kannst!" So verstanden, entsprächen die beiden Schlussverse den beiden Eingangszeilen und wäre es doch wieder *Gautama*, den gleich ihm zu entlarven Xue-dou seine Mönche und uns ermahnt!

Aber Halt! Müssen wir nicht abschließend gegen die Urheber des Zitats wie auch gegen Xue-dou einen ernsthaften Einwand erheben? Den nämlich, dass Erstere ihrem angeblichen Zitat, das mit identischem Wortlaut auch den Gegenstand des Kôan 58 *Cong-rong-lu* darstellt, erst durch Verfälschung die Gestalt gegeben haben, in der Xue-dou es anschließend umso leichter bekämpfen kann? Denn an der betreffenden Stelle des *Diamant-Sûtra*, die wir als einzig mögliche Quelle des Zitats ausmachen können, wird statt einer lasterhaften Lebensführung vielmehr das „Rezitieren und Praktizieren des Sûtra" als Grund für die zu erleidende Verachtung angeführt, wobei es das Ganze aus Verachtung und verdienstvollem „Rezitieren und Praktizieren" ist, das zum einen die Verfehlungen der Vergangenheit auslöscht und zum anderen – und das geht wohl mehr auf das Konto des „Rezitierens und Praktizierens" – mit »vollkommenem Erwachen« belohnt. Doch abgesehen davon, dass sich in der Umgestaltung des Zitats lediglich einmal mehr die Freiheit zeigt, die sich die Vertreter des Song-zeitlichen Chan im Umgang mit den altehrwürdigen Sûtren herausgenommen haben, ist der Text des Beispiels mit seiner »Engführung« von Verachtung aufgrund lasterhafter Lebensführung und der Auslöschung früherer Verfehlungen in sich stringent und Xue-dous Kritik an einer solchen, dem Sûtra entlehnten Verknüpfung stichhaltig – wenn auch nicht am Sûtra selbst!

---

nötig« – Eckhart, Band II, S. 730. So ausnahmslos sich all diese Aussagen in buddhistische Terminologie übersetzen lassen, so entscheidend ist der grundlegende Unterschied zum Chan-Buddhismus, dass nämlich Meister Eckhart einer neuplatonisch beeinflussten **Seins**-Lehre anhängt, wohingegen die Meister des Song-zeitlichen Chan in Anlehnung an das DAO und seine doppelte Kennzeichnung „Die Dinge entspringen dem Sein, das Sein [aber] entspringt dem Nicht-Sein" eben das **Nicht-Sein** als den letzten und tiefsten Grund der Welt verstehen.

824 Das Schriftzeichen *shi*, das der Verfasser zunächst und bisher als „erkennen" übersetzt hat, bedeutet ebenso auch: „kennen", „verstehen". Und diese beiden Deutungen eröfnen eine ganz andere Sicht auf die Schlusszeile des Lobgesangs!

98. Tian-pings Fußwanderung

Ankündigung[825]

Den ganzen Sommer lang reden [sie] geschwätzig daher und breiten Schlingpflanzen und Rankengewächs aus – mit der Folge, dass die Mönche der Fünf Seen mit Vergnügen straucheln.[826] Wenn aber das kostbare Schwert des [obersten] Buddha-Wächters direkt von oben niedersaust,[827] erst dann empfinden [sie ihre] seit je [vorhandene] hundertfache Unfähigkeit. – Nun sagt mal: Was ist das kostbare Schwert des Königs der Buddha-Wächter? Reißt Eure Augen auf! [Ich will] versuchen, [Euch] seine scharfe Spitze vorzuführen – schaut her![828]

Beispiel

Als Cong-yi, der [spätere] Abt des Tian-ping-Klosters, sich auf seiner »Wolken und Wasser«-Wanderschaft befand, besuchte er auch Xi-yuan Si-ming. [Wie er es] auch sonst [zu tun pflegte], sagte er: „Sagt nicht, [Ihr] verstündet die Buddha-Lehre! Wenn [ich] nach jemandem gesucht habe, der [mir] ein [zutreffendes] Wort vorbringen [sollte], so hat es [den] nicht gegeben!"

Als Xi-yuan [ihn] eines Tages von weitem erblickte, rief er nach ihm, [indem er nur] sagte: „Tian-ping!"
Tian-ping hob seinen Kopf.[829]
Xi-yuan sagte: „Falsch!"
Tian-ping machte zwei, drei Schritte.[830]
Xi-yuan sagte abermals: „Falsch!"

---

825 Der nachfolgende Text, den die *Teihon*-Ausgabe in Anlehnung an die *Ichiya*-Version als Ankündigung des Kôan 98 führt, nimmt in der Standard-Version die Stelle der Ankündigung des Kôan 100 ein, wie umgekehrt die Ankündigung des Kôan 98 Standard in der *Teihon*-Ausgabe als die Ankündigung des Kôan 100 auftritt. Der Verfasser schließt sich hier wie dort der *Teihon*-Ausgabe an.

826 Die *Fünf Seen* stehen als Pars-pro-toto-Umschreibung für das gesamte Reichsgebiet der Tang-Dynastie.

827 *Das kostbare Schwert des [obersten] Buddha-Wächters* – wörtlich heißt es im Original: „das kostbare Schwert des Vajra". Zwei Sätze weiter ist dann vom *kostbaren Schwert des Königs des Vajra* die Rede, wobei mit dem *König des Vajra* der König der Buddha-Wächter gemeint ist; so auch schon in der Ankündigung des Kôan 8 (vgl. die dortige Fußnote 116). Da das „kostbare Schwert des Vajra" kein anderes ist als das „Schwert des Königs der Buddha-Wächter", hat der Verfasser den Zusatz „oberster" eingefügt.

828 Wir denken bei der Demonstration eines scharfen Schwertes eher an die Schärfe seiner Schneide und eine Verwundung durch seitliches Auftreffen, mit der Längsseite der Klinge. Doch hier steht hinter beiden Aussagen zum Vajra-Schwert die Vorstellung, dass es, als ein zweischneidiges *jian*, senkrecht von oben auf den Kopf *niedersaust* und also mit der *Spitze* auftrifft und tötet.

829 Immer wenn im Folgenden der Name *Tian-ping* fällt, müssen wir ihn im Geiste durch *Cong-yi* ersetzen; denn zur Zeit seines Aufenthaltes bei Xi-yuan war er noch der Mönch *Cong-yi*! Wie es sich gehört, hielt dieser Cong-yi den Kopf gesenkt, wenn er sich auf dem Klostergelände bewegte.

830 Der chinesische Text lautet umgekehrt: „Tian-ping machte drei, zwei Schritte." Auch das ist ein Beispiel für die in den Chan-Texten bevorzugte negative Klimax: Das Wort mit dem größeren inhaltlichen Gewicht steht voran.

Tian-ping trat [zu ihm] heran.
Xi-yuan sagte: „Gerade jetzt [waren] das zwei Fehler! [Waren es] die Fehler Xi-yuans [oder waren es] die Fehler des [Mönchs vom] Ersten Sitz?“[831]
Tian-ping sagte: „Es waren Cong-yis Fehler!“
Xi-yuan sagte: „Falsch!“
Tian-ping gab auf und [wollte] davongehen.
Xi-yuan sagte: „Bleib den ganzen Sommer über hier und warte, [bis ich mit] diesem [Mönch vom] Ersten Sitz diese beiden Fehler durchgesprochen habe!“
Tian-ping [aber] verließ damals auf der Stelle das Kloster.

Später, [als er] sich [in seinem eigenen] Kloster aufhielt, sagte er zur Gemeinde [seiner Mönche]: „Während ich mich anfangs auf meiner »Wolken und Wasser«-Wanderschaft befand, bin [ich] vom Wind [hierhin und dorthin] geweht worden; so kam [ich] auch dorthin, wo Si-ming als Abt [tätig war]. Gleich zweimal bezichtigte [er mich] eines Fehlers; außerdem hielt [er mich] zurück, [bei ihm] den Sommer zu verbringen und zu warten, bis [er diese beiden Fehler] mit mir durchgesprochen hätte. Ich sage nicht, [dass sein zweimaliger Vorwurf] in jenem Augenblick falsch [gewesen ist]; als [ich aber] aufgebrochen bin, zu Fuß in den Süden davonzugehen, da wusste [ich] bereits, dass [er] etwas Falsches gesagt hatte.“

Lobgesang

Ein Wanderer der Chan-Familie –
Gerne leichtfertig und verächtlich.
[Er] studiert sich den Bauch voll und wendet [es] nicht an –
Erbarmenswürdig und lächerlich dieser alte Tian-ping![832]
Immerhin sagt [er], anfangs [seine] Wanderschaft bereut zu haben –
Falsch! Falsch!
Xi-yuans reiner Wind hat [ihn] plötzlich zum Schmelzen gebracht!

(Der Meister hat auch gesagt: „Wenn unerwartet ein Flickenkutten-Mönch vortritt und ‚Falsch!‘ sagt – wie ähnelt da Xue-dous ‚Falsch!‘ dem ‚Falsch!‘ Tian-pings?“[833])

So wenig hier zu **Xi-yuan Si-ming** und **Tian-ping Cong-yi** vorzutragen ist, so deutlich wird schon beim zweiten oder dritten Blick auf ihr Rencontre, dass der Text der **Ankündigung** auf genau dieses Beispiel abzielt (und es mithin gar keinen Zweifel daran geben kann,

---

831 Es könnte überraschen, *Tian-ping*, also Cong-yi, der sich doch nur vorübergehend als Chan-Gast bei Xi-yuan aufgehalten hat, hier als *Mönch vom Ersten Sitz* bezeichnet zu sehen; aber *Mönch vom Ersten Sitz* zu sein bedeutet einen Rang, den der Betreffende auch „mitnimmt“, wenn er sich auf »Wolken und Wasser«-Wanderschaft begibt, und der vermutlich auch an seiner Kleidung zu erkennen gewesen ist. Ganz ähnlich wird im Kôan 38 ein Mönch, der offensichtlich nicht zur Gemeinde Feng-xues gehört, von diesem mit seinem Titel „Klostervorsteher“ angeredet.
832 Gemeint ist selbstverständlich der junge Cong-yi!
833 Hier ist tatsächlich Tian-ping, der Abt des gleichnamigen Klosters, gemeint, der sich seinen Mönchen gegenüber zu seiner Begegnung mit Xi-yuan geäußert hat.

dass die von der *Ichiya*-Version vertretene Zuordnung gegenüber der herkömmlichen in der Standard-Version die richtige ist): Yuan-wu entwirft mit den *geschwätzig daherredenden* und bei all ihren Erklärungen nur *Schlingpflanzen und Rankengewächse* erzeugenden Chan-Lehrern ein Negativ-Bild, zu dem der Xi-yuan des Beispiels in schärfstem und strahlendem Kontrast steht. Er nämlich bringt die Sache, um die es da geht, mit wenigen Worten und Sätzen erfolgreich zu Ende! Und wenn Yuan-wu sodann *das kostbare Schwert des Königs der Buddha-Wächter* einführt, das den zuvor gescholtenen Irr-Lehrern ihre unausrottbare Unzulänglichkeit drastisch vor Augen führt, so weist das ebenfalls auf Xi-yuan voraus, und zwar auf sein kurzes und bündiges „Falsch!", das wie der „Vajra-Donnerkeil" *von oben* auf die Köpfe der Unfähigen niedersaust. Ja, Yuan-wu bekennt ganz offen, dass das nachfolgende Beispiel dazu dient, das Lehrverfahren Xi-yuans als so treffsicher und wirksam, als so tödlich nachzuweisen, wie nur die *scharfe Spitze* des *kostbaren Schwertes des Königs der Buddha-Wächter* sein kann – eines Schwertes, das, wie sich zeigen wird, zugleich tötet und lebendig macht: *„Reißt Eure Augen auf! [Ich will] versuchen, [Euch] seine scharfe Spitze vorzuführen!"*

Das **Beispiel**: Da kommt einer daher, Cong-yi und späterer Tian-ping, der sich während seiner »Wolken und Wasser«-Wanderschaft unter dem Geschwätz redseliger Chan-Lehrer in *Schlingpflanzen und Rankengewächsen* verfangen hat und nicht imstande ist, das Wissen, mit dem er – wie es im Lobgesang heißt – sich den *Bauch voll*gestopft hat, auch angemessen anzuwenden. Er hat es nur so weit gebracht, sich die Entscheidung anzumaßen, ob das, was irgendein Abt als Quintessenz der Buddha-Lehre von sich gibt, ein *zutreffendes Wort* ist oder nicht. Und so hält er dem Abt des Xi-yuan-Klosters gleich bei seinem Antrittsbesuch *leichtfertig und verächtlich* – so wiederum der Lobgesang – entgegen: *„Sagt nicht, Ihr verstündet die Buddha-Lehre! Wenn [ich] nach jemandem gesucht habe, der [mir] ein [zutreffendes] Wort vorbringen [sollte], so hat es [den] nicht gegeben!"* Welche Überheblichkeit! Aber Xi-yuan wird es ihm heimzahlen!

Zunächst einmal jedoch nimmt Xi-yuan den Ankömmling für die vermutlich gerade beginnende Sommer-Übungszeit als Chan-Gast in seine Mönchsgemeinde auf, freilich – trotz seines Ranges als eines *Mönchs vom Ersten Sitz* – nur als gewöhnliches Mitglied, da ja die entsprechende Stelle in seinem Kloster längst von einem anderen Mönch und langjährigen Schüler besetzt ist. *Eines Tages* dann *erblickt Xi-yuan* den Neuen *von weitem und ruft ihn* mit seinem Namen *an*. Natürlich sagt er nicht: *„Tian-ping!"*, sondern: „Cong-yi!" (denn den Abts-Namen Tian-ping konnte der Mönch Cong-yi damals ja noch gar nicht tragen! – was beweist, dass es sich bei der Anekdote des Beispiels zumindest um eine nachträgliche Überarbeitung, wenn nicht gar um eine freie Erfindung handelt). Cong-yi also, so angerufen, hebt spontan den Kopf, um sich dem Rufenden zuzuwenden. Xi-yuan jedoch schleudert ihm ein harsches *„Falsch!"* entgegen. Cong-yi, der so selbstbewusste Mönch, versteht nicht, was an seinem Aufschauen und Sich-Zuwenden falsch sein soll, und *macht zwei, drei Schritte* auf den Abt zu, um nähere Erklärung einzufordern. Doch Xi-yuan weist ihn, noch ehe Cong-yi zu ihm herantreten kann, mit einem zweiten *„Falsch!"* zurück. Auch wir Zuschauer des Geschehens verstehen erst einmal nichts – erst recht nicht, warum dieses zweimalige *„Falsch!"* gar *die scharfe Spitze des kostbaren Schwertes des Königs der Buddha-Wächter* demonstrieren soll! Doch so schwierig ist es nicht, auf den geheimen Sinn des zweimaligen *„Falsch!"* zu kommen: Xi-yuan wirft dem überheblichen Neuankömmling einen unzureichenden Samâdhi vor! Besteht doch die erste und wichtigste Aufgabe eines jeden Chan-Mönches darin, durch fortwährende Versenkungsübung einen Zustand so tiefer Versunkenheit zu erreichen, dass die auch dann anhält, wenn der Übende vom Sitzkissen wieder aufgestanden ist. Ein spirituell ausgereifter Chan-Anhänger befindet sich, so der Anspruch, was auch immer er tut, in tiefem Samâdhi! Und es gibt aus der Chan-Literatur Beispiele, in denen Einsiedler-Mönche, Laien oder Meister dafür Lob und Zustimmung ernten, dass sie sich von anderen nicht aus ihrer Versunkenheit aufschrecken lassen.[834] Genau das aber, so hält Xi-yuan diesem *„Mönch vom Ersten Sitz“* bereits mit seinem ersten *„Falsch!“* vor, widerfährt Cong-yi, wenn er sich, in sich versunken auf dem Klostergelände unterwegs, durch bloßen Zuruf seines Namens dazu bringen lässt, aufzuschauen, sich dem Rufer zuzuwenden und dann auch noch auf ihn zutreten zu wollen, weil Xi-yuans scheinbar unsinniges *„Falsch!“* ihn verwirrt und aus der Fassung gebracht hat! So erweist sich in der Tat dieses eine Wort *„Falsch!“* als der „Vajra-Donnerkeil“, der gleichsam *direkt von oben* auf Cong-yi *niedersaust* und seine Unzulänglichkeit aufdeckt. Doch auch das versteht Cong-yi zunächst einmal nicht.

Auch das zweite *„Falsch!“* bleibt Cong-yi unverständlich, ja es kann seine Verwirrung nur noch steigern; und so lässt er sich, nunmehr aus seinem Samâdhi ganz herausgerissen, nicht so einfach zurückweisen und tritt erst recht dicht an Xi-yuan heran. Der freilich lässt den *„Mönch vom Ersten Sitz“* gar nicht erst zu Wort kommen, sondern setzt seine „Vajra-Donnerkeil“-Belehrung nahtlos fort: *„Gerade jetzt [waren] das zwei Fehler! [Waren es] die Fehler Xi-yuans [oder waren es] die Fehler des [Mönchs vom] Ersten Sitz?“* Und Cong-yi tappt blindlings in die Falle: *„Es waren Cong-yis Fehler!“* Genauso muss in der Tat, wer nichts versteht, Xi-yuans zweimaliges *„Falsch!“* verstehen, denn schließlich kann dieser Tadel, von Xi-yuan an Cong-yi gerichtet, nur einem Fehler des Angesprochenen gelten! Und doch verrät Cong-yi mit seiner Antwort lediglich, dass es mit seiner spirituellen Reife nicht weit her und er selbst, der selbstbewusste Entlarver falscher Ansprüche anderer, nichts als ein Hochstapler ist.

Xi-yuan verweist ihn mit einem erneuten *„Falsch!“* in die Schranken: Die beiden ersten *„Falsch!“* sollen plötzlich nicht mehr auf Cong-yi gemünzt sein, sondern auf Fehler, die Xi-yuan überraschenderweise nunmehr sich selbst zuschreibt. Hat er also seine beiden ersten *„Falsch!“* nicht zu Recht ausgesprochen? Doch was wie ein Widerruf seiner eigenen Vorhaltungen gegenüber Cong-yi aussieht, ist in Wahrheit nur eine Fortsetzung seiner bisherigen Belehrung: Wie das doppelte *„Falsch!“* zu Aufschauen und Nähertreten indirekt die Aufforderung enthalten hat, stattdessen in sich versunken zu verharren, so schließt das dritte *„Falsch!“* die gegenteilige Aufforderung in sich, gerade nicht in sich zu verharren, sondern aus sich heraus- und zu situationsangemessenem Handeln überzugehen. Jedoch setzt diese zweite Aufforderung die erste keineswegs außer Kraft, sondern zielt darauf ab, deutlich zu machen, dass Einseitigkeit, ob nun des In-sich-Versunken-Seins oder des Aus-sich-Herausgehens, falsch ist, dass vielmehr das In-sich-Versunken-Sein des zusätzlichen

834 Es gehört zu den Versatzstücken der Chan-Litreratur, dass sich nicht von einem Anruf aufschrecken zu lassen ein Zeichen tiefen Samâdhis sei, und dass umgekehrt sich auf einen Anruf wie den Xi-yuans hin umzuwenden, Unsicherheit und mangelnde Festigkeit im Samâdhi verrät.

Aus-sich-Herausgehens und umgekehrt das Aus-sich-Herausgehen eines vorangehenden und es fundierenden In-sich-Versunken-Seins bedarf. Was der Chan-Anhänger erreichen soll, läuft auf ein Ideal hinaus, für das das Kôan 22 *Cong-rong-lu* uns jenen Yun-yan als Musterbeispiel vor Augen stellt, der mit Nachdruck darauf beharrt, mitten in weltzugewandtem Handeln zugleich unverrückbar fest in seinem Samâdhi gegründet zu sein.

Wenn anschließend Xi-yuan den völlig verwirrten Cong-yi, der sich anschickt, Xi-yuan und sein Kloster enttäuscht zu verlassen, mit der Ankündigung zurückzuhalten versucht, im weiteren Verlauf des *Sommers* mit ihm *die beiden Fehler durchsprechen* zu wollen, so dürfen wir, die Leser, ihm kein Wort davon glauben: Er gehört gerade nicht zu jenen Schwätzern, denen Yuan-wu in der Ankündigung vorgeworfen hat, die *Mönche der Fünf Seen* in nichts als *Schlingpflanzen und Rankengewächs* zu verstricken. Er, der doch *das kostbare Schwert des Königs der Buddha-Wächter* schwingt, hätte Cong-yi, wäre der denn geblieben, sich selbst überlassen, hätte die Sache mit keinem Wort mehr erwähnt. Wieso können wir uns da so sicher sein? Nun, er hat ja mit seinem dreimaligen *„Falsch!"*, das jedes Mal wie die *scharfe Spitze* des Vajra-Schwertes auf Cong-yi niedergestoßen ist, seinen Teil an Cong-yis Erweckung bereits beigetragen. Der Rest liegt allein bei Cong-yi selbst!

Dessen spätere Selbstauskunft, die den dritten Teil des Beispiels ausmacht, belegt, dass Xi-yuans dreimaliges *„Falsch!"* die beabsichtigte Wirkung nicht verfehlt hat: *„Ich sage nicht, [dass sein zweimaliger Vorwurf] in jenem Augenblick falsch [gewesen ist]; als [ich aber] aufgebrochen bin, zu Fuß in den Süden davonzugehen, da wusste [ich] bereits, dass [er] etwas Falsches gesagt hatte."* Das heißt doch klipp und klar: Cong-yi, nunmehr längst Abt des Tian-ping-Klosters, hat noch unmittelbar unter der schockartigen Einwirkung des Vajra-Schwertes erkannt, dass Xi-yuans zweimaliger Vorwurf, mit dem Aufschauen und Herantreten das Falsche getan zu haben, sowohl berechtigt als auch unberechtigt gewesen ist – berechtigt, solange es nur darum geht, auf den Vorrang des Samâdhi, und zwar eines andauernden Samâdhi, hinzuweisen, unberechtigt jedoch, wenn die Forderung nach andauerndem Samâdhi nicht ergänzt und vervollständigt wird durch den komplementären Aufruf zu einem aktiven Leben. Der ausgereifte Cong-yi, nunmehr Tian-ping, hat also auf Xi-yuans damalige Frage: *„Gerade jetzt [waren] das zwei Fehler! [Waren es] die Fehler Xi-yuans [oder waren es] die Fehler des [Mönchs vom] Ersten Sitz?"*, die richtige Antwort gefunden: Es waren die Fehler Xi-yuans, und es waren Fehler einer Einseitigkeit, die Xi-yuan dadurch wiedergutmacht, dass er mit dem Eingeständnis dieser Fehler dazu auffordert, sich auch den Aufgaben zu stellen, die unsere jeweilige Welt uns anträgt. Und dabei ist es eben der tiefe und andauernde Samâdhi, der diesem Leben in der Welt den „Großen Frieden" verleiht!

Bleiben noch ein paar Bemerkungen zum **Lobgesang**. Wenn Xue-dou *„diesen alten Tian-ping"* für *„lächerlich und erbarmenswürdig"* erklärt, so meint er damit selbstverständlich nicht den an Lebensjahren alten Tian-ping, sondern eben den noch jungen Cong-yi, der in der Begegnung mit Xi-yuan so schmählich versagt hat. Wenn Xue-dou ihm sodann unterstellt, seine »Wolken und Wasser«-Wanderschaft *„anfangs bereut zu haben"*, so gilt das Cong-yis Eingeständnis seiner Enttäuschung, bisher niemanden gefunden zu haben, dem er hätte zugestehen können, die Buddha-Lehre tatsächlich verstanden zu haben. Xue-dou hält ihm daraufhin gleichfalls eine doppeltes *„Falsch!"* entgegen, freilich eines, das nichts anderes als diese Reue verwirft – als voreilig verwirft, hätte sie ihn doch veranlassen können, jede weitere Wanderung aufzugeben, so dass er auch niemals Xi-yuan und seinem *„reinen Wind"* hätte begegnen können, der ihn zu guter Letzt doch noch *„plötzlich zum Schmelzen gebracht"* hat. Diese Aussage enthält einer weitere Unterstellung, nämlich die, Cong-yis Enttäuschung habe ihn innerlich gleichsam zu Eis erstarren lassen – eine Erstarrung, aus der ihn Xi-yuans Einsatz für ein aktives Leben in einer lohnenswerten Welt befreit hat. So schließt Xue-dou seinen Lobgesang mit einer Ermutigung an uns, seine nachgeborenen Leser, dass solch *reiner Wind* auch uns jederzeit erfassen und mit dem Schwung einer ungeahnten Lebenslust erfüllen kann!

99. Su-zongs „[Gebieter der] Zehn Leiber“

Ankündigung[835]

Ein Drache faucht und Nebel steigt auf; ein Tiger brüllt und Wind erhebt sich. Über den Ahnherrn der Welt hinauszugehen,[836] [das ist so,] wie wenn Gold und Jade sich [in ihrem Glanz] gegenseitig steigern. Sich in den Mitteln auszukennen und einen kurzen Abriss zu geben, [das ist, wie wenn zwei] Pfeile [in der Luft] sich mit ihren Spitzen gegenseitig stützen. Ringsherum der Horizont verbirgt sich nicht; das Ferne und das Nahe sind in gleicher Weise offenbar; das Alte und das Jetzige sind deutlich unterschieden. – Nun sagt mal: Auf welche Art von Menschen trifft das zu? Versucht es doch mal mit dem, [was Xue-dou hier] vorbringt!

Beispiel

Kaiser Su-zong fragte Hui-zhong, den Lehrer des Reiches: „Was ist mit dem Gebieter der Zehn Leiber?“[837]
Der Meister sagte: „[Mein] Wohltäter möge auf den Scheitel des Vairochana treten und oben darüber hinlaufen!“
Der Kaiser sagte: „Wir verstehen nicht!“
Der Meister sagte: „Haltet doch bitte nicht [Euer] Selbst für den makellosen Dharmakâya!“[838]

Lobgesang

„Lehrer des ganzen Reiches“ – aufgenötigt ist auch dieser Name:
Nan-yang allein kann seinem guten Ruf den Aufschwung zugestehen.
Dem großen Haus der Tang verschafft [er] einen wahren Himmelssohn –

---

835 Der nachfolgende Text ist der Standard-Version entnommen; in der *Ichiya*-Version fehlt an dieser Stelle eine Ankündigung; die *Teihon*-Ausgabe hält es hier mit der *Ichiya*-Version, verzichtet also auf eine Ankündigung, bietet aber den nachstehenden Text immerhin als Fußnote. – Das Fehlen dieser Ankündigung in der *Ichiya*-Vesion ist ein weiteres Beispiel jener »Trennfehler«, die den Überlieferungssträngen, die einerseits zur *Ichiya*-, andererseits zur Standard-Version führen, einen je eigenen Verlauf bezeugen.

836 Mit dem *Ahnherrn der Welt* ist Vairochana gemeint, der Âdi-Buddha, die Personifizierung des Dharmakâya und insofern die *causa prima*, die Erste Ursache der Welt.

837 *Gebieter der Zehn Leiber* – die einschlägige Formel des chinesischen Originals müsste wörtlich sogar übersetzt werden: „[Derjenige], der die Zehn Leiber, über die er das Sagen hat, miteinander in Einklang bringt“. Wie bereits anlässlich der Ankündigung des Kôan 90 angemerkt, meint der *Gebieter der Zehn Leiber* die zehn Aspekte Buddhas und der Buddhaschaft, jeder einzelne als ein eigenständiger „Leib“ vorgestellt, in dem der Buddha sich zeigt. Um dem Leser das Zurückblättern zu ersparen, seien diese zehn Aspekte hier noch einmal aufgeführt. Da sind der „Buddha des Nicht-Anhaftens“, der „Buddha des Gelübdes (alle Wesen zu retten)“, der „Buddha der Weisheit“, der „Buddha des Bestehens“, der „Buddha der Auslöschung“, der „Buddha der Lehre“, der „Buddha der Achtsamkeit“, der „Buddha der Versenkung“, der „Buddha der Natur“ und der „magische Buddha“.

838 Die Standard-Version hat beide Male statt des schlichten *Meister* (*shi*) die ehrfurchtsvollere Formulierung *Lehrer des Reiches* (*guo shi*).

Sobald der *Vairochana auf den Scheitel getreten und oben darüber hingelaufen* ist![839]

Mit seinem Eisenhammer zerschlägt [er] die Goldenen Knochen[840] –
Der Abstand zwischen Himmel und Erde, was macht der noch aus?
Über die zahllosen Länder und Meere breitet sich klare, ruhige Nacht –
[Ich] weiß nicht, wer noch dem Blauen Drachen sein Juwel entreißen will.[841]

Das Gespann Kaiser Su-zong und Nan-yang, Lehrer des Reiches, ist uns innerhalb des *Bi-yan-lu* schon einmal begegnet, im Kôan 18. Deshalb bedarf es hier nicht noch einmal längerer Ausführungen insbesondere zur Person Nan-yangs. Doch während das dortige Geschehen so, wie es im Kôan 18 vorgeführt wird, gar nicht stattgefunden haben kann, weil der Kaiser Su-zong im Todesjahr Nan-yangs, zum mutmaßlichen Zeitpunkt des Gesprächs, bereits seit dreizehn Jahren tot war, könnte die Begegnung des hiesigen Kôan sehr wohl als historisch eingestuft werden, da kein Anlass ersichtlich ist, sie dem Todesjahr Nan-yangs zuzuordnen und sie mithin auch vierzehn Jahre früher, noch zu Lebzeiten Su-zungs, erfolgt sein kann. Und doch entlarvt sie sich selbst als reine Fiktion: Da ist, als zentralem Begriff, von *Vairochana*, dem *Ahnherrn der Welt*, die Rede, und dieser Vairochana als höchster aller Buddhas und Ursprung der Welt ist vor dem 10. Jahrhundert innerhalb des Mahâyâna-Buddhismus nicht nachweisbar,[842] wohingegen die Lebenszeit des Nan-yang bereits in das 7. und 8. Jahrhundert fällt. Mit ihrem eindeutig ikonoklastischen Gehalt ist die hier erzählte Anekdote vielmehr ein geradezu klassisches Beispiel für den besonderen Charakter des Song-zeitlichen Chan – und widerspricht damit allem, was uns die überlieferten Quellen über den historischen Nan-yang berichten.[843]

---

839 *Ichiya*-Version und *Teihon*-Ausgabe zerteilen den Lobgesang des Kôan 99 durch ein eingeschobenes *you song* („[er] lobt außerdem") – ein Einschub, der in der Standard-Version fehlt! – in zwei Vier-Zeilen-Gedichte. Und in der Tat sprechen die Reimworte für eine solche Zweiteilung: Die ersten vier Zeilen weisen folgende Endwörter auf: **ming** – *sheng* – zi – **xing**, die zweiten vier hingegen: **gu** – **wu** – *cheng* – **ku**! Wobei die kursiv gedruckten Reimworte: *sheng* und *cheng* die beiden Teile des Lobgesangs gleichsam miteinander verklammern.

840 *Goldene Knochen* – damit sind zunächst einmal Reliquien gemeint, etwa die Knochenreste Buddhas oder eines seiner Nachfolger in der Führung der Mönchsgemeinde. Darüber hinaus stehen die *Goldenen Knochen* hier für alles, was Gegenstand ehrfürchtiger Verehrung ist, einschließlich aller fünf transzendenten Buddhas und Bodhisattvas. Die *Goldenen Knochen zerschlagen* bedeutet mithin, alles Heilige abzuschaffen, bis hin zum Buddha Vairochana.

841 Wörtlich lautet dies Zeile: „Ich weiß nicht, wer in die Höhle des *Blauen Drachen* eindringen will!" Dabei geht es um Folgendes: Der *Blaue Drache* – so ein alter chinesischer Mythos – haust in den Tiefen des Meeres und behütet dort, in einer schwer zugänglichen Höhle, eine Perle von allerhöchstem Wert, die er unter seinem Kinn versteckt hält. Die Versenkungsübung des Chan wird hier mit dem Versuch wagemutiger Taucher verglichen, die in die Tiefe des Meeres vordringen, um *dem Blauen Drachen sein Juwel zu entreißen*; das Juwel selbst ist dabei Metapher für das tiefste und letzte Geheimnis der Welt. – Weil aber Nan-yang Hui-zhong mit dem *Zerschlagen der Goldenen Knochen* auch den Buddha Vairochana abgeschafft hat, ist da auch kein *Juwel* mehr vorhanden, das sich noch rauben ließe!

842 Vgl. das Lexikon II, S. 421, Artikel „Vairochana".

843 Welter urteilt über das *Zu-tang Ji* von 952, das den ältesten uns erhaltenen Bericht über Leben und Wirken Nan-yangs enthält: „*It also furthered the debate in Chan over the true nature of its teaching, between the accommodating, syncretic style that recognized strong links with Buddhist scholasticism and the scriptural tradition ... and the exclusive, individualistic approach that renounced Buddhist*

Nan-yang Hui-zhong also, von Su-zong zum *Lehrer des Reiches* erhoben,[844] erteilt – so will es das **Beispiel** – seinem Kaiser eindringlich einen doch eher vagen Bescheid: *„Haltet doch bitte nicht [Euer] Selbst für den makellosen Dharmakâya!“* Wie das? Abgesehen davon, dass die Gleichsetzung des „wahren Selbst“, auch „urprüngliches Angesicht“ genannt, mit der „Großen Leere“, dem Dharmakâya, zu den Selbstverständlichkeiten des Chan-Buddhismus gehört – kein Tang-zeitlicher Chan-Meister hätte es je gewagt, seinem Kaiser, dem »Sohn des Himmels«, offen ins Gesicht Überheblichkeit vorzuwerfen; Nan-yangs Satz kann also nicht bedeuten: „Haltet doch bitte *[Euer]* kleines, kaiserliches *Selbst* nicht für den erhabenen, alles menschliche Maß übersteigenden *makellosen Dharmakâya*!“ Zusammen mit der ersten Äußerung Nan-yangs: *„[Mein] Wohltäter möge auf den Scheitel des Vairochana treten und oben darüber hinlaufen!“*, besagt er vielmehr genau das Gegenteil: Wie es sich für einen kaiserlichen Untertan gehört, den »Sohn des Himmels« auf der Skala der Ehrwürdigkeit so hoch wie irgend möglich zu erheben, will Nan-yang den Kaiser davon abhalten, sich aus Bescheidenheit zu niedrig einzustufen: „Wenn Ihr es recht bedenkt, dann werdet Ihr einsehen, dass Euer ‚wahres Selbst‘ auch noch den *makellosen Dharmakâya* hinter und unter sich lässt; *[Euer] Selbst* reicht auch noch über *den Scheitel des Vairochana* hinaus, dorthin, wo es auch keinen Vairochana mehr gibt!“ Doch was soll dem Kaiser diese Einsicht?

Beginnen wir noch einmal, ganz von vorn: *Drache* und *Tiger* lässt Yuan-wu gleich im ersten Satz der **Ankündigung** gegeneinander antreten, diese beiden Erzrivalen um die Entfaltung höchster Kraft: Der Drache, heimisch im feuchten Element, schnaubt beim Aufstieg aus den Tiefen des Meeres Dunstschleier und *Nebelschwaden* vor sich her; der Tiger erzeugt mit seinem *Brüllen* so heftigen Wind, dass er noch Wolken und *Nebel* hinwegtreibt. Wer – so lässt Yuan-wu uns raten – soll hier *Drache* und wer *Tiger* sein? Zwei Akteure hat auch das Beispiel; der eine sitzt auf dem Drachenthron, kein geringer Gegner für seinen Widerpart; der andere, Nan-yang, gleicht insofern dem *Tiger*, als er mit dem *Wind*, den er erzeugt, der Aufforderung nämlich, noch *über den Ahnherrn der Welt hinauszugehen*, dem Kaiser die Vernebelung, die das Wort vom *Gebieter der Zehn Leiber* in sich schließt, in klare Sicht verwandelt. Etwas ganz Außerordentliches, so Yuan-wu, sei diese Aufforderung, von einer ganz besonderen, nicht mehr zu überbietenden Strahlkraft – gerade *so, wie wenn Gold und Jade sich [in ihrem Glanz] gegenseitig steigern*! Oder sind nicht vielmehr das Funkeln des *Goldes* und der strahlende Glanz weißer *Jade* zugleich ein weiterer Hinweis auf die Konkurrenz zwischen Kaiser und Lehrer des Reiches? Auf jeden Fall, so will Yuan-wu uns deutlich machen, sind beide einander gleichwertige Kontrahenten, deren *Pfeile* sich beim Zusammentreffen in der Luft *mit ihren Spitzen gegenseitig stützen*: Da ist der Kaiser, der mit seinem *Gebieter der Zehn Leiber* in der Tat *einen kurzen Abriss* der gesamten Buddha-

---

*conventions as impediments to enlightenment ... Among Hui-neng's alleged disciples, **Hui-zhong was a strong advocate of the former position**“* – siehe Welter (2), S. 79.

844 Welter zitiert aus dem *Zu-tang Ji* Nan-yang betreffend unter anderem die Aussage: *„The two emperors who succeeded each other, Su-zong and Dai-zong, both personally received the Bodhisattva precepts from him, and honored him as ‚Preceptor of State‘ (guo-shi)“* – siehe Welter (2), S. 78. Anders Miura / Fuller Sasaki in *ZEN DUST*, S. 267: *„In 761 Emperor Shukusô (Su-zong) of Tang summoned Echû (Hui-zhong) to the capital, Chôan (Chang-an). There the Master ... from time to time preached before the Emperor and the Court. In the Master's later years, Emperor Daisô (Dai-zong) ... conferred upon him the title ‚National Teacher of Two Emperors‘ (liang di guo-shi).“*

Theologie *gibt*, ihren weitgefächerten Gehalt gleichsam in einen Punkt zusammendrängt; und da ist Nan-yang, der mit seinen zweimaligen Vorhaltungen beweist, dass er *sich in den Mitteln auskennt*, eines der beiden entscheidenden Merkmale des Chan wie in deutlichster Kontur hervortreten zu lassen: die Forderung, noch *über den Ahnherrn der Welt hinauszugehen* und sich nicht damit zufrieden zu geben, dass *Selbst* und *Dharmakâya*, dessen Verkörperung der *Ahnherr Vairochana* schließlich ist, ein und dasselbe seien (das andere Merkmal wäre die rückhaltlose Welt- und Daseins-Bejahung des Chan). Und noch etwas leistet der nur unterschwellige Zweikampf zwischen der kaiserlichen Majestät und dem alten Meister des Chan: Er macht *das Ferne und das Nahe gleichermaßen offenbar* und lässt die *Unterschiede des Alten und des Jetzigen deutlich* hervortreten: Das *Ferne* und *Alte* sind die *Zehn Leiber Buddhas*, diese umfassende Häufung von Aspekten der Göttlichkeit Buddhas, die uns Unerreichbares, im eigentlichen Sinne Über-Menschliches vor uns hinstellt, dem wir uns nur in Anbetung beugen können; und diesem *Fernen* und *Alten* – will Yuan-wu sagen: diesem „Überholten"? – steht mit dem Hinausgehen noch über den höchsten aller Buddhas das *Jetzige* und Neue gegenüber, das uns *Naheliegende*, das für unsere tatsächliche »Befreiung« unerlässlich ist. Angesichts solcher Aussagen kommen wir nicht umhin festzustellen, dass sich in Yuan-wus Gegenüberstellung das deutliche Wissen der Song-zeitlichen Chan-Meister um den revolutionären Charakter ihrer »Fortschreibung« der Buddha-Lehre wiederspiegelt: dass und wie weit nämlich ihr Chan der »Öffentlichen Aushänge« mit den »bilderstürmerischen« Sprüchen und dem jeder Konvention zuwiderlaufenden Verhalten der Akteure sich nicht nur vom herkömmlichen Buddhismus allgemein, sondern ebenso von der relativen Traditionsgebundenheit des Tang-zeitlichen Chan entfernt hat?

Nun also noch einmal das **Beispiel**: Su-zong, der Herrscher, fragt nicht wie ein gewöhnlicher Mönch schlicht und einfach: „Was ist mit Buddha?"; nein, er erkundigt sich nach dem *Gebieter der Zehn Leiber* – das ist er seiner Stellung, seiner Würde schuldig. Und die *Zehn Leiber* müssen es schon sein – weil sich ein »Sohn des Himmels« und höchster menschlicher Repräsentant auf dem Gipfel der Gesellschaftspyramide mit geringerer Ausrichtung seines Suchens und Strebens nicht zufrieden geben mag. Zugleich kann der Kaiser freilich auch seine Kenntnisse leuchten lassen; denn natürlich weiß er, was es mit den *Zehn Leibern*, den zehn Aspekten Buddhas auf sich hat. Das zu zeigen genügt die Andeutung, die in seiner Frage stillschweigend enthalten ist. Aber auch das noch ist zu bedenken: Indem der Kaiser sich Auskunft über gleich sämtliche Aspekte der Göttlichkeit Buddhas erbittet, fordert er, höflich in Frageform gekleidet, den von ihm verehrten *Lehrer des Reiches* in nicht geringem Maß heraus: Er soll – so die Absicht derer, die das Kôan formuliert, um nicht zu sagen, erfunden haben – von vornherein als gleichwertiger Gegenspieler dastehen.

Nan-yang weiß selbstverständlich, in welche Form er seiner sozialen Stellung wegen die Antwort zu kleiden hat, die der Kaiser von ihm erwartet. Also spricht er ihn mit: *„[Mein] Wohltäter!"* an. Auch darin noch stellt er sich ganz auf den Anspruch des Kaisers nach Ehrerbietung ein, dass er, bei seiner Aufforderung, über Buddha, ja sogar über sämtliche Buddhas hinauszugehen, vor dem Höchsten, dem »Sohn des Himmels«, den höchsten aller Buddhas sozusagen als Messlatte des Übersteigens wählt: Vairochana, den Âdi-Buddha, die Personifizierung des Dharmakâya und insofern nichts Geringeres als das „wahre Wesen" der *Zehntausend Dinge* und der Ursprung der Welt. Doch was dann kommt, kann der Erwartung des Kaisers ganz und gar nicht genügen: Er, der nach dem Inbegriff der Göttlichkeit Buddhas gefragt hat, bekommt, wenn auch in allerhöflichster Form, mitgeteilt, er solle sich gefälligst von jeder Art von göttlichen Buddhas lossagen und ihnen frech *über den Scheitel oben darüber hinlaufen* (in unserer allem Höfischen entfremdeten Sprache hieße das wohl eher: ihnen »auf der Nase herumtanzen« und »ein Schnippchen schlagen«)! Kein Wunder, dass der Kaiser, mit seinem Religionsverständnis noch ganz im Herkömmlichen befangen, *nicht versteht.* Immerhin zeigt er, anders als der Kaiser Wu von Liang vor Bodhidharma, kein Missfallen, keine Entrüstung – das verbietet ihm vermutlich die Hochachtung, die er seinem *Lehrer des Reiches* gegenüber hegt. Daraufhin legt Nan-yang noch einmal nach, ohne freilich viel deutlicher zu werden: *„Haltet doch bitte nicht [Euer] Selbst für den makellosen Dharmakâya!“* Anders formuliert, unter Einbeziehung des Vairochana seiner ersten Antwort: „Stellt doch bitte Euer Selbst nicht auf ein und dieselbse Stufe mit Vairochana, Ihr reicht doch in Wahrheit noch darüber hinaus!“ Freilich, was sich so als eine Erhebung in allerhöchste Höhe gibt, ist in Wahrheit ein Absturz: aus der allerhöchsten Höhe hinab ins – Nichts! Denn jenseits des Vairochana ist nichts mehr, ist nur noch – nichts. Und damit lässt der Nan-yang dieses fiktiven *encounter dialogue* den Kaiser und lassen Xue-dou und Yuan-wu auch uns allein.

Eine Möglichkeit bleibt uns allerdings, den geheimen Sinn dieser vorsätzlichen Überantwortung ans Nichts doch noch zu ergründen, die Interpretation des **Lobgesangs:** *Lehrer des ganzen Reiches* – diesen ihm vom Kaiser *aufgenötigten* Titel kann sich Nan-yang nur selbst verdienen; und *„er allein kann seinem guten Ruf [einen solchen] Aufschwung zugestehen“*; keine Großzügigkeit des Kaisers hat dazu die nötige Vollmacht. Verdient aber ist der großsprecherische Titel erst dann, wenn er keine Großsprecherei mehr darstellt, wenn es Nan-yang gelungen ist, *„dem großen Haus der Tang“* in Gestalt des Kaisers Su-zong *„einen wahren Himmelssohn zu verschaffen“*. Und das wiederum ist erst dann erreicht, wenn er den Kaiser dazu gebracht hat, dem Buddha *„Vairochana [tatsächlich] auf den Scheitel zu treten und oben darüber hinzulaufen“*! Nan-yang, so der zweite Teil des Lobgesangs, sieht nur einen Weg, Su-zong zu diesem durchaus riskanten Schritt zu zwingen: Er muss ihm *„mit seinem Eisenhammer die Goldenen Knochen zerschlagen“*. Nicht Su-zongs Knochen, versteht sich, sondern die knöchernen Überreste verstorbener Heiliger und alle übrigen Arten von Reliquien, die besonderer Verehrung wert sind. Im Klartext ist mit den *Goldenen Knochen* alles gemeint, wovor Menschen, gläubige Anhänger der Buddha-Lehre, sich in Ehrfurcht zu verbeugen, zu dem Zuflucht zu nehmen sie gelernt haben; insbesondere also die Hauptgestalten des Mahâyâna-Glaubens, fünf tanszendente Buddhas, von Amithâba bis Vairochana, sowie die ihnen zugeordneten, ebenfalls transzendenten Bodhisattvas, von Avalokiteshvara bis Samantabhadra. All diese *Goldenen Knochen zerschlägt* Nan-yang dem Kaiser – aber womit? Was ist der *„eiserne Hammer“*, mit dem er das zustande bringt? Nur eine Antwort erlaubt da der Verlauf des Zwiegesprächs: Nan-yangs *„Eisenhammer“* ist nichts anders als der eine Satz, die eine Aufforderung an den Kaiser und gläubigen Anhänger der Buddha-Lehre, sein „wahres *Selbst“ nicht mit dem makellosen Dharmakâya gleichzusetzen*! Und umgekehrt: Dieser eine Satz, diese eine, wenn auch nur versteckte Aufforderung, sein „wahres *Selbst*“ noch jenseits des *makellosen Dharmakâya* anzusetzen, hat in den Augen Xue-dous die Wirkung eines *Eisenhammers*, alles Heilige und Halt-Gebende zu zertrümmern (oder sollte sie zumindest haben; denn wir erfahren ja nicht, ob der Kaiser die Wucht dieses

Schlages überhaupt verspürt hat oder wieder eingestehen müsste: „*Wir verstehen nicht!*"). Der Verfasser freilich fühlt sich durch Xue-dous Metapher vom *Eisenhammer*, der *die Goldenen Knochen zerschlägt*, vollauf bestätigt: Was nach der Zertrümmerung alles Heiligen und Halt-Gebenden noch übrig bleibt, ist nur – nichts!

Aber sind wir damit auch nur einen Schritt weitergekommen, was den Sinn der Aufforderung betrifft, sich selbst noch über den *makellosen Dharmakâya* hinaus zu erheben? Leider nicht! Es bleiben freilich noch, als letzte Rettung, ein paar Kleinigkeiten, die sich aus dem zweiten Teil des **Lobgesangs** erschließen lassen, und dieser zweite Teil hat nun nicht länger nur den Kaiser zum Adressaten, sondern ist an uns alle gerichtet: So, wie Su-zong sich erst dann als ein *wahrer »Sohn des Himmels«* erweist, wenn er über sämtliche Buddhas samt Vairochana und Dharmakâya hinausgegangen und mithin, paradox formuliert, über ihm kein Himmel mehr ist – geradeso hat auch für uns, wenn vom *Eisenhammer* Nan-yangs getroffen, „*der Abstand zwischen Himmel und Erde*" keine Bedeutung mehr, weil dann über uns nichts Heiliges mehr thront; weil da dann nichts mehr ist, zu dem wir in Ehrfurcht und heiliger Scheu aufschauen müssten. Wir selbst sind – das besagt Nan-yangs Aufforderung, noch *über den Scheitel des Vairochana hinzulaufen* und unser „wahres Selbst" noch jenseits des Dharmakâya anzusetzen – im tiefsten Grunde unseres Wesens selbst das Höchste – aber dieses Höchste ist – nichts! Darin liegt keine Selbsterhöhung, auch keine Überheblichkeit, erst recht keine Selbstvergottung! Darin liegt im Gegenteil eine demütig-dankbare Empfänglickeit für einen beseligenden Frieden. Es ist, wie wenn sich für uns – mit Xue-dous Wortren – „*über die zahllosen Länder und Meere* [dieser Welt] *klare, ruhige Nacht gebreitet hat*" – so klar und ruhig, so von Frieden erfüllt, dass wir uns nicht mehr angetrieben fühlen, „*dem Blauen Drachen sein Juwel zu entreißen*", nach einem letzten und „heiligen" Geheimnis der Welt zu suchen, da wir eh wissen, dass da keins ist:

Herbst, und die Stimme der Farben,
Stumm-mündig, lippenlos,
Stürzt dir ins Ohr und kündet
Dir das Geheimnis der Welt,
Kündet unmissverständlich, dass
Da kein Geheimnis ist.
Und eben dies,
Dass sich da nichts verbirgt,
Was dir wie Antwort wäre,
Nichts auch, das dich als Frage bedroht –
Und eben dies
Hüllt dir das Herz in Frieden,
Trägt dich auf breitem Strom
Sanft und gelassen dahin.

Herbst, o Du stummer Mund,
So von Bedeutung schwer, so
Leicht und beredt
Uns zu seligem Leben,

Hier, diesen Augenblick,
Diesen, die anderen auch.

Noch ein Geheimnis erzählt dir,
Deines erzählt der Herbst,
Dass auch in dir kein Grund ist,
Nur dieses Tod-bunte Laub,
Das den Boden bedeckt, doch ist
Darunter nichts. Und erst,
Wenn du den Wink
Dorthin befolgst, erst wenn
Du dich ins Grundlos-Leere
Ganz ergibst, sind dir Leben und Tod
Gleichweit entrückt,
Beide in eins verschlungen:
Herbstlicht treibt Glut hervor –
Freude, und ruhst doch in Nichts.

Herbst, o Du stummer Mund,
So von Bedeutung schwer, so
Leicht und beredt
Uns zu seligem Leben,
Hier, diesen Augenblick,
Diesen, die anderen auch.[845]

Doch noch einmal zurück zum »Sohn des Himmels« und zu dem, was ihn, laut Xue-dou, überhaupt erst zu einem *wahren »Sohn des Himmels«* macht. Dabei kann es nicht um die konkreten Pflichten gehen, die ihm das »Mandat des Himmels« auferlegt, nämlich die Welt in Ordnung zu halten; es muss etwas anderes sein, etwas, das ihm die Erfüllung dieser Pflichten leicht macht, das alles, was sich dem entgegenstellt, schon im Ansatz ausräumt: eine selbstlose Güte, die nichts für sich will, die sich großzügig schenken kann, weil sie selbst nichts entbehrt. Und zudem eine gelassene Souveränität, die Souveränität eines Weisen, der sich nicht dem Druck heiliger Imperative ausgesetzt sieht; eine Souveränität, die vielmehr einer spirituellen Freiheit entpringt, die ihrerseits frei ist von Willkür, Geltungsdrang und Selbstsucht.

„Nichts Heiliges", lautet das Axiom der Selbstverständigung, das Song-zeitliche Chan-Meister dem Ahnherrn Bodhidharma in den Mund gelegt haben, „leer und weit, nichts Heiliges"; und auf genau diese Abschaffung alles Heiligen läuft auch die Nan-yang untergeschobene Aufforderung an Su-zong hinaus, selbst noch Vairochana unter und hinter sich zu lassen. Dass dann nur „leere Weite" bleibt, ergibt das *fundamentum inconcussum*, die unerschütterliche Basis, auf dem die spirituelle Freiheit eines *wahren Himmelssohnes* aufruht. Und bei der Besinnung auf sein „wahres Selbst" noch über Vairochana hinauszugehen heißt ja,

845 Roloff (3), Text 105

dieses Selbst dort zu suchen, wo nichts mehr ist, auch kein Selbst mehr; derart ins Nichts einzutauchen läuft auf die Erfahrung einer Selbst-losigkeit hinaus, die mehr ist als gewöhnliche Selbstlosigkeit, weil sie uns vertraut macht mit der eigenen Vernichtung, ohne dass wir tatsächlich der physischen Auslöschung anheimfallen. Vielmehr trägt uns diese spirituelle Vernichtung in Leben und Welt zurück, nicht in den *status quo*, sondern in einen Zustand, in eine Befindlichkeit, die mit gesteigerter Zuwendung gleichsam aufgeladen ist, einer Zuwendung, die von sich selbst völlig absehen kann, weil doch das Glück, dem Leben und der Welt neu geschenkt zu sein und beides mit einer bis dahin unbekannten Tiefe und Fülle, metaphorisch gesprochen, mit einer Farbenpracht ohnegleichen zu erfahren, Selbstsucht von uns abfallen lässt! Und das mit der Folge, dass wir nicht dies oder das, was sonst ein euphorisch gehobenes Lebensgefühl herbeiführt, auch noch nötig haben; dass wir, positiv formuliert, ganz einfach zufrieden sind, weil wir sozusagen immer schon haben, was wir brauchen, um glücksgesättigt zu sein: „Aller Durst ist gelöscht!" Und eine solche von Glück gesättigte Zuwendung zu Leben und Welt verleiht dem »Sohn des Himmels« jene selbstlose und unermüdliche Güte, die ihn überhaupt erst zu einem *wahren Himmelssohn* erhebt und eben die sich – so Xue-dou – der Nan-yang des **Beispiels** von seinem Kaiser erhofft, wenn der sich nur von dem Richtspruch, den der Lehrer des Reiches über ihn verhängt, so weit erschüttern lässt, dass er aus einem »gebundenen Geist« zu einem »freien Geist« wird, frei von den Vorgaben und Verführungen, die mit überkommenen religiösen Glaubensinhalten verbunden sind.[846]

All das, auch das gilt selbstverständlich nicht nur für einen »Sohn des Himmels«, für den Kaiser eines Reiches, das sich *Zhong-guo*, das »Reich der Mitte«« genannt hat. Es geht – das sei zum Schluss, wenn auch unnötigerweise, noch einmal angemerkt – um uns alle, um jeden einzelnen von uns. Dieses Kôan ist ein Auftrag auch an »dich und mich«.

* Ein Nachtrag noch in eigener Sache: Wenn der Verfasser in einigen, genauer gesagt in den Fußnoten 398, 532 und 757 davon gesprochen hat, dass bestimmte Äußerungen seinerseits „unter das Verdikt des Kôan 99 fallen", so zielt das auf den entscheidenden Punkt dieses »Öffentlichen Aushangs«, dass es nämlich kein „wahres Selbst" in Gestalt eines Dharmakâya, einer Shûnyatâ oder sonst eines unvergänglichen und unwandelbaren X gibt, das alles Seiende seit jeher und für immer in sich enthält und bewahrt – einfach deshalb nicht, weil da kein solches X, keine Shûnyatâ, kein Dharmakâya existiert! *

846 Der Verfasser erlaubt sich, an dieser Stelle Nietzsches Wortschöpfung des antithetischen Begriffspaares »freier Geist« und »gebundener Geist« auf einen ganz anderen Sachverhalt als den von Nietzsche intendierten zu übertragen.

100. Ba-ling zum „Schwert des [angewehten] Haares“[847]

Ankündigung[848]

Ursachen aufgreifen und Wirkungen hervorbringen; den Anfang ausschöpfen und das Ende ausschöpfen: Der Gemeinde [der Mönche] gegenüber freigebig, habe [ich] im Grunde genommen kein einziges Wort gesprochen. Falls plötzlich jemand hervortritt und sagt: „Den ganzen Sommer über haben [wir] um einen hilfreichen Hinweis gebeten; warum habt [Ihr ihn] niemals ausgesprochen?“, dann antworte [ich] ihm nur: „Warte, bis Du verstanden hast;[849] dann werde ich es Dir unverzüglich sagen!“ – Nun sagt mal:[850] Mit einer [solchen] Antwort offen ins Gesicht – wird da im Gegenteil [etwas] verheimlicht? Oder hat eine [solche] Antwort ganz andere Vorteile? Bedenkt [dazu, was Xue-dou hier] vorbringt!

Beispiel

Ein Mönch fragte Ba-ling: „Was hat es auf sich mit dem Schwert, [das noch] ein angewehtes Haar [zerteilt]?“
Ba-ling: »Jeder einzelne Korallenzweig stützt allezeit den Mond!«[851]

Lobgesang

[Er will] befrieden, was ohne Frieden ist –
»Große Geschicklichkeit ist [da] wie Ungeschick!«[852]
Manchmal [ist es] ein Finger, manchmal die flache Hand –
An den Himmel gelehnt, lässt [es] den Schnee erstrahlen![853]
Ein großer Schmied – [er] lässt nicht ab, zu schleifen und zu schärfen,
Ein guter Handwerker – [er] hört nicht auf, zu wischen und zu glätten!

---

847 In der *Ichiya*-Version bestehen die Überschriften grundsätzlich aus vier Schriftzeichen, im Falle des hiesigen Kôan aus den Zeichen „Ba-ling – Haar – Schwert“. Das macht keinen Sinn. In der Standard-Version hingegen umfasst die Überschrift fünf Zeichen, nämlich: „Ba-ling – wehen – Haar – Schwert“, was sich als „Ba-ling [und das] Schwert des angewehten Haares“ übersetzen lässt. Gemeint ist damit ein Schwert von solcher Schärfe, dass es noch ein Haar, das gegen seine Schneide geweht wird, zerteilt. Ja, wie die genauere Erörterung dieses »Öffentlichen Aushangs« zeigen wird, müsste die Überschrift, wollte sie dem Inhalt des Folgenden genügen, sogar lauten: **„Ba-ling [schwingt das] Schwert des [angewehten] Haares“!**

848 Der obige Text, den die *Teihon*-Ausgabe in Anlehnung an die *Ichiya*-Version als Ankündigung des Kôan 100 führt, nimmt in der Standard-Version die Stelle der Ankündigung des Kôan 98 ein, wie umgekehrt die Ankündigung des Kôan 100 Standard in der *Teihon*-Ausgabe als die Ankündigung des Kôan 98 auftritt. Der Verfasser schließt sich dort wie hier der *Teihon*-Ausgabe an.

849 Das chinesische Verbum *wu*, das hier als „verstehen“ übersetzt ist, bedeutet auch „erwachen“, „Einsicht“, „Erleuchtung“; mit „verstehen“ ist hier also mehr als nur „begreifen“ gemeint.

850 Diese Überleitungsfloskel fehlt in der *Ichiya*- und *Teihon*-Version; der Verfasser hat sie aus der Standard-Version übernommen.

851 Ba-ling zitiert hier aus einem Gedicht, als dessen Verfasser Yuan-wu in seinem Kommentar einen gewissen Chan Yue angibt.

852 Diese Zeile ist ein Zitat aus dem Text 45 des *Dao-De-Jing*.

853 Eigentlich liegt es auf der Hand: Mit *„[es]“* ist in diesen beiden Zeilen das *Schwert* gemeint, *[das noch] ein angewehtes Haar [zerteilt]*.

Wie anders [dies]:
»Jeder einzelne Korallenzweig stützt allezeit den Mond!«

Ba-ling Hao-jian, Lebensdaten unbekannt, ist im *Bi-yan-lu* nur zweimal vertreten, hier und schon einmal im Kôan 13. Schüler Yun-mens (864-949), fällt seine Lebensspanne zwangsläufig in das 10. Jahrhundert, genauer gesagt, in die Zeit der »Fünf Dynastien« (908-960). Das ist zugleich die Zeit, in der sich der Chan-Buddhismus dem daoistisch-anarchistischen Ideal der Sprengung aller Konvention, der »Bilderstürmerei« und nicht zuletzt der alogischen, ja absurden Gesprächsführung annähert, wofür Ba-ling mit seinen beiden Beiträgen zum *Bi-yan-lu* selbst ein gutes Beispiel abgibt: Wenn er hier im Kôan 100 auf die Frage nach dem *Schwert, das ein angewehtes Haar zu zerteilen* imstande ist, zur Antwort gibt: *»Jeder einzelne Korallenzweig stützt allezeit den Mond!«*, so fällt das unter die Kategorie des *»non sequitur«*, der unpassenden Erwiderung, bei der die Antwort an der zuvor gestellten Frage völlig vorbeizugehen scheint und damit die Erwartung des Fragestellers, zumindest auf den ersten Blick, radikal unterläuft – und ist doch zugleich, mit den Worten des Kôan 95, ein Beispiel für die „Sprache des Tathâgata"![854]

Mit dem »Öffentlichen Aushang« Nr. 100 sind Verfasser und Leser ans Ende gelangt, hat zugleich auch Yuan-wu das Ende der Sommer-Übungszeit erreicht, während der er drei Monate lang und länger jeden Tag eines der von Xue-dou ausgewählten *100 Beispiele der Alten* samt Lobgesang vor seinen Mönchen vorgetragen und erläutert hat. In echter Song-zeitlicher Chan-Manier widerruft er zum Schluss alles, was er *den ganzen Sommer über* aus dem Vorrat seines Wissens und seiner Erfahrung *freigebig* an die Mönche weitergereicht hat: *„Im Grunde genommen habe ich [all die Zeit] kein einziges Wort gesprochen!"* So *greift er Ursachen auf*, in diesem Fall die Gefahr des Missverstehens seiner Worte durch die Mönche, und *bringt er Wirkungen hervor*, in diesem Fall die Verhinderung eines solchen Missverstehens; so *schöpft er* auch *das Ende aus*, das der Sommer-Übungszeit, wie er gleich zu Beginn mit der Begegnung zwischen Bodhidharma und dem Kaiser Wu von Liang *den Anfang ausgeschöpft hat.* Und der Möglichkeit, dass einer seiner Mönche aus der Menge der vor ihm Stehenden hervortreten und sich beschweren sollte: *„Die ganze [Zeit] über haben wir um einen hilfreichen Hinweis gebeten; warum habt Ihr ihn niemals ausgesprochen?"*, tritt Yuan-wu mit der Warnung entgegen: „Wenn mir einer von Euch auf diese Weise kommt, *dann werde ich ihm nur antworten: ‚Warte, bis Du verstanden hast; dann werde ich es Dir unverzüglich sagen!'"* – auch das wieder einer jener Chan-typischen Schachzüge, die in die Rubrik „alogische, ja absurde Gesprächsführung" fallen; denn wenn der Betreffende es bereits aus eigenem Vermögen *verstanden hat*, dann braucht es ihm nicht mehr *gesagt* zu werden; dann ist da nichts mehr, was ihm in dieser Sache noch zu *sagen*, an Neuem mitzuteilen wäre; und umgekehrt, nur solange er es noch nicht *verstanden* hat und gerade weil er es noch nicht *verstanden* hat, bedarf er der Belehrung. So ist Yuan-wus angedrohte Reaktion eindeutig eine vorsätzliche Verweigerung, doch eine Verweigerung aus gutem Grund. Denn das, worum es geht, kann ja gerade nicht *gesagt*, nicht mitgeteilt, sondern nur

854 Vgl. die dortige Fußnote 803, in der weitere solcher Beispiele aufgeführt sind.

in der eigenen Versenkung erfahren werden. Es wird da also durchaus nichts *verheimlicht*, eine *Antwort* wie die von Yuan-wu in Aussicht gestellte hat vielmehr den *ganz anderen Vorteil*, dass sie den Mönch, wer immer sich denn da beschweren wollte, auf den einzigen Weg verweist, der ihn zum Ziel führt: den Weg der eigenen Erfahrung, der unmittelbaren Erfahrung »aus eigener Kraft« (*zi-li* /*jiriki*).

So weit die **Ankündigung**, mit der Yuan-wu seine Mönche, aber auch uns Heutige, auf Balings zweiten Auftritt vorbereitet. Und jetzt also das **Beispiel**: Das einzig Überraschende an der Frage das Mönchs ist die Umschreibung der besonderen Schärfe des Schwertes, das da, von wem auch immer, geschwungen werden soll – nicht aber die Frage selbst: Ein *Schwert*, so scharf, dass es *noch ein Haar zerteilt*, das ihm der Wind *entgegenweht* – das kann in der Tat nur das Schwert Mañjushrîs sein, das Schwert der Weisheit, das uns von aller Verblendung, aller Anhaftung befreit. Der Mönch greift dabei auf eine formelhafte Wendung zurück, die uns auch im Kôan 95 *Cong-rong-lu* begegnet, obendrein zusammen mit einer weiteren Formel, die auch Xue-dou in seinem **Lobgesang** verwendet: *Chui mao jian* heißt es hier im *Bi-yan-lu*, „Schwert des angewehten Haares"; und wenn Hong-zhi im Lobgesang zu seinem Kôan 95 von dem Schwert (*jian*) spricht, das Menschen tötet und lebendig macht (auch diese Formel ist uns längst vertraut), so bestimmt er es zudem gleichfalls als ein Schwert des „angewehten Haares" (*chui mao*), mit dem Zusatz: „an den Himmel gelehnt, lässt es den Schnee erstrahlen" – mit genau den Worten, die auch Xue-dou in seinem Lobgesang benutzt: *yi tian zhao xue*!

Die Frage selbst: *„Was hat es auf sich mit dem Schwert, [das noch] ein angewehtes Haar [zerteilt]?"* will nicht darauf hinaus, wie dieses Schwert beschaffen, wie es geschmiedet worden ist (mag auch der Lobgesang im dritten Zeilen-Paar eben diesen Anschein erwecken); der Mönch will vielmehr wissen, wozu es gut sein soll, dies überscharfe Schwert. Und das ist sicherlich leicht zu beantworten und im vorigen Absatz ganz nebenher auch schon gesagt: Das Schwert Mañjushrîs trennt mit einem einzigen Hieb alle Verblendung von uns ab, und die beiden anderen Grundübel und Ursachen unserer Leiden, über die der historische Buddha uns aufgeklärt hat, gleich mit, unsere Neigung zur Gier und zum Hass. Doch ganz so einfach scheint es mit der Antwort nicht zu sein. Denn die Eingangszeile des **Lobgesangs** spricht nicht von Verblendung und vom Abschneiden der Verblendung, geschweige denn ganz allgemein von den Ursachen des Leidens und der Befreiung vom Leiden, sondern stattdessen vom Frieden, einem der zentralen Begriffe des Chan: *„[Er will] befrieden, was ohne Frieden ist"*, und das bezieht sich zwar auf Ba-ling, nicht auf den Mönch; doch wir dürfen wohl unterstellen, dass Ba-ling durchaus verstanden hat, worauf der Mönch mit seiner Frage abzielt, und dass er genau darauf einzugehen unternimmt. Der Mönch sucht also *Frieden*, und Ba-ling bemüht sich, ihm diesen *Frieden* zu schenken – wer dächte da nicht an das Zwiegespräch zwischen Bodhidharma und Hui-ke, den späteren Zweiten Patriarchen, wie Wu-men es uns in seinem Kôan 41 vorführt: „Der Geist Eures Schülers hat noch keinen Frieden gefunden; bitte, Meister, schenkt seinem Geist Frieden!", woraufhin Bodhidharma sagte: „Bring mir Deinen Geist, und ich werde Dir Frieden schenken!" und Hui-ke erwiderte: „Ich habe nach meinem Geist gesucht, aber ich habe ihn nicht zu fassen bekommen!", mit Bodhidhamas abschließendem Bescheid: „Gerade jetzt habe ich Deinem Geist endlich Frieden geschenkt!" (Kôan 41 *Wu-men-guan*). Die Erfahrung, heißt das, dass da nichts ist, wo wir, aus der Not des Geistes heraus, nach dem „wahren Wesen" unseres

Geistes suchen, eben diese Erfahrung eines Nichts anstelle der Shûnyatâ, des Dharmakâya oder wie sonst wir unser „wahres Wesen" nennen wollen – eben diese Erfahrung macht unseren Frieden aus. Wie weit das auch für Ba-lings Antwort gilt, bleibt vorerst abzuwarten.

Bis jetzt wissen wir nur, dass es dem Mönch um den *Frieden* des Herzens und Geistes geht, und dass Ba-ling bereit ist, ihm diesen *Frieden* zu schenken. Aber wie das Wunderschwert, von dem sich der Mönch seine Rettung verspricht, diesen *Frieden* bewerkstelligen soll, steht nach wie vor in den Sternen. Ba-ling greift es zwar mit seiner Antwort auf, nimmt es gleichsam in die Hand, dies wunderbare Schwert, doch seine Antwort hat, so scheint es, so gar nichts mit der Frage des Mönchs zu tun, so wenig, dass Xue-dou sich bemüßigt gefühlt hat, diese Antwort in seinem **Lobgesang** mit einem scheinbar abfälligen Zitat aus dem Dao-De-Jing zu kommentieren: *»Große Geschicklichkeit ist [da] wie Ungeschick!«* Immerhin, indirekt gesteht er Ba-ling denn doch *große Geschicklichkeit* zu, wenn der dem Mönch die befremdliche Auskunft erteilt: *„Jeder einzelne Korallenzweig stützt allezeit den Mond!"* Nur – wie soll gerade dieser Satz imstande sein, dem Mönch seinen erhofften Frieden zu schenken?

Kehren wir noch einmal zu dem zurück, was als gesichert gelten kann: dass *das Schwert, das noch ein angewehtes Haar zerteilt,* das Schwert Mañjushrîs ist, das Schwert, das uns von Verblendung aller Art befreit. Auf welche Verblendung hat Ba-ling es bei seiner Antwort abgesehen? Da ist zunächst die gewöhnliche Verblendung, dass wir uns, zumindest unser Selbst, unser eigentliches Wesen, für unsterblich halten, buddhistisch gesprochen, uns ein aus sich selbst heraus existierendes Selbst zuschreiben, statt uns als vorübergehendes Ergebnis bedingten Entstehens zu erkennen, anders, auf zeitgenössische Weise formuliert, als das mehr oder weniger flüchtige Resultat autopoietischer Prozesse. Eine andere, eine Verblendung höherer Art lässt sich wie folgt umreißen: Wenn wir schon unser Selbst als leer, als in sich substanzlos anerkennen, aber dieses Leer-sein zur Leere, zur Shûnyatâ und diese Shûnyatâ, auch Dharmakâya, „Wahrheitsleib" genannt, zu unserem „wahren Wesen", unserem „wahren Selbst" erheben, dann ergibt das eine neue Verblendung, genau die Verblendung, aus der der Nan-yang des vorigen Kapitels seinen Kaiser zu befreien versucht hat. Und wie die gewöhnliche Verblendung uns in den Geschäften der Welt und damit in eben dem Zustand festhält, der uns überhaupt erst nach Frieden streben lässt, so schenkt uns die zweite Art Verblendung gleichfalls keinen Frieden (allenfalls einen trügerischen), insofern sie uns daran hindert, hier inmitten der Welt wirklich zuhause zu sein – Nan-quans Warnung an Lu Geng gehört hierher: „Die Menschen von heute schauen diesen Blütenstrauch hier an, als wäre er ein Traum!" (Kôan 40). Frieden können wir in der Shûnyatâ nur um den Preis der völligen Erstarrung und Apathie erlangen, indem wir auf das Leben ganz und gar verzichten und uns einnisten, einkapseln in der Reglosigkeit eines totalen Verzichts (und genau das macht diesen „Frieden" zu einem trügerischen, einem falschen Frieden). Das wäre eine weitere Stufe der Verblendung, wenn wir uns inmitten der *Zehntausend Dinge* nicht einmal wie im Traum, sondern überhaupt nicht mehr in ihnen bewegten, vielmehr in einem fortwährenden Außerhalb der Welt verharren wollten. Erst wenn wir auch noch Shûnyatâ und Dharmakâya hinter uns lassen und dort ankommen, wo nichts mehr ist (auch keine „wahre Wirklichkeit" mehr, die uns an sich binden, bei sich festhalten könnte), sind wir zum einen von Verblendung frei und finden uns zum anderen ganz und gar auf die *Zehntausend*

Dinge als das Einzige verwiesen, das uns bleibt und das uns ein Zuhause bietet – so wir es denn annehmen wollen: Wo nichts mehr ist, ist auch für uns kein Aufenhalt; aufhalten können wir uns nur dort, wo etwas ist, und das ist die Welt der *Zehntausend Dinge*. Und in der können wir schon deshalb zuhause sein, weil es nichts mehr gibt, keine Shûnyatâ, keinen Dharmakâya, was uns von ihr weglockt, wegzieht, mit falschem Frieden betört. Wir müssen uns nur dazu entschließen, uns dieser Welt hier als unserer angestammten Heimat anzuvertrauen.

Aber was hat das alles mit den *Korallenzweigen* zu tun, die *jeder einelne allezeit den Mond abstützen*? Gibt es da, erstem Anschein zuwider, einen unterschwelligen Zusammenhang? Um den ans Licht zu bringen, müssen wir versuchen, die Metaphorik zu entschlüsseln, in die Ba-ling seinen „Schwerthieb" eingehüllt hat: „Wenn die Küste während der Ebbe nachts im Mondschein liegt, so strahlen die noch nassen Korallen das Mondlicht hundertfach zurück, ein einzigartig zauberhafter Anblick", hilft uns Gundert aus unserer Verlegenheit, und „wir sollten ihm", um Xue-dou zu zitieren, „für dieses Wort nur dankbar sein![855] Dass die *Korallenzweige*, wenn sie periodisch aus den sanft sich wiegenden Wellen auftauchen, das Licht des Vollmonds zurückwerfen, leuchtet als leicht nachvollziehbar ein; doch inwiefern *stützen* sie dabei den *Vollmond* ab? Ist es nicht umgekehrt so, dass erst das Mondlicht die Korallen sichtbar macht? Wenn wir, wie kaum anders möglich, den Vollmond als die gebräuchliche Metapher für die „Große Leere", den Dhamakâya, nehmen, dann ließe sich die Szenerie „Korallen unterm Mondlicht" problemlos als bildliche Umschreibung dessen verstehen, dass der Dharmakâya die *Zehntausend Dinge* als die sprichwörtlichen „Blumen der Leere" aus sich hervorgehen lässt: Die Korallen vertreten die Dinge der Welt, und der Mond schenkt ihnen, dass sie überhaupt als die Erscheinungen der Leere Sichtbarkeit und damit Existenz erlangen. Dann aber *stützt* der Mond die Korallenzweige ab, nicht aber *stützen*, wie Ba-lings Wende-Wort verlangt, *die Korallenzweige [umgekehrt] den Mond*! Ba-lings Metapher zeiht das gängige Verständnis der Unwahrheit und entlarvt es somit als Verblendung: dass nämlich der Mond oder Dharmakâya die „wahre Wirklichkeit" darstellt, von der die Welt der *Zehntausend Dinge* in ihrer Existenz abhängt und folglich zwar die *Zehntausend Dinge* nicht ohne den Dharmakâya, aber umgekehrt der Dharmakâya sehr wohl ohne die *Zehntausend Dinge* gegeben sein kann. Genau darauf gründet sich die Verblendung zweiter Art, die der vorige Absatz skizziert hat und gegen die sich Ba-ling mit seiner »Umkehrung aller Werte« wendet:[856] Nicht der Dharmakâya ist – als die vermeintliche „wahre Wirklichkeit" – das Wichtigere und Entscheidende, sondern die Welt der *Zehntausend Dinge*!

---

855 Das Gundert-Zitat ist seiner Bi-yan-lu-Übertragung, Bd. I, S. 255 entnommen, und zwar der dortigen Fußnote 3. Und Xue-dous Ausruf entstammt dem Kôan 36, als Anhängsel des Beispiels und Kommentar dazu.

856 Der Verfasser greift hier auf Nietzsches berühmte Formel von der »Umwertung aller Werte« zurück, und das keineswegs zufällig: Nietzsche, dieser leidenschaftliche Antipode Platons und des Christentums, Letzteres von ihm als »Platonismus fürs Volk« dekuvriert, bekämpft an beiden, dass sie eine jenseitige Welt, mit allen Anzeichen der Vollkommenheit ausgestattet, als den Ort unserer wahren Bestimmung ausgeben. Nietzsche selbst hat stattdessen einer unbedingten Bejahung des Diesseits das Wort geredet und jeglichen Glauben an Zuflucht und ewige Erfüllung im Jenseits als Ausdruck von Schwäche und *décadence* gewertet.

Wie sollen wir das verstehen? Im Daoismus und folglich auch im daoistisch eingefärbten Chan der Song-Zeit gilt bekanntlich das schon oft zitierte Axiom, dass „die *Zehntausend Dinge* aus dem Sein hervorgehen und das Sein aus dem Nicht-Sein" (*wan wu sheng yu you, you sheng yu wu – Dao-De-Jing,* Text 40). Das besagt, mit den metaphorischen Mitteln unserer Sprache formuliert: Dort, von woher die Dinge letztlich entstehen, ist nichts, und dort, wohin die Dinge letztlich verschwinden, ist ebenfalls nichts.[857] Und doch muss es, von den Dingen her gesehen, das geben, woraus sie entstehen und in das hinein sie verschwinden. Für sich allein jedoch, ohne die Dinge, kann es das, von dem gilt, dass da nichts ist, nicht geben (denn sonst wäre da ja etwas, wo doch nichts sein soll). Erst durch die Dinge erlangt das, wo nichts ist, Wirklichkeit, eine Wirklichkeit, die es aus sich selbst heraus nicht besitzt. Und insofern *stützen* in der Tat die Dinge, vertreten durch die *Korallenzweige* Ba-lings, den *Mond*, Metapher für die Leere, daoistisch gesprochen, für das Nicht-Sein, für das, wo nichts ist. Ebenso gilt, spirituelle Erfahrung betreffend, das wir die Shûnyatâ, den Zustand, wo nichts mehr ist, nur vom Sein her erfahren können, anders gesagt, nur als Existierende und nur, solange wir Existierende sind; im physischen Tod als dies Ich eingegangen ins Nicht-Sein, gibt es für uns auch keine Erfahrung des Nicht-Seins mehr: Shûnyatâ als Erfahrung ist also gleichfalls daran gebunden, dass wir sind. Auch hier *stützen die Korallenzweige den Mond*! Dieser spirituelle Aspekt des Ba-ling'schen Wende-Wortes ist allerdings nicht der vorrangige; dass das *Stützen des Mondes*, wie es ausdrücklich heißt, *allezeit* geschieht, verweist vielmehr auf ein Übergewicht der ontologischen Implikationen.

Ba-lings metaphorisch verschlüsseltes Schlusswort zum *Bi-yan-lu* lässt sich wie folgt in Klartext verwandeln: »Soheit« als die „wahre Wirklichkeit" hinter den Dingen hat ausgespielt; sie hat ihren angestammten Charakter als unabhängige, einzig aus sich selbst existierende Wirklichkeit verloren. Wenn von »Soheit« als gültiger Wirklichkeit überhaupt noch sinnvoll die Rede sein soll, dann bleibt nur die Wirklichkeit der Dinge selbst: so, wie sie als diese Dinge sind, in all ihrer Vergänglichkeit, ihrem Entstehen aus nichts und ihrem Vergehen in nichts:

»So, wie es ist, ist es gut« –
Das ist die »Soheit« der Dinge,
Dass sie sind, wie sie sind.
Nichts ist dahinter, das ihnen

857 Dem Verfasser ist jüngst eine Kalligraphie vor Augen gekommen, bei der Sôkaku Chôchô Tsûyama (1892-1974), Abt des Enpukuji in Chôshi, zur Erläuterung des *Ensô* einen Doppelvers aus chinesischen Schriftzeichen ergänzt hat: *wan wu zhi gen-yuan / tian di zhi tai-zû*, zu Deutsch: „der Anfang der *Zehntausend Dinge*, / der Ahnherr/Ursprung von Himmel und Erde". Das ist eine deutliche Anspielung auf zwei Zeilen aus Text 1 *Dao-De-Jing*, die da, freilich in umgekehrter Zuordnung der einzelnen Satzglieder lauten: *(wu ming) tian di zhi shi / (you ming) wan wu zhi mu*, „(insofern es ohne Namen ist, ist das DAO) der Anfang von Himmel und Erde, / (insofern es einen Namen hat, ist es) die Mutter der *Zehntausend Dinge*". Weil nun das DAO, insofern es ohne (*wu*) Namen ist, dem Nicht-Sein (*wu*) und insofern es einen Namen hat (*you*), dem Sein (*you*) des Axioms Text 40 entspricht, ergibt sich für Tsûyamas Deutung des *Ensô*, bei der gerade nicht zwischen den zwei Aspekten *wu* und *you* unterschieden wird und folglich die Begriffe „Anfang" und „Ursprung" als Synonyme dastehen, die folgende Kosequenz: Wir dürfen die „Leere", die da von dem schwarzen Tuschekreis des *Ensô* umschlossen wird, nicht als Shûnyatâ verstehen; vielmehr finden wir in dieser Kalligraphie eine auffällige Parallele zu der revolutionären, dem Daoismus entlehnten These des Song-zeitlichen Chan, dass da, wo herkommliche Mahayâna-Ontologie eine Shûnyatâ bzw. einen Dharmakâya ansetzt, stattdessen eben – nichts ist!

Auch noch Bedeutung gäbe;
Denn – dahinter ist nichts.
Aber was wäre dann
Schweres daran,
Dass wir Tathâgatas werden?
Was denn Besonderes wäre
Solch ein „Ins-Sosein-Gekomm'ner"?
Nun, dass hinter den Dingen nichts ist,
Nichts, aus dem sie gleichwohl
Allzeit entspringen,
Nichts auch, in das sie gleichwohl
Wieder entschwinden –
Das ist die andre
Seite der »Soheit«,
Das ist der Ort, der »Nicht-Ort«,
Den nur wenige kennen,
Ort der Tathâgatas.

Auch wenn es keine sonst gibt,
Die diesen Namen verdiente:
Wirklichkeit, als nur die,
Welche den Dingen zu Eigen,
Schätzen wir sie gering, weil
Sie vergängliche sind.
Das, was dahinter ist,
Fälschen wir um,
Wenden, was nicht ist, zum „wahren
Wesen" der Dinge, und ist doch
Nichts da. Zwar, wo gar nichts da ist,
Gibt es auch nichts Vergängliches, doch
Auch Beständiges nicht:
Machst du, dass nichts ist,
Zu einem Nichts, das ist,
Frönst du der Täuschung.
Wahrheit – das wohl, doch
Kein „wahres Wesen"
Hast du daran, dass hinter
All den Dingen nichts ist – und
Schrecken besagt das nicht.

So ist »Soheit« nur eine,
Die, dass die Dinge so
Sind, wie sie sind, und dahinter
Sich kein Wesen, kein wahres, verbirgt.
Und die Tathâgatas?

Was bedeutet dann noch,
„So gekommen" zu sein,
„So", und das heißt, „ins Sosein"? –
Dass du in dir erfährst,
Du in dir selbst, eben dies:
Dass hinter allem nichts ist,
Dass da „am anderen Ufer"
Kein „andres Ufer" mehr ist.
Du aber kehrst dich um,
Kehrst dich zur »Soheit« der Dinge,
Kehrst in das Haus, und es gibt kein
Andres als dies, zurück.[858]

Ein Nachtrag noch zum **Lobgesang**: Er bestätigt, dass Ba-ling mit seinen *Korallenzweigen*, die *den Mond stützen*, genau das Schwert schwingt, nach dem der Mönch gefragt hat und von dem er sich wünscht, dass es seine Wirkung auch an ihm selbst tue. Dieses Schwert kann auch – *„Manchmal ist es ein Finger ..."* – in dem einem *Finger* verborgen sein, den Ju-zhi allemal in die Höhe reckt (Kôan 19), oder – *„... manchmal die flache Hand"* – in dem heftigen Schlag einer *flachen Hand*, die den Geschlagenen in einen Schockzustand versetzt und ihm in einem einzigen Augenblick sämtliche Gewissheiten zertrümmert. Auf jeden Fall handelt es sich, aller äußerlichen Unscheinbarkeit zum Trotz, um ein Riesenschwert, so groß, dass der Recke, der es zu schwingen vermag, es *an den Himmel anlehnen* kann, mit einer Schneide von solch strahlendem Glanz, dass es noch *den Schnee überstrahlt* (anders gesagt, es blendet beim Niedersausen den, der in demselben Bruchteil einer Sekunde von ihm getroffen wird). Und dann streicht Xue-dou noch die außerordentliche Leistung heraus, die Ba-ling mit der Auswahl seines Gedicht-Zitats vollbracht hat: Wollte man, als noch so *guter Handwerker*, als noch so *großer Schmied*, sich daran machen, ein solches Schwert eigenhändig zu schmieden, zu *schärfen* und zu *glätten*, man käme niemals an ein Ende; man muss es vielmehr – *„wie anders [dies]"* dagegen, das Verfahren Ba-lings – fertig vorfinden, entschlossen ergreifen und ohne Zaudern einsetzen: *»Jeder einzelne Korallenzweig stützt allezeit den Mond!«*

Ein würdiger Abschluss für das *Bi-yan-lu* in der Tat, dieses „Schwert des Ba-ling"; und doch hat der Verfasser, dessen erste Versuche, die Original-Texte dieses Chan-Klassikers zu verstehen, nunmehr zwei Jahrzehnte zurückliegen, mit eben diesem »Öffentlichen Aushang« sozusagen bis gestern so gar nichts anzufangen gewusst.

Noch ein zweiter und letzter Nachtrag scheint angebracht, diesmal zum *Bi-yan-lu* insgesamt: Wem sich angesichts der Radikalität der hier vorgetragenen Deutungen die Frage aufdrängt, warum denn die Autoren Song-zeitlicher Chan-Literatur – sollten die Analysen des Verfassers zutreffen – ihre Auffassungen nicht mit gleicher Deutlichkeit ausgesprochen, sondern

---

858 Roloff (3), Text 37 – auf diesen Text hat der Verfasser schon einmal, und zwar anlässlich des Kôan 23 zurückgegriffen; dass er hier noch ein zweites Mal erscheint, soll die Bedeutsamkeit der ihm zugrunde liegenden These unterstreichen: dass eine »Soheit« jenseits der Dinge nicht existiert!

lieber in metaphorische Umschreibungen gehüllt haben, der möge sich folgende Auswahl plausibler und sich gegenseitig ergänzender Gründe vor Augen halten:

Zum einen erfüllt die metaphorische Ausdrucksweise in höchstmöglichem Maß den erzieherischen Zweck, Mönchsschüler und Leser dazu zu zwingen, sich das von den Autoren intendierte Ergebnis aus eigener spiritueller Kraft zu erarbeiten. Die Metaphorik der Kôan-Texte ist ja nichts anderes als eine Form der »indirekten Mitteilung« (Kierkegaard), die den Adressaten auf sich selbst zurückwirft und ihm, so er denn das Ziel erreichen will, keine andere Wahl lässt, als sich selbst – und wenn es sein muss, schmerzhaft – abzumühen.

Zum anderen haben sich Männer wie Xue-dou und Yuan-wu zwar nicht vor einem klerikalen Machtspruch fürchten müssen, weil es eine kirchliche Zentralgewalt wie den Vatikan mit seiner Glaubenskongregation oder anderen Arten von Glaubenswächtern im buddhistischen China, ja im Buddhismus überhaupt niemals gegeben hat. Wohl aber haben sie auf die kaiserliche Zensurbehörde Rücksicht nehmen müssen, die über die Erteilung der offiziellen Druckerlaubnis zu entscheiden hatte und mit unnachsichtiger Strenge auch bei kleineren Verstößen das *Imprimatur* verweigert hat.[859] So, wie diese Druckerlaubnis einem Text als zukünftigem Bestandteil des Kanons kaiserlich autorisierten Bücher das Überleben gesichert hat, genauso konnte die Verweigerung des *Imprimatur* den Untergang eines Textes zur Folge haben.

- Es ist noch ein weiterer Grund für die offenkundige Vorsicht denkbar, mit der die Autoren des *Bi-yan-lu* wie des späteren *Cong-rong-lu* oder *Wu-men-guan* ihre Auffassungen ins Wort gesetzt haben. Lässt sich doch nicht leugnen, dass die Texte, die sie in ihre *Gong-an*-Sammlungen aufgenommen haben, eine deutliche Unentschiedenheit erkennen lassen, ob es nun einen letzten Grund der Dinge gibt oder nicht. Neben Texten mit der unzweifelhaften Tendenz, das Vorhandensein einer „wahren Wirklichkeit" für null und nichtig zu erklären, finden sich andere, die ebenso unzweifelhaft die Existenz eines unvergänglichen „wahren Wesens" voraussetzen, in dem auch jeder einzelne von uns für immer aufgehoben ist. Ja, wir stoßen sogar hin und wieder, wie etwa im Kôan 51, auf den Fall, dass innerhalb ein und deselben Textes beide Möglichkeiten angeboten werden: dass es am Grund der Dinge sehr wohl einen – wenn auch nicht näher bestimmbaren – Dharmakâya gibt, und dass ganz im Gegenteil am Grund der Welt nichts ist, ein Grund der Dinge also gerade nicht existiert. Diese Unentschiedenheit findet sich auch schon in den Texten des Daoismus, wenn dort einerseits von einem »Ort des Nicht-Sterbens« die Rede ist, andererseits die gesamte Metaphysik zu dem Axiom verdichtet wird: *wan wu sheng yu you, you sheng yu wu*, „die *Zehntausend Dinge* gehen aus dem Sein hervor, das Sein geht aus dem Nicht-Sein hervor!" Steht hinter solcher Unentschiedenheit, hinter solchem Mangel an Konsequenz die Erfahrung, dass Menschen gemeinhin ohne den metaphysischen Trost einer „wah-

859 So hat diese Behörde an einer Formulierung Xue-dous wie der folgenden aus dem Lobgesang des Kôan 3: „Die Fünf Kaiser und Drei Erhabenen Majestäten – was sollen sie uns sein?", als einer Herabsetzung geheiligter Kultur-Heroen Anstoß genommen und daraufhin seinen *100 Beispielen der Alten* die Druckerlaubnis verweigert! Vgl. die Fußnote 64 zu eben dieser Zeile anlässlich des Kôan 3.

ren" – und besseren oder wenigstens unvergänglichen – „Wirklichkeit" nicht glauben gelassen und glücklich leben zu können? Ist es also konfuzianische Menschenliebe, ist es buddhistisches Mitgefühl gewesen, was die Song-zeitlichen Chan-Autoren zu ihrer Behutsamkeit bei der Vermittlung ihrer revolutionären Gedanken motiviert hat? Weniger leicht fällt es sich vorzustellen, dass sie selbst die tröstliche Rückversicherung einer „wahren Wirklichkeit" nötig gehabt haben: Ein Weiser im Sinne des Daoismus kennt angesichts des Nichts kein Zu-Tode-Erschrecken – er „wandelt" vielmehr, mit Zhuang-zi zu sprechen, lustvoll „im Nicht-Sein"! •

Ein ketzerisches Nachwort

Mein erster Zen-Lehrer, Wolf-Dietrich Nolting, dem meine Bemühungen um das *Cong-rong-lu* gewidmet sind, hat mir einmal unter vier Augen Erstaunliches erzählt: Sein eigener Lehrer, der alte Oi Saidan Rôshi, habe ihn zunächst über Jahre hinweg dazu gebracht, an diese und jene Lehrinhalte zu glauben – nur um ihm, zum Schluss, all seine Überzeugungen wie einen Teppich unter den Füßen wegzuziehen! Nichts sollte bleiben, an das sich sein Schüler und Nachfolger Nolting noch hätte klammern können! So ohne Boden unter den Füßen dastehen zu können, war sozusagen der Erweis eigener Meisterschaft! Dieser Bericht hat mich, den blutigen Anfänger, damals verständlicherweise äußerst beeindruckt. Heute möchte ich selbst, mit diesem Nachwort, meinen Lesern dasselbe antun, was seinerzeit meinem frühen Lehrer Nolting widerfahren ist – es sei denn, sie hätten, angesichts zahlloser, hartnäckig immer wieder vorgetragener „Richtigstellungen", schon längst den rechten Glauben verloren!

Buddha Shâkyamuni selbst hat nie an eine „Buddha-Natur" geglaubt. Für ihn war alles Existierende wesenslos – wie hätte es da in seinen Augen ein „wahres Wesen" geben können!? Oder gar eine „wahre Wesenswelt"!? Auch eine „wahre Wirklichkeit" hat es für ihn nicht geben können, weil seiner Lehre zufolge die Wahrheit ja gerade darin besteht, dass da keine Wirklichkeit ist. „Alles ist leer" – diese zentrale Botschaft Shâkyamunis beinhaltet eben dies, dass sich in den Dingen, uns selbst eingeschlossen, kein Wesen, keine Wirklichkeit verbirgt.

Aus diesem Satz „Alles ist leer" hat der Mahâyâna-Buddhismus die „Leere" gemacht, die allem zugrunde liegt, die Shûnyatâ. Doch das ist eine logisch unzulässige Operation. Denn durch die Verwandlung des Adjektivs „leer" in das Substantiv „Leere" wird zugleich das, was die Aussage „Alles ist leer" besagt, geradezu ins Gegenteil verwandelt: Jetzt ist da plötzlich, statt dass da nichts ist, ein Etwas, das sich als „wahres Wesen" oder „wahre Wirklichkeit" ausgeben lässt, ja förmlich aufdrängt. Ebenso steht es, wenn aus der Aussage: „Hinter den Dingen ist nichts" das Wort „nichts" in das Substantiv „Nichts" umgewandelt wird: Jetzt hat sich da, wo eigentlich „nichts" sein soll, ein Etwas ergeben, das „Nichts" heißt, und das auch dann noch ein Etwas bleibt, wenn wir hinzufügen, dass ihm keinerlei Eigenschaft oder inhaltliche Bestimmung noch Existenz zukommt: Es ist nicht *etwas* und *ist* nicht einmal, anders gesagt, ist nicht einmal vorhanden, und doch ist es nun einmal „das Nichts", das vortäuscht, vorhanden und da zu sein.

Wenn aber diese Substantivierungen etwas vortäuschen, was gar nicht der Fall ist, dann verbietet es sich, von einer „Leere" als einer „wahren Wirklichkeit" zu sprechen, in der alle Dinge, wir selbst eingeschlossen, zumindest ihrem „wahren Wesen" nach immer schon vorhanden und für immer aufbewahrt sind, allem Werden und Vergehen enthoben. Das betrifft Ma-zus „Wie wären die denn davongeflogen!?" (Kôan 53 *Bi-yan-lu*) oder Yan-tous „Wessen Entstehen und Vergehen soll das denn sein?"(Kôan 43 *Cong-rong-lu*) oder Yunmens „Geburt und Tod, wo sind sie?" (Kôan 166 *Shôbôgenzô Sambyakuzoku*). Auch mit Rui-yans „ursprünglicher beständiger Natur der Dinge" (Kôan 74 *Cong-rong-lu*) ist es dann nichts, ebenso mit dem „ursprünglichen Antlitz", das Hui-neng in den Mund gelegt worden ist (Kôan 23 *Wu-men-guan*). Und von einem „Nichts", selbst wenn es das gäbe, könnte erst recht nicht gesagt werden, dass darin irgendetwas aufbewahrt und erhalten bleibt.

Auch die Begriffe „Shûnyatâ“, „Dharmakâya“, „DAO“ fallen unter das Verdikt, dass sie ein Etwas vortäuschen, wo vielmehr nichts ist; etwas Vorhandenes, etwas Gegebenes, wo vielmehr nichts vorhanden, nichts gegeben ist. Besonders eklatant ist dieser Sachverhalt bei dem Begriff „Dharmakâya“, dem „Wahrheitskörper“, „Wahrheitsleib“ – weil er gar einen Körper suggeriert, einen festen und massehaltigen Körper, wo tatsächlich einfach nur nichts ist! Allenfalls der Begriff „DAO“ kann mit einer gewissen Nachsicht rechnen, weil das von ihm Gemeinte – wie noch anlässlich des Kôan 100 zum x-ten Mal wiederholt – letztlich darauf hinausläuft, dass da tatsächlich nichts ist: „Die Dinge entspringen dem Sein [und] das Sein entspringt dem Nicht-Sein“; und dieses Nicht-Sein bedeutet eben: „Da ist nichts“! Wird dieses „Da ist nichts“ jedoch zum „DAO“ erhoben, und das wiederum zur „Mutter aller Dinge“ erklärt, liegt derselbe logische Fehler vor wie in den anderen Fällen.

Es kann also, wenn der Dharmakâya unser „wahres Wesen“, unsere „Buddha-Natur“ sein soll, nach den eigenen Prämissen der Buddha-Lehre gar keine unvergängliche „Buddha-Natur“ geben. Auch das DAO, das ja letztlich nichts ist und nicht ist, taugt nicht dazu, uns mit einem unvergänglichen „wahren Wesen“ auszustatten, mit dem wir dem Tod, der Vernichtung entzogen wären – es sei denn, unsere unvergängliche „Buddha-Natur“ sollte eben darin bestehen, dass wir nichts sind und nicht sind. Aber das hieße ja, dass sich – man staune – in unserer Vernichtung unser „wahres Wesen“ offenbarte! Wer wollte sich, wenn er für sich eine unvergängliche „Buddha-Natur“ beansprucht, in der er immer schon da gewesen ist und für immer da sein wird, damit zufrieden geben?!

Nun könnten wir uns auf die Hinterbeine stellen und erklären: Wir gehen einfach von der Existenz einer „Buddha-Natur“ aus, die uns genau das bietet, was nach der ursprünglichen Buddha-Lehre angeblich nicht der Fall ist. Doch eine solche Annahme, die das gleichzeitige und gemeinsame Immer-schon-und-für-immer-Vorhandensein aller Dinge einschließt, läuft auf metaphysische Aussagen hinaus, die eher der griechischen Philosophie eines Platon entsprechen als chinesischem Denken unter dem Einfluss des Daoismus: Dort die Annahme eines ewigen und unveränderlichen Seins, das alle Dinge in sich umfasst, und hier das Axiom eines allen Dingen zugrunde liegenden Nicht-Seins und Nichts! Anders gesagt: Daoismus und Platonismus bzw. platonisierender Mahâyâna-Buddhismus schließen sich gegenseitig aus. Wir müssen daher, wenn wir ein logisch korrektes Verständnis der Lehren der daoistisch eingefärbten Chan-Meister insbesondere der Song-Dynastie gewinnen wollen, von der Annahme einer „Buddha-Natur“ Abstand nehmen!

Was jeder von uns, ob nun Leser oder Verfasser, persönlich glaubt, ob er angesichts der zeitgenössischen Kosmologie (mit ihrer Standard-Theorie vom „Urknall“, dem schlechterdings nichts vorausgeht) Sympathien für den Daoismus hegt oder ein platonisches Weltbild bevorzugt, das noch in der christlichen Lehre seine deutlichen Spuren hinterlassen hat, tut hier nichts zur Sache. Allenfalls grundsätzliche Überlegungen zur Möglichkeit des Neuen, das ja, eben als Neues, nicht vorher in irgendeiner Weise schon da gewesen sein kann, sowie zur Möglichkeit des Verschwindens, das ja gerade darin besteht, dass etwas, das zuvor da war, nun nicht mehr da ist, könnten Argumente für eine Entscheidung zu Gunsten des Daoismus an die Hand geben. – Gerade diese zweifache Möglichkeit des Hervortretens von Neuem und des Verschwindens von Vorhandenem wird freilich mit Ma-zus „Wie wären die denn davongeflogen!?“ und Yan-tous „Wessen Entstehen und Vergehen soll das denn sein?“ für eine von den eigenen Prämissen der Buddha-Lehre her unzulässige „Buddha-Natur“ bestritten.

Sofern wir uns aber auf dem Boden eines vom Daoismus bestimmten Chan-Buddhismus bewegen – Nan-quans „Es ist nicht Geist, es ist nicht Buddha, es ist auch sonst nichts“ (Kôan 27 *Wu-men-guan*) oder Pan-shans „In allen Drei Welten kein einziges Ding!“ (Kôan 37 *Bi-yan-lu*) – müssen wir uns darüber im Klaren sein, dass alle Formulierungen, die vom DAO, von der Shûnyatâ, dem Dharmakâya, der Leere oder dem Nichts als einem „wahren Wesen“, einer „wahren Wirklichkeit“, einer „Buddha-Natur“ sprechen, etwas behaupten, was sich bei genauerem Hinsehen nicht aufrecht erhalten lässt: dass da etwas Unveränderliches ist, in dem wir mit enthalten und zugleich allem Werden und Vergehen enthoben sind.

Wenn wir aber, immer auf dem Boden des Daoismus, davon ausgehen, dass hinter und unter den Dingen nichts ist, was wird dann aus der Shûnyatâ als Ursprung der Dinge, was aus dem Einswerden mit der Shûnyatâ, was aus einem Leben aus der Shûnyatâ? Wie kann nämlich etwas der Ursprung eines anderen sein, wenn es selbst gar nicht *ist*? Doch genau das behauptet das vom Daoismus durchtränkte Chan, wenn im Kôan 74 *Cong-rong-lu* ein Mönch die Frage stellt: „Alle Dinge sind aus einem *nicht da seienden* Ursprung hervorgegangen – was ist dieser *nicht da seiende* Ursprung?“, und Fa-yan antwortet: „Die Erscheinungen entspringen einem nicht vorhandenen Urstoff!“ Für uns Europäer, die gar nicht mehr wissen, wie sehr ihr Denken auch heute noch von der altgriechischen Philosophie bestimmt wird, ist der Gedanke, dass etwas aus nichts entstehen soll, kaum nachvollziehbar (auch wenn zeitgenössische Kosmologen wie Hawking und Mlodinow genau das noch jüngst für das Universum behauptet haben). „Aus nichts kann nichts entstehen“, oder in seiner lateinischen Fassung: *„nihil ex nihilo fit“* (Lukrez), lautet das griechisch-abendländische Axiom, oder andersherum: „Seiendes kann nur aus Seiendem hervorgehen“. Doch das ist genauso nur ein Axiom wie die daoistische Umkehrung: „Alles entsteht aus dem, was nicht ist und nichts ist“.

Und wie können wir Chan-Adepten mit der Shûnyatâ eins werden, wenn es die Shûnyatâ gar nicht gibt; wenn da, wo die Shûnyatâ sein soll, vielmehr nichts ist? Und wie soll ein Leben aus der Shûnyatâ oder dem Nichts möglich sein, wenn weder die Shûnyatâ noch das Nichts existieren? Solange wir leben und da sind, können wir selbstverständlich nicht mit etwas eins werden und eins sein, was nicht da ist; das können wir nur – den psycho-physischen Monismus, also die (sich mehr und mehr durchsetzende) Einsicht in die Einheit unseres physischen Leibes und unserer seelisch-geistigen Existenz vorausgesetzt – durch unseren physischen Tod. Was uns im Dasein und zu Lebzeiten einzig möglich ist, das ist ein Zustand der Leere des Geistes, den wir durch das Zazen, das Sitzen-in-Versenkung, erreichen können. Dieser Zustand, verbunden mit einem Verlust des Ich-Bewusstseins, täuscht in der Tat ein Nicht-mehr-Existieren der Welt vor, jenes Hui-neng zugeschriebene: *ben-lai wu yi wu / hon-rai mu ichimotsu*, „ursprünglich ist da kein einziges Ding“ als Beschreibung dessen, was uns – wenn wir denn dorthin vordringen könnten – hinter und unter den Dingen erwartet, und erweckt so die Illusion einer tatsächlich gegebenen Shûnyatâ bzw. eines Einswerdens mit dieser tatsächlich gegebenen Shûnyatâ. Doch tatsächlich gegeben ist Shûnyatâ nur, insofern wir als Da-Seiende sie erzeugen – weshalb wir korrekterweise auch nur von einer

Erfahrung **von** Shûnyatâ sprechen können, nicht aber von einer Erfahrung **der** Shûnyatâ. Und insofern wir in der Erfahrung **von** Shûnyatâ zugleich auch das Bewusstsein unseres Ich verloren haben, erfahren wir uns als eins mit dieser von uns selbst erzeugten Shûnyatâ. Aus solcher Shûnyatâ heraus zu leben heißt dann nichts anderes, als dass dieser Zustand einer Ich-losen Leere des Geistes unser gesamtes Erleben der Welt, unsere Einstellung zu den Dingen, zu den anderen und zu uns selbst, zu Leben und Tod verändert. So mag immerhin Wu-mens Aussage gelten, die seinen Lobgesang zum Kôan 19 *Wu-men-guan* beschließt: „Falls nicht belanglose Sachen sich in deinem Geist verfangen, / Ist sogleich mitten unter den Menschen für dich eine gute Zeit!" Hingegen, von einem Einswerden mit einer real vorhandenen Shûnyatâ sowie einem Leben aus einer real vorhandenen Shûnyatâ zu reden läuft auf ein durchaus hyperbolisches (in der Ausdrucksweise übertreibendes) Sprechen hinaus, das darauf verzichtet, sich auf seinen tatsächlichen Wahrheitsgehalt zu beschränken und das Illusionäre seiner Behauptungen sich einzugestehen.

Trotz all dieser Klarstellungen geraten wir infolge der Verführungskünste der Sprache immer wieder in Schwierigkeiten. Wenn es heißt: „Hinter den Dingen ist nichts", und wir wollen über dieses „nichts" reden, dann haben wir es – auch hier und jetzt – allein durch das Demonstrativum „dieses" bereits in ein Substantiv verwandelt, das wir sogleich als „Nichts" zu schreiben genötigt und zu verstehen geneigt sind (in Sprachen ohne Großschreibung ist das nicht ganz so offensichtlich). Und dieses „Nichts" können wir dann – in der Terminologie des Daoismus – als den „Ursprung der Dinge" ausgeben, von dem wir damit implizit behaupten, dass es dieses „Nichts" tatsächlich gibt. Wenn wir so verfahren, nämlich ein Nichts zum Ursprung der Dinge ernennen, dann müssen wir uns jedoch dessen bewusst sein, dass dieses Nichts nur von uns her gesehen existiert und auch existieren muss, weil es andernfalls nicht den Ursprung der Dinge abgeben könnte; dass es aber, korrekt als „Da ist nichts" verstanden, gleichsam von sich her gesehen gerade nicht existiert. Das läuft auf das zuvor erwähnte *Paradoxon* hinaus, dass „alle Dinge aus einem *nicht da seienden* Ursprung hervorgegangen sind" bzw. dass sie „einem nicht vorhandenen Urstoff entspringen". Eine solche Aussage ist allerdings für unseren, zumindest für unseren westlichen »gesunden Menschenverstand« eine Ungeheuerlichkeit, gegen die er sich mit allen Kräften wehrt. Doch ein uns – im Vergleich zum daoistischen – vertrauteres Axiom wie das aristotelische, dass nämlich das Seiende insgesamt ewig ist, spottet dem Verstand nicht minder, weil es die Frage: „Warum ist überhaupt etwas und nicht vielmehr nichts?" ebenso wenig beantwortet.

Eine Übertreibung ist auch die Rede vom „Großen Tod". Die chinesische Formel, die hinter diesem Ausdruck steht, lautet *da si*, und das besagt auf Deutsch „vollständig sterben". Auch das ist noch eine Übertreibung, weil das Sterben, um das es dabei geht, den physischen Tod nicht mit einschließt. Zutreffend hingegen umschreibt *da si* das Phänomen, dass das reglose Dasitzen während der Versenkungsübung eine Art Leblosigkeit oder gar äußerliche Totenstarre erzeugt, verbunden mit dem inneren Erlöschen aller Gedankeninhalte und sonstigen Regungen, das Erlöschen des Bewusstseins unserer selbst inklusive. Diesen todesähnlichen Zustand bezeichnen Chan-Texte regelmäßig mit der Metapher eines abgestorbenen Baumes, eines Totenschädels oder einer kahlen Felswand, auf der sich nicht das geringste Bisschen pflanzlichen Lebens mehr halten kann – wobei allerdings auch diese Metaphern wieder über das Ziel hinausschießen. Richtig an der inhaltlichen Ausmalung des *da si* ist hingegen, dass wir aus dieser Erstarrung einer doppelten, nämlich körperlichen und geistigen Reglosigkeit zu einer neuen Lebendigkeit und Lebensfreude, Lebensbejahung hinaus- und hinübergetragen werden. Genau das spiegelt sich in einem Vers Hong-zhis: „Vor der Felswand der verdorrten Bäume ein immerwährender Frühling blühender Blumen!" (Kôan 35 *Cong-rong-lu*) – wobei freilich das Adjektiv „immerwährend" gleich wieder Zweifel weckt.

Das gilt auch für den „Großen Frieden", der, in Anlehnung an den Namen der Hauptstadt des Tang-Reiches Chang-an, auch als „ewiger Frieden" firmiert. Richtig ist daran, dass sich als Folge des als „Einswerden mit der Shûnyatâ" umschriebenen innerlichen Erlöschens die Erfahrung eines tiefen inneren Friedens einstellt, der einen wesentlichen Bestandteil unseres nunmehr veränderten neuerlichen Welterlebens ausmacht. Eine stille Zufriedenheit auch unter bescheidenen Lebensumständen, eine den ganzen Leib durchdringende Gelassenheit angesichts der Wechselfälle des Lebens, das sind die unzweifelhaften Merkmale dieses inneren Friedens; ab welcher Schwelle physischen und seelischen Schmerzes jedoch auch dieser Frieden zusammenbricht, ist eine andere Frage. Immerhin, die Versenkungsübung des Chan, ob nun als „Eingehen in die Leere" oder als „Großer Tod" umschrieben, schenkt uns eine bis dahin unbekannte Liebe zur Welt, die Erfahrung eines Glücks, das auch die Welt durchströmt:

Abendfrieden –
Schon das Wort beseligt.
Und wie es trifft –
Der Welt ins Herz aus Glück.

Was Wind, was Sturm war,
Hat zur Ruhe sich gelegt:
Der Himmel klar und still,
Das Licht, im Sinken Gold,
Verklärt die Fluren weit ins Land.
Die Bäume ragen in ihr Schweigen auf,
Gelassen, uns zu sanftem Trost –
Die Nacht, sie zögert noch
Und schenkt dem Tag ein letztes Blüh'n;
Die Zeit verhält ihr Schreiten
Für einen langen, atemtiefen Augenblick,
Durch den, was jenseits ist und ohne Zeit,
Wie durch ein Tor, ein leises,
In das Gehöft der Dinge tritt:
Was noch an Schmerzen war, erlischt,
Und Ängste auch sind keine mehr.

Und Abendfrieden nimmt
Den Vogelflug vom Firmament.
Du bist jetzt still wie alle Welt,
So reich an Glück –

Und Tränen müssten stürzen,
Ließ' es die Stille zu![860]

Dass der Verfasser hier zu guter Letzt doch wieder ins Schwärmen geraten ist, muss, von der Sache her gesehen, keinen Rückfall bedeuten, im Gegenteil. Der Weg, der mich vom japanischen Zen (Rinzai-Tradition in der Myôshinji-Linie) zum chinesischen Chan in seiner Song-zeitlichen Ausprägung und schließlich zu diesem Nachwort geführt hat, ist durch zwei Wendepunkte markiert: zunächst die Entdeckung, dass sich in diesem Song-zeitlichen Chan sämtliche buddhistischen Termini wie Shûnyatâ, Dharmakâya, Dharmadhâtu usw. ohne Einbuße an Sinn durch die spezifischen Begriffe des Daoismus ersetzen lassen; ja, dass der Rückgriff auf die Terminologie der Lehre vom DAO die Möglichkeit erschließt, in tiefere Bedeutungsschichten vorzustoßen, als es die Mahâyâna-Konstrukte „Große Leere", „wahre Wirklichkeit", „ewige Buddha-Natur" etc. erlauben. Und zum anderen, dass wir uns auch noch von ontologisch-metaphysischen Begriffen wie „DAO", „Mutter der *Zehntausend Dinge*", „Ort des Nicht-Sterbens" u. ä. trennen und damit zu einer »entmythologisierten« Versenkungspraxis vorstoßen können. Und ein solches »entmythologisiertes« Zen oder Chan, ohne „Wesenswelt", ohne unvergängliches „wahres Selbst", ohne Zufluchtsort „am anderen Ufer", ohne *wu si di*, den »Ort des Nicht-Sterbens« des *Dao-De-Jing*, kann durchaus in einem Gedicht wie dem obigen seinen gültigen Ausdruck finden.

Noch dieses wegen der abermaligen Steigerung seiner Radikalität neuartig-revolutionäre Verständnis des Chan/Zen kann sich auf einen Song-zeitlichen Vorläufer berufen – auf das Tuschbild des Malers Liang Kai aus dem 12. Jahrhundert, das die vordere Einbandseite dieses Buches ziert und das den – Song-zeitlich umgedeuteten – angeblichen Sechsten Patriarchen Hui-neng dabei zeigt, wie er die Sûtren zerreißt und damit sämtliche traditionellen Lehrinhalte verwirft:

Längst schon hast Du ein Loblied verdient,
Hui-neng, Du alter Chinese:
Jung noch warst Du, da hat Dich der Fünfte
Eigenhändig und nachts
Heimlich über den Fluss gebracht,
Dich vor Missgunst, vor Rachsucht zu schützen,
Warst Du doch für die andern
Nichts als ein Dieb:
Ach, das Tuschbild, oft wiederholt,
Das diese Szene zeigt,
Du selbst hast es niemals gesehen. –
Sicher, er hat es zu Recht getan:
So nur konntest Du werden,
Der Du geworden bist,
Du, der Befreier des Chan.
Hast uns doch von den Sûtren befreit,

860 Roloff (3), Text 111

Großmäulig-wortreichen Wundergeschichten –
Ab ins Feuer mit ihnen, Schluss! –
Von noch festerer Fessel auch,
Nämlich vom Buddha selbst:
»Ursprünglich ist da kein einziges Ding«,
Auch nicht ein Buddha-Geist!
Dank Dir, kühner Verkünder des Nichts![861]

8. 2. 2013

861 Roloff (3), Text 97 – unübersehbar, dass sich diese Gedicht-Strophe in ihrem ersten Teil noch der herkömmlichen Hui-neng-Legende bedient: seiner Rettung durch den Fünften Patriarchen Hong-ren.

Anhang

Die englischsprachigen Zitate in deutscher Übersetzung

Fußnote Nr.

5: „Zu der Zeit, da die Chan-Tradition im Großen und Ganzen um das *kan-hua*-Verfahren (die Betrachtung des entscheidenden Wortes oder Satzes) herum zur Geschlossenheit gefunden hat – [ein Verfahren], das eng mit dem Aufkommen einer neuen Art von Chan-Literatur verbunden gewesen ist, die in den klassischen Kôan-Sammlungen ihre endgültige Gestalt gewonnen hat – haben die mutmaßlichen Aussprüche der Tang-zeitlichen Meister eine neue inhaltliche Bedeutung und Gewicht erlangt, die mit dem tatsächlichen Leben und der tatsächlichen Lehre [dieser Männer] nur eine lose Verbindung besessen haben" – Poceski (2), S. 230.

7: „Da Hui-neng zu Lebzeiten [nur] eine obskure Gestalt aus dem entfernten, ‚barbarischen' Süden Chinas gewesen ist, besaß sein Name [solange] kaum Bekanntheit, bis in den Metropolen des Nordens (Chang-an und Luo-yang) eine kühne Propaganda-Kampagne gestartet wurde. [Das geschah] in den 730er Jahren, rund zwei Jahrzehnte nach Hui-nengs Tod, [ins Werk gesetzt] von Shen-hui (684-758), der von sich behauptete, sein Schüler und Erbe zu sein" – Jorgensen, S. 190. – „[Shen-hui hat] Hui-neng nur deshalb zu seinem Lehrer und geheimen Übermittler der Weitergabe [der Lehre] erwählt, weil er von den zehn bedeutenden Schülern [des Fünften Patriarchen] Hong-ren derjenige aus der abgelegensten Gegend und der am wenigsten bekannte war und angeblich lange genug gelebt hat, dass Shen-hui mit ihm hat zusammentreffen können. ... Vermutlich hat Shen-hui Hui-neng niemals getroffen, [was sich daraus erschließen lässt,] dass nahezu alles, was er bezüglich Hui-neng behauptet hat, [bloße] Propaganda war, die er als Reaktion auf die Herausforderungen seitens Pu-ji [und anderer Nachfolger Shen-xius] verfasst hat" – a.a.O., S. 154f. – „Der einzige überlieferte Bericht über die Zeit vor 730, der Hui-neng auch nur erwähnt, das *Leng-qie shi-zu ji* von ca. 713-716, enthält nur die Nachricht, dass Hui-neng ... lediglich ein Lehrer von regionaler Bedeutung gewesen ist, [als] einer der Schüler Hong-rens. Das *Chuan fa-bao ji* von ca. 713 [hingegen] erwähnt Hui-neng nicht einmal unter den Schülern Hong-rens. Deshalb ist es höchst wahrscheinlich, dass die Hagiographie (die verklärende Darstellung) Hui-nengs aus einem Vakuum an Tatsachen heraus zusammengezaubert werden musste, mit anderen Worten, dass er (Hui-neng) ein frei erfundener Heiliger war. Deshalb muss der Verdacht in Betracht gezogen werden, dass es Shen-hui gewesen ist, der die hauptsächliche Verantwortung für die Fälschung trägt, [die wir in der] Hui-neng-Legende [vor uns haben]" – a.a.O., S. 70.

8: „[Shen-huis] Behauptungen stießen auf Widerstand; und weil Shen-huis Traditionslinie nur wenige Generationen überlebte, können sie (seine Anhänger) und ihre Ansprüche und Behauptungen nicht als hinreichende Gründe dafür gewertet werden, dass Hui-neng schließlich auf den Thron des Ahnherrn der ‚rechten Lehre des Süd-Schulen-Chan' gehoben wurde. Andere Gruppen griffen das Thema auf und brachten eine ganze Anzahl von [Hui-neng]-Hagiographien hervor, um aus den

Möglichkeiten, die Shen-hui eröffnet hatte, ihren Vorteil zu ziehen" – Jorgensen, S. 190.

11: „Nahezu alle Forscher stimmen heutzutage darin überein, dass wir besser daran täten, den Titel eines ‚klassischen Zeitalters' des chinesischen Chan der Song-Dynastie zuzuerkennen und nicht der Tang[-Dynastie], wie man es bisher angenommen hat. Darin zeigt sich schon für sich allein eine tiefgreifende Abweichung von den Annahmen der modernen Zen-Orthodoxie. In den ‚rechtgläubigen' Kreisen [der Zen-Anhänger] und, bis auf die jüngste Zeit, auch in den Kreisen der Forschung hat die Tang-Dynastie als das ‚Goldene Zeitalter' des Chan gegolten und ist [demgemäß] mit uneingeschränktem Lobpreis geradezu überschüttet worden. Das hatte seinen Grund darin, dass [diese Zeit] die Epoche der angeblich größten Patriarchen des Chan gewesen ist, die ganz allein die zeitlosen Wahrheiten in Erz gegossen haben, auf denen dann das Haus des Zen errichtet worden ist. Was auch immer danach noch gekommen ist, angefangen mit der Song-Zeit, war unbedeutend, Nachahmung und trug den unleugbaren Makel des Verfalls – bis schließlich, wie die moderne Zen-Orthodoxie uns belehrt, der Funken der spirituellen Größe des Chan in Japan zu neuer Flamme entfacht worden ist" – Welter (3), S. 27. – „Die Frage, [deren Brisanz] die Zen-Orthodoxie untergräbt, dreht sich um das Problem, wie wir die Quellen des klassischen Chan zu lesen haben. Es herrscht allgemeine Übereinstimmung darüber, was das für Quellen sind: die hochgepriesenen »Aufzeichnungen« des Chan über die Weitergabe »der Leuchte« (*deng-lu*), die »Aufzeichnungen von Aussprüchen« [einzelner Meister] (*yu-lu*), Kôan- (*gong-an-*)Sammlungen sowie die Sammlungen von Texten zu den Regeln des monastischen Lebens (*qing-gui*). Worum der Streit geht, ist die Frage, wie wir den Inhalt dieser Texte verstehen sollen. Es gibt da zwei grundsätzliche Herangehensweisen: (a) das buchstabengetreue Vorgehen (das die Texte so nimmt, wie sie dastehen), das von den Anhängern der orthodoxen Interpretation favorisiert wird, die das Überlieferungsmaterial als wahrheitsgetreue Wiedergabe der dort beschriebenen Episoden nimmt und dabei eine Art journalistischer Berichterstattung über die Aktivitäten prominenter Tang-zeitlicher Chan-Meister unterstellt; und (b) ein kritisches Herangehen, erst jüngst in den Kreisen akademischer Forschung aufgekommen und akzeptiert, das das Material als von vielerlei [Text]schichten überlagert behandelt, letztlich jedoch als Widerspiegelung der Grundannahmen einer Chan-Orthodoxie, wie sie unter den Song-zeitlichen Kompilatoren der Texte verbreitet war" – ebda.

31: „Der deutlichste Hinweis darauf, dass Da-hui oder [erst] seine Nachfolger die beiden Praktiken, [einerseits] über einen einzelnen Satz nachzudenken und [andererseits] in vorgeschriebener Sitzhaltung zu meditieren, miteinander verknüpft haben, findet sich in dem Angriff, den [er oder sie] gegen eine Art von Sitz-Meditation (Za-zen) geführt haben, die von alten Beispielen (»Beispielen der Alten«) keinen Gebrauch gemacht hat, und zwar das sogenannte Chan der schweigenden Erleuchtung, wie es von Da-huis Zeitgenossen und Rivalen Hong-zhi Zheng-jue gelehrt wurde. Hong-zhi selbst, das sollte nicht übersehen werden, hatte gegen die [Benutzung und] Kommentierung alter Beispiele nichts einzuwenden. In der Tat hat er diese

Praxis selbst ausgeübt und dabei zwei Sammlungen hinterlassen, die in der Folge zur Grundlage einer voll ausgebildeten Kôan-Sammlung ähnlich derjenigen der *Aufzeichnungen vor Smaragdener Felswand* des Yuan-wu [Ke-qin] geworden sind, [der Kôan-Sammlung mit dem Titel *Cong-rong-lu*]. Doch für Hong-zhi war die Kommentierung von »Beispielen der Alten« eine Sache und die Sitz-Meditation eine andere. In dieser Hinsicht vertrat er eine ältere Tradition als Da-huis Chan der »Betrachtung eines einzelnen Wortes oder Satzes« (*kan-hua*) und mag insofern als ein Konservativer gelten, der sich Da-huis Neuerungen widersetzt hat. Wie auch immer, wenn Da-hui und seine Nachfolger sich nicht darum bemüht hätten, das »Betrachten eines einzelnen Wortes oder Satzes« mit der Sitz-Meditation zu vereinigen, hätten sie keinen Grund gehabt, Hong-zhi für die Unterlassung zu tadeln, gleichfalls so zu verfahren" – Foulk, S. 15ff., insbesondere S. 24.

87: „Wesentlich günstiger war die Lage in den Herrschaftsgebilden des Südens. Insbesondere drei dieser staatsähnlichen Gebilde waren zuverlässige Unterstützer des Buddhismus und erwiesen sich als Zufluchtsstätten für buddhistische Mönche dieser Zeit: Die »Südlichen Tang«, die sich bisher von den Wu beherrschte Gebiete angeeignet hatten, regiert von Mitgliedern des Clans der Li; »die Min«, angeführt von Herrschern aus dem Clan der Wang, und »Wu-yue« unter dem Regiment des Qian-Clans. Diese drei Herrschaftsgebilde erstreckten sich über ein großes Territorium im Südosten Chinas. ... Im 10. Jahrhundert erlebte dieses Gebiet eine gleichermaßen ökonomische wie kulturelle Blüte. Religiöse Strömungen mit ihren Lehrsystemen fanden als Gegenstand der Kulturpolitik [deutliche] Unterstützung. Handelsverbindungen zu Nachbarländern wurden geknüpft. Der König von Korea schickte offizielle Abgesandte und Mönche, die an buddhistischen Zentren, die von den Herrschern dieser Staaten gefördert wurden, sich weiterbilden sollten. ... Während der Zeit der »Fünf Dynastien« innerhalb des 10. Jahrhunderts dominierten Nachfolger des Xue-feng Yi-cun [den Buddhismus] in diesem Gebiet, darunter Schüler von Bao-fu Cong-shan und Fa-yan Wen-yi" – Welter (2), S. 60-62.

153: „Pei-xiu (787 oder 797-860) war der Sprössling einer sehr bekannten und politisch einflussreichen Familie aus der Provinz Hunan. Wie seine Brüder bestand er die Staatsprüfung für den Zivildienst mit Auszeichnung und bekleidete [anschließend] eine Reihe von Verwaltungsämtern, bis er schließlich in den Rang eines Obersten Ministers berufen wurde; [das geschah] im Jahr 853, kurz nach dem Tode Huang-bos" – Wright (2), S. 109.

155: „Nach allem dürfte Pei-xiu einer der angesehensten und einflussreichsten Vertreter des Buddhismus jener Tage gewesen sein; und seine enge Verbindung zu der Bildungselite (wörtlich: der höchsten Bildungsschicht) der chinesischen Gesellschaft dürfte für die Zen-Bewegung jener Tage zu so etwas wie einem Durchbruch geführt haben" ... „Pei-xius Version [der Lehren Huang-bos], das von ihm selbst verfasste Vorwort eingeschlossen, hat ohne Zweifel unter den Gebildeten in Chang-an Verbreitung gefunden und wurde später als die zuverlässigste und maßgebliche Fassung für die Drucklegung ausgewählt" – Wright (2), S. 111 u. 113.

156: *„Encounter dialogues* („Zwiegespräche in spiritueller Begegnung") sind typisch für die späteren Texte eines ausgereiften Chan und heuzutage die bekanntesten Erzählungen über die großen Chan-Meister. Die frühen Huang-bo-Texte enthalten [jedoch] keine einzige von derartigen Geschichten. ... Poceski hat [mit seiner Feststellung] recht, dass das erhaltene Überlieferungsmaterial zur Chan-Tradition in der Tang-Dynastie keinen Anhaltspunkt für das Vorhandensein von *encounter dialogues* enthält. Was wir stattdessen in der Huang-bo-Literatur vorfinden, ist, dass hier die Grundlage für das Entstehen eben dieser literarischen Form über die nächsten Jahrhunderte hin geschaffen worden ist. Die Tatsache, dass die später publizierten Ausgaben der Huang-bo-Literatur *encounter dialogue*-Episoden einschließen, zeigt, wie sehr solche Texte als unverzichtbarer Bestandteil von »Aufzeichnungen der Aussprüche« [eines Meisters] (*yu-lu*) empfunden worden sind. Huang-bo, ein Gestalt von zentraler Bedeutung innerhalb des Rinzai-Zen (gemeint ist die Lin-ji-Tradition), machte fortlaufende Anpassungen erforderlich, um dem Bericht über sein Leben und seine Lehre sowohl die [erforderliche] Aktualität als auch seinen Einfluss zu erhalten; und [gerade] *encounter dialogue*-Episoden boten eben die Form, in der sich diese [fortlaufende] Revision vollzog" – Wright (2), S. 116f.

243 (1): „Yang-yi hat nicht nur den Titel des Werkes abgeändert, von *Fo-zu tong-can Ji* zu *Jing-de Chuan-deng-lu*. ... [Er] hat außerdem die Konzeption des Werkes umgeändert und [zwar so, dass er] damit den Gebildeten der Song-Zeit die Möglichkeit eröffnet hat, das Chan auf eine ganz neue Weise zu verstehen. Statt das Chan [weiterhin] als die ‚gemeinsame Praxis der Buddhas und Patriarchen' des Chan auszugeben (genau das besagte nämlich der ursprüngliche Titel: *Fo-zu tong-can Ji*), hat er sich dafür eingesetzt, im Chan ‚eine besondere Praxis außerhalb der Lehre' zu sehen" – Welter (3), S. 71

243 (2): *„Das Guang-deng-lu* hat eine wichtige Rolle dabei gespielt, das Chan als eine ‚besondere Übertragung außerhalb der Lehre' zu etablieren und diese Parole als ein Hauptprinzip des Chan dauerhaft durchzusetzen. Das bedeutete einen direkten Angriff auf den von den Anhängern Fa-yans vertretenen Begriff der Chan-Orthodoxie: die grundlegende Behauptung, dass die Prinzipien des Chan und die Lehren des [traditionellen] Buddhismus miteinander harmonieren und vereinbar sind; dass [auch] das Chan sich das Prinzip der ‚hilfreichen Mittel' zu Eigen gemacht und die Berechtigung unterschiedlicher Zugangsweisen anerkannt hat. Die Chan-Orthodoxie der Lin-ji-Schule [hingegen] hat die völlige Selbständigkeit und Überlegenheit des Chan behauptet und die [allgemeine] buddhistische Lehre als oberflächlich und minderwertig verunglimpft." – „Das *Tian-sheng Guang-deng-lu* vertritt ganz dreist die Sache der Lin-ji-Partei, deren Mitglieder sich schließlich als die einflussreichsten Repräsentanten des Chan am Kaiserlichen Hof der Song erwiesen. Li Zun-xu hat das *Tian-sheng Guang-deng-lu* [nach eigenem Eingeständnis] ausdrücklich in der Absicht zusammengestellt, dem Vermächtnis der Führungsfigur der Lin-ji-Partei Shou-shan Sheng-nian und seinen Schülern einen festen Plaz im Bewusstsein der Gebildeten der Song-Zeit zu sichern" – Welter (3), S. 71.

311: „Im Endergebnis ist die fälschlich behauptete Rolle eines bedeutsamen Führers und Gesetzgebers in Sachen klösterlicher Lebensführung zu einem Schlüsselelement in dem Bild Bai-zhangs als einer religiösen Figur geworden. Seine Errungenschaften auf diesem Gebiet verbanden sich mit dem Glauben, er habe ein einflussreiches Regelwerk zum Klosteralltag verfasst, dem allgemein der Titel *Bai-zhang qing-gui* (‚Bai-zhangs Reinheitsvorschriften') zugeschrieben wurde, [ein Werk], das [aber] in der Folgezeit verloren gegangen ist" – Poceski (3), S. 16. – „Wir wissen heute, dass die Geschichte von Bai-zhang als dem Urheber eines einzigartigen Systems Chan-spezifischer Klosterregeln nichts als Legende ist und sich in keiner halbwegs sinnvollen Weise mit dem verbinden lässt, [was wir über] Bai-zhang als historische Person [wissen]. In ähnlicher Weise hat sich herausgestellt, dass der Versuch, den Inhalt seines verlorenen Regelwerks dingfest zu machen, eine vergebliche akademische Übung gewesen ist, zumal es heute auf der Hand liegt, dass ein solcher Text niemals existiert hat. Es gibt keinerlei Hinweis aus der Tang-Zeit, dass Bai-zhang für die Chan-Klöster besondere Regeln geschaffen hat, und ebenso gibt es keinerlei Andeutung von der Existenz eines neuartigen Systems [von Vorschriften] für das Leben in Chan-Klöstern, das institutionell anders geregelt gewesen wäre als [nach den Regeln] der Hauptströmung des buddhistischen Mönchtums" – Poceski (3), S. 15f.

312: „Einer der bekanntesten Aussprüche, die mit Bai-zhang in Verbindung gebracht werden, ist der Satz: ‚Ein Tag ohne Arbeit ist ein Tag ohne Essen!' Von dieser [programmatischen] Aussage heißt es, sie vermittle kurz und bündig die für das Chan typische Einbeziehung körperlicher Arbeit als eines wichtigen Bestandteils seines Paradigmas mönchischen Lebens, aber ebenso auch als eines unverzichtbaren Teils seines umfassenden Programms der spirituellen Selbstvervollkommnung. In institutioneller Hinsicht wird das egalitäre Ideal, das in Bai-zhangs Ausspruch zum Ausdruck kommt, mit dem angeblichen Geist ökonomischer Selbstgenügsamkeit der Chan-Schule in Verbindung gebracht, der oft als der Eckstein ihres einzigartigen Stils des monastischen Lebens angesehen wird. Der Bericht über den Kontext, in dem Bai-zhang angeblich mit seinem Satz: ‚Ein Tag ohne Arbeit ist ein Tag ohne Essen' hervorgetreten ist, findet sich [erstmals] in einer Geschichte, die auf die Song-Zeit zurückdatiert" – Poceski (3), a.a.O.

313: „Das erste Auftreten des *encounter dialogue*-Modells als der Quintessenz einer ikonoklastischen (»bilderstürmerischen«) Einstellung, einzigartig für die Chan-Schule, ereignete sich während der Übergangszeit der »Fünf Dynastien«. Populäre Geschichten, die das befremdliche Verhalten oder undurchschaubare Gerede eines Bai-zhang und anderer bekannter Chan-Lehrer aus der Tang-Zeit herausstellten, wurden zu Schlüsselelementen der traditionellen Chan-Überlieferung während der Song-Zeit. ... Die Geschichten über Bai-zhang ... – und alle anderen ähnlichen Geschichten – müssen folglich als apokryphe oder legendenhafte Erzählungen gelesen werden, als Wiederspiegelung Song-zeitlicher Anstrengungen, ein ganz neues Bild von Bai-zhang zu erschaffen, das einem besonderen religiösen Prototyp entspricht, der mithilfe einer fest vorgegebenen und formelhaften Art des

Erzählens seine Verbreitung fand. In ihrem Kern schloss die Erschaffung des Bildes eines »bilderstürmerischen« Bai-zhang einen kreativen Prozess hagiographischer [Lebensbeschreibung] ein, der neue religiöse Ideale vermittelte und in dem sich eine weitreichende Neuformulierung der Chan-Orthodoxie wiederspiegelte. Ein wichtiger Teil dieses Wandels bestand darin, dem Song-zeitlichen Chan die erforderliche Legitimation zu verschaffen, und zwar dadurch, dass rückwirkend Bai-zhang und anderen großen Chan-Lehrern aus der Tang-Zeit passende religiöse Ideale und Bilder zugeschrieben wurden" – Poceski, a.a.O.

314: „Schließlich basiert das [davon] abweichende Bild eines Bai-zhang, der als ein subtiler Lehrer der buddhistischen Doktrin sich sowohl in den philosophischen als auch in den kontemplativen Aspekten des Buddhismus bestens auskennt, auf den frühesten Schichten der Quellen, die wir über seine Lehrtätigkeit besitzen. Auch wenn diese [frühe] Darstellung Bai-zhangs in den Chan- und Zen-Kreisen über die Jahrhunderte hin weitgehend ignoriert worden ist und weiterhin, bis in die Gegenwart, weithin unbekannt ist bzw. keine Anerkennung findet – so habe ich doch in meiner jüngsten Studie zur Hong-zhou-Schule nachweisen können, dass dieses Schicksal nicht nur Bai-zhang zuteil geworden ist, sondern dass dieser Vorgang genauso auch auf die Lebensbeschreibungen und Darstellungen der Lehre anderer bekannter Chan-Lehrer aus derselben Periode zutrifft, insbesondere derjenigen, die der Hong-zhou-Schule zuzurechnen sind" – Poceski (3), S. 10. ... Das Bild von Bai-zhang, das uns die Tang-zeitlichen Quellen vermitteln, ist das eines gelehrten und klugen Mönchs, der sich auskennt in den theoretischen und meditativen Aspekten des mittelalterlichen chinesischen Buddhismus. Hier begegnen wir Bai-zhang als dem Lehrer einer besonderen Spielart der buddhistischen Doktrin, formuliert in einer Manier und Sprache, die für ihn und für die Hong-zhou-Schule insgesamt eigentümlich war. Nichtsdestotrotz erweist er sich als bewandert in den wichtigeren intellektuellen Strömungen des Tang-Buddhismus und zugleich auch tief vertraut mit kanonischen Texten und Traditionen. Seine Erörterungen sind voll von Zitaten aus und Anspielungen auf [das buddhistische] Schrifttum. Oft greift er auf buddhistische Spezialausdrücke (*termini technici*) zurück, wie man sie gewöhnlich in den Texten philosophisch orienterter Schulen des chinesischen Buddhismus antrifft, wie Hua-yan, Fa-xiang und Tian-tai. Dabei vertritt er seine Lehren hauptsächlich in der Form des öffentlichen Chan-Vortrags, dargeboten in dem rituellen Rahmen des »Hinaufsteigens in die Dharma-Halle« (*shang tang*)" – Poceski (3), S. 21.

352: „Ganz offensichtlich ist Lin-ji, obwohl eine Person von hinreichender Bedeutsamkeit, um sein Vermächtnis [bereits] im *Zu-tang Ji* und im *Zong-jing-lu* dokumentiert zu bekommen, dennoch als eine wichtige Gestalt innerhalb der Chan-Tradition nicht vor dem Erscheinen des *Jing-de Chuan-deng-lu* hervorgetreten, wo er innerhalb der prestigeträchtigen Gruppe von zwölf Meistern aufgeführt wird, deren Lehren im Anhang jeweils ein besonderes Faszikel gewidmet ist" – Welter (3), S. 84.

353: „Die erste vollständige Darstellung seiner Lehre ist gute dreißig Jahre später erschienen, in zwei Faszikeln des *Tian-sheng Guang-deng-lu*, ... Die besondere Berücksichtigung, die Lin-ji und seiner Lehre zu dieser Zeit zuteil geworden ist, hängt unmittelbar mit dem Ansehen zusammen, das die Mitglieder der Lin-ji-Partei am Hof der Song-Kaiser erlangt haben, und verdeutlicht deren Bemühen, Legitimität und Zustimmung für ihre Interpretation des Chan zu erhalten" – Welter (3), a.a.O.

354: „Die Ansprüche, die im *Guang-deng-lu* und im *Si-jia yu-lu* ihren Niederschlag gefunden hatten, erhoben die Lin-ji-Partei der Song-Dynastie zum wahren Erben der Chan-Orthodoxie, wie sie ihren Ausgang bei Ma-zu und der Tang-zeitlichen Hong-zhou-Schule genommen hatte. Dadurch, dass es die für Lin-ji entscheidenden Episoden mit Huang-bo in die abschließende *xing-lu*-Abteilung (die *Aufzeichnungen aus der Zeit der Wanderschaft*) des Textes verlegt hat, verrät das *Lin-ji yu-lu* ein in Chan-Kreisen vermindertes Interesse an Lin-jis Zugehörigkeit [zu einer autoritativen Taditionslinie]. Als das *Lin-ji yu-lu* zu einem späteren Zeitpunkt der Song-Dynastie an die Öffentlichkeit trat, war Lin-jis Ansehen als des Begründers der wichtigsten Schulrichtung innerhalb des Chan [längst] gesichert. Lin-ji stand da als eine der wichtigsten Gestalten des Chan, als der Gründer einer hochangesehenen Traditionslinie, und musste nicht länger in dem Schutz gewährenden Schatten stehen, den Ma-zu [einst] geworfen hatte. ... Als ein eigenständiger Text veröffentlicht, stand das *Lin-ji yu-lu* [nunmehr] ganz auf eigenen Füßen, als eine der wichtigsten Darstellungen der orthodoxen Lehre des Chan, ohne Verknüpfung mit irgendwelchen anderen [bedeutenden] Gestalten des Chan. Die implizite Botschaft dieser Tatsache war, dass die Lin-ji-Partei in der Tat in der Position der vorherrschenden Interpretation des Chan angekommen war" – Welter (3), S. 118.

355: „Dieser Prozess der Ersetzung [älterer Formulierungen] und der zuspitzenden Ausgestaltung ist kein zufälliger, sondern Teil eines umfassenderen Unterfangens, Lin-ji umzuwandeln zu der neuen Art eines dynamischen Patriarchen. Er ist eng mit [dem Bemühen] verbunden, aus der Person Lin-jis einen kraftstrotzenden Geist und einen innovativen Patriarchen zu machen, der ein revolutionäres Verständnis des Buddhismus verficht" – Welter (3), S. 89.

413: „Was wir bestenfalls sagen können, ist vermutlich, dass der Meister ... es auf die »Soheit« abgesehen hat (1) in ihrem absoluten Zustand, (2) in ihren Manifestationen als ihr selbst innewohnende Weisheit und als das Wirken dieser Weisheit und (3) in ihrer Manifestation durch Menschen und deren Aktivitäten" – Fuller Sasaki / Kirchner, S. 149.

415: „Der Meister [Sheng-nian] nahm den Lehrsitz ein [und sagte]: ‚**Der Buddha-Dharma ist dank der Zuwendungen, die er von mächtigen Herrschern und Ministern empfangen hat, nicht ausgelöscht worden**, sondern hat sein Feuer von Lampe zu Lampe (von Meister zu Meister) weitergegeben bis zum heutigen Tag. Mitglieder [dies]er großen Versammlung, ich frage Euch: ‚Was ist es, das weitergereicht worden ist?' Nach einer Weile sagte der Meister: ‚Es ist zweifellos das, was unser Älterer Bruder [Mahâ]kâshyapa als Erster empfangen hat!'" – Welter (2), S. 192.

747: „[Das Bild:] ‚Auf dem Ochsen nachhause reiten' vertritt das Stadium, da du den Ochsen gezähmt und dir zu Eigen gemacht hast und dann auf ihm zu deinem Zuhause zurückreitest. Wenn du [nur] in die Berge gegangen wärest, um den Ochsen zu zähmen, und dann auf deinem Ochsen herumreitend dort geblieben wärest, so wäre das, wie wenn jemand, der zur Suche ausgezogen ist, niemals zurückgekehrt wäre und auf diese Weise andere veranlasst hätte, nunmehr nach ihm zu suchen. Shâkyamuni ist in die Berge gegangen, um sich in der Praxis [der Versenkung] zu üben; doch wenn er dort in den Bergen geblieben wäre, wenn er sich damit begnügt hätte, ein Buddha zu sein, dann gäbe es keine »Errettung der lebenden Wesen«. Deshalb ist auch er aus den Bergen wieder herniedergestiegen" – Yamada Mumon, S. 63.

759: „*Goldene Ketten* ist eine klassische buddhistische Metapher für den Moralkodex oder die Verhaltensvorschriften (Vinaya), eines der drei Abteilungen buddhistischer Studien (Tripitaka). Obwohl jemand sich von der Gesellschaft losgesagt hat, um Mönch oder Nonne zu werden, und sich so von den Problemen des weltlichen Lebens befreit hat, so heißt es, dass er dennoch durch die *goldenen Ketten* der Vorschriften gebunden ist. Anhaftung an die Vorschriften, Stolz auf den eigenen [reinen] Lebensweg oder der Glaube an die [hinreichende] Wirksamkeit bloßen moralischen Verhaltens oder [bloßen Vollzugs] der Rituale (um Erleuchtung zu erlangen), gilt als eine Form der Fesselung durch die buddhistische Lehre. Im Chan wird diese Einschätzung auf alle Aspekte der buddhistischen Lehre ausgeweitet, auf jegliches Bewusstsein von Verwirklichung oder Erreichen des Ziels, [bis hin zum] Anhaften an Heiligkeit. All das muss überschritten werden, bevor jemand wirklich frei ist" – Cleary, S. 488.

843: „[Das *Zu-tang Ji*] belebte obendrein innerhalb der Chan[-Bewegung] die Debatte über die wahre Natur ihrer Lehre, [schwankend] zwischen einem versöhnlichen, synkretistischen Stil, der enge Verbindungen zur buddhistischen Scholastik und zur Tradition der [heiligen] Schriften anerkannte ... und einem exklusiven, auf seine Eigenheit bedachten Weg, der die buddhistischen Konventionen widerrief als Behinderungen [beim Erlangen] von Erleuchtung. ... Unter Hui-nengs angeblichen Schülern war Hui-zhong ein hartnäckiger Vertreter der ersten [dieser beiden] Positionen" – Welter (2), S. 79.

844: „Die beiden Kaiser, die aufeinander folgten, Su-zong und Dai-zong, hatten beide von ihm (Hui-zhong) persönlich die Bodhisattva-Gelübde übertragen bekommen und ehrten ihn [mit dem Titel] ‚Lehrer des Reiches' (*guo-shi*)" – Welter (2); S. 78. – „Im Jahre 761 berief der Tang-Kaiser Su-zong Hui-zhong in die Hauptstadt Chang-an. Dort predigte der Meister hin und wieder vor dem Kaiser und seinem Hofstaat. In den letzten Jahren des Meisters übertrug ihm der Kaiser Dai-zong den Titel ‚Lehrer des Reiches zweier Kaiser' (*liang di guo-shi*)" – ZEN DUST, S. 267.

Verzeichnis der Chan-Meister

(Die eingeklammerten Zahlen geben die Numern an, unter denen die betreffenden Kôan in den bisherigen *Bi-yan-lu*-Ausgaben zu finden sind.)

Verteilung der eingestreuten Gedichte

Zitate und Verweise

Barlach, Ernst: *Der arme Vetter* (1917), *Die echten Sedemunds* (1920), Das literarische Werk, herausgegeben von Ulrich Bubrowski, E. A. Seemann, Leipzig: Band 2 – Dramen II, 1998

Cleary, Thomas: *The Blue Cliff Record*, Shambala Publications, Boston, 1992

Diels, Hermann / **Kranz**, Walter: *Die Fragmente der Vorsokratiker*, Bd I, Weidmannsche Verlagsbuchhandlung, Berlin, 1956

Dôgen (1): *SHÔBÔGENZÔ. Die Schatzkammer des wahren Dharma-Auges*, Kristkeitz, Heidelberg, Band I: 2001; Band II: 2003; Band III: 2006, Band IV: 2008

Dôgen (2): *Shôbôgenzô Zuimonki*, herausgegeben von Shohaku Okumura, dt. Übersetzung aus dem Englischen von Barbara Knab, Theseus, Berlin, 1992

Dumoulin, Heinrich: *Geschichte des Zen-Buddhismus.* Band I: Indien und China, Francke, Bern, 1985

Eckhart: *MEISTER ECKHART, Die deutschen und lateinischen Werke, Meister Eckharts Predigten*, herausgegeben und übersetzt von Josef Quint, Kohlhammer, Stuttgart, Bd. I, 1958

Foulk, T. Griffith: *The Form and Function of Koan Literature. A Historical Overview*, in: Steven Heine / Dale S. Wright (edd.): *The Kôan. Texts and Contexts in Zen Buddhism*, Oxford University Press, New York, 2000

Fuller Sasaki, Ruth / **Kirchner**, Thomas Yûhô: *The Record of LINJI*, Translation and commentary by Ruth Fuller Sasaki, edited by Thomas Yûhô Kirchner, University of Hawai'i Press, Honolulu, 2009

Gundert, Wilhelm : *BI-YÄN-LU. Meister Yüan-wu's Niederschrift von der Smaragdenen Felswand*, Hanser, München, Band I: 1960; Band II: 1967; Band III: 1973 – heute: Marix Verlag, Wiesbaden, 2005

Hawking, Stephen / **Mlodinow**, Leonard: *Der große Entwurf. Eine neue Erklärung des Universums*, Rowohlt Taschenbuch Verlag, Reinbek bei Hamburg, 2010

Heine, Steven: *Opening a Mountain. Kôans of the Zen Masters*, Oxford University Press, New York, 2002

Heine, Steven / **Wright**, Dale S. (1): *The Kôan. Texts and Contexts in Zen Buddhism*, Oxford University Press, New York, 2000

Heine, Steven / **Wright**, Dale S. (2): *The Zen Canon. Understanding the Classic Texts*, Oxford University Press, New York, 2004

Hölderlin, Friedrich: *Sämtliche Werke und Briefe*, Carl Hanser, München, 1992, Bd. I

Hori, Victor Sôgen: *ZEN SAND. The Book of Capping Phrases for Kôan Practice*, University of Hawai'i Press, Honolulu, 2003

Itô, Yuten (Hrsg.): *Hekiganshû Teihon*, Tôkyô, Shôwa 38 (1963)

Jorgensen, John: *Inventing Hui-neng, the Sixth Patriarch. Hagiography and Biography in Early Chan*, Brill, Leiden, 2005

Kierkegaard, Sören (1): *Furcht und Zittern*, Eugen Diederichs, Düsseldorf, o.J.

Kierkegaard, Sören (2): *Abschließende unwissenschaftliche Nachschrift zu den Philosophischen Brocken, Zweiter Teil*, Eugen Diederichs, Düsseldorf, 1958

Kierkegaard, Sören (3): *Die Kankheit zum Tode*, Eugen Diederichs, Düsseldorf, 1954

Laozi, *Xin-bian Jiao-shi*, Shenyang, 1990, ISBN 7 - 80 507 - 040 - 7/B.1

Lexikon I: **Rüdenberg**, Werner: *Chinesisch-Deutsches Wörterbuch*, überarbeitet von Hans O.H. Stange, de Gruyter, Berlin, 1963

Lexikon II: *Lexikon der östlichen Weisheitslehren. Buddhismus, Hinduismus, Taoismus, Zen*, O.W.Barth, Bern, 1986

Lexikon III: *Far East Chinese-English Dictionary*, The Far East Book Co., Ltd., Taipei / U.S. International Publishing Inc., New York, 1992

Lexikon IV: *Xin Han De Cidian / Das neue Chinesisch-Deutsche Wörterbuch*, Beijing, 1993

Lexikon V: *Xin Shiji Han-Ying Da Cidian / A New Century Chinese-English Dictionary*, Beijing, 2. Aufl., 2006

Lin, Cheng: *The Works of Lao Tzyy. Truth und Nature*, Ancient Chinese Classics Series, The World Book Company, Taipei, 1981

Linji Lu: s. Fuller-Sasaki/Kirchner

Loori, John Daido (1): *Hat ein Hund Buddha-Natur? Die Kôan-Praxis im Zen*, S. Fischer, Frankfurt/Main, 1996 (Fischer-Taschenbuch 13019)

Loori, John Daido (2) / **Tanahashi**, Kazuaki: *THE TRUE DHARMA EYE. Zen Master Dôgen's Three Hundred Kôans*, Shambhala Publications, Boston, 2005

McRae, John R. (1): *Seeing through Zen*, University of California Press, Berkeley und Los Angeles, 2003

McRae, John R. (2): *The Antecedents of Encounter Dialogue in Chinese Chan Buddhism*, in: Steven Heine / Dale S. Wright (edd.), *The Zen Canon. Understanding the Classic Texts*, Oxford University Press, New York, 2004

Nietzsche, Friedrich: *Fröhliche Wissenschaft*, in: Kritische Studienausgabe, hrsg. von Giorgio Colli / Mazzino Montinari, Bd. 3, 1988 (dtv/de Gruyter 2223)

Ôkubo, Dôshû: *Dôgen Zenji Zenshû*, 2. Bde, Tôkyô, Shôwa 45 (1970)

Platon, *Die Spätdialoge I: Theaitetos, Der Sophist, Der Staatsmann, Philebos, Kratylos*, übersetzt von Rudolf Rufener, Artemis, Zürich, 1965

Poceski, Mario (1): *„Mazu yulu" and the Creation of the Chan Records of Sayings*, in: Steven Heine / Dale S. Wright (edd.), *The Zen Canon. Understanding the Classic Texts*, Oxford University Press, New York, 2004

Poceski, Mario (2): *Ordinary Mind is the Way. The Hongzhou School and the Growth of Chan Buddhism*, Oxford University Press, New York, 2007

Poceski, Mario (3): *Monastic Innovator, Iconoclast, and Teacher of Doctrine: The Varied Images of Chan Master Baizhang*, in: Steven Heine / Dale S. Wright (edd.), *Zen Masters*, Oxford University Press, New York, 2010

Roloff, Dietrich (1): *Meister Wumen Huikai. Die torlose Schranke des Zen. Das Mumonkan als Arbeitsbuch der Zen-Schulung*, S. Fischer, Frankfurt/Main 1999 (Fischer Taschenbuch 14460)

Roloff, Dietrich (2): *Cong-Rong-Lu. Aufzeichnungen aus der Klause der Gelassenheit. Die 100 Kôan des Shôyôroku*, Windpferd, Oberstdorf, 2008

Roloff, Dietrich (3): *Buddha, ekstatisch. 111 Zen-Gedichte*, PDF-Datei, www.zen-gedichte.de

Roloff, Dietrich (4): *Buddha – auch du. 101 Zen-Gedicht*, PDF-Datei, www.zen-gedichte.de

Roloff, Dietrich (5): *Plotin. Die Großschrift III, 8 – V, 8 – V, 5 – II, 9*, Untersuchungen zur antiken Literatur und Geschichte, Bd. 8, de Gruyter, Berlin, 1970

Schwarz, Ernst: *BI-YÄN-LU. Aufzeichnungen des Meisters vom Blauen Fels*, Kösel, München, 1999

Sekida, Katsuki: *TWO ZEN CLASSICS. Mumonkan & Hekiganroku*, Weatherhill, New York/Tôkyô, 1977

Shûrangama-Sûtra, übersetzt von Raoul von Muralt, Angkor Verlag, 2007

Welter, Albert (1): *Mahâkâsyapa's Smile: Silent Transmission and the Gong-an (Kôan) Tradition*, in: Steven Heine / Dale S. Wright (edd.), *The Zen Canon. Understanding the Classic Texts*, Oxford University Press, New York, 2004

Welter, Albert (2): *Monks, Rulers and Literati. The Political Ascendancy of Chan Buddhism*, Oxford University Press, New York, 2006

Welter, Albert (3): *The Linji Lu and the Creation of Chan Orthodoxy. The Development of Chan's Records of Sayings Literature*, Oxford University Press, New York, 2008

Wright, Dale S. (1): *Philosophical Meditations on Zen Buddhism*, Band 13 der Reihe „Cambridge Studies in Religious Traditions", Cambridge University Press, Cambridge, 1998

Wright, Dale S. (2): *The Huang-bo Literature*, in: Steven Heine / Dale S. Wright, (edd.): *The Zen Canon. Understanding the Classic Texts*, Oxford University Press, New York, 2004

Yamada, Kôun: *Die Niederschrift vom blauen Fels. HEKIGANROKU. Die klassische Kôansammlung mit neuen Teishos*, ins Deutsche übertragen und herausgegeben von Peter **Lengsfeld**; 2 Bände, Kösel, München, 2002

Yamada, Mumon: *Lectures on The Ten Oxherding Pictures*, translated by Victor Sôgen Hori, University of Hawai'i Press, Honolulu, 2004

Yamada, Shoji: *Shots in the Dark. Japan, Zen and the West*, University of Chikago Press, 2009

Yasutani, Hakuun: *Shôyôroku Dokugo*, Sanbôkôryûkai, Tôkyô, Shôwa 36 (1961)

Zhao-zhou: *ZHAO-ZHOU CHAN-SHI YU-LU. The Recorded Sayings of Zen Master Jôshû*, Translated and introduced by James Green, Shambhala Publications, Boston, 1998

Zhuang-zi: *Das klassische Buch daoistischer Weisheit*, herausgegeben und kommentiert von Victor H. Mair, aus dem Amerikanischen von Stephan Schuhmacher, Krüger, 1998 (Neuausgabe: *Das Buch der Spontaneität*, Windpferd, Oberstdorf, 2008)

Zhuang-zi, *Jin-zhu Jin-yi*, 3 Bde., Beijing, 1991, ISBN 7 – 101 – 00388 – 5/B.75

Konkordanz

(45 Kôan des *Bi-yan-lu*, deren »Beispiele« auch im *Cong-rong-lu* (C), *Wu-men-guan* (W) und/oder Dogens *Shôbôgenzô Sambyakuzoku* (dss), dem *Shôbôgenzô der Dreihundert Beispiele*, vorkommen – auch hier geben die eingeklammerten Zahlen die Numern an, unter denen die betreffenden Kôan in den bisherigen *Bi-yan-lu*-Ausgaben zu finden sind.)

1: C 2

3: C 36

7: dss 252

8: C 71

9: dss 46

11: C 53, dss 202

12: W 18, dss 172

14: dss 95

18: C 85

19: C 84, W 3, dss 245

20: C 80, dss 205

22: C 24

24: C 60

28: W 27, dss 249

29: C 30, dss 24

31: C 16

35: dss 127

38: C 29

40: C 91

41: C 63, dss 136

43: dss 225

44: dss 186

46: dss 286

49: C 33, dss 52

50: C 99, dss 158

51: C 50

53: dss 182

55: dss 29

61: C 34, dss 214

62: C 92, dss 295

63: C 9, W 14, dss 181

64: C 9, W 14, dss 181

65: W 32, dss 170

67 (83): C 31

75 (73): C 6, dss 108

78 (91): C 25

79 (92): C 1

82 (77): C 78

87 (84): C 48

89 (86): dss 81

92 (89): C 54, dss 105

94: C 88

97: C 58

98: dss 284

99: dss 26

Zur Aussprache des Chinesischen

Die in diesem Buch verwendete *Pin-yin*-Umschrift der chinesischen Sprache weist bei vielen Wörtern oder Silben Differenzen zwischen dem Schriftbild und den entsprechenden Lautwerten auf; daher hier einige Hinweise zur Aussprache:

bei = b + ei (wie in *way*)
bian = bi-än
bie = bi-e

c = ts mit scharfem s = tz in: Satzung
can = tzan
cao = tza-o
ch = tsch
chang = tschang
cheng = tschöng
chong = tschung
chui = tschu + ei (wie in *way*)
ci = tz + halbverschlucktes, hinten im Rachen gesprochenes i, fast wie e
cong = tzung
cui = tzu + ei (wie in *way*)
cuo = tzu-o

dian = di-än
dong wie dt.: (der) Dung
dou : das ou wie in *home*

feng = föng oder fung

geng = göng
gui = gu + ei (wie in *way*)

h ist guttural zu sprechen, wie ch in flüchtig gesprochenem *ich*
hong = chung wie in dt.: Buchung
hu = chu
huai = chu + ai (wie in dt.: *Ei*)
hui = chu + ei (wie in *way*)

j = dj wie in *adieu*: adjö
jian = dji-än
jie = ji-e
jiu = dji + ou (wie in *home*)
ju = djü
jue = djü-e

liang = leang
liu = li + ou (wie in *home*)
long = lung wie in dt.: Lunge
luo = lu-o

neng = nöng
nian = ni-än
niu = ni + ou (wie in *home*)

q = tch wie in dt.: Quentchen
qian = tchi-än
qie = tchi-e
qing = tching
qiu = tchi + ou (wie in *home*)
qu = tchü
quan = tchü-än

r = weiches sch wie in franz.: *jour*
ran wie franz.: *Jeanne*
ren = schen, das sch wie in *jour*
rong = schung, das sch wie in *jour*
ru = *jour* ohne r
rui = *jou(r)* + ei (wie in *way*)
ruo = *jou(r)*-o

s = scharfes s
sh = sch in dt.: *schön*
sha = scha
sheng = schöng
shi = sch + halbverschlucktes, hinten im Rachen gesprochenes i, fast wie e
shou = engl.: *show*
shui = Schu(h) + ei (wie in *way*)
shuo = Schu(h)-o
si = scharfes s + halbverschlucktes, hinten im Rachen gesprochenes i, fast wie e
song = sung mit scharfem s
sui = su-ei mit scharfem s + ei (wie in *way*)
suo = su-o

tian = ti-än

tong = tung
tou = t + ou (wie in *home*)
tuo = tu-o

u wird wie u gesprochen
uan = u-an
uei = u-ei = engl.: *way*
uen = u-en = engl.: *when*)
uu = langes u

x = scharfes sch (wie in *scharf*)
xi = schi = dt.: *Ski*
xian = schi-än
xu = schü
xuan = schü-än
xue = schü-e
xui = Schu(h) + ei (wie in *way*)

ya = i-a
yan = i-än
yang = engl.: *young*
yi = langes i
yong = dt. *jung*

yu = langes ü
yuan = ü-än
yue = ü-e
yun = ün

z = d + weiches s
zang = dsang mit weichem s
zh = d + weiches sch (wie in *journey*)
zhang = dschang mit weichem sch
zhao = dscha-o
zhe = dsche mit langem, dunklem e
zhen = dschen mit kurzem, dunklem e
zhi = dsch + halbverschlucktes, hinten im Rachen gesprochenes i, fast wie e
zhong = dschung in *Dschungel*
zhou = dsch + ou (wie in *home*)
zi = ds mit weichem s + halbverschlucktes, hinten im Rachen gesprochenes i, fast wie e
zong = dsung mit weichem s
zou = ds + ou (wie in *home*)
zui = dsu + ei (wie in *way*)
zuo = dsu-o

Hier nicht aufgeführte Wörter oder Silben werden so ausgesprochen, wie das Schriftbild es nahelegt bzw. sich aus den obigen Hinweisen ohne weiteres ableiten lässt.

© Sheila Werner

DIETRICH ROLOFF, gestandener Altphilologe mit dem Hauptfach Europäische Philosophie, hat mehr als ein Jahrzehnt allein daran gegeben, in das Geheimnis der Schriften Platons einzudringen: *Platonische Ironie. Das Beispiel Theaitetos*, 1975. Später hat er sich, längst im Zen heimisch geworden, dem klassischen Chinesisch zugewandt und sich zunächst an einen – unveröffentlicht gebliebenen – Essay zum *Dao-De-Jing* gewagt. Es folgten eigene kommentierte Übersetzungen des *Wu-men-guan* (1999) und des *Cong-rong-lu* (2008). Mit der hier vorliegenden Ausgabe auch noch des *Bi-yan-lu* schließt Dietrich Roloff seine jahrelangen Bemühungen um die drei großen Kôan-Sammlungen aus der Zeit der chinesischen Song-Dynastie erfolgreich ab – wenn auch, lebensgeschichtlich bedingt, in der umgekehrten Reihenfolge ihres Entstehens. Unter den Titeln *Buddha, ekstatisch* und *Buddha – auch du* hat er zudem eine Auswahl von Zen-Gedichten ins Netz gestellt: www.zen-gedichte.de